精品课程立体化教材系列

国家自然科学基金资助项目(70573086、70873099)

税 收 学

(第二版)

杨 斌 主编

科学出版社

北 京

内 容 简 介

本书系统阐述税收基本知识、基本理论，论述税收制度设计原理，分析中国现行税收法律制度规定，概述税收征收管理制度和征管模式改革的经验。第二版继承了第一版突出基本理论、基本知识和基本技能，阐述具体深入、系统全面的特点；又注重归纳整理最新理论进展和实践经验，基于中国国情为中国理财治税提供分析思路和解决方案，并详尽地更新了税收制度规定。本书作者力图为经济管理、法学各专业学生和专业人士提供最新最好的税收学教科书。

图书在版编目(CIP)数据

税收学/杨斌主编.—2 版．—北京：科学出版社，2011.2

精品课程立体化教材系列

ISBN 978-7-03-030026-3

Ⅰ.①税… Ⅱ.①杨… Ⅲ.①税收理论—高等学校—教材 Ⅳ.①F810.42

中国版本图书馆 CIP 数据核字（2011)第 008887 号

责任编辑：王伟娟 / 责任校对：陈玉凤

责任印制：徐晓晨 / 封面设计：耕者设计工作室

科 学 出 版 社 出版

北京东黄城根北街 16 号

邮政编码：100717

http://www.sciencep.com

北京厚诚则铭印刷科技有限公司 印刷

科学出版社发行 各地新华书店经销

*

2003 年 1 月第 一 版 开本：787×1092 1/16

2011 年 2 月第 二 版 印张：49

2024 年 1 月第九次印刷 字数：1150 000

定价：88.00 元

（如有印装质量问题，我社负责调换）

第二版前言

本书初版出版于2002年，因其理论的系统性、概念的准确性、方法的可靠性、观点的新颖性，规章全面详细、案例准确实用，得到广大同行和师生的欢迎，被不少院校和实务工作部门选为教科书、培训教材和业务手册，多次重印。在8年多的时间里，作者在充分吸收国际国内学术界研究成果和中国税制改革管理经验教训的基础上，对税收理论进行了更加深入的研究和思考，在形成中国自己的理财治税理念、方法上获得新突破、取得新进展，需要再版来反映这些理论发展和创新。8年来中国的税收法律制度的改革继续推进，主要税种如增值税、企业所得税、消费税、关税、个人所得税相继出台新的规章条例，中国税制更加规范、政策更加合理、法条更加明确；中国的税收管理也取得不少新的进展，本书也需要通过再版对税收法律法规和管理制度加以更新。此外本书初版还存在一些错漏，需要通过再版更正。

本书第二版除了法条及资料的更新、错漏的订正之外，篇章结构和内容也做了重大调整，将全书分为四篇，第一篇为税收理论，阐述税收基本知识、基本理论；第二篇为税收制度设计原理；第三篇为中国税收法律制度；第四篇为税收管理。增加了税收概念和中国税收概况作为第一章。改写了第二章第二节至第四节，分别从正税和杂税重新梳理了中国税收历史，将新中国税收历史单独成节，着重从税收治理如何实现现代化角度重新梳理了西方税收历史。全面更改了第四章，补充新的理论进展，系统阐述中国社会文化条件下治理税收的原则。增加第五章最优税收理论。增加了第六章第三节，阐述税负转嫁与归宿的一般均衡分析原理。增加了第九、十、十一章，详细阐述了主要税收类别和税种的设计原理。重写第二篇各章，对税收法律制度做了全面更新。税收管理部分只保留税收征收管理一章，其余均删除，附录也删除。

第二版更加充分反映了作者们特别是主编杨斌教授30多年来从事财政经济理论和税法学习、研究和教学的成果，本书不少内容是主编在主持多项国家自然科学基金和社会科学基金项目成果积累的基础上写成的。本书也是两项国家自然科学基金项目（编号70573086、70873099）的基础性成果之一。在编写过程中继承第一版的风格和特色，尽可能吸收古今中外理财治税优秀思想和典范性实践经验，特别注意归纳整理近几年经济理论界、法学界的最新研究成果，关注中国财税管理实践中遇到的问题，注重澄清某些流行观点，按照经济学、管理学、法学各专业学生及干部学习税收学和税法的需要，突出基本理论、基本知识和基本技能，注重知识点的成熟性、凝练性、时代性，强调教材内容的逻辑性、系统性、开放性。在此基础上，还试图达到如下特点：

1. 全面性和真实性。中国政府向人民课征的税收表现方式多样，既有以税收名称出现的，也有以其他名称出现的；既有依据全国人民代表大会通过的税法征收的，也有依据中央政府制定的税收条例征收的，还有依据部门规章或红头文件征收的；既有由专门税务机关负责征收管理的（大部分正税），也有直接由收入使用部门负责征收管理的（主要为杂税）；既有正税，也有名目繁多的杂税。不少的教科书和文章只将具有税收名称的财政征收当作税收。这样实际上所提供的信息不真实、不全面。本书从税收的本质特征出发，不仅将以税收名义出现的税收纳入研究考察范围，而且将不以税收名义出现而具有税收实质的所有财政课征加以研究，这主要包括以费、政府性基金等名义出现的财政收入项目，例如各种政府性基金、社会保险费、排污费等，它们没有以税收名义出现，有的也不归专门的税务机关负责征管，但却具有税收所有性质。只有这样从实质而不是从名称出发，才能反映税收的全面、真实情况，才能了解人民的税收负担全貌，才能正确地并且有可比性地计算税收占 GDP 和政府收入的比重。

2. 论辩性和智慧性。税收学作为经济学的分支，在经济学基本原理没有新突破的时候，也难以完全更新，本书作为本科阶段的教科书，仍然需要将已经成熟的、公认的税收学基本知识和原理作为其基础内容，但本书尽可能注意到理论原则的假定前提、制度政策的社会文化背景，通过对重要的理论和制度政策模式的辨析，告诉读者和我们的学生谨慎地对待所有的基本原理，不仅让学生掌握税收学的基本原理和知识，而且着力提高他们对理论原则和制度政策模型的判别能力，避免在应用于中国实际时出现差错。古人说“知有所合谓之智”，一种理论、一门知识只有在与实际吻合时，包括从历史中得出经验、从实践中得到招数，回到实践能够启迪思维、判别是非曲直、更新观念，才能上升到智慧层面，而只有用包含智慧的理论和知识作为教材，才能让学习者掌握及时发现问题、正确分析问题和妥当处理问题的思路和方法，从而达到增强能力、提高素质的教学目的。基于这样的考虑，本书自始至终关注分析方法，不厌其烦地告诉读者，政府征税有成本。税收制度设计和政策的选择，不能只是考虑财政利益，只考虑形式优美（如国际接轨、法规健全），只考虑对经济增长的效应，还要考虑对绝大多数人民群众幸福程度的影响。任何税收制度和政策的改变都有成本，即产生降低社会福利的负面影响，希望读者通过学习掌握“两害相权取其轻”的思维方法，当遇到制度变革和政策改变时善于找到代价较低的方案，以此达到实际增进社会福利的目的。

3. 创新性和本土性。作为应用经济学分支的税收学，不可避免地要高度关注当前财政经济实践，从实际中获得问题，为解决问题而检验理论、创新理论。本书将分析和解决当前遇到的重大财政税收问题作为贯穿教材的主线，尽可能给出各种理论模式和已经或正在实践的各种方案，通过比较评论，以启迪正确思维和可行方案的产生，提高学习者的理论应用能力。在分析当前中国财税问题时，他山之石可以攻玉，他国经验教训应当借鉴，本书着力吸收西方财税文献特别是已出版的教科书中蕴含智慧之光的思想和实践成果，力求内容上体现先进性和前沿性。但科学的财政税收理论的任何结论都是基于严格假定前提的，前提变了，结论就不正确。而前提所反映的往往是那个时代、那个国家、那个民族人的活动行为中最普遍的特征。因此，经济学作为社会科学是民族的、时代的，不存在能够解释、处理经济财政税收问题的普世而皆准的经济学说和财政原理。财政税收实践也是具体的、差异的、民族的、时代的，每个时代、每个国家都有其特殊的财政税收行为、财政税收现象，财政税收制度和政策的产生都有其经济社会背景，都只能在特定的文化环境中才能有效运行。英语国家（尤其是美国）的财政税收制度，基于英美等国经济社会文化条件，往往不是很适合于中国。在这个背景下产生的财政税收理论，要么因为不能解释中国现实问题或者不能为解决问题提供有用的思路和方略，而变得无用；要么因为读者囫囵吞枣、食洋不化、生搬硬套、误导误用，而对财政税收实践产生弊害。中国的税收学需要研究中国特殊的税收现象、特有的税收行为。

本教材考虑到中国仍属于不发达市场经济国家，而且存在着与西方国家很不相同的独特的文化体系和人际关系机制。受经济、社会、文化的影响，中国存在许多特殊的税收现象，促使财富从农村地区和相对不发达地区向大中城市流动的非对称财政税收机制、税收制度的字面规定与实行结果的较大差异、正税不轻苛捐杂税很重、“暗税”的存在等。税收学只有对一个国家实际存在的特殊税收现象加以充分阐述时，税收学才具有智慧之学、经世之学的功能，税收学的有用性才能提高。分析研究中国国情下的特殊税收现象，发现其特征、揭示其规律是中国税收学的重要任务。因此，本教材致力于构建一套能解释中国不发达市场经济条件下税收的特殊现象的概念和逻辑体系，从而培养学生掌握中国现实条件下税收学理论范式、税收制度设计的原则和方法以及处理税收问题的思维方式。

4. 通俗性和透彻性。经济学的数学化使经济学更加严密且富有逻辑，在一些场合可以使复杂问题变得简洁、确定，但在不少场合也往往使简单问题复杂化，三言两语就能说清楚的事情，可能用了十分复杂的数学公式，在貌似高深背后只是一种数学游戏或蒙人把戏。另外，在应用场合，往往更多地需要文字表达。因为对多数人而言，习惯于文字思维方式，而不习惯于符号表达方式，对没有学过数学或数学知识有限的人更是如此。本书作为一门入门式教科书，在阐述原理时，将尽可能少用或不用数学和曲线。对来源于用高深数学表达的理论原则，也通过理解辨析，抽取其中思想精华，用文字表述展现。在本书写作过程中，作者尽可能站在读者立场，使本书读起来轻松、易懂、富有启发，因此本书努力做到概念准确、逻辑清晰、文字简练、阐述通俗，在通俗中体现透彻、体认深邃。

5. 时效性和准确性。中国税收法律规章，除全国人民代表大会通过的税法、国务院发布的税收条例和税法实施细则外，还包括财政部、国家税务总局、海关总署等部门发布的实施细则、通知、规定、办法、命令、公告等（通称文件），这些文件往往采用新文件优于旧文件、旧文件与新文件不冲突时旧文件仍然有效的制定规则，每一个文件一般都写上“以前的文件如果与本文件有冲突，以本文件为准”的话语。因此，就出现发布新文件时，以往的文件有的文件全文失效、有的文件部分失效的情况，为了使本书税法规章部分保持时效性和权威性，笔者尽可能按税制要素对法律规章和文件进行全面的比对梳理、归纳整理，并一一注明法律法规条号和文件文号，以便查阅和更新。所引用的法律文件截至 2010 年 7 月底。本书对法律解释仅供参考，执行应以官方的正式文件为准。

本书第二版的修订和编写分工是：杨斌负责修订或重写第一至十二章、第十七章，宋小宁负责修订第十三、十四、十五、十六章，张芳芳负责修订第十八章，邱强负责修订第十九章、第二十一章第二、三节，汪维维负责修订第二十章第一节、第三到第七节、第二十一章第四、五节，李虹艳负责修订第二十章第二节、第二十一章第一节，邱慈孙负责修订第二十二章。本书副主编熊巍博士对第二篇修订稿进行修改，最终由主编杨斌教授修改定稿。

总而言之，笔者想提供一本好的中国税收学给广大同学和学界同仁。这个愿望能否实现，只有等读者来评判。感谢科学出版社付出的辛勤劳动。

编　者

2010 年 9 月 21 日

第一版前言

本书是为综合性大学、高等财经院校财政学、金融学、会计学、工商管理、法学等专业编写的教材，可供《国家税收》、《税收学》或《税收概论》、《中国税制》、《税法》等课程作教学用书。内容包括中国税收基础理论、中国税收制度和税收管理3大部分。

本书在理论阐述上以劳动价值学说和剩余产品价值学说贯穿始终，又注意借鉴吸收古今中外正确的治税思想与方法，进行创新和发展。注重论述系统性、概念准确性、方法可靠性、观点新颖性，注意吸收近几年我国税收理论研究成果中科学成分。密切联系中国的国情和经济社会体制的特色，以解决改革实践中出现的现实问题为出发点，努力澄清有关税收的模糊认识，提供正确的分析研究税收问题的思想方法。为了既能帮助读者了解西方税收理论的核心内容，又能保持本书基础理论的统一性，我们将最优税收理论概述作为附录。

在税制和管理实务阐述上，力求资料权威、正式、最新，论述系统、全面、清晰，内容详细、准确、实用，主要以1994年税制改革后正式公布以及过去正式公布仍有法律效力的税法、条例、实施细则、征税办法等规范性文件为依据，就现行各个税种详细解释其制度、政策规定，并涉及税收管理的基本方面。所引用的法律文件截至2002年9月底。本书对法律解释仅供参考，执行应以官方的正式文件为准。

本书还可作为纳税人纳税指南和财政、税务、海关、审计、司法等系统干部和企业人员的业务手册。

本书由厦门大学经济学院财政系部分教师及博士生、闽江学院公共经济学与金融学系部分教师集体编写，由杨斌教授担任主编，雷根强教授和胡学勤博士担任副主编。本书是编写者承担国家自然科学基金资助项目（70173010）、教育部人文社会科学“十五”规划项目（01 JB790040）的成果之一。编写分工是：杨斌编写导论、第一至六章（其中第五章第三节由万慧勇编写，胡学勤参与编写第四章第二节和第五章第二节）、第十四章、第十五章、第十七章第五、六节，胡学勤编写第一至六章的提要、总结、思考题、计算题，陈松青编写第十四章和第十五章的提要、总结、思考题、计算题，杨斌、林汉隽编写第七章，杨斌、赵春红编写第十二章，雷根强编写第八章、第九章，雷根强、熊巍编写第十章、第十八章，熊巍编写第十一章，漆亮亮编写第十六章和第十七章的前四节，赵春红、胡学勤编写第十三章，胡学勤编写第十九章、第二十一章，邱慈孙编写第二十章、第二十二章，附录由刘玉龙编写。全书由主编杨斌教授、副主编雷根强教授和胡学勤博士修改定稿。

编　者

2002年10月30日

目　　录

第一篇　税收理论

第二篇　税收制度设计原理

第三篇 中国税收法律制度

第四篇　税 收 管 理

第一篇　税收理论

第一章

税收概念和中国税收概况

本章为读者提供入门性的主要概念，首先阐述税收的内涵和外延，纳税人、税基、税率等税收要素，税收类别。其次概述中国当前主要的税收事实，从广义角度弄清政府征收了哪些税收，政府获得的狭义的、广义的税收，正税、杂税、暗税总量占国内生产总值的比重、占政府收入的比重，知晓政府对新增国民财富的占用情况；也简要叙述税收管理和税制改革的情况。

第一节　税收概念和分类

一、税收概念

（一）税收概念

从汉字的解析角度看，税从禾、从兑，本义是田赋，政府征收的农产品。最初是税、租同义，《说文》说“税，租也”，都是表示抽取农产品的一定比例或数额。后来赋、税、租稍有差别，敛财曰赋，敛谷曰税，田税曰租[①]，赋主要用于军队给养，而税和租满足政府一般开支，所谓有税有赋，“税谓公田什一及工、商、衡虞之入也。赋共车马、兵甲、士徒之役，充实府库、赐予之用。税给郊、社、宗庙、百神之祀，天子奉养、百官禄食庶事之费”[②]。再后来对租、税、赋不加严格区分，习惯上将税、税收、租税、赋税当成一回事，也与西方关于税收（tax[③]）的概念一致，即税收是政府对其管辖下的经济活动主体（包括个人、团体、企业等）所拥有的货币、实物或劳动力本身按一定比例的征收，是经济活动主体为维持政府满足公共需要所作的贡纳。税收因其征收的对象、税款用途、征收方式、立法层次的不同存在很多具体的表现方式和名称，如人头税、力役，所得税、工薪税，田赋、财产税，营业税、增值税、关税、消费税，社会保险税或社会保险捐，比例税、累进税，基

---

① 史游，《急就篇》。

② 班固，《汉书》，卷二十四上，《食货志》第四上。

③ Tax is a contribution for the support of a government required of persons, groups, or businesses within the domain of that government（《美国传统词典》）.

金、正税、杂税、暗税等。

税收天然地与政府相联系，只有经济活动主体对政府所作的贡纳才能被称为税收。而对社区（如居住小区）缴纳的货币（如物业费）尽管也有明确的计收对象和比例，用于社区公共需要但不属于税收；某些经济行为如稿酬、特许权使用费按销售额一定比例抽取，虽称之为版税，但属于类比说法不属于税收范畴。政府的某些征收有时并不以税的名称出现，但由于是政府按比例对特定对象的无偿占有，实际上也是税收，如目前中央或地方政府为特定目的而向企业、个人征收的各种“基金”、“费”，名称不为税，但本质上是税收。

在法制比较健全的社会中，非经人民同意不得课税，政府不论以税收名义还是以其他名义的任何课征均需要通过议会正式立法才能推行。但在法制不健全的社会中，经常出现一部分财政收入形式（往往以税为名）通过议会或其他形式的人民代表机构立法，而一部分财政收入形式（往往以费或基金等名称）由政府或其下属部门、甚至地方各级政府或部门通过文件通知形式决定课征，其中有的属于临时性质、有的永久开征，往往形式多样、负担不轻，甚至在数量上超过法定的税收。在这种情况下，我们一般称通过正式立法的税收为正税，而未通过正式立法的各种具有税收性质的课征为杂税（或杂项负担）。历史上力役是很重要的一项杂税负担形式，力役又称劳役，就是直接征用劳动力进行道路、水利、楼堂馆所或其他公共工程建设或服务。

在中国特定的历史时期，政府还通过价格机制向特定的经济活动主体征集货币或实物，例如在对粮食等主要农作物实行统购统销、农用工业品实行计划调配的体制下，政府通过人为提高农用工业品的价格，以高于其价值出售给农民；而同时人为降低粮食等农产品价格，让其销售价格低于其价值，从而获得价格“剪刀差”，由于其实质是对农民课征间接税，而“纳税人”并不知觉，学术界将这种课征方式称为“暗税”。在当代中国，由于土地所有权制度作了完全不利于农民的安排，在工业化和城市化过程中，农民不仅不能获得土地升值利益，而且还由于其被征用的土地资源补偿不足而造成财富流失。这种人为的不平等法律安排，本质上也是设置了对农民征收“暗税”的规则。[①]

为了厘清各种错综复杂的政府课征现象，从现象看本质，有必要进一步弄清税收的基本特征，以便区分税收与其他财政收入形式的区别，避免从名称做文章，从实质上弄清税收的规定性，从而发现其数量特征。

（二）税收特征

税收是最主要的财政收入形式，与其他财政收入形式相比具有强制性、无偿性、确定性、均一性 4 个基本特征。

---

① 笔者曾经估算出 1987～2001 年期间，平均每年被征用的耕地为 214 万亩，每年平均通过耕地征用补偿不足向农民索取的“暗税”至少 1712 亿元。参见杨斌，《将农民缴纳的“钱”还给农民——逐步建立解决“三农”问题的财政机制》，《涉外税务》，2004 年第 3 期。

1. 强制性

税收的强制性特征体现于依法征税。税与法有不可分割的联系。政府要征税必须颁布税收法律、法令，并通过专门机构执行，因为税收只存在于政府公共利益与个体（集团）利益有差别的场合，公共利益与个体（集团）利益的矛盾使交纳主体不可能在没有法律威慑情况下自愿地将其拥有的财富无偿贡献给政府，必须通过税法协调课征主体和交纳主体的利益冲突。税法是政府法律体系的重要组成部分，是规范征税主体和纳税主体的行为准则，税法一经颁布就体现政府意志。政府征税机关、司法审判机关必须依法办事，不能以个人或单位意志代替政府意志、以个人或小集团利益侵害整体利益，也就是说政府公共权力主体以法治税而非以权治税；交纳主体必须依法纳税，偷抗骗税要受到制裁。征纳双方均须依法办事，不能讨价还价、以情代法、以权代法，违反税法要受处罚，这就是税收的强制性，这一特征使税收有别于公债、国有资产股息红利、上缴利润等财政收入形式。

中国学术论坛上，有的同志认为，不适当地渲染税收以公共权力为依据的强制性会使纳税人产生被迫感和重负感，最终导致征纳双方关系紧张，因而要否定税收具有强制性特征的说法，主张观念“更新”，提倡税收具有自愿贡纳特征。持这种观点者主观愿望是好的，人人自愿纳税求之不得。但税收的强制性是几千年税收历史的客观事实。在法制社会中，强调税收的法律强制性不会导致征纳关系的紧张，反而有利于征纳关系的协调和民众纳税意识的培养，因为征税方按税法规定的行为准则行事，纳税方就有安全感，产生被迫感、重负感的只是不按税法办事的偷抗骗税者。在当前的生产力水平和社会状况下，否定税收的强制性、过分宣传自愿纳税只会使偷抗骗税更加严重。为了使征税成本降低，我们希望越来越多的人能够自愿报税、纳税，但西方国家的税务管理实践证明，自愿报税的前提是对偷抗骗税的严厉惩处，是法律威慑和强制的结果，基于法治文化，也基于将偷抗骗视为偷盗公共利益，将诚信纳税视为美德的信任文化。要做到纳税人自愿上门报税，还必须建立公平明确的税法体系，形成严格执行税法的执法、司法及中介代理组织，构造疏而不漏的税收信息系统，推行普遍的源泉控制办法，使纳税人的一切经营、收入情况都处于征收机关控制之下，同时征收机关的一切行为、政府对税款使用行为也在人民代表机构及法律、行政监督机关监督之下。这就是说自愿报税的税收文化环境的形成仍然有赖于强制性。强制性是税收的固有特征。

我们认为税收具有强制性特征，并不意味着强制性就一定好，只是说明其客观存在、是事实。税收是历史的产物，人类的理想社会是无税社会，世界上尽管存在很不相同的世界观、有许多的思想体系，而对无税社会的向往与对税收的憎恶却很相同。《圣经》将税吏与魔鬼、罪人并列。马克思主义认为税收是国家的经济基础，而人类的理想社会是没有剥削、压迫、没有国家、也自然没有税收的共产主义社会。富兰克林说过，世界上只有两件事是不可避免的，那就是税收和死亡。在中国轻徭薄赋成为历代志士仁人的共同理想追求。因此，我们强调强制性的目的还在于提醒目前和将来的税收决策者、立法者和执法者注意税收的弊害，要尽可能选择社会福利损失最小的税收制度和政策。

2. 无偿性

税收基本特征之二是无偿性或称不直接返还性，体现于政府征税时不向纳税人支付等价物或报酬。政府取得的税款转化为财政支出用于设立各种公共产品、满足社会公共需要，单个纳税人或多或少从中获得利益，但其所获利益与所纳税款价值上不一定相等，纳税多者所获不一定较多，纳税少甚至不纳税的人却可能获得较多的公共产品利益。税收的不直接返还性由公共产品的消费非竞争性和排他不可能性等特点决定。

中国有的学者认为税收不具有无偿性特征，认为税收是经济活动主体因享受和消费政府提供的公共产品而分担的社会共同费用，因此税收是公共产品的价格，与购买商品和劳务支付货币一样体现等价交换原则，是有偿的。这实质上是西方的“利益交换说”。利益交换说由古希腊先哲伊壁鸠鲁提出，17、18世纪在西方盛行，霍布斯、孟德斯鸠、亚当·斯密等曾系统阐述，核心思想是公众应按各自从政府提供公共产品中享受利益的多寡缴纳税收，其主要缺陷在于混淆公共需要和个人需要的差别。由于公共产品的非竞争性和非排他性特征，公共产品无法定价，政府以税款建立行政机关、举办公共工程、提供公共需要到底给每一个纳税人提供多少利益无从计量，等价交换无从谈起。如果每个人从政府公共产品的提供中获得的利益可以计量，那么就完全可按商品市场通行的做法那样一手交钱，一手交货，就没有必要建立这么复杂的财政税收制度。正是因为在公共产品领域无法进行等价交换才需要税收这一财政收入形式。否定无偿性、强调利益等价交换，对征税实践也会带来危害。如果贯彻等价交换原则，那么征税的前提条件是政府要给纳税人与税款等价的利益，否则纳税人可以拒绝纳税。而实际上政府不可能给纳税人与其所付税款等价的利益，税收因而无法征收。

有的学者认为税收具有“整体有偿性”特征。这种观点从整个财政体系的应有性质即取之于民用之于民角度，是可取的，也是有意义的。但仅指税收特征就不够妥帖。财政包括收入、支出两个方面，且有多种收入形式，税收毕竟只是财政收入形式之一，从“收”这一角度谈不上有偿，纳税人纳税时并未得到任何报酬或代价，纳税的最直接表现是对政府的无偿贡献，将来从政府使用税款即提供公共产品中能获得多少利益，纳税时是不确定的。整体有偿性作为治税思想有积极意义，因为其希望人民缴纳的税收不被政府随意使用，税款要用在使人民得益的场合，征税的总体数量上应该不超过人民所得到的利益。但整体有偿性不是税收的基本特征；而无偿性或不直接返还性使得税收与公债、规费等财政收入形式区别开来，才是税收的基本特征。

3. 确定性或固定性

税收是政府公共权力主体对交纳主体的财富所有权或占有权的一种“侵犯”，是利益的分配，征税过程始终贯穿着公共利益和个体（集团）利益的矛盾。为了使这种矛盾减至最低限度，税款的征收不能是随意的、可多可少的，而应是确定或固定的，对什么人征、对什么客体征、征多少、征税办法、征税的时间和地点、征税机关的权利义务，都要通过税法明确规定。纳税人只要发生应税的业务、收入或行为就必须按税法规定按时如数纳税，不得不纳、少纳或迟纳。征税机关必须按税法规定行使征税权，不能随意改变征税标准，不得多征、随意减免或改变纳税时间地点。

有的同志把固定性误解成永远固定不变，认为税收制度和政策都不是固定不变的，因而认为税收不具有固定性特征。这种观点持有者只从字面意义上理解。固定性实际上指税法的确定性，因而讲确定性更准确、更容易理解。税收制度和政策随社会生产力和社会生产关系的变化而改革、发展，不可能一成不变，但改革和发展的结果要体现在税法中，一定时期内保持稳定，不能朝令夕改，因此，确定性或固定性是税收的固有特征之一。

4. 均一性

既然税收是公共利益和个体（集团）利益矛盾的产物，交纳主体向政府纳税是无偿交纳，那么税收存在并被人们认可的一个前提条件是均一，因而均一性构成税收的基本特征。征税不均一，不能做到一视同仁，税负畸轻畸重，公共利益和个体利益的矛盾就不可调和，税收的存在就成问题。税收的均一性要求同种产品、同种行为、同种或同类征税对象、同等纳税能力的纳税人纳一样或同量的税。税法体现了这一特征。例如，增值税、货物税法一般规定以货物销售为征税对象，同种应税货物销售适用同一税率；自产货物用于投资、生产者集体福利、生产者个人消费以及无偿赠送他人等不属对外销售，但实际上等于将自己生产的货物销售给自己，视同对外销售纳入征税范围。所得税法规定统一的征税范围、费用扣除标准、税率和计税办法，使实质相同的同量所得、有相同纳税能力的人交纳同样同量的税。不体现均一性特征的财政收入征集形式不属于税收范围。例如，1994 年税制改革中废止的《国有企业调节税征收办法》规定："调节税以纳税人年度应纳税所得额为计税依据"，"税率由财税部门同企业主管部门核定"，"核定调节税税率时，先核定企业的基期利润。企业 1983 年实现利润，调整由于变动产品税、增值税、营业税税率以及开征资源税而增减的利润后，为核定的基期利润，核定的基期利润扣除按 55%计算的所得税和 1983 年合理留利后的余额，占核定基期利润的比例，为调节税税率。没有余额的，不核定调节税税率。"国有企业调节税以国营大中型企业所得税后利润超过企业合理留利水平的部分为征收对象，合理留利一般以 1983 年企业实际留利为基数核定，而这一基数一个企业一个样，因此调节税只能以一户一率形式出现，做不到同类对象同样征税，实质上是利润上交而不是税。均一性特征不仅使税收与一户一率分配形式区别开来，而且使之与规费、摊派等财政收入形式区别开来。明确认识税收的均一性特征对建立规范化的税收制度具有重要意义。

总之，一种财政收入形式是否为税收决定于其是否同时具备上述 4 个基本特征。同时具备上述 4 个特征，即使没有税的名称也是税；否则，即使冠以税的名称，也不是税。

二、税收基本要素

按照税收概念，税收涉及征收主体、纳税主体、征收客体、征收程度等内容，相应的，其基本要素包括税收管辖权、纳税人、税基和税率等。

（一）税收管辖权

税收的征收主体是政府，政府独立自主地制定法律、设立机构对特定的经济活动主体（包括个人、企业、团体）征收税收的权力就是税收管辖权（jurisdiction to tax）。政府行使税收管辖权，可以基于两个基本因素。首先可以基于它所管辖的人的范围，一个国家的政府可以对受本国管理的所有的人包括个人居民或公民、企业、团体等行使税收管辖权。就是说，只要是本国居民或公民，不论其所获取的收入或财产是否来源于本国，都要对本国承担纳税义务。一个纳税人是否成为一国的税收管辖对象，在自然人方面，就看其是否为本国居民或公民，其主要判断标准是纳税人在征税国是否存在住所、居所或具有征税国国籍。在法人方面，就看其是否在征税国注册或在征税国设有总机构或设有管理控制中心等。这种按照属人主义原则，以国家主权所能达到的人员范围为依据，以居民或公民为标准，行使的税收管辖权就称为居民或公民税收管辖权。在行使这种税收管辖权的情况下，一个国家的政府可以要求纳税人就其来源于境内和境外即世界范围内的所得或财产承担纳税义务。

一国政府还可以基于它所管辖的地域范围（包括领土、领海、领空）来实施其税收主权，就是说一国政府可以对与本国有经济源泉关系的所得或财产行使税收管辖权，只要所得或财产来源于本国境内，本国政府就有权对其征税，而不论所得的获得者或财产的拥有者是否为本国居民或公民。对非居民纳税人而言，只有在所得来源国或财产所在国履行了纳税义务，才能将有关所得或财产转移出境。这种按照属地主义原则，以国家主权所能达到的地域范围为依据，基于所得来源地或财产所在地而行使的税收管辖权，称为收入来源地税收管辖权（source jurisdiction to tax）。在行使这种税收管辖权的情况下，对来源国而言，非居民纳税人只承担部分纳税义务，即只就其在来源国境内获取的所得或拥有的财产承担纳税义务，该纳税人在这个来源国境外获得的所得或拥有财产，则不在该国税收管辖权管辖范围之内。

目前绝大多数国家都将两种管辖权同时并用，一方面作为居住国要求本国的居民纳税人就其从世界范围获得的所得或拥有的财产承担纳税义务；另一方面作为收入来源国要求从境内获得各种所得或在境内拥有财产的非居民纳税人承担纳税责任。也有少数国家和地区只实行收入来源地税收管辖权。

（二）纳税人

从税收概念中可以看到，税收是由政府管辖下的个人、企业或团体支付的，但并不是所有的个人、企业或团体都是纳税人。纳税人（taxpayer）又称纳税义务人，是税法规定的直接负有纳税义务的个人、企业或团体，是缴纳税款的主体，包括自然人和法人两类。每一种税都有关于纳税义务人的规定，如果不履行纳税义务，则该行为的直接责任人应承担法律责任。但是纳税人不一定就是负税人。在存在税负转嫁的情况下，纳税人不是负税人；在不存在税负转嫁的情况下，纳税人与负税人一致。因此，纳税人是法定的税收缴纳者，而负税人是指最终实际负担税收的人，是经济意义上的税收缴纳者。本书将在第六章分析纳税人与负税人分离的情况与规律。不过本书在多数场合，特别是在将税收缴纳主体作为整体进行理论分析时，所采用的纳税人概念往往等同于负税人即经济意义上的税收缴纳者。

（三）税基

纳税人向政府缴纳税收不是任意、随便的，而是按税法规定从征税对象中抽取一定比例或一定数额上交政府。征税对象又称课税对象、征税客体，是指对什么征税，即征税的标的物，包括应税的项目、事件、交易、行为等，不同的税种有不同的征税对象。例如消费税的征税对象是应税商品或劳务项目，流转税（营业税、周转税）的征税对象是商品和劳务交易额，所得税的征税对象是一定时期纳税人净收入，财产税的征税对象是纳税人的财产权。征税对象在质上通过税目（tax item）加以具体化，在量上通过计税依据加以具体化。税目是税法规定的征税对象的具体项目，反映具体的征税范围，代表征税的广度。计税依据又称税基（tax base）①，是计算应纳税额的根据，反映具体征税范围内征税对象的应计税金额或数量，例如财产税的税基是应税财产权的货币价值。

（四）税率

税率（tax rate）也是税收领域最常见的名词之一。税率一般情况下是应纳税额与计税依据的比率；但增值税税率是至纳税阶段止，应税货物或劳务全部已纳税额与该阶段计税依据的比率。税率的高低，体现着征税的深度，反映着国家在一定时期内税收政策的趋势，关系着国家财政收入与纳税人负担水平。同一性质的计税依据，不论数量大小，都按同一比例征税的制度为比例税率（flat rate or proportionate rate）；按征税对象的一定计量单位规定固定税额的为定额税率。税基或计税依据数额由小到大划分若干级距或档次（bracket），对不同级距的税基适用不同税率的制度为累进税率（graduated rate or progressive rate）。在实行累进税率时，税基越小，税率越低；税基越大，税率也逐级递增。通常用于所得税和财产税。

累进税率又可再分为全额累进税率和超额累进税率。全额累进税率是以税基的全额作为累进依据，当税基超过某个级距，就以全额适用相应级距的税率征税；超额累进税率是以税基超额的部分作为累进依据，税基每超过一个级距时，分别按其超额的部分适用相应级距的税率征税。其税率形式一样，但征税结果不同。例如，某纳税期适用于所得税的累进税率表（表1-1）。

表 1-1

应纳税所得额（元）	税率（%）
0～600	5
601～1000	10
1001 以上	15

假定某纳税期应纳税所得额为 2000 元。

① 税基可分为广义、中义、狭义三种。广义意义上的税基又被称为税源或税本，中义上的税基指的是征税对象，狭义上的税基即计税依据。这里我们指的是狭义意义上的税基。

若采用全额累进税率方式，则其应纳税额为300元，即2000元×15％＝300元；若采用超额累进税率方式，则其应纳税额为220元，即600元×5％＋400元×10％＋1000元×15％＝220元。

三、税收类别

为便利研究和统计，往往从不同角度对税收进行归类。

（一）流转税、所得税和财产税

征税对象是进行税收分类的主要依据。按照征税对象的不同，税收可分为3大类，一是流转税类（turnover taxes），是以商品劳务流转额（销售毛收入或增值额、销售数量、收购金额）为征税对象的一类税收，如销售税、周转税、增值税、消费税、营业税等，中国目前的资源税的税基是应税资源性产品的销售数量，虽然采用从量税，也属于流转税；二是所得税类（income taxes），是以本国居民或非居民获得的毛收入扣除成本费用或个人减免额的余额即纯收入为征税对象的一类税收，如企业所得税、个人所得税等；三是财产税类（property taxes），是以不动产或动产的存量（价值或数量）为征税对象的一类税收，如房地产税、遗产税等。习惯上把政府出于特定目的，对特定行为，就其收入或财产存量征收的税归为特定目的行为税类（behaviour taxes），从严格意义上讲，特定目的行为税可按其实际征税对象性质归入上述3大类税收。划出特定目的行为税是为了研究方便。

（二）从量税和从价税

根据税基是按货币价值还是按实物单位计量，税收可分为从量税（specific tax）和从价税（ad valorem tax）。从量税是以税基的数量如重量、件数、容量、长度、面积等为计量标准，按法定的税额计征的税。例如对麦芽酿造的啤酒的普通进口关税按每升7.5元计证，黄酒的消费税按每吨240元计证，大城市的城镇土地使用税按每平方米1.5元至30元计征（具体标准由各省市自治区确定），对未曝光窄短彩色胶卷的普通进口关税按每平方米433元计证，对原油按税额幅度8～30元/吨课征资源税，按3.3分/吨公里征收铁路建设基金等。从价税是以税基货币价值为计量标准，按法定税率计征的税。目前大部分税种都是从价税，如增值税、营业税、消费税、企业所得税、个人所得税等。某些税种对某些税目还采用了从价和从量相结合的方法，例如对粮食白酒、薯类白酒的消费税既要按20％的税率征收从价税，还要按每500克（1市斤）0.5元的定额税率征收从量税；对广播级磁带录像机的普通进口关税，完税价格不高于2000美元/台的，按130％税率征收从价税；完税价格高于2000美元/台的，既要按6％的税率征收从价税，还要按每台20 600元的标准征收从量税。这种征收方式被称为复合税。

对从价税，以税收与价格关系为标准，还可区分为价内税（taxes included in price）和价外税（taxes excluded from price），税金包含在价格之中的税为价内税，税金作为价格附加的税为价外税。

（三）直接税和间接税

以税收负担是否转嫁为标准，可把税收分为直接税（direct tax）与间接税（indirect tax），直接以个人收入、企业财产、自有财产为征税对象，税负不能转嫁给他人的税为直接税；以商品劳务流转额为征税对象，税负可以转嫁给他人的税为间接税。

（四）正税和杂税

从税收立法的层次角度看，税收可分为正税和杂税。一切经过议会或全国人民代表大会及其常务委员会（简称人大）通过，或由其授权中央政府、地方议会立法的税收均属于正税，目前中国全部以税收名称出现的税收以及社会保险费、排污费等均属于正税。正税有一些显著特点，如存在系统规范的法律，包括人大制定的税法或国务院授权制定的条例、实施条例或细则、解释性部门规章（红头文件）；存在专门的征收管理机构（包括国家税务局、地方税务局、各级海关、社会保险费征收机关、排污费征收机关），非专门征收管理机关无权征税。正税存在的时间比较长，法律规则和基本政策长期保持稳定。对正税的税额按一定比例加征的税收为附加。正税之外所有具有税收性质的征课方式均属于杂税，它们的名称没有冠以税收，往往以政府性基金、费、资金等形式出现，决定开征的权力主体不是人民代表机构，而是中央政府或地方各级政府，更多的是中央有关部委，征收的法律依据往往是红头文件，杂税一般以满足某种建设项目或某一方面发展需要为名目，有一定存在期限，且款项由使用单位负责征收。

（五）中央税和地方税

以税收管辖权的层次来划分可将税收划分为中央税（central taxes）和地方税（local taxes）。由中央政府立法并获得收入使用权的税种为中央税（在联邦制国家叫做联邦税 federal taxes）。由地方政府立法并获得收入使用权的税种为地方税。目前在中国，从正税角度而言，税收立法权归中央，省级政府只有对某些小税种（如城镇土地使用税、房产税等）税率和政策进行微调的权利，不存在严格意义上的地方税。目前所谓的中央税和地方税，主要针对税款归属哪一级政府而言，归属中央政府列入其本级预算的为中央税，归属地方政府列入其预算的为地方税，一部分归属中央政府、一部分归属地方政府的税为共享税。

（六）一般税和专用税

以是否在征收时规定税款的用途来区分，税收可分为一般税（non-earmarked taxes）和专用税（earmarked taxes）。大多数列入一般预算不指定用途的税种为一般税，这些税多属于正税范畴。而指定用途专款专用的税种为专用税，例如船舶吨税征收后交交通部专款专用，用于港口建设维护及海上干线公用航标的建设维护。在中国很多以基金或费的名义征收的财政收入多属于专用税，也可归入杂税范畴。例如，农网还贷资金是对农网改造贷款“一省多贷”的省、自治区、直辖市（指该省市区的农网改造工程贷款由多个电力企业承贷）电力用户征收的专门税（官方归类属于政府性基金），专项用于农村电网改造贷款还本付息。再如民航机场管理建设费（简称“机场建设费”）是政府征收的专项用于机场建设的专门税。

（七）事件税和累计税

按税基发生的周期性可将税收分为事件税（event based taxes）和累计税（activity based taxes）两类。事件税指每一次应税事件或交易发生都要课征的一类税，如各种流转税，有应税交易事件发生即征税，遗产税和赠与税在出现财产所有人死亡或生前赠与时发生纳税义务。累计税指对一个周期内进行中的各种活动累积结果征收的税收，如所得税需要在一个周期（纳税期）汇总收入和费用以其累计的净收入为税基，税基具有过程性和周期性特征。

第二节　中国税收概况

在了解了税收基本概念之后，知晓中国当前税收的概况，对进一步学习研究税收其他问题是必要的。因此本节用图表形式概述最近年份中国税收情况，包括税收结构、税收数量以及占政府收入和GDP的比重、税收征收管理情况。

一、税收结构

为全面反映中国当前的征税情况，以下首先阐述正税结构，然后说明杂税（政府性基金）的具体项目。

（一）正税结构

以下我们将人大立法和国务院发布条例征收的财政收入项目归入正税，这除了以税名称征收的税收以外，还包括社会保险费和排污费。以征税对象为依据，可将它们分类列举如下：

（1）流转税（货物和劳务税）类：增值税、消费税、营业税、关税、资源税、城乡维护建设税、烟叶税、车辆购置税。

（2）所得税类：个人所得税、企业所得税、社会保险费。

（3）财产和行为税类：房产税、城市房地产税、契税、印花税、土地增值税、土地使用税、耕地占用税、船舶吨税、车船税、排污费。

2009年各类正税扣除出口退税以后的实际征收数额为73 888.6亿元，其占2009

年全部政府收入[1] 107 831.66亿元的68.52%，占GDP的比重为21.70%。如果不包括社会保险费和排污费，正税总额为59 521.59亿元，占政府收入的比重为55.20%，占一般预算收入68 518.3亿元的86.87%，占GDP比重为17.48%。说明一般预算的主要收入来源是正税。社会保险费在正税中的权重已经相当大，但社会保险费不在一般预算中体现。

以下我们均按包含社会保险费和排污费的数据，对税收结构进行分析。就三大类税收的结构看，在73 888.6亿元的正税总额中，流转税（货物与劳务税）占51.58%、所得税（含社会保险费）占40.12%、财产税和目的行为税只占8.30%，反映出中国的税制结构为典型的流转税和所得税双主体特征，见表1-2和图1-1。从主要税种的构成看，增值税收入最多，达到了19 469.67亿元[2]，占26.35%；社会保险费14 258亿元，占19.16%，居第二位；企业所得税收入11 536.84亿元，占15.61%，排行第三；第四位为营业税，收入9013.98亿元，占12.20%；消费税居第五位，收入5015.95亿元[3]，占6.79%；第六位为个人所得税，收入3949.35亿元，占5.35%；其余小税种合计10 744.81亿元，占14.54%。见表1-2和图1-2。

表1-2　2009年正税结构表

类别	税种	金额（亿元）	占总额百分比
流转税（货物和劳务税）	增值税	19 469.67	26.35%
	消费税	5 015.95	6.79%
	关税	1 483.81	2.01%
	营业税	9 013.98	12.20%
	城市维护建设税	1 544.11	2.09%
	资源税	338.24	0.46%
	烟叶税	80.81	0.11%
	车辆购置税	1 163.92	1.58%
	流转税小计	38 110.49	51.58%
所得税	企业所得税	11 536.84	15.61%
	个人所得税	3 949.35	5.35%
	社会保险费（征缴收入）	14 158	19.16%
	所得税小计	29 644.19	40.12%

① 2009中国政府收入总额为107 831.66亿元，一般预算收入68 518.30亿元，占63.54%；政府性基金预算收入18 335.04亿元，占17.00%；社会保险基金征缴收入14 158亿元，占13.13%；预算外收入6820.32亿元（为2007年数据），占6.32%。不包括国内外债务收入以及采取坐收坐支办法的未列入基金预算管理的收入。

② 包括海关代征的进口增值税，但已扣除出口退税。

③ 包括海关代征的进口消费税，但已扣除出口退税。

续表

类别	税种	金额（亿元）	占总额百分比
财产税和行为目的税	房产税	803.66	1.09%
	契税	1 735.05	2.35%
	耕地占用税	633.07	0.86%
	城镇土地使用税	920.98	1.25%
	土地增值税	719.56	0.97%
	船舶吨税	23.79	0.03%
	车船税	186.51	0.25%
	印花税	897.49	1.21%
	排污费	209.01	0.28%
	其他税收	4.80	0.01%
	财产税和行为目的税小计	6 133.92	8.30%
正税合计		73 888.60	100.00%

资料来源：除特别注明外均依据财政部：《2009 年全国财政收入决算表》，见 http：//yss.mof.gov.cn/2009nianquanguojuesuan/201007/t20100709_327133.html。

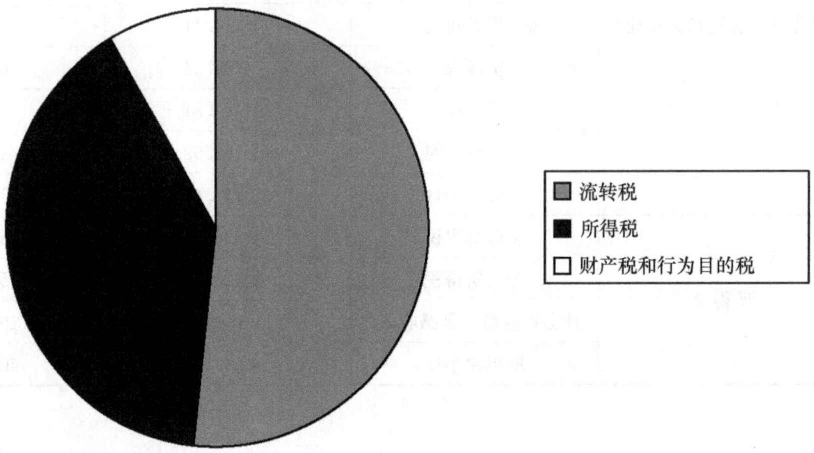

图 1-1 2009 年正税类别结构图

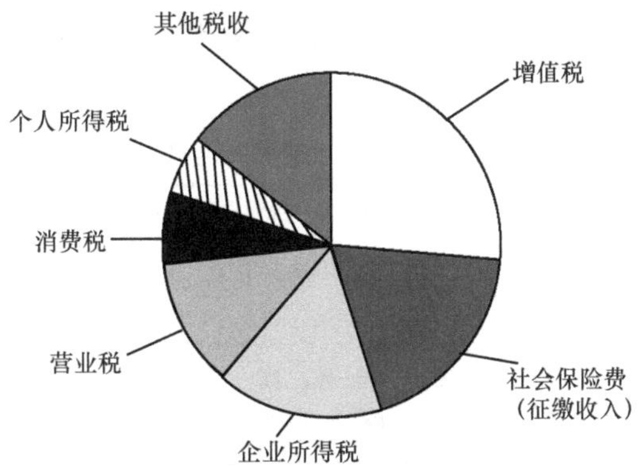

图 1-2　2009 年主要正税占正税总额比例图

（二）杂税情况

杂税的主要组成部分是政府性基金和一部分行政事业性收费项目。中国在相当长的时间里，中央部委和各省市自治区甚至更低层次的政府以基金、费、资金的名义征收大量的税收。这些收入没有被列入预算管理，被当作预算外资金，甚至存入单位小金库。这些资金脱离财政管理和各级人大监督，乱支滥用现象十分严重，不仅造成了国家财政资金分散和政府公共分配秩序混乱，而且助长了不正之风和腐败现象的发生。① 为此中央政府和财政部门从 1993 年开始进行治理整顿，取消大量不合理、不合法的收费、基金征集，并逐步将允许存在的政府性基金、收费纳入预算管理。

这些收入目前在官方的文件中，被当成所谓非税收入，这从管理角度未尝不可，但从学术角度，要从现象看本质，如果它们在性质上属于税收就应被当作税收（杂税）看待。

几乎所有政府性基金都具有税收性质。因为这些项目本质上不属于“费”、不属于资本投资报酬、不属于产品或服务购买，而是符合税收的 4 个基本特征。缴纳基金或费的人（以下简称缴费人）不能免费使用由其投资形成的设施，因此缴费人的贡纳是无偿的；缴费人在纳多少、什么时候纳受制于征收文件，不能自主选择，只要缴费行为发生就必须缴纳，否则面临处罚，强制性明显；缴费人缴纳的比例或数额是预先在文件中规定好的，确定性清楚；只要缴费人发生了同样的行为，其缴纳的项目同样、数量一致，具有均一性特征。近几年，随着中央政府的治理整顿，政府性基金项目逐年有所减少，但到 2009 年全国政府性基金仍有 34 项之多，具体项目见表 1-3，其中列入政府性基金预算管理的收入总额达到 4228.02 亿元②，我们视之为杂税总额。

某些行政事业性收费不以政府提供的服务为前提，或虽以政府提供的服务为前提，

① 国务院，《关于加强预算外资金管理的决定》，国发［1996］29 号。

② 根据财政部部长谢旭人，《关于 2008 年中央和地方预算执行情况与 2009 年中央和地方预算草案的报告》（2009 年 3 月 5 日在第十一届全国人民代表大会第二次会议上）提供的数据计算。

但收取的数量大于提供服务的成本，理论上也属于杂税范畴。由于资料搜集统计存在难度，还难以进行详细列举。这里只是提醒读者只有也把它们考虑进去，才能全面把握中国人民的税收负担真实状态。

表 1-3 2009 年全国政府性基金项目目录

序号	项目名称	征收依据	资金管理方式	征收期限
1	农网还贷资金	国务院批准，财企［2001］820号，财综［2007］3号	缴入中央和地方国库	随一省一贷体制全面建立相应取消
2	三峡工程建设基金	国办发［1993］34号，财企［2002］651号，财企［2003］155号，财综［2009］90号	缴入中央国库	执行至2009年12月31日
3	新型墙体材料专项基金	国发［1992］66号，财综［2007］3号，财综［2007］77号	缴入地方国库	
4	港口建设费	国发［1985］124号，交财发［1993］456号，财综［2007］3号	缴入中央国库	
5	民航机场管理建设费	国阅［1991］144号，国办发［1995］57号，财综字［1999］147号，财规［2000］28号，财综［2004］51号，财综［2007］3号，财综［2007］78号	缴入中央国库	执行至2010年12月31日
6	民航基础设施建设基金	国发［2002］6号，财综［2004］38号，财会［2004］8号	缴入中央国库	
7	铁路建设基金	国发［1992］37号，财工字［1996］371号，财综［2007］3号	缴入中央国库	
8	铁路建设附加费（福建）	国发［1998］17号，财综［2001］26号，财综［2007］3号	缴入地方省级国库	执行至2010年12月31日
9	散装水泥专项资金	国函［1997］8号，财综［2002］23号，财综［2007］3号	缴入地方国库	
10	育林基金	《森林法》，经重［1988］122号，林财字［1991］74号，（91）财农字第333号，（93）财农字第144号，财综［2009］32号	缴入中央和地方国库	在法律未作调整的情况下继续保留
10-1	集体育林和更改基金	同上，四川省林财［1986］20号	缴入地方国库	同上

续表

序号	项目名称	征收依据	资金管理方式	征收期限
10-2	国有育林和更改基金	同上，四川省林财［1986］20 号	缴入地方国库	同上
10-3	维简费	（93）财农字第 144 号	缴入地方国库	同上
10-4	林业维简费	（93）财农字第 144 号，黔府办［1989］39 号	缴入地方国库	同上
11	林业基金（山西）	《森林法》，财综函［2003］1 号	缴入地方国库	同上
12	森林植被恢复费	《森林法》，财综［2002］73 号	缴入中央和地方国库	同上
13	水利建设基金	国发［1997］7 号，财综字［1998］117-145 号	缴入中央和地方国库	执行至 2010 年 12 月 31 日
14	大中型水库移民后期扶持基金	国发［2006］17 号，财综［2006］29 号，监察部、人事部、财政部令第 13 号	缴入中央国库	
15	大中型水库库区基金（含跨省大中型水库库区基金，青海、广东、重庆、四川、吉林、山西、河北、陕西、甘肃、江西、安徽、湖北、湖南、贵州、海南、福建、广西、辽宁、云南、黑龙江）	国发［2006］17 号，财综［2007］26 号，财综［2008］17 号，财综［2008］29 号、30 号、31 号、32 号、33 号、34 号、35 号，财综［2008］64 号、65 号、66 号、67 号、68 号，财综［2008］85 号、86 号、87 号、88 号、89 号、90 号，财综［2009］51 号，财综［2009］59 号，财综［2010］15 号	缴入中央和地方国库	
16	三峡水库库区基金	国务院令第 299 号，国发［2006］17 号，财综［2007］69 号	缴入中央国库	
17	南水北调工程基金（北京、天津、河北、江苏、山东、河南）	国函［2002］17 号，国办发［2004］86 号，财综［2009］21 号	缴入中央国库	根据工程建设情况确定
18	新菜地开发建设基金	《土地法》，《国家建设征用土地条例》，［1985］农（土）字第 11 号	缴入地方国库	在法律未作调整的情况下继续保留
19	城市公用事业附加	（64）财预王字第 380 号，（78）财预 26 号，（78）建发城 584 号，财综［2007］3 号	缴入地方国库	

续表

序号	项目名称	征收依据	资金管理方式	征收期限
20	文化事业建设费	国发［1996］37号，财税字［1997］95号，国办发［2006］43号	缴入中央和地方国库	
21	国家电影事业发展专项资金	国办发［2006］43号，财教［2006］115号	缴入中央国库	
22	城市教育费附加	《教育法》，国务院令第60号，国发［1986］50号，国发明电［1994］2号、23号，［1992］财预字第111号	缴入中央和地方国库	在法律未作调整的情况下继续保留
23	地方教育附加（辽宁、安徽、福建、四川、江苏、广西、宁夏、贵州、青海、河北、山东、浙江、内蒙、云南、黑龙江、湖南、湖北、江西、新疆）	《教育法》，财综函［2003］2号、9号、10号、12号、13号、14号、15号、16号、18号，财综［2001］58号，财综［2004］73号，财综函［2005］33号，财综函［2006］9号，财综［2006］2号、61号，财综函［2007］45号，财综函［2008］7号，财综函［2010］2号、财综函［2010］2号、7号、8号	缴入地方国库	同上
24	地方教育基金（江苏）	《教育法》，财综函［2003］12号	缴入地方国库	同上
25	旅游发展基金	国发［1995］57号，旅办发［1991］124号，财外字［1996］396号，财行［2001］24号，财综［2006］3号	缴入中央国库	执行至2010年12月31日
26	残疾人就业保障金	《残疾人保障法》，财综字［1995］5号、财综［2001］16号	缴入地方国库	在法律未作调整的情况下继续保留
27	煤炭可持续发展基金（山西）	国函［2006］52号，财综函［2007］3号，发改办能源［2007］1805号，晋财煤［2007］8号	缴入地方国库	
28	水资源补偿费（山西）	国务院批准，计基础［2001］349号，财综［2001］62号，财综［2007］3号，财办综［2009］5号	缴入地方国库	执行至2010年12月31日
29	电源基地建设基金（山西）	国务院批准，计价管［1997］440号，财综［2002］33号，财综［2007］3号	缴入地方国库	执行至2010年12月31日

续表

序号	项目名称	征收依据	资金管理方式	征收期限
30	高等级公路车辆通行附加费（海南）	财综［2008］84 号	缴入地方国库	
31	国家茧丝绸发展风险基金	国阅［1996］151 号，国茧协［1997］11 号，财综［2004］40 号，财综［2007］3 号	缴入中央国库	执行至 2009 年 12 月 31 日
32	中央对外贸易发展基金	国函［1996］17 号，财综［2007］3 号	缴入中央国库	执行至 2009 年 12 月 31 日
33	城市基础设施配套费	计价格［2001］585 号，财综函［2002］3 号	缴入地方国库	
34	小型水库移民扶助基金	国发［2006］17 号	缴入地方国库	

资料来源：财政部，《关于公布 2009 年全国政府性基金项目目录的通知》，财综［2010］18 号。

二、税收总额及其占政府收入和 GDP 的比重

根据上述计算，我们得知 2009 年税收总额为 76 116.62 亿元。其中，正税 73 888.6亿元，占 94.59%，杂税 4228.02 亿元，占 5.41%，见图 1-3。税收总额占政府总收入的比重为 72.44%，占 GDP 的比重为 22.94%，见表 1-4。情况表明，杂税虽然项目繁多，涉及面很广，负面影响比较大，但征收数额有限，占全部税收的比重不到 6%，应当逐步取消。另外，在政府总收入中，税收（包括正税和杂税）以外一般预算收入、列入政府性基金管理的土地转让收入以及预算外收入占近三成比重。

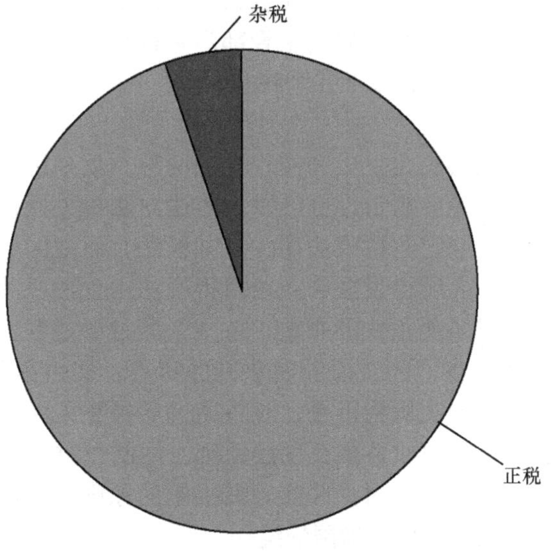

图 1-3　正税和杂税比重

表 1-4 2009 年税收总额占政府总收入和 GDP 比重表

项目	金额（亿元）	占政府总收入的比重	占 GDP 的比重
正税收入	73 888.60	68.52%	21.70%
杂税收入	4228.02	3.92%	1.24%
税收总额	76 116.62	72.44%	22.94%
政府总收入	107 831.66	100.00%	31.67%
国内生产总值（GDP）	340 507.00		100.00%

三、中国税收管理和征收

《中华人民共和国税收征收管理法》（简称《税收征管法》）第三条规定："税收的开征、停征以及减税、免税、退税、补税，依照法律的规定执行；法律授权国务院规定的，依照国务院制定的行政法规的规定执行。任何机关、单位和个人不得违反法律、行政法规的规定，擅自作出税收开征、停征以及减税、免税、退税、补税和其他同税收法律、行政法规相抵触的决定。"但是中国文化的一个重要特征是名称重于实质，这部法律管辖的只是具有税收名称的税，而没有税收名称但实质上属于税的各种政府征课（如具有税收性质的各种所谓政府性基金、收费，即杂税）则不受此法律管辖。因此，要完全地弄清楚中国税收的管理体制和征管机构设置情况，还要分正税和杂税加以阐述。

（一）正税的管理征收特点

以税收名义征收的税收即正税，按《税收征管法》和其他法律规定办理。原则上讲，全国人民代表大会及其常务委员会（简称人大）是税收立法机关，各级法院是税法司法机关，国务院、各级政府及其财税主管部门是税法执行机关。但实际上并没有完全按这样的原则行事，而是存在以下几个特点。

1. 立法和授权立法并存

中国税收立法权分为立法机关立法和授权立法两种。就是说税收法律可以由全国人民代表大会或它的常务委员会制定，也可以由前述立法机关授权中央政府即国务院制定。习惯上称由立法机关制定的税收法律为某某税法，而由国务院制定的税收法律为某某税条例。目前只有个人所得税法和企业所得税法由立法机关制定，其余均为国务院发布的条例。在税法或条例正式颁布前，有一个酝酿的过程。一般先由财税主管部门根据调研意见，提出草案，经过国务院法制办审查，交由国务院会议研究通过，需上报人大制定的报请人大有关机构审查，审查通过后提交人大会议或常委会审议通过，最后由国家主席公布。期间如果涉及税法原则、体制或重大政策变动的，一般还要提交中共中央政治局或其常委会讨论决定，其决定的原则是立法的基本依据，这体现了党的领导和人民当家做主、依法治国的统一。

2. 税法渊源的多层次性

人大制定发布的税法一般比较概括，国务院还要制定相应实施条例加以解释，实施条例还不够具体的事项，由财政部和国家税务总局、海关总署分别通过文件形式加以明确。国务院制定的税收条例同样也比较原则，由财政部制定配套的实施细则加以解释（如房产税、耕地占用税、城镇土地使用税、契税、社会保险费等由省级地方政府制定实施办法，排污费征收标准由国务院价格主管部门、财政部门、环境保护行政主管部门和经济贸易主管部门联合制定），实施细则未尽事项，由财政部和国家税务总局、海关总署分别通过文件形式（包括规章）加以明确。这些法律、条例、实施条例、实施细则和部门文件（或部门规章）均属于税法范畴，都是征税人和纳税人遵从的依据，也是司法机关审判的依据。而在西方国家，只有立法机关制定的税法和有资格法院的判例（英美奉行的普通法即如此）才是税法渊源，才是司法机关审判的依据，司法机关可以推翻政府及其部门的任何规定。

3. 税法解释、政策厘定和征收管理分离

财政部设有专门的税收政策部门（即税政司和关税司）负责税法的解释和各种税收政策的制定，一般以财政部或财政部、国家税务总局或财政部、海关总署的名义发布，涉及排污费、社会保险费的往往分别由国家环境保护总局、劳动与社会保障部行文公布，当政策涉及特定行业和部门时，也会以财政部与其他部委联合行文方式发布。地方政府有权决定具体征税标准、税率和进行政策调整的税种，其具体政策由地方财政部门厘定。税收的征收管理分别由各级税务局、海关、环境保护局、劳动和社会保障部门负责。其中海关负责关税、船舶吨税、进出口增值税和消费税的征收管理；各级税务局负责其余所有具有税收名称的税种的征收管理；环境保护部门负责排污费的征收，不过越来越多的省已经改由地方税务局征收；劳动与社会保障部门负责社会保险费的征收管理，不过越来越多的地方已经改为由当地地方税务局负责征收。

4. 征收管理中两套税务局和海关既分工又重叠

目前中国税务局在省市自治区一级及下级设立国家税务局和地方税务局两个系统。原则上，国家税务局负责中央税和共享税的征收管理，地方税务局负责地方税的征收管理，但实际工作中出现分工不明确的问题，例如原来规定企业所得税，按其隶属关系，中央企业的所得税由国家税务局征收，地方企业所得税由地方税务局负责征收，但 2002～2008 年期间新登记注册企业的企业所得税不论隶属关系，一律由国家税务局征收管理，同时个人所得税改为共享税，但仍然由地方税务局征收管理。增值税和消费税由国家税务局征收管理，但进出口货物的增值税和消费税却由海关负责征收管理。

（二）杂税的管理征收特点

从 20 世纪 90 年代中期，中央政府开始治理整顿城乡“乱收费、乱罚款、乱摊派”（即“三乱”），对农村实行税费改革，加强预算外资金管理，到目前杂税泛滥成灾局面得到遏制，大多数杂税已经纳入专门预算管理，得到一定程度的控制和监督。但与法治社会的标准状态相比，中国杂税的出台、征收、使用仍呈现如下特点。

1. 税种的开征没有经过人民代表机构立法或授权立法

法治国家的一个重要标志是非经人民同意不得课税。所谓人民同意，是指至少经过人民代表大会立法程序或授权立法程序。但绝大多数的杂税，都是由中央政府或其部门或地方政府及其部门为了完成某项任务或发展某个项目而利用其权力强制对纳税人征收的收入。有些杂税是根据单项法律征收，如教育附加费根据《教育法》征收。很多杂税是因为项目或任务的资金无法通过一般预算安排，而采用临时课征收钱的“政策”，其结果是在一段历史时期里，这种杂税课征泛滥成灾。中央政府为了控制，不得不进行治理整顿，取消一些项目、同意保留一些项目。这样目前杂税除了少数依据单项法律课征外，采用了国务院批准的方式。

2. 征收所依据的法律不具备系统性

杂税征收的法律依据往往是政府部门文件，即一纸公文，虽然它符合税收的强制性、无偿性、确定性的要求，但规定没有正税那样系统、完整、明确。例如维简费（原国有林区伐区道路延伸费和集体林区更新改造基金统一改称维简费）的开征，是依据财政部《关于森工企业贯彻执行新的财务会计制度有关问题的通知》（[93] 财农字第144号）文件。杂税的征收比例、数量时有变化，这种变化也不需要经过一定法令程序酝酿确定。例如铁路建设基金的征收标准由最初的0.20分/吨公里，在七年里经过五次调整提高到3.3分/吨公里，在铁路货物运价中所占的比例越来越高，这一过程完全由征收部门决定，没有经过任何公议或公开论证、听证、辩论过程。

3. 征收的税款不列入一般预算

在国务院开始治理整顿、推行收支两条线之前，杂税一般为征收部门自收自支。目前杂税也不列入一般预算，财政部专门设置了“政府性基金预算”来对这一部分税收进行管理。

4. 征收机构和税款使用机构相同

多数杂税由使用该项税款的政府部门或被指定的单位负责课征，不通过专门的税务机构进行征收管理。例如铁路建设基金由铁道部指定铁路运输企业在核收铁路货物运费时一并核收，用于国家计划内的大中型铁路建设项目以及与建设有关的支出。① 民航基础设施建设基金，由民航管理部门对在中国境内注册设立的使用国家航线资源，从事商业性航空客货运输业务的航空运输企业课征，专项用于民航安全、空管、机场、科教、信息等基础设施建设。②

【本章小结】

1. 税收是政府对其管辖下的经济活动主体（包括个人、团体、企业等）所拥有的货币、实物或劳动力本身按一定比例的征收，是经济活动主体为维持政府满足公共需要所作的贡纳。税收天然地与政府相联系，经济活动主体只有对政府所作的贡纳才能被称为税收。税收是最主要的财政收入形式，与其他财政收入形式相比具有强制性、无偿性、确定性、均一性4个基本特征。

2. 一般称通过正式立法的税收为正税，而未通过正式立法的各种具有税收性质的课征为杂税（或杂项负担）。目前中国中央或地方政府为特定目的而向企业、个人征收的各种“基金”、“费”，名

① 财政部，《铁路建设基金管理办法》，财工字［1996］371号，第三条、第九条。

② 财政部，《民航基础设施建设基金征收使用管理暂行办法》，财综［2004］38号，第一至四条。

称不为税，但本质上是税收。历史上力役是很重要的一项杂税负担形式，力役又称劳役，就是直接征用劳动力进行道路、水利、楼堂馆所或其他公共工程建设或服务。

3. 中国目前的正税税制结构为典型的流转税和所得税双主体特征。从主要税种的构成看，增值税收入最多，社会保险费居第二位，企业所得税排行第三，第四位为营业税，消费税居第五位，第六位为个人所得税。

杂税的主要组成部分是所谓政府性基金和行政事业性收费，到2006年列入基金预算管理的项目48项（其中不包括应列入正税范畴的社会保险费即社会保险基金征缴收入）、列入一般预算管理的有7项（如果加入正税系列的排污费共有8项）。杂税虽然项目繁多，涉及面很广，负面影响比较大，但征收数额有限，占全部税收的比重不到10%，应当逐步取消。

4. 正税的管理征收特点是：立法和授权立法并存，税法渊源呈多层次性，税法解释、政策厘定和征收管理分离，征收管理中两套税务局和海关既分工又重叠。杂税的管理征收特点：税种的开征没有经过人民代表机构立法或授权立法，征收所依据的法律不具备系统性，征收的税款不列入一般预算，征收机构和税款使用机构相同。

【概念与术语】

税收　租税　赋税　纳税人（taxpayer）　负税人（tax bearer）　征税对象（taxation object）　税目（tax item）　税基（taxable base）　流转税类（turnover taxes）　所得税类（income taxes）　财产税类（property taxes）　行为税（behaviour taxes）　从价税（ad valorem tax）　从量税（specific tax）　价内税（taxes included in price）　价外税（taxes excluded from price）　直接税（direct tax）　间接税（indirect tax）　税率（tax rate）　比例税率（proportional rate）　定额税率（specific rate）　累进税率（progressive rate）　正税　杂税　一般税（non-earmarked taxes）　专用税（earmarked taxes）　事件税（event based taxes）　累计税（activity based taxes）　中央税（central taxes）　地方税（local taxes）　税收管辖权（jurisdiction to tax）　强制性（imperative）　无偿性（without repayment）　确定性（unambiguous）　均一性（uniform）

【思考题】

1. 税收有哪些主要特征？
2. 税收包括哪些基本要素？
3. 税收有哪些主要类别？
4. 为什么说“在法制社会中，强调税收的法律强制性不会导致征纳关系的紧张，反而有利于征纳关系的协调和民众纳税意识的培养”？
5. 税收是公共产品的价格这个说法正确吗？为什么？
6. “税收的总体数量上应该不能超过人民所得到的利益”这个说法与税收无偿性特征有矛盾吗？为什么？
7. 为什么说均一性是税收的一个基本特征？
8. 中国目前的税收状况如何？
9. 中国目前的税收征收管理现状如何？
10. 为什么说目前中国中央或地方政府为特定目的而向企业、个人征收的各种“基金”、“费”，名称不为税，但本质上是杂税？
11. 你认为杂税应该存在还是应当取消？为什么？

第二章

税收大历史：中西治税实践的经验和教训

上一章我们掌握了税收的基本术语并了解了中国当前税收基本状况，对税收有了一定的感性认识。那么税收是从哪里来的？人类社会为什么要创造税收这个制度？税收发展变化的基本规律有哪些？从中我们应当汲取怎样的经验和教训？这些是需要首先回答的问题。为此，从本章开始我们探索税收内在的质的规定性和必然联系即最一般规律，说明税收存在的原因及其产生各种影响的根据，也为提出税收制度设计原则和税收影响理论等提供基础。本章从税收起源和发展角度即宏观历史分析角度，探讨税收的基本规定及内在联系。特别强调税收是文明的一种代价，税收过度征收从来是社会动荡的重要原因之一，其所造成的社会福利损失巨大。税收作为财政收入的形式之一，从来是与国家相联系的，因此，研究税收起源，首先要研究国家和财政的起源。

第一节　国家（政府）、财政和税收的起源

作为财政收入的主要形式，税收是人类社会发展到一定历史阶段的产物。即社会生产力发展到一定程度，有了剩余产品，产生了生产资料私有制，出现了阶级，建立了国家（政府），并且政府不直接所有主要生产资料这一历史阶段的产物。税收又伴随着生产力的进步、剩余产品的丰富、生产资料所有制的更替和政府职能的变化而发展演变。作为社会生产力发展到一定水平标志的剩余产品的出现，为税收的产生提供了物质基础即可能性。国家的出现是税收产生的直接原因。当政府不直接所有统配生产资料，不生产物质财富，而与生产资料私有制和法人占有制之间形成利益差别甚至尖锐矛盾时，税收的产生就成为必然的历史现象。税收正是国家公共权力主体从具有独立经济利益的个人、法人及非法人经济组织按法律规定的统一、规范的标准，取得劳动者创造的一部分剩余产品价值以满足公共需要而形成的分配关系。

一、国家（政府）的形成和财政的产生

国家（政府）是人类社会自然发展的产物，人类发展到一定阶段，“产生了这样的一种需要：把每天重复着的生产、分配和交换产品的行为用一个共同规则概括起来，设法使个人服从生产和交换的一般条件。这个规则首先表现为习惯，后来便成了法律。

随着法律的产生，就必然产生以维护法律为职责的机关——公共权力，即国家”①。国家（政府）就是拥有广泛的权威和垄断的权力，通过制定并实施法律或规则，对一定地理范围内的公民、企业、社团和其他组织进行管理监督，提供公共服务和维护社会秩序的团体。不仅包括行政机关，而且包括立法机关、司法机关，包括军队、警察，包括对一个领土内起核心领导作用的执政党。国家具有权威的社会性、成员的当然性、暴力的垄断性、权力的合法性、服务的非营利性、统治的阶级性等特性。

同其他任何事物一样，国家（政府）的形成经历了漫长的过程。作为氏族公社的公共组织逐渐脱离社会并自居于社会的产物，国家（政府）的本质特征是和人民大众分离的公共权力，是统治阶级压迫被统治阶级的暴力机构。由国家（政府）的本质所决定，国家（政府）的首要职能是镇压被统治阶级的反抗，建立一种“秩序”，使得阶级冲突保持在“秩序”范围之内，以维护、巩固统治阶级在经济、政治上的统治地位。国家（政府）还有保护其权益不受别国侵袭的职能。剥削阶级国家（政府）的这一职能还包含征服、掠夺别的国家和氏族的因素。此外，国家（政府）还有干预经济以求得经济稳定、均衡发展的职能，这种干预是为统治阶级服务的，干预的程度、形式不同，所起的作用也不同。

国家（政府）为了实现其对内、对外职能，为了有效地干预经济，为了实现其公共权力，必须直接、间接地占有一部分社会财富，参与一部分社会产品的分配和再分配。国家（政府）这种分配社会产品（主要是剩余产品）的活动及其所形成的经济关系称为“财政”。财政和其他一切经济范畴一样有其产生、发展、灭亡的历史。与国家（政府）相联系，财政萌芽于原始社会末期，由原始氏族公社的公共需要分配演变而来，是国家（政府）取代氏族组织而成为公共需要分配主体的产物。原始社会末期，确实存在过以氏族公社组织为主体的满足公共需要的分配，这种分配有几个方面的特点：①直接由氏族组织集中公社成员的一部分剩余劳动产品，即公社成员在公田上的劳动成果；②集中的产品一部分用于社会保障，一部分用于战争、宗教事务等公共需要；③剩余产品分配过程是非强制的、自愿的，是以血缘关系为基础的氏族大家庭内部的分配。这种分配虽然在形式上有点像后来的财政收支，但与以国家（政府）为主体的强制性的分配在本质上根本不同。氏族公社内部这种为满足公共需要而进行的公平分配，经历了相当长时间。随着私有制的出现和氏族内部特权阶级的形成，原先以公共需要名义筹集起来的财产越来越多地被特权阶级占为已有，氏族内部的阶级对立和对抗从而产生，特权阶级必然要建立强制性暴力机器以维护其既得利益；对外则发动战争，兼并其他部落或通过协议建立起部落联盟，按地区组织国民，设立公共权力。在国家（政府）形成过程中，“公共需要”的分配由公平变成掠夺，由自愿变为强制，从而产生了以国家（政府）为主体的对一部分社会产品的强制、无偿的占有和使用的经济形态——财政，其典型的或完备的形态包括赋税、公债、预算等具体形式。今天所说的财政，总是包含税收因素，但初始形态的财政发展到完备形态的财政，经历了

---

① 马克思、恩格斯，《马克思恩格斯选集》第2卷，人民出版社，1972年，第538～539页。

一定的历史时期。也就是说税收的产生并不是与财政的产生、国家（政府）的产生同时进行的。

二、税收的产生

财政产生并不意味着税收也同时产生，最早期的财政中没有税收因素。税收是凭借公共权力而不是凭借财产权进行的分配，这种分配只有在国家（政府）不直接通过财产所有权支配社会产品或国家（政府）通过财产所有权获得的社会产品不足以满足实现其职能需要的场合才有必要。不能把税收等同于任何形式的按比例或定额抽取，税收只存在于作为抽取者的政府与作为被抽取者的财产所有者（包括团体和个人）之间存在分明利益上的“你”“我”界限的场合，只有在这种场合下税收才有实际意义。换言之，只有社会上存在私有制，国家（政府）这个共同体利益与其居民的个体利益存在不一致，必须将一部分属私人或代表个体利益的集团所有或占有的剩余产品征集起来为国家（政府）所用时才有必要运用税收，比较典型意义上的税收具有法制性、同样条件纳同样税、不直接返还、确定性等特征，这些特征与法律有不可分割的联系，总是通过法律加以体现。因此，当国家（政府）具有制定比较稳定的法律并且具有进行按比例或按定额征税的管理能力时，税收才有可能产生。

奴隶制国家（政府）刚形成时，国家（政府）财政收入主要有靠拥有土地所有权而获得的“地租”性质的收入、直接支配的奴隶的劳动成果、战败国献贡品和掠夺性收入。当时的财政形式是非常古老和不典型的，作为典型财政收入形式的税收是在国家（政府）公共权力日益增强、奴隶主或自由民土地私有制形成后产生的。马克思说：“直接税，作为一种最简单的征税形式，同时也是一种最原始最古老的形式，是以土地私有制为基础的那个社会制度的时代产物。”[①] 总之，土地所有制产生越早越典型的地方，税收的产生也越早越典型；国家（政府）公共权力和独立于国家（政府）之外、体现个体经济利益的生产资料私人或法人占有制是税收产生和存在的两大必要前提。需要进一步说明的是力役之征。力役之征早于直接税，建立在劳动力私有制基础上。作为原始财政形式的力役之征与奴隶主对奴隶劳动的直接占有使用不能等同，力役与作为典型财政收入形式的税收也有差别。国家（政府）采用力役形式的财政过程，是收支同时完成的过程，力役的结果即公共工程或公共服务的产生就是财政支出的完成。中国历史上力役是一种极其重要的财政形式，直接征集劳动力进行无偿的公共工程建设至今仍然盛行，因此往往赋役并称，往往把力役当成税收。本书在研究税制发展时，也采用这一约定俗成的说法，但理论分析上采用典型形式，把力役包括在杂税范畴之内。

流行的理论认为国家（或政府）、财政的存在与市场失灵和公共产品的特性有关。他们认为在社会存在分工的情况下，人们通过市场交换可以满足基本的物质需要，但由于公共产品其非竞争性和排他的不可能性，无法通过市场交换来解决，只能由政府

---

① 马克思、恩格斯，《马克思恩格斯全集》第8卷，人民出版社，1961年，第543页。

提供。政府就是提供公共产品的机构，而财政就是为公共产品融资的制度安排。但同时满足非竞争性和非排他性条件的公共产品（被称为纯公共产品），只是在完全自由竞争市场经济条件下的一个理论抽象，在现实生活中不多见。现实生活中多见的是只满足一个条件的非纯公共产品，它们是由政府提供还是由市场提供，并没有确定的界限。理论上的公共产品范围与各国财政实践上的政府职能范围很不一致。因此，用公共产品和市场失灵不能完全说明政府和财政存在的必要性。

综上所述，我们主张税收的产生和存在与生产资料私人所有制、纳税主体利益的独立性和国家（政府）的存在有关，税收的具体方式还与特定社会的文化状态有关。这也可以从中国和西方税收的起源和发展中得到验证。

第二节　中国税收的起源与发展

一、中国税收的起源

税收同其他财政范畴和经济范畴一样，存在从萌芽到定型的发展过程，税收的起源是一个过程的概念而不是时点的概念。中国税收在西周至春秋的井田制时期处于萌芽状态，在鲁宣公“初税亩”时期随土地私有制的确定成为成熟的、定型的财政分配形式。

中国税收从萌芽到成熟与当时作为主要生产资料的土地所有制的发展有密切关系。奴隶制是人类历史上第一个剥削形式。中国同样经历过奴隶占有制阶段而且时间相当长，但是奴隶制度发展得极不充分，直至殷商末年奴隶制度濒临崩溃，始终没有形成古希腊、古罗马那样高度发展的奴隶制度，其土地占有制度也极其特殊。殷商时代的农业还停留在农业发展的初级阶段即“游农”阶段。农业生产方法非常原始，必须经常改换耕地，因而不能定居生活，土地占有方式只能是氏族公有，并且只是在一地居留期间由氏族临时占用，而不是固定分配，更不能由个人占有。① 由土地所有制决定，殷商的上层建筑以家长氏族制度为特点，也就是说国家（政府）形态是不典型的，没有发展成古希腊、古罗马那样的完备的奴隶制国家（政府）。这一时期主要通过使用奴隶的无偿劳役、直接占有奴隶劳动满足财政需要，不存在税收征纳关系；各个部落向帝王的贡纳只是帝王与部落间分割由奴隶创造的社会财富的关系，也不是税收关系，殷以前的夏代更没有这种关系。

随着人们的生活从游牧走向定居，形成井田制度。井田制度实际上是封建领主经济制度下农奴的份地制度。根据史料记载，井田制度是西周时期典型的土地制度，这一时期游牧生活已经结束，但生产力水平仍然很低，必须采取农奴集体劳动方式，在井田上劳动的农奴保存了农村公社的组织形式和习俗。井田“一井”九百亩，八家农户各分百亩私田；剩余的百亩公田由八家共耕，公田的农产品归奴隶主国家（政府）所有，这就是所谓的“助法”。这种财政收入以征取劳役地租形式实现，仍然不是典型

① 傅筑夫，《中国经济史论丛》（上），生活·读书·新知三联书店，1980年，第2页。

意义上的税收，但可以说已经包含税收的萌芽，为后世力役之征的雏形。春秋时期井田制度开始从全盛走向瓦解，封建土地私有制相应发展，鲁宣公十五年（公元前594年），鲁国实行“初税亩”制度，即不论公田、私田一律按亩征税，这是从传统的“助法”过渡到封建实物征税的开始，标志着典型意义上的税收的诞生。不过这时的租税既含有凭借土地所有权征取的“租”，又含有凭借公共权力征取的“税”，“租”“税”不分。鲁哀公十二年（公元前483年），鲁国实施“用田赋”将军赋和田税合并。战国时期井田制全面崩溃，为封建土地所有制取代，地租和赋税随土地所有制的发展而分离，土地所有者向农民收取地租并向国家（政府）缴纳赋税。例如赵国的赋税由田部吏统一征收，只以公共权力为依据。① 但在相当长的历史时期里，“租”仍然被当作税的同义语，例如汉代田租乃田赋之意。

以下我们根据生产方式和国家（政府）性质以及重大历史变迁事件，分三个历史阶段分析中国税收的发展变化特点，即古代皇权专制的小农经济社会的税收、半殖民地专制社会税收和新中国税收。

二、中国古代皇权专制下小农经济社会的税收

鸦片战争以前中国社会是建立在小农经济生产方式的皇权专制社会（以下简称为中国古代社会）。在这样的社会中，一部税收历史就是一部人民（主要是农民）被过度榨取的历史。其存在三个规律性的特征，即正税制度大致沿着人头税、力役为主体——人头税和土地税并重——土地税为主体的轨迹发展，这是从主体税制发展轨迹说的；正税负担不轻、杂税繁多，这是从负担情况说的；轻徭薄赋迎来治世、苛捐重负导致乱世，这是从税收的后果或效应说的。

（一）正税发展轨迹

中国古代社会的经济基础是农业，主要税源是农业和农民。盐、铁、酒和山泽之征以及工商杂税各朝代都有，但由于工商业发展缓慢，相对于人头税（包括力役）和土地税而言，工商税一直处于次要地位，盐、铁、酒之征则往往以专卖收入形式出现。从主体税的发展看，商鞅变法时期查编户籍，五家为伍、十家为什，据以征兵和分派劳役，开始按人口抽人头税。秦代以人头税（包括力役之征）为主。汉代逐步形成以田有租、人有赋、力有役为特征的赋税制度，土地税和人头税共存，但长期实行轻“田租”② 的税收政策，人头税占重要地位。人头税叫算赋、口钱，对以成年人为征税对象的称算赋，以未成年人为征税对象的称口钱，力役之征称更赋。

经三国、两晋、南北朝、隋的发展，唐代前期在均田制度基础上建立租庸调制，实行田有租、身有庸、户有调。武德七年（公元624年）规定，田租每丁年纳粟2石；户调根据乡土所产，每丁年纳绢、绫、絁各2丈、丝绵3两，或纳麻布2丈4尺、麻3

① 马洪等主编，《经济社会管理知识全书》第1卷，经济管理出版社，1987年，第693页。

② 汉代的田赋仍称作田租，就是按亩计征的土地税。

斤；庸是代替徭役的赋税，每丁年服役 20 天，不服役的 1 天纳绢 3 尺代役。[①] 建立在均田制和户籍登记基础上的租庸调以人丁为本、以力役之征为主，是一种财产税（土地税）与人头税混合、但以人头税为主的税制。这一时期除了租庸调外主体税中还应该包含地税和户税，这两个税实际上都是按户纳税，不过户有等级，属于财产税。这种税制与当时的生产力发展水平基本上是适应的，在严格管理的前提下，是那个时代较好的税收制度，在效率上与经济发展存在相宜的方面；在公平上也是相对程度较高的。

租庸调制实行了 120 余年。由于各种原因，管理松弛，户籍不再重新登记，豪富官吏兼并土地，均田制被破坏，唐朝中后期，财政税收制度逐渐紊乱起来。特别是在天宝安史之乱以后，藩镇截留税收、法外任意征敛日益严重，财政全面混乱。不少农民已无或只有很少的土地，但仍须按原户籍缴纳租庸调；而豪富地主兼并土地，霸占官田，却无户籍，不输租庸调；再加上法外苛捐杂税，农民不堪重负，农户流亡日盛，其结果财政减收，为了应付日益增加的财政开支，只能进一步加重在籍农民负担，横征暴敛，这促使更多的农民逃亡，财政陷入全面的恶性循环。此时的租庸调制度已是极端的不公平，不仅阻碍而且破坏经济发展，也难以继续成为财政收入的主渠道。

唐德宗建中元年（公元 780 年），杨炎改革税制，废止租庸调，实行两税法。其最主要内容是不论主户和客户，不分定居和行商，也不分劳动力年龄大小，一律按贫富，也就是按拥有土地和财产的多少征税；废除以前的租庸调和杂税；变“旬输月送”为夏秋两次征收，称夏税和秋税，故为“两税法”[②]。纳税物为按户等纳钱或按田亩纳米粟，货币税和实物税并重。[③] 合并原先不太重要的地税和户税使之提升为主体税种并取代以人头税为主的租庸调，从而实现以人头税为主的税制向财产税和人头税并重税制的转变。虽然“杨炎创议两税法，目的并不是为了减轻人民的负担，也不是从真正推行新税法着眼。他只是将当时的一切杂敛，统一总括到两税中，禁止一切两税外的苛征，所以，实行两税法，人民的负担并没有减轻很多。同时，由于户口流丧，田地荒芜，各地摊额畸轻畸重的现象仍然存在。所以，两税法实行不久，由于唐朝政治的腐败，官吏地主的多方榨取，法外苛征又纷至沓来，因而在两税法下，人民的负担，又逐渐趋于苛重”[④]。唐以后的五代、宋、元直至明中叶都沿用两税法，当然具体内容有所变化。

明嘉靖年间（公元 1522～1566 年）实行“一条鞭法”是中国古代税收发展的又一重要事件。其主要内容：一是把明初以来分别课征的田赋和力役合一并入夏秋两税一起征收；二是州县年需要力役从所收两税中出钱雇募，不再强征人民应役；三是把从前的土贡方物和上缴京库备作军需及留在地方备作供应的费用，并入一条鞭内征收；

① 参阅沈昫等，《旧唐书》卷二十八，《食货》上。

② 参阅司马光，《资治通鉴》卷二百二十六，《唐纪》四十二。

③ 参阅马端临，《文献通考》卷三，《田赋考》三。

④ 中央财政金融学院财政教研室，《中国财政简史》，中国财政经济出版社，1980 年，第 77 页。

四是统以田亩为课征对象，以银折纳即计亩征银。[①] 一条鞭法所要解决的问题和改革思路与两税法基本相同，就是将杂税、杂派并入正税，试图规范税收制度，遏制泛滥的杂税杂派。从历史的事实看，这种改革短期内起了一定作用，但很快又出现了在已经提高了负担水平并入很多杂税杂派的正税之外的名目繁多的杂税杂派。一条鞭法开始了赋役合一的改革，劳役虽然不再直接征派但实际上仍然存在，只不过变为比较间接的形式，先征丁银然后政府雇募。而且并入田亩中征收的人丁税不像田赋和其他杂征那样固定，丁银不能固定，则征收总额也无法固定，这便很容易出现执行过程中官吏任意增派问题。[②] 特别重要的是并没有形成遏制正税之外杂税杂派滋生泛滥的机制。

清朝经过固定丁银不变，最后把丁银完全摊入地赋征收，即所谓"摊丁入亩"，实现人丁税、土地税并重为主体的税制向土地税为主体的税制的彻底转变。至此中国古代社会税制发展到所能达到的最高水平。因为在以土地为主要财产形式的社会中，以拥有土地多少为标准征收田赋，与单纯以人丁为标准征收人头税相比，显然更能体现按能力负担的税收公平原则。但是中国古代社会税收的一个重要特点是除了正税之外，历代杂税名目繁多负担苛重，只看正税制度变化还不能完全了解税收的全貌，还要研究正税和杂税即全部税收的负担规律。

（二）正税负担不轻，杂税繁多

正税不轻、杂税杂派繁多是中国古代皇权专制社会税收负担的总特点。

要研究摊丁入亩之前的正税，不仅要看田赋，还要看人头税。根据财政部编辑委员会《中国农民负担史》的研究，列举几个主要朝代比较稳定时期的主体税（主要是田赋和人头税）负担水平如下：

汉代初期实行轻徭薄赋，田赋按十五税一即大约 6.7%的税率征收田赋，实际负担要比此更低一些，特别是文帝时期（公元前 179 年～公元前 157 年）有十一年全免天下田赋，两年减半即实行三十税一。人头税（包括徭役，下同）人均 120 钱，赋役合计对农业实产量的负担率为 7.16%。文帝时期不仅减轻田赋而且减轻人头税，总负担率更低，估计为 3.86%。[③]

唐代贞观年间（公元 627 年～649 年）的租庸调和地税负担经过折算相当于农业实产量的 8%。开元、天保年间的负担率比贞观年间略高，为 9%。[④]

宋代田赋（两税）负担占农业实产量的 4.8%～5.4%。但这是就平均而言的，宋代的田赋负担不均衡，存在地区间、阶级间畸重畸轻问题，弱小农民负担比较重，而且宋代的徭役更重。其一部分原因是宋代赋役沿袭唐代两税法，而杨炎推行的两税法中已经包含了徭役代金（庸），但后来力役又复活，力役之征已是双重，再后来又开征

① 中央财政金融学院财政教研室，《中国财政简史》，中国财政经济出版社，1980 年，第 132～133 页。

② 胡寄窗、谈敏，《中国财政思想史》，中国财政经济出版社，1989 年，第 524 页。

③ 财政部编辑委员会，《中国农民负担史》（第一卷），中国财政经济出版社，1991 年，第 58～59 页。

④ 同上，第 293 页、307～308 页。

身丁钱以代替力役，代替以后新的徭役又长出来，于是力役之征变成了三重。[①]

明朝前期洪武朝以及以后的永、熙、宣三朝直到正统初年，正税以及杂派负担均算正常，据估计洪武时期赋役负担率为5.94%，其中田赋负担率为3.45%。[②]

清朝黄金时期（康乾盛世），实行摊丁入亩以后田赋负担率约为5%，有的学者详细计算了乾隆三十一年田赋负担率为4.93%。[③] 但此后清朝开始走下坡路，农民负担特别是杂派负担比较重。鸦片战争爆发的以及此后多次对外战争的失败所导致的赔款、割地、税收主权丧失等，使中国的生产者（主要是农民）不仅要承受王朝、贪官的盘剥，而且还要承担列强的掠夺。

综上所述，中国历史上正常年代（一般是王朝前期）赋役负担不过10%，看上去属于轻税。例如著名历史学家黄仁宇在一本研究明朝的财政与税收的著作中指出，"事实上，一个主要依靠土地收入的庞大帝国，整个税收水平仅为农业产量10%，看起来是很低的"[④]。在不少朝代例如明朝洪武朝（即朱元璋统治时期）军队主要靠屯田自给自治办法解决经费，乡村靠自治。但笔者认为10%的农业税，看上去低，实际不低。按西方观念什一税（即10%）算是轻税，但税负轻重除了看税率、负担率外，还要看生产率高低、财政支出方向以及负担归属。生产率高低的衡量标准是剩余产品率，即总产量扣除人力、物力投入成本后的纯产量占总产量的比率。投入成本包括劳动力及其所赡养家庭成员的口粮、耕牛和其他劳动工具的折旧等。中国古代赋役的税基是农业实际产量，这属于毛产量而不是纯产量。在中国古代小农经济社会中，生产力水平低，剩余产品率往往比较低。我们虽然无法计算各个朝代的剩余产品率，但可以用中国一般地区当代农业的剩余产品率作为判断的参照。虽然当代农业生产力已经大大提高（单产已是古代数倍），但其剩余产品率仍然不高，据估计不超过30%。如果按30%的剩余产品率计算，10%的农业税，相当于农业纯产量的33.33%；如果按10%的剩余产品率计算，9%的农业税相当于农业纯产量的90%。如果出现后者的情况（在古代比较接近现实）意味着农民扣除正税后只能维持简单再生产，在这种情况下，如果还要加征杂派（哪怕实际负担的量不大）对农民也是沉重负担，因为农民已经无法留足使生命得以维持、简单再生产得以进行的口粮。

正常年代以后，王朝进入中后期，往往在负担不轻的正税之外课征名目繁多的杂税、杂派。其主要原因是王朝中期以后，随着最高统治者的好大喜功、大兴土木、穷兵黩武及荒淫无度，正税不足，国库空虚、入不敷出，不得不进行法外征敛；其次，吏治腐败，官吏借机通过火耗、运输损耗等附加增加人民负担，其结果是矛盾激化、生产破坏；再次，负担不均衡，富者（包括有权有势者）因能够逃避而负担不重，贫者逃避不易只好忍受重负，实在不堪负担只能背井离乡，这使土地进一步被兼并，负

---

① 财政部编辑委员会，《中国农民负担史》（第一卷），中国财政经济出版社，1991年，第390页。

② 同上，第654～656页。

③ 同上，第755～756页。

④ 黄仁宇著，阿风、许文继等译，《十六世纪明代中国之财政与税收》，生活·读书·新知三联书店，2001年，第235页。

担加重到没有背井离乡的家庭上，迫使这些人民也要背井离乡或被迫起义反抗，其结果导致户籍、田籍更加混乱，最终丧失税收的经济基础，也丧失进行规范化税收管理的信息基础，出现不可挽回的财政危机、经济危机和政治危机。最终结果是使王朝灭亡。此后又开始新一轮的循环。

每个存续时间比较久的朝代（如唐朝、明朝、清朝等），在其中后期均进行了税制改革以挽救开始出现的危机，上述列举的中国封建社会的几次重大的税制变革（两税法、一条鞭法、摊丁入亩）均是如此。而每一次改革解决的问题类似，思路方法基本相同，采取的都是并税式的改革办法，类似于现代的税费改革，就是重新规范正税，提高正税负担水平，同时革除苛捐杂税，将其并入正税。正如前面分析的那样，这些改革在短期内取得一定效果，但不久之后在已经提高了负担水平的正税之外杂税又会不断长出来。新王朝成立以后往往沿袭前代税制，在杂税泛滥之时进行并税式的改革，而这时的改革是在前代已经提高了税负基础上进行，中国封建社会正税（农业和农民税收）负担就这样呈现出螺旋式上升的规律。早在中国清朝初期，当时的著名思想家黄宗羲已经发现并概括了这样的规律。他说：

"唐初的租庸调就是'有田则有租，有户则有调，有身则有庸'，租即土地税，征收谷物；庸即人头税，征收绢；调即户税，征收麻布，晚唐杨炎改革为两税法，全都以贫富即占有土地的多少为标准来征收，虽然没有了户税和人头税的名目，但其实这两项征收已经并入了土地税中。相沿至宋朝，一直没有从中减去户税和人头税，然而却在此之外又开征新的人头税目（'丁身钱米'）。后人习以为常，认为'两税'只是土地税，'丁身'才是户税和人头税，其实那是重复征收的。如果当初不把庸、调之名目取消，何至于此。所以杨炎的税制改革一时有小利，给后世留下大害。到明代，在两税、丁口税之外，又征劳役（力差）和代役租（银差），本来是十年轮一次的。嘉靖末年改革为一条鞭法，把两税、丁口、差役和各项杂派全都归并到一起征收，原来每十年中轮值一年的差役负担，如今分摊到十年里征收了。这实际上是把银、力二差又归并到了两税中。但不久每到轮值之年，各种杂役又纷纷派了下来，后人习以为常，认为'条鞭'只是两税，而杂役则是该着轮流当差，谁知道那也是重复征收的。如果当初不取消银差、力差的名目，何至于此。所以一条鞭法也是一时有小利，给后世留下大害。到明末，朝廷又先后加派旧饷（辽饷）500万两，新饷（剿饷）900万两和练饷730万两。户部尚书倪元璐改革，又把三饷归并为一，实际上是把这些杂派又并入了正税（'两税'）。如今（黄宗羲写作时的清初——编者注）人们以两税之征为理所当然，岂知其中包含的三饷加派正是导致明朝灭亡的原因之一！设若三饷之名目不改，人们或许还会顾其名思其义，知道这是税外的加派，以后再加不得了。天哪！这样每改革一次，负担就加重一层，老百姓还有生路吗？"① 这就是著名的黄宗羲定律。现代有史学家把"黄宗羲定律"用公式表示，即：

两税法＝租庸调＋杂派；

---

① 转引自秦晖，《并税式改革与"黄宗羲定律"》，《农村合作经济经营管理》，2002年第3期。

王安石役钱法＝两税法＋杂派＝租庸调＋杂派＋杂派；

一条鞭法＝王安石税法＋杂派＝两税法＋杂派＋杂派＝租庸调＋杂派＋杂派＋杂派；

倪元璐并税法＝一条鞭法＋杂派＝王安石税法＋杂派＋杂派＝两税法＋杂派＋杂派＋杂派＝租庸调＋杂派＋杂派＋杂派＋杂派；

地丁合一＝……＝租庸调＋杂派＋杂派＋杂派＋杂派＋杂派。

通式：$bn=a+nx$。式中 bn 为经过 n 次改制之后的新税额，a 为原始税额，x 为杂派，n 为改制次数。“黄宗羲定律”实际上是专制王朝时代的又一个怪圈。

（三）轻徭薄赋王朝兴旺、重税苛派王朝灭亡

从中国古代的理财治税中我们很容易发现税收负担轻重与王朝的兴亡存在密切关系。以下笔者以中国封建史上两个短命王朝即秦朝和隋朝的兴亡、“三大盛世”的形成为例，说明税收负担的轻重与社会发展状态的关系，从中我们也能发现可以启迪当代理财治税的经验和教训。

1. 秦隋两个短命王朝的兴亡与税收负担的关系

秦隋两代有些共同特点，它们都是在长期大分裂、大动乱之后统一中国的，而且在典章体制上都有划时代的突破，在中国历史上是两个很重要的朝代，同时它们从兴到亡的时间间隔比较短，是两个短命王朝。这两个短命王朝的兴亡有极其深刻的经济、政治原因。

秦的兴起，包含很多天时、地利的优越因素。如秦处于关中，沃野千里，水利资源丰富；兼并六国在中原地区进行，军事支出不大，战利品却相当丰富。但商鞅变法是其重要原因。商鞅变法有很多内容，财政方面是“为田开阡陌封疆，而赋税平”[①]。就是废除以井田为主干的土地国有制（即奴隶主或领主所有制），承认土地私有和准许土地自由买卖，确立封建地主土地私有制，给农民以较多的自由，刺激农民做更多的生产（因为多产归已），使生产力得到了解放，得到广大小农群众的支持，建立了秦朝赖以生存的经济基础。同时，通过统一全国财政使全国范围内的赋税负担趋于平均，使地方割据的财政变为中央集权的财政，出现有利于强国的健康的财政状况。

隋朝是中国另一个短命王朝。隋朝前期（即隋文帝杨坚在位时期，公元 581 年～604 年）经济空前繁荣，其原因在于隋文帝采取了一系列有利于生产发展，以轻赋薄敛为核心的，与民休养生息的财政经济政策。其中包括完善北周时期的做法，推行均田制，即授予成年男子和女子不同数量的耕田，其中永业田不归还，露田要归还；在均田制的基础上推行新税制（即租调制）。同时减轻赋役，实行府兵制，这是一种寓兵于农的制度，可养兵省费、减轻人民的赋役负担。此外，隋文帝还通过“三长”制来推

---

① 司马迁，《史记》卷六十八，《商鞅列传》。

行“大索貌阅”和“输籍定样”的办法[①]，极力检括户口，整顿户籍。人口的落实，使税基在单位税负减轻的情况下扩大，导致税收增加。隋文帝时期经济达到空前盛况，如马端临说：“古今称国计之富者，莫如隋”。[②] 库藏之多，亘古未有，直到隋炀帝初年，洛阳的布帛，已堆积如山，太原的粮储可支十年，而全国所有的粮食储备可供应五六十年之久。隋朝灭亡二十年，他们所储备的粮食、布帛还没被用完。

我们从财政角度分析了秦、隋兴盛时所采取的各项财政措施，尽管两代措施各异，效果不同，但是从共同点来看，他们实质上都高度重视了这两个方面：其一，聚财上，税收和徭役负担适度，制度明确，有章可循，征收便利；用财上，崇尚节俭，力戒奢侈，财政税收充分发挥其黏合剂与调节器的作用，促使生产资料与劳动力的结合，保证小农经济的简单再生产，有可能实现扩大再生产，从而实现国泰民安。用今天的话说就是遵循了治税理财的效率原则。其二，在赋役负担方面，扩大征收面，减少或消除赋役免征特权。随着经济发展和财富方式的变化，通过赋役制度改革，实现赋役适当均平，这不仅避免赋役负担上的畸轻畸重，减少老百姓对赋役征收的反抗程度，而且还能在单位负担水平不变甚至减轻的条件下使国库充实、国家财力强盛，或者在国家获得的赋役总规模不变甚至有所增加的条件下，有可能实行轻徭薄赋、给民以休养生息的政策，促进生产发展，使社会经济处于良性循环。

秦隋灭亡也与税收负担有关，是因为两朝后期采用了与前期相反的财政税收政策。

它们的最终灭亡有其共同原因：

第一，封建国家频繁用兵，大兴土木，征发劳役，超过国力可能，也就是超过当时农民所能提供的农业剩余劳动的可能。恩格斯指出：“劳动产品超出维持劳动的费用而形成的剩余，以及社会生产基金和后备基金从这种剩余中的形成和积累，过去和现在都是一切社会的、政治的和智力的继续发展的基础”。[③] 超过剩余劳动的征敛必然破坏简单再生产，动摇小农经济这一基础，激化社会矛盾。这是秦、隋两朝二世而亡的第一个共同原因。

根据学术界对秦代农业劳动生产率、农民的必要劳动和剩余劳动的分析，秦朝每年征发劳役总数决不能超过 200 万人口。范文澜估计秦统一中国后，全国人口总数大约有 2000 万左右，就是说劳役征发数不能超过当时总人口的十分之一。但秦始皇在用武力统一中国后，滥用民力，征发徭役往往超过 200 万。他以 30 万人北击匈奴，40 万人筑长城，以 50 万人屯戍岭南。又大兴土木，以 70 万人筑阿房宫，70 万人修建骊山

---

① “三长”即保长、里正、党正。“大索貌阅”即按照户籍簿上登记的年龄，和本人的体貌核对，检验是否诳报年龄，诈老诈小；查出户口不实，保长、里正、党正都要发配远方。“输籍定样”就是由中央确定划分户等的标准，颁布到各州县，每年一月五日，由县令派人到乡村去，以三百家到五百家为一团，依定样确定户等，写成定簿。见翦伯赞，《中国史纲要》，人民出版社，1995 年，第 350 页。

② 马端临，《文献通考》卷二十三，《国用考》一。

③ 恩格斯，《反杜林论》，《马克思恩格斯选集》第 3 卷，人民出版社，1972 年，第 233 页。

始皇陵。[①] 收太半之赋，北筑长城 40 余万，南戍五岭 50 余万，阿房、骊山 70 余万，10 余年闲，百姓死没，相踵于路。秦代的徭役远不止这几项，为封建官府输送粮草，即“转输”，也是一项征发大批劳动力的徭役，这一项徭役所需人数，要超过任何其他一项徭役。粗略估计，秦时每年所征发的徭役起码 300 万人，服徭役的人数竟占全国总人口的 15%以上。征发这么多的劳力，远远超过了当时可提供的剩余劳动，农业生产被严重破坏，国力衰竭，经济发展停滞。隋朝后期的情况与此极其相似，隋炀帝在征发力役、大兴土木方面，基本上重蹈秦始皇的覆辙，而且有过之而无不及。他对外多次用兵，东伐高丽，西征西域，规模甚大。他还大兴土木，修造东都，建造二宫，造龙舟，开运河，三次游幸江都，二次修筑长城。开运河仅以修通济渠、永济渠为例，就先后调往河南、淮北及河北民夫多达 100 余万，以至造成“丁男不供，始以妇人从役”[②]。这种不顾国力可能，好大喜功，为所欲为，肆意挥霍，摧残民力，必然导致大动乱、大破坏。

第二，支出浩繁，特别皇家费用浩大，收入上横征暴敛，超过法定常制，过度剥削，这是秦和隋后期的共同特点，也是它们二世而亡的第二个共同原因。

秦承战国长期战乱之后，没有采取恢复生产以安定民生的任何积极措施，相反，由于支出浩繁，奉行横征暴敛，正如董仲舒所言秦“力役三十倍于古；田租、口赋、盐铁之利二十倍于古”[③]。到了秦二世，田赋已不是以“什一”、“什二”或“什五”为税率的标准，而是以人民的所有为税率的标准。造成“男子力耕不足粮饷，女子纺绩不足衣服。竭天下之资财以奉其政，犹未足以澹其欲也”[④]。其结果可想而知，人民只有起义一条道路可走。

隋朝后期的情况与此相似。隋炀帝同样因为挥霍无度，用财无止，一反隋初的轻赋薄敛，在租赋之外还任意征敛，使得人民倾家破产，毫无生路。隋炀帝在位十二年，游幸时间占了十一年，“东西游幸，靡有定居，每以供费不给，逆收数年之赋”[⑤]。因游幸需要而预征赋税，可见荒唐之至。于是各地农民纷纷起义，连年战乱，人民或死或逃，土地荒芜，人烟稀少，大有“率土百姓，零落殆尽，州里萧条，十不存一”[⑥] 之概。隋朝终于崩溃。

2. 中国古代史上“三大治世”的形成与税收负担的关系

在漫长的中国古代史上，被后人称为治世（盛世）的时期包括汉代的“文景之治”、唐代的“贞观之治”和清代的“康乾盛世”，这无不与实行适度的税收负担政策有关。

文景时期，提倡节约，特别是文帝，在位二十三年，“宫室、苑囿、车骑、服御无

① 范文澜，《中国通史》第二册，人民出版社，1996 年，第 17 页。
② 马端临，《文献通考》卷二十五，《国用考》三。
③④ 班固，《汉书》卷二十四上，《食货志》第四上。
⑤ 王钦若、杨亿等编，《册府元龟》卷五百一十，《邦计部·重敛》。
⑥ 沈昫，《旧唐书》卷一百八十五上，《列传》第一百三十五，《良吏》上。

所增益"[①]，修建霸陵，都用瓦器，开支不多。他还"偃武行义"，采取和亲政策，赢得了六十多年的和平，军事费用也相应减少。而且继高祖之策，实行"名田制"，即以名占田，凡登记户籍内的编户均田占用，奖励人口与开垦，反对土地兼并；采用晁错的募民屯垦的主张即推行屯兵制，使徭役和国家运兵输将费用减少。景帝时期又减少地方卫卒、停止郡国岁贡，开放山泽禁苑给贫民耕种，并颁布了振贷鳏寡孤独的法令。在这种情况下，就有条件推行轻徭薄赋政策，文帝即位后第二年即提出"务省繇费以便民"[②]，先后两次颁诏减当年田租之半，即由高祖时"十五税一"，减为"三十税一"。[③] 文帝十三年（公元前167年），还颁诏全免田租，一直到景帝元年（公元前156年）才恢复三十税一，并成为汉朝定制。至于徭役，文帝时"减外徭"，景帝时继续执行"省徭役"的政策，政策效果明显。秦并天下，所杀三分居二；汉高祖定天下，人口死亡，亦数百万，汉初人口锐减，劳动力严重缺乏，而经"文景之治"，与民休养生息六十余年，人口大增，农民归田，农业生产迅速恢复和发展，社会也渐渐富庶，出现"太仓有不食之粟，都内有朽贯之钱"[④] 的欣荣局面。

贞观时期，在财政支出方面，以精简官吏、设官定员和较少的工程支出为特征。在控制支出方面，主要措施是对官员定编、定员、定开支；减少工程支出，太宗对突厥采取以攻为守的政策，且未筑长城；实行府卫相结合的兵制，寓兵于农，即兵不离土，兵农合一，平时不脱离生产、农闲训练、政府有事征发，军费得以节省。推行"均田制"，受田对象除了青壮年外，六十岁以上的老男、残疾人、寡妻妾也均可受田。在推行"均田制"中，又对由狭乡（田地少受田不足的乡）迁往宽乡（田地多受田足的乡）的农民给予奖励，用官银赎回农民卖掉的子女，授之以田。在此基础上，要求正课之外不得另加租赋；少数民族降附后迁居内地，可给予一定减免；按虫霜水旱灾害的轻重分别减免赋役；为防止官吏随意加派勒索、繁征苛敛，规定凡赋役的征敛，必须公布数额"与众知之"；同时尽量止徭役，息征战。总之，贞观时期推行"赏赐给用，皆有节制，征敛赋役，务在宽简"的财政税收政策，促进了生产发展和社会繁荣。唐武德晚年，人口急剧减少，户不满三百万，约隋朝鼎盛时户数的三分之一。但经过"贞观之治"后，户数增加了一百多万户，改变了唐朝初期因隋朝滥用民力和战争留下的"萑莽巨泽，茫茫千里，人烟断绝，鸡犬不闻"[⑤] 的社会经济凋敝局面。到武则天退位时的神龙元年（705年），户数增加到六百一十五万户，至开元时唐朝进入全盛时期，政治稳定、生产发展。正如杜甫在《忆昔》一诗中所描绘的"忆昔开元全盛日，小邑犹藏万家室。稻米流脂粟米白，公私仓廪俱丰实。九州道路无豺虎，远行不劳吉日出。齐纨鲁缟车班班，男耕女桑不相失"。

康乾时期繁荣局面的出现也与适当的财政政策有关。康熙帝是一位较为节俭的皇

① 班固，《汉书》卷四，《文帝纪》第四。
② 司马迁，《史记》卷十，《孝文本纪》第十。
③ 班固，《汉书》卷二十四上，《食货志》第四上。
④ 《后汉书》志第十九，《郡国》一，刘昭注引《帝王世纪》。
⑤ 吴兢，《贞观政要》，《纳谏》第五，附《直谏》。

帝。他在位期间，宫室费用比明朝有大幅度的减少，很多项目的消费仅是明朝时期的零头[①]，而且在财政管理上严格区分国家（政府）财务和皇家财务，皇家开支基本上出自皇家财政收入。康熙年间实行屯田垦荒，除镇压“三藩”外，大规模战事较少，土木工程建设也受到节制，从而大大节省了军事、运输、工程等费用。这都为实行适当的财政税收政策创造了条件。在康熙统治的六十多年中，全国一次性普免、各省轮流蠲免以及区域性蠲免，重要的即达三十多次。[②] 乾隆十年（公元 1745 年）也将各省钱粮全行蠲免，其后普免钱粮、漕粮各三次。[③] 赋税方面，实行“摊丁入亩”，即将丁银摊入地亩来征收，“地丁合一”；并规定以康熙五十年（公元 1711 年）全国的丁银额为准，以后滋生人丁，永不加赋。[④] 这种财政税收政策的效果也很明显。清初顺治十八年（1661 年），人口不到两千万，经康熙、雍正，到乾隆六十年（1796 年）逐步增加到近三亿。[⑤] 垦田的增加也极为显著，康乾时期，全国荒地基本上得到了开垦，所谓“天下田土，开垦无遗”，顺治十八年耕地为近五百四十九万顷，康熙二十四年增至六百多万顷，乾隆三十一年（1766 年）达到七百四十一万余顷。[⑥] 农业的恢复和发展，导致工商业的蓬勃兴起，社会又一次走向繁荣，封建社会再一次进入它的一个鼎盛时期。但自乾隆以后，因承平日久，库款常丰，渐习奢靡，再加上土木又兴、战事又起，已开始孕育从鼎盛到衰败的危机。而同一时期西方主要国家完成了文化复兴、从海洋贸易和对全球的掠夺中积累了巨大财富、建立起了现代市场经济制度，正在进入工业革命的时代，生产力空前发展、国力迅速攀升、社会不断变革。

总之，三大治世的理财治税之道有其顺应历史发展的合理内核，成效显著，是中华民族光辉的政治经济思想的重要组成部分，不少内容仍值得我们深思和借鉴。但终因其囿于小农经济和皇权政治专制的历史局限性，实施的时间均难以长久，当西方国家迅速崛起的时候，中国还在重复着战乱、统一、盛世、衰落、崩溃、再战乱的循环，没能发生生产方式和社会制度的质变。当强大起来的西方国家用武力打开中国国门后，中华民族不得不接受一种畸形的极其黑暗的社会制度——半殖民地的专制社会。

三、中国近代社会的税收

1840 年鸦片战争后，中国社会沦为半殖民地的专制社会，税收制度也深深打上半殖民地的烙印，其主要特点之一是田赋、工商杂税等旧税与受帝国主义列强控制的关税、为解决财政困难而设的厘金、对鸦片征收的土药税等新税并存，形成一套苛重扰民的半殖民地专制社会的税收制度。鸦片战争前清代关税主要是内陆关卡税，即在陆、

---

① 王庆云，《石渠余记》卷一，《纪节俭》。

② 王庆云，《石渠余记》卷一，《纪蠲免》。

③ 中央财政金融学院财政教研室，《中国财政简史》，中国财政经济出版社，1980 年，第 141 页。

④ 《清圣祖实录》卷二百四十九，康熙五十一年二月壬午。

⑤ 柯劭忞等，《清史稿》卷一百二十，志九十五，食货一。

⑥ 转引自翦伯赞主编，《中国史纲要》下册，人民出版社，1995 年，第 261 页。

水路要津设关征收的货物通行税和船税，少数对外开放地方也设有海关但征收甚少。鸦片战争失败后，清朝被迫开放门户，先后在全国设立近50处海关。但海关的监督管理大权实际上操纵在外籍税务司手中，关税税则的制定和修改由国家自主沦为听命于帝国主义列强，关税收入抵拨赔款后余额才交由清政府使用，关税成为一种具有强烈殖民地性质的税收。厘金最初是为了筹集镇压太平天国起义的军饷而设置，后来成为经常税，对各种货物在产、运、销各环节道道课征，初办时征1%即所谓的一厘金，故名厘金。就制度层面而言，厘金类似于现在的流转税（道道课征的全值消费税、营业税或周转税、货物税），初定税率也不高，但因其税基广，税额并不少。在19世纪60年代，厘金收入最多时是当时政府其他财政收入总和的4～5倍。统治者从厘金中尝到了甜头，这预示着中国财政收入形式已经从以田赋农业税对农民直接课征为主转变为间接税为主。但由于厘金没有统一的制度，各地自行确定项目和税率及征管办法，所谓酌量抽厘、各自为政，厘厂局卡遍地林立，政出多门名目繁多，厘局差役侵蚀朘削、勒索榨取、中饱私囊，所谓"署一年州县缺，不及当一年厘局差"，结果商民无所适从、怨声载道，厘金成为阻碍流通、破坏生产、贻害百姓最深的一种恶税。1931年，民国政府取消厘金，但实际上只是去其名而用其实。

1911年，辛亥革命推翻满清王朝，结束了2000多年的世袭君主专制制度，建立"中华民国"。民国时期（1912～1949年）的税收仍然是半殖民地专制社会的税收，且有帝国主义、封建主义和官僚资本主义三重剥削，对广大人民的压榨更加残酷。从税收制度上看，北洋政府期间（1912～1926年）基本上沿用清后期的税制，虽也着手整顿税制，但因军阀割据无甚成效。国民政府期间（1927～1949年）经过整旧建新，一部分中国传统税收得以改革保留，西方近代税制体系全面引入。逐步建立以关税、盐税、直接税、货物税4大类税为中央税，以田赋、营业牌照税、使用牌照税、筵席及娱乐税、屠宰税、房捐、契税等为地方税的两大税收体系。作为中央收入的关、盐、直、货是当时财政收入的4大支柱。1927年南京国民政府成立后，即宣布关税自主，实行国定税则。但因列强反对未能自主施行，只得采取协商办法求得逐步解决。后与美日英等12国协商，1931年起国民政府自定的关税税则才得以实施，厘金、常关税等同时废止。但关税自主是通过协商重订协议而取得的，仍未完全摆脱半殖民地性质。盐税从量定额课征，税负不轻，是国民政府一项大宗收入。属于直接税的有所得税（采用分类所得分等征收）、特种过分利得税、遗产税、印花税、营业税、特种营业税、证券交易税等。属于货物税类的税种有统税、货物税、烟酒税、矿税等。国民党统治时期的税收制度与官僚买办性质的政府以及极其腐坏的政治相联系，税收负担特别是正税之外的苛捐杂税负担极其沉重，导致生产凋敝、民不聊生，最后终于随国民党政治统治的失败而退出历史舞台。

第三节　中华人民共和国成立以后的税收发展

中华人民共和国建立至今，中国税收制度的发展变化，与国家社会经济制度和国家战略转变相联系，存在明显的规律性特征。首先，出现并长期延续城乡有别的二元税收制度；其次，正税与杂税并存，杂税名目繁多，时有整顿，却总是存在；再次，正税从农业税和工商税并重，发展到工商税为主，从工商税中流转税为主转变为流转税和所得税并重。

一、城乡有别的二元财政税收制度

新中国成立时税收制度沿袭旧中国，在农村地区以征收田赋即农业税为主，在城市以征收货物税、商品流通税、工商业税、盐税、关税为主。1953年开始推行粮食统购统销以及农业生产资料计划供应体制，1958年起将人口区分为农业人口和城市人口。随着农业集体化和工商业社会主义改造完成，在城市实行以国有为主的所有制、在农村实行集体所有制，城乡二元的社会经济制度形成，城市人口和农村人口在就业、社会保险、教育、住房、水电等公用事业等方面享受不平等的待遇。相应的税收制度和财政制度也长期延续二元格局。

农民作为消费者只要其购买商品和劳务就要与城里人一样负担工商税收，但一方面还要负担专门针对农民的税收包括农业税、各种杂税、“暗税”；而另一方面却无法享有用工商税收提供的公共产品、用“暗税”（工农产品价格剪刀差）建立起来的工业体系所产生的经济和社会利益。2002年开始实行农村税费改革，到2006年废除农业税，至此取消了专门对农民课征的农业税和一切税外收费，中国城乡二元税收制度已经转变为城乡统一的一元税制，但城乡二元的财政格局仍然延续。

取消对农民课征的农业税和一切税外收费，应该说表面上的农民负担过重问题已经得到解决，彻底切断了基层政权向农民收钱的渠道，可以比较彻底地走出黄宗羲定律的怪圈，具有深远的意义，是一个巨大的历史性进步。但是，取消农业税的措施还没有从根本上解决农村地区财政问题，因为农民所承受的财政负担不仅包括农业税、“三提五统”、乱收费和乱摊派等直接税费，还包括：①农民作为消费者与城市居民一样在购买商品和进行其他消费时所实际承担的增值税、营业税、消费税、关税等；②农民因不是增值税纳税人而负担的农业投入品进项税额；③农民存款的利息所得税等；④因土地征用补偿不足而产生的现代“暗税”[①]；⑤农民进城务工就其收入缴纳的所得税和费、就其消费而承担的流转税，进城务工农民交纳社会保险费而不能实际拥有造成的损失等[②]。笔者计算了1998年至2007年10年间，农民实际承担的各类税收（包括增值税、营业税、消费税、关税等主要流转税，得不到抵

---

① 笔者曾经将现代“暗税”定义为在工业化和城市化过程中，农民拥有使用权的土地资源被征用而补偿不足、丧失社会保障而造成的农民财富流失，并曾经估算出1987～2001年期间，平均每年被征用的耕地为214万亩，每年平均通过耕地征用补偿不足向农民索取的“暗税”至少1712亿元。参见杨斌，《将农民缴纳的“钱”还给农民——逐步建立解决“三农”问题的财政机制》，《涉外税务》，2004年第3期。现在看来，这种财富流失很大程度上是因为土地所有权制度作了完全不利于农民的安排，如果按照多数国家和地区（如“台湾”）惯例来设置土地物权法，那么农民在房地产市场发展中将获得极大的利益。这种人为的不平等法律安排本质上就是设置了对农民征收“暗税”的规则。

② 据测算，农民损失的社会保障每年至少2000亿～3000亿，参见陈锡文，《资源配置与中国农村发展》，《中国农村经济》，2004年第1期。

扣的增值税进项税额、各种直接税、现代“暗税”），计算表明从1998年到2007年农民负担的主要流转税（间接税）总额达到39 379.92亿元，年平均近4000亿元；农民实际负担的农业投入品增值税进项税额总额为5173.43亿元，年平均约517亿元，农民负担的直接税总额达到14 062亿元。一般预算中的农民全部负担合计为59 177.35亿元，年平均约5900亿元。因土地所有权制度作不利于农民的安排，导致实质上对农民征收“暗税”，10年总额达到20 079.84亿元，年平均约2000亿元，两项年平均合计约7900亿元，是最高年份（2003年）农业税总额423.82亿元的19倍。① 因此，免除农业税作用极其有限。

当然税收负担重与不重还与财政支出有关，纳税人缴纳的税收，不管是间接税还是直接税，正税还是杂税，明税还是暗税，只要能够用于纳税人或负税人，向他们提供所需要的公共产品，税负沉重的感觉就会减轻。暂且不谈现代“暗税”，如果仅仅将农民负担的年平均约4500亿元的间接税（包括农民实际负担的增值税进项税额）提供能让农民受益的公共产品的方式整体返还给农民，他们不仅不需要缴纳各种直接税费，而且他们还能从各级政府提供的公共产品中获得等量或等价的利益，这些利益会使他们的生产条件不断改善、生活环境持续优化。只要负担适度、支出考虑多数人利益，农民整体负担沉重问题就不会出现。正是由于农民不能通过公共产品的方式获得其负担的绝大部分税费，财富主要通过逆向财政机制从农村净流出，才出现农民负担持续沉重的社会经济问题。所谓逆向财政机制是指财政不仅没有对较为贫困的农民给予补贴，反而对其索取，产生劫贫济富的结果。笔者研究表明，从1998年到2007年，一般预算中的农民全部负担合计为59 177.35亿元，而农民从一般预算支出中分享的全部财政利益仅仅为35 218.08亿元，缺口达到23 958.26亿元，一般预算逆向程度十年平均超过40%。加上基金预算中的“暗税”，向农民索取的净财富总额达到44 038.1亿元。逆向财政机制的存在是中国城乡收入差距拉大和县乡基层财政出现困难的隐蔽原因。②

总之，取消农业税和税外杂项负担，标志着明税和正税方面城乡统一税制的形成，标志着农民与城里人一样缴纳和实际负担各种直接和间接税费，标志着农民承担同样纳税责任，不需要承担正税和“明税”的额外负担，其意义深远。但是农民在承担了义务的同时，并没有同样享有公共服务的纳税人或实际负担者的权利，仍然没有绕出“农民要获得必要的公共产品就必须增加其直接税费负担，而免除了直接税费对农民提供的公共产品的数量、质量就要降低”这一“圈圈”。因此，要解决农民负担问题，建立城乡统一的财政体制，构建城乡统筹发展的和谐社会，建设社会主义新农村，应当将农民负担的广义税收以向农村地区和进城务工的“农民”提供他们所需的公共产品方式，“返还”给他们③，让承担同样负税责任的人享有同等的权利，从而打破针对农

①② 杨斌，《中国财政的特殊规律：逆向财政机制——城乡收入差距拉大和多数县乡财政持续困难的隐性原因》，2009年公共经济学与管理国际论坛，厦门大学，2009年11月28、29日。

③ 杨斌，《将农民缴纳的“钱”还给农民——逐步建立解决“三农”问题的财政机制》，《涉外税务》，2004年第3期。

民的逆向财政机制，停止向农民的净财政索取（暂且不要奢谈“工业反哺农业”和农业保护、农业补贴）。这不仅是减少农民福利损失，而且是增进整体社会福利的未来走向。①

二、正税制度的演变

新中国成立以来，正税制度随生产资料所有制和社会经济结构的变革而演变。

建国初期特别是社会主义改造以前，私有经济成分占较大比重，正税制度主要依据“保证税收，简化税制”“公私区别对待”的原则建立，政府重视利用税收杠杆发展国有经济、扶植合作经济、改造私营经济，主要税种有货物税、商品流通税、工商业税、农牧业税、盐税、关税等，其中货物税（含后来的商品流通税）、工商业税为主体税种，农牧业税为第二主体税种。

社会主义改造完成特别是 1958 年简化税制以后，税制结构趋向简单，在流转环节征收的各种税合并为工商统一税，工商所得税从原来的工商业税中独立出来成为单独税种。1973 年税制进一步简化，工商统一税及其附加、城市房地产税、车船使用牌照税、屠宰税等合并为工商税，国有企业只纳工商税一个税，集体企业只纳工商税和工商所得税。正税政策上体现公有制与非公有制有别，对个体经营用高税率进行限制；公有制内部高级形式（全民）与低级形式（集体）有别，全民所有制企业税负轻于集体所有制企业。这一时期经济成分单一，全民为主，集体为辅。全民所有制通过国家（政府）所有制体现，国家（政府）层次上政治权和财产所有权合二为一，由一个权力主体行使，国家（政府）对国有企业统收统支，与企业之间不存在“你”“我”界限，因此对国有企业不征所得税，征收的工商税只起保证财政收入的作用。

20 世纪 80 年代随着改革开放的进行，税制作了重大改革。20 世纪 80 年代初开征个人所得税、中外合资经营企业所得税、外国企业所得税，外商投资企业适用 1958 年颁布的工商统一税。1983 年 1 月在对国有企业先后实行企业基金、利润留成和各种形式包干基础上推行“以税代利”即“利改税”第一步改革，主要是对有盈利的国有企业征收所得税，即把企业过去上交的利润大部分改为用所得税的形式上交国家。小型国有企业在交纳所得税后，由企业自负盈亏，少数税后利润较多的，再上交一部分承包费。大中型国有企业交纳所得税后的利润，除了企业的合理留利外，采取递增包干、定额包干、固定比例和调节税等多种形式上交国家。

1984 年 10 月开始推行“利改税”第二步改革，将国有企业原来上交国家的财政收入改为分别按 11 个税种向国家交税，也就是由税利并存逐步过渡到完全的以税代利。②工商税按性质划分为产品税、营业税、增值税、盐税 4 个税种，开征资源税、国有企业所得税和调节税、集体企业所得税等，恢复和开征房产税、土地使用税、车船使用

---

① 杨斌，《中国农民广义税收负担：历史演进和未来走向》，《税务研究》，2007 年第 11 期。

② 王丙乾，《关于国营企业实行利改税和改革工商税制的说明》（第六届全国人民代表大会常务委员会第七次会议），1984 年 9 月 11 日；国务院，《批转财政部关于在国营企业推行利改税第二步改革的报告的通知》，国发[1984] 124 号。

税、城市维护建设税等地方税。其最核心内容是开征国有企业所得税、调节税，使税利并存过渡到完全的以税代利，税后利润完全归企业支配，从而使国有企业向国家（政府）上缴利润的分配方式改变为税收分配方式，使国家（政府）与国有企业之间的分配关系以税收形式固定下来。

“利改税”改革打破对国有企业不能征收所得税的禁区，促进了关于对国有企业征税问题的认识。但指导思想上存在极端化倾向，从过去不能征税只能收利这一极端走向不能收利只能征税的另一极端，理论上混淆了国家（政府）公共权力和生产资料所有权获取物质利益方式上的差别，本来应以建立在等价交换的契约关系基础上的、非规范化的、一户一率的利润（包括股息、租赁费）上交形式体现国有产权权益，结果却以建立在国家（政府）与其居民之间权利义务关系基础上的、统一刚性的税收形式收取所有者权益。执行过程中税利不分、名税非税，加上税前还贷政策和承包制的影响，改革目标难以达到；按不同经济成分设置不同的企业所得税，造成不公平；流转税系中，引进增值税对促进专业化分工协作的发展具有积极作用，但增值税和产品税、营业税并行征收，导致计税复杂、征收困难；辅助税种种类繁多，设置上缺乏总体布局和相互衔接，增加征税成本，损害税制结构的整体效率；税收制度和税收政策内外有别，对外商投资企业执行不同于内资企业的税制，在流转税方面恢复执行1958年颁布的实际在1973年已经废止的工商统一税条例（草案），在所得税方面分别执行不同于内资企业的中外合资经营企业所得税、外国企业所得税，这同样造成不公平。

为了克服上述种种缺陷，适应建立社会主义市场经济体制的要求，1994年进行又一次全面税制改革。其基本要点是：①按照有利于实现政府社会管理和国有资产管理双重职能的科学划分、保证公平竞争、促进企业转换经营机制、建立现代企业制度的原则，内资企业统一实行33%的企业所得税，取消调节税、能源交通重点建设基金和预算调节基金，逐步建立国有资产投资收益按股分红、投资分利或税后利润上交制度，形成税收利润分渠分流，达到规范化的税收分配与非规范化的利润分配之间的协调，进一步完善国家（政府）与国有企业的分配关系。②对涉外企业设置外商投资企业和外国企业所得税。③扩大增值税征收范围，使之涉及所有货物交易和加工、修理修配劳务；有选择地对某些消费品征收消费税；对劳务和不动产、无形资产转让等产业继续征收营业税；扩大资源税征税范围。从而建立以增值税为核心、辅之以消费税、营业税、资源税的协调配合的流转税体系，取消工商统一税实现流转税的内外统一。④合并个人收入调节税、城乡个体工商业户所得税，以及适用于外籍人员的个人所得税，建立统一的个人所得税制度。⑤取消与形势发展不适应的税种如集市交易税、牲畜交易税、奖金税、工资调节税。

经过1994年的税制改革和随后的调整，目前中国开征的正税有21种，即增值税、消费税、营业税、资源税、城乡维护建设税、关税、船舶吨税、个人所得税、企业所得税、社会保险费、烟叶税、土地增值税、房产税、城市房地产税、土地使用税、耕地占用税、契税、车船税、印花税、车辆购置税、排污费。1994年以后调整的税种是：2000年起停征固定资产投资方向调节税，同年开征车辆购置税。到2002年止全国各地全部停征筵席税。2006年废除农业税（包括农林特产税）、屠宰税，将农林特产税中烟叶税目独立出来开征烟叶税。2007年起将原外商投资企业和外国企业所得税、企业所得税合并设立内外统一的企业所得税，将车船使用税和车船使用牌照税合并设立车船税。

三、杂税和“暗税”的演变

新中国成立以后，杂税仍然存在，而且某些时期问题还相当严重，还存在一个十分独特的现象即“暗税”。由于实际上存在城乡二元经济社会结构，以下分别从农村的杂税、“暗税”负担和城市工商业杂税负担加以描述。

（一）农村杂税和“暗税”的演变

就农村地区农民负担的杂税、“暗税”看，不同的历史时期呈现不同特点。

第一个时期（1949～1952年），这一时期由于战争、制度沿袭前代、其他税源较少等原因，正税（农业税）负担比较重。农业税实征总额占当年实际产量的比例，1949年为13.5％、1950年为12.3％、1951年为14.5％、1952年为12.2％[①]，仍然存在杂项负担，即农业税以外的各种摊派、收费、捐赠、劳役等。主要项目包括乡教育粮、抗美援朝捐赠、代耕（无偿代耕军队官兵在家乡分得的土地）、为兴修水利出工、乡村干部补贴和公务费、地方性娱乐或迷信支出等。总体上这一时期杂项负担不是很重，据估计最高年份的杂税杂派负担约为农业税正税的5.6％。[②]

第二个时期（1953～1984年），农业税政策从分散到全国统一，并且实行增产不增收的政策，但政府从农民或农业获得物质财富主要通过“暗税”的办法。所谓“暗税”是指工农产品价格剪刀差（以下简称剪刀差）。剪刀差财政功能伴随着全国实行粮食统购统销而成为现实，也随着统购统销的结束而消失。比较保守的估计，政府通过剪刀差“暗税”抽取的财富为6000亿元左右，相当于同期农业税总额的6倍多。正是中国广大农民通过负担剪刀差“暗税”这一财政史上的“杰作”，为中国工业化提供了原始资本积累。除此之外，农民还承担杂项负担，不过这一时期的不同阶段负担轻重不一。1953年到1957年这一段时间因为合作化、集体化，杂项负担最轻。1966年到1976年期间，杂项负担开始增加，主要形式是动用劳动力搞建设（如修路、修堤、建水库、搞水利、盖公房、整灌区、养公路），具体方式是农民出工、生产队补贴，此外是推行民办教师、赤脚医生、农技员等做法而增加的摊派，以及合作医疗摊派、民兵训练费用、公社和生产队干部补贴、生产队公款消费的费用等。根据典型调查的资料，按比较保守的数字即平均每年每人负担3元估计，这10年间每年农村杂项负担要超过20亿元，相当于农业税负担的60％～80％。[③] 1977年以后，农民杂项负担继续呈现加剧趋势，中间虽经多次整顿但没有得到有效遏制，到1985年前后出现名目数不胜数、农民

① 财政部编辑委员会，《中国农民负担史》（第四卷），中国财政经济出版社，1994年，第119页。
② 财政部编辑委员会，《中国农民负担史》（第四卷），中国财政经济出版社，1994年，第104页。
③ 财政部编辑委员会，《中国农民负担史》（第四卷），中国财政经济出版社，1994年，第312页。

不堪重负的局面，出现“乱收费、乱罚款、乱集资”的严重问题。据《中国农民负担史》（第四卷）记载，山东省1984年对99个乡调查列出农民杂项负担11类96项。就数额看，1983年全国农民其他负担约210亿元，相当于当年农业税47.4亿元的4.4倍，平均每人25元左右。[①] 由于这一时期农民收入获得了超常规增长，超过农民负担总水平的增长，因此农民负担问题仍显得并不十分突出，但造成了不容乐观的趋势。

第三个时期（1985～2001年），这一时期经济迅速发展，但城乡差别拉大。这一时期仍然存在工农产品交换价格剪刀差问题，但是随着粮食统购统销体制的结束、农业生产资料计划配给等制度的退出，剪刀差产生的财富流出渠道发生了变化，从流入政府口袋变为流入企业。因此我们在讨论农民财政性负担时就不再论述剪刀差，而把它作为一个不平等的市场交换现象。这一时期由于经济建设和工业化进程加快，基层政权事权扩大、达标升级活动增加，乡镇机构日益庞大，税收制度改革和财政体制变化使财力向中央和上级政府集中、向城市和发达地区流动，腐败现象蔓延等多方面原因，农民承受的农业税以外的负担日益增加。据估计这一时期农民杂项负担总额为1774.21亿元，是农业税的10.24倍[②]。为了解决1984年以来日益严重的农民负担问题，政府试图采用“三提五统”[③] 与农民人均纯收入挂钩的办法来遏制杂项课征的蔓延，但效果不佳，导致农村税费改革的启动。

第四个时期（2002～2006年），这一时期进行的农村税费改革经历了两个阶段。第一阶段的农村税费改革本质是“摊丁入亩”，将“三提五统”和其他杂项负担并入农业税，安徽试点按农民纯收入的7%确定农业税负担水平，另有20%的附加，合并实行税率8.4%。由于在理论上没有找到使农民负担不断增加的根源和机制，在实践上配套改革没有跟上，改革的结果使农民负担略有减轻，但因乡镇政府或村级组织支出具有刚性，乡村运行出现困难，矛盾由改革前乱收费变为改革后基层政府难以履行社会管理职能。中央和省的财政转移支付不足以弥补基层财政缺口，包括义务教育在内的公共产品无法充分提供。这就使乡村进入一个两难的境地，要么实现农村税费改革的减

---

① 财政部编辑委员会，《中国农民负担史》（第四卷），中国财政经济出版社，1994年，第405页。

② 杨斌，《中国农民广义税收负担：历史演进和未来走向》，《税务研究》，2007年第10期。

③ “三提五统”是三项村提留和五项乡统筹的简称。三项村提留是指村级组织向农民收取的公积金、公益金和管理费。其中公积金用于农田水利基本建设、植树造林、购置生产性固定资产和兴办集体企业，公益金用于五保户的供养和特别困难户的补助、合作医疗保健以及其他集体福利事业，管理费用用于干部报酬和管理开支。五项乡统筹则是指乡政府向农民征收的农村两级办学、计划生育、优抚、民兵训练、修建乡村道路等民办公助事业的费用。国务院《农民负担费用和劳务管理条例》明确规定“三提五统”的征收标准是“以乡镇为单位，不能突破农民上年人均纯收入的5%”。“三提五统”在制度设计上体现以规费的名义征收、由基层政府或集体经济组织（实质上是村政府）自收自支的比例所得税。但实行结果却变为最恶劣的人头税。最常见的做法是各乡镇将总的收入目标“分解”到各村，各村再把该村应征额的一半摊到土地上、一半摊到人头上，最后根据每户劳动力数与承包土地数，计算出每户应缴纳的“三提五统”量，并以户为单位征收，没有考虑到农民贫富差距，这个制度实际上变为按户征收的摊派式人头税。既然是摊派式人头税，只能由整个基层政权（党、政）直接面对农户催粮要款。不仅征收成本太大，而且极易激化基层政权与农户之间矛盾。概言之，20世纪90年代，中国实际上在农村推行了最劣等的摊派式人头税征收方式，所收数量有限，但政治成本和经济成本十分巨大，难以为继，税收制度倒退了千年以上。

负目标，但是乡村政府不能维持正常运转，公共产品提供就会严重不足；要么确保乡村政府正常运转、保障公共产品提供，就必须增加农民负担，改革目标就不能实现。鉴于此，农村税费改革进入了第二阶段，即从2004年开始实施废除农业税的措施，2006年完全彻底废除农业税。至此，专门针对农民征收的农业税和杂项已经成为历史，但中国农民作为主要消费者群体和土地经营者仍然负担流转税和现代“暗税”，进一步的改革应当是如何让农民不仅作为实际的税收负担者（履行义务），而且成为用他们实际承担的税收所提供的公共产品的受益者（享有权利）。

（二）城市工商业杂税的演变

就城市工商业的情况看，从新中国成立到1980年初期，由于财政实行统收统支办法，所有收入都上交财政，所有支出均由财政拨付，企业上交的利润也纳入预算管理，尽管存在少量收费如1950年开始的养路费，但杂税项目少、负担不重。杂税项目迅速增多的情况始于20世纪80年代。杂税首先以乱罚款形式出现。1984年国家进行了以“分灶吃饭”为特点的财政改革，明确罚没收入为地方收入，不少地方出现以罚代刑、以罚代管、乱罚款问题，从本质上看，利用乱罚款这一渠道向工商业经营者和居民、农民收取额外财政收入也属于杂税。1993年开始中央政府经过多次治理整顿，逐步推行比较完善的收支两条线管理，杜绝有权乱罚款部门的利益，到2000年国务院颁布《违反行政事业性收费和罚没收入收支两条线管理规定行政处分暂行规定》（国务院令第281号）以后，乱罚款问题得到有效治理。

除乱罚款以外，杂税还以政府性基金和行政事业性收费名称出现，这一类杂税，也始于20世纪80年代初期。杂税的目的是为某个发展相对滞后的基础性行业提供专项资金。例如，1980年征收市话初装费（后改为市话初装基金），所收取资金专项用于市话的发展；1981年开征库区维护基金，顾名思义用于水利工程的维护。

1982年鉴于能源交通基础设施成为国民经济中的薄弱环节，中央政府决定从地方财政和企业事业单位预算外资金中征集“国家能源和交通重点建设基金”，专项用于能源交通基础设施的建设。1989年为了加强宏观调控、集中财力，中央政府又开征“国家预算调节基金”，征收对象与“国家能源交通重点建设基金”基本相同，因此被合称“两金”。“两金”征集一直延续到1994年税制改革。“两金”的性质比较复杂，对地方财政部门和有权征收杂税（以各种费和基金名义）的部门而言，属于税收在政府间的再分配；而对企事业单位而言，实际上属于所得税，因为对企业事业单位而言当时所谓预算外资金主要是税后利润或收入留成，所以“两金”对企事业单位而言属于杂税，属于预先确定用途的税收。

征收专项资金开创了正税之外为特定目的而获取财政收入的渠道，逐渐被中央行业管理部门和地方政府所推崇。随着中国经济的快速发展，公共基础设施、教育、卫生、公共安全等需求日益增加，加上好大喜功、大搞政绩工程、升级达标活动，仅靠一般预算收入满足不了需要，政府便不断出台所谓给政策不给钱的办法，允许和鼓励行政事业单位“创收”，实际上就是利用公共权力或国有资源向工商业经营者、普通居民课征各种名目的费、基金，用于某项专门的事业或建设项目。20 世纪 80 年代中期以后各地先后开征名称各异的公路建设基金、公路客货运附加费、邮电附加费、车辆购置附加费、农村教育事业附加费、城市教育附加、地方教育附加、新菜地开发基金、港口建设费、电力建设基金。

进入 20 世纪 90 年代以后陆续开征铁路建设基金（1991）、旅游发展基金（1991）、在地方征收的各种机场附加收费项目的基础上开征全国统一的民航机场管理建设费（1992）、三峡建设基金（1993）、水路客运附加费（1993）、民航基础设施建设基金（1994）、残疾人就业保障金（1995）、文化建设事业费（1996）、铁路建设附加费（福建）（1996）、国家蚕丝绸发展风险基金（1996）、中央对外贸易发展基金（1996）、散装水泥专项资金（1997）、水利建设基金（1997）、能源基地建设基金（山西，1997）。进入 21 世纪后，继续出台新项目，例如水资源补偿费（山西，2001）、南水北调工程基金（2002）、三峡库区移民后期扶持基金（2003）、大中型水库移民后期扶持基金（2006）、将山西能源基地建设基金调整为煤炭可持续发展基金（2006）。

从 20 世纪 80 年代一直到 21 世纪初几乎每年都增设基金项目，有的年份还增设多项。上述列举项目只是得到中央财政部门认可的后来保留下来的项目，实际的项目数要更多。2002 年中央政府决定取消的各级各类政府性基金就达 277 项①，取消的项目数大约占总项目数的 85%，一年可减轻企事业单位和居民负担约 170 亿②。中央政府对这些"杂税"不时地进行治理整顿，1996 年国务院决定将 13 项数额较大的政府性基金（收费）纳入财政预算管理。③ 2002 年进行比较系统的治理整顿，保留 31 类 49 项④，随后每隔两年公布保留的项目，并告知全体社会成员不在公布名单之内的项目可拒付。2004 年财政部重新公布的政府性基金项目目录，共有 31 类 51 项。⑤ 2006 年公布的政府性基金项目共有 34 类 48 项。

此外尚有大量行政事业性收费项目，它们是政府有关部门或具有准政府部门性质的事业单位向居民收取的钱财。存在三种情况，第一种情况是向居民提供特定服务而按服务成本向服务受益者收费，这种收费属于价格性质，为合理性收费。第二种情况是向居民提供特定服务而按超过服务成本向服务受益者收费，其超过服务成本的部分应当属于税收性质。第三种情况是政府有关部门或委托事业单位以发放许可、登记注册、检测评估等名义强制居民缴纳各种费用，也属于税收性质。一方面因为这些单位的运行费用已经由财政提供，另一方面这些收费有关的活动不是基于服务，而是属于政府行政管制目的，不是居民自身所需要。第四种情况完全属于巧立名目的为有权单位谋取小集团利益的收费。除了第一种情况外，其余均可列入"杂税"范畴，其项目数不胜枚举，仅交通和车辆一个领域，2000 年国务院有关部门决定取消的项目就达

① 财政部，《关于公布取消部分政府性基金项目的通知》，财综［2002］24 号。
② 新华网 2002 年 4 月 29 日报道（记者张建平）。
③ 国务院，《关于加强预算外资金管理的决定》，国发［1996］29 号。
④ 财政部，《关于公布保留的政府性基金项目的通知》，财综［2002］33 号。
⑤ 财政部，《关于分布全国政府性基金项目目录的通知》，财综［2004］6 号。

238项，每年减轻社会负担达145亿元[①]。

若干年来中央政府不断采取措施对各种形式的“杂税”进行清理整顿或加强预算管理，成效明显，但并没有建立起能彻底遏制正税之外杂税杂派泛滥成灾的永久机制，因此正税之外杂税名目繁多的情况仍然存在。如何避免整体税收负担过重以及遏制杂税泛滥仍然是研究探索的重要课题。总的趋势应当从建立税款的缴纳与税款的使用相联系的民主政治机制入手来彻底解决问题。这一点可以从西方税收发展的历史中得到一些启发。

第四节　西方税收的起源与发展

一、西方税收的起源

西方文明发源于古希腊、古罗马。西方国家税收的最初形态可以上溯至古希腊、古罗马时期。早期的古希腊政府财政没有严格的收支划分，而是表现为一个简单过程的两个方面。公共收入的征集者有权把所获得的钱财用于某个特定的用途。最早的财政收入形式是liturgy，由富裕的个人自愿贡纳，以使其受人尊敬的地位得以保证。后来这种贡纳逐渐失去自愿特点而变为强制的充公和没收。其他财政来源有国家（政府）所有土地的产物、奴隶的劳动成果以及被征服国的贡纳等。总之，土地收入是最主要的途径。

公元前5世纪和前4世纪时期，繁荣的古希腊开始衰退，其原因是战争不断。战争的结果是财政需要增加，靠自愿者贡纳、地产地租收入无法达到收支平衡，需要其他措施补充。“渐渐地，像这种正常的、进步的增加国家收入的方法就被一系列轻率的、只顾眼前利益的措施所代替。其中最重要的一项措施是对生产和交换二者采取国有制。”“这种制度，初行虽有利于国家，但逐渐造成官吏方面进行欺诈和不法行为，同时又使国民方面在个人能力上的自由活动和竞争几乎完全趋于消灭。在趋向于国家控制的潮流同时，一套十分严密的课税制度被精心规划出来了”。[②] 其中包括徭役、关市之征、特别税、财产税等。在古希腊，社会成员划分等级，有贵族、僧侣、自由民、奴隶之别。随着希腊化世界的扩大，又有移民和土著居民之别。税收的征收与社会成员的等级有关。徭役主要是直接征用奴隶。在关市之征中，关税主要在城门口就进出城门的商品征收，市场税是对市场上买卖的物品征收。特别税是对私人财产如土地、奴隶的出售征收。而财产税只有社会地位低下的自由民才需要根据财产多少缴纳，但其缴纳税率低、税额小。为了战争而设立的税收越来越重，且不公平，大多数被转嫁到土著居民身上去，沉重的税收负担，激起了人民特别是土著居民的反抗甚至起义，其结果是为了镇压起义，筹措更多的经费，使税收负担更加沉重，进入恶性循环，希

---

① 《全国人大常委会法制工作委员会、国务院法制办公室负责人就交通税费改革进展和公路养路费的征收问题答记者问》，新华网2006年11月23日。

② （美）M. 罗斯托夫采夫著，马雍、厉以宁译，《罗马帝国社会经济史》，商务印书馆，1985年，第18～19页。

腊化世界的覆灭也就不远了。

罗马共和国时期即公元前 4 世纪，开始征收叫 tributum 的直接税，包括土地税 (tributum soli) 和人头税 (tributum capitis)。[①] 每年元老院决定一个征收总额，根据纳税人的财产价值在纳税人中分配，税率一般不到课税财产价值的 1%；无财产的人缴纳人头税；税收主要由商人和下层社会成员负担，贵族享有免税特权。罗马帝国时期（公元前 27 年开始），最重要的税收是土地税，税率高达收获量的 1/3，最初只有各行省的农民缴纳，罗马农民豁免，公元 1 世纪后期因公共支出膨胀，开始加诸罗马农民，而且不论收成好坏，都得缴纳固定的土地税。此外还征收关税和人头税；征收上实行包税制，包税者将税收“买走”，然后分摊给纳税人。[②] 无法找到权威和系统的文献，描述这一时期具体的税收征收情况。但文献对西罗马帝国的崩溃与税收的关系有所记载。总的情况是：西罗马帝国后期国力已经衰微，而税收却加重，“随着公众灾祸的增多，赋税日益加重；愈是到了必须勤俭度日的时候，勤俭的风气愈被人所忽视，心术不正的富人把不平等的负担从自己身上转移到人民身上”[③]，严酷的征敛使人民逃亡，纷纷放弃曾经引以自豪的罗马公民称号，民心丧失，最终社会动乱、帝国四分五裂。东罗马帝国（拜占庭）时期的税收主要有对城市和农村征收的家庭税（在城市称卡普尼康 kapnikon，在农村称伊辟波勒 epibole），对非基督徒和外国人课征的人头税凯发里兴（kephaletion），还征收地产税 (aerikon)、通行税、进出口税、集市税、港口税、注册费、印花税等。总的税负比当时任何国家都重，到了帝国后期也实行包税的征收办法，流弊更加严重。在后期危难时机还加征附加杂税以及强制性贷款等[④]，加剧了帝国的灭亡。

二、前资本主义时期的西方税收

罗马帝国崩溃以后，欧洲进入中世纪时期。中世纪初期，由于封建割据、战争不断、经济崩溃，饥荒蔓延、民不聊生，统一有力的公共权力中心不复存在。与封建领主庄园制相联系，中世纪初期的国家（政府）以领主政府的形式出现，统治者是一块领地的领主，同时是领地中某些地产的正式地主，财政收入的主要来源是地产收入而不是税收。“在欧洲，随着罗马帝国的崩溃，租税也随之消失；在民族国家开始形成之际，租税权又逐渐复活。”[⑤] 11 世纪到 14 世纪初，由于西欧内部的经济以及与外部的商业联系都得到了扩展，剩余劳动的数量增大，政府有了新的资源可利用，集权化政治重组成为趋势，税收制度随之恢复，但是税收制度的恢复不成体系而且不同地区发展极端不平衡，税种主要是一些临时税，例如 12 世纪教皇为十字军征收的税，这一税负

---

① （英）M.M. 波斯坦、（英）H.J. 哈巴库克主编，郎立华、黄云涛、常茂华等译，《剑桥欧洲经济史》（第一卷），经济科学出版社，2002 年，第 98 页。

② Carolyn Webber and Aaron Wildavsky. 1986. A History of Taxation and Expenditure in the Western World. New York: Simon and Schuster: 94～119.

③ （英）爱德华·吉本著，黄宜思、黄雨石译，《罗马帝国衰亡史》（下册），商务印书馆，1997 年，第 100 页。

④ （英）M.M. 波斯坦、（英）爱德华·米勒主编、（英）辛西亚·波斯坦助编，钟和等译，《剑桥欧洲经济史》（第二卷），经济科学出版社，2004 年，第 139～140 页。

⑤ 林钟雄，《欧洲经济发展史》，台湾三民书局，1987 年，第 156 页。

落于整个西方教会①；13世纪初，在法国地区，出现人头税（tallie）以及牧师、领地上的城镇、教堂和犹太高利贷者缴纳的特别税等。13世纪末、14世纪初，法国开始建立全面的直接税体系，包括对财产和动产征税，还征收烟囱税和销售税。在英格兰地区，存在郡县和各个自治市缴纳的承包税，以及兵役免除税（scutage）、代服兵役费、对庄园和犹太人的摊派税（tallage）等，并且出现贸易关税、地产税。经过一个世纪的发展，到14世纪初，不动产税已经成为英国的经常税，全国性的关税体系也建立起来。14世纪末，税收收入已经在财政收入中占最大的比重，例如1374～1375年的英国财政部总收入112 000英镑中，直接税和间接税达到82 000英镑，占73%，而传统财政收入即国王世袭领地的收入只有22 000英镑，只占20%，其余为借款收入。② 葡萄牙在14世纪也出现过统一的税收制度。③ 这一时期税收负担较为沉重，影响并减缓了经济增长。

中世纪末期即15世纪前后，封建领主制度随生产力发展和城市复活逐渐崩溃，专制政体的民族国家普遍出现，其主要原因是商业复活以及地理大发现导致的市场经济扩大和对外扩张，产生扩大政府行政单位的要求。市场经济使独立的庄园和城市的交易成本负担日益沉重，而相互并合或结合形成较大规模，可获得降低交易成本的利益，庄园合并成民族国家因而成为一种潮流。此外，生产力的发展使欧洲社会的生产关系发生重大变化，商人的力量得到逐步确认，教会干涉程度减弱，君王的力量成长成为可能，经济发展不平衡也使经济力量强大的国王兼并其他国王或领主成为可能。随之，战争频繁，规模扩大，装备水平提高，军事开支膨胀，国家（政府）支出增加。在这一过程中，除扩大国王领地及更有效地开发领地资源以增加国家（政府）收入、应付日益增加的财政支出外，西欧及南欧诸民族国家开始开拓新财源的努力，其中最重要的是通过海外殖民并对主要贸易货物实行垄断、借款和税收，而贸易垄断经常被走私规避，借款除非不认账，否则还得靠收税作为偿债基金。

财政需要导致税收逐渐恢复，税收的恢复反过来促进民族国家壮大成长，许多国家生产力的发展为税收的恢复提供了税源保证。税制模式因经济发展模式不同出现几种类型：①对外贸易在经济活动中占重大比例的国家，因为港口毕竟不多，进出口额易于掌握，且稽征成本较低，倾向于以贸易商品为主要课税对象，也就是以关税为主体税种，例如中世纪末期，关税成为英国政府财政收入最基本的部分④；②自足经济国家，商业活动限于城镇或附近地区，商品交易额测量成本与稽征成本都较高，往往以财产税等直接税为主，例如法国路易十一时期的1483年，平民税（taille，即对非贵族

---

① （意）卡洛·M. 奇波拉，徐漩译，《欧洲经济史》第1卷，商务印书馆，1988年，第275页。

② （英）M.M. 波斯坦、（英）E.E里奇、（英）H.J. 哈巴库克，周荣国、张金秀译，《剑桥欧洲经济史》（第三卷），经济科学出版社，2002年，第256～258页、第269页。

③ （英）E. E. 里奇、（英）C. H. 威尔逊，张锦东、钟和、晏波译，《剑桥欧洲经济史》（第四卷），经济科学出版社，2003年，第205页。

④ （英）M.M. 波斯坦、（英）E.E里奇、（英）H.J. 哈巴库克主编，周荣国、张金秀译，《剑桥欧洲经济史》（第三卷），经济科学出版社，2002年，第270页。

平民征收的财产税）税额占财政总收入的85%[①]；③处于贸易中心地位的城市国家，国内消费税占有主要地位，例如意大利城市财政中，在城市里征收的消费税特别是对酒类征收的消费税常常处于首要地位[②]。总的说来，中世纪欧洲各国的税收负担很重且不公平，税收主要落到平民特别是农民身上，沉重的税收负担成为这一时期许多农民起义和社会动乱的主要原因，例如1358年法国扎克雷起义[③]，1381年的英国农民起义，1382年巴黎“铅锤党”起义、鲁昂平民起义等。

三、资本主义时期西方税收的发展

西方国家进入资本主义社会以后，在税收上发生了两个方面的重大变化，其一是税负过重控制机制的形成；其二是逐步产生使纳税人和负税人较为一致的所得税。

（一）制约税负过重的机制：“非经代表同意不得课税”原则确立和实施

15世纪初开始的地理大发现，促进了欧洲的经济发展，先孕育了葡萄牙、西班牙两大世界强国。随后英国逐渐强大起来，在国际上于1588年击败西班牙无敌舰队，开始树立海上霸权。17世纪初，开始向印度和北美殖民。英国通过海外贸易、殖民掠夺、黑奴交易和国内的圈地运动，完成原始资本积累，逐渐形成新兴的资产阶级。同时，在国内随着手工工场的建立和扩展，制造业迅速发展；宗教改革使基督教新教成为国教，脱离了罗马教皇，为打击天主教会、削弱和限制旧的封建势力和确立资产阶级的统治地位创造了思想基础和社会基础。在这样的大背景下，1640年起，资产阶级联合新贵族，带领广大人民，通过议会斗争，经过内战、共和国建立、克伦威尔军事独裁、斯图亚特王朝复辟、1688～1689年的“光荣革命”，最终推翻封建君主专制，建立资本主义政治、经济制度。1689年“光荣革命”胜利后通过的《权利法案》（全称《国民权利与自由和王位继承宣言》，an Act Declaring the Rights and Liberties of the Subject and Settling the Succession of the Crown），不仅标志着资本主义政治经济制度的确立，是西方社会发展的里程碑，而且也是西方税收历史的分水岭。《权利法案》内容并不多，只有短短的13条，其第4条规定“凡未经国会准许，借口国王特权，为国王而征收，或供国王使用而征收金钱，超出国会准许之时限或方式者，皆为非法”。《权利法案》使1215年《大宪章》确立、1628年《权利请愿书》再次重申的“非经同意不得课税”（no taxation without consent，有的地方翻译成无承诺不课税）的原则得到永久的贯彻，并演变为“非经代表同意不得课税”（no taxation without representation），从而建立了防治税收负担过重这一中西税收历史顽症的机制，成为西方民主的基石之一，其意义深远。因为在此之前无论在中国还是在西方，总是不时地出现征税过度问题，

---

① Douglass C. North & Robert Paul Thomas. 1977. The Rise of the Western World. Cambridge: Cambridge University Press: 99.

② （意）卡洛·M. 奇波拉，徐漩译，《欧洲经济史》第1卷，第273～274页。

③ 1358年在法国发生的一次农民起义。扎克雷，源自Jacques Bonhomme，意即温顺缴纳税款的乡下佬，是法国贵族对农民的蔑称，起义由此得名。

而解决这一问题靠统治者的自觉（靠明君圣主），税负合理适度的情况也会发生，但很偶然，因为明君圣主的出现很偶然。因此解决税负过重问题不能靠征税人或用税人的自觉，而应当靠纳税人或负税人的参与和有效制约，只有在征税权真实地而不是名义地归纳税人或负税人（通过其代表）行使的情况下才能形成对征税的有效制约机制，从而税负过重问题才能得到根本解决。

“非经代表同意不得课税”的原则成为英国人民的基本共识和观念并随着宪政民主在全世界传播，特别是通过美国独立战争对这一原则的捍卫，使人类在很多地方避免了税负过重的灾难。为此有必要提及美国独立战争发生的原因和结果。1756～1763 年发生英法战争，导致英国财政困难，在国内提高税负已经没有潜力，公债的发行数额也达到很高的程度，英国政府把解决财政困难的希望寄托在对北美殖民地征税上。英国采取了两项措施对殖民地征税，一是对北美殖民地经英国港口转口的货物征收关税；二是在北美殖民地征收归属于英国的印花税。这样的做法引起了两方面观念上的巨大冲突，一方面英国政府认为英国议会有权对其殖民地征税；而另一方面主要是英国血统的殖民地居民认为没有殖民地代表参加的伦敦议会没有权力对殖民地征税，这种已经深深根植于英国人民的意识来源于《大宪章》和《权利法案》确定的“非经代表同意不得课税”的原则。由于殖民地人民的反对，印花税和关税先后取消，到 1770 年只保留茶叶的关税，英国政府想通过这个每磅只征收 3 便士的茶叶关税以体现英国议会有权对殖民地课税，但导致殖民地对宗主国的公开断交。1773 年殖民地人民冲上停泊在波士顿港口的英国货船，将茶叶倒入海中，英美战争爆发，1776 年最终以北美殖民地胜利和组成美利坚合众国并宣告独立告终。美国独立宣言列举英国国王罪行之一就是“未经我们同意便向我们强行征税”。这一历史事件的启示意义在于只有通过纳税人的自觉捍卫，“非经代表同意不得课税”原则才能得到贯彻，人民才能避免被过重课税。

（二）西方国家税制发展的两个阶段

“光荣革命”以后现代市场经济制度逐渐占据主流，但经济发展不平衡导致各国完成资产阶级革命和形成系统的市场经济制度时间有先有后。相应的税收曾出现多样化情况，但从总的趋势看，西方国家的税收制度发展经历了两个重要的发展阶段。

第一阶段，大约在 17～18 世纪，在原有税制基础上逐步建立以消费税和关税为主体的间接税制度。当时西方各国的财政收入有 5 条渠道：①古代和中世纪保留下来的领地收入和印花税收入；②来源于政府与私人联合投资的合股公司的投资收益；③有价值的矿产资源的垄断开采权的收入；④公债收入；⑤关税和消费税为主的间接税。其中间接税逐渐占主体地位，在财政收入中占主要部分。在英国，15 世纪到 19 世纪，王室领地收入呈现日益减少的趋势，到 19 世纪末王室领地收入占财政总支出的比例已经低于 0.5%。1624 年左右印花税最早在荷兰出现，1671 年前后被引入英国，1694 年正式开征印花税，在英国整个 18 世纪印花税收入约占全部财政收入的 2%～4%，19 世纪上升到 4%～5%。随着私人经济的发展和政府直接经营企业情况的减少，政府投资收入和资源垄断经营收入不断减少。但国债收入居高不下，1689～1820年间，英国财政开支中大约30%靠公债收入，而且公债与战争相联系，主要作为战争的融资手段，富人乐于投资公债而获得利息，但公债的还本付息依靠间接税，间接税主要由穷人负担，实际上建立了一种看不见的收入转移机制，由穷人转向中等阶级和富裕人群①。这一时期间接税在财政收入中占主要部分。间接税的主要形式是消费税。在英国消费税的开征始于1643年，最初的征收对象为生活消费品（如饮料、食物），进入18世纪后，征收范围逐渐扩大，最终包含了原材料、中间产品和最终产品，实际上成为周转税。这一时期关税也很重要，关税渐渐成为进口环节的消费税，因此这两种税合在一起经常被视为间接税，18世纪它们占税收总收入的份额在75%～80%之间。其余的税收有土地税、门窗税等。

法国这一时期也是实行以间接税为主体的税制，消费税和关税占税收收入一半以上，此外还有印花税、人头税、1/20税等。人头税实际落到土地财产上，由于存在许多特权免税，最终变成主要由农民负担的一种税。1/20税于1710年创立，起初要求所有收入和薪金都要申报，然后对总收入按比例课征，是所得税的雏形，从1749年开始1/20成为标准税率，故名1/20税。由于申报不普遍也不真实，缺乏管理基础，加上存在许多特权免税，这个税种很不公平。这一时期，法国税收负担比较重，间接税实行包税制，苛重扰民，激起人民反抗，成为1789年法国大革命的导火索。② 亚当·斯密曾经通过对比分析了这一时期法国和英国的税制指出，法国人口是英国的三倍，土地和气候优于英国，但税收收入却只有英国的1.5倍，在英国由于税收负担比较公平，"绝未闻有什么阶级压迫"，"然而法国人民所受捐税的压迫，远甚于英国人民，那是世所公认的"，因此"法国的课税制度，在一切方面，似乎都比英国为劣"，而其他欧洲国家又比法国差。③

上述情况说明间接税为主体的税制已经不适应资本主义的发展，正如马克思所说"由于现代分工，由于大工业生产，由于国内贸易直接依赖于对外贸易和世界市场，间接税制度就同社会消费发生了双重的冲突。在国境上，这种制度体现为保护关税政策，它破坏或阻碍同其他国家进行自由交换。在国内，这种制度就像国库干涉生产一样，破坏各种商品价值的对比关系，损害自由竞争和交换。"④ 在资本主义相当发达条件下，间接税的课征扩大到许多生活必需品，扩大到资本主义企业的大部分产品，对自给的生产品则课征不到，因此起不到鼓励资本主义生产、限制自给自足经济的作用；间接税税率愈高，课征面愈广，资本主义大生产较自给自足生产的优越性愈不易体现，资

---

① （英）彼得·马赛厄斯、（英）悉尼·波拉德，王宏伟、钟和等译，《剑桥欧洲经济史》（第八卷），经济科学出版社，2004年，第291～295页。

② （英）彼得·马赛厄斯、（英）悉尼·波拉德，王宏伟、钟和等译，《剑桥欧洲经济史》（第八卷），经济科学出版社，2004年，第335～341页。

③ （英）亚当·斯密，郭大力、王亚南译，《国民财富的性质和原因的研究》下卷，商务印书馆，1974年，第468页。

④ 马克思、恩格斯，《马克思恩格斯全集》第8卷，人民出版社，1961年，第543页。

本主义工商业占领国内市场的彻底性愈受影响。在这个意义上，间接税反而成为自给自足经济的保护物。对不同消费品以不同税率课税，税负有的可以转嫁，有的不能转嫁，导致价格不反映价值，商品比价受到破坏，等价交换难以展开。多环节、多次征的间接税还导致对专业化分工协作企业的税收歧视、加重其税收负担而相对有利于全能企业，阻碍社会化大生产的发展。消费数量不能完全反映纳税人的纳税能力，消费税、关税等间接税不能做到纳税能力强的多纳税，纳税能力弱的少纳税，不符合税收公平原则。因此寻找一种税收形式取代间接税的主体地位成为必然趋势。于是西方资本主义国家进入了其税制发展的第二个历史阶段，即所得税逐步成为主体税种的阶段。

前面已经指出1710年在法国就已出现具有所得税性质的税收。中国出现所得税的时间更早，在东汉王莽时期就有所得概念并在短期内推行了名称叫“贡”的所得税，这种税对有收入的各行业从业者“除其费，计其所得受息”，即对扣除成本费用后所得的利润征收[①]，但由于不具备征收管理的道德、技术基础，很快失败。成功地实施所得税并推广到世界各国的应该是英国人的功劳。英国人皮特于1799年设计并推行了一种收入申报表，其中包括可征税的19种详细收入来源和可获得收入的财产来源。其设计思想包含了现代综合性所得税的基本原则和将课税基于个人收入能力的公平观念。但由于这种税要基于对个人收入的调查，而进行这样的调查与个人隐私之间造成冲突，纳税人难以接受，只执行到1802年。1803年爱丁顿设计出沿用至今的分类所得税制度，用从A到E五个类别的收入表，取代收入的整体计算，解决了征税与隐私权冲突问题，又经过配第于1806年在细节上的进一步完善，奠定了英国分类模式所得税的制度框架，取得成功，到1815年所得税收入占到英国财政收入的21%。但这一时期所得税为临时税，主要为战争筹款，因此随着战争结束在1816年就被废除。1842年重新开征，从此在英国所得税变为经常税，成为越来越重要的税种，同时间接税逐渐缩小其征收范围并降低其占财政收入的比重。[②]

英国所得税的成功为世界范围的理财治税提供了两条重要经验。其一，要想使个人所得税成功推行需要一套与国情充分融合的有效实用的收入评估和征收方法。英国在分类的基础上，采用了在收入源头扣税的征收方法（即代扣代缴或源泉扣缴方法），一直沿用至今并推广到全世界，这一方法避免了收入汇总的困难和收入评估。此外，英国通过在税制中设置宽免额，将许多低收入者排除在所得税之外，这对提高税制的公平性和减少征收成本也起了重要作用，从而成为所得税设计的基本原则之一。其二，要尽量采用具有较高收入弹性的税种，有效推行并普遍课征的个人所得税正符合这样的特点，它容易随着国民收入和根据财政需要的变化而变化。个人所得税运行成功以后，英国获得长期稳定的、丰富的财政收入，一方面经济增长促进了税收收入的增长，另一方面福利损失较小的优良税制的推行也促进了社会稳定和经济发展。当然英国模

---

① 何必如，《财税史演义第七十一回：初次征收贡所得税 全面推行五均六管》，《四川财政》，1998年第8期。

② （英）彼得·马赛厄斯、（英）悉尼·波拉德主编，王宏伟、钟和等译，《剑桥欧洲经济史》（第八卷），经济科学出版社，2004年，第310～311页。

式个人所得税的推行有其特别的文化基础，或许是基督教教化的结果，人民信任和诚信程度的提高使收入隐瞒的动机减少了；社会公正情感的普及；宪政民主基础上的预算决定过程的公开透明所形成的对财政支出必须“用之于民”的有效制约机制，导致公民纳税自觉性的提高。在不存在这样文化基础的国度中，就难以有效实施这样的所得税制度和征收方法。同样作为西方国家的法国和德国就因为文化和发展时期的差异，导致其税制面貌迥异。

法国在整个19世纪还主要依靠间接税。虽然设计了理论完全追求公平的收益税体系（包括对土地净收入课征的土地税，按公司企业的营业类型、规模、方位、可出租价值等外部标示课征的所谓交易和营业税，按每人每工作日价值课征的个人税以及作为其补充的动产税，房屋开孔数量为计税依据的门窗税，对国内外股票、债券等资产收入课征的证券税），收益税建立在通过调查或普查而得到的客观指标基础上，但随着经济发展和纳税人情况的变化，“客观”指标日益与实际不一致，税收管理失去基本的信息基础，总的趋势是可征到的税越来越少，而且越来越不公平。此外这种税收的收入弹性比较低，不能随着经济发展而自动增加，税收收入中占最大比重的还是间接税，1885年收益税占国税总额的比重仅为16.6%，关税和消费税占57.1%，这两项指标在1900年分别为15.1%和60.1%，在1913年分别为14.2%和59.3%。所得税直到1914年才被引入法国，1917年起实行综合所得税，同时废除了门窗税、个人和动产税、交易和营业税等收益税，所得税逐渐成为主体税种。①

在德国，萨克森最早推行所得税，1874年颁布临时所得税法，1878年形成最终版本；1884年，巴登采用了萨克森的所得税制度；普鲁士曾经在1808年至1811年第一次借鉴英国做法，尝试推行分类所得税（分土地所得、资本所得和劳动所得）；1812年改为类似人头税的累进的临时所得税，由于遭到纳税人反对并且征税措施不完备，于1814年暂停，1820年被废除。1851年受英国所得税改革成功的影响，推行了一种累进税（对穷人征收的人头税）和累进所得税（主要针对富裕人口）混合体系。1891年普鲁士开始推行现代意义的所得税，其税法规章为当时欧洲最系统完整。到1908年，在德意志主要邦国中，所得税占税收总额的比重已经很高，普鲁士达到70.22%，萨克森为73.31%，黑塞为54.37%，符腾堡为43.56%，巴登为35.90%。②

总之，在19世纪末和20世纪初，特别是第一次世界大战前后，欧洲各国均实现了所得税从临时税向经常税、从辅助税向主体税的转变。这一时期，西方资本主义经济继续发展，但社会矛盾空前激烈，阶级矛盾的激化要求国家（政府）发挥调节社会分配不公的职能；第一次世界大战对财政支出产生巨大压力；间接税对经济的负效应日益突出；生产力进步，人均收入水平上升，生产的社会化、商品化、货币化程度提高；信息时代的到来，征收管理手段日益先进，全面征收所得税特别是个人所得税不

---

① （英）彼得·马赛厄斯、（英）悉尼·波拉德，王宏伟、钟和等译，《剑桥欧洲经济史》（第八卷），经济科学出版社，2004年，第342～367页。

② （英）彼得·马赛厄斯、（英）悉尼·波拉德，王宏伟、钟和等译，《剑桥欧洲经济史》（第八卷），经济科学出版社，2004年，第440页。

仅必要而且可能。在各方面因素综合作用下，所得税收入逐渐增加。同时，关贸总协定多边贸易谈判达成的关税减让使各国普遍降低关税税率，关税收入额降至很低水平；国内流转税仍占据重要地位，但比重不断降低。从而所得税逐渐成为主体税，曾经存在所得税与流转税势均力敌的时代，但时间很短，西方各国逐渐形成以所得税特别是以个人所得税为主体的税收结构。第二次世界大战以后，西方国家的税收制度，除了继续保持以所得税特别是个人所得税为主体税外，还出现两大特点：一是各国面对两极分化、阶级矛盾对社会经济发展的不利影响，为维护资本主义的长治久安，纷纷推行"福利国家"政策，将税收制度作为调节收入分配关系的重要机制，通过累进所得税等措施提高富人的税收负担、减轻穷人的负担，并建立系统完善的社会保险制度，社会保险税成为最重要的税种之一；二是西欧各国从法国开始建立增值税制度以此取代传统的多环节课征的国内间接税即全值型流转税，以减少税收对企业组织结构选择的扭曲性影响，降低税收所造成的福利损失，适应高度发达的市场经济发展要求。

综观中外税收历史，找到符合当时社会经济文化状态的治税办法并尽可能降低征税的福利损失是促进国家兴旺的必要条件。而要尽可能地降低征税所造成的福利损失，税收在量上要保持适度规模，既不过重，也不过轻。要弄清税收的适度规模即量的界限，应当考察税收的质的规定性即税收本质。

【本章小结】

1. 剩余产品是税收产生的物质基础；国家（政府）是税收产生的前提条件；在国家（政府）不直接占有生产资料，不生产物质财富时，税收的产生就成为必然；而当国家（政府）具有制定法律并进行管理能力时，税收产生就有了现实可能性。

2. 一般认为，中国最早的税收形式为战国时期鲁国在鲁宣公十五年（公元前 594 年）实行的"初税亩"制度，即不论公田、私田一律按亩征税。而之前各国实行的"井田制"以征取劳役地租形式出现，包含了税收的萌芽，为后世力役之征的雏形。

3. 在中国漫长的皇权专制社会中，正税制度大致沿着以人头税、力役之征为主体——人头税和土地税并重——土地税为主体的轨迹发展，其分水岭为唐德宗建中元年（公元 780 年）杨炎推行的"两税法"和明嘉靖年间实行"一条鞭法"及清康熙时期实行的"摊丁入亩、地丁合一"制度。

4. 中国古代正税负担不轻，正税之外还课征名目繁多的杂税、杂派。少数时期君主英明、自我约束、顺应社会发展，实行适度负担政策，导致盛世出现，但多数时期税收负担过重，最终导致社会崩溃，王朝灭亡。

5. 中国半殖民地半封建社会税收制度的主要特点是各种新旧苛捐杂税并存，包括田赋、工商杂税、关税、厘金、土药税等，形成一套苛重扰民的税收制度。

6. 新中国成立后中国的税收制度变动频繁，经过由繁到简再由简到繁的多次改革和调整。但杂税、暗税无法根除，占人口大多数的农村居民负担沉重，出现对农民的逆向财政机制。仍然缺乏使税收负担适度和税款被合理公平分配的有效制约机制。

7. 西方国家的税收起源于古希腊、古罗马时期，在中世纪得到一定的发展，并形成了多种税制模式，但总的说来未有健全的税收制度。

8. 英国"光荣革命"后形成的《权利法案》使 1215 年《大宪章》确立的"非经代表同意不得课税"的原则得到永久的贯彻，从而建立了防治税收负担过重这一中、西税收历史顽症的机制，其意义深远。

9. 西方国家的税收制度发展经历了两个重要的阶段。第一阶段，大约在17至18世纪，在原有税制基础上逐步建立以消费税和关税为主体的间接税制度。第二个阶段在19世纪末和20世纪初，特别是第一次世界大战前后，欧洲各国均实现了所得税从临时税向经常税、从辅助税向主体税的转变。第二次世界大战后，除继续推行以个人所得税为主体税制结构外，还大力推行和征收社会保险税和增值税。

【概念与术语】

初税亩 井田制 均田制 租庸调 两税法 一条鞭法 摊丁入亩 黄宗羲定律 厘金 二元税收制度 工农产品价格剪刀差 利改税 农村税费改革 三提五统 “非经代表同意不得课税”(no taxation without representation)

【思考题】

1. 从必要性和可能性角度阐述税收产生的各项前提。
2. 中国春秋时期的“贡助彻”是否属于税收形式或者说是否属于典型意义上的税收形式?
3. 讨论中国古代社会土地制度和税收制度的紧密联系。
4. 从中国历史上的盛世和乱世交替中我们应当汲取怎样的理财治税方面的经验教训?
5. 为什么会出现对农民的非对称财政机制?
6. 如何避免税收负担过重?
7. 为什么说“非经代表同意不得课税”原则的产生和贯彻意义深远?
8. 英国推行所得税为什么会成功，其对世界各国理财治税提供了怎样的经验?
9. 用中外税收历史事实证明“找到符合当时社会经济文化状态的治税办法并尽可能降低征税的福利损失是促进国家兴旺的必要条件”。

第三章

税收存在的依据及其质的规定性

理财治税的历史证明，税收在负担上要适度，否则不仅会极大地损失社会福利，而且严重者会导致乱世亡国，那么这个“度”是由哪些因素决定的？这是本章要解答的核心问题。上一章的历史分析表明，税收是在国家（政府）公共权力及其职能范围、物质财富（特别是生产资料）私人或集团所有或占有制、生产力水平所决定的剩余产品价值生产总量3个主要因素作用下形成和发展的经济范畴。因此，要弄清楚税收负担的“度”即量的规定性，还要从这三个因素出发，从逻辑分析角度研究它们对税收的作用过程，进而探讨税收存在发展的依据及其最一般的质的规定性，以及公有制占主导地位的历史条件下税收存在的依据。

第一节　国家的公共权力与税收

税收的历史发展表明，税收是国家（政府）引起、发动并充当主体的一种经济范畴。国家（政府）之所以成为这一经济范畴的主体，只能从社会再生产和社会生活中的国家（政府）性质和职能角度加以说明。

一、国家（政府）的两种权力和两种职能

国家（政府）是掌握在统治集团手中，对社会实施统治，把各种社会冲突、社会矛盾保持在秩序范围以内的暴力组织，也就是说国家（政府）要行使公共权力，执行社会管理职能。社会管理职能一般包括下列内容：建立法律规范社会行为，并通过军队、警察、监狱、司法机关、行政机关等国家机器施行法律、防范不法行为、抗拒外来侵略、抵御自然灾害、维护社会秩序、保护环境；现代国家还通过宏观经济政策手段和法律行政手段干预经济活动，实现宏观经济均衡，维护作为社会秩序基础的经济秩序，从而使生产和社会生活在稳定的社会经济环境中进行；实施收入分配调节，关照弱势群体，降低社会矛盾，促进社会和谐和可持续发展；举办公共工程、提供公共产品，承担私人、企业不能也不愿意投资举办或更适宜由国家（政府）举办的公共基础设施和科学、教育、文化事业。所有这些都是社会再生产和社会生活不可或缺的，它们构成社会的公共需要。社会公共需要得不到满足，社会就会处于无政府状况，处于不和谐和不安定的无秩序之中，生产和生活就难以进行。国家（政府）只有充分行

使社会管理职能、尽量满足社会公共需要才会被民众认可，无视社会公共需要、只考虑统治集团自身利益的国家（政府）终究不会长久。

其次，国家（政府）具有国有资产的所有权，执行国有资产管理职能。早期的国家（政府）以拥有大量地产和奴隶的领主或地主的形式体现。随着私有制和商品经济的发展，国家（政府）在整个社会总资产中直接拥有的财产的份额日益下降，国有经济在经济中的比重相应降低。私有制社会特别是资本主义社会中国家（政府）主要执行社会管理职能。但在社会主义制度下，国有资产的所有权、国有资产的经营管理职能对社会经济发展起主导作用；国家（政府）国有资产经营管理职能的实现体现为国家（政府）及其专门机构以国有资产所有者身份，投资举办企业或参与企业投资，决定国有企业的经营方式（现阶段如股份制、合作制、承包、租赁或直接经营），决定企业重大经营方针，选择经营管理者，监督国有资产的经营状况，参与企业利润分配。在社会主义条件下，国家（政府）国有资产管理职能只能不断增强而不能削弱，否则就不能实现国有资产保值增值，社会主义经济基础就会动摇。

国家（政府）的这两种权力和两种职能可以合二为一，由一个主体行使，也可以分别由不同主体行使，这取决于社会经济文化状况。一般说来，在市场经济比较发达，人与人相互信任程度比较高的社会中，分别由不同主体行使较为合适。两种权力和两种职能的区别是客观存在的，尽管公共权力包含某些财产所有权的因素，如军事工程、设施，行政机关的办公房屋、设备等离开一定的物质基础，公共权力就是空洞之物。公共权力与资产所有权的区别在于是否创造剩余产品价值。国有资产所有权指的是能创造剩余产品价值或实现财产价值增值的经营性财产的所有权，而内含于公共权力中的财产是非生产性的，只是经营性财产价值增值的扣除。此外，二者性质、目标、运行方式不同。公共权力指国家（政府）管理社会、维护社会秩序包括对经济实施宏观控制和调节干预的权力，其主要目标是防止社会经济震荡，促进社会经济有序发展，在市场经济条件下还要克服市场机制的缺陷，维护公平竞争环境，增进社会效益；其运行方式是以法律和行政命令形式强制执行，在社会结构中形成纵向分层联系，基本机制是下级服从上级。而国有资产所有权的主要目标是保证国有资产的完整、保值并增值——遵循等价交换这一市场经济的一般法则，以追求尽可能大的盈利为直接目标；运行方式上主要通过契约和合同，在社会经济结构中形成横向联系。因此，国家的公共权力和国有资产所有权分别由不同的主体行使成为一种必然趋势。这样国家公共权力就需要税收为其提供物质基础并作为对市场的调控手段。

二、税收是政府公共权力主体克服市场失灵、提供公共产品和实施收入再分配的经常性成本补偿方式和调控手段

经济学认为一般情况下个人和企业出于追求自身利益最大化的动机，能够通过市场实现有效率的资源配置。福利经济学第一定理表明，在完全市场化（即所有商品均有市场）和完全自由竞争的假设下，不需要任何外在引导经济运行会自动地实现有效的资源配置，达到帕累托最优或帕累托效率，即出现要增加一方的福利必须减少另一

方福利那种达到顶峰的状态。在没有使任何人境况变坏的前提下，使得至少一个人变得更好，叫做帕累托改进，因此，帕累托最优也就是指没有进行帕累托改进的余地的状态。

但是第一定理没有说明帕累托最优的分配结果，即并没有说明帕累托最优的状态是否公平、公正，因为将所有的东西都给予一个人会是帕累托有效的，而将所有的东西都给予另一个人也一样。所以福利经济学第一定理旨在说明市场的蛋糕会越做越大，但却没有说明蛋糕分配是否合理公平，是否会导致价格不稳定和市场失衡。因此就有福利经济学第二定理，指出只要通过适当的方法（如一次性转移支付和总付税）对初始资源占有状态进行再分配，任何帕累托有效的资源配置都会导致市场均衡。

我们看到不论是第一定理还是第二定理都是在非常严格假定下才是成立的，说明只要不具有假定条件，市场的资源配置仍然可能无效率，社会福利仍然不能最大化。而不能满足假定的情况在现实社会中是随处可见的。这就需要借助政府即借助公共权力主体介入经济过程，创造使社会福利最大化的条件，而公共权力与资产所有权不同。资产所有权内在于生产过程，是生产活动的条件；所有权内含对他人侵犯的排斥，意味着他人要使用所有者的所有物要付出一定经济利益作为代价。农民使用、耕种地主的土地要向地主交租，地租就成为土地所有权的经济利益表现。同样，国有资产的经营者使用、经营国有资产，也要向其所有者以一定形式支付一部分纯收入作为报酬。也就是说，国家（政府）凭借财产权参与社会纯收入分配，这种分配关系是所有者与经营者之间在等价交换基础上建立的契约关系，经营者支付的纯收入往往以上缴利润、租金、承包费、股息红利等形式出现，而不是税收。与所有权不同，国家（政府）的公共权力外在于生产过程，本身不创造物质财富，需要特殊的成本补偿方式。公共权力主体介入经济过程履行社会管理职能的性质决定了无法通过等价交换方式进行成本补偿。

福利经济学两大定理也揭示了政府介入经济过程的主要使命，第一定理说明政府的职责就是克服不存在市场、不完全的市场和非自由竞争所造成的福利损失问题；第二定理表明政府需要介入收入再分配。概言之，政府要履行的社会管理职能主要包括克服市场缺陷、提供公共产品、调节收入分配。

所谓克服市场缺陷，就是对市场不能有效发挥作用或不存在市场的领域实行政府治理，使资源配置达到最优状态。具体内容包括：

（1）建立公平竞争环境，特别是防止垄断。现实生活中存在不完全自由竞争的情况。只要一个或一些企业具有对市场价格的影响力，即它们有能力通过产量、购买量的增减或其他途径左右市场定价，那么帕累托最优的必要条件就不存在。其中极端的情况是垄断。这不仅存在于市场经济发达国家，而且在不发达的市场经济社会中更加普遍。例如单个农户出售产品给公司时往往被压低价格，而在向公司企业购买产品时被抬高价格，这就需要通过推动合作化让个体农户具有竞争力。

（2）治理外部效应。在负外部效应场合，私人边际成本小于社会边际成本，会鼓励多生产导致无效率；而在正外部效应场合，私人边际成本大于社会边际成本，会减少生产同样导致无效率。这就需要政府通过适当方式让外部成本内在化，使私人边际成本等于社会边际成本。

(3) 对有些必需品和有益品（merit goods）市场无法提供或提供不充分。有些必要的产品例如防贫困保险、养老保险、失业保险、疾病保险等，由于信息不对称（例如保险公司无法从投保人获得全面的关于其健康、寿命、何时会发生贫穷、贫穷的程度等信息），私人保险公司要么不愿意提供，要么提供不充分。有些产品社会成员不想要因而市场不会提供，但对文明和进步有益，例如基础科学研究、高雅艺术等无法通过收取费用或足够的门票等方式获得成本补偿，应当由政府支持，经济学家称这一类活动为功德品。

所谓提供公共产品，就是由政府提供无法通过市场解决的但又是使人类共同体得以维护的消费项目。之所以无法通过市场提供，是因为这些消费项目存在特殊性。

首先，某些消费项目具有消费的非排他性和非竞争性的特点。私人产品的消费具有排他性和竞争性。所谓排他性即不按价付款就得不到消费物品或劳务，所谓竞争性就是在数量有限的情况下物品归出价高的一方占有和消费。例如，在市场上出售的一块饼，A要获得它必须付钱，一旦A得到它，B就得不到；而如果B要想得到它，就必须付出比A更高的价钱。但某些消费领域或消费项目，一个人消费了并不减少或影响另一个人对同一项目的消费，而另一个人要消费也不需要通过竞争。例如一个城市建立烟雾控制系统，A得到呼吸新鲜空气的好处，并不影响也无法阻止该城市其他居民享受同样的好处，因此没有理由要求A为这一控制系统的建造付全部费用，该付多少也难以确定。在国防等公共需要领域也是如此，无法阻止社会中任何人从中获得安全保障或其他利益。我们把具有消费的排他不可能性和非竞争性特点产品（或劳务）称为纯公共产品。通过市场采用等价交换办法为这一类公共产品筹措资金必定失败，因为消费者不用付款也能继续享受服务，所以只能采取非等价交换方式。

其次，某些领域的消费项目具有排他的无效率性特点。在教育、公路、警务、消防、废水处理、公共卫生服务等领域，按等价交换原则进行定价收费即谁获益谁付款存在技术上的可能性，但是如果实行收费管理成本过高，出于效率考虑，通常会放弃收费而由国家（政府）以非等价交换方式筹集经费。例如对某一座桥梁、某一段公路过往车辆收费容易施行，但扩大到整个公路网则要付出高昂代价，与其设立大量关卡、雇用众多管理人员不如由国家（政府）对社会公众或汽车、汽油征税作为公路建设、管理费用。

第三，某些消费项目具有外溢性特点。一些消费品具有公共性和私人性的两重性，或者说某些私人产品存在外溢性，其生产或消费利益不仅由生产者或消费者本人享有，而且外溢于他人。例如高等教育，一个人受过高等教育，就可能获得较好职位和较高收入，在这一意义上他应当支付全部学费；但个人知识水平和能力的提高对社会也有好处，高等教育消费者对社会带来的利益就是高等教育私人消费的外溢，因而高等教育具有公共性因素，其经费应由受教育者本人与社会共同承担，由社会共同承担的部分就采取了非等价交换的方式。

由政府提供的消费项目范围到底有多大，除了受上述消费项目性质的影响外，还往往与一国的自然条件以及由此形成的治理习惯有关。例如水利设施的建设和维护，可以通过排他性的制度安排，由私人或企业承办。但水利设施的建设与维护一直是中国历代政府的重要职责，究其原因是中国领土的水资源分布极不均衡，旱灾、水灾不断，且交替出现；水资源分布与人口分布很不对称，北方人口多但水资源相对匮乏，而南方情况相反，区域农业生产与需求也不平衡，这样统一的跨区域调度水源、粮食、组织救灾就成为政府以外社会组织无法承担的事情。

政府提供消费项目的范围即政府职能范围的大小还与一国主流文化习惯有关。在非政府社团即中间组织（包括宗教团体、宗族组织、慈善组织、合作组织、行业公会组织、工会等职业团体）发达的地方、人与人之间信任程度高的社会中，往往出现“小政府、大社会”的状态，很多公共事务和准公共事务由中间组织承担，相应的政府规模小、职能少；而在相反状态的社会中，很多事务甚至包括某些私人产品也必须由政府提供，在这样的社会中，往往出现“大政府”状态，由政府承担的公共事务范围比较宽。这样由治理习惯和主流文化习惯所决定的某些应当由政府承担的事务，也通过非等价交换的方式获得成本补偿。

所谓收入分配调节，就是通过适当方式（如课税）从富有者获得一部分收入再以适当方式（如扶贫计划、补贴穷人社会保险基金）补贴给较穷的社会成员。其理论依据是收入的边际效用是递减的，从富有者获得一定数量的收入，只要适当就不会降低他们的福利，而转移给穷人会增进穷人的福利，这样会促进全社会福利的提高。尽管对政府收入再分配的作用、效果存在争论，但收入再分配成为当今多数国家政府的重要职能。

上述讨论说明，无论是克服市场缺陷还是提供公共产品、实施收入再分配，公共权力主体获得收入或实施调控的手段都只能是非等价交换方式，如果能够进行等价交换，就不需要公共权力主体介入其中。非等价交换的收入获取形式有多种，如历史上曾有过的索贡、摊派、掠夺、收费、力役等，时至今日这些形式已被淘汰或退居补充地位，因为这些收入形式在征收上有较大的随意性和不规范性，收入源泉十分有限且容易枯竭，也不能做到按能力负担，从而不能做到公平合理和依法办事，因此都不能成为财政收入的正常形式。政府为支付财政需要也采用不具有强制性、无偿性特征的公债形式，但公债是有借有还的，最终还得用强制性、无偿性的收入归还本息，因而也不能成为财政收入的正常形式。因此，以消费额、销售额、所得额、财产额等稳定、循环、持续的财富流量和存量为征收对象，具有强制性、确定性、无偿性、均一性等特征的税收就成为政府履行公共权力而提供公共产品的经常性成本补偿方式。税收是由国家（政府）公共权力引起的、与之有本质联系的经济范畴，国家（政府）公共权力是税收的主体和依据，为国家（政府）履行社会管理职能满足社会公共需要提供物质基础是税收的目的。因此，一定时期政府履行公共权力而克服市场缺陷、提供公共产品、实施收入再分配的经费需要量就成为税收必要量，但是政府职能范围要宽到什么程度，要征集多大规模的税收，不仅取决于必要，更要看可能。

第二节 税收与剩余产品价值

税收的可能规模取决于一定时期全社会的剩余产品价值创造能力。我们知道社会物质财富即社会总产品是社会再生产的结果，在价值形态上可以分为 3 个组成部分，即物化劳动的转移价值（C）、必要劳动创造的必要产品价值（V）、剩余劳动创造的剩余产品价值（M）。社会总产品各组成部分的功能作用是不同的。

一、税收不能课及物化劳动转移价值和必要产品价值

（一）税收不能课及物化劳动转移价值

物化劳动转移价值 C 是简单再生产的物质起点，属简单再生产补偿范畴。一个生产主体创造出产品、实现其价值后，首先必须补偿产品生产中消耗掉并转移到产品价值中的物化劳动耗费，包括一次性全部转移到产品价值中的流动资产和有效使用期内逐渐转移到产品价值中的固定资产的耗费。物化劳动的补偿基金只能在再生产过程中不断循环周转，把它抽出再生产过程用于非生产的社会公共需要，简单再生产就会遭受破坏，社会物质财富总量就会减少，社会就会陷入困境，国家（政府）公共权力最终也会失去得以正常运转的物质基础。同时，随着科学技术的进步，固定资产的损耗不仅表现为生产过程中磨损引起的有形损耗，而且有无形损耗问题。无形损耗的存在说明，物化劳动消耗的补偿要在超过原有价值量基础上进行。这更进一步证明，作为国家（政府）公共权力物质利益体现形式、用于满足公共需要的税收，不能以物化劳动或其价值体现物为源泉，也就是说税收不能课及 C。

（二）税收不能课及必要劳动价值

必要产品价值 V 是维持人的简单再生产的必要条件，也属于简单再生产补偿范畴。人是社会生产的首要因素，没有人的再生产也就无所谓物质财富的再生产。马克思说："劳动力只有表现出来才能实现，只有在劳动中才能发挥出来。而劳动力的发挥即劳动，耗费人的一定量的肌肉、神经、脑等，这些消耗必须重新得到补偿。支出增多，收入也得增多。劳动力所有者今天进行了劳动，他应当明天也能够在同样的精力和健康条件下重复同样的过程。因此，生活资料的总和应当足以使劳动者个体能够在正常生活状况下维持自己。"① 必要产品构成劳动者的基本生活资料，这种生活资料在一切社会制度下都必须由劳动者本身生产和再生产；必要劳动耗费得不到补偿，劳动者的基本需要得不到满足，社会再生产就失去目的和动力，社会再生产也就不可能进行。因此，必要产品价值 V 只能用于补偿活劳动耗费，不能作为税收源泉；一个国家（政府）经常从必要产品价值中征集用于满足社会公共需要的物质财富，无异于自取灭亡。

至于以个人所得为课征对象的个人所得税和社会保险税是否课及必要劳动价值，

① 马克思、恩格斯，《马克思恩格斯全集》第 23 卷，人民出版社，1972 年，第 194 页。

就整体、长期、本质而言答案是否定的。个人所得税的应税所得不是纳税人的毛收入，而是毛收入扣除生活必需费用后的余额，所得未达到生活必需费用扣除额即个人宽免额的不用纳税，生活必需费用扣除额一般不低于劳动力价值平均补偿费用，而随生产力发展个人收入总额高于必要产品价值的部分日益增加，马克思曾经指出："在工人自己所生产的日益增加的并且越来越多地转化为追加资本的剩余产品中，会有较大的份额以支付手段的形式流回到工人手中，使他们能够扩大自己的享受范围，有较多的衣服、家具等消费基金，并且积蓄一小笔货币准备金。"[①] 劳动者获得或多或少的一部分剩余产品价值是征收个人所得税的必备条件。社会保险税产生于个人所得税之后，个人工薪所得已高于必要产品价值。征收社会保险税，建立社会保险制度，从横向方面看，是国家（政府）从有劳动能力、收入正常的人手中筹集一部分经费，支持因伤残、退休、失业等丧失工作能力、中断收入来源而生活无着的人；从纵向方面看，是国家（政府）在劳动者有劳动能力、收入正常时对其征筹一部分经费储蓄起来，在其将来丧失劳动能力或暂时中断收入来源时提供救济。这里国家（政府）起的是大保险公司的作用，在全社会范围分散风险；社会保险税因而具有高度返还性，以这一形式征集的价值仍然用于劳动耗费补偿。

二、税收是国家（政府）公共权力占有剩余产品价值的一种形式

（一）税收的本质是公共权力主体对剩余产品价值的占有

既然物化劳动价值和必要产品价值都不能成为税收的价值来源，那么税收只能来源于剩余产品价值。税收总量不能多于一定时期社会的总剩余产品价值量。马克思指出："利润以各种不同形式——利润、利息、地租、年金、赋金等，在不同名称和不同阶级的居民之间进行分配，以这些形式进行的分配在总量上决不能多于总剩余价值或总剩余产品。"[②] 马克思还指出："无论在不同社会阶段上分配如何不同，总是可以像在生产中那样提出一些共同的规定来，可以把一切历史差别混合和融化在一般人类规律之中。例如，奴隶、农奴、雇佣工人都得到一定量的食物，使他们能够作为奴隶、农奴和雇佣工人来生存。靠贡赋生活的征服者、靠租税生活的官吏、靠地租生活的土地占有者、靠施舍生活的僧侣，或者靠什一税生活的教士，都得到一份社会产品，而决定这一份产品的规律不同于决定奴隶等那一份产品的规律。"[③] 就是说，奴隶等劳动者得到的是必要产品，征服者、官吏、土地所有者、僧侣、教士等占有的则是劳动者创造的剩余产品。恩格斯指出："正是资本家与工人间的这种交易创造出随后以地租、商业利润、资本利息、捐税等形式在各类资本家及其奴仆之间进行分配的全部剩余价值。"[④] 资本家与工人的交易指劳动力出卖给资本家，资本家的奴仆指国家(政府)。

① 马克思、恩格斯，《马克思恩格斯全集》第 23 卷，人民出版社，1972 年，第 677～678 页。
② 马克思、恩格斯，《马克思恩格斯全集》第 46 卷（下册），人民出版社，1980 年，第 311 页。
③ 马克思、恩格斯，《马克思恩格斯全集》第 12 卷，人民出版社，1962 年，第 737 页。
④ 马克思、恩格斯，《马克思恩格斯全集》第 18 卷，人民出版社，1964 年，第 249 页。

以上论述表明以国家（政府）公共权力为一方、以各类财产所有者为另一方分割劳动者创造的剩余价值而形成的经济关系就是税收，这是税收的本质。为了使之与其他财政方式和分配范畴相区别，可以简单地把税收定义为以国家（政府）公共权力为主体的对剩余产品价值的占有。虽然存在税收的交纳主体，但课征主体是征纳矛盾的主要方面，以国家（政府）公共权力为主体的课征反映税收的独有特性，税收因而区别于利润（财产所有者为主体）、利息（资本或资金所有者为主体）、地租（土地所有者为主体）、工资（劳动者为主体）等分配范畴。

（二）一定时期剩余产品价值总量是税收的最大限量

剩余产品价值分配形式多种，税收只是其中之一，国家（政府）能占有的只能是剩余产品价值的一部分而不是全部。剩余产品除满足国家（政府）公共权力及其社会管理职能的物质需要外，还是人类社会发展进步的物质基础。人类要发展进步，要提高生活质量和生活水平，必须进行扩大再生产，把一部分剩余产品投入生产过程，即进行积累，在国家（政府）的公共权力与资产所有权分离情况下，公共权力不具有积累的职能，税收也不具有积累的因素。税收外在于生产过程，尽管国家（政府）公共权力主体要利用税款举办公共工程，但这些公共工程是非盈利性的，只是为社会财富、为剩余产品价值的创造提供一般的、共同的条件，本身并不创造剩余产品价值。国家（政府）公共权力是非生产性的，是社会再生产的外在因素，行使国家（政府）社会管理职能花费的劳动同样是非生产性的，这种“劳动可能是必要的，但不是生产的。因此，一切一般的、共同的生产条件——只要它们还不能由资本本身在资本的条件下创造出来——必须由国家（政府）收入的一部分来支付，由国库来支付，而（创造共同生产条件的）工人不是生产工人，尽管他们提高了资本的生产力。”① 税收是非生产费用，是剩余产品价值的扣除，国家（政府）利用税收形式参与剩余价值分割后，这一部分以税收形式体现的物质财富就离开生产过程。从总体上看，国家（政府）公共权力范围、社会管理职能规模和税收规模扩大，意味着非生产领域的劳动投入增加，对再生产规模的扩大具有限制作用；换言之，在剩余产品价值总量一定的情况下，税收总量与可用于扩大再生产的积累总量此消彼长。

因此，税收收入保持在合理限度内才不至于影响扩大再生产，才会随再生产规模扩大、剩余产品价值总量增加而增加。收税过度会损害投资者、生产者的积极性，税负或税率高到投资者、生产者得不到任何盈利时，投资和生产就会停止，税收就失去物质基础，税收源泉就会枯竭。反过来，税率定得很低、税收收入规模安排得很小可以促进投资和生产，但国家（政府）公共权力及其社会管理职能的运行得不到足够资金加以支持。此时国家（政府）只能通过发行纸币或借债或二者并用获得所需经费，而财政性货币发行往往造成通货膨胀、货币贬值，这意味着经济利益主体（企业、个人）以间接、隐蔽的形式向国家（政府）转移财富，借款最终还是以税收收入归还；

① 马克思、恩格斯，《马克思恩格斯全集》第46卷（下册），人民出版社，1980年，第26～27页。

也就是说税率低、主观安排的税收规模小，实际上并不会降低税负，而可能以间接、隐蔽的形式出现，即以各种名目的“杂税”或“暗税”形式向人民课征，其后果难以预测、征收比较随意，会干扰社会经济、社会生活的正常秩序，比正式税收所造成的社会福利损失可能要大。因此，国家（政府）公共权力主体以税收形式征集的剩余产品份额必须适度，税收规模不能过大也不能过小，要取之有度，这也是税收内在的普遍规律。

（三）从最终归宿和总体趋势看税收应当来源于剩余产品价值

我们说税收只能来源于剩余产品，税收在量上不能突破一定时期的剩余产品价值总量，这是从一般规律、总体趋势和最终归属上说的。现实情况总是围绕着这样的本质上下跳跃，因此现实所表现出来的情况经常与此不一致。现实中的税收并没有仅对剩余产品价值表现方式——利润课税，而是采用了对业主销售收入或营业收入、财产额、企业和个人所得额、特定行为目的等课征方式。但从最终归属和总体趋势看，仍然可以说税收应当来源于剩余产品价值。企业所得税是对利润课税自然属于对剩余产品价值的分割。个人所得税虽然表现为对个人工资薪金课税，好像触及必要劳动，但实际情况不是如此。正如前面已经阐述的那样，必要劳动是从平均角度而言的，在市场竞争环境中，总是一部分人获得的工薪高于平均水平、一部分人低于平均水平、一部分人刚好处于平均水平。这样只要在税制设计时使宽免额、扣除额标准高于必要劳动价值，就不存在对必要劳动的课税问题，必要劳动价值也因此成为设计个人所得税宽免扣除标准的基本依据。此外个人所得税征税对象范围还包括经营所得、投资所得、偶然所得等，它们均属于剩余产品价值范畴。对财产课税，虽然征税对象是财产额，但纳税人只能用扣除必要劳动和物化劳动后的剩余的价值支付，因此财产税必须规定起征点和免税政策，防止对无力纳税的纳税人征税。所谓无力纳税的人实际上就是没有剩余产品价值积累的人。

对企业或个人经营者的营业额销售额课税，表面上由企业或业主缴纳、由消费者支付，但其转嫁归宿的情况比较复杂，取决于产品或服务的市场供求情况，有的时候表现为税收由企业或业主承担、有时由消费者承担、有时共同承担，我们将在以后章节具体阐述其中的规律。但从一般趋势看，这些流转税仍然应当来源于剩余产品价值。由企业或业主承担，自然就是出自剩余产品价值，而由消费者承担，存在几种情况：一种是消费者为富人，承担的税收当然从其剩余产品价值的积累中支付；第二种情况是消费者为穷人，即没有稳定收入来源或其他原因导致贫困，如果没有特殊的政策安排可能导致他们承担流转税后必要劳动难以补偿，这就需要救济或者对生活必需品免税；第三种情况是比较普遍的情况即消费者为工薪阶层人士。如果他们用其工资薪金无法购买到足够的生活必需品，就意味着承担流转税后其工资薪金无法补偿必要劳动，其原因有三种：一是流转税税率过高，二是消费品价格太高，三是工资薪金太低。工资薪金太低说明在确定工资薪金标准时没有考虑流转税的因素和价格上涨因素。如果经常出现这种情况，社会简单再生产就难以维持，说明税收超过了剩余产品价值总量，将导致社会和经济问题。这就是为什么政府要关心消费品价格变化、要制定最低工资标准、要对生活必需品免税或低税、要限制流转税税率的原因所在。这样看来，税收制度设计必须遵循的许多基本原则，都可以从税收总量不能突破剩余产品价值总量这一本质、一般规律中找到依据。在设计税收制度时，要通过系统的办法保证税收不仅没有触及物化劳动和必要劳动，而且要尽可能降低其占剩余产品价值总量的比重，保证扩大再生产，我们视这种情况为符合规律的、合理的常态。当然在某些特定的历史时期，由于正义的战争、克服政治经济困难等原因，经人民同意暂时增加税负，让人民节衣缩食，减少必要劳动和物化劳动的补偿份额。不过一旦形势改变，就应当立即停止这种局面，恢复到常态。

第三节　政府公共权力主体与社会财富拥有者的关系

虽然从本质与最终归属看，税收是国家公共权力主体与剩余产品价值各类占有者分割劳动者创造的剩余产品价值而形成的经济关系，税收的常态是要最终归宿到剩余产品价值，但现实中税收却是直接征收于社会财富拥有者——企业和个人。要弄清楚税收的一般规律，还要考察政府公共权力主体与社会物质财富的所有者或占有者的关系。如果说国家（政府）公共权力是税收的征收主体，那么作为征税对象的社会财富的所有者或占有者就成为交纳主体①。这种关系的特征与社会的基本经济制度有关。

一、交纳主体利益的独立性是税收存在的充要条件

本章第一节的分析实际上包含了一个重要前提，那就是税收存在于政府公共权力主体独立于资产所有权的场合。在那些公共权力和国有资产所有权以及企业经营权均由一个主体承担的场合，征收主体与交纳主体是同一的、不分彼此的，在这种情况下不需要税收，税收即使存在也徒具其名而很难有实际意义。因此，构成税收交纳主体必须具备的一个非常重要的条件是其与征收主体之间存在利益差别。这种利益差别源于所有权的不同，或源于所有权权能形态（所有、占有、支配、使用）的不同。不同的所有权主体之间存在利益差别，各种所有权权能分别由不同主体行使，也存在利益差别。只有在利益差别导致征收主体与社会财富所有者或占有者之间存在“你”“我”界限时，国家（政府）收入才需要采用税收这一形式，社会财富所有者或占有者才会以交纳主体的身份与国家（政府）公共权力主体相对应。总之，社会财富所有者或占有者要成为税收交纳主体，它们与国家（政府）公共权力之间必须存在利益差别和矛盾，差别越明显、矛盾越深刻，税收也就越典型、越具有实际意义。

① 不是所有的社会财富所有者都成为税收交纳主体。从税收的最终源泉看，只有能创造或拥有剩余产品价值的社会财富的所有者或占有者才成为税收的交纳主体，这一点下节系统阐述。

二、中国现实社会中的税收征收主体和交纳主体的关系

（一）不同时期税收征收主体与交纳主体关系的不同特征

在私有制占主体的社会中，国家（政府）与大多数社会财富所有者、占有者（不论是企业还是个人）之间利益上的“你”“我”界限十分明显。在公有制特别是国有制占主体的社会中，由于家庭还没有消失、个人私有财产制度仍然存在，允许多种经济成分共同发展，国家（政府）与个人及非国有企业（如集体企业、私营企业、外资企业）之间利益上的“你”“我”界限也是明确的，但与国有企业的关系则较复杂。不同时期，这一关系表现方式不同。

1. 经济体制改革以前的传统社会主义时期

这一时期，国家（政府）层次上的两种权力两种职能不分，归一个主体行使，并且国家（政府）直接经营管理归其所有的生产资料，对企业实行统收统支，企业没有任何独立的经济利益。这种情况下国家（政府）与企业之间收入分配是采用税收形式还是利润直接上交形式并无本质区别，只是管理上的意义。即使采用税收形式，税收的征收主体与交纳主体之间也没有利益上的“你”“我”差别，税收流于形式，不可能具备法律的刚性及强制性。

2. 传统经济体制向社会主义市场经济体制过渡时期

这一时期，国家（政府）层次上两种权力两种职能仍归一个主体行使，但已逐步实行政企分开，扩大了企业经营自主权，引入承包、租赁、股份制等多种经营方式，企业有了一定相对独立的经济利益，国家（政府）与企业之间出现了一定程度的“你”“我”界限，税收的多少影响企业留利，从而影响企业、职工的利益，税收不再是补充而是具有一定实质性的内容。但由于国家（政府）仍然要对企业负完全的债务清偿责任，企业遇到困难，国家（政府）要通过减免税避免亏损。出现亏损，国家（政府）必须给予补贴。在这种体制下，税收的刚性很难体现。对企业而言，由于税收的交纳主体和所有权主体是同一个，上缴利润还是上交税收的区别仅在于交给这个“口袋”还是交给另一个“口袋”，并无实质性差别，因而有些地方出现的“包税”现象就不难理解了。在这一时期，税收征收主体与非国有企业、个人之间存在完全的税收关系，而与国有企业之间的分配关系是一种不完全的税收关系。

3. 社会主义市场经济时期

这一时期，国家（政府）的社会管理职能和国有资产管理职能分开，公共权力和资产所有权分别由不同主体行使；国有资产所有权同企业法人财产所有权分离；企业拥有包括国家（政府）在内的出资者投资形成的全部法人财产权，成为享有民事权利、承担民事责任的法人实体，以其全部法人财产依法自主经营、自负盈亏、照章纳税，对出资者承担资产保值增值的责任。国家（政府）只以投入企业的资本额对企业债务负有限责任，政府不直接干预企业的生产经营活动，企业在市场竞争中优胜劣汰，长期亏损、资不抵债就依法破产。在这种体制下，企业具有独立的经济利益。国家（政

府）层次上两种权力、两种职能的分离，将导致真正意义上的复式预算的建立，政府公共预算和国有资本预算由不同的主体分别编制、执行。税收是公共预算的经费来源，主要用于满足公共需要，建立一般的公共生产条件。国家（政府）按投入企业的资本额享有的股息红利是国有资本预算的收入来源，主要用于再投资，不断扩大国有经济规模。国家（政府）公共权力主体（税收征收主体）、国家（政府）国有资产所有权主体（必要时也可成为税收交纳主体）、企业（税收交纳主体）各自之间的利益界限是明确的。

（二）构建征收主体（政府）和交纳主体（纳税人或负税人）之间和谐关系

上述分析表明，在社会主义市场经济条件下，国家（政府）公共权力主体与个人及所有企业（不论公、私）均存在利益上的“你”“我”界限，存在利益差别与利益矛盾。虽然从总体上国家（政府）要将税款用于造福社会，即以提供基于大众利益的公共产品的方式多多少少（这取决于政府的性质和立场）将税款返还给广大纳税人或负税人，但每一个纳税人或负税人从政府提供的公共产品中获得收益难以计算，就个别纳税人或负税人而言，所缴纳或负担税额与从国家（政府）所提供的公共产品的利益不可能一一等价，从国家（政府）所提供的公共产品中获得的利益往往是间接的甚至是感受不到的。因此，国家（政府）不可能通过等价交换方式获得公共产品补偿成本，而只能通过无偿、强制、法定、均一的税收方式获得公共产品的经费。这从本质上要求构建征收主体（政府）和交纳主体（纳税人或负税人）之间的和谐关系，否则税收这个经济范畴就难以持续。

首先，由纳税人或负税人选举代表，以全体人民的根本利益为出发点，以获得必要的公共产品为依据，决定税收规模，防止税负过重，保证其不超过剩余产品价值总量；制定税法，将税收合理地分配到社会各阶层承担；安排预算，保证税款取之于民、用之于民。还享有作为纳税人或负税人的一系列其他权利，如了解税法政策、接受法律服务的权利，要求税制公平、征收合理的权利，对征税决定不服提请复议以至上诉的权利，监督税款使用的权利，要求靠税款支付薪水的政府公务人员忠于职守、政务公正、办事迅速、态度良好的权利等。

其次，所有交纳主体在平等地享有国家（政府）保护、秩序及各种一般公共生产条件的利益和权利的同时，履行向国家（政府）贡献一部分社会财富以满足社会公共需要的义务即履行纳税义务。国家（政府）公共权力主体对交纳主体的经济分配关系就转化为法律的权利义务关系。国家（政府）一方具有强制执法权，可以对不履行纳税义务的交纳主体实行法律制裁；同时履行向交纳主体提供各种法律服务、公开税法政策、公开税款使用情况、防止贪污营私、满足社会公共需要的义务。交纳主体一方要履行遵守税法、依法办理税务登记、如实申报、正确及时足额缴纳税款的义务。只有建立在上述和谐关系基础上的税收才能是可持续存在和财政收入形式，才能将税收的福利损失降低到最低限度，才是“善”的税收常态。

总之，本章我们除了强调税收在量上不可突破剩余产品价值总量的规律，还强调了税收与国家（政府）公共权力存在本质联系。这是强调一种历史和现实的实际状态。既然国家（政府）政府的公共权力是税收的主体之一，那么显然公共权力的性质及其运行方式就对税收的性质产生决定性影响。从执政后果看，简单地区分，可把政府的公共权力分为“恶”的和“善”的。正是国家公共权力“恶”的可能性使税收本身存在降低社会福利甚至摧毁社会秩序的“坏”的可能性或本质、基因，才需要人民探索和实践民主的办法，通过人民及其代表独享征税的权力并建立预算制度，来防止税收负担过重和税收被用于不当场合。如果税收本质上就是合意的、理想的，基于社会契约的，是一种人民得益与付出的等价交换，是公共产品的对价，那么就不需要去探索和实践制约机制，就不需要研究税收过度负担的原因和方式，以及税收的福利损失。税收学任务就是要把税收的实际情况即基于公共权力的本质关系剖析了并公之于众，从而唤醒人民警惕税收的过度征收和不当使用，为人民代表和决策当局提供理论和方法，以便通过制度设计、政策安排使税收福利损失最小，并在一定条件下能促进社会福利的提高。要设计出不仅使社会福利损失最小并尽可能在一定条件下能够促进社会福利进步的税收制度和政策，就要进一步弄清楚设立、调整、完善税收制度和政策所必须遵循的基本原则。

【本章小结】

1. 国家（政府）具有公共权力和国有资产的所有权两种权力，执行社会管理职能和国有资产管理职能两种职能。

2. 福利经济学第一定理和第二定理都是在非常严格的假定条件下才成立，在不具有假定条件时，市场的资源配置仍然可能无效率，社会福利仍然不能最大化。而不能满足假定的情况在现实社会中是随处可见的。这就需要借助政府即借助公共权力主体介入经济过程，实施社会管理职能，创造使社会福利最大化的条件。政府要履行的社会管理职能主要包括克服市场缺陷、提供公共产品、调节收入分配。所谓克服市场缺陷，就是对市场不能有效发挥作用或不存在市场的领域实行政府治理，使资源配置达到最优状态。所谓提供公共产品，就是由政府提供无法通过市场解决的但又是使人类共同体得以维护的消费项目。所谓收入分配调节，就是通过适当方式（如课税）从富有者获得一部分收入再以适当方式（如扶贫计划、补贴穷人社会保险基金）补贴给较穷的社会成员。

3. 与所有权不同，国家（政府）的公共权力外在于生产过程，本身不创造物质财富，需要特殊的成本补偿方式。公共权力主体介入经济过程履行社会管理职能的性质决定了无法通过等价交换方式进行成本补偿。而只能通过无偿、强制、法定、均一的税收方式获得公共产品的经费。

4. 税收是由国家（政府）公共权力引起的、与之有本质联系的经济范畴，国家（政府）公共权力是税收的主体和依据。国家（政府）公共权力是税收的征收主体，社会财富的所有者或占有者是交纳主体。税收存在的前提是两者之间存在利益差别。要求构建征收主体（政府）和交纳主体（纳税人或负税人）之间的和谐关系，否则税收这个经济范畴就难以持续。

5. 从总的趋势和一般规律而言，税收不能课及物化劳动转移价值 C 和必要产品价值 V，这两者是简单再生产的必要条件，属于简单再生产补偿范畴。因此，税收本质上是以国家（政府）公共权力为一方、以各类财产所有者为另一方分割劳动者创造的剩余价值而形成的经济关系。从本质上看，个人所得税和社会保险税的征税对象是劳动者获得剩余产品价值。

【概念与术语】

国家（政府）的公共权力 社会管理职能 国有资产所有权 福利经济学第一定理、第二定理（first and second fundamental theorem of welfare economics） 帕累托效率（pareto efficiency） 帕累托改进（pareto improvement） 市场缺陷（market failure） 公共产品（public goods） 私人产品（private goods） 有益品（merit goods） 外部性（externalities） 消费的非竞争性（nonrivalry） 消费的非排他性（nonexclusivity） 收入再分配（income redistribution） 税收的征收主体 税收的交纳主体 法人财产所有权 物化劳动转移价值C 必要产品价值V 剩余产品价值M

【思考题】

1. 国家（政府）的公共权力与国有资产所有权有何差别？
2. 政府公共权力介入经济过程的原因是什么？
3. 为什么政府公共权力主体获取收入的正常方式是税收？
4. 社会主义市场经济条件下为什么还存在税收范畴？
5. 为什么一般情况下一定时期税收的征集规模不能超过同期剩余产品价值总量？
6. 为什么说税收本质上是以国家（政府）公共权力为一方、以各类财产所有者为另一方分割劳动者创造的剩余价值而形成的经济关系？
7. 如何构建征收主体（政府）和交纳主体（纳税人或负税人）之间的和谐关系？

第四章

税收治理的五项原则

税收治理的原则是制定、评价税收制度和税收政策的标准，是支配税收制度废立和影响税收制度运行的深层观念体系。它研究一定历史条件下设立、废除、调整、完善税收制度和税收政策必须考虑的基本问题及它们之间的相互关系。税收原则理论是税收理论的中心内容之一。在中国，长期以来由于生产力落后、市场经济不发达、税制不完善，对税收征纳过程中客观存在的效率、公平、征收规模、应该由谁来决定税收制度和政策、税制改革的主要依据是国际惯例还是国情等基本问题存在许多模糊认识。澄清税收原则上的模糊认识，揭示税收原则的科学内涵，实现治税观念的转变，对于完善税制、减少税收的福利损失具有极为重要的现实意义。

第一节 公平原则

公平对税收十分重要，它是税收本质的客观要求。税收是以国家公共权力主体对剩余产品价值的占有所形成的经济关系，征税过程是经济利益由个人、单位转向国家的过程。如果把税款的使用考虑进去，那么税收是一种再分配的机制。既然牵涉利益关系，就有多与少的问题，有各阶层人民向政府纳税是否平衡问题，有纳税人从政府分享到的利益是否平衡问题。怎样解决这些问题，需要公平原则。不考虑公平的税制必定是难以实行的税制。目前中国税收公平程度仍有待提高，表现在税制设计上，流转税没有对必需品免税的规定，导致收入越高的人负担的流转税越轻；个人所得税主要来源于工薪阶层；城乡有别、一般纳税人与小规模纳税人有别，导致税负不平衡。税收制度运行和税收政策执行上，受中国面子人情关系、诚信度低等现实文化因素的影响，信息披露不完整，还不能做到依法普遍课税。税款使用上，政府消费比重大，用于建设方面的税金使用效益还不高，纳税人未能完全从整体上得到价值补偿，特别是农村居民和城市新居民①所实际承担的税收（包括杂税、暗税）与其从政府提供的公共产品获得的利益之间存在较大缺口。如何消除税收不公平，仍是需要进一步探讨的

---

① 本地原农村居民进城务工人员和外地居民到本地城市务工人员，他们均没有本地户籍。通常称进城务工人员为“农民工”这是不准确且带有歧视性的用语，许多年轻人从来就没有下过地、种过田，如何能称他们是农民，他们明明是在工厂工作的产业工人，为什么要加农民前缀称其为“农民工”？本书一律用城市新居民称呼他们。

重大问题。税收公平是与税收相伴随的世界性的普遍问题，也是税收理论研究的传统课题。古今中外许多思想家进行了不断的探索，留下许多论述，其中的合理内核对我们设计税制和财政体系仍有启发和借鉴意义。

一、中国古代税收公平思想

中国古代税收公平思想经历了3个发展阶段。

（一）相地而衰征

中国古代税收公平思想发展的第一阶段是按土地等级或其所处地理条件课征不同数额的税。这一思想最早出现在《禹贡》中。《禹贡》记载的古代土地税制度，其主要特点是根据土壤肥度以及距离帝都的远近、水陆交通、产品种类等因素，将土地分为若干等级，在此基础上确定税负水平。土质优良、所处地理条件优越的土地多纳税；反之少纳税，使税收负担公平合理。后来管仲提出“相地而衰征”，即按土地肥沃程度定赋税轻重的主张，与《禹贡》体现的税收公平思想类似。

（二）按纳税人劳动能力的强弱制定不同的征税等级

西晋占田制鲜明地体现了以劳动能力强弱作为课税标准的思想。在占田制下，劳动力有正丁和次丁之别，正丁、次丁还有男女之别，其实质性内涵是按劳动能力强弱规定接受土地和负担田税的数量。这一思想在北朝及隋唐的“均田制”里得到进一步体现，规定上也更为具体，接受土地和负担税收的数量不仅考虑了劳动生产能力的高低，而且考虑了使用牛耕的多与少、役使奴婢的多与少等因素。“均田制”将税收与劳动生产能力条件更紧密地联系在一起。这一公平思想较“计田而税”的只考虑土地等级、地理位置是历史性的巨大进步。但按劳动力强弱确定税收负担的轻重，由于没有考虑贫富差别，例如建立在“均田制”基础上的“租庸调”制度在思想上是不承认贫富差别的，不论贫富按人丁统一征收定额税，税收负担仍然是不合理、不公平的。

（三）以占有财产的数量为标准课税

中国古代税收公平思想发展的第三阶段是杨炎“两税法”所体现的以占有财产的数量为标准课税的思想。“两税法”明确规定“人无丁中，以贫富为差”，即不分丁男、中男，按贫富也就是拥有土地和财产的多少纳税，鳏寡孤独不济者免税。以每户的财产多寡为纳税标准，远比以年龄、性别为标准“计丁而税”更符合按能力负担原则。封建的小农经济时代，财产的主要形态是土地和房屋，中国古代则以拥有土地为主。按拥有财产多寡纳不同的税，在皇权专制社会其税收公平达到最高程度。“两税法”提出者杨炎所处的时代欧洲正值中世纪，罗马帝国时代建立的较为完善的税收制度因中世纪的动乱而瓦解，欧洲的税收制度支离破碎，没有税收公平思想可言。中国古代税收公平理论与实践远远早于西方。但由于皇权专制社会停滞不前，税收公平思想没有得到进一步深化，而且在皇权专制时代，所谓的税收公平以重农抑商为前提，只有土地税领域才有公平可言，商业税收是不讲税收公平和按能力负担的。况且皇权专制时代的税收公平是以地主土地所有制为、以地主对人民压迫剥削为前提的，是社会经济环境极不公正条件下的税收公平。因此税收公平只不过是一种理想。

二、西方税收公平思想

西方税收公平思想集中体现在受益原则、按能力负担原则和社会公平 3 个方面。

（一）受益原则

受益原则理论认为，国家（政府）必须合理使用人民交纳的税款，应当在某个时候、以某种方式使纳税人获得好处，以补偿纳税人交纳税款造成的损失和牺牲，而人民应按各人从国家（政府）公务活动中所享利益多寡缴纳税收，以资交换，这就是所谓的“交换说”。这一理论的价值观基础是社会契约论。社会契约论发于古希腊时期的先哲伊壁鸠鲁。他把商品契约交换规则引入政治领域，认定人们转让自己的权利如同售出商品，应当获得相应的等价补偿——国家（政府）对人民生命财产安全的保障。

英国近代思想家霍布斯把社会契约论引入税收领域，认为人民为公共事业缴纳税款，无非是为换取和平而付出代价①。税收公平表现为各纳税人承担的税收负担与其享受的政府提供的利益成比例。霍布斯还主张用人们的消费水平来表示他们从政府保护获得的利益，即消费水平越高的人其从政府获得的保护利益也越高，从而应当缴纳更多的税。洛克发展了霍布斯的思想，认为税收是政府为人民提供利益而获得的报偿；人民纳税，是因为从政府提供的服务中得到利益的一种代价。孟德斯鸠以自然法观念为基础，提出建立在封建土地所有制基础上的专制国家（政府），其国王的收入源泉是把人民束缚于土地的封建贡赋，与此相反，在消灭了农奴关系的共和民主制度中，每个人都是市民，拥有各自的私有财产。国家（政府）税收是公民付出的自己财产的一部分，以确保其所余财产的安全或快乐地享用这些财产。② 孟德斯鸠深入分析了纳税与拥有财产及经营自由的关系，认为纳税人交纳赋税的数额通常与其享有的自由的程度成正比。在孟德斯鸠看来，税收相当于财产所有者享有国家保护而必须缴纳的“保险费”。

亚当·斯密的税收公平思想也倾向于受益原则，但倾向于按收入而不是财产来确定税收，主张人民应按各自在国家（政府）保护下享得的收入的比例缴纳税收，维持政府。受益原则包含税收应当取之于民，用之于民的进步思想，从总体趋势上揭示了政府不能随意课税，人民所付出的税收应当总体上与其所获得利益相一致。但将这个原则应用于微观领域，试图通过确定个别人获得的政府利益来确定其应当交纳的税收，则存在可实行的技术难题，国家（政府）使用税款到底给每一个纳税人提供多少利益难以准确计量。此外，人与人之间的比较也比较困难，正如J·S·穆勒在 1848 年出版

① （英）霍布斯著，黎思复、黎廷弼译，《利维坦》，商务印书馆，1986 年，第 22 页。

② （法）孟德斯鸠著，张雁深译，《论法的精神》上册，商务印书馆，1962 年，第 213 页。

的《政治经济学原理》中所阐述的那样，一个人拥有财产数量十倍于另一个人，但不能证明其享有的保护利益也是另一个人的十倍。现代经济学已经说明了国家服务具有非竞争性和非排他性，一个警察保护一个人同时也保护了其他人，其保护利益很难分割；收入多的人并不意味着需要更多的保护，那些收入低并且体力和脑力的弱者更需要国家保护。按照上述保护多、纳税多的受益原则，岂不是弱势群体要缴纳更多的税？这显然违反社会公正。因此在税收思想史上曾经一度出现用支付能力原则代替受益原则的倾向。但支付能力原则也存在难以克服的问题，以维克塞尔为代表的经济学家着力复兴利益原则，建立所谓自愿交换模型，试图解决利益原则的缺陷。

意大利经济学家雨果·马佐拉（Ugo Mazzola）给维克塞尔很大的影响。马佐拉提出公共产品的支付价格（纳税）与公共产品的边际效用相等，在实现个人消费公共产品时，所有的人都同样得到欲望满足的目标。但马佐拉企图像私人物品的买卖一样，让公共产品的提供者（国家）与消费者（纳税人）之间进行的等价交换。[①] 由于公共产品的非竞争性和非排他性特点，这种以单个人出发进行评价的直接方法是行不通的。

维克塞尔提出一个间接方法，总的思路是利用议会民主这个中介，通过投票手段达到各个利益集团的利益均衡，让赞成票说明每个人能肯定他或者他所代表的利益集团不会负担超过可以接受的份额，进而大致地表明政府提供的公共产品的边际效用与纳税人因此而纳税失去的边际效用之间的均等。也就是通过议会协商达到一致自愿同意的结果，让所有参与税收决策的“代表”都感觉其受益与所费是相一致的，从而使税收达到公平。[②] 如果在协商过程中“代表”感到所费高于受益，就会有负担过重之感，就出现不公平，那么“代表”就会投票否决，使该征税方案通不过，直到所有阶层人民的“代表”均感到可能支付的税收与其将获得的公共产品利益一致为止。[③] 但在现实生活中，很难找到一个全体均赞同的方案，能设计出多数人满意的方案就不错了，如果多数人赞同的方案牺牲了少数人的利益，公平就不可能实现。后来布坎南和图洛克（Buchanan & Tullock）沿着维克塞尔的思路深入研究了“赞同的计算”问题，认为只要符合一定条件即待决策方案的决策成本和外部成本[④]小于该决策所可能带来的收益，原来不赞同的少数“代表”也将接受这种来自多数人的“强制”，一致自愿同意仍然会发生。否则少数人就会投否决票，必须更改方案，进行新一轮的磋商，直到满足上述条件，达成一致同意为止。这正像市场上的商品交换一样最终达到帕累托均衡。

---

① Ugo Mazzola. 1958. The Formation of the Prices of Public Goods// R. A. Musgrave and A. T. Peacok. Classics in the Theory of Public Finance. London：The Macmillan Company：37～47.

② Knut Wicksell. 1958. Studies in the Theory of Public finance// R. A. Musgrave and A. T. Peacok. Classics in the Theory of Public Finance. London：The Macmillan Company：72～117.

③ 杨斌，《治税的效率与公平》，经济科学出版社，1999 年，第 42～59 页；杨斌，《利益原则：政治民主和税收公平——维克塞尔治税观的研究》，《经济研究参考资料》1989 年第 81 期。

④ 所谓决策成本指做出决策的花费，包括可用货币衡量的信息费、资料费、调研费、人工费等，还包括时间、精力等消耗。所谓外部成本指待定决策可能给反对这一决策的人带来的损害。这两项成本的人均分担水平会随着参与决策的人数增加降低。

显然，维克塞尔等人的逻辑前提与完全自由竞争达到帕累托效率假设相类似，他们始终假定议会中的成员能完全地、自主地代表阶层的利益，并且对利益的表达完全是自愿的；决策的信息充分。

但是现实生活中的"代表"同样具有"经济人"性质，有可能会选择能为自己带来更大满足（物质上的或纯粹心理上的如权力、威望、职业成就等）的决策，而牺牲其所代表的公众利益。即使"代表"能够真实地代表公众利益，但他们能否掌握足够多的信息来自主地作出判断和选择也存在问题。我们还要注意到，维克塞尔的税收公平实现过程是以社会的收入、财产的初始分配的公平为前提。这一前提显然在现实社会中难以得到。这样维克塞尔的税收公平的实现方法，难以有效地应用于实际决策过程。

林达尔（Lindahl）1919～1958年研究了两个人加公共部门的世界，假定消费对象只有公共产品和私人产品两个、组合效用对每一个人均相等（即无差异）、每一个人的收入已定、公共产品和私人产品的价格不变、决策过程无成本没有时间限制、每一个人的投票均建立在诚实基础上，投票决定对象是公共产品的提供数量，竞争价格是甲乙两人对公共产品成本的分担比例（纳税份额），那么通过一个类似拍卖的过程，即不断提出价格（纳税份额）让甲乙两人投票决定，最终会出现一组纳税份额即均衡价格，在这个均衡价格下，出现两人均赞同的公共产品提供数量，表明一致自愿原则得以实现。这就是林达尔模型或林达尔均衡。出现这种均衡意味着甲乙认为其所费（纳税）与所得（公共产品利益）均等，即出现帕累托效率状态，实现税收分担的公平。但林达尔模型的假定条件很严格，如果出现投票不诚实，有人采取策略将税负加于他人，那么林达尔均衡会出现囚徒困境①；如果推广到现实中的多人世界、多个公共产品和私人产品的情况，由于决策成本高，决策过程存在时间限制，在限定的决策时间里，如果找不到大家都同意的均衡价格（纳税份额），决策就流产，一致性同意就实现不了。这说明林达尔模型还难以应用于实践。尽管此后还有不少学者对通过民主决策实现利益原则做了大量研究，提出不少思路，构成当代公共选择理论，在财政学基本原理中占一席之地，但仍无法解决利益原则的实现问题。

尽管如此，从维克塞尔开始的复兴利益原则的研究仍值得重视。维克塞尔关于税收公平必须建立在有效的个人价值评价基础上的思想具有指导意义。税收公平不只是征税者主观判断的结果。优良的税制，总是使人民在相当大的程度上，认为他们付出的税款，能在某个时候以某种使自己利益增加的方式返还。遵循维克塞尔的思路从政策形成的规则方面，通过有中国特色的民主政治民主建设，真实地提高人民参政议政程度，建立人民及其代表关于税收公平的合理有效的表达制度，通过人民代表对税收政策形成的表决，至少可以增加税收公平的程度，使人民感觉到社会主义税收真正是"取之于民、用之于民"的。

---

① 进一步分析参见刘宇飞，《当代西方财政学》，北京大学出版社，2000年，第149页。

（二）支付能力原则

西方税收思想史上，支付能力有两种衡量办法，一种是主观的，一种是客观的。主观的按能力负担学说就是牺牲说。约翰·穆勒提出均等牺牲说，穆勒认为："作为一项政治原则，课税平等就意味着所作出的牺牲平等。这意味着，在分配每个人应为政府支出作出的贡献时，应使每个人因支付自己的份额而感到的不便，既不比别人多也不比别人少。"① 后来的经济学家将牺牲归结为效用损失，认为人们向国家（政府）纳税造成的牺牲也是一种效用损失，只要这种效用损失在主观评价上所有纳税人都是一样的，即牺牲均等，税收公平就实现了。约翰·穆勒的均等牺牲说在边际效用价值论兴起后，逐渐由萨克斯、科恩·斯图亚特、埃斯沃杰等人发展成为绝对均等牺牲（纳税人因纳税而失去的总效用相等）、比例均等牺牲（纳税人因纳税而失去的总效用量与纳税前全部收入的总效用量之比人人相等）、边际均等牺牲（纳税人因纳税而造成的最后一个单位效用损失人人相等，或者说纳税人因交纳最后一个单位税收而失去的效用量人人相等，也可以理解为增加最后一个单位税收而对纳税人造成的效用减少人人均等）。由于直到目前为止还没有找到准确地计算或衡量收入的效用以及损失（牺牲）的办法，效用和牺牲等概念仍属于心理感觉范畴，因此均等牺牲的税收公平思想具有理论意义，却没有实践意义。

其他经济学家从两个方面对牺牲说进行挑战。一方面是维克塞尔等人以复兴利益原则为目标，从民主政治过程寻找税收公平的实现机制，这在本节第（一）点作了分析。

另一方面是塞利格曼等人提出的以所得为标准衡量纳税能力的学说，即支付能力原则的客观说。塞利格曼比较研究了历史上出现过的人丁、财产、消费或产品、所得 4 种征税标准，认为按所得征税相对地最能做到按能力支付税收。所得多的多纳税，所得少的少纳税，税收负担公平合理。②

当代西方经济学家进一步指出，税收公平从按能力负担角度看，有横向公平和纵向公平两方面。所谓横向公平，就是境况相同的人应当交纳相同的税收，或者说条件相同的人应当得到同等对待，也可以说具有相同纳税能力的人应当一视同仁。但是如何衡量"境况相同"、"条件相同"、"纳税能力相同"却是悬而未决的问题。经济学家曾经用收入或所得来衡量纳税能力，那么横向公平就是有同量收入的人交纳同量税收，但是，经常的情况是，获得相同收入的人其付出的代价不同，或者获得不同收入的人其付出的代价可能相同，例如同样月收入 1600 元的甲乙两人，甲要花费 32 小时，而乙只要使用 16 个小时，此外他们的工作条件也存在很大的不同，甲工作于深山老林、乙工作于都市大厦。这样对甲乙同样 1600 元收入按同等税率课税就不能做到横向公

---

① （英）约翰·穆勒著，胡企林、朱泱译，《政治经济学原理》（下卷），商务印书馆，1991 年，第 376 页。

② （美）塞利格曼，《所得税论》，商务印书馆，1935 年，第 3～15 页；关于塞利格曼税收思想的系统分析参见杨斌，《客观能力标准极其制度结果——塞利格曼治税观的研究》，《社会科学探索》，1989 年第 4 期；杨斌，《治税的效率和公平》第四章，中国财政经济出版社，1999 年。

平。因此就有经济学家提出按小时工资率而不是按收入总额，来确定纳税能力。但仍然存在问题，首先对工作环境差异没有加以考虑；其次人力资本投资多寡也没有区分，一个学历高与一个没有学历的人获得相同的小时工资率，但学历高的人预先进行了教育投资、承担了教育成本，对他们同等对待也难以实现横向公平；再次，从管理角度，工资率的计算需要总收入和工时数两个指标，对可能出现的雇主和雇员合谋虚报工时数以降低工资率，从而少交税的情况难以有效控制。

有鉴于此，费尔德斯坦于1976年提出用序数效用作为衡量境况变化或纳税能力标准①，认为征税前后纳税人效用相同，或者效用排序没有变化，这样的税收才是达到了横向公平。按照费尔德斯坦的观点，只要纳税人的偏好不同，同样所得纳同样税收不会实现横向公平。获得同样所得的甲乙两人，如果甲对某种消费品偏好高，而乙没有偏好（即选择闲暇），那么让他们按相同税率纳税不公平，因为甲要失去更多的效用，或者这两人纳税偏好顺序改变了。相反，只要纳税人的偏好相同，同样所得的人或消费相同商品的人，交纳同样税收就可以达到横向公平。还可以进一步推论，只要竞争充分、拥有的信息和能力相同、每一个人都可以自由选择其职业（职业市场不存在准入限制），那么只要原先的税收制度不变，竞争的结果会导致税后净收益相等，最终总是会出现横向公平。反而税制的变化可能造成横向不公平。这表明建立在效用基础上的横向公平包含了十分保守的含义，即任何税制改革从横向公平角度看，都应当是谨慎的。其有用的启示在于，要实现税制的公平，应当选择具有普遍性的征税对象，减少不必要的区别对待，并且税制要保持相对稳定，要避免课征变化无常的苛捐杂税。②但这种观点在一定程度上回到了穆勒均等牺牲那里，同样存在效用无法准确计量或进行排序的问题，其严格的假定前提如充分竞争、信息和能力完全显示、偏好一样等与现实存在距离，此外所有这些理论的论述都建立在社会已经公平的基础上，而实际上西方国家的收入、财产分配存在不公平，在不公平的大环境中，税收本身的局部公平很难实现。因此，就有学者着眼于社会公平的探索。

（三）社会公平原则

19世纪中下叶，西方世界出现分配不公、贫富两极分化过于严重的问题，阻碍了西方社会的稳定协调发展。瓦格纳从维护资产阶级的根本利益出发，首次把税收分为财政意义上的税收和社会政策意义上的税收。在他所阐述的著名的4大项、9小项税收原则中③，具有创造性和发展意义的正在于主张利用税收手段实施社会政策，调节分配关系，实现社会公平，缓和社会矛盾。具体措施是采用累进税制，对最低生活费免

---

① Martin Feldstein. 1976. On the theory of tax reform. Journal of Public Economics，6：77～104.

② （美）哈维·S. 罗森著，郭庆旺、赵志耘译，《财政学》（第七版），中国人民大学出版社，2006年，第286～288页。

③ 瓦格纳提出的税收原则为：财政收入原则，包括收入充分与弹性原则；国民经济原则，包括慎选税源与税种原则；社会正义原则，包括普遍与平等原则；税务行政原则，包括确实、便利与节省原则。见坂入长太郎著，张淳译，《欧美财政思想史》中国财经出版社，1987年，第306～307页。

税等。

西方学者对如何通过收入再分配来实现社会公平，存在不同的学术观点。一派观点主张过程公平，认为只要在获得收入过程中具有相等机会，那么可以不在乎结果公平与否。过程公平是指人们在市场交易过程中机会的均等，具体包括市场准入条件，获得资金、土地、信息、人力资源等生产要素，就业机会和工资待遇，竞争，司法诉讼，公共服务等方面的机会均等。但是如何实现过程公平？一种看法认为完全的市场化、扩大竞争范围是实现过程公平的最佳办法。另一看法认为即使通过完全的市场化也难以保证过程公平，如果出现垄断，那么市场就不能实现公平，就需要反垄断。还有的观点认为仅仅反垄断还不够，如果存在起点不公平，即在初始地位不同的情况下，就做不到过程公平，就需要反对财产世袭、解决教育机会不公平问题，因此他们认为要先解决起点公平问题。起点公平是人们在进入市场交易前的机会均等，包括天赋、健康、心理等先天素质，出身和拥有的初始财富禀赋，教育机会等方面的均等。此外还有人认为只有通过劳动获得收入才具有过程公平的特征，通过拥有资本获得收入不能列入过程公平的范畴。

另一派主张结果平等。认为包括起点和过程公平在内的机会公平的理念很难在实践中得以实现，比较可行的办法还是对收入进行再分配，以效用最大化为目标，让人们均等地获得收入，这就是所谓的结果公平。但怎样的均等才是公平的并且可增加总效用？一种观点基于功利主义，认为社会的总效用（总福利）是每一个人效用的加总，而收入的边际效用递减，均等分配就是让每一个人的边际效用相等，那么就要从富人那里获得更多的税收，补贴给穷人。如果具备下列三项假设条件，那么增加总效用的办法就是实行对收入的平均分配。这三项假设是：每一个人具有相同的效用函数，收入的边际效用递减，收入的再分配不会影响总效用。然而这些前提在现实生活中不是普遍存在或者不是确定无疑的。人们不一定具有相同的效用函数，也就是说同样的一项消费其对人所产生的满足程度可能因人而异；任何物品的效用会随着消费的增加而减少即边际效用递减，但收入的情况是否也是如此不确定；收入的再分配对收入总量的生产会产生影响，旨在收入再分配的税收和补贴政策往往会改变人们的工作决策，如果出现减少工作、增加闲暇（即工作积极性被打击）的情况，总收入会减少，“蛋糕”会缩小，平等分配的结果可能是可分配的收入总量减少，不仅不会提高穷人的福利反而降低了他们的福利。因此，如果放宽假设，例如人们的效用函数不相同，那么从功利主义的逻辑中就无法得出应当平均分配收入的结论，而是应当将更多的收入分配给那些收入边际效用高的人，社会公平是收入的边际效用相等。但由于效用的实际计量不可行，采取序数办法进行偏好排序也不可能（所谓阿罗不可能定理），目前还没有办法通过实际制度设计实现边际效用相等。

一种观点基于罗尔斯主义，认为社会总福利取决于社会中境况最差的人的福利状况，只要增加境况最差的人的福利，社会福利就会增进，即所谓“极大极小”原则。其政策含义在于要对最低收入阶层给予补贴（或采取负所得税办法），但从总效用变化角度，批评者认为如果推行这样的办法，一旦出现总效用减少就不可取，而为了保证总效用不减少，甚至还会得出在稍微改善穷人状况的同时极大地改善富人状况的政策主张。这似乎与公认的公平观念背道而驰。

尽管理论上有上述许多说法，但是否需要通过政府财政收入的途径实施收入再分配，往往依据公众的普遍意识和公平观念。公众的公平观念是：富人应当多纳税，穷人应当获得补助和优惠，唯有如此才能构建稳定和谐的社会。因此，在现实生活中，西方国家在进入 20 世纪的时候，就纷纷仿效瓦格纳社会政策主张，并逐渐将其扩充为“福利国家”政策。福利国家政策，在各国实施的情况各异，但共同特点是实施比较全面的社会保险，使人们病有所医、老有所养；职工普遍持股使劳动者参与了财产增值分享，最低工资制度防止了雇主对劳工的过度剥削，最低贫困线以下的社会救济措施保障了低收入家庭的基本生活；反垄断法的实施限制了垄断支持了竞争，不仅利于效率也益于公平。福利国家政策的推行尽管未能解决西方世界出现的所有社会问题，但多少缓和了生产与消费的矛盾、低收入阶层和高收入阶层的矛盾，使西方国家的收入分配出现完全不同于资本主义早期的格局，资本主义早期的两极分化主要表现为资本与劳动的两极分化，而现在尽管收入差距还很大，但劳动者内部复杂劳动者和简单劳动者的收入差异成为主流。例如在美国 2006 年 20％收入最高的家庭仍然占有全部货币收入的 50.5％，20％最低收入家庭只占有收入总额的 3.4％①，而且 20 世纪 60 年代以来不公平程度呈微小加剧趋势，但“在美国以及西方国家，家庭收入不公平的最主要原因是户主的工资差异。财产收入（利息、股息等）的差异，只是造成收入不公平的微小因素”②。这种情况的出现说明起点和过程的机会均等程度提高了，有利于激发社会发展。

三、中国社会经济文化条件下的税收公平原则

从前面的叙述中我们看到，即使在市场经济高度发达并且存在代议制民主的西方国家，即使经过无数杰出经济学家的创新，税收公平问题还是没有得到完善的说明。而在中国，市场经济还很不完善，多元化的社会结构、收入分配的不公平、非代议制民主体制、不同于西方国家的税制结构，以及不同于西方的特殊社会文化的存在，使税收公平问题既有其共性的一面。更有其特殊的一面。中国的税收学要研究并说明这种特殊性，阐明达到可能的而不是应该的税收公平的现实思路和途径，即中国社会经济文化条件下的税收公平原则。

（一）无差别待遇原则

主观的按能力负担原则给人们启发，但由于效用还无法计量或排序，无法在制度设计中加以体现。按能力负担客观说从公平角度对税基的优劣排序是所得、消费或支出、财产，从理论上讲所得标准比消费或支出更能体现纳税能力，而消费或支出对比财产更能体现纳税能力（其中的道理将在下一章研究税制结构时进一步阐述）。但是在

① http：//www.census.gov/prod/2007pubs/p60～233.pdf.

② （美）哈维·S. 罗森著，郭庆旺、赵志耘译，《财政学》（第七版），中国人民大学出版社，2006 年，第 123 页。

中国当前国情下，所得税特别是个人所得税和社会保险税还难以普遍开征成为主体税（其中的理由将分别在本章研究合情原则和下一章研究税制结构时加以阐述），这是我们研究实现税收公平的现实条件。那么从这样的现实条件出发，我们的主要着眼点只能放在消费或支出。由于经济发展不平衡，多数人仍从事家庭经营，加上社会诚信程度不高，家庭消费和支出与家庭收入一样存在信息披露不完全或根本就没有家庭经济信息披露的途径，家庭消费和支出直接信息难以获得，所以直接的家庭支出税或消费税都不可行，那么可行的途径只能是对间接消费支出的征收，即避开家庭消费或支出总算程序，对无数个消费环节间接征税。问题就变成如何让无数个消费环节的税基和税率设计与纳税人的支付能力相联系，以及通过所得税和财产税加以补充，通过税制整体设计来体现按能力负担。可行的又符合社会普遍价值观念的公平原则是同样条件纳同样税原则，或者普遍课税原则，或者税制的无差别待遇原则，通俗地讲就是一视同仁。但是一视同仁，往往忽视不同纳税人的纳税能力，在一般规则之外还要有一些例外和税种间的协调。

1. 同样条件纳同样税原则

在消费税（流转税）制度设计上，要保证对生产经营同样项目或实质相同的企业和个人一视同仁，做到国籍无差别、资本来源无差别、区域无差别、所有制无差别。同样纳税条件的人纳同样的税，这是对征税合理性的一种制约，它限制政府不顾纳税人或负税人具体情况而采取摊派式的征税办法。

但是如果纳税人为残疾人，或处于灾难时期，他们的纳税能力低，应通过减免给予扶持。在市场失灵和国家间利益差异的情况下，无法完全通过国内市场和国际市场实现资源的最优配置，那么就会出现行业发展不均衡、甚至出现中心和外围的差距，即一些国家通过对技术的垄断处于利润中心，而其他国家则主要承担制造职能而处于盈利边缘。国家为了协调人与自然的关系而实行主体功能区规划（将区域划分为优先开发、重点开发、限制开发和禁止开发不同的功能区）、为了某些新的经济政治社会管理体制而设立实验区等。在上述这些情况下，对某些高新技术产业、需要优先发展或优先保护的区域给予优惠待遇，在界定和管理严格的情况下，可视为对一般原则的例外。

2. 尽可能普遍课税原则

税法规定的政策应当尽可能遍及应纳税的所有单位和个人，以及消费品。除了对生活必需品和根据国家产业政策对某些行业免税低税、对出现困难的纳税人实行减免外，不因特权、关系、所有者性质而免税或给予低税待遇。

对生活必需品和出现困难的纳税人实行免税或低税原则。从按能力支付角度看，一般食品、普通服装、普通住宅、必需的交通费用、义务教育费用、基本医疗费用等作为普通人满足其简单再生产的消费支出，是社会存在和发展的基础，不被视为具有纳税能力，一般情况下应当免税，非征收不可只能按很低的税率课征。而对这些以外的消费，在征收管理成本有限并且尽可能不造成额外负担的情况下，可根据距离生活必需的程度，采用高低不同的税率。但从管理角度，区分生活必需品和奢侈品不是容易的事情，往往会为了节约征税成本、减少对经济活动干扰，以及减少逃税避税诱惑，而缩小免税范围。

单位和个人健康地经营或劳动而获得收入具有纳税能力时，有纳税的义务。在出现生产经营困难、丧失劳动能力或生病、受灾、失业时有获得减免税和享受社会保险的权利，公平要讲这种权利与义务的对等。因此，作为对普遍课税原则的例外，税收制度往往规定困难减免、亏损结转等条款。

3. 对企业组织方式无差异原则

不因属于全能厂而降低纳税水平，不因属于专业化企业而承受税收歧视，在管理可行、征税成本低的情况下，流转税尽可能采用对增值课税的办法。

4. 税种相互配合原则

流转税和财产税实际上也是要用所得加以完纳的，如果流转税税率较高、普遍征收，那么所得税、财产税税率就不能太高；在所得税作为辅助税种的情况下，重点应当针对流转税还不能反映纳税能力的领域，例如流转税为了征收便利、节约征税成本而采用单一税率或接近单一税率时，所得税可对超过一定免税额的所得额征收较高税率的税，财产税应主要针对收入不低而日常消费不多偏好财产积累的纳税人。

5. 避免累进课征原则

由于中国目前无法计算汇总以家庭为单位的所得或消费、财产，个别收入和财产、消费或支付项目，无法综合全面地反映家庭状况，如赡养人口、健康状况、生活和营业开销、教育成本等，所以分别对个别项目征收累进税，不能做到按能力负担。故累进税率应当避免。

（二）税款交纳与财政利益整体对称原则

就社会整体而言，纳税人或负税人因付出税款而减少的价值应当尽可能地与其获得的因税款使用而增加的价值相一致，这是对征税规模和税款使用合理性的一种制约。国家（政府）不能随意对纳税人征税，税款的开征和使用须经他们同意并受其监督，保证其用在有利于社会经济发展、造福全体社会成员方面。因此税收公平不能仅仅看税制本身是否做到按能力负担，还要观察被征收的税款使用是否合理，是否用于让税收实际缴纳者得益的场合。这是对社会整体而言的，但对个别纳税人（负税人）、某个社会阶层而言，按能力纳税的情况下，所纳的税收与其获得的财政利益（指用税款提供的公共产品利益）就必然不一致，要通过局部的、个体的不一致达到全局的一致。因此，以下规则被视为不仅没有违背公平原则而且符合公平原则。

1. 较穷的阶层和较不发达的区域其所交纳的税收与获得的财政利益至少应当对称

较富有的阶层和较发达区域所交纳的税收应低于其所享有的财政利益，而较穷的阶层和较不发达的区域其所交纳的税收与获得的财政利益至少应当对称。纳税能力强的富有的人，他们应当缴纳较多的税收，获得相同的财政利益；或者他们应当缴纳同样税收，而只能获得较少的财政利益。纳税能力较低的贫困阶层人士，他们应当首先获得其缴纳税款的财政利益，然后还能从由较富有的人缴纳的较多税收所提供的财政利益中获益，即从财政再分配机制中获益。同样，发达地区缴纳较多的税收，获得低于其纳税数额的财政利益；不发达地区缴纳较少的税收，而应该获得高于其纳税额的财政利益。也就是说较穷的阶层和较不发达的区域其所交纳的税收与获得的财政利益至少应当对称。但目前中国由于城乡二元经济结构、户籍制度、区域发展不平衡、各级政府间按税种划分财政收入、人口流动的单向性（即往往流向发达地区）等财政和非财政原因，存在与这种公平理念背道而驰的情况。

首先，城市新居民在诚实务工创造财富、消费时与其他市民一样交纳税收，但不能享有同等的公共产品利益，例如不能享有义务教育、社会保险、社会保障住房。

其次，农民所贡献的正税、杂税和暗税远远大于其获得的公共产品利益。[①]

再次，由于中国推行以增值税和营业税为主体的税制体系、企业所得税实行法人为纳税单位，法律上的纳税人多是位于发达的工商业中心的工商企业，而实际的税款支付人为分布各地的消费者或没有法人资格的工厂、分公司等，后者才是税收的实际创造地（或称税源地），从而产生纳税地和税源地的不一致，表明在税收制度本身就存在将财富从不发达地区抽取到发达地区的机制。如果这些问题不能解决，那么税制本身就存在导致严重不公平的内在机制。这需要进行以平等的公民权、平等的物权（包括土地权）、科学的财政分权为目标的改革。要真正推行这些改革，达到纳税与财政利益的均衡，还需要建立纳税人对财政利益的表达、制约、决定机制。

为此，在目前还没有条件推行以个人所得税为主体的税制结构的情况下，一方面应当设法改革流转税（包括增值税、营业税、消费税和关税），探索从生产地课税转变为消费地课税的可行途径，进而从税制本身解决税源地与用税地不一致所造成的税制严重不公平问题；另一方面，应当改革分税制，将流转税作为中央税，由中央按各地人口和消费水平等因素实行转移支付，先将较不发达地区居民实际负担的流转税返还给居住地，然后再根据公共服务适度均等化原则进行另一层面的转移支付。

2. 更多地实施税款专用的原则

建立以中国特色的有效的民主宪政为基础的纳税人权力保障和税收的人民决定机制是一个复杂过程，需要长期探索和实践。在目前还不存在这种机制的情况下，需要一些过渡性的简便易行的办法让纳税人获得实在的财政利益，从而也避免政府将过多的税款用于自身的享受（如豪华办公场所、车辆、公款宴请和旅游等）。扩大税款专用范围是一条途径。采取类似于社会保险基金那样，个别缴纳、专款专用、统筹使用，例如可以将个人所得税收入专门用于解决贫困地区基础教育落后、贫困家庭孩子读大学、看病难等民生问题；将一部分土地收入（暗税）专门用于新农村建设、城市新居民也有权利分享的社会保障住房建设。建立具有大物业费性质的房地产税为主的基础政府（街道、村一级）地方税体系有利于实现纳税人所税与所益一致。各级政府财政收入增量重点用于农村扶贫、教育开支，扩大特殊的财政转移支付机制实施范围，例如结对子帮扶、党政机关下派干部进村等，也有利于将人民实际负担的流转税返还给

---

① 具体分析参见本书第二章第四节；杨斌，《中国农民广义税收负担走向》，《税务研究》，2007 年第 11 期。

农民。

（三）有效的收入和财产再分配原则

只要税收所依存的大环境存在不公平现象，那么税收自身小环境无论怎样做到公平合理，真正的公平目标也难以达到。当前，中国社会大环境不公平表现为以下两个方面：一是收入分配差距大。总体收入分配两极分化，2005 年，家庭人均年收入基尼系数的保守测算值达到 0.496，最高收入 20%的人占有 58.4%的收入份额，而最低收入 20%的人的收入占有份额仅为 3%，其收入均值比达到 18.2∶1。[①] 此外，城乡差别、行业差别、地区差别、单位企业内部收入分配差距也很大。城乡收入差别方面，占人口总数四成的城镇居民拥有的总收入比例为 70%，而占总人口比重七成的农村居民该项比例为 30%。垄断行业的工资水平高于其他行业。非垄断行业间工资收入也差别很大。东部、中部、西部人均年收入之比为 2.23∶1.14∶1（以西部为 1）。[②] 单位或企业内部职工工资形成和增长机制不健全，领导、经理收入高增长快，而一线工人或员工收入低，差距过大；还存在不同身份的职工同工不同酬现象。二是机会平等方面，无论是起点和还是过程都存在严重的不平等。起点不公平表现为人民在受教育的机会、就业的机会、任职的就会、参政的机会、健康的机会等方面向少数人倾斜。过程的不公平更为严重，表现为进入市场的机会不是完全取决于要素的素质、劳动的数量与质量，取决于权势、身份、关系、人情、信息拥有等外在因素。例如对不同所有制的企业实行区别对待的政策，国有企业改制中内外勾结低价处置资产，利用内部信息或散布虚假信息恶意炒作股票获取暴利，通过征地剥夺农民，农民履行纳税交费义务而不能享有相应的权利，通过关系或贿赂获得低价国有土地和工程项目，以及城镇新居民务工工资得不到保障等，都属于过程的不公平。造成过程不平等原因很多，包括规则因人的身份区别对待、不必要的行政许可、审批和审判与关系和财富挂钩[③]、户籍制度将人作等级划分。这种过程不公平导致财富向少数人集中，而财富集中的后果就导致机会向少数人和少数家庭倾斜，起点不公平现象就日益严重。在已经出现这样的社会运行机制的时候，越是简单地采取扩大市场化的改革，分配结果就越不公平。在这种情况下，社会舆论必然出现希望政府通过税收手段或其他手段实施收入再分配的诉求。在中国现行的社会经济环境和税制结构条件下，税收手段能否对收入分配起调节作用，其发生的代价如何？在能够发生调节作用并且代价可承受的情况下调节的对象是什么？这需要税收学回答。要回答这样的问题，需要一套价值判断规则，其具体内容如下。

---

① 李培林、陈光金、李炜执笔，《全国社会和谐稳定形势调查报告》，http：//www.sociology.cass.cn/shxw/shgz/shgz30/P020070104400983595379.pdf。

② 国家发展和改革委员会，《2006 年中国居民收入分配年度报告》，http：//news.sina.com.cn/c/2007-02-01/003812193322.shtml。

③ 楼继伟，《关于效率、公平、公正相互关系的若干思考》，http：//www.studytimes.com.cn/txt/2006-06/19/content_6247672.htm。

1. 机会平等下的中性原则

机会平等标准是不承认天赋能力差别、劳动数量和质量差别以外的其他差别，天赋能力差别、劳动数量和质量差别导致的经济利益差别是合理的。只有因为地位、权力、贿赂、关系、走私、倒卖、掠夺、垄断等不正常、非正义手段而产生的收入差别才是不公平的。因此，在市场竞争过程中，如果出发点相同，处于同一起跑线上，并且过程平等，那么人们按要素素质，通过自身努力即增加劳动数量、提高劳动质量而形成的收入差别，有的人收入高、有的人收入低、有的人没有收入甚至亏损，都应当被认为是合理正常的。即使出于互助友爱和社会和谐考虑，对不能维持生活的能力低下者予以补助，也不能因此损害天赋较高的人的积极创造性，以及其他人通过劳动努力而增加经济收入、提高社会地位的积极性。因此，对竞争充分的领域，税收制度和政策应当保持中性，如果要对收入征税，应当采取比例税，并且在政策上一视同仁。

2. 机会不平等下有效干预原则

首先，要分析除了天赋能力、劳动质量和数量以外产生机会不公平的原因，并判别税收对哪些原因能起调节作用，哪些不能，对能起调节作用的领域其代价如何。由于纳税人与负税人经常不一致，流转税、企业所得税对收入分配的调节没有确定的结果，一般不把流转税和企业所得税作为调节收入分配的手段。例如烟税，如果穷人用于买烟的收入比例大，那么烟税从穷人那里获得的收入要大于富人，但考虑烟税会减少烟的消费量，从而影响生产量，也会使作为资本家的富人收入减少，最终结果如何不确定。

由于这样的原因，在实行收入再分配政策时，所使用的手段一般是个人所得税和财产税。对起点不公平，一般的方法是通过对巨额财富拥有者在死后征收遗产税、生前征收赠与税来调节。但一方面遗产和赠与税的征税成本很高，财产登记管理的基础尚不具备，查核、评估财产不容易；另一方面在目前中国富有者年龄不大，资本性财产比重大，如果征税其扭曲效应不小；再者多数富有者拥有外籍身份，财产往国外迁移容易，遗产和赠与税的实际效果有限。因此目前解决起点不公平问题主要应着眼于城乡居民权利的差别平等、贫困家庭子女教育机会的均等、社会保险的普及，以及加强反垄断和反腐败。

对过程不平等，在市场竞争不公平的场合，要通过完善市场来解决，特别是要完善产权配置和合作制度，例如建立有中国特色的农地产权制度和农业合作组织，防止对人民征收“暗税”，让有组织（但没有组织腐败）农民能够公平地参与市场竞争，参与社会经济发展成果的分配。在市场失灵场合，着眼反垄断，政府失灵场合，要着眼反腐败消除政治权力对市场竞争的影响，改革社会经济管理办法，消除行政许可、审批、审判、信息披露与关系和财富挂钩；普及社会保险，消除对城市新居民的歧视待遇，例如不完善的地方纠正市场失效和改革政府对经济管理的方法；建立更有效的弱势群体利益表达机制，消除政策决策过程强势集团实际话语权过强的政治参与能力的不平等。实证研究表明，税收制度对过程不公平的调节很难奏效。

税收可能发生作用的领域还只能是结果的调节。但是，即使在个人所得税得以普遍征收的发达的市场经济国家，个人所得税对收入分配的调节力度也是有限的。资料表明，在美国，1952到1981年间，个人所得税对高收入阶层的影响仅2%～3%，即个人所得税的作用使高收入阶层的税后收入占总收入比例对比税前占比下降2%～3%。例如1981年最上层15%纳税单位的税前收入占总收入份额为38%，而税后这一比例下降到35%。[①] 而在中国目前，尽管个人所得税增长速度快，管理进步显著，但由于货币化、市场化程度不够高、经济多元化，工资性收入并不能完全地反映个人或家庭的实际纳税能力，也缺乏自愿准确申报收入的社会文化基础，今后一段时间还难以实行以家庭为申报单位的综合课税模式，因此目前的个人所得税制度本身对收入分配调节作用很有限，甚至局部会产生相反的效应，例如对具有不少工资外实际收入即“待遇”的官员和普通劳动者，对他们工资收入按相同税率征收，就很不公平；对具有多个收入来源的社会成功人士难以归并全部所得据以课税。还有一种观点认为，可通过对房屋拥有者课征房地产税（即所谓物业税）的办法对结果的不平等进行调节。这个观点似是而非。财政学已经证明，由于在当今社会财富形式多样，金融资产、知识产权、艺术品、贵金属等往往是大额财产的表现方式，富有者拥有的房地产价值不能反映其纳税能力，通过贷款购买的房地产往往没有纳税能力；对非租赁的房地产课征的税收实际上也是用拥有者工资交纳的，退休者也没有纳税能力；房地产的税基需要通过评估确定，很难确定，容易产生舞弊等。房地产税不是一个优良税种，只有在非常严格的条件下，例如作为最基层政府（村、街道）的地方税，且存在有效的民主体制居民参与该税收的政策决定、居民能够获得征收和税款使用的完整信息、居民可自由迁移等，房产税的福利损失才是可承受的，房地产税才是可取的。[②] 因此，在中国目前的社会架构下，房地产税的收入分配调节作用也是有限的。

但是，如果结合财政支出，将个人所得税和房地产税作为专项资金，专门用于解决低收入阶层的民生问题（如义务教育、贫困家庭子女大学学费、社区医疗改善、社区治安改善、社区环境改善），那么将对收入分配起到更大的调节作用。

不过税收以及对收入分配的调节都会产生不利影响，即产生福利损失，我们在阐述税收公平时已经考虑了效率影响，尽可能选择对效率影响小的办法。但仍然有必要系统地阐述税收效率原则，在公平和效率结合上寻求产生较小福利损失的征税办法。

第二节　效率原则

国家（政府）通过税收形式获得一部分剩余产品价值的过程，既是一个可以使国家（政府）、社会得到利益（税收收益）的过程，又是一个需要付出一定代价（即税收成本）的过程。在进行有关税收的工作时，首先要进行利益和代价的权衡，即进行税收效率的判断，看所进行的税收工作是否“合算”。

---

① 陈宝森，《美国经济与政府政策》，社会科学出版社，2007年，第529～531页。

② 参见杨斌，《关于房地产税费改革方向和地方财政收入模式的论辩》，《税务研究》，2007年第3期。

税收效率指的是以尽量小的税收成本取得尽量大的税收收益。税收收益不仅包括取得的财政收入，还包括因税收的调节，优化了产业结构，提高了资源配置效率，促进了社会经济稳定发展和生态平衡而产生的正效应即“间接收益”。税收成本不仅包括税收的征收和管理费用，还包括因税收对社会经济进行调节而产生的负效应（不良影响）即“间接成本”。税收效率一般通过税收成本与税收收益的比率衡量。比值越小意味着税收效率越高，反之相反。税收效率归根到底是税收与经济的相互关系问题。税收效率的提高，表现为征收管理费用的节省、好的税收效应的产生，表现为征税过程对社会经济阻碍小、促进大，其结果是纳税人可以投入更多的精力、时间、资金发展生产、创造财富或改善生活。人们对税收效率的认识不是一蹴而就的，而是经历了一个逐渐深化和全面的认识过程。

一、中国古代税收效率思想

中国古代思想家关于税收效率的思想可以概括为两点。

（一）税收与经济的关系

中国古代思想家很早就对经济决定税收、税收影响经济这一辩证关系有着相当深刻的理解。他们强调的治税模式大多是以财政职能为主、经济职能为辅的财政型治税模式，其特点是主张在发展经济的基础上增加财政收入。周公提出“勤政裕民”，即统治者不能只顾自己的安逸和享受，应当体察民情，考虑如何发展生产，安定人民生活。管仲则进一步阐明“治国必先富民”的思想。刘晏有“理财当以养民为先”的主张，丘浚提出“盖理财之道，以生财之道为本”的看法。魏源也极力主张理财首先要考虑培养税源。其核心思想是不能就财政论财政、就税收论税收，而应当首先鼓励人民发展生产。只有生产发展、收入增加，人民生活水平才能提高，国家（政府）收入才有可靠保证。在发展经济的基础上增加财政收入，这是正确的，今天我们仍要遵循，这是一方面。另一方面也应看到，中国传统治税观的出发点和归宿点都是财政收入，表现为一种财政——经济——财政或税收——经济——税收的思维模式，发展经济仅仅被看做是增加财政收入的手段，以取得尽可能多的财政收入为中心考虑经济发展问题。在中国古代，治税观是建立在小农经济基础之上的。发展经济仅仅局限在发展农业，农业是本，其他各行各业都是末，税收政策“重农抑商”，遏制了商品经济的发展，成为封建社会长期停滞不前的一个因素。

（二）税收的确实和便利

税收对经济的关系不仅涉及怎样在发展经济基础上增加财政收入，而且要考虑怎样尽量减少征税对经济发展的消极影响。要做到这一点就要提高征税本身的效率，减少人民在征税以外的其他负担，强调“赋有艺而敛有时故财不匮而人不怨”[①]。中国古

① 王钦若、杨亿等编，《册府元龟》卷五百一十，《邦计部·重敛》。

代理财家注意到税收制度必须确实和便利，通过税收的确实和便利减轻征税对经济的消极影响。西晋傅玄提出“至平”、“积俭而趣公”、“有常”三条税收原则（这样完整地提出税收原则早于西方千余年）。其中“有常”论及税收制度要确实，有一个可以遵照执行的定制，使百姓在纳税时心中有数，也会减少增税减税的任意性，减少征税官吏在征税过程中滥用职权坑害百姓的行为。这对发展经济有利。杨炎的“两税法”也内含便利征收的思想。“两税法”把“租庸调”、地税、户税和青苗钱等杂税合并建立统一税制，分夏秋两次征收，减少了纳税项目，简化了纳税手续，对纳税时间和纳税办法都作了明确的规定，改变了过去那种“旬输月送无休息”的状况，省去了许多交纳催索的纷扰，方便了农民缴纳税款，也对政府提高税收的征管水平提供了制度上的有利条件。提高征税效率还有一个重要问题，即如何尽量减少直接的征税费用，这一点在中国古代税收思想中是一个空白。这一空白直到《国富论》被介绍到中国才得以填补。但直到今天，节省直接征税费用的观念在实际税收工作中仍十分淡薄。学习西方税收效率思想，形成对税收效率的共识，还要付出努力。

二、西方税收效率思想的发展

亚当·斯密以来，西方税收效率思想大致经历了以下发展阶段。

（一）亚当·斯密本人的税收效率思想

亚当·斯密税收效率思想体现在他的中性税收政策主张以及确实、便利、最少征收费用 3 个原则①中。斯密治税观的基本出发点是促进国民财富的增长。他把激励个人主动性的经济自由，把国家（政府）采取不干预立场、实行保护或有利于自由竞争的经济税收政策当作实现国民财富增长的重要条件。他在限制国家（政府）职能的同时，限制税收的职能作用。他把企图通过税收的作用左右产业发展看作破坏经济增长自然秩序的行为。他主张中性的税收政策，其目标是为自由竞争创造环境。斯密的治税观中，对税收效率的考虑占据最重要地位。他不仅主张税收决策者在政策意向上保持中性，并且主张在税收政策的执行过程中只为国家（政府）提供充足的收入，要尽量避免征税对纳税人造成除了税收以外的其他损失（额外负担）。在斯密所处时代，实行中性的税收政策具有一定的必要性和合理性，市场机制的作用能促进资源合理配置、财富增长，政府的任何政策包括税收政策最好保持中性。但市场机制不是万能的，而是有缺陷的。如果市场机制的缺陷足以导致国民经济发展受阻、严重损害社会效益和生态效益，并且事实证明国家（政府）干预的代价确实小于市场解决办法时，就要选择国家（政府）干预。当然国家（政府）干预不是代替市场，而是在市场作用基础上进行调节。

为了减少纳税人的额外负担，斯密极力主张税收的管理费用和执行费用要尽量节

① 亚当·斯密提出的税收四原则是平等、确实、便利和最少征收费用；（英）亚当·斯密著，郭大力、王亚南译，《国民财富的性质和原因的研究》下卷，商务印书馆，1974 年，第 384～386 页。

省。为取得同样的财政收入，人民除税款外的费用支付越少，税务机构为征税而支付的费用越少，意味着税收效率越高。斯密提出的课税四原则，后三个讲的就是这个问题。无论是确实、便利或最少征收费用，实质性的内容都是尽量避免纳税人除正税外的额外负担。确实原则要求建立统一、简明、确实、清晰的税收制度，尽量避免征税人员斟酌使用权力的可能性，也尽量避免纳税人钻税法空子避税逃脱纳税义务的可能性。提高税收效率不仅要有完备、确实的税收制度，且各种税收完纳的日期及完纳的办法须予纳税者以最大便利，不使纳税人感到繁难，还要求税务机关通过采取科学的管理办法降低费用，通过精简机构、减少冗员建立精干有力的税务机构，提高税收工作效能。斯密的税收效率思想可以用他自己的一句话加以概括，即"一切赋税的征收，须设法使人民所付出的，尽可能等于国家所收入的"①。今天看来这个观点仍然十分正确。

（二）额外负担理论

西方税收效率思想的第二个阶段是额外负担（excess burden，也译为超额负担）理论。政府征税不仅导致纳税人（负税人）付出税款而造成的损失，而且由于征税过程影响了纳税人的决策和行为，如果结果使其境况或福利不如税前，那么就产生了超过已缴纳税收的福利损失，我们就把这种福利损失称为额外负担。额外负担大说明税收效率低。在亚当·史密的思想中就已经包含如何减少税收额外负担的内容，而杜普伊特（Dupuit，1844）已经明确提出消费税造成的福利损失与消费量及税率高低有关。② 马歇尔运用消费者剩余、供求弹性等工具，详尽地分析了间接税可能引起的福利损失，提供了对税收额外负担问题进行分析的系统工具。此后，不少经济学家参与了这一理论的发展，重点是如何估计额外负担并设计税收制度使额外负担减轻。比较著名的有拉姆塞（F. P Ramsey，1927）提出的逆弹性规则，证明在严格假定下对需求弹性低的商品课税可减少额外负担；哈伯格（Harberger，1964）在《公司所得税的归宿》中提出了"三角形"额外负担理论，并进行数理推导，得出了在线性需求曲线条件下测定额外负担的计算公式。该公式表明，税收的额外负担与税率的平方和需求弹性成正比。即

$$\text{EB（excess burden）} = \frac{1}{2}t^2 \times \eta \times P \times Q$$

其中，t 为税率，η 为需求弹性绝对值，P 为价格，Q 为数量，$P \times Q$ 就是对某一商品的税前消费支出总额。

上述公式是在不考虑供给曲线情况下计算流转税额外负担的公式，后来的学者也进一步推导出加入供给弹性以后的流转税额外负担计算公式以及所得税的额外负担计

① （英）亚当·斯密著，郭大力、王亚南译，《国民财富的性质和原因的研究》下卷，商务印书馆，1974 年，第 385 页。

② （美）阿兰·J. 奥尔巴克、（美）马丁·费尔德斯坦主编，《公共经济学手册》，经济科学出版社，2005 年，第 54 页。

算公式如下：

成本递增的供给曲线下的额外负担计算公式：

$$EB=\frac{1}{2}t^2\times\left(\frac{\eta_d\times\eta_s}{\eta_s-\eta_d}\right)\times P\times Q$$

其中 η_d 为需求弹性绝对值，η_s 为供给弹性绝对值。

以劳动力供给曲线为基础的个人所得税的额外负担计算公式：

$$EB=\frac{1}{2}t^2\times\eta_L\times w\times L$$

其中 η_L 为劳动力供给弹性，w 为税前工资率，劳动供给量为 L 。

虽然上述公式都是在非常严格假定下成立的，例如假定不存在收入效应，只考虑替代效应；税前和税后消费总额或收入不变；相对价格变化不会产生福利影响；一项消费或供给不会波及影响其他人的行为和自己以后的行为（即局部均衡）等，显然这样的假定一方面使问题简单化，另一方面也使计算结果与实际情况有距离，此外应用时数据来源和弹性估计也比较困难。但是，上述公式以及西方学者其他方面的论述还是给人以重要启发：

第一，只有收入效应而没有替代效应的税收。例如一次总付税（lump sum taxes，典型形态如人头税）不会影响人们的选择而没有额外负担，但从公平考虑一次总付税极端不公平，因此不可行。这样一来，可行的税收总是有替代效应的，我们的目标不是消除额外负担，而是如何使额外负担尽可能小。

第二，要从影响额外负担的主要因素入手，设计好的税制使税收的效率损失减小。首先是税率，额外负担与税率平方成正比，无论什么税种，税率越高其额外负担就越大，税率提高所造成的效率损失可能几倍于税率提高速率，因此税率定得适度不仅仅是税负问题，也是效率问题。其次，商品消费或供给的价格弹性和劳动力供给弹性等商品和要素市场反应灵敏度，反应越敏感，改变行为的可能性越大，额外负担会随之多倍增加，在符合公平原则和能够保证财政收入的情况下，尽可能选择弹性低的商品或要素收入课税，有利于增进效率。

在西方国家，许多学者进行的实证研究也是值得一提的，例如布朗宁（Browning，1976）、芬德雷和琼斯（Findlay&Jones，1982）、贝勒德（Ballard，1985）、斯卡利（Scully，1995）等从哈伯格公式或利用其一般均衡模型，计算和分析了美国、澳大利亚不同税种的税收额外负担。[①] 实际上，最优税收理论整体上就是研究如何设计税收制度让税收的额外负担最小，我们将在下一章给予全面阐述。

（三）建立在福利经济学基础上的税收效率思想

福利经济学主张最适度地配置生产资源，使生产出来的国民收入达到最大值，也就是使经济福利达到最大值。福利经济学的创始人——庇古，把资源的配置能使国民收入极大化的情况，称为资源配置的最优状态。为了说明这一问题，他提出“边际私

① 汪昊，《我国税收超额负担变化、原因与对策》，《财贸经济》，2007 年第 5 期。

人纯产品”和“边际社会纯产品”两个概念。边际私人纯产品指企业每增加一个单位生产要素所增加的纯产品，边际社会纯产品指社会每增加一个单位生产要素所增加的纯产品。他认为，由于自由竞争和利己心的作用，边际私人纯产品与边际社会纯产品在大多数场合是一致的，会使资源实现最适度配置，使国民收入总量或社会经济福利总量达到最大值。但也会有许多不一致的情况。例如，科学技术的发明创造给社会带来的利益超过科学家个人得到的利益，意味着边际社会纯产品大于边际私人纯产品；反之，酿酒对酒商有利，但酗酒对饮者有害，而且给社会带来其他损失，这就意味着边际社会纯产品小于边际私人纯产品。庇古主张，如果一个经济单位边际私人纯产品超过边际社会纯产品时政府课以较高税收，使该部门缩小；反之则给予补助，以刺激其扩张，那么社会经济福利会增加。庇古还提出可用税收的办法来防止污染，就是征收一种税使其税额等于污染造成的外部成本，这样就能实现外部成本内在化，污染制造者为了获得利润就必须像控制其他成本开支一样控制污染。

新制度经济学家科斯提出不同的看法，认为在市场充分竞争、信息完全、产权明确、交易无成本的假定下，市场主体之间可通过谈判自动地解决外部不经济问题，从而达到经济的最优状态和实现经济福利的最大化，无需政府介入。此外，即使不考虑这些问题，获得污染造成的实际损失的数据很困难，从而准确决定税率或税额也是很困难的。[①] 但科斯的结论并不能完全否定政府在处理诸如污染等外部效应问题上的作用，例如产权界定就需要政府介入，另外在市场不能充分竞争、交易双方信息获取能力的不对称、产权界定不明确或产权界定了但无法实施、存在交易成本（交易各方为达成补偿协议而耗费的时间和财富）过高等各种情况下，也需要政府介入。

（四）以实现宏观经济均衡为目标的税收效率思想

凯恩斯主义认为，资本主义经济通过市场机制并不会达到充分就业的均衡状态。总供给与总需求之间会经常发生不一致，这种宏观经济失衡局面是无法通过市场机制消除的，必须引入国家（政府）力量，通过运用税收在内的经济杠杆，调节投资和消费，才能实现宏观经济均衡，从而才能保证经济有效率地稳定发展。因而，他们把税收制度和政策是否能对宏观经济均衡起调节作用，作为判断税收是否有效率的标准。凯恩斯主义治税思想正是这样一种以实现宏观经济均衡为目标的治税思想。其基本特点是系统阐述税收的经济职能，把税收政策的制定、运用放在宏观经济均衡的高度；强调税收的需求效应，力图运用税收手段在其他经济杠杆的配合下，通过对总需求的刺激熨平经济波动，实现宏观经济均衡和经济增长。凯恩斯主义者提出一个需求管理型的治税模式。要点是自动稳定器的作用。在所得税普遍征收条件下，税收的需求效应可以通过税收制度本身自动地波及经济过程。经济衰退时，个人和企业的收入都减少，于是税收自动减少，使消费和投资相应增加，总需求曲线向上移动，经济波动得

---

① （美）罗纳德·哈里·科斯，《社会成本问题》，载盛洪主编《现代制度经济学》，北京大学出版社，2003年，第4～37页。

到缓和；反之，繁荣到来时，个人和企业的收入都增加，于是税收自动增加，自动产生一种延缓消费支出和投资支出的拉力，一定程度上抑制消费和投资的扩大，使总需求曲线向下移动，从而缩小总供给和总需求的缺口。税收的自动需求效应在比例税率下就会产生，但不如累进税率那样强烈。在自动稳定器不足以消除宏观经济失衡时，就需要选择相机抉择的需求管理型治税模式。税收管理主体要根据不同时期的经济活动情况制定相应的税收措施，并使之与其他财政政策工具和货币政策工具相配合，控制总需求水平，保持经济稳定。当需求不足即出现投资不足、消费不足时，采用减免税、亏损结转、加速折旧等减免手段增加投资需求和消费需求；反之，需求过旺、产生通货膨胀时则通过增税压缩需求规模。判断税收是否有效率必须着眼于宏观经济是否均衡，不能就税收论税收。这样一种经济——税收——经济的思维模式是可以借鉴的。凯恩斯主义为实现宏观经济均衡而提出的具体的税收政策，是建立在市场经济发达、生产力进步和一定社会制度、税收制度基础之上的，借鉴时务必考虑中国的生产力发展水平、社会经济发展状况、税制特点，不能照搬照抄。

三、中国社会经济条件下税收效率原则

中国的经济社会发展状态、人们对税收政策和制度的反应敏感度、现存的税制格局均不同于西方发达国家，因此中国税收效率问题既存在与西方国家共性的一面，也有其特殊性，而后者更需要我们加以认真阐述。目前在税收效率领域出现的最突出问题是直接征税成本、奉行成本高，且没有有效的控制机制；其次，在税制涉及层面税收的额外负担往往被忽视，在制定税收政策时往往只注意税收的调节职能作用，而较少对这种调节的福利损失和福利增进进行比较；再次，在纳税人层面对额外负担的规避方法比较特殊；最后，近几年随着科学发展观的倡导，对长期的宏观经济均衡和生态关注增大了，但还没有形成具体施行和落实的机制。因此，有必要系统阐述中国社会经济条件下税收效率原则的含义及实施路径。

税收效率通过税收成本和税收收益的比率衡量，这种对比关系不是单一的，而是多层次的。首先是小范围内即税务机关本身进行税务行政或税收管理而产生的成本和收益的比较；其次从税收与经济的相互关系，特别是从税收对经济的影响方面进行成本和收益的比较；再次，从社会经济长期发展和生态经济这个更大的范围考察税收的作用并进行成本和收益的对比分析。因此中国社会经济条件下的税收效率原则可从以下 3 个层次加以阐述。

（一）节约直接征税成本，提高税收行政效率原则

税收效率的第一层次内涵是税收的行政效率。税收的行政效率通过一定时期直接的征税成本与入库的税收收入的对比衡量。这里入库的税收收入是税收的直接收益。而直接的征税成本，主要是税务机关为获得一定数量税收收入的耗费，包括用于建造税务机关办公大楼、宿舍楼的费用，相应占用土地资源的机会成本，购买必要设备的费用，印刷各种文件、票据的费用，税务人员的工资津贴、培训教育费用以及其他日

常管理所必需的各种经费开支。直接征税成本是一种非生产性费用，是社会劳动的虚耗，总体上属于社会总福利扣减。因为它仅仅是政府为了获得人民手中的财富而进行的开支，既减少私人部门的利益，也减少了公共产品提供量。一般的说，直接的征税成本与入库的国家（政府）财政收入之间的比率越小，税收行政效率就越高。更严格地说，一个预算年度内，直接征税成本的增量与入库的税收收入的增量之间比率越小，税收行政效率就越高，即税收对社会福利造成的损失就小，反之相反。与西方国家相比，中国的征税成本比较高，仅正税的征收成本估计不低于正税收入5%。而西方国家征税成本均不高于2%，2000年美国征税成本仅0.39%，从1976到2000年最高的年份（1993）征税成本也只有0.6%。[①] 如果考虑社会保险基金和杂税的征收成本，中国税收的实际征税成本及其比率还要更高一些。仅以2005年的正税总额28 778.54亿元为参照计算，如果我们的征税成本每降低一个百分点，就能节省出近300亿元。说明目前中国税收征收所造成的福利损失相对较高。

当前直接征税成本高是由多方原因造成的。征税成本与生产力水平有关，纳税人的规模越大、税源越集中，直接征税成本越低。否则小生产者、小规模企业越多，税源分散，就需要雇佣大量人力从事征收管理；单位税额又不高，这样征税成本率就高。因此，发达国家的征税成本率总是低于发展中国家。我们在进行比较时这一点也应引起注意。直接征税成本与税制复杂程度有关，在其他条件不变的情况下，税制越复杂征税成本越高。直接征税成本与一个国家的文化状态有关，一个国家如果社会信用程度高、民众普遍守法、与税收和预算的民主决定体制相联系的自觉纳税程度高、税制适应国情，那么由于不需要较多的稽查人员和监督行动，直接征税成本也会相对较低，反之相反。例如，在经济发展很不平衡、经济结构多元化、社会资本[②]缺乏的发展中大国推行像增值税、所得税这样的税种，由于自觉纳税程度较低，征收管理和稽查成本就很高。此外，直接征税成本与是否存在有效的政府治理成本控制机制有关，这个控制机制核心是纳税人对征税人的有效制约。在缺乏这样的机制下，征收机关很容易为了自身工作方面和利益（例如有更多的职位和更高的待遇）而过分设置机构，为了攀比、面子而建设豪华办公场所，不顾实际需要而配置信息设备、交通设备，谋取征收机关小团体工资外其他福利等。当前，中国征税直接成本高与两套正税征收机构（即国税和地税）分设，超过需要配置机构、设备，较高的收入和福利待遇等因素密切相连。因此，创造条件合并两套正税征收机构，合理配置税务人员，防止办公场所豪华化，以实用为着眼点配置信息化、交通设备，实行成本核算、控制运行费用等都是节约直接税收成本的重要途径。

---

① Yesin，Pinar Ayse. 2004-04-02. Tax Collection Costs. Tax evasion and optimal interest rates. Study Center Gerzensee Working Paper，No. 04. 02.

② 社会资本是货币物质资本、人力资本以外第三种资本形态，说明由公民的信任、合作、信仰相对一致、社会组织和社会关系稳定等一系列社会状态产生的能节约行动成本、增加物质资本和人力资本收益的无形价值。在一个人与人之间信任度高的社会中，人们达成交易、实现合作的成本就低，欺诈就少，社会监督成本和法律遵行成本就小，从而社会效率就高，意味着社会资本就丰富。

（二）控制纳税人的奉行费用

纳税人为遵守税法、完纳税收还必须付出奉行费用。奉行费用包括办理税务登记的费用和时间耗费、填写申报表的劳动耗费、聘请税务顾问和律师的酬金以及税务人员稽查给纳税人带来的心理影响。在中国，还包括为了与税务官员建立联系而花费的接待费用和时间精力，建立这种联系是中国文化使然，有时并不是为了偷漏税，而仅仅为了能够获得公平的税收待遇和快捷的管理服务，例如能够及时获得税务登记、增值税一般纳税人身份确定等。奉行费用除心理损失（是客观存在的）不可计量外，其他方面都可表现在纳税人的成本账户上。其他条件不变的情况下，税收的奉行费用越大，纳税人的生产经营成本越大，经济效益值就越小。

奉行费用的多少也是由许多因素引起的。首先一个因素就是税制的复杂和精细程度，税制越复杂、法律条文越多、管理越精细，越需要专业人员理税或专用设备控税（如税控机的普及），就要增加专业人员的人工费（自己雇请的话）或者增加咨询费用或者增加专用设备的支出。其次，税务机关服务面越窄、功能越少，奉行费用就越高，从这个角度看，直接征税成本与奉行费用此消彼长。有时为了节约直接征税成本而压缩税务机构和人员，减少服务功能，推行商业性的税务代理，实际上是将由纳税人全体负担的直接征税成本转嫁给个别纳税人，这种转嫁是否合理还有待进一步研究。科学的思维方式和改革方案，应当是综合考虑直接征税成本和奉行费用，找到二者综合最小的方案。再次，不同的社会状态会影响奉行费用的开支结构。在法治社会，律师费和诉讼费在奉行费用中占相当大的比重；而在面子、人情和关系的社会中，接待、送礼、沟通的费用要占很大比重。

因此，控制纳税人奉行费用的途径在于尽可能简化税制，能够实行单一税制的地方，就不实行复合税制，能实行源泉扣缴的地方，就不实行综合申报；专用设备成本要低廉、税务代理制度要简便易行，设备采购和推行、管理制度改革要公开、透明，没有纳税人及其代表参与不得随意指定税务专用设备、随意推行税务代理或其他一切需要纳税人负担费用的税务管理措施；税法和管理规章制度要明确、稳定，推行政府一条龙服务和成本节约情况下的电子服务，规定办理的时限等。

（三）降低税收额外负担，追求额外收益

如果征税过程干扰了经济主体的经济决策，并且使有效率的选择发生变形；或由于对信息的把握不全面、不准确，制定的宏观税收政策不反映客观实际，不是起有效的调节作用而是起相反作用，造成经济运行的紊乱和低效，这就产生额外负担。额外负担不通过个别纳税人的账户表现出来，其衡量标准和计量方法有待进一步研究，但这毕竟是客观存在的。忽视了它，税收成本就不能得到全面、准确的说明。额外负担主要从宏观角度衡量，它说明把纳税人当作一个整体时，纳税人除税款和奉行费用外，还为税收政策的执行付出一笔代价。在其他条件不变的情况下，额外负担意味着征税活动使全社会生产同样数量和质量的产品以及获得同等的消费满足，多支付了一笔费

用。造成额外负担的因素，除了应税商品或服务的供给和需求价格弹性、税率高低因素外，还与税制模式是价内税还是价外税、税率是单一还是多档、优惠政策的多与少有关，还与民众对税收政策引起的价格变化的信息获得途径以及敏感性等因素有关。在应税商品供给和需求弹性不变的情况下，税率越高、档次越多、税收优惠政策越复杂，额外负担越大；在税率和弹性不变的情况下，价外税模式更容易导致民众对价格变化中税收因素的敏感性。

税收征收过程不一定只导致额外负担或经济成本增加，也可能对经济过程产生积极影响，这就是产生了额外收益，即政府除了获得税收收入外，还因为征税过程特别是税收政策的运用提高了资源配置效率和宏观经济效益，那么税收就产生使经济收益增加的效应。例如在市场机制不健全的国家，通过课税机制，积极地引导产业结构的优化，对提高宏观经济效益有利；运用鼓励投资的税收政策，对投资不足的国家更快地发展经济有积极作用；保护关税政策运用得当对本国产业自主发展意义重大。总之，如果征税过程可以变人们无效率的选择为有效率的选择，从宏观看，税收就产生取得财政收入以外的经济收益。对额外收益的考察还需要进一步研究，需要建立一种特别的绩效评估办法，来估计税收政策的正面效应。一般的说，一项税收政策或一定时期内全部税收活动产生的额外负担（经济成本）和额外收益（经济收益）之间的比率越小，税收的经济效益就越高，反之相反。

具体地说，要提高税收的经济效益，要着眼于如下两点：

第一，尽可能降低额外负担。任何税制不免存在额外负担，由于中国采用以间接税为主的税制结构，且推行价内税模式和单一税率（或几乎单一税率），民众对税收政策和负担差异引起的价格变化相对不敏感，人们不主要根据税收负担的高低选择商品和服务，总体上额外负担有限。但某些领域额外负担比较重。例如小规模纳税人与一般纳税人待遇不同，小规模纳税人名义税率低，但由于进项税额不能抵扣，其销售商品的价格中含有增值税，在同样条件下，处于竞争的不利地位。此外小规模纳税人不能使用增值税专用发票，这影响了其与一般纳税人的交易。这种不公平待遇迫使小规模纳税人想方设法变为一般纳税人，造成了额外负担。出口退税、关税实行多档差别税率，对消费者和生产者决策产生选择性影响，也产生额外负担。企业所得税优惠政策多、差别大，额外负担也大。降低额外负担的基本办法是在认真调查研究基础上完善税制，保持税收制度和政策尽可能简明、单一和确定。完善过程要透明、公开，让民众参与，但不炒作。在完善之后保持稳定。尽可能实行低税率。具体内容将在研究税制完善的有关章节进一步展开阐述。

第二，通过外部收益和外部成本内在化尽可能提高额外收益。减少污染物排放、充分回收利用废气、废渣、废水，推行循环经济，不仅生产社会需要的产品，而且净化环境，净化了的环境给人带来的愉悦是一种正外部效应。造纸厂随意排放污水，污染江河；林场滥砍森林，引起气候变化、水土流失、土地沙化等，是生产过程产生的负外部效应。抽烟者抽烟给不抽烟者带来不愉快，这是消费上产生负外部效应的典型例子。外部效应独立于市场机制之外。一种活动使别人得到附带的收益，而受益者不必支付相应的报酬，这就产生正外部效应即外部收益，一种活动使别人受到附带的损害，而没有给被害者以相应的补偿，这就产生负外部效应即外部成本。在保护生态环境、促进人与自然和谐方面，税收工具的作用不能低估，也不能任意扩大。在市场机制健全、产权明确、交易无成本情况下，市场主体可通过谈判找到使他们福利最大化的办法，无须政府干预和税收介入。而在市场机制不健全、产权不明确、市场主体之间交易成本高（如使交易达成的信息无法获取或获取的成本很高）等情况下，可利用税收手段，形成系统的生态税收或绿色税收政策体系，对产生外部收益的经济行为给予优惠，使其利润体现外部效益，从而鼓励发展；而对产生外部成本的经济行为或产品征收排污费或排污税，使其经营成本体现生态环境和社会损害。当进行了外部成本核算的情况下，如果没有利润或利润达不到其他投资的水平，他们或推出或减产或采用新技术，从而缩小污染物排放和资源滥用。但在利用税收工具时同样存在信息获取困难的问题，即如何计量一项经济活动的外部收益和成本还很不容易。因此，如何设计税基、确定税率，使其等于外部成本，或给予多大优惠才能反映外部收益？这些都是需要进一步探索的问题。

第三节　适 度 原 则

税收的效率和公平目标是在税款征收过程中实现的。组织财政收入是税收的基本属性和主要职能。在如何聚集财政收入问题上，中国古代思想家的一些主张仍有现实意义，西方学者的一些看法也可借鉴。

一、中国古代思想家的“聚财之道”

中国封建时代采取财政型治税模式，如何适度可靠地取得财政收入是历代理财家、思想家考虑的重要问题之一。在如何筹集财政收入方面，以下思想仍具有影响。

（一）取之有度，反对横征暴敛、竭泽而渔

这差不多是历代思想家、理财家的共同主张。《管子》一书中对取之有度的阐述是十分深刻的。它写到“地之生财有时，民之用力有倦，而人君之欲无穷……取于民无度，用之不止，国虽大必危”[①]。其核心思想是一定时期土地生产物是有限的，更一般的说，生产力水平是有限的，国家取得财政收入应当有合理界限，突破这个合理界限，横征暴敛，经济会遭受极大破坏，国家也会灭亡。儒家从仁政出发，也强烈主张征税不要过重、过度。明代思想家丘浚对取之有度问题也提出独到见解，认为国家征集收入不能过多，也不能过少，有一个“度”的问题。他指出，统治者“不能不取之于民，亦不可过取于民。不取于民，则难乎其为国，过取于民，则难乎其为民”，“上取下，固不可大多，亦不可不及”[②]，都是论述财政收入应当有一个数量界限。

① 管仲，《管子》，《权修》第三。
② 邱浚，《大学衍义补》卷二二，《贡赋之常》。

（二）轻税思想

古代理论家中，轻税思想占主流。《管子》主张可征可不征的税收尽量不征，必须开征的税收从轻征收，是一种轻税论。轻税也是儒家的一贯思想。孔子主张实施仁政，为达到仁政，主张不能搞横征暴敛，税收负担要轻，荀子认为在征收土地税时，要"薄其税敛"，让人民富裕起来，赋敛重则国贫，因而主张轻赋敛，免力役，以达富国的目的。

儒家轻税主张的着眼点在于缓和统治阶级和劳动人民之间的社会矛盾，维护封建社会秩序。在中国税收思想史中，唐代李翱的轻税思想则纯粹着眼于财政收入。他认为轻税比重税更能增加财政收入。重税使人民贫困，人民不堪忍受重税负担，必然发生流离转徙、土地荒芜等现象，这样征税就没有物质基础，财政收入就会减少。而轻税会招来人口，使人民安居乐业，刺激劳动热情，努力耕种，尽快富裕起来。人民富裕了，课税的物质基础更为丰厚了，财政收入也会增加。这一观点，明代丘浚作了转述[①]，它十分类似于现代西方供应学派的轻税观点。

二、西方学者的聚财思想

在聚集国家（政府）财政收入的政策技巧上，西方学者也作了一定的探索。

（一）充足和弹性

瓦格纳主张在筹集财政资金时，应注意充足和弹性两个方面。所谓充足，就是税收收入应能完全满足国家（政府）财政需要，以避免发生赤字；所谓弹性，指的是一旦国家（政府）财政需要量增大，税收应能自动增加。

（二）轻税反而多收

亚当·斯密指出："一种重税，有时会减少所税物品的消费，有时会奖励走私，其结果，重税给政府所提供的收入，往往不及较轻的税收所提供的收入。"[②] 萨伊下过"税率的增加而税收并不按比例增加"[③] 的论断。杜普伊特（Dupuit，1844）指出，随着税率的提高，财政收入会上升，当达到最高点时，继续增加税率，会导致收入降低，当税率最高时，收入降低到零，因此获得同样的财政收入，可以有两个税率，一个较低税率，另一个是较高税率。而两种税率带来相同财政收入，但所造成的效用损失差别非常大。[④] 现代供应学派用拉弗曲线[⑤]表达同样的思想。当税率为 100％时，由于所

---

① 邱浚，《大学衍义补》卷二四，《经制之义》。

② （英）亚当·斯密著，郭大力、王亚南译，《国民财富的性质和原因的研究》下卷，商务印书馆，1974 年，第 444 页。

③ （法）萨伊著，陈福生、陈振骅译，《政治经济学概论》，商务印书馆，1963 年，第 55 页。

④ （美）阿兰·J. 奥尔巴克、（美）马丁·费尔德斯坦主编，匡小平、黄毅译，《公共经济学手册》，经济科学出版社，2005 年，第 55 页。

⑤ （美）万尼斯基，《赋税、收益和拉弗曲线》，载《现代国外经济学论文选》第 5 辑，商务印书馆，1984 年，第 28 页。

有劳动成果都被政府征收，人们将停止工作或劳动，生产中断，没有什么可供征税，所以政府的收益等于零。如果税率为零，人们得到自己全部的工作或劳动所得，政府对生产没有阻碍作用，产量只受人们选择闲暇愿望的限制。但税率为零，政府收益也为零，政府就不能存在，经济处于无政府状况，这显然是不可取的。因此，税率只能在 0～100%之间选择。在拉弗看来，总是存在产生同样收益的两种税率。一种税率点代表很高的税率和很低的产量，另一种税率点代表很低的税率和很高的产量，然而两者为政府提供同等的收益。税率高不一定就能取得较多的收益。

因此，在收益水平既定条件下，宁可选择低税率而非高税率。当税率过高以致妨碍生产，使政府收益反而减少时，降低税率则可减轻对生产的妨碍，促进经济增长，使政府收入增加。最佳税率点（不一定是 50%）是使政府收入与社会财富生产量同时达到最大的点。在这一点以上提高税率，只会使社会财富产量和政府收益同时下降，因而在这一点以上是提高税率的禁区。在禁区以内，只能降低税率而不能提高税率。但供应学派并不认为税率越低越好。如果税率过低，个人和企业可能得到一些好处，但政府却因此入不敷出，其结果是增加货币发行、引起通货膨胀或借债，这必然对生产过程产生不利影响。政治家的任务就是找到最佳税率点，税率不算高又能取得最多收益。

（三）着眼宏观经济均衡

凯恩斯主义则把组织财政收入放在宏观经济均衡的高度加以考虑，不主张单纯的重税或轻税，认为经济衰退、不景气时要减税，经济过热时要增税。

三、中国社会经济条件下的税收适度原则

最近几年，随着经济总量快速增长，出现税收收入年年高速增长、中央财政财力雄厚、基层财力不足等新的情况，引起社会广泛争议。总结正反经验，讲究聚财之道、弄清税收适度原则的内涵十分必要。税收的适度原则的内涵包括如下两个层次。

（一）足额稳定

税收从来就与国家（政府）的公共权力有本质联系，是用来满足一般的社会公共需要的。提供良好的社会秩序，创造一般生产条件是国家（政府）的基本职能。在社会主义初级阶段的历史条件下，我们面临许多艰巨任务，这些任务是国家（政府）职能在社会主义初级阶段的具体化。历史经验告诉我们，进行政治经济改革，搞活经济，对外开放，一定要加强而不是削弱国家（政府）宏观调控能力。要实现国家（政府）各项职能，增强国家（政府）宏观调控能力，就要求税收提供足够的财力保证。国家（政府）职能实现得好坏，国家（政府）宏观调控能力的强弱，很大程度上取决于税收提供多少经费。如果税收提供的经费不足，国家（政府）的各项职能就不可能得到完全实现。国家（政府）宏观调控能力就会比较弱，社会经济就可能出现紊乱，生产和生活就难以进行，也谈不上效率和公平。因此，在研究制定总体税负水平时，要保证

国家（政府）财政收入的稳定增长，要使税收同国民生产总值和国民收入保持相对稳定的比例关系。进行税制改革时，要选择收入弹性大的税种，这是一方面。另一方面，在税收工作中，各级税务部门要在遵守税法、贯彻政策、促进效率、保证公平的前提下，努力把该收的税都收上来。讲足额稳定并不是横征暴敛，乱收一气，而是该收的一分不漏，不该收的一分不要，要以适度合理为前提。

（二）适度合理

首先，取得收入要适度，就是要防止取之过度而影响企业和劳动者个人的积极性，损害公平和效率。要做到这一点，就不能把税率定得太高。

就取得税收收入的最高限度而言，税收是用于满足一般社会公共需要的，因此剩余产品价值是税收收入的最高限度。就是说，在社会总产品价值 $C+V+M$ 中，税收只能是 M 的一部分，不能触及 C 和 V。因为 C 作为生产资料的转移价值，作为过去创造的价值在社会再生产过程中的再现，是人类社会不断进行积累的结果，是社会再生产的历史前提，不能用来满足一般的社会需要，对 C 课税只能导致简单再生产的停止。V 用于补偿直接生产过程的活劳动消耗，形成物质生产领域职工的个人收入，构成劳动者的生活资料基金。这种基金在一切社会制度下，都始终必须由劳动者本身来生产和再生产。税收不能课及必要产品价值，这就要求个人所得税的立法中必须包含科学的起征点规定和对生活费用进行合理扣除的规定。

其次，取得收入要合理，就是要科学区分国家（政府）财政收入中的税收形式和非税收形式，不应当把与财产所有权相联系的收入也用税收形式加以筹集。前已述及，在社会主义制度下，国家（政府）作为全民所有制生产资料所有者、掌握国有资产的实际所有权时，是以公共权力行使者和国有资产所有者两种身份参与社会产品或国民收入分配的。而税收只与国家（政府）的公共权力有本质联系，国家（政府）作为公共权力行使者行使社会管理职能，只能利用税收形式取得物质利益，通过对全体社会成员和所有企业（不分所有制）征税时，以维持国家（政府）公共权力的行使，建立个体利益得以获得的社会秩序和各项生产经营得以进行的一般生产条件。国家（政府）作为全民资产所有者、行使全民资产所有权，可以通过利润上交、股份分红、收取占用费、租金、承包费等形式取得物质利益。这种以所有权为依托取得的经济利益以等价交换为前提，只有发生实际的财产委托行为和投资行为才有权取得利益，具有非规范、有偿、直接利益交换的特点。而以统治权力为依托取得的经济利益，具有强制、无偿、确定、均一的特征。因此，一般不可以用利润形式代替税收形式，也不可以用税收形式代替利润形式。税利依据各自权力，执行各自功能，这是深化税利改革的一项重要原则。

第四节 法定原则

治税的效率和公平原则的运用寓于税法的制定和实施过程中，即寓于税收治理之中。要防止税负过重，实施税收适度原则，制度、政策、负担水平等税收事宜必须通过立法程序，由人民或其选出的代表决定，非经代表同意，政府不得对人民课税。这就是税收法定原则或税收民决（即人民决定）原则，这是现代税收的治理模式，是税收现代化的根本标志。中外税收历史证明，只有实际而不是名义地落实了这一原则，税收负担过重的顽疾才能得到比较彻底的克服。

一、中国古代税收治理的主要特点

就整体而论，中国古代皇权政治社会崇尚人治而轻视法治。在夏、商、周奴隶制形成和发展时期，政治思想上占统治地位的是刑不上大夫、礼不下庶人的等级“礼治”思想。春秋战国时期，儒家仍然维护礼治并加以发展，从中引申出“德治”“仁政”和“人治”的主张。其他各家几乎都反对礼治。道家崇尚自然法，倡导“无为而治”。墨家主张“兼爱”“尚贤”，推崇互利互爱。法家则主张“不别亲疏、不殊贵贱，一断于法”①。在中国漫长的封建社会中，“法治”思想只在秦朝这个短命王朝中付诸实施，结果却以严刑峻法、横征暴敛、滥用民力而被人民和历史所唾弃。汉朝初期有过短暂的崇尚无为而治的时代，后来汉武帝“罢黜百家、独尊儒术”，确立了儒家在思想意识领域的统治地位。“德主刑辅”的德治与“为政在人”的人治几千年一直被奉为统治人民的基本方法。中国税收治理与总体法律意识及治理格局相联系，呈现出以下几个基本特点。

（一）征税人单方确定税收制度规则和负担水平的历史持续不断

历朝历代，税收负担水平和政策均是由皇帝或政府决定，并没有纳税人参与的可能。这种情况与大一统的政治统治有关，在皇权政治或其实质还存在的治理模式下，纳税人参与立法的可能性不存在。在皇权专制社会中，遇到开明皇帝的统治，征税多少、如何征税会顾及民众能力，并遵守民富才能国强的规律，考虑皇朝长期稳定和经济发展，即会采取细水长流、取之有度的理财治税的态度。而在中国漫长的古代社会里，明主贤君统治的时期不常有，多数情况是横征暴敛、滥用民力，过度征收成为难以彻底解决的顽疾。只有结束这种由征税人单方面确定税收规则和负担水平的历史，实际地而不是名义地由人民或其代表决定税法的治理模式，负担总是过重的情况才能根本杜绝。

（二）法律遵行因人而异，正式规则和潜规则并行

中国历朝历代也都有税法，而且对偷漏税及其官吏截留偷盗国家税款处罚极其严厉。例如，《唐律疏议》规定：“违期不交课税者处以苔刑；里正和州、县官妄自脱漏增减，以出入课役者，以枉法论，处徒、流刑或加役流；为逃避课税而脱口及虚报年龄，家长处徒刑。”② 乾隆时期编制的《钦定户部则例》，其中“关税”5卷，“税则”20卷，占整个法典1/3强。它规定：对偷越关卡与漏税等行为，不仅要惩罚客商，地方官吏一并议处；还规定“关税短缺令现任官赔缴”。皇权专制社会实行重农抑商政

---

① 司马迁，《史记》，卷第一百三十，《太史公自序》。

② 蒲坚主编，《中国法制史》，光明日报出版社，1987年，第155页。

策，对商税的逃漏处罚特别严厉，如清朝规定："凡客商匿税及卖酒醋之家不纳课程者，苔五十，货物酒醋一半入官。"① 历代对抗税的处罚更加酷烈，多处极刑。

但在中国古代，税法不是解决国家与人民税收征纳关系的唯一规则，与其说这是一种法律，不如说这只是一种正式规则。在中国并不存在必然按照字面规定严格遵守法律的传统，法律的实行因人而异，对无权无势者或没有"关系"者，违法时可能被从严处罚；而有权有势者或有"关系"者可以例外，违法可能被从轻或不被处罚。结果，包括税法在内的中国法律字面上的规定与实际执行有很大的差距，人民没有在严格系统的法律约束下生活的习惯，处理有关事件以是否合乎情理为准则，人情成为处理问题的第一原则。即在现实生活中还存在一套没有字面规定而仅以习惯流行的规则，有的学者称之为"潜规则"，在不少场合这种潜规则要比正式规则重要。如果出现这种情况，法就被置于社会管理手段的辅助地位。"在中国人看来，法远不是秩序的条件与正义的象征……和解较之起诉更有价值；与其用法来解决争端，宁可通过调解来消除争端"②。这种做法的基本态度成为中国民众的深层意识，源远流长，直到今天仍在人们的思想中占支配地位。加上税法非民定、税款使用不透明，人民感觉不到所纳税收是用于自己的公共需要，因此偷逃税并不被视为败德行为，人们不会因为偷逃税被人歧视，反而还被视为能力强的表现。这是导致税收法制不健全、有法不依、违法不究、税收执法为人情所左右的重要原因。

（三）有法不依，法外征课普遍

从历代字面上的法定税率看，名义税收负担并未超过人民承受能力即一定时期剩余产品价值总量，历代学者也大多主张轻税，但历代封建王朝军事开支以及大兴土木、挥霍浪费方面的开支不断扩张，靠正税无法满足财政需要，总是入不敷出，施行苛征暴敛和巧立名目法外加征、预征就成为普遍现象，尤其是在王朝的中晚期。法外征收的发展往往使税法流于形式，征税随意性很大，官吏斟酌使用权力的机会多，在正税之外虚估增收，上行下效，往往不可收拾，导致聚敛过度，超过人民承受能力，破坏了简单再生产，成为中国封建社会停滞不前的一大原因。

二、西方税收治理的主要特点

资本主义制度建立以前，西方在税收制度和征收管理方面，除罗马帝国时代可以与中国相媲美以外，其他时代均落后于中国，同样存在税收负担过重的历史事实。资本主义制度建立以后，随着社会生产力的迅速发展和市场经济的日益发达，法治意识和实践得以逐步强化。这除了与市场经济发展有必然联系以外，与政治上法治意识占主导地位也有密切联系。在古希腊时期，也有过法治和人治的争论，但与中国不同，在西方，法治思想意识占了上风，并且通过典籍流传影响后世。古代西方最伟大的思

① 台湾中华书局编辑部编，《中国历代食货典》卷225，"杂税部"。
② （法）勒内·达维德，漆竹生译，《当代主要法律体系》，上海译文出版社，1984年，第31页。

想家亚里士多德（公元前 384 年～前 322 年）就认为，通过法律进行统治是最好的统治，法律是“没有感情”的智慧，它具有一种为人治所做不到的公正特点。他认为，人治中的“人”，即使是聪明睿智的，也会因其有感情而产生不公道，致使政治败坏，通过法律进行治理可避免上述缺点。[①] 除中世纪时期，欧洲出现了法律思想与神学世界观密切结合的神权政治外，亚里士多德的法治思想在西方是起普遍作用并占据统治地位的，这种法治思想经后世思想家的发展，对资产阶级统治地位的确立和资本主义社会经济制度包括税收制度的形成起了重大作用。

西方各国的税收法制因经济发展水平、历史、民族、文化、区域、政治体制等方面的不同而有很大的差别，但与西方整体的法治格局和思想意识相联系，仍能对典型的近现代西方税收治理的主要特点作以下概括。

（一）税收法定

资产阶级革命的一个重要成果就是确定并实践了非经代表同意不得课税原则。在这一原则深入人心的背景下，税收立法权归代议机构（国会）独享，政府及其部门均没有以任何名义收取具有强制性、无偿性、固定性和均一性特征财政收入的权力，政府要获得税收以外的收入，只能基于服务的提供，而服务要基于受益者自愿。这就从根本上杜绝了法外巧立名目向人民征收杂税的可能性。任何税收法案都是在国会经过反复激烈辩论，进行集团或阶级间的利益均衡和妥协后作出决议的。尽管公共选择理论表明，议会成员并不能完全代表选民的利益，所提出的或所赞成的法案也不能完全反映其所代表阶层的福利偏好。但是，在存在通过人民选举的代表决定税收机制的情况下，税法至少能反映统治阶级的整体意志和整体利益，在民众呼声和表达能力足够强的时候，议会不能对其选民的诉求和反应置之不理，这就能防止税收过重负担。

（二）规则具体、征收普遍

无论是大陆法系还是普通法系，西方国家的税法均具体、明确、细致。税务部门虽享有独立依法进行税收征管的权力，但受来自国会弹劾、舆论监督、纳税人诉讼以及司法部门审判活动的约束。征收部门必须不折不扣地执行税法，而没有制定实体规则的权力，斟酌滥用权力得到有效制止。税收司法权归法院（或专门税务法院），由法院对违法案件和征纳双方纠纷案件进行审理，往往通过各种判例使法律规定更加具体化、形象化，使税法更加确实、可行。法院的审判活动公开进行，受公众舆论和行政系统的法律监督部门的约束。通过这种建立在民主体制下的权力制衡，就防止了征税过程因人而异和偏向特权，保证了税法实施过程的人人平等和一视同仁，也有效防止偷逃税和法外征课。

（三）自觉纳税程度高

在西方国家，虽然偷逃税也是屡禁不止的，但因为预算由人民代表决定、税款使

① （古希腊）亚里士多德著，吴寿彭译，《政治学》，商务印书馆，1981 年，第 163～172 页。

用的透明度高，税收执法严格，对偷逃税处罚严厉，以及社会对信用的看重、舆论监督的作用，纳税人纳税义务意识、普遍守法观念和偷逃税耻辱观念树立起来了。守法纳税与信用关联，偷逃税不仅是违法行为而且也是不守信用的败德行为，一经查处将公之于报端，不仅要受法律制裁，而且会成为舆论界的众矢之的，甚至因此断送职业生涯。无论名声多大、职位多高的人都要主动申报纳税，接受税务部门的监督检查。这种税法由人民决定，而人民普遍遵守税法、自觉纳税的形成是税收法治的重要标志之一。

三、中国社会经济条件下税收法定原则

新中国成立以后，废除了苛索人民、为官僚资本家和封建买办阶级服务的旧税法，着手进行社会主义税收法制建设，确立了"依法办事、依率计征"的原则。其后又在宪法和刑法等法律中分别规定了公民的纳税义务和偷逃、抗税处罚的条款，取得一定的成效。但是，实际的由人民及其代表决定税法和税款使用的机制还很不健全，正式税收外还存在大量名称不为税的杂税、暗税，税收征收管理过程斟酌使用权力，不能一视同仁的特权现象仍然存在，司法规范也不完善，税法面前人人平等观念、普遍守法观念还很淡薄，税负过重和税款使用不明的问题仍未解决。有必要深入探索税收法定原则的内涵，为推进以法治税提供理论依据和行为准则。

（一）逐步提高人民或其代表参与决定税法的程度

课税过程表现为财富从纳税人（负税人）手中转移到政府手中，总是会产生被迫感，无论什么样的国家，自觉纳税都不是自然产生的，人们总是希望不纳税或少纳税。人民参与税法决定的程度越低，被迫感就越强，对税法的抵触就越明显，自觉纳税的意识和行动就越缺乏。提高人民或其代表参与决定税法的程度是减少这种被迫感，降低征税福利损失的基础条件之一。征税被迫感程度与税制结构有关，流转税采用税含价模式，纳税人不一定是实际负税人被迫感较低；而所得税和财产税，直接对个人或单位收入课征，财富直接扣除流入国库，被迫感强。如果实行所得税特别是个人所得税和财产税（如房地产税和遗产和赠与税）并以它们为主体，更需要有人民或其代表参与决定税收的机制，以降低被迫感的程度，使税制易行。

我们要重点讨论的问题是，在中国目前的政治架构下如何提高人民或其代表参与决定税法的程度。总的原则应当是通过实际的运行机制实现在税收治理让党的领导、人民当家做主和依法治国的有机统一。当前要解决并且能够解决的问题在于：

首先，建立人民代表或人大常委会组成人员为选民负责的约束和激励机制。目前有权决定税法的那一级人代代表不是通过选民直选产生而是间接选举产生。一级人大代表多为同级党委、政府、人大和下级政府主要领导，另加一些代表人士，他们均为兼职，他们所代表的对象范围不明确，有地区代表却没有明确的阶层代表或阶层代表与其人数不相称，代表与选民关系间接，多数只在开会期间履行代表职责，缺乏动力、时间和精力参与税法等关系民生的法律讨论和决定。因此，要真正提高人民及其代表

参与税法决定的程度，就需要逐步实行城乡按相同人口比例选举人大代表，进一步明确代表对象范围；就需要注入代表（包括人大常委会组成人员）的制约机制和激励机制，让他们有责任替选民负责，不替选民负责的人会被淘汰，积极替选民负责维护选民利益的人会得到更高的待遇和地位。要做到这一点就需要代表或人大常委会组成人员职业化，明确代表对象，由选民决定他们的地位存续和待遇。

其次，建立党委集中人民智慧和要求的机制。为了保证党统揽全局、协调各方的领导核心作用，必须推进决策科学化、民主化，完善决策信息和智力支持系统，增强决策透明度和公众参与度，制定与群众利益密切相关的包括税法在内的法律法规和公共政策要公开听取意见，直接接受人民的咨询，充分收集人民的意愿和要求，形成使党代表最广大人民根本利益的现实机制。

（二）制定良好的税法

良好的税法首先必须符合公平和效率的要求并具备合宪性。宪法是国家的总章程和根本大法，是一切法律的母法和依据。任何违宪的法律都是无效的。因此，税收要遵从宪法，具备合宪性。在社会主义条件下，税法只有反映最广大人民的根本利益，有利于社会主义事业的发展壮大，符合公平和效率的要求才是公正的税法。

良好的税法，必须是具有可行性的税法。中国还处在社会主义初级阶段，税法制定过程中既要学习借鉴先进国家的经验，又要充分考虑中国还处在社会主义初级阶段、中国特殊的文化环境，税法制定不要盲目与国际接轨，而要坚持从实际出发，深入调查研究，进行反复论证，使税法切合实际，有利于执行和遵守。当然税法也不能迁就落后，应当把经济的发展、民众文化水平的提高和观念意识的变化等因素考虑进去，使税法具备一定的预见性和超前性，以保证税法的稳定性。

良好的税法具有规范性。马克思说过:“法律是肯定的、明确的、普遍的规范”。[①] 中国古代管子也认为：“法律政令者，吏民规矩绳墨也”。[②] 税法是对征纳双方以及一切单位和个人具有普遍约束力的“规矩绳墨”，是权利义务分明、赏罚必信的行为规则。

良好的税法是具有统一性的税法。税法的统一性首先意味着税法在制定者的管辖权范围内是管束税收领域内一切事件的普遍一致的规范。税法统一性是保证全国税收法制统一的基本前提，统一税法、统一税种、统一税目税率、统一计税标准和征收办法，可以保证同等条件负担同样税收，使税收负担符合公平原则的要求。税法的统一性还意味着税法体系内部要和谐一致。在实体上不搞一税多法，一税多法会损害公平竞争，也使税制复杂，增加税收成本。统一税法还意味着与其他法律部门如刑法、民法、会计法和企业法等和谐一致。税法统一，并不是要求一刀切的样样一致。中国是多民族的国家，幅员辽阔，经济发展十分不平衡，经济结构多元化，制定税法时基本

---

① 马克思、恩格斯，《马克思恩格斯全集》第1卷，人民出版社，1956年，第71页。

② 管仲，《管子》，《七臣七主》第五十二。

方面要坚持统一，又要讲适当的灵活性和区别对待，除一般性条款外还应规定适当的特殊条款，以保证统一税法具有更大的适应性和可行性。

良好的税法具有明确性又不失概括性。作为指导税收征纳的一般行为规则，税法的规定要明确、清晰，不能含混不清、模棱两可，立法意图要充分表达。征税主体、征税客体、纳税义务发生的条件、纳税数量或计算方法、纳税的时间地点方式等都要规定得确实明了。税法规定越明确，执法人员斟酌使用权力、专断妄为的可能性就越小，纳税人钻税法空子进行避税的可能性也就越小。一般说来，税法规定得越具体、详细，就越明确，对实践的引导也就越可靠。但也不能过于具体和详细，以免导致税法冗长、内容复杂、不易掌握。因此，税法在制定时还得讲求概括性，即税法规定要概括一定类型的情况，它是在同样情况下可以反复运用的，而不是仅运用一次的行为规则。

良好的税法具有相对稳定性。税法作为征纳双方的一般行为规范和准则，一经制定公布，就必须在一定时期内保持稳定。许多生产经营活动是周期性的，从投资建厂到产品出厂、收回投资有一段时间间隔，如果税法朝令夕改、变动频繁，纳税人就无法准确估计税收负担、进行损益计算，人们无所适从。税法要稳定，并不是要求税法一成不变。税法要适应生产力和生产关系发展变化的需要而进行变革。但对税法的变革要以极其慎重的态度对待。

充分考虑上述各项要求，就能制定出良好的税法。但是，如果仅有良好的税法而解释任意、执行不严，仍然不能实现税收法制。

（三）一般不溯及既往和祖父规则

不溯及既往（nonretroactivity）表明税法变动后，在新法生效前的纳税事项依然照旧法办事。不溯及既往有利于减少税法变动对纳税人决策的影响，纳税人从事生产、经营或劳务活动，总是要在考虑税收政策影响的基础上作出决策，如果对已经完成的交易或正在进行的交易适用新的税法规则，就会使纳税人无所适从，即使是良好的税法也会导致福利损失。因此，一般情况下，税法不溯及既往。但税法生效时间一定，公平原则又要求对纳税人一视同仁，生产经营活动往往具有连续性，实际上不能完全做到不溯及既往，因此，如果遇到税负提高的税制变化，往往给予已经存在的交易活动或资产一个过渡期，允许现存交易活动和资产的未来税收待遇在这一过渡期内与改革前的税收待遇一致，以减少税负突增对其经营和生活的影响。这一规则又称祖父规则（grandfather rules）。① 不过享受过渡期待遇的条件要细致、明确、合理，尽可能避免造成对新旧纳税人的不公平。此外，为了防止税法变化引起纳税人（负税人）行为的剧烈变动、防止避税、减少新税法实施阻力等，在某些特殊情况下，也允许溯及既往。例如，提高酒的消费税税率，该税率既适用于新法生效以后生产的酒，也适用于

---

① Zodrow, George R.. 1992. Grandfather rules and the theory of optimal tax reform. Journal of Public Economics，49：163～190；转引自刘宇飞《当代西方财政学》，北京大学出版社，2000 年，第 439～441 页。

之后生产的酒，否则会迫使销售者大量抛售、消费者大量购买囤积，造成福利损失。再例如，在原税法中发现错误，如果不纠正可能导致财政收入大量损失。在允许税法溯及既往时，要详细、明确规定溯及的范围和条件。

（四）普遍遵守税法规章

制定和颁布税法只是事情的开始，关键是使税法在实际生活中得以实施。如果不能将已经制定的税法认真贯彻、严格执行，那么税法便会成为一纸空文，那种主张法律万能、认为只要有了法一切问题都可迎刃而解的观点是错误的。税法得以有效实施的关键是征税人和纳税人共同遵守税法规范。

征收机关和司法机关严格执行或正确运用税法，同时纳税人将履行纳税义务应当成为人民当家作主的自觉行为。国家机关及公职人员在遵守税法方面负有特别的责任。实践证明，国家干部模范地遵守税法是人民群众遵守税法的前提。恩格斯指出："即使是在英国人这个最尊重法律的民族那里，人民遵守法律的首要条件也是其他权力机关不越出法律的范围"。[①] 无论是税务机关的活动还是司法机关的活动，要做到严格执行税法，都必须做到以税法为准则，税法面前人人平等。在确定征与不征、征多征少时以税法规定为准则。

在对具体纳税人适用税法或进行税法解释时，应保持公共信任，税务主管部门应当对他们错误适用税法和不正确解释而导致的财政收入损失承担责任，当然法院有权纠正这种错误解释，但对善意纳税人遵守税务主管部门的错误解释而违法时，不承担罚款责任[②]。

在进行案件处理，确定胜诉与败诉、采用什么方法进行惩罚、轻重如何时，也以税法或其他相关法律为准则，绝不专横武断、徇情枉法、营私舞弊。不容许任何人有超越税法之外、凌驾于税法之上的特权。这一方面需要进一步强化民主监督，另一方面要建立反面子人情关系的制度，在技术层面保证规则不被人情关系左右，改变依人不依法、依言不依法、依权不依法现象。其具体办法是消除含糊不清的规则，不设计幅度税率和有上限下限的滞纳金、罚款条款，从而杜绝执法官员斟酌使用权力的可能；实行公开办税，做到税法公开、政策公开、征管制度公开、征税人员纪律公开、税务案件查处公开，增加税收工作的透明度；建立纳税人权力规章，明确规定没有税法和其他法律授权，税务机关不得对纳税人进行调查、搜查、扣押、要求披露信息，当出现税务机关违法行动时，纳税人有申诉、救济的渠道；对依法立案处理的案件，税务机关内部应形成严密的查处程序，处置权力应相互制约，同时建立官员理政责任追究制度，加大违法处理的预期成本，使滥用权力和只顾面子人情关系的人却步，使执法公正；建立专业的税法审判机构（如税务法院），重视判例作用，使判例成为税法主要解释方式，使税法规则在执行中更加明确、具体、连续、一致。

---

① 马克思、恩格斯，《马克思恩格斯全集》第 22 卷，人民出版社，1971 年，第 91 页。

② （国际货币基金组织）V. 图若尼主编，国家税务总局政策法规司译，《税法的起草与设计》，中国税务出版社，2004 年，第 22～23 页。

纳税人守法程度（或称奉行程度）与很多因素有关，概括起来有管理因素，包括发现的概率和被处罚的成本；财政因素，包括税率高低、税制是否公平和符合国情、纳税人对税法和税款使用决策的参与程度；文化道德因素，包括逃税的道德代价、撒谎的内疚程度、面子人情关系的作用力度等。西方经济学家对此做了大量实证研究，也提出提高奉行程度的措施，但还没有唯一确定的结论。① 从管理角度说，提高审计检查的范围，从而提高逃税被发现的概率，自然会减少逃税面，提高奉行程度。但审计检查的范围越广，征税成本越高，因此，审计检查的面只能是有限的，只能针对重点大宗税源；处罚是遏制逃税的重要手段，但如果力度过高、量刑过重，也会鼓励铤而走险。从财政因素而言，税制越公平，税制越符合一国国民的行为习惯，税款使用越透明、越是用之于民，纳税人参与财政税收决策的程度越高，征税的被迫感就越低，守法的程度就会越高。从文化道德角度，一个社会诚信程度高、撒谎的代价大、面子人情关系作用小，那么违法被处罚的预期成本就高，自觉纳税程度也就比较高。因此税制设计和运行与国情密切有关，还应当遵循合情原则。

第五节 合情原则

公平、效率、适度和法定构成税制设计的普遍原则，但每一个国家（政府）国情不同，政府在不同的历史阶段所面临的任务各异，因此一国的税制设计还要考虑本国国情。同样在当代中国，设计税收制度不仅要贯彻公平和效率等原则，而且还要顾及当代中国国情，遵循合情原则。

合情原则不仅要求以中国还处在不发达市场经济阶段为基本依据，从国情现实中把握税收方面面临的主要矛盾和要解决的主要问题，而且还要关注中国现实文化和西方文化的差异，制度设计和管理办法的选择都要与现实文化兼容。

一、不发达市场经济阶段的国情是税制设计的基本依据

在进行税制设计并推行税制改革时，学习借鉴西方发达国家和其他发展中国家的经验是必要的。但中国有其特殊的国情，不同历史时期国家战略着眼点也不同，因此税制设计和改革不能脱离国情和当代国家战略。

（一）社会主义初级阶段和不发达市场经济阶段的基本国情是税制设计的基本出发点

决定经济制度包括税收制度的最终因素当然是生产力的发展水平。经过近几十年的发展，中国经济实力显著增强，但生产力水平总体上还不高，中国仍处于并将长期处于社会主义初级阶段。② 社会主义市场经济体制初步建立，但影响发展的体制机制障碍依然存在，中国还处于不发达的市场经济阶段。人民生活总体上达到小康水平，一

① 刘宇飞，《当代西方财政学》，北京大学出版社，2000年，第十七章。

② 胡锦涛，《高举中国特色社会主义伟大旗帜，为夺取全面建设小康社会新胜利而奋斗》（在中国共产党第十七次全国代表大会上的报告），人民出版社，2007年，第14页。

部分地区、一部分人口的收入水平和社会水准已日益接近西方发达国家的水平，但收入分配差距拉大趋势还未根本扭转，城乡贫困人口和低收入人口还有相当数量，同时农业基础薄弱、农村发展滞后的局面尚未改变，城乡差距继续拉大。到2006年，占总人口约七成的农村居民全年人均纯收入只有3587元，而城镇居民人均可支配收入11 759元。2006年，按农村绝对贫困人口标准人均纯收入低于693元测算，年末农村贫困人口为2148万人；按低收入人口标准人均纯收入694～958元测算，年末农村低收入人口为3550万人。也就是说，农村贫困人口加低收入人口总数仍然近7000万人。[①] 收入分配也很不均衡，占总人口60%的低收入阶层拥有的收入或消费额占全国总收入或消费额的份额不到三分之一。经济的商品化市场化程度还不高。这意味着，在农村还存在大量的实物经济，在城市由于长期以来实行低工资、高福利，以及近年来所出现的个人收入来源多渠道、隐蔽化的趋势，个人的收入还不能完全通过货币收入或货币工资加以衡量。或者说账面的货币工资收入并不完全反映个人的实际全部收入。在这种情况下中国还不能实行与西方发达国家一样的税制结构，中国还只能与多数发展中国家一样实行以流转税为主体的税制结构。社会主义初级阶段和不发达市场经济阶段的基本国情是我们设计税收制度、进行税制改革的基本出发点。离开这样的出发点盲目照搬照抄西方国家的税制模式很难取得既定的成效。

（二）按照科学发展观的要求把握税收方面要处理的主要矛盾和主要问题

税收除了为政府机器运行和必要的公共产品供给提供财力外，作为重要的政策工具，还承担调控社会经济的职责。合情原则的内涵自然包含税收政策安排要与现阶段国家战略和政策体系相一致，并作为其中的一个重要部分，参与社会经济发展中突出矛盾和问题的化解。当前和今后一段相当长的时期里，中国在经济高速增长的同时，面临着自主创新能力不强、企业参与国际分工的竞争力不强，城乡差别越来越大，环境生态状况不理想，人口和就业压力、资源短缺压力并存，收入的家庭差距和地区差距日益扩大等一系列矛盾和问题。税收制度安排和税制的进一步改革应当有利于这些根本性全局性问题的解决，而不是加大矛盾。因此，当前治税策略应当是按照科学发展观的要求，促进经济发展方式的转变，体现以人为本，统筹城乡发展、区域发展、经济社会发展、人与自然和谐发展、国内发展和对外开放，统筹中央和地方关系，统筹个人利益和集体利益、局部利益和整体利益、当前利益和长远利益，充分调动各方面积极性。

首先，要科学把握合理的税收负担水平。目前中国靠财政供养的机构庞大、人员过多，法定正税不轻，加上杂税和暗税，实际税收负担相当沉重。税制的进一步改革要着眼于在实施有效的政府机构改革和严格预算管理的前提下，降低总体负担水平。在宏观上，税制改革就不能再坚持保持原税负不变原则，应当根据宏观经济总体运行状况，有增有减，如果不考虑宏观经济运行状况，财政收入总是要高速增长，且增长

① 国家统计局，《2006年国民经济和社会发展统计公报》。

速度还要超过经济增长速度，就会导致公共开支过大，企业创新和竞争能力降低的局面。①

其次，应当着眼于建立城乡统一的公共财政体制，将农民负担的直接税、间接税，明税、暗税以向农村地区提供公共产品的方式整体地还给农民。② 这是减轻农民负担，实现城乡统筹发展、实现收入分配公平的必要前提。

再次，制定鼓励企业创新的税制和政策体系。要提高企业的创新和竞争能力，除了降低总体税负外，还要采取加速折旧、机器设备的购进增值税准予抵扣（实行收入型增值税也能达到这个目的）、提高研发费用标准扣除、允许提取一定比例的技术开发准备金并在所得税前列支等鼓励企业进行风险投资、从事创新活动，以提高企业竞争力。

此外，要制定扶植战略产业的税收政策机制，对经营国家确定的战略产业的企业，实行特殊优惠政策。制定促进以就业优先、资源节约和生态平衡为主要内容的社会经济协调发展的税收政策机制。以引导外资升级技术层次、加大技术外溢程度、提高吸收劳动力数量为目标，改革对外商投资的税收优惠政策，并在全国范围内统一实施，任何地方都不得出台另外的税收优惠措施，防止国内税收竞争，从而统筹对外开放和国内发展。要针对目前转让定价避税、资本弱化避税、避税港避税等主要国际逃避税问题，建立反国际逃税避税规则和实行体系③，在经济全球化过程中维护国家利益，减轻全球化带来的负面影响。

总之，税收制度和政策安排，要在尽可能减少额外负担的前提下，促进国家战略的落实，这也是符合国情要求的应有之意。

二、设计与现实文化相容的税收制度

（一）文化的界定

国情包括生产力水平、经济政治制度，还包括文化特点和由其决定的人与人关系处理规则、政治家的行为、基层征收人员的行为、纳税人的行为。除了生产力发展水平以及由其决定的生产关系是决定税收制度模式的重要因素之外，文化也是制度选择必须考虑的基本要素。文化这个概念从广义上讲包括人类活动所形成的一切物质和精神的成果。但本书采用狭义的文化概念，将文化定义为由一个社会实际存在的主流的价值观念和行为、处事规则所组成的道德传统。西方不同民族和不同国家存在很不相同的文化。本书所称的西方文化是指主要发源于英国、德国并继承和发展起来的道德传统包括主流价值观念以及行为、处事规则，特别是处理人与人关系基本准则和机制。

中国是一个多民族组成的国家，且地域辽阔，不同的民族、同一个民族生活在不

① 许善达，《税制改革的原则：鼓励企业创新并提高竞争能力》，《税务研究》，2004年第3期。

② 杨斌，《将农民缴纳的钱还给农民》，《涉外税务》，2004年第3期。

③ 杨斌，《国际税收制度规则和管理办法的比较研究》，中国税务出版社，2002年，第229～245页。

同的地域，其文化也存在差异，本书所称的中国文化指汉族具有共同特征的文化。从这个意义上讲，通常说中国文化属于儒家文化，但对中国人而言儒家所倡导的道德准则和价值观念往往还只是面上的、口头上的，儒家学说尽管对中国历史进程和文化传统习惯有影响，但儒家学说更多地停留在教义而不是实际运行层面。规范人们日常行为、作为其处事为人准则的价值观主要来源于传统习惯而不是书本。因此，本书所称的中国文化是一种现实文化，指实际推行的主流价值观念并且实际在自觉不自觉地引导人们处事为人的普遍规则，其基本要素是面子、人情和关系，尽管这种文化中的许多规则没有明文规定（因此有的学者就称之为潜规则）。

文化差异是一种人类本性绝大部分相同（如人类均有利己心和利他心，均有七情六欲等）情况下人与人关系处理规则在程度上的差别，并不表明民族的优劣。不论中西，一旦一种文化被确定为社会生活的主流机制，成为生活在其中的人们必须遵守的道德传统，不管这种文化是好还是不好，不管人们是否意识到它的存在，都会像一个看不见摸不着的网一样罩着每一个人的社会生活。正如韦伯所说的，它是一种必须生活于其中的不可更改的秩序。例如，在西方社会中，人们只要涉足于那一系列的市场关系，资本主义经济就会迫使人们服从于资本主义的活动准则。假如一个制造商长期违犯这些准则，他就必然要从经济舞台上被赶下去；假如一个工人不能或不愿适应这些准则就必然被抛到街头成为失业者。谁要是不使自己的生活方式适应资本主义成功的状况，就必然破产，或者至少不会发家。① 在中国社会中，面子人情关系成为除了法律、市场经济规则以外的重要规则，人们如果完全忽视他们，那么生活和工作就会遇到障碍。因此生活在特定文化下的人们会自觉不自觉地调整其行为去适应文化的要求，否则就会在生活中到处碰壁。

（二）中西文化的差异及其对税制模式选择的影响

按照上述关于文化的界定，我们发现在一定条件下文化对制度（包括税制）的选择也起决定作用。任何一项制度均有其存在并进化的文化基础，当制度与其文化基础相适应时，制度就能生存和进化；而当制度与文化不相适应时，制度就会被文化所肢解，文化就会创造出与其相适应的制度（我们称之为实际运行的制度）。

在英国、美国、德国等西方国家，文化上存在如下显著特点：

第一，宗教信仰普遍性、深入性、统一性方面较高，即使在现代科技高度发达的时期，社会的宗教性并没有降低。② 宗教性程度高演绎出不同的道德风格。例如，追求经济利益是人类多数人的普遍动机，而且在一般人看来赚钱只是手段而不是目的，赚钱是为了消费和享受。但按照韦伯的分析，在典型的西方文化中，追求经济利益成为目的而不是手段。“把获利作为人生的最终目标。在经济上获利不再从属于人满足自己

① （德）马克斯·韦伯著，于晓、陈维钢等译，《新教伦理与资本主义精神》，三联书店，1987年，第37～38页。

② （美）罗得尼·斯达克、罗杰尔·芬克著，杨风岗译，《信仰的法则》，中国人民大学出版社，2004年，第97页。

物资需要的手段了”，“在现代经济制度下能挣钱，只要挣得合法，就是长于、精于某种天职（calling）的结果和表现”。[①] 视赚钱为神授的义务。一个人是为了他的事业才生存，而不是为了他的生存才经营事业。韦伯认为这种看来违反常理的精神气质正是资本主义精神的核心。这就造成了一种不断创造财富和追求利益增加的动力。

第二，价值从内在途径获得，而不是从别人的评价中来检验。虽然也有人情和关系，但人情和关系远没有成为高于法律之上的社会规则，攀比、摆阔、过分注重形式主义等也没有成为主流文化因素。

第三，追求经济成功的手段以严格的核算为基础而理性化，在生活和行为方式中具有注重精确的特征。这导致普遍重视效率即注重时间的节约、投入产出的对比。理性核算的普遍化，使西方人对价格信号敏感，往往斤斤计较，形成注重质量的经济运行机制。

第四，超越血缘关系的信任普遍化。西方人的人际关系比较注重共同得益和长远发展，讲求社会性、信用和诚实。往往造就出发达的社会中间组织如教会、专业团体、工会、俱乐部、福利机构、私立学校以及其他自愿团体，特别是建立在非血缘关系基础上的现代企业组织。在这些社会团体中西方人非常善于与人合作也非常合群。[②] 西方文化中除了为追求经济利益而激烈竞争外，还广泛存在建立在信任基础上的合作关系，既是自私自利的文化又是以社团为纽带的合作信任的文化。如果市场经济只有竞争，没有信任和合作，这种市场经济是不可能发挥其对资源配置的基础作用的。

上述文化带来了一些重要的社会治理特征，超越世俗的完美使做事谋划长远、质量高，信息披露准确性较高，尽管也屡屡出现违规欺诈事件，但并不普遍；信用程度高，不守信用的代价很高；制定法律时，均考虑细节，周到具体，法律的可实行性较强；做事情认真细致；以经济利益为中心，每一个人捍卫自身利益，不讲情面，就能形成民主意识、民主行动和民主体制，法律成为准绳，法律成为规范人与人之间关系的最基本原则，立法者、司法者、执法者得以有效监督，官员的违法首先得到有效遏制。在这种社会治理特征下，治税和纳税都注重法律的规定，而不是“人情关系”，讲求法律面前人人平等，税法的执行和税务违法的处罚是严格的，一般不受人情关系所左右，他们并无在法律问题上讲情拉关系的习惯。尽管也存在偷逃税动机，但被视为不守信用的败德行为。这就形成了违法被处罚（包括法律处罚和道德处罚）的预期成本很高的的普遍社会心理，一旦偷逃税被发现可能被罚得倾家荡产并无人情可讲，还会成为舆论界的众矢之的。由于税收执法严格，对偷逃税处罚严厉，以及舆论监督的作用，加上纳税人参与税收立法和税款使用决策的民主机制的存在，纳税人纳税义务意识、普遍守法观念和偷逃税耻辱观念树立起来了。虽然偷逃税也是屡禁不止，但仅限于少数人，远没有成为普遍性。在这种文化背景下，西方税制模式，例如凭发票（不需要统一印刷和添加防伪标志）抵扣进项税额的增值税、建立在个人自觉申报基础

---

① （德）马克斯·韦伯，于晓、陈维钢等译，《新教伦理与资本主义精神》，三联书店，1987年，第37～38页。

② （美）弗朗西斯·福山著，彭志华译，《信任》，海南出版社，2001年，第21～57页。

上的个人所得税、建立在受益原则基础上的地方房地产税①，才能以较低的成本和可控的福利损失而有效运行。

与西方国家不同，中国现实文化的显著特征是：

第一，人民宗教参与度低。多数人没有宗教信仰，一些人拜佛、求神但并没有学习研究教义，中国属于无神论、泛神论和多神论国家，不存在超道德价值的范畴，即绝大多数人的生活是完全世俗化的，很少人认为其职业活动是神授的，视赚钱为谋生的手段，获得物质财富仅仅是为了生活得更好，或者为了子孙的幸福，或者为了显示自己的社会地位，没有人将赚钱本身当作询问上帝的形式。其结果经济行为就天然地缺乏长期性、长远性，而具有短期性的特点。

第二，讲究面子的传统习惯导致从外在的途径获得价值的表现方式。在中国，面子是一种声望，声望是依每一个人在社会阶梯上所占据的身份地位而定的。凡有身份者，社会都给予他一个面子。面子大意味着拥有社会资源（财富、权力、关系等）越多。个人尊严是从适当的行为及社会的赞许中获得。个人的价值并不像在西方那样是内在于每一个人之灵魂的，而是外铄的，从外部获得。② 由于中国人多从外在的途径获得价值的体现，使得追求经济利益的途径，不主要是依靠创新、增加生产等合理途径，在自己获得利益的同时能够促进社会进步，"按照中国的传统，经济生活中的人经营得最得法的，不是依靠增加生产，而是依靠增加他在已生产出来的产品中可获取的份额。他愿意靠他在竞争中直接胜过他的同伙来发财致富，而不是依靠征服自然或更多地利用自然资源或使用改进的技术来创造新的财富。从事创新的企业、为新产品争取市场的推动力，不如争取垄断、通过买通官方取得市场控制权的推动力来得大。中国的传统做法不是造出较好的捕鼠笼来捕捉更多的老鼠，而是向官府谋取捕鼠专利"③。

第三，人情至上、注重关系的传统使法律难以严格实行，内外有别的关系网络秩序导致信用的非普遍化。人情就是与人相处之道。④ 人是社会的人，因此任何民族都存在人情问题，只不过在中国社会中人情作为互助基础上社会交换关系成为约束人的行为的基本道德规范之一，有时其约束力要高于法律和物质交换关系。在中国，人情的特点首先是内外有别，有特殊关系者（如血亲）彼此互助谈不上"交换"，而其余则礼尚往来，属于交换关系，属于社会性交换。人们通过这种社会性交换，建立关系网络。中国人的群体是按照最具有共同性的归属特征来建立的，如籍贯、亲族、同事、同学、结拜兄弟和师生等。⑤ 因此，这种关系网络完全是内外有别的，在关系的内部可做到推己及人、互相信任，而与陌生人打交道时，却是"人不为己，天诛地灭"，形成信任的非普遍性和整个社会信用程度的低下。

---

① 杨斌，《中国税改论辩》，中国财政经济出版社，2007年，第188～197页。

② Fairbank，J. K.. 1962. The United States and China. New York：The Viking Press：104；转引自金耀基，《中国社会与文化》，牛津大学出版社，1993年，第42页。

③ （美）费正清著，张理京译，《美国与中国》，世界知识出版社，1999年，第46页。

④ 钱穆，《民族与文化》，新亚书院，1962年，第6页。

⑤ 金耀基，《中国社会与文化》，牛津大学出版社，1993年，第71～72页。

在上述重人情、讲面子、搞关系的文化氛围文化中，法律显得苍白无力。在中国对亲戚朋友的帮助成为人情上的当然之事，对越亲的亲戚和越密切的朋友，则越有帮忙的义务。这就造成了矛盾，越讲人情的人，越是要因“私”徇“公”的人，多了人情味、少了公德心。特别是为官之人，一方面他作为公务人员，要遵循法律，法律要求“公事公办”、“一视同仁”、“不讲情面”、“王子犯法与庶民同罪”；而作为社会的人，他还要受“人情”这一社会道德规范的约束，人情的力量毋宁说是更基本、更有约束力的规范。不遵守这一规范，他就会被认为做人很差、就会被孤立。这就产生所谓角色的冲突，在多数情况下，往往会舍法律而就人情，在一定条件下人情才是这个社会所接受的基本道德规范。[①] 在中国，因人而异地执行法令、规章似乎是理所当然的事，对内对外一律“公事公办”的态度，会被认为不通情理。[②]

因此，在中国就不存在必须按照字面规定严格遵守法律的传统。通常违法事件被查处，只要当事人能够通过关系网络请有面子的人说情，就能大事化小，小事化了。之所以如此，是因为有面子的人通常是执法者的领导、同事、老师或其他类型的亲戚朋友，如果执法者不遵从交代、一定要依法办事，就是不给说情者面子，轻则失去关系，即失去将来可获得回报的人情，重则可能会遭到嫉恨和报复，甚至案件无法继续由其处理。在这种面子、人情和关系普遍的社会环境中，明智的执法者总是在处理案件时要进行理智的权衡，寻找出法律上过得去、情理上也讲得通的中庸办法。这样就形成了违法被处罚的预期成本很低的社会心理。在这种环境之下，一旦有易于做手脚取得利益的办法推行，例如凭发票抵扣进项税额的制度，利用发票就能获得巨额的利益，那么就有许多人趋之若鹜干起专门行当来骗取税款，而在面子人情和关系作用下，执法者不仅难以依法办事，甚至还参与违法活动，通过内外勾结，轻易地窃取税款；推行个人所得税主动自觉申报办法也会出现同样情况，即使有人申报，但如果绝大部分人申报的材料不实，就会出现两难局面。一方面税务局要稽查的申报表就会过多，征税成本太大，即使建立起先进、系统的计算机网络，由于信息的不完整，也无法起有效的作用；另一方面如果不进行全面审计，偷逃税问题就得不到解决，当这种状况达到一定范围和规模时，特别是蔓延开来时，就会出现法不责众，难以有效控制的局面，会进一步强化不守法而获利（即老实人吃亏）的社会心理。

（三）设计与文化相容的税收制度

在上述这种违法被处罚的预期成本很低的情况下，应当采取低税率、低负担、宽税基、严管理、易征收的办法，尽量减少对偷逃税的利益诱惑，使偷逃税意义不大，缴税也不心疼。在违法被处罚的预期成本很低的情况下，高税率必然诱惑偷税；越自动的机制（如凭发票就得到税额抵扣或退税）必然导致越严重的骗税、欺诈；越细致的差别政策、越严格的审批制度必然产生越多的寻租行为和越严重的腐败，从而使政

① 金耀基，《中国社会与文化》，牛津大学出版社，1993年，第17～40页。

② 张春安，《管理中国人》，中国经济出版社，1996年，第85～86页。

策越偏离初衷。相当多的人认为，税率低了，就达不到调节的目的。这种说法看起来有道理，但结合中国的具体情况，就不一定正确。调节作用不能只停留在制度设计上，最关键的是要能执行，税率定得高，且不说影响效率，首先是偷逃税的诱惑大，在中国偷逃税被处罚的预期成本很低的情况下，结果不仅不能按高税率征税，就连基本的税收也收不到，何谈调节作用。这里有征管上的问题，但也有制度设计上的问题。

在选择或设计税收制度或具体规则、办法时，要顾及中国面子、人情和关系的现实文化，顾及不是迎合，而是要设计出使面子、人情和关系无法起作用的制度，即反面子人情和关系的制度，即使这种制度对比西方的制度较不先进，但能够避开面子人情和关系的影响而确实运行，从而使制度中体现的效率和公平的理想得到实现。实际上就是要求税法规定要明确具体，规则要详细，避免含糊不清，让执法者没有权力灵活变通，从而抵制面子人情关系的影响。①

总而言之，西方模式财税制度是建立在西方特有的文化基础之上的，只有在这样的基础之上运行的制度才具有其应有的特征和效果。西方文化下行之有效的制度在中国文化环境下无法产生同样的作用。如果引进的制度与中国特有的文化系统不相容，即使制度规定得很理想，实际运行中必然会在很大程度上走样。统一的制度就被肢解了，字面上的规定与实际运行结果就日益不同，从西方引进的制度就只剩下形式而无实质了。文化就会创造出与其相适应的制度（我们称之为实际运行的制度），其与法律规定的制度就存在很大的不一致。引入一项现代的制度只是一个开端，而要培育起使该现代制度有效运作的社会文化，是一项远为艰难的任务。② 在还不存在西方模式税制有效运行的社会文化的前提下，完善税制的方向不是所谓国际接轨，而是着眼于税法规定与实际执行相一致，在最小征收成本条件下完整实行。要做到这一点，在制度设计时，就不能简单地学习西方做法，不能动辄国外如何。外国没有做过的事我们也可以做，外国热衷的事情可能不适应中国国情。即使是公认科学合理的管理办法，也要根据中国国情进行改造。结合国情特别是中国独特的现实文化的创新是解决问题的根本途径。

【本章小结】

1. 税收原则是制定、评价税收制度和税收政策的标准。税收原则理论阐述一定历史条件下设立、废除、调整、完善税收制度和税收政策必须考虑的基本问题及它们之间的相互关系。税收制度设计要遵循公平、效率、适度、法定和合情五项原则。

2. 中国古代税收公平思想经历了3个阶段，即按土地的肥沃程度决定税负轻重、按纳税人劳动能力的强弱制定不同的征税等级、以占有财产的数量为标准课税。西方税收公平思想集中体现在受益原则、按能力负担原则和社会公平3个方面。受益原则说明人民应按个人从国家（政府）公务活动中所享有利益多寡缴纳税收，以资交换。但政府给每个人的利益多少很难测量，因此就有维克塞尔的公共选择和林达尔模型试图解决这一问题。按能力负担原则，根据能力衡量标准是主观还是客观的，

---

① 参见杨斌，《中西文化差异和税制改革》，《税务研究》，2003年第5期。

② 曹锦清，《黄河边的中国》，上海文艺出版社，2000年，第76～77页。

分为牺牲说和所得等客观标准说。社会公平就是主张通过收入再分配来实现社会公平，存在不同的学术观点。一派主张过程公平，另一派主张结果公平。

3. 即使经过许多杰出经济学家的创新，税收公平问题还是没有得到令人满意的说明。中国的税收学要研究阐明可能达到的而不是应该达到的税收公平的思路和途径，即阐明中国社会经济文化条件下的税收公平原则。这一原则包含如下若干具体原则：首先是税制的无差别待遇原则，具体内容是同样纳税条件的人纳同样的税、尽可能普遍课税、对企业组织方式无差异、税种相互配合、避免累进课征；其次是税款缴纳与财政利益整体对称原则，具体内容是较穷的阶层和不发达的区域所缴纳的税收与获得的财政利益至少应当对称，更多地实施税款专用；最后是有效的收入和财产再分配原则，具体内容包括机会平等下税收应该保持中性，机会不平等下要注意税收干预的有效性。税收制度对过程不公平的调节很难奏效，对结果平等的调节作用也不大。

4. 税收效率指的是以尽量小的税收成本取得尽量大的税收收益。税收收益不仅包括直接收益，还包括间接收益。税收成本不仅包括税收的征收和管理费用，还包括间接成本。税收效率一般通过税收成本与税收收益的比率衡量，比值越小意味着税收效率越高，反之相反。在税收收入既定的情况下，要提高税收效率，就要减少直接征税成本、奉行费用、额外负担等。

5. 政府征税不仅导致纳税人（负税人）付出税款而造成损失，而且由于征税过程影响了纳税人的决策和行为，如果结果使其境况或福利不如税前，那么就产生了超过已缴纳税收的福利损失，我们就把这种福利损失称为额外负担。额外负担大说明税收效率低。要从影响额外负担的主要因素入手，设计好的税制使税收的效率损失减少。

6. 税收适度原则的内涵包括两个层次：第一层次是足额稳定；第二层次是适度合理。具体地说，就是要使税收同国民生产总值和国民收入保持相对稳定的比例关系；进行税制改革时，要选择收入弹性大的税种，要防止取之过度而影响纳税人积极性；税收总量不能超过同期剩余产品价值总量；要科学区分国家财政收入中的税收形式和非税收形式。

7. 制度、政策、负担水平等税收事宜必须通过立法程序，由人民或其选出的代表决定，非经代表同意，政府不得对人民课税。这就是税收法定原则或税收民决（即人民决定）原则，这是现代税收的治理模式，是税收现代化的根本标志。

8. 公平、效率、适度和法定构成税制设计的普遍原则，但每一个国家国情不同，政府在不同的历史阶段所面临的任务各异，因此一国的税制设计还要遵循合情原则。合情原则不仅要求以中国还处在不发达的市场经济阶段为基本依据，从国情现实中把握税收的主要矛盾和主要问题，而且还要关注中国现实文化和西方文化的差异，制度设计和管理办法的选择都要与现实文化兼容。

【概念与术语】

税收原则　公平原则　效率原则　适度原则　法定原则　合情原则　受益原则　社会契约论　按能力负担　牺牲说　绝对均等牺牲（equal absolute sacrifice）　比例均等牺牲（equal proportional sacrifice）　边际均等牺牲（equal marginal sacrifice）　横向公平　纵向公平　林达尔模型　税收成本　奉行费用　额外负担（excess burden）　不溯及既往（nonretroactivity）原则　祖父规则（grandfather rules）　现实文化　文化差异

【思考题】

1. 你认为应当如何设计税制才能实现税收公平，同时保证税收效率？

2. 在中国目前的社会经济和税制条件下，利用税收手段对收入分配进行调节的效果很明显还是作用不大？为什么？

3. 如何设计好的税制使额外负担尽可能小？
4. 可以采取哪些措施降低直接征税成本？
5. 税收管理越精细对纳税人越有利吗？为什么？
6. 税收法定原则的内涵是什么？在当代中国贯彻税收法定原则要解决哪些核心问题？
7. 在实践中实现税收收入的足额稳定和适度合理应注意些什么问题？
8. 为什么在税制设计时不仅要贯彻公平、效率、适度和法定原则，还要遵循合情原则？
9. 中国税收制度一定要“与国际接轨”吗？为什么？

第五章

最优税收理论

前面的章节分析表明公平和效率是税制设计的基本原则，但公平和效率经常不可兼得，有时为了使税制或税制要导致的全社会收入分配更加公平，往往需要降低效率；反过来一样，符合效率要求的税收，却很不公平或者难以成为正常的财政收入筹集手段。于是在理论上就需要综合考虑这两者，试图综合效率和公平对福利损失影响的利与弊，找出利大于弊的最优组合，这是最优税收理论的目的所在。不过学术界到目前为止所发展起来的最优税收（optimal taxation）理论，还主要着眼于假定公平不受影响的情况下观察效率损失最小化。因此，可以说最优税收理论是对效率原则的进一步阐述。本书介绍最优商品税和最优所得税理论。

需要首先说明的是西方最优税收理论就是在寻求权衡公平和效率的思路和方法，提供让税收扭曲性效应即福利损失最小化的途径，这是一个严格的推理严密的理论体系，并不是任何以提高治税的效率和公平为目标的理论研究成果（包括如何实现征收费用最低、税收征管效率最高的研究）都属于最优税收理论，并不是任何为实现社会福利最大化而设计的税收制度和政策的主张（如降低税率的主张、简化税制的主张、优化税制结构的主张等）都属于最优税收理论，而只有在一定假定下，以减少税收抑制性效应和福利损失的分析体系（包括最优商品税、最优所得税）才属于最优税收理论体系。所谓最优商品税、最优所得税也并不是意味着人们已经设计出了此类税收，而仅仅提供了在非常严格假定下描述最优税制特征的理论和方法。因此，不能说现在研究了最优商品税、最优所得税，将来还要提出个最优财产税等。从方法论角度讲，最优税收理论是数学中最优化方法应用于经济问题的结果，是在一定假定下求极值而得出的规则。从这个意义上讲，最优税收理论不能翻译成“优化税制理论”或“最适税收理论”，“优化”、“最适”都无法与数学中“最优”相对应，也就无法反映这一理论是寻求方程最优解的数学特征。此外也容易造成误解，例如有的学者将“Optimal Taxation”说成“优化税制”，那么“Best Taxation”才是最优税制，显然偏离了原创理论的含义，造成概念混乱。

第一节　最优商品税收理论

一、最优商品税收理论的含义

1927年拉姆塞（Ramsey，又译拉姆齐）在其论文《对税收理论的贡献》中提出最优商品税。拉姆塞的目标是如何设置商品税税率使“效用减少最小”即额外负担最小。他假定货币的边际效用是常数（忽略分配问题），经济体系为没有对外贸易时的完全竞争状态并且生产总是等于消费，私人和社会纯产品总是相等（即不存在外部性问题，不考虑国家干预），税收只是取得一定的财政收入而不考虑用税收进行财政支出而产生的影响。在这些假定前提下，拉姆塞经过数学推导，得出被后来学者称为等比例减少规则或拉姆塞规则（Ramsey rule）和逆弹性规则（inverse elasticity rule）的重要结论。

（一）等比例规则和逆弹性规则

拉姆塞写道：

“整个税制应当使应税商品的生产按照相同的比例减少。

要通过对既定的商品征收比例税来获得无穷小的税收收入，那么，税收应当使每一种应税商品的生产等比例地减少。

筹措税收收入最合理的办法是对某些商品予以补贴，而对另一些则予以征税。糖和诸如西洋李子之类的酸果之间类似这种情况。如果征税使后者减少的比例超过前者减少的比例，那么就要求对后者予以补贴。

如果应税商品在需求方面有替代性，如葡萄酒、啤酒和烈酒；或者具有互补性，如茶叶和糖，那么，应当遵循的原则是：征税应当使它们的消费比例保持不变。

在汽车税的情形中，我们必须将用于补偿汽车对公路所造成的损害的那部分税收分离出来。这部分税收的限度应当尽可能等于对公路的损害。剩余部分是真正的税，是可以按照我们的理论进行分配的。即是说，应当将一部分归属于汽油，而将另一部分归属于汽车，以保持两种消费之间比例不变，而且应当在福特车和莫瑞斯车之间进行分配，以使它们的产出以相同的比例下降。”①

后来的学者将上述结论概述为所谓等比例减少规则或拉姆塞规则（Ramsey rule），指出要使税收的额外负担最小，税率的设置应当使各种商品的生产数量以相等的百分比减少。直观的意义是征税前人们的消费已经达到帕累托最优，已经有一个最优的消费组合，在偏好相同和不存在收入差距的假设下，只要征税造成的消费数量等比例下降，征税后消费者损失的仅仅是因课税而损失的消费额，而没有改变消费者的选择，就不会造成额外负担。在同样情况和消费等于生产的进一步假定下，只要消费量等比例变化，那么供应方的生产量也仅仅是等比例变化，不会出现选择决策改变的问题，

① Ramsey F. P.. 1927. A contribution to the theory of taxation. Economic Journal，37：47～61. 引用时对句序进行了重新编排。

也不会出现额外负担的增加。而要达到这样的局面，就必须将税收课于预期需求和供应不受价格变动影响的商品，因此拉姆塞认为：

"在有两种商品的情况下，应当对需求弹性小的商品征税；如果劳动供给绝对无弹性，那么就应对所有商品平等征税。如果某一商品是采用几种不同的方法生产的，或者是在几个不同的地方生产的，而这些地方的资源不具有流动性，这说明在它们之间予以差别对待是有益的。税收应当主要来源于供给弹性小的商品。如果我们要使商品间的生产比例保持不变，那么这种做法是必要的。

如果某几种商品是相互独立的，对于需求，要求它们的生产是同一来源的。税收应当课征于需求弹性最小的商品。"①

后来的学者将上述结论命名为逆弹性规则（inverse elasticity rule）。鲍莫尔和布莱德福德（Baumol and Bradford，1970）在拉姆塞成果的基础上对逆弹性规则作了更加明确的研究，说明在最优商品税体系中，对各种商品征税的税率应与应税商品的需求弹性成反比，即应对需求弹性大的商品征低税，而对需求弹性小的商品征高税。可以进一步推论，完全需求无弹性的商品应当承当无穷大的税收。这一规则的直观意义一目了然，扭曲性影响小的税收，由于其对经济主体的有效率决策干扰小，所以福利损失小，效率高。而商品需求弹性越低，意味着被税收干扰的可能性小，税收所造成的扭曲性影响就小，从而效率就高，极端情况下是对没有弹性的商品课税，就不会造成效率损失。

（二）拉姆塞规则的贡献和缺陷

上述两项规则的发现具有重要的学术意义，它们为寻找使税收额外负担最小化的路径提供了开创性的启示。

但上述两个规则的结论是建立在非常严格的假定前提下的。这些假定包括一个没有对外贸易的完全竞争的封闭型经济体系，不存在外部性问题，仅考虑单一消费者或者把所有消费者看成是同一的情况，即单人经济情况；货币的边际效用对所有消费者都是相同的，也就是说，不考虑分配状况和收入状况，从而可以仅仅关注效率问题。同时假定只有两种商品，课税商品之间并不存在交叉价格效应，因而每种商品的需求只取决于自身的价格和消费者工资率的高低。显然这样的假定条件过于理想化，与现实生活距离太远。

首先，社会中的消费者并不具有同一性，个人的消费偏好很不相同。正是由于个人的消费偏好多种多样，无法进行一一测定，因此也就无法找出一个征税成本合适的可行办法，在征收商品税后，使原来已经达到帕累托状态的生产者或消费者的选择不会改变。

其次，原有的经济由于存在外部性、垄断等市场失灵现象不是最优的。拉姆塞着

---

① Ramsey F. P.. 1927. A contribution to the theory of taxation. Economic Journal，37：47～61. 引用时对句序进行了重新编排。

眼于税收不改变原来的经济状态，认为不改变原来经济状态的税收就是额外负担最小的税收，这显然不现实。既然原来的经济状态不是最优的，通过税收的作用或许能够优化，因此商品税不一定要着眼于生产数量或消费数量的等比例减少。

再次，即使等比例规则是正确，但实际上难以安排一套税率制度实现生产或消费数量的等比例减少。拉姆塞的逻辑是经济状况已经最优——税收作为“楔子”在取得收入的同时不改变这种状态——要达到此目的税收只能使需求等比例减少（等比例规则）或需求不因税收而发生变化（逆弹性规则）——要做到需求等比例减少或仅对弹性无穷大的商品课税，只能以获得无穷小的税收为前提，就是说最优税收要接近无税的状况才能实现。正如拉姆塞自己所说的“对少量的税收收入来说，我们的理论大致上是正确的，而且当税收收入趋于 0 时，这种近似的方法是很完美的。”而税收几乎没有了，研究最优税收就没有意义。要获得足够数量的税收，就不能做到生产或消费等比例减少，因此就达不到最优税收状态。因为总有人要保持生产或消费水平不变，让生产或消费等比例减少的制度设计无法实现。单一比例税率不一定导致消费的等比例减少，而要做到等比例减少需要测定消费者每时每刻的消费心理和生产者的意愿，这存在信息获取的困难，如果回到无数多的消费者和生产者的现实社会，获取足够的信息就更不可能。同样在必须获得足够多的税收收入的前提下，只对无弹性或弹性低的少数商品课税就不可能。如果进一步考虑更现实的情况即生产总是不等于消费（生产等于消费只是偶然的），那么即使能让生产等比例减少，却未能同时让消费也同比例减少，经济总是会因税收而产生额外负担。拉姆塞规则出现两难局面，要么几乎不要税收，其结论成立，但没有意义；要么需要足够多的税收，其结论就不可行。尽管他在论文中试图证明“税收应当使所有商品的生产等比例的减少，这一结论不仅适合税收收入无穷小的情况，对于任何要筹措的税收收入而言都具有可行性”。但没有多少说服力。

另外，拉姆塞在研究最优商品税时还有一个重要假定即货币的边际效用对所有个人都是一样的，就是不考虑现实社会中由于存在收入差别，货币的边际效用对不同收入水平的人是不同的情况。这就是不考虑公平问题。如果不考虑公平问题，那么使用人头税反而更有效率，因为它不产生任何扭曲性效应。如果考虑到公平问题，那么按照拉姆塞规则来设计的税制将是非常不公平的税制。因为，需求弹性小的商品通常都是生活必需品，而对穷人来说，生活必需品方面的开支占其收入的比重远远高于富人，如果对生活必需品以高税率课税，穷人负担的税收也就远远高于富人，这样的税制是一种极端不公平的税制。

二、最优商品税收理论的发展

后来的学者对拉姆塞的假定进行了放宽，放弃了单一消费者经济和商品间不存在交叉效应的假定。但一旦放宽条件，结论就难以成立甚至自相矛盾。

（一）科利特—黑格规则

科利特和黑格（Corlett and Hague，1953）沿着拉姆塞的思路研究了包括闲暇在内的三种商品的情况，指出在不能对闲暇直接征税的情况下，可以对另外两种中与闲暇存在替代关系的那种商品（如工作服等劳动的互补品）征收较低税率的税收，对与闲暇存在互补关系的那种商品（如游艇）征收较高税率的税收，同样能让额外负担最小化。这样的结论并不能严格遵守逆弹性命题，变成了要对消费弹性高的奢侈品征高税，而对弹性低的必需品征低税。

（二）考虑公平后的情况

针对拉姆塞最优商品税不考虑公平的问题，戴蒙德和米尔利斯（Diamond and Mirrlees，1971）、费尔德斯坦（Feldstein，1972）、阿特金森和斯蒂格里兹（Atkinson and Stiglitz，1976）、米尔利斯（Mirrlees，1976），相继将收入分配问题纳入考察视野，表明商品税的效率性目标和公平性目标难以兼得，在具体税制设计时需要进行权衡。斯特恩（Stern，1987）考虑公平问题时，指出即使对需求弹性大的商品课税会产生较大的额外负担，但为达到社会公平起见，也应当对需求弹性低的商品征收较低的税收，而对需求弹性高商品征收较高的税收①。一些学者通过某一国家的数值计算，对最优商品税的税率作了估计，结果表明要使商品税具有再分配功能以实现公平目标，税率必须是差别税率，并且税率的设计常常要违反等比例规则和逆弹性规则②。戴蒙德和米尔利斯（Diamond and Mirrlees，1971）也通过对不平等的经济分析，证明收入分配问题的引进实际上改变了等比例减少原则。这表明经典最优商品税理论现实意义较差。“推导的税收规则表明了最优税收结构的一般情形，但它们并没有准确的指导意义”。

（三）最优商品税理论的前沿问题

由于上述原因，一些学者就放弃了通过商品税体系本身来解决公平问题的思路，希望商品税只解决效率问题，公平问题通过其他途径来解决。其主要设想是在征收统一税率商品税的同时，通过转移支付，适当的总额补助而达到公平目标。迪顿和斯特恩（Deaton and Stern，1986）认为实现公平目标可以采用总额补助形式，而实现效率目标则可以采用征收商品税的方法，两种方法相结合，就可以有效实现具有不同偏好的家庭之间的再分配目标。埃拉希米和黑迪（Ebrahimi and Heady，1988）进一步发展了这一结论。但是，总额补助不可行，从现实生活中来看，由于政治和管理上的原因，很难实行这种转移，因为要实行总额补助，就需要根据每一个人收入边际效用的具体情况，而要获得这样的统计数据在目前的科技水平下还难以做到。

公共选择学派的学者陶利森（Tollison，1987），引入税制运行过程的寻租问题，认为由于寻租现象的存在，差别税率越多的税制（等比例规则和逆弹性规则均要求根

① Stern，Nicholas. 1987. The Theory of Optimal Commodity and Income Taxation：An Introduction// David Newbery and Nicholas Stern. In the Theory of Taxation for Developing Countries. New York：Oxford University Press：22～59.

② （英）加雷斯·D. 迈尔斯著，匡小平译，《公共经济学》，中国人民大学出版社，2001 年，第 106～109 页。

据不同商品的生产和消费弹性决定不同的税率)，越容易导致通过寻租获得对纳税人最有利的结果（例如模糊弹性低和弹性高的商品的界限，使低弹性的商品不一定要缴纳较高的税收)。当寻租保护成为全社会偏好时，其造成的福利损失，可能要大大超过最优商品税引起的额外负担的减少水平。詹姆斯（James ALM，1996）考虑了公平、效率、奉行成本、管理成本、非奉行成本和实施成本等因素后，认为由拉姆塞发展起来的最优商品税没有可行性。商品税应当广泛地实行单一比例税率。这样的比例税率由于减少了区分商品种类的必要，会大大地减少奉行成本和管理成本，也降低政府施行成本。

总之，最优商品税理论虽然经过几十年的研究，但与能够在实际中应用以指导一个国家的税制改革还有很大的距离。

第二节　最优所得税理论

西方最优税收理论另一个经典是埃奇沃思、斯特恩、米尔利斯等人发展起来的最优所得税理论。

一、埃奇沃思和斯特恩的理论

（一）埃奇沃思超额累进所得税理论

19 世纪末，埃奇沃思（Edgeworth）以边沁主义社会福利学说为基础，认为最优税收的目标就是使社会福利即个人效用之和达到最大。[①] 他假定每个人的效用函数完全相同；效用的大小仅仅取决于人们的收入水平；收入的边际效用是递减的，效用递减的比例超过收入增加的比例；可获得的收入总额是固定的，即使税率达到 100％对产出也没有影响。在这些假定前提下，要使社会福利最大，则应使每个人的收入的边际效用相同。由于个人的效用函数完全相同，所以只有当收入水平也完全相同时，收入的边际效用才会相同。这就要求所设计的税制能够使税后收入完全平等。这样就应当对富人的所得课以高税，因为富人损失的边际效用比穷人的小；如果收入分配已达到完全平等，那么政府如果要增加税收收入，增加的税款应该平均分配到各个人。埃奇沃思的研究表明所得税要实行多级次高税率的累进税率，高所得者的边际税率应为 100％。

埃奇沃思的结论建立在所得税不会影响产出的假定前提下，而实际上由于闲暇的存在，所得税会对劳动和闲暇之间的选择造成影响，高税率的所得税会对劳动供给产生抑制性效应，从而造成额外负担。个人的效用函数完全相同的假定也不符合实际，此外设计一种所得税能够让税后个人收入的边际效用完全相等也没有现实性，因为个人的收入边际效用无法用数据表示。

① Edgeworth，F. Y.. 1897. The pure theory of taxation. Economic Journal，7：226～238.

（二）斯特恩线性所得税模型

斯特恩将所得税对劳动供给的影响加以考虑，并结合负所得税设想，提出了一种线性所得税模型。[①] 这是一种具有固定的边际税率和固定的截距的线性税收模型。即

$$T=-G+tY$$

式中G代表政府对个人的总额补助，T为税收收入，t为税率，Y表示个人的全部所得。上式表示，当$Y=0$时，税收为负值，即可以从政府那里得到G元的补助；当$\frac{G}{t}\geqslant Y>0$时，纳税人每获得1元所得，必须向政府缴纳t元的税收。因此，t是边际税率，即最后1元所得中应纳税额的比例，它是一个固定不变的常数。斯特恩经过研究认为，劳动的供给弹性越大，边际税率t的值应当越小。他还在一些假定前提下，计算出要实现社会福利最大化的目标，边际税率t值应为19%。斯特恩的研究否定了累进税率应当随收入递增最后达到100%的结论。但是斯特恩提出的税率为19%的主张，是否具有可行性？回答是不确定的，因为斯特恩这一结论具有严格的假定前提，即所得（劳动）与闲暇间的替代弹性为0.6，社会福利函数选择以罗尔斯主义为标准，即着眼于社会中境况最差者福利水平的增进。由于现实生活中，出现劳动与闲暇替代弹性为0.6的情况是特殊的，如果这一数值发生了变化，最优所得税边际税率为19%就是不成立的。人们判断社会福利的标准不相同，在采用其他福利函数为基础时，这一结论也不成立。此外线性所得税还基于一次总额补助，而进行这样的总额补助难有可行性。

二、米尔利斯的最优所得税理论

有学者着眼于非线性所得税的研究。与线性所得税不同，它有多个边际税率，对不同的收入水平，适用不同的税率，也就是说税率是累进的（或者累退的）。最优非线性所得税的核心问题是，应该如何确定所得税的累进（累退）程度。换句话说，应该如何设定所得税的边际税率？

（一）米尔利斯最优所得税理论的含义

米尔利斯（Mirrlees. J. A.，又译莫里斯）在研究最优非线性所得税方面作出了重要贡献。他假定不考虑跨时问题，即假定经济是静态的，税收对储蓄没有影响，税收仅对劳动供给产生影响；只考虑劳动收入，不考虑财产收入；个人偏好没有差异，个人通过理性来决定所提供的劳动的数量和类型，每个人的效用函数都相同，适当地选择了个人效用函数后，福利可表示为个人效用之和；个人提供的劳动量不会对其价格产生影响，个人仅在他们的税前工资或生产率（就业技能水平）上有区别，只存在一种劳动，因此劳动的类别没有差异，一个人的劳动完全可以替代其他人的劳动，劳动

① Stern，N. H.． 1976. On the specification of models of optimum income taxation. Journal of Public Economics，6：123～162.

的供给是连续的；移民不可能发生；政府对经济中的个人的效用及其行动具有完美信息，实施最优税收方案的成本可忽略不计。①

在上述假定条件下，米尔利斯经过研究，得出如下结论：

第一，一个具有行政管理方面优点的近似线性所得税方案是合意的。所谓近似线性所得税，其性质是边际税率近似不变，所得低于免税水平的人应当获得政府补助。

第二，所得税并不像我们通常所想象的那样，是一项缩小不平等程度的有效工具。因为税率低不一定导致多工作，在消费水平和技能水平处于最优的情况下，即在这一技能水平上，整日劳动会使人得到与消费水平相等的工资，低于这一技能水平的人不会选择工作。即使低税率也不会鼓励工作。因此找不出证据证明，对低收入者应当征收较低税收。同样，由于技能的差异，为了效率起见，我们应该让劳动技能最差的人少工作，而让劳动技能较高的人多工作。具有较高技能的人的劳动供给可能是相当稀缺的（假设中排除了移民的可能性），为了贫困集团的利益，对具有较高劳动技能并且具有较高收入的人征收高的边际税率，可能牺牲更多的产出。

第三，我们要设计与所得税互补的税收，从而避免所得税所面临的困难。如引入一种既依赖于工作时间又依赖于劳动所得的税收方案，还要考虑如何抵消我们中的某些人从基因和家庭背景中得到的先天优势。②

斯特恩将米尔利斯以及后来的相关研究取得成果概括为以下三个观点并通称之为米尔利斯模型的结论，即

第一，边际税率处在0和1之间。

第二，对最高收入的个人的边际税率应为0。

第三，如果具有最低工资率的人正在最优状态下工作，那么对他们的边际税率也应为0。③

从米尔利斯的文献中只能找到第一个观点，这一观点显然没有多少实际意义，因为它概述了全部可能，最大多数的一般情况下税率不会低于0（除非采用负所得税），如果边际税率为0，政府没有增加的收入来源。边际税率也不会高于100%，如果边际税率为100%，那么，额外劳动的所得全部用于缴纳税款，对理性的个人而言，将减少劳动供给，增加对闲暇的消费，从而使全社会的福利降低。而且这一结论与他所主张应采用近似线性所得税的说法存在不一致。米尔利斯自己也认为，这一结论不是很强有力的。④ 后两个结论是斯特恩对米尔利斯以及后来其他学者研究成果的总结。

第二个结论表明，在天赋或劳动技能高的人收入也高的假定下，由于具有较高技

① （英）米尔利斯，《最优所得税理论探索》，载张维迎编，《詹姆斯·莫里斯论文精选》，商务印书馆，1998年。

② （英）米尔利斯，《最优所得税理论探索》，载张维迎编，《詹姆斯·莫里斯论文精选》，商务印书馆，1998年。

③ （英）尼古拉斯·斯特恩，《最优商品税和所得税理论入门》，载（英）大卫·纽伯里、尼古拉斯·斯特恩编，许善达等译，《发展中国家的税收理论》，中国财政经济出版社，1992年，第54页。

④ （英）米尔利斯，《最优所得税理论探索》，载张维迎编，《詹姆斯·莫里斯论文精选》，商务印书馆，1998年。

能的人的劳动供给具有较大的弹性，按照拉姆塞逆弹性规则，为了提高效率应当对他们征收较低的所得税，但达到最高收入时边际税率应当为零，即具有最高天赋或技能的人获得的边际收入其边际税率应当为零，从而鼓励他们作出更大的贡献，同时不影响财政收入和他人的效率（这里显然需要假定这种类型的劳动供给没有生理极限，即所谓劳动供给是连续的）。假定一个具有最高技能人挣有最高的税前收入 Y 美元，在给定的税率表中边际税率是正的。现在对税率表进行修改，对达到 Y 以前的收入，边际税率为正数；而对超过 Y 的收入，边际税率为零。再假定其供给的劳动没有生理极限（即劳动供给是连续的），那么，由于边际劳动小时的报酬提高了，这个人会选择多工作。这样，对政府而言，税收收入没有减少，因为对 Y 收入的征税数量没有改变；对其他人而言，其效用没有降低；但对这个获得最高收入的人而言，其效用却提高了。从帕累托效率的角度来看，整个社会的福利提高了，而没有任何人的福利降低，从而是一种帕累托改善。由此可见，原来的税率表不是最优的，对最高收入的边际税率应当改为 0。[①]

第三个结论，说明对天赋或能力比较低的人而言，由于其已经尽力了（即已经处于最优状态），即使降低税率，他们也不能作出更大贡献，其边际税率也要为 0。因此收入越高、税率越高的累进税率从效率角度看不具有合理性。

（二）米尔利斯理论的贡献和缺陷

米尔利斯在学术上的重要贡献，在于他沿着拉姆塞的思路，试图找出一个办法让个人所得税只对个人的天赋（技能）课税，而不对个人的努力程度课税。由于天赋（技能）不会随着税收的变化而变化（类似于无弹性的商品），所以只对天赋（技能）课税不会影响产出，从而使税收的额外负担降到最低，最终达到最优税收的目的。但由于实际生活中，很难对每一个人的能力或天赋做出准确计量，能够观察到的事实只能是所得（就是信息不对称问题），而所得是个人努力程度和技能共同作用的结果。[②]此外，收入与能力和天赋之间是否一定完全正相关也不确定，很多情况下具有很高天赋的人只能获得比较低的收入（就是说社会存在收入分配的不平等），而不具有很高天赋的人甚至技能低下的人也能依靠财产或通过其他途径获得很高的收入，因此即使假定可以仅仅对技能课税，也会产生不公平。这样在取得一定的财政收入的条件约束下，所得税效率和公平问题仍然无法得到兼顾。采用拉姆塞的思路，面临的难题也与拉姆塞类似。尽管米尔利斯在研究上述信息不对称问题过程中，给人们以巨大启发，而且这种启发还远远超越了税收领域（例如他的思路被广泛用于激励相容、机制设计等分析中），但难题仍在，无法对实际税制设计产生作用。

米尔利斯（包括斯特恩）的研究有意义的地方还在于否定了一个传统观点的普遍

---

① （英）尼古拉斯·斯特恩，《最优商品税和所得税理论入门》，载（英）大卫·纽伯里、尼古拉斯·斯特恩编，许善达等译，《发展中国家的税收理论》，中国财政经济出版社，1992 年，第 54～56 页。

② 平新乔，《后记》，载（美）哈维·S. 罗森著，平新乔、董勤发等译，《财政学》（第四版），中国人民大学出版社，2000 年，第 599～605 页。

性，这一传统观点是：为了实现公平目的，应当设计边际税率表，边际税率随收入的上升而上升。他们指出在他们所分析的特殊情况下，边际税率随收入的上升而上升这一观点不成立，所得税不是在任何情况下都是一项缩小不平等程度的有效工具。但是，我们同样不能将米尔利斯（或斯特恩）的结论视为具有普遍意义的原则，不能简单地按照他们提出的观点进行税制改革。科学的思维方式应当是全面考察结论的假定前提。如果现实社会中，这些假定前提不存在或极其特殊，那么结论的实际意义就不是很大。显然不论是最优商品税还是最优所得税，假定前提在现实生活只是特殊现象，不是普遍现象，因此所得出的结论也仅仅具有特殊性而非普遍性。此外即使结论有意义，还要看实行的可能性，实行的可能性取决于一国政府的税收政策的政治目标、社会的福利函数取向、税收成本、经济发展水平和文化特征所决定的制度运行效率等[①]。

【本章小结】

1. 等比例减少规则说明要使税收的额外负担最小，税率的设置应当使各种商品的生产数量以相等的百分比减少。这样征税后消费者损失的仅仅是因课税而损失的消费额，而没有改变消费者的选择，就不会造成额外负担。

2. 逆弹性规则（inverse elasticity rule）说明对各种商品征税的税率应与应税商品的需求弹性成反比，即应对需求弹性大的商品征低税，而对需求弹性小的商品征高税。商品需求弹性越低，意味着税收所造成的扭曲性影响就小，从而效率就高，极端情况下是对没有弹性的商品课税，就不会造成效率损失。

3. 科利特和黑格规则指出在不能对闲暇直接征税的情况下，可以对与闲暇存在替代关系的那种商品（如工作服等劳动的互补品）征收较低税率的税收，对与闲暇存在互补关系的那种商品（如游艇）征收较高税率的税收，实现额外负担最小化。

4. 所得税并不像我们通常所想象的那样，是一项缩小不平等程度的有效工具。在天赋或劳动技能高的人收入也高的假定下，由于具有较高技能的人的劳动供给具有较大的弹性，按照拉姆塞逆弹性规则，为了提高效率应当对他们征收较低的所得税。在劳动供给没有生理极限假设下，具有最高天赋或技能的人获得的边际收入其边际税率应当为零，可以鼓励他们作出更大的贡献，而不影响财政收入和他人的效率。

5. 米尔利斯在学术上的重要贡献，在于他沿着拉姆塞的思路，试图找出一个办法让个人所得税只对个人的天赋（技能）课税，而不对个人的努力程度课税。由于天赋（技能）不会随着税收的变化而变化（类似于无弹性的商品），所以只对天赋（技能）课税不会影响产出，从而使税收的额外负担降到最低，最终达到最优税收的目的。但由于实际生活中，很难对每一个人的能力或天赋做出准确计量，这种税还难以成为现实。

6. 不论是最优商品税还是最优所得税，其假定前提在现实生活中只是特殊现象，不是普遍现象，因此所得出的结论也仅仅具有特殊性而非普遍性，不能用来指导一国的实际税制改革。

【概念与术语】

等比例减少规则（Ramsey rule）　逆弹性规则（inverse elasticity rule）　科利特和黑格规则

① 杨斌，《中国税改论辩》，中国财政经济出版社，2007年，第一章。

(Corlett and Hague rule) 埃奇沃思超额累进所得税理论 斯特恩线性所得税模型 最优商品税 最优所得税

【思考题】

1. 在最优商品税理论体系中，为什么税率要与需求弹性成反比？

2. “所谓的等比例规则就是采取全面的、相等税率的从价税，使应税商品价格上升的百分率相等”，这个说法与拉姆塞的思想一致吗？

3. 拉姆塞最优商品税理论具有实践价值吗？为什么？

4. 科利特和黑格规则与拉姆塞规则有何不同？

5. 最优所得税理论是如何说明所得税并不是一项缩小不公平程度的有效工具？

6. 在米尔利斯最优所得税理论体系中，为什么对最高收入的个人的边际税率应设置为零？

7. 米尔利斯最优税收理论在学术上的重要贡献是什么？

8. 能够用最优税收理论指导中国的税制改革吗？

第六章

税收负担的转嫁与归宿

要使税制公平和富有效率，就要进一步弄清税收负担的归宿。因为在出现纳税人与实际负税人不一致的情况下，只有从实际负税人着眼才能判断税制是否公平和有效率，从而才能搞清楚税收对收入分配、资源配置、经济增长，乃至社会福利变动的影响。而要弄清税收负担归宿，就要搞明白税负转嫁过程。本章阐述税负转嫁与归宿的基本概念、方式，阐述税负转嫁局部均衡分析和一般均衡分析原理。

第一节　税负转嫁与归宿的基本概念

一、税负转嫁与归宿的概念

所谓税负转嫁就是纳税人通过种种方式将法律规定由其承担的纳税义务变为他人负担的过程。所谓税负归宿，指税负转嫁的最后结果或税收负担的最终落脚点。税负转嫁并不是无休止的，总存在一个不可能再将税收转嫁出去的经济主体，此时就形成了税负归宿。这个说法与本书第三章“从最终归宿和总体趋势看税收应当来源于剩余产品价值”的说法不矛盾，第三章是从本质、总趋势、平均和宏观上说的，表明税收最终来源于剩余产品价值，因此劳动者是税收的最终归宿者。但个别时期、个别经济主体的情况与平均和宏观的情况不一定相同。个别经济主体在个别时期由于竞争处于劣势就用必要产品价值和转移价值来承受别人转嫁来的税负，而这个别人却获得利益，也有可能该经济主体在其他时期当竞争处于优势时又能将税负转嫁出去，补偿以前的损失，但从长期宏观和平均看，税收仍然来源于剩余产品价值。正像宏观上本期平均物价下跌，但并不是所有的商品价格均下跌，或在另一时期物价又上升；总体宏观和长期看价格要等于价值，但从个别角度看，价格总是围绕价值波动，价格经常与价值不一致。

由于存在税负的转嫁与归宿，纳税人与负税人就出现不一致，纳税人仅仅是依照税法规定必须缴纳税款的经济主体。但他们不一定就是实际承担税收负担的主体，而最终实际承担税负的经济主体才是负税人。

二、税负转嫁的方式

按照经济交易过程中税负转嫁的不同途径，大致可以把税负转嫁归纳为如下五种形式，可分为一般方式与特殊方式。

（一）一般方式

税负转嫁的一般方式有前转和后转以及这二者的混合。

1. 前转（forward shifting）

也被称为“顺转”。即纳税人通过提高其所提供商品的价格，将其所应交纳税款，向前转移给商品的购买者。一般认为，前转是税负转嫁最典型和最普遍的形式，多发生在商品和劳务税收场合。例如，对原材料生产者征税，原材料生产者可以通过提高原材料售价把税款转嫁给成品制造商，成品制造商再把税负转嫁给批发商，批发商又可以把税负转嫁给零售商，最后零售商向消费者出售商品时，又可将税负转嫁给消费者。当劳动力成为商品，而工资作为其价格的时候，劳动力同样可以通过要求税后工资的办法将其应交纳的所得税转嫁给劳动力的购买者。商品和劳务税的转嫁过程如下：

A ——→ B ——→ C ——→ D ——→ E

原材料生产者　制造商　批发商　零售商　消费者

2. 后转（backward shifting）

也被称为“逆转”。即纳税人通过压低购入商品价格的方式，将其应交纳的税收转给商品或生产要素供给者。例如，在供给大于需求的汽车消费市场上，汽车销售商很难把税负转嫁给消费者，为了保证一定数量的销售额，只好通过压低汽车制造商的供给价格转嫁部分税负，其转嫁程度的大小要依据销售商和供给商之间的供求关系或通过协商的方式来决定。其过程如下：

A ←—— B

汽车制造商　汽车销售商

3. 混转

就是纳税人既可以把税负转嫁给供给商，又可以同时把税负转嫁给购买者，在日常经济活动中这种转嫁方式比较常见。其过程如下：

A ←—— B ——→ C

汽车制造商　汽车销售商　消费者

（二）税负转嫁的特殊方式

1. 消转（diffused shifting）

也被称为税收转化。指纳税人用降低课税品成本的办法将应纳税收的全部或部分消化掉。这既不是提高销售价格的前转，也不是压低购价的后转，而是通过改善经营管理、提高劳动生产率等措施降低成本、增加利润而抵消税负，所以被称为消转。但消转要具备一定的条件，如生产成本有减少的空间，商品销售量可能扩大有可能降低单位商品的成本、有可采用的新技术以及税负不重等。消转实质上是用生产者应得的超额利润抵补税负，实际上不转嫁，由纳税人自己负担。

2. 税收资本化（capitalization of taxation）

这是税负转嫁的一种特殊形式。即应税物品（主要是土地和其收益来源较具永久性的政府债券等资本品）交易时，买主将物品可预见的未来应纳税款从所购物品价格中作一次性扣除，此后虽由买主按期交税，实际上税款由卖主负担。例如，张三向李四购买房屋，房屋价值 100 万元，预计使用 20 年，根据税法规定每年应纳房产税 1.2 万元。张三在购买之际将该房屋今后 20 年应纳房产税 24 万元从房屋购价中一次性扣除，实际支付 76 万元。张三得了 24 万元李四所作的税款预付。实际上张三在第一年只需缴纳 1.2 万元的房产税，其余的预付款可作创业资本，这就是所谓税收资本化。

第二节　税负转嫁与归宿的局部均衡分析

局部均衡分析就是以单个市场、单个消费者和供给者为分析对象，假设市场主体之间不存在关联影响的一种分析方法。近几十年来，这种分析方法由于不能反映和描绘实际生活中纷繁复杂的相互关联影响而备受指责。但复杂问题从简单开始仍然不失为研究问题的路径，税负转嫁与归宿的局部均衡分析及其若干结论仍然为我们了解税收效应提供指导。从最简单的情况开始分析，逐步弄清税负转嫁的决定因素和税负归宿的规律，重点阐明税负转嫁与商品或要素供给与需求价格弹性的关系。

一、局部均衡框架下的流转税（商品税）税负转嫁与归宿分析

（一）对单位商品征收从量税的税负转嫁归宿分析

1. 对生产者征收从量税的税负转嫁与归宿分析

图 6-1，横轴表示数量，纵轴表示单位价格，D 为需求曲线，反映某一产品在自由竞争市场中需求量与价格的关系；S 为供给曲线，反映某一产品在自由竞争市场中供给量与价格的关系。假定一国政府对某商品的生产者从量计征商品税，市场为完全竞争的市场，该商品的价格供给弹性和需求弹性相同，税前的均衡点是 E，均衡价格是 P，产量为 Q。现在对生产者征收从量税，税额为 t。继续假定，对生产者征税时，需求曲线不变，即消费者关于

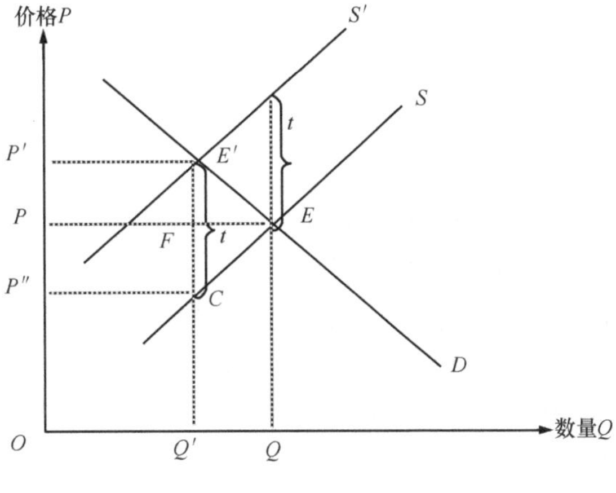

图 6-1

价格与数量的对应关系的规律不变，当价格上升时购买量减少，相反当价格下跌时购买量增加，其上升或下降的变化轨迹或瞬时变化率不变。在这种情况下，对生产者征税时，生产者将价格提高 t 后出售产品，供给曲线平移至变为 S'，税后的均衡点相应变为 E'，这样价格从 P 上升到 P'，由于价格上升，消费者的购买量减少，减少到 Q'。在购买量为 Q' 的情况下，由于单位商品从量税不变仍然是 t，图中就是（$P'-P''$）。这样生产者每出售一个单位商品只能得到 P'' 的收入。在未征税时，生产者每出售一单位商品得到的收入是 P，征税后只能得到 P''，这表明生产者承担了 $P-P''$ 的单位税收，而消费者承担了其余即 $P'-P$。因此，生产者通过提高价格的方式并没有将税负全部转嫁到消费者身上，事实是二者共同分担了税收。在本次交易中，生产者负担的税收总额是（$P-P''$）乘以 OQ'，消费者负担的税收总额是（$P'-P$）乘以 OQ'，二者之和在图形中恰好是矩形 $P'P''E'C$ 的面积。

2. 无关性定律

前面分析了对生产者征收从量税的税负转嫁与归宿情况，现在考察对消费者征收从量税的情况。假设一国政府对某商品的消费者从量计征商品税，市场为完全竞争的市场，税前的均衡点是 E，均衡价格是 P_1，征收的从量税额为 t。其他假设同图 6-1，即征税并不能改变价格的消费弹性，也不改变价格的供给弹性。在这种情况下，对商品的消费者征收从量税时，由于实际支付的价格上升，消费量缩减，即需求曲线向下平移，生产者要面对新的需求曲线 D'，新的均衡价格是 E'，此时生产者收到的价格为 P_1''，在这个价格下生产者缩减产量从 Q 到 Q'。由于单位税额不变仍然为 t，消费者必须支付 P_1' 的价格，其中 $P_1'-P_1''$ 为单位从量税 t，这个差额也就是消费者支付的价格和生产者收到的价格之间的差额。将图 6-1 中移动后的供给曲线 S' 放在图 6-2 中后可以发现，税后的价格存在 $P'=P_1'$，$P''=P_1''$，也就是说无论对生产者征税还是对消费者征税，消费者和生产者的共同分担税收负担的情况是一样的，这种情况被称为无关性定律。

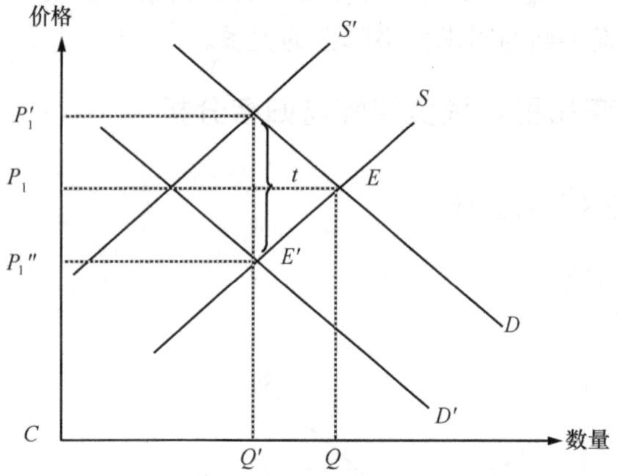

图 6-2

但是至此还没有说明究竟生产者和消费者谁要负担更多的税收。这需要通过对商品供求价格弹性的分析来给出答案。前面的分析均假定商品的价格供给弹性和需求弹性不会影响税负的转嫁，而现实生活中，税负能否转嫁、转嫁的程度与价格的需求弹性和供给弹性密切相关。以下先以对生产者课征流转税（商品税）为背景对此作出全面分析。

（二）税负转嫁与需求弹性

1. 需求弹性的概念及其与税负转嫁的关系

需求弹性即需求对价格的弹性，也就是需求量对价格变动的反应程度。需求弹性通过需求弹性系数 E_{dp} 衡量：

$$E_{dp} = \frac{\Delta Q}{Q} \div \frac{\Delta P}{P} = \frac{\Delta Q}{\Delta P} \times \frac{P}{Q}$$

Q 为需求量，ΔQ 为需求变动量，P 为价格，ΔP 为价格变动量；$\Delta Q/Q$ 为需求量变动系数，$\frac{\Delta P}{P}$ 为价格变动系数。$E_{dp} > 1$ 需求弹性充足（弹性高），表明需求量变化大于价格变化，或者说消费者对价格变化敏感，降价会引起更大幅度的消费量上升，相反提价会引起更大幅度的消费量减少。$E_{dp} < 1$ 表示需求弹性缺乏（弹性低），意味着消费者对价格变化不敏感。$E_{dp} = 1$ 表示出现单位弹性，即价格变化引起消费量同幅度升降。$E_{dp} = \infty$ 表明完全有弹性，说明一种理论上的极端情况，即价格任何微小改变都会引起消费量的极大变动，微小降价会导致无限需求，微小提价会导致没有任何需要。$E_{dp} = 0$ 表示完全无弹性，说明无论价格如何变化，消费量均不会改变。

假定供给的价格弹性和其他条件不变，那么需求量对价格变动越敏感，即 E_{dp} 值越大，纳税人通过提高卖价把税负向前转嫁给购买者或消费者越困难；反之，需求量对价格变动越不敏感或越无弹性，即 E_{dp} 值越小，税负越容易向前转嫁。以下假定征税对供给的价格弹性、需求曲线和其他条件不产生作用，分析需求价格弹性的不同情况对流转税转嫁与归宿的影响。

2. 对需求弹性高的商品征收流转税的税负转嫁

图 6-3 中，需求曲线较为平坦，即 $E_{dp} > 1$，需求弹性充足。在流转税变动对需求曲线不产生影响情况下，商品消费量随价格变动而变动，价格上升需求量减少，价格下降需求量增加，需求量变动幅度大于价格变动幅度。征收流转税后，商品价格因厂商成本增加而上升，上升额等于征税额，在流转税变动对供给曲线的斜率即供给的价格弹性不产生影响情况下，供给曲线 S 平行上移至 S'。供给曲线的改变说明厂商在同样价格下由于征税，成本上升，厂商愿意提供的商品量减少。这是分析需求弹性与税负转嫁关系的基本假定。征税后，在需求曲线不变情况下，供求均衡点由 E 变为 E'，价格由 P 上升到 P'；同时需求量由 Q 下降至 Q'。厂商总收入也发生变化，税前厂商总收入为 $OPEQ$，税后总收入为 $OP'E'Q'$，显然由于商品需求弹

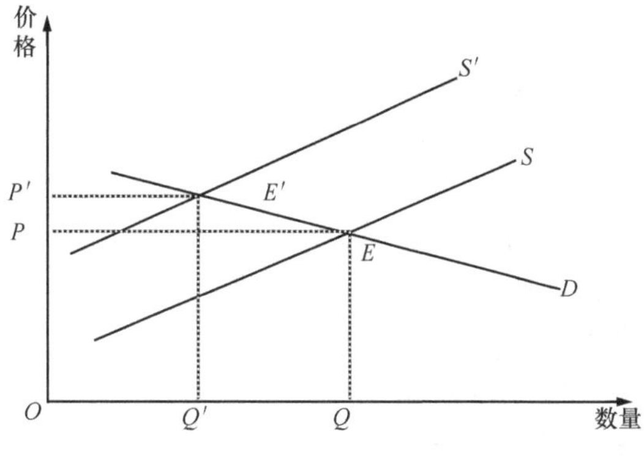

图 6-3

性充足，税负不容易向前转嫁给消费者；而增加的税收大部分由厂商负担，其负担额为$OPEQ-OP'E'Q'$。其经济含义是，由于商品需求对价格的弹性高，消费者易于改变消费选择，不购买税高价高商品，而购买税低价低的替代品，从而在遇到加税而价格上升时，可通过少消费或不消费的办法少负担或不负担增加的税收。

3. 对需求弹性低商品征收流转税的税负转嫁

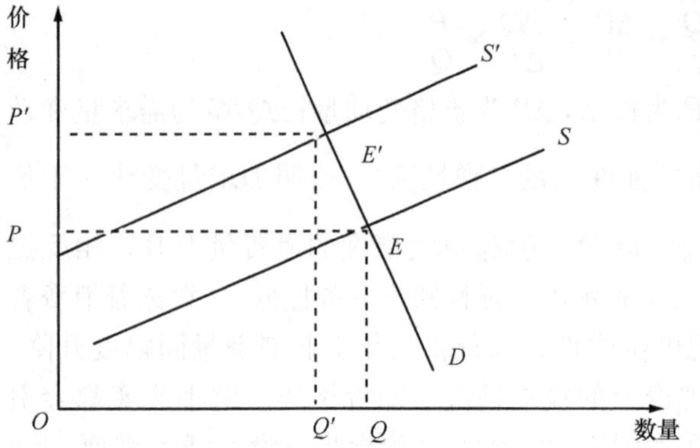

图 6-4

图 6-4 表示在其他条件不变情况下，需求曲线变陡，需求对价格的弹性变低，即需求价格弹性系数小于 1。这种情况说明商品的消费量随价格的变动而变动，不过价格上升速度大于需求量减少速度，价格下降速度大于需求量增加速度。征税前，供给曲线为 S。征税后，商品价格因厂商成本增加而增加，增加额 ΔP 等于征税额。在供给曲线斜率不变情况下，供给曲线 S 向上平行移动变为新供给曲线 S'，均衡点由 E 变为 E'。卖价由 P 上升为 P'，同时需求量由 Q 下降为 Q'。厂商总收入也发生变化，税前厂商总收入表现为面积 $OPEQ$，税后总收入为 $OP'E'Q'$，收入增大了。显然，在上述商品需求弹性低的情况下，税负容易向前转嫁给消费者。增加的税收中只有小部分由厂商负担，大部分由消费者负担。需求对价格的弹性低，说明商品为必需品，且少有替代品。

4. 对需求完全无弹性商品征收流转税的税负转嫁

图 6-5 中，需求曲线垂直于横轴，说明无论价格发生什么样的变化，需求量都是一定的，不发生变化。即需求价格弹性为零。它反映征税的商品是必需品且没有替代品的情况。如棺材，不会因为价格下降而增买一口，再如招标或拍卖，数量一定价格却有高低。在这种情况下，对商品征税，生产边际成本上升，厂商愿意的供应量减少，供给曲线由 S 变为 S'，厂商以新的提高后的价格 P' 出卖商品，价格增加额 PP' 等于征税额，厂商收入征税后和征税前一样，增加的税收 $PP'E'E$ 全部由消费者负担，说明厂商把流转税全部转嫁给消费者。

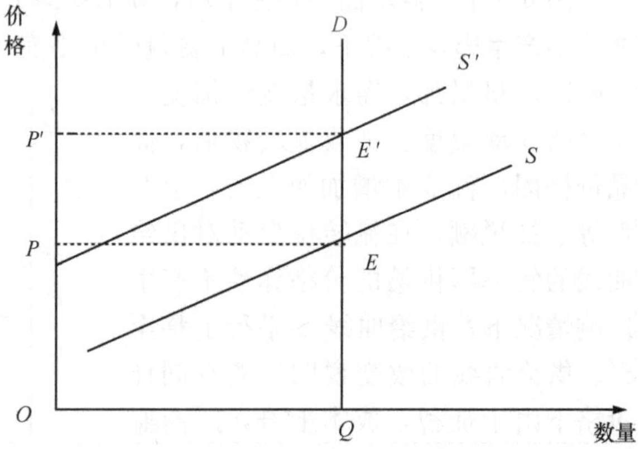

图 6-5

5. 商品需求完全有弹性情况下的税负转嫁

图 6-6 表示商品消费完全有弹性又称弹性无穷大情况，说明价格稍有上升，消费者完全采用代用品或停止购买该商品。该商品只能采用固定标价，不论需求量多大，价格都不变。反映在坐标系上，需求曲线是一条水平线，称为无穷弹性曲线。S 为征税前供给曲线，价格为 P，与供给曲线 D 相交于 E，供给量为 Q。征税后，种种原因（如产品已经积压或属于鲜活产品，不及时处理就会腐烂等），厂商仍然愿意以原有的价格提供商品，但征税导致生产边际成本上升，供应量减少，S 曲线向左上方移动，变为 S'，新的均衡点为 E'，供给量减少为 Q'。征税后，由于价格不变，税负一点都不能转嫁给消费者。实际生活中，要出现这种极端情况，还有一个前提就是商品供给无弹性，产品已经积压或属于鲜活产品等的假定都是说明商品的供给价格无弹性。

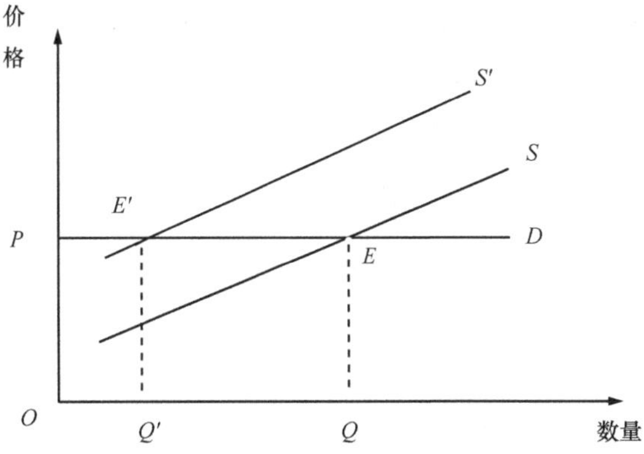

图 6-6

（三）税负转嫁与商品的供给弹性

1. 供给弹性的概念

供给弹性即供给的价格弹性，反映供给量对价格变动的反应程度，通过供给弹性系数 E_{sp} 衡量。供给弹性系数是供给量 Q 变动系数对价格 P 变动系数的比率：

$$E_{sp}=\frac{\Delta Q}{Q}\div\frac{\Delta P}{P}$$

供给弹性系数绝对值大于 1，为弹性高，小于 1 为缺乏弹性，等于 1 为有单位弹性，等于 0 为完全无弹性，等于无穷大为完全有弹性。用图形表示，富于弹性的供给曲线平坦，缺乏弹性的供给曲线陡峭，完全无弹性的供给曲线是垂直线，完全有弹性的供给曲线是水平线。

2. 供给弹性高商品的税负转嫁

图 6-7 中，供给曲线 S 较为平坦即供给弹性较高。征税前均衡点为 E，价格水平为 P，供给量为 Q。征税后消费者可支配收入减少或购买欲望减弱，消费者购买随价格提高而减少，需求下降即需求曲线从 D 下降到 D'，均衡点从 E 变为 E'，这时价格下降到 P'，其结果是产量从 Q 下降到 Q'，产量下降的速度高于价格下降的速度。供给弹性高有 3 层含义或 3 种情况：①厂商易于调整商品结构，能在征税的情况下及时迅速地不生产高税商品，而生产低税或无税商品，在国家征税额一定情况下，增加的税负就由其他厂商或消费者负担。一般说来，劳动密集型产业调整商品结构容易，资本技术密集型产业则不容易。②商品质量好，即使提价也有人购买，即需求弹性低，厂商

因而易于把对该商品增加的税收通过提价的方式转嫁出去。③征税商品的原材料需求弹性高，征税商品的厂商易于通过压低原材料购价的方式把增加的税负转嫁给原材料生产者。总而言之，某一种商品的供给弹性高，意味着该商品的生产者在与原材料厂商及消费者关系上处于比较主动的地位，易于把税负转嫁出去。

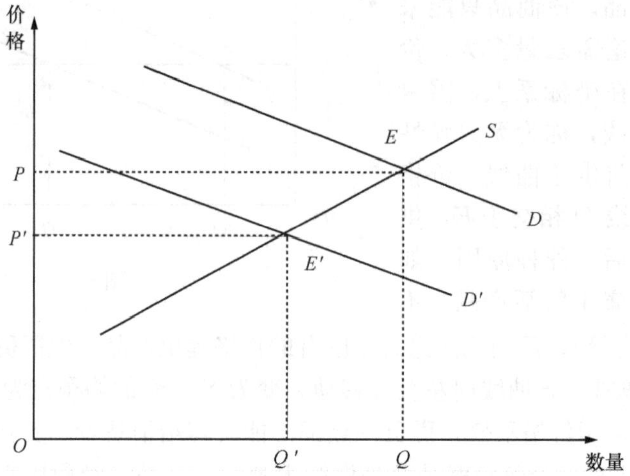

图 6-7

3. 供给弹性低商品的税负转嫁

在图 6-8 中，供给曲线 S 较陡，说明供给弹性低，征税前均衡点为 E，价格水平为 P，供给量为 Q。征税后，因为消费者购买价格上升，需求减少，需求曲线从 D 下降到 D'，厂商的供应量也减少，但供应量减少的速度低于厂商收入减少的速度。厂商收入从税前 $PEOQ$ 减少到税后 $P'E'OQ'$，单位税额不变，那么厂商实际承担的税收要比消费者承担的税收多。说明供应课税商品的厂商处于比较被动的地位，生产条件较不能适应课税变化，不易把税负转嫁出去。

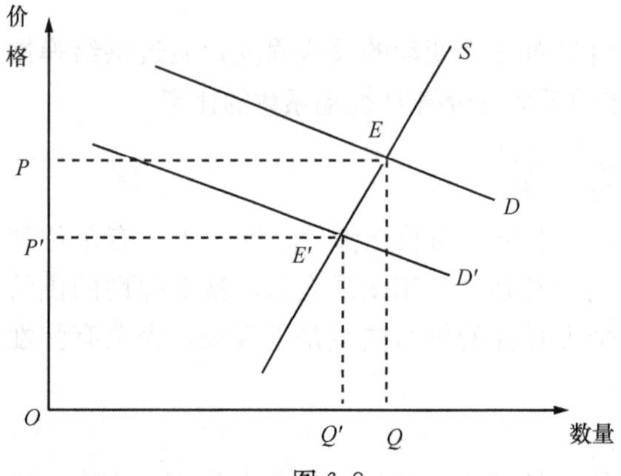

图 6-8

4. 供给完全无弹性商品的税负转嫁

图 6-9 说明商品供给完全无弹性的情况，反映在坐标系上就是供给曲线为一条垂直线，不管价格变化和需求增加或减少，供给量都不变。征税前的供求平衡点为 E，价格为 P，供给量为 Q。征税后，需求曲线由 D 下降为 D'，价格下降至 P'，但因为供给完全无弹性，供给量不变，厂商收入减少，从 $PEOQ$ 减少到 $P'E'OQ$，减少额等于税额。因此，税负完全由厂商负担而不能转嫁出去。它说明厂商的生产条件完全不能

适应税收和市场的变化，处于绝对被动的不利地位。

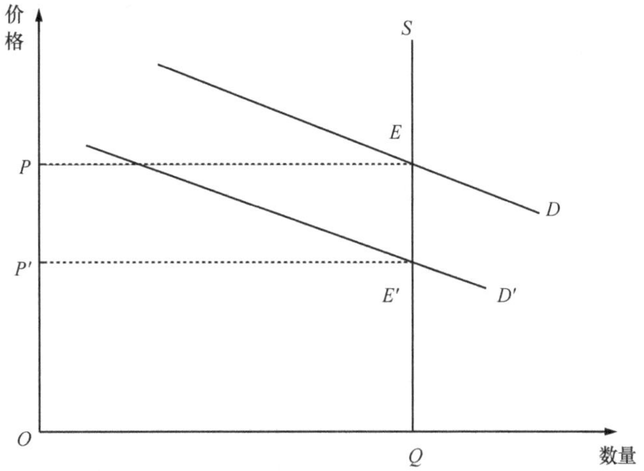

图 6-9

5. 供给完全有弹性商品的税负转嫁

图 6-10 反映供给的价格弹性为无穷的情况，表现在坐标系上就是供给曲线为水平线，价格一有变化则供给随之而变。假定消费曲线不变，征税后厂商能够迅速提高价格，使供给曲线 S 向上移动到 S'，均衡点从 E 到 E'，均衡价格从 P 到 P'，不受供应量减少的影响，厂商获得与税前一样的收入，这表明厂商在征税后，税负通过涨价形式全部转嫁给购买者或消费者。

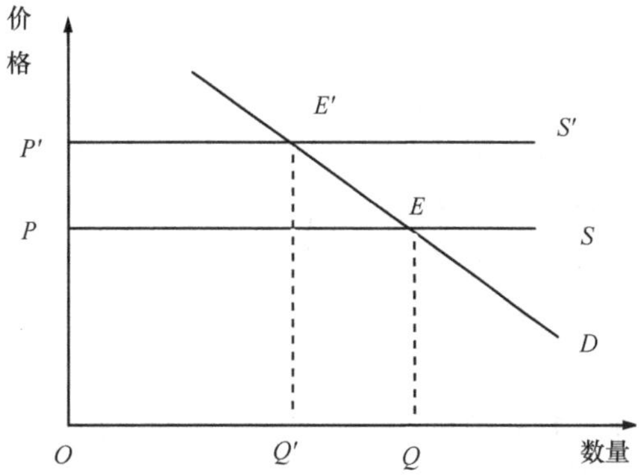

图 6-10

总之，税负转嫁的主要途径是价格的变动，转嫁的幅度取决于供求弹性。需求弹性大于供给弹性，则转嫁给消费者或买者的部分较小，不转嫁或向后转嫁部分大；需求弹性小于供给弹性，则转嫁给消费者或购买者的部分大，不转嫁或后转部分小；在极特殊的情况下，供给弹性等于需求弹性，则往往由供给和需求两方共同负担税款，即厂商可转嫁一半于买者。分析这一问题时，不能忽视供给弹性和需求弹性对税负转嫁影响在时间上的差别。需求弹性可以马上影响税负转嫁，因为消费者可以马上作出购买、不购买、少购买、选择替代品决定。供给弹性则影响下一期商品供给及其税负转嫁，厂商在征税当期已经形成的商品除非毁掉或必须卖出，其价格是升还是降、税负是转嫁出去还是不转嫁，受需求弹性制约。但在下一期，厂商可根据本期的市场销售、价格情况以及税收政策调整商品结构，借以转嫁税负。

总的来看，完全竞争条件下，商品的供求弹性和税负归宿的基本关系如表 6-1：

表 6-1 商品的供求弹性和税负归宿的基本关系

供给弹性高	厂商净价格下降小	消费者价格上升大	厂商税收负担小	消费者税收负担大
供给弹性低	厂商净价格下降大	消费者价格上升小	厂商税收负担大	消费者税收负担小
需求弹性高	消费者价格上升小	厂商净价格下降大	消费者税收负担小	厂商税收负担大
需求弹性低	消费者价格上升大	厂商净价格下降小	消费者税收负担大	厂商税收负担小

（四）影响商品税税负转嫁与归宿的其他因素

1. 从量税和从价税

上述分析均是以从量税为基础来进行的，之所以这样设定前提是为了研究方便。现实生活中更多的情况下是从价税。在从价税情况下，尽管税额的确定方式和从量税不同，但是税负归宿的分析原理却是一样的。所不同的是，从价税将使税后供给曲线和需求曲线按照税率对应的价格比例发生移动，而不是像从量税那样使它们发生平行移动。见图 6-11 关于工薪税的转嫁与归宿分析。从价税转嫁归宿的规律和决定因素与从量税相同，供应商和消费者实际承受税收负担的大小同样取决于供求弹性的大小。

2. 税负转嫁与课税范围

商品税课税范围越窄，越不易于税负转嫁。课税范围越是狭窄，越对商品或生产要素的购买者有替代效应，从而需求也就越具有弹性。假设政府只对香皂征税，而不对洗洁精、沐浴露等清洁用品征税，消费者完全可以选择未征税的清洁用品替代香皂，从而避免香皂生产者把税负转嫁给消费者。

同样的道理，课税范围越是宽广，越不易对商品或生产要素的购买者发生替代效应，从而需求也就越缺乏弹性，有利于税负转嫁。上例中，如果政府对所有清洁用品都征税，消费者没有了未征税的清洁品作为替代品，承担从生产者转嫁过来的税负的可能性大。

3. 税负转嫁与市场状态

完全竞争、垄断竞争、寡头竞争和垄断是现代市场经济条件下最常见的四种市场状态。在这四种不同的市场状态下，税负转嫁的难易程度是不同的。一般来看，完全竞争下，任何生产者无法在征税后的短期内单独把商品价格提高而转嫁税负。但长期来看，在商品生产成本不变的条件下，生产者形成的行业力量会最终把税负转嫁给消费者。在垄断竞争下，单个生产者可利用自己产品的差异对价格进行适当调整，但由于没有形成完全的垄断市场，仍有竞争，所以只是部分的转嫁给消费者。寡头竞争指的是一种少数几个生产者供给某种产品的大部分，能够对市场价格和产量产生重大影响。因此，征税之后，各寡头生产者会达成一致的协议，在原有价格的基础上，自动根据某一公式，各自提高价格转嫁税负。转嫁的程度取决于应税商品的需求弹性。在完全垄断的市场状态下，一家厂商彻底地控制了整个行业的数量、规模以及价格，实际上是该生产者独家定价。这时，税负能转嫁多少主要看商品的需求弹性情况。如果是对生活必需品征税，需求弹性小，生产者容易把税负转嫁给消费者；如果是对非生活必需品征税，生产者就不能随意提价，税负的转嫁程度也要视具体情况而定。

二、局部均衡框架下所得税的归宿分析

（一）工薪税的税负转嫁与归宿

个人所得税不仅对工薪课税也对投资经营所得和资本利得课税，对投资所得和资本利得课税的转嫁与归宿效应类似于企业所得税（公司所得税），关于企业所得税的转嫁与归宿原理同样适用于对这部分所得课征个人所得税的分析。这里分析以工薪所得为课税对象的税包括个人所得税和社会保险税的转嫁与归宿，为区别起见就称之为工薪税。可将工薪税看成对劳动要素征收的一种商品税，这样就可利用上述关于商品税的税负转嫁与归宿原理。

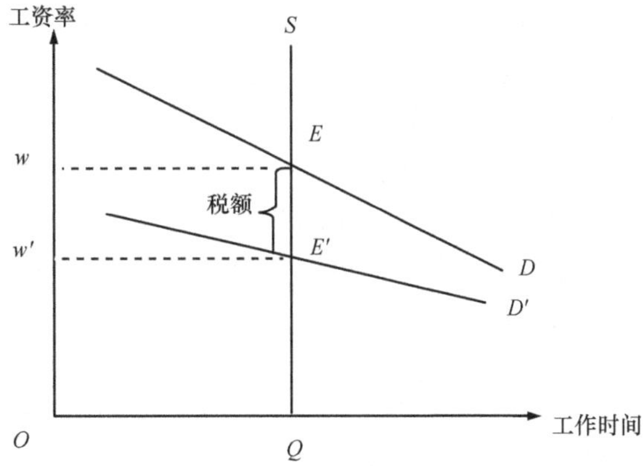

图 6-11

先分析普通劳动者工薪税的转嫁与归宿。结合中国的情况即普通劳动力供给远远大于需求，假定劳动供给的弹性为 0，那么在完全竞争的条件下，如图 6-11，劳动供给曲线为 S，劳动需求曲线为 D，均衡点为 E，均衡的劳动单位价格即工资率为 w，对工薪课征税率为 t 的工薪税（这相当于征收一种从价税）。在征收了工薪税后，名义工资率提高即劳动价格提高，因而劳动需求减少，需求曲线按比例向下移动，工资率较高的情况下移动大，工资率较低的情况下移动小，移动不是平行进行的。雇主面对的需求曲线为 D'，新的均衡点为 E'，均衡价格为 w'，新的工资率和原工资率的差额（$w-w'$）恰好是政府征收的税收。由于供给曲线的弹性为 0，雇主可以任意的压低工资，所以税收负担最后全部由工人承担了。对具有专业技能的劳动者征收工薪税，由于他们提供劳动的供给弹性不为 0，工薪税的转嫁与归宿同对有供给弹性征收商品税的情况一致。某些专门技术人才的劳动具有供给弹性很高的特点，对他们的劳动所得征收工薪税，往往会转嫁给雇主，其形式就是要求税后净工资保持与税前一样。

（二）企业所得税的转嫁与归宿

企业所得税的课税对象是一定时期的应税利润。在自由和充分竞争的条件下，资本一般只能获得基本收益率决定的正常利润，而个别企业却获得较高利润，其主要原因是个别企业先行采用新技术，提高了劳动生产率，在以同样价格出售产品时，会获得超额利润或超常利润。从这个意义上讲，企业所得税包含了两个部分，一部分是对

正常利润课税，相当于对资本要素的课税，等价于对资本要素课征流转税，上述商品税的归宿原理同样适用。另一部分就是对超额利润课税，超额利润也称为经济利润，是指企业所有者获得的超过生产中使用资本要素的机会成本的收益。资本要素的机会成本是指所有者或股东如果不将资金投资于该企业而可能得到的其他投资收益。在自由竞争的条件下，存在一个基本的收益率，机会成本是由这个收益率决定的，因此超过这个基本收益而获得的利润就是超额利润。

假定能够设置一种只对超额利润课税的税种（称为超额利润税，excess profits taxation)，我们来分析一下这个税的转嫁与归宿。在短期均衡的条件下，企业追求超额利润最大化，由于超额利润税并没有改变企业的边际成本和边际收益，所以企业不会改变其产量。而由于产量不变，消费者的支付价格也不会改变，所以消费者的情况不变，最终企业将完全承担税收。而在长期均衡的条件下，竞争的结果企业的超额利润为 0，因此不会产生税收收入。在垄断的情况下，企业可以获得超额利润，但同样由于这种税不会对产量产生影响，消费者的境况不会因为征税而降低，因而企业要承担该税收，也就是说这个税不会转嫁。显然从利润上看，这样的超额利润税不会对企业的经济决策产生影响，而具有额外负担为零的特征，富有效率高的优点，但现实中由于超额利润无法准确核算，一方面基本收益率很难确定，另一方面资本存量价值的确定也存在多种标准，采用原始成本与采用重置成本结果不同，此外在考虑风险因素时，更找不到一个简单的可操作的方法来确定超额利润。因此，超额利润税缺乏管理和实施的可能性。①

第三节 一般均衡框架下的税负归宿分析

前面的局部均衡分析（partial equilibrium analysis）是针对单一的商品市场或者要素市场的，在分析时假定影响该市场的其他因素不变，而且假定税收的征收对其他市场和其他商品或要素市场没有连带影响。但是由于税收归宿并不仅仅局限在单一市场中，所以局部均衡的分析是不全面的。

一、局部均衡分析的局限性

局部均衡分析忽略了有可能在其他市场发生的一系列相对价格变化，例如分析对啤酒征税的税收转嫁与归宿，在局部均衡框架下，是假定其不会对工资水平产生显著影响，但是在啤酒行业足够大时，对啤酒征收商品税不仅影响了啤酒市场的供求关系，从而决定该商品税的归属，而且啤酒需求下降会减少该行业对劳动力的需求，使一部分人失业，失业导致工资水平受到影响，进而也影响其他消费市场，总之任何影响都可能是连锁的。

局部均衡分析的另一个问题是它只能分析特定市场的个别商品特定商品税或单一

① Gillis，Malcolm and Charles E. Mclure. 1979. Excess profits taxation：post-mortem on the mexican experience. National Tax Journal，32：no. 4，501～511.

要素税，而不能分析一般所得税或一般流转税，例如一般所得税是对所有生产要素课税，既对劳动课税，也对资本课税，同时影响几个市场，局部均衡分析无能为力。

局部均衡分析还忽略了政府对税收的使用即政府支出以及税制结构调整的影响，只考虑征税的影响，而不考虑支出和税制结构调整的影响，显然不全面，也不能真正说明税负归宿问题。① 有时政府增加税收仅仅是一种税制结构的改变，提高某一税收的税率，同时就会降低其他税收的税率；或者增税是为了减少债务；或者政府增税为了增加支出，这就涉及新税收收入来源的开辟；或者在总支出不变的情况下，增加某一项开支，就必须减少另一个项目的开支。总之，支出安排用途对个人福利影响很大，如果一个人最终承担了税收即成为税收归宿点，但如果同时也是支出的受益者，那么征税对这个人的福利影响就是对等的，否则负税人得不到应得的支出利益，就成为纯粹的财政牺牲者。因此，应该将公共支出或转移支付直接考虑在税负转嫁与归宿的研究中，这种研究税收增加以及政府对税收收入支出的综合影响的理论叫平衡预算税负转嫁与归宿分析（balanced budget tax incidence analysis）。而对税制结构调整即用一种产生相同收入的税收去替换另一种税收的情况进行分析的方法叫做差异税负转嫁与归宿分析（differential tax incidence analysis）②。

二、一般均衡分析的假定前提和结果

尽管局部均衡分析是基础和有价值的，但只有分析税收对整个经济的均衡所产生的效应，才能最终确定税负的归宿。这种将税收对多个市场的影响联系起来加以分析，从而考察整个经济运行中的税收归宿状况的分析方法就是一般均衡分析（general equilibrium analysis）③。

一般均衡分析框架是由哈伯格（Harberger，1962）首先引入的。由于一般均衡要将所有的市场联系起来考察税收的效应，每时每刻均有无数多的商品和要素在交易，纳税人在不断地交纳着各种税收，要弄清问题，需要进行简化，先假定经济中只有两种商品（x、y）和两种生产要素（劳动 L 和资本 K），并且不存在储蓄。在此框架下，首先要明确各种名称的税收之间的同质性，让要分析的税种减少，这就是税种的等价性；其次要严格假定前提，从而把问题放在可观察的层面上；然后对主要税种的转嫁与归宿作出说明。

（一）税种归类

在上述只有两种商品（x、y）和两种生产要素（劳动 L 和资本 K），并且不存在储

---

①（美）鲍德威（Robin W. Boadway）、威迪逊（David E. Wildasin）著，邓力平等译，《公共部门经济学》（第二版），中国人民大学出版社，2000 年，第 264～266 页。

②（美）约瑟夫·E. 斯蒂格利茨著，郭庆旺、杨志勇等译，《公共部门经济学》（第三版），中国人民大学出版社，2005 年，第 428 页。

③（美）约瑟夫·E. 斯蒂格利茨著，郭庆旺、杨志勇等译，《公共部门经济学》（第三版），中国人民大学出版社，2005 年，第 425 页。

蓄的模型中，可能存在九种从价税，如下：

(1) 对 x 商品在销售环节课征的流转税（或消费税）t_x；

(2) 对 x 商品生产中所使用的资本课税 t_{Kx}；

(3) 对 x 商品生产中所使用的劳动课税 t_{Lx}；

(4) 对 y 商品在销售环节课征的流转税（或消费税）t_y；

(5) 对 y 商品生产中所使用的资本课税 t_{Ky}；

(6) 对 y 商品生产中所使用的劳动课税 t_{Ly}；

(7) 同时对 x 和 y 所使用的资本课税 t_K；

(8) 同时对 x 和 y 所使用的劳动课税 t_L；

(9) 一般所得税 t。

要一一分析上述各种税的转嫁与归宿文字上会有重复。因此要找出其中的等价性或同质性，所谓等价指转嫁与归宿的规律具有相同性。对等价或同质的税种，只要分析其中一种，就能说明其余。这样可将这些税收归为四类来分析：

第一类为选择性流转税（消费税）。上述九类可能的税收中，选择性流转税只能有一种，要么对 x 课征、要么对 y 课征，它们的归宿原理是一样的，只要分析其中一种就可以了，以下以对 x 商品在销售环节课征的流转税（或消费税）t_x 为例。

第二类为部分要素税，即对某个生产部门所使用的某种要素课征的税。可有四种选择，即对 y 商品生产中所使用的资本课税 t_{Ky}、对 x 商品生产中所使用的资本课税 t_{Kx}、对 y 商品生产中所使用的劳动课税 t_{Ly} 和对 x 商品生产中所使用的劳动课税 t_{Lx}。以下以 t_{Kx} 为例，进行分析。

第三类为一般要素税，即对两个生产部门所使用的某种要素课征的税。可有两种选择即对劳动课征一般税 t_L 和对资本课征一般税 t_K。对这一组税收，只要分析 t_L 就可以了。

第四类是一般所得税 t，即对全部要素课征的税，在税率相同的情况下这与对全部商品征收一般流转税（消费税）是等价的。因此只要弄清楚一般所得税的归宿规律，同理也能说明一般消费税的归宿问题。

通过这样的归类，我们只要以上述四种税为对象进行考察就能说明一般均衡框架下税负转嫁与归宿的情况，这将使问题大大简化。但仅进行这样的简化还不够，实际经济活动很复杂，生产部门使用技术的差异（由此决定资本和劳动的比率以及它们之间相互变换的难易程度）、要素供给者的行为（是完全自由流动还是不能）、市场结构（是完全自由竞争的还是垄断）、资本和劳动等要素供给数量是否变化、消费者偏好差异与否、税前税后总收入变化是否改变要素价格等都对一种税收的转嫁与归宿产生影响，如果把所有影响都考虑进去，问题仍然足够复杂，难以说明清楚。因此，在进行一般均衡分析时还得对市场总体状况进行假设。

（二）一般均衡分析的假设条件

在只有 x、y 两个生产部门，均使用两种生产要素资本 K 和劳动 L 的框架内，还需要如下假设：

（1）两类商品的生产者均保持规模收益和要素密集度不变。即生产要素投入扩大一倍，产量也增加一倍。要做到这一点，还要使所使用的两种要素的替代弹性等于1。所谓替代弹性等于1就是两种要素相对价格变化不影响要素密集程度，即资本－劳动的比率不变，原为劳动密集型产业仍然是劳动密集型，原为资本密集型仍然是资本密集型。实际生活中，当某一要素价格上升时，例如资本的价格上升，追求成本最小化的厂商会用其他生产要素加以代替，但是在替代弹性保持不变的假设就是假设不会发生这种替代，而是使总产出中资本和劳动的报酬份额保持不变，要素价格变化的百分比引起的对要素需求量变化的百分比正好相等，例如资本价格上升10%，所引起的资本使用量也刚好降低10%。

（2）要素完全流动。即资本和劳动的所有者都追求总收益最大化，无论是资本还是劳动都可以按照所有者的意愿在部门之间自由流动。最终，每个部门的资本边际净收益率必然相等，劳动边际净收益率也相等。

（3）要素得到充分利用。即商品市场和要素市场都是完全自由竞争的，所有商品和要素的价格具有完全弹性。

（4）要素供给总量不变。即在经济中，资本和劳动的数量是固定的。

（5）消费者的偏好相同且不变。即征税不改变人们的消费结构，征收后消费者收入中用于购买 x 和 y 的比例不变，这意味着税收不产生任何收入再分配效应，这样的假设便于集中研究税收对收入来源的影响。

（6）税前和税后的总收入不变。这个假设的意义在于排除因为征税导致总收入变化而对需求和要素价格产生影响。要使总收入不变，就要让政府税收收入完全用于购买 x、y 商品某种组合，政府购买后整个经济对这两种商品的总需求与税前没有两样。而要做到这一点就需要政府以某种方式将税收返还给社会。也就是说政府行为对市场交易没有影响。

（三）四种类型税收的一般均衡分析

下面以上述严格假定为背景，分别考察四种税收的税负归宿。

1. 选择性流转税（以对 x 商品的消费课征流转税 t_x 为例）

我们首先分析商品市场的变化，对 x 的课税会使其价格上升，因此人们会减少对该商品的消费转而购买其替代品 y，这样替代品 y 的价格会上升，从而对 y 的需求也会下降。再来看要素市场的情况，由于商品 x 的价格上升导致的产量下降，因此生产 x 所用的资本和劳动就要向 y 部门转移。如果 x 部门属于资本密集型产业，那么转移出来的资本要素就要多于劳动要素，结果在 y 部门，资本的相对价格就要下降，从而资本所有者的收益将会减少，这意味着它们也要承担对 x 征收的流转税。而如果商品 x 的需求弹性较大，那么商品 x 的需求量将大幅下降，资本转移规模会更大。y 部门资本所有者的损失会更大，其承担的对 x 征收的流转税的份额也越大。如果 x 部门属于劳动密集型产业，那么情况与此相反，随着劳动向 y 部门转移的规模增大，y 部门劳动所有者工人的收益就会降低，从而也承担了对 x 商品课征的部分流转税。

总的来看，对某一商品征收选择性流转税，并不像前面局部均衡分析的那样其税负仅在该商品的生产者、购买者或投入品提供者之间进行分配。从一般均衡角度，对某一特定商品课征的流转税，会导致为生产该商品而需要大量采用的投入品相对价格下降，从而波及其他商品和要素所有者。选择性流转税的税负将会由应税商品和相关其他商品的生产者和消费者，以及生产应税商品大量使用的要素的所有者共同负担，负担的大小将取决于应税商品的需求弹性、产业形态（是资本密集型还是劳动密集型）等因素。

2. 部分要素税（以对商品 x 部门的资本 K 征收从价税 t_{Kx} 为例）

当对生产商品 x 部门的资本要素所有者所拥有的资本征收从价税 t_{Kx} 后，就出现两个初始效应即产量效应和要素替代效应。

就产量效应而言，由于 x 部门的资本价格上升，导致 x 商品的生产成本上升，最终导致生产者降低 x 的产量。由于商品 x 产量的下降，将导致商品 x 的价格上升，需求减少。在资本价格因为征税而上升的情况下，为了满足厂商为使用资本的总支出不变的假定（假定 1），一部分资本就从 x 生产部门流出，相应的一部分劳动要素也要流出。如果 x 部门是资本密集型的，那么要到生产 y 商品的部门寻求出路的资本相对就多。就是说流入到 y 部门资本就多，这导致 y 部门的资本价格下降，从而 y 的生产成本下降，最终导致生产者提高 y 的产量。由于商品 y 产量的上升，将导致 y 价格的下降，需求上升。但是如果 x 部门是劳动密集型的，那么由于流出的劳动多，对 y 部门而言资本的相对价格上升，结果 y 的产量就会减少、价格上升、需求减少。也就是说，从产量效应而言，部分要素税的结果是导致资本价格上升还是下降，取决于被课税部门的产业形态，如果为资本密集型，那么 y 部门的资本价格会下降；如果为劳动密集型，那么 y 部门资本价格会上升、劳动价格会下降。

就要素替代效应而言，征税的结果是生产 x 部门的资本价格上升。只要资本与劳动之间的替代是可能的并且替代弹性为 1，那么商品 x 的生产者面对资本价格的升高，将同比例减少资本的使用量而多用劳动，从而降低资本的需求及其相对价格。此时，对 y 部门而言，由于资本流入的增多，其资本价格将会下降。

综合上述两种效应，我们发现如果被课征资本税的部门是资本密集型的，那么两种效应同方向，即 y 部门的资本价格要下降。这意味着，对 x 部门征收的资本要素税，也有一部分转嫁到了 y 部门。如果 x 部门为劳动密集型，那么最终结果不确定，但由于会导致部门劳动价格的下降，意味着对资本的课税也有可能损害劳动的利益。至此，我们可以得出这样的一般性结论，即只要要素可自由流动，那么对其中一个部门的一种要素课税，其税负会归宿到两个部门的两种要素，从而影响它们的收益，具体归宿情况取决于多种因素。这是局部均衡分析所得不到的结果。

3. 一般要素税（以对商品 x、y 部门的劳动要素 L 征收从价税 t_L 为例）

如果对两个部门的劳动要素征收同样的税，那么由于两部门劳动要素的价格同时上升同样的幅度，因而不会发生要素在两部门间的流动，劳动要素的所有者工人无法通过转移要素而逃避税收。如果劳动要素的供给弹性为0，那么税负将完全由工人负担；如果劳动要素的供给可以改变，即供给弹性不为0，那么要素所有者将减少劳动的供给，从而改变原有的资本和劳动的供给情况，这一方面会造成商品产量的改变，另一方面也会改变资本和劳动的相对价格，进而使资本的价格下降，税负最终将在工人、生产者以及资本要素所有者之间分担。

4. 一般所得税

对全部要素的课税，即对资本和劳动的所有者共同课征所得税，由于课税范围涉及所有部门，所以不会导致要素的跨部门流动。另外，由于前面假设要素的供给是不变的，即要素供给无弹性，那么要素的所有者不能通过提高要素价格而转嫁税负，所以税负将由要素的所有者负担。如果要素的供给可以改变，那么要素的所有者则可以通过改变要素的价格来转嫁税负，而最终的税负归宿问题则要根据要素供给的弹性来具体考察。

三、一般均衡分析的启示和局限

以哈伯格模型为代表的一般均衡分析框架的提出具有重要意义，与最优税收理论一样是充满智慧给人启迪的理论，但由于其结论需要非常严格的假定条件，以及税负归宿的复杂性和连锁性，该理论本身和实际应用均存在局限性。

（一）一般均衡分析的启示

一般均衡分析考察税收对要素市场和商品市场的连续影响，从而最终确定不同税种的税负归宿，不仅指出商品的供需弹性对税收归宿的影响，而且表明在分析税负归宿时还要考虑要素的可流动性、要素供给的弹性等最终税负归宿的因素。因此，克服了局部均衡分析的缺陷，使某些同时影响多个市场的一般所得税和一般流转税税负归宿也能得到说明。这一分析方法揭示了税收效应的复杂性，指明要透彻地分析税收的效应需要掌握哪些信息，告诉人们要从宏观、整体、长期角度考察税负的转嫁与归宿，得出了许多不同于局部均衡分析的结果，使人们的认识大大拓展和深化。

一般均衡分析的结果还告诉我们要谨慎对待某些司空见惯的政策主张。例如对生活必需品应当免税、对奢侈品应当征高税、对资本的征税要高于对劳动的征税等。一般均衡分析表明，由于税收的连锁影响，某些从局部短期看有利于劳动者、有利于低收入群体的税收政策，从宏观全局、长期角度分析则可能损害劳动者和低收入群体。一般均衡理论进一步告诉我们，对任何基于调节目的的税收主张都不能简单赞同，在还不具备信息和技术条件能够完全透彻地分析一种税收的税负归宿时，税收最好保持中性。

（二）一般均衡分析的局限性

由于税负归宿本身过于复杂，以及我们还难以得到对税负归宿进行透彻分析的全部信息，使得一般均衡分析建立在过于苛刻的假定条件下，这样就影响了结论的适用范围。

(1) 关于保持规模收益和要素密集度不变以及替代弹性为1的假定。如果没有这假定，在对某x部门某一要素课税，导致该要素价格上升的情况下，就不一定发生要素从x生产部门流出问题，从而就不会波及y部门，上述一般均衡分析的第2点（关于部分要素税）结论，就不一定正确。在现实生活中，投入扩大一倍，产量也增加一倍的情况只在技术不发生变化的条件下存在。在采用新技术，劳动或资本生产率提高的情况下，较少的要素投入可能产生同样或更大的产出，规模收益是可变的，此时征税虽然提高了应税要素的价格，但不一定导致要素的流出，或者虽然部分要素会流出，但流出的份额不一定与应税要素价格上升成比例。因此，一般均衡分析的结论不是普遍的，而只是在非常严格假定下才是成立的。

(2) 关于要素完全流动和完全自由竞争的假设。这些假设也不是普遍的，仍然是偶然的。现实生活中由于制度和技术的原因，有些要素是不能流动的，也不是所有商品和要素的价格具有完全弹性。例如土地被划分为住宅用地、工业用地时，无论收益率多高，工业用地不能被转换为住宅用地。专业性人才的流动受到限制。信息获得困难，交易成本的存在也限制要素流动。在中国这样的不发达市场国家，要素流动自由度更低一些。如果要素不能自由流动，那么前述部分要素税归宿取决于几个效应综合的结论就不正确，不流动的要素必须承担对其征收的税收，无法通过转移到其他部门而逃避税收。

(3) 关于要素供给总量不变的假设。这是假设税收对要素供给本身不产生影响，从而便于分析税收引起的要素流动。从短期静态看，这是合理的假设。但从长期动态看，税收会改变要素供给，例如资本税会导致资本供给减少、工薪税会导致人们更多地选择闲暇而减少劳动供给。如果这样，那么前述一般所得税不转嫁的结论就不成立。在要素的供给可以改变的情况下，要素的所有者则可以通过改变要素的价格来转嫁税负，而最终的税负归宿问题则要根据要素供给的弹性具体考察。

(4) 关于消费者的偏好相同、不产生任何收入再分配效应的假设。显然这些假设在现实生活中也是偶然的。征税会改变人们的消费结构，征收后消费者收入中用于购买x和y的比例也会变化，任何税收都可能发生再分配效应，考虑政府使用税款的情况，再分配效应更大，从而改变总收入、改变总支出决策和相对价格。例如，对农业和石化产业征收一般资本税，在假定前提下不转嫁，具有累进性（有钱人资本收益多）。但如果考虑到偏好不同，低收入家庭对农业和石化产业生产的生活必需品支出比例高，征税的结果低收入家庭也要负担一部分税收，从而降低资本税的累进性。①

学术界一般将上述分析框架称为哈伯格模型或哈伯格一般均衡税收归宿模型，又称税负归宿两部门一般均衡模型。这一模型只研究两个部门的情况，过于简化。后来的学者在此基础上提出了税负归宿多部门可计算一般均衡模型（CGE模型）。不论是哈伯格模型还是CGE模型均属于静态模型，即采用的变量为同期变量，基于封闭经济、

① （美）哈维·罗森著，赵志耘译，《财政学》（第六版），中国人民大学出版社，2003年，第258页。

个人年收入，如果放在全球开放的经济、以人的一生收入为背景，结论就会大大不同。此外对企业所得税（公司所得税）的归宿没能说明。[①] 为此，在20世纪后期，学者们基于各种经济增长模型，在其中加入税收因素，分析税收归宿，提出不同的税收归宿一般均衡动态模型，例如索罗（Solow）新古典经济增长税收归宿一般均衡分析模型、通货变动的税收归宿模型、生命周期税收归宿模型等。最近几年，中国学者用西方一般均衡分析方法分析中国主要税收的转嫁与归宿也取得一些进展。[②] 无论局部均衡分析还是一般均衡分析，都是建立在均衡价格基础之上，而均衡价格是以个人主观评价的边际效用为依据，因此不能提供一个判断税负转嫁与归宿的客观数量界限或标准，只能分析税收增量转嫁的可能，不能说明全部税收归宿以及归宿数量。模型与现实也还难以吻合。

【本章小结】

1. 税负转嫁，即纳税人在缴纳税款之后，通过种种途径将税收负担转移给他人的过程。税负归宿，指税负转嫁的最后结果或税收负担的最终归宿点。

2. 税负转嫁的方式包括前转、后转、混转、消转和税收资本化。

从局部均衡角度，税负转嫁的主要途径是价格的变动，转嫁的幅度取决于供求弹性。需求弹性大于供给弹性，则转嫁给消费者或买者的部分较小，不转嫁或向后转嫁部分大；需求弹性小于供给弹性，则转嫁给消费者或购买者的部分大，不转嫁或后转部分小；在极特殊的情况下，供给弹性等于需求弹性，则往往由供给和需求两方共同负担税款，即厂商可转嫁一半于买者。

3. 在完全竞争条件下，无论对生产者还是对消费者征收从量商品税都不会影响其各自的税收负担，这一规律叫做税收的无关性定律。

4. 局部均衡分析只能说明单一市场和单一商品的税负转嫁与归宿，忽略了有可能在其他市场发生的一系列相对价格变化。

5. 一般均衡分析考察税收对要素市场和商品市场的连续影响，从而最终确定不同税种的税负归宿，不仅指出商品的供需弹性对税收归宿的影响，而且表明在分析税负归宿时还要考虑要素的可流动性、要素供给的弹性等最终税负归宿的因素。这一分析方法揭示了税收效应的复杂性，指明要透彻地分析税收的效应需要掌握哪些信息，告诉人们要从宏观、整体、长期角度考察税负的转嫁与归宿，得出了许多不同于局部均衡分析的结果。由于税负归宿本身过于复杂，以及我们还难以得到对税负归宿进行透彻分析的全部信息，使得一般均衡分析建立在过于苛刻的假定条件下，这样就影响了结论的适用范围。

【概念与术语】

纳税人　负税人　税负转嫁　税负归宿　前转（forward shifting）　后转（backward shifting）　混转　消转（diffused shifting）　税收资本化（capitalization of taxation）　无关性定律　需求弹性　供给弹性　局部均衡分析（partial equilibrium analysis）　一般均衡分析（general equilibrium analysis）　哈伯格模型

---

① （法）伯纳德·萨拉尼著，陈新平等译，《税收经济学》，中国人民大学出版社，2005年，第39页。

② 张阳，《中国税负归宿的一般均衡分析与动态研究》，中国税务出版社，2007年。

【思考题】

1. 单一自由竞争市场上商品的价格供求弹性如何决定流转税的税负转嫁与归宿？

2. 局部均衡分析的主要缺陷有哪些？

3. 一般均衡分析的主要思路怎样？

4. 一般均衡分析给我们那些启示？

5. “凭发票抵扣进项税额的消费型增值税的税负总是落到最终消费者身上”这个观点正确吗？为什么？

6. 所得税是不转嫁税吗？为什么？

第七章

宏观税收负担的衡量

从微观角度分析税收负担的转嫁与归宿只能为考察税收分布是否公平以及是否造成额外负担等问题提供分析思路和方法，还不能说明税收负担是否适度。本章要通过研究一国宏观税负水平的决定因素、宏观税收负担水平的衡量或测定办法、税收增长与社会财富增长的相互关系，回答怎样的宏观税负水平才是适度的、怎样的税收总量增长率才是正常的等问题。

第一节　宏观税收负担水平的测算和轻重判断方法

一、衡量宏观税收负担水平的指标

（一）宏观税负率

宏观税收负担指一定时期国家征集的税收总额与同期社会产出总量或总经济规模的对比关系。因而衡量宏观税负首先要正确选择反映全社会产出量或经济活动总量的指标。选择原则是：①能正确科学地反映经济活动总量；②能有利于进行纵向历史比较和横向国际比较；③取得资料容易，计算简便。

中国曾经长期采用物质产品平衡表体系（the system of material product balances, MPS)，用社会总产值这一指标反映经济活动总量。社会总产值由于存在对物化劳动转移价值的重复计算，以及只计算物质生产部门的价值而不计算服务价值等问题，加上不能进行国际比较，因而在宏观税负水平衡量中只能作为参考性指标。目前衡量全社会经济活动总量比较通行并可进行国际比较的指标一是国民生产总值（gross national product，GNP）或国内生产总值（gross domestic produce，GDP），二是国民收入(national income，NI)。因而衡量宏观税收负担状况的指标也就主要有两个：国民生产总值（或国内生产总值）税收负担率简称 GNP（或 GDP）税负率；国民收入税收负担率简称 NI 税负率。其计算公式分别为

$$\text{国内生产总值（或国民生产总值）税负率}=\frac{\text{税收总额}}{\text{国内生产总值(或国民生产总值)}}$$

$$\text{国民收入税负率}=\frac{\text{税收总额}}{\text{国民收入}}$$

准确计算各时期的宏观税负率是研究宏观税负的前提。而要准确计算宏观税负率，有必要弄清GNP、GDP、NI以及税收总额的具体含义。只有统计口径相同，才能进行历史纵向比较和国际横向比较。

（二）国内生产总值（或国民生产总值）及计算方法

国民生产总值和国内生产总值都反映一个国家一定时期经济运动总量，是联合国统计委员会国民经济账户体系（the system of national accounts，SNA）的主干指标。二者反映的是以市场价格表示的一国各国民经济部门一定时期内（通常为年）生产的最终产品和服务的价值总和。

上述最终产品和服务的价值总和，如果按照国民原则即属人主义原则计算，就是国民生产总值。国民原则意味着凡是本国国民经营的全部经济活动成果，无论其在国内还是在国外经营，一律作为核算对象。外国国民在本国领土范围内的经济活动成果则不包括在内。这里所称国民，与通常意义上的公民和居民有差别。公民指具有本国国籍的人，居民还包括在本国拥有住所或居住一定天数以上的人（可以是公民也可以不是公民）。而统计国民生产总值的“国民”指的是常住居民，包括居住在本国的公民、暂居外国的本国公民、长期居住在本国但未加入本国国籍的居民。[①] 最终产品和服务价值总和，如果按照领土原则即属地主义原则计算，就是国内生产总值。领土原则意味着凡是在本国领土范围内生产的产品和提供的劳务，不论由本国国民还是外国国民生产或提供，都要计入国内生产总值中，反之则不计入。因此，国民生产总值和国内生产总值之间存在如下关系：

国民生产总值＝国内生产总值＋国外净要素收入

国外净要素收入＝本国国民在国外取得的劳动和财产收入－外国国民在本国取得的劳动和财产收入

衡量中国的宏观税负，国内生产总值优于国民生产总值。因为，国内生产总值能更确切地反映一国实际生产规模，计算较为简便；税制结构以流转税为主体，流转税是按属地主义原则征收的。中国对外投资增长快速但总量还不是很大，来源于国外的投资所得较少，减掉税收抵免或扣除，对外投资方面的所得税税收收入量小可忽略；劳务所得在外国已纳个人所得税一般要予以抵免，本国征收的个人所得税金额不大。因此国内生产总值计算范围与税收计算范围比较一致，以国内生产总值作为宏观税负率的分母更为准确。当然在中国，国民生产总值与国内生产总值的数额差别不大，用国民生产总值作为分母来计算宏观税负率也能说明问题。

国内生产总值的计算主要有生产法（或部门法）、分配法（或收入法）、使用法（或支出法）。生产法，就是分别以国民经济各部门一定时期内生产的产品或提供的劳务的价值总量，扣除固定资产折旧外的中间消耗的价值，即外购的非固定资产产品和劳务的价值量，其余额就是各部门的增加值，把各部门的增加值相加就得到国内生产

① 佟哲晖，《经济统计学概论》，东北财经大学出版社，1992年，第365页。

总值。其中，社会事业、政府机构服务等非盈利性部门的增加值按成本价格即工资发放总额以及费用支付额计算。分配法是从生产要素所有者收入角度进行计算，把所有企业和事业、行政单位一定时期内为生产产品、提供劳务而支付的劳动者报酬、固定资产折旧、流转税费净额、营业盈余相加，得出国内生产总值。使用法（或支出法）则是把整个社会一定时期内最终用于消费和投资以及净出口的产品和劳务的价值相加，得出国内生产总值。三种方法的计算结果从理论上讲是一致的，但由于资料来源不同，可能产生差异，这种差异一般称为统计误差。

（三）国民收入及计算方法

国民收入是整个社会一定时期内新创造的价值总和，是反映一国经济实力的重要指标。但在 MPS 和 SNA 体系下其内涵不同。在 MPS 体系下，国民收入一般指的就是国民收入生产额，是从事物质资料生产的劳动者在一定时期内新创造的价值，也就是社会总产值扣除生产过程所耗生产资料价值后的净产值（即 $v+m$），农业、工业、建筑业、运输邮电业、商业（包括饮食业和物资供销业）净产值之和就是国民收入。历史上，中国计算国民收入的方法有两种：一是生产法，以物质生产部门的总产值减去生产中的物质消耗价值（如用于生产的原材料、种子、肥料、燃料、动力、生产用固定资产折旧等的消耗）后的净产值相加。二是分配法，从国民收入初次分配的角度看，等于物质生产部门的职工工资、福利基金、利润、税金、利息等项目的总和。因此在中国，MPS 下国民收入概念不包括非物质生产部门的增加值或收入。

在 SNA 体系下，国民收入概念建立在生产三要素理论基础之上，即劳动获得工资、土地生产租金、资本创造利润。国民收入指的就是直接参加生产产品和提供劳务的生产要素，通过价值分配所取得的报酬总和。其具体计算有两种方法。一是减法，就是从同一时期国民生产总值中扣减固定资产折旧和间接税（即流转税）净额。即国民收入＝国民生产总值－固定资产折旧－间接税净额。间接税净额指间接税总额冲抵政府从间接税中开支的政策性津贴（如农产品补贴等）后的余额。二是加法，就是社会各部门和个人扣除直接税后的工资薪金、利息、利润总和加上政府获得的各项直接税收入（如所得税、财产税、社会保险税）。所得税等直接税之所以应列入国民收入中，是因为这些税是对要素收入的直接扣除。也就是说，要素所有者所获得的要素收入，一部分由所有者支配，另一部分归政府使用，要素收入若按税前口径计算，就不应单独加计直接税；若按税后口径计算，自然应单独加计直接税。而间接税如营业税、增值税等由消费者负担，也就是从要素所有者所得税后收入中支付，如果把间接税也算作国民收入就产生重复计算。

以国民收入税负率进行国际税负水平比较时，应注意 MPS 和 SNA 的差异，必要时应进行换算，否则将得出错误结论。MPS 和 SNA 国民收入概念的数量关系是：

MPS 国民收入＝SNA 国民收入－非物质生产部门的劳动报酬和营业盈余－个体经济中非物质生产部门的收入－非物质生产部门支付的社会保险金＋物质生产部门的服务支出＋物质生产部门内部用于非生产项目的物质消耗和固定资产折旧＋流动资产意

外损失+间接税－政府津贴。

利用国民收入税负率指标进行国际比较，除按上述关系换算国民收入指标、使之在计算口径和内容上具有可比性外，还要注意估价标准和价格水平问题。[①]

（四）税收总额

要正确计算宏观税负率，除解决上述分母问题外，还要把握税收总额的内涵及其纵横向可比性。一般应注意的问题有：不同历史时期体制差异、杂税、暗税等。

1. 不同历史时期体制差异

中华人民共和国成立后，中国进行了多次财政税收体制改革，各时期税收总额的内涵及统计口径是不一致的。其中1984年的利改税是一个重要分界点。利改税前，占主体地位的国有企业只向国家交纳工商税和利润，本来应以所得税这一税收形式上交的纯收入以利润形式上交，因而国有企业上交的“税收”与税收体现的国家公共权力、满足社会共同需要的内涵有一定差距，利改税完成前统计资料中的“税收总额”不能反映税收的全貌。而把国有企业利润上交形式完全改为税收形式，则使本来反映国有资产产权利益的利润分配部分也用税收形式上交，以税代利代得过头，混淆了国家层次上公共权力与全民财产所有权的区别，也混淆了国家层次上社会管理职能和全民财产管理职能以及与之相适应的两种分配方式的区别。也就是说，统计资料中1984年至1993年的“税收总额”包含全民资产产权利益部分。在西方国家，企业与国家是独立经济实体与社会管理者的关系，较少存在企业向国家上缴利润（产权利益）问题，其统计指标“税收总额”，反映的是实实在在的税收即体现国家公共权力满足社会公共需要的税收，其中不包含产权利益因素。此外，中国对非国有企业从来是既征流转税又征所得税。因此，简单地用中国统计年鉴上的税收总额计算的宏观税负率，与他国的宏观税负率是不可比的；中国不同历史时期的宏观税负率也是不可比的，国有企业与其他所有制企业税负率的比较同样是没有说服力的。

因此，要正确计算宏观税负率，就必须按第二章所述关于税收本质的原理，也就是按照国家层次上两种权力（政治权和国有财产所有权）、两种职能（社会管理职能和国有财产产权管理职能）、两种分配方式（税收和上缴利润）相分离原则，对统计年鉴中的“税收总额”进行调整，还税收以本来面目。利改税前，企业上交的利润（财政预算上为“企业收入”），包含应向国家公共权力主体缴纳的所得税的成分，应加入“税收总额”中。利改税后，大部分国有企业缴纳的国有企业所得税和调节税包含与国有资产所有权有本质联系的利润上交因素，应从“税收总额”中剔除，还有一部分未实行利改税的国有企业上交的“企业收入”与利改税前的“企业收入”一样包含应向国家公共权力主体及其行政预算系统缴纳的所得税成分，应加入“税收总额”中。

2. 杂税和暗税

第一章我们已经指出，在中国存在不少名称不为税，但实质上就是税的财政收入

① 黄沂木等，《统计原理与经济统计学》，厦门大学出版社，1992年，第498页。

形式，包括社会保险费、排污费等，以及以政府性基金和收费名义出现的各种杂税，在计算宏观税负时应当将这些财政收入项目算入税收总额中，否则宏观税负水平就是不准确的。同样，在中国各个不同的历史时期存在不同的“暗税”，如果没有将暗税算入税收总额中，税收总额就不能反应政府无偿、强制获得的“税收”。在进行国际比较时，特别要注意从实质而不是名称来准确计算税收总额，否则比较口径就存在很大差别，比较的结果就不能说明问题，甚至产生误导。

二、判断宏观税负轻重要考虑的基本因素

在税收总额数字合理并且可比前提下计算出来的宏观税负率可反映一国的宏观税负水平。这一宏观税负是轻是重，必须进行判断。进行判断时要考虑如下主要因素。

（一）一般社会公共需要必要量和剩余产品价值率

判断宏观税负水平是否合理，首先看按这一水平征集的税收能否满足需要由国家主办的社会公共需要。其次看按这一水平征集的税收是否超过宏观税负的最高限量。这就需要计算一般社会公共需要必要量和剩余产品价值率。

1. 一般公共需要必要量

在市场经济条件下，能带来剩余产品价值的经济领域属于生产领域，不创造剩余产品价值的社会经济领域一般归于公共需要部门，这些部门包括国防、一般行政管理、文教卫生体育等公共事业，社会保险和社会救济等社会保障事业以及公共工程等，其费用由国家用税款支付。一般说来，无法进行定价和按价收费，无法计算收益和成本，也就无所谓盈利或剩余产品价值的创造。以生产性劳动和非生产性劳动划分则更能体现税收的本质，可说明税收是非生产费用，只能用在非生产领域。但是在现实生活中，公共需要与非公共需要、生产领域与非生产领域界限并非分明，其划分不是绝对化的而是具有交叉性和弹性的，这往往取决于政府对社会经济的介入程度。介入程度大，公共需要规模也大。现代国家还经常用人为地扩大或压缩公共需要的办法控制宏观经济活动。

一般公共需要的必要量不仅取决于生产劳动与非生产劳动的划分，更主要的是受生产力发展水平以及经济体制现状的制约。在一定生产力水平、经济体制以及生产性劳动与非生产性劳动划分状况下，应由政府财政（其中的经常预算系统）支出的一般公共需要必要量或属于非生产性开支的经费必要量，如果政府财政不能通过正常渠道筹集，各非生产性部门就会以扭曲的、非规范化的途径进行经费补充。按中国经济社会发展的总体格局，一般公共需要必要量主要由以下 3 大项构成。

（1）非物质生产部门的非生产性基本建设投资和更新改造投资。具体包括非物质生产部门的职工住宅，公用事业、居民服务和咨询服务业建设，卫生、体育和社会福利事业建设，教育、文化、艺术和广播、电视、电影事业建设，科学研究事业建设，国家机关、政党机关和社会团体建设，其他非生产性建设，及其更新改造投资。其中职工住宅住房改革即房改后由职工有偿购买，但工资要相应增加，政府的开支总额不

变，不影响对这一问题的讨论。其中某些项目如公用事业、咨询、教育、体育、广播电影电视、应用性科研等都有经常性收入，这些收入可作为各部门的事业费，但其基建及更新改造投资往往由国家财政拨款解决。总体上，国家财政预算内用于非物质生产部门的非生产性基本建设投资和更新改造投资严重不足，许多单位通过"创收"解决经费不足问题。因此，这一项目的必要量远不止于国家财政预算内相关项目总额，必须把本来应由财政支出但财政无力支出、而由其他投资主体支出的数字包括在内。

（2）经常费用项目。指应由国家财政经常预算开支的日常管理性、维持性、非物质生产部门职工报酬性经费项目。具体包括国防费、行政管理费、抚恤和社会救济费，文教、科学、卫生事业费，地质勘探费，工交商部门事业费，农业、农村支出，养路费、城市维护费等。经常费用项目中，行政管理费由于政府机构臃肿增长幅度较大，其他方面如国防、文教、科学等费用支出则严重不足，应通过改革减少不必要支出、增加必要支出。因此，计算经常费用项目的经费必要量时，要注意财政预算内数字的不准确性，要从改革和发展的角度作必要的增减调整，特别是考虑预算外的经费开支。

（3）调节性开支项目。保持社会经济的有序化，为国民经济健康、持续、稳定、低通货膨胀率发展创造一般生产条件，是现代政府的基本职能之一。一般生产条件由政府通过非物质生产部门的基建、更改投资与日常经费开支解决。此外，政府还必须以税款支持和谐社会的构建，促进科学发展即促进城乡协调、区域协调、人与自然协调，促进经济体制改革、解决经济体制改革过程中突出的社会矛盾，参与产业结构调整、特别是支持"瓶颈产业"的发展，实施社会保险等。我们把政府这些方面的经费开支称为调节性开支。如果一般公共需要前两个项目的必要量是固定的，那么调节性开支项目必要量是可变的，不同的历史时期，政府面临的职责不同，上述调节性开支项目多少和量的大小不同。在市场经济条件下，社会保险开支数额会越来越大，但一般只能计算基本的社会保险（包括养老、医疗、失业、工伤、生育等）开支。

一般公共需要必要量即一定生产力水平下应由国家公共权力主体承担的社会管理职能的经费必要量。这一必要量说明政府占有社会财富的基本要求，在满足这一基本要求时，政府和非生产部门得以运行，社会成员也能获得人权所要求的基本社会保险，他们能够安居乐业，社会比较稳定，从而经济活动就具备一般的公共生产条件。在不超过一般公共需要可能量的情况下，一般公共需要必要量占国民生产总值（或国内生产总值）或国民收入的比重反映较为合理的宏观税负率。笔者曾经利用20世纪80年代到20世纪90年代的数据计算过中国合理宏观税负率即税收征收量与国内生产总值的比率为18%[①]，达到这一水平才能保证基本一般公共需要。

一般公共需要必要量反映政府承担基本职责所需要的财富占有水平，是政府"应该"拥有税收数量的指标。根据古今中外税收历史经验和教训，判断这一"应该"拥有的税收数量是否适度，还要看社会提供剩余的"可能"。因此有必要测算一般公共需要可能量——剩余产品价值总量。

① 杨斌，《宏观税收负担总水平的现状分析及策略选择》，《经济研究》，1998年第8期。

2. 剩余产品价值率

在分析税收本质时，我们已经指出，从长期全局和宏观角度看，不论一般公共需要如何必要，一定时期税收总量不能超过同期剩余产品价值总量。假定，处于一般正常的年份，即没有发生战争、大规模疫情和自然灾害；不考虑外资引进；不考虑政府用税收进行的转移支付；所有企业和家庭部门净收益相同。那么，如果政府征税规模等于当年的剩余产品价值总量，家庭和企业部门就不能进行扩大再生产；如果政府征税规模大于当年的剩余产品价值总量，家庭和企业部门就不能进行简单再生产，经济就会遭受严重破坏。因此，剩余产品价值总量是判断宏观税负是否超越极限的重要指标。

可以用剩余产品价值总量除以国内生产总值所得到的百分比，即宏观剩余产品价值率，来衡量一定时期剩余产品的生产水平。不同的国家、不同的历史时期，剩余产品生产水平即宏观剩余产品价值率是不同的。一般的说，产业结构合理、经济均衡发展、经济增长模式是集约型而不是粗放型的，那么经济效益就好，宏观剩余产品价值率就高；否则，产业结构失衡、经济周期波动频繁、经济增长模式还处于粗放经营阶段，经济效益就差，宏观剩余产品价值率就会比较低。在不同的宏观剩余产品价值率的国家或同一国家不同的历史时期，同样的宏观税收负担总水平，对社会经济发展的影响是不同的，因为剩余产品生产水平不一样。在经济效益较好，从而宏观剩余产品价值率比较高的国家中，即使宏观税收负担总水平高一些，只要在宏观剩余产品价值率以内，也不会对经济发展产生不良影响；而在经济效益较差，从而宏观剩余产品价值率较低的国家，即使宏观税收负担总水平不是很高，但有可能已接近甚至超过宏观剩余产品价值率，对经济发展的损害可能是相当大的。因此，在进行宏观税收负担水平国际比较的时候，要特别注意宏观剩余产品价值率的差别。不应当将经济效益较好，从而宏观剩余产品价值率较高的西方发达国家的宏观税收负担总水平作为判断中国宏观税收负担总水平是否合理的根据。总之，要计算本国的宏观剩余产品价值率，以此来判断现阶段宏观税收负担总水平是否接近或超过最高界限。

要计算剩余产品价值率，就需要首先计算剩余产品价值总量。在中国目前的统计年鉴中，剩余产品价值总量没有现成数字。计算剩余产品价值总量有两种口径。一种口径为窄口径，只根据物质产品平衡表体系（MPS）口径计算农业、工业、建筑业、运输邮电业、商业（包括饮食业和物资供销业）五大物质生产部门社会总产值，以社会总产值减去物质生产部门物质消耗、物质生产部门劳动者个人消费基金推算。物质消耗额统计年鉴中有详细列示。物质生产部门劳动者个人消费基金即必要产品价值总量没有现成数字。劳动者获得的劳动报酬不是用于消费就是用于储蓄，假定期初储蓄余额等于期末储蓄余额，物质生产部门劳动者个人消费基金V可以下式近似推算：

$$V=P_C\div L_f\times L_m$$

式中：P_C为居民个人消费总额，L_f为全社会劳动者总人数，L_m为物质生产部门劳动者总人数。

笔者曾经根据上述方法计算过 20 世纪 90 年代中后期剩余产品价值率在 31%～

33%之间①，这是当时宏观税负的最大数量界限，宏观税负率一般不能超过这个界限。

另一种为宽口径，通过汇总所有产生盈余的经济部门（不仅仅是五大物质生产部门）的利润总额扣除计入成本内的各种流转税和其他政府税费来计算一定时期全社会剩余产品价值总量。也可以利用分配法以当年GDP倒算出这个社会的剩余产品价值总量，即用分配法计算出的GDP减去折旧和劳动者报酬，结果就是利润、租金、利息、生产税（流转税）净额，也就是剩余产品价值总量。用这个总量除以同期GDP就能算出剩余产品价值率即宏观税负的最大数量界限。

（二）判断宏观税负轻重的其他因素

判断宏观税负轻重除了看一般公共需要必要量和剩余产品价值率外，还要考虑以下一些因素：

（1）税款的使用是否合理。宏观税负的轻与重很大程度上与税款使用方向有很大关系，如果税款征收和使用均由人民或其选举的代表决定，税款能够被用于多数人民得益的场合，例如社会保险、涉及民生的基础设施建设、社区服务、教育、环境保护、公共安全等，而不是过多地被用于政府本身的消费需要，那么即使宏观税负高一点，人民由于可以生活在和谐、安全、环境优美的社会之中，享受较高的社会福利，人民得到了税款的回报，纳税牺牲度降低了，从而乐于缴税而不感到税负沉重。相反，在人民没有权利参与税收立法和税款使用决定的社会中，由于不能保证税款被用于增进人民福利的领域，而过多地被用于政府自身消费（如官员较高甚至相对很高的实际待遇、国际国内公费旅游、豪华办公场所建设、车辆购置、实际上是防范人民抗议行动的军警开支、非正义战争等），那么即使宏观税负水平不高，人民也会觉得税负沉重，因为他们不能从税款的使用中得到应有的回报。

（2）征税是否公平。税收制度和实行是否按照公平原则也是影响税负高低评价的因素。如果税收制度不遵循公平原则，或者实行过程中没有遵循公平原则，那么一部分人享有减税、免税特权，另一部分人（可能是社会地位不高、收入较低的阶层）就要承担全部税收，即使宏观税负水平不是很高，但对没有特权的这一部分人而言，就要承担比应该承担的更高税负，从而感到宏观税负重。

（3）企业和个人扩大再生产是否顺利进行，经济发展是否顺利。如果企业交纳各种税收后仍然有能力进行积累，从通过技术改造和采用更先进的技术推动内涵扩大再生产，或为股东提供较高回报，从而能够增发股票，筹集更多资金进行扩大再生产；多数人交纳各种税收（包括实际负担流转税）后还有财力用于储蓄或投资，或用于交纳发展自我的费用（如进修、深造等），那么宏观税收负担就处于合适水平。如果出现相反的情况，就说明宏观税负水平过高。

① 杨斌，《宏观税收负担总水平的现状分析及策略选择》，《经济研究》，1998年第8期。

第二节　宏观税负与微观税负的差异及其原因

现实生活中有时会出现这样的情况：从宏观角度看税负率不是很高，但个别纳税人（包括企业和个人）觉得税负不低甚至很高，即产生宏观税负水平与微观税负水平不一致问题，对此必须加以合理解释。要进行这样的解释，有必要首先说明微观税负水平的衡量方法。

一、微观税负水平的衡量

每一个纳税人都有可能将税负转嫁出去，因此衡量微观税负比衡量宏观税负复杂。简单地把企业或个人交纳的全部税收除以其毛收入总额，只能反映没有转嫁时的税负，并不能真实地反映税收归宿，但是将其作为参考性指标，可用于对比分析。

首先考察直接税的负担情况。直接税（主要是所得税和财产税）负担率，可用纯收入直接税负担率和企业净产值直接税负担率两个指标衡量。

（一）纯收入直接税负担率

$$企业或个人纯收入直接税负担率=\frac{一定时期实纳的所得税和财产税}{企业或个人一定时期获得的纯收入}$$

式中的纯收入，对企业而言就是利润总额。

$$利润总额=产品销售利润+其他销售利润+营业外收支净额$$

在流转税为价内税情况下：

$$产品销售利润=产品销售收入-产品销售成本-产品销售税金$$

在流转税为价外税情况下：

$$产品销售利润=产品销售收入-产品销售成本$$

个人的纯收入，在独立个人劳务场合指个人获得的劳务总收入扣除各项成本费用后的余额，以及财产转让纯收入；在非独立个人劳务场合指个人因受雇而获得的工资薪金收入和其他来源收入。

上述纯收入直接税负担率说明在税负不转嫁的情况下，企业或个人拥有的纯收入中有多大份额以直接税形式贡献于国家。这一指标可用于进行不同企业、不同个人税负轻重的对比；可用于说明同一微观经济主体不同历史时期的税负变化；可用于说明法定或名义税负水平（即税率）与纳税人实纳税款的差距，这一差距反映国家给予纳税人的各种税收优惠以及非法的税收漏洞。如果名义税负与实际税负差别过大，就需要对各种优惠项目进行清理，检查是否存在税基被不合理侵蚀问题。

（二）企业净产值直接税负担率

$$企业净产值直接税负担率=\frac{企业一定时期实纳的各种直接税}{企业一定时期净产值}$$

长期以来，中国统计工作中一般只计算工业净产值，因此上述指标只适用于工业企业。工业净产值是工业企业一定时期内进行工业生产活动新创造的价值，也就是工业总产值扣除生产资料转移价值后的余额，是体现资金积累的可能程度和扩大再生产的发展潜力，也是反映企业经济效益的重要指标。计算企业净产值直接税负担率，说明在不考虑税负转嫁的情况下，企业新创造的价值中有多大份额以直接税形式贡献给国家。这一指标可用于进行同一企业不同历史时期的比较。但用于进行横向比较时要注意可比性。因为净产值的大小受价格政策、税收制度和政策的影响，如卷烟税率高价格高，所以卷烟企业有较高的净产值。净产值的大小还受企业固定资产折旧办法的影响，固定资产折旧是企业物耗价值的重要组成部分，工业净产值是工业总产值扣除物耗价值后的余额，因此固定资产折旧偏低或偏高都会影响净产值。

（三）全部税负率

除上述直接税负率指标外，学术研究中往往还用总产值（或毛收入）全部税负率、增加值全部税负率、净产值全部税负率作为参考性指标：

$$\text{总产值（毛收入）全部税负率}=\frac{\text{企业（或个人）交纳的各项税收}}{\text{企业总产值（或个人毛收入）}}$$

$$\text{增加值全部税负率}=\frac{\text{企业交纳的各项税收}}{\text{企业增加值}}$$

$$\text{净产值全部税负率}=\frac{\text{企业交纳的各项税收}}{\text{企业净产值}}$$

增加值＝总产值－原材料等一次性物耗价值－向非物资生产部门支付的劳务费用

如果把总产值按 $C+V+M$ 分解，再把其中生产资料转移价值 C 分解为劳动手段（固定资产）折旧价值 C_1 和原材料（一次性物耗）转移价值 C_2，并以 S 表示向非物质生产部门支付的劳动费用，那么总产值、净产值和增加值存在以下关系①：

$$\text{总产值}=C_1+C_2+V+M$$

$$\text{增加值}=C_1+V+M-S$$

$$\text{净产值}=V+M$$

增加值为国内生产总值的统计基础，在微观税负指标中增加值各项税收负担率与宏观上的国内生产总值税负率有可比性。净产值是中国国民收入统计基础，净产值各项税收负担率与MPS体系下国民收入税负率有可比性。

上述全部税负率指标之所以只能作为衡量微观税负的参考性指标，是因为微观上存在税负转嫁问题。个别纳税人到底负担多少税收要看税收转嫁或被转嫁的程度，这是不容易量化确定的。因此，总产值、增加值、净产值全部税收负担率只是名义负担率而非实际负担率。但这些指标仍可用于考察两个方面的问题：①企业交纳的各项税收与其总产值、增加值、净产值的比率的变化情况。如果从趋势上看这些比率上升，意味着国家与企业、个人分配关系中国家占有份额提高，否则就相反；②微观税负率与宏观税负率的差异程度。微观的直接税负担率没有对应的宏观税负率指标，要分析

① 黄沂木等，《统计原理与经济统计学》，第218～219页。

宏观税负率与微观税负率有什么差异，只能利用总产值、增加值或净产值全部税收负担率。而通过这一差异的分析，可以看出税负在各行业、企业的分布状况，了解税负的公平程度，以及税收政策的实施状态，进而揭示差异的原因，为税制进一步完善提供决策依据。

二、宏观税负和微观税负差异的一般原因

宏观税负状况和微观税负状况不是绝对一致的，除特殊场合外，在大多数场合不一致。有时宏观税负不重，甚至呈下降状况，但不少企业仍感到税负很重，强烈呼吁继续减税让利。有的学者站在宏观立场认为税负偏轻，要提高税负率，以解决财政困难；有的学者则站在微观立场认为税负偏重，主张降低税负，以搞活企业。不从理论上明确认识宏观税负和微观税负的差异及其成因，就无法作出正确决策。以下因素会引起宏观税负与微观税负的差异：

第一，宏观税负率反映的是平均税负率。假定税负不转嫁，那么从常识看，除非各行业、企业生产经营状况都一样，税收政策及其贯彻执行也不偏不倚，宏观税负（平均税负）与行业、企业税负才会完全一致。这种情况现实生活中不会出现。不同地区、不同部门、不同行业、不同企业其生产经营状况、纳税负税情况千差万别。总体与局部、一般与具体、平均与个别之间税负总是存在差别。总有一些企业税负高于平均税负水平，一些企业等于平均水平，一些企业低于平均水平，一些企业甚至没有税收负担。亏损企业所得税分文收不到，但它们也参与国内生产总值的创造。也就是说，它们对宏观税负率公式中的分母贡献大而对分子没什么贡献。在全国税收量既定情况下，经济效益高、减免税又少的企业税负就重。处于盈亏临界点、没有税收减免就会出现亏损的企业则从主观上感到税负重，呼吁减税让利以维持企业生存。总之，微观经济主体效益越差、亏损面越大，宏观税负与企业个别税负差异也越大，税企矛盾也越尖锐。

第二，微观税负水平受税收转嫁影响，宏观税负水平则不存在这一问题。首先，就国内税收而言，不管转嫁给谁，税收都源于劳动者创造的国内生产总值或剩余产品价值，是否考虑转嫁因素也是造成税收负担衡量在宏观层次与微观层次有所不同的原因之一。从微观层次看，经营好的企业，产品名气大、质量高、有销路、供不应求，提价容易，也就是供给弹性高、需求弹性低，税负转嫁容易，名义上是企业纳税实际上是别人负税。产品一般甚至质量差、没有多少销路或只有降价才能销出的企业，税负转嫁就不易，可能负担全部税收，销售收入扣除成本、流转税后所剩无几甚至没有剩余，负担当然重。其次，在固定价格体制下，企业税负转嫁情况可从两方面分析。一方面，定价时已考虑企业可获社会平均资金利润率以上的利润，固定价格＝成本＋税金＋利润，税金已设计成完全转嫁，即若价内税改为价外税对企业获利没有影响，那么流转税也不是由企业负担，只有增加部分才可能由企业负担。例如税率由5％提至10％，价格不变，企业可能就要负担所增5％的流转税。这一类企业实际上税负不重。另一方面，确定固定价格时已明确企业不能获得社会平均资金利润率决定的利润。只

有通过降低成本才能消化掉一部分税收，否则税负就要落于本企业。这类企业即使很努力也留利甚少，发展后劲不足，感到税负很重。

第三，再生产补偿不足，造成实际税负重。如果企业技术更新改造方面欠账大，折旧率低，那么企业生产资料精神磨损、实际磨损补偿也就是再生产的物质补偿严重不足；如果企业的存货跌价损失准备、长短期投资损失准备等不允许在税前抵扣，就会出现利润"虚高"现象，从而导致实际税负上升。因此，税率或税负水平同样，但负担内涵可能不同。如果提足折旧甚至采取加速折旧政策、充分抵扣，那么即使税收负担率高一些企业也不感到税负重；如果存在利润"虚高"问题，那么即使税率或税负率不高，企业也会觉得税负不轻，因为企业纳税后可能没有能力进行技术改造和实施内涵扩大再生产。

第四，公共产品提供不足也会加重企业负担。现实生活中，一些本来应当由政府用税款主办一般公共需要项目，由于政府不提供或无力提供，而转为企业自己提供或有关部门通过另立名目以非税形式（实际上就是杂税）向企业收取，前者为所谓企业办社会问题，后者为乱收费问题或课征杂税问题。宏观税负往往只计算征税，而不计算杂税、不计算企业办社会负担，这样也导致微观"税"负与宏观税负差异。

第三节　税收增长和国内生产总值增长的相关性分析

2008年国际金融危机发生的前10年中国正税增长速度远远超过GDP的增长速度，即出现所谓税收超速增长问题，引起学术界的广泛讨论和社会普遍关注。本节研究税收增长与GDP增长之间的相关规律，解释税收超速增长现象，从动态角度分析宏观税负水平的变化规律。

一、最近20多年中国正税增长弹性

税收[①]与GDP增长弹性简称税收弹性，就是一定时期税收增长率除以同期GDP增长率所得到的商。即：税收增长弹性＝税收增长率/GDP增长率。表7-1列举了1987年到2009年这22年间中国正税（不含社会保险税和排污费）弹性。表7-1分别计算了以现价GDP增长率为基础的税收弹性即税收弹性1和以可比价GDP增长率为基础的税收弹性2。从表中数据看出，这二者存在相当大的差异。通常媒体上发布的GDP增长率是按可比价计算的，已剔除物价变动因素，但税收总额是按当年价格计算的，因此，税收弹性以现价计算的GDP增长率为基础来计算比较合理，即表7-1中税收弹性1应当成为我们研究的着眼点，以下所称税收弹性指的就是税收弹性1。

---

① 除非特别说明，本节所谓税收均指正税（不包含社会保险费和排污费）。

表 7-1　1987～2009 年中国正税（不含社会保险费和排污费）弹性

年份	税收增长率/%	现价 GDP 增长率/%	可比价 GDP 增长率/%	税收弹性 1	税收弹性 2	正税（不含社会保险费和排污费）宏观税负率/%
1987	2.37	17.35	11.6	0.14	0.2	17.75
1988	11.68	24.75	11.3	0.47	1.03	15.89
1989	14.09	12.96	4.1	1.09	3.44	16.05
1990	3.46	9.86	3.8	0.35	0.91	15.12
1991	5.96	16.68	9.2	0.36	0.65	13.73
1992	10.26	23.61	14.2	0.43	0.72	12.25
1993	29.07	31.24	14	0.93	2.08	12.04
1994	20.48	36.41	13.1	0.56	1.56	10.64
1995	17.77	26.13	10.9	0.68	1.63	9.93
1996	14.44	17.08	10	0.85	1.44	9.71
1997	19.16	10.95	9.3	1.75	2.06	10.43
1998	12.49	6.87	7.8	1.82	1.6	10.97
1999	15.33	6.25	7.6	2.45	2.02	11.91
2000	17.78	10.64	8.4	1.67	2.12	12.68
2001	21.62	10.52	8.3	2.06	2.6	13.95
2002	15.26	9.74	9.1	1.57	1.68	14.66
2003	13.5	12.87	10	1.05	1.35	14.74
2004	20.72	17.71	10.1	1.17	2.05	15.12
2005	19.09	14.52	10.2	1.31	1.87	15.72
2006	20.96	14.69	11.6	1.43	1.89	16.51
2007	31.08	21.41	13.4	1.45	2.32	17.73
2008	18.85	22.05	9.6	0.85	1.96	17.27
2009	9.77	13.25	9.1	0.74	1.07	17.48

数据来源：根据 2005 年以后各年《中国统计年鉴》和财政部公布的财政收入决算数据计算，GDP 数据采用 2006 年以后统计年鉴提供的数据（其中 2008 年为修订后的数据、2009 年为初步核实数据）。由于从 2006 年开始国家统计局根据普查资料认定中国 GDP 存在低估问题，从而对 GDP 历史数据作了调整，因此这里计算的宏观税负率与许多学者根据以前年度统计年鉴的 GDP 数据计算的宏观税负率有所降低。

从表 7-1 所指的税收弹性 1 观察，大致可以将这 22 年划分为三个时期，从 1987 到 1996 年的 10 年为一个时期，这一时期除了 1989 年税收增长率基本与 GDP 同步税收弹性超过 1 达到 1.09 外，其余年份税收弹性均低于 1，说明税收增长慢于 GDP 增长。第二个时期从 1997 年到 2007 年的 11 年，税收弹性均高于 1。第三个时期即 2008～2009 最近的两年，税收弹性又落到 1 以下，其原因是受国际金融危机的影响，税收增长速度放缓。有的学者认为税收弹性小于 1 才是正常的，否则就意味着税收超经济增长，就是实行增税政策，就会导致企业税收负担较重。[①] 这种说法是否正确？20 多年来中国税收增长与 GDP 增长的关联格局是否正常？也就是是否存在税收超常增长或超速增长问题？这需要在理论上给予回答。要回答这些问题就需要从 GDP 核算方法和过程入手，探索 GDP 增长和税收增长的关系。

二、税收增长和 GDP 增长的相互关系

GDP 的核算方法有三种，即生产法、分配法和支出法。这实际上是从三个经济活动过程或环节核算经济活动总量。也就是说生产法是从生产环节计算生产过程的经济活动总量，分配法是从生产成果的分配环节计算经济活动总量，而支出法是从财富最终使用环节即支出消费环节计算经济活动总量。从理论上讲这三种方法从三个环节核算出来的经济活动总量应该是一致的。但是税收却不是只在一个环节征收，复合税制下各个税种是分布于上述经济活动的各个环节，即生产、分配和消费三个经济活动过程均有相应的税种。这样我们可以从这三个经济活动过程探索税收增长因素及其与 GDP 的关系。

在进行分析前需要一些假定，以便集中对主要影响因素的考察。我们假定：①中国目前的税制结构不变即以目前中国税制结构为分析背景，因此分析结论不适用于实行不同于中国税制结构的其他国家，也不适用于中国其他历史时期。②暂不考虑征收管理因素，即假定征收管理已经到位，征管水平的提高不影响税收增长。③税法得到完全落实，税务局内部对下级单位下达的税收计划任务与法律规定的实际应征数一致，不存在“缓税”[②] 问题，也不存在偷漏税问题。④GDP 核算信息完全，被核算单位没有隐瞒经济活动情况，不存在地下经济。

（一）生产环节的税收增长与 GDP 增长的关系

从生产环节核算 GDP 就是将境内所有生产单位（包括服务提供单位）创造的增加值汇总，增加值的计算方法是将生产单位的营业收入减去外购的投入品（不含固定资产），没有营业收入的服务提供部门（如政府）增加值为服务成本。外购投入品和服务成本对应供应方的营业收入。因此，只要生产单位营业收入增加，GDP 就增加。目前中国在生产环节即营业活动环节设有增值税、营业税、消费税、关税、城建税等，这些流转税都是以营业活动的收入为税基的税收，只要税率不变、征管到位，营业活动的收入增加即 GDP 增长，如果流转税对所有营业活动一视同仁，那么流转税就相应同步增加。但在现实生活中，中国在生产环节的流转税对三大产业是区别对待的。第一产业中的农业不征增值税、营业税、消费税（按税负转嫁归宿原理不征税不等于不负担税收），只对烟叶课税；第二产业征收增值税，部分产品还征收消费税；第三产业中的商品销售业征收增值税、其余征收营业税，部分服务项目征收消费税。城建税实际

① 张伦俊，《税收与经济增长关系数量分析》，中国经济出版社，2006 年，第 118 页。

② 所谓“缓税”就是基层税务机关为了在来年容易完成上级下达的税收计划任务，在能够完成当年税收任务的情况下，经与企业协商，故意将依法应当在当年交纳进入国家金库（简称入库）的税款延缓到来年交纳入库。

上是增值税、营业税和消费税的附加。作为主体税种的增值税，实行生产型，就宏观看实际上就是以 GDP 为税基，但不是以全部 GDP，而是以扣除相当部分服务业和农业以外的生产部门创造的 GDP 以后的余额为税基①。根据这样的情况，很容易得出如下规律性认识：

增值税增长与第二产业的增加值增长同步；税收贡献大（征收增值税等主体税种并且税率较高）的产业或企业增长快，税收增长会超过 GDP 增长。在上述假定下，小规模纳税人增多、增加值增大，那么税收增长速度要快于 GDP 增长速度，因为在上述假定前提下，小规模纳税人不仅要交纳 3%的销项税额，还要实际承担进项税额，所以税负水平高于一般纳税人。但是如果改变上述假定，即放宽关于没有地下经济和纳税人完全守法均依法纳税的假定，以及征管完全到位的假定，回到现实情况即小规模纳税人往往控管困难、存在较大的偷逃税面，那么结论就相反，即一般纳税人特别是大中型企业发展越快、它们的增加值占比越大，税收增长速度就越可能超过 GDP 增长速度。

（二）分配环节的税收增长与 GDP 增长的关系

用分配法计算 GDP 意味着从生产成果的分割角度汇集社会新创造的价值。即 GDP 包括生产税净额（各种流转税和相同性质的杂税、收费总和扣除政府对纳税人的补贴、退税）、营业盈余（利润及其各种表现方式如股息、红利、租金、利息）、劳动者报酬（工资薪金）、固定资产折旧。理论上从分配环节计算的 GDP 与从生产环节计算的 GDP 相等。但是政府在分配环节设置了另外的税收，即对营业盈余和要素报酬要课征企业所得税和个人所得税。② 这意味着总税基在 GDP 基础上叠加了一层，也就是说分配环节不影响 GDP 总量及其增长（与生产环节一致），但税收却叠加了一层。这样看来在流转税之外还要在分配环节课征所得税的情况下，只要营业活动效益提高、盈余量增大、劳动报酬总量增加、所得税税率不变，那么所得税就增长，将所得税加入税收总额中，税收增长就必然快于 GDP 增长。进一步说，只要经济运行的效益提高，税收增长就必定快于 GDP 增长。经济运行的效益越好，税收弹性就越高。反过来也可以这样说，在其他条件不变的情况下，特别是在税率不变甚至降低的情况下，税收弹性越高意味着经济运行的效益越好。在税率没有调高而是调低的情况下，税收弹性高不是可怕的现象，而是可喜的现象。

（三）消费环节税收增长和 GDP 增长的关系

财富创造出来以后进行分配，分配后就进入消费使用阶段，在该阶段可消费使用

① 按增值税原理，不征收增值税的部门以及增值税纳税人中小规模纳税人由于没有抵扣进项税额的权力，实际上要承受进项税额，也就是说实际上不征收增值税的部门也被征收增值税。如将这一现象考虑进去，问题就比较复杂。为简化起见，分析时均不考虑这些纳税人进项税额不能抵扣问题。

② 社会保险税（费）和一些以企业盈利为税基的杂税（政府性基金）也是分配环节税，由于它们统计上还没有计入正税总额中，社会保险税（费）还处于不断完善和规范的过程，杂税具有临时性，历史数据不可比，因此，本节在研究分配环节税收增长与 GDP 增长关系时，暂不考虑社会保险税（费）和杂税。

的财富包括本国境内创造的新增财富，还包括从国外进口的货物和服务。首先是用于日常消费（从消费主体分包括政府消费、居民个人消费），其余用于投资和出口。用支出法或使用法计算GDP，就在新增财富的使用环节，从财富最终用途角度归集财富增加值，即通过汇总消费、投资和净出口（出口的货物和服务减进口的货物和服务）算出GDP。其中消费涉及流转税，此次不重复说明。投资和进出口对税收增长产生很大影响。

从最终使用看，投资形成固定资本和存货净增值，如果这个净增值为负数说明投资没有实际增加。固定资本相对应的物质形态为固定资产（包括无形和有形），其中有一部分为房地产，要交纳房地产税等财产税性质的税收。GDP总量与生产法计算出来的量理论上应当是相同的，但税收却又一次叠加了。因此只要房地产税等财产税税率足够高，且最终使用环节用于投资的比例较大，投资所形成的固定资产特别是征收财产税的部分增大，那么在其他条件不变的情况下，税收增速就要超过GDP的增速。这时如果开征新税或扩大征税范围，如开征个人业主房地产税，那么税收增幅会更大、增速会更快。相反，如果投资减少，特别是其中要征收财产税的部分减少，在其他条件不变的情况下，税收增速就可能低于GDP增速。

在进出口环节存在关税、进出口环节流转税，还涉及出口退税。在计算GDP时，只计算进出口净值，但课税却不是按净值，而是分进口和出口，不仅征关税还要征增值税、消费税和城建税等附加税费。对出口还实行退税。在进出口环节，税收增长与GDP增长的关系比较复杂一些，存在增减两种因素。进口增加会同时导致进口关税和增值税等流转税增加，出口增加会导致部分出口关税增加（少量可忽略不计），但也导致出口退税增加。这样如果进出口贸易增加，且出口大于进口（意味着GDP增长），出口退税（取决于退税率和退税指标）增加速度大于进口关税和增值税等流转税增加速度，那么在其他条件不变的情况下，税收增长速度就慢于GDP增长速度。如果进一步分析，关税税率和出口退税率高低不同的产品进出口数量变化也会对税收增长和GDP增长产生不同影响。

综上所述，认为“税收弹性小于1才是正常的”这个观点不正确。税收增长速度是高于还是低于GDP增长速度由许多复杂因素决定。在第二产业所占比重比较大，且流转税结构不变的情况下，流转税增长与GDP增长基本同步。税收弹性大于1还是小于1与经济发展周期有关。税收弹性大并不意味着实行增税政策，而是经济发展的自然结果。当经济形势好即GDP增长快且经济效益比较好（所谓又好又快），并且其他条件不变的情况下，由于税制结构属于复合税制，即属于叠加结构而不是单一税，税收弹性大于1为正常现象，税收弹性越大说明经济运行效益越好。经济萧条、经济效益降低、出口减少进口增加、退税率提高、税收征收管理水平降低、偷逃骗税面扩大、减少税种、降低税率、增加税收支出（即税收优惠）、缓税面扩大等因素都会降低税收弹性。

【本章小结】

1. 宏观税收负担指国家征集的税额与社会产出总量或总经济规模的对比关系，衡量的指标主要有国内生产总值税收负担率。国内生产总值反映的是以市场价格表示的一国各国民经济部门一定时期（通常为年）内生产的最终产品和服务的价值总和。计算主要有生产法（或部门法）、分配法（或收入法）、使用法（或支出法）。

2. 要正确计算宏观税负率，除解决上述分母问题外，还要把握税收总额的内涵及其纵横向可比性。一般应注意的问题有：不同历史时期体制差异、杂税、暗税等。

3. 宏观税负的轻重可以从一般社会公共需要必要量和宏观税负的最高限量，即剩余产品价值总量两方面来判断。剩余产品价值总量可以用社会总产值减去物质生产部门物质消耗、物质生产部门劳动者个人消费基金来测算。物质生产部门劳动者个人消费基金即必要产品价值总量没有现成数字，需要用居民个人消费总额、全社会劳动者总人数和物质生产部门劳动者总人数来推算。

宏观税负是轻还是重除了看税负率外，还可以从税款的使用是否合理、征税是否公平、企业和个人扩大再生产是否顺利进行，经济发展是否顺利等方面加以判断。

4. 企业和个人微观税负水平可以用纯收入直接税负担率、企业净产值直接税负担率和全部税负率等指标来衡量。目前中国宏观正税税负不重但不少企业感到微观税负沉重的原因是多方面的：第一，宏观税负率反映的是平均税负率，与具体、个别企业或个人之间微观税负存在差别。第二，微观税负水平受流转税转嫁影响，不同于宏观税负水平。第三，再生产补偿不足，造成实际税负重。第四，公共产品提供不足，企业办社会、乱收费现象存在也使企业觉得负担重。

5. 认为“税收弹性小于 1 才是正常的”这个观点不正确。税收增长速度是高于还是低于 GDP 增长速度由许多复杂因素决定。在第二产业所占比重比较大，且流转税结构不变的情况下，流转税增长与 GDP 增长基本同步。税收弹性大于 1 还是小于 1 与经济发展周期有关。税收弹性大并不意味着实行增税政策，而是经济发展的自然结果。当经济形势好即 GDP 增长快且经济效益比较好（所谓又好又快），并且其他条件不变的情况下，由于税制结构属于复合税制，即属于叠加结构而不是单一税，税收弹性大于 1 为正常现象，税收弹性越大说明经济运行效益越好。经济萧条、经济效益降低、出口减少进口增加、退税率提高、税收征收管理水平降低、偷逃骗税面扩大、减少税种、降低税率、增加税收支出（即税收优惠）、缓税面扩大等因素都会降低税收弹性。

【概念与术语】

宏观税收负担　物质产品平衡表体系（MPS）　国民生产总值（GNP）　国内生产总值（GDP）　国内生产总值税收负担率　国民经济账户体系（SNA）　税收总额　一般公共需要必要量　剩余产品价值总量　剩余产品价值率　物质生产部门劳动者个人消费基金　微观税收负担　纯收入直接税负担率　企业净产值直接税负担率　全部税负率　税收弹性

【思考题】

1. 你认为用国内生产总值、国民生产总值中的哪一个指标作为分母计算宏观税负水平更好？
2. 如何衡量和判断一定时期宏观税负水平？
3. 为什么在宏观税收负担比较轻的情况下会出现一些微观经济主体感到税负比较重？
4. 税收弹性总是要小于 1 吗？为什么？
5. 试用本章所学的理论分析中国当前税收负担水平是轻还是重。
6. 试用本章所学的原理分析中国当前税收增长速度高于 GDP 增长速度是正常现象还是不正常现象。

第二篇　税收制度设计原理

第八章

税制结构比较与分析

前面我们从微观和宏观两个层面分析了税收负担。要减少税收的福利损失，在取得一定财政收入的前提下，实现公平和效率目标，还要研究如何将既定税负在各个税种间进行合理配置，就是要形成合理的税制结构。税制结构说明一个国家一定历史时期税收制度的总体格局及其内部构造。只有合理地设计并确定税制结构，才能进入税收的立法、司法和行政阶段。本章基于中国国情，以税收的效率、公平、适度原则为标准，比较各种类型税制结构的异同，指出其优缺点，分析发达国家和发展中国家税制结构选择上的不同特点及原因。

第一节　税制结构类型

一、税制结构的概念及其分类

税制结构指根据国情，为实现税收的效率、公平、财政目标，由若干不同性质和作用的税种组成的主次分明、层次得当、长短互补具有一定功能的税收体系。以税种多少为标准，税制结构可分为单一税制结构和复合税制结构。复合税制结构类型一般根据主体税种确定，大体上分为以所得税为主体的税制结构、以流转税为主体的税制结构、以财产税为主体的税制结构和所得税、流转税双主体的税制结构等。税收思想史上对单一税制结构和复合税制结构曾有过不少争论，就复合税制而言，具体选择什么样的税制结构也有过不少探索和研究。

（一）单一税制结构和复合税制结构

1. 单一税制结构

单一税制结构就是只有一个税种的税收体系。由于单一税制结构几乎从未推行过，只是主张而已，所以税收学上通常称之为单一税论。由于各个历史时期社会经济形势不同，单一税论针对对象也不同。单一税论包括单一土地税论、单一消费税论、单一财产税论、单一所得税论，其中单一土地税论和近 20 年发展起来的单一所得税比较突出，理论上比较系统，单一所得税还有实施方案。

最早的单一土地税论是单一地租税论，由法国重农学派提出。重农学派认为，土地是财富的唯一源泉，只有农业能够增长财富，只有农业才能生产“纯产品”，纯产品就是土地耕种者生产的剩余产品或剩余价值，也就是当年整个国家的财富增长额或全部纯收入。重农学派的重要代表人物魁奈认为：“一切的税结果都是由土地收入负担，租税不应对人们的工资和商品征课，同时也不应对租地农场主的财富征收，因为一个国家在农业上的预付，应当看做是不可动用的基金。”“租税应该对土地的纯产品征课。”① 只有课于地租的税不能转嫁，其他税收最终都归宿于地租，因而只有地租税才有存在的必要。单一地租税针对当时法国税制混乱、苛捐杂税丛生、税负沉重、民不聊生状况提出，提出者认为用单一地租税代替一切苛捐杂税可以解除法国的危机。法国在 1791 年大革命完成后，废除专制政权所设的数十百种税收而采用地租税，行之不久财政陷于失败，渐渐又恢复复合税制。②

近代单一土地税论的代表人物是美国经济学家亨利·乔治，亨利·乔治的单一土地税是单一地价税。乔治认为，土地私有制是贫困的根源，土地私有越趋于独占，贫困越日益严重，因为劳动者付出劳动生产的产品一大部分不归其本人所有，而被土地所有者以地租形式占有。社会物质文明在进步，但人口增加，谷价上涨、地租升高，工资水平仍维持在最低生活水平之下。因此，要消除贫困就要废除土地私有制。但废除土地私有制难度很大，不如就土地价格征收地价税，将地租以税收形式收归社会，从而实际上将土地变为社会所有。乔治同情劳动人民、提出改良社会的主张，愿望是好的，但没有看到资本主义制度下贫困的根源不只是土地私有制，而在于整个生产资料私有制，只有消灭生产资料私有制、消灭少数人利用生产资料私人占有剥削多数人的社会制度，贫困问题才能彻底解决。试图用税收办法消除贫困是徒劳无益的。

上述单一税制的设想，从效率原则看，征收便利，征税费用和奉行成本都比较低；但从公平原则看，单一地租税和单一土地税征收不普遍，不能做到按能力负担；从适度原则看，单一地租税和单一土地税不能取得充足的财政收入，因而实际上难以行得通。

现代单一税（flat tax）就是单一所得税，是为解决现行综合所得税过于复杂，且征税成本高、不公平等问题而提出的。20 世纪 80 年代早期，美国胡佛研究所的罗伯特·霍尔和阿尔文·拉布什卡针对美国税制过于复杂、奉行成本很高的情况，以及销售税对较低收入群体征收较高的不公平问题，提出了一种新的税收体系。就是所有的人只缴纳一种税，适用一个税率。对所有营业活动（即个人和家庭以外的商业组织）就其销售货物和提供劳务全部收入减除支付给员工的工资薪金、养老金缴款、从其他公司购买材料等投入品的金额、用于厂房设备等资本投资后的净额课征 19%的税收；而对个人（家庭）获得的工资、养老金利益给予定额扣除（如 4 口之家扣除 25 500 美元）后的余额征收 19%的税收。③ 人们把这样的税收称为单一税（flat tax），也称霍尔-拉布什卡税制（the Hall-Rabushka system）。由于人们获得收入无非用于投资和消

① 吴斐丹、张草纫选译，《魁奈经济著作选集》，商务印书馆，1979 年，第 333 页。

② 胡善恒，《赋税论》，商务印书馆，1934 年，第 256 页。

③ Robert E. Hail, Aivin Rabushka. 1995. The Fiat Tax. Stanford: Hoover Institution Press.

费，上述单一所得税从系统角度看是以扣除投资后的收入为税基，因而本质上属于对消费课征的税收。[①]

单一所得税从效率原则看，征收便利、征税费用和奉行成本都比较低；对经济活动的扭曲性影响也比较小。从公平原则看，实行单一税率、同一扣除标准，对较高收入家庭而言存在税负累退性，不能体现按能力负担的公平原则。但支持者辩解单一税比传统的综合所得税更公平。[②] 从适度原则看，单一所得税也能取得充足的财政收入。因此，目前这一设想在美国得到广泛支持，并在俄罗斯等国实施。

2. 复合税制结构

多种税同时存在且主次有序、互相配合、相辅相成的税收体系。税制结构要具备一定功能，而要具备一定功能首先必须适合本国实际情况，符合各税收原则的要求。一个税种不可能合乎一切税收原则的要求，税收原则及其各层次内涵的贯彻实现，必然要求多税种并存以兼收并蓄、互相补充，使税制结构既能保证筹集到足额的财政收入，又能促进经济稳定地向前发展；既能促进资源的合理配置，又能符合按能力负担原则并调节收入分配关系、促进社会公平。但复合税制往往征税成本高、奉行成本更高，并且扭曲性影响比较大，造成较大的福利损失。

（二）复合税制结构的类型

税收一般分成 4 大类。第一大类是所得税，包括个人所得税、公司（法人）所得税、社会保险税。第二大类是流转税，这一类税收从大的方面讲有就全值课征的全值流转税和就增值额课征的增值税。全值流转税又分为多阶段课征的周转税或一般营业税，单阶段课征的批发税、零售税，选择征收的产品税或货物税、消费税、关税等。第三大类是财产税，有一般财产税、个别财产税、遗产税和赠与税等。第四大类是行为税，凡对特定的经济活动课征或为实现国家特定社会经济政策目标而课征的不属于上述 3 大类的税种均可列入此类，如印花税等。

上述这些税种中，有的可充当主体税种，有的永远只能充当辅助税种。主体税种是普遍征收的税种，其收入在全部税收收入总额中占最大比重，因而在税收体系中占主要地位起主导作用，决定税收体系的性质和主要功能，反映税收体系的主要矛盾，税收体系的公平、效率和财政收入目标主要通过主体税种实现。辅助税种是作为主体税种某一方面补充起特殊调节作用的税种，往往为实现某一特定情况下国家的社会经济政策目标而设置。反映税收体系的次要矛盾。

税制发展的历史表明，只有一般财产税和所得税、全值课征的多阶段周转税和关税以及增值税才能充当主体税种。这是由这些税种的性质所决定的。税收本质上是国家公共权力主体无偿占有剩余产品或其价值的财政收入形式。在市场经济不发达、生

---

① （美）罗伯特·E. 霍尔、阿尔文·拉布什卡著，史耀斌等译，《单一税》，中国财政经济出版社，2003 年，第 80～81 页。

② （美）罗伯特·E. 霍尔、阿尔文·拉布什卡著，史耀斌等译，《单一税》，中国财政经济出版社，2003 年，第 37～60 页、174～176 页。

产力水平低下的农业社会，劳动产品扣除用于个人消费和补偿所耗生产资料后的剩余主要用于建造房屋或购买土地，房屋、土地占有量大意味着纳税能力强，以财产占有数量为依据课税可达到税收公平；房屋土地为有形不动产，计税依据可通过直观测量确定，征收管理比较简单，只要税率合理对经济的负效应就小，可实现税收效率。因此主要以房屋、土地等有形不动产为课征对象的财产税可构成税收收入的主要部分而成为主体税种。

在市场经济较为发达的历史时期，生产的社会分工日益细致，较为完整的工业体系和对外贸易体系形成，流转税成为主体税，因为商品交换规模已大到足以使商品销售和进出口行为所课的周转税、国内消费税、关税收入在全部税收收入中占据主要部分，这些税在征收上不复杂，在特定历史条件下对经济的消极影响不明显，伴随着对奢侈品征高税、对必需消费品征低税可在一定程度上实现税收公平；而单阶段课征和课征范围有限的选择性流转税不可能对财政收入和公平、效率目标的实现起主要作用，因而不可能充当主体税种。

在生产力水平进一步提高的社会经济条件下，全值流转税的普遍征收与市场经济发展的总趋势特别是专业化分工合作和自由贸易的发展相矛盾，也与国家为解决日益严重的体现为分配不公、两极分化的社会矛盾的努力相背离，因而有的国家以增值税取代全值流转税，增值税多阶段课征可获得大量税收收入，有利于专业化分工协作、促进对外贸易和提高经济效益，在其他税种配合下可实现公平目标，因而可以充当主体税种。有的国家则形成公司、个人所得税为主体的税收体系，因为发达国家生产的商品化、社会化、货币化程度很高，收入主要表现为货币所得，税收征管手段先进、易于实现源泉扣缴和税务审计，纳税人纳税意识达到一定程度，大部分人口就业单位明确，就货币所得课税税源大收入多、征收便利、负担相对公平，在税率合理情况下对经济效益的消极影响可以克服。社会保险税只就工资薪金课征，管理更简单，税款用于纳税人的社会保障，返还性明显、公平程度高，人们一般能自觉纳税，收入数量大对经济的影响却不大，因而具有个人所得税性质并可充当主体税种。其他税收入额不大，只能在有限范围内起特殊调节作用，只能是辅助税种。

主体税种因其地位、作用的重要性而成为确定或划分复合税制结构类型的标志。从理论上讲，一个复合税制结构可以只有一个主体税种，也可以有两个甚至三个主体税种，即由双重或多重主体税种构成。复合税制结构的理论类型很多。单主体税种的复合税制结构分别以个人所得税（含社会保险税，下同）、法人所得税、增值税、全值流转税、关税、财产税为主体，就上述可充当主体税的 6 种税进行每组两种的组合可构成 15 种理论类型的双主体税制结构；进行每组 3 种的组合可构成 20 种理论类型的三主体税制结构。现实生活中世界各国的税制结构千差万别各不相同，将理论上可能存在或现实生活中已经存在的每一种具体的税制结构都一一列举加以比较不仅没有可能而且没有必要，弄清楚基本的单主体税制结构的优缺点就可类推双主体或三主体税制结构的状况。以下分别就现实生活中较常见的以财产税、全值流转税、增值税、所得税（主要是个人所得税和社会保险税）为主体的税制结构进行比较分析。

二、以财产税为主体的税制结构

与流转税、所得税相比，财产税是对收入的存量征税，它以财产的存在为前提，以财产的数量或价值为征税对象或计税依据。在以财产税为主体的税制结构中，财产税充当筹集国家税收收入和调节社会经济生活的主要手段，而流转税（如“关市之征”、选择性货物税等）、所得税只起补充辅助作用，财产税的优缺点决定这一税制结构的优缺点。财产税是古老的税种。在封建社会，土地、房屋是财产的主要形态，因而主要以土地和房屋为征税对象的财产税曾经是封建社会的主体税种。随着社会的进步和市场经济的发展，财产税在整个税收体系中的地位逐渐降低。当今世界各国一般只把财产税当作辅助税种，以财产税为主体的税制结构实际上已不存在。这是财产税的自身局限性决定的。

（一）财产税的局限性

就效率方面而言，财产税对收入存量征税会鼓励个人消费、限制财产积累和储蓄，不利于资本增长，从而对经济效益的提高产生不利影响。在财产种类繁多条件下，财产税征收的行政管理十分复杂，所能课征者只有有形的不动产和家具之类的动产，对债券、股票等资产课税会影响企业资本运行，且其价值变动频繁，选择合理的征税时点不容易。其他动产如贵重物品（金银财宝、艺术品等）、无形资产等财产形式要么估价困难、要么很难查实。硬要对这些很难查实的动产课税必须倾箱倒柜，不仅要增加征收费用、妨碍人民的生产和生活，而且会助长随意估断、徇私舞弊、贪污违法，使税收制度的效率性和规范性受到巨大侵害。

就公平方面而言，在经济不发达而以土地私有制为主体的社会，财产的主要形态是土地，拥有土地较多，意味着拥有的收益较多从而纳税能力较强，因而按财产多寡征税可以达到公平目标。但随着社会进步、经济发达，个人纳税能力主要表现于所得，因而以财产为税基不如以所得为税基更能体现纳税能力原则。而且财产多寡与收益所得多寡并非绝对一致，财产所有者勤奋努力的程度不同、经营方法和能力不同、市场机会等外部经济条件不同都可能使二者不一致。如丧失劳动能力的残疾人或老年人拥有过去积累的房产供居住生存，这种财产不反映纳税能力，对之征税有失公平。现代社会财产表现形态多样，从税务行政上的效率考虑，不可能对所有财产形态都征税，这样普遍征收原则在财产税下无法贯彻。

从财政收入角度看财产税也不是良税。在现代社会，财产税弹性小，不易随财政需要的多寡、缓急筹集资金；受征收管理可行性限制不可能普遍征收而只能对土地、房屋等有形不动产或遗产、赠与征收，所能获得的税收收入很有限，不可能满足国家财政的基本需要。

虽然其本身固有的局限性决定财产税必然被其他税种所取代而退出主体税种地位，但财产税在某些方面对流转税和所得税具有补充作用，在有限范围内对公平和效率目标的实现有用，也可以取得一定数量的税收收入，这决定财产税仍有必要作为辅助性税种而存在。

（二）财产税作为辅助性税种的必要性

在以所得税为主体税种的税收制度下，之所以需要财产税是因为所得税的征税范围是有选择的，一般只就货币交易所得课征；非货币交易所得如拥有土地、房屋等财产供自己使用发生的所得，因查实困难不列入所得税征收范围。这就需要财产税作为补充，对所得税未能触及的领域即未被所得税课及的资本财产课税，从而使税收公平原则得到更为普遍的贯彻。

在市场经济不发达的国家，财产税可以作为所得税的替代物加以利用；在不动产构成人民主要财产状态情况下，财产税可在相当大程度上实现税收公平。不发达国家生产的社会化、商品化、现代化程度低，存在大量的自给自足经济，特别是农业生产领域，产品的商品率不高而自给自足的物物交换程度高，以商品生产和交换为前提的流转税无法普遍征收，普遍征收所得税的客观条件更不存在，在这种情况下，以个人所有或占有、使用的土地数量和质量为标准，对土地收益征收财产税性质的税收恐怕是比较现实的选择。

财产税还可充当实现社会政策的工具而在税收体系中占有一席之地。财产税对财产的价值、数量征税，限制人们对财产的占有数量，驱使财产所有人仅保有生活所需要的财产，促进财产的公平分配，防止或削弱贫富悬殊现象，保证社会稳定。收入分配不公平是由许多因素造成的，个人能力的差别和个人占有财富的不同是主要因素。个人能力不同造成的收入差别，比占有财富（特别是那种不是因当事人自身努力而占有的财富）不同造成的收入差别，更能为社会所接受。对生产能力不同或努力勤奋程度不同造成的贫富差别应予保护，对不劳而获造成的贫富差别应予限制。因此应当通过征收遗产税和赠与税等在财产转移环节课征的财产税，限制财产所有者处理其遗产的权力，限制人们代代相传遗产的权力，限制人们非因自身努力而由受赠或继承获得财富的权力，可以在一定程度上促使社会成员在机会平等的基础上展开竞争、促进社会进步。

把财产税当作补充性、辅助性税种加以运用，还有财政上的考虑。例如在美国分级财政体系中，财产税是地方政府的主要收入来源。财产税在现代社会已不构成大宗财政收入；但财产税历史悠久，人们对财产税有较强的适应性，因而开征财产税用以充实地方财源、满足某项特殊需要是可行的。

总之，财产税对效率、公平、财政目标的实现都只能起辅助作用，以财产税为主体的税制已不可能成为现实税制的选择方向。

三、以全值流转税为主体的税制结构

全值流转税与财产税相比，是对商品或劳务的收入流量征税；与所得税相比，是对毛收入征税；与增值税相比，是就商品或劳务的流转额全值而非其增值额征税。以全值流转税为主体的税制结构的主要特征是冠以一般营业税、周转税、销售税、消费税、关税等名称的税种被作为国家税收收入的主要筹集手段，其税收收入占全部税收收入总额的比例最大，并对社会经济生活起主要调节作用；而其他税如所得税、财产税、行为税以及有限征税对象的选择性流转税只起特殊调节的辅助性作用。全值流转税的优缺点决定税制结构的优缺点。以下从效率、公平、财政收入几个方面阐述这一税制结构的主要特点。

（一）税收效率与全值流转税为主体的税制结构

全值流转税无论是普遍征收还是选择征收，都因为以商品或劳务流转额全值为征税对象，不必进行费用扣除或购进扣除，稽征容易、手续便利、管理简单、征收费用低。全值流转税可以通过产品或行业差别税率，对某些不宜继续发展的产品、企业、行业实行高税限制，对高科技产品或优先发展的产品、企业、行业实行低税扶植，从而有利于实现国家产业政策目标、优化国民经济结构、提高宏观经济效益。在以全值流转税为主体的税制结构中，设置一些起补充作用的税种如选择性流转税，还能使整个税制结构的社会功能得到强化。如设置对奢侈品、烟、酒产品征收的消费税可限制社会成员对这些产品的消费；征收遗产税和赠与税可限制遗产继承权，鼓励人们靠自身劳动提高生活水平，从而提高社会效益、促进社会进步。

但多阶段、多环节普遍征收的全值流转税会使每一种商品的税负受商品流转交易次数多少的影响。一种商品经历的交易次数越少，税负越轻；经历的交易次数越多，税负越重。这样全能厂的产品，因中间产品在企业内生产、不发生交易，其整体税负就轻；而专业化分工协作企业因中间产品要外购、与协作企业之间发生的交易次数多，其出厂产品的整体税负就重，在价格相同情况下获利就少。这样就使该税制结构产生对专业化分工协作这一市场经济发展总趋势的阻碍效应，增加征税的经济成本，阻碍宏观经济效益的提高。这一缺点因涉及对市场经济发展规律的违反是带有根本性的，而有限征税范围和单阶段课征的选择流转税没有这一缺点。因此流转税改革的基本趋势是用增值税取代全值流转税的主体地位、起普遍调节作用，保留选择性流转税（如有限征税范围的消费税、产品税）起特殊调节作用。

（二）税收公平与全值流转税为主体的税制结构

全值流转税不问纳税人经营商品或劳务是否盈利、盈利多少，只要发生应纳税流转额，就要以流转额全值为对象课税，同纳税人的实际负担能力相脱离，因为只有扣除成本费用和损失后的纯收入才反映一个人的纳税能力。全值流转税一般只适宜于采取比例税率（有时也采取定额税率），不像累进所得税那样更能体现按能力征税原则。在以所有或绝大部分消费品流转额为征税对象的消费税制下，其税收不公平特征更为明显，因为在收入分配不平均的社会中，社会各阶级的收入与消费比例是大不相同的。消费额占收入额的比重，低收入者高于高收入者。低收入穷人的所得只够维持生存甚至还不够；而高收入的富人即使消费水平很高，消费额也只占其全部收入的一小部分。一方面是绝对没有剩余，另一方面则剩余大于消费额数十百倍。对消费品征税，对低收入者的不利影响更明显，马克思曾经指出："试问按公道来说，能不能指望一个每天赚1角2分钱的人缴税1分钱和每天赚12元钱的人缴税1元钱同样容易？按比例来说，他们两人都交出了自己收入中的同样的一份，但是这一捐税对他们的生活需要的影响，程度却完全不同。"[①] 这种不公平的缺陷是针对普遍征收的消费税而言。只对奢侈品选择征收的消费税则不仅没有这种缺陷，反而有利于提高整个税制结构的公平程度。此外，辅以主要对收入分配进行调节的个人所得税、社会保险税，主要对财产占有悬殊进行调节的财产税、遗产税和赠与税等，可以减轻这一类型税制结构的不公平性。

（三）财政收入的筹集与全值流转税为主体的税制结构

从聚财方面讲，这一类型的税制结构优缺点很突出。充当主体税种的全值流转税以多阶段、多环节普遍征收为特征，征税对象范围大、税基宽，只要税率定得适当合理就能筹集到足够的税收收入满足国家财政需要；如再辅以公司（法人）所得税等税种，则税源更丰富、收入数量更大，足以达到财政目标，全值流转税主要以商品或劳务销售或营业收入为计税依据，税金随商品或劳务销售的实现而实现，有销售收入、营业收入就有国家的税收收入，具有取得收入及时的优点。前面谈到全值流转税不问纳税人经营商品或劳务是否盈利和盈利多少，只要发生应税流转额就要以流转额全值为对象课税，同纳税人的实际负担能力相脱离，不符合公平原则。这从公平方面来看是缺点，而从财政角度来看则是优点。按纳税人的毛收入征税，与纳税人经营商品、劳务的成本高低无关，与其盈亏无关，在税率水平一定情况下，税收收入随商品与劳务收入的增减而同步增减。因此，这种类型的税制结构具有取得财政收入稳定可靠的优点。

总之，以全值流转税为主体的税制结构在效率方面带有根本性缺陷、公平方面也欠佳，而在实现财政收入目标上则具有突出优点，是一种适合于财政型治税模式的税制结构。

四、以增值税为主体的税制结构

增值税以商品或劳务流转的增值额为课征对象，这区别于对流转额全值征收的全值流转税，也区别于对纯收入征收的所得税，因而是介于全值流转税和所得税之间的一个税种。在以增值税为主体的税制结构中，增值税征税范围广，涉及生产流通的各个阶段、各个领域，实行消费型、接近单一税率制和实行价外征收，从而对社会经济生活起普遍调节作用。其获得的税收收入占税收总额的主体部分。其他税收种类如选择流转税、所得税、财产税、行为税、关税等起辅助作用，按社会经济政策的要求对社会经济活动实行特殊调节，补充增值税的不足。以下同样从效率、公平、财政收入3个方面阐述这一税制结构的主要特点。

① 马克思、恩格斯，《马克思恩格斯全集》第12卷，人民出版社，1965年，第549页。

（一）税收效率与以增值税为主体的税制结构

在标准的增值税制度[①]前提下，增值税的征收对经济运行呈中性影响，也就是对生产者的决策和消费者的选择不产生干扰、扭曲作用。特别是对企业组织结构的中性影响，客观上会促进专业化分工协作的发展，从而提高经济效益。由于增值税是就增值额即就企业新创造的未征过税的那一部分价值课征，在实际工作中就是购进投入品的已纳增值税额允许抵扣，这样就使一种商品或劳务只要销售价格相同税负也相同、而与商品经历的生产流通环节多少无关，从而使全能厂不占便宜，非全能厂也没有被歧视，也就在实际上克服了传统全值流转税因税收负担与商品流转交易次数有关、而对非全能厂的产品造成税收歧视的弊端，客观上有利于企业按市场经济的内在要求选择企业生产组织形式、促进经济增长。

但增值税的直接征税成本高于传统的全值流转税。因为规范化的增值税一般与统一的发票制度相联系。为了使凭发票抵扣进项税额的制度能起到纳税人之间交叉审计、自动控制偷逃税的效果，也为了有效地制止通过伪造、不按规定填写发票而骗取进项税额抵扣和偷逃税行为，一般要建立电子计算机网络、编制纳税人登记号、实行跟踪审计，这要付出一大笔经济代价。另外，规范化的增值税一般要求实行单一税率或接近单一税率制，增值税的作用是中性的，即使在不具备公平竞争的环境中，增值税也难以按国家社会经济政策和产业政策要求起调节作用。

（二）税收公平与以增值税为主体的税制结构

由于增值税一般实行价外税且购进投入品已纳税额均可抵扣，所以生产经营企业是纳税人而不是负税人，是替国家代付代收税款，税收负担最终落于消费者。不论是高收入者还是低收入者，只要消费数量、价值相等，税收负担基本相等。增值税与普遍性消费税一样，不符合按能力负担的税收公平原则；如果采取单一税率，对生活必需品和奢侈品同等征税，则会使赋税负担能力强的人少纳税、赋税负担能力弱的人多纳税，出现累退现象。为了缓和增值税的这一不公平性，可对生活必需品实行零税率，使这些商品不含增值税，而对奢侈品按较高税率征税。但增值税税率多必然造成管理复杂化，为了避免出现这一问题，即使采取差别税率，差别幅度也不宜太大。因此，靠增值税本身不可能彻底改变其不公平性。税制结构公平程度的提高有赖于辅助税种。设置对收入分配进行调节的个人所得税和社会保险税，对烟、酒及奢侈品征收增值税后再征收一道税率较高的消费税或产品税，实施遗产与赠与税等，都会显著提高以增值税为主体的税制结构的公平程度。但由于大宗税收收入是通过增值税获得的，主要部分的税收负担不能做到按能力分配，其他税种在公平方面的辅助作用也就十分有限。因此，这一税制结构在公平方面不如以所得税为主体的税制结构。

---

① 所谓标准的增值税制度一般有 6 方面特征，即消费型增值税、全面型增值税、纳税人身份无差别、单一或接近单一税率制、凭发票抵扣进项税额、价外税，进一步阐述参见本书第九章第二节。本章论及增值税时假定它是标准的。在增值税制度不够标准的情况下，下面要阐述的增值税优点可能就不存在。

（三）财政收入筹集与以增值税为主体的税制结构

在实行凭发票抵扣进项税额制度并实现管理计算机网络化、社会诚信度高等前提下，增值税征收过程中会产生纳税人之间互相监督、连锁牵制的自动钩稽效应，从而有效地防止偷逃税或随意减免税，对保证财政收入有利。增值税是对增值额课税，从整体税负看，就是对商品或劳务的最终销售额征课。在税率达到一定水平、经济发展、销售额增长、企业消耗降低情况下，增值税收入规模足以保证国家财政的主要需要，而且会随着经济发展而增长；再辅以企业（法人）所得税、个人所得税、社会保险税、关税、对烟酒等大宗税源征收的选择性流转税等税种，以增值税为主体的税制结构聚财能力是很强的，财政目标完全可以达到。

总之，以增值税为主体的税制结构在公平和聚财方面不亚于以全值流转税为主体的税制结构，而在效率方面可以从根本上克服以全值流转税为主体的税制结构的缺陷，因此是一种比较好的税制结构。

五、以所得税为主体的税制结构

所得税就纯收入课征，也就是对纳税人毛收入扣除各项成本费用后的余额课征。在以所得税为主体的税制结构中，个人所得税和社会保险税普遍征收并占主导地位，企业（法人）所得税也是重要税种，通过所得税筹集的税收收入占全部税收收入的主要部分。社会保险税的普遍征收使社会保险制度得以建立，体现纳税人义务与权利对等原则。所得税采用累进税率可进一步调节国民收入分配，配合其他杠杆实现宏观经济均衡。设置选择性流转税、关税和财产税等可使国家的产业政策、社会政策在税收领域得到体现，起补充作用。以下仍从效率、公平、财政 3 个方面概述这一类型税制结构的主要特点。

（一）税收效率与以所得税为主体的税制结构

所得税课征对象是纯收入，其中作了必要扣除和照顾，从理论上讲不会影响纳税人的生产、生活，不会触及营业资本，不会侵蚀纳税人的财产，因此不影响社会再生产。另一方面，在实行累进税率条件下，所得税制度富有弹性，税收收入随国民收入增加而增加、随国民收入减少而减少，因此是一种能自动稳定经济的理想税制结构。需求过旺、经济增长过热时，国民收入增加，所得税收入也增加，并且增长速度高于国民收入增长速度，产生一种自动的拉力，一定程度上减缓经济过热局面，保持总供给和总需求的平衡；反之，需求不足、经济衰退时，所得税能产生自动减税、刺激需求的效应。所得税制度具有一种内在稳定功能，也便于通过税率的调整、减免扣除项目及其数额的变动，对宏观经济中的总供给和总需求进行调节，有利于在市场机制无法合理配置资源时促进经济协调发展。在辅以差别税率的选择性流转税、关税等税种的情况下，以所得税为主体的税制结构对宏观经济稳定和产业结构优化的作用会得到增强。

但是，所得税计算复杂，管理相对困难，征税成本居各税之首。所得税特别是个人所得税的普遍征收以市场经济发达为前提，同时还需要诚信度比较高的社会文化环境，以及预算民主决定等条件。市场经济不够发达、社会资本缺乏的国家中以所得税为主体特别是以个人所得税为主体的税制结构很难有效实行。即使在发达国家，税率高、档次多的累进所得税制也可能因为会对纳税人消费和储蓄、投资之间的选择，劳动和休闲之间的选择产生非中性影响，使人们愿选择消费而不愿选择储蓄和投资、愿选择休闲而不愿选择劳动，而使福利遭受损失。因为税率高且档次多的所得税会使人劳动越多、投资越多、收入越高税收负担越重，从而挫伤劳动者的劳动积极性和投资者的投资热情。不过，通过减少税率档次、降低最高边际税率，上述矛盾可以缓和。

（二）税收公平与以所得税为主体的税制结构

以所得税作为测度纳税能力标准是一个较好的选择。所得税作为对人征收的税不易转嫁，纳税人与负税人比较一致；征税时进行了必要的费用扣除，所得少纳税少，无所得或所得达不到标准不纳税，所得多纳税多，能较好地实现按能力征税。征收社会保险税，建立社会保障制度，使人老有所养、病有所医、难有所帮，对社会公平和社会稳定具有很大的促进作用。

所得税的公平只是相对的。由于所得计算和费用扣除方面难以做到绝对合理，所得因其来源不同有勤劳所得、剥削所得之别，因其表现形式不同而有货币所得和非货币所得之分，税收公平原则必然要求对不同来源所得区别对待，把不同形式的所得均纳入征税范围。这在征收管理上不具有可行性，实际工作中很难对非货币所得实施征税，很难区分勤劳所得和非勤劳所得。因而需要用财产税和选择性流转税（包括消费税）予以补充，对某些非货币所得如自有自用房屋所得、遗产继承所得、赠与所得进行课征，对高收入者消费奢侈品课以较高税率，从而使以所得税为主体的税制结构具有更明显的公平性。

（三）财政收入筹集与以所得税为主体的税制结构

所得的增加反映社会净财富的增加。社会净财富是劳动者通过生产经营活动，利用劳动资料，把劳动作用于劳动对象的净成果。只要生产经营活动不停止，经济效益不断提高，所得税的源泉就日益增长。只要具备普遍征收所得税的客观经济社会文化条件且税率合理，所得税在筹集财政收入上也是稳定可靠的，而且可以根据国家财政需要的缓急，通过提高或降低税率使收入适应支出，弹性很大。以所得税为主体税辅以关税和对烟、酒等大宗税源征收的选择性流转税，其聚财功能不亚于其他税制结构。

总之，以所得税为主体的税制结构的聚财功能是强的，可以足额稳定地达到财政收入目标，而在实现公平和效率目标方面存在矛盾，矛盾的关节点在于所得税税率结构的选择。选择高税率、多档次的累进税制结构，可能损害经济效益；反之，选择比例税率制或接近比例税率的累进档次少的累进税率制，整个税制结构的公平程度会降低，经济效益则会提高。如果能设置一种较高起征点从而使低收入者免于纳税，累进档次不多、边际税率不高但仍有一定累进性的所得税，使税收公平和税收效率得以兼顾，那么，从理论上讲，以其为主体的税制结构就是一种比较好的税制结构。

从各种类型税制结构比较中可以看到，并不存在十全十美的税制结构。任何一种税制结构都有其好的方面也有其不好的方面，只不过在程度上存在差异。以所得税为主体的税制结构在贯彻公平原则、实现税收公平目标方面占有优势；以增值税为主体的税制结构在实现税收效率目标方面占有优势；除以财产税为主体的税制结构外，其他类型的税制结构都有较强的聚财功能，不过在个人所得税、社会保险税或增值税难以普遍征收情况下，以全值型流转税为主体的税制结构的聚财功能最强。一个国家对于税制结构的选择，取决于对社会经济发展中公平和效率的权衡，更取决于生产力发展水平及与之相应的市场经济发展程度和社会文化情况。

第二节　发达国家与发展中国家税制结构比较

每个主权国家都是根据本国国情，即本国经济发展水平、社会文化状况和财政需要选择合适的税制结构。很难找到税制结构完全相同的两个国家。由于定义上的困难，即不同性质的税种在不同的国家中可能使用相同的名称，性质相同的税种却使用不同的名称；由于各国中央和地方财力分配体制不同，特别是在实行联邦制国家中地方税制结构很不相同；由于缺少数据，详细地比较各国的税收格局是困难的。本节仅根据世界银行提供的中央政府收入数据，从经济发展水平方面分析世界各国中央税收的税制结构。由于中央税收在各国的全部税收中一般占主要或重要部分，所以仍然能勾勒出世界各国税制结构大致的趋势和总体格局。

一、世界各国税制结构的总体格局

国际货币基金组织在其政府财政统计年鉴中把税收分为所得、利润和资本利得税、工薪税、财产税、货物和劳务税、国际贸易税、其他税收，社会保险税费单列。其中由于工薪税和国际贸易税数额很小，可以用所得、利润和资本利得税反映所得税情况（以下就称为所得税）、用货物和劳务税反映流转税情况（以下称为流转税），其余归入其他税。这样可根据《政府财政统计年鉴》提供的数据，分别计算出发达国家和发展中国家税制结构。

（一）发达国家的税制结构

从表 8-1 看出，在不考虑社会保险税（费）的情况下，虽然法国、卢森堡、荷兰、葡萄牙等国家流转税比重大于所得税，还有不少国家如新西兰、德国、意大利、西班牙、冰岛、圣马力诺、英国等国家所得税和流转税比重几乎相当。但是，由于在发达国家具有所得税性质的社会保险税（费）一般占税收总额 25%，如果将社会保险税（费）计入所得税，那么发达国家的税制结构就表现为以所得税为主体的特征。

表 8-1　发达国家税制结构表

国家	年份	所得税比重/%	流转税比重/%	其他税比重/%
美国	2004	58.83	23.84	17.33
加拿大	2004	54.73	29.47	15.80
澳大利亚	2004	55.31	27.54	17.15
新西兰	2004	31.00	32.41	36.59
奥地利	2003	45.87	44.35	9.78
比利时	2003	53.82	35.91	10.27
芬兰	2004	53.12	43.24	3.64
法国	2004	37.85	41.34	20.82
德国	2004	50.02	46.33	3.65
意大利	2003	44.54	43.70	11.76
卢森堡	2004	46.54	47.98	5.49
荷兰	2004	39.12	51.78	9.10
葡萄牙	2002	37.90	56.67	5.43
西班牙	2003	43.56	43.10	13.34
丹麦	2004	61.97	33.72	4.31
冰岛	2002	47.36	41.62	11.03
挪威	2004	59.22	37.17	3.61
圣马力诺	2002	46.51	46.22	7.27
瑞典	2003	51.01	36.11	12.88
瑞士	2002	58.02	29.30	12.68
英国	2004	46.31	46.14	7.55

根据 IFM，Government Finance Statistics Yearbook，2005 有关数据计算。

（二）发展中国家的税制结构

表 8-2 抽样选取了五大洲 36 个发展中国家，考察它们的税制结构，发现除少数国家外，绝大多数发展中国家均以流转税为第一大税种，即实行以流转税为主体的税制结构。

为更详细说明，我们曾经抽样选取 27 个低收入国家、30 个中下等收入国家、17 个中上等收入国家和 24 个高收入国家，考察它们的税制结构，发现多数国家人均 GDP 越低，流转税比重越高。其中，对低收入国家而言，国际贸易税（主要指关税）为第一大税种，占全部税收收入比重超过 30%；其次是销售税、周转税或增值税，其比重为 19.23%；选择征收的国内货物税和劳务税约占税收总额的 35%，全部流转税合计比重高达税收总额的 2/3，明显呈现流转税为主体的税制结构格局；所得税中主要依赖企业所得税，从比重看，企业所得税为第三大税种，个人所得税、财产税等其他税种比重比较低，社会保险税占5%左右。中等收入国家的税制结构则表现为各税种并重，关税、企业所得税、销售税（周转税）或增值税、社会保险税、个人所得税都有自己的财政地位，反映流转税和所得税并重的结构格局，流转税和包括社会保险税（费）在内的所得税这两大类税收比重几乎各占一半。

表 8-2 发展中国家税制结构表

国家	年份	所得税比重/%	流转税比重/%	其他税比重/%
非洲				
刚果	2003	14.37	58.82	26.81
莱索托	2003	14.37	20.90	64.74
毛里求斯	2004	15.66	53.19	31.15
塞舌尔	2002	25.34	32.16	42.51
南非	2004	52.53	37.54	9.93
亚洲				
印度	2004	43.86	39.00	17.14
韩国	2001	37.20	45.74	17.06
印尼	2004	42.00	47.75	10.25
马尔代夫	2004	2.97	27.57	69.46
蒙古	2003	27.57	59.34	13.09
泰国	2004	36.07	51.31	12.62
越南	2003	39.62	41.41	18.97
欧洲				
阿尔巴尼亚	2002	20.28	65.24	14.48
亚美尼亚	2004	18.98	40.99	40.03
白俄罗斯	2004	20.93	56.90	22.17
乌克兰	2004	48.02	40.01	11.97
克罗地亚	2004	21.54	73.69	4.77
斯洛文尼亚	2004	33.46	56.52	10.02
塔吉克斯坦	2004	27.57	37.13	13.09
拉脱维亚	2004	40.66	53.41	5.93
立陶宛	2004	43.82	53.30	2.87
马耳他	2001	39.90	51.03	9.06
摩尔多瓦	2004	22.85	66.68	10.47
俄罗斯	2004	38.22	34.46	27.32
波兰	2003	30.86	59.97	9.17
捷克	2004	44.40	52.21	3.40

续表

国家	年份	所得税比重/%	流转税比重/%	其他税比重/%
欧洲				
保加利亚	2004	24.55	67.29	8.16
中东				
伊朗	2004	35.91	13.62	50.47
以色列	2004	40.90	41.88	17.22
拉美				
阿根廷	2004	22.61	47.88	29.51
玻利维亚	2004	11.22	58.18	30.60
智利	2004	23.68	63.35	12.97
哥斯达黎加	2003	24.10	63.78	12.12
萨尔瓦多	2004	29.56	59.13	11.31
秘鲁	2004	29.65	65.49	4.86

根据 IFM，Government Finance Statistics Yearbook，2005 有关数据计算。

二、发达国家实行以个人所得税（含社会保险税）为主体税制结构的原因分析

所得税 18 世纪就建立，之所以 20 世纪上半叶才成为各个西方发达国家的主体税种，是因为第一次世界大战特别是第二次世界大战后，西方发达国家的生产力进一步发展，个人所得税和社会保险税成为主体税种的经济、社会、文化和管理条件进一步完善，将个人所得税和社会保险税作为主体税种的必要性也凸显。

（一）推行个人所得税为主体税制结构的客观条件

形成所得税为主体的税制结构的前提是个人所得税成为普遍征收的主体税种。而个人所得税要成为普遍征收的主体税种，需要一系列客观条件。第一个条件是市场经济发达，人均收入水平较高，经济商品化、货币化、社会化程度很高。首先，个人所得税是对个人纯收入征税，市场经济发达情况下人均收入水平高，大部分人收入必要宽减后还有较多剩余。这是普遍征收个人所得税的基本条件。其次，社会城市化、职工就业公司化，大部分人口在公司企业工作，从而能够有效地进行个人收入水平的查核和各项费用的扣除，也便于采用源泉扣缴的简便征税办法。再次，经济货币化程度高。个人所得主要表现为货币所得，非货币所得或货币工资收入以外的实物性收入或享受（即所谓福利性或公款消费）不占很大比重，这样才能较为准确地计算个人所得，在个人所得税普遍征收的前提下实现税收公平。

第二个条件是诚信、法治和民主的社会文化和社会治理方式。标准的个人所得税模式以普遍征收、家庭或个人收入综合课征为特点，纳税人众多，不可能采用流转税那样的征管模式，即对大宗税源和大型纳税户设专门机构、专人管理，而只能实行个

人申报、税务局抽样稽查的办法，这样个人申报的信息是否准确就十分关键。只有在社会诚信度高，不诚信的代价大的社会中，个人申报和披露的信息才能较为完整准确，个人所得税有效管理才具备基础。要使申报和披露的信息完整准确，除了靠自觉外，还得靠法治。只有在法治成为社会治理的基本方式，社会成员违法被处罚的预期成本很高，违法很难通过面子人情关系逃脱处罚的社会中，诚信纳税人才会越来越多，税务行政当局稽查对象的范围才会处于有限状态，从而才不会出现法不责众或管理成本过高的两难局面。此外税收法定、预算法定的机制减少了纳税人交纳直接税的抵触情绪，降低了推行个人所得税造成的福利损失。正如本书第四章所阐述那样，西方个人所得税模式只能建立在西方文化环境中才能行之成效。

第三个条件是管理手段和方法先进。发达国家在经济管理、会计核算、税收征管上比较先进，有可能在保证效率情况下对众多的纳税申报表进行处理。人民的文化程度普遍较高，税收服务网络齐全，纳税人能亲自或委托专业人员正确填报较为复杂的申报表，从而才能建立起行之有效的自觉自愿申报和税务当局抽样审计的征管制度，大大减低个人所得税的征税成本。

（二）实行以个人所得税为主体的税制结构的必要性

即使具备了实行个人所得税为主体税制结构的客观条件，要不要推行个人所得税为主体的税制结构还要看一国社会经济发展状态。

首先，转变税制结构要看原来的税制结构是否造成比较大的额外负担和福利损失，采用新的税制结构是否能够降低福利损失。西方发达国家过去一般实行以消费税、周转税或关税为主体的税制结构。这些税种有的因重复重叠征税造成税负不平，妨碍部门产业之间的竞争；有的影响自由贸易，对经济发展有很大的阻碍作用，造成比较大的福利损失，因此生产力和市场经济的进一步发展要求用所得税代替传统的流转税，以建立平等竞争的环境。从历史事实看，建立个人所得税为主体的税制结构促进了西方经济发展和社会稳定。

其次，有无必要通过个人所得税和社会保险税解决社会矛盾，保持社会稳定。市场经济发展到一定程度就不可避免地出现贫富两极分化、分配不公问题，从而影响社会和谐，也最终影响经济发展。发达国家为了保持社会的长治久安，第一、二次世界大战期间，特别是第二次世界大战后，纷纷推行以收入均等化为目标的社会政策或福利国家政策。这客观上要求通过征收累进个人所得税和社会保险税并建立社会保险体系，通过转移支付实现一定程度的收入再分配，缓和阶级对立，维护社会秩序、促进社会和谐。

再次，实行以个人所得税为主体的税制结构还要看宏观经济运行状态。本世纪二三十年代经济大危机后，西方国家出现宏观经济失衡，西方发达国家痛感市场机制不是万能的，靠自由放任政策已无法解救市场经济的运行矛盾，因而推崇凯恩斯主义的经济政策主张。各国纷纷加强以实现总供给和总需求为目标的国家干预。这在客观上需要采用个人所得税起自动稳定功能作用和作为相机抉择的政策工具，在其他政策工具的配合下实现以总供给和总需求为目标的宏观经济均衡。发达的市场体系也为实施这样的宏观经济政策提供了可能性。

三、发展中国家（特别是低收入国家）实行流转税为主体税制结构的原因分析

总的说来，发展中国家（特别是低收入国家）没有出现发达国家那样用个人所得税和社会保险税代替流转税的社会历史条件。

（一）发展中国家（特别是低收入国家）没有普遍征收个人所得税的基本条件

首先，从总体上看，低收入国家人均收入水平低，只够甚至还难以维持基本生活需要。即使以很低的起征点普遍征收个人所得税，财政利益不大且征税成本很高，而且会引起人民的反感甚至反抗。发展中国家总的说来，应着眼于建立平等竞争的环境，形成市场经济发展格局。即使在某一个时期出现分配不公，通过普遍征收个人所得税也不可能解决。以缓和收入分配不公为出发点的个人所得税主要针对高收入者，以特殊调节为目标。此外，低收入国家没有国力进行普遍的社会保险，也就没有普遍开征社会保险税的可能性和必要性。

其次，经济的商品化、社会化、货币化程度很低，存在大量的自给自足经济、分散经营和实物经济。在自给自足、实物经济中，所得不主要表现为货币所得，而个人所得税一般只能将货币所得纳入征税范围，这样个人所得税就不能做到按能力负担，公平征税。生产社会化、就业公司化程度低，公司企业的就业人口不占主要比重，大部分人口从事个体或小规模经营，所得难以查实，无法实施源泉扣缴制度，偷逃税十分容易。低收入国家有的刚刚脱胎于皇权专制社会，法律观念淡薄，人治色彩浓厚，政治不民主、不廉洁，人民纳税的主动性、自觉性很低，无法建立自动申报制度，个人所得税普遍征收没有管理上的可行性。

（二）发展中国家更依赖于通过流转税实现其税制结构的财政功能和效率目标

虽然从理论上讲，个人所得税为主体的税制结构优于全值型流转税为主体的税制结构，但在个人所得税不可能普遍征收的情况下，只能作出次优的选择，即选择以流转税为主体的税制结构。

首先，发展中国家都面临着发展本国经济的历史任务，需要雄厚的财力作后盾。个人所得税无法普遍征收，因而就不可能通过征收个人所得税达到财政目标。低收入国家的公司企业一般技术装备落后、效益不高、亏损面大，企业所得税的税收源泉并不稳定可靠；即使经营好的公司企业，由于处于发展阶段，企业所得税税率不宜太高，否则会影响其再生产和发展后劲，所以通过企业所得税获取的财政收入比较有限。但流转税（包括关税）征收管理上的要求低，只要有流转额、有销售收入或进出口贸易，就可以从价或从量征税。流转税是可转嫁税种，对纳税人而言纳税阻力小，流转税具有取得收入稳定可靠和及时等突出优点，能保证国家财政需要。传统全值型流转税虽

然具有损害经济效益的弊端，但可通过对中间产品免税等办法在一定程度上予以消除；若用标准增值税取而代之，则可以从根本上解决流转税对经济效益的影响问题。

其次，发展中国家虽然也存在宏观经济上的总供给和总需求不平衡问题，但没有必要也不可能动用个人所得税等宏观政策工具起自动稳定器和相机抉择工具的作用。因为宏观上的财政金融政策发生作用的前提之一是有一个发达的市场体系，从而才能通过财政金融政策上的参数变动调节市场，并经过连锁反应波及整个经济过程，达到预期目的。而发展中国家特别是低收入国家一般生产力落后、市场经济不发达、市场体系不健全，宏观财政金融政策因难以引起连锁反应，所能波及的范围十分有限，宏观经济不均衡一般更依赖于通过行政手段加以解决。况且低收入国家经济发展中的主要问题不在于总量失衡，而在于结构失衡即产业结构不合理、不协调，要么原材料、能源、交通生产不足，要么加工业落后。在市场机制不健全条件下，对产业结构的调节作用，流转税要比个人所得税大得多，关税通过差别税率可保护本国民族工业的发展，国内流转税通过差别税率可配合国家产业政策的实施，最终使整个经济效率提高。

总而言之，确定主体税种，选择税制结构，不能只考虑税种本身学理上的优缺点，更应充分考虑经济发展水平、社会文化等国情因素。发展中国家不能不顾本国的实际情况，超越经济发展阶段，盲目照抄照搬发达国家的税制结构。优良的税制结构首先要建立在可行性基础之上。

【本章小结】

1. 税制结构分为单一税制结构和复合税制结构。复合税制结构一般根据主体税种确定，大体上分为以所得税为主体的税制结构、以流转税为主体的税制结构、以财产税为主体的税制结构以及所得税、流转税双主体的税制结构等。近年来，单一所得税设想在美国等国家得到关注。

2. 财产税对效率、公平、财政目标的实现只能起辅助作用，以财产税为主体的税制已不能成为现实税制的选择。

全值流转税为主体的税制结构在效率方面带有根本性缺陷、公平方面也欠佳，而在实现财政收入目标上则具有突出优点，是一种适合于财政型治税模式的税制结构。

以标准的增值税为主体的税制结构在公平和聚财方面不亚于以全值流转税为主体的税制结构，而在效率方面可以从根本上克服以全值流转税为主体的税制结构的缺陷，因此是一种比较好的税制结构，适合于效率优先的治税模式。

以所得税为主体的税制结构可以足额稳定地实现财政收入，而在实现公平和效率目标方面存在矛盾，矛盾的关键在于所得税税率结构的选择。设置一种有较高起征点、累进档次不多、边际税率不高但仍有一定累进性的所得税，可以使税收公平和税收效率得以兼顾。

3. 以所得税为主体的税制结构在贯彻公平原则、实现税收公平目标方面占有优势；以增值税为主体的税制结构在实现税收效率目标方面占有优势；除以财产税为主体的税制结构外，其他类型的税制结构都有较强的聚财功能。一个国家对于税制结构的选择，取决于对社会经济发展中公平和效率的权衡，更取决于生产力发展水平及与之相应的生产的社会化、商品化、货币化程度的高低以及文化特点。

4. 所得税（包括社会保险税）占全部税收收入的比重随人均 GDP 的提高而上升，流转税（包括国内货物和劳务税、国际贸易税）占全部税收收入的比重随人均 GDP 提高而下降。经济越发达的国家，所得税越重要；经济越落后的国家对流转税的依赖性越强；中等收入水平的国家，呈双主体的格局。

5. 发达国家具有推行以个人所得税（含社会保险税）为主体税制结构的基本条件和客观必然性。发展中国家（特别是低收入国家）不具备以个人所得税和社会保险税代替流转税的客观条件，更依赖于通过流转税实现其税制结构的财政功能和效率目标。

【概念与术语】

税制结构　单一税制结构　复合税制结构　单一土地税论　单一消费税　单一财产税论　单一所得税论　单一地租税论　重农学派　单一地价税　单一税（flat tax）　霍尔-拉布什卡税制（the Hall-Rabushka system）　主体税种　辅助税种　双主体税制结构　三主体税制结构

【思考题】

1. 请分析社会再生产过程中税收可能的开征点及可以作为主体税种的税收形式。
2. 所得税和流转税在公平和效率方面各有何优缺点？
3. 请通过增值税与全值流转税的对比，阐述标准增值税制度的优缺点。
4. 从影响税制结构因素的角度说明中国现行主体税种的选择依据。
5. 中国目前的税制结构是何种模式，今后应向什么方向发展？
6. 目前世界各国税制改革的潮流是什么？发达国家是否有采用新的主体税种或实行新的税制模式的可能性？

第九章

流转税设计原理

在确定税制结构以后，就要对具体税种进行制度设计，通过选择合理的税种和对税制要素的科学设计，体现公平、效率、适度、法定、合情等税收各项原则，使可能的福利损失降到最低水平。本章研究流转税制度设计。流转税泛指对商品劳务流转额或交易额课征的一类税收，又称商品税或商品劳务税，或货物和劳务税，有时从广义上也称营业税。流转税包含丰富的内容和众多类型。周转税、增值税、营业税、销售税、消费税、产品税、货物税、关税等都属于流转税。本章概述流转税的基本原理，阐述流转税发展的规律，说明主要流转税的制度设计原理和中国主要流转税改革方向。

第一节　流转税主要类型的比较分析

一、流转税类型

征税对象及其计税依据、征税环节或征税阶段是任何流转税制度设计必须考虑的基本要素，对这两种要素进行任意组合，理论上流转税类型可以达到 64 种之多，可能出现的有 26 种，见表 9-1。

表 9-1

征税对象及其计税依据 / 征税阶段		消费品和劳务				消费品、投资品和劳务			
		一般性		选择性		一般性		选择性	
		流转额全值	增值额	流转额全值	增值额	流转额全值	增值额	流转额全值	增值额
单阶段	生产	①	④	⑦	—	⑫	⑱	㉒	—
	批发	—	—	⑧	—	⑬	⑲	㉓	—
	零售	②	—	⑨	—	⑭	—	㉔	—
	进口	③	—	⑩	—	⑮	—	㉕	—
	出口	—	—	⑪	—	—	—	㉖	—

续表

征税阶段 \ 征税对象及其计税依据		消费品和劳务				消费品、投资品和劳务			
		一般性		选择性		一般性		选择性	
		流转额全值	增值额	流转额全值	增值额	流转额全值	增值额	流转额全值	增值额
多阶段	生产、批发、进口	—	⑤	—	—	—	⑳	—	—
	批发、零售、进口	—		—	⑯	—	—	—	—
	生产、批发、零售、进口	—	⑥	—	—	⑰	㉑	—	—

从表的横向即征税对象及计税依据看，流转税可就所有或大多数消费品及劳务销售时的流转额全值征税，也可就某几种特定消费品及劳务（如卷烟、按摩等）的销售额全值征税。前者为一般消费税，后者为选择性消费税或特种消费税。其征税对象范围亦可包括所有或大多数货物和劳务（即表中消费品、投资品和劳务），就其流转额全值征税，也可仅就某几种货物和劳务的销售额全值征税。前者为一般流转税（或一般销售税），后者为选择性流转税。它们可合称为全值流转税。流转税的征税对象及其计税依据可不囿于货物和劳务销售时的流转额全值，也可对其增值额课税，此即增值税。

从表 9-1 的纵向即征税环节或阶段看，可在所有或几个交易阶段设置一个税种或在不同交易阶段设置不同名称的税种，这是多阶段流转税。也可以仅就生产（制造或劳务提供）、批发、零售等某一阶段设置一个税种，此为单阶段流转税。多阶段流转税以流转额全值为征税对象一般称周转税，表中列为第⑰种；以增值额为征税对象一般称增值税，表中列为第⑥种（消费型增值税）、第㉑种（生产型增值税）。不过有的国家（例如中国 20 世纪 80 年代到 90 年代初）曾经实行过单阶段增值税，其征税对象仅限于制造业中的部分产品，因而成为部分制造业增值税，即表中第④种。

总之，仅考虑征税对象和征税环节这两个因素的组合，流转税类型可能有 26 种之多。不过这还主要是理论上的分类，实际上并非每一种类型都带有普遍性。从各国税务实践看，比较常见的流转税类型主要有表中的第①种生产环节一般消费税、第⑫种产品税或货物税，由于二者都在生产阶段征收，可合称生产税或制造税；第②种零售环节消费税，第⑭种一般零售税，合称零售税；第⑥种消费型增值税；第⑦⑧⑨种均可称为选择性消费税或特种消费税（包括烟酒税、奢侈品税、赌博税、汽油税等等），其征税环节可以选择在生产或者批发或零售；第⑬种批发税，第⑮种进口关税，第⑯种周转税。据此，比较常见的流转税（除增值税外，其他均可归入全值流转税范围）分类见图 9-1。

以下首先分析和比较一般流转税和选择性流转税，重点阐述选择性流转税设计规则，其次比较分析单阶段流转税和多阶段流转税，重点阐述零售税（特别是美国零售税）发展趋势、增值税与零售税的优缺点及地位作用。关于增值税与周转税的比较，上一章比较研究增值税为主体、全值流转税为主体的税制结构时有所论述，下一节阐述增值税原理时还会涉及，此处不赘。

- 流转税
  - 一般流转税
    - 多阶段流转税
      - 增值税（主要是消费型增值税）
      - 周转税
    - 单阶段流转税
      - 生产税
        - 货物税（产品税）
        - 生产环节消费税
      - 批发税
      - 零售税
      - 关税（主要是进口关税）
  - 选择性流转税（主要是特种消费税）
    - 烟酒税
    - 奢侈品税
    - 赌博税
    - 汽车税
    - 矿产资源税
    - 燃油税

图 9-1

二、一般流转税和选择性流转税

一般流转税是对所有或大多数货物和劳务课征的税收，选择性流转税是对若干特定货物或劳务课征的税收。

（一）一般流转税设计应考虑的主要问题

一般流转税征税对象范围可以规定得比较广，税率可以比较单一，以便对社会经济起普遍调节作用，取得主要的财政收入，其造成的税制不公平等特殊问题可由选择性流转税和其他辅助税种加以解决。一般流转税过去主要是周转税（对所有交易活动项目在所有交易阶段征收的一种税），目前在少数国家周转税转向单阶段流转税（主要是零售税），多数国家则转向多阶段课征的增值税。零售税和增值税下面还要详述，此处不赘述。

（二）选择性流转税设计应考虑的主要问题

征收选择性流转税，关键问题是选择哪些物品或劳务来征税。政策目标不同，选择的项目就不同，因而各国的选择性流转税各不相同。一般说来，征收选择性流转税的政策目标或着眼点有以下几方面：

第一，弥补税收公平。一般流转税通常是累退的，即纳税能力强的高收入者相对税收负担轻，低收入者相对税收负担重。因此，许多国家在征收一般的流转税之外，再选择少数奢侈品课税，一定程度上缓和一般流转税的累退效应，增进税收公平。但由于从一般均衡角度分析，局部扶贫短期增进公平的措施有可能导致从长期看不公平或引起效率损失，需要谨慎对待和进行利弊分析。

第二，在征税成本较低的情况下增加财政收入。对少数货物征税，对比征收一般流转税，在税收行政上比较便利。选择少数收入大的货物如烟、酒产品进行征税，可取得大额的财政收入，征税成本却很低。因而征收特种流转税常基于财政考虑。

第三，贯彻受益原则。对个人使用国家提供的公共产品或劳务，政府常要根据受益原则即根据个人从消费公共产品或劳务中得到的利益的大小收取不等的费用。但是某些公共产品或劳务的使用，使用者从中获得多少利益往往难以认定，因而就采用了收税的办法。例如使用国有道路者应缴费，但除专用道路或高速公路较易设卡收费外，对所有道路都设卡收费不仅直接成本很高，而且会妨碍道路交通，使通过者感到繁难，不如改为对汽车或燃油征税，税款作为公路维护发展的专项资金来得便利，因而对汽车或燃油征税，就含有收取公路费用的目的。根据受益原则，征收特种流转税并专款专用，建立特定的建设管理基金，是一条可以认真借鉴的理财措施。

第四，反映社会成本，提高社会效益。随着经济工业化，污染日益严重，工厂排放的废水、废气、废渣、噪音等形成社会负担。为了促进企业通过技术改造等措施减少污染，政府可以对造成污染者课以一定数额的税收，使被课税者的生产成本提高，让外部成本内在化，这对减轻以至消除污染、提高社会效益有利。此外，一些物品或劳务的消费对社会效益有不良影响，这些物品被称为“有害物品”，如烟、酒、赌博等消费项目，有的会损害别人健康，有的会败坏社会风气，对这些消费项目征收重税，寓禁于征，一般对降低社会成本、提高社会效益有利。但也要注意相反的效应，例如在实行中央和地方税收分成的财政体制下，寓禁于征的货物往往给地方带来较大财政利益，很容易成为政府鼓励发展的行业。对这样一些问题，将在下面阐述中国消费税制度设计时详述。

选择性流转税可根据一个国家特定的社会经济状况开征或停征，以灵活地实施国家社会经济政策。但选择性流转税征税范围一般较窄，取得的财政收入有限，不可能充当主体税种，可在公平和效率目标及财政目标上弥补主体税种的不足。因此，选择性流转税与一般流转税之间不存在互相冲突、互相替代的问题，二者是相互补充的。

三、单阶段流转税和多阶段流转税

就纳税环节或征税阶段而言，以生产经营中某一阶段的流转额为征税对象的税收称单阶段流转税，以所有生产经营阶段的流转额为征税对象的税收称多阶段流转税。根据前面的流转税分类，单阶段流转税主要有生产税（包括货物税或产品税、生产环节消费税）、批发税、零售税、关税等；多阶段流转税主要有周转税和增值税。

（一）单阶段流转税的税务实践

在各国税务实践中，单阶段流转税有以下几种模式：

一是流转税结构中生产税单一制。如有的国家曾经实行在生产环节（包括劳务提供环节）征收流转税并且是一次课征制，在生产环节对货物征收流转税后，批发和零售环节不再征收。这一模式的优点在于把课税环节一次性地定在生产阶段，纳税人少且主要面对企业，征管较为容易，避免了批零划分以及把众多零售商纳入征税范围而造成的征管复杂化。其缺点是在生产制造阶段征收全值流转税，会对专业化分工协作企业造成税收歧视。

二是制造税与批发税结合制。解体前的苏联，其流转税虽然也冠以周转税的名称，但不是典型意义上的周转税，它实行一次课征制，且对生产资料免税，因为苏联一直不把生产资料当作商品看待。其周转税只对消费品课征。分为两种情况，一是由工业企业直接缴纳，征税项目包括文化生活用品、家庭生活用品、烟酒制品等；一是由批发销售站缴纳，征税项目包括石油制品、纺织品、针织品等。实质上这是一种单阶段征收的制造税和批发税混合制。

三是制造税与零售税结合制。日本在推行增值税前就采用这个流转税模式。日本将商品分为两大组。第一组 6 大类，包括贵重矿石、贵金属制品、皮毛制品及其他奢侈品等；第二组 11 类，包括汽车、体育用品、娱乐用品、电气用品、乐器、照相机、家具、钟表、嗜好性饮料等。前者零售时由零售商纳税；后者制造出厂时由制造商纳税。日本实行增值税以后，上述税收被增值税取代。

四是流转税结构中批发税单一制。一些国家如瑞士、澳大利亚、巴基斯坦等对国内商品在批发环节征收一次性营业税。

五是零售税。零售税被公认为是流转税发展的一个方向。美国零售税制度较典型，将在后文具体阐述。

单阶段流转税的主要优缺点。最大优点是纳税人少，征收比较容易。但在一定的税收数量下，由于纳税人少，税率要定得高，从而增强逃税诱因。在资源配置效率上，征收单阶段流转税，产品的税负因商业或产销形态的不同而有差别。征收制造税会造成全能厂方式和专业化分工协作生产方式生产的一样销售价格的同种产品税负不同的问题。批发税和零售税如果把生产资料也纳入征税范围，那么重复征税、不利于专业化分工协作横向联合的现象也会产生。只不过在程度上比制造税轻，更比多环节多阶段征税的周转税轻。一般说来，纳税环节越接近零售阶段，不良效果就越小。也就是说，对资源配置的不良影响零售税比批发税小，批发税比制造税小，制造税又比多阶段的周转税小。

此外，征收单阶段流转税还涉及课税环节或课税阶段的认定问题。特别是对从事多阶段经营的商业企业而言，这一问题变得比较复杂。例如在批零兼营、工厂直营、前店后厂（场）四处可见的社会中，认定制造阶段、批发阶段、零售阶段，据以征税，在管理上就存在困难。

（二）多阶段流转税的税务实践

多阶段流转税的模式有两种：周转税和增值税。增值税的产生和发展将在下一节详细阐述。此处重点说明周转税。

多阶段流转税中的周转税是古老的税种，始于 14 世纪的西班牙和德国，曾经在世界范围广泛流行。实行增值税以前，法国、意大利、荷兰等欧洲国家都实行周转税。周转税的主要特点是对象范围广泛，不仅包括消费品而且包括原材料、机器设备等生产资料，实行多环节、多次征收，每经历一次交易就征一次税，某些商品转移方式并没有发生交易，如纳税人生产商品供自己消费之用，也视同交易进行征税，应纳税额以流转额全值为依据。周转税的这些特点，特别是以流转额全值为依据、多阶段课征、每经一次交易就要纳一次税的特点，使之产生对中间产品特别是生产资料重叠或重复征税的弊端。前已述及，在实行专业化分工协作形式生产的条件下，由于中间产品（如原材料、零配件）由其他企业生产，以交易方式转让给总装厂、每一次交易都要按流转额全值计税，对中间产品就产生重复征税问题，一件商品或构成这一商品的组成部件经历的交易次数越多，税负就越重。在不实行专业化分工协作，而实行全能厂生产形式下，由于中间产品也由本企业生产，中间产品的转移不表现为不同企业之间的交易，而表现为企业内部车间或分厂之间的转移，不需纳税，就不存在对中间产品重复征税问题。同样的商品，售价相同，是经由专业化分工协作方式生产，还是经由全能厂生产，税负相差悬殊，前者要重于后者。周转税，实际上起了一种阻碍专业化分工协作，鼓励搞全能企业的作用，不良影响甚于生产税。

克服周转税缺陷的可行的改革思路有二，一是从环节入手，从多阶段课征变为单阶段课征的零售税，再通过适当办法进一步减轻中间产品重复征税问题。二是从计税依据入手，改以全值流转额为计税依据为以增值额为计税依据，这样可彻底消除重复征税的弊端。从世界各国税制发展趋势看，坚持多阶段流转税征收方式的国家，大多用增值税代替周转税。这几乎已成为一种覆盖西欧、拉美和亚洲的世界性税制改革运动。传统全值流转税的发展趋势是明显的，就是向零售税或增值税转化。一个国家在具体税务实践中，是选择零售税还是增值税，还取决于在该国中流转税应居于何种地位，是充当主体税种还是充当地方或辅助税种。

四、零售税和增值税

（一）零售税

零售税的成功范例当推美国。美国大多数州和地方政府征收零售税。税率各州不一，大多数州 4%～5%，有的高达 8%。采取价外税形式，税款作为价格的附加由消费者支付，作为纳税义务人的零售商执行代收代缴职能。美国在政治上是联邦制，州和地方都有独立的立法权，因而各州零售税的政策不同、征收办法有差别，但仍能找到某些共同特点或面临的共同问题或基本的发展趋势[①]，主要有：

第一，对药品、食品等生活必需品免税。早期的零售税征税范围很广，涉及一切商品的销售。一方面原因在于零售税是从一般的全值营业税转化而来的，另一方面在于减少管理困难。征税范围广，免税项目少，可避免免税项目和征税项目的认定工作。但对生活必需品和奢侈品同样对待，显然不够公平。现在几乎所有征收零售税的州出于税收公平考虑，均对药品免税。许多州对食品免税。一些州对家用燃料免税，少数

① Sijbren Cnossen ed. 1983. Comparative Tax Studies. New York: North-Holland Publishing Company, 219～220、227～236.

几个州对衣服也给予免税。美国税收理论界对食品免税仍有争论。以公平为出发点的学者，主张通过对食品等生活必需品免税，减少零售税的累退性，增进税收公平。有些学者则持不同观点，认为免税会造成财政收入减少，且减少比例相当大，认定可免税的食品和征税的非食品很复杂，审计难度会增加，让逃税者有可乘之机。基于这些考虑，尚有不少的州还没有规定对食品免税。

有一些州如堪萨斯、内布拉斯加、新墨西哥、夏威夷等规定，对年收入低于一定数额的家庭，在计算所得税应纳税额时，允许有一个代表购买食品时已支付的零售税的抵免额。如该家庭本年度所得税应纳税额为零，或者应纳税额小于代表零售税的抵免额，那么可获得相应的退税额。这一办法不涉及食品和非食品的划分问题，在税收管理上比免税法简单。但其政治效果不如免税法，免税法更能得到舆论和选民的支持，因而采用所得税抵免法的州不多。对药品免税争议不多，对衣服免税，被认为不仅对减少零售税累退性无益，而且还会加重其累退性。

第二，征税对象范围以有形商品为主。早期零售税的征税范围一般仅限于有形的个人财物或商品。只有夏威夷和新墨西哥州一开始就把一切劳务纳入零售税征税范围，后来南达科州也这么做。20 世纪 60 年代以来，其他一些州把某些劳务项目如修理、干洗、旅馆服务等纳入征税范围，但项目仍然十分有限，大体上美国零售税仍以有形商品的销售额为主要征税对象。

实际上并不存在只对有形物质商品征收零售税的特别逻辑。既然零售税是针对消费支出而征收的一种税，其征税范围扩展到劳务是合理的，只对有形物质商品征税不能做到公平合理。但把征税范围扩展到劳务领域，存在税务行政上的诸多困难。例如国外旅游花费、到州外上学而支付的教育费用，通常是高收入阶层才能负担得起，予以征税才比较公平，但这些劳务项目超过本州管辖范围。家庭劳务因作价困难也难以征税。某些劳务项目如医疗服务、法律服务，虽然征税具有可行性，但与一般的社会政策相矛盾。房屋出租同样在征税上是可行的，但对此征税会产生歧视承租人而偏惠房屋所有者的非中性影响。因而大多数征收零售税的州即使对劳务征税，也仅限于修理等少数征收方便的劳务项目。

第三，营业用商品的免税。早期各州零售税对零售商品征收，零售的意思是商品被购作消费或使用而不用作再销售。因此，除非购买者能证明所购进的商品是在不改变原有形态或成为另一件物品的要素或部件的情况下被再出售，否则一律征税。家畜饲料、种子、化肥也被解释为另一件物品的要素，不必缴纳零售税。作营业用途的多数物品是工业和农用机器设备逐渐地被包括在免税的“要素或部件”中，不必支付零售税。这样做有利于减轻对生产资料的重复征税，以改善制造业的竞争地位。

就零售税的逻辑而言，应当只限于对消费性购买的课征。因为对营业用商品的购买（即购买生产资料商品）也征收零售税会产生周转税重复征税的后果，导致最终消费支出的税负不平，造成有利于进口商品不利于本地生产商品、削弱本地出口竞争能力的负政策效果。但从美国各州零售税实践看，把所有营业用商品排除在零售税征税范围外的做法还不是很普遍，仍有近一半的州对营业用商品购买不予任何免税或仅给予有限的减税或免税。其障碍基本上来自两方面，一方面零售税税额为一定的情况下，对营业性商品购买免税，会导致消费性商品购买者税负的增加，从而引起人们的反抗；另一方面是出于管理上的考虑。就是对消费性商品和营业性商品的区分存在困难，因为许多商品既可用于消费，也可以用于生产或再出售。让购买者在购买商品时就确定哪些一定用于消费，哪些一定用于生产或再出售是困难的。第一个障碍容易解决，可采用调整税制结构，保证消费性商品税负不变的办法。至于第二个阻碍，可采用类似于增值税制度下进项税额抵扣的办法解决，就是允许生产性或营业性商品的购买者在交纳其他流转税时，有一个相当于这部分商品已纳零售税的抵扣额，在不征收其他流转税时，国家给予一个相当的退税额。企业购进商品中哪些作为再生产的投入品、哪些作为消费品使用仍有认定区分问题，只不过原来在零售阶段区分，现在变为在生产阶段区分。由于在生产阶段商品的使用方向已经明确，对企业而言购入的大部分商品均是投入品，因而在生产阶段进行这种区分相对较为容易。这一方法虽然与增值税进项税额抵扣方法类似，但由于只涉及零售阶段的已纳零售税抵扣问题，比较简单。

（二）欧盟增值税的主要特点

增值税成功的范例当推欧盟。欧盟增值税有如下特点：

（1）全面型增值税。欧盟增值税的征税范围包括农业、工业、批发、零售、服务提供、进口等交易活动。而不是仅仅对货物课税，不对服务提供课税。

（2）增值税体系内纳税人身份一致性。增值税体系内不存在一般纳税人和小规模纳税人的税制差别，对农民、小规模经营者（小规模纳税人）给予是否成为增值税纳税人的选择权，一旦选择成为增值税纳税人，就要履行增值税纳税人的法定义务如建账立制按常规进行会计核算、依法使用发票等，同时也享有同增值税其他纳税人相同的权利，其中最重要的是有权使用增值税发票并抵扣进项税额。如果选择不成为增值税纳税人，则免征增值税，也不能抵扣进项税额。

（3）消费型增值税。欧盟增值税的重要特点是可抵扣的进项税额不仅包括购入的流动资产类中间产品（如原材料、辅助材料等）已纳增值税，而且包括购入的固定资产类产品（机器、设备等）已纳增值税。这样的增值税其税基在整体上相当于消费，因此被称为消费型增值税。

（4）凭发票抵扣进项税额。对购进货物和劳务已经缴纳的增值税给予抵扣（进项税额抵扣）是增值税区别于其他流转税的基本特征，也是增值税具有一系列制度优点的缘由。欧盟推行的增值税率采用以购进货物和服务的发票上注明的已纳增值税为抵扣依据的办法。

（5）单一或接近单一税率制。绝大多数欧盟国家的增值税只有一档税率，一些国家实行一档基本税率加一个高税率和一个低税率。

欧盟增值税的上述特点成为增值税的世界性标准。

（三）零售税和增值税的比较

美国各州实行的零售税和欧盟实行的增值税，尽管还有许多问题需要解决，但普遍认为都是比较成功的，代表流转税基本的发展方向。以下就税基和作用方面，对零售税和增值税作简单的比较。

从税基看，零售税的征税基础是零售价格；增值税表面上是对各个阶段的增值额征税，但各个阶段的增值额总和等于征税商品的零售价格，因此二者的税基基本相同。不同之处在于增值税多阶段征收，其税款分布在各个阶段，而零售税集中在零售阶段征税。在增值税条件下，各个交易阶段的进项税额均可得到抵扣，在不考虑税负转嫁的前提下，应纳税额可向前转移，最终由消费者支付。零售前各阶段纳税人只扮演一种代收代付增值税税款的角色。

从税收的作用看，要取得一笔同样数额的税收收入，征收增值税时，税率不要太高即可做到；但征收零售税，税率就要定得比较高，这容易引起反感。在零售商数量多、规模小甚至以小商小贩为主的国家，通过零售税取得大宗财政收入比较困难，因为小零售商很难严格依法足额纳税。在发展中国家，零售商的规模一般比制造业小，而且分布广，个体商贩众多，一般没有真实可信较为完善的账簿记录，偷逃税面比较大，且难以有效控制，取得与增值税一样多的收入，费的人力物力要大得多。这决定了零售税很难充当主体税种，较适合作辅助税或地方税。而增值税可作为主体税。在实行凭发票抵扣进项税额的情况下，增值税制度能有效运行，一般需建立全国统一的发票制度（但不一定为专用发票），因而实际操作上宜作主体税、中央税，不宜做地方税。

第二节 增值税原理

一、增值税的产生和发展

（一）增值税的提出及其创立的实践活动

1917年美国耶鲁大学的亚当斯（T. Adams）首先提出增值税设想。① 当时其名称不叫“增值”而是“营业毛利”。亚当斯认为从会计上讲，营业毛利（销货额一进货额）就是工资薪金、租金、利息和利润之和。对营业毛利课税比对利润课征的企业所得税好得多。营业毛利就是增加值，因此亚当斯实际上提出了增值税设想。4年后即1921年亚当斯又提出企业在购买货物时已经付出的税收，可在应纳的销货税额中扣除，这就提出了简便计算“营业毛利”的办法，这与后来人们普遍采用的抵扣进项税额的方法相似。同一年，德国资本家西门子（C. F. V. Siemens）在《改进的周转税》一文中正式提出增值税的名称，并详细阐述这一税制的内容。增值税的提出虽然没有及时

① Richard W. Lindholm. 1984. A New Federal Tax System. New York: Praeger Publishers: 117.

得到政府决策部门的重视，在德国学术界也没有什么影响，不过事隔十几年之后，增值税在美国却被讨论起来，美国许多学者对增值税进行了研究。1940 年，美国最有影响的营业税学者史图登斯基（P. Studenski）首先指出增值税是一种中性税收，是理想的流转税税制①。自 1940 年以来。增值税一直构成美国税务教科书的内容，但由于种种原因除密执根等少数州实行增值税外，美国一直没有产生全面推行增值税的改革运动。第二次世界大战结束后，美国关于增值税的讨论影响了在日本的美国税务顾问，他们于 1950 年向日本政府提议实行增值税，当时叫“增值销售税”（value-added sale tax），但没有完成立法步骤。② 增值税成功的实践活动始于法国。

在实行增值税以前，法国采用全值流转税即周转税。前面已经指出周转税是一种对商品和劳务流转额全值课征的多阶段、阶梯式间接税，存在对中间产品重叠征税的弊端，造成商品经历的中间环节越多，税收负担越重，促使企业为了减少税负而采取与供应商纵向联合的组织形式，产生了不利于专业化分工协作发展的纵向聚合激励效应。这个问题的存在阻碍了战后法国经济的恢复和发展。法国学术界和决策当局积极寻找对策解决这一问题。就当时的认识水平，曾经提出两个极端的思路来解决问题。

一是对所有中间产品都征税，这样无论是两个独立企业之间交易的中间产品，还是在纵向联合的全能企业内部组成部分（分公司或车间）之间移动的中间产品都要征税，试图以此实现采用不同组织形式企业之间的税收公平。但这一办法违反只对已实现销售收入征税的流转税基本原则，对企业内部移动的未实现销售的中间产品、半成品征税，将迫使企业动用流动资本交税，影响企业正常运营。对企业内部移动的中间产品征税也存在征收管理的困难，因为无法准确识别和判断中间产品的“交易”环节和金额。

二是对中间产品一律免税，就是对零部件、原材料厂家不征税，从而既使全能厂中间产品不含税，也使非全能厂购进的中间产品不含税，以达到税负均衡的目的。法国在推行增值税之前采用了后一种办法。他们规定对工业生产环节征收的周转税，由原来每个生产环节都征税，改为只对最后产成品阶段征税。例如，一种产品若是由几个工厂协作生产的，则对生产原材料、零配件等中间产品的工厂不征税，只对生产用于最终消费的产成品的工厂征税。这个做法的好处在于可以使同种产品，不因经过的中间环节多寡而使法定税负轻重不等，只要最终售价相同法定税负就相同。但这一做法存在不可克服的困难，那就是在现实生活中，很难就中间产品和最终产品作出明确界定，不少产品既可以是中间产品也可以是最终产品。此外，对生产原材料、零部件等中间产品的厂家不征税，只对生产最终产品的厂家征税，容易造成税收歧视。

法国的学者和决策者从税制改革实践中，认识到传统全值流转税即周转税的根本问题不在于多环节、多阶段课税，用增加或减少征税环节的办法难以彻底克服原有税制的弊端。周转税的根本问题在于对流转额全值征税。为此，他们于 1954 年和 1955

① Paul Studenski. 1940. Toward a theory of business taxation. the Journal of Political Economy，48：621～654.

② Richard W. Lindholm. 1980. The Economics of VAT. Lexington，MA：Lexington Books：25.

年在对中间产品免税的基础上对周转税作进一步改革，把对全值课税改为对增值额课税，即对厂商购进的投入品中所含的前一阶段周转税给予抵扣，从而彻底解决了流转税对经济组织形式非中性影响所造成的弊端。

(二) 增值税的广泛推行

丹麦和德国学习法国的经验，分别于 1967 年和 1968 年实行增值税。在欧洲经济共同体（后来为欧盟）财政和金融委员会的努力下，实行增值税成为加入欧共体的基本条件之一，这促使所有欧盟国家都实行了增值税。欧共体还通过发布规范增值税制度的指令（特别是 1977 年发布的关于成员国立法协调营业税的第 6 号指令）促进增值税规则的标准化、一体化。从世界范围看，欧盟实行的增值税较为完善，是各国进行流转税改革、推行增值税的蓝本。在欧盟国家实行增值税成功后，越来越多的国家推行增值税，据统计到 20 世纪末已经有 124 个国家实行增值税。但从总的看，发达国家推行增值税容易达到标准化程度，而发展中国家往往无法达到欧洲模式增值税的水准，说明税制模式选择与一国的经济发展状态、文化习俗、纳税习惯、社会治理模式、原来流转税特点等都有密切关系。

二、增值税的性质、类型和经济效应

(一) 增值税的性质

增值税是以增值额为课税对象的一种税。进一步说，是对商品流转各个环节的增值额课征的一种税。理解增值税的性质，关键是理解增值额这个概念。增值额的一般概念可以从 3 个方面理解。

首先，从理论上讲，增值额相当于商品价值 $C+V+M$ 中的 $V+M$ 部分，就是商品价值扣除在商品生产过程中消耗掉的生产资料的转移价值 C 后的余额，即由企业劳动者创造的新价值。V 是工资，是劳动力为自己创造的价值。M 即剩余产品价值或盈利，具体可分解为利息、租金、利润等项目。增值额从内容上就是净产值，是工资、利息、租金、利润之和。因此，增值税是一种净产值税，是介于全值流转税（以 $C+V+M$ 全值为征税对象）和所得税（以 M 为征税对象）之间的一种税。

其次，从商品生产的全过程而言，一件商品最终实现消费时的最后销售额相当于该商品从生产到流通各个经营环节的增值额之和。表 9-2 表示某一个商品生产销售过程。假定采矿是其第一阶段，靠手工劳动，购入中间产品忽略不计；增值税税率为 10%；该商品最终售价为 480 元，与 5 个产销阶段的增值额之和相等。对各阶段的增值额各征 10%的税，相当于对最后阶段销售额征 10%的税，而对每一个阶段增值额征 10%的税，相当于对每一个阶段销售额征收 10%的税金（销售税金）减去购入品（中间产品）在上一阶段已付税金的余额。

表 9-2　某一个商品生产销售过程　（单位：元）

产销阶段	销售金额	购入品金额	增加值	税额（税率 10%）		
				销售税金	购入品已付税金	应缴税金
采矿	40	0	40	4	0	4
冶炼	100	40	60	10	4	6
机械制造	300	100	200	30	10	20
批发	400	300	100	40	30	10
零售	480	400	80	48	40	8
合计	—	—	480	—	—	48

再次，就个别生产单位而言，增值额是应税货物或劳务的收入（不含增值税）减去为生产应税项目而购入的投入品和固定资产折旧等非增值项目金额后的余额。所谓非增值性项目就是转移到应税货物或劳务价值中去的原材料、辅助材料、燃料、动力和固定资产折旧等。因此，纳税人提供应税货物或劳务取得的收入总额扣除非增值性项目金额后的余额即为增值额。但在现实生活中，政府基于特定的社会经济财政状况及税收政策考虑，所规定的非增值性项目可以与理论概念一致，也可以略有差别，这导致增值税类型多样化。

（二）增值税的类型

增值税的类型可按不同的标准划分。按增值税税基大小，增值税可分为生产型、收入型、消费型增值税 3 大类型。按增值税征税对象范围的宽窄来区分，增值税可分为全面型增值税和有限型增值税（即只对部分货物和劳务课税，或虽对全部货物课税但只对少数劳务课税）。按增值税进项税额抵扣方法来区分，增值税可分为发票抵扣模式和按账计征模式。按增值税在不同地区运用的特点，可把增值税划分为欧盟模式、南美模式、中国模式等。不过一般所称的增值税类型指生产型、收入型、消费型三种。

生产型增值税以销售收入减除原材料、辅助材料、燃料、动力等投入的中间产品价值即法定非增值性项目后的余额为课税增值额。其计税依据或税基相当于工资、租金、利息、利润和折旧之和。其特点是折旧不从税基中扣除。从国民经济整体看，这一类型增值税的课税基础与国民生产总值的统计口径一致，故称生产型增值税或 GNP 型增值税。

收入型增值税以销售收入减除原材料、辅助材料、燃料、动力等投入生产的中间产品价值和资本品折旧后的余额为课税增值额。其计税依据或税基相当于工资、租金、利息、利润之和。其特点是税基中不包含折旧。从国民经济整体看，这一类型增值税的税基相当于国民净产值或国民收入。故称收入型增值税。这种增值税与前面讨论的增值额概念比较一致。

消费型增值税以销售收入减除投入生产的中间产品价值和同期购入的固定资产全部价值后的余额为课税增值额。其特点是固定资产价值从税基中扣除。从国民经济整体看，这一类型增值税的税基相当于全部消费品的价值，而不包括原材料、固定资产等一切投资品价值，故称消费型增值税。

（三）增值税的经济效应

不同类型的增值税，具体做法和政策不同，对经济的影响不同；相同的增值税在不同的宏观、微观经济环境中的作用也是有差别的。分析增值税的经济影响，有必要对增值税和经济环境作假定式的描述。对增值税，假定是全面型增值税、增值税体系内纳税人身份同一、实行单一比例税率，出口实行零税率，购进投入品税额抵扣采用发票法。对经济环境，假定是一种政府干预和市场调节相结合的经济，所有纳税人都是独立的经济利益主体、按市场信号安排生产经营和投资消费，政府则通过经济工具的参数变动指导市场。在这样的前提下，增值税对经济的影响表现在以下方面。

1. 对企业组织结构选择的影响

一般说来，在征收多阶段全值流转税的条件下，税负随交易次数的增加而增加，通过纵向联合可以减少交易次数从而减轻税负，这对企业组织形态的选择产生干扰，促使企业放弃横向的专业化分工协作而选择纵向全能组合。在征收消费型增值税情况下，纳税人全部购进投入品（包括购入的固定资产）的已纳税额可以抵扣，一个产品只要最终销售价格相同税负就相同，同样的产品不会因为企业组织形态不同、经历的交易次数不等而税负不平，这使企业在决定企业组织形态上不受税收政策的影响，客观上会促进专业化分工协作的企业组织形式的发展。

在征收生产型增值税情况下，增值税的这一影响仍然是非中性的，因为生产型增值税下，购入固定资产的已纳税款不予抵扣，固定资产折旧这一部分仍然存在重复征税问题，同样产品经过的交易次数越多税负越重。对劳动密集型企业而言，固定资产所占比重较小，产品价值中所含的折旧额比较小，购进的投入品主要是原材料、辅助材料等流动资产，因此购进投入品已纳税款基本上可得到抵扣，重复征税程度相对较低。而资本和技术密集型企业，由于其产品产值中固定资产折旧所占比重较大，如果搞专业化协作生产，经过的交易次数多，重复课税程度就高。因此生产型增值税仍然存在一定程度的有利于全能厂而不利于专业化分工协作企业的非中性影响，尤其对资本、技术密集型企业。当然，从整体来看，对比传统全值流转税，这种非中性影响已大大减轻。

2. 增值税对经济稳定的影响

这里从财政收入的稳定、物价稳定、反经济周期等方面分析。

增值税对财政收入目标的达到是有益的。在采用发票法进行税额抵扣情况下，增值税的征收过程会产生纳税人自动钩稽效果，防止偷逃税和随意减免税。增值税对增值额课税，从整体税负看，是对商品的最后销售额征税，只要销售额不变，无论商品的中间环节有多少，在税率一定情况下增值税税额不变。经济增长，财政收入也会同步增长。

增值税的采用不会导致通货膨胀。税制改革转换时期增值税对物价的影响，取决于财政目标和被替代的税种，以及财政货币政策等因素。如果以保持总税负不变为目标而用增值税代替传统的全值流转税，那么专业化分工企业的税负会降低，全能厂的税负会上升。全能厂税负上升对价格是否产生影响，要看该企业产品的需求弹性或供给弹性，需求弹性小或供给弹性大，税负就易于通过提高价格转嫁给消费者，使价格水平上升。但这显然只是局部的、暂时的。如果改革的目标是增加税收收入即提高税负总水平，那么物价可能上升，但不至于引起物价水平的持续上涨即通货膨胀；货币供给量一定情况下，增值税的增加只会抑制居民消费水平，而不会导致通货膨胀。考虑到宏观经济政策，如果政府实行紧缩的财政货币政策（增加税收、减少财政支出、压缩信贷规模等），居民手中可支配的收入就减少，此时提高价格只会使物品滞销，这就限制供应商或生产者提高物价的可能性，即使加税税负也难以向前转嫁给消费者，税制改革对物价的影响从而受到限制。

生产型增值税税基较广，不用高税率就能获得既定的财政收入。假定采取单一比例税率，那么经济繁荣时增值额增大，税收成比例增加，税收增加可阻止经济增长过旺；反之，经济萧条时生产衰退，国民生产总值减少，税收成比例减少，税收减少可增加居民手中可支配的货币资金并刺激投资和消费，从而防止过度衰退。因此，这一类型增值税具有一定的自动稳定功能。调整税率同样可以抑制经济周期波动。

三、增值税的纳税人

（一）纳税人定义

在欧盟国家和一些发达国家，由于实行全面型增值税，所以一般规定有发生应税交易的经济实体（学术或法律上常用企业主概念），无论是自然人还是法人，都是增值税的纳税人。而在那些没有实行全面型增值税的发展中国家，则不能像发达国家那样作出一般性的规定，往往将那些发生增值税征税范围内的货物销售和服务提供的经济实体作为增值税的纳税人。例如中国规定，在中国境内一切经营销售、进口列入增值税征税范围的货物、提供应税劳务的单位和个人是增值税的纳税人。

尽管纳税人定义有所区别，但在增值税纳税人的判断上都涉及下列一些具体问题：

第一，居民或非居民、自然人或法人。无论个人（自然人）、个人团体、法人、法人联合机构，以及任何其他经济实体，只要其发生销售商品、提供劳务、进口货物的活动（征税范围内），那么就可以认定其为增值税的纳税人。同样，无论是征税国居民或者非居民，认定的标准均为其具体的涉税活动，而不是其身份的差异。总的来说，居民或非居民、自然人或法人均不构成判断增值税纳税人的必要条件。

第二，经常、持续的交易与偶然、孤立的交易。大多数国家的增值税法律均规定，只有持续的或者经常的进行涉税的营业活动，才被认定为增值税的纳税人。如中国规定个人（自然人）销售自己使用过的物品（游艇、摩托车、汽车除外）免征增值税，就是考虑个人的销售行为不具备持续性的特点。但是，对于交易金额较大的交易，即使没有经常性和持续性特征，也往往要求按常规纳税，为此一般规定起征点，起征点以上一律按常规征税，起征点以下一律视为偶然交易，不征税。

由于小规模经济实体（以下统称小规模经营者）和农民相比其余经营者有较大的特殊性，所以增值税制度设计时要高度关注这两类经营者的纳税人身份确定规则。

（二）小规模经营者增值税纳税人身份的确定规则

小规模经营者主要包括大量的个体职业者、个体工商户，他们的经营领域大量的涉及零售和劳务提供，按理他们也应当是增值税的纳税人。但是，无论在发达国家还是发展中国家，小规模经营者都具有数量众多、营业额较小、会计记录不全的问题。因此，如果完全按照规范的程序对其进行征税，那么征收成本将很高。

原则上，各国对于小规模经营者的征税都要权衡税收收入和征税成本两个方面的因素。一般来说，发达国家由于工业化程度高，大企业多，是纳税的主体，小企业提供的税额所占比重相对较低，如果对其免税，税收损失较小，而征收成本却可以得到较大节约。因此，发达国家一般不将年营业额低于一定水平的小规模经营者纳入增值税范围，即对他们免税，但是如果他们愿意并且符合一定条件（如建立账簿按常规进行会计核算等）则可选择加入增值税体系，同一般纳税人一样按增值税规则纳税。

而不发达国家，特别是以小型手工业为主的农业国，小规模经营者数量多，因此对其免税会造成财政收入的减少，而将其纳入到增值税体系又会使征税成本大幅上升，因此往往采取简易的征收办法。但在增值税实行凭发票抵扣进项税额的制度下，对小规模纳税人不仅不给予进项税额抵扣，而且还按照销售额全值征收具有周转税性质的税收，则造成对小规模经营者的歧视性效应。

（三）农业生产者——农民增值税纳税人身份的确定规则

农民存在着和小规模经营者同样的问题，对农民要不要征税和如何征税成为增值税实践中的一个重要课题。

目前各国的做法主要包括免税、统一补偿制两种办法。免税办法的目的是为了减轻农民的负担，同时将其排除在增值税的体系之外，从而节省对其的征税成本。但是，实际的效果却没有达到减轻农民负担的效果，反而可能增加农民的负担。而后一种办法，则能够基本上做到不增加农民的负担，但是需要一定的执行成本。对上述两种方法的比较和分析请参见本节第八点。

四、增值税的征税对象

（一）增值税的征税对象范围

从横向上来看，增值税的征税对象范围说明应征增值税的具体行业范围，从纵向来看，则是指应征增值税的生产经营流通或者消费过程中的各个环节。欧盟等发达国家增值税属于全面型增值税，征税范围比较广，包括农业、工业、服务业的生产、批发、零售、服务提供、进口等所有行业和环节。而不发达国家则往往出于征收管理方面的考虑，实行非全面型的增值税。有的国家曾经实行部分制造业增值税，即征税对象范围只限于几个制造行业中的某些产品。这种增值税的优点是可在经济不发达、财政不宽裕、税收管理水平比较低的情况下推行，并且可在原来全值流转税不良影响最突出的经济活动领域率先采用，从局部减少对专业化生产组织方式的歧视效应。但也正是因为只是在部分制造业实行增值税，一个企业特别是多种经营企业，同一时期可能既要面对增值税还要面对全值流转税，往往需要对经营项目和购进中间投入品进行区分，以确定哪些要缴纳增值税、哪些要缴纳其余形式的流转税，哪些购进项目已纳税收或同一购进项目已纳税收中多大比例可以抵扣。这一方面使纳税人感到繁难，另一方面也容易通过人为调整项目规避税收，造成不必要的福利损失。此外，这种增值税也无法建立并推行凭发票抵扣进项税额的制度，增值额计算和进项税额抵扣程序比较复杂，缺乏准确性，也无法形成增值税链条机制，无法出现标准增值税制度下那种自动钩稽避免逃税的效果。

实践证明，在具备实行标准增值税的各种条件时，要充分获得增值税的优点，增值税征税对象范围应当尽可能覆盖所有生产经营领域，既推行全面型增值税。实行全面型增值税并且实行凭发票抵扣进项税额办法、单一或接近单一税率、消费型税基的情况下，增值税就能比较彻底克服全值流转税非中性效应，使增值税成为征收简便、财政收入有保证、影响中性化的良性税种。但推行全面型增值税并具备其他标准增值税的特征，需要特定的经济社会文化条件，比较适合于发达的西方国家。即使在发达的西方国家，增值税推行过程中仍有一些还不能理想地加以解决的问题，除了前面已经分析到的小规模经营者和农民是否作为增值税纳税人外，还有一些问题，如当增值税推行到服务提供领域时，对金融业如何征税①，如何防止纳税人利用假发票或真票假用骗取进项税额抵扣和出口退税、低报销售额逃税等，还没有有效的解决方案。

（二）确定应税货物销售和劳务提供的规则

在明确了征税对象范围之后，就要设计增值税的计税依据即税基。在实行凭发票抵扣进项税额的制度下，对纳税人来讲，一定时期，增值税＝销项税额－进项税额。因此，如何确定销项税额和进项税额是增值税制度设计的关键问题。在全面型增值税下，本企业进项税额等于供货商和劳务提供商的销项税额，因此只要研究销项税额就能说明问题。而确定销项税额涉及如下问题（以下分析均基于标准型增值税）。

1. 应税货物销售

研究应税货物销售，首先需要定义货物（商品）。一般将货物定义为有形财产（包括动产和不动产以及相关权利，包括固体形式，包括气体或能量形式如电力、煤气、热力、制冷等，也包括权利形式如不动产占有、支配和收益权）。货物销售可分为一般类型和特殊类型两种方面。

一般类型的货物销售，顾名思义就是常见的货物销售，即所有者转让有形财产的

---

① 杨斌，《比较税收制度》，福建人民出版社，1993年，第169～172页。

所有权而获得相应报酬。如果将有形财产（特别是不动产）相关权利转让视为有形财产，权利转让也属于货物销售。在此种销售中，虽然财产所有权没有发生转让，但财产收益权发生转让，承让方从此便可从财产中获得经常性收入，因此承让方必须向出让人支付报酬，这就构成销售，判断销售发生的依据是转让合同或协议。构成一般货物销售的重要条件之一就是转让以有偿方式进行。无偿馈赠虽然也属于所有权转让，但不属于销售。付款方式往往不是判断是否属于一般销售的必要条件，无论是即期付款还是分期付款或延期付款，只要可确定货物或相关权利被置于承让人支配之下，那么就可认定销售发生。因此，确定一般货物销售的特征是所有权或收益权转让、有偿性、转让协议或合同、货物或权利置于承让人支配之下。

特殊类型的货物销售指某些货物或权利转让在表面上不具有上述一般货物销售的特征；或货物本身交易特殊性；或出让人、承让人本身或他们之间的关系具有特殊性，为了公平征税，税法上必须明确要视同一般货物销售的各种交易。具体包括委托加工、私人使用、自我供应、连锁交易、不动产销售等。

(1) 委托加工。用客户提供的材料加工成产品并移交给客户，收取加工费。其交易过程并没有发生所有权或收益权转让，但对客户而言，利用委托加工形式与通过外购形式获得所需要的产品，并没有实质性差别；对委托方来讲，利用客户提供的材料与外购材料进行生产实质上也没有差别。为税制公平和中性影响起见，必须把委托加工视同货物销售。否则就会促使人们为税收利益而偏好委托加工方式，造成福利损失。

(2) 私人使用。纳税人为其私人用途、为其雇员而使用构成企业资产一部分的商品，或者免费处理商品，或者更一般的说，为了非营业目的而使用本企业商品，便构成私人使用。如果私人使用的商品其投入品所纳增值税已全部扣除掉，那么这类使用应视为有偿销售。此种条件下的私人使用虽然没有发生实际的交易行为，但与最终消费者购买商品在性质上是相同的，私人使用的商品应当与最终消费者从市场上购买的同样价格商品在税负上保持平衡。因此，私人使用应视同货物销售。尽管如此，一般纳税人为其营业目的赠送小额礼物或提供样品则不视同销售征税。

(3) 企业主为本企业所进行的营业而拨用由他自己或由代表他的另一个人所开发、建造、装配、制作、生产、提炼、购买或进口的商品，构成自我供应。通过上述各种途径获得的商品被用于连续的生产过程不征增值税，待生产出用于销售或私人用途时再行征税。如果自我供应的产品其投入品增值税已得到抵扣，并且被用于免税业务或个人经营以及用作资本货物，就必须视同销售。这是因为商品被用作免税业务或个人经营以及用作资本货物后就脱离增值税体系不再征收增值税，然而用于这些用途的商品的投入品税额已被抵扣，不在这些商品的转移环节征收增值税，会造成两个后果：这些商品实际上变为有抵扣权免税的商品（即零税率商品），使国家税收蒙受损失，并使零税率优惠政策的界限不明确；自我供应的商品与外购的同样品种同样价格作同样用途的商品之间形成税负不平衡，而影响公平竞争。

(4) 连锁交易。几个企业就同一商品进行一系列交易就构成连锁交易。即使实际所有权由第一个企业直接转移至最后收受人，但连锁交易中的每一个企业都进行了一项应税交易。因而，如果商品是从 A 卖给 B，B 再卖给 C，C 再卖给 D，即使交货是直接从 A 到 D，也仍然看作是从 A 到 B，再从 B 到 C，再从 C 到 D 的销售。对这样的连锁交易，规则是每一次交易都要缴纳增值税。因为只要连锁交易是在独立企业之间进行，那么每一个环节都将产生增值。

（5）不动产销售。土地、房屋等不动产与一般制造业产品（一般货物）相比有其特殊性，土地为自然存在物。而房屋生产（建筑）周期比较长、建成后存续时间也比较长，房地产市场总是新旧房屋并存，越发达的国家，二手房的比重越大。将不动产交易当成一般货物销售对待按增值税一般规则征税有利有弊。利的地方在于可一视同仁，弊的地方在于对二手不动产进行标准化的进项税额抵扣有困难，可能没有可作抵扣凭证的购进发票。因此，从国际上推行增值税的国家看，对不动产销售的税收处理有不同模式。有的国家把不动产列入增值税应税商品范围，按一般规则征收增值税，对进项税额抵扣作特殊规定。有的国家则不作为增值税征税对象，而单独征收不动产转移税、不动产购置税或注册税。还有的国家则新旧区别对待，对新建初次销售的不动产按增值税一般规则课税，对二手不动产交易不征增值税，而征收其他税。①

2. 应税服务提供的认定

增值税税法意义上的劳务提供，一般指除了货物交易外的其他交易活动。这样的交易包括无形财产（如专利权、版权、商标权、技术知识使用权等）的转让；抑制某种行为或忍受某种行为及局面的义务；按公共当局的命令或以其名义，或按法律履行的服务。交易必须是为了得到报酬，不管是现金还是实物。如果商定没有报酬或不支付任何报酬，并且这项交易也不另外销售商品，那么这样的交易不作为提供劳务，因而不是一项应税交易。在制度设计上，劳务提供与货物销售一样，重点要解决某些特殊类型的劳务提供如何征税问题。特殊类型的劳务提供有以下几个方面。

（1）劳务的自我供应和私人使用。劳务的自我供应简单讲就是自我服务。大多数国家不把劳务自我供应视为一般应税劳务。少数国家如法国则规定自我服务也要征收增值税。从公平角度而言，自我服务和外购服务要一视同仁，同样征税。但自我服务实际上并没有交易发生，如何作价实属困难。对此免税符合效率、方便原则。

劳务的私人使用，是指企业主免费抽调工作人员或使用本企业提供的劳务，或为自己私人目的，或为了企业的职工，更一般的讲，是为了商业目的以外的用途。这就是说，在未付款的情况下提供给企业主本人或其雇员，具有非商业性质。例如，汽车修理厂的工作人员给他们的老板或自己修理私车。对劳务的私人使用，不同国家的规则有差别。有的国家按货物私人使用的规则处理，一律征税；有的国家不征税；还有的国家有条件征税，例如对为私人和其他非营业目的而使用的劳务，只有这种劳务与那些在正常经营过程中所提供的劳务具有同样性质，才应该缴纳增值税。

（2）不动产租赁。欧洲发达国家对不动产租赁是否征税一般与对不动产出售是否征收增值税联系在一起。不动产销售不征增值税的国家对不动产出租业务一样也不征

① 参见杨斌，《比较税收制度》，福建人民出版社，1993 年，第 177～179 页。

增值税。

(3) 混合交易。指一笔交易中既有货物销售也有劳务提供。实行增值税的国家对混合交易的税务处理方法不同，大致上可归纳为 4 种：第一种是比较简单的方法，即不进行货物销售和劳务提供的区分，按总交易额征税。一般为实行单一税率的国家所采用。但交易中混合有应税交易（包括零税率）与免税交易时，则要求要开具两份发票，一份说明应纳税的销售（包括零税率），一份说明不应纳税的销售，以明确可抵扣进项税额的数额。第二种归属于其中一种交易类型。即混合交易全部按货物销售对待或按劳务提供对待，一般根据交易内容是以商品为主还是以劳务为主确定。第三种是区别开来按两种交易类型分别计算征税。第四种是按构成销售过程的所有商品品种和劳务项目适用税率的最高者征税。

（三）货物销售和劳务提供发生纳税义务的地点和时间的确定规则

经济生活丰富多样，货物销售和劳务提供也是如此，除类型上的复杂多样外，货物销售地点和时间也不是单一的。受运输、安装包装、进出口、委托寄售、劳务提供和实现的空间和时间的不一致、付款方式不同、付款与交货地不同等因素影响，每一笔交易在什么时间发生纳税义务、在什么地方应当履行完纳义务，有时并不是显而易见的，因而需要建立一定的规则，保证同一笔交易只在一个地点和时点交纳增值税，以使税法明确，征税人和纳税人都有所遵循。

1. 应税货物销售的地点

应税货物销售的地点认定涉及增值税的税收管辖权这一重大问题。增值税作为流转税，一般遵循属地主义原则，实行销售发生地税收管辖权，也就是只在本国境内发生的销售才负有纳税义务。如果销售地点在国外，即使是在两个居民企业之间成交，本国也不征税。实行这样的规则，税收管理上比较便利。如果按货物购买者或消费者居住地确定纳税地点，由于消费者十分分散，实际上无法实施课税。但是如何确定销售发生地，有如下规则：

(1) 商品运输时，以商品的发运地点（更具体地讲是商品被发运或运输时的放置地点）为销售发生地。不管商品是由供货者、收货人还是由第三者发运。这一规则同样适用于销往国外的商品（这些商品在出口报关时一般享有零税率待遇）。但不适合于进口商品，进口行为是独立的应税事件。

(2) 需要安装和组装的货物，以安装和组装的地点为货物销售的实际发生地。不考虑是否进行试生产。

(3) 不需要运输的货物，货物的供货地（或货物的所在地）为销售发生地。

(4) 委托或寄售的货物，有的国家规定由承销人在应税的销售发生地纳税，而不是由托售人在向承销人销售时纳税。有的国家规定，寄售货物视为货物销售，因而对该项交易应征增值税，而不考虑承销人以后是否出售这些货物。笔者认为后者更适合中国的情况，在守法自觉性较低的文化中，将委托和寄售视同销售更有利于避免通过销售形式的改变而滥用税法规则。

一个国家内部不同地区之间的增值税管辖，从税收管理的可行性角度看，也应当遵循销售地管辖原则，本地发生的销售本地税务当局就有管辖权。但是，当增值税被作为中央和地方共享税，其收入要在中央和地方（省级及以下）之间进行分成，并且假定增值税由消费者负担，那么遵循销售地管辖原则，实行生产地或销售地课税，必然造成经济发达、工业商业集中的地区将获得大于其居民负担的较大一份增值税，因为其他地方购买者或消费者来到该地区购买或消费商品（包括劳务）时实际负担了增值税，但在没有特别的转移支付安排的情况下，他们的居住地政府并不能获得这笔税款，这就形成了一种不知不觉的财政机制将较不发达地区的财富转移到较为发达地区，使富者愈富、贫者愈贫。解决办法有两个，一是探索在征管可行的情况下实行消费地课税模式；二是按照较不发达的区域其所交纳的税收与获得的财政利益至少应当对称的公平原则，改革分税制，将增值税（应该包括消费税、关税、营业税）完全作为中央税，由中央按各地消费水平和人口等因素实行转移支付，先将较不发达地区人民实际转移到发达地区的增值税返还回去，然后再考虑财政公平，为实施适度均等化的公共服务而进行另一层面的转移支付。

2. 应税劳务的提供地点

应税劳务提供地点的确定与确定货物销售地点的基本精神是一致的，即只对在境内提供的劳务征税。什么是境内提供的劳务，税法必须明确。实行增值税的国家确定劳务提供地的一般规则是以应税劳务的提供者企业所在地或固定机构所在地为劳务提供地。如果没有这样的企业或固定机构，则以提供者永久居住地或其通常居住地为劳务提供地。劳务的提供和使用往往与提供者不可分割。如果提供者向征税国境内的客户提供劳务，理所当然要在该征税国纳税；如果提供者向国外客户在外国境内提供劳务，各国一般对此实行零税率。因此，在劳务提供者企业所在地或固定机构所在地或居住地征税，不仅符合增值税境内管辖原则，而且纳税人身份明确，地点相对固定，便于税务管理。但由于劳务种类很多，交易方式多种多样，为了完全贯彻增值税境内管辖原则，避免国际重复征税，防止逃税，实行增值税的国家除订立确定劳务提供地一般规则外，还要订立特殊规则。主要有：

（1）劳务实际发生地规则。就是以劳务实际发生地为增值税完纳地点。这一规则适用于运输劳务及其有关装卸、管理等辅助劳务；文化、艺术、体育、科学、教育、娱乐和类似的活动，包括这些活动组织者的活动及其辅助劳务；有形财产的估价和其他有关有形财产的劳务。

（2）接受者所在地或居住地规则。某些应税劳务项目如果由国外企业或国外非企业单位或个人提供，劳务的接受者居住在本国境内，劳务的使用也发生在本国境内，那么就以接受者企业所在地或固定机构所在地为完纳增值税的地点；如果没有这样的企业或固定机构，则以劳务接受者永久居住地或通常居住地为完纳增值税的地点。适合于此项规则的应税劳务有特许权转让（包括版权、专利权、商标权、执照等类似权利转让）；广告服务；工程师、会计师、律师、咨询人员提供的劳务；数据处理、提供信息等服务；银行、保险业务；提供工作人员的劳务（或称派遣人员提供的劳务）；代理人为委托人获得上述劳务提供的服务。

(3) 财产所在地规则。对不动产提供的劳务，包括财产代理人和专家劳务，准备和协调建筑工程的劳务，例如建筑师在施工现场的劳务，交纳增值税的地点是财产所在的地点。

(4) 劳务实际使用地规则。当劳务提供地与劳务的实际使用地不一致，并且有可能导致双重征税、逃税或影响公平竞争时，以劳务实际使用地为征税地。这一规则主要与国际劳务有关。其具体内容是，根据一般规则，如果劳务提供地点被确定在本国征税区域内，但这种劳务是在国外实际使用或享受，以劳务的实际使用地为纳税地，本国不征税；与此相对应，如果按规定劳务提供地点被确定在国外，但此项劳务是在本国境内被实际利用或享受，那么本国要对此项劳务征税。

3. 货物销售和劳务提供的时间

货物销售和劳务提供地点确定后，进一步的问题是货物销售和劳务提供的时间，这与增值税纳税义务何时发生有密切关系。如果税率变动，还与确定适用税率有关。各国税法对这一问题的规定大同小异，可简略地概括为以下方面：

(1) 所有权或支配权转让的时间。一般情况下，货物转移到受让人可自由支配的时候，货物销售就算发生。货物需要运输，则货物销售的时间是货物启运的时间。货物分期付款，销售时间为买方成为货物的完全拥有者的时间。货物代理销售与寄售情况下，如果代售、寄售本身就视为货物销售，那么销售发生的时间是代理人或承销人可自由支配此项货物之时；如果代售、寄售本身不视为货物销售，那么销售发生的时间是代理人或承销人将此项货物置于客户实际支配之下的时间。自我供应和私人使用是在货物移动使用时发生。连锁交易的最后一个收货人有权支配货物的时刻为货物销售的时间。

(2) 劳务完成的时间。提供劳务交易发生的时间是劳务完成的时间。不过有的国家以劳务报酬的支付时间确定劳务提供的时间。

(3) 货款收到时间。如果货款收到的时间早于货物收到的时间，则以货款收到的时间为货物销售发生的时间。在连续供应（例如订阅期刊、连续供应能源），并且需要分次付款情况下，每次付款的时间为供应发生的时间。

还有一些国家对货物销售和劳务提供时间不作具体规定，而以开发货票的时间为销售发生的时间。它们认为，发票上注明的日期决定一笔交易必须在那一个会计期申报，一笔销售收入在发票开出以后才算最终真正取得。同时，只有这些发票收到后，购货方才可以扣除进项税额。因而应当以发票开出的时间确定交易在何时发生。作此种规定的国家，往往还对某些不开发票的交易领域作出专门规定。对进口货物以海关进出港许可证上纪录的日期作为确定纳税时间的依据。货物或劳务被使用的时间为销售发生时间即开始负有纳税义务的时间。这一做法可使货物销售和劳务提供时间与纳税义务发生的时间按同一标准确定。比较适合于用发票法进行进项税额抵扣的全面型增值税制。

五、增值税税基确定规则

上一点着重从质的方面讨论增值税的征税对象，说明作为增值税征税对象的商品或劳务流转额的各种具体表现形式，以及需要承担增值税缴税义务的条件。但商品或劳务流转额的具体含义是什么还没有详细研究。以下从量的方面，具体阐述作为征税对象的商品或劳务流转额的含义。增值税征税对象在数量上的具体化就是增值税的税基（或计税依据）或计税金额。

（一）增值税税基的一般规定

一般情况下，增值税的税基为商品销售者和劳务提供者向购买者、顾客和第三者已经收取和将要收取的所有报酬。其中“已经收取”的报酬要纳税容易理解，而“将要收取”的报酬也要纳税未免费解。之所以存在这一问题，是因为商品和劳务报酬总额的计算可以有两种方法，一种是按应收应付制计算，另一种是按收付实现制计算。采用应收应付制计算商品和劳务报酬总额时，在某一会计核算期或税收申报期内，就有一个“将要收取”的问题。应收应付制也叫权责发生制，就是以收益或费用是否已经发生为标准确定本期收益和费用。不论本期内是否收到或支付现金（或有价物），都应作为本期的收益或费用；反之，凡不在本期内发生的收益或费用，即使在本期内已经收到或付出现金（或有价物），不应作为本期的损益或费用处理。在采取权责发生制会计核算制度下，就存在应收未收款项现象，即有一个“将要收取”的报酬问题。实行增值税的国家都要求增值税税基计算一般情况下采用应收应付制，主要依据纳税期内开出的发票的金额计算。只要发生应收的报酬，就要交纳增值税，而不管这一笔报酬本期是否已经收到。

有的国家规定在某些特殊情况下允许企业主采用收付实现制方法计算增值税税基。所谓收付实现制也叫做现收现付制，是以实际的现金（有价物）收付为标准划分并确定本期收益和费用的一种会计处理方法。按照这一方法，凡在本期内实现收进现金（或有价物）的各项收益以及在本期内实际付出现金（或有价物）的各项费用，不论其是否于本期发生，都作为本期的收益和费用处理。采用这一办法计算增值税税基，意味着纳税人在实际收到由其销售的商品或提供的劳务的款项时才计算缴纳增值税，税基的计算就不是根据开出的发货票，而只能依据记载现金收付的账簿。这一方法比较适合于从事零售等业务的纳税人，其顾客大多是个人，购买商品或接受劳务并不要求有发票，就不能根据开出的发票计算增值税计税依据。例如意大利规定，若不要求企业主开发货票（如对某些零售商），则增值税税款以实际营业额为基数计算，而不是以权责发生制的营业额为基础计算。德国允许具备一定条件的企业主申请依据实际收到的报酬计算增值税税额。这一定条件是上年度营业总额不超过250 000德国马克；免除企业主记账和根据年度存货编制定期财务报表的义务；可归属到职业活动范围（例如律师，医生、牙科医生等）的营业额。[①]

以上讨论增值税税基的计算方法，接下去讨论增值税税基的具体内容。

各国税法都具体列举构成和不构成增值税税基的具体项目。构成增值税税基的项目有：商品和劳务的销价；关税和其他各种税（大多数国家规定增值税本身除外）；各种收费如代理商佣金、包装、运输、保险或其他收费；收货人或劳务取得者的追加付款。对于商品和劳务的销价，有些国家明确规定要符合市场公平交易原则，对不按市场公平价格的交易，税务局有权对销价加以调整，以不受商业、金融或其他买卖双方之间特殊关系影响的市场公平价格确定其计税依据。不列入增值税税基的项目有：增值税额；从价格中扣除的、作为提前付款的折扣额和供应者给予的价格扣除额（回扣）；延迟付款收取的利息；某些可以扣除的杂费。这里要说明的是为什么税基不包括增值税额本身。作这样处理意味着实行价外税制度，即增值税以价格的外加形式出现，计税价格中不包括增值税，这样可以避免实际税率与名义税率不相等的问题，便于税额的计算抵扣。在不考虑税负转嫁的情况下，也使负税人和负担数额清楚明了。法国原先实行增值税时采用价内税形式，后来也改为价外税形式。价内税变为价外税应当有一个适应的过程。长期以来，人们习惯于价内税，购买货物和接受劳务时，按标价支付一笔款项。刚刚开始实行价外税的时候，商品标价中不含税，顾客实际所付的金额超过标签上标示的价格，引起买卖纠纷，荷兰在实行增值税的初期，经常遇到此种事情。久而久之习惯成自然。从征税实践上看，价外税优于价内税。

（二）特殊类型或特殊情况下商品销售和劳务提供税基的确定

增值税征税对象有许多特殊类型和需要特殊处理的情况，在确定增值税税基时同样既要考虑一般也要兼顾特殊。涉及特殊情况税基的确定主要有以下几个方面。

1. 外币标价

用外币标价的税基，要根据国家公布的汇率换算为本国货币，据以计算征税。一般各国允许用两个时点的汇率换算。一种是按照增值税缴纳期限的所在月份的平均汇率；另一种是按照增值税缴纳期当天的汇率。

2. 以旧换新

就是用旧货换新货而形成的交易。各国对此类交易的税务处理很不相同，大致可概括成以下类型：

（1）按全部报酬征税。如果支付购买新货物报酬时，一部分用现金，一部分用旧货折价支付，那么就以全部报酬为税基。例如用一部旧车换一部新车，除用旧车折价抵偿外，还要支付一笔现金，那么此项交易的税基为这两部分的报酬总和，实际上就是新车销价。

（2）按差额征税。在同样性质的货物以旧换新的情况下，折价的旧商品价值不构成增值税税基的一部分，而仅仅以新商品销价与旧商品折价之间的差额为计税依据。

---

① 杨斌，《比较税收制度》，福建人民出版社，1993年，第189页。

(3) 视同两笔交易。把提供旧货和换取新货看做是两笔交易，分别按规定确定税基。

3. 以货易货

两个纳税人之间的以货易货（或劳务互相交换），如两个纳税人互相销售商品（或提供劳务），作为两笔应税交易对待，其税基为这些商品或劳务的通常价格。如果不知道通常价格，则以合理方法确定的销售价格为税基。合理的方法可以是成本加成法，即将所发生的所有成本项目加上有关这些商品或劳务的一般利润额。

4. 呆账

如果一项债权全部或部分不能收回（例如因债务人无力偿还），纳税人以前对该项债权已经申报、税务机关已经收到税款，纳税人在申报增值税时可以就短收的差额要求扣除已纳税款。要取得扣除税款的资格，这种债权损失必须是在应收账目中实际发生的或经正式声明的损失。当债务人重新具有偿还能力并支付债权人已认为是损失的债务时，债权人必须补缴相应的增值税。

5. 退货

如果顾客向应税的供应商退货，那么该供应商可以要求调整税基，从当期应付的增值税额中扣除相应的数额，或者要求退税。

6. 出售企业

当企业或其中一个部门，作为单独进行经营管理的单位，整体转让并负有纳税义务（即此种出售不在免税之列）时，其税基为向购买者转让资产所得的报酬。所负担的各项债务在计算税基时不得扣除。

7. 旧货

其税务处理各国不同，大体上有几种情况：①按全部销售额征税，以销售价为税基；②按购销差价征税。

8. 自我供应和私人使用

自我供应或私人使用商品的税基是同样商品的市场购买价格，无可比的购买价格，则按成本价格。私人使用劳务的税基是正常价值。有的国家规定，劳务的私人使用的税基是为使用此项劳务而发生的有关费用总额。大多数国家对自我供应劳务不征税，也就无所谓税基问题。少数国家规定要征税，税基与私人使用劳务相同。

9. 进口商品

经营进口商品业务的人，负有缴纳增值税的义务。增值税一般与进口关税一并征收。进口商品的增值税通常由办理结关手续的人交纳。进口商品增值税的税基一般就是关税所使用的税基加上关税和其他应付税款及有关费用。具体内容如下；

(1) 进口商品的正常支付价格（包括商品购买价和到达海关所在国的一切有关费用，如运输费用、边境费用、保险费、手续费和经纪费等）。这一正常支付价格就是海关征收关税的税基。如何具体确定这一税基，取决于各国关税估价制度。这一问题将在本章关税一节进行详细讨论。一般的说，当商品的购买价格能准确地反映商品的正常的市场公平交易价格，并且是这一进口商品的唯一销售报酬时，所谓的正常支付价格即进口商品买价加有关费用即到岸价格。如果没有支付买价，或者买价不能准确地反映商品价格，或者买价不是进口商品的唯一销售报酬时，就以海关根据有关标准估定的标准价格为正常支付价格。有的国家还进一步明确规定，进口商品的增值税税基中的正常支付价格为实际已付买价（通常以发票为据）与海关估定的标准价格二者中的较高者。这主要是为了防止因买卖双方具有特殊关系而可能通过价格人为安排进行逃税。

(2) 在国外应付的各种税费。由于出口国一般对出口商品实行零税率或退税，出口商品价格是不含税的，因而对进口商品而言，这一项内容在一般情况下不存在。

(3) 商品进口后应缴的各种税费。包括进口关税和其他各种应付的收费。在增值税为价外税情况下不包括增值税。

(4) 附加成本。就是入关后至第一个指定目的地止应付的某些杂费如佣金、包装、运输和保险费等。

六、增值税税率制度设计的基本经验

（一）增值税税率类型

一般税种的税率反映的是应纳税额与税基的比例关系。例如零售税税率＝应纳零售税额/销售收入，所得税率＝应纳所得税额/应纳税所得额。在不考虑转嫁因素条件下，它们表明纳税人对某种税的负担水平。但在实行进项税额抵扣制度的前提下，增值税税率不反映单个纳税人对增值税的负担水平，仅反映至本阶段参与生产经营周转的纳税人对增值税的整体交付水平。本阶段应纳增值税额＝增值税税基×税率－以前阶段已纳增值税额。因此，增值税税率＝（本阶段应纳税额＋以前阶段已纳税额）/税基。对最终进入消费时的经营阶段而言，增值税税率＝商品或劳务已纳全部增值税额/最终销售额。在单一税率下，最终销售额相等，税额也相等。因此，增值税税率反映的是消费者对其所购买的商品或劳务的增值税负担水平。

在增值税实践中，各国增值税的税率档次多少不一，有的国家有十几个档次的税率，有的国家实行单一税率。多数国家的增值税税率档次在1～5个之间，总体上可分为两大类型。

1. 单一税率

就是增值税只有一个比例税率。不管征税对象是什么，纳税环节位于什么阶段，一律按一个税率征税。实行单一税率会大大简化增值税计算，使增值税征管富有效率。缺点是对奢侈品和必需品同等对待，有不公平之嫌。

2. 复式税率

一般由两个以上税率即由基本税率（又称标准税率）、高税率和低税率组成。基本税率体现增值税的基本课征水平，适用于一般商品和劳务。确定基本税率取决于通过增值税计划取得财政收入的规模，当然也要考虑消费者的承受能力。高税率的目的是对某些奢侈品或有害健康的商品以寓禁于征的办法限制消费。有的国家还将高税率进一步分为一般高税率和特高税率。低税率适用于税法中单独列举的属于生活必需品范围的商品和劳务。有的国家低税率又分为两种，一种是特低税率，一种是一般低税率。

此外，增值税还有一个特殊的税率类型即零税率，一般对出口商品和劳务实行零税率。有的国家如英国、爱尔兰把零税率的适用范围扩大到一些生活必需品及一些劳务。零税率的作用下面将继续讨论。

（二）增值税税率制度设计的基本经验

从各国增值税实践看，增值税税率设计有如下几条经验。

1. 税率要少

增值税搞得比较成功的国家，增值税税率最多5个，最少1个。税率过多会大大增加征收管理的复杂性。在实行增值税的条件下，不应当过分指望通过差别税率对生产和消费进行限制和鼓励。要达到限制和鼓励的目的，可以征收特种流转税。

2. 基本税率要适度

基本税率的确定既要考虑国家财政需要，也要考虑消费者的负担能力。各国的基本经验是实行税率不高、但广泛征收的策略，避免任意扩大免税和实行低税率的范围，这样取得同量财政收入，因税基广，标准税率可以定得低一些。如果免税和低税率范围太大，项目多，为取得同量财政收入，标准税率就不得不定得高一些。这样不仅会加重消费者负担，而且会产生免税项目与征税项目之间税负悬殊。还会造成征管困难，因为每一次计算税额时要花更多的时间划分免税商品和征税商品。

3. 高税率和低税率尽量在商品销售的最后阶段，即最终进入消费的阶段

增值税法定由消费者负担。在不考虑税负转嫁的前提下，进入最终消费前各个阶段的纳税人都只是代国家收付税款，实际上不负担任何增值税。高税率或低税率的运用影响最终消费者的税收负担，也会间接地影响生产经营者，例如对某项商品采用低税率，会鼓励消费，从而间接地起到鼓励生产的作用。一般各国都对生活必需的商品和劳务实行低税率，而对奢侈性商品劳务实行高税率。但高、低税率设置在哪个环节是很重要的。设置的环节不恰当就起不到预期作用。一般的说，在以下两种情况下才会起调节作用，一是对一个商品全部生产经营环节都实行低税率或高税率；二是对最终进入消费阶段的商品或劳务实行低税率或高税率。高税率或低税率只有作如此设置对消费者才有影响。第一种情况实际上很难实行。例如面包生产涉及小麦的种植和收获、磨粉、面粉运输、出售、面包生产和出售等很多生产经营环节，而且小麦、面粉用途是多样的，不一定就是用来制造面包。因此，对小麦种植、收获、磨粉、面粉运输、出售等环节实行低税率，不一定就是对面包生产经营的各个环节全部实行低税率。如果硬要实行就得对从小麦种植起的各个环节，区分哪些是用来制造面包，哪些是用于别的用途。这在实际上不可能。因此，对最终进入消费的阶段实行低税率或高税率是唯一的选择。以下举例说明这一原理。

先研究低税率情况下的法定税收负担变化。假定基本税率为10%，低税率为5%；甲企业为原材料制造商，乙企业为半成品制造商，丙为成品制造商，丁为零售商；对

该商品的原材料阶段实行低税率5%，其他阶段实行基本税率。各个阶段纳税情况见表9-3。

表 9-3

阶段	税率	销售额	销项税额	进项税额	应纳税额	消费者负担
甲	5%	10 000	500	0	500	—
乙	10%	20 000	2 000	500	1 500	—
丙	10%	30 000	3 000	2 000	1 000	—
丁	10%	40 000	4 000	3 000	1 000	4 000

表9-3表明，政府从4个阶段共收到税款4000个货币单位。消费者负担也为4000个货币单位，有效税率为10%，因此对原材料生产阶段实行低税率没有意义。把低税率实行的环节后移至乙和丙阶段效果一样。对甲、乙、丙阶段即最后进入消费的以前阶段实行高税率同样没有效果。但对丁阶段即最终进入消费的阶段实行高税率或低税率会起到预期的调节效果。如果丁阶段的税率降为5%，那么消费者负担的税款就不是4000个货币单位，而只是2000个货币单位，即丁阶段应纳税款＝40000×5%－3000＝－1000（货币单位）。丁阶段纳税人可获得1000个货币单位的退税，同时只能向消费者收取2000个货币单位的税款，如果在最后阶段实行高税率，丁阶段税率提至15%，那么丁阶段应纳税款＝40000×15%－3000＝3000（货币单位），加上以前阶段的3000个货币单位，消费者应负担6000个货币单位税款。

综上所述可以得出这样的结论：在复式税率下，只有最终消费阶段适用的税率才是该商品真正的适用税率，其余中间阶段的税率并无实质性意义。因此在复式税率下，要提高增值税的公平程度，增强其调节功能，只有把高税率和低税率设置在最终进入消费阶段才能达到效果。商品、劳务种类很多，许多商品既可作原材料也可作最终消费品，所谓最终进入消费阶段不容易判断，但可以按产品性质，采取列举的办法，把奢侈品列为高税率商品，把生活必需品列为低税率商品，因为大多数奢侈品和生活必需品是消费品，从而大致地达到把高税率和低税率安排在最终进入消费阶段的目的。

七、增值税的进项税额抵扣制度

增值税的最大特点在于只按增值额计税或者说进项税额可得到抵扣，这是增值税具有避免重复征税、对企业组织形式的选择保持中性等一系列优点的关键所在。增值税的计算方法可简单地分为两种：一是直接计算方法，就是直接地通过计算增值额算出应纳税额，具体地讲这又可分为税基列举法和税基扣除法，有不少学者把前者称为直接计算法，而把后者称为间接计算法，鉴于它们都要先计算出增值额然后据以纳税的共同特点，这里把它们归于直接计算方法之列。二是间接计算方法，就是不直接去计算增值额，而是从销售（销项）税金中抵扣进项税额算出应纳税额，这一方法称进项税额抵扣法，也简称扣税法。所谓增值税的进项税额抵扣制度就是可抵扣的进项税额的计算方法和相应规则、程序的总称。它是增值税制度中最有特色的部分。为了便利比较分析，从增值税直接计算方法谈起。

（一）增值税的直接计算方法

1. 税基列举法

税基列举法又称加法。就是把征税对象构成增值的诸因素列举并汇集起来作为增值额据以计算应纳税额。其计算公式是：

本期增值额＝本期发生的工资＋利息＋利润＋其他增值项目

应纳税额＝增值额×适用税率

这一方法比较符合理论意义上的增值税。国内外都曾在增值税试点过程中采用过这个方法。德国 1980 年采用这个方法计算增值税。奥地利也曾使用过这个方法。[①] 1979 年，我国最早在湖北襄樊市试行增值税时也采用过税基列举法。在不存在适用于增值额核算的专门账户的情况下，这一方法存在严重缺陷，包括增值额的计算涉及许多会计账户，计算工作量很大，容易发生差错；必须在账户结账、会计报表编制出来以后才能计算税款，影响税款及时入库；对兼有免税产品的企业，增值额中有多少是免税产品的增值因素，有多少是征税产品的增值因素，很难划分清楚；加法的税基中还包括一些尚未实现的价值，例如工资、利息支出等并非全部在当期发生，这样就在一定程度上违背就实现的销售收入征税这一流转税的基本原则；在劳动密集型企业，工资所占比重很大，易于被误解为工资税。但是，如果在会计体系里嵌入一个专门适用于核算增值额的账户体系，那么这一方法可适用于凭发票抵扣进项税额制度难以低成本运行的国家或地区。

2. 税基扣除法

税基扣除法又称减法或扣额法。就是从纳税人流转额全值中减除购进的原材料、辅助材料、动力、燃料、零配件、低值易耗品及其他非增值因素，求出增值额据以征税。公式是：

本期增值额＝本期应税销售额－按规定扣除的非增值项目金额

本期实际应交增值税税额＝增值额×适用税率

希腊和美国的密歇根州等国家和地区曾经采用过这个方法。它比前述税基列举法进步的地方在于可以不必等到会计报表编制出来以后，再来计算增值额和应纳税额，增值额和应纳税额的计算可与纳税人销售及成本费用的核算同时进行，不会影响税款的及时入库。但这一方法的缺点也是十分明显的，主要表现为非增值性项目难以准确计算，不同的人进行计算会有不同的结果，无法体现确实原则，同样容易发生征纳双方的矛盾；在征税、免税产品和不同税率产品之间分摊扣除额在计算上也十分复杂。在中国的增值税实践中，扣额法又分为两种，一种是购进扣额法，一种是实耗扣额法。[②]

---

① Sijbren Cnossen. 1983. Comparative Tax Studies. New York：North-Holland Publishing Company：246.

② 杨斌，《比较税收制度》，福建人民出版社，1993 年，第 200～201 页。

购进扣额法，就是从流转额全值中减除购进的法定扣除项目金额作为增值额据以征税。这个计算方法的特点是以当期购进的全部非增值性项目金额作为扣除额，而不管这些扣除项目是否已在实际生产过程中消耗掉。这个办法相对来说计算比较简单，可依据购进项目的发票进行计算，不与成本核算挂钩；从企业整体或长期看，购入项目纯属非增值因素，从流转额全值中扣除之，余额即增值额。但在原材料、零部件购销不均衡情况下，进货时多时少，扣除额时大时小，缴纳的增值税税额也随之时小时大，利润指标就很难反映企业真实生产经营成果，既造成企业经济成果考核无所依据，又使国家财政收入出现波动。

实耗扣额法可以克服购进扣额法的缺点，因为实耗扣额法下可抵扣的金额以本期实际耗用的扣除项目金额为依据，不管本期购入的扣除项目多少、金额大小，只允许扣除生产或销售过程实际耗用的部分，企业缴纳增值税的多少不受扣除项目购入状况的影响。但这个方法计算上十分复杂。如果以本期销售的产品耗用的原材料等项目金额为依据计算扣除额，在实际计算中缺少现成的会计核算资料，只能间接推算，计算出来的增值额不准确。如果按完工产品耗用的扣除项目金额为依据计算，反映的是生产过程耗用的扣除项目金额，一般情况下与销售产品实际耗用的扣除项目金额不一致，这造成流转额全值与扣除额在逻辑含义上的差距，使计算出来的增值额可能不完全是已实现的增值额，一定程度上违反流转税的征税规则。

（二）增值税的进项税额抵扣制度

既然直接计算增值额据以征税的方法存在诸多困难，绝大多数国家在推行增值税时采取间接的方法，也就是采用进项税额抵扣法，简称扣税法。其计算公式是应纳增值税额＝本期应税销售额×适用税率－本期购入或消耗的法定非增值项目中的已纳税款。简化的计算公式是应纳税额＝销项税额－进项税额。以进项税额是依据账簿记录计算还是发货票注明的数据计算，扣税法又可分为按账计征的税额抵扣法（简称账簿法）和凭购进货物发票注明的税额抵扣法（简称发票法），据此增值税分为按账计征模式和发票模式。

1. 账簿法

就全世界增值税实践看，在增值税计算上依据账簿而不依据发票的国家为数极少。在中国增值税实践中，即1994年税制改革前，曾经采用过账簿法。当时，增值税的扣除税额可以按扣除项目的当期购入数计算，也可以按扣除项目的当期耗用数计算。扣除项目包括原材料、外购低值易耗品、外购燃料、外购动力、外购包装物和委托加工费。在实际工作中，习惯上把按扣除项目当期购入数计算扣除税额的办法称为“购进扣税法”，公式是：

$$本期扣除税额 = \sum(本期购进的扣除项目的金额 \times 扣除税率)$$

按扣除项目当期耗用数计算扣除税额的办法即“实耗扣税法”。实际工作中实耗扣税法具体分为3种，一是按当期投入生产销售过程的扣除项目金额计算的投入实耗扣税法（简称投入法），二是按当期完工应税产品实际耗用的扣除项目和当期销售应税产品过程中耗用的扣除项目的金额计算的产出实耗扣税法（简称产出法），三是按当期销售的应税产品耗用的扣除项目金额计算的销售实耗扣税法（简称销售法）。

2. 发票法

所有欧盟国家都采用凭发票进行税额抵扣的制度即发票法，有的学者称消费型、全面型增值税加发票法为欧盟增值税模式。发票法已为大多数实行增值税的国家所仿效。所谓凭发票进行税额抵扣制度有两个要点：

（1）适合于增值税的统一发货票制度。适合于增值税的发货票一般包括税务发票和最后顾客发货票两大类。税务发票是主体，记载卖者纳税义务及对已登记买者的允许扣除金额。税务发票只能由增值税纳税人开具并包括下列内容：

——发票流水号和开出时间；

——开发票的增值税纳税人的姓名及通讯地址；

——销售商的增值税登记号；

——商品或劳务的供应时间，有的国家还要填制商品或劳务的提供地点；

——销售的商品或劳务的数量与名称；

——不包括增值税的单位销售价及总金额；

——增值税适用税率及应纳增值税税额，一张发票中如果包括几项商品或劳务，要求分别填列（既有应税销售又有零税率销售、免税销售时，应将应税销售单独列出，还要说明免税及适用零税率的理由）；

——买方的姓名、通讯地址及增值税登记号。

发票一式两份，首联发票由买方持有作为申报扣除进项税额的依据；副联由卖方留存。这里要说明的是增值税登记号。有的国家按税种设置税务登记号，增值税有其专门的登记号系统，一个纳税人一个；还有一些发达国家为了便于利用电子计算机对纳税人依法纳税的资料进行交叉检查，设置一种包括一切税种与纳税人的纳税人认定号（TIN），包括非增值税纳税人。TIN是识别各个纳税人的一个数码，每个纳税人必有一个唯一的前后一致的TIN。如果这样，发票上的增值税登记号就是TIN。

除税务发票外，还有一类最后顾客发票。这是一类适用于不进行增值税登记的人的简化发票，不进行增值税登记的人从增值税上讲是最后消费者，此类发票一般只要求填写商品或劳务的价格、应纳增值税、卖方增值税登记号、买方姓名等。不进行增值税登记的人无权开出发票，也无权抵扣进项税额。

（2）抵扣额计算依据发票。在实行全面型加消费型增值税下，增值税抵扣额一般指某个纳税期内纳税人购货发票上注明的增值税税额，即供货方向作为购货方的纳税人收取的增值税税额；如果有进口商品，还要加上纳税人为经营目的进口商品而交纳的进口环节增值税。如果其中含有税法规定不予抵扣项目的已纳增值税税额，应予以减除。不予抵扣项目主要是一些非经营必需的商品和劳务，如公司经理或雇员享用的膳食供应及购置和使用的住宿设施，向雇员提供的实物报酬、娱乐设施、托儿所，私用商品或劳务，礼品、非营业用机动车等。

如果纳税人的营业活动中不仅有应税项目还有免税项目，那么进项税额要在应税和免税活动之间分摊。可抵扣的进项税额只是其中可归属于应税活动的部分。一般是按两种活动的各自交易额占全部交易额的比例计算要分摊的进项税额。应税交易额的比例＝应税交易额/全部交易额，可抵扣进项税额＝全部进项税额×应税交易额的比例。多数国家采用按上年（或估算）比例抵扣、年终结算的办法。

当某一纳税期出现可抵扣的进项税额大于销售税金（即销售额×增值税适用税率＜进项税额）时，其余额一般结转下一纳税期继续抵扣。当企业发生经营困难或偶然事故等特殊困难，而抵扣余额又比较大，纳税人可申请退税。

总而言之，发票法下进项税额的计算与抵扣主要依据发票，较少直接涉及纳税人的账簿记录。

3. 账簿法和发票法的比较

中国学术论坛上对账簿法多有微词，对发票法则推崇备至，在1994年税制改革前多主张实行发票法。笔者在1993年出版的《比较税收制度》一书就曾指出这两种抵扣制度各有其适应性，而且利弊各见。以下完全摘录，可为进一步完善中国增值税抵扣制度参考。①

发票法的优点很多，主要有：

（1）计算简单。在计算上，发票法以发票为计算抵扣税额的依据，既解决了传统流转税重复征税问题，又避免了区别什么是增值因素、什么是非增值因素这样一个易于引起争执的问题，也不涉及增值额这个在实际工作中含糊不清、界限不明确的概念。特别是在实行全面型加消费型增值税情况下，基本上所有外购项目（除某些非营业必需的和用于免税活动的商品和劳务外）所含已纳税金均可抵扣，整个抵扣税额的计算依据购货发票，也不涉及扣税项目的认定和数据汇集问题，这样可抵扣进项税额的计算就与成本费用核算分开来。按上年分摊比例计算抵扣，年终结算，也解决了应税交易与免税交易，以及不同税率的交易之间的抵扣额分摊问题。

（2）形成纳税人之间自动钩稽效应。在实行凭发票抵扣进项税额的制度下，购货者如要抵扣进项税额，就必须出具供货者所开的发票。因此，购货者在购货时一定要向供货者索取发票，否则已纳税款不能扣除，实际上将由购货者补交税款，这将在很大程度上使纳税人之间互相监督，连锁牵制，自动控制通过不开发票而逃税的行为。

发票法并非十全十美，并不能完全解决增值税征管中的所有问题，特别是偷逃税问题。尤其是对不发达国家而言，发票法实行起来困难很大，会大大提高征税成本。从各国增值税实践看，在发票法下，逃税现象仍然会发生，如果管理不力，可能会很严重。发票法下增值税逃税方法主要有：不进行登记，特别是个体劳务经营最易从中获益，因为诸如整修花园、修理水管、房屋装修、木工建筑等服务，劳务提供者的购入原材料比重小，不缴增值税比负担进项税额合算；低报销售额，处于零售环节的经营者由于其服务对象不一定要求有发票，低报销售额逃税最不易被审计出来，而对需要开出发票的企业主就不易逃税成功，因为购货者发票上注明的增值税抵扣金额会与

① 杨斌，《比较税收制度》，福建人民出版社，1993年，第212～216页。

销货者发票上注明的支付增值税金额不符，有可能被税务审计发现。在多档税率下，由于购进商品和销售商品都要标明相应的税率，纳税报表变得十分复杂，容易发生技术性的错误，同时也增大故意错报的可能性。很明显，经营者可以将高税率产品假报为低税率产品，同样也可通过多报销售的免税或低税部分达到多得退税的目的。因此发票法下应尽量限制税率档次和免税范围。发票法下发生逃税，最典型的途径是虚报抵扣额和出口，多要退税。最简单的办法是伪造发票和报关单等可得到抵扣税额的证明文件。特别是新办企业，建立时要购置大量的资本设备和原材料，增值税抵扣额大于销售额不容易被怀疑。此外，发票法的实行要具备一系列条件，只有在增值税普遍征收、最好采用消费型增值税、税率档次少等情况下才能行之有效。要发挥发票法交叉审计的优势，需要建立电子计算机网络系统，设计增值税登记号或纳税人认定号，这会大大增加增值税的征税成本。不进行电子计算机管理，发票法交叉审计的优点就无从谈起，像中国，购销涉及的空间大、时间长，更是如此。因此，发票法的推行不是一件容易的事情。

相比之下，账簿法的适应性比较强。即使在部分制造业增值税、生产型增值税、没有电子计算机网络系统下也能采用。在这一抵扣制度下，对纳税人而言，其应纳税额的计算是一个独立的过程，与供货商和本企业产品购买者不存在发票上的相互钩稽关系，发票只是作为记账的原始凭证。扣除项目以法律形式加以规定，其可扣除金额有关数据从账户、会计报表中汇集，不必建立电子计算机网络，直接征税成本较为节省。增值税的计算以账簿记录为依据，可抵扣进项税额多少、销项税额多少不与发票直接挂钩，纳税人就不可能通过伪造假发票骗取抵扣额，多得退税。税务机关也易于通过对账簿记录的审计，控制纳税人用诸如人为变换不同税率产品的销售额和不同扣除税率的进项税额等办法达到少纳税目的的行为。当然，账簿法的缺点是十分明显的，主要有：

（1）计算复杂。前面已经指出，账簿法下可抵扣进项税额的有关数据没有直接明确的来源，而要从有关账户、报表中汇集，容易计算错误和引起纳税人与征税人之间的争执。在实行部分制造业增值税和多档次税率制度下，购进项目金额在增值税产品和非增值税产品以及不同税率产品之间进行分摊十分困难，所以计算复杂很大程度与推行部分制造业增值税、多档次税率制和生产型增值税有关。如果实行消费型加全面型增值税，绝大部分购进项目已纳税额均可得到抵扣，就不必花太多的精力去认定哪些是可抵扣项目，哪些是不可抵扣项目，征纳双方的争执就会比较少；如果精简税率档次，并且实行全面型增值税，那么购进项目的分摊在计算上也就不复杂，因为在大多数情况下，购进项目的分摊只涉及应税产品和免税产品。

（2）缺少纳税人之间自动钩稽机制。既然每一个纳税人的应纳税额的计算都只依据账簿记录，纳税人不会关心购进项目已纳多少税款，有无偷逃税。购买本企业产品的人也不关心本企业就这些产品交了多少税。通过审计某一纳税人的账簿，不容易完全发现其他有关企业的偷逃税行为。纳税人就容易通过购销发票“大头小尾”、做假账、设置内外两套账簿等方法逃避纳税义务。在缺少计算机管理网络情况下，由于对纳税人的情况难以做到随时了解，如果对纳税人提交的文件凭证又不进行或难以进行彻底审查，不法分子通过伪造文件凭证达到骗取退税（包括出口退税）目的事件的发生率，账簿法要比发票法高。

(3) 对那些没有财务会计制度或财务会计制度不健全的纳税人无法采用账簿法。

总之，不存在十全十美的进项税额抵扣制度。增值税推行过程中，有必要密切联系本国国情，对各种办法实行扬长避短、去弊存利，建立一种发票法和账簿法综合型的进项税额抵扣制度。

八、增值税的免税和零税率

由于增值税制度下进项税额可得到抵扣，在不考虑税负转嫁的情况下税收由消费者支付，增值税的免税就具有不同于其他税种的特殊性，其他税种的免税意味着国家放弃一笔财政收入而给予纳税人的优惠。增值税免税却不是如此，它不一定会给纳税人带来利益，有时反而会给纳税人造成税收负担。科学地制定增值税免税政策是极其重要的，而这只有在对增值税免税有了全面认识之后才能做到。增值税的免税从广义上讲可分为两种类型，一是无抵扣权免税（本书均称之为免税），二是有抵扣权的免税（本书均称之为零税率）。

（一）增值税免税的特殊性及其对税负的影响

增值税的免税是指对经济实体从事某些特定的生产经营活动所获得的销售收入或报酬，以及某些进口行为不征增值税，同时该经济实体为生产经营免税项目而购进商品、劳务的已纳增值税不准予抵扣。简言之，增值税的免税是指经济实体或进口商品的任何人既不用缴纳本阶段增值税，也不能抵扣进项税额。

增值税的免税有两种形式，一种是对某些特定的货物和劳务，或者对商品生产经营过程中某一阶段不征增值税。比如对不动产转让、金融活动不征增值税。在这种免税方式下，如果经济实体还同时进行应税的商品生产经营或劳务提供，需要将其全部生产经营活动分为应税和免税两大部分，进项税额要在这两部分之间进行分摊。对应税部分允许抵扣归属于这一部分的进项税额，并承担登记、申报、纳税等义务。另一种是对某些行业、企业或机构的经营活动或非盈利业务全部免征增值税。这意味着这些行业、企业和机构对其全部业务活动既无抵扣已付增值税的权利，也无作为增值税纳税人登记、申报及纳税等方面的义务。这种形式的免税，具体来讲适用于 4 种情况，一是某些行业如农业、金融业征收增值税存在管理上的困难，不将其列入增值税体系内；二是非增值税纳税人，它们除应税进口业务外的其他活动完全不在增值税征收范围之内；三是虽属于增值税纳税人，但遇到特殊困难，在增值税方面给予完全免征照顾；四是对未达到起征点的纳税人完全免征增值税，这主要适用于小型经济实体。

增值税的免税同时伴随进项税额不能抵扣的情况，因而免税放在生产经营的哪一个阶段，其作用是不同的。以下假定不考虑税负转嫁，分 3 种情况分析增值税体系下免税的一般性后果。

1. 制造阶段免税

假定某种商品经过原材料和零配件制造、组装、批发、零售 4 个阶段，增值税税率为 10%，进项税额凭发票抵扣，实行价外税体系，每一阶段商品的销售价格不随纳税情况的变化而变化。为了研究方便，均假设甲阶段的进项税额为零。不免税时的销售和征税情况见表 9-4；假定对乙阶段免税，见表 9-5，则增值税征纳情况相应改变。从这一例中可以看到：

（1）免税前和免税后，消费者的负担一样，都是 4000 货币单位。

（2）在免税情况下，国家从每个阶段收取的税款达 5000 货币单位，但消费者负担只有 4000 货币单位，多出来的 1000 货币单位被免税的乙阶段经营者负担。这是由于对乙阶段免税，乙阶段纳税人没有纳税义务也无抵扣进项税额的权利，该纳税人不能开出发票向其商品购买者收取已纳增值税。这样乙以前阶段（本例中由于假设甲的进项税额为零，对乙而言，以前阶段已纳税款也就是甲阶段的已纳税款）已纳 1000 货币单位的增值税即进项税额就无法向以后阶段转移，而只能进入成本，在销售价格不变情况下，最终要冲抵利润，也就是由乙阶段纳税人负担这项税款。

表 9-4

阶段	销售额	进项税额	销项税额	本阶段应纳税额	消费者负担
甲：原材料、零配件产制	10 000	0	1 000	1 000	—
乙：产品组装	20 000	1 000	2 000	1 000	—
丙：批发	30 000	2 000	3 000	1 000	—
丁：零售	40 000	3 000	4 000	1 000	4 000

表 9-5

阶段	销售额	进项税额	销项税额	本阶段应纳税额	消费者负担
甲：原材料、零配件产制	10 000	0	1 000	1 000	—
乙：产品组装	20 000	1 000	0	0	—
丙：批发	30 000	0	3 000	1 000	—
丁：零售	40 000	3 000	4 000	1 000	4 000

2. 批发阶段免税

即对丙阶段免税，征纳情况见表 9-6。丙阶段纳税人购进货物时支付 2000 货币单

表 9-6

阶段	销售额	进项税额	销项税额	本阶段应纳税额	消费者负担
甲：原材料、零配件产制	10 000	0	1 000	1 000	—
乙：产品组装	20 000	1 000	2 000	1 000	—
丙：批发	30 000	2 000	0	0	—
丁：零售	40 000	0	4 000	1 000	4 000

位的税款，由于本阶段免税，无权开出发票向下一阶段收取以前阶段已纳税款，这2000货币单位的进项税额只好进入成本，由本阶段负担，免税者不仅得不到好处，反而要负担进项增值税额。这一后果如同对乙阶段免税的后果，但负担更重。可见，在最后进入消费阶段前免税，所处的阶段越接近最后进入消费阶段，纳税人负担越重。因为在增值税体系下，税款是逐渐向最后进入消费阶段累积的，不免税时，最后进入消费前的所有阶段所支付的增值税具有代收代付性质，消费者所支付的税款才是实在的支付。

3. 零售阶段免税

零售阶段即丁阶段免税可产生两种情况，一是不允许丁阶段卖者将已支付的3000货币单位的进项税额作为售价的附加向消费者收取，见表9-7。在此种情况下，丁阶段经营者的已支付进项税额得不到抵扣，也不准将其作为销售价的附加向消费者收取，只好进入成本，在销售价格不变情况下，最终要冲抵利润。对消费者而言不负担任何增值税，国家已收取的3000货币单位的税款累积到丁阶段，由其经营者负担。

表 9-7

阶段	销售额	进项税额	销项税额	本阶段应纳税额	消费者负担
甲：原材料、零配件产制	10 000	0	1 000	1 000	—
乙：产品组装	20 000	1 000	2 000	1 000	—
丙：批发	30 000	2 000	3 000	1 000	—
丁：零售	40 000	3 000	0	0	0

表 9-8

阶段	销售额	进项税额	销项税额	本阶段应纳税额	消费者负担
甲：原材料、零配件产制	10 000	0	1 000	1 000	—
乙：产品组装	20 000	1 000	2 000	1 000	—
丙：批发	30 000	2 000	3 000	1 000	—
丁：零售	40 000	3 000	0	0	3 000

另一种情况是，对丁阶段免税，并且允许其已付进项税额作为商品销售价附加向消费者收取，增值税征纳情况见表9-8。在这种免税方式下，消费者获得该项商品只要支付40 000货币单位的价款外加3000货币单位的增值税，而免税前总共要支付44 000货币单位，消费者实得1000货币单位。国家从各个阶段总共收取3000货币单位的增值税，恰好等于消费者负担的税额，生产经营各个阶段的纳税人实际都不负担增值税。消费者实得的1000货币单位来源于国家财政让度，即国家通过免税减收1000货币单位。这体现国家的优惠政策。此种免税方式比较合理，因为它既起到鼓励消费的作用，又不违反增值税由消费者负担的原则。

以上分析均以商品或劳务的销售价格不变为前提条件。实际生活中，销售价格可随着供求状况的变化而变化。在商品或劳务价格可变情况下，免税造成的税负归宿呈现复杂的情况。免税阶段的经济实体虽然不能抵扣进项税额，但可通过商品或劳务购销价格的调整把进项税额转嫁出去。转嫁的可能性和程度取决于所购销商品或劳务的供求弹性。购进商品或劳务的供给弹性小或需求弹性大，免税阶段的经营者就容易将进项税额后转，否则就相反。销售商品或劳务的供给弹性大或需求弹性小，免税阶段的经营者就容易将进项税额前转，否则就相反。但显而易见，在市场供求状况有利于某一经营者时，不免税比免税对之更为有利，因为此时就不必将通过压低购进商品或劳务价格或提高销售商品或劳务价格等途径获得的超额利润抵补得不到抵扣的进项税额。总而言之，在增值税体系下，免税不一定为其接受者带来利益。免税项目应尽量减少，以利于提高增值税的征管效率。税法一般还要允许经济实体在某些条件下放弃免税权而选择纳税。

（二）增值税的零税率

增值税零税率的含义是对经济实体免征增值税并且允许他们抵扣进项税额。也就是说，获得零税率优惠的经济实体不仅不需要缴纳本阶段原应缴税款，而且可以抵扣已支付的以前阶段增值税。扣税法下，增值税的一般计算公式是应纳税额＝税基×税率－进项税额。当增值税税率为零时，应纳税额＝0－进项税额。应纳税额为负数，这是可获得退税的数额。与免税相比，零税率使享受这一待遇的纳税人不负担任何税收，已支付的进项税款可由退税获得补偿，使零税率商品和劳务价格中不含任何增值税。为了达到这一目的，从事零税率商品和劳务交易的经济实体应作为纳税人，相应承担登记、申报、计算税额的义务。

增值税的零税率一般适用于出口商品和劳务。实行零税率的作用在于避免对出口产品双重征税。出口商品或劳务的最终消费者是进口国的购买者，进口国要对这类购买者征税。如果对出口不实行零税率，势必造成双重征税。同时零税率也是促进国际贸易发展的一项重要措施。零税率不仅免除最后出口阶段的增值税，而且通过退税使出口商品或劳务不含有任何税收。以不含税价格进入国际市场，会提高本国产品的竞争能力。当然在征收其他流转税时，也可以实行出口退税，但难以做到准确退税。

除对出口商品实行零税率外，有的国家如英国、爱尔兰、葡萄牙等还对某些最必需的日常生活和文化用品如食品（酒精、软饮料除外）、书籍、药品、衣服及鞋类等实行零税率。对最终进入消费阶段的商品实行零税率，其效果是十分明显的，就是使这些商品的消费者不支付任何增值税，经营这些零税率商品的经济实体其已支付进项税额可得到退税补偿。例如表9-9，对最终进入消费的丁阶段实行零税率，就使购买零税率商品的消费者不负担任何增值税，具有鼓励消费这些商品的作用，对丁阶段的纳税人而言，其已支付3000货币单位的进项税额，由国家通过退税方式返还。在各国税收实践中，零税率一般在最终进入消费和出口阶段采用，对其他阶段一般不采用，这是有一定道理的。因为在实行发票注明税款进行抵扣的增值税制度下，存在追补效应，出口或最终进入消费以前各阶段实行零税率，对消费者的税收负担没有影响。

表 9-9

阶段	销售额	进项税额	销项税额	本阶段应纳税额	消费者负担
甲：原材料、零配件产制	10 000	0	1 000	1 000	—
乙：产品组装	20 000	1 000	2 000	1 000	—
丙：批发	30 000	2 000	3 000	1 000	—
丁：零售	40 000	3 000	0	−3 000	0

表 9-10

阶段	销售额	进项税额	销项税额	本阶段应纳税额	消费者负担
甲：原材料、零配件产制	10 000	0	1 000	1 000	—
乙：产品组装	20 000	1 000	0	−1 000	—
丙：批发	30 000	0	3 000	3 000	—
丁：零售	40 000	3 000	4 000	1 000	4 000

假定对乙阶段实行零税率，征纳情况见表 9-10，乙阶段纳税人获得 1000 货币单位的退税，以补偿其已支付的进项税额。但对乙阶段产品的购买者即丙阶段厂商而言，其购入的商品是无税商品，没有进项税额可抵扣，在销售价格不变的情况下，其应纳税额增加，从原来的1000 货币单位增加到 3000 货币单位，这意味着在甲、乙阶段放弃的税收，累积到两阶段被补征回去，从整体上看，国家仍获得 4000 个货币单位的税款，与消费者支付的增值税等值。可见，在出口或最终进入消费以前阶段实行零税率实际意义不大。因此，实行增值税的国家通常只对出口商品和最终消费品实行零税率。

第三节　中国现行增值税的制度设计

一、中国现行增值税的特点和存在的主要问题

（一）中国现行增值税的特点

1994 年的税制改革中，中国确立了增值税作为流转税的主体地位，进一步完善了增值税制度。从 2009 年开始又从生产型转变为消费型。从目前的情况看，与欧洲发达国家的增值税制比较，中国现行的增值税有以下特点：

（1）有限型增值税。欧洲国家的增值税征税对象范围包括生产、批发、零售以及服务等所有交易活动。中国现行增值税没有把所有服务交易都列入征税范围，只列入加工和修理修配服务，大多数服务交易仍征营业税。

（2）混合型增值税。按销售额大小和财务会计制度是否健全将增值税纳税人划分为一般纳税人和小规模纳税人。对小规模纳税人实际上是按照全值流转税课征办法征税，其进项税额不予抵扣。因此小规模纳税人的所谓“增值税”本质上不是增值税，而是全值流转税，只有对一般纳税人课征的才是增值税。

(3) 专用发票抵扣法。即实行凭全国统一票样的增值税专用发票注明的税款抵扣购进投入品已纳税款的办法，并且建立覆盖全体一般纳税人的增值税征管信息系统(即所谓“金税工程”二期)，实现专用发票从开票、认证、交叉稽核、协查的计算机网络化。

(4) 实行两档税率。即基本税率17%，低税率13%。此外，规定出口货物实行零税率。

(二) 中国现行增值税的主要问题

从中国现行增值税的特点来看，由于国情的原因，中国目前实行的增值税并不是标准的增值税制。其存在的主要问题包括：进项税额抵扣制度，征收范围不全面、小规模纳税人法定负担过重以及农业生产者减免税等问题。

1. 增值税进项税额抵扣制度的问题

对纳税人购进的投入品已纳增值税准予抵扣(即进项税额抵扣)是增值税的最基本特征，也是增值税克服传统全值型流转税各种弊端的基本机制。进项税额抵扣制度运行状况如何是决定增值税改革成败的最关键因素。在1994年税改中，中国完全摒弃了账簿法而全面引进西方国家的发票法，并且设置了增值税专用发票制度。把增值税专用发票摆在增值税的计算和管理的决定性位置，在发票管理上规定了比西方国家更为严格的办法。实行全国范围内统一印刷、统一纸型、统一格式，甚至由造币厂来负责印刷，采用先进的防伪技术。规定严格领用、保管措施，设置严密的监控系统，据说纳税人要经过18道程序才能获得增值税专用发票，增值税专用发票管理规章的篇幅不亚于增值税条例本身。但增值税专用发票的犯罪行为并没有得到有效遏制，到2002年止，先后有百把号人因虚开增值税专用发票犯罪被判处极刑，这在世界税收史上独一无二。2002年起中国全面推行增值税征管信息系统二期(即所谓“金税工程”二期)，形成了增值税专用发票管理的完全计算机化，并在2004年升级为网络版，实现了开票、认证、稽核、协查全过程网络化控管和对一般纳税人(约140万户)的全覆盖，虚开增值税专用发票犯罪一度十分猖獗的局面得到有效遏制。① 由于这是一种基于现代信息手段的反面子人情关系的制度安排，为在中国特殊文化下，按合情原则提高税收征管水平、按法定原则增强税收法律实行力度提供了经验，也为约束税务人员执法随意性，提高纳税人违法被处罚的预期成本走出了一条有效途径。

但是为达到上述遏制增值税专用发票犯罪目的的成本是巨大的，光金税二期工程政府投入(包括财政部支出和地方配套)就达60亿元，如果将纳税人为配合网络管理的奉行成本计算在内，其福利损失更巨大，也可以说是绝无仅有的。我们在为有效遏制增值税专用发票犯罪而高兴的同时，也要质询这样的问题即如果能够找到其他办法(包括用其他税收制度)，获得同样的税收收入、一样消除对专业化分工合作组织歧视，而直接征税成本却不高、税收奉行成本更低，岂不是能够提高福利水平？以尽量小的

① 荆万军、周华伟，《流转税理论与实践》，经济科学出版社，2007年，第188页。

税收成本实现尽可能好的税收管理才是改革之正途。

在增值税抵扣制度方面，除了增值税专用发票问题外，还面临利用“四小票”抵扣进项税额如何实现法定、公平问题。“四小票”就是指废旧物资发票、货运发票、收购发票和海关完税凭证。在增值税征税范围限于生产和流通行业情况下，增值税一般纳税人如果从非增值税一般纳税人购买货物、劳务或进口货物，由于供应商没有也无权开具增值税专用发票，按常规其进项税额就得不到抵扣，就要面临税收负担加重问题，增值税制度就很不公平。增值税进项税额抵扣制度为非一般纳税人开了一些口子，如果一般纳税人购入废旧物资、购买运输劳务、收购农产品或进口货物，可用获得废旧物资发票、货运发票、收购发票和海关完税凭证作为抵扣凭证。但由此产生了虚开、代开“四小票”问题，到目前还没有有效的控制办法。

总之，在西方国家实行得相当成功（成本不大）的凭发票抵扣进项税额的制度，在中国推行却需要投入巨大并借助电子计算机网络系统才能有效运行，也使增值税管理变得十分复杂，征税成本和奉行成本很大。没有西方国家增值税简便易行、偷逃税少、征税成本低的优点。

2. 生产型增值税的问题

由于2009年以前实行购进固定资产包含进项税额不能抵扣的规定，从理论上来看，必然造成对固定资产的重复征税问题，从实践上来看，由于税负转嫁不完全，则会造成购进固定资产成本占企业购进总成本比重较高的企业税收负担加重。具体来说，会造成劳动密集型企业和资本技术密集型企业之间税负不平衡，以及上游产业和下游产业之间的税负不平衡。进一步来讲，生产型增值税还将对企业固定资产的更新改造以及技术升级产生了抑制作用，不利于企业的长期发展。

3. 征收范围不全面的问题

目前，中国增值税的征收范围仅局限于销售货物、进口货物以及提供加工、修理修配等劳务项目。而交通运输业、建筑业、邮电通信业、金融保险业以及文化体育业、娱乐业、服务业、转让无形资产、销售不动产等仍征收营业税，没有纳入增值税的征收范围。如前文分析，征收范围的不全面会造成增值税征收链条的中断，造成生产型劳务的抵扣不充分，另一方面也影响了增值税的交叉稽核机制，增加了征管成本。

4. 小规模纳税人的问题

在理想的或所谓规范的增值税（西方发达国家实行的模式）下，增值税纳税人在身份上是统一的，即所有纳入增值税体系的纳税人均是中国税法意义上的一般纳税人，他们均享有抵扣进项税额、使用增值税发票的权利。但在中国，只有一般纳税人才是真正按增值税原理课税，小规模纳税人实际上征收的是全值流转税，而小规模纳税人的户数，占增值税纳税人总户数的比例已经达到80％～90％，这样使得中国增值税成为混合型税收。一方面，造成增值税抵扣链条在增值税体系内就不连续，使一般纳税人和小规模纳税人之间的交易，无法按增值税原理课税，出现征管问题，导致增值税复杂化；另一方面由于对小规模纳税人实行的实际是全值流转税，其进项税额不能被抵扣，看上去税率低，而实际税率比一般纳税人高，出现不公平问题。据对浙江、广东省的调查统计，小规模纳税人在征收率从6%调低到4%后，仍然高于一般纳税人的实际税率。[①]

5. 农民减免税和农产品收购单位税收抵扣的问题

正如前文在征收链条的基本原理中分析的，中国对农民实行的是不具有“统一补偿”的免税政策，因此农民不能抵扣购进投入品中的进项税额，从而造成了税收负担的增加。研究表明，如果不包括购进固定资产中所包含的进项税款，农民在购置农业生产资料（种子、化肥、农药、电力、燃料等）时不能抵扣的进项税额占农产品销售收入的19.5%。[②]

按现行中国增值税政策，农业生产者的自产农产品免征增值税，但农产品收购加工企业购进免税农产品，可凭自行开具的农产品收购凭证按照收购金额乘以13%的扣除率计算可抵扣的进项税额。按欧洲标准增值税的规则，农业生产者不需要缴纳增值税，他们投入品所含增值税可以在销售农产品时按法律规定的统一加价比例（即统一补偿比率）向农产品购买者（包括农产品采购商）收取补偿金。这个补偿金可以作为农产品采购商的进项税额给予抵扣。而在中国，在没有给予农民补偿的情况下，却给予农产品采购商进项税额抵扣，这是一种制度设计的错误。在农民仍然为个体经营者，缺乏通过代表进行有效及时的利益表达机制，而采购商多为公司的社会环境下，即使规定了给予农民补偿，也往往由于农民处于弱势而不能得到落实，更何况没有任何规定要给予农民进项税收补偿，在这种情况下给予农产品采购商凭收购凭证获得所谓“进项税额”抵扣是不正确的，实际上是无进项而得到抵扣。由于税制上这种错误使农产品采购环节的税收征收管理出现比较困难的局面。

二、中国增值税的改革方向

学术界对中国增值税改革方向存在两种截然不同的意见。一种是以标准型增值税为目标继续完善增值税，另一种是基于中国国情推行中国式增值税。

（一）以标准型增值税为目标的改革思路

1. 扩大增值税征税范围

普遍认为应该首先将交通运输业、建筑业、租赁业、邮电通讯业等和生产联系比较紧密的行业纳入增值税的范围之内，然后再将代理、广告、仓储、不动产转让、无形资产销售等逐步纳入。但是，从中国目前情况来看，仍有几大难题制约着增值税的扩大改革。

首先是如何协调中央和地方政府的财政分配体制问题。由于中国营业税是地方税种中最重要的税种之一，所以扩大增值税征收范围，缩小营业税征收范围，必然造成

---

① 中国税务学会学术研究委员会“完善增值税制”课题组，《关于进一步完善增值税制度的研究》，《税务研究》，2003年第9期。

② 农村税费改革研究课题组，《取消农业税改征增值税—关于进一步深化农村税费改革的思考》，《宏观经济研究》，2003年第7期。

中央收入的相对增加和地方收入的相对减少。鉴于此，有学者建议①，为了满足地方财力的需要，除了加强地方财源建设、强化征收管理外，还必须在扩大增值税征收范围的同时，调整目前的划分比例为中央占70%，地方占30%。

其次是生产型增值税的影响。有学者认为②，由于2009年前实行的生产型增值税不允许抵扣固定资产中的进项税额，所以在不进行转型的条件下扩大增值税的范围将导致一些行业税负急剧增加。比如交通运输业，由于固定资产投入较大，在生产型增值税下，将会有大量进项税额不能抵扣，有学者测算③，即使按照13%的低税率征收增值税，其增值税实际税负也将在9%～10%之间。转型以后这一问题就得到解决。

第三是征收能力的制约。从中国目前的情况来看，大量从事第三产业的纳税人生产规模较小，对其改征增值税以后将会导致小规模纳税人范围过大，必然会产生不少征管上的困难。④ 以建筑业和交通运输业为例，由于这两个行业是特许行业，许多小企业不能取得建筑安装或运输许可证，在实际工作中出现了大量挂靠经营、分包经营现象，这些挂靠户、分包户均属于临时户性质，根本无账可查，无法达到增值税一般纳税人要求，只能按小规模纳税人征收管理⑤，而按照小规模纳税人进行管理与原来的税制相比没有根本性变化。

2. 完善进项税额抵扣制度

官方的观点认为增值税专用发票管理已基本步入正常轨道，应当通过完善增值税申报管理，实行“以票控税、网络比对、税源监控、综合管理”，特别是强化发票全过程比对。还提出推行金税工程三期，进一步提高中国税收管理的电子化和网络化水平。但是这些思路仍然没有考虑征税成本提高，特别是企业奉行成本迅速提高所造成的福利损失，没有顾及如果扩大增值税征收范围，纳税人激增的情况下如何解决对增值税发票的控管又能节约税收成本问题。也没有分析为什么在西方国家实行得相当成功（成本不大）的凭发票抵扣进项税额制度，在中国推行却需要投入巨大并借助电子计算机网络系统才能有效运行的原因。任何政府管理措施，如果可以不惜代价，都可以达到相当完美的程度，但尽可能较少福利损失是选择具体的政府管理措施的基本前提。

对“四小票”管理问题，有基层税务工作者提出实行购进货物实耗法进行抵扣税款。即对取得“四小票”购进的货物，通过全面调查、分析和测算，科学计算原料实耗率，按照实耗法来确定进项税，并据实抵扣其税款。具体的计算公式为：纳税人当月“四小票”计提进项税＝当月产品销售收入×实耗率×适用税率。这种方法既有利促进企业加强管理，提高生产效率，又能堵塞目前“四小票”抵扣中存在的漏洞。同时，还不会出现因企业因“四小票”抵扣造成进项税忽高忽低和应纳税额大起大落的

---

① 袁春明，《论中国增值税征收范围的择定及其对经济的预期影响》，《煤炭经济研究》，2001年第1期。

② 童锦治，《中国目前的增值税征收范围不宜扩大——增值税征收范围的国际实践考察与思考》，《涉外税务》，2001年第4期。

③⑤ 李林根，《扩大增值税征收范围应注意的若干问题》，《税务研究》，2001年第11期。

④ 毕见行，《扩大增值税征收范围要解决的几个问题》，《税务研究》，2001年第10期。

现象，有利于增值税均衡入库。[①]

3. 增值税从生产型转向消费型

这就是增值税的转型问题。2006年在“东北地区部分行业”实行消费型增值税的改革。本次改革的主要特点是在实行增量抵扣的基础上，对地区和行业作出了明确的限制[②]，因此具有试点性质。2009年在总结试点经验的基础上，转型改革向全国全行业铺开。

在转型铺开的时间问题上，学术界普遍认为，中国的财政承受能力以及宏观经济的走向是转型进一步进行的前提。不少学者认为2004年就已具备转型的财政能力。但也有学者认为[③]，当时的宏观经济形势是结构性投资膨胀，如果当时实行全面的增值税转型，从政策时滞的角度来看必定会形成对通货膨胀的刺激效应，加剧固定资产投资的过度膨胀。而08年国际金融危机的出现是实行增值税转型的有利时机。有学者认为应当将转型作为激励工具，先从高新技术行业推开，从而促进中国高新技术行业的发展。[④] 也有学者认为不妥，因为如果实行全范围的增值税转型后，实际上就会对资本密集和技术密集型行业产生激励作用，所以没有必要再分行业逐步实施。[⑤]

4. 消除对小规模纳税人的税收歧视

如前面对小规模纳税人的问题分析中指出的，小规模纳税人的主要问题是与增值税一般纳税人身份的不一致，实际上是“一税两制”，从而使小规模纳税人存在税负偏重问题。理想的措施当然是将小规模纳税人也纳入增值税的正常机制中，即消除增值税体系内的身份差异。但小规模纳税人文化程度相对较低、经营分散，难以建立规范化的会计制度。如果将它们纳入增值税的范围，由于很难推行凭发票抵扣增值税进项税额的机制，要么会出现抵扣机制的不规范，要么为了保证抵扣机制的正常运行，组建很庞大的稽查组织，使税收征收成本大增，降低税收效率。

还有一种办法就是将小规模纳税人排除在增值税体系之外，不征税（像很多西方国家的做法那样）。但由于小规模纳税人是中国基层政府财政收入的主要提供者，如果对小规模纳税人免税，基层政府的财政收入来源则成为难以解决的问题。如此看来，实现全面型增值税有很大难度，改变的成本可能要大于不改的成本。

有的学者提出渐进的办法和区别对待思路有参考价值。渐进的办法是指逐步降低认定一般纳税人的销售额标准，最终使得60%以上的小规模纳税人能够达到新的标准

---

① 黄志鹏、刘智利，《“四小票”抵扣税款存在的问题与管理对策》，http://www.hb-n-tax.gov.cn/Userfiles/News//2007/03/12/20198.html。

② 本次改革规定：“纳税人当年准予抵扣的进项税额不得超过当年新增增值税税额，当年没有新增增值税税额或新增增值税额不足抵扣的，未抵扣的进项税额应留待下年抵扣。”另外，从行业来讲，只是限定在装备制造业、石油化工业、冶金业、船舶制造业、汽车制造业、农产品加工业、军品行业和高新技术企业（对后两个行业有限制性条件）共八个行业。并且，对于企业要求是必须生产以上行业产品的年销售额占企业全部销售额的50%（含50%）以上。

③ 蒋金法、饶立新，《增值税转型：背景功效时机》，《税务研究》，2004年第6期。

④ 王振宏、冯雷，《增值税转型的东北之旅》，《瞭望》，2004年第12期。

⑤ 杨之刚、张斌，《增值税转型改革中的若干思考》，《税务研究》，2005年第8期。

以上[①]。关于分行业区别对待的问题，有学者从基本原理角度出发，认为对于处于征收链条末端的企业以及处于链条开始的企业，由于不需要发票进行进项抵扣，所以认定为小规模纳税人不会引起链条的中断[②]。而处于链条中间的企业，主要是小规模的生产批发企业。如果认定为小规模纳税人则会造成链条中断，影响增值税作用的发挥，因此不宜作为小规模纳税人管理。对于大量直接面向消费者个人的小型商业企业以及面向消费者个人的小型制造业（如食品、日用消费品等行业）应该仍然按照小规模纳税人的办法管理；而与制造业以及商业批发企业、较大型商业零售企业有较密切交易关系的中小制造企业、商业批发企业应纳入一般纳税人的范围[③]。

对于仍然属于小规模纳税人其税负较重的问题，大多数研究提出进一步降低小规模纳税人的征收率的建议，目前的测算结果普遍认为中国工业小规模企业的征收率应为3%～4%，商业小规模纳税人应为1%～2%。[④]

5. 对农业生产者免税并给予进项税收补偿

如前所述，由于中国对农业生产者实行免税后，造成农业生产者不能抵扣购进投入品中的进项税额，从而增加了他们的负担。鉴于此，笔者曾经提出借鉴欧盟办法实行统一比率加价补偿制度[⑤]，具体设想是在保持对农民免税以及农产品价格不因实行增值税而提高的情况下，将农民购进投入品已付增值税以一定形式加以补偿。补偿的金额等于农民农产品销售额的一定百分比。全国平均的补偿率可按农业投入品增值税税额除以农业产值计算，或者按农业投入品增值税归属到农产品销售额的部分除以农副产品收购总额计算。补偿金由农产品收购批发商支付，也就是农民在购买农业投入品时所支付的增值税税款通过在销售农产品时，向农产品收购批发商收取一个按统一补偿率计算的加价额加以补偿，而收购批发商支付的这一笔补偿金可作进项税额从其销项税额中抵扣。也有学者提出[⑥]，对农业生产者销售自产的农产品恢复征收增值税。具体做法是，按照销售额乘以税率17%来确定其增值税销项税额，再按销售额乘以税法确定的计算扣除率来确定其进项增值税，得出其应缴增值税，而税款的征收由农产品收购单位代扣代缴。具体的计算扣除率由国家根据财力水平和农民承受能力确定，最高可达17%，即实际上对农民销售农产品不征增值税。上述两种方案虽然从不同的角度提出了解决农民进项税额负担问题的方案。但是，两种方案都涉及农产品收购单位的代理问题，而如何进一步设计代扣代缴的具体方法则还要进一步研究。

如果上述思路只是完善之策，即在大框架不变的情况下对现行制度进行修补，那么另一种改革思路就是要对中国增值税作否定之否定的根本性改革，谓之为基于中国

① 夏文丽，《论增值税纳税人的管理》，《财经问题研究》，1999年第2期。

②④ 岳树民、张耀贵，《改进增值税小规模纳税人管理制度的探讨》，《当代经济研究》，2003年第5期。

③ 王小平、姚稼强，《完善增值税小规模纳税人的征税规定和管理办法》，《税务研究》，2002年第10期。

⑤ 杨斌，《增值税设计及运行中若干重大问题研究》，《财贸经济》，1995年第12期。

⑥ 农村税费改革研究课题组，《取消农业税改征增值税—关于进一步深化农村税费改革的思考》，《宏观经济研究》，2003年第7期。

国情推行中国式增值税。

（二）基于中国国情推行中国式增值税

中国式增值税应包含如下基本要点。[①]

1. 收入型增值税

生产型增值税不适应社会主义市场经济发展总趋势，需要进行模式替换。较为理想的消费型增值税实行条件不具备，增值税类型的选择也只能走次优选择之路。也就是选择收入型作为今后增值税进一步改革的目标模式。收入型增值税主要特征是购进固定资产所含已纳增值税实行分期抵扣，也就是以当期计提折旧额中所含增值税作为进项税额予以抵扣。其结果是增值税税基不含折旧，为工资、利息、利润等增加值之和。因此，这一类型的增值税最接近理论意义上的增值税。但这一类型增值税在发票法下难以行之成效。主要因为折旧所含税款无法凭发票抵扣，会使发票链条中断。收入型增值税在账簿法下可实行。首先要按账计算当期固定资产折旧额，根据税法作适当调整，作为计算折旧中所含进项税额的依据。其次，与其他可抵扣项目进项税额一并从销项税额中抵扣。收入型增值税会产生如下几个方面的次优效应：首先，收入型增值税能达到比较彻底地消除重复征税弊端的目的，实现中性化的增值税改革目标。其次，收入型增值税的投资效应适合于中国现阶段的投资格局。再次，收入型增值税的财政收入效应也在可控制范围之内。

2. 账簿法为主的进项税额抵扣制度

增值税制度和管理的核心是进项税额抵扣的管理。实践证明，在进项税额抵扣制度及管理办法上，完全照搬西方的做法虽然理想，却难以行得通。适应中国国情的进项税额抵扣制度只能从发票法和账簿法结合点上去寻找一种次优的方法。笔者认为这一方法有如下几个基本要点：保留增值税专用发票，但不作为抵扣的唯一凭证和根据，而是作为使用账簿法计算可抵扣进项税额的原始凭证。可抵扣的进项税额按照实耗扣税法进行计算。实耗扣税法是在中国增值税试点过程中由我们自己发明创造的进项税额抵扣计算方法。就是按扣除项目当期耗用数计算扣除税额。按照增值税的原理，对纳税人销项税额中所包含的非增值项目已纳增值税予以抵扣，而非增值项目是纳税人成本的重要组成部分，成本费用中除了人工费用和福利费用以外基本上均可归入非增值项目。

1994 年税制改革以前实行的实耗法主要缺点是计算极其复杂。其主要原因不在于方法本身，而在于增值税制度本身。当时的增值税是一种部分制造业增值税，征税范围仅限于某些工业产品，整个流转税以增值税、产品税、营业税三种税并存互不交叉为特点，并且增值税实行多档税率。这样一来，并不是所有的非增值项目已纳税额均可抵扣，国家只好规定了准予抵扣的法定抵扣项目，要将属于法定抵扣项目的金额从各个非增值项目的会计核算科目中归集计算，这一过程是相当复杂且不很确定。其次，

① 杨斌，《西方模式的增值税的不可行性和中国式增值税的制度设计》，《管理世界》，2001 年第 3 期。

要将非增值项目特别是通用的原材料、燃料、动力等在应纳增值税产品和非增值税产品之间进行分配，划分出扣除项目金额和非扣除项目金额，这一划分过程也是很复杂的。再次，由于实行多档税率制，非增值项目已纳增值税的适用税率很不相同，要分别按各自税率计算抵扣额，后来实行综合的“扣税率”，又造成征扣不一致[①]。

上述弊端可通过全面推行增值税并且实行单一税率或接近单一税率制而得到根本克服。在会计制度中嵌入计算增值额的子系统，是增值税核算税务处理与财务会计处理一张皮、一体化，可大大简化计算程序。实行账簿法为主的进项税额抵扣制度，尽管也会有计算相对复杂问题，但会在保证财政收入、消除对专业化分工经济组织形式的歧视的前提下，减少税收直接成本和奉行成本，从而使增值税福利损失最小化。

3. 全面型

即增值税覆盖所有生产经营活动领域。相当多的人认为，从目前增值税实施情况和管理水平看，要将增值税全部扩大到营业税征税范围，难以一步到位，需要一个逐步扩大的过程。在不改变增值税的类型和管理办法情况下，即仍然实行生产型增值税和凭增值税专用发票抵扣进项税额的情况下，这种观点是正确的。因为在现行的制度框架下，扩大增值税征税范围会遇到很大的困难。

首先，对金融保险业课征增值税，很难确定其进项税额，也无法使用增值税专用发票，这个行业与增值税进项税额抵扣制度是不相容的。

其次，由于农民文化水平低，很难让他们使用增值税专用发票。

再次，对交通运输、邮电通讯、建筑、各种服务业、销售不动产和转让无形资产，由于这些行业主要靠劳务或固定资产获得收入，购进项目金额占销售额的比重较低。因此，如果将上述行业纳入增值税范围，税率由目前的3%～5%提高到13%或17%，会大大提高他们的税收负担，在竞争中处于不利地位。

因此，要扩大增值税征税范围也要着眼于实行收入型增值税，以及实行账簿法为主的进项税额抵扣制度。因为，在这种制度安排下，专用发票不作为抵扣进项税额的唯一凭据，就不必担心发票链条中断问题，对上述较大规模的被列为标准纳税人（约占总户数10%左右）的企业，按增值税标准税率（17%或调整后的税率）征收，允许按账簿记录抵扣进项税额，从而克服传统流转税重复课税的弊端；对非标准纳税人（约占总纳税人户数的90%）按照营业税的办法即全值征收，不能抵扣进项税额。纳税人可以选择其中一种征税办法。对小规模纳税人和农民都给予选择权。如果小规模纳税人和农民愿意建立完整的账簿制度，符合条件成为标准纳税人，允许抵扣进项税额。

① 杨斌，《比较税收制度》，福建人民出版社，1993，第203～216页。

第四节　中国营业税和消费税的制度设计

一、中国营业税的制度设计

营业税是一个古老的税种，外国和中国历史上的营业税往往指的就是全值流转税或周转税，有时也泛指流转税。在中国目前，营业税特指对纳税人应税劳务产生的营业额征收的一种税收。

中国目前的营业税与增值税是并行课征的两个流转税税种，纳入增值税征税对象范围的不征营业税。营业税的征税对象范围包括两大部分，一是提供劳务收入，二是销售财产（包括无形资产、不动产）收入。征税行业或营业活动具体包括：交通运输业、建筑业、金融保险业、邮电通信业、文化体育业、娱乐业、服务业、转让无形资产、销售不动产。凡在中国境内从事上述经营行为的企业、单位和个人，不论是固定业户，还是临时经营；也不论是在城市经营，还是在农村经营，都是营业税的纳税人，都必须在取得营业收入后按有关规定缴纳营业税。营业税的征税对象主要是第三产业，随着这一产业的发展，营业税税源会不断丰富，使营业税在筹集财政收入上发挥更重要的作用。

（一）中国现行营业税制度的主要特点和问题

中国目前的营业税是一种对货物流通、劳务提供和权力转让各行业就其流转额全值（毛收入）课征的流转税。其主要特点和存在的制度设计缺陷如下：

（1）重复课税。尽管现行营业税的征税对象中，有一部分营业活动如工程外包、跨境旅游、现代物流涉及的某些劳务提供，已经实行按增值额课税，但总体上仍实行按全值道道课税，在性质上仍然属于劳务提供和权力转让各行业的周转税。因此，不可避免地存在重复课税问题。企业之间相互提供劳务，专业化分工越细，业务外包越多，经过的流转环节越多，税负就越重，例如旅游业，如果采用专业化分工协作方式进行，即住宿、运输、导游等业务外包，那么每一次交易都要纳税，从而总税负就重；而如果实行全能公司模式即企业通过内部分工，自行承担各个业务环节的服务，那么只要就最终服务提供收入缴纳营业税。这样在其他条件不变的情况下，税收就产生了对专业化分工协作经营模式的歧视，从而扭曲经济活动。

（2）差别税率。目前交通运输业、建筑业、邮电通信业、文化体育业、金融业中农村信用社按3%，除农村信用社外的金融保险业、服务业、转让无形资产、销售不动产按5%，娱乐业（包括网吧）按20%，其中台球、保龄球按5%。但由于实际上各业交叉、税目不能合理划分，导致税率适用困难。例如娱乐业与文化体育业，娱乐业与服务业，服务业与建筑业、邮电通信业、交通运输业等存在业务交叉或难以区分清楚的问题，导致有时无法明确适用哪一个税率。

（3）与增值税并行征收。在现行税制中，营业税与增值税平行征收，互不交叉。除了造成行业间不公平外，由于营业税与增值税税基、税率不同并且营业税主要为地方税，还造成增值税和营业税两种税收之间管辖权的交叉和矛盾。在混合销售和兼营业务难以区分时，往往造成基层国家税务局和地方税务局的管辖权矛盾，让纳税人无所适从。

（二）中国营业税的改革

与增值税改革相联系，中国营业税改革存在两种基本思路。

一种是在增值税以标准增值税为方向的情况下，营业税最终要并入增值税。即应该首先将交通运输业、建筑业、租赁业、邮电通讯业等和生产联系比较紧密的行业纳入增值税的范围之内，然后再将代理、广告、仓储、不动产转让、无形资产销售等逐步纳入。但是，在前面分析扩大增值税范围时已经指出，要实行这样的改革存在不少难以克服的矛盾。

另一种是基于中国式增值税来实现增值税与营业税的一体化。在实行账簿法为主的进项税额抵扣制度和收入型增值税下，如果加上标准纳税人和小规模纳税人区别对待，上述营业税问题和增值税本身问题都能得到解决。因为在这样的增值税下，原来缴纳营业税的一般纳税人（标准纳税人）也实际按增值额课税，即账簿记录的进项税额可得到抵扣，就避免了重复征税问题。中国式增值税按单一或接近单一税率征收，可实现征税项目法定负担相同，至于目前征收高税率的项目，如果可确定征税的福利损失较小，那么可在按增值税税率征收增值税的基础上，再作为消费税税目征收一道消费税。中央、地方财政利益问题可通过归并一个税务局征收，再根据财政体制分成的办法加以协调。

二、中国消费税制度设计

（一）消费税概述

一般说来，消费税是以消费品销售额或消费支出额作为课税对象的各种税收的统称，它包括直接消费税和间接消费税两种类型。前者是对个人实际消费支出额的征税，直接向消费者课征，纳税人和负税人都是消费者个人，也叫综合消费税或支出税；后者是对消费品的课征，税收可随销售价格转嫁给消费者负担，销售者是间接的纳税人，也叫销售税或者零售税。流转税类别中的消费税主要指后者，而综合消费税则相当于对个人储蓄之外的收入征收的一种税，征收的方式也和所得税类似，并不属于流转税的讨论范围①。

消费税按其课征范围的不同，可分为一般消费税（对全部消费品课税）和选择性消费税（选择部分消费品课税）。现今各国消费税课征范围一般并不涉及全部消费品，个别国家虽形式上对全部消费品课税，但又对若干消费品规定免税。因此，从课征范

① 关于综合消费税的讨论可以参见（美）大卫·海曼编著，章彤译，《公共财政：现代理论在政策中的应用》（第六版），中国财政经济出版社，2001年，第16章。

围看，消费税通常是选择性消费税。

在普遍执行增值税的国家中，选择性消费税往往对增值税起补充作用。标准的增值税以单一或接近单一税率制为其特点，对产品或产业结构调节效应较弱。为了充分发挥税收的调节作用，增强税制对社会经济控制功能，往往在增值税普遍开征、起普遍调节作用的情况下，选择部分消费品（主要是高档消费品、奢侈品、被认为危害健康、环境及社会文明的消费品）再征收一道消费税。在中国，保持原税负不变是税制改革的一项重要原则，在原产品税改为增值税，简并税率情况下，只有对那些原来税率高的产品，再征收一道消费税，才能实现总体税负不变的征收原则，从而使新税制顺利平稳实施。

（二）中国现行消费税制度的主要特点

中国目前的消费税为单环节课征的选择性货物（商品）税，是在对货物普遍征收增值税基础上，再对少数消费品课征的税收。这个税于1994年税制改革时设置，2006年扩大了征税货物的范围，2009年提高燃油税率。其主要特点如下：

（1）有限型消费税。在征税范围上，目前消费税只对14个税目征收。这14个税目可分为三个类别。第一类为有害的消费品，包括烟、酒、鞭炮、焰火等。对这一类消费品课征目的在于通过课税提高价格，限制消费。第二类为奢侈品，包括贵重首饰及珠宝玉石、化妆品、游艇、高档高尔夫球及球具、高档手表、小汽车。其征税目的基于富有者应当多承担税收的传统观念，一般情况下这些货物的消费者往往比较富有。第三类，是资源性货物或不能回收利用的产品，包括成品油、木质一次性筷子、实木地板、汽车轮胎等。征税的目的是保护生态平衡，防止对某些不可再生资源（如石油）和某些理论上虽然可再生但生产期很长，采伐数量远远多于生长数量资源的过度使用。

（2）单一环节生产税和零售税混合。消费税只在生产、流通或消费的某一环节课征，它不像周转税那样道道课征。中国目前的消费税，对大部分应税消费品是在生产或进口环节征收，对一部分消费品如金银首饰、钻石及钻石制品、铂金首饰等是在零售环节征收。

（3）差别税率。目前的消费税设有1%、3%、5%、9%、10%、12%、15%、20%、25%、30%、36%、40%、45%、56%，14档比例税率，11个从量定额税率，3个从价和从量复合税率。因此，消费税在税率方式上是从价税为主，部分消费品实行从量税，少数消费品实行复合税率制。

（4）价内税。目前中国消费税实行价内税模式，其税金包含在销售价格中，消费者在购买应税货物支付货款的同时支付了税金，税基是不含增值税但包含消费税的销售价格。

（三）消费税制度设计应注意的主要问题

选择性消费税在制度设计时应当考虑的因素主要有：征税范围的选择，即选择什么样的消费品课征消费税；征税环节的确定，即采用生产税还是零售税模式；税率模式和征收方式。

1. 征税范围

总的说来，选择怎样的范围征收消费税，要考虑公平、效率和税制整体效应。选择性消费税是带有调控目的的，即不完全为了获得财政收入。这样一来，就需要考察消费税要达到既定目的的条件及代价。消费税的第一个非财政目的是通过对奢侈品征税体现社会公平，但是由于多数奢侈品商品需求价格弹性高，富有者可通过选择不消费而逃避税收，所以对不消费应税货物的富有者就变成一种优惠，使税制不能做到一视同仁。

从效率角度看，选择性消费税会干扰纳税人的消费选择，选择面越窄即税目越少所造成的福利损失就越大。从理论上讲，对那些可替代闲暇的消费品（游艇、高尔夫等）课税会鼓励劳动。但奢侈品一般需求价格弹性大，按照拉姆塞规则，对其征税福利损失比较大。扩大征税范围直到对消费品包括劳务普遍征税虽然可以克服上述公平和效率问题，但在已经存在增值税和营业税情况下，会变成重复征税，相当于提高了增值税和营业税的税率，消费税丧失实际意义。

从税制整体效应看，对某些有害品征税目的是“寓禁于征”，但由于这一类别货物的消费税税率比较高（如较高档烟税率在45%以上），在消费行为和消费量不改变的情况下，以及实行税收分成的财政体制下，往往给地方带来较大财政利益，本来在制度设计时要限制发展的行业却成为地方政府要鼓励发展的产业。例如对卷烟征税的目的是限制卷烟产业的发展，但由于其财政利益大，反而成为许多地方要极力发展的产业，卷烟产业发达的地方政府比较富裕。

从上面的分析中可以看出，消费税应当以取得财政收入为主要目的，在财政收入有保证时，不征无妨。理论界多数人所主张的“充分发挥消费税的调节作用”命题需要谨慎对待，要考虑调节作用的福利代价是否过大。在设计税目时可参照海关合作理事会《商品名称及编码协调制度》，将同质可替代的产品一同征税，以减少纳税人为税收而进行选择，偏离帕累托最优状态，造成福利损失。如果规定“燃油”（矿物油、成品油）要征税，则只要提供销售或用作发动机燃烧或用于加热目的，即使不是或未表明“燃油”产品，也要视为实质相同产品，一视同仁地加以对待。[①]

2. 征税环节的选择

消费税的共同特点是单环节课税，但征税环节设在哪里则涉及两方面论题。

一是进出口货物的征税环节，消费税可按原产地原则（origin principle）和消费地原则（destination principle）征收，目前多数国家采用后者，这样一般对进口货物按不高于原产于本国的同样产品的税率课征，而对出口货物实行退税，以体现消费地课税原则，但退税额不大于实际征收额。

二是非进出口货物，可在生产环节、流通环节或消费环节征收。设在生产或流通

---

① （国际货币基金组织）V. 图若尼，国家税务总局政策法规司译，《税法的起草与设计》（第一卷），中国税务出版社，2004年，第277页。

环节比较简便易行，但某些产品既可作消费品也可当中间投入品，例如成品油对汽车使用者为最终消费，对发电企业则是中间投入品。对中间投入品征税使消费税名不符实，占用企业资本，无法体现课税目的特别是非财政目的。此外，在实行税收分成财政体制以及税款转嫁到消费者负担的情况下，生产环节消费税会造成税款征收地与税款实际负担地不一致。当产品不是在生产所在地零售进入消费环节的情况下，实际负担税款的居民所在地政府（消费地政府）不能使用由其辖区内居民负担的税收，致使生产地政府获得了外地消费税负担的税款。工业越集中、产品销往外地的比例越大，得到的财政纯利益即不需要用消费税向负税人提供公共服务财政利益越多。这就出现本书第四章第一节已经阐述的“税收制度本身就存在将财富从不发达地区抽取到发达地区的机制”。这一机制的存在，一方面会鼓励地方政府举办生产性企业，而忽视服务业，从而扭曲资源配置；另一方面会造成财政能力的制度性差距，导致公共服务的不公平。尽管将征税环节设在零售环节不能完全克服上述问题，但零售税的负面影响要小一些。因此消费税应尽可能设在最终消费环节，成为名符其实的消费税而不是简单的消费品周转税。

3. 税率模式和征税方式

税率模式涉及从价和从量。在通货膨胀下，从价税有利于保护税基，税收随着价格上升而提高。当然如果税率可随着通货膨胀而调整，那么从量税也可以不受通胀影响。对奢侈品征税，应该采用从价税比较合适，奢侈品价格高，采用从价税在税负由富有的消费者负担的情况下，可随着富有者对奢侈品消费档次的提高（不一定是数量增加）而加重他们的税负，能在一定程度上对收入分配起调节作用。有害性产品和资源性产品则可以采用复合税率模式，通过从价税确保税收与价格的关联，价格越贵产品档次越高税负越重；在从价税的基础上再从量课征，可控制消费量。从量税方式更适合于生产环节和批发环节以及进出口环节的消费税，因为在这些环节下，计税价值不易确定，特别是在法治还不健全和自觉纳税程度比较低的情况下，纳税人往往低估进出口产品价值，税务机关估价困难，采用从量税比较合适。征税方式所涉及的价内税和价外税，在本质上没有差别，但纳税人的感受不同，一般的说，在没有习惯过多地计较利益得失、税收法治不完善、预算透明度比较低的文化氛围中，采用价内税会减轻人民缴纳税收的心理负担。而在相反的文化氛围中，实行价外税会使税收透明度比较高，纳税人要求实行价外税的可能性更大。

第五节　燃油税和资源税改革的讨论

开征燃油税和改革资源税也是目前中国理论学术界和社会公众十分关注的税收问题，本书对其缘由和趋势有所交代。由于燃油税本质上属于特种消费税，资源税属于对矿产品课征的特别销售税，所以放在流转税这一章进行讨论。

一、开征燃油税讨论[①]

（一）中国燃油税的提出

公路税费即汽车使用环节的税费对汽车的消费以及生产会产生重要影响。使用环节的税收或收费比购买环节或保有环节的税费更具有合理性。首先可以贯彻公路等基础设施谁使用谁付款、谁使用得多谁就要多支付的原则。如果只收取汽车消费税或购置税，公路又由纳税人负担建设经费，就变成车主不管用不用公路都要承担建路费用，这显然不合理。其次可以在不影响甚至鼓励汽车销售情况下，调节汽车的使用，防止滥用，从而控制污染和拥挤，并且可以筹措资金搞好道路建设，将收取的税收整体返还给纳税人，实现车路的协调发展。因此许多发达国家都将汽车税费的重点放在了使用环节，德国、意大利、瑞士、日本、美国等国家与汽车使用频率有关的税费占总税费的比例均超过45%，德国高达75%，而中国目前不超过10%。西欧各国的燃油税费占油价的比例均超过60%，多数在75%，有的国家高达80%以上[②]。但是笔者获得的信息是国际上并不单独存在一个燃油税，一般将燃油（矿物油）作为选择性消费税的一个税目。

中国长期以来通过征收养路费方法来提供公路建设和维护资金。养路费采用定率和定额两种征收办法。定率适用于运输企业，按其营业收入决定应纳养路费，定额是将养路费与车辆载重吨位挂钩，吨位越重需缴纳的养路费就越大。这一办法已经持续了半个世纪，对中国公路建设和维护起了重要作用。目前的问题其实并不在制度本身，而是具体执行办法在新形势下有些不适应，社会环境问题如腐败、小集团利益滋长导致征收和使用出现许多漏洞。

一方面是由于国有运输垄断局面被打破，公路运输多数交给了私营、个体或承包商，他们没有健全的财务会计制度或者出于自身利益的考虑，运输营业收入很难核定，所以定率征收在大多数地方行不通。养路费基本上实行定额征收，其结果就是收费与用车的频率和强度没有联系，即与道路使用没有联系，无法体现多用路、多交费的原

---

① 本节写于2002年，见杨斌，《燃油税改革新思路—汽车使用环节和保有环节税收分立》，《涉外税务》，2003年第3期；杨斌，《加入WTO后汽车业关税政策变化效应分析》，《税务研究》，2002年第12期。尽管2009年1月政府已经推出了燃油税改革，但本节内容仍然有参考价值，可以向读者提供分析思路，帮助读者理解此项改革推行后所出现问题的原因。2009年1月中国推出的燃油税改革的主要内容是：提高汽油、石脑油、溶剂油、润滑油、柴油、燃料油、航空煤油等成品油消费税单位税额，取消公路养路费等收费。取消公路养路费、航道养护费、公路运输管理费、公路客货运附加费、水路运输管理费、水运客货运附加费等六项收费，逐步有序取消政府还贷二级公路收费。新增成品油消费税连同由此相应增加的增值税、城市维护建设税和教育费除由中央本级安排的替代航道养护费等支出外，其余全部由中央财政通过规范的财政转移支付方式分配给地方，主要用于替代上述已取缔的收费。对种粮农民因“费改税”而增加的负担通过农资综合直补、种粮农民综合直补等渠道给予补贴，对城市公交、农村道路客运（含岛际和农村水路客运）、林业、渔业（含远洋渔业）因“费改税”而增加的负担由中央财政通过专项转移支付的方式给予补贴，对出租车因油价上涨增加的成本，继续由财政给予临时补贴。见国务院，《关于实施成品油价格和税费改革的通知》，国发［2008］37号。

② 程振彪，《WTO与中国汽车工业发展对策研究》，机械工业出版社，2002年，第340页。

则，养路费实际上成了车辆财产税。

另一方面是收费项目多、征收部门多、重复收费、交叉收费现象严重，致使车主不堪重负。由于中国公路建设和维护资金短缺，各地为了加快公路建设纷纷采取贷款、集资等办法修路、修桥、凿洞。为了归还贷款和集资款，就允许投资主体设卡收取车辆通行费，车辆通行费虽然贯彻了谁用路谁付款的原则，但由于收费站点设置过多过密，不仅严重影响车辆通行，造成车主、货主负担过重，而且不少地方因管理不善收费人员贪污费款的情况比较严重，再加上收费人员过多、机构臃肿，很大一部分收费又成了“养人费”而不是用于归还贷款。

针对上述问题，人们借鉴西方国家特种消费税的通行办法，提出征收燃油税来一劳永逸地解决上述问题。具体方案是开征燃油税，取代由各部门收取的养路费、公路客货运输附加费、公路建设基金、城市道路建设费等道路、车辆收费；燃油税的征税范围为汽油、柴油；征收环节设在燃油生产及进口环节；征税方式为从量税；所征税款由中央返拨与地方用于公路建设①。1999 年随着公路法修正案的通过，燃油税的讨论达到了高潮。相当多的同志认为燃油税具有公平性、环保性、简便性等特点。所谓公平性即多用路多交税；所谓环保性即可鼓励利用节能技术，减少污染；所谓简便性即减少了征收和缴纳的程序，节省了成本。但是燃油税的开征或运行仍然存在不少问题。

（二）公路收费改为燃油税会出现难题

以下从征税环节、征税对象和税收收入分配等方面进行阐述。

1. 征税环节选择问题

燃油税征税环节有两种选择，一种是在公路车辆燃油的零售环节，即以公路上的加油站为纳税主体；另一种是在燃油的生产和进口环节，即燃油的生产商或进口商为纳税主体。

第一种方法的好处在于可将问题限制在公路范围内，比较单纯地将涉及公路车辆的收费改为统一收税，维持原来的利益格局，不引起其他用油部门或个人税收负担的加重，从这个意义上讲比较公平，也可避免补贴等复杂问题的产生，制度设计比较容易。但面对众多的加油站，管理成本太高，何况 70％以上的机动车辆用油不在零售加油站点购买。从海南省推行的燃油附加费试点来看，将征收环节放在加油站也不成功。由于网点较多，为了加大稽查力度，只好大量增加工作人员，征收成本过高，而且还不能遏制走私逃税行为。

第二种方法可以克服第一种方法的弊端，源头征收相对容易，但却将第一种方法中的优点变成了难以克服的缺点。由于汽油、柴油不仅汽车使用，其他行业也在使用。如果燃油税开征的目的定位在将公路收费变为征税，负担总水平不变，那么就不能对非公路车辆用油（如工业、农业、机械、渔业、水利、航空、铁路内燃机机车等用油）

① 陈裕海，《开征燃油税的正负面效应分析及几点建议》，《财金贸易》，1999 年第 7 期。

征税，否则就加重了其他行业的负担。例如，目前中国农村用油量一年 500 万吨左右，燃油税改革给农民带来的负担，据财政部测算就有 50 多亿元。因此就必须区分公路车辆用油和非公路车辆用油，只对公路车辆用油征税。这一方面在征收管理上几乎不可能做到；假定能够做到，又如何控制以非公路车辆用油的名义购买燃油再将其用于公路车辆等逃税、走私问题。这就出现两难局面，要么加重其他行业用油者税负，要么无法有效实行征管。此外，一些耗油量大的运输行业如出租车、公共汽车、长途客货运等负担会加重，其营运成本上升。如对出租车，假定其每天耗汽油 30 升，则每天增加税额 345 元，月增 10 350 元，抵消养路费等后，月成本上升了 700～800 元。[①] 这样出租车行业会陷入困境。因此将征税环节定在生产和进口环节，又要保持原来负担水平不变很难做到。

为了解决上述问题，也有人主张燃油税只对汽油征收不对柴油征收，因为汽车使用的汽油占燃油销售量的 85%，柴油的比例不足 15%。[②] 但这个方法行不通，因为如果只对汽油征税，将人为诱发汽油车改柴油车，如海南省在试行只对汽油征税不对柴油征税后，有 95%的汽油车改为柴油车。

燃油税放在炼油生产环节征收，在炼油企业油品出厂时代缴，还会造成炼油企业的流动资金周转困难。燃油税需要在销售油品的当天缴纳，而成品油货款到位需要较长时间，而且拖欠货款是普遍现象，企业流动资金将会面临一个巨大的缺口。[③] 因此，征税环节很难选择。

2. 征税对象改变所产生的负担加重如何补贴问题

有的部门主张燃油税征税环节定在燃油生产和进口环节，对其他行业产生的加重税负问题，通过财政补贴的办法加以解决。对于农民负担的加重，拟采取多种方式的转移支付对农民进行补偿，如降低“乡统筹”、按照耕地面积对农民补贴、农村“费改税”、增加农村科技投入等措施。考虑到地区差别太大，如东部地区农民用油多，西北西南用油少，补贴不能做到绝对公平，但可保证全国范围内农民负担总体上不会因征收燃油税而增加。这个方案看起来合理，实际施行却很难取得预期效果，一方面，不能将农村地区税费改革所减轻的负担作为农民承受燃油税的基础，因为即使没有开征燃油税，解决农民负担问题不仅是出于社会公平考虑而且应当成为国家保持长治久安和经济健康可持续发展的战略部署；另一方面，对农民的直接补贴在目前的基层政治机制下难以实现，试想农民辛辛苦苦种了粮食出售给国家粮站，还经常只能获得“白条”；基层官员对救济款也层层克扣，有什么机制不让各级腐败的有权者或与之勾结的“骗税者”侵吞燃油税补贴，最终能全额返还给农民呢?

对其他行业按照负担增加额进行对应补偿的措施如何切实贯彻落实也不可乐观，如对铁路机车、军队、武警、城市公共汽车等补贴也存在实施的困难。这些行业或部门用油数量的核实需要花费很大成本，需要建立专门机构进行此项工作，如果用油量

---

① 陈裕海，《开征燃油税的正负面效应分析及几点建议》，《财金贸易》，1999 年第 7 期。

② 贾康、马晓玲，《公路养路费改燃油税“卡”在哪里》，《了望新闻周刊》，1999 年第 37 期。

③ 刘家海，《征收燃油税对石化生产企业的影响与对策》，《石油化工经济》，2000 年第 6 期。

的核实被人情、面子、关系所左右，那么就会像出口退税、增值税凭发票抵扣进项税额制度那样成为严重“骗补”（骗取补贴）领域，最终很可能出现应补的补贴额大大超过预算安排的可补的补贴额。到时为了遏制“骗补”或在财力无法承受时，就只能采取指标控制的办法，不仅使负担与补贴脱节，而且成为寻租的重要领域。

在目前中国面子、人情、关系为主导的现实文化环境下，在进行任何制度安排时，绝不能假定各级官员都是圣人。如果假定他们都是圣人，然后再来监督，一旦违法现象普遍化，因监督成本过高实际使监督无法进行，甚至使监督者成为利益共享者。因此，易于寻租和人为操作的补贴制度的安排应当慎重。

3. 收入分配问题

当前实行的养路费，实际上是一项地方性杂税，由地方交通部门征收，作为发展地方公路事业的专项基金。实行燃油税并且将征税环节放在燃油生产厂的成品销售环节。由于中国炼油厂分布不平衡，并不是每个地方均有燃油税收入，所以燃油税只能由国税局征收，先集中到中央，然后进行分配。这会产生两个问题。其一，分配的标准如何确定，理论上合理的分配标准应该是各地的公路车辆用油量，但这几乎无法获得准确的数据，因为多数车辆总是跨境流动的。还有一个标准是公路里程，公路里程越多燃油税也越多，但这个标准会使公路建设落后地区建路资金更加短缺，况且不发达地区的道路差用油量相对较大，燃油税反而较少，这显然不合理。

此外，据统计，中国公路建设每年投入约 800 亿元人民币，其中地方、私人、外资投资额约为 30％即 240 亿元人民币左右。这部分投入的收益大部分是通过公路收费来实现的，实施燃油税后会明显地减少这部分收益，从而影响私人和外资的投资热情。然而，近年来中国公路投资步伐明显加快，那些急于想通过改善交通环境来改善投资环境的西部省份，其积极性自然会受到损害，特别是重庆西安等一些有重要影响力的大中型城市，最近几年通过各种渠道筹措资金，改善道路交通状况和提高道路质量后，经济发展与过去相比有了较大起色。如果我们将修路作为一项公益性事业来看待的话，政府投资则是责无旁贷的。但如果作为经营性投资并且鼓励企业参与的话，那么就需要做有收益的制度安排，而燃油税作为税收，不应该再承担利润分配角色。因此费改税很可能会不利于企业对公路投资建设。

（三）公路税费改革的原则和方向

上述两难情况表明，中国燃油税的征收并不是空地盖房子而是旧城改造，其间涉及方方面面的利益关系，这使得税收效率和公平很难协调，无法妥善解决可能出现的矛盾。要解决上述所有两难问题，必须跳出单纯从公路领域费变税的思路，而从整个收支系统和整体税制着眼来考虑解决问题的方案。具体的原则和思路如下。

1. 在税种设计上要将汽车使用环节和汽车保有环节的税收分立

之所以出现上述各种两难问题主要原因在于将公路收费改为燃油税不符合各种性质税种应当分立的原则。税收一般分为三种基本形态，一是所得税，二是流转税，三是财产税。这三种基本类型的税收一般不能混合或相互转换。作为改革对象的养路费等公路收费从性质上属于财产税类别，它们均以财产的外部标志（如载重吨位）为标准课征相同或不同等级的定额税，是保有环节的静态税，不管是否使用，只要拥有就必须纳税；而设想要替代它的燃油税则属于消费税（流转税的一种），对流转额课税是使用环节的动态税，消费使用了燃油才需要纳税。试图在税负利益格局不变的情况下，用后者代替前者，不可避免地出现转换冲突。因为它们属于不同性质的税种，客观上不能转换，所以改革的思路应是各归其道，按各自所属税种类别和环节设计制度。可将公路各项收费与现行车辆使用税合并成为车辆财产税，如前面所述，汽车作为其中一个税目，可通称汽车财产税。不论车主是否使用汽车，都要按年缴纳。车船使用税与这类收费都是按车船吨位或排气量（今后改革方向）征收的，合并征收后，可以减少征收成本和交费环节，对社会的影响较小。① 并且可将其收入作为地方财政收入，用于公路的基本维护和建设经费。

在汽车使用环节，也不一定非单独增设燃油税不可，实际上中国燃油税已经存在，就是消费税中的燃油税目，可根据国民经济运行状况适当提高燃油消费税的税率，以发挥燃油税调节汽车使用的功能，贯彻谁用路多谁付税多的原则。在现有消费税范围内想办法，一方面避免重复设置税种的问题，另一方面避免上述用新设燃油税代替公路收费所遇到的问题。燃油消费税的税率可在一定时期根据国家对汽车消费和道路建设资金的需求情况进行调整，使之成为对汽车行业进行间接宏观调控的重要杠杆。

2. 在中央和地方收入分配上实行分项返还

不管是机关、团体、军队等车辆用油，还是农业、火车、电力、工程机械、航空等非车辆用油，国家都应全面征收燃油消费税，一视同仁。将燃油消费税作为专项收入，根据收取的来源不同，将其中一部分作为公路建设基金，一部分用于机场、铁路、码头建设基金，一部分作为乡村道路建设基金，以整体方式通过地方政府返还给纳税人，避免免税、补贴等操作，因为在中国目前的实际情况下，越存在斟酌使用政策和权力的方法越容易产生腐败。

在规范标准和规范支出，实行收支两条线及采用先进技术杜绝收费工作人员贪污费款的情况下，保留贷款和集资建设道路的设卡收费，以鼓励地方政府建设公路的积极性，但设卡的数量要尽可能少，存在的时间也要尽可能短。

二、资源税分析和改革方向

（一）资源税与绝对地租

马克思认为，土地或矿山的私有权垄断是绝对地租存在的原因，但绝对地租的存在还有一个经济前提，即由于农业或矿业的资本有机构成比社会资本的有机构成低，所以它们所创造的剩余价值会高于归它占有的平均利润。它的剩余价值和平均利润之间形成的差额，就是农业或矿业中的超额利润。土地或矿山所有权的存在对其他部分

① 余增长，《道路和车辆收费改征燃油税并非最佳选择》，《福建税务》，1998年第9期。

资本向农业部门的转移形成一道阻碍，这种超额利润不再参加利润的平均化过程，而被留在本部门内作为绝对地租。因此，要说明绝对地租的存在，必须先说明两个问题：一是有没有土地所有权问题，二是农业部门或矿业部门存不存在普遍的超额利润。

在社会主义市场经济条件下，尽管消灭了土地私有权，实现了土地、矿山、油田等自然资源的公有制，但自然资源的所有权仍然存在，除农村土地归集体经济所有外，其余自然资源均为全民所有。在现阶段，这种全民所有又表现为政府所有，政府拥有自然资源的所有权和垄断权。然而商品经济和市场经济是社会经济发展不可逾越的阶段。商品经济关系的存在，使得企业即使是国有企业也是独立的商品生产者、经营者，具有自身特殊的物质利益。因此，自然资源的所有权仍需要独立经济利益表现形式，这一独立的经济利益表现形式便是绝对地租。但长期以来中国的初级矿产品、油、气等价格偏低，矿山油田的经营者不仅不能按价值出售产品，而且不能按其生产价格出售产品；不仅不能获得超额利润，而且连平均利润也得不到，某些行业还出现全行业的亏损。在这种价格体系下，绝对地租的经济源泉是不存在的。绝对地租有存在的原因，而没有存在的条件。在这种情况下何以谈得上用税收的（资源税）方式收取绝对地租的问题。因此，资源的所有权利益无从体现，资源的有偿使用问题并未解决。要解决这一问题，需要按社会主义市场经济的原则，全面调整改革价格体系，使自然资源产品的出售价格按市场经济的规律反映其价值。

在充分竞争的市场经济条件下，绝对地租不仅有其存在原因，也有其存在的经济基础。此时就会遇到用什么方式收取绝对地租的问题。笔者认为，不应当用税收的办法向企业提取绝对地租。租、税性质不同，租、税分流具有客观必然性。在社会主义现阶段，国家的性质是双重的，它不仅行使公共权力，而且要建立一般的生产条件，要行使财产所有权，参与国有经济的生产和再生产活动。权力总是通过一定的物质利益表现的，既然存在两种权力就存在两种不同的物质利益表现形式。

公共权力的行使和所有权的行使都要求通过与之相适应的方式参与社会纯收入的分配，从中获得一部分经济利益以作为它们各自运行的物质基础。不过，公共权力本身不会创造物质财富，它要获得一部分经济利益或物质财富，只能以强制、无偿为特征的形式即税收形式来获取。因而税收也就成为政府公共权力的物质利益表现形式。而所有权则是内在于生产，是生产活动的起点。所有权意味着他人要使用、经营或开发所有者的所有物，就要以付出一定的经济利益作为代价。农民要使用、耕种地主的土地，要向地主交租，地租就成为土地所有权的经济利益表现。同样自然资源的经营者要使用、经营或开发国有自然资源包括国有土地、矿山、油田等，也要向国有资产的所有者（现阶段是政府）以一定的形式上交一部分利润即绝对地租作为报酬。也就是说，政府要凭借全民资产所有权参与社会收入分配，这种分配是建立在政府与社会纯收入实际创造者之间利益等价交换基础上的契约关系。政府具有两种权力和两种职能，并以两种方式参与自然资源开发经营与企业纯收入分配的客观关系，这说明了“租税分流”或“税利分流”的内在根据。

因此，在社会主义市场经济条件下，不应以资源税作为体现政府资源有偿使用或经营开发的报酬形式。资源的有偿使用属于所有权经济利益范畴，政府要求国有资源经营使用单位向政府交租、付费，依据的是所有权而不是政治权，体现的是所有权的让渡与承让之间等价交换的契约关系。而税收（包括资源税）是公共权力的经济利益表现形式，依据的是政治权，体现着政府与其居民之间的权利义务关系，二者是不能混为一谈的。按照马克思的说法，矿山、土地等自然资源的绝对地租在量上取决于经营自然资源的企业能获得多少超额利润，这种超额利润要受到产品供求关系的影响。而供求关系的变化受多种因素制约，其结果使得绝对地租因企业及经营的自然资源种类和经营状况的不同而不同，很难找出一个划一的价格比例或产品数量作为绝对地租上交数。这说明，不仅在理论上，而且在实际制度与政策的操作中都难以用规范性、统一性、均一性（同样条件纳同样税）去体现资源的有偿使用或收取绝对地租。如果硬要采取征税的形式去收取绝对地租，就必然要根据每一个企业获得超额利润的数量，一户一定额或一户一定率，这就违反了同样条件（如同样的产品销售收入或销售量）要纳同样同量税的税收公平原则，出现资源税有偿使用的不规范性与税收统一性之间不可调和的矛盾，使资源税最终似税非税，同理也不能用资源税去调节级差地租。

（二）资源税与级差地租

级差地租的产生不同于绝对地租。不同土地、矿山、油田等自然资源的差别，是产生级差地租的条件和基础。当然有了这一条件和基础不等于就有了级差地租。级差地租产生的原因在于农业、矿业中存在着对土地、矿山等自然资源的垄断，从而使农产品和矿产品的生产价格由劣等地或劣等矿山的生产条件来决定，经营优等地和中等地的经营者就能获得超额利润。这一超额利润不同于绝对地租情况下的超额利润。绝对地租情况下的超额利润是农产品和矿产品的市场价格与生产价格的差额，在价格体系合理的条件下，劣等地或劣等矿山也要支付绝对地租。而级差地租情况下的超额利润是由优等地和中等地农产品的个别生产价格低于按劣等地个别生产价格决定的社会生产价格的差额决定的。这个差额有两个表现形式，即所谓的级差地租Ⅰ和级差地租Ⅱ。构成级差地租Ⅰ的超额利润，通常都是全部转化为地租，归自然资源的所有者所有；而构成级差地租Ⅱ实体的超额利润，则可能在租约有效期间内全部留在自然资源的经营者手中，只是在缔结新租约时才部分地或全部地转归所有者所有。这就是马克思关于级差地租的基本原理。

结合中国实际，同样存在着级差地租的自然条件与前提，如土地、矿山、油田等有用物质的蕴藏丰度不一致、矿层的深浅使得开采的难易不一致、距离销售市场的远近不一致等情况，存在级差地租现象。但级差地租不应该也不可能通过税收手段加以调节，原因主要有以下两方面：

一方面是级差地租要归所有权主体所有，而不能归公共权力主体所有。虽然土地所有权的存在不是优、中等土地或矿山的超额利润（即级差地租）产生的原因，但它是这个超额利润在分配过程中转归土地或矿山所有者所有的原因。因此，级差地租同样也是土地所有权的经济利益表现，而不是政府公共权力的经济利益表现。在级差地租调节场合同样适用租税分流原则。

另一方面是用税收办法调节级差地租，在实际操作中会遇到比调节绝对地租更大的困难，最终使调节级差地租的税收似税非税。级差地租的运行规律与税收的运行规律不相同，不能互相代替。资源条件千差万别，级差收入的形成原因及其表现形式各异，级差地租大小各不相同，准确地确定每一矿井、油田的级差地租从而规定征税定额或定率过于困难。用资源税手段调节级差收入必然出现两种情况：一种是资源税按税收自身规律设计运行，也就是讲法定、讲确实、讲统一、讲刚性、讲同样条件纳同样税。这样的资源税就不可能反映企业的级差收入情况，会出现一些企业调节过度，征收过分，而另一些企业调节不足的问题。资源税的目标并不能达到。另一种是资源税按级差收入的规律设计，这样必须是一矿一率、一企一率，资源税也就名不符实，而且实际工作中会出现税企之间就资源税征收数额、幅度讨价还价现象，这种资源税不具备法律的权威性和刚性，不符合税收法定原则。1992 年 1 月 1 日开始征收的铁矿石资源税就属于这种情况，当时按综合经济技术的指标来确定资源税定额（1994 年税制改革时推行于所有资源税征收项目）。也就是采用先由专家选择若干个经济技术指标，根据矿山实际情况，建立数学模式，给每一个指标打分，按总积分将全国铁矿山分为几个档次，然后按档次确定高低不等的税额。这一做法能够比较合理地确定采矿企业的等级，但作为确定税额的方法却有明显的缺陷。其一，它仍然没有科学地按照马克思级差地租的基本理论，从合理定价出发，确定级差地租的数量水平，所确定的税额体现了差别，但却不能符合优、中等矿山的生产价格与由劣等矿山所决定的社会生产价格的差额的实际情况，所确定的税额仍是主观的，仍不能与级差地租相吻合。其二，它只能一户一率，不仅违反税收的基本原则，而且如果资源税扩大征收范围，对所有征税资源都要采取这一办法确定税额，工作量很大，征税成本过大。其三，确定指标与对指标打分可能受人为因素所左右，资源税的多少，实际上仍是通过讨价还价来确定的。税收的刚性与税法的权威性、确定性及强制性均不存在。总而言之，用统一的征税办法来调节资源开采的级差地租必然事倍功半，必然名不符实，必然名税实租，只有租税分流才是完善资源税的正途。

（三）租税分流：资源税改革方向

首先，应当明确资源税是一种在资源领域体现国家产业政策、社会政策，并对资源产品（主要是原材料、初级产品）进行调节的流转税，是作为流转税的增值税在资源领域的延伸，不应以资源税体现政府对资源的有偿使用和级差地租的调节。

其次，在价格体系比较合理、流转税结构作重大改革的前提下，资源税可成为双层次流转税体系的一个辅助税种，在普遍征收增值税的基础上对初级资源产品进行再调节，对增值税起补充作用。其作用主要在于增加资源开采地区地方政府的财政来源。因为资源开采地区一般经济比较落后，财政收入有限，开征资源税可为这些地方增加一笔财政收入。

最后，改革后的资源税应采用价外税模式，税款由资源产品购买者、使用者支付。

由于资源产品质量差别很大，采取从量征收会造成质高价昂与质低价廉的同类产品之间税负不平问题，所以一般采取从价征收的办法。征税范围以大宗资源产品为主。具体项目的确定要与国家产业政策、资源产品的定价以及增值税的征税状况综合考虑。这样资源税征收就比较便利，符合税收的基本要求，体现政府公共权力主体对国有资源经营权利益主体的征税关系。至于资源有偿使用（即上交绝对地租）、级差地租的调节可通过国有资产管理部门以所有者身份，与资源经营开发企业根据资源及价格确定的具体情况进行谈判，通过契约形式进行，从而实现租税的分流。

第六节 关税原理

一、关税的概念

关税（customs duties）是由海关代表国家，按照国家制定的关税政策和公布实施的税法及海关进出口税则，对进出关境的货物和物品征收的一种流转税。由于关境边界的标志是口岸，而口岸是人员和货物进出国境及交通工具停靠的通道，“进出关境”更通俗和简洁的说法是进出口，所以一般用进出口这个概念。

关税定义中的“关境”与国境既有区别又有联系。国境是一个主权国家的领土范围，关境是指一个国家的海关法得以全部实施的区域（关区）。一般情况下，国境与关境是一致的，即海关法适用的范围和国家主权行使的范围是一致的。但由于一些国家的特殊原因以及错综复杂的国际经济贸易关系，国境和关境会出现不一致的情况：①关境大于国境。如果几个国家组成关税联盟，各成员国领土边境即成为统一关境，海关只对来自或运往非成员国的货物进出统一关境口岸时征收关税，那么对各成员国而言，关境大于国境。②关境小于国境。如果一个国家在本国领土内存在独立关区或特别行政区，那么就出现关境小于国境的情况。由于中国存在香港特别行政区、澳门特别行政区以及台湾省，它们都属于中国领土，在国境范围内，但它们均为独立关区，所以不在中华人民共和国的关境范围内。

二、关税的基本分类

关税可以根据不同标准进行分类。

（一）进口关税、出口关税和过境关税

这是以国际贸易中商品的流向为标准所做的划分。

1. 进口关税（import duty）

进口关税是海关对从境外入境的货物（或物品，下同）课征的关税。一般在外国货物进入口岸时征收，或在外国货物从海关保税仓库或保税区中转出、投入国内市场时征收。

保税仓库是指由海关设立或经海关批准注册建立并由海关监督，用于存放暂不缴

纳进口税[1]的进口货物的储存场所。存入保税仓库的进口货物可暂不纳进口税，以后经改装、分类、加工复运出口的不纳税，销往国内市场的则照章纳税。存入保税仓库暂缓征税的货物称保税货物，对保税货物进行改装、分类、加工的工厂称保税工厂，保税工厂的作业受海关监督。保税仓库一般有存放期限规定，有的半年，有的一年，有的两三年，逾期不运走以放弃货物论处。设立保税仓库是为了简化海关手续，方便企业，以利于发展转口贸易，增加手续费、加工费收入。保税区是指由海关监管的免征关税的特定区域（往往有不同的名称，如出口加工区、保税物流园区、保税物流中心等）。保税区与非保税区分界线设置完善的隔离设施；进出保税区的货物、运输工具和个人携带物品，必须经由设有海关的出入口进出，并如实向海关申报，接受海关检查。保税区企业、单位从境外进口符合法定条件的货物，海关免征进口税；保税区内企业出口保税区产品免征出口关税（如果有出口关税的话）和出口环节国内流转税。从非保税区运入保税区的货物视同出口，从保税区运入非保税区的货物视同进口照章纳税。

进口关税是最基本的关税类型。现在许多国家已不征收过境税，出口关税也较少使用，因此，通常所说的关税以及有关的国际协定中的关税一般都是指进口关税。

2. 出口关税（export duty）

出口关税是一国海关对本国出口的货物运出口岸时，出于一定目的向本国出口商征收的关税。一般说来，征收出口关税不利于扩大出口，因此为了鼓励本国产品出口，不宜征收出口关税，要征也只能选择那些能垄断国际市场、需要关税保护调节的货物。

征收出口关税要遵循两项原则：一是征税货物具有垄断性，二是出于保护目的。所谓货物具有垄断性，是指这些货物只有本国能生产，或者本国生产的货物质量最好，从而可以垄断世界市场。对具有垄断性的货物征出口关税不会妨碍其出口，还会因其处于垄断独占地位，出口厂商可将出口关税内含于价格之中转嫁给国外购买者，并给出口国带来财政利益，垄断性货物若有新的竞争性替代品出现，致使其垄断地位发生动摇，或供过于求，就要停止征收出口关税，否则本国产品会在竞争中失败。除垄断性货物外，还可以从保护目的或市场调节目的考虑对某些货物征出口关税。中国现行出口关税也体现这一精神，只对能垄断世界市场或中国生产的品种质量最好、竞争力强的少数货物，以及出于保护国内产业和调节市场目的对需要限制出口的少数稀缺原材料、矿产品等征收出口关税。

3. 过境关税（transit duty）

过境关税是指一国对通过其关境的外国货物征收的一种关税。过境关税是关税的一种较早的形式。过境货物对本国生产和市场没有影响，所以税率很低，财政意义不大。第二次世界大战后，大多数国家都不征收过境关税。

（二）财政关税、保护关税和特别关税

这是依据关税的征收目的所做的划分。

① 包括进口关税和进口环节国内流转税，下同。

1. 财政关税（revenue tariff）

财政关税指主要为发挥关税的财政职能，以取得一部分财政收入为目的而开征的关税。财政关税的一般征收原则是：①把税源大即进口商品数量多、消费量大的商品列入征税对象范围，从而使收入充足可靠；②选择非生活必需品征税，为了不过多地影响本国生产和人民生活；③要合理制定税率，税率不宜定得太高，以不至于因税负太重而使价格上升，消费减少，影响进口数量，最终影响关税收入。

2. 保护关税（protective tariff）

保护关税指主要以保护本国产业或经济长期稳定发展为目的而开征的关税。保护关税一般把那些本国需要发展但尚不具备国际竞争力的产品列入征税范围，通过设置合理的关税税率使关税税额等于或略高于进口商品成本与本国同类商品成本之间的差额。不同的商品需要保护的程度不同，往往要采用差别税率，对需要增加保护程度的商品征比较高的关税，而对本国紧缺的工业原料、生活必需品、本国尚不能生产又急需的技术先进产品还可通过低税率或免税办法鼓励进口。差别税率也可针对国别制定，对订有互惠贸易协定的国家适用优惠税率，对歧视本国出口货物的国家征高额关税。

3. 特别关税

为了维护对外贸易秩序和公平竞争，保护本国产业，采取惩罚性、报复性、针对性的临时关税措施，就称为特别关税，包括反倾销税、反补贴税、保障性关税、报复性关税。

如果进口产品以倾销方式进入本国市场，并对已经建立的国内产业造成实质损害或者产生实质损害威胁，或者对建立国内产业造成实质阻碍的，可采取包括征收反倾销税在内的反倾销措施；如果进口产品存在补贴，并对已经建立的国内产业造成实质损害或者产生实质损害威胁，或者对建立国内产业造成实质阻碍的，可征收反补贴税；如果进口产品数量增加，并对生产同类产品或者直接竞争产品的国内产业造成严重损害或者严重损害威胁的，可采取包括提高关税在内的保障措施。任何国家或者地区违反与本国签订或者共同参加的贸易协定及相关协定，对本国在贸易方面采取禁止、限制、加征关税或者其他影响正常贸易的措施的，对原产于该国家或者地区的进口货物可以征收报复性关税，适用报复性关税税率。

（三）从价税和从量税等

从关税的计税方法角度，关税可以分为从价税、从量税、复合税、选择税、差价税、滑准税、季节税等。

1. 从价税（ad valorem duty）

从价税是以课税对象的价格或金额为计税标准，从价税的税额表现为课税对象的价格或金额的百分比，这是最常用的一种关税方式。从价关税的征收必须以对货物的合理估价为基础。

2. 从量税（specific duty）

从量税以课税对象的数量作为计税标准，课税对象的数量通常由进口国根据商业惯例中使用的重量、长度、面积、体积、容积、功率或产品的件数等单位予以规定。

3. 复合税（compound duty）

复合税是兼以课税对象的价格或金额和数量为计税标准的一种税，即从价从量并用，可以分为以从价税为主的复合税和以从量税为主的复合税。

例如中国《海关进出口税则》对税则号列 85211011 广播级磁带录像机规定的税率是：完税价格不高于 2000 美元/台，从价课税，比例税率 30%；完税价格高于 2000 美元/台，除了按 3%比例税率从价课税外，还要按每台 4374 元课征从量税。

4. 选择税（alternative duty）

选择税是规定从价或从量两种税率，征收国可以根据不同情况规定从高计征或规定从低计征。使用选择税通常是为了克服从价税和从量税各自的缺点，根据需要选择其中一个有利的税率计征。一般都选择其中税额高的一种征税。

5. 差价税（variable levy）

差价税是一种为了保护某一产业以应税货物的国内市场价格和国际市场价格的差额为计税标准的关税。欧盟前身欧共体曾经为了保护农业而实行此种征税办法。其具体做法是确定一个需要保护的农产品目标价格（target price），用目标价格减去从关境内中心市场到主要口岸的运费算出“门槛价格”（threshold price），再将其减去应税货物到岸价格（CIF），以得出的差额作为计税标准。以此来避免因为进口较低价农产品而对关境内农业造成损害。

6. 滑准税（sliding duty）

滑准税是指随商品价格变动而设置不同档次关税税率的计征方法，进口商品价格越高，适用的关税税率越低；进口商品价格越低，适用的关税税率越高。滑准税可以保持该种进口商品国内市场价格的稳定，减少国际市场价格波动的影响。

例如，2010 年中国对配额外进口的一定数量棉花，适用滑准税方式的暂定关税，具体规定如下：

①当进口棉花完税价格高于或等于 11.397 元/公斤时，按 0.570 元/公斤计征从量税；②当进口棉花完税价格低于 11.397 元/公斤时，暂定关税税率按下式计算：

$$R_i = 8.686/P_i + 2.526\% \times P_i - 1$$

对上式计算结果四舍五入保留 3 位小数。其中 R_i 为暂定关税税率，当按上式计算值高于 40%时，R_i 取值 40%；P_i 为关税完税价格，单位为元/公斤。如果棉花完税价格为 10 元/公斤，那么税率为 12.12%；如果棉花完税价格为 8 元/公斤，那么税率就提高到 28.78%。

7. 季节税（season duty）

季节税是指在税则中对有季节性的鲜货或市场供求波动大的货物制定两种税率，采收季节或销售旺季征高税，其他季节征低税，以保证市场的平衡。如 2010 年中国对三元复合化肥的出口暂定税率：1～9 月为 35%，10～12 月为 20%。

三、关税的经济效应

一般来说，分析关税的经济效应可以从两个方面进行。一是从局部均衡角度，考察关税对某一特定商品的价格与产量的确定以及供求均衡过程的影响；二是从一般均衡角度，即考察多种商品、多个市场相互影响下，关税对商品供求均衡过程的影响。由于这两种分析得出的结论基本一致，本书只分析关税的局部均衡效应。

我们首先假定征收关税产业的产量和价格方面的变动对其他产业不发生影响，即假定其波及效果为零（这是局部均衡分析的假定前提），其次假定征收关税的国家市场规模较小（小国的情况），这样其关税政策的运用不对国际市场价格发生影响，即假定外国的供给具有完全弹性。那么关税对于生产和消费的影响如图 9-2 所示。

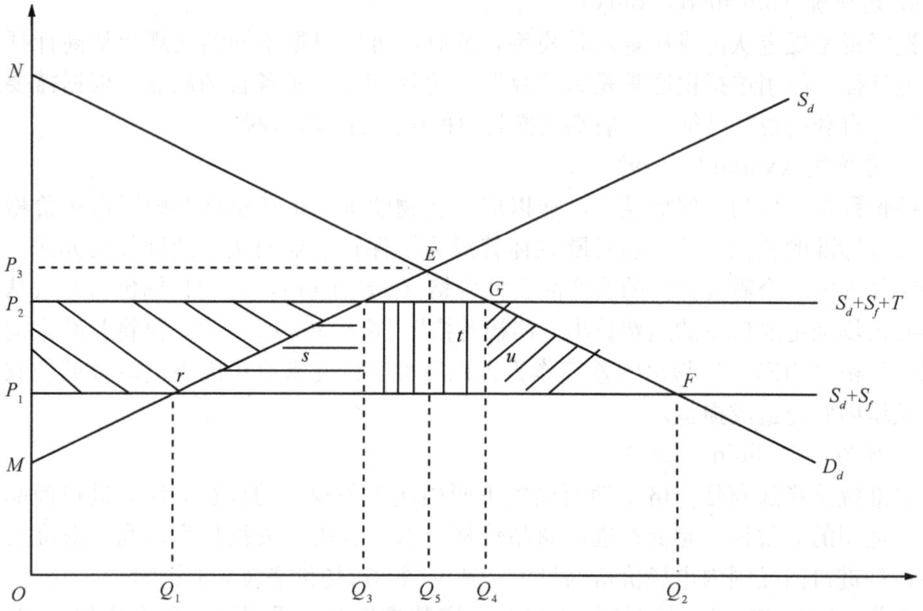

图 9-2

在图 9-2 中 D_d 和 S_d 分别为本国对 X 商品的需求曲线和供给曲线。在封闭经济下，X 商品的价格为 P_3，销售量为 Q_5，即 X 商品的生产、销售及价格均由供需曲线的交点 E 决定。在自由贸易并且外国供给具有完全弹性情况下，由于外国供给加入国内的供给中，使其综合供给曲线 S_d+S_f 也完全具有弹性。并且供给的加入使 X 商品价格从 P_3 降至 P_1，消费数量随之从 Q_5 增至 Q_2，其中 OQ_1 系国内生产数量，Q_1Q_2 是进口数量，新的均衡点为 F。假设课征从价关税 T，那么供给曲线上升为 S_d+S_f+T，增加的部分即关税，均衡点随之移至 G，说明开征关税以后，国内价格升至 P_2，国内消费降至 Q_4，同时由于价格提高，国内生产由 Q_1 增至 Q_3，进口则由 Q_1Q_2 减至 Q_3Q_4。其结果将导致如下经济效应：

（1）消费者剩余的损失。图 9-2 中的需求曲线表明，按照 P_1 的自由贸易价格，人们只愿意在 F 点购买最后 1 单位 X 商品而支付 P_1 的价格；在 G 点，人们愿意以 P_2 价格购买最后 1 位 X 商品，使购买总量达到 Q_4；如果由于某种原因很难买到 X 商品，那么显然有人愿意支付高价。但在完全竞争条件下，消费者遇到的只有一种价格即均衡价格（未征关税时为 P_1），对于那些本来愿意支付高达 N 价格而现在只需按 P_1 就能够买 1 单位 X 商品的消费者而言，每增加购买 1 单位便会带来 $N-P_1$ 的净利益。对任何一个愿意以 N 至 P_1 之间不等价格购买 X 商品的消费者而言，每增加购买 1 单位的商品，都会得到一笔等于愿意支付的价格与实际支付的价格之间差额的利益。经济学上，称消费者作为个人愿意支付的价格超过其最终支付的价格的数额为“消费者剩余”。在图 9-2 中，在没有关税的情况下，总消费者剩余为 NP_1F 的面积，但在课征关税以后，总消费者剩余减为 NP_2G，损失为 P_1P_2GF。

（2）保护效应。关税的征收提高 X 商品的价格，国内生产者会因价格上升而增加生产。价格为 P_1 时，国内生产者只愿供给 Q_1 单位的 X 商品。征收关税后，价格从 P_1 升至 P_2，国内生产者就愿意生产 Q_3 单位的 X 商品。关税的课征导致国内 X 行业扩大，生产者利润上升，就业量增加，这就是关税的保护效应。

（3）重分配效应。消费者剩余有一部分（图 9-2 中 r 部分）以货币形式转移 X 商品的国内生产者，即消费者通过支付较高的价格、获得较少的 X 商品补贴 X 产业，也就是把消费者的收入再分配给 X 商品的生产者及其雇员，从而产生重分配效应。

（4）财政效应。政府可通过课征进口关税而获得财政收入。关税收入等于单位商品关税税额乘以进口商品数量，就是图 9-2 中 t 的面积，即消费者剩余以货币形式转移给政府的部分。

总的来看，在征收关税后，原本应由消费者获得的剩余（福利）发生了转移。具体来讲，图 9-2 中分别以 r、s、u、t 表示的消费者剩余损失。其中，r 由生产者获得，t 由政府获得，s 和 u 是净损失。r 是由于征收关税使国内产品价格上升而给国内生产者带来的生产者剩余的增加，t 是政府增加的关税收入，等于进口数量 Q_3Q_4 乘以关税税率。s 是与某些消费者的需求从进口产品转移到国内产品这个事实相联系的福利损失。由于关税的保护，消费者增加了国内产品的购买，使 X 商品国内产量增加了 Q_1Q_3，但却失去了以较低成本购买进口产品的机会，因此失去了一部分消费者剩余，一般称为生产损失。u 是由于征收关税后导致消费者的总需求减少了 Q_4Q_2，由此产生的消费者剩余减少，一般称为消费损失。

可见，将关税作为保护幼稚产业的手段，一方面能够增加国内企业的收益以及政府的税收收入，另一方面又会造成消费者的福利损失。因此，要达到保护目的并且让福利损失尽可能低，还应当认真设计关税税率及其相关制度，选择更为客观公平的估价方法。

四、关税税则

关税税则就是关税的税目税率表，是关税制度设计的核心问题。由于关税往往要起调节进出口和保护本国产业的作用，关税要起这个作用就要针对各种进出口货物规定不同的税率。世界上的货物许许多多，首先必须加以合理分类、编码。

（一）货物归类

进出口税则一般采用《商品名称及编码协调制度》（Harmonized Commodity

Description and Coding System，简称《协调制度》Harmonized System——HS）目录。《协调制度》是国际多个商品分类目录协调的产物，是各国专家长期努力的结晶，其最大特点是通过协调，适合与国际贸易有关的各个方面的需要，成为国际贸易货物分类的一种“标准语言”，一种完整、系统、通用、准确的国际贸易货物分类体系。《协调制度》一般每4～6年修订一次，目前最新的版本是2007年版为第四版。前三个版本为1988年版、1996年版和2002年版。其主要内容是品目和子目，即各种各样的货物名称和规格，2007年版的《协调制度》共有5000多个六位数码品目，分布于21类97章中。[①] 世界海关组织正在着手制定2012年版。

《协调制度》所列货物名称的分类和编排是有一定规律的。从类来看，基本上按社会生产部类分类，属于同一生产部类的产品归在同一类，如农业在第1、2类，化学工业在第6类，纺织工业在第11类，冶金工业在第15类，机电制造业在第16类等。从章来看，基本上是按货物的自然属性分章，每章中的产品按照产品加工程度从原料到成品顺序排列。如第52章棉花，按原棉－已梳棉－棉纱－棉布排列。货物之所以按自然属性分类是因为其种类、成分或原料比较容易区分，也因为货物价值的高低往往取决于构成货物本身的原材料。

第64～66章和第84～97章按货物的用途或功能分章，如第64章是鞋、第65章是帽、第84章是机械设备、第85章是电气设备、第87章是汽车等、第89章是船舶。这样分类的原因主要有两个：一是这些物品由不同材料或多种材料构成，难以将这些物品作为某种材料制成的物品来分类。例如鞋帽，有可能是皮的，也可能是布的或塑料的，有些可能是由几种材料构成的。如运动鞋的外底是橡胶的，内底是泡沫塑料的，鞋面是帆布的等。二是因为货物的价值主要体现在生产该物品的社会必要劳动时间上。如一台机器，其价值一般主要看生产这台机器所耗费的社会必要劳动时间，而不是看机器用了多少种金属。从章内的品目排列来看，也是先按原料的不同，再按加工程度的不同顺序排列。

《协调制度》采用结构性号列，即品目的号列不是简单的顺序号，而是有一定含义的编码。项目号列用四位数码表示，前两位数字表示项目所在的章，后两位数字表示项目在有关章的排列序号。如号列01.04是绵羊、山羊，前两位数表示该项目在第1章，后两位数表示该项目为所在章的第4个项目。四位数号列的项目下再分一级子目（用五位数码表示）和二级子目（用六位数码表示）。

根据中国进出口货物的结构特点，为了体现关税政策以及满足海关统计的需要，同时考虑许可证货物的管理以及海关报关程序自动化工程转换工作的实际需要，中国的《海关进出口税则》采用八位数编码，即在《协调制度》目录的六位数编码基础上，加列若干个七位数级子目和八位数级子目，并且每年有所调整。2010年实施的《海关进出口税则》品目数达7923个，就是有7923个带税率的品目和子目。其中征收出口关税的税目（或商品）共有329个（包括一般税率和暂定税率）。

---

① 其中第77章是留作备用的空章。

（二）税则归类规则

税则归类（tariff Classification）是按税则货物分类目录中确定的原则将进出口货物恰当的归入某一品目，以确定其适用的关税税率。要做到依率计征，正确归类是前提条件。因此，税则归类是正确贯彻关税政策的重要环节。

1. 归类总规则的内容

在进出口税则中，为了使各个项目和子目之间界限分明，不发生交叉归类的问题，许多类和章都有注释，即类注和章注；有的注释是专门针对子目的，叫子目注释。类注和章注是海关税则的重要组成部分，是对每一类和每一章货物的征税范围、某些货物应归属的品目、某些税号所包括的征税范围和适用的品目税率所作的注释和说明，与品目具有同等法律效力。对于涉及整个《协调制度》各类、章货物分类的一些规则，《协调制度》予以专门列出，称为归类总规则，中国的进出口税则完全采用了这一归类总规则。归类总规则共有六条：

规则一　类、章及分章的标题，仅为查找方便而设；具有法律效力的归类，应按品目条文和有关类注或章注确定，如品目、类注或章注无其他规定，则按以下规则确定。

规则二　（1）品目所列货品，应视为包括该项货品的不完整品或未制成品，只要在报验时该项不完整品或未制成品具有完整品或制成品的基本特征，还应视为包括该项货品的完整品或制成品（或按本款规则可作为完整品或制成品归类的货品）在报验时的未组装件或拆散件。（2）品目中所列材料或物质，应视为包括该种材料或物质与其他材料或物质混合或组合的物品。品目所列某种材料或物质构成的货品，应视为包括全部或部分由该种材料或物质构成的货品。由一种以上材料或物质构成的货品，应按规则三归类。

规则三　当货品按规则二（2）或由于其他原因看起来可归入两个或两个以上品目时，应按以下规则归类：（1）列名比较具体的品目，优先于列名一般的品目。但是如果两个或两个以上品目都仅述及混合或组合货品所含的某部分材料或物质，或零售的成套货品中的部分货品，即使其中某个品目对该货品描述得更为全面、详细，这些货品在有关品目的列名应视为同样具体。（2）混合物、不同材料构成或不同部件组成的组合物以及零售的成套货品，如果不能按照规则三（1）归类时，在本款可适用的条件下，应按构成货品基本特征的材料或部件归类。（3）货品不能按照规则三（1）或（2）归类时，应按号列顺序归入其可归入的最末一个品目。

规则四　根据上述规则无法归类的货品，应归入与其最相类似的货品的品目。

规则五　除上述规则外，本规则适用于下列货品的归类：（1）制成特殊形状仅适用于盛装某个或某套物品并适合长期使用的照相机套、乐器盒、枪套、绘图仪器盒、项链盒及类似容器，如果与所装物品同时进口或出口，并通常与所装物品一同出售的，应与所装物品一并归类。但本款不适用于本身构成整个货品基本特征的容器。（2）除规则五（1）规定的以外，与所装货品同时进口或出口的包装材料或包装容器，如果通常是用来包装这类货品的，应与所装货品一并归类。但明显可重复使用的包装材料和包装容器可不受本款限制。

规则六 货品在某一品目项下各子目的法定归类，应按子目条文或有关的子目注释以及以上各条规则（在必要的地方稍加修改后）来确定，但子目的比较只能在同一数级上进行。除本税则条文另有规定的以外，有关的类注、章注也适用于本规则。

2. 归类总规则的运用[①]

（1）关于规则一的运用。规则一说明进出口税则中的类、章、分章的标题不具有法律效力，仅仅为查找方便而设，不能作为确定货物关税税率的根据。有法律效力的是品目条文、类注、章注，但它们的法律效力不是平行的，而是有先后顺序的。品目条文的效力最高，章注其次，类注再次。对货物进行税则归类以便确定税率时，应先根据品目条文，品目条文不明确不能据以认定应归类货物的具体税号及税率参阅章注，章注也不能解决问题看类注，类注也没有说明采用规则二。

（2）关于规则二的运用。规则二分为两部分。第一部分旨在扩大品目的适用范围，首先是扩大税则上列名货物的范围，指出列名货物不仅包括其整机、完成品或制成品，而且包括其不完整品或未制成品，还包括其未组装件或拆散件；其次指出这种扩大品目适用范围的条件即不完整品或未制成品具有整机或整件的基本特征，拆散件仅仅为运输方便和包装的需要。

规则二第二部分旨在扩大包含一种材料或物质的品目范围，将组合或混合的货物归入有关品目，但这一扩大的条件是组合或混合的货物与品目列名货物存在基本性质和特征的相同性，例如加糖牛奶，仍按牛奶归类。如果构成一种货物的实体材料或物质超过一种，就应当按规则三归类。

（3）关于规则三的运用。规则三是一种以上材料或物质构成的货物，看起来可归入两个或两个以上品目情况下的归类规则。这一规则包括三个部分，三个部分存在顺序应用关系，规则三（1）不适用时，用规则三（2），规则三（2）不能解决问题用规则三（3）。

规则三（1）讲的是一种货物看起来可归入两个或两个以上品目情况下，要先考虑列名比较具体的品目，若列名同样具体。则要按规则三（2）办理。

规则三（2）说明，一种货物可归入两个以上税号且其列名同样具体、无法按规则三（1）办理，或混合物、组合物以及零售的成套货品内含的货物或材料有两种以上，看起来可有几种归类，可按其中起主要作用、构成应归类货品基本特征的材料或部件归类。

规则三（3）说明对货物或混合物、组合物以及零售的成套货品进行归类，规则三（1）、（2）均不适用情况下，即货物可同时归入列名同样具体的品目，且无法判断其中哪一种材料或货物对该应归类货物起主要作用或反映其主要特征情况下，应实行从后归类原则，即货物应归入在同样值得考虑的品目中数序排列最后的品目。

---

① 编写组，《中国海关法规与实务全书》，中国社会科学出版社，1993 年，第 94～95 页。

(4) 关于规则四的运用。规则四说明，一种货物（主要是未在品目中列名的新产品）无法按照上述三个规则归类时，应归入与其最相类似货物的品目。由于进出口税则的货物分类是从不同角度进行的，有的按自然属性，有的按制作材料，有的按用途或功能，因而根据品目条文、章注、类注以及上述规则和规则五、六，可解决几乎所有货物的归类问题。规则四用于解决新出现的或现有品目、注释、规则有遗漏及未曾说明的归类问题；其应用比较简单，就是从功能、用途、组成材料及结构等方面找出与待归类货物最相类似的货物的品目，从中选择最合适的税号。

(5) 关于规则五的运用。规则五用来解决带包装或容器的货物其包装材料或容器的适用品目税率问题。规则五（1）说明符合下列条件的包装物和容器可与其所包装货物一并归类，而不考虑包装物和容器本身货物的性质及品目：①制成特定形状或形式，专门为盛装某一物品或某套物品而设计；②适合长期使用，容器的使用期限与所盛物品使用期限相称；③与所装物品一同进口或出口，不论其为运输方便与所装物品分开包装与否；④通常与所装物品一同出售；⑤本身并不构成整个货品最基本特征，从价值角度也可以说包装物和容器的价值不构成整个应归类货物价值的实体或主要部分，否则应按包装物或容器本身的性质归类。

规则五（2）实际上是对规则五（1）规定的补充。包装材料或包装容器不符合规则五（1）条件时，如果通常是用来包装某类货物的，也应与所装货物一同归类。但明显可以重复使用的包装材料或包装容器，如用于装载液化石油气的钢瓶等应单独归类。

(6) 关于规则六的运用。规则六的含义如下：①以上规则一至五在必要的地方加以修改后，可适用于同一品目项下的各级子目；②规则六中所称“同一数级”子目指五位数级子目或六位数级子目，只有属同一级别的子目才可以比较；③类注或章注与子目条文或子目注释不一致时，应采用子目注释或子目条文；④六位数级子目的货品范围，不得超出其所属的五位数级子目的范围；同样，五位数级子目的范围也不得超出其所属的品目范围。

总之，根据进出口税则归类、确定货物适用关税税率时，要按先后顺序运用品目条文、章注、类注、归类总规则。

五、关税的估价制度

（一）关税估价制度的概念

从世界各国关税的执行情况看，各国一般以从价关税为主要的关税征收方式。从价关税首先要确定作为课税基础的“价格”才能计算应纳税额。国际贸易中货物的价格多种多样。为了使关税的征收做到公平合理，海关在从价征收进口税时，必须就进口货物的价格核定建立一种标准或规则，并把这种标准或规则无差别地应用于任何交易，不论交易双方关系如何，也不论交易形态如何，这就是关税的估价制度。简言之，关税估价制度就是确定关税税基的规则、程序和办法的总称。

关税估价制度的立论基础有抽象的价格概念和实证的价格概念两种。所谓抽象的价格概念基于经济学完全自由竞争市场价格的假定，以货物交易双方在没有任何特殊关系（相互独立）和完全自由竞争条件下于公开市场达成的价格为估价依据。这种估价概念适用性比较强，不论进口是以销售形式进行还是以租赁、赠送、寄售等非销售形式进行均可采用。海关可根据有关资料推定进口货物在假定情况下的出售价格，作为计算完税价格的基础，以避免国外查价和相似货物的认定问题。但按这一概念建立的关税估价制度毕竟建立在假定基础上，不免武断主观，与实际不符，并且会给海关官员以过大的权力，有可能损害纳税人利益。

所谓实证价格概念着眼点在于实际成交价格，也就是以进口货物的实际成交价格为关税的估价依据。货物成交价格受特殊关系影响时，则以相似货物的成交价格为准。按实证价格概念建立的关税估价制度比较符合国际商务实际，可避免海关官员的主观武断对国际贸易产生阻碍作用。但这一概念的实际采用必然涉及国外查价问题，征税成本很高。当没有或无法确定货物的正常成交价格时，需以相似货物的成交价格为准，但什么是相似货物，在当今科技发达、新产品层出不穷的年代，很难用文字加以明确，实际认定时容易引起争议。如果相似货物无法确定或其价格无法确定时，就依据进口货物的成本价格，但核定货物的成本价格又涉及国外查价工作。

因此，关税估价制度的两种立法基础各有利弊。原来各国的关税估价制度是不统一的，有的国家的关税估价制度基于抽象的价格概念，有的国家采用实证的价格概念，有的国家两者混合采用。各国关税估价制度不统一、不规范、不完善，不仅有损于国际贸易，而且对各国关税政策的制定与实施不利。国际社会为了建立一套统一公平、符合国际商务习惯的关税估价制度作了长期的努力。

（二）关税估价制度的发展变化

国际关税估价制度的形成和发展经历了一段较长的时间。第二次世界大战以前，各国海关都按照自己的估价制度进行关税估价，由于估价的方法和准则差别较大，所以严重地限制了国际贸易的发展。鉴于此，第二次世界大战之后，在1947年召开的世界贸易和就业大会第二次筹委会会议上，美国分别与各国进行关税减让谈判，签订了123项双边减让关税协定，汇总成为一个单一的文件，即《关税及贸易总协定》。《关税及贸易总协定》第七条对建立关税估价制度提出概要性规范，这是最早的国际性关税估价规定。其主要规定包括：第一，进口货物的关税估价，应根据进口货物或相似货物的实际价格，不得根据进口国生产货物的价格或专断或臆想的价格计征关税；第二，实际价格系指按照进口国法律决定的时间、地点，经由通常交易过程，在充分竞争条件下，进口货物或相似货物被出售或被提供销售的价格；第三，对任何进口货物的估价，应不包括该货物在生产国或出口国已经豁免，或已经或可以退还的任何国内税收；第四，如果在估价时需要将他国货币表示的价格折算为本国货币，所采用的兑换汇率，应当是符合国际货币基金协定要求或被其认可的汇率。

但是由于上述规定比较概括，没有给出具体的实施办法，《关税及贸易总协定》第七条无法被各国所遵循，于是在布鲁塞尔成立欧洲关税同盟研究组，开始根据《关税及贸易总协定》第七条的规定进一步研究适用于同盟的关税估价制度。1950 年制定出了更为具体的关税估价制度——《海关商品估价公约》，其附件一“价格定义”被称为布鲁塞尔价格定义（Brussels Definition of Value，简称 BDV）。BDV 估价制度采用的是抽象价格概念。它规定，为课征从价关税，进口供国内需要的任何货物，应采用正常价格，也就是以进口货物行将缴税时，彼此独立的买卖双方在公开市场上可能成交的价格为估价依据。由于 BDV 估价制度规定得过于抽象与简单（总共只有三条），许多具体问题均未涉及，各国在参照运用时出现很大差异。虽然监督该制度执行的海关合作理事会从 1953 年起就开始对该制度作补充解释，但仍不能消除征纳双方之间的争议，而且该制度对跨国公司内部转让定价应如何处理也不明确。此外，BDV 估价制度虽然被不少欧洲国家采用，但美国等贸易大国没有采用。这就使得国际关税估价制度还有进一步发展完善的必要。

鉴于以上情况，尤其是美国、加拿大等国和欧洲国家的估价制度不统一，欧洲共同体国家、日本等国在东京回合多边贸易谈判（1973～1979 年）中，就建立国际统一的关税估价制度进行讨论。起初欧共体国家试图说服美国、加拿大等国加入 BDV，认为 BDV 虽有缺点但行之多年为一般厂商所熟悉，美国出于本身利益考虑不予接受。最后双方相互妥协，形成融合 BDV 估价制度和美国估价制度的估价方案，名为《关税与贸易总协定第七条施行协定》，简称关税估价协定。这一协定分四篇，共三十一条。最重要的是第一篇《关税估价规则》，包括第一至第十七条。该协定采用实证的价格概念，以进出口商双方实际成交的价格即交易价格为估价依据。因此，这一协定所阐明的关税估价制度一般称为成交价格（或交易价格）（ Transaction Value，简称 TV）关税估价制度。欧共体国家和美国于 1980 年 7 月 1 日起采用，其他发达国家于 1981 年 1 月 1 日开始使用，中国目前关税估价制度也参照了该制度。下面对其内容进行简要介绍。

（三）关税估价制度的主要内容

1. 建立估价基准的因素

（1）价格因素。成交价格估价制度采用实证的估价概念，以成交价格（或称交易价格）为主，但非唯一估价基准。所谓成交价格也就是买卖双方成交的已付或应付价格。TV 制度没有明确说明这种成交价格是否在买卖双方彼此相互独立、公平竞争、充分竞争的条件下形成，但在具体实务上完全体现了这一精神，因为 TV 制度规定下列 4 种情况下不适合于运用成交价格作为估价基准：

第一，存在对价格有实质影响的各项限制。一般指进口国当局出于保护本国汽车工业，对进口产品实行的某些限制直接影响产品公平竞争进而影响其成交价格的情况。

第二，存在使价格无法决定的各种因素。如买方必须同时购买其他货物，买方必须销售其他货物给卖方等。

第三，存在将转售、使用及处分进口货物的收益支付卖方。

第四，买卖双方有特殊关系，并且影响成交价格。TV 制度规定，出现上述情况时，就要运用同样或类似货物成交价格估价方式（协定对什么是同样货物、类似货物以及如何估价作了详细规定）；不能适用同样（或类似）货物成交价格估价方式时，待估货物应按扣减法（即国内销售价格扣减某些项目逆算出进口货物的CIF或FOB）估价方式核估及计算价格（成本费用加合理利润）估价方式核估（这两种估价方法没有不变的顺序性，可经进口商申请变更，因为进口商有时可能认为计算价格估价方式较为有利）。

（2）时间因素。在以成交价格为估价基准的情况下，TV制度并未规定以某一时点的价格为核定完税价格的根据。其原因有二，一是成交价格的接受与否，只与该价格是否为买卖双方实际成交价有关，而与价格何时建立无关。因此只要申报价格确系成交价格，海关就应当接受。二是完税价格的核估既然以成交价格为根据，那么成交时至估价时发生的价格波动就没有必要在关税估价时加以考虑。除成交价格估价方式外，其余估价方式仍订有时间标准，其目的在于从众多的价格资料中节选出适合作为核定待估货物完税价格的价格。

（3）地点因素。TV制度未规定以到岸时交运买方的市场价格为核估的根据，从而对估价准则中应用的CIF或FOB也没有明确规定，留给各国自行决定。也就是说，进口地点不同，其货物成交价也可不同，这更体现TV制度的实证精神。

（4）数量因素。TV制度对交易数量未规定标准，如与以前的交易不发生关联可以接受。至于追溯性折扣，因为是代表对以往交易的优惠不得接受，成交价格以外的估价方式，如相同或类似货物成交价格估价方式及计算价格估价方式，也以待估货物本身数量为核估标准；但采用国内销售价格（即扣减法）为核估标准时，则以进口货物本身及其同样或类似进口货物进口后在第一次交易阶段转售最大数量的价格为准。

（5）商业形式。TV制度在一般情况下都不考虑商业形式对价格的影响。但在待估货物不存在交易事实（例如寄售）或不被承认为正常交易（例如买卖双方存在特殊关系）时，需要采用同样及类似货物的价格为核估标准时，就有必要对待估货物的商业形式加以考虑，以利于价格调整，使核定的价格符合实际。

2. 实付或应付价格的调整

从理论上讲，关税的完税价格是买方对卖方实付或应付的价格。包括所有由买方对卖方，或为履行卖方义务，由买方代向第三者实际支付的款项，及成为交易的一项条件应予支付的款项。TV制度规定，此实付或应付价格均以具体成交的合同价格或发票价格为准。但是，经确定或核定的合同价格或发票价格只是完税价格的基本部分，对这一价格进行增加或减少的调整形成完税价格。要增加或减少的项目包括：

（1）佣金和经纪费。佣金是买方或卖方支付其代理商的报酬。经纪费是买方或卖方支付促使交易达成的经纪人的报酬，但该经纪人究竟代表买方抑或卖方不易认定。TV制度规定买方支付的佣金和经纪费，如未列入实付或应付价格中，应予计入完税价格课税。此外，TV制度还明确规定完税价格中不能包括采购佣金（又称买方佣金）。所谓采购佣金是进口商付给其代理商在国外采购待估货物的劳务费用，采购佣金不计入完税价格课税的原因在于，如果进口商不通过代理商，而自派职员进行采购活动，其职员薪金是不被计入完税价格中课税，为公平起见，完税价格也不应包括进口商付给代理人的佣金。如果发票价格或合同价格中包括此项佣金，应予剔除。

(2) 容器及包装费。TV 制度规定，容器与包装成本未列入价格内，且无法分离课税的应予加计。例如一瓶香水的瓶子及其包装的价值均应计入完税价格课税。如果容器并非随待估货物一并售予买方，由于此等容器卖方可能收回使用，则仅将把待估货物装入该容器的包装费用计入完税价格中。包装费用不论人工或物料，属于包装所需的费用均可列入。

(3) 协助的价值。所谓协助就是买方向卖方免费或减价提供物品或劳务以协助进口货物生产或销售。此种情况在买方直接向生产者订购所需的某种特殊设计或规格的货物时会发生。协助一般可分为四类：第一类，材料、配件、零件及其他并入进口货物的类似项目；第二类，用于生产进口货物的工具、铸模及类似项目；第三类，用于生产进口货物时消耗性物料；第四类，为待估货物生产所必需的工程、开发、工艺、设计、平面图与草图等。TV 制度规定上述协助项目的费用，若未计入价格中应予加计。

(4) 特许权使用费。TV 制度对未包括在实付或应付价格内，但符合下列条件的特许权使用费，规定应予计入完税价格。其一，必须与待估货物相关联；其二，权利的使用构成购买待估货物的一项条件。

(5) 进口后处分、转售、使用获得的收益。TV 制度规定，货物进口后经转售、处分或使用所得的任何收益，有属于支付卖方者，应计入完税价格中征税。

(6) 运输及相关费用。此处所谓运输及相关费用，具体包括 3 项内容：一是进口货物运至输入口岸的运费；二是进口货物运至输入口岸的装卸及手续等费用；三是保险费。在 TV 制度下，以 CIF 还是以 FOB（离岸价格）为估价基准留待，各国自行决定。若采用 CIF，那么进口货物完税价格应包括上述各项内容，若采用 FOB，进口货物的完税价格不包括上述各项费用。

3. 其他相关规定

(1) 关于买卖双方的特殊关系。TV 制度对于买卖双方是否有特殊关系，提出 3 种判断办法，一是买卖双方的交易是否按照待估货物所属产业的正常售价加以决定；二是卖方对待估货物成交价格的确定，是否与将它们出售给无特殊关系的其他买主的情况相同；三是成交价格是否已完全包括卖方的全部成本及利润，此处所指利润应能代表一定期间内（以年度为基础）销售同样或同类货物可赚得的合理利润。同时，TV 制度还规定 3 种判断价格：一是售给无特殊关系的买者的成交价格；二是扣减价格；三是成本价格。如能举证说明成交价格与上述 3 种判断价格之一相接近，此成交价格海关即可接受作为确定完税价格的依据。

(2) 货币折算。TV 制度规定缴税的外币应按进口国的官定汇率折算。

总的来看，这一估价制度体现了《关税与贸易总协定》（GATT）第七条的精神，融合 BDV 和美国关税估价制度，是目前国际上最系统完整的关税估价制度范本。

【本章小结】

1. 流转税泛指对货物和劳务流转额或交易额课征的一类税收，又称商品税或商品劳务税，或货物和劳务税，有时从广义上也称营业税。流转税包含丰富的内容和众多类型。理论上流转税类型可以达到 64 种之多，可能出现的有 26 种。比较常见的流转税类型主要有周转税、增值税、消费税、产品税或货物税、零售税、批发税、进口关税等。

2. 传统全值流转税的发展趋势是明显的，就是向零售税或增值税转化。一个国家在具体税务实践中，是选择零售税还是增值税，还取决于在该国中流转税应居于何种地位。零售税较适合作辅助税或地方税，而增值税可作为主体税。在实行凭发票抵扣进项税额的情况下，增值税有效运行基于全国统一的发票制度，因而宜作中央税，不宜做地方税。

3. 1917 年美国耶鲁大学的亚当斯（T. Adams）首先提出增值税设想。当时其名称不叫“增值税”而叫“营业毛利税”。1921 年德国资本家西门子（C. F. V. Siemens）正式提出增值税的名称，并详细阐述这一税制的内容。增值税成功的实践活动始于法国。法国通过采用增值税彻底解决了流转税对经济组织形式非中性影响所造成的弊端。

从理论上讲，增值额相当于商品价值 $C+V+M$ 中的 $V+M$ 部分，增值税是一种净产值税，是介于全值流转税（以 $C+V+M$ 全值为征税对象）和所得税（以 M 为征税对象）之间的一种税。

4. 按增值税税基大小，增值税可分为生产型、收入型、消费型增值税 3 大类型。按增值税征税对象范围的宽窄来区分，增值税可分为全面型增值税和有限型增值税。按增值税进项税额抵扣方法来区分，增值税可分为发票抵扣模式和按账计征模式。

标准增值税的特点是：全面型、增值税体系内纳税人身份同一、实行单一或接近比例税率、出口实行零税率、购进投入品税额抵扣采用发票法。在不考虑税负转嫁的情况下，这种模式的增值税对经济活动的影响呈中性化。实践证明，在具备实行标准增值税的各种条件时，要充分获得增值税的优点，增值税征税对象范围应当尽可能覆盖所有生产经营领域，既推行全面型增值税。

5. 由于小规模经济实体和农民相比其他类型经营者有较大的特殊性，所以增值税制度设计时要高度关注这两类经营者的纳税人身份确定规则。

一般货物销售的特征是所有权或收益权转让、有偿性、转让协议或合同、货物或权利置于承让人支配之下。特殊类型的货物销售指某些货物或权利转让在表面上不具有上述一般货物销售的特征；或货物本身交易特殊性；或出让人、承让人本身或他们之间的关系具有特殊性，为了公平征税，税法上必须明确要视同一般货物销售的各种交易。具体包括委托加工、私人使用、自我供应、连锁交易、不动产销售等。

在制度设计上，劳务提供与货物销售一样，重点要解决某些特殊类型的劳务提供如何征税问题。

增值税作为流转税，一般遵循属地主义原则，实行销售发生地税收管辖权，也就是只在本国境内发生的销售才负有纳税义务。

一个国家内部不同地区之间的增值税管辖，从税收管理的可行性角度看，也应当遵循销售地管辖原则，本地发生的销售本地税务当局就有管辖权。但是，当增值税被作为中央和地方共享税，其收入要在中央和地方（省级及以下）之间进行分成、区域间经济发展不均衡，并且假定增值税由消费者负担，那么遵循销售地管辖原则，实行生产地或销售地课税，必然造成经济发达、工业商业集中的地区将获得大于其居民负担的较大一份增值税。会形成一种不知不觉的财政机制将较不发达地区的财富转移到较为发达地区，使富者愈富、贫者愈贫。

实行增值税的国家确定劳务提供地的一般规则是以应税劳务的提供者企业所在地或固定机构所在地为劳务提供地。如果没有这样的企业或固定机构，则以提供者永久居住地或其通常居住地为劳务提供地。

一般情况下，增值税的税基为商品销售者和劳务提供者向购买者、顾客和第三者已经收取和将要收取的所有报酬。

6. 增值税税率＝商品或劳务已纳全部增值税额/最终销售额。在单一税率下，最终销售额相等，税额也相等。因此，增值税税率反映的是消费者对其所购买的商品或劳务的增值税负担水平。

增值税税率设计有如下几条经验：税率要少、基本税率要适度、高税率和低税率尽量设置在商品销售的最后阶段即最终进入消费的阶段。

7. 增值税的最大特点在于只按增值额计税或者说进项税额可得到抵扣，这是增值税具有避免重复征税、对企业组织形式的选择保持中性等一系列优点的关键所在。

增值税的计算方法可简单地分为两种：一是直接计算方法，就是直接地通过计算增值额算出应纳税额。二是间接计算方法，就是不直接去计算增值额，而是从销售（销项）税金中抵扣进项税额算出应纳税额，这一方法称进项税额抵扣法。所谓增值税的进项税额抵扣制度就是可抵扣的进项税额的计算方法和相应规则、程序的总称。

发票法的优点在于计算简单、会形成纳税人之间自动钩稽效应。但在不发达国家，发票法实行起来困难很大，会大大提高征税成本。相比之下，账簿法的适应性比较强。即使在部分制造业增值税、生产型增值税、没有电子计算机网络系统下也能采用，征税成本较为节省。但账簿法计算比较复杂、缺少纳税人之间自动钩稽机制。

8. 增值税的免税从广义上讲可分为两种类型，一是无抵扣权免税（本书均称之为免税），二是有抵扣权的免税（本书均称之为零税率）。在实行凭发票抵扣进项税额制度下，免税不一定会给纳税人带来利益，反而可能会给纳税人造成税收负担。

增值税零税率的含义是经济实体不仅不需要缴纳本阶段原应缴税款，而且可以抵扣已支付的以前阶段增值税。零税率适用于货物出口和最终进入消费环节的生活必需品销售。

9. 中国现行的增值税有以下特点：生产型、有限型、混合型、专用发票抵扣法、实行两档税率。由于国情的原因，中国目前实行的增值税并不是标准的增值税制。其存在的主要问题包括：进项税额抵扣制度、生产型增值税，征收范围不全面、小规模纳税人法定负担过重以及农业生产者减免税等问题。学术界对中国增值税改革方向存在两种截然不同的意见。一种是以标准型增值税为目标继续完善增值税，另一种是基于中国国情推行中国式增值税。

10. 目前在中国，营业税与增值税是并行课征的两个流转税税种，纳入增值税征税对象范围的不征营业税。营业税的征税对象范围包括两大部分，一是提供劳务收入，二是销售财产（包括无形资产、不动产）收入。

与增值税改革相联系，中国营业税改革存在两种基本思路。一种是在增值税以标准增值税为改革方向的情况下，营业税最终要并入增值税。另一种是基于中国式增值税来实现增值税与营业税的一体化。

11. 中国目前的消费税为单环节课征的选择性货物（商品）税，是在对货物普遍征收增值税基础上，再对少数消费品课征的税收。其主要特点：有限型消费税、单一环节生产税和零售税混合、差别税率、价内税。消费税应尽可能设在最终消费环节，成为名符其实的消费税而不是简单的消费品周转税。在没有习惯过多地计较利益得失、税收法治不完善、预算透明度比较低的文化氛围中，采用价内税会减轻人民缴纳税收的心理负担。

12. 公路税费改革必须跳出单纯从公路领域费变税的思路，而从整个收支系统和整体税制着眼来考虑解决问题的方案。其原则和思路是：在税种设计上要将汽车使用环节和汽车保有环节的税收分立，在中央和地方收入分配上实行分项返还。在汽车使用环节，也不一定非单独增设燃油税不可，可在消费税的燃油税目上做文章。

13. 应当明确资源税是一种在资源领域体现国家产业政策、社会政策，并对资源产品（主要是原材料、初级产品）进行调节的流转税，不应以资源税体现政府对资源的有偿使用和级差地租的调节。就是说资源税的改革方向是租税分流。

14. 关税是对进出关境的货物征收的一种流转税。以国际贸易中商品的流向为标准，关税可分为进口关税、出口关税和过境税。从关税的课税标准和计税方法看，可以分为从价税、从量税、复合税、选择税、差价税、滑准税、季节税等。从关税的征收目的看，可分为财政关税和保护关税两大类。

15. 从局部均衡分析角度看，将关税作为保护幼稚产业的手段，一方面能够增加国内企业的收益以及政府的税收收入，另一方面又会造成消费者的福利损失。在利用关税手段时要分析利弊得失。

16. 关税税则，也称为海关税则，是根据政府关税政策及其他经济政策，通过一定的政府立法程序制定和公布实施的，对进出口的应税和免税商品加以分类的一览表。海关税则通常包括两个部分：关税税率表和适用关税税率表的说明与规则。中国于1985年就采用了《海关合作理事会税则商品分类目录》制定关税税则，1992年后改为实行以《商品名称及编码协调制度》为基础制定的新关税税则。

17. 关税估价制度就是确定关税税基的规则、程序和办法的总称。关税估价制度的立论基础有抽象的价格概念和实证的价格概念两种。布鲁塞尔价格定义（Brussels Definition of Value，简称BDV）估价制度采用的是抽象价格概念。《关税与贸易总协定第七条施行协定》（简称关税估价协定），采用实证的价格概念，其所阐明的关税估价制度一般称为交易价格（Transaction Value，简称TV）关税估价制度。TV估价制度目前为主流性关税估价制度。中国从1992年开始采用TV估价制度的原则来制定海关估价制度。

【概念与术语】

流转税　商品劳务税　周转税　增值税　消费税　产品税　货物税　零售税　批发税　全面型增值税　有限型增值税　混合型增值税　委托加工　私人使用　自我供应　连锁交易　不动产销售　以旧换新　以货易货　不动产租赁　混合交易　销售发生地税收管辖权　劳务实际发生地规则　劳务接受者所在地或居住地规则　劳务实际使用地规则　进项税额抵扣　扣税法　购进扣税法　实耗扣税法　扣额法　购进扣额法　实耗扣额法　税基列举法　四小票　纳税人登记号　发票法　账簿法　零税率　燃油税　资源税　关税　复合税　选择税　差价税　滑准税　财政关税　保护关税　关税税则　BDV关税估价制度　TV关税估价制度

【思考题】

1. 为什么要用增值税代替周转税？
2. 在全面型增值税下，确定应税货物销售有哪些规则？
3. 在全面型增值税下，确定应税的服务提供应遵循哪些规则？
4. 要实现增值税对经济活动的影响中性化，需要怎样的制度条件？
5. 增值税税率和传统全值流转税的税率有什么不同？
6. 为什么在复式税率下，只有最终消费阶段适用的税率才是该商品真正的适用税率，其余中间阶段的税率并无实质性意义？
7. 在中国目前分税制财政体制下增值税和消费税实行生产地或销售地课税存在什么缺陷？
8. 为什么增值税零税率适用于货物出口和最终进入消费环节的生活必需品销售？
9. 为什么增值税免税不一定会给纳税人带来利益，反而可能会给纳税人造成税收负担？

10. 根据增值税原理，对农民免征增值税能够减轻农民负担吗？为什么？
11. 凭发票抵扣进项税额的制度在任何国家都能低成本运行吗？为什么？
12. 中国目前营业税制度存在的主要问题是什么？如何通过改革克服这些问题？
13. “充分发挥消费税的调节作用”这个命题是正确的还是不正确的？为什么？
14. 设计消费税制度要考虑哪些主要问题？
15. 任何时候通过实施保护关税均能促进本国幼稚产业发展壮大吗？为什么？
16. BDV 和 TV 关税估价制度的主要异同有哪些？

第十章

所得税和社会保险税设计原理

除了流转税外，所得税是税收体系中另一大类税收。所得税和社会保险税在20世纪得到迅速发展，成为绝大多数国家的主要财政来源之一。一般来说，越是经济发达的国家所得税、社会保险税（费）占整个税收收入的比重越高。所得税按照对自然人还是对企业或公司课税，可区分为个人所得税和企业所得税（或公司所得税）。但在许多国家所得税是一个税种，统一立法，称为所得税法；也有国家分别立法；还有国家或地区按征税对象即不同性质的所得区分所得税类别，对经营性所得课税的称为营利事业所得税，对个人获得工资薪金和其他劳务所得课税的称为综合所得税。还有的国家或地区将资本利得单列，征收资本利得税。为研究方便和结合中国实际情况，本书分别对个人所得税和企业所得税进行阐述。由于社会保险税（费、捐款）一般以工资薪金为征税对象，与所得税性质相似，故也放在本章阐述。

第一节　个人所得税原理

个人所得税是对自然人的所得即纯收入或净收益课征的一种税。本节首先按税收制度要素阐述个人所得税制度设计原理，其次说明中国个人所得税设计和运行中一些重大问题。

一、个人所得税的纳税人和征税对象

（一）个人所得税的纳税人

个人所得税的纳税人可以概括为所有具有应税所得的自然人。但是对于合伙人、独资公司、个体经营者获得的经营性所得是征收个人所得税还是企业所得税，个人股东从公司获得的股息红利在公司缴纳企业所得税后是否还要缴纳个人所得税，在个人所得税和企业所得税分别立法的情况下，必须加以明确。一般规则是合伙人、独资公司、个体经营者获得的经营性所得纳入个人所得税的征税范围，对股东分红收益要本着不重复课税原则加以处理。其具体内容，将在企业所得税一节加以阐述。

个人所得税纳税人设计方面还有一个问题，就是在自然人有国际所得时，如何明确纳税责任和纳税人身份。由于一个自然人是基于从政府获得公共产品而向政府纳税

的，所以一个自然人对一个政府的归属程度就影响了其纳税责任。人们一般以成为某个国家的公民（既拥有其国籍）或居住在该国（居民）而产生对该国政府的归属关系。在绝大多数情况下国籍身份和居民身份是一致的，既拥有某国国籍也居住在该国。但在经济国际化的情况下，一个国家的公民有可能在另一个国家居住，这就造成国籍所在国和居住国的不一致。有少数国家采用公民作为纳税主体，即凡是具有本国国籍，不论与本国是否存在实际的经济利益关系，都是个人所得税的纳税人。其主要理由是只要你成为某国公民，即使目前没有居住在该国，但仍然享受该国政府提供的领事保护和给予公民的全部社会福利，你理应向该国政府承担完全的纳税义务。

多数国家采用居民为纳税主体的做法，即居民纳税人要向其所在国承担无限纳税义务，而非居民纳税人仅就其来源于本国境内的所得承担纳税义务。在国籍国和居住国分离的情况下，自然人的生活、工作，以及个人所得税依以课征的所得都是发生在其居住国，同时自然人所享受的公共产品也是由居住国政府所提供，因此居住国和自然人的经济关系更为紧密，自然人作为居民理应向居住国政府承担广泛的纳税义务，即就其从任何地方（包括居住国国外）获得的所得缴纳所得税。

一国政府可以要求居民或公民承担完全纳税义务，并不表示不能对非居民或非公民征收个人所得税。一国政府仍然可以对非居民或非公民从该国境内获得的所得税课征个人所得税。其理由是任何所得均不单纯是个人努力的结果，而总是与该国政府提供的公共产品有关。只不过由于非居民不在该国居住或居住的时间短，所以只能要求他们承担有限的纳税责任。

对于如何区分居民和非居民，将在所得税和财产税国际问题一章作详细阐述。

（二）个人所得税的征税对象

个人所得税是以所得为征税对象的，作为税基的所得其含义是什么，征税所得的范围有多大，是建立个人所得税必须考虑的。从各国的实践来看，征税对象的范围确定不仅受到征税所得学说的影响，还受一国经济发展水平、征管能力、法律制度、伦理道德等多方面的制约。

1. 关于征税所得的不同学说

（1）周期说或所得源泉说。该学说认为征税所得应该具有循环性、反复性、周期性，一时的、偶然的所得不属于征税所得的范围。他们主张征税对象的范围应该是工资、薪金、利息、利润等具有反复出现特点的所得项目。

（2）净值说或纯资产增加说。该学说由德国学者熊滋（G. V. Schanz）提出。这一学说认为，所得等于某人的经济力量在两个时点之间净增长的货币价值。这一学说纯粹从货币增加值的角度着眼，不问来源是否具有规则性，不仅反复发生的所得包括在征税的范围内，临时的、偶然的也记入征税所得，这一学说更加注重公平性，但是如果按此设计个人所得税，制度可能比较复杂。

（3）净值加消费说。由美国学者海格（R. M. Haig）和西蒙斯（H. C. Simons）在净值说的基础上提出的。西方税收学称以这一学说为基础的所得的概念为“S-H-S”所得概念。他们认为所得是个人财富的增加量，凡能增加一个人享受满足的东西就应该认为是所得。各种来源的所得，无论是经常的还是偶然的、规则的还是不规则的，已实现的还是未实现的都要列入所得范围。根据这一学说，征税所得不仅包括工资、薪金、利息、利润等周期性货币所得，还包括房地产、机器设备、无形资产等升值的重估溢价即资本利得；不仅包括商品劳务交换过程中发生的所得即交易所得，而且包括不经交易产生的所得，如自己生产的产品供自己使用、自己的家庭劳务。这一学说的优点在于注重税收公平，使征税所得接近真实所得，但是这一学说忽视了征税的可行性，按这一学说设计的所得税会过于复杂而无法实行。

(4) 交易说。这一学说是会计学家的观点，认为所得是与交易有关的，所得就是某一时期一切在交易基础上实现的收入减去为取得这些收入而耗费的成本费用，再减去同期亏损后的余额。按照这一学说设计的所得税比较简单，征收管理也比较便利，但征税范围限于交易所得，不能完全反映一个人的纳税能力。

2. 征税对象范围的确定规则

在各国的实践中，并没有一个国家固守一个学说，不同的国家在对待上述学说上表现出不同的倾向性。实质上，这是各国对于公平和效率的选择。要是个人所得税按纳税能力征收，最好采用S-H-S的方法，但是非货币的推算所得很难有一个统一的标准加以计量，于是征税成本会大大增加，税收效率会受到损害。按照周期说和交易说设计的个人所得税比较简单，税收效率高，但由于征税所得的范围不能反映一个人的纳税能力，税收公平程度不高。目前，过去采用周期说的发达国家已逐步转为“纯资产增加说”，但是征税所得的范围仍然远远小于S-H-S所得概念下的征税所得范围。而许多发展中国家鉴于本国经济发展水平和社会化、货币化程度不高的国情，设计个人所得税税基时基本上仍然倾向于周期说和交易说，力求征收的简便性且取得一定的财政收入。确定个人所得税征税所得范围的一般规则是：

(1) 通过交换并能以货币衡量的所得为征税所得。一般来说，商品经济越发达，能够用货币衡量的所得占全部所得的比重就越大，在高度发达的商品经济社会里，通过交换而发生的货币所得在全部所得中占主导地位，以通过交换并能以货币衡量的所得为征税所得，比较符合按能力负担原则。因此，目前世界各国的个人所得税法中均将可以通过货币衡量的各项所得作为最主要的征税对象。自己或配偶在自己的家中从事家务劳动，自己居住自己拥有的房屋，由于没有通过交易，难以确定价格，无法课税。

从公平角度讲，如果对所有物物交易都不考虑征税，会大大地鼓励人们以实物形式获取所得而逃避税收。通过劳动之间或劳动和财产之间的交换、物物交易而产生的所得，例如甲到乙家帮助油漆房屋，而以后乙到甲家帮助修理车库，税法可以规定要视同货币交易所得课税。但是除非纳税人自觉申报，实际上无法进行征管，此外作价评估确定所得数额也不易。因此，比较可行的规定是：可以用货币衡量却不用货币衡量而以实物形式或有价证券形式出现的某些特定所得项目，应当视同货币所得予以征税。如现金以外的资产分红应当同现金分红一样对待，资产分红应以分配当时该资产的市场公正价格计入所得。个人以特殊方式获得实物所得也不以交换发生的货币所得为限。例如员工以显著低于市场价格的价格或免费获得本公司生产销售的货物、提供的劳务、拥有的资产，其与合理公正的工资或价格之间的差额部分应视为征税所得。

雇主提供的某些与职业有关的附加福利（也称“花边红利”），包括免费医疗、享受津贴的小卖部、午餐津贴、孩子照顾和法律服务、提供车辆和制服及住房、生产保险和健康保险等，是否列入征税所得范围，各国的规则不一。比如美国1986年税改以前，上述附加福利所得是作为不予计列项目处理。但是，1986年税改后，则把附加福利并入工资、薪金列为征税项目。其原因是，美国政府认为，对于附加福利不征税将会影响到税制的公平性，会促使人们通过减少工资、薪金而增加附加福利的办法逃避个人所得税，而且附加福利的增加使雇主和雇员之间建立起非市场的特殊关系，对劳动力的流动产生干扰作用。英国则通过判例法确定了对雇主提供的某些附加福利的征税原则，即雇员收到的实际利益必须能够转换为现金。假设一个雇主花15英镑买了一套衣服赠送给一个雇员，只有在雇员将衣服变卖的时候才能征税，计税依据是其变现的收益，而不是雇主购买衣服的原始支出金额，这就是所谓的现金转化原则。

总之，对没有经过交易而获得的非货币所得是否列入征税对象范围取决于能否变现或对价值进行评估。

(2) 已变现的所得为征税所得。个人的资本性资产的增值构成个人的资本利得。但是对资本利得是否征税，如何征收，以及重税还是轻税也同企业所得税一样存在较多的争论。依照所得源泉说，由于资本利得不属于周期性、连续性、规则性的收入，所以20世纪60年代以前，许多英联邦国家并不把资本利得税作为征收所得，而美国在资本利得的态度则依据S-H-S的所得概念，出于公平社会分配的考虑于1913年开始和个人所得税同时征收。1965年以后，英国也认同了征收资本利得税有助于社会公平的主张，开始征收资本利得税。目前的普遍看法是，资本利得并非生产经营所得，如果不对其征税，不仅不利于社会公平的实现，而且会促使社会富有阶层将其他形式的所得转化为资本收益形式，从而大量逃避国家税收。因此，各国出于财政和公平的角度大多开征了资本利得税。在资本利得税的具体征收问题上，遵循已变现原则，即仅对纳税人实际出售或交换的资本财产的收益征税。这是考虑到尽管未实现的资本利得也意味着资本所有人经济实力的增强，但是对资产每年进行评估看其是否溢价增值，在技术上存在极大的困难；对尚未实现的所得征税也不尽合理，因为资本所有人在不出售资本财产时并没有纳税能力，如果对其征税则会迫使资本财产所有人为纳税而出售资本财产，这就对人们的经济生活产生不必要的干扰。

对个人资本利得征重税还是轻税则取决于一定历史时期公平和效率的均衡。从公平方面讲，因资本利得不是勤劳所得，资本利得几乎全部集中于高所得阶层，只有重税才能区别于劳动所得，才能提高税收的累进程度、减缓贫富不均、提高税收公平。从效率方面讲，在累进税率下，个人在资本利得实现那年，其税负会有剧增现象，这就是所谓的聚集效果，在征收重税的情况下，投资者为了节省税负或逃避税负，可能不愿意出售或推迟出售其资本财产，结果会阻碍资产流通，打击资产结构的改进，干扰资源合理配置，对经济发展产生不良影响，这就是所谓的锁住效应（也称紧锁效果）。总的来说，相对于公平而言，资本利得税对投资的影响更为巨大。因此，从各发达国资本利得税制的演变来看，普遍经历了税制由繁到简，税率由高到低的过程。其根本目的还是希望通过改革和完善资本利得税制，促进资本的形成，提高本国的全球竞争力。

一国个人所得税征税对象范围的确定往往还要考虑与其他税种的协调，首先是与企业所得税协调，两个所得税征税对象范围应当一致，例如资本利得、股息红利、劳务所得、财产收益等应当一视同仁，如果规定有差别就会扭曲纳税人行为；其次与增值税等流转税协调，增值税最终也是由个人用所得支付的，因此当流转税没有对生活必需品免税减税时，个人所得税税基可以比较窄。

（三）中国个人所得税征税对象范围的确定

目前中国个人所得税征税对象范围包括工资薪金所得，个体工商户生产经营所得，个人从独资企业、合伙企业获得的生产经营所得，个人对企事业单位的承包经营、承租经营所得，劳务报酬所得，稿酬所得，特许权使用费所得，利息、股息、红利所得，财产租赁所得，财产转让所得，偶然所得和经国务院财政主管部门确定征税的其他所得。

当前中国个人所得税征税对象范围基本上是合理的。但也有一种改革方案认为中国个人所得税应是个人非营利所得税，就是征税所得范围限定在工资薪金所得、各种劳务所得、投资所得（包括利息、股息、特许权使用费所得等）、财产租赁和转让所得等非营利性质的所得，也就是将合伙企业、个体工商业户的所得税并入企业所得税或营利事业所得税中，这可使个人所得税法律简明，避免用大量的篇幅规定有关成本费用（包括存货计价、折旧计算、财务费用和管理费用摊销等）的规则，避免与企业所得税的内容重复，也避免个人所得税和企业所得税对同一笔所得的重复征税。当然为了解决这一问题也可将个人所得税法和企业所得税法合并立法。

为了保证中国的个人所得税易于征管，目前列入征税所得范围的主要是规则性、周期性、以货币表现（包括有价证券）的所得，某些原可以用货币表现的实物收入要折算为货币所得。但对可以转化为现金的福利性收入（包括与职务挂钩的“待遇”性收入如专车、住房低价低租、医疗保险的特殊待遇，广义上还应当包括公费国际国内旅游、宴请等）是否应当列入征税所得范围有不同的考虑。如果列入征税范围，价值评估作价比较困难，而且在中国的面子人情关系和等级社会中，面对特权阶层如何实施有效征管也不容易。如果不列入，就会有福利性或待遇性收入，实际所得高但货币所得低的人少缴税；有货币所得而无福利性收入的人要多缴税，税制就出现严重的不公平。

一方面，对多数与职务或所在单位有关的“待遇”性实际所得，应着眼于深化市场取向改革，逐步将“暗补”即隐性收入转化为“明补”即显性、账面收入，如取消福利性分房、专车制度改为车费补贴制度等。改革以后，这些所得也属于规则性所得应列入征税所得范围。另一方面，对某些容易计价的福利性、待遇性所得可通过规定分地区、分等级计入所得标准，让各地实行。待条件成熟后按实际申报纳税。

此外，对于非法收入、“灰色”收入，应摒弃只能将合法性所得纳入征税所得范围和征了税的收入即为合法收入的旧观念，在确定征税所得范围上应遵循所得税法独立原则，不管所得是否合法（在进入法律诉讼程序并作出判决前，有时很难确定一项所得来源合法与否），凡能增加一个人负担能力的所得都可以是应税所得，只要其符合税法规定。

免税所得应严格限制，以使个人所得税尽可能普遍课征，从而实现税收公平，必要的免税应遵守这些一般规则：①节省管理成本原则。政府预算开支的政府奖励性所得、抚恤费和救济金免税可以反映政府奖励的实际水平，避免一手进、一手出，徒增管理成本。由于国债和国家发行的金融债券利息是由国家确定的，对此免税，也体现节约管理成本原则。②遵守国际条约原则。按国际公约、条约规定对某些所得免税，例如对外交代表收入免税。③避免重复课税原则。以工资薪金为课税对象的社会保险税（费），应当从所得中扣减。④根据国家战略和宏观经济政策要求原则。其他方面的免税，都要在不影响公平并能促进效率的情况下，按国家战略和宏观经济政策的需要确定。

二、个人所得税综合费用扣除规则

（一）综合费用扣除的基本内容和方法

所得税的最显著特点就是对纯收入征税，既然是对纯收入征税，那么必须从列入征税所得范围的各种毛收入中作必要的费用扣除，排除掉不反映其纳税能力的部分，保留其能反映纳税能力的部分，然后据以征税。我们称这样的扣除为综合费用扣除，具体包括两个方面的内容，一是为获得应税收入而支付的必要的成本费用（以下称费用扣除），二是赡养纳税人本人及其家庭成员的最低生活费用（以下称生计扣除）。综合费用扣除的办法从大的方面讲有两个：一是综合法，综合起来不分费用还是生计，按一定标准数额的法定扣除。中国目前就采用这个方法。二是分别法，根据一定的原则，将费用扣除和生计扣除分开，从毛收入中分别加以扣除。这是西方国家个人所得税的普遍做法。后一种方法适应性强，可以考虑各种具体情况，较能做到按能力征税，但计算比较复杂。

1. 费用扣除的基本内容和方法

费用扣除的项目不仅包括与获取应税收入直接有关的费用，如工商经营活动、事业活动和劳务活动中耗费的成本；而且包括与获取应税收入没有直接联系，但又是进行收入获取活动所必需的各项生活开支。对一些从事工商经营和劳动服务的个体劳动者或合伙企业所有者，允许他们从毛收入中扣除为取得这些收入而支付的成本费用及损失，其所遵循的原则就是保证纳税人的简单再生产，使他们至少可以在原有资本的基础上继续经营，其费用扣除和损益计算与企业所得税的费用扣除和损益计算存在相似之处。

对个人所得税而言，比较特殊的是一般企事业雇员获得工薪收入的费用开支的确定和扣除。在这一点上，各国的做法差异较大。在英国，对E表类所得（工薪所得），通过判例法详细具体地规定了扣除规则，即"在执行应税业务中"发生的必要、全部、唯一的规则。首先，收入必须是发生在应税业务中的，比如，关于雇员的旅行费用，只有当雇员受雇于一个雇主而在不同工作地点工作时，其旅行费用才可以扣除，而雇员受雇于所在地不同的雇主或者由于家庭所在地和工作地点不同而发生的旅行费用则因不是在执行业务中发生的，故不允许扣除；其次，所谓"必要"原则是指不发生此项费用，此项业务无法开展，征税所得无从发生。例如，一个公司实验室的学生助理，不允许扣除其去伦敦大学听课以获得更高一级学位的费用，因为此项费用不是他做实验助理所必要的；再次，"全部和唯一"的原则是指为经营业务而发生的费用，仅仅是为业务而发生的，其中不掺和其他因素，与导致别的偶然结果及效应无关。比如，一个银行经理不允许扣除其为预订伦敦夜总会而支付的费用，因为该银行经理从夜总会中可分享到个人利益，所以此项费用不是全部、唯一的为业务目的而发生的费用。

美国是实行典型综合所得税的国家，对工薪所得费用扣除的限制不像英国那样严格。具体来看，第一，扣除的内容十分广泛，包含州、地方税收（不包括销售税），不作抵免处理的外国税收，个人利息支出，慈善机构捐款（不超过调整后总所得的一定部分），医药费（超过调整总所得的一定比例的部分），意外事故和被偷窃损失等。而在英国，E表费用几乎不能扣除。第二，一笔费用同时掺和业务因素和个人消费因素时允许进行分配，就其中为业务目的而支付的部分扣除。也就是说，在美国费用扣除不讲究唯一性规则。例如差旅费，如果出差不仅仅为业务目的，还兼有个人浏览观光、走亲访友等目的，旅行费用不能全部扣除，要在个人目的和业务目的之间进行分配，业务目的的部分才能扣除。第三，美国把与获取所得有关的费用分为业务费用和非业务费用。在美国税法中，非业务费用有特定含义，它并不是指与应税所得的获取毫不相干的费用，而是与获取所得有关的费用。实际获得收入而支付的费用，除业务费用外均可列入非业务费用。最典型的非业务费用是管理、保存或保持产生所得的财产而支付的费用。而业务费用是直接与获取征税收入的业务或职务活动有关的费用。在美国，这部分费用扣除的规则有两条，其一，直接与纳税人的交易业务或职务有联系；其二，数量合理。以旅行费用和交通费用为例，从家庭到工作地点的交通费用不可扣除，因为这不是与交易或业务有关的费用。

日本个人所得税的费用扣除规则与英美不同。日本采用的累退比例扣除法规定，工薪收入越高扣除比例越低，每一档次收入都有一个最低扣除额，这一方法避免了对各项费用是否应该扣除进行确认的繁琐手续和可能引起的争议及诉讼。但此种办法只考虑到收入大小的差别，对费用扣除中的具体问题无法做到具体分析和解决，不能照顾到各种具体情况，因而与按能力负担税收的原则具有一定距离。

总的来看，在个人所得税费用扣除规则上，找不到一个具有绝对优势的方法。但其基本原则是要和本国经济发展水平、法律体系的完善程度以及税收征管水平相适应。

2. 生计扣除的基本内容和方法

生计扣除或称个人宽免、免税额，就是从个人计税净收入中减除维持纳税人本人及其家庭成员最低生活费用。生计扣除的程度一般遵循两个基本原则。其一是保证人民（包括纳税人及其赡养者）具有最基本的生活水平。各个时代有其不同的最低生活水平，取决于当时生产力发展的状况。最低生活费用免税额须能保证人民依当时的物价，购买到当时生产力水平所决定的维持最低生活所必需的生活资料。一般情况下，政府不仅不能影响人民最低生活需要，而且要随生产力水平的提高和社会进步，不断增进人民的福利，提高人民的生活水平，在财政力量许可的情况下，提高生计扣除数额。为了避免通货膨胀对生计扣除的影响，最好采取生计扣除指数化办法。但在非常时期，为了政府正义的公共需要，人民需要节衣缩食，以维持国家和民族生存与发展。其二是与现行流转税或其他税的征收情况协调。流转税归根到底是由人民的所得支付的，如果流转税只限于对奢侈品课征，则一般民众对所得税的承受能力会大些，最低生活费用的免税额也可小些；如果流转税的税基已涉及基本生活必需品，那么对广大民众而言，所得税的负担就要轻些，生计扣除的数额也应大些。

从各国个人所得税实践来看，个人所得税生计扣除有几种方法：

一是所得减除法，就是从所得额中进行生计扣除。大多数国家采取这种办法。如美国，在计算净所得后，还给予一定的免税额，2005 年每人为 3200 美元，2006 年将其调整为每人 3300 美元，对其配偶及抚养的家属也分别承担每人相同数额的生计扣除[①]。英国税法规定，2004～2005 纳税年度，每个人可以获得 4745 英镑的生计扣除，2005～2006 纳税年度，这一数额提高到了 4895 英镑，老龄人分两档（65 岁至 74 岁和 75 岁以上）分别给予追加的生计扣除[②]。

二是税额抵扣法（即抵免法），纳税人先不从所得额中减除生计扣除额，而是在计算出税额后，再从税额中减除一定数额的生计费用。意大利就采取这种办法，1994 年财政年度，无所得的配偶可抵免 757 500 里拉，每个小孩可抵免 87 500 里拉，配偶和小孩以外的抚养亲属可抵免 121 000 里拉[③]。

三是家庭系数法。法国采用此法。就是将应税所得额除以家庭系数，得出一个金额，以此作为基础找出一个适用税率，并与之相乘，然后将其得数与家庭系数相乘计算出应纳税额。这样不采用系数时的应纳税额和采用系数后的应纳税额之间有一个差额，就是生计扣除额。实际上就是通过对某类纳税人减轻所得税结构中的累进效应的方法来确定生计扣除额。例如，某夫妇抚养两个孩子，家庭系数是 3，当年获得净应税收入额 30 000 欧元。不考虑家庭系数时，应纳税额为 6661.62 欧元；考虑家庭系数后，则该收入额要除以 3 得到 10 000 欧元的应税所得额，然后适用相应的税率，税额为 636.14 欧元，这一税额再乘以 3 就得到应纳税额 1908.42 欧元。两个应纳税额之间的

① http://www.smbiz.com/sbr1001.html#pis05.

② http://www.hm-treasury.gov.uk/media/AA7/7A/bud05-chapA-146.pdf.

③ John, Graham. 1994. The International Handbook of Corporate and Personal Taxes. London: Chapman & Hall: 284.

差额 4753.2 欧元就是这个家庭该年度获得的生计扣除额[①]。法国的家庭系数法是很有特色的，不但可以照顾不同的家庭情况，而且计算也简便。负担能力强的多纳税，抚养人数多、纳税能力弱的少纳税。但对比前两种方法，家庭系数法只在累进税率档次比较多、且最高一级边际税率较高的情况下才有效，而且只有在采取家庭为申报单位的申报制度下才适用。在当今世界各国采用低税率、少级距的个人所得税的趋势中，生计扣除的方法一般在前两种方法中选择。

（二）中国个人所得税工薪所得综合费用扣除的原则和标准

由于中国目前征收管理水平还比较低，所以采用综合法对个人所得税工薪所得的综合费用进行扣除。根据上述个人所得税的基本原理确定综合费用扣除的标准应该从费用扣除和生计扣除两个方面来考察。具体来说，就是要确定费用扣除中的直接费用、间接费用的具体内容和定额以及生计扣除额，然后加总最终确定综合费用扣除额。尽管西方发达国家在这些方面有较多的经验可以吸收，但是在中国具体确定综合费用扣除的标准时要考虑更多因素。其中，以城乡差别为主要特征的多元经济状态，个人所得税的功能定位和模式的选择是我们必须特别加以注意的问题。鉴于此，提出了确定中国综合费用扣除标准的基本原则。

1. 间接费用扣除的基本原则和标准

首先，在中国目前的情况下，对费用扣除中的直接费用是可以不予考虑的。因为中国获得工薪收入的直接成本主要是从家庭到工作地点的交通费用，但是由于中国不少单位采用包车、多数人骑车或乘坐公交车、少数人乘坐私家车，难以区分个人目的还是工作目的，所以可以按英国的做法，全部作为个人目的，统一在生计扣除中加以考虑；对于进修、培训、出差等费用在不少单位完全由公费开支，已经在企业的成本中列支，如果再作为个人所得税扣除，则会产生重复扣除的问题。这样，费用扣除的重点是间接费用的内容和定额问题。从中国的国情出发，间接费用扣除要体现两个基本原则。

第一，以人为本的原则，即间接费用的扣除要从关怀纳税人健康，保证其进行自身再生产以及体现国家人文关怀的立场出发。具体来说，必要的医疗费用扣除、教育费用、住房贷款的部分利息、超过保险补偿额的灾害损失要从其中扣除。其中，医疗费用扣除的额度可以按医药费用超过社会保险支付部分的一定比例确定，并以中等发展水平地区中等收入水准的工薪所得纳税人及其平均赡养人员的平均医疗费用开支为依据。由于国家已经全面实行义务教育免费政策，教育费用扣除额不应包括家人义务教育费用，但应包括纳税人培训费超过公费支付部分的一定比例，与从事职业无关的教育培训费用不能扣除，可扣除额依据通过抽样调查统计获得的全国数据确定。住房贷款利息和超过保险赔偿额损失则同样可以参照全国的平均值来确定。这里需要指出的是，这些间接费用的扣除与全额报销概念是不同的。在扣除的制度安排上，纳税人

① 资料数据来源：http：//www.ey.com。

获得的实际好处只是与税率相应的一定比例，而不是扣除额的全部。假定可扣除额为100元（已经是实际开支的一定比例），适用税率为10%，那么纳税人获得的实际利益只是10元。

第二，促进公益的原则，即间接费用扣除要体现鼓励公益事业发展的政策导向，应允许纳税人对公益事业捐赠的一定比例在税前扣除。如果纳税人缴纳税收也是维持政府、支持公共利益的话，并假定个人所得税作为中央税，地方税体系中又包括对个人课征的房地产税（物业税）、个人所得税附征（或地方个人所得税），那么这些地方直接税应当允许在税前扣除，一方面减少重复课税，另一方面也建立起中央税和地方税之间的联动机制，有利于税收管理。目前无论个人所得税还是中央和地方共享税，对个人自有自住房屋不征房地产税，因此还不存在地方直接税作为扣除项目的问题。

第三，与企业所得税协调原则。上述扣除规则和政策精神应当与企业所得税类似项目相同。

2. 生计费用扣除的基本原则和标准

生计费用扣除的目的是让纳税人在缴纳个人所得税前留足维持本人及家庭成员的基本生活需要的收入，理论上讲是为了维持纳税人简单再生产，超过基本需要的收入部分均视为具有纳税能力，可根据能力大小贡献一部分收入给社会用于公共产品的提供。因此，综合费用扣除中生计扣除额确定的第一个基本原则就是最低生活费用不纳税原则。也就是说，应当以维持纳税人本人及家庭成员的最低生活费用为基础依据，而不能以平均收入、某一阶层的最高收入、平均消费支出为依据。

那么，中国的最低生活费用标准是多少呢？回答这个问题就必须考虑到中国特有的城乡收入和消费差距问题。《中国统计年鉴》按照农村和城市将中国家庭收入和消费分成了七个类别，即最低收入家庭、低收入家庭、中等偏下收入家庭、中等收入家庭、中等偏上收入家庭、高收入家庭、最高收入家庭。按照这个分类，从原则上就要考虑14种情况。但是中国城乡差别很大，在消费支出水平上农村高收入家庭与城市低收入家庭差不多；在农村还有大量群众温饱不能保证，需要国家通过“低保”解决他们的生存需要问题，因此农村最低收入家庭或低收入家庭的消费水平是很低的，位于生存性保障水平，不应当作为确定生计扣除的依据。确定最低生活费用标准时，应当以农村中等收入户的生活消费支出以上的情况作为扣除标准的依据。那么，具体来说共有农村中等收入户（序号1）、农村中高收入户（序号2）、城镇最低收入户（序号3）、城镇低收入户（序号4）、农村高收入户（序号5）、城镇中等偏下收入户（序号6）、城镇中等收入户（序号7）、城镇中等偏上收入户（序号8）、城镇高收入户（序号9）、城镇最高收入户（序号10）10种选择。表10-1按照《中国统计年鉴（2006年版）》的数据计算了这10种情况的具体扣除标准。

表 10-1　10 种情况的具体扣除标准　（单位：元）

序号	类别	年人均生活消费支出	农村人均月生计扣除标准（按单个劳动力赡养 3 人计算）	城镇人均月生计扣除标准（按单个劳动力赡养 2 人计算）	纳税人范围
1	农村中等收入户	2 327.69	2 327.69×3÷12=581.92	2 327.69×2÷12=387.95	农村 2、5 城镇 3、4、6、7、8、9、10
2	农村中高收入户	2 879.06	719.77	479.84	农村 5 城镇 3、4、6、7、8、9、10
3	城镇最低收入户	3 111.47	777.87	518.58	农村 5 城镇 4、6、7、8、9、10
4	城镇低收入户	4 295.35	1 073.84	715.90	农村 5 城镇 6、7、8、9、10
5	农村高收入户	4 593.05		765.51	城镇 6、7、8、9、10
6	城镇中等偏下收入户	5 574.32		929.05	城镇 7、8、9、10
7	城镇中等收入户	7 308.06		1 218.01	城镇 8、9、10
8	城镇中等偏上收入户	9 410.77		1 568.46	城镇 9、10
9	城镇高收入户	12 102.51		2 017.09	城镇 10
10	城镇最高收入户	19 153.73		3 192.29	

通过表 10-1，我们可以看出生计扣除标准不同，纳入到征税范围的纳税人也不同。那么如何在上述 10 种情况中进行选择呢？我们认为，必须从个人所得税的财政功能和调节收入功能出发，综合加以考虑。具体来说，可以有以下几种选择：

第一种选择，个人所得税定位于以筹集财政收入功能为主，那么可以考虑前四种情况。以第三情况为例，将农村高收入以下居民、城镇最低收入居民排除，可以实行对农村高收入户人均 1100 元（按上述标准取整），城镇居民 700 元的扣除标准。这样，绝大多数城镇居民和农村部分富裕居民将被纳入征税范围，从而实现了在较大范围筹集财政收入的目的。

第二种选择，个人所得税定位于履行财政和调节收入双重职能，筹集收入为主，那么可以选择上述第七种情况，将城镇中等收入以下居民和农村所有居民都排除在征税范围之外，对城镇居民实行 1200 元的生计费用扣除标准。

第三种选择，个人所得税仍定位于履行财政和调节收入双重职能，但以调节收入为主。那么可以选择第八种情况，即针对城镇中等偏上收入以上居民征收个人所得税，扣除标准可以设定为1600元。

第四种选择，个人所得税以调节收入功能为主，适当兼顾财政职能。这样个人所得税主要针对城镇高收入以上家庭和居民，生计费用扣除标准可设定为2000元。

第五种选择，个人所得税定位为特别税种，主要针对少数收入特高的阶层，那么城镇最高收入以下居民均排除在外，生计费用扣除可以定为3200元。

从中国个人所得税的实践来看，20世纪80年代创设个人所得税初始，主要针对外籍在华工作的高薪人士，属于第五种选择。但随着中国经济社会的快速发展和工资水平的普遍提高，个人所得税虽然占国家全部财政收入的比例并不是很高，但已经成为地方第二大税种，财政功能越来越重要。随着人民逐步富裕，纳税能力的提高，个人所得税功能应从第五种选择，先转变为第三种或第四种选择，然后经过相当长的时间转变为第二种选择，最终转变为第一种选择，使个人所得说成为承担财政功能为主的税种。为了适应物价水平和社会经济发展变化情况，应当执行费用扣除指数化，并于每年在国家预算案中公布。

同时通过税率制度的合理安排和税款的定向使用，让个人所得税发挥更大调节作用。这是因为通过收入和支出联动的制度安排（即个人所得税税款的定向使用），对相当多有负担能力的纳税人课征税负不重的个人所得税（广税基低税率，例如扩大5%这一档税率的适用范围），积少成多，然后通过专项支出或提供必要公共产品的办法，转移给低收入家庭，可以在更大范围内调节收入分配，实现福利增进的目标；同时也有利于培养人民纳税（承担义务）、关心税款使用（履行民主职责）的现代民主意识；便于税制的进一步改革，逐步提高所得税比重、降低间接税比重，减少间接税为主体的税制结构的效率损失，同时有利于增加财政透明度。总之，只要税款使用上真正体现取之于民用之于民，且税率适度，征税广一些不会有大碍，而且还会因为调节了收入分配、改善了公共设施和社会环境，对构建和谐社会起到有益作用。①

三、个人所得税税率

（一）个人所得税的税率制度

个人所得税的税率制度主要是指个人所得税税率类型的选择，累进税率下税率档次的设计问题，以及比例税率的设置问题等。

1. 比例税率和累进税率

就公平方面来讲，比例税率下，纳税人无论应税所得多寡，均按照一个比例纳税，实际结果是纳税能力强的人负担轻，纳税能力弱的人负担重，而在累进税率下，根据所得多少，适用高低不等的税率，则相对公平。就效率方面来讲，比例税率简便易行，税收行政效率较高，同时有利于税源控制，适宜采用预先扣除的办法。累进税率虽然

---

① 杨斌，《中国税改论辩》，中国财政经济出版社，2007年，第138～155页。

计算较为复杂且影响税收的行政便利程度，但是它具有一定的自动稳定器功能，在经济发展过热的时候，能够对投资和生产起到抑制作用。从收入的筹集能力来看，比例税率下，财政收入的增长和所得的增长是同比例的，而在累进税率下，财政收入的增长速度则会超过所得的增长速度。

2. 超额累进税率的档次设计

在累进税率的两个类型中，全额累进税率会产生临近级次之间的税负剧增问题，因此不够公平。大多数国家都不采用全额累进税率。我们通常所说的累进税率一般都是指超额累进税率。超额累进税率的档次设定涉及3个问题：

(1) 累进程度。即税率随着收入增加而提高的程度，体现在最高边际税率的制定上。最高边际税率规定的比较高，可以限制高收入者进一步富裕，有利于纠正所得分配不均。但也有研究表明最高边际税率定得高会损害高收入者的积极性，造成福利损失。

(2) 累进速度。也就是税率档次多少的确定问题。当最高边际税率规定的较高的时候，累进的档次就会比较多，而在基本税率线不长的情况下，累进的速度就比较慢，这样有利于贯彻按能力负担的原则。但很容易影响人们增加劳动从而增加收入的积极性，存在降低效率的风险。

(3) 基本税率线长短的问题，也就是适用于初始税率的金额问题。在税率结构中安排较长的基本税率线有利于对大多数纳税人采用源泉扣缴的征管办法，不过按能力负担原则的实行广度就缩小了。

(二) 中国个人所得税税率制度的设计

中国现行个人所得税的税率制度呈多样化特点。对工资薪金按月扣除2000元综合费用后适用5%～45%九级超额累进税率；对个体、合伙、独资企业生产经营所得按年适用5%～35%超额累进税率；对稿酬所得按次适用14%税率；对劳务报酬所得实际按次适用20%～40%超额累进税率；对其余所得按20%比例税率。这样的税率制度存在的主要问题是各类所得差别对待的依据不充分，例如为什么一定数额以上劳动报酬要比生产经营所得、投资所得缴纳更多的税？过多的区别对待很容易促使纳税人为节税而进行人为的经济和财务安排，干扰经济活动，造成福利损失。此外，法定税负不低，加上税款使用不够透明，人民参与税法制定和税款使用决策的机制不完善，纳税人依法纳税仍有压迫感，易于产生逃税动机。

个人所得税税率制度改革的方向应当是低税率、少差别。

在违法被处罚的预期成本不高的社会环境中，低税率、低负担、少差别，会尽量减少对偷逃税的利益诱惑，使偷逃税意义不大，缴税也不心疼，从而达到宽税基、易征收、多征收的良性境界。而高税率必然诱惑偷税；越细致的差别政策必然产生越多的偏离效率最优化的人为安排和寻租行为，反而使政策越偏离初衷。

在中国还处在社会主义初级阶段的历史时期里，各种收入的货币化、账面化程度不高，即使加快改革步伐，这种状况也难以在短时间内彻底改观，而目前个人所得税又只能主要针对获得账面上的货币收入者。在这种情况下，如果税率定得过高，会使纳税人感到牺牲过大而且很不公平，往往会促使他们选择收入隐性化（如不要求过高工资而要求较高的实际福利）或者在契约中要求税后净收入。在当前的社会中，能获得高账面货币收入的人一般具有一技之长，在市场交易中处于"卖方市场"的地位，将个人所得税转嫁于雇主往往会成功。这种情况的出现，意味着高税率特别是高的边际税率对高收入进行调节的政策目标难以达到。传统观点认为，个人所得税要承担调节收入分配的职责，就必然要求实行高税率、多档次的累进税率制。实践证明这种观点不一定正确。高税率、多档次税率制往往难以行之有效，也就无法实现其既定调节目标。纳税人对税制的普遍看法是决定税制运行成功与否的重要因素，一旦纳税人普遍感到依法纳税牺牲过大，这样的税制不可能长期存在。因此，实施个人所得税的收入分配职能，在负担政策选择上也要遵循低税率、宽税基的治税思路。低税率使纳税人纳税时不感到牺牲过大，这有利于自觉申报纳税，减少对收入的隐瞒，为建立个人所得税的档案和统计信息基础铺平道路，经过十几年甚至更长时间的不断积累，就能形成关于个人收入的详细真实全面的信息库。个人所得税的公平目标和征管效率的提高均以全面系统真实的信息为基础。也就是说个人所得税改革要着眼长远，目前实行过高的税率，纳税人觉得纳税牺牲过大或不公平，就必然乐于偷逃税，税务当局就无法获得真实全面信息，即使加强征管力量，因难以掌握全面信息和偷逃税面过大所产生的法不责众效应，只能发现处理极少数案件。因此，低税率不仅易于扩大税基，也利于提高征管效率。

综上所述，个人所得税税率制度改革有两种方案，一种是实行较低的单一税率（如 10%）；二是在必须保留累进税率的情况下，可实行较长的基本税率线，例如可规定家庭申报的各种年应税所得在 50 000 元以下，均实行 5%的税率，就是以 5%作为基本税率线，相当于使大部分纳税人适用一个较低的比例税率。累进税率的最高边际税率不要超过 20%，档次不多于 4 档。[①]

四、个人所得税的申报征收制度

（一）个人所得税申报制度

从严格意义上来讲，个人所得税是对取得应税收入的自然人征收的税种，因此以自然人作为申报单位是顺理成章的。但是，现代社会是以家庭作为社会的细胞，有的国家法律规定夫妻关系存续期间的财产及收入共有。于是，从个人所得税的征收管理方面来看，个人所得税的申报单位就不是唯一的。在各国的实践中，主要包括以纳税人个人为申报单位，具体又分为未婚者单独申报、已婚者单独申报；以一对夫妻为一个申报单位，称为联合申报；以一个家庭为一个申报单位，称为户主申报。

---

① 杨斌，《中国税改论辩》，中国财政经济出版社，2007 年，第 129～137 页；杨斌，《西方模式个人所得税的不可行性和中国式个人所得税制度设计》，《管理世界》，2002 年第 7 期。

1. 个人制

中国和日本都是以个人为申报单位。个人申报制的优点在于对结婚既不惩罚也不鼓励；缺点是容易出现家庭成员通过分散资产、分计收入的办法分割所得逃避税收或避免进入较高档次的税率。另外，个人制还会使得具有同样收入但是赡养人口较多的纳税人负担加重，不能很好的达到按能力负担的原则。

2. 家庭制

家庭制的主要特点在于必须将夫妻或者整个家庭的成员的收入汇总，然后申报纳税。以家庭为单位申报，充分考虑到了家庭成员的收支情况，有利于税收负担的公平合理。但是，家庭制破坏了夫妻间的隐私权；在高税率、多档次的累进税率下，可能会降低妇女的工作意愿，还可能由于婚前和婚后的税负不同，造成对婚姻的税收干扰，鼓励收入差距较大的男女结婚，收入接近的不结婚。必须指出的是，家庭制的弊端是在高税率、多档次的累进税率下才会出现的。如果降低最高边际税率，减少累进档次，上述缺点会减轻甚至消除。

（二）个人所得税的征收制度

个人所得税按其征收方式可分为分类所得税、综合所得税、分类综合所得税 3 种类型。

1. 分类所得税

英国原来的个人所得税、新中国成立前中国的个人所得税以及目前香港的个人所得税都是分类所得税。分类所得税基于周期说，对各种不同性质的所得（主要是工资薪得、利息所得等经常性、周期性所得），分别按不同的税率征税。换句话说，税基是法律所明确的各项所得，并非个人的总所得。而税率多为比例税率，有时也采用较低的累进税率。分类所得税的优点在于征收简单，易于进行源泉控制即从源扣缴，而且可按所得性质的不同采取差别税率，有利于实现特定的政策目标。其缺点是不能按纳税人真正的纳税能力征税，有欠公平。

2. 综合所得税

美国等发达国家的个人所得税属于这一类型。这一类型所得税的共同特点在于从纳税申报单位的总计毛所得中扣除费用和个人宽免额，就其余额衡量纳税能力，适用于累进税率进行征税。这种类型的所得税比较符合按能力负担的公平原则，但征收手续较为复杂，征税成本和奉行成本均比较高，并且还要求纳税人有较高的纳税意识，具备较健全的财务会计和先进税收管理制度，多数人能够自觉申报，否则很难实施。

3. 分类综合所得税

其特点是个人不同来源的所得，既要按性质分为不同项目，对不同项目的所得先进行费用扣除，然后将全部或部分所得项目加总进行个人宽免，运用累进税率征税。其优点在于，便于对不同来源和性质的所得分别适用不同税率，有利于实现国家特定的政策目标，也有利于从源泉扣缴，防止偷漏税；全部或部分所得项目最终合并申报，符合按能力纳税的原则。

（三）个人所得税的征收方法

个人所得税的征收方法主要有 3 种即申报法、课源法、测定法。在个人所得税实践中，各国都是综合运用这 3 种方法，但有所侧重，具体做法也不一样，形成了不同的风格。

1. 申报法

由于纳税人众多，个人所得税不可能像管理流转税那样实行专户管理的办法，如果个人所得税要普遍推行并且成为主体税种，必须实行纳税人自觉申报、税务局抽样稽查的办法。就是纳税人在纳税年度终了的一定期间内，按税法规定填写所得税申报表，自行或委托专业机构、专门人员申报各项所得额，自行计算其总所得额、允许扣除的费用以及个人宽免额、应纳税所得额、应纳税金。征收机关负责咨询，并对申报表进行调查或审核，通常是抽查。可以说普遍推行的个人所得税自然地以纳税人主动申报为基础。无法建立或无法推行纳税人主动自觉的申报办法，个人所得税就不可能成为普遍征收的税种。但是这种申报法并不是在任何国家都能有效推行。

直到目前为止，申报法只有美国为代表的西方国家才得到有效推行。在西方国家没有卖面子、讲人情、拉关系习惯的文化[①]，可以较高程度地形成法律面前人人平等、法律得到严格执行的氛围，造成违法被处罚的预期成本很高的社会心理。因为一旦偷逃税被发现可能被罚得倾家荡产并无人情可讲，还会成为舆论界的众矢之的。这样加上其他原因，与整个社会的诚信程度相关联，纳税人的纳税义务意识、普遍守法观念和偷逃税耻辱观念将树立起来。在西方国家中，个人所得税的偷逃税问题也存在，但对大多数纳税人而言还是能够依法自行申报，故意偷逃税仅限于少数纳税人，远没有成为普遍现象。在个人所得税领域，绝大多数人的纳税人能够自觉申报，违法不申报或申报严重不实仅限于少数人，这样税务当局就可以集中力量对付少数偷逃税者，使重点稽查得以实现，并通过对偷逃税的严厉处罚，造成震慑，促进纳税人守法，从而使自行申报制度的运行得以有效控制，个人所得税成为一种在税务审计控制下的自核自报制度。尽管奉行成本巨大，但总体上个人所得税的征税成本处于可接受的程度内。由于文化的差异，在以下分析中，我们将看到这种自觉申报制度在中国这样有独特历史文化传统的发展中国家有效地普遍推行存在较大难度，个人所得税还主要依靠课源法和测定法。

2. 课源法

又称从源扣缴法。在所得发生的同时由给付者——扣缴义务人按规定的比例税率扣缴税款，直接缴纳到国库。此法的优点在于税务机关只与所得给付者发生联系，给付者只是替税务机关扣缴所得者所纳税款，较能做到按实扣缴，可免除税务机关查核手续，征收简便，征收费用低。在时效上，所得一经发生即行征纳，符合所得税对财富流量征税的本质，也使政府及时获得税款，便于国库资金调度。从源扣缴，税源得

① 杨斌，《中国税改论辩》，中国财政经济出版社，2007 年，第 21～38 页。

到及时严格控制，防止偷逃、滞欠之弊的发生。此外，税款在所得者得到收入前就已缴纳，可减轻纳税人因纳税而产生的痛苦感。这个办法的缺点在于只适用于一部分所得，无法适用于全部所得，特别是对营利所得无法进行源泉扣缴。许多国家对无法进行从源扣缴的非雇佣性所得如营利所得等，采取暂付或预缴的办法。一般以上一年度的所得为基数，确定本年度应预付的税款，分次预缴，如果本纳税年度内纳税人所得变化大，可重新调整确定基数来补充税源的不足。

3. 测定法

又称推定法、定额法。根据纳税人表现的外部标志，推定其所得。在具体的税务实践中，测定法又可分为 3 种。一是净值法，根据纳税人财产净值的多寡，例如住宅大小，交通工具的新旧等，推定其所得额大小。二是消费支出法，根据纳税人平时生活水平与各种消费支出的数额，推测其所得，决定其应纳税额。三是银行账户法，根据纳税人银行往来账户的往来情形，决定所得额和应纳税额。测定法对申报法和课源法等征纳程序上难以掌握的所得，可起重要的补充作用，尤其是对偷逃严重，顽劣不堪的纳税人，测定法的运用具有惩罚的意味。但是从外部标志推定所得不免臆测和武断，只能充当补充的征税办法。

（四）中国个人所得税申报和征收制度设计

1. 西方模式申报法的不可行性

要在中国推行西方模式申报法即要让纳税人主动申报必须解决相关的三个问题。一是纳税人不愿意申报怎么办？二是纳税人申报了，但申报不实怎么办？三是申报量太大怎么办？

解决纳税人不愿意申报和申报不实问题，逻辑上有两个途径，其一申报者会获得好处，办法是将申报与社会福利挂钩，申报缴纳的个人所得税越多将来获得的福利待遇越多，但这是以建立了普遍的社会保险制度为前提，这一前提目前以至今后相当长的时期里都难以做到，因为中国有几千万人的温饱问题还不能得到解决，谈不上建立普遍的社会保险制度。即使在某些局部地区有了较为普遍的社会保险制度，纳税人还会在不申报的得益与获得更多的社会保险利益之间进行权衡，对比较富裕的人而言选择不申报可能更有利。其二就是让不申报者受到处罚，建立起违法被处罚的预期成本很高的普遍社会心理意识。但是，在中国还没有脱离面子人情关系的社会文化氛围以前，还存在违法被处罚的预期成本很低的普遍社会心理。在这样的文化氛围中，一般很难出现自觉自愿普遍申报的情况，面对大多数人的不申报或申报不实，就会出现法不责众现象。如果只是少量抽样审计（像西方发达国家那样），会助长偷逃税的侥幸心理，那么抽样审计、重点稽查就无法进行，而普遍稽查非税务当局人力物力所能为，强制推行将使征税成本畸高，造成巨大福利损失。

由于征税是有成本的，申报量太大，特别是其中小额收入申报的数量太大不仅达不到个人所得税的收入或调节目的，而且大量增加税收成本，使税务局做许多无用功。在中国如果申报量太大税务局就无法应付。因此从税收成本考虑，对申报量又必须加以限制，理想的状态是高收入者申报、低收入者不申报，但掌握足够的信息来区别高收入者和低收入者不是很容易的事情。

2. 中国现阶段实行综合所得税模式的不可行性

中国现行的个人所得税严格意义上属于分类所得税。一种简单普遍的观点认为，中国个人所得税要按西方综合所得税进行改革。笔者认为这一模式在中国现阶段不可行。综合所得税制最大的优势是能反映纳税人的综合负担能力，较好地体现量能负担原则。但是，它的优势的发挥隐含了一定的前提条件。由于受中国基本国情的制约，使得综合所得税模式难以建立：

(1) 综合所得税制要求个人收入完全货币化、个人所得要全部纳入税基。但是由于体制的原因，中国个人所得还有大量的非货币化成分的收入，最典型的是在政府机关、事业单位和国有企业就业的个人的福利待遇，这部分收入在现阶段无法货币化或难以计入税基。

(2) 有效的个人收入汇总工具。综合所得税制是建立在纳税人申报纳税基础上的，尽管各项收入在支付环节可以由支付人代扣代缴所得税，但年终仍需要纳税人汇算清缴，多退少补。前面已经说明自行申报、抽样稽查管理的方式在中国现阶段很难有效推行。

(3) 综合所得税制必须建立在对纳税人各种类型和来源的所得能比较好地掌握和监控的基础上。如果对纳税人的各种所得不能清楚地掌握和监控，纳税人隐匿、少报或不报某些项目所得的现象大量存在，那么综合所得税制度量能负担将只是一种理想化的设想。目前中国个人信息体系极不完善，无法获得个人收入的整体情况，经济生活中有大量的现金交易，缺乏便利的个人收入核查手段，这使得除工薪收入外，个人的其他种类所得都处于难以掌握和监控的状态，偷报、漏报某项所得的现象普遍存在，造成中国目前个人所得税与个人负担能力相背离。

(4) 综合所得税以纳税人有较高的纳税意识为前提。要形成较高的自觉纳税意识需要大多数人具有较高文化素质，法制健全以及政府活动包括财政活动在民主的有效制约下、执法公正、违法必究的社会环境。只有当纳税人能通过有效的民主途径获得他们所缴纳的税款使用情况，参与税款使用的决策，并确信税款的使用确实增进了他们的公共利益时；并且当纳税人知道他们支付了与他们的纳税能力相当的税款，其他人也是如此，税收是公平合理（这又是以执法公正、违法必究为前提）的时候，纳税人的自觉纳税意识才可能形成。没有这样的社会环境和由它决定的普遍自觉纳税意识的形成，个人所得税的推行必然与严重的偷逃税相伴随，不可能通过征收个人所得税培养纳税人的自觉纳税意识。要形成这样的社会环境还要经过长期的艰苦努力。

3. 中国式征收方式的设计

中国今后个人所得税的征收方式是中国式的，以源泉扣缴为主，模式既非分类也非综合，也不是传统意义上的混合制。大多数纳税人适用不分类课征，按单一税率源泉扣缴。考虑到中国经济发展的不平衡，应当允许多元征收方式的存在，规范征收方式和简易征收方式并存。要对基层实际征收方式进行认真研究，按去粗存精的原则，将其合理有效的内核吸收到税法规定中来，不能一概地贬斥它们为非规范做法并加以取缔。不过税法要明确各种方法的适用条件。例如，较发达地方个人所得税征收可与社会保险支付联动。第一种办法，对已由企业代扣代缴的员工个人所得税和社会保险税的工资才能在成本列支，取消标准工资扣除办法；第二种，社会保险利益的享受不仅与社会保险税挂钩，而且与个人所得税交纳情况挂钩，单位源泉扣缴时也要向纳税人开出税单，并按个人社会保险账户号码，在其账户中记录个人所得税交纳情况。原则上个人所得税交纳越多其享受的保险利益也越多。其他不发达地区可实行定率或定额扣除办法，或其他在实践中总结出来的更有效的办法。

为了解决对工薪收入者以外的高收入者（如明星、商人、高级政府官员、知名教授）等征管困难问题，可推行一种具有中国特色的最低限度税制度或管理办法。就是按一定的标准，如私营企业家按其全年营业额或支付的职工工资额或流动资本数量，根据行业盈利情况，分地区确定最低限度税税基；演员、运动员等按抽样调查的年收入划分等级，确定不同最低限度税税基，他们选择纳税后，向社会公布，一等的演员，如果选择二等以下的纳税等级，就会自我贬值，这会形成约束；政府官员可按级别，综合考虑工资收入和福利收入，确定最低限度税税基；知名教授和其他社会名流同样通过抽样调查其全部收入，确定若干税基等级。等级确定后由其自行选择，按最低税率征收。如果纳税人觉得按此办法纳税多于按申报的规范办法，可选择申报办法，多缴的税收可予退还。这是一种反面子人情关系的制度安排。

五、个人所得税的经济效应分析

个人所得税的制度设计要符合公平要求、符合国情原则即与一国国情相容，进而具有可行性。同时还要符合效率要求，除了征税成本要尽可能低以外，还要做到对经济活动的扭曲性影响尽可能小，从而使个人所得税的福利损失尽可能少。因此还有必要说明个人所得税对纳税人经济行为选择的影响即经济效应。假定应税收入均来源于劳动，获得收入并缴纳个人所得税后要么用于当前消费、要么用于储蓄或投资，个人所得税经济效应就表现为对个人在劳动和不劳动（闲暇）、当前消费与储蓄投资的收益率与风险程度（资产组合）这几个选择的影响。

（一）个人所得税对劳动和闲暇选择的影响

假设闲暇属于正常商品，并且是工作的互补商品。也就是说人们对工作和闲暇的选择完全自由，想什么时候工作就马上有合适的岗位，找工作不需要成本；想工作多久就工作多久，没有制度障碍和生理限制。在这个假设前提下，对个人的工资薪金课征所得税会产生两个效应。其一是由于税收减少了人们单位时间的收入，从而降低了个人的支付能力，所以个人会倾向于增加工作时间，以维持原来的收入水平，这种效应被称为收入效应；其二是税收的出现降低了个人单位时间的工资收入，实际上也降低了其替代品闲暇的机会成本，因此人们会减少工作时间，增加对闲暇的需求，这种效应被称为替代效应。由于这两种效应的作用方向相反，所以最终作用效果的如何取决于两种效应的大小。但收入效应和替代效应的大小取决于个人的偏好，即因人而异、因时而异。总的来看，个人所得税对于劳动供给的效应是不确定的。

现实中的情况更加复杂。对多数人而言，人们对工作和不工作不能自由选择，找工作需要成本，工作时间也是相对固定的。人们面对税率比较高的个人所得税，所能采取的实际行动的并不是简单地选择闲暇，而只能是一方面可以通过诸如放弃工作（如选择做全职家庭主妇）、选择假期较多的工作（如教师）、推迟进入工作时间（如攻读较高的学位）等方式来变相地改变工作时间；另一方面还可以通过选择工作强度较低的工作来降低税收的影响。因为工作强度较低的工作相对于强度较高的工作来说可以获得一笔“非货币收益”，而这部分“收益”是不用缴纳税收的。[①] 尽管如此，从目前的西方发达国家经验研究结果来看，税收对于成年男子的劳动供给几乎是没有影响的，而对于已婚妇女则能够促使其在“外出工作”和“全职家庭主妇”之间进行选择。[②] 这表明，尽管大多数人面对税收有减少“工作时间”的愿望，但是显然有各种其他方面的原因使得人们必须保持现有的工作。因此我们可以说，税收的替代效应最终被收入效应所抵消了。在中国，激励大多数工薪阶层保持现有工作甚至更加努力工作的因素往往来自于劳动力供给的总体过剩，也就是说人们对于工作的选择权利相对较少。因此，面对个人所得税往往只有两种选择，一是更加努力地工作，这时收入效应就会抵消或者大于替代效应；二是承担税收损失，这时个人显然不是仅仅在工作和闲暇之间进行最优的选择，而是综合考虑了其他因素后作出最优选择。但是对于某些拥有特殊技能，从而劳动供给弹性比较高的人，他们往往会要求税后净工资，而将税负转嫁给雇主，如果可以完全转嫁，那么个人所得税的效应就呈现另一种特点。

（二）个人所得税对消费和储蓄（借款）选择的影响

假定个人都是有远见的，则当期的消费和储蓄（借款）决策是根据其一生的收入状况决定的，这就是所谓的生命周期模型。具体地说，可以将一个人的生命分为两个时期，即当期（工作时期）和未来（退休时期）。在其一生的收入约束下将有几种不同的消费和储蓄选择。第一种情况，在当期获得的收入当期消费，没有储蓄和借款；第二种情况，在当期获得的收入，一部分用于当前消费，一部分用于储蓄，即存在储蓄而没有借款的情况；第三种情况，当期入不敷出，不仅没有储蓄，而且还借款消费，借贷支出及其利息要用未来收入偿还，这样未来消费就要减少。这里我们先分析对储蓄利息课税，同时对借款利息允许扣除的政策规定下，个人所得税所产生的效应。

第一种情况由于没有储蓄和借款，个人所得税就不起作用。对第二种情况即存在储蓄的情况的效应取决于个人对当期消费和未来消费的偏好。也可以从收入效应和替代效应相互作用角度加以分析。一方面，由于对储蓄利息所得课税，降低了人们未来

① 刘宇飞，《当代西方财政学》（第二版），北京大学出版社，2003年，第316页。

② （美）哈维·罗森著，赵志耘译，《财政学》（第六版），中国人民大学出版社，2003年，第353页。

的利息收益，那么个人为了使未来消费不会减少太多或者不减少，则会增加储蓄，这是收入效应。另一方面，由于税收的存在，当期消费的机会成本变小了，所以能够促进人们更多地选择消费，这是替代效应。如果个人偏好当前消费，替代效应大于收入效应，利息税会最终导致当期消费的增加。如果偏好相反，结论也相反。

对第三种情况的效应与第二种情况不同，在第三种情况下，由于借贷利息可以税前扣除，降低了借贷者未来利息的支出，鼓励借贷者增加贷款数量，也就是说对于借贷者来说只要允许其税前扣除利息支出，那么他一定会进一步增加当期消费，这时税收仅存在替代效应，而没有收入效应。

现在分析在对储蓄利息征税，但不允许扣除借款利息的政策规定下，个人所得税对上述第二种和第三种情况的效应。对第二种情况的效应与上述相同，即如果个人偏好当前消费，那么利息税会最终导致当期消费的增加。但对第三种情况的效应发生了变化，在借贷的情况下，由于借款利息不允许税前抵扣，则借款的利息支出没有变化，预算约束线也没有变化，原来存在的替代效应就不存在了。

上述分析从理论上证明了税收对于储蓄的作用取决于收入效应和替代效应的比较，但是现实中情况并不完全如模型中所描述的那样。罗森总结了上述分析的一些局限性①，主要包括两个方面，第一个方面是关于生命周期模型的质疑，有学者认为人们在进行当期消费和储蓄时，未必仅考虑其未来的收益，还有一些其他的因素也会影响人们的储蓄行为，这样那些旨在通过降低（提高）税率增加（减少）储蓄的政策并不一定能够产生效果。如在中国，未来收入的不确定性对于人们的储蓄有着较大的影响，因此在重新对储蓄利息所得征税后，并没有明显地影响人们的储蓄行为。第二个方面是，该模型仅设定了一种储蓄工具，即取得利息收益的存款。但是，在现实中人们除了把货币存入银行以外，还可以选择其他方式储存财富，如购买房产等，这实际上也是一种“储蓄”。这样，如果考虑对不同储蓄工具课征不同税率的税收，那么上面的分析就显得有些简单。总之，尽管上述理论给我们提供了有益的思路和基本的分析框架，但是税收对于储蓄的效应分析还有待进一步深入。

（三）个人所得税对个人投资的资产组合选择的影响

个人的储蓄可用于投资。个人选择一项资产进行投资时，往往希望获得预期收益率高而风险较低的资产。但是对收益率较高的资产投资往往也存在较大的风险。因此，人们必须在资产的收益率和风险的程度之间进行选择。假设对个人的资产收益征收一定比例的税，同时也允许个人将投资风险资产的损失在税前抵扣，这样个人所得税会影响上述选择。再假设人们只投资于两类资产，一类低风险，一类高风险，例如，将资金存入银行获取较安全利息，或者将资金购买股票或债券进行风险投资，那么个人所得税的影响同样可以从收入效应和替代效应来分析。在盈利的情况下，收入效应是指由于税收减少人们投资的实际收益，为了获得和原来同样的收益，人们会倾向于将

① （美）哈维·罗森著，赵志耘译，《财政学》（第六版），中国人民大学出版社，2003年，第364页。

资金投资于高风险的资产已获得较多收益；替代效应则是指由于税收的存在，和原来相比，冒相同风险获得的收益数量减少了，相当于提高了风险资产的机会成本，因此人们会减少高风险资产的投资。在损失的情况下，同原来相比，由于损失可以税前抵免，所以损失也减小了，这相当于降低了资产的风险程度，所以只会产生使人们倾向于投资搞风险资产的效应。此时政府实际上成了个人投资者的“隐匿合伙人”①，我们不妨称这种效应为“合伙效应”。如果不存在投资损失抵免，那么则不存在这种“合伙效应”，发生损失的时候税收也就没有影响了。

理论研究仅仅指明了税收的作用方向，并不能够提供足够的证据表明上述收入效应和替代效应的实际大小。尽管如此，从实践中来看，在存在投资损失抵免的所得税政策安排下，人们的确会倾向于投资到高风险的资产，但是关于较高的资本利得税率的实际影响则还没有得到统一的结论②。

第二节　企业所得税原理

本节阐述企业所得税的存在依据、各个制度要素设计规则，以及企业所得税与个人所得税协调规则，并分析企业所得税的效应。

一、企业所得税纳税人的界定

界定企业所得税纳税人是协调企业所得税和个人所得税的重要步骤之一。③ 要界定企业所得税纳税人，有必要从企业概念说起。

（一）企业的概念

虽然从企业所得税的名称看，企业所得税的纳税人应该是指“企业”。但是从世界各国的实践来看，企业所得税的纳税人并非包括所有的企业形式，也不仅仅局限在企业的范围。要界定企业所得税的纳税人必然涉及“企业”“公司”“法人”“非营利组织”等概念。对此，各国的法律规定不相同，要梳理清楚需要不少篇幅，超过了本书研究对象。这里仅以中国法律规定为依据来分析。

企业一般被定义为以盈利为目的，并以一定法律形式存在的独立从事商品生产经营活动和商业服务的经济组织。其主要特征是营利性、集合性、具有管理中心、持续存在、所有者权益可自由转让。企业的法律形式一般包括三种：第一种就是公司(corporation)，包括有限责任公司和股份公司，每个股东共同出资作为公司的资本，各股东仅就其出资额承担有限责任；第二种是由两个或两个以上自然人根据有关协议共同出资经营，共同承担无限责任的合伙企业，有的国家也称其为公司但属于无限责

---

① “隐匿合伙人”的提法参见（美）哈维·罗森著，赵志耘译，《财政学》（第六版），中国人民大学出版社，2003年，第369页。

② （美）哈维·罗森著，赵志耘译，《财政学》（第六版），中国人民大学出版社，2003年，第369页。

③ 界定企业所得税必然还要涉及居民和非居民的认定问题，请参见本书第十二章。

任公司；第三种是所有权属于业主个人的个人独资企业，企业主对企业负有无限责任，也可以叫公司（即个人独资公司）。可见，公司往往与企业是一回事，但在美国 corporation（公司）仅仅指有限责任公司或企业。

法人是具有民事权利能力和民事行为能力，依法独立享有民事权利和承担民事义务的组织。法人与自然人不同，是无生命的社会组织体。法人的实质是一定社会组织在法律上的人格化。在上述三种企业形式中，公司由于所有权和经营权的分离而被赋予独立的人格，被认定为法人组织；个人独资企业和合伙企业由于经济实体和出资人承担无限责任而不能独立承担民事责任，所以被认定为非法人企业组织。除了公司法人之外，不同的法律体系还会规定其他类型的法人，如中国民法规定的其他法人包括：机关法人、事业单位法人和社团法人。

综上所述，企业、公司、法人这三个概念，在营利事业角度看，它们的涵盖面大部分是相同的，公司、营利性法人都属于企业，三者往往不加区别地使用。但企业包括非法人商业组织（如合伙、独资公司，即非法人企业），这时企业涵盖面要大于法人；法人包括非营利性组织（即非企业法人），这时法人的涵盖面要大于企业。从广义上讲公司可等同于企业，但如果公司特指有限责任实体，那么仅包括法人企业。因此，如果只对法人的营利事业所得课税，最好确定公司作为纳税人，这也是多数国家采用公司所得税名称的缘故。在中国由于企业（enterprise）仅指营利性事业，且长期以独立经济核算单位为纳税主体，叫企业所得税也无妨。本书对公司所得税和企业所得税的名称一般也不加区别。

根据上述分析，公司作为企业所得税纳税人已经没有问题，而合伙企业、个人独资公司等非法人形态的企业或营利事业是否也要列入企业所得税纳税人范围，取决于企业所得税与个人所得税的分工，下面对此进行分析。

（二）对合伙企业和其他类型非法人企业的处理规则

在与个人所得税的分工上，世界各国所得税的处理方式各不相同，主要有如下两种处理模式。

1. 法人税模式

就是企业所得税仅对法人企业、有营利的非公司法人课征。对合伙企业和其他非法人企业或组织（包括个人独资公司、个体经营者、无限责任公司、英美法系中的信托等）则不作为独立的纳税人看待，其所得分别归属到所有人（个人投资者）、合伙人、受益人名下，征收个人所得税。

其中对合伙企业的处理办法大体上又可分为两种：

一种是将合伙企业完全不视为纳税实体。直接将合伙企业的成本费用、收入在各合伙人之间进行分配，如合伙人直接收到收入或直接发生费用，然后由各合伙人计算盈亏，缴纳个人所得税。在这一模式里合伙企业只是合伙人的集合体，在税收上采取先分后税的办法。中国目前对律师事务所、会计师事务所等合伙性质的中介机构，均采用这种先分后税的办法，合伙企业阶段不交纳所得税，而由各合伙人交纳个人所得税。英国、德国、荷兰、挪威、奥地利、波兰、瑞士、丹麦等国也对所有类型的合伙企业实行按合伙人课税的办法。法国、芬兰、卢森堡、瑞典、新西兰等国规定虽然合伙企业为非纳税实体，但在合伙企业阶段要进行税收申报。斯洛伐克、捷克、加拿大、土耳其、澳大利亚等国不将普通合伙企业视为纳税实体。[①]

另一种是将合伙企业视为准实体。就是在合伙企业阶段，以合伙企业为单位进行申报，计算所得和成本费用扣除项目，确定利润或亏损，然后再分给合伙人，并保持原有的所得性质不变，如营业利润、股息、利息、租金，由各股东或合伙人按照自身性质、各项所得的不同扣除规则和税率向税务当局纳税。美国、加拿大就采用这种模式对合伙企业征收所得税。美国《国内收入法典》第702节规定，合伙企业不必作为实体课税。第703节规定，应当将合伙企业的各项所得、利得、扣除、损失和抵免分给各合伙人，由各合伙人据以纳税。但第6221～6231节却规定，合伙企业要作为实体，选择会计方法、提交税务申报表并接受审计。美国还制定了一套十分复杂的规章，详细规定了合伙企业的所得分配、税前列支、亏损处理等事项。[②] 加拿大《所得税法案》详细规定了对合伙企业的征税规则，内容涉及合伙企业层次的净所得的确定、各项费用扣除（包括工资、利息、折旧、准备金、慈善捐款等）、亏损处理、会计期限等。[③] 实行这种税制的国家还有英国、德国、法国、荷兰等发达国家。

不论对合伙企业处理方法如何不同，上述类型的企业所得税都可以称为“法人”所得税。出于税收的“实质性”原则，对非企业法人尽管其不具有企业形式，但其营利行为在本质上和企业法人是相同的，为了税收公平也视同企业看待。在中国，2007年通过的新的《企业所得税法》也属于法人税模式。

2. 营利组织模式

就是不论经济实体的法律身份，只要有获得生产经营所得的组织都作为企业所得税的纳税人。这种模式的企业所得税细分起来有下列两种：

一种情况，将非组织形式的生产经营所得，即个人包括采用个人独资公司获得的非劳务形式所得作为个人所得税的征税对象，但将合伙企业作为独立纳税主体看待。对合伙企业的征税和对法人企业（公司）的征税没有区别。在合伙企业环节，计算总收入、成本费用扣除额，从而确定应纳税所得额。合伙企业交纳税收以后，合伙人获得分红，就像股东从公司获得股息一样，适用对股息的征税规则。尽管有的国家在法律地位上将合伙企业当作法人，但并不将合伙企业当作独立纳税实体。而有些国家不将合伙企业视为法人，但却将它们当作独立的纳税实体。目前将合伙企业当作征税实体的国家有西班牙、比利时、匈牙利、墨西哥等。有的国家如斯洛伐克、捷克、加拿

① OECD. 1999. The Application of the OECD Model Tax Convention to Partnerships（sixth in the series “Issues in International Taxation”）：71～163.

② （国际货币基金组织）V. 图若尼主编，国家税务总局政策法规司译，《税法的起草与设计》（第二卷），中国税务出版社，2004年，第951页。

③ Alex Easson. 2000. Taxation of Partnership in Canada. Bulletin for International Bureau of fiscal Documentation，N. 4.

大、土耳其、澳大利亚等将有限合伙企业当作征税实体。爱尔兰则规定合伙企业（不论普通还是有限合伙企业）均依照法律规定选择作为或不作为企业所得税的纳税实体。①

另一种情况，将所有企业形式的组织以及有营利行为的非企业法人组织都作为个人所得税以外的所得税纳税人，其典型代表是中国台湾地区实行的营利事业所得税。该所得税的纳税人包括独资、合伙、公司以及其他获得营利所得的组织。

上述各种处理方式有利有弊。其焦点实际上是对合伙企业如何处理。就税收征收管理的便利而言，准实体模式先将合伙企业当作实体看待，然后再考虑合伙企业与合伙人的不可分割性，虽然兼顾了合伙企业的非法人性质和合伙企业必须区别于单纯的个人独资的特点，但个人所得税的制度规定必定十分复杂，不仅要规定与企业所得税相同的一些内容，诸如有关资产处理及成本费用扣除的规定，而且还要就合伙人分得的所得如何计算应纳税所得额作出规定。征收管理中会遇到许多界限不清问题，从而降低税收效率。非实体模式，虽然在分配所得方面较为简便，但合伙人如何计算其应纳税所得额，却很难简便地确定，偷逃税的可能性也就加大了。因为这样的制度很大程度上依赖于合伙人自觉遵守税法规定，申报的内容变得相当复杂，稽查的力度要加大。营利事业所得税模式单纯以征税对象划分所得税税种，应该说其在税法制定和征收管理上比较便利，但适合于分类所得税的情况，而不适合于综合所得税情况。

不管采取什么模式，企业所得税纳税人的主体都是法人企业。但对于是否应该对法人单独课征所得税却存在不同看法，实际上涉及企业所得税存在的依据问题。

二、企业所得税存在的依据

关于企业所得税存在依据，在法学上有“法人实在说”和“法人虚拟说”的对立，在经济学和税收学上则表现为“独立公司税派”和“单一个人税派”的对立。

（一）法人虚拟说

法人虚拟说或单一个人税派认为，企业所得税不应该同个人所得税并存。如果要征收企业所得税也只能当作是个人所得税的预征。他们认为，公司被称为法人是法律上的虚拟。实际上公司仅是股东的集合体，并无独立人格。对公司课税，就是对股东课税。因此企业所得税和个人所得税一并征收，会造成对股息的经济性重复征税，又称重叠征税，会造成税收不公平和效率损失。

首先，从公平方面看，一是对比非法人企业，由于非法人企业的纯收入不管是否实际分配了，都不必交纳企业所得税，只对企业的所有者的纯收入征收个人所得税。而公司或法人企业除总的纯收入（包括保留利润和分配利润）要纳企业所得税外，其分配利润在个人股东阶段也要交纳个人所得税。公司纯收入中用于分配的数额越大，

① OECD. 1999. The Application of the OECD Model Tax Convention to Partnerships (sixth in the series “Issues in International Taxation”): 71～163.

公司和股东所承担的总税负也越重。这将造成税负不平。有的学者认为，分配利润的税负重于保留利润，可能有利于企业增加保留利润以扩大企业资本。但相反的观点是，如果企业分配利润增加，股东能把所得到的公司分配利润投资于经济效益更好的公司企业，则对经济效益的提高有利。资本规模的扩大并不意味着公司处于最佳经营状况。二是征收企业所得税仅就分配利润而言，意味着所有的公司股东都按同样的税率纳税，并没有真正同公司个人股东的不同状况联系起来，从而加大了税收负担的不公平性。

其次，从效率方面看，在存在企业所得税和个人所得税对分配利润重叠征税的情况下，会鼓励公司增加保留利润以增加投资，或通过举债筹资以减少股息分配，这会产生限制股票筹资方式的应用机制，干扰资本市场，损害经济效益，造成福利损失。

（二）法人实在说

法人实在说或独立公司税派学者则认为，在普遍征收个人所得税的同时，之所以还要征收法人所得税，在理论上主要依据以下三个原则。

1. 同等纳税义务原则

他们认为，公司一经依法成立就具有独立的人格。现代股份有限公司在资产的所有权和经营权上是分离的，股东购买公司股票后拥有股票所有权，但放弃实际资产的支配权。股东一般不能介入公司内部的具体经营业务。对公司的巨额资本作出管理决策的是公司的一批专业人员，大部分股东对公司的管理决策影响很小，也不可能随意将公司财产移作个人用途。股东的变动对公司的存在全无影响。公司可以以本身的名义拥有财产，对外举债、签订契约，并成为诉讼的当事人，而独资和合伙企业的一切活动须以业主或合伙人名义进行，因而公司具有独立的人格和独立的利益，对公司课税不能认为完全由股东负担，如果企业所得税可以转嫁，情况更是如此。既然公司有独立的人格和利益，而且与自然人一样享有国家保护的权利，那么公司就应当独立负有纳税义务。

2. 特权报偿原则

他们认为，股份有限公司等具有法人资格的企业享有有限责任、股票流动性等特权，要按特权报偿原则向国家纳税。股份公司的有限责任制度和股票流动性，使得股份公司能够比较容易地通过资本证券化和股票小额化吸收不能在社会上独立参加企业活动的零散游资，从而克服集资的空间限制，实现技术进步和规模经济对资本数额的要求，因此有限责任的特权会产生巨大的利益。此外股票流动性使长期投资收益回收长期化、企业资本固定化和投资者尽快回收资本的意愿之间的矛盾得到解决，因为投资者可以按照自己的意愿在证券市场上出卖股票、收回资本，而投放于企业的资本及其功能形态——机械设备和设施仍可继续发挥效用，使股份公司具有永恒生命的特权。这些给股份公司及其投资者带来巨大利益的特权，是在国家保护之下才得以享有的，公司理应向国家纳税作为报偿。

3. 财政和税收效率原则

由于具有法人资格的公司企业一般有比较完善的财务会计制度，各项经营所得的确定比个人所得税容易和便利，所以征收企业所得税能给国家带来一笔可观的财政收入，征税成本却较个人所得税低。公司是所得特别是经营所得的主要源泉。公司经营纯收入一般不全部分配给股东作为股东个人收入，而要留存一部分作为生产发展基金用于再投资、转化为资本。但资本收益要到实现时才能征收所得税，因此如果不征收企业所得税，可能导致公司通过增加保留利润形式逃避或推迟纳税。在股息所得来源之处征收企业所得税，还可起到源泉控制作用，对保证财政收入比较有利。尽管企业所得税对经济的影响有其不利的一面，但它对居民劳动和储蓄的影响比个人所得税特别是高税率、多档次的个人所得税小。因而企业所得税是一种相对有利于效率又能取得必要财政收入的税种，当然有其存在的必要。特别是在发展中国家，由于没有普遍征收个人所得税的社会经济和管理条件，对公司企业征收所得税是保证财政收入的重要途径。

总的来看，尽管理论界存在着巨大的争议，但是各国政府仍然倾向于个人所得税和企业所得税并存的税收制度。同时，各国政府对两税并存产生的消极影响并没有坐视不理，而是提出了不同的解决办法。这些解决办法在各国实施情况不一，导致企业所得税具有多种不同类型。

三、企业所得税的基本类型

从各国对股息重叠征税的态度及处置办法角度区分，企业所得税可分为古典制、两率制、免税制、归集抵免制 4 个基本类型。

1. 古典制（classical method）

古典制是根据法人实在说，实行对公司所得征收公司所得税，公司分配的股息不能扣除，股东取得的股息还必须作为投资收入缴纳个人所得税的企业所得税类型。这一类型历史悠久，因而称为古典制。这种类型的企业所得税正如上文分析的，虽然对保证财政收入有利，但由于对股息的重叠征税没有相应的免除办法，会造成法人企业和非法人企业之间、保留利润和分配利润之间的税负不平，还会对企业筹资方式产生非中性影响。

2. 两率制或双轨税率制（two-rates or split-rate method）

所谓两率制就是对公司分配利润按较低税率课征，对保留利润按较高税率课征。这一方法可减轻股息重叠征税的程度，但重叠征税仍然存在，因此一般还要与其他方法配合。如日本采用的双率制就与个人所得税的股息红利抵免办法相配合。在法人阶段通过双率制排除重叠征税的 1/4，其余 3/4 在个人阶段排除。具体办法是从个人所得税应纳税额中按领取的股息红利的一定比例或一定金额给予抵免。①

3. 免税制（deduction method）

免税制又可分公司阶段免税制和个人阶段免税制两种。公司阶段免税制是只对保留利润征收公司所得税，而对分配利润免税。公司阶段对支付股息红利完全免税，可

① （日）金子宏著，战宪斌，郑林根等译，《日本税法》，法律出版社，2004 年，第 200～201 页。

彻底消除重叠征税现象，而且使股息变成类似于利息的一种支出，并在税前完全扣除，因而可消除股息和利息在税收待遇上存在差别的问题。从这一点看，有利于消除公司所得税对股票筹资与借债筹资方式的非中性影响，但这一方法会起降低保留利润的政策效果，被认为对企业发展不利。

个人阶段免税制，就是个人（或股东）可以把收到的股息红利的全部或部分从个人所得税应纳税所得额中减除。美国 1986 年税制改革前，曾允许每人股息所得的第一个 200 美元从应税所得中减除，夫妇联合申报允许免除 400 美元。但是这一办法并没有完全解决重叠征税问题，反而在实行高税率多档次累进税率的条件下产生了高额所得者实际减税金额比较大的不公平问题，因此美国 1986 年税制改革后不再采用此办法。

4. 归集抵免制（imputation method）

就是在股东计算缴纳个人所得税时，将获得的股息已纳的公司所得税算作股东个人所得，也就是将获得的股息还原为税前股息，然后与其他所得项目合计算出个人所得税应纳税额，准予股东从应纳税额中抵免获得的股息已纳公司所得税的全部或部分。准予部分归集抵免的称为部分抵免制，英国、法国、比利时、丹麦和爱尔兰等国家采用这一制度。准予全部归集抵免的称为完全抵免制，德国采取这一办法。虽然归集抵免法对保留利润仍存在税收歧视，但在完全合并个人所得税和公司所得税尚不可能的情况下，是解决重叠征税的较好办法，因而得到较广泛的推广。

此外还有尚处在设想阶段并没有付诸实施的两种模式。一是合伙模式（partnership method），就是采用类似合伙企业先分后税的办法，这实际上废除了企业所得税，但是对大公司而言股东众多，进行所得的分配在实际操作上很困难。二是所谓卡特模式（Carter method），1967 年由加拿大卡特委员会提出，其做法是先税、后分、抵扣，就是在公司阶段先对所得按个人所得税最高税率课税，然后将公司所得全部（税前）按股份计算到股东名下，股东将其与其他个人所得合计计算应纳个人所得税税额，再从中扣除公司阶段的应归属本人的所得税额。实际上也是使公司阶段的所得税具有预征性质。但由于存在与合伙模式相同的问题，而无法实际推行。

四、企业所得税税基的确定

一般来讲，企业所得税的征税对象为企业投资经营的纯收益，而计算企业经营纯收入的过程实际上就是确定企业所得税税基的过程。从各国的企业所得税制规定看，应纳税所得额的计算过程主要涉及企业收入、支出范围确定和计算方法问题。不同的收支范围和计算方法将会对企业所得税的税基产生不同的影响。

（一）税基确定的一般规则

企业所得税是对企业生产经营的纯收入征税的，也就是说，企业所得税税基即应纳税所得额是企业的各种营业所得和非营业所得扣除生产经营中的必要成本和损失后的余额，即利润或净收益。在实际工作中，确定利润或净收益的过程一般是按照各国的会计准则进行的。尽管由于企业归属行业不同，会计核算也有差异，但是利润核算的一般程序是：

(1) 销货净额(净收入) = 销货毛收入 −(销货退回及折让 + 销货折扣)

(2) 产品销售成本 = 期初存货成本 + 本期产品制造成本 − 期末存货成本

(3) 产品销售毛利 = 销货净额 − 产品销售成本

(4) 营业净利 = 产品销售毛利 − 营业费用

(5) 净收益 = 营业净利 ± 资本利得和损失

那么，按照上述程序计算出来的净收益是否就是公司所得税的应税所得额呢？一般来说，按照会计准则和税法规定计算的所得是不完全一致的。从各国的情况来看，二者之间一般存在两种差异：第一种是暂记性差异。这是由于税法与公认会计准则关于确认收入与费用的期间及方法不同而产生的差异。例如，由于确认时间不同，会计上的暂收款可能是税法规定的当期收入，而会计上的支出项目可能是税法上的预付款，这样会计所得就小于应税所得；由于会计上采用收付实现制计算所得，而税法采用现收现付制来计算应税所得，则税法上确认的某项支出，会计上在下期确认，由此也会造成二者的差异。为了反映这种差异，企业会在会计上设置“递延所得税”账户加以记录。第二种差异是永久性差异，它是由于税法规定的应税收入项目或应扣除费用项目与公认会计准则的收益、费用项目不同引起的差异。例如政府出于经济原因，对某些会计上的所得实行免税的政策，而对一些费用扣除项目直接规定不准税前列支等。永久性差异各国都存在，不受会计模式的影响，具体情况如何取决于所得税政策作何规定。

总的来看，除了上述差异外，税法上对于企业收入和支出的确定基本上还是同会计上的规定一致的。一般的，除了国家出于特定政策考虑规定的减免外（如国债利息免税），企业的所有收入均属于企业所得税的应税收入。具体来说，包括销货收入（营业收入）、权利金、佣金、奖励金、不需偿还的债务收入、保险收入、财产租赁收入、财产转让或增值变价收入、其他收入等。相对于收入项目来说，企业销售成本以及营业费用的具体项目就比较多了，例如原材料、工资、租金、运输费、广告费、差旅费、利息支出、折旧支出、间接税支出、特许权使用费、科研费等。与收入项目不同的是，成本支出的项目并不是都能扣除的，各国税法一般都仅允许扣除那些与取得收入直接相关的支出项目。可以扣除项目一般包括：原材料、燃料等和产品（存货）制造直接相关的支出，折旧支出，工薪支出，利息支出，特许权使用费支出，捐赠支出、研究开发支出、亏损等。下面我们就对上述收入和支出项目中政策性因素比较明显的几项内容加以讨论。

（二）资本利得

企业的资本利得是企业房屋、土地、证券以及无形资产等资本性资产增值或者出售所获取的收益。在企业重组、并购场合大量涉及资本利得课税问题。对资本利得要不要作为所得征税曾经长期争论。主张征税的人认为，资本利得增加了纳税人的纳税能力，从公平角度应当与其他所得一样看待，如果对资本利得不征税，会鼓励人们人为地将生产经营所得变换为资本利得，从而逃避所得税。而主张不征税或应给予优惠的人认为，如果按通常的所得税税率对资本利得课税会产生对资产流动的锁住效应（lock-in effect）或冻结效应（freezing effect），因为在以已变现为征税原则以及税率足够高的条件下，人们为避免负担较重税收只能采用不转让从而不变现的办法，这会阻碍资产合理交易和流动。还有的观点认为资本利得不过是通货膨胀引起的资产名义价值的上升，政府在物价上升、资产升值时课税，但在物价下跌（例如股市处于熊市）时并没有给予补偿或损失扣除，因此资本利得税不公平；资产的累进时间比较长，在转让时一下子课征税收，如果采用累进税率，税负会剧增，不合理。目前比较通行的做法是对资本利得要按已变现原则课税，但要与生产经营所得差别对待，对资本利得给予降低税率、部分课税、在一定周期平均计算、适用比例税率、通货膨胀调整等优惠。

（三）亏损结转

亏损结转是指企业某一年度的亏损可以用其他应税年度（包括以前年度和以后年度）的利润进行抵补的特别制度。从具体的结转方法来看，主要有三种：第一种是当年发生的亏损可以从以前年度利润中扣除加以弥补，以前年度缴纳的税款可以得到相应的退回，叫做亏损转回。这实际上是政府放弃了企业以前年度的应纳税额，给企业提供一定的帮助。第二种做法是当年发生的亏损可以用以后年度的利润弥补，这称为亏损向后结转。这是政府放弃以后年度的部分应收税款，为企业提供必要的支持。第三种办法是同时实行向前和向后结转，一般来说是先允许企业先前结转，以前年度利润不足弥补的，再向后结转。一国政府之所以规定亏损结转制度，主要是考虑企业的生产经营是连续不断的，因此对企业纳税能力的判断也应有比较长期的观念。出现盈利时，公司企业要履行纳税义务，以维持政府；出现亏损时，政府要履行退还或结转税款的义务，帮助企业渡过难关。这一项制度也起着保护再生产、降低投资风险、鼓励投资的作用。同时，各国政府都会根据本国财政承受能力以及企业扭亏增盈的要求，规定一定的结转期限，也有少数国家允许无限向后结转（例如德国和英国）。表 10-2 列出了部分国家的具体期限。

表 10-2　部分国家结转年限的规定

国家	向前结转年限	向后结转年限
英国	1	无限期
美国	3	15
法国	3	5
德国	2	无限期
荷兰	3	8
日本	1	5
韩国	不允许	5
中国	不允许	5

（四）存货计价方法的选择

所得税是对利润课税，利润是销货收入扣除销货成本后的余额，而销货成本＝期初存货＋本期购货－期末存货，因此存货价格将直接影响企业的本期利润。由于存货发生的时间、地点不同，价格各异。例如原材料采购渠道不同，运输里程不同，那么各批购进的价格不会相同，自制的各批成本也不会相同。实践中，确定存货价格的方法很多，主要包括具体辨认法、加权平均法、移动平均法、先进先出法（first-in first-out method，简称 FIFO），后进先出法（last-in first-out method，简称 LIFO）、成本与市价孰低法（lower of cost or market，简称 LCM）。用不同的计价方法计算出来的存货成本不同，因此选择存货计价方法就成为企业所得税必须规定的问题之一。

从世界各国的实践来看，一般都规定会计和税收采用的存货计价方法应保持一致。资料可查的绝大多数国家都允许企业在计税时采用成本与市价孰低法。对存货原始成本的计价，只要是符合一般商业惯例和公认会计准则，且与税法没有抵触的方法，企业均可采用，不过一经选用未经批准不得变更，因为只要在较长时间内计价方法保持不变，存货成本从平均看就是与实际价值一致的。

（五）折旧的计算方法

厂房、设备等固定资产支出与原材料等流动资产支出在性质上不同，原材料等流动资产的价值可以一次性转移到产品价值中去，在费用扣除时作一次性扣除，而固定资产的支出，在通常情况下不得作为费用开支一次扣除。因为固定资产的价值在其使用年限内是逐步、分次地转移到产品价值中的，所以存在提取折旧费用问题。理论上讲，折旧就是固定资产磨损和损耗的补偿价值，本期提取的折旧费构成本期产品的转移价值，在计算公司所得税时，应从毛收入中扣除，以避免税收课征固定资本，维持再生产的继续进行。在实际工作中，折旧的方法有多种，有直线法又称平均法、余额递减法、年数合计法等。

在上述方法中，后两种方法因允许在固定资产使用年限前期可以比后期提取更多的折旧，故被称为加速折旧。普通折旧和加速折旧既有相同点又有不同之处，下面我们来进行比较。首先，无论是普通折旧还是加速折旧都存在不能真实反映固定资产的经济折旧的问题。所谓固定资产的经济折旧，是指按照固定资产每年实际消耗程度提取的折旧。由于现实中，衡量固定资产的实际消耗比较困难，所以税法大多直接规定不同资产的使用年限，而这些规定的使用年限不一定就是固定资产的实际使用年限。其次，无论是什么方法，对固定资产购进成本的计价都存在选择历史成本还是重置成本的问题。在通货膨胀的情况下，采用历史成本计价估算的折旧会低于采用重置成本估计的数额，从而使企业的利润增加，所得税也增加。

再来看普通折旧和加速折旧的区别，加速折旧法使企业在折旧期的头几年内，由于折旧额的增加而减少净利润，公司所得税的税基也相应地暂时缩小。这给公司企业提供了延期纳税的机会，公司企业可以占用原本应上交国家的税金作为自己的固定资本，这实质上是国家提供的一笔无息贷款，企业可获得利息好处，国家财政收入尽管在折旧期的头几年会减少，但从整个折旧期看不会减少（除非企业发生亏损），而且会因这些措施加速产业结构调整、促进企业产品结构的更新换代。但是加速折旧的作用效果如何，还取决于企业能否产生较好的经济效益和其他税收优惠政策。例如，中国原外资企业所得税法规定，对生产性外商投资企业，经营期10年以上的，从开始获利的年度起，第一年和第二年免征企业所得税，第三年至第五年减半征收企业所得税。在此种税收优惠规定下，就不宜采用加速折旧法。在免税或减半征税的经营前期，实行加速折旧增加折旧额、减少应纳税所得额意义不大；而到减免税期结束后，减少折旧额，增大应纳税所得额，税负会加重。在这种情况下，对企业而言，加速折旧法不如直线法有利。因此，加速折旧政策的采用还要与税收政策的其他方面通盘考虑。

（六）工资扣除的规定

企业所得税中的工资支出是指企业支付给雇员的全部报酬的总和，包括了按照劳动力市场价格支付给雇员的劳动报酬，各种激励性质的奖金、红利、补贴支出，以及法定的各种福利支出。这些支出均属于企业产品成本的一部分，理应据实进行税前扣除。从世界各国的实践来看，工资支出一般是按照各国的会计制度进行核算，据实扣除。而从中国的情况来看，一直以来，外资企业可以据实扣除工资，内资企业则实行按照计税工资进行扣除的规定，即超过计税工资标准的工资成本不允许税前扣除。1999年以前，计税工资的标准是人均每月800元，1999年以后规定允许各省、自治区、直辖市人民政府在不高于20%的幅度内调增计税工资扣除限额，2006年7月1日后再次调整为人均每月1600元，同时取消了地方政府的调整权限。

中国之所以实行按照计税工资进行限额扣除主要是因为中国的征管手段不够完善，如果是据实扣除，那么那些生产经营不规范、账簿不健全的企业就会利用多扣工资而逃避所得税。但是，随着中国经济的不断发展和企业生产经济状况的改变，原有的扣除标准已经不能补偿企业正常的工资支出成本，同时内外资企业不同的扣除标准也造成了严重的税负不公平，鉴于此，2007年通过的新的《中华人民共和国企业所得税法实施条例》明确规定所有企业的工资均据实扣除。实际上可通过与个人所得税和社会保险税（费）联动的办法，有效地控制企业通过虚报员工、虚列工资补贴而逃避企业所得税的做法，因为如果企业这么做要增加个人所得税和社会保险税负担。

（七）税收优惠的规定

税收优惠是指政府为实现特定的社会、经济政策目标，在法定基准纳税义务的基础上，通过一定方式免除或减少纳税人部分应纳税收的做法的总称。从政府支出的角度来看，对纳税人的税收优惠实际上也可以看作政府为了实行特定的政策目标而进行的一项支出，由于这项支出是放弃应得的税收收入而实现的，所以被称为税式支出(tax expenditures)，税式支出实际上是从支出角度对税收优惠的表达。

在企业所得税制中，税收优惠往往作为引导企业经济行为的重要手段。按照其作用对象划分，可以分为两类：第一类是作用于应纳税额的优惠，包括减免税、再投资退税、投资抵免等；第二类是作用于应纳税所得额的优惠，包括亏损结转、加成费用扣除、加速折旧等。其中，第一类优惠由于能够直接减少企业的所得税支付额，也被称为直接的税收优惠。第二类优惠方式则通过扩大企业的可抵扣成本和费用从而间接地影响企业的最终所得税支付额，所以被称为间接税收优惠。

1. 减免税

减免税是指对纳税人按税法规定的应纳税额减少征收和不予征收。按照政策实行的时间限制又可以分为永久减免和定期减免；按照减征的方式则可以分为比例减征和减率减征。例如，中国企业所得税法规定：“国家需要重点扶持的高新技术企业，减按15％的税率征收企业所得税”，这属于减率减税优惠，“企业从事符合规定的国家重点扶持的公共基础设施项目的投资经营的所得，从事符合条件的环境保护、节能节水项目的所得，自项目取得第一笔生产经营收入所属纳税年度起，第一年至第三年免征企业所得税，第四年至第六年减半征收企业所得税”，这属于按照比例减征方法实行的定期减免税。由于减免税直接作用于应纳税所得额，所以具有作用效果快、影响程度大的特点，往往应用于需要政府大力支持的区域、行业和项目上，以达到短期内迅速吸引资金流入的目的。但是，从长期来看，减免税政策是以政府牺牲一定的财政收入为代价的，而且容易造成企业的过度投资，进而引起区域和行业发展的不平衡。

2. 再投资退税

再投资退税是指对利用利润进行再投资的企业，允许全额或者部分退还其再投资部分已纳的税额。再投资退税的目的在于鼓励纳税人利用未分配利润对企业追加投资，从而扩大企业的再生产，防止企业经营行为短期化，对于那些处于创业初期的企业来说，还能够有效地缓解企业经营资金短缺的困难。但是，对于外国投资者来说，如果东道国（被投资国）和外国投资者母国间不存在税收饶让[①]协定，那么再投资的退税部分则必须在投资者的母国补税，从而降低了再投资退税的作用效果。

3. 投资抵免

投资抵免是指对纳税人在特定项目的固定资产投资，允许按照投资额的一定比例直接冲减应纳税额的做法。由于它能够较快较大程度地降低企业的投资成本，所以往往成为一国投资紧缩情况下刺激投资的重要手段。从各国的实践来看，投资抵免政策一般针对不同类别的固定资产制定不同抵扣比例，从而在刺激投资的同时也能够起到引导企业投资方向的作用。

4. 加成费用扣除

加成费用扣除是指对于某些费用扣除项目，除了允许纳税人按照法定扣除标准扣除外，还允许其再增加一定比例的扣除额。例如《中华人民共和国企业所得税法实施条例》规定：“企业为开发新技术、新产品、新工艺发生的研究开发费用，未形成无形资产计入当期损益的，在按照规定据实扣除的基础上，按照研究开发费用的50％加计扣除；形成无形资产的，按照无形资产成本的150％摊销”，就属于加成费用扣除。一般来说，加成费用扣除实质上是政府通过税收渠道给予企业一笔财政补贴，目的是鼓励企业更多地从事政府所需要的某些行业。

---

① 参见本书第十二章第二节第五点。

5. 亏损结转

亏损结转是指企业某一年度的亏损可以用其他应税年度（包括以前年度和以后年度）的利润进行抵补的特别制度，其目的在于降低企业一定时期内的总体税负。按照前面的分析，亏损结转的年限越长，企业享受的优惠力度也就越大，因此各国均会根据财政承受能力和企业扭亏增盈的实际情况来设置不同的亏损结转年限。

6. 加速折旧

加速折旧是指采用余额递减法、年数总和法等加速折旧的方法对固定资产进行折旧的做法。如前所述，加速折旧实际上起到了延迟企业纳税的效果，从而起到促进和引导企业投资的目的。

总的来看，各国政府均会结合本国发展的实际情况，利用上述税收优惠手段调节和促进本国经济的发展。从中国的情况来看，长期以来采取了针对外资企业的减免税政策。之所以采取这样的做法，一方面是考虑到改革开放初期中国急需外国资本的进入，以带动中国经济发展；另一方面是考虑到外资企业在进入中国的早期阶段，往往缺乏在中国特殊国情条件下的“公关”意识和手段，由此可能增加其实际运行的成本，税收优惠在一定程度上也体现了对其的补偿。但是，随着中国经济发展水平的提高，以及外资企业对中国实际情况认识程度的加深，上述两个方面的问题已经不再存在。因此，2007 年通过的新企业所得税法对原有的“区域为主，行业为辅”且内外资企业有别的税收优惠政策体系作出了较大的调整，一方面取消了外资企业享受的大部分区域优惠政策，另一方面重新构建了以环境保护、高新技术、基础设施建设为主的产业优惠体系。

五、企业所得税的税率制度

企业所得税税率反映企业所得税法定负担水平。企业所得税税率制度往往还体现一个国家税收政策取向。由于各国企业所得税的财政地位不同，政策考虑不同，各国企业所得税的税率制度是不相同的，而且不断变化。但主要是超额累进税率和差别比例税率两种类型。

（一）超额累进税率

从世界范围来看，实行超额累进税率的国家只有美国、印尼、卡塔尔等极少数国家。[①] 例如美国目前实行 5%～35%四级超额累进税率，但由于其税法规定对应纳税所得额在 100 000 美元至 335 000 美元之间的，加征 5 个百分点的附加税，所以适用的税率是 39%；还规定应纳税所得额超过 15 000 000 美元不到 18 333 333 的部分，要缴纳 3%的附加税，适用税率是 38%。如表 10-3 所示，通过两个附加税的安排，应税所得超过 335 000 到10 000 000美元的公司实际上按照 34%的比例税率课税；而应税所得在

① 国家税务总局网站，国外税收政策管理——165 个国家和地区的公司所得税税率和亏损处理情况，http：//www. chinatax. gov. cn/n480462/n4273674/n4273774/n4691423/4951301. html。

表 10-3

应税所得（美元）		税率（%）
超过	不超过	
	50 000	15
50 000	75 000	25
75 000	100 000	34
100 000	335 000	39
335 000	10 000 000	34
10 000 000	15 000 000	35
15 000 000	18 333 333	38
18 333 333		35

18 333 333 美元以上的公司实际按 35%比例税率课税，这就是累进消失的税率结构设计。

此外，美国对个人劳务公司（personal service corporations）按 35%比例税率课税。对公司股份 50%以上由 5 个或更少的个人股东持有的公司即个人持股公司（personal holding company），在征收一般的公司所得税后，再对未分配所得按 15%的税率征收附加税。对积累利润逃避股东个人所得税的公司（包括个人劳务公司），除了征收一般的公司所得税外，还要加征累积收益税（accumulated earnings tax），其税基是作为累积应税所得。累积应税所得＝调整后的公司所得税应纳税所得－付出股息扣除－累积收益抵免。其中累积收益抵免，一般性公司为 25 000 美元，个人劳务公司为 15 000 美元。目前的税率为 15%。

另外，为了防止具有所得的纳税人通过不予计列（即免税）、扣除抵免等办法逃避必要的纳税责任，美国还设计一种替代性最低限度税（alternative minimum tax），即按照正常企业所得税应税所得±特定的调整项目＋所有优惠项目－40 000（美元），得到替代性最低限度税应税所得（AMTI），然后在乘以 20%得到最低限度税额。税法规定，对于正常所得税的应纳税额低于最低限度税的纳税人要征收最低限度税。

总的来看，美国实行的是以一个超额累进企业所得税率为基础，同时针对某些特殊情况，采取区别对待的附加税税率的税率制度。超额累进税率虽然能够按照企业的实际纳税能力征收税款，但是这种税率制度比较复杂，一般适用于征管水平较高的国家采用。

（二）*差别比例税率*

目前绝大多数西方国家企业所得税都实行比例税率制。有的国家采用单一比例税率，大部分国家实行差别比例税率，但差别对象因国而异。主要有以下几种类型：

(1)“大小”差别比例税率制。如英国公司所得税税率制度以对大公司和小型公司区别对待为其特色。2004～2005 纳税年度，英国税法规定，对于一般公司实行 30%的税率，对于应税利润低于 30 万英镑的小公司，适用 19%的低税率。中国对于一般企业实行 25%的税率，而对于小型微利企业则实行 20%的优惠税率。这种差别税率的特点是只考虑公司利润的大小，而不考虑所得的来源。

(2) 规模与行业兼顾的差别比例税率制。如加拿大的各州公司所得税，按照非制造加工企业、制造加工企业和小型商业企业分别制定不同的税率，其中一般对制造加工企业和小型商业企业实行低税率。例如安大略省对非制造和加工业公司征 14%，对制造和加工业公司征 12%，而对小型商业公司只征 5.5%。[①]

(3) 未分配利润与已分配利润区别征税的税率制。德国的公司所得税采取对未分配利润与已分配利润按不同税率征税的策略，与归集抵免制相配合免除对股息的重叠征税。具体做法是，对公司应税所得先按适用税率 35%征收。如公司将税后利润分配给股东，则可退还部分公司所得税，使得公司分配利润实际承担 25%的公司所得税。这一笔税收将在收取股息的股东的个人所得税中抵免。[②]

综上所述，各国企业所得税税率制度大多实行有差别的比例税率，即使实行累进税率，档次也比较少。通过有差别的税率制度，实际上形成对不同类型企业的不同政策取向，其一是对中小企业的保护和照顾，其二是与个人所得税配合，避免重复征税。

六、企业所得税的经济效应分析

由于企业生产经营过程涉及很多因素，要全面分析清楚企业所得税的效应很不容易，经济学一般通过抓住核心的要害问题，对问题进行必要简化，给出分析框架。目前已经涉及的主要问题有企业所得税的长期归宿、企业所得税中资本成本扣除政策对企业融资结构的影响、投资激励政策的效果等。

(一) 企业所得税的长期归宿及其影响

如果能够设计一种企业所得税是针对经济利润（收入减去包括所有者权益机会成本在内所有成本后的余额）的，那么税收最终将完全由企业负担。而且由于这种企业所得税并不会改变企业的边际成本，所以不会对企业的最终生产经营行为产生非中性影响。但是，从目前世界各国税制的实践来看，企业所得税一般都不允许扣除所有者权益的机会成本，因为机会成本不是可核算的概念，制度设计和管理上也不可能允许这种扣除，这样在实际上形成了对资本要素的课税。假定借款利息不能在税前扣除，那么从短期看，企业所得税降低了公司部门的资本使用的税后收益，对公司部门的投资产生负面影响。从一般均衡和长期来看，这将导致资本和劳动要素在公司部门和非公司部门间的流动。哈伯格在 20 世纪 60 年代初的文章中分析了这种效应，故被称为哈伯格模型。[③]

哈伯格将产品生产部门划分为公司部门和非公司部门，每个部门生产不同的产品，企业所得税仅对公司使用的部分要素课税，并且假定总体资本和劳动要素供应量是固定的，但生产要素资本和劳动可以在两部门间自由流动。征收企业所得税后，因资本净收益降低，资本就会从该部门流到非公司部门。公司部门就要用劳动力代替资本，公司部门的劳动价格上升，从而劳动力会从非公司部门流到公司部门，产生要素替代效应。其结果是由于成本上升而使产品价格提高，导致消费者对公司部门产品需求的

① http://www.finance.gov.ab.ca/publications/budget/budget2006/tax.html#21.

② http://www.chinatax.gov.cn/n480462/n4273674/n4273774/n4691423/4951301，html.

③ Harberger，A C. 1962. The incidence of the corporation income tax. Journal of Political Economy，70：215～240.

减少，进而使得公司部门由于产出下降而进一步减少对资本要素的投入，相应会减少对劳动力的需求。如果公司部门的劳动密集程度比较高，那么会更大程度地减少对劳动力的需求。对非公司部门而言，由于劳动力流出，就要用资本代替劳动力，资本的价格升高，最终同样引起产品价格上升，产量减少，同样导致对要素需求的减少。当最终达到平衡时，公司部门和非公司部门的税后资本收益相同。但由于产量下降和要素不能充分利用，造成福利损失即所谓额外负担，这个福利损失不仅由公司部门中的资本所有者承担，而且非公司部门的资本所有者和全体劳动力、消费者也承担了损失。到底消费者、资本所有者和劳动力各自承担了多少损失，取决于要素的需求和供给弹性，用资本代替劳动力或用劳动力替代资本的替代弹性，以及两个部门的劳动或资本密集程度。

虽然哈伯格的分析基于非常严格的假定前提，并且是在高度简化的情况下进行，与实际情况存在距离，但仍对深入思考问题提供了有益的引导。这已经在阐述一般均衡分析思路时讨论过了。实际上，当我们看到企业所得税长期效应的同时，也要看到由于企业所得税存在许多特殊的制度安排，短期和局部也会对企业经营决策特别是投资决策产生影响。

（二）企业所得税中资本成本扣除政策对企业融资结构的影响

企业融资结构或企业资本结构指的是负债占总资本的比重。经济学家莫迪格利安尼（Modigliani，F.）和米勒（Miller，M.）曾经于1958年提出关于企业资本结构的著名的MM定理，指出在资本市场完善、不存在破产，以及不考虑税收因素的情况下，资本结构与公司价值以及股东利益无关。① 但是出于管理可行性的考虑，通常在企业所得税制度设计中，企业的股权融资成本（一般指企业年终实际发放的红利）是不能扣除的，企业因投资而发生的借款利息支出是可以全部或者部分扣除的。这样，利用股权融资和债权融资就会对企业的收益产生不同的影响。在其他条件不变的情况下，这种政策安排显然会鼓励企业更多地采取债权融资。因此，有的学者提出通过改革这种制度安排来消除企业所得税的非中性影响。提出的设想有如下两种：

第一种是对股权融资和债权融资一视同仁，其办法是允许股息和借款利息一样扣除。有的文献还主张加上折旧，实行真实折旧率而不是法定折旧率。这样企业所得税就是中性的了。但是企业所得税制度中之所以允许借款利息扣除，是因为利息是资本使用成本，是已经发生资本交易的支出，可以观察和核算。而股本的成本多少，无法直接计算，因为股息支付是在企业所得税之后。真实折旧率也无法观察和核算。因此制度设计和管理均存在困难。此外，允许股息扣除，虽然解决了股本融资和债权融资的差别，但却对企业股利政策产生干扰，在个人所得税税率不高的情况下，企业会因为税收的这种政策而倾向减少保留利润，同时也使企业所得税实际上不存在了。

---

① Modigliani，F.，Miller，M.. 1958. The cost of capital，corporation finance and the theory of investment. American Economic Review，48：61～97.

第二种是不允许借款利息扣除，但是对资本性支出准予冲销，这就是所谓“现金流量税”。这虽然也能做到股权融资和债权融资一视同仁，而且也不需要观察真实折旧率和资本成本。但在高投资年份企业利润将出现负数，一般年份账面利润也将减少，产生政府收入推后实现问题。这种税对资本密集型产业有利，同样也将产生扭曲性影响。

从上面的设想中我们看到，任何方案都是有利有弊的，选择时关键要找到利大于弊的方案。从目前看，传统的办法即允许利息扣除的制度安排仍然是可行的。发达国家的研究也表明，由于其他因素的作用，企业并没有因此而过多地利用债权融资的方式。由于债权融资的扩大将增加企业的利息支付，从而给企业带来到期无法清偿债务的压力，意味着企业破产的可能性增大。另外，股东希望公司可以通过再投资或者回购公司股票的方式减少红利的发放，从而减少因获得红利而缴纳的资本利得税，而这种逃避资本利得税的做法多少能够抵消债务利息免税的作用[①]。

（三）企业所得税投资激励政策对投资规模的影响

为了一定程度上抵消企业所得税的福利损失，在企业所得税制度设计中往往安排了激励投资的措施，就是前面阐述过的优惠政策，特别是投资抵免和加速折旧。这些措施是否能够实现激励投资的制度设计初衷，理论界对此存在不同看法。

一种看法是加速器模型，假定生产中的资本与产出的比率是固定的。企业增加一个单位的产出必然就需要相应增加固定倍数的投资，因此投资量取决于产出水平，以及由技术水平所决定的资本与产出比率。虽然企业所得税规定优惠政策会使资本的使用成本降低，但对资本需求没有影响。

另一种看法是现金流量模型，是否投资决定于现金流量即收入与投入品支出的差额，这个差额越大，表明可支配现金越多，投资愿望也越大。这一模型认为由于投资者本人对投资项目比债权者（包括银行）更了解，而贷款提供者可能认为风险比较大而提高资本供给的要价。如果这样，使用企业内部资金比借贷的成本要低，因此内部资金流量即现金流量对投资有决定性作用。如果这个观点正确，人们一次总付税的税收模式对投资有很大影响，因为这个税收会减少现金流量。但企业所得税因为对收益课税，就被认为对投资影响不大。

还有一种看法就是新古典模型。在自由竞争的市场中，资本与产出的比率并不是固定的、不可选择的，而是可选择的，如何选择取决于资本使用者成本（user cost of capital）。如果企业所得税制度存在使这个成本降低的规定，那么会激励投资；相反则会阻碍投资。新古典模型还认为在完全自由竞争市场经济中，不管内部资金还是外部资金，其成本都会趋向相同，因此投资不取决于现金流量。

现在我们来仔细分析一下企业所得税如何通过改变资本使用者成本影响投资。所谓资本使用者成本是从资本品使用的角度来核算企业资本的实际成本，它包括企业投

① 刘宇飞，《当代西方财政学》，北京大学出版社，2000年，第398页。

资所产生的机会成本以及由于税收、折旧等因素引起的直接成本。例如，张三投资 20 万元购置一台汽车用作出租经营，如果将这 20 万元贷出去能获得 10%的税后收益，再假定汽车的经济折旧率为 10%，就是说到第二年如果把这台汽车出售只能卖 18 万元。在不考虑税收的情况下，资本使用者成本用百分数表示为 20%，即每年的资本成本为 4 万元，张三只有在每年至少能够挣得 4 万元的情况下才会进行这项投资。

我们首先假定企业投资于一项单位价格为 q 的资本品，企业的资金来源为自有资金。自有资金的成本则是企业放弃将这笔资金用于借贷而获得的利息收入，利息收入由市场利率决定，用 r 来表示。另外，假定该资本品的经济折旧率为 δ。这样，在不存在税收的情况下，该资本品的使用者成本为

$$C=q(r+\delta) \tag{10-1}$$

只有当该资本产生的收益 R 大于其资本使用成本 C，即 $R>C$ 时，企业才会投资。

现在引入税收的因素，对资本使用收益按照税率 t 课征企业所得税，暂不考虑其他税收，在满足税后收益大于资本使用成本的条件下企业才会投资，即 $(1-t)R>C$。此时，只有资本的收益 R 大于 $\dfrac{C}{1-t}$ 时，企业才会投资，征收企业所得税提高了企业资本使用成本。征税时，资本使用者成本为

$$C=\frac{q(r+\delta)}{1-t} \tag{10-2}$$

现在加入企业所得税中有关折旧扣除（或加速折旧）、投资抵免因素。假定税法规定企业可以按照直线折旧法或者加速折旧法对该项资本品进行折旧，设经济折旧率为 φ，并且允许按投资额一定比率给予投资抵免，设投资抵免的比率为 κ，资本使用者成本最终就降低为

$$C=\frac{q(r+\delta)(1-\varphi-\kappa)}{1-t} \tag{10-3}$$

式（10-3）说明了企业所得税是如何影响资本使用者成本的。在其他条件不变的情况下，企业所得税会使资本使用者成本上升，而折旧和投资抵免的政策则会降低企业的资本使用者成本。那么企业所得税对投资的影响到底如何，就将取决于投资者对资本使用者成本变化的敏感程度，如果很敏感，企业所得税的影响就大，折旧扣除特别是加速折旧、投资抵免等措施可成为刺激投资的有力工具。有研究表明，在美国，投资对资本使用者成本的弹性在 0.4 左右①，还是相当敏感的。但中国的情况如何还需要通过实证加以说明。

（四）企业所得税对股息分配政策的影响

经济学家米勒和莫迪格利安尼于 1961 年提出关于股利政策与公司价值无关的另一

① Chrinko，Robert S.. 2002. Corporate taxation，capital formation，and the substitution elasticity between labor and capital. National Tax Journal，40：339～355；转引自（美）哈维·罗森著，郭庆旺、赵志耘译，《财政学》（第七版），中国人民大学出版社，2006 年，第 365 页。

个MM定理。指出“在一个理性的和完全资本市场的理想经济环境中，企业市场价值仅仅取决于本身的投资决策和盈利能力，而不是对利润成果分配进行‘包装’的结果”①。企业既可以选择将利润通过红利的方式发放给股东，也可以保留下来进行再投资或者回购股票。如果不存在税收和交易成本，并且信息可完全获得，那么企业一定数额的利润留存将会导致企业股票价值上升，因此对于股东来说红利是否发放并没有什么区别。

然而在引入税收后，情况就发生了改变。假定企业所得税实行古典制，也不存在税负转嫁，那么首先由于企业所得税是以包括要分配的股利在内的全部净收益为课税对象的，所以企业所得税实际上也是由股东支付的，这样股东在企业层面已经支付一笔所得税。如果企业将税后收益向股东派发股息红利，股东必须将其作为个人收入缴纳个人所得税。如果企业选择保留收益的做法，那么会导致股东持有股票的升值，但只当股东出售股票时，其获得的收益才要缴纳资本利得税。

理论上讲，为少缴税收，股东会反对企业派发股息红利，从而逃避个人所得税，并且通过长期持有股票来延缓缴纳资本利得税。但是，从美国的实际情况看，股份公司并没有采取将全部利润保留下来的股利政策，有79%的公司将税后利润作为股息红利派发给了股东。② 这种现象被称为“股利悖论”。一些文献试图对此加以解释。一种解释是企业往往将发放股息红利作为企业业绩良好的信号，另外有些机构（如养老基金、大学等）和顾客由于不用纳税或适用税率较低，企业为了迎合他们而派发股息。但也有相反证据说明这二者之间相关性不明显。③ 另一种解释是企业采取什么样的股利政策（即在有盈利的情况下，是派发股息红利还是留存利润扩大生产）不完全由税收一个因素决定，对留存利润再投资的收益预期也是重要决定因素。企业盛行的财务目标是股东财富最大化，尽管存在对股利的个人所得税，股利派发会增加股东的税收负担，但公司的利润只能在有合理期望的时候才能留存。所谓合理期望就是留存的资产可以产生与股东通常可以获得的相同或更高收益（超额收益）。④ 因此当企业预期留存利润的风险比较大，可能获得的超额收益不一定大于因派发股利而增加的税收时，往往会选择进行股利发放。⑤

---

① Miller，M. & Modigliani，F.. 1961. Dividend policy，growth，and the valuation of shares. Journal of Business，34：411～433.

② The Council of Economic Advisers. 2003. Economic Report of the President 2003. Washington，D. C.：U. S. Government Printing Office：381.

③ （美）哈维·罗森著，郭庆旺、赵志耘译，《财政学》（第七版），中国人民大学出版社，2006年，第367页。

④ （美）沃伦·巴菲特著，陈鑫译，《巴菲特：从100元到160亿》，中国财政经济出版社，2000年，第165页；转引自李常青，《股利政策理论与实证研究》，中国人民大学出版社，2001年，第95页。

⑤ Feldstein，Martin and Green，Jerry. 1983. Why do companies pay dividends?. The American Economic Review，73：17～30.

第三节　社会保险税原理

社会保险制度及其相应的社会保险税在财政体系中占有越来越重要的地位，是社会十分关注的问题。因此，在阐述了所得税原理后，还要讨论社会保险税制度设计原理。由于社会保险税是专门为筹集社会保险基金而设置的税种，要研究社会保险税，还得先对社会保险制度作一个概要性说明。

一、社会保险的必要性和主要模式

（一）社会保险的必要性

经济学一般从市场失灵、信息不对称和收入分配等方面说明社会保险即通过政府强制保险的必要性。私人保险市场以盈利为目的，基于契约，契约对承保对象、范围、期限和责任都必须规定明确，一般以“多投多保、少投少保、不投不保”的等价交换为原则，即被保险人享受的保险利益以缴纳的保险费和投保期限长短为依据。保险人与被保险人订立的契约一旦到期，保险责任自然终止。但如养老保险、医疗保险和失业保险等很难通过明确稳定的保险契约加以规定。例如对养老保险，退休年龄可以明确，但是退休以后的寿命长短却是不确定的，换句话说，被保险人支付的保险费的年限是一定的，但享受保险金（年金）的年限是不确定的，这样就出现风险与利益不对等。保险公司会把风险估计得比较高，而要求较高的保费，其结果投保的人就减少，市场就萎缩。因此市场无法提供有效率的保险供给。

由于潜在的保险购买者比保险公司对自己的健康、工作等状况更了解，这就是信息不对称。当保险公司无法知道不同人的健康状态、预期寿命或是否在某个时候失业时，只能为每个人提供相同的保单。但是健康不佳、预期寿命比较短和容易失业的人显然更需要投保，而这些人正是保险公司不愿意要的客户。保险公司出于利益最大化和风险最小化的考虑，更愿意选择情况相反的顾客，这就是逆向选择（adverse selection）现象，这个现象的存在使私人保险市场无法解决风险不确定性与盈利性及契约稳定性的矛盾，也无法解决保险行为的长期性与私人保险企业要尽快收回资本的短期性矛盾，从而使像养老、医疗、失业、伤残等领域无法形成有效率的私人保险市场。而通过政府采用强制式的社会保险，可以在全社会范围内调剂保险费余缺，在全社会范围内达到分散风险的目的，在较长时期甚至通过跨代资金平衡达到风险与利益对等。在出现通货膨胀时，社会可提供私人保险公司无法提供的保险利益指数化调整措施，让保险利益保值。此外，研究表明，在养老保险等保险领域，政府提供比私人提供更有效率。在美国，社会保险的管理成本低于所支付利益的1%，但对私人养老金，这一比例高达6%。[①]

---

① （美）约瑟夫·E. 斯蒂格利茨著，郭庆旺、杨志勇等译，《公共部门经济学》，中国人民大学出版社，2005年，第301页。

（二）社会保险制度的主要模式

社会保险制度由承保对象、承保项目、保险基金筹集方式等基本因素组成。从各个要素出发可将社会保险制度划分为不同模式类型。从承保对象角度，有特定职业社会保险模式、一般就业社会保险模式和普遍的社会保险模式；就承保项目着眼，有单项社会保险模式和多项社会保险模式之分；就保险基金的来源看，有雇主雇员缴纳保险费和国家财政拨款相结合模式、雇主责任模式（即由雇主支付保险费）、储蓄保险基金即自助型保险模式；就保险基金的筹集方式来说，有现收现付式、预筹积累式、部分积累式之分。本节着重研究承保对象、承保项目、社会保险基金来源及受益关系等方面涉及的社会保险模式问题，社会保险基金筹集方式在下一节阐述。

1. 普遍社会保险模式

瑞典、丹麦、荷兰等北欧“福利国家”和加拿大、澳大利亚等西方发达国家采用这一模式。这一模式的主要特征表现为以下几个方面，其一，这一模式的社会保险受益者范围广，接受全体居民或公民，凡是在本国居住满一定期限的居民或公民，都有按照立法统一规定的标准享受现金补助的权利。其二，就承保项目而言，覆盖老年退休、医疗、疾病、伤残、失业、生育、儿童保育、死亡和遗嘱保险等各个项目，它们宣称实施了一种“从摇篮到坟墓”的社会保险制度。其三，就社会保险基金来看，社会保险和一般性财政拨款相结合，具体情况因国而异。从捐献（缴纳保险税或费）与受益关系看也是因国而异。有的国家不强调宏观上的捐献收入与受益的绝对平衡，许多项目由政府一般性财政收入加以支持，如加拿大“一般性补助”、“最低收入保障”、“社会补助”3大类社会保险计划，都没有相对应的社会保险税形式，全由一般性财政收入加以支付。有的国家则强调社会保险项目与特定社会保险税的一一对应关系，如瑞典，每一个社会保险项目都设置一个一定比率的工薪税。普遍社会保险模式还有一个显著的特点就是对多项社会保险项目，居民或人民是按统一标准领取受益，受益额不与先前的收入、工作或财产状况挂钩。当然这并不排除在某项补充性社会保险项目上仍存在与先前收入挂钩的情况。以瑞典养老金为例，养老金受益分为基本部分与补充部分，基本部分采用固定基数的一定比例发放，不与先前收入关联，而补充养老金为投保人年平均投保收入与固定基数差额的60%。

普遍的社会保险模式，主要优点在于可以使社会保险的功能得到最广泛的发挥。社会保险的首要功能是分散风险、保持社会安全与稳定，只有集合社会上一定数量的人和单位组合成较大的社会保险集合体，才能根据风险分散的法则，使发生于少数人或少数单位的风险，由多数人或多数单位共同分担。社会保险覆盖面越广，参加的人越多，越能发挥风险分散的作用。社会保险还有收入再分配促进社会公平的功能，这一功能同样只有在普遍社会保险模式下才能充分发挥。社会保险的实施过程必然存在收入再分配效应，也就是通过社会保险税和其他税的征收以及社会保险受益的兑现使国民收入由高收入者转向低收入者，缩小贫富差距，这样一种再分配效应的波及范围会随着社会保险范围的增大而增大。

但这一模式也带有严重的缺点。首先，这一模式只有在生产力水平高度发达以后才能实行，对许多发展中国家来说，它是不可行的。许多发展中国家人口众多，生产力落后，解决温饱问题尚感吃力，没有多少财力、物力可用于社会保险。其次，对经济的健康、可持续、有效运行会产生不利影响。实行普遍型社会保险模式的国家均出现社会保险捐款与受益支出严重脱节的问题，社会保险支出大大超过社会保险基金来源。弥补社会保险赤字的途径无非两条，一是提高税率，增加社会保险基金来源，但这样做的结果会损害劳动积极性和投资积极性。因为税率的提高会使投资和劳动的实际收益（即税后收益）减少，其结果会影响经济增长，最终会动摇社会保险的物质基础。二是减少社会保险支出，然而这样会引起民众的反抗，在民主国家会减少当权者的"选票"，所以许多国家不仅不能削减社会保险项目，而且要以增加社会保险项目、提高社会保险利益来安抚民心、维持政权统治。束手无策之余只能牺牲财政平衡，更多地把财政一般性收入转为社会保险基金，但财政赤字的结果要么导致增税，要么导致发行货币，造成通货膨胀，其结果又会使实际的社会保险收益减少。这样一种恶性循环局面的出现说明兼顾效率与公平是极其困难的。再次，保险受益不与先前收入状况挂钩，一些人吃大锅饭，不思努力和工作，导致社会懒惰成风，由干活的人来养活不干活的人，损害了勤奋工作的人们的积极性。怎样在实施社会保险、保持社会稳定的同时促进经济增长是需要认真思考的重大问题。

2. 就业（收入）关联的社会保险模式

美国、德国、日本等多数国家采用这一模式。这一模式下，承保对象的范围要比普遍社会保险模式小得多，但也把一般的受雇人员和从业人员及其家庭广泛地纳入承保对象范围中。有些国家还实行一般保险与特定职业系统保险相结合的方式，尽量地扩大承保对象范围。如美国联邦实行的"社会总保险体系——老年、遗属、伤残保险和医疗保险制度"（Old Age，Survivors，Disability Insurance and Medical Health Insurance，OASDI and MHI）适用于政府职员和铁路员工以外的所有受雇职工及大多数独立（个体）劳动者、经营者。政府职员和铁路员工实行独立的保险制度。失业保险补偿计划则由联邦和州共同承担。这一模式下的承保项目对比普遍社会保险制度也略有减少，但仍然包括老年退休、医疗、疾病、失业、伤残等社会保险的基本项目。一般说来，这一模式的特征并不表现在承保对象和承保项目范围的大小上，而主要地表现在保险受益的领取要与收入挂钩这一点上。也就是说，这一模式下享受社会保险年金或定期补助的权利，直接或间接地取决于受保人受雇年限的长短，或缴纳保险税（费）时间的长短。家属津贴及工伤保障则取决于是否存在雇佣关系。个人领取的年金（包括养老金、伤残抚恤金、遗属抚恤金）和其他短期补助，与受保人在事故发生前的收入有关。例如美国的老年与遗属保障制度（OASI）规定，退休者必须在该保险制度承认的行业中工作，并曾支付工薪税达到一定年限才能获得 OASI 补助。个人受益额的大小取决于过去收入所得与所对应交纳的社会保险税税额。在德国也是如此，养老金的多少，取决于保险期限的长短和劳动收入的多少；工伤保险受益额与原来的年收入相联系，被保险人因工伤而完全丧失劳动能力可获得原年收入 2/3 的补偿；失业保险的受益额也与原先的工资水平相联系。这一模式在社会保险基金的筹集与运用上也有其特点，那就是，特定的保险受益与特定的工薪税相联系，当通过工薪税筹集的社会保险收入不足以抵偿受益支出出现差额时，由一般性财政收入弥补。

这一模式的主要优点表现为对经济效益的损害较小，被保险人获得保险受益的多少与其先前劳动收入相关联，先前劳动勤奋获得的收入多，丧失劳动能力后享受社会保险利益时可获得较多的支持。这可在一定程度上抑制懒惰之风蔓延，促使劳动者在有劳动能力时多做工作，在暂时失业时积极寻找工作。这一模式的社会保险制度在实际运行过程中也存在一些问题。主要表现在长期的财政压力。这一问题与实行普遍社会保险制度情况下的问题相类似。西方许多国家面临人口老龄化局面，退休人员增加，以及通货膨胀因素，社会保险费支出不断膨胀，而收入却相对固定，社会保险基金入不敷出，各个国家都不同程度出现财政压力，为了保证社会保险可持续，往往使社会保险税率不断提高。但财政压力的严重程度要小于普遍社会保险模式。例如在美国，社会保险基金的盈余可持续到2016年，但从更长时期看，随着人口中退休人员比例继续上升，维持现状很困难。所以在美国等发达国家都在探讨改革途径。基本趋势是社会保险从单纯的公共制度转变为公私混合制度，就是将工薪税的一定比率转入个人退休账户，同时以此为条件要求个人增加社会保险缴款比率。例如美国提出的一种方案，是将工薪税缴纳比例（目前雇主和个人缴纳的总比率是15.3%）中的2.5%转入个人退休账户，条件是此人向个人退休账户多缴纳1%。这样做的目的，一方面是通过一定程度的“私有化”，减少社会保险制度对效率的损害；另一方面增加社保储蓄，减少未来财政压力。这一模式实际上就是下面要论及的预筹积累或远期纵向平衡模式，但也有局限性。

3. 储蓄自助保险模式

采用这一模式的有新加坡、印度、印尼、马来西亚等发展中国家。实质上这是一种强制储蓄制度。其主要做法是，由国家通过立法，强制雇主和雇员缴纳定额保险费，建立社会保险基金，作为雇员的存款专户存储、专款专用，在受益人退休时，连本带息一次性将工作期间缴纳的保险费发给本人。在少数情况下，受益人也可以自由选择分期领取养老金，或将存款交付给遗属。这一模式的主要优点是，社会保险基金总是收支平衡，不会出现国家财政困难。工作期间投保人与其雇主交纳多少保险费，将来就获得多少受益（当然加上利息），基本上没有收入再分配问题，不存在依赖社会保险制度而偷闲以致影响经济效益问题。但很显然，这是一种低水平的社会保险制度，社会保险的功能未能得以全面充分发挥，分散风险、互相帮助、国民收入再分配和促进社会稳定社会公平等功能在这一模式下都无从谈起，这种社会保险充其量不过起一种家庭养老传统的补充作用，因而并不是社会保险制度发展的目标。

二、社会保险税的性质和类型

（一）社会保险税的性质

社会保险税又称工资税、工薪税，是为筹集社会保险基金而形成的一个税种。有的国家不把筹集社会保险基金的手段称为税，而称为社会保险费或社会保险捐款，这是基于其具有返还性比较明显和专款专用的特点。但由于其同样具有一般税收的强制性、不直接返还、确定性、均一性 4 个基本特征，所以将其作为一种特别的税种也是正确的。本书均称其为社会保险税。由于返还性比较明显，纳税人乐于缴纳，管理成本比较低，社会保险税是一种简单的富有效率的税种。社会保险税于 1937 年在美国创立，目前几乎所有的发达国家和一些发展中国家均开征社会保险税。这一税种在第二次世界大战以后，随着社会保险事业的发展而日益重要，在许多发达国家社会保险税的征税规模已属各税之首，成为引人注目的税种，在财政体系中占有越来越重要的地位。

（二）社会保险税的基本特点

社会保险税是为筹集社保基金而开设的，有明确的特定目的，全部税款用于社会保险，作为社会保险受益返还给受益人。各国社会保险制度有如下共同特点。其一，社会保险税的纳税人一般为雇员和雇主。有些国家特定的社会保险项目缴款全由雇主缴纳，有些国家还把自营业主（或个体业主）纳入社会保险税范围。其二，社会保险税的征税对象是工资或薪金，工薪以外的投资所得、资本利得等所得项目都不需纳社会保险税。作为税基的工资薪金不仅包括由雇主支付的现金，还包括具有工薪性质的实物性收入和其他等价物收入。其三，征税工资薪金有最高限额规定，其具体数额因国而异。如美国 2007 和 2008 年社会保险税征税的工资薪金最高限额分别为 97 500 和 102 000 美元，超过这个数额部分的工薪不必缴纳社会保险税。这一规定使高薪收入雇员的社会保险税平均税率低于低薪雇员，反映出社会保险税具有累退性。其四，社会保险税实行由雇主源泉扣缴的征收办法。其五，税率的高低联系承保项目确定，进一步体现专款专用的性质。

（三）社会保险税的类型。

各国社会保险税尽管有上述共同点，但具体的税制设置仍有很大差别。概括起来有 3 大类型：

第一种是从承保对象和承保项目相结合角度设置的一般社会保险税和特定社会保险税并存的模式，这一模式以美国为代表。美国社会保险税不是一个单一税种的结构，而是由针对大多数承保对象和覆盖大部分承保项目的一般社会保险税与针对失业这一特定承保项目的失业保险税，以及针对特定部分承保对象而设置的铁路员工社会保险税组成的税收体系。其中，满足老年、遗属、伤残保险以及健康保险项目需要的社会保险税称为一般社会保险税。美国模式的主要优点是具有较强的适应性，可在适应一般社会保险需要基础上针对某个或某几个特定行业实行与行业工作特点相联系的加强式社会保险，还可让特定的承保项目在保险费收支上自成体系。缺点是统一性较差，管理不够便利，返还性的表现不够具体。社会保险税的征税具有累退性，再分配的效应受扼制，社会保险税的社会公平功能趋于减弱。

第二种是单纯以承保对象而分类设置社会保险税的模式，这种模式以英国为代表。英国的社会保险税在设置上主要以承保对象为标准，建立起由 4 大类社会保险税组成的社会保险税体系。第一类主要针对一般雇员，实行全额累进征收，但对雇员的工薪收入有最高限征额；第二类针对全体经营者征收，实行定额税率；第三类针对自愿投保者征收（包括无业者，也包括前两类中想增加保险金权益的人），同样为定额税率；第四类针对营业利润达到一定水平以上的个体或独立经营者征收，实行比例税率。英国模式的主要优点是针对不同就业人员或非就业人员的特点，采用不同的税率制度，便于执行。一般雇员受雇于公司企业，收入账簿容易核实，实行累进税率具有可行性，且较符合税制公平原则。对累进税率不可行的个体经营者和自愿投保人实行定额税率，征管不会遇到麻烦，对个体或独立经营的营业利润按一个比例税率征收也十分便利。这一模式主要缺点是实行全额累进，会出现税率临界点税负剧增现象，且社会保险税的征收与承保项目没有明确挂钩，社会保险税的返还性也未能得到更具体的体现。

第三种是单纯以承保项目而分项设置社会保险税的模式。这种模式以瑞典和德国为代表。瑞典的社会保险税按不同用途分为 19 项，分别确定一定的比率从工资或薪金中提取。德国的社会保险捐献由健康保险捐献、老年和长期伤残保险捐献、失业保险捐献、工业事故和职业病保险捐献 4 个部分组成。所有工人、职员、家庭手工业者及从事其他职业的人均有义务参加健康保险，捐献率（即社会保险税税率）为 13.5%，所有雇员都要参加退休保险（个体经营者及家庭妇女可自愿参加）、失业保险，保险费捐献率分别为 18.7%和 5%。上述 3 项保险捐款均为雇员雇主各付一半。此外，所有的雇主还有责任替其雇员缴纳工业事故和职业病保险捐款，每年的捐献率根据各个行业事故风险程度及全部职工年工资总额等因素决定。这一模式的最大优点在于社会保险税的征收与承保项目建立起一一对应关系，专税专用，返还性特别明显，哪个承保项目对财力的需要量大，哪个项目的社会保险税税率就提高。缺点是各个项目之间财力调剂余地较小。

三、社会保险税负担水平的确定

用社会保险税筹集上来的社会保险基金为社会保险制度奠定了物质基础，社会保险基金的使用、保险受益的给付在宏观上一般不能超过社会保险税征收总额，要以收定支、收付平衡。实践中有 3 种平衡方式，即近期横向平衡、远期纵向平衡以及近期长期综合平衡方式。

（一）近期横向平衡

近期横向平衡就是当期提取的社会保险税总额以同期所需支付的社会保险费用总额为依据，当期筹集当期使用，现收现付，收付平衡。以养老金为例，就是根据当期退休养老保险的承保对象的人数、单位保险受益数额、所有参保人员的工资总额、物价指数等因素，确定一个宏观提取比率，向在职的承保对象征收社会保险税，用以向退休职工发放退休金，一般要做到略有结余。以近期横向平衡为基础的社会保险税宏观税率的确定方式称现收现付式。其优点是简便易行，可按照社会保险需求增长及时调整征税比例，保持社会保险基金收支平衡，防止基金因通货膨胀而贬值。缺点是现收现付，没有储备积累，在社会保险需求增长迅速的时期，社会保险税的宏观税率要定得很高，在税率难以提高的情况下会导致基金赤字、支付危机。在老年退休承保项目上，遇人口老龄化高峰期极易出现这种情况。因为在退休保险基金筹集上采取现收现付办法，意味着从相对年轻的在职职工手中获得一定基金并立即转付到年老的退休者手中，形成国民收入跨代转移，在退休人员占总人口比例很高时，在职职工就要负担沉重的社会保险税。因此，这一收付平衡方式在工伤、生育、短期病假等费用开支比较稳定、基金的收付必须同期进行的承保项目中采用比较合适，而在老年退休保险等保险受益取决于投保纳税期间长短的承保项目中使用并不合适。

（二）远期纵向平衡

远期纵向收付平衡是就一个比较长的计划期或每个承保对象的整个承保期考虑社会保险基金收付平衡，整体上是一种滚动式平衡。具体方法叫预筹积累，又称储蓄积累式或全基金式。首先对人口、工资、物价、利息等多种因素进行宏观预测，然后在此基础上预计社会保险的承保对象在享受保险待遇期间所需开支的保险基金总量，并按比例均匀地分摊到承保对象的整个就业或投保期间，从承保对象就业的第一天起，就依法由本人和雇主向国家交纳社会保险税形成基金，由政府专门机构管理使用增值，到需要支付社会保险受益时再逐期或一次性给付。对每个承保对象而言是先提后用，对社会保险制度整体而言，形成一种在长期内逐渐提高、逐期使用、不断增减、纵向循环的滚动式平衡关系，实现分散危险的目标。这种平衡方式使社会保险制度有了一定的储备功能，提取比率稳定，个人和企业负担均衡，既使社会保险有稳定的经济来源，又减少现收现付方式下可能出现社会保险基金提取比率（即社会保险税宏观税率）不断提高的被动性。但此种方式要求每个企业和承保对象分别立账、分别核算，使基金互助调剂的成分小，保险受益与缴纳社会保险税挂钩，收入再分配功能减弱。测算社会保险税宏观税率过于复杂，难以实行。在通货膨胀情况下，社会保险基金面临贬值的危险。特别地，这种方式对已建立退休保险制度而没有预留积累的国家来说实行起来难度更大，例如在中国，如果采用这一平衡方式，既要为已经退休的人员支付退休金，又要为在职职工进行预先积累，双重压力使政府与企业都难以承受。

（三）近期长期综合平衡方式

综合近期横向平衡和远期纵向平衡的优点，按照当前的实际需要加上一定的储备因素来保持基金收支的平衡。一般称以此种平衡方式为基础的社会保险筹集方式为部分积累式。其主要优点是可避免可能出现的社会保险税税率不断升高或支付困难的局面，因为在现收现付中包含了储备因素，可以用储备调剂补充现收现付额。二者的互相调剂补充，还会使社会保险基金产生一种稳定功能。在经济景气时期，工资水平高，可多提积累，或将现收现付的节余部分存入积累，在萧条时期，工资水平降低，可降低提取比例（社会保险税宏观税率），或从积累款中划出一部分补充现收现付款，用以支付保险受益。但是由于部分积累式仍以存在先收未用的积累基金为其特点，仍然存在通货膨胀使基金贬值问题。因此，如果能有效地营运积累基金，在安全可靠的前提下，使基金尽可能地获得增值，最大限度地减少贬值风险，那么这一社会保险基金收付平衡方式是比较好的，已经为越来越多的国家所认识和采用。

【本章小结】

1. 确定个人所得税征税对象的主要理论有周期说或所得的源泉说、净值说或纯资产增加说、净值加消费说（“S-H-S”所得概念）、交易说。确定个人所得税征税所得范围的一般规则是：通过交换并能以货币衡量的所得、已变现的所得。

为了保证中国的个人所得税易于征管，目前列入征税所得范围的主要是规则性、周期性、以货币表现（包括有价证券）的所得，某些原可以用货币表现的实物收入要折算为货币所得。对多数与职务或所在单位有关的“待遇”性实际所得，应着眼于深化市场取向改革，逐步将“暗补”即隐性收入转化为“明补”即显性、账面收入，列入征税所得范围。

2. 个人所得税综合费用扣除包括费用扣除、生计扣除。生计扣除要保证纳税人及家庭的最低生活水平，遵循最低生活费用不纳税原则。

中国个人所得税工薪所得间接费用扣除的基本原则是：以人为本、促进公益、与企业所得税协调。生计扣除额的确定应当以维持纳税人本人及家庭成员的最低生活费用为基础依据，而不能以平均收入、某一阶层的最高收入、平均消费支出为依据。具体标准要依据个人所得税功能定位和各阶层收入水平确定。如果个人所得税定位于以筹集财政收入功能为主，扣除标准可以定的比较低；如果主要针对城镇高收入以上家庭和居民，生计费用扣除标准可设定为 2000 元以上。

3. 最高边际税率规定的比较高，可以限制高收入者进一步富裕，但也有研究表明最高边际税率定得高会损害高收入者的积极性，造成福利损失。在税率结构中安排较长的基本税率线有利于对大多数纳税人采用源泉扣缴的征管办法，不过按能力负担原则的实行广度就缩小了。中国个人所得税税率制度改革的方向是低税率、少差别。

4. 个人所得税的申报单位可以是个人也可以是家庭。个人所得税按其征收方式可分为分类所得税、综合所得税、分类综合所得税 3 种类型。个人所得税的征收方法主要有 3 种，即申报法、课源法、测定法。

在目前中国还没有推行西方模式个人所得税（个人申报的综合所得税）的社会经济文化条件下，个人所得税的改革完善要基于中国国情。为了解决对工薪收入者以外的高收入者（如明星、商人等）征管困难问题，可推行一种具有中国特色的最低限度税制度或管理办法。

5. 个人所得税会对个人在劳动和不劳动（闲暇）、当前消费与储蓄之间的选择以及资产组合产生影响。具体表现为收入效应、替代效应。由于收入效应和替代效应的大小取决于个人的偏好，即因人而异、因时而异。总的来看，个人所得税的影响是不确定的。

6. 企业一般被定义为以盈利为目的，并以一定的法律形式存在的独立从事商品生产经营活动和商业服务的经济组织。其主要特征是营利性、集合性、具有管理中心、持续存在、所有者权益可自由转让。从营利事业角度看，企业、公司、法人这三个概念的涵盖面大部分是相同的。

在与个人所得税的分工上，多数国家的企业所得税采取法人税模式，就是企业所得税仅对法人企业、有营利的非公司法人课征。对合伙企业和其他非法人企业或组织则不作为独立的纳税人看待，其所得分别归属到所有人（个人投资者）、合伙人、受益人名下，征收个人所得税。

企业所得税存在依据，在法学上有“法人实在说”和“法人虚拟说”的对立。法人虚拟说认为企业所得税不应该同个人所得税并存。尽管理论界存在着巨大的争议，但是各国政府仍然倾向于个人所得税和企业所得税并存的税收制度，且均制定消除两税并存产生的消极影响的措施，这导致企业所得税具有多种不同类型，包括古典制、两率制、免税制、归集抵免制。

7. 企业所得税是对企业生产经营的纯收入征税的，也就是说企业所得税税基即应纳税所得额是企业的各种营业所得和非营业所得扣除生产经营中的必要成本和损失后的余额，即利润或净收益。

企业的资本利得是企业房屋、土地、证券以及无形资产等资本性资产增值或者出售所获取的收益。在企业重组、并购场合大量涉及资本利得课税问题。目前比较通行的做法是对资本利得要按已变现原则课税，但要与生产经营所得差别对待，对资本利得给予优惠。

亏损结转是指企业某一年度的亏损可以用其他应税年度（包括以前年度和以后年度）的利润进行抵补的特别制度。

对存货计价一般允许企业在计税时采用成本与市价孰低法。对存货原始成本的计价，只要是符合一般商业惯例和公认会计准则，且与税法没有抵触的方法，企业均可采用，不过一经选用未经批准不得变更。

由于现实中，衡量固定资产的实际消耗、确定固定资产的实际使用年限比较困难，所以税法采取不同资产法定折旧年限的办法。

在企业所得税制中，税收优惠又称为税式支出，是引导企业经济行为的重要手段，具体方式有减免税、再投资退税、投资抵免、亏损结转、加成费用扣除、加速折旧等。

8. 多数国家企业所得税实行比例税率制。有的国家采用单一比例税率，大部分国家实行差别比例税率。

9. 从长期看企业所得税会造成福利损失，但到底消费者、资本所有者和劳动力各自承担了多少损失，取决于要素的需求和供给弹性、用资本代替劳动力或用劳动力替代资本的替代弹性，以及两个部门的劳动或资本的密集程度。

由于企业因投资而发生的借款利息支出是可以全部或者部分扣除的，所以会对企业的融资方式（股权融资还是债权融资）产生影响。在其他条件不变的情况下，这种政策安排显然会鼓励企业更多地采取债权融资。

折旧和投资抵免的政策则会降低企业的资本使用者成本，企业所得税对投资的影响到底如何，就将取决于投资者对资本使用者成本变化的敏感程度，如果很敏感，则企业所得税的影响就大，折旧扣除特别是加速折旧、投资抵免等措施可成为刺激投资的有力工具。

在企业所得税和个人所得税并存的制度下，理论上讲为少缴税收，股东会反对企业派发股息红利，从而少交个人所得税，并且通过长期持有股票来延缓缴纳资本利得税。但是，从美国的实际情况看，股份公司并没有采取将全部利润保留下来的股利政策，多数公司将税后利润作为股息红利派发给了股东。这种现象被称为“股利悖论”。

10. 信息不对称的存在，产生了逆向选择（adverse selection）现象，使私人保险市场无法解决风险不确定性与盈利性及契约稳定性的矛盾，也无法解决保险行为的长期性与私人保险企业要尽快收回资本的短期性矛盾。从而像养老、医疗、失业、伤残等领域无法形成有效率的私人保险市场，只能通过政府采用强制式的社会保险。

11. 社会保险的主要模式有普遍的社会保险模式、就业（收入）关联的社会保险模式、储蓄自助保险模式。它们各有利弊。

12. 社会保险税是为筹集社保基金而开设的，有明确的特定目的，全部税款用于社会保险，作为社会保险受益返还给受益人。社会保险税主要设置模式有从承保对象和承保项目相结合角度设置的一般社会保险税和特定社会保险税并存的模式；单纯以承保对象而分类设置社会保险税的模式；单纯以承保项目而分项设置社会保险税的模式。社会保险税的宏观税负水平（从数量上讲就是社保基金筹集规模）确定方式有近期横向平衡、远期纵向平衡以及近期长期相结合的平衡方式三种。

【概念与术语】

所得的源泉说 净值说或纯资产增加说 净值加消费说 “S-H-S”所得概念 交易说 个人所得税综合费用扣除 费用扣除 生计扣除 个人宽免 免税额 家庭系数法 花边红利 累进程度 累进速度 基本税率线 企业、公司、法人 法人实在说 法人虚拟说 锁住效应（lock-in effect）或冻结效应（freezing effect） 古典制（classical method） 两率制或双轨税率制（two-rates or split-rate method） 免税制（deduction method） 归集抵免制（imputation method） 暂记性差异 永久性差异 存货计价 税式支出（tax expenditures） 减免税 再投资退税 投资抵免 加速折旧 加成费用扣除 哈伯格模型 MM定理 加速器模型 现金流量模型 新古典模型 资本使用者成本

股利悖论 逆向选择（adverse selection） 普遍的社会保险模式 就业（收入）关联的社会保险模式 储蓄自助保险模式 近期横向平衡 远期纵向平衡 近期长期综合平衡

【思考题】

1. 为什么中国不能照搬西方模式的个人所得税？
2. 如何合理设置个人所得税税率制度？
3. 个人所得税综合费用扣除应当遵循哪些原则？
4. 在中国当前推行综合所得税模式可行吗？为什么？
5. 试用个人所得税效应理论分析中国个人所得税对劳动供给的影响。
6. 在存在个人所得税的情况下，就不需要企业所得税吗？为什么？
7. 对企业的资本利得要给予优惠吗？为什么？
8. 加速折旧、投资抵免会促进企业增加投资吗？为什么？
9. 养老保险、失业保险、医疗保险为什么必须由政府主办？
10. 中国社会保险及其社会保险税（费）情况如何？

第十一章 财产税设计原理

尽管随着流转税和所得税地位的提高，从整体看古老的财产税不再充当主体税种角色，但财产税仍然是三大税收类别之一，在财政尤其是地方财政中仍起着不可忽视的作用。本章主要阐述财产税基本原理，还将对中国社会各界十分关注的房地产税改革、征收遗产与赠予税问题进行讨论。

第一节 财产税概论

一、财产税的性质和类型

（一）财产税的性质

财产税是对纳税人所有或占有的财产就其数量或价值额（例如价值总额，价值净额或收益额）征收的一类税收。财产税的最终源泉也是一定时期劳动者创造的剩余产品价值，这一点与其他种类税收是相同的。但在征收方式和直接征税对象上又与别的税收种类有区别。所得税和流转税都是以商品或劳务交易为前提，流转税以商品和劳务交易过程发生的毛收入为征税对象，所得税以纯收入为征税对象，它们都是对收入流量征收的税。财产税则以财产的存在为前提，与财产交易无关，只要财产存在，无论财产是否发生转移（指非交易性转移）都要征税，是对纯收入存量征收的税。虽然财产税以财产的数量和价值为计税依据，但是除非出卖财产，纳税人也要用财产收益或其他收益支付税款，因此从支付的价值源泉而言，财产税与所得税类似。可见税收分类的依据不是绝对的。

（二）财产税的类型

1. 财产分类

随着生产力的进步和市场经济的发展，财产的种类日益增多，从大的方面可分为不动产和动产。其具体内容见表 11-1。

表 11-1　财产分类表

不动产	动产
A. 土地	A. 有形动产
1. 农地	1. 厂房，机器设备
2. 住宅地	2. 家具
3. 商业用地	3. 车辆等交通工具
4. 森林地	4. 其他商品
B. 土地改良物	B. 无形财产
1. 农地建筑物	1. 股票，债券
2. 住宅	2. 特许权
3. 商业大楼	3. 抵押权
4. 篱笆，人行道等	4. 银行存款

2. 财产税的类型

由于财产种类很多，在财产税制度设计与征收上，首先要解决的问题是选择财产税征税范围，即确定哪些财产项目要征财产税，哪些不征。确定要征收财产税的财产项目后，还要确定计税依据，也就是要选择以财产的数量为计税依据还是以财产收益为计税依据。此外，还要确定征税时点或环节，可在一个年度内确定一个或几个时点对财产所有人静态的财产存量或净值征税，也可选择在财产转移、变动时征税。这样依据不同标准，从不同角度就可把财产税分为不同类型。

(1) 从征税的时点或环节看，可把财产税分为静态财产税和动态财产税。静态财产税是对财产所有者或占用者依其财产数量或净值进行定期课征，不问财产来源和去向。动态财产税是在财产转移变动时，对转移变动的财产的数量或净值征税。

(2) 静态财产税依其征税范围大小不同，可分为一般财产税和选择性财产税。选择性财产税中，又可依其计税的不同，有数量财产税（即从量征收）、价值（或净值）财产税（从价征收）、收益财产税之别。

(3) 就动态财产税而言，依财产转移变动时以有偿（等价交换）还是以无偿方式进行，可分为财产转让税和遗产税、赠与税。但财产转让税如果以毛收入为计税依据可归属于流转税，如果以纯收入为计税依据可归属于资本利得税（所得税类）。因而，典型意义的动态财产税即遗产税、赠与税，它们均以无偿转让为前提。

二、一般财产税和选择性财产税

（一）一般财产税

一般财产税的典型形态是财富税。这是对个人、公司企业及其他经济实体所拥有的除特定免税项目外的所有财产总价值减去债务和个人宽免额后的净值征收的一种税。不少欧洲国家和拉美国家均有此税。

财富税纳税人既包括本国居民（含法人和自然人，下同）也包括外国居民。本国居民要就其来源于全世界范围的财产净值纳税，有的国家（如挪威、瑞典）规定位于境外的不动产不在财富税征收之列。非居民仅就来源于本国境内的财产净值纳税。

各国征税财产的范围不一，主要包括不动产，营业用动产（如机器设备、原材料、库存品、农林产品等），户外使用的家用动产（如汽车、摩托车、汽艇、游船等），无形动产中的资源开采权、营业性专利权、股权、公司债权等。凡查实过于困难、征收费用过高或不易作价的财产种类一般不列入征税范围中。如家庭室内使用的家具、器具、珠宝、首饰、艺术珍藏品，非营业性专利权，著作权，商标商誉权等一般不作为财富税征税项目。人寿保险单所享有的权利、食品和生活必需品、领取抚恤金的权利等基于社会道德、社会公平考虑一般也不列入财富税征税范围。

财富税的征税依据是应税财产总价值减去负债和个人宽免额后的净值。个人宽免额是有标准的基础扣除额，纳税人、配偶和所抚养的子女每人都有一定的宽免额。其具体数额，各国均依据本国的生产力发展水平、国家财政需要和个人生活水平等因素确定。税率形式也因各国而异，有的实行超额累进税率，有的实行比例税率。近几年，各国税率都有降低趋势，目前实行比例税率的多数国家税率不超过 1%，如荷兰为 0.8%，德国对个人为 0.5%、对公司为 0.6%，奥地利为 1%，卢森堡为 0.5%等。实行累进税率的多数国家累进级次不超过 4 级，最高税率为 3%，如芬兰、挪威财富税超额累进税率均为 3 级，最高税率分别为 1.7%和 1.3%；瑞典累进税率级次为 4 级，最高税率为 3%。西班牙自 1977 年以来虽一直采用 9 级超额累进税率，但最高税率也只有 2%。各国财富税的征税期限也不一样，有的国家如德国规定 3 年查征一次，多数国家是 1 年征一次。

（二）选择性财产税

选择性财产税是政府选择特定的财产项目对其数量、价值或收益额征税的税种，又称特种财产税或个别财产税。美国的财产税虽然冠以一般财产税之名，实际上是一种选择性财产税。选择性财产税的征税项目主要是土地和房屋等不动产。土地税、房屋税或者土地与房屋并征的房地产税或不动产税是其基本形态。

1. 土地税

土地税因其计税依据的差别有地亩税、地价税、土地收益税、土地所得税、土地增值税之别。地亩税以土地单位面积为计税依据，按单位土地面积规定税额，从量计证。土地面积越大，缴纳的税越多。此种税征税简单，但土地由于肥沃瘠薄不一、所处位置不同，价值相差很大，仅按面积征税显然很不合理。因而此种税已被淘汰不用。

地价税是以土地单位市场价格或评估价值为计税依据的一种税。这是最常见的土地课税方式。由于土地市场价格涨落不定，不同地段的土地价格千差万别，况且只有在发生土地买卖时才有市价问题，因而各国在地价税征收时均采取按照合理方法经一定程序估价课征的办法。

以土地收益（包括毛收益、净收益即所得、租金收益或自有自用土地推算租金收益）为计税依据的土地税为土地收益税。其中以土地净收益（包括土地转让净收益或土地租赁净收益和来自土地生产物的净收益）为计税依据的又可称为土地所得税，各国一般把它纳入个人或企业所得税的征税范围一并课征。

以土地所有权转让时，土地增加价值（即溢价）为计税依据的税为土地增值税。此税在理论上讲可以把社会经济发达特别是社会城市化导致的土地增值收益（纯属不劳而获）的一部分收归国有，抑制土地投机，拓展国家财源。但需要建立长期跟踪的丈量估价登记管理制度，难度极大，不容易成功。

因此，有关土地税计税依据的选择实际上是在土地价格和土地收益之间进行。从效率角度论，选择土地价格计税的地价税虽有估价困难的问题，但仍有适当的解决办法，还算便利，而按收益计税不仅涉及土地面积丈量、估价，还涉及收入计算、费用扣除，比较不便利。从公平角度而言，土地价值（价格）表示纳税人在长时间里的纳税能力，而土地收益表现每年的财产负税能力。收益各年不同，若要做到真正按收益征税，每年都要进行收益测定，实际上过于繁琐复杂，难以做到。在土地收益税征收历史上，往往是某一年测定收益数，几年、几十年不变，使之成为常年课税依据，收益税名不符实。收益税下，用于投机的空地因无收益不必纳税，生产用地却要纳税，显然既不公平也不利于提高土地利用率。地价则可反映社会发展引起的土地价值升高，反映所有者纳税能力增强。因而在土地税领域按土地价格征税比按土地收益征税更能反映纳税能力。综合公平与效率，土地税以地价税方式征收更有可行性。

2. *房屋税*

房屋置于土地之上，与土地难以分离，因此房屋税一般与土地税合征。但也有少数国家单独征收房屋税。早期的房屋税通常以户税、炉税形式出现，或以房屋的外部标志如窗户多少、房间多少为计税依据。这些税收形式十分简便，纳税人无法逃漏税收，但这样全然不顾及纳税人负担能力，很不公平，因此不再成为现代税收体系的组成部分。目前，各国的房屋税均以房屋价值（价格）或房屋租金收益为计税依据。多数是按房屋价值（价格）计征。也有从税务行政便利出发，规定可按房屋价值征收也可按租金收入征收，如中国现行房产税。

以房价为标准和以租金为标准征税各有利弊。就税收行政效率而言，从租征税比较便利，因为房屋租赁一般均基于契约，契约中订明租金数量，以此为征税依据确实明了，可以免去计税依据决定上调查估价的繁琐手续。从价征税则首先要进行估价，而房屋估价比土地估价要困难得多。土地估价除考虑供需因素及面积外，主要看土地本身的质量和所处地理位置。而房屋估价要考虑许多因素如房基面积、房屋层数及各层的面积、房屋间数、建筑材料、装修情况、房屋用途、所处位置、建成时间、市场供需及社会经济发展决定的房价上涨或下跌的预期、租金、建筑价格等。在中国城市，多数房屋为多层或高层公寓建筑，高低不同的各层、不同朝向的同层价值不同。要准确地对房屋进行估价、做到征税合理不是一件容易的事。但从反映纳税能力公平征税方面看，从价征税优于从租征税，虽然租金也能反映房屋价值进而反映房屋所有人的纳税能力，但房屋价值（或价格）高低已经包含房租高低的因素，因而更能反映纳税能力；仅以租金征税，未出租自用房屋不必纳税，造成对房屋出租行为的歧视，而无论出租房屋还是自用房屋一律从价征税则可平衡税负。不过，若能对自有自用房屋推算租金课税，从租征税的不公平性会大大减轻。在此种情况下，从租征税就优于从价征税。

3. 不动产税或房地产税

基于房屋和土地不可分割，不少国家设立以土地和房屋为主要征税对象的不动产税或房地产税，将在下一节作详细阐述。

综上所述，一般财产税和选择性财产税的分类不是绝对的。即使一般财产税其征税范围也并非覆盖所有类型的财产，某些无形的难以查实的财产也不包括在征税范围中。实际上一般财产税仅以个人不动产和某些有形的动产以及企业资产为征税对象。只不过其征税对象范围比选择性财产税广泛一些而已。由于其征税范围广，在公平方面、弥补主体税种不足方面优于选择性财产税，不过在征收管理上比选择性财产税复杂得多。在个人所得税无法普遍征收的国家中，一般财产税也很难取得成功。而在这些国家中以对主体税种起补充作用为出发点，对某些易于征收的不动产课税更为合适。不论是一般财产税还是选择性财产税或动态的财产税，征税的基本前提是对财产进行合理估价。

（三）财产价值的评估方法

财产税是对财产存量价值课税，不像流转税和所得税那样可依据财富流量的账簿记录，必须依靠评估。由于房地产等财产与其他货物不同，其极具个性特点，房屋的设计施工、建设时间、所用材料、质量好坏、所处位置、楼层高低、朝向何方、内部装饰、产权归属、配套环境等都对房屋实际价值有较大影响，如何客观准确地评估财产价值，一直是选择性财产税特别是房地产税能否成功的关键环节。不动产价值评估的基本方法有收益现值法、重置成本法和现行价格法 3 种。

(1) 收益现值法又称资本还原法。就是通过估算被评估财产的未来预期收益，折现成财产价值的评估方法。这一方法在理论上是基于财产购买者的愿望。投资者的愿望是其所购买的财产能产生一个合理收益使资本在一个合理期限内回收，并且尽量增值。一般说来，财产的购买者或投资者购置财产所获得的预期收益不应小于此项投资存在银行而获得的预期利息收益。一般采用银行利率加一定幅度的风险利率估算投资者所期待的年收益率即折现率。明确了折现率和预期收益，就能逆算出财产价值。

(2) 重置成本法。就是根据待估财产在全新情况下的重置成本，减去按重置成本计算的已使用年限的累计折旧额，同时考虑财产功能变化、成新率等因素，评定财产价值。

(3) 现行市场价格法，又称市场价格类比法。就是以市场上类似财产交易价格为参照物，充分考虑影响价格的各种因素，评估应税待估财产价值。

目前基于电子计算机信息系统的批量评估方法越来越被重视。所谓批量评估方法就是先按照上述基本方法评出标准不动产（房地产）的价格，然后通过对影响房地产价格的因素进行调整，整批地而不是单宗地确定应税不动产的价格。这一方法一般借助计算机信息系统，对不动产评估进行程序化运作，最大限度地减少评估舞弊。但无论采取哪个方法，要做到评估价值与实际价值的吻合都很困难。一般来说合理、公正的不动产评估基于如下条件：市场经济发达、房地产市场稳定、人们的诚信度高、价格等信息完整、产权归属单一。在不具备这些条件的地方推行不动产或房地产税，将面对评估舞弊和估价不公正、不合理问题。如果问题不能有效解决，不动产税很可能成为很恶劣的税种。

尽管财产税可以划分为多种类型，但是从各国财产税制的实践来看，主要实行的还是房地产税（不动产税）、遗产税和赠与税。下面对此作详细讨论。

第二节　房地产税原理和制度设计

房地产税又称不动产税，近几年在中国还被称为物业税①，是对保有土地与其上定着物（主要是房屋建筑物）的课税。随着中国房地产市场的迅速发展和贫富差距的拉大，房地产税日益得到社会的高度关注，有必要较为详细地加以讨论。本节先阐明其制度设计要考虑的要素和税负归宿原理，然后对中国房地产改革方向和模式进行分析评论。

一、房地产税的制度要素

（一）纳税人

房地产税的纳税义务人为不动产的保有人，包括不动产的所有人和使用人。各国对房地产税纳税义务人的规定大致存在三种做法：一是仅规定不动产的所有人负有纳税义务；二是仅规定不动产的使用人负有纳税义务；三是规定不动产的所有人和使用人均负有纳税义务。从理论上讲，财产所有权代表了所有人的纳税能力，对财产课税可弥补只对所得课税的不足，符合量能支付原则。从另一个角度看，不动产的使用人享有了地方政府提供的公共服务，如供排水、卫生、治安等，因此规定不动产的使用人负有纳税义务更符合税收的受益原则，并有利于改进和增强地方政府责任。

（二）计税依据

计税依据虽然只是税制的一个要素，但对房地产税而言，它却决定着房地产税制

① 如果将物业作为房地产（不动产）的别称，那么物业税即指房地产税或不动产税。但是，在中国使用的物业税的名称却存在着不适之处。第一，中国内地物业税的概念是从香港引入的，但香港的物业税是对出租房屋收取的租金课征的一种税，严格意义上是房屋租金所得税，而不是对不动产存量价值课征的财产税。在香港真正的房地产税（财产税）是差饷，差饷是对房屋所有人或使用人就其在法定估价日以市场租金为依据估定的年租值课征的税，来源于英国，最初专门为筹集警察（公差）等费用而设，固有“差饷”之名，早期也叫“警捐”。第二，由于中国商品住宅物业管理企业收取的“物业费”的概念已经在居民中普及，使用“物业税”的名称容易引起概念混乱。鉴于此，我们认为在讨论房地产税时还是不用物业税为好。

度的主要特征。根据其计税依据的不同可将房地产税制度大致划分为资本价值制度和年值制度。从各国现行的房地产税实践来看，其计税依据还可进一步细分为四类，即不动产的改良资本价值、不动产的未改良资本价值、不动产的年度租金值以及不动产的某些物理特征。

房地产税如果以改良资本价值为计税依据，则一般囊括土地和房屋建筑物的评估价值。在这种计税依据下，可以对土地和房屋建筑物统一进行评估并适用同一税率，如荷兰等国的实践。也可以对土地和房屋建筑物分别进行评估并适用差别税率，如泰国、南非和津巴布韦等国的实践。[①] 从多数国家的税制实践来看，目前实行以改良资本价值为计税依据的国家，大多采用市场价值的概念。因此我们一般将这种计税依据理解为不动产的市场价值，且一般以其最高最佳用途为标准，即不动产的市场价值应反映不动产的所有潜在用途的价值最大。

以未改良资本价值为计税依据也属于资本价值制度。这种计税依据仅针对土地的价值而不包括房屋建筑物的价值。未改良资本价值还可以进一步细分为土地价值和位置价值。前者是将诸如卫生、排水、土地平整和周边基础设施等少许改良反映在土地价值中，后者则不将其反映在土地价值中。由于这些改良细小且不易辨认，所以目前采用未改良资本价值为计税依据的国家基本上不对这两者做具体区分。

以年度租金值（年租值）为计税依据起源于英国的差饷。目前仍广泛应用于英国原殖民地地区。年租值指不动产的估定年租值，并非指实际租金收益（否则就变成所得税而不是财产税），因为即使房屋没有出租也要缴纳此税，其计税依据是假定空置出租而可能收到的年租金，通过法定程序评估确定。目前新加坡、英国、北爱尔兰地区的财产税，以及中国香港特区的差饷均属于这种类型。

上述房地产税的三种计税依据基本都是围绕不动产的价值，因此属于从价计征方式。此外，房地产税还可以将不动产的某些物理特征作为计税依据从而实现从量计征，如一些国家历史上早期的房屋税就曾以房屋的窗户、烟囱、阳台或房间的数目作为计税依据。早期的土地税也多以土地面积作为计税依据。目前世界上对房屋建筑物课税采用物理特征作为计税依据的做法已非常罕见，而依据土地面积对土地课征财产税的国家还有不少，主要是一些中东欧国家，如俄罗斯、波兰、匈牙利、斯洛文尼亚和捷克共和国等。[②]

（三）税率

从税率形式上看，各国房地产税的税率有比例税率、累进税率和定额税率之分。由于比例税率比较简单且易于管理，所以目前为大多数国家所采用。累进税率虽符合量能负担原则但稍显复杂，目前仅为极少数国家（如巴西和巴基斯坦）所采用。[③] 定额税率则主要应用于以不动产的物理特征（主要是土地面积）为计税依据的国家。

---

①② 漆亮亮，《财产课税税制要素的国际比较》，《涉外税务》，2003年第9期。

③ 漆亮亮，《财产税体系研究》，厦门大学博士论文（指导教师杨斌教授），2003年。

由于不动产的地点、用途和性质不同，房地产税可实行差别税率。从地点方面看，在分级财政体制下，不同辖区的不动产通常适用不同的税率。即使在同一辖区内，由于不动产具体位置的不同，也通常适用不同的税率。

从用途方面看，根据不动产的用途（居住用、商业用和工业用）不同而设置差别税率的现象也很常见。在大多数国家，工商业不动产要比居住用不动产适用更高的税率。

从财产性质方面看，许多国家对土地和房屋建筑物也实行不同的税率。各国较为普遍的做法是对土地适用比房屋建筑物更高的税率。其实，以未改良资本价值为计税依据，就是对房屋建筑物适用零税率。当然，也有少数国家对房屋建筑物征收比土地更高的税率。具体来说，各国根据不动产性质设置的差别税率分为四类：一是完全单一税率制度。在这种制度下，对未改良土地、已改良土地的土地及其上的房屋建筑物都适用同一税率征收房地产税。二是已改良不动产的单一税率制度。在这种制度下，未改良土地适用零税率（即免征房地产税），而已改良土地的土地及其上的房屋建筑物适用同一税率征收房地产税。三是土地单一税率制度。在这种制度下，未改良土地和已改良土地的土地适用同一税率征收房地产税，而房屋建筑物适用零税率（即免征房地产税）。四是差别税率制度。在这种制度下，对未改良土地和已改良土地的土地适用同一税率征收房地产税，而对房屋建筑物适用更低税率征收房地产税。

二、房地产税的税负归宿理论

关于房地产税的税负归宿，经济学界至今仍然存在很多争论，但主要的观点有两种，即“货物税观点”、“资本税观点”。下面我们分别进行论述。

（一）货物税观点

“货物税观点”是传统观点。该观点认为，房地产税是对土地和房屋建筑物课征的一种货物税，其税负归宿机理也与货物税相同，即取决于相关的供求曲线的形状。只要土地数量不变，其供给曲线就是完全垂直的，就是说土地供给价格弹性为零。一种生产要素的供给曲线若是这样的形状，那它就要承担全部税负。在土地的供给曲线无弹性的假定下，如果对土地地租收益课征收益税，税收使得土地所有人得到的租金下降了，下降数额等于全部税额数。因此土地所有人承担了全部税负。如果对土地课征地价税，那么情况要复杂一点，对土地转让课征地价税，土地税要资本化为土地价值。在土地出售时，购买方会要求降低价格，其幅度刚好等于这个新业主在未来要缴纳的土地税。

对房产课税，按照税负归宿的“货物税观点”，税负归宿同样取决于房屋的需求和供给弹性。如果房屋需求价格弹性较大，税负不仅很难转嫁，而且卖者会要求将未来的房产税现值从价格中扣除，即同样存在资本化现象，房地产税将由出售者承担，此时房地产税会造成实际降低房价的效应。相反如果房产供给的价格弹性大，转嫁的可能性就大，购房者不仅要承担未来的房地产税，还要支付购买之时的有关税费。假定对房屋建筑物没有任何法律限制（如容积率、层高要求等），房地产市场和资本市场充分竞争，那么只要房地产开发能够以资本的市场价格获得其所需的任何数量的资本，房屋建筑物的长期供给曲线是完全水平的。在现实生活中，由于房地产行业为传统的第三产业行业，技术含量比较低，也无所谓专用设备，资本进入和转移都比较容易，所以房屋建筑物的长期供给曲线完全水平的假定具有较大的现实性。而房屋建筑物的供给价格弹性无穷大，使房地产开发商在与购房者或租赁者博弈中处于有利地位，房屋购买者或房屋承租者就要承担所有对房地产课征的税收。见图 11-1。

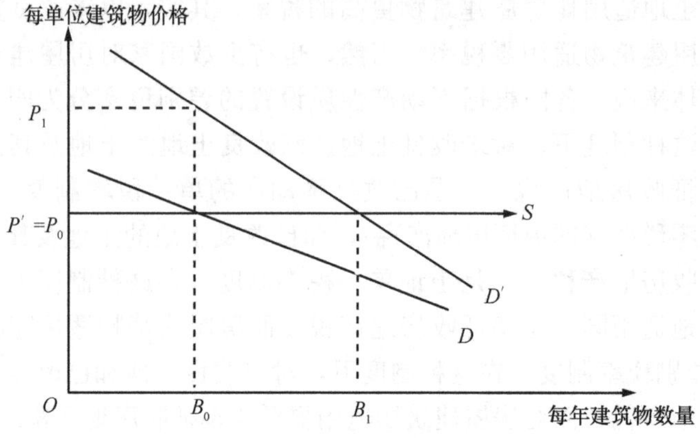

图 11-1

在图 11-1 中，以房屋租赁为例。D 是课税前租房人对房屋建筑物的需求曲线，供给曲线 S 是一条水平线。价格为 P_0 时，交易量为 B_0，课征房屋建筑物保有税后，需求曲线移到 D'，房屋建筑物供给人得到的价格 P' 和课税前的价格一样（$P'=P_0$）。房屋建筑物需求人支付的价格 P_1 却超过了原来的价格 P_0，超过部分恰好等于税额。因而税负全部转嫁给租房人。

从上述分析中看出，在一定的假定下，房地产商处于有利地位，不仅在购买或租赁土地与地主交易时，可通过压低租金或资本化将土地税转嫁给地主，而且在与房屋购买者或租赁者的交易中，可将房屋税转嫁给房屋消费者。如果这个结论正确，那么征收房地产税的结果只会导致价格上升。

从分配角度讲，因为财产税的土地部分由土地所有者承担，其负担的税额与收取的租金或土地价格成比例，具有累进性。但房屋税情况不是完全如此。在一定的收入段下，收入上升，房屋消费量也会上升，此时征收房屋税，收入越高的人，负担的税收也越多，具有累进性。但由于人们不需要无限大的房屋，房屋消费量与收入上升不会总是正相关的。在收入达到一定水平时，房屋消费支出占其总收入的比例会下降，此时征收房屋税就具有累退性质。

当然上述分析是在严格假定下进行的，即假定市场是充分竞争的市场，资本流动也是自由的，所有市场主体都是经济人，追求利益最大化等。但是，如果土地为政府所有，政府在土地供给时不遵守市场规则，对房屋建设设置限制性规定（如下属分区制)；对资本市场进行金融管制，那么结论就不同。如果采用一般均衡分析方法，结论也会不同。

（二）资本税观点

“货物税观点”基于局部均衡分析框架。由 Mieszkowski（1972）提出的房地产税税负归宿的“资本税观点”采用了一般均衡分析，得出不同的结论①。房地产可以看成一般货物，但房地产可以是投资性资产，因为保有升值可获得资本利得、出租可获得收益，所以房地产与一般货物又有不同，它们也是资本。假定房屋建成后不出售（出售后分析对象变成房地产所有者，结论一样），那么对房地产开发商而言其手中的房地产就成为资本，对房地产无差别地课征统一税，实际上就是对房地产这种形态的资本课征部分要素税。撇开具体形态，假定资本供给量是固定的，即房地产供给量是固定的，那么这种要素税的效应可用本书第六章第三节的一般均衡分析框架加以说明，即征税结果是导致资本价格上升还是下降取决于被课税部门的产业形态，如果为资本密集型产业，那么资本价格会下降。房地产部门可视为资本密集型产业，征税后房地产（资本）价格会下降，房地产税将由不动产所有人承担，而不是转嫁到房地产消费者。按上述逻辑，对房地产课税就相当于对资本收益课税，拥有的房地产越多，就相当于其资本收益越多，从而税收会随着总收入的增加而上升，所以房地产税具有累进性。这一点恰好与传统的“货物税观点”相反。

上面的分析基于对房地产征收统一税，如果征收差别税，即房地产税的税率依不动产类型和不动产所处地区而有所不同，某些税率高于平均水平，某些税率低于平均水平，那么可以将房地产税看成一组有差别的资本税。由于资本总是倾向于从高税率地区迁移到低税率地区。在 Tiebout（1956）模型②中，当资本流入低税率地区时，该地区的税前收益率会下降；同时，高税率地区的税前收益率会随着资本的流出而上升。这一过程将继续下去，直到整个经济体系中所有地区的税后收益率相等为止。随着资本的流动，其他生产要素的收益也会变化，反过来还会引起资本要素的流动。对于流动的要素而言，税收效应将是连锁的、不确定的。最终归宿取决于生产组织方式即劳动密集或资本密集程度、消费者需求价格弹性以及各种生产要素的流动程度。由于土地是最不易流动的资本类型，最可能承担税负，但房屋的流动程度不确定，而房屋离不开土地，综合起来考虑导致最终归宿不确定。

上述分析告诉我们，判断房地产税收的效应要进行多方面考虑，只考虑一方面而得出结论很容易产生错误。例如，简单地认为有钱者拥有的房地产多，因而房地产必定具有收入再分配效应，房地产税可作为收入分配工具，这个观点在局部分析框架下不正确，而在一般均衡分析以及严格假定下则正确。再例如，对房地产课税，因为人们预期卖房后要负担保有税，从而会降低对房地产的需求，导致房价下降，这个观点

① Mieszkowski, P. 1972. The property tax: an excise tax or a profits tax. Journal of Public. Economics, 1: 73～96.

② Charles Tiebout. 1956. A pure theory of local expenditures. Journal of Political Economy. 64: 416～424.

也是不正确的。因为如果房地产供给的价格弹性大、需求弹性低，那么房地产税将由购房者承担，房价将上升而不是下降。因此不同的经济环境和假定前提会导致不同结论，具体问题需要具体分析。

三、房地产税的利弊分析

从世界各国的实践来看，房地产税一般是作为地方性税种而存在的，而且是作为省或州以下基层地方政府的税种。实行财产税较为成功的美国就是如此，在那里房地产税是作为县镇乡、特别区地方政府的税种。[①] 虽然美国州政府曾经采用财产税为主体税，但早在19世纪就纷纷转向以征收消费税和所得税为主。[②] 房地产税不宜作为州（省）一级的主体税种的主要原因在于：其一，征收难度大，管理成本高。因为正规的财产税的税基以课税对象的市场价值为准。一个州（省）内部各地发展往往不平衡，房地产价格差别很大，很难找到一个全州统一的评估标准。评估基准不一致，就难以公平课税，全州（省）统一的房地产税就很难有效实施。硬要推行，征收管理成本将很大。其二，州（省）范围大，将房地产税作为州（省）税，获得的收入在全省范围内安排，无法与纳税人受益挂钩，起不到受益税的作用。而美国的经验表明，受益税机制的存在是财产税克服其固有弊端的必要机制，在没有受益税机制的情况下，财产税不是良税，不宜做主体税，这在本书第八章第一节已经作了一些说明，下面在分析财产税成为良税的条件时还会涉及。其三，无法形成对税负的有效控制机制。如果社区足够小、信息比较对称、迁移容易，当人们发现负担的房地产税超过政府以此为经费提供的公共产品利益时，在其他途径（如民主决定）无效，且迁移的成本低于税收负担时，可选择迁移的方法来抵制，从而形成税负、政府提供的公共产品与纳税人偏好吻合的约束机制，减少房地产税的福利损失。如果将房地产税作为州（省）税，这种机制将不复存在。

那么将房地产税作为省以下地方政府税种是否就是合理的呢？这仍然存在争议，存在两种对立的观点。

（一）房地产税有益说

认为作为地方税种的房地产税是受益税，即按照收益原则实施的有效税种不会产生资本配置的扭曲，也不会产生不公平的效应。但是，要实现这一效应是需要一些严格的假定前提的。其一是财产税必须是社区税或适用的区域范围足够小，以至于纳税人拥有近乎相同的能力和足够的信息了解用财产税所提供的公共产品的成本和效益。特别是纳税人知道税收和服务将影响他们拥有的房屋的价值。其二是存在“用脚投票”自由迁移的条件。一旦某社区的居民（财产税的纳税人）发现所费与所得不相称，他

---

① 美国政府的分级是州（state）、郡（县）政府（country governments），市政府（municipalities），镇政府（townships governments），学区政府（school district governments），特别区政府（special district governments）。

② （美）约翰·约瑟夫·沃利斯（John Joseph Wallis），《美国财产税历史》，载华莱士·E. 奥茨（Wallace E. Oates）主编，丁成日译，《财产税与地方政府财政》，中国税务出版社，2005年，第113～129页。

们就会选择迁移到其他地方，这种“公共产品自愿市场交换”的机制最终会导致公共产品供给和需求的均衡而使“价格”（即财产税）居于合理水平，从而造成对地方政府的约束。其三是政府会采用诸如“分区制”（zoning）的办法保证房地产资本的不可流动性。所谓“分区制”是指地方政府通过制定诸如限定房屋使用的最小土地面积等多种建筑规定以及特殊的物业保障条件等方式来保护现有住房，限制建造新住房的制度。这种“分区制”作法的最终效果是通过限制房屋的供给而保证本地区的最低房价不会改变。

这样，按照受益论的假设，地方政府通过房地产税的征收可以提高当地的财政支出水平，从而通过提供适当的公共基础设施和服务促进当地房地产价格的升值，这样房屋所有者交纳的税收就产生了资本化的效应，即最终体现为房屋价值的增加。由于房屋的所有者信息充分，并且能够自由迁移，所以一旦他们发现其交纳的财产税超过了他们所获得的收益，那么他们将选择到其他房屋价格较低或者财产税税率较低，但是公共服务类似的地区购买新的住房。最终，人们将按照自己对房屋价格和公共服务的偏好分类进入不同的社区，而这些分类社区的财产税将会趋同，并且通过地方政府的支出完全资本化，此时财产税就会转化为一种受益税，不会产生资源配置的扭曲。

（二）财产税不是一个有益税种

与受益税不同的一种理论认为，地方财产税不是有效的一次性税收，而是对资本的课税，并会对资本的有效配置产生扭曲。同受益论一样，这种理论的成立同样有自己的假定前提。首先，该理论建立在一般均衡的分析框架之下，认为房产资本从长期来看是具有弹性的，也就是说房产资本可以通过减少计划中的新建房屋或者减少对现有房屋的维修等方式将其投入到非房屋产业，即资本流动自由。其次，该理论假定全国的资本供给是完全无弹性的，即资本总量是固定的。一般均衡分析均有此假定，意味着如果不考虑外资的流入，那么用于房地产的投资多了，其他部门资本就要减少。在这两个最基本的假定前提下，最终各个地区对于房地产的课税将会带来两重“负担”，第一是通过降低资本的收益率，导致全国的资本所有者平均负担其税负；第二是由于资本从该地区的流出导致工资和土地价格上升，从而导致商品和房屋价格上升，进而使当地负担更多的消费税和财产税。进一步分析，该理论还认为，地方政府为了防止资本过多地流入其他地区，从而会降低财产税的税率，进而降低地方公共服务支出的水平。

于是，从全国范围来看，地方财产税降低了资本的平均收益率，从而扭曲了资本的有效配置，产生了福利损失；从地方范围看，地区居民将因此负担土地和商品价格上升而带来的实际负担，并且由于地区竞争的存在，各地实际的公共服务水平将会下降。

（三）对于两种观点的简要评价

由于这两种理论在假定前提和分析框架上有着较大的区别，所以很难直接否定其中任何一个的合理性。受益论假定房产资本不具有流动性，前提是地方政府广泛的“分区”政策实际上有效地限制了房产资本在地区间的流动；而反对的观点则是在一般均衡的分析框架下，从长期的角度提出房产资本是可以流动的。从西方国家（尤其是美国）的现实情况来看，前者更加适用于揭示居民住宅财产税的情况，因为毕竟居民的住宅是相对固定的，而后者在解释商业建筑财产税方面则更为贴切。相对于两种理论在学术界的争论，两种理论带来的在政策选择上的争议则是我们要更为关注的。如果践行受益论观点，那么财产税能够依赖较强的“分区制”达到提供地方公共产品的目的，因此我们要关注的实际上是各个社区的横向公平问题，而这可以依靠财政转移支付机制来完成。如果践行第二种观点，那么我们要关注的焦点则是财产税是否会导致资本收益的下降，进而影响到一国的储蓄和投资，最终导致经济增长的减退。总的来看，对于上述财产税理论的研究还需要根据现实作出更为合理的假定，从而提出更令人信服的观点。

四、对中国房地产税改革方案的辨析

目前中国关于房地产税改革的主要论题有“以税代费”、将房地产税征税范围扩大到私人房屋业主并作为地方主体税、将房地产税作为调节收入分配和抑制房价攀升的工具等，以下加以评论，以去伪存真。

（一）以税代费论

目前中国理论界的一些观点认为，中国各地方政府对于房地产开发经营的收费项目过多，而房地产税的规模则相对较小，进而认为较多的收费导致了地方财政收入体系的不规范，主张采用以税代费的方法来达到规范地方财政收入体系的目的。分析这一问题的关键在于确定收费在地方政府财政收入体系中的作用。从理论上来看，尽管税收能够通过立法达到执行过程中的透明性和确定性，但是在一定条件下，为特定公共产品的提供而征收的“费”要优于税。其原因：

一是民众所提供的某种公共产品限于特定区域或类型的人享有，可获得进行成本分担制度安排的信息，并有足够的手段限制“搭便车”者，此时采用“费”的方式在成本和受益之间建立密切联系，符合受益原则，可提高福利效率也比较公平。如对教育支出的筹集，就可采用财产税、消费税（流转税）的教育附加。

二是在那些习惯通过间接收税办法筹集财政资金的文化中，人们对房地产税这样的放在明处的直接税（虽然透明有利于公平和确定）自然会反感。这时，用“费”的办法也是一种理财治税的智慧，因为这种做法无需挨家挨户评估定税，课税于无形之中，没有反抗，便于实施。如通过拍卖土地，政府获得土地出让金收益，将地价加到商品房的价格上，由购买者支付，政府的收益实际上也是从消费者手中获得，但因为是市场自愿行为，当事人没有税收负担感。如果变为税收，正如有人设想的那样，将减少或取消土地出让金，然后折算成房地产税，分年向业主征收。政府获得的收入可以相同，但征收方法不同，需要设立机构评估定税，不时要求业主申报缴纳，不及时缴纳要给予处罚，必然让当事人不断面临负担，从自愿或者高兴（买了房屋将有乔迁之喜）到被迫甚至反感，实际上将导致福利损失。

事实上，发达国家的地方政府采用使用费获取财政收入的比例并不低，而且存在上升趋势。如美国 2002～2003 财政年度，市（municipalities）政府的收费和杂项收入占总财政收入的比例平均达到 22％，财产税占 21％。有些州的市级地方政府的收费和杂项收入占总财政收入的比例高达 30％。在郡县（counties）财政收入中，收费和杂项收入占财政收入的平均比例为 26％，财产税的比例为 24％、上级政府转移支付比例占 23％。而在 1992 年这三项比例分别为 25％、28％、37％，在 1977 年这三项比例分别为 16％、31％、45％。可见郡县一级地方政府对收费和杂项收入的依赖很大，并有增长趋势，同时对财产税的依赖有降低趋势。学区（school districts）财政收入中，对税外收费的依赖平均也达到 12％，财产税占 34％，其余靠联邦和州政府转移支付，其比例达 55％。特别区（special districts）对收费和杂项的依赖更大，平均达到 61％，1992 年为 55％、1977 年为 47％，因此也存在增长趋势。而财产税从 1977 年的 14％、1991 年的 11％，降到目前只占 9％。① 可见不存在税一定规范、一定好，而费一定不规范、不好的问题，更不存在所谓有税无费的国际惯例。我们并不因此否认目前确实存在收费不规范的问题，但应主要通过预算管理和明确收费用途、收费权限来解决，改革的方向是界定更明确、定价更合理、管理上层次、信息更公开、使用有监督，目的是让收费切实地与相应的公共服务相联系，无服务不收费，而不是主要通过以税代费来解决。当然某些费或所谓政府性基金已经具有税的性质，换一下名称也未尝不可。总之，财政制度改革要着眼于增进社会福利，而不是仅仅为了“规范”。

（二）财产税能否作为中国地方税体系的主体税种

对于房地产税讨论的第二个问题是，中国是否应该实行美国和英国模式的房地产税并将其作为地方税的主体税种。不少人主张将目前仅对营业性不动产课征的房地产税，改为与美英一样对所有房地产课税，即也将私人房地产业主纳入房地产税的征税范围，并将其作为省级地方主体税种。有的人认为只有实施这样的改革，才符合国际惯例。

从世界各国的实践来看，将房地产税作为地方税体系主体税种是英联邦国家的传统。北欧国家主要依赖所得税，南欧国家则是混合使用财产税、所得税和消费税。② 就是说将地方税征收环节主要放在开发和交易环节的不在少数，将地方税主要放在财产保有环节即采用财产税作为地方主体税种并不是国际性“惯例”。即使在采用财产税很多年的美国，学术界和公众对财产税的评价也不是单一方面的好，定期的民意测验表明，人们厌恶财产税的程度甚至超过了联邦所得税。近年的趋势是财产税日益受到攻击并被施以严格限制（税率、评估价值和方法等），以至于在美国许多地方政府中财产

① 资料来源美国人口普查局，见网址 http：//ftp2. census. gov/govs/cog/2002COGprelim _ report. pdf。

② McMilan，Melville L. 2001. A Local Perspective on Fiscal Federalism：Practices，Experiences and Lessons from Developed Countries. Washington，D. C.：The World Bank.

税在财政收入的比重有下降趋势，要依靠转移支付或增加税外收费。另外，如前文所述，从理论上来看，也不能确定财产税的最终福利影响。即使按照上述受益论的观点，在中国实行美英模式的财产税也还存在实际运行中的问题，主要包括以下几点。

1. 地方政府规模较大，且区域之间发展不均衡

按照前面关于财产税成为有益税收即受益税的条件分析，实行的区域相对较小是一个重要条件。因为只有如此，才能保证纳税人获得必要的信息。如在美国，在 50 个州的不同法律体系下，存在着 87 525 个地方政府。其中，郡（县）政府 3034 个，市政府 19 429 个，镇政府 16 504 个，学区政府 13 506 个，特别区政府 35 052 个。① 而中国省以下政府共有地级政府 333 个（包括地级市、自治州、副省级市）；县级政府 2859 个，其中县 1463 个、自治县 117 个、县级市 368 个、市辖区 856 个；乡镇级政府 40 828个，其中乡（包括民族自治乡）15 067 个、镇 19 234 个、街道办事处 6524 个。②相比之下，美国地方政府数量平均要比中国少一半左右。要达到美国目前地方财产税的效应（实际上是有缺陷、已经广泛受限制），仅仅从区域足够小的条件出发，中国只能将财产税设置为市辖区和乡镇政府税。但中国基层区域发展程度差别过大，不少地区征收财产税，其税源十分有限，很难保证当地财政需要，而少数发达城市的区、镇税源则非常丰富。实行基层区域房地产税会增加统筹发展的难度。

2. 民主决策机制不健全和"用脚投票"自由迁移的条件不具备

理论分析表明，健全的民主机制保证地方政府财产税的收入能够合理地使用在地方公共产品的提供中，从而使其资本化于当地房屋的价值中。如果地方政府不能够很好地按照民意进行支出，那么地方居民可以选择"用脚投票"的方式加以反对。中国的实际情况与美国不同。目前在中国实际上还不存在民众参与预算和决定地方公共产品提供的机制，预算和公共产品提供的规模、结构还主要由领导决定，而领导偏好和公众偏好并不总是一致。再有在中国，由于户籍制度的限制、经济发展不平衡以及受传统习惯的影响，人口流动自由度很低，即使有流动也存在单向性，即人口流向发达地区。加上税制结构以间接税为主，人口流动与税负关系不直接，所以就个人而言就不存在"用脚投票"的机制。企业对税负差异较为敏感，往往选择税负轻的地区，但更愿意流向投资环境特别是软环境好的地区。总之，在经济发展很不平衡的情况下，"用脚投票"的机制不一定导致公共产品提供和成本分担的全国均衡，从而能够促进福利的改进。

3. 历史背景和文化差异较大

美国等国家之所以选择财产税作为地方财政的主体税种是与其特有的历史和文化背景相联系的，要研究财产税能否成为中国地方财政的主体税种，不了解财产税作为美国地方财政主体税的原因、发展趋势，就简单地主张实施美国式的地方税体系很可能导致严重的误导。

---

① http：//www.census.gov/govs/www/gid2002.html.

② 国家统计局，《中国统计年鉴 2009》，表 1-1。

首先，美国属于联邦制国家，地方实行多样化、完全自治、高度分权的体制，各类各级政府自治独立，不存在隶属关系，甚至在地理上也不存在包容关系。美国地方政府以满足不同的利益团体的特定需要而形成。各州不仅设置市、县、乡镇一类基于一般目的的政府，还存在许多为特定目的、行使特定功能的地方政府。县和镇这一类传统形式的地方政府是一定区域内居民自我治理的基本单位，市“通常是为服务于其居民的特殊需求而设计的自主治理机构，并且通常是由那些有意合并成为自治市的部分当地人发起创立的”[①]。而特别区政府更是由一部分团体和居民因某种共同利益而发起组建而成，可分为两类，一类承担公立教育体系运作管理的地方政府叫做学区（school districts）。主要负责辖区内的公立义务教育，为本区内的基础教育筹集资金，维持公立学校系统的正常运转。目前学区 13 506 个，由于存在合并趋势，比 1952 年 67 355 个大大减少了。另一类为特别区（special districts)。除了学区以外，承担特定功能的政府组织均归入特别区政府行列，承担诸如自然资源管理（包括排水、防洪、灌溉、水土保持）、消防、城市供水、住房与社区发展、机场或高速公路建设、医院、图书馆等一个或多个功能。目前承担单一功能的特别区占 91%，多功能区占 9%。这种形态的地方政府自 1952 年以来的 50 多年间一直呈增长趋势，已经由当时的 12 340 个增加到 35 052 个。[②]

这种看上去“杂乱无章”的地方政府体系，使地方政府依赖财产税和税外收费，并成为别无选择的安排。从三大课税对象看，“所得”不适合于作为美国意义上的地方政府的收入来源。理由是首先联邦和州已经课征所得税，地方加课，要么税源有限，要么税率过高，导致纳税人迁移，并且也无法有效处理居住地和来源地的冲突。从消费税基或销售税基看，不能保证税源与纳税人居住地的一致性，商业往往较为集中，非商业集中的社区很难征收到合理规模的税收。在美国目前的政府体制下，上级政府对商业集中区课税后，也很难再进行分割，因此只能选择财产税。财产税能够相对容易地解决公共产品的搭便车问题。其次，非政府组织的作用。美国非政府组织共有 100 万个左右，大约有 800 万人在社区从事各类服务工作，占全国就业人数的 10%。此外每年还有 9000 万人次的志愿者从事社区服务工作。[③] 非政府组织的服务范围十分宽广，涉及“老有所养、幼有所托、孤有所扶、残有所助、贫有所济、难有所帮、学有所教、需有所供”的方方面面，给居民生活带来了极大的方便和保障。在这种情况下，政府管理处于一个相对超脱的状态。

非政府组织的大量存在和有效运作是美国社会的独特现象，是美国文化的重要体现。其背后的文化环境是美国人的善于合作、团结意识和公共意识，以及在信息不对称下确保“付费”或“缴税”取得最大利益（最大限度避免官吏贪污侵害纳税人利益)、“经济人”意识共同作用下的制度安排。其结果就是没有了乱收费或税外收费泛

---

① （美）文森特·奥斯特洛姆著，井敏等译，《美国地方政府》，北京大学出版社，2004 年，第 6 页。

② 张智新，《美国地方政府：结构、逻辑和改革》，《江南大学学报》（人文社会科学版），2005 年第 4 期。

③ 谢玲丽，《美国社区中的非政府组织》，http://www.china001.com/show_hdr.php?xname=PPDDMVO&dname=PV90311&xpos=44。

滥的情况，因为不少的公共产品由非政府组织在居民自愿的情况下提供，不涉及政府收税、收费问题。但在中国文化下，由于组织领导人的“异化”程度高（假公济私）和公共意识的普遍缺乏，合作、信任程度低，以及基于人情和关系的意识，真正意义的非政府组织很难得到普遍、可持续发展，有所作为的非政府组织往往依靠具有大公无私品质的领导人，一旦这样的领导人离开，组织就不能维系。在中国，很多这样的事情还得由政府来做，就不可避免地出现大政府、小社会的现象，以及税外收费的现象。要解决这里存在的问题，还得通过反文化的制度安排，而这样的制度往往表现为一刀切，不能具体问题具体处理，保了效率和廉政而失去权宜和公正。

综上所述，我们清晰地认识到，在理论上还没有对财产税作出明确说明的情况下，即使实行也需要许多像美国具备的那些条件。如果在中国推行这样的地方财产税，由于不存在相关条件，这个税就可能不是良性的。因此，要十分谨慎地对待将财产税列为地方财政主体税的说法和做法。

（三）房地产税是否会影响中国的房地产市场价格

在房产税改革的讨论中，最为关注的一个问题就是能否通过开征统一的房地产税促使房价下跌。有研究者提出了将土地出让金从一次性收取变为按土地使用年限分年收取并且并入房地产税的建议。他们认为，这样的做法一方面可以降低开发成本，另一方面在统一的房地产税推行以后，住户每年要额外向政府缴纳一定的税收，房屋需求曲线下降，因此房地产税费改革将使房价下跌。[①]

这一方案的设计基础在于认为中国房地产市场价格过高的原因在于房地产开发的成本较高，其中地价上升是房地产价格过高的主要原因。关于地价上升的原因又有两种说法，一种说法认为土地供应减少，当然引起地价上升，而土地供应减少的原因又在于政府实施宏观调控，缩小“地根”；第二种说法是地价上升是因为实行挂牌拍卖，如果不进行这样的改革，仍然按过去协议出售的方法，地价就不高。对于第一种说法，实际上并没有得到具体证据的支持，据全国房地产开发投资统计资料显示，根本不存在“地根”缩小问题。[②] 而第二种说法虽然指出了土地供应方式的改变对土地价格的影响，但是目前也没有实证研究证明其影响的程度。实际上，招标拍牌出让土地的平均价格是协议出让土地平均价格的4～6倍，显现了土地的真实价格。其进步意义在于使真正的开发商直接获得土地，而不需要像过去那样转手获得土地，理论上这种方法不仅有利于抑制暗箱操作、减少土地交易环节、更理性地选择开发项目、更合理地安排资金，而且这种透明化的土地供应方式使土地价格趋于合理而不是不断上涨。

笔者认为，首先房地产供应成本的增加仅仅是导致房地产价格上升的表面原因，消费者需求过旺才是导致房地产价格上涨的根本原因，它包括实际需求增加、受房价

---

① 北京大学中国经济研究中心课题组，《物业税改革与地方公共财政》，《经济研究》，2006年第3期。

② 王蕾，《从房价地价关系探讨房价上涨问题》，《国土资源》，2005年第8期。

预期看涨的影响所造成的需求增加、投资或投机需求的增加等。其次，中国目前房地产市场本身竞争的不充分是导致房地产价格上升的深层次原因。近年来，土地的招标挂牌以及一系列对房地产开发企业的资质限制，导致房地产开发项目向资本雄厚、有实力的开发商集中，淘汰了中小开发商，房地产开发市场已经成为寡头或准寡头垄断市场，在实力较量下人为提高土地价格。但为什么开发商不惧怕高土地价格带来的风险？这其中既有非理性因素也有理性因素，非理性因素是竞拍过程讲面子，理性因素在于对房屋价格上升的预期看好，而最终原因还是需求过旺。

因此，在需求过旺和市场寡头或准寡头垄断状态没有改变的情况下，只要开发商能够以市场价格获得所需要的任何数量资本，房屋供给曲线就完全是水平的。降低土地出让金也不会降低房价，而只会增加开发商利润。征收统一的房地产税不一定就会抑制房价，而是存在多种可能效应，但有一点是明显的，部分低收入或较低收入群体买不起房的问题并没有得到解决。如果没有对低收入群体包括离退休家庭实施补助，他们就可能交不起房产税（取决于税率），造成新的不公平。

第三节　遗产税和赠与税原理

一、征收遗产税和赠与税的理论依据

征收遗产税的主要目的在于对继承权进行一定的限制。之所以要进行限制，一般出于以下几方面考虑。

（一）促进社会经济进步的考虑

财产所有人生前通过各种途径和方法积累了一定数量和价值的财产，死亡时遗留给亲属朋友。如果对此不加限制，遗产继承人不需要通过任何努力就获得巨额财富，这种不劳而获极易使遗产继承人饱食终日、无所作为，过着寄生虫的生活，埋没其投身实业活动创造物质财富或精神财富的能力与才华，不利于社会进步和发展。通过在财产所有人死亡（或生前赠与）时征收遗产税（或赠与税），将部分遗产通过税收方式收归国有，当税率适当时，就能促使有生产经营创造能力的遗产继承人不主要依靠遗产生活，而靠自身努力，改善提高自身生活水平，同时也贡献于社会，促进社会进步。

（二）出于社会公平和社会稳定的考虑

遗产继承权若不加以限制，极易出现财产向少数人积聚的后果。虽然一个人终身积累的财产有限，但若是世代相承，那么积聚起来的财产数额就会很大。贫富两极分化、分配不公是社会不稳定的一大根源。政府在财产所有人死亡即经济活动停止时课以遗产税，可对财产无休止地积聚于少数人手中形成一种制约，这对促进分配公平和社会稳定有利。

（三）出于税收制度和税收政策方面的考虑

遗产税和赠与税可以补充税制结构中主体税种的不足。所得税和流转税的征收主要与货币交易有关，某些财产项目因难以查实或不参加货币交易，无论所得税还是流转税都无法课及，有的因主客观原因少缴或偷逃缴。在财产所有者死亡时征收遗产税，可起一种最终的补充清算作用，为政府带来一定的财政收入，也有利于同样条件应纳同样税这一税制公平原则的贯彻。此外，遗产税和赠与税还可充当遗产分配的“闸门”，鼓励遗产按政府政策意图“分流”，如各国遗产税和赠与税制度一般都有这样的规定，即财产所有人或继承人若将财产捐赠给公共团体、学校、慈善机构等，可获得免税待遇。这会鼓励财产所有者以其所有的财产贡献于社会慈善和公益事业。

二、遗产税和赠与税的主要类型及其制度要素

就各国遗产税的实践看，遗产税有总遗产税制、分遗产税制（即继承税制）和混合遗产税制 3 种模式。

（一）总遗产税模式

总遗产税是对遗嘱执行人或遗产管理人就被继承人死亡时所遗留的财产净额课征的一种遗产税。在总遗产税制度下，征收遗产税之后才能把遗产分配给法定继承人，因此在遗产处理上表现为先税后分。目前，美国、英国、印度尼西亚以及中国的台湾省等国家和地区采用这一模式。其基本要点和主要特点有以下 7 种。

1. 纳税人

总遗产税的纳税人为遗嘱执行人或遗产管理人。一般说来，被继承人为本国居民（美国还包括本国公民）时，要就其全世界范围的遗产征税，当被继承人为非居民时，仅就位于本国境内的遗产征税。也有一些国家规定，被继承人在国外的不动产不征遗产税，就遗产税征收管辖权奉行属地主义原则。

2. 征税对象

遗产税的征税对象是遗产净值。遗产净值是应税总遗产额减去各项扣除宽免后的余额。应税总遗产包括少数由税法规定免于征收遗产税外的全部遗产（包括不动产、有形动产和股票债券、特许权、人寿保险权益等各种类型的无形财产）。遗产总价值一般按公平的市场价格法估定。

3. 免征额

遗产税不能影响继承人的生活，由于都是针对少数富人征收的税种，因此规定了比较大的免征额，只有遗产净额超过免征额的时候，才就超过部分缴纳遗产税。在美国，遗产税的免征额，2005 年为 150 万美元，2007 年和 2008 年均为 200 万美元，到 2009 年

将增加到 350 万美元。[①] 英国遗产税的免征额 2007～2008 年度规定为 30 万英镑。[②]

4. 免税扣除

各国遗产税从应税总遗产中扣除的共同项目有丧葬费、遗产管理费、未支付的抵押财产或债务、至死亡之时为止已经发生但尚未交纳的税款（死亡后产生的应支付的遗产税、所得税、资本利得税等不得扣除）、婚姻扣除和基础宽免额（美国有婚姻扣除，即遗赠给死者未亡配偶的全部财产均可从应税遗产额中予以扣除，但没有满足继承人基本生活需要的基础宽免，美国用抵免法解决这一问题），以及对慈善机构、教育等公共利益机构和共同团体（包括政党）的捐赠。有的国家对某些扣除项目（如对政党捐赠）规定限额。除这些扣除项目外，各国均根据本国特定历史时期的税收政策目标和税制结构增加一些免税扣除项目。

5. 税率

遗产税的税率一般为超额累进税率。不过各国税率结构很不一样。英国 1987～1988 财政年度，遗产税税率为 5 级超额累进，最高税率 60%，1988 年 3 月 15 日以后改为 2 级超额累进税率，累计应税转移额 110 000 英镑以下税率为 0，超过 110 000 英镑的税率为 40%，目前实行的则是 40%比例税率。2007 年美国联邦遗产和赠与税实行 15 级超额累进税率，最低税率 18%，最高税率 45%。

6. 抵免

在遗产税税收管辖权上奉行"属人主义"和"属地主义"相结合的国家，一般允许从本国应纳遗产税额中抵免位于外国境内已向外国政府交纳的遗产税或继承税税额。实行联邦制的国家，地方开征遗产税、继承税的，税额可从联邦税应纳税额中抵免。如美国税法原来规定，已缴纳的州和地方遗产税可以抵免联邦遗产与赠与税。但从 2002 年起，随着免征额大幅度提高，已缴纳的州和地方遗产税抵免额逐年降低，2002 年抵免 75%，2003 年抵免 50%，2004 年只能抵免 25%，2005 年及以后全部不许抵免。[③]

7. 对营业性遗产（即企业资产）分期纳税

为了防止因交纳遗产税而迫使纳税人出售营业用资产，干扰经济活动，征收遗产税的国家一般都规定营业性遗产的遗产税可分期交纳。但对应付未付的税款加征利息。英国规定的期限为 10 年，美国规定 15 年。[④]

（二）分遗产税模式

分遗产税制又称继承税制，它是在被继承人死亡之后，对遗产继承人或遗产受赠人就其分得的那一部分遗产净值课征的一种遗产税。在分遗产税制下，遗产的处理程序是先分后税。目前有日本、法国、德国、韩国、保加利亚、波兰等国家实行这种遗产税模式。其基本要点或主要特点有以下几类。

---

① http://www.ctj.org/html/estate.htm.

② http://www.hmrc.gov.uk/rates/inheritance.htm.

③ http://dor.mo.gov/tax/personal/estate/forms.

④ 杨斌，《治税的效率和公平》，经济科学出版社，1999 年，第 499 页。

1. 纳税人

分遗产税制的纳税人为遗产继承人或遗产的受赠人。因此，在征税范围的规定上与总遗产税制不同，总遗产税制考虑被继承人的居民身份和财产所在地，而分遗产税考虑继承人、被继承人的居民身份以及财产所在地。各国的规定不一致，有的国家如日本以继承人为中心考虑问题，有的国家则以被继承人（即死亡者）为中心考虑问题。日本税法规定，遗产继承人或受赠人为本国居民时，要就其取得的全部财产净值承担纳税义务，而不问财产位于何处，也不问被继承人是否为本国居民，遗产继承人或受赠人为非居民时仅就其取得的位于本国境内的财产负纳税义务，不论被继承人是否为本国居民。德国则规定，被继承人在死亡时如为德国居民，则应就其全部遗产征收继承税，而不论继承人或受赠人是否为本国居民，也不论遗产位于何处，这一规定也适用于那些死亡前5年以内放弃德国居所的被继承人，如果被继承人在死亡时不是德国居民也没有在其死亡前5年以内放弃德国居所的问题，那么仅就其转移给居民继承人或受赠人的遗产部分征收继承税。对位于德国境内的遗产，即使被继承人、继承人或受赠人都不是德国居民，也要征收继承税。相比之下，以继承人为中心考虑问题更合适一些，因为这更接近继承税的理论定义，在有来源于国外的遗产时，只要采取外国税收抵免制度，就能消除国际重复征税，税收管理也能落在实处，而以被继承人为中心确定纳税人，对继承人为非居民且遗产也位于国外的情况，实际上是很难实施税收管理的。

2. 征税对象

就征税对象而言，分遗产税一般是对继承人分得的应税遗产份额扣除应承担的被继承人债务、丧葬费用、适当的基础宽免额后的余额课征。各国有关的计算程序是有差别的。理论上讲，继承税的计算以各继承人和受赠人的资产增加为基础分别进行，但这可能致使继承人受赠者串通一气假装平均分配遗产，以降低累进税率的适用档次，减轻税负。为解决这一问题，一些国家建立了比较复杂的计算程序（如日本），总的精神是在计算归属于各继承人的应课税遗产转移额（即扣除费用、债务和宽免后的遗产净值）时，不采用实际的继承份额比例（指遗嘱订明的比例），而采用法律固定（依照民法的继承顺序）的继承份额比例（如配偶1/2、孩子1/2，若两个孩子各1/4等），以由此计算出来的各继承人应课税遗产转移额来确定适用税率，算出法定的应纳税额，将各继承人法定的应纳税额加总，然后按各继承人、受赠人实际得到的遗产份额比例（各人实际得到的应税转移额/应税转移额总和）分摊到各继承人、受赠人，再从中作必要的税收抵免，其余额上交国库。通过这一办法可以解决可能存在的假装平均分配遗产而避免累进税率问题。当然如果实行比例税率，就不存在这一问题。

3. 扣除

分遗产税可以从各继承人分得的遗产总价值中扣除的项目主要包括费用（丧葬费、处理遗产所发生的费用等）、债务和基础宽免额3个部分。基础宽免额因纳税人与被继承人或受赠人亲疏关系而不同。越亲密的扣除额越大。如法国规定，继承人配偶或直系亲属个人可以免征 30 万法郎，而其他继承人只能免征 1 万法郎。①

4. 税率

分遗产税一般根据被继承人与继承人、受赠人亲疏远近设置高低不等的税率。关系越亲密直接，税率越低，越疏远和间接税率越高。例如在法国，如果纳税人是被继承人的未亡配偶（一等）、父母或孩子（二等），适用 5%～40%的 7 级超额累进税率，如果是兄弟姐妹（三等）适用 35%～45%两级累进税率，如果是四等亲戚适用 55%的比例税率，其他人则适用 60%的比例税率②。

5. 抵免

遗产税可根据纳税人不同情况，通过抵免措施体现国家的税收政策，消除国际重复征税。外国税收抵免是各国遗产税的共同抵免项目，就是对本国居民从国外取得的遗产在国外已纳的类似税收给予抵免。同所得税一样，遗产税的外国税收抵免也有一个抵免限额，抵免限额是从国外取得的遗产价额按本国税率计算的应纳遗产税额。除此之外，有的国家还安排未成年继承人或受赠人抵免、残疾继承人或受赠人抵免、继续继承抵免（即在若干较短的年限内发生两次继承条件下，前一次继承时已纳继承税可在第二次继承时应纳继承税中适当抵免）。

（三）混合遗产税模式

混合遗产税制，就是先对遗嘱执行人或遗产管理人就被继承人所留的遗产总价值扣除债务、丧葬费用等项目后的净值课征一道总遗产税，遗产分配给各继承人时，再对各继承人就其获得的继承份额课征一道继承税。就是将总遗产税制和分遗产税制综合起来。在遗产处理上按先税后分再税的程序进行。伊朗、意大利等国家采用这一模式。伊朗先对遗产净值（总遗产额减去债务及葬仪费后的余额）中超过总遗产税起征点部分按一个比例税率征税，而后，对继承人取得的财产额根据被继承人与继承人关系亲疏远近按不同的累进税率征税，其基本做法与分遗产税模式相同，即关系越密切直接的税率越低，起征点也高。意大利的做法是，在混合遗产税制中，总遗产税部分和继承税部分均按累进税率课征。遗产税部分的税率层级也是按被继承人与继承人关系的亲疏远近设置的。③

从三种遗产税税制模式比较来看，总遗产税模式相对便利一些，但由于先税后分，不考虑各个继承人的具体情况，每个继承人要负担一样的税，似乎不太合理。而分遗产税是先分后税，根据每个继承人的具体情况包括有无残疾、是否为未成年人、与被继承人的关系等，设置不同的扣除或抵免项目，以及高低不等的税率。一般来说，继承人为残疾人、未成年人以及与被继承人关系密切直接的对遗产的依赖性较大，给他们较多扣除抵免或按较低的税率征税，有利于使税收负担与纳税能力相一致。不过正因为把继承人许多具体情况考虑进去，继承税就相对复杂一些，不够便利。继承税在

---

①② 杨斌，《治税的效率和公平》，经济科学出版社，1999 年，第 501 页；资料来源于网址 http://www.eyi.com。

③ 杨斌，《治税的效率和公平》，经济科学出版社，1999 年，第 502～503 页。

没有采取特别措施（如日本的先按法定继承份额计算税额，然后合计按实际继承份额分摊）情况下，可能出现纳税人通过假平均分配遗产，降低超额累进适用税率，人为地减轻税负问题。这会出现两难局面，一方面要保持税制简化又不采取特别措施会留下漏洞，另一方面要采取特别措施解决这一问题就要牺牲税制简化与便利性。混合遗产税模式先税后分再税，“先税”可保证税源，防止偷逃，“再税”可吸收继承税适应具体情况、区别对待、反映纳税能力的优点。遗产税模式的选择与其他税种模式选择一样，要在公平与效率之间进行权衡，最终选择什么样的模式，还要考虑社会经济状况及其所决定的税收政策目标、国民素质与纳税习惯等因素。

（四）遗产税和赠与税配合模式

遗产税要行之有效，需要与赠与税相配合，否则财产所有人如果通过生前将财产无偿转移给其继承人，死亡时无多少遗产可供征税，那么遗产税就会落空。有鉴于此，遗产税一定要有赠与税配合补充。但各国在遗产税和赠与税配合方式方法上有所不同，主要有 4 种模式。

1. “无”赠与税模式

就是将“死亡预谋赠与”归入遗产税税基中征收遗产税，使赠与税有实无名。英国和其前殖民地国家多采用这一模式。英国规定，财产所有人死亡前 7 年内赠与的财产价额要全部或部分并入遗产税税基征税。赠与财产的价额计入遗产税税基的比例是死亡前 3 年内按 100％、死亡前第四年按 80％、第五年按 60％、第六年按 40％、第七年按 20％。第八年以前赠与的财产免于征税。

2. 并行征税模式

就是在遗产税之外另设赠与税对赠与人就所有赠与财产价额或对受赠人就所有受赠财产价额征税，与遗产税并行，作为遗产税的补充。一般情况，实行总遗产税的国家采用总赠与税形式，即对赠与人就年内所有赠与他人的财产价额减去一定的宽减扣除后的余额征税，又称赠与人税。赠与政府、公益、慈善、教育文化等机构的财产一般免于征税。而实行继承税或混合遗产税制的国家，则实行分赠与税即对受赠人年内获得的受赠财产总价值额减去一定的宽减扣除后的余额征税，又叫受赠人税。从抚养义务人取得的财产，从慈善、宗教等以公益为目的机构获得的赠与一般免于征税。多数国家采用这一模式。

3. 交叉征税模式

仍设有赠与税、遗产税两种，即财产所有人生前赠与要课征赠与税；财产所有人死亡时征收遗产税，不过遗产税的税基中包括死者生前累次的赠与财产价额，也就是在征收遗产税时必须将死者累次的赠与财产价额并入遗产总额中，计算应纳遗产税，同时给予生前已纳的赠与税从中抵免。1977 年美国在遗产税和赠与税配合上由并行征税模式改为交叉征税模式。目前实行这一模式的还有意大利、哥伦比亚等少数国家。

4. 相继税制模式

就是对受转移人（继承人和受赠人）就其一生（或某一时期）因继承、受赠而取得的一切财产征税。具体征税办法是，受转移人在每一次取得受赠或继承财产时，均应按其价额与以前各次受赠或继承财产价额累计，就其总额征税，以前已纳的税额予以抵扣。这个模式与第三种模式相类似，只不过第三种模式站在总遗产税立场上，以财产转移人（即所有人或被继承人）为纳税主体，而这种模式站在继承税立场上，以财产受转移人（即受赠人或继承人）为纳税主体。日本1950～1953年在美国税务专家肖普建议下采用这一模式。

第一种模式下，赠予税对遗产税的补充功能受到很大限制，使超过"死亡预谋赠予"年限的赠予财产不必纳税，这对于生前赠予起一种鼓励作用，使遗产税的作用受到影响，甚至形同虚设。不过有的学者认为，鼓励生前赠予（特别是在距离财产所有人死亡时间比较长的条件下赠予）能促进社会财富的分散平均，这也正是遗产税的目的。另外，财产自年老的一代转移至年青一代，对提高财产利用率、促进财产增值、刺激经济进步也有利。第三、四种模式管理起来均比较困难，涉及对纳税人长时期甚至一辈子的跟踪问题，要把纳税人一生中每次赠予或受赠及纳税情况登记在案，费时费力，对流动性比较大的纳税人很难实施税务管理，而且财产价值额会随着时点变化而变化，累计计算很难找出合理标准。不过这两种模式对防止通过生前多次分散赠予，以逃避税负较重的遗产税倒都是有效的办法。相比之下，第二种模式最为简便易行，因而为大多数国家所采用。这一模式下发生赠予时单独征收赠予税，什么时候发生就什么时候征课，不需要长期跟踪管理。但在赠予税税率低于甚至等于遗产税税率时，财产所有人可通过生前多次分散赠予，使财产价额因适用较低档次的赠予税累进税率，而逃避税负较重的遗产税。堵塞这一漏洞而又不采用第三、四种模式的唯一途径是安排一个赠予税税率略高于遗产税税率的结构，从而使财产所有人不论以赠予方式还是以遗产继承方式转移财产，其所负担的税收趋于均等，使纳税人无法避重就轻，逃避税负，达到遗产税征税目的，也使遗产税的征收对财产的处理方式保持中性。

总而言之，遗产税的征收对缓和分配不公、补充所得税的不足，促进创造、上进、自立自强的社会风气有一定作用。但从世界各国的实践看，遗产税是一种偷逃严重、征税成本高的税种，主要是由于遗产税的应税财产项目涉及面广，某些财产查实困难，估价不易准确，易于偷逃。各国还没有找到防止偷逃、堵塞漏洞的有效办法。遗产税所取得的财产利益很小，相对征税成本却比较大，比如日本，所征遗产税仅占税收收入总额的3.5%，投入的征税力量却占全国税务人员总数的6.5%。① 在新加坡遗产税一直备受争议，最终在2008年2月16日被取消。②

---

① 国家税务局遗产税考察组，《赴新加坡、日本遗产税制考察报告》，《税收研究资料》，1991年第12期。

② http：//www.zaobao.com/special/singapore/pages4/budget2008080216p.shtml.

【本章小结】

1. 财产税是对纳税人所有或者占有的财产就其数量或价值额课征的一类税收的总称，主要形态包括对所有类别财产课征的一般财产税、主要对房屋土地等不动产课征的选择性财产税、对财产所有人死亡后遗留或生前赠与的财产课征的遗产和赠与税。

2. 一般财产税的典型形态是财富税。这是对个人、公司企业及其他经济实体所拥有的除特定免税项目外的所有财产总价值减去债务和个人宽免额后的净值征收的一种税。

选择性财产税是政府选择特定的财产项目对其数量、价值或收益额征税的税种，又称特种财产税或个别财产税。选择性财产税的征税项目主要是土地和房屋等不动产。土地税以其计税依据的差别有地亩税、地价税、土地收益税、土地所得税、土地增值税之别。地价税是以土地单位市场价格或评估价值为计税依据的一种税，是最常见的土地课税方式。

如何客观准确地评估财产价值，从来是选择性财产税特别是房地产税能否成功的关键环节。房地产价值评估的基本方法有收益现值法、重置成本法和现行价格法 3 种。批量评估方法就是先按照上述基本方法评出标准不动产（房地产）的价格，然后通过对影响房地产价格的因素进行调整，整批地而不是单宗地确定应税房地产的价格。这一方法一般借助计算机信息系统，对不动产评估进行程序化运作，最大限度地减少评估舞弊。

3. 关于房地产税的税负归宿，经济学界至今仍然存在很多争论，但主要的观点有两种，即“货物税观点”、“资本税观点”。

判断房地产税收的效应要多方面考虑，只考虑一方面而得出的结论很容易产生错误。例如，简单地认为有钱者拥有的房地产多，因而房地产必定具有收入再分配效应，房地产税可作为收入分配工具，这个观点在局部分析框架下不正确，而在一般均衡分析以及严格假定下具有正确性。再例如，对房地产课税，人们因为预期卖房后要负担保有税，从而会降低对房地产的需求，导致房价下降，这个观点不正确，因为如果房地产供给的价格弹性大、需求弹性低，那么房地产税将由购房者承担，房价将上升而不是下降。因此不同的经济环境和假定前提，结论不同，具体问题需要具体分析。

4. 房地产税一般是作为地方性税种而存在的，而且是作为省或州以下基层地方政府的税种。人们对房地产税作为省以下地方政府税种是否合理也存在争议，有两种对立的观点，一种是房地产税属于受益税是有益税种，另一种认为财产税不是一个有益税种。由于中国尚不存在使房地产税成为受益税的条件，要十分谨慎地对待将房地产税列为地方财政的主体税的说法和做法。

5. 在房地产领域采取以税代费的改革，可能会降低社会福利。将房地产税作为调节收入分配和抑制房价攀升的工具不一定有效。

在需求过旺和市场的寡头或准寡头垄断状态没有改变的情况下，只要开发商能够以市场价格获得所需要的任何数量资本，房屋供给曲线就是完全水平的。降低土地出让金也不会降低房价，而只会增加开发商利润。征收统一的房地产税不一定就会抑制房价，存在多种可能效应。

6. 遗产税有总遗产税制、分遗产税制（即继承税制）和混合遗产税制 3 种模式。遗产税一定要有赠与税配合补充。遗产税和赠与税配合方式主要有 4 种模式：即“无”赠与税模式、并行征税模式、交叉征税模式、相继税制模式。遗产税的征收对缓和分配不公、补充所得税的不足有一定作用。但从世界各国的实践看，遗产税是一种偷逃严重、征税成本高的税种。

【概念与术语】

财产税　一般财产税　选择性财产税　房地产税　地亩税　地价税　差饷　收益现值法　重置成本法　现行价格法　批量评估法　货物税观点　资本税观点　遗产税和赠与税　总遗产税　分遗产税　混合遗产税

【思考题】

1. 财产税主要特征是什么?
2. 房地产税为什么只能充当省级以下地方主体税?
3. 房地产税要成为良性税种需要什么样的社会经济政治文化条件?
4. 房地产税能够抑制房价吗? 为什么?
5. 遗产税属于良性税种还是劣性税种? 为什么?
6. 课征遗产税和赠与税能够缓解收入分配不公吗? 为什么?

第十二章

所得税和财产税的国际问题

国家恪守税收主权（即实行全面的税收管辖权）、所得税和财产税制度在全球的应用、经济国际化程度的不断提高这三个因素的共同作用，导致跨国经济活动的重复征税、以税收优惠为手段的税收竞争、税收歧视以及国际逃税避税等问题的产生。这些问题如果不能妥善地解决，就会引起税收负担的不公平，税收制度和政策就会对跨国经济活动产生干扰，从而损害效率。本章主要探讨所得税制度和财产税制度所产生的国际税收问题，对居民身份确定规则、非居民各项所得和财产收益的征税规则、双重征税产生的原因及避免方法、国际逃税避税的途径及防止措施等问题进行分析。

第一节　税收管辖权及其运用实施规则

任何国际性问题的产生都是因为存在国界，没有国家之分也就没有国际性问题，税收的国际问题的本原也正是在于各国都基于主权和经济利益考虑，实行了全面的税收管辖权，并且按照本国的意愿来确定实施税收管辖权规则，从而造成冲突。因此，在展开讨论国际税收各个主要问题之前有必要先讨论税收管辖权，以及为协调税收管辖权冲突建立规则的国际税收协定。

一、税收管辖权和国际税收协定

（一）税收管辖权

税收管辖权（jurisdiction to tax）简单地讲就是一个国家自主地管理税收的权力。它是国家主权在税收方面的体现，是国家主权的重要内容，它说明一国政府可以完全独立自主地在不受外来干预的条件下，根据本国的政治经济状况确定税收制度、制定税收政策。一个国家行使税收管辖权可以基于两个基本因素。

首先，国家可以基于它所管辖的人的范围，一个国家可以对受本国管理的所有人包括个人居民或公民、企业、团体等行使税收管辖权。也就是说，只要是本国居民或公民，不论其所获取的收入或财产是否来源于本国，都要对本国承担纳税义务。一个纳税人是否成为一国的税收管辖对象，在自然人方面，就看其是否为本国居民或公民，其主要判断标准是纳税人在征税国是否存在住所、居所或具有征税国国籍。在法人方面，就看是否在征税国注册或在征税国设有总机构或设有管理控制中心等。这种按照属人主义原则、以国家主权所能达到的人员范围为依据、以居民或公民为标准所行使的税收管辖权就称为居民或公民税收管辖权。在行使这种税收管辖权的情况下，可以要求纳税人就来源于境内和境外即世界范围内的所得或财产承担纳税义务。在存在一定管理制度和行政措施的情况下，这种要求一般也能获得实现。

居民或公民税收管辖权还可细分为居民税收管辖权（resident jurisdiction to tax）和公民税收管辖权（citizen jurisdiction to tax）。就自然人而言，公民和居民是一对有区别又有交叉的概念。公民也可称为国民，指拥有本国国籍的人，而居民是指在本国居住并符合一定条件的人（具体的条件各国法律规定不同，下面将做专门研究），公民当他（或她）不符合称为居民的法定条件时，可以不是居民，如虽持有本国护照但长期甚至一生居住在国外的人。反过来居民也可以不是公民，如在一国居住一定年限，符合条件成为该国居民但并没有加入该国国籍的人。应该说对生活、工作并居住在本国的多数人而言，既是居民也是公民，居民和公民是重叠的。但对于移民和从事跨国事业的人，这二者就会有区别。我们把基于公民概念而行使的税收管辖权称为公民税收管辖权，把基于居民概念而行使的税收管辖权称为居民税收管辖权。由于多数的税收，特别是作为国际税收研究对象的所得税，是对经济活动所产生的剩余价值的扣除，当公民和居民有区别时，居民与产生所得的经济活动地点存在更密切的关系，即当该公民是非居民时，与其国籍所在国存在较少的经济关系，却与其居住国有更密切的利益关系。此外行使居民税收管辖权也存在税收管理上的便利。因此，除少数国家（如美国、墨西哥）既行使居民税收管辖权也行使公民税收管辖权外，世界上绝大多数国家都实行居民税收管辖权，而不考虑公民税收管辖权。

国家还可以基于它所管辖的地域范围（包括领土、领海、领空）来实施其税收主权，就是说一个国家可以对与本国有经济源泉关系的所得或财产行使税收管辖权，只要所得或财产来源于本国境内，本国政府就有权对其征税，而不论所得的获得者或财产的拥有者是否为本国居民或公民。对非居民纳税人而言，只有在所得来源国或财产所在国履行了纳税义务，才能将有关所得或财产转移出境。这种按照属地主义原则，以国家主权所能达到的地域范围为依据，基于所得来源地或财产所在地而行使的税收管辖权，就称为收入来源地税收管辖权（source jurisdiction to tax）。在行使这种税收管辖权的情况下，对来源国而言，非居民纳税人只承担部分纳税义务，即只就其在来源国境内获取的所得或拥有的财产承担纳税义务，该纳税人在这个来源国境外获得的所得或拥有的财产，则不在该国税收管辖权管辖范围之内。

目前绝大多数国家都是两种管辖权并用，一方面作为居住国要求本国的居民纳税人就其从世界范围获得的所得或拥有的财产承担纳税义务；另一方面作为收入来源国要求从境内获得各种所得或拥有财产的非居民纳税人承担纳税责任。仍有少数国家和地区只实行收入来源地税收管辖权（如香港、乌拉圭、哥斯达黎加、肯尼亚），规定只对来源于本地区或本国境内的所得或位于本地区、本国的财产征税，对来源于境外的所得或位于境外的财产不征税。[①] 巴西、法国对公司实行收入来源地税收管辖权，只对来源于本国境内的所得征税。但这两个国家的个人所得税则是居民税收管辖权和收入来源地税收管辖权并用。[②] 过去阿根廷等国家只行使收入来源地税收管辖权，但近来也改变了原来的做法，与其他国家一样推行两种税收管辖权。[③]

税收管辖权是一国国家主权的组成部分，但一国政府的税收管辖权并不是不受任何约束。从逻辑上讲，既然每一个国家都有独立自主的税收管辖权，这种管辖权是平等的，那么一国行使税收管辖权时就不得侵犯他国主权，这在事实上构成一种对税收管辖权的约束，称之为主权约束。这一约束的具体表现在于：如果没有国家间条约的安排或事先经过对方国家的同意，一国的税务机关不得在另一国国境内实施税收行政行为，包括不得派遣税务官员到其他国家收集税务情报、对纳税人进行审计、向住在外国境内的纳税人送达纳税通知书等。税收管辖权除受主权约束外，还受外交豁免权的约束。按照有关外交关系的国际条约，对享有外交豁免权的外交代表机构及其人员、国际组织及其人员所获得的工薪收入免于征税，这也构成对所在国税收管辖权的一种限制。

由于税收管辖权是一国主权的体现，一个国家不能强迫他国实行特定类型的税收管辖权，各国可自行决定本国的税收制度和政策，客观上由于国与国之间经济发展水平和文化传统的不同，也需要根据本国的具体国情选择不同的税制模式，这就造成各国税收制度的差别以及税收管辖权实施规则的不同。第二次世界大战以后，经济国际化空前发展，国际经济活动的内容和形式也发生根本性变化。贸易从货物贸易发展为货物、服务和知识产权全方位的贸易，贸易方式正从传统形式进入电子商务时代。资本的输入和输出日益活跃，流向也发生极大变化，从发达国家流向其殖民地和半殖民地，发达国家之间的相互投资激增，发达国家对发展中国家的投资也迅速发展。投资的方式日益多元化和不断创新，收入的渠道多种多样。跨国公司的急速增加、同一纳税人从不同国家获得收入，必然导致不同国家对同一纳税人的多重征税。伴随着经济国际化，所得税在世界范围内得以普遍推行，并且成为发达国家的主体税种。所得税方面的国际税收分配关系成为国际税收矛盾的焦点。一方面各国基于全面实行税收管辖权来征收所得税，导致了对跨国经济活动的重复课税；另一方面企业受利益驱使充分利用了某些新兴国家和地区的税收优惠（包括不征所得税和财产税）政策，通过各种手段来逃避所得税。这些问题如果不加以解决，势必会破坏国际税收的公平性质，导致国际资源配置的扭曲。由于税收管辖权又是国家主权的一个重要方面，任何国家

---

① John Graham. 1994. The International Handbook of Corporate and Personal Taxes. London：Chapman & Hall：195～199，669～673；Coopers & Lybrand International Tax Network. 1993. International Tax Summaries. New York：John Wiley & Sons，Inc.：C-73，K-2.

② John Graham. 1994. The International Handbook of Corporate and Personal Taxes. London：Chapman & Hall：65～70，149～156.

③ 阿根廷 1992 年修改了税法，规定阿根廷居民包括个人和企业都要申报来源于全世界范围的所得并依法纳税，当然外国所得的已纳税收可依法获得抵免；见 Coopers & Lybrand International Tax Network. 1993. International Tax Summaries. New York：John Wiley & Sons，Inc.：A-17。

或国际组织都无权干涉别国的税收事务，所以解决问题的办法只能是谈判、协商、互让互利，达成国际税收协定。

（二）国际税收协定

国际税收协定是指两个或两个以上主权国家为了避免双重征税或防止逃漏税而签订的具有法律效力的国际条约。国际税收协定就处理的税种不同来划分，可分为所得税的国际税收协定、遗产税和赠与税的国际税收协定；就所涉及的缔约国数量来划分，两个国家签订的称为双边国际税收协定，两个以上国家参与签订的称为多边国际税收协定。目前绝大多数是双边的协定，多边协定比较少。自从1872年英国和瑞典签订第一个关于避免遗产双重征税协定、1899年普鲁士和奥地利签订第一个避免所得双重征税协定以来，至1998年底，各国签订的避免所得和财产双重征税的双边协定已达1871个，近几年每年增加的协定数都在70～80个左右。[①] 以处理问题的广度为标准，可划分为综合性的国际税收协定和单项的国际税收协定，题名为避免所得税和财产税双重征税协定的一类协定一般属于综合的协定。而专门处理船舶或航空飞行器营业利润的国际税收协定则属于单项型的协定。本书着重研究处理所得税和财产税国际税收关系的双边的、综合性的国际税收协定（本书除非特指统称为国际税收协定）。

早期国与国之间谈判签订的国际税收协定都是各自为阵，将双方所面临的需要解决的问题达成一致解决意见并以书面形式加以确定，因此不同国家签订的协定差别很大。国际税收协定所涉及的内容很多，每一次谈判签订协定时都要商谈所有问题并推敲定义用语的含义，十分费时费力。从实践中人们感到，需要一个范本为各国谈判和签订国际税收协定提供共同的参考文本，范本需具备这些特征即框架同一、用语同一、处理一般问题的方法和规则同一、对文本内容和用语解释同一。有了这样的样式文本，各国在谈判协定内容时，就可集中精力讨论主要的分歧，并按范本的引导选择双方同意的解决办法。建立国际税收协定范本的任务自然落到国际性组织身上。早在20世纪20年代，联合国的前身——国际联盟就开始组成专家工作小组，在总结实践经验的基础上，着手范本的研究和拟定工作。这一工作受战争影响断断续续。至第二次世界大战结束前，陆续有几个范本草案问世，但并没有得到世界各国的广泛接受。第二次世界大战以后，由欧洲经济合作组织（OEEC）和其后的经济合作与发展组织（OECD）接手这项工作。OECD于1963年公布了《关于所得和财产避免双重征税的协定范本》（草案），随后经过修订于1977年发布了该草案的修订本，一般称这一修订本及以后的修订本为OECD国际税收协定范本，简称为《OECD范本》。目前，OECD对协定范本及其注释采取了及时更新的态度，主张协定范本及注释要定期修订，以便不断地、及时地、准确地反映各成员国的观点。[②] 由于《OECD范本》主要适用于发达国家之间签订国际税收协定，在应用于发达国家和发展中国家之间签订国际税收协定时会遇到一

① United Nations Conference on Trade and Development. 1999. World Investment Report 1999. United Nations, New York and Geneva：118.

② 经济合作与发展组织，《OECD税收协定范本注释》，中国税务出版社，2000年，第2～3页。

些问题，如果主要按照该范本签订协定，发展中国家会处于不利地位。因此，联合国于1967年成立了由来自发展中国家和发达国家专家组成的小组，对协定范本进行研究，在OECD范本的基础上草拟了《联合国关于发达国家与发展中国家间避免双重征税的协定范本》(简称《联合国范本》)，于1979年正式公布。美国作为世界上最发达的国家、最大的资本输出国和最大的资本输入国，也于1976年提出协定范本作为美国与其他国家谈判签订协定的基础，经过多次修改，目前最新的版本叫作1996年美国避免双重征税协定范本（United States Model Income Tax Convention of September 20, 1996，以下简称《美国范本》)。《美国范本》是单边性文件，只反映美国的立场，不代表与美国签订税收协定的其他国家的观点。《美国范本》与《OECD范本》存在一些差别，如《美国范本》设有单独的一条处理税收协定的滥用问题，不过大多数条款与《OECD范本》是一致的。[①] 其他国家在讨论签订国际税收协定时主要还是以《联合国范本》和《OECD范本》为基础。《联合国范本》和《OECD范本》这两个协定范本在原则、框架、内容上也基本相同，不同在于《OECD范本》更强调居民税收管辖权，注重居住国的利益；而《联合国范本》基于发展中国家基本上处于资本输入国（从而处于收入来源国）的地位，更多地考虑了维护收入来源国的利益。

尽管两个协定范本有一些差别，但它们以及以它们为蓝本签订的国际税收协定都共同包含了下列一些基本内容：

(1) 范围条款。首先是作为协定开头两条有关协定约束对象的范围，包括纳税人范围和所涉及的两国税种范围。明确协定仅适用于缔约国居民（包括个人和法人），协定规范的税种是所得税和财产税以及类似性质的税种。其次是一般作为协定最后两条的时间范围即生效的时限和终止时间。

(2) 用语定义条款。对协定涉及的一般性用语和特殊性用语作出定义。特别是对居民和常设机构这两个特殊的也是根本性的用语提出一套协调或判定规则。

(3) 实体性条款。一般包括15个条款，构成协定的核心内容。具体规定了财产所得、营业利润、股息、利息、特许权使用费、各种劳务所得征税冲突的协调规范和征税权分配规则。

(4) 消除双重征税条款。提供可供选择的消除双重征税的具体方法，主要有抵免法、免税法和扣除法。

(5) 反避税条款。规定了关联企业的认定规则和按照正常交易原则调整转让关联企业定价的规则。

(6) 实行条款。包括情报交换、无差别待遇、相互协商程序条款以及对外交使节的税收待遇条款等。

协定范本实际上不仅提供了谈判签订国际税收协定的样式和要考虑的主要问题，而且更重要的是提供了解决国际税收领域冲突、矛盾，从而理顺国际税收分配关系的

---

① Richard L Doernberg and Kees Van Raad. 1997. The 1996 United States Model Income Tax Convention: Analysis, Commentary and Comparison. Den Haag: Kluwer Law International: 2～3.

规则、思路和方法，经过长期积累和实践，构成了处理国际税收问题的国际惯例。

中国从20世纪80年代开始，为了适应改革开放、引进外资、积极扩大对外经济交流和合作的需要，到2010年2月止已经陆续与91个国家签订了双边国际税收协定。在谈判签订国际税收协定时，基于中国仍然属于发展中国家的实际，中国坚持了合理维护收入来源国利益的原则，更多地应用《联合国范本》条款；基于促进国际资本合理流动、积极引进外资的要求，坚持了平等互利、友好协商、共享税权的原则，并不照搬照抄《联合国范本》的条款；基于中国采取许多税收优惠措施来吸引外资的情况，为了使优惠措施的利益被纳税人即投资者所享有，而不至于因为抵免限额的作用，白白将减税利益送给外国财政部，坚持采用对减免税优惠视同已征税给予抵免（即饶让抵免）的原则。

二、居民身份确定规则

居民税收管辖权应用的根本问题是确认居民身份，因为纳税人居民身份的存在是一国行使居民税收管辖权的前提条件，确认纳税人居民身份的出发点在于判断纳税人在征税国是否存在税法意义上的税收居所关系。目前对居民身份的确认还没有一个国际统一的标准。各国政府基本上从本国情况出发，以法律形式规定居民身份的确认标准。以下分自然人和法人比较各国居民身份确认标准的异同。

（一）自然人居民身份的确认

各个行使居民税收管辖权的国家在其税法中对居民身份的确认依据不同的标准，归纳起来主要有以下几种。

1. 住所（domicile）标准

一个人只要在行使居民税收管辖权的国家内拥有永久性住所，那么这个人就是该国居民，要履行无限纳税义务。法国、瑞士、德国等一些欧洲国家采用这个标准。其优点在于易于确定纳税人居民身份，因为住所具有永久性和固定性，是由法律规定的个人从事政治、经济活动的主要地点，拥有永久住所的个人在该国拥有国家保护的权利，也有履行纳税的义务，以住所为标准可以体现上述权利义务关系。但是随着经济的国际化，不可避免地会出现个人永久居住场所与实际经济活动场所不一致的情况，此时单纯按照住所标准确认纳税人居民身份，显然会产生纳税义务发生地与实际经济活动地即所得创造地脱节的缺点。因此，需要探索别的标准或运用别的标准加以补充。

2. 居所（residence）标准

按照这一标准，一个人是否为本国居民纳税人，主要看他是否在本国拥有经常居住的场所。采用这一标准的国家主要有英国、加拿大、澳大利亚等。其主要优点是居民身份的确认与纳税人实际经济活动地的联系更为紧密。但在税务实践中，单纯地按照有无居所很难判断一个人的身份。因而为了使居所标准易于实施，往往要加上时间因素，就是从居所与居留时间的结合上判断一个人的居民身份。一个人在该国居留一定时间以上才算居民，否则不算居民。作为居民身份标准的时间界限，各国有不同的规定。英国、印度、印度尼西亚等国家规定在本国居留满半年才算居民；中国、巴西、新西兰、日本和菲律宾等国家规定在本国境内居住满1年的个人为居民，不满1年的为非居民。

3. 国籍标准

按照这一标准，凡是具有本国国籍，不论与本国是否存在实际的经济利益关系，都是纳税人。美国等少数国家除采用上述两个标准外，还采用这个标准判断居民的纳税人身份。国籍标准完全不考虑个人的实际居住地点和经济活动地点，也不顾居住国权益，在现实中不容易付诸实施。

（二）自然人居民身份确定规则冲突的协调

从前面的论述中可以看到，各国受其法律传统等因素的影响，关于自然人居民身份的确定规则很不一致，而且都主要从本国经济利益考虑，实行的都是重合的规则，既考虑居留时间也考虑住所或经济利益中心。在这样的框架中，从事跨国流动有可能被两个以上国家同时认定为该国居民，即出现双重居民身份问题。如一个人在美国拥有绿卡，而在英国逗留183天（一个会计年度）以上，这个人就会被英美两国同时认定为本国居民，要求其向两国承担无限纳税责任，这将导致税收负担过重。这种因认定自然人居民身份规则的不同或重合而造成的冲突，需要通过订立双边税收协定来加以协调。协调的基本出发点首先是设立内涵一致的规则，其次将重合规则变为单一规则。两个协定范本有关这方面的规定体现了如下所述的精神，构成协调自然人居民身份确定规则冲突的国际惯例。

两个协定范本同样规定：如果一个人被缔约国双方同时认定为本国居民，其居民身份应当按照下列顺序确定：

（1）应认为是其有永久性住所所在国的居民；如果在两个国家同时有永久性住所，应认为是与其个人和经济关系更密切（重要利益中心）所在国的居民；

（2）如果其重要利益中心所在国无法确定，或者在其中任何一国都没有永久性住所，应认为是其有习惯性居住所在国的居民；

（3）如果其在两个国家都有或者都没有习惯性居处，应认为是其国民所在国的居民；

（4）如果其同时是两个国家的国民，或者不是其中任何一国的国民，应由缔约国双方主管当局通过协商解决。[①]

国际税收学术界习惯地将上述解决冲突的顺序优先方法称为“决胜法”（tie breaker）。中国对外签订的大多数国际税收协定在处理此类问题上都采用了上述规则。但与一些国家（如日本、美国、法国、比利时、芬兰、保加利亚、罗马尼亚）的协定，则没有写明上述规则，只写入如果出现双重居民问题，由缔约国双方主管税务当局通过协商解决。

---

① 《联合国范本》、《OECD范本》，第4条第2款。

（三）法人居民身份的确认

法学界一般认为法人是被法律赋予民事权利能力的自然人团体以及设有章程和管理机构的独立财产。[①]法人能够以自己的名义拥有财产，具有参加民事活动、取得民事权利和承担民事责任的资格，它是独立的民事权利主体。中国《民法通则》规定，法人应当具备下列条件：依法成立；有必要的财产或者经费；有自己的名称、组织机构和场所；能够独立承担民事责任。[②]

在法人居民身份确认上，各国采用的标准主要有以下五种。

1. 公司组建（incorporation）地标准

按照这一标准，只要一个公司企业在本国注册登记，即为本国居民，政府有权要求该居民就来源于世界范围内的收入纳税。美国是采用这一标准的典型国家。在美国，公司所得税的纳税义务人分为本国公司和外国公司。本国公司指在美国创立或组建的公司，或根据美国或其各州法律创立或组建的公司。[③] 非本国公司即为外国公司。也就是说在外国创立或组建、或根据外国法律创立或组建的公司为外国公司，不论其设在何处，也不论其股权归属如何。瑞典、澳大利亚、加拿大、挪威、丹麦、印度、新西兰、荷兰等国家也采用这一标准，作为判断公司是否为本国居民的一项条件，这些国家还采用其他标准。如澳大利亚、加拿大都规定，在本国组建的公司为本国居民公司，虽然不在本国组建但在本国开展营业活动并将中心管理控制机构设在本国的也是本国居民公司。荷兰税法规定在荷兰组建的公司为荷兰居民。[④]

登记注册地标准的最大优点在于居民身份比较容易确认和识别，也可有效地防止公司采用某些行为变更自己的居民纳税人身份，因为变更需经一定的法定变更程序办理有关手续。但这一标准也有缺陷，主要表现为某些公司的注册登记地和实际经营管理地可能不一致，公司企业可以脱离注册国而在别国从事生产经营活动，从而很难对这类公司实施有效的税务管理。另一个缺陷在于，纳税人容易通过选择注册登记地达到逃税避税的目的。

2. 中心管理和控制（central management and control）所在地标准

按照这一标准，公司的中心管理和控制地在哪一国，该公司就成为哪一国的居民公司。公司的中心管理和控制地可以从以下几个方面加以判断：公司董事会开会的地点、公布分红的地点、公司进行营业活动的场所、公司各种账簿的保管地点、股东大会召开的地点等。当这些场所全都在一个地点时，居民身份的所在地自然是明确的。但当这些场所位于不同的税收管辖区域时，就出现哪一个标准最能说明所谓的中心管理和控制所在地这样的问题。英国是采用这一标准的最典型的国家，一百多年来英国

---

① 张俊浩主编，《民法学原理》，中国政法大学出版社，1991年，第164页。

② 《中华人民共和国民法通则》（以下简称《民法通则》），第37条。

③ Internal Revenue Code，§7701（a）（4）.

④ International Fiscal Association（IFA）. 1987. Cahiers de Droit Fiacal International（Studies on International Fiscal Law）. Volume 72b. Deventer：Kluwer Law and Taxation Publishers：53.

通过不少的判例来解决这一问题。

英国在1896年圣保罗（巴西）铁路有限公司诉卡特一案中，就确立在判断一个企业的居民身份时管理决策地点要优于实际经营地点的原则。① 此案中铁路及其营业活动地点均位于巴西，但管理决策由设在伦敦的董事会作出，账簿保管和股息分红地点也在伦敦，董事会任命现场经理在巴西负责具体经营。法官在判决中认为，一个人是凭能力和管理决策来创造利润，尽管这个人没有在经营现场。因此实际经营地点与管理决策地点相比，后者才是利润的创造之地，应当以此作为标准来判断公司的居民身份。法官认定此公司为英国居民公司。这一标准在以后的若干判例特别是比尔斯联合矿业有限公司诉何澳一案②中进一步予以明确。法官在此案判决中指出："所得税意义上的公司居住地应当是营业活动得以实际开展的地点……而营业活动得以实际开展的地点是中心管理和控制所在地"。此案中公司在南非注册成立，生产经营地点也在南非，经理的开会地点有时在南非，有时在伦敦，不过大多数董事住在伦敦，公司生产经营的主要决策在伦敦作出。法官认定，该公司中心管理和控制所在地设在伦敦，应为英国居民公司，对英国政府负有无限纳税义务。在以后的许多判例中，法院就什么是中心管理和控制地作了进一步说明，使这一标准日益明确和具体化。

在国际税收领域，英国关于居民公司的认定标准由于涉及对实际上设在境外的公司征税，所以难以有效实施；此外由于与其他大多数国家的做法差别太大而容易引起国际税收的矛盾，纳税人也易于通过改变董事会开会地点逃避税收，特别是在现代电子信息十分发达的时代，更容易做到这一点。有鉴于此，英国在实行这一标准长达90年之后，于1988年在其财政法案中宣布改变居民公司的认定标准，规定从1988年3月起，在英国组建的公司为英国居民公司。③ 但国会通过的法律并没有宣布过去实行的判例法无效。因此，根据英国法律传统，当该法案实施以后，过去已经按照判例法被认定为英国居民身份的公司，现在还是英国居民公司；新建企业虽然不在英国注册登记，但实际管理控制中心在英国的，也是英国居民公司。实际就是采用注册登记地与中心管理控制所在地相结合的标准，不再单纯以实际管理控制中心所在地为判断公司居民身份的唯一依据。这类似于澳大利亚、加拿大、新西兰与印度等前英国殖民地各国的做法。如澳大利亚税法规定："符合下列两个条件之一的即成为澳大利亚居民企业，第一个条件是在澳大利亚注册登记。第二个条件是虽然在澳大利亚以外的国家注册登记，但在澳大利亚经营事业，且在澳大利亚设立管理控制中心，或者由澳大利亚居民股东控制公司表决权。"④再如新西兰，原税法规定，符合下列条件之一者为新西兰公司居民，第一个条件是在新西兰组建，其次一个条件是公司总部设在新西兰。公司总部被定义为行政管理中心（The centre of its administrative management）。鉴于所谓行政管

---

① San Paulo〔Brazilian〕Rly Co v Carter［1896］3 TC 407.

② De Beers Consolidated Mines Ltd v Howe［1906］5 TC 198.

③ John Tiley, Butterworths UK Tax Guide 1988～1989, P910.

④ Roger L Hamilton. 1998. Robert L Deutsch and John C Raneri. Guidebook to Australian International Taxation, Prospect. 1～11.

理中心不够确定，1988 年新西兰税法对此作了修改，改为符合下列四个条件之一者为新西兰居民公司：①公司在新西兰组建；②公司总部设在新西兰；③在新西兰有其管理中心；④公司由在新西兰的董事实施控制，不论决策是否在新西兰产生。[①]

3. 公司所在地（company seat）标准

按照这一标准，公司的所在地位于哪一国，公司就是哪一国的居民。德国、奥地利、比利时、西班牙、法国、意大利、葡萄牙、瑞士等国都采用这一标准作为判断一个公司是否为本国居民公司的一个条件。但是什么是公司所在地，却存在不同的认定标准。首先是公司法定所在地（statutory seat），一般的说公司法定所在地就是公司在注册登记时在公司章程或有关注册登记文件中明确规定了的公司所在地点。如果完全按照这一标准来决定公司的居民身份，显然与前述按注册登记地来决定公司居民身份没有两样。问题在于公司实际所在地有可能与公司法定所在地不在一个税收管辖权范围内。公司实际所在地就是对公司进行管理和控制的地点，具体讲就是发布公司经营指令的所在地、公司实际的中心管理所在地。原则上讲实行这一标准的国家都要求公司的法定所在地、公司注册的场所和公司的中心管理地点都要位于同一个税收管辖权内。当它们不在一个管辖权内时，一般以公司法定所在地为判断公司居民身份的依据。[②] 比利时采取了稍有差别的做法。当前述的法定所在地与实际所在地不同时，以实际所在地为优先标准来判定公司的居民身份。布鲁塞尔申诉法院在一个案件的判决中曾作出结论，如果仅在比利时注册，并在章程中规定公司所在地在比利时，但公司的实际经营管理地点不在比利时，董事会会议已经相当长时间不在比利时举行，或举行的董事会会议只是形式上的，对公司管理不起实质性影响，那么该公司就不是比利时居民公司。这显然类似于英国的规定。

4. 实际管理机构所在地（place of effective management）标准

许多以公司所在地为标准判断公司居民身份的国家，例如德国、奥地利、比利时、意大利、葡萄牙、西班牙和瑞士，都将实际管理机构所在地作为第二级标准。即使公司的注册登记地或法定所在地不在本国境内，但只要其实际管理机构位于本国境内，也可认定其为本国居民公司。问题在于如何确定公司的实际管理机构所在地。

在德国，将实际管理机构所在地理解成上级管理（superior management）的重要中心，也就是决定公司经营采用什么方式的机构所在地，必须根据具体的情形来决定对公司的管理而言作出根本决策的地点，而这些决策发挥效力的地点是不需考虑的。如果管理是集中式的，那么所谓的上级管理将存在于从经济和功能角度扮演领导角色的那些人的所在地。比利时将实际管理机构所在地解释为“经营或管理地点”（place of administration or management），有时又将此项说法等同于“主要机构”（main establishment）所在地，按照这样的说法，公司的经营管理地点在哪一国，公司就成为哪一国的居民。瑞士采用“经营中心”（centre of administration）来表述实际管理机

① Garth A. Harris. 1990. New Zealand's International taxation. Auckland：Oxford University Press：17.

② International Fiscal Association（IFA）. 1987. Cahiers de Droit Fiacal International（Studies on International Fiscal Law）. Volume 72b. Deventer：Kluwer Law and Taxation Publishers：55.

构所在地，而经营中心比管理中心更含糊，有的人可将其看做实际管理机构所在地，有的人可能认为是为完成法定目标所必须开展的活动的所在地，还有的人可能认为是作出主要决策的地点。[①] 因此，实际管理机构所在地的确定仍然不够明确，存在较多的歧义，不如注册登记地、管理控制中心或总机构所在地那样明确具体，需要进一步提出具体的规则。

5. 主要机构或总机构（main office or head office）所在地标准

根据这一标准，公司的总机构设在哪一国，公司就为哪一国的居民。中国和日本等采用这一标准。日本税法规定，在日本设有总店或主要事务所的法人为本国法人[②]，既然是法人，意味着它们是在日本按日本法律登记注册的。因此，日本实际上兼用总机构或主要机构所在地和登记注册地两项标准。中国的企业所得税法及其实施条例也是按总机构所在地标准确定企业居民身份。这一税法及其实施条例规定，外商投资企业的总机构设在中国境内，就来源于中国境内、境外的所得缴纳所得税；其在中国境内或者境外分支机构的生产、经营所得和其他所得，由总机构汇总缴纳所得税。与日本的税法类似，在中国税法中，对企业居民身份的认定，注册登记地标准起很大的作用。因为上面所称的总机构在中国税法中是指依照中国法律组成企业法人的外商投资企业，在中国境内设立的负责该企业经营管理与控制的中心机构。中国税法并不把外国公司、企业和其他经济组织在中国境内确立的从事实际生产经营业务的各种经营机构视为居民。实际上也是采用总机构标准与登记注册标准相结合的办法来认定公司的居民身份。

综上所述，我们看到目前除美国外，各国都是采用两个以上标准来确定公司的居民身份。概括地说，在公司居民身份确定规则上，主要有四种模式，第一种是注册登记地或公司组建地模式，以美国为代表；第二种是注册登记地和管理控制中心所在地相结合模式，以英国及其英联邦国家为代表；第三种是公司所在地和实际管理机构所在地相结合模式，以德国、奥地利等欧洲大陆国家为代表；第四种是公司注册登记地和总机构所在地相结合模式，以中国和日本为代表。

（四）法人居民身份确定规则冲突的协调

由于各国都是根据国内法来判定法人的居民身份，而各国关于法人居民身份的确定标准又存在上述差别。因此当一个跨国纳税人在两个采用不同的法人居民身份确定规则的国家从事交易活动时，有可能被这两个国家同时认定为本国居民。例如，一家跨国公司的总机构设在甲国，甲国按照总机构所在地原则来认定公司的居民身份；但该公司具有重大问题决策权的董事会开会地点却经常在乙国举行，而乙国是以实际的中心管理控制地为标准来确定公司的居民身份，该公司会同时被认定为甲乙两国的居民。再如，一家跨国公司的法定所在地位于甲国，而公司在乙国也被认定存在实际管

① International Fiscal Association (IFA). 1987. Cahiers de Droit Fiacal International (Studies on International Fiscal Law), Volume 72b. Deventer: Kluwer Law and Taxation Publishers: 55～56.

② 陈汝仪、武梦佐译，《日本国所得税法》，中国展望出版社，1984年，第2页。

理机构，该公司可能会同时被甲乙两国认定为本国居民公司。这就发生了法人居民身份确定规则上的冲突。两个协定范本都明确规定：当各国因法人居民身份确定规则不同而导致公司出现双重居民身份时，应当认定该公司为实际管理机构所在国的居民。“除个人以外同时是缔约国双方居民的人，应认为是其实际管理机构所在国的居民”。[①]就是以实际管理机构所在地为解决冲突的“决胜法”（tie breaker）。以实质重于形式的原则来处理问题，当出现各国由于采用公司注册登记地、法定所在地、总机构所在地、公司实际管理地等不同标准导致管辖权冲突时，以实际管理地为优先标准确定公司的居民身份是比较合理的。管理是公司经营成果得以产生的主要因素，因此以实际管理地点为依据来确定公司的居民身份，从而决定公司对实际管理所在地国家承担无限纳税义务，这也比较符合所得税的性质和征税基本原则。从这个意义上讲，这一标准要优于其他的标准。

中国对外签订的协定在此问题上采用了三种不同的模式。首先一种是，以实际管理机构所在地为优先标准，但要重视总机构标准。中国与英国、马来西亚、丹麦、荷兰、波兰、西班牙、塞浦路斯、匈牙利等国签订的协定第 4 条第 3 款都同样规定：“除个人以外，同时为缔约国双方居民的人，应认为是实际管理机构所在缔约国的居民。然而，如果这个人在缔约国一方设有其经营的实际管理机构，在缔约国另一方设有其经营的总机构，缔约国双方主管当局应通过协商确定该人为本协定中缔约国一方的居民”。第二种模式是采用总机构优先标准。与美国、日本、法国、比利时、德国、挪威、芬兰、瑞典、意大利、新西兰、捷克、斯洛伐克、保加利亚、巴基斯坦、科威特、瑞士、罗马尼亚、奥地利、巴西、蒙古、马耳他、卢森堡、毛里求斯、俄罗斯、印度、以色列、土耳其等国签订的协定就是采用这一模式，即以总机构为优先标准。不过，与挪威、芬兰、意大利、捷克、斯洛伐克、澳大利亚、科威特、西班牙、奥地利、马耳他、卢森堡、毛里求斯等国签订的协定将总机构等同于或并列于实际管理机构。第三种模式是不具体规定哪个标准优先，而是出现问题由双方协商解决。与上述以外的国家签订的税收协定大多采用这一模式。[②]

三、非居民各项所得的征税权分配规则

收入来源地税收管辖权主要是针对非居民的。因为对居民而言，收入来源国可行使居民税收管辖权。对非居民就其来源于本国的收入征税，关键问题是确认收入来源地。经济生活是错综复杂的，对非居民取得的一笔收入到底发生于何处，有时并不能很容易地得出准确唯一的判断，这往往引起国与国之间的利益纠纷。为了避免这种纠纷，国际社会必然要设立一些大家都可以接受的关于判断收入来源地并据以征税的标准和原则。此外，即使可以明确收入来源地，但由于税务行政上的困难和阻力，收入来源地政府对非居民来源于该国境内的所得并非都能行使征税权，往往要区别不同情

① 《OECD 范本》、《联合国范本》，第 4 条第 3 款。

② 参见国家税务总局编，《中华人民共和国对外避免双重征税协定》第Ⅰ至第Ⅴ辑，中国税务出版社，1999 年。

况并依据一定规则行使征税权。非居民在收入来源国获取的所得，主要有不动产所得、营业利润、投资所得、劳务所得和财产收益。下面分别对这5个方面所得的来源地确认问题进行分析。

（一）不动产所得的征税权分配规则

不动产是不能移动的财产，指土地、房屋及附着于其上不可分离的部分。法律对不动产和动产作详尽规定的当推法国。法国民法典规定，土地及其附着物为不动产，就是说不动产包括土地及其一切附着于土地的建筑物、植物等或“渗入”土地的物。而动产则为可自行移动或被移动的财产。[①] 土地、房屋作为不动产不成问题。而土地、房屋的附着物在什么条件下作为不动产，在什么条件下作为动产，则是需要进一步明确的问题。不动产附着物按其物理性质应为动产，但考虑到财产的整体性，一般将那些与不动产具有不可分割的联系的部分视为不动产。例如农业生产经营中附着于土地的物为不动产，包括“用于耕种的牲畜、农具、供给佃农或分制佃农的种子、鸽舍中的鸽、兔园中的兔、蜂巢中的蜂群、池塘中的鱼、压榨机、锅炉、蒸馏器、酿酒桶及大桶、经营铸造场、造纸工场及其他工场必需的工具、稻草及肥料”[②]；“尚未收割的收获物及尚未摘取的树上果实，均为不动产。谷物一经收割、果实一经摘取，虽未运走，即为动产。如收获物仅部分收割，则仅此部分为动产”。[③] 显然法国民法典关于不动产附着物作为不动产的范围是相当广的。那些物理性质上属于动产的物要作为不动产看待需要具备两项条件。其一不动产与动产同属于一个所有人，显然附着于不动产的某些设施属他人所有的情况下，这部分动产是可以分割出去的，该不动产的价值不应当包括这部分动产，例如农业经营者租用他人的耕牛或农机来耕作的情况下，该耕牛或农机不是土地的附着物。其二动产不能脱离附着其上的不动产而被独立经营或使用，这说明该项动产与不动产是不可分割的，例如房屋的供气、供水、供电管线和电梯等附属设施是房屋不可分割的组成部分，房屋作价或租金计算时不能将其与房屋本身分离单独进行。

两个协定范本没有具体规定不动产的定义，不动产的定义解释以不动产坐落国的法律为准。不过为了减少因定义理解的差异而导致的争议，两个协定范本明确不动产“在任何情况下应包括附属于不动产的财产，农业和林业所使用的牲畜和设备、一般法律有关地产规定所适用的权利、不动产的收益权和由于开采或有权开采矿藏、水源与其他自然资源而取得不固定的或固定的收入的权利。船舶、船只和飞机不应作为不动产”。[④] 这说明了几个问题：一是虽然船舶、船只和飞机等交通工具在某些功能上与房屋相同，但它们毕竟是可移动的财产，况且协定范本第8条针对其特殊性专门规定了征税权分配规则，因此它们不作为不动产加以规范。二是不动产应包

---

① 尹田，《法国物权法》，法律出版社，1998年，第69～70页。

② 《法国民法典》，第524条。

③ 《法国民法典》，第520条。

④ 《联合国范本》和《OECD范本》第6条。

括与不动产不可分割的附着其上的动产。三是从本质上明确不动产的范围及权利。规定不动产范围的目的是为了更好地协调对不动产所得课税的征税权，所得是由权利而产生的，而不动产的权利形式多种多样，协定将权利纳入不动产的范围，不仅基于不动产所有权而引起的所得要纳入视野，而且基于不动产的占有、支配和使用而引起的所得也要纳入征税范围，这就照顾到了不动产物权领域的不同法律制度。例如在中国，城市土地属国家所有，但土地占有者享有土地使用权，土地使用权同样也能产生收入。因此一切与不动产有关并能带来收入的权利都要作为考察对象。不动产所得就是由各种不动产权利而产生的收入，具体指因出租、直接使用或以其他任何形式使用不动产而获得的总收入扣除所发生的费用后的余额。两个协定范本特别指明包括林业所得和农业所得。但在谈判国际税收协定时，有关国家也可将林业和农业所得列入营业利润加以考虑。

由于不动产所得的来源与财产所在国有更加密切的经济关系，因此两个协定范本第 6 条共同确定，“缔约国一方居民从缔约国另一方的不动产取得的所得（包括农业所得或林业所得），可以在另一国征税”，说明不动产所得由收入来源国即不动产所在国独享征税权。这一规则适用于企业的不动产所得和用于完成独立个人劳务的不动产所得。但是通过常设机构取得的不动产所得应视为营业利润，按下述有关营业利润的规则来分配征税权。

（二）营业利润的征税权分配规则

营业利润也可称为生产经营所得，包括纳税人从事工业、自然资源开采、交通运输、商业、农牧业、各种专业性劳务①和其他独立性活动而取得的纯收入。对营业利润行使收入来源地税收管辖权，首先必须确定营业利润的来源地。但营业利润来源地的确定存在复杂情况。营业活动的形式多种多样，主要有贸易和制造两种形式。大陆法系国家一般从营业活动的主体角度来确定其收入的来源地，只有在一个国家建立了从事营业活动的机构场所，才能确定有来源于该国的营业利润，如果没有建立从事营业活动的场所，即使货物在该国销售、服务在该国提供或使用、产品在该国制造也不能认为相关营业利润来源于该国。而英美法系国家则通常以交易地点为标准来判断营业利润的来源地。交易包括销售和制造，只要制造或销售地点在该国，其所获得的营业利润就可被认定为发生在该国。在英国和加拿大，还以合同的订立地点为交易的发生地。② 如果一个跨国纳税人所从事的经济活动跨越实行不同标准认定营业利润来源地的国家，就会产生一笔所得被不同国家同时认定为来源于本国的情况，从而造成双重课税。即使跨国经营所涉及的国家在认定营业利润来源地标准上相同，也会因为制造地、销售地和合同签订地的不同而导致双重征税。因此，作为协调营业利润征税权分配的

---

① 专业性劳务特别包括独立的科学、文学、艺术、教育或教学活动；医师、律师、工程师、建筑师、牙医师和会计师的独立活动。2000 年新版的《OECD 范本》，取消了第 14 条“独立个人劳务”，将专业性劳务所得纳入营业利润范围，固定基地概念也不再使用，而并入常设机构。

② 王传纶、朱青，《国际税收》，中国人民大学出版社，1997 年，47～48 页。

重要环节，应当统一营业利润来源地的认定标准，使一笔交易所得只有一个来源地。国际上对营业利润来源地认定的统一标准是常设机构。

国际税收协定的《经合组织范本》（或称《OECD范本》）、《联合国范本》以及《美国范本》都同样规定：常设机构一语“是指一个企业进行全部或部分营业的固定营业场所”①。常设机构一语特别包括管理场所、分支机构、办事处、工厂、车间（作业场所）和矿场、油井或气井、采石场或任何其他开采自然资源的场所。常设机构究其法律地位来说首先属于非法人性质。一切已经向所在国登记并具有法人地位的公司企业，不管其资本来源和管理人员的国籍，只要被认定为居民企业，就有义务承担无限的纳税责任，不属于常设机构行列。只有不具有法人资格的外国企业及其分支机构才可能被认定为常设机构。

但这只是从定义上解决了什么是常设机构的问题，还不能圆满地解决对营业利润的双重征税问题。为了避免对营业利润的双重征税，有必要在常设机构定义的基础上，就营业利润的征税权分配和常设机构营业利润的确定建立一套基本原则。

处理关于跨国营业利润征税权分配问题的主要矛盾在于如何限定收入来源国的征税权、如何均衡居住国和收入来源国的利益，因此总的来说要遵循三个基本原则，即以常设机构原则界定营业利润的来源地；限定来源地税收管辖权的实行范围；以利润归属原则和独立企业原则来制约来源地税收管辖权的执行深度。

1. 常设机构原则

《联合国范本》和《OECD范本》都明确规定：“缔约国一方企业的利润应仅在该国征税，但该企业通过设在缔约国另一方的常设机构进行营业的除外。如果该企业通过在缔约国另一方的常设机构进行营业，其利润可以在另一国征税”。② 这就是常设机构原则。一个企业在另一国设立了常设机构说明该企业参与另一国的经济生活达到一定程度，使得另一国拥有对该企业的征税权。常设机构原则说明收入来源国仅对非居民纳税人通过设在境内的常设机构获得的营业利润征税，对于非居民的那些不通过常设机构的营业活动而产生的利润，不视为来源于本国境内的所得，不予征税，而由企业的居住国独占征税权。常设机构原则统一了营业利润来源地的确定标准，消除了由于采用制造地、销售地、提供地或合同签订地等不同标准来认定营业利润来源地而造成的双重征税现象。常设机构原则兼顾跨国经济活动财政利益的合理分配和税收管理的可行性。一方面通过实施常设机构原则，对收入来源地税收管辖权进行限制，居住国也能从本国居民企业从事的跨国经济贸易活动中获得财政利益，既能为避免双重征税创造基础又能兼顾有关国家利益。另一方面，实施常设机构原则也是营业利润税收管理可行性的客观要求，营业利润不同于股息、利息、特许权使用费等投资所得，营业利润是总收入或毛收入扣除成本费用的结果，不能按次征收预提税（即使源泉扣缴也要按期汇算清缴），因此在不设立常设机构的情况下，收入来源国很难对非居民营业

① 《经合组织范本》、《联合国范本》、《美国范本》（United States Model Income Tax Convention of September 20，1996）第5条。

② 《联合国范本》、《OECD范本》，第7条第1款。

利润实施税收管理，在设立常设机构的情况下，则能以常设机构为主体进行会计核算、确定利润，据以征税。如何确定常设机构的利润，要遵循利润归属原则。

2. 利润归属原则

作为常设机构原则的自然延伸，缔约国一方对外国企业营业利润征税只能以归属于常设机构的利润为限，对不归属于常设机构的利润只能由取得者为其居民的国家征税。哪些利润应归属于常设机构，存在两个不同的标准。

(1) 实际联系标准（也称实际联系原则，economic connection principle)。实际联系标准说明营业利润的获取应当与常设机构本身的活动有关，由常设机构本身活动取得的营业利润，来源国均可按收入来源地税收管辖权征税；与常设机构无实际联系的营业利润，来源国不征税，由居住国征税。《OECD范本》明确规定，虽然非居民通过在本国设立的常设机构进行营业，其利润可以在本国征税，“但其利润应仅以属于该常设机构为限”①（就是说收入来源国的征税权不能延伸到该企业不是通过该常设机构取得的利润)。但一些国家和《联合国范本》却主张采取另一个标准即引力标准。

(2) 引力标准（也称引力原则，force of attraction principle)。一些国家认为，如果一个非居民企业在本国境内设立了常设机构，那么该企业就处在本国税收管辖权管辖之中，本国就可以对该企业来源于本国境内的所有所得征税，而不管这些所得是否与常设机构的营业活动有关。这种看法可以称为一般引力标准，是没有任何限定的引力标准。而《联合国范本》则主张实施一种有限制的引力标准。《联合国范本》规定：“如果缔约国一方企业通过在缔约国另一方的常设机构进行营业，其利润可以在另一国征税，但其利润应仅属于①该常设机构；②在另一国销售与通过常设机构销售的货物或商品相同或类似的货物或商品；③在另一国进行的其他与通过常设机构进行的经营活动相同或类似经营活动”.②《联合国范本》说明，非居民除按实际联系原则归属利润外，在收入来源国境内虽设有常设机构，但绕开常设机构，自行在收入来源国开展营业活动，如所开展的营业活动与常设机构营业活动相同或相似，可将其利润归到常设机构一并征税。这里所谓“所开展的营业活动与常设机构营业活动相同或相似”就是限定条件。不符合这样的限定条件，如企业在另一国开展的营业活动与其设在该国的常设机构的营业活动不一致，那么所获得营业利润就不需要归属于该常设机构在该国征税。

就实践来看，大多数国际税收协定为了便利税收管理和减少对企业经营活动的干扰，都放弃引力原则，而采用实际联系原则。一些税收协定附加很严格的限制条件，如为解决避税问题而只能采用引力原则。如德国与菲律宾的国际税收协定第7条第3款规定，如果能证明总机构在常设机构所在国进行与常设机构相同或类似的直接交易，是为了逃避常设机构所在国的税收，那么常设机构所在国可以对该直接交易所得课税。德国与印度尼西亚、印度、巴基斯坦、土耳其、巴布亚新几内亚、墨西哥等国的双边

---

① 《OECD范本》，第7条第1款。

② 《联合国范本》，第7条第1款。

税收协定都有类似的条款。[①]

3. 独立企业和正常交易原则

常设机构不是独立的法人，其经营受控于总机构，利润分配也由总机构决定。但为了便于贯彻常设机构原则，使收入来源地税收管辖权得以行使，必然要求将常设机构视为独立的纳税实体。常设机构要将所取得的一切利润进行归并，独立地计算盈亏，把作为独立企业可能得到的利润准确完全地归属于常设机构。特别地，常设机构与其总机构的营业往来，常设机构与该企业的其他常设机构、关联公司及其所属的常设机构之间的营业往来，应按照正常交易原则（arm's length principle），以公开公平的市场交易价格为依据计算归属于常设机构的利润，以便收入来源国政府据以征税。

（三）投资所得的征税权分配规则

这里所称的投资所得包括股息红利、利息和特许权使用费。投资所得是从股权、债权、特许权取得的所得，是一种权利金收入，这是其与营业利润的区别所在。在投资所得的征税方法上，一般有两个处理方法。首先是征收预提税。征税国对来源于该国境内的投资所得，采取源泉控制的征税方法，单独规定比例税率，按收入全额计算征收，以所得受益人为纳税义务人，以所得支付者为扣缴义务人。征收纳税人在其居住国汇总全部应纳税额时，此项一般可以从其应纳税额中扣除，因此称为预提税。其次是不征预提税。对缔约国一方居民在缔约国另一方设有常设机构进行营业，如果据以支付其股息、利息和特许权使用费的股权、债权和特许权与该常设机构有实际联系的，则应并入常设机构的营业利润征税，不征收预提税。要避免对投资所得的双重征税，首先要弄清投资所得的来源地，如果各国对投资所得来源地有冲突，应当建立协调规则，一笔投资所得只有一个来源国。其次在此基础上确定投资受益所有人居住国和收入来源国的征税权分配规则。

股息是指股份有限公司、股份有限合伙企业、有限责任公司或其他股份公司在年终决算后将已扣除公积金、公益金等项目后的剩余利润，按一定标准分配给股东作为其投资入股的报酬。股份一般分为普通股和优先股，公司税后利润先按章程规定以固定利息率分配给优先股，如还有剩余再按一定方法分配给普通股，这一部分的股息也称为红利。因此从一般意义上讲，股息指股份或非债权关系等分享利润的权利取得的所得。

上述定义应从实质角度来理解。有的公司为了避税或逃税采取“资本弱化”办法，即在公司资本结构中不恰当地提高贷款的比重从而相应地降低股本的比重，以增加利息获得更多的税前扣除。在这种情况下，可将此项利息看做股息。如果债权人提供的贷款发生了下列情况，那么就可以判定出现资本弱化问题。这些情况包括：①该贷款大大超过企业资本中其他的投资形式（或被用以弥补资本损失的一个重要

---

① Klaus Vogel, etc.. 1997. Klaus Vogel on Double Taxation Conventions. London: Kluwer Law International: 421～422.

部分)，并高于可变现资产；②债权人可分享公司利润；③该贷款的偿还次于其他贷款人的债权或服从股息支付；④利息的支付水平取决于公司的利润；⑤所签订的贷款合同对具体的偿还日期没有明确的规定。[①] 这些情况表明此项贷款虽然在名义上是一种债权债务关系，但实质上已是股份投资关系，公司支付的“利息”实质上是股息，该项“利息”不能作为费用扣除，应作股息对待。此外，股息不仅包括年终正规的股息分配，任何与股权有关的收益分配，不论是货币的还是实物的或其他形式的，都应当作股息对待。

股息的来源地比较明确，就是以支付股息的公司居民身份所在国为其来源地。甲国居民公司支付的股息认为来源于甲国。但是由于各国对公司居民身份的确定不一致，因此有可能一笔股息会同时被两个以上国家认定为来源于该国。如果出现这种情况，应当认为是来源于实际管理机构所在国。

利息一语通常指货币借用的报酬，是因债权关系取得的所得。《OECD 范本》和《联合国范本》为了避免由于利息定义的歧义而引起双重征税，在利息条款本身及其注释中对利息这一概念的外延作了统一明确的界定。指出利息包括从各种债权取得的所得，不论其有无抵押担保或者是否有权分享债务人的利润。[②] 各种债权包括现金存款、货币形态的有价证券以及政府公债、债券和信用债。利息包括不动产抵押贷款利息(尽管有的国家将不动产抵押贷款利息列入不动产所得中)。因拥有政府公债、债权和信用债券所得到的溢价和奖金也视为利息。但延期付款的罚金和转让债券的盈亏不包括在内。

特许权使用费一般是指提供各种特许权利归他人使用而收取的各种款项。包括提供任何文学、艺术或科学著作（包括电影影片）的版权取得的使用费，提供任何专利、商标、设计或模型、计划、秘密配方或程序取得的使用费，提供非专利权的专有技术或工业、商业、科学经验的情报所收取的报酬。上述权利不论是否已经在政府有关部门注册登记，都不影响特许权使用费的收取。该特许权使用费不仅包括已经取得许可证的情况下所收取的款项，也包括因未经许可仿制而得到的赔偿款。

在 1963 年和 1977 年的《OECD 范本》中特许权使用费均包括出租工业、商业、科学设备所收取的租赁费，1992 年 OECD 理事会在对范本进行修订时将其删除，而把此项租赁费包括集装箱的租赁所得当作营业利润对待。[③] 但电影影片的租金仍作为特许权使用费来处理。

关于利息和特许权使用费的来源地可按照相同的规则来确定。一般以支付或负担此项费用的债务人所在地为其来源地。如支付人为一国居民，就认为利息、特许权使用费来源于该国；如利息或特许权使用费所涉及的债务或义务与常设机构或固定基地有关，并由常设机构或固定基地负担利息或特许权使用费，就认定利息或特许权使用费来源于常设机构或固定基地所在地。总之，对利息和特许权使用费来源地的确定应

---

① 《OECD 范本》第 10 条第 3 款注释。

② 《OECD 范本》和《联合国范本》第 11 条第 3 款。

③ OECD. 1992. The Revision of the Model Convention.

当以实际负担者所在地为标准。也有国家以贷款或知识产权的实际使用地或利息、特许权使用费的支付地为标准，这两种标准在实践中很难掌握，就支付地标准来讲，如果贷款在多个国家使用，支付地难以确定；就使用地标准而言，如果贷款或知识产权在企业的不同分支机构使用，以使用地为来源地，就会出现来源地多元化的情况，使问题复杂化。

《联合国范本》和《OECD范本》关于利息来源地的确定规则是一致的。都明确规定以支付人的居民身份所在国为利息来源地。“当支付人是缔约国一方政府、所属行政区、地方当局或该国居民，应当认为利息发生于该国”。[①] 同时，也同意如果利息与常设机构有关，以常设机构所在地为来源地的做法。一致规定：“当支付利息的人，不论其是否是缔约国一方的居民，在缔约国一方设有常设机构或固定基地，支付利息所发生的债务与该常设机构或固定基地有联系，并由其负担利息，上述利息应认为发生于该常设机构或固定基地所在国。”[②] 所谓与常设机构有联系是指发生的债务与常设机构的经济联系是无可争议的。有两种情况能满足这个无可争议的要求。第一种情况是常设机构的管理当局（即企业总机构）按常设机构的具体要求签订贷款协议，借入款项作为该常设机构的债务，并由其直接对债权人支付利息。第二种情况是企业总机构为设在另一国的常设机构单独使用的贷款签订合同并代付利息，但所付利息最终由该常设机构承担。虽然《联合国范本》和《OECD范本》对利息来源地的确定规则采取一致的立场，但特许权使用费的来源地确定规则却有不同的规定。《联合国范本》采用与上述关于利息来源地的确定完全相同的规则。[③] 但《OECD范本》则没有任何条款对特许权使用费来源地作出规定。

两个范本和中国对外签订的税收协定对有关投资所得征税，一般都专门为其设立股息、利息、特许权使用费3个条款。《联合国范本》对全部形式的投资所得（包括利息、股息、特许权使用费）采取居民税收管辖权和收入来源地税收管辖权相结合的原则，也就是承认缔约国双方都有征税权。特许权使用费也不例外。认为虽然专利、专有技术等知识产权的开发需要较大投资，但获得报酬以使用为前提，收入发生在来源国，该国也应分享税收利益。而《OECD范本》不承认特许权使用费的收入来源地征税权，主张应仅由受益所有人的居住国征税。认为新技术等知识产权的开发是在受益所有人所在国进行的，开发时间长、风险大、投入多，特许权使用费的实际来源地应是受益所有人所在国，应由其独享征税权。我们认为较好的解决办法是共享征税权，收入来源国有优先征税权，但按降低的税率课税，特许权使用费的受益所有人所在国也能获得一部分财政收益。原因在于让收入来源国（特别是发展中国家）享有优先征税权，可增加他们引进先进技术和文明成果的积极性，这对发达国家长期经济发展和技术进步也有好处。给予发展中国家一定的征税权，也便于他们通过税收手段实施对

① 《联合国范本》和《OECD范本》第11条第5款。

② 《联合国范本》和《OECD范本》第11条第5款；“或固定基地”一句在2000年OECD范本中被删除，这是与第14条被删除相联系的。

③ 《联合国范本》第12条第5款。

技术引进的宏观调节，对技术引进作出选择性的安排。此外在收入来源国征税也便于税收征收管理，减少逃税。但很多涉及知识产权的开发、费用确实都发生在受益所有人的居住国，这些国家对知识产权的形成提供了服务，承担了风险，因此受益所有人居住国应当享有一定的征税权。受益所有人居住国享有征税权也能在一定程度上起到鼓励当地政府支持技术出口和扩大开发的效果。

中国自对外谈判签订避免双重征税协定以来，对投资所得（包括特许权使用费）都坚持不放弃收入来源地的税收管辖权，同时接受对来源地征税规定一些合理限制条件的原则立场。除了由缔约国政府或完全由政府所有的金融机构取得的利息、由政府金融机构间接提供的资金利息等，可以在来源地免予征税外，不接受任何由受益所有人居住国独占征税权的做法。

在缔约国双方即收入来源国和受益所有人居住国对投资所得都拥有征税权的情况下，自然要求收入来源国征税的税率要适当地加以限制。因为收入来源国可以利用支付所在地的有利条件，优先行使征税权，如果不对其税率加以限制，受益所有人居住国的居民税收管辖权就会落空。为了使缔约国双方能够分享税收权益，通行做法是对投资所得来源地国家征收的预提税实行限制税率。在限制的幅度上，两个范本存在分歧。《OECD范本》除完全剥夺收入来源国对特许权使用费的征税权外，将来源国对股息、利息征收预提税的税率定得很低。《OECD范本》规定，如果股息受益所有人是一家公司（不是合伙企业），并直接持有支付股息公司至少25%的股份，那么预提税税率不应超过股息总额的5%；在其他任何情况下，不应超过股息总额的15%。[①] 利息的预提税税率不超过10%。这样的规定当然有利于资本输出国。《联合国范本》放宽了对享受较低的股息预提税税率的资本比例限制，规定如果股息受益所有人是一家公司（不是合伙企业），并直接持有支付股息公司至少10%的资本，那么就可以享受较低的预提税税率。[②] 此外，《联合国范本》对收入来源国的股息、利息和特许权使用费的预提税税率都未作具体规定，这使收入来源国在税收协定谈判中不受约束，可力争较高的税率。

中国同其他国家缔结的双边税收协定，在对投资所得来源国征收预提税税率的限定上，采取因国而异区别对待的原则。概括起来主要有如下几种模式。

第一种模式是各项投资所得（包括股息、利息、特许权使用费）都采用10%的限制税率，如与日本、捷克、斯洛伐克、塞浦路斯、匈牙利、印度、俄罗斯、马耳他、白俄罗斯、越南、土耳其、乌克兰、乌兹别克斯坦、孟加拉、葡萄牙、塞舌尔、菲律宾、爱尔兰、南非、巴巴多斯、摩尔多瓦等签订的协定。

第二种模式规定对各项投资所得的预提税税率为10%，其中使用工业、商业和科学设备，按特许权使用费总额打七折或六折征税，如与美国、英国、法国、比利时、德国、芬兰、丹麦、瑞典、意大利、荷兰、波兰、保加利亚、瑞士、西班牙等国家签

① 《OECD范本》第10条第2款。

② 《联合国范本》第10条第2款。

订的税收协定。与卢森堡的协定除了对持有股份不少于25%的股息按5%税率征税外，其余也采取这一模式。与以色列的协定除了规定对银行金融机构取得的利息按7%税率征税外，对其余的项目也采用这一模式。但与马来西亚签订的协定除了文化版权的使用费预提税税率为15%外，其余均为10%。

第三种模式是规定股息的预提税税率为15%、利息和特许权使用费的预提税税率为10%，如与挪威、新西兰、澳大利亚、巴布亚新几内亚等国家签订的税收协定。

第四种模式是股息按《OECD范本》规定，即持有股份不少于25%的股息的预提税税率为5%，其他股息预提税税率为15%，利息和特许权使用费的预提税税率为10%。如同韩国、亚美尼亚、冰岛、立陶宛、拉脱维亚、爱沙尼亚等国签订的协定。与奥地利的协定除了对持有股份不少于25%的股息按7%税率征税外，其他所有项目均按10%的税率征收预提税。与加拿大签订的协定，持有股份少于10%的股息的预提税税率为15%，持有股份不少于10%的股息和利息、特许权使用费均按10%税率征收预提税。

第五种模式是股息的税率为5%，其他项目的税率为10%，如同蒙古、毛里求斯、克罗地亚、斯洛文尼亚、南斯拉夫、苏丹、马其顿、老挝等国签订的协定。

与其余国家签订的协定，因国而异，有的按投资所得项目分别规定限制税率，有的在此基础上还附加条件。例如，与新加坡的协定，对股息的限制税率规定为控股25%以上的为7%，其他股息为12%；对利息的限制税率规定为银行和金融机构取得的利息为7%，其他利息为10%；对特许权使用费的限制税率规定为10%。与泰国签订的协定，对股息的限制税率规定为控股25%以上的为15%，其他股息为20%，对利息按10%征税，而对特许权使用费按15%征税。与科威特的协定，规定特许权使用费按10%、其他项目按5%的税率征税。与巴基斯坦的协定则规定对特许权使用费按12.5%、其余项目按10%的税率征税。与阿拉伯联合酋长国的协定，除了对特许权使用费按10%征税外，其余项目均按7%的税率征税。与巴西的协定，除了商标权的使用费按25%的税率征税外，对其他投资所得项目均按15%的税率征收预提税。与埃及的协定，对利息按10%的税率征税，而对股息、特许权使用费则按8%的税率征税。与牙买加的协定，对股息、利息、特许权使用费分别按5%、7.5%和10%的税率征收预提税。

（四）劳务所得的征税权分配规则

个人劳务所得分为两大类型：第一种类型是一般性质的个人劳务所得，包括独立的和受雇的个人劳务所得。其余的各种劳务所得都归入第二种类型加以阐述。

1. 一般类型个人劳务所得的征税权分配规则

个人提供劳动服务而取得的收入，包括独立个人劳务所得和非独立个人劳务所得。独立个人劳务所得指个人从事医师、会计师等专业性劳务、业务以及其他独立的科学、文学、教育等服务所取得的收入。从事这些劳务不是受雇的，而是以个人或事务所的名义进行。非独立个人劳务所得指个人受雇从事各种劳务的所得。

对于个人独立劳务所得，2000年以前的《OECD范本》采用一个类似常设机构的概念，其第14条规定收入来源国对个人独立劳务所得的征税，以该个人在收入来源国有固定基地（如诊疗所、事务所等）为限，不设有固定基地的不征税。由于对个人独立劳务所得完全采用了常设机构原则来划分征税权，原来的第14条可有可无，所以在2000年修订的《OECD范本》中将其删除。由于许多发展中国家不同意对独立个人劳务所得只采用常设机构这一标准，因此，《联合国范本》提出具备以下3个条件之一的，即可以在收入来源国征税：①经常设有固定基地，并且其所得是归属于该国固定基地的；②在一个年度中停留期连续或累计超过183天，并且其所得是在该期间内取得的；③其所得是由收入来源国居民支付或者是由设在该国的常设机构或固定基地负担，并且在一个年度内超过一定金额限度的。[①] 中国与外国已签订的协定中，除与泰国、马来西亚等签订的个别税收协定采用上述第三个条件外，其余的只采用前两个条件。其中，对第二个条件即对限定183天的处理又分3种情况：①大多数协定限于一个历年（即公历年度）内停留期连续或累计超过183天；②与英国签订的协定按一个会计年度计算连续或累计超过183天；③与挪威、新西兰、泰国、澳大利亚等国家签订的协定不限年度，只规定在任何12个月中，停留期连续或累计超过183天。

对于非独立个人劳务所得[②]，两个范本规定相同，都提出对缔约国一方居民在缔约国另一方受雇取得的薪金、工资和其他类似报酬，可以在缔约国另一方征税。但如果同时具备以下3个条件的，应仅由缔约国一方即其居住国征税，缔约国另一方不征税：①收款人在有关会计年度[③]（从开始到终止的任何12个月）中在缔约国另一方停留累计不超过183天；②该报酬不是由缔约国另一方居民的雇主支付或代表雇主支付的；③该报酬不是由雇主设在缔约国另一方的常设机构或固定基地负担的。[④] 只具备其中一个或两个条件的，仍然由缔约国另一方征税。中国对外已签订的避免双重征税协定也采取这一做法。不同的是对连续或累计183天的计算，多数协定按历年计算，少数协定按会计年度或任何12个月计算。

2. 特殊类型个人劳务所得的征税规则

某些个人劳务所得虽可归于独立或非独立个人劳务所得，但由于其存在特殊性，不能按常设机构原则或支付地原则征税。主要有以下几种。

（1）董事报酬。担任公司董事的人员不同于一般公司职员、管理人员和自由职业者，工作少而报酬多，并不经常从事经营管理活动，甚至很少在公司所在国居住，很难确定报酬来源地。因此在范本中对董事报酬采取非一般的征税规则，规定甲国居民作为乙国居民公司的董事而取得的款项或类似的董事报酬由乙国征税（不受是否逗留

---

① 《联合国范本》第14条第1款。

② 2000年的《OECD范本》第15条的名称已改为“就业所得”（Income from Employment）。

③ 括号内的文字是1992年修订《OECD范本》时所加，其目的是为了避免因缔约国双方的会计年度不同而产生麻烦，也为了杜绝原先规定可能造成的避税漏洞。

④ 《联合国范本》和《OECD范本》第15条第2款。

183 天这一规则的限制)，有的国家认为对从不参加董事会也未到乙国的董事，其报酬可由甲国征税。中国对外签订的协定一般采取由乙国征税原则。中日、中新协定中该规则除董事会成员以外还适用监事会成员及类似机构。在《联合国范本》注释中实行上述规则的还包括公司高级管理人员，但一般认为高级管理人员也是受雇人员，应按非独立个人劳务所得对待。

(2) 表演家、运动员所得。一般他们的工作逗留时间不超过 183 天，也不设固定基地，但收入较多，按独立个人劳务所得征税的办法，来源国不能征税，显然这不合理。因此两个协定范本专门规定：甲国居民如表演家、运动员到乙国从事个人活动所取得的收入不论是归属于自己还是他人，都可以在来源国征税。这一规定有利于来源国征税，防止逃税，同时也有利于避免双重免税。但政府间的文化交流项目一般免税。

(3) 退休金和为政府服务的所得。退休金分为两大类，一般性的退休金由居住国征税；另一类退休金，即不是由政府机构或公司企业支付而是由政府或地方当局所办的社会保险基金支付的退休金，应由支付退休金的国家采取源泉扣缴办法征税，这一项退休金相当于过去工资薪金的累积，故应由工薪支付地征税。

政府职员所得也分为两种情况：第一种情况是甲国政府雇佣一批人在乙国从事政府工作，服从甲国政府的命令，这批职员不是乙国国民也不是乙国居民，甲国政府所支付的工资薪金报酬由甲国征税。第二种情况是甲国政府在乙国雇佣乙国公民承担某些劳务活动，这些人同时也是乙国居民，甲国政府所支付的工资薪金报酬由乙国征税。实际上都是按居住国独占征税权的原则办理。

(4) 学生和实习人员所得。对学生和学徒所得的征税，《OECD 范本》规定仅由于教育或培训的目的停留在缔约国一方，其为维持生活、教育或培训所收到的来源于该缔约国一方以外的款项，该缔约国一方不应征税。享受此项免税的条件是学生或企业学徒是直接前往缔约国一方前曾是缔约国另一方居民。《联合国范本》除此之外还规定学生或企业学徒所取得的不包括在前述收到的款项范围以内的补助金、奖学金和雇佣报酬，在教育或训练期间，应与其访问国的居民享受同样的免税、优惠或减税待遇。一般的说，发展中国家派遣到发达国家进修学习的人员比较多，《联合国范本》的规定有利于发展中国家。为了有利于中国派遣人员到发达国家学习先进的科技和管理经验，中国在与外国谈判签订税收协定时，对学生和学徒所得争取较多的优惠。从已签协定看，学生和学徒的征免规定比较复杂，但大体上可概括为 3 种类型：第一种没有分所得的项目及来源，只是规定其为维持生活、接受教育或培训目的收到的款项应免予征税。如与日本、法国等国家签订的协定。第二种规定对境外汇入的款项和从政府、科学、文化、教育和慈善机构取得的奖学金、赠款、补助金和奖金给予免税；对劳务的报酬，一年不超过一定数额的给予免税，并限定接受教育或培训的合理时间。如与英国、美国等国家签订的协定。第三种除明确收入中的汇入款项和得到的奖学金等免税外，对受雇取得的报酬在其接受教育或培训期间应与其所停留国家的居民享受同样的免税、扣除或减税待遇。如与挪威签订的协定。

(5) 教师和研究人员所得。对教师和研究人员所得的征税，两个协定范本都没有列出专门条款给予特殊对待。不过中国在对外谈判签订税收协定时都坚持专设一条，对缔约国一方居民个人到缔约国另一方的大学、学校、学院或其他公认的教育机构或科研机构，从事教学、讲学或研究而取得的报酬，该缔约国另一方应给予定期的免税待遇。

（五）财产所得（资本利得）的征税权分配规则

财产所得又称资本利得（capital gains），指转让财产的收入扣除财产购进价值额后的净收入。包括转让不动产的所得、转让营业场所的所得、转让船舶飞机及其相关动产的所得、转让股票的所得，以及其他财产收益。

对跨国纳税人不动产所得的征税，两个范本和中国对外已签协定一致主张由不动产坐落国行使税收管辖权。但对财产转让所得征税，两个范本有同有异。相同方面有三个：①对不动产转让所得，以财产的坐落地为所得的来源地，由来源国行使税收管辖权；②转让常设机构的营业财产或从事个人独立劳务的固定基地的财产，以机构场所所在地为所得来源地，不论是单独转让还是随同整个企业或基地一起转让，只要是转让属于该机构场所的财产所得，都可以由该机构场所所在地国家征税；③转让从事国际运输的船舶或飞机、内河运输的船只，或转让附属于经营上述船舶、飞机或船只的动产取得的收益，作特殊处理，应仅由企业实际管理机构所在的缔约国征税。[①] 不同之处在于对股票转让所得的处理方针。《联合国范本》规定，转让一个公司的股票取得的收益，该公司的财产又主要直接或间接由位于缔约国一方的不动产所组成，可以在该国征税。[②] 也就是由财产坐落地国家征税。出售其他股票取得的收益，该项股票又代表缔约国一方居民公司一定百分比的股份权，也由公司所在国征税，这“一定百分比”留待双方谈判确定。[③]《OECD 范本》对这一问题没有加以特别说明，一律归入其他财产收益，由转让者为其居民的缔约国征税。中国对外已签协定对股票转让所得征税的规定并不一致，有的按照《联合国范本》的处理方针，并把股权百分比定为控股至少 25%，如中美、中捷、中意协定；有的不分不动产资本股份和其他公司股票，一律由构成公司财产全部或主要部分的不动产的坐落国征税，如中澳协定；有的对公司股票转让未加特别说明，一律归入其他财产收益征税，如中日、中南（南斯拉夫）、中荷协定等。不过中国对外已签订的协定对未加明确的其他财产收益的征税坚持来源地国家应拥有征税权的原则，而两个范本都主张由转让者居住国独占征税权。

---

① 《联合国范本》和《OECD 范本》第 13 条第 1 至 3 款。

② 《联合国范本》第 13 条第 4 款。

③ 《联合国范本》第 13 条第 5 款。

第二节 避免双重征税的办法和外国税收抵免制度

本节将双重征税分为两种类型即重复征税和重叠征税①，本节简要阐述双重征税产生的原因，系统地说明避免双重征税的方法。

一、双重征税的概念及产生的原因

（一）重复征税与重叠征税

双重征税可分为法律意义上的双重征税（本章将之称为重复征税）和经济意义上的双重征税（本章将之称为重叠征税）。本章所称的重复征税是所得税意义上的，是指一个纳税人的同一笔所得被两次或多次征收同一种税。对所得税而言，一般来说，一个税收管辖权内不存在重复征税。国际重复征税是指同一纳税人的同一笔所得被两个或两个以上的国家征收同一种税，主要发生在跨国公司的总分支机构之间。不同纳税人的同一笔所得被一国征收两种以上的税，就是国内重叠征税。例如企业获得利润要交纳企业所得税，如果把利润分配给股东，个人股东要就其获得的股息交纳个人所得税，公司股东要交纳企业所得税或公司所得税。不同纳税人的同一笔所得被两个以上国家征收同一种所得税或不同所得税的情况，就称为国际重叠征税，主要发生在股东与公司、母公司与子公司之间。例如子公司在一国被征公司所得税后，其股东或母公司从该子公司所取得的股息在另一国又被征公司所得税或个人所得税，此为国际重叠征税。

（二）国际重复征税和国际重叠征税产生的原因

1. 国际重复征税产生的原因

总的来说，国际重复征税产生的基本原因在于国家间税收管辖权的冲突，具体表现在以下几个方面：

第一，由于不同国家同时行使居民税收管辖权和收入来源地税收管辖权。如果各个国家一致地只行使一种税收管辖权，或者纳税人（包括自然人和法人）只在居住国或国籍国取得收入或拥有财产，只需向居住国或国籍国纳税，就不会产生国际重复征税问题。国际重复征税之所以会发生，是因为世界上大多数国家出于主权考虑，既行使居民税收管辖权又行使收入来源地税收管辖权。或者由于行使的税收管辖权不一致，有的国家行使居民税收管辖权，有的国家行使收入来源地税收管辖权，这都会使具有跨国收入的纳税人，一方面作为居民纳税人向其居住国就世界范围内的收入承担纳税义务，另一方面作为非居民纳税人向收入来源国就其在该国境内取得的收入承担纳税义务，这就产生国际重复征税。这一类型的国际重复征税经常发生。

---

① 此种分类方法参见陈安，《国际税法》，鹭江出版社，1988年；高尔森，《国际税法》，法律出版社，1992年。

第二，由于居民身份确定标准的不同。有关国家确定纳税人居民身份遵循不同的标准，致使一个纳税人在两个国家甚至两个以上国家同时被认为是本国居民纳税人并承担无限纳税义务。例如在自然人居民身份确定上，甲国采用住所即永久住处标准，乙国采用居留时间 183 天标准。如果一个人在甲国有永久住处，又在乙国停留 183 天以上，那么甲、乙两国会同时依法认定这个人是本国居民，要求其承担无限纳税义务，从而发生重复征税。再例如某公司在甲国依法注册成立，但其主要管理控制中心设在乙国。甲国根据公司的注册登记地标准确定该公司为本国居民企业，乙国则以公司的管理控制中心所在地为标准也确定公司为该国居民企业。这样一来，该公司便在甲、乙两国同时被认定是本国居民，要承担无限纳税义务，从而产生重复征税。

第三，由于收入来源地确定标准不同。在行使收入来源地税收管辖权过程中，不同的国家对收入来源有不同的判断标准，这也会造成国际重复征税。例如甲国居民 A 为乙国居民公司在丙国承包的某项工程提供技术咨询服务。对 A 所收取的咨询费，丙国依劳务的使用地标准，视为来自丙国的所得，要对之征税；乙国则基于劳务报酬作为费用扣除的公司所在地标准，认定该项所得来源于乙国，也要对之征税，这就产生对同一纳税人同一笔所得的重复征税。如果甲国以 A 的居住国身份对这一笔所得行使居民税收管辖权，那么就产生对同一笔所得的三重征税。即使判断收入来源地采用同一标准，执行过程中对标准的理解和解释不同，也会产生重复征税。

2. 国际重叠征税产生的原因

国际重叠征税产生的原因简单地讲有两个。一是税制上的原因，另一个是经济上的原因。就税制上的原因来讲，许多国家出于财政利益的考虑，不仅征收个人所得税而且征收公司所得税，公司要向居住国就其全部利润履行纳税义务。公司将部分税后利润分配给居住在不同国家的股东时，股东要将所分得的股息红利与其他所得合并向其居住国交纳公司所得税（股东为法人时）或个人所得税（股东为自然人时），这就造成国际重叠征税。就经济上的原因来讲，经济的国际化使股份公司的控股关系超越国界，甲国的控股公司控制乙国的子公司，乙国的子公司又控制丙国的孙公司等，这就使同一笔所得在不同纳税人手中被不同国家多次征税，且征税重叠程度随控股级数的增加而增加。

国际重复和重叠征税都不利于国际经济合作的发展，要通过国际社会的共同努力加以消除。

二、国际重复征税的避免办法及其比较

由于收入来源地确认标准不同而引起的国际重复征税现象为数不多，可由有关国家通过双方协定或协商解决。由于居民身份确定标准不同而引起的国际重复征税，目前国际上已有通行的消除规则，参见第一节。由居民税收管辖权和收入来源地税收管辖权冲突引起的国际重复征税，避免或消除的基本办法有扣除法、免税法和抵免法。

（一）扣除法和免税法

1. 扣除法

就是指纳税人在居住国纳税时把外国所得已纳的外国税收视同费用在总收入中扣除，以其余额计算应纳税额。对纳税人而言，对扣除后的所得征税形成的税负，轻于重复征税的税负，重于重复征税完全免除的税负，它只是减轻重复征税的程度，没有从根本上解决问题。因此实行扣除法的国家为数甚少，或以其作为可选择的一种办法。

2. 免税法

指纳税人在居住国纳税时，从国外获得的所得免予征税，仅就其从本国境内获得的所得征税。实际上是单纯行使来源地税收管辖权，彻底免除重复征税。在实际操作中，由于各国税制不同，又分为全额免税法和累进免税法两种。①全额免税法指在居住国课税时，不考虑因国外所得免税而导致适用税率档次的降低这一问题，仅以国内所得部分确定税率。这种办法在国际税务实践中不多见。②累进免税法指在居住国课税时，免税的国外所得并入国内所得，以此确定适用税率，但在计算应纳税额时只以国内所得为税基。目前实行免税制的国家大多采用这种办法，当然这也只有在实行累进税率的国家中才有实际意义。在实行比例税率的情况下这二者没有差别。

【例 12-1】 A 国某企业国内外所得 2000 万元，其中来源于国内的所得 1000 万元，来源于境外的所得 1000 万元，假定企业所在国 A 国和境外收入来源国关于所得税的制度和政策除税率外没有差别。A 国实行超额累进税率如表 12-1，计算全额免税法和累进免税法下的本国应纳税额。

表 12-1 A 国税率表

应税所得（万元）	税率（%）
200 及其以下部分	10
200 以上至 300 部分	20
300 以上至 500 部分	30
500 以上至 1 000 部分	40
1 000 以上部分	50

（1）全额免税法下，由于来源于外国的所得免税，且以减掉这部分免税额后的应税所得（即国内所得）适用税率表中的税率档次。因此

应纳税额＝国内所得×适用税率＝200×10%＋100×20%＋200×30%＋500×40%＝300（万元）

（2）累进免税法下，虽然对来源于外国的所得免税，但税率仍然适用全额征税（即对外国所得不予免税）时的税率档次。因此先要计算全额征税时的适用税率。由于税率表为累进税率，计算全额征税时的适用税率，就是要将全额征税情况下要交纳的税额除以全部应税所得。然后以免税后的应税所得（即国内所得）乘以计算出来的适用税率，算出应纳税额。

$$适用税率=\frac{全额征税时应纳税额}{国内国外全部应税所得}=\frac{国内国外全部应税所得\times适用税率}{国内国外全部应税所得}=$$

$$\frac{200\times10\%+100\times20\%+200\times30\%+500\times40\%+1000\times50\%}{2000}=40\%$$

因此，应纳税额＝1000×40%＝400（万元）

（二）抵免法（税额扣除法）

抵免法是国际上比较通行的避免国际重复征税的办法，又称外国税收抵免，指居住国根据居民纳税人来源于国内外的全部所得计算应纳税额，但允许纳税人就已在来源国缴纳的全部或部分税款根据一定条件从应纳税额中扣除。对居住国而言，采用抵免法实际上是承认收入来源地税收管辖权的优先地位，但不放弃本国的居民税收管辖权。理论上讲，抵免法可分为两种。第一种是全额抵免法，即纳税人从境外获得的所得，已在境外按照境外税收管辖权的税法计算交纳的所得税税额，可以从纳税人应纳税额中全额抵扣。但由于各国所得税的制度和政策不同，以境外税法计算的应税所得或应纳所得税税额，与按本国税法计算的应税所得或应纳所得税税额不同。因此按照这一方法，国内部分的应纳税额与可抵扣的境外部分所得应纳税额的计算口径不同。第二种是限额抵免法，即纳税人从境外获得的所得，已在境外按照境外税收管辖权的税法计算交纳的所得税税额，可以在纳税人应纳税额中抵扣，但可抵扣的数额不能超过按照本国税法计算的应纳税额。也就是说，纳税人从境外获得的收入，应当按照本国税法的规定计算应税所得，确定应纳税额并以此为抵免限额。已在境外交纳的税收，如不超过此限额可全部抵免，如果超过此限额，超过部分不能抵免。尽管限额抵免法在境外税负高于本国税负的情况下，不能完全消除国际双重征税，但由于对纳税人居住国而言，对境内境外所得按一个制度和政策计税，确实体现了对境内境外所得一视同仁的原则，所以采用限额抵免法比较普遍。抵免限额计算方法，将在本节第四个问题专门论述。

【例 12-2】 某企业当年境内应税所得为 1000 万元，来源于境外所得 1000 万元，本国所得税税率 30%，境外税收管辖权的所得税税率为 40%。假定除税率差别外本国所得税法与境外税收管辖权的所得税规定相同。本国对来源于境外的所得采用限额抵免法来避免双重征税。试计算该企业当年实际应向本国政府交纳多少所得税？

应税所得＝1000＋1000＝2000（万元）

应纳税额＝2000×30%＝600（万元）

境外所得已交纳所得税＝1000×40%＝400（万元）

抵免限额＝境外所得按本国税法计算的应纳税额＝1000×30%＝300（万元）

可抵免额＝300（万元）

实际向本国政府应交纳所得税＝应纳税额－可抵免额＝600－300＝300（万元）

（三）扣除法、免税法和抵免法的比较

现在举例说明扣除法、免税法和抵免法在不同的情况下克服国际双重征税的不同效果。

【例 12-3】 某企业当年境内应税所得为 1000 万元，来源于境外所得 1000 万元，假定除税率差别外本国所得税法与境外税收管辖权的所得税规定相同。试比较在不同税率和采用不同避免国际双重征税方法的情况下，该企业的所得税负担（企业交纳的所得税总额占其全部应税所得的百分比）。

第一种情况，本国所得税税率为 30%，境外税收管辖权的所得税税率为 40%：

(1) 扣除法下：

向本国政府实际应纳税额＝（2000－400）×30%＝480（万元）

企业交纳的所得税总额＝向本国政府实际应纳税额＋已纳境外税额

＝480＋400＝880（万元）

负担水平为 44%

(2) 免税法下：

向本国政府实际应纳税额＝1000×30%＝300（万元）

企业交纳的所得税总额＝向本国政府实际应纳税额＋已纳境外税额

＝300＋400＝700（万元）

负担水平为 35%

(3) 限额抵免法下：

向本国政府实际应纳税额＝2000×30%－300＝300（万元）

企业交纳的所得税总额＝向本国政府实际应纳税额＋已纳境外税额

＝300＋400＝700（万元）

负担水平为 35%

(4) 全额抵免法下：

向本国政府实际应纳税额＝2000×30%－400＝200（万元）

企业交纳的所得税总额＝向本国政府实际应纳税额＋已纳境外税额

＝200＋400＝600（万元）

负担水平为 30%

第二种情况，本国所得税税率为 40%，境外税收管辖权的所得税税率为 30%。

(1) 扣除法下：

向本国政府实际应纳税额＝（2000－300）×40%＝680（万元）

企业交纳的所得税总额＝向本国政府实际应纳税额＋已纳境外税额

＝680＋300＝980（万元）

负担水平为 49%

(2) 免税法下：

向本国政府实际应纳税额＝1000×40%＝400（万元）

企业交纳的所得税总额＝向本国政府实际应纳税额＋已纳境外税额

＝400＋300＝700（万元）

负担水平为 35%

(3) 限额抵免法下：

向本国政府实际应纳税额＝2000×40％－300＝500（万元）

企业交纳的所得税总额＝向本国政府实际应纳税额＋已纳境外税额

＝500＋300＝800（万元）

负担水平为40％

(4) 全额抵免法下：

向本国政府实际应纳税额＝2000×40％－300＝500（万元）

企业交纳的所得税总额＝向本国政府实际应纳税额＋已纳境外税额

＝500＋300＝800（万元）

负担水平为40％

从上例可以看出：①境外税率高于国内税率时，全额抵免法对纳税人最有利；限额抵免法与免税法效果一致。②境外税率低于国内税率时，免税法对纳税人最有利；限额抵免法与全额抵免法效果一致。任何情况下，扣除法对避免国际双重征税的效果最不理想。

三、国际重叠征税的避免办法——间接抵免的计算方法

抵免法就其适用对象而言可分为直接抵免和间接抵免。上述例子所涉及的抵免法均属于直接抵免。直接抵免适用于总分公司模式的跨国企业，由于分公司不是法人实体，而只是总公司的构成部分，其所得的利润完全属于总公司所有，所以其在境外所交纳的所得税可直接包含于总公司汇总交纳的所得税中，得以全部或部分抵免。解决国际重叠征税的主要措施是间接抵免法。间接抵免适用于母子公司模式的跨国企业，由于母子公司是两个独立的经济实体，母公司即使对子公司100％控股，一般也不能获得子公司的全部税后利润，子公司所得在扣除所得税并提取了积累基金后，才能用于分配。因此母公司所得到的股息只是子公司税后利润的一部分，所能抵免的只是子公司在其所在国缴纳的部分所得税款。这就需要一个计算过程，将子公司已纳所得税分配给母公司，我们就把这种需要一个计算过程和分配过程的抵免法称为间接抵免法。

（一）间接抵免的基本计算公式

间接抵免法是目前避免国际重叠征税最流行、最基本的办法，也是股东居住国为避免对来源于境外股息双重征税所采取的措施。由于境外子公司所缴纳的所得税不能完全由母公司承担，母公司所承担的部分只是收到的这部分股息所承担的已纳所得税。要计算母公司从境外子公司获得的股息在境外的已纳所得税可以得到多少抵免，首先需计算母公司从境外子公司获得的股息在境外已纳的所得税数额。一般方法是用母公司收到的来自子公司的股息（即实得股息）占境外子公司税后利润的比例，来推算境外子公司已经缴纳的全部所得税额中有多少由母公司获得的这部分股息承担（即境外来源股息已承担境外所得税税额）。其次，在计算了该项股息已承担境外所得税税额

后，将这个数额加上母公司实得的股息，就将母公司获得的实得股息（税后利润的一部分）还原为税前利润即属于母公司的境外子公司所得，从而在同一口径的基础上计算母公司境内外全部应税所得。接着就可计算该项股息已纳境外的所得税抵免限额，即按照母公司所在国税法计算的来源于境外子公司所得的应纳税额。最后计算母公司实际应向所在国政府缴纳的所得税税额。各步骤的计算公式如下：

$$\text{境外来源股息已承担境外所得税税额}=\text{境外子公司已缴纳的所得税税额}\times\frac{\text{母公司从境外子公司实得的股息}}{\text{境外子公司税后利润}}$$

$$\text{来源于境外子公司应税所得}=\text{母公司从境外子公司实得的股息}+\text{该项境外来源股息已承担境外所得税税额}$$

$$\text{母公司境内境外全部所得的应纳税额}=\text{母公司来源于境内境外全部应税所得}\times\text{适用税率}=\left(\text{母公司境内的应税所得}+\text{来源于境外子公司应税所得}\right)\times\text{适用税率}$$

$$\text{该项境外来源股息的已纳境外所得税抵免限额}=\text{母公司境内境外全部所得的应纳税额}\times\frac{\text{来源于境外子公司应税所得}}{\text{母公司来源于境内境外全部应税所得}}$$

$$\text{母公司实际应向所在国政府缴纳的所得税税额}=\text{母公司境内境外全部所得的应纳税额}-\text{该项境外来源股息已纳境外所得税的可抵免额}$$

（二）间接抵免计算的实例说明

在股份制企业中经常存在多重股权关系，比如甲企业持有乙企业股份，而乙企业又持有丙企业的股份，丙企业可能又拥有其他企业的股份等，这就产生多层的母子公司关系。在跨国经济活动中同样也会出现此种情况。以下先举例说明在单层母子公司关系情况下，间接抵免的计算原理，然后再举例多层母子公司关系情况下的间接抵免计算方法。

1. 单层母子公司关系情况下间接抵免的计算原理

【例 12-4】 某一纳税年度，A 国 X 公司从本国境内获得应税所得 100 万元，本国采用超额累进税率如表 12-2。该公司拥有 B 国 Y 公司一定百分比的股权，Y 公司全部应税所得为 100 万元，当年分配并汇出 50 万元股息给其母公司 A 国 X 公司。B 国也采用超额累进税率如表 12-3。假定 B 国对汇出股息不征预提税，A 国实行限额抵免法避免双重征税，抵免限额综合计算，试计算 X 公司实际应向 A 国政府缴纳的所得税税额。

表 12-2　A 国公司所得税税率表

应税所得（万元）	税率（%）
50 及其以下部分	10
50 以上至 100 部分	20
100 以上部分	30

表 12-3　B 国公司所得税税率表

应税所得（万元）	税率（%）
50 及其以下部分	20
50 以上至 100 部分	30
100 以上部分	40

计算步骤如下：

(1) Y 公司已纳所得税税额＝50×20%＋50×30%＝25（万元）

(2) $\frac{\text{X公司来源于Y公司股息}}{\text{已承担B国的所得税税额}}$＝Y 公司已纳所得税税额×$\frac{\text{X公司从Y公司实得的股息}}{\text{Y公司税后利润}}$

$$=25\times\frac{50}{100-25}=16.67\text{（万元）}$$

(3) 来源于 Y 公司的应税所得＝X 公司从 Y 公司实得的股息＋该项来源于 B 国的股息已承担 B 国所得税税额

$$=50+16.67=66.67\text{（万元）}$$

(4) X 公司来源于境内境外全部应税所得＝X 公司境内的应税所得＋来源于 Y 公司的应税所得＝100＋66.67＝166.67（万元）

(5) X 公司境内境外全部所得的应纳税额＝X 公司来源于境内境外全部应税所得×适用税率＝50×10%＋50×20%＋66.67×30%＝35（万元）

(6) 该项来源于 B 国的股息已承担 B 国的所得税的抵免限额＝X 公司境内境外全部所得的应纳税额×$\frac{\text{来源于Y公司的应税所得}}{\text{X公司来源于境内境外全部应税所得}}$

$$=35\times\frac{66.67}{166.67}=14\text{（万元）}$$

(7) 该项来源于 B 国的股息已承担 B 国的所得税的可抵免额＝14（万元）

(8) X 公司实际应向 A 国政府缴纳的所得税税额＝X 公司境内境外全部所得的应纳税额－该项来源于 B 国股息已承担 B 国所得税的可抵免额＝35－14＝21（万元）

2. 多层母子公司关系下间接抵免的计算原理

【例 12-5】 某一纳税年度 A 国 X 公司从本国境内获得应税所得 100 万元，收到 B 国子公司 Y 公司股息 125 万，A 国公司所得税实行比例税率，税率为 40%；Y 公司自营应税所得 200 万元，获得位于 C 国 Z 公司股息 100 万，B 国公司所得税也实行比例税率，税率为 25%。Z 公司自营应税所得 300 万元，向 Y 公司分配股息 100 万元，C 国公司所得税税率为 30%。假定 B、Z 两国对汇出股息都不征预提税，A、B 两国都实行限额抵免法避免双重征税，抵免限额综合计算，试计算 X 公司实际应向 A 国政府缴纳的所得税税额。

计算步骤如下：

(1) Z公司已纳所得税税额＝300×30％＝90（万元）

(2) $\text{Y公司来源于Z公司股息已承担C国的所得税税额}=\text{Z公司已纳所得税税额}\times\frac{\text{Y公司从Z公司实得的股息}}{\text{Z公司税后利润}}$

$$=90\times\frac{100}{300-90}=42.86\text{（万元）}$$

(3) $\text{Y公司来源于Z公司的应税所得}=\text{Y公司从Z公司实得的股息}+\text{Y公司来源于Z公司的股息已承担C国所得税税额}$

$$=100+42.86=142.86\text{（万元）}$$

(4) $\text{Y公司来源于境内境外全部应税所得}=\text{Y公司境内的应税所得}+\text{来源于Z公司的应税所得}=200+142.86=342.86\text{（万元）}$

(5) $\text{Y公司境内境外全部所得的应纳税额}=\text{Y公司来源于境内境外全部应税所得}\times\text{适用税率}=342.86\times25\%=85.72\text{（万元）}$

(6) $\text{Y公司来源于Z公司的股息已承担C国的所得税的抵免限额}=\text{Y公司境内境外全部所得的应纳税额}\times\frac{\text{来源于Z公司的应税所得}}{\text{Y公司来源于境内境外全部应税所得}}$

$$=85.72\times\frac{142.86}{342.86}=35.72\text{（万元）}$$

(7) $\text{Y公司来源于Z公司的股息已承担C国的所得税的可抵免额}=35.72\text{（万元）}$

(8) $\text{Y公司实际应向B国政府缴纳的所得税税额}=\text{Y公司境内境外全部所得的应纳税额}-\text{Y公司来源于Z公司股息已承担C国所得税的可抵免额}$

$$=85.72-35.72=50\text{（万元）}$$

(9) $\text{Y公司境内境外实际缴纳的所得税税额}=\text{Y公司来源于Z公司股息已承担C国的所得税税额}+\text{Y公司实际应向B国政府缴纳的所得税税额}$

$$=42.86+50=92.86\text{（万元）}$$

(10) X公司来源于Y公司的股息①已承担的境外所得税税额 $=\text{Y公司境内境外实际缴纳的所得税税额}\times\frac{\text{X公司从Y公司实得的股息}}{\text{Y公司税后利润}}$

$$=92.86\times\frac{125}{200-50+100}=46.43\text{（万元）}$$

---

① 因为X公司从B国Y公司获得的股息，实际上来源于两个部分，一部分是Y公司自营利润，另一部分来源于Y公司从C国Z公司获得的股息。在B国对来源于境外所得已缴纳所得税给予限额抵免的情况下，Y公司实际支付的所得税包括抵免后实际向B国缴纳的所得税，也包括Y公司来源于Z公司股息已承担的C国所得税。因此，要根据X公司从Y公司实得的股息占Y公司全部税后利润的比重，来推算Y公司实际支付的所得税中有多大的份额是由支付给X公司的这部分股息承担的。

(11) $\text{X公司来源于Y公司的应税所得}=\text{X公司从Y公司实得的股息}+\text{X公司来源于Y公司的股息已承担的境外所得税税额}$

$=125+46.43=171.43$（万元）

(12) $\text{X公司来源于境内境外全部应税所得}=\text{X公司境内的应税所得}+\text{来源于Y公司的应税所得}$

$=100+171.43=271.43$（万元）

(13) $\text{X公司境内境外全部所得的应纳税额}=\text{X公司来源于境内境外全部应税所得}\times\text{适用税率}$

$=271.43\times40\%=108.57$（万元）

(14) $\text{X公司来源于Y公司的股息已承担境外所得税的抵免限额}=\text{X公司境内境外全部所得的应纳税额}\times\frac{\text{来源于Y公司的应税所得}}{\text{X公司来源于境内境外全部应税所得}}$

$=108.57\times\frac{171.43}{271.43}=68.57$（万元）①

(15) $\text{X公司来源于Y公司的股息已承担境外所得税的可抵免额}=46.43$（万元）

(16) $\text{X公司实际应向A国政府缴纳的所得税税额}=\text{X公司境内境外全部所得的应纳税额}-\text{X公司来源于Y公司股息已承担境外所得税的可抵免额}$

$=108.57-46.43=62.14$（万元）

在现实国际税收活动中，由于多数的国际税收协定均是双边税收协定，在以抵免法作为避免双重征税方法的双边税收协定中，一般规定只有缔约国双方居民才能享受抵免待遇，第三国的居民不能享受协定待遇，除非国内税法规定对任何来源于境外所得已纳所得税均给予抵免。一般情况下，不论国内法单方面关于外国税收抵免的规定，还是双边税收协定中的此规定，间接抵免只有在单层母子公司关系的情况下才有效。在涉及多国的多层母子公司关系的场合，协定缔约国一方居民公司（母公司）从缔约国另一方居民公司（子公司）获得股息，而该缔约国另一方居民公司（子公司）又从第三国居民公司（孙公司）获得股息，在这种情况下，如果这第三国与上述缔约国另一方（子公司所在国）没有税收协定，并且国内法也没有外国税收抵免的规定，那么该子公司从孙公司获得的股息已纳所得税不能在子公司应纳税额中抵扣；如果该第三国与上述缔约国另一方（子公司所在国）有协定，并且也以抵免法作为避免双重征税的基本方法，或者国内法有外国税收抵免的规定，但与缔约国一方（即母公司所在国）没有协定，那么该子公司从孙公司获得股息已承担第三国所得税可以在子公司所在国得到抵免，但母公司通过子公司间接从孙公司获得的股息已承担第三国的所得税不能

---

① 由于本例中A、B国均实行比例税率，计算中的第（6）步骤可简化为：该项来源于C国的股息已承担C国所得税的抵免限额＝Y公司来源于Z公司的所得×B国税率＝142.86×25％＝35.72（万元）；第（14）步骤可简化为：该项来源于Y国的股息已承担境外所得税的抵免限额＝X公司来源于Y公司的所得×A国税率＝171.43×40％＝68.57（万元）。

在母公司所在国得到抵免；如果该第三国与上述两个国家均有税收协定，并且也以抵免法作为避免双重征税的基本方法，或者国内法均有关于外国税收抵免的规定，那么母公司通过子公司间接从孙公司获得的股息已承担第三国的所得税能否在母公司所在国得到抵免，需要通过多边谈判来协商，除非有的国家通过国内法规定母公司从第三国孙公司间接获得的股息在一定条件下也给予抵免。①

即使只涉及单层母子公司关系，缔约国一方居民公司从缔约国另一方居民公司获得股息所承担的缔约国另一方所得税，也并不是在任何情况下都能在缔约国一方得到抵免。许多国家国内法或双边税收协定规定了间接抵免的条件。中国对外签订的双边税收协定，凡采用抵免法的，都规定外国居民公司支付给中国居民公司的股息，同时该中国居民公司拥有支付股息公司股份不少于10％的，才能享受间接抵免。②

四、抵免限额

前面指出限额抵免方法是比较普遍的方法。采用限额抵免方法就涉及抵免限额计算问题。抵免限额就是来源于境外所得按本国税法规定计算的应纳税额。在实行超额累进税率的情况下，由于税率表的应税所得以全部应税所得为标准，在应税所得总额中不同数量段的应税所得适用不同档次的税率，不能将单项的所得乘以相应的某一档次税率。因此，在计算来源于境外所得的应纳税额时，也不能简单地将境外所得乘以相应档次的税率，而要先通过计算纳税人境内境外全部应税所得，并按税率表的税率档次，计算出全部应纳税额，然后按境外应税所得占境内境外应税全部所得的比重，来推算出境外所得按本国税法计算的应纳税额。其基本计算公式是

$$\text{外国税收抵免限额}=\text{纳税人境内境外全部所得的应纳税额}\times\frac{\text{境外应税所得}}{\text{境内境外全部应税所得}}$$

在实行比例税率的情况下，该公式可简化为来源于境外的所得按本国税法确定的应税所得简称境外应税所得乘以本国适用税率。即

$$\text{外国税收抵免限额}=\text{境外应税所得}\times\text{本国适用税率}$$

抵免限额基本计算方法有分项、分国和综合三种。①分项计算，就是按所得不同类型来分别计算抵免限额。有的国家对不同所得采用不同的税率，因此对不同所得（如营业利润、股息、利息、特许权使用费等不同项目）计算不同的抵免限额。②分国计算，就是按所得来源的国别分别计算不同国家的抵免限额，限额不能互相冲抵。③综合计算，就是不分项也不分国，综合各国来源的各项所得，盈亏相抵后，计算一个综合限额。在这些基本计算方法的基础上，抵免限额的实际计算方法有分项又分国、分国不分项、综合限额等。以下举例说明这些方法的异同。

---

① 例如美国《国内收入法典》第902节（b）（1）和（2）规定，母公司获得的股息如果涉及来源于第二层和第三层的孙公司的所得，在一定条件下，孙公司在其所在国已纳的由母公司间接获得的股息承担的所得税也可得到抵免。其条件是母公司间接拥有的有表决权股票的比例不少于5％。参见理查德·L. 多恩伯格，《国际税法概要》，中国社会科学出版社，1999年，第106～107页。

② 国家税务总局编，《中华人民共和国对外避免双重征税协定》，第Ⅰ辑至第Ⅴ辑，中国税务出版社，1999年。

以直接抵免为例，甲国总公司来源于本国的应税营业利润100万元，税率40%，特许权使用费的税率为15%；其乙国分公司应税营业利润100万元，税率30%，特许权使用费20万元，税率20%；丙国分支机构应税营业利润60万元，税率30%，假定各国关于应税所得的制度和政策规定没有差别。请用不同方法计算外国税收抵免限额。

1. 分项又分国方法

(1) 来源于乙国的营业利润的已纳乙国税收抵免限额=100×40%=40（万元）

该项营业利润实际已经在乙国缴纳的所得税=100×30%=30（万元）

因此该项营业利润的已纳外国税收可抵免额为30万元。

(2) 来源于乙国特许权使用费的已纳乙国税收抵免限额=20×15%=3（万元）

该项特许权使用费实际已经在乙国缴纳的所得税=20×20%=4（万元）

因此该项特许权使用费的外国税收可抵免额为3万元。

(3) 来源于丙国的营业利润的已纳丙国税收抵免额=60×40%=24（万元）

该项营业利润实际已经在丙国缴纳的所得税=60×30%=18（万元）

因此该项营业利润的已纳外国税收可抵免额为18万元。

该纳税人当期总的可抵免额为51万元，在甲国实际应纳税额为（100+100+20+60）×40%-51=61万元。

2. 分国不分项方法

(1) 来源于乙国所得的已纳乙国所得税抵免限额=120×40%=48（万元）

实际已向乙国缴纳的所得税=100×30%+20×20%=34（万元）

来源于乙国所得在乙国已纳所得税的可抵免额为34万元。

(2) 来源于丙国所得的已纳丙国所得税抵免限额=60×40%=24（万元）

实际已向丙国缴纳的所得税=60×30%=18（万元）

来源于丙国所得的已纳丙国所得税的可抵免额为18万元。

该纳税人当期总的可抵免额为52万元，在甲国实际应纳税额为（100+100+20+60）×40%-52=60万元。

3. 综合限额计算

来源于境外所有所得的已纳境外所得税的抵免限额=（100+20+60）×40%=72（万元）

纳税人境外已实际缴纳的所得税=100×30%+20×20%+60×30%=52（万元）

可抵免额为52万，在甲国实际应纳税额为（100+100+20+60）×40%-52=60万元。

一般说来，纳税人在一些国家的营业活动出现亏损，而在另一些国家出现盈利时，分国限额法对纳税人有利，由于一国的亏损不能冲抵另一国的盈利，计算抵免限额的基数比较大，从而限额的数量也比较大。在这种情况下，若采用综合限额法对纳税人不利，因为盈亏互抵，据以计算抵免限额的税基小，计算出来的抵免限额自然就小，可能使一部分已纳税额得不到抵免。如果纳税人在所有国家的营业活动都有盈利，且当有的国家的税率高于本国，有的国家的税率低于本国时，采用综合限额法对纳税人有利。因为采用综合限额法相对于分国限额法可增加纳税人的可抵免总额。

五、税收饶让

（一）税收饶让的概念和意义

税收饶让也称饶让抵免，是居住国对所得来源国采用税收优惠而减少的应纳税额视同已纳税也给予税收抵免待遇。也就是纳税人在收入来源国获得的税收减免税利益可以保留，而不必再向居住国就其境内境外全部所得纳税。

发展中国家为了吸引外资，通常制定一些税收优惠政策，如给予外商在某些产业投资而获得的利润免税或减税、再投资退税等。在居住国采用抵免法避免双重征税的情况下，如果居住国没有给予税收饶让待遇，纳税人就可能得不到投资来源国给予税收优惠的实际利益，纳税人的境外所得已纳所得税可以得到抵免，但如果在来源国缴纳的所得税税额低于在居住国应纳所得税税额，那么实际上纳税人还必须向居住国补缴其差额。这样收入来源国所给予的税收优惠实际上不能让纳税人获得实际利益，而是奉送给了居住国财政部。

如，甲国X公司，当期缴纳应税所得100万元，从乙国Y公司获得股息70万元（假定甲乙两国的税法除税率外其他规定均相同，因此此项股息可还原成甲国应税所得100万元）。甲国的所得税税率为40%，采用限额抵免法避免双重征税。Y公司所在的乙国，所得税税率为30%，规定外商投资企业从获利年度起第一年和第二年免征所得税，并对汇出股息不征预提税。因此，在没有免税的情况下，X公司境外所得承担的境外所得税为30万元，在免税的情况下X公司境外所得承担的境外所得税为零。现在我们比较居住国是否实行税收饶让对纳税人的不同影响。在实行税收饶让的情况下，Y公司已纳税额＝（100＋100）×40%＝80（万元），虽然X公司境外所得实际上并没有负担乙国的任何所得税，但甲国视同其在乙国已经缴纳并给予抵免，抵免限额为40万元，因此30万元为可抵免额，这样X公司向甲政府实际缴纳所得税为50万元。在不实行税收饶让的情况下，X公司境外所得的已纳所得税可抵免额为实际数，也就是说在乙国若没有负担税收就不能得到抵免，因此Y公司必须向甲国政府实际缴纳80万元的所得税。在这种情况下，在乙国所免的税额要在甲国补缴，乙国实行还是不实行税收优惠对纳税人而言没有两样。

发达国家对税收饶让的态度不同。有的国家如美国从来不同意建立税收饶让条款；英国、澳大利亚等国采用分别对待的办法，和发展中国家签订的一些协定包含税收饶让条款；加拿大对营业利润同意税收饶让，而对投资所得则一般不同意建立税收饶让条款；法国、荷兰等国除对来源于境外的营业利润给予免税外，还同意对投资所得给予税收饶让。[①]

（二）税收饶让是中国对外税收协定的基本原则之一

正是税收饶让具有上述意义，以税收优惠作为吸引外商投资的许多发展中国家都希望投资国给予税收饶让，以使其税收优惠政策起到作用。中国与外国特别是与发达国家在谈判签订双边税收协定过程中，都将税收饶让作为一项重要原则[②]，要求订立税收饶让条款。实际的情况可概括为以下四种：

第一种情况，与法国、比利时、德国、挪威、瑞典、荷兰、瑞士、西班牙、奥地利、卢森堡等发达国家签订的协定，对营业利润、一般类型劳务所得、不动产所得都实行免税法来避免双重征税，因此对这些所得项目就无所谓税收饶让；而对投资所得一般规定定率抵免，如果该定率与中国法定税率相同，而实际又采用较低税率征税，就会达到饶让抵免的效果。对特殊类型的劳务所得，与比利时、瑞士、奥地利、卢森堡的协定采用免税法，其余采用抵免法并不予税收饶让。

第二种情况，与日本、英国、丹麦、新加坡、芬兰、加拿大、新西兰、澳大利亚等发达国家签订的双边税收协定都有单方面对来源于中国的营业利润给予税收饶让的条款，不过给予饶让的范围均有限定，有的限定比较窄，有的限定比较宽。如与日本的协定，可享受税收饶让的优惠限于《外商投资企业和外国企业所得税法》及其实施细则的某些优惠项目，如与新加坡、加拿大、新西兰、澳大利亚等国的协定，享受税收饶让的范围不仅包括《外商投资企业和外国企业所得税法》及其实施细则的优惠项目，还包括国务院（甚至财政部）做出的优惠项目，对投资所得也一般实行定率抵免。而与芬兰的协定明确投资退税、对支付股息公司直接控股10%以上的股息实行免税法，其余投资所得也实行定率抵免。

第三种情况，与意大利的协定规定实行对等的相互税收饶让。

第四种情况，与美国的协定规定采用抵免法避免双重征税，但没有税收饶让条款。[③] 美国拒绝将税收饶让条款列入国际税收协定中，美国认为除了避免双重征税目的以外，国际税收协定不应当进一步限制居住国的征税权，允许对境外所得没有缴纳的税收给予抵免，会造成对国内商业投资活动的歧视。[④]

第三节 国际偷逃税和避税的防止措施

前两节着重研究如何通过征税权的合理分配和采用适当的方法避免国际双重征税，不使跨国经济活动负担较重的税收，这是为了实现税收制度和政策对跨国经济活动的

① Hugh J. Ault. 1997. Comparative Income Taxation: A Structural Analysis. The Hague: Kluwer Law International: 478～479.

② 王选汇，《避免双重征税协定简论》，中国财政经济出版社，1987年，第12～13页。

③ 曾国祥、刘佐主编，《中国所得税》，经济科学出版社，1999年，第248～303页。

④ 理查德·L. 多恩伯格著，马康明、李金早等译，《国际税法概要》，中国社会科学出版社，1999年，第85页。

公平对待。为了同样目的，我们还要研究如何不使跨国经济活动负担较轻的税收，这就是本节要阐述的防止国际偷逃税和避税的措施。

一、偷逃税和避税的定义

（一）偷逃税

涉外税收中的偷逃税是国内偷逃税的延伸，指涉外税收的纳税人（包括法人、自然人，包括所得税、流转税的纳税人）利用隐匿、谎报、欺骗、伪造凭证账册、随意列支费用等非法手段使一笔应税收入的税收管辖权落空，从而不缴或少缴有关国家税法所规定的或国际税收协定所要求的应缴税款的行为。

严格意义上讲，偷税是故意的犯罪，有计划、有目的、有措施地通过伪造凭证等不法手段来达到不缴或少缴税的目的。逃税分有意逃税和无意逃税。有意逃税指通过欺骗、少报收入等办法以达到减轻税负的行为，实践中与偷税难以区分。无意逃税指纳税人因不了解税法，不知道收入是否该纳税而造成了不申报或少缴税款的行为。在税务实践中对偷税和逃税的处罚不同，理论上为了研究方便结合在一起考虑。

（二）避税

学术界对避税的定义存在不同观点。一种观点认为，避税是纳税人利用各国税法的差别，采取转移和改变纳税人身份、变更经营方式和地点等公开、合法手段以谋求最大限度地减轻纳税义务的行为。一种观点认为，避税是纳税人对税收管辖权对他的实施程度最低化的选择，其结果是使其税负最小化。一种观点认为，避税是指在税法规定的范围内存在多种选择时，纳税人以税收负担最低的方式来处理商业和财务事项。

以上观点从不同侧面介绍了避税，但都不全面。首先，从行为主体角度看，认为避税的主体是纳税人不够确切。避税与偷逃税不同，偷逃税的主体肯定是纳税人，因为只有按税法规定存在事实上的应纳税业务时，才存在偷逃税问题。而避税可以是一种实际的应纳税业务发生前的行为，例如，一个打算从事生产经营活动但尚未开展的人，可能出于避税目的，筹划用何种方式进行其生产经营活动，是采用公司形式还是采取合伙形式。此时，他还没有成为纳税人，却开始了避税活动。因此，避税主体的表述以企业、团体、个人这样笼统的概念更好一些。

其次，从行为过程特征看，所谓最低纳税地位的说法比较含糊。一方面，可以解释为办理纳税手续的便利程度，如日本的蓝色、红色申报卡制度，一贯遵纪守法的人可享受管理上的便捷优待，意味着纳税地位高；另一方面，也可以解释为税负程度的高低。此外税收管辖权也没有实施程度高低之说，要么管、要么不管，不存在“管”到“不管”之间的摆动。

因此，应该从质的规定性对避税进行考察。避税行为过程的特征是区别偷逃税而言的。总的说来，避税主体为减轻税收负担，如果采用法律禁止的途径和手段就是偷逃税，如果采用法律鼓励、许可以及没有明显禁止方式、途径、手段达到减轻甚至免除应税义务的就是避税，避税至少以不违法为特征。具体地说：

（1）一定条件下的避税过程是法律所鼓励的。税收不仅具有取得财政收入的功能，而且是调节社会经济的重要杠杆，国家往往通过差别税率、差别的税收政策，鼓励一些行业、营业活动的发展，而限制另一些行业、营业活动的发展。如果企业或个人避税主体根据政府的税收政策导向，通过经营结构和交易活动的安排，对纳税方案进行优化选择以减轻税收负担，取得正常的税收利益，这完全是受鼓励的。这种行为可称之为依法的税收筹划。

（2）在市场经济条件下，企业对产品和劳务的提供可以根据市场供求状况，自由自主地确定价格。从这个意义上讲，转让定价是企业的自主权，是法律所许可的；改变经营方式、地点，进行人的迁移，一般情况下也是个人或企业的自主权。从国际范围考察，各国税制极不相同，政策各异、税负高低不等，存在着税从高处往低处流的可能性。因而避税主体通过转让定价、人的迁移，将收入从高税地移至低税地或无税地，这个行为过程以法律许可为特征。

（3）经济活动繁忙复杂且不断发展变化，法律（包括税法在内）是反映客观经济关系的，法律往往落后于实际，再完善的税法总存在某些漏洞、不明确之处。避税主体钻空取巧，减轻税负，这个行为过程以不违法为行为特征。

综上所述，我们看到所谓避税就是企业、团体或个人等具有独立经济利益的实体，通过合理安排生产经营活动、转让定价、人（包括法人、自然人）的迁移、对税法规定中某些漏洞或某些明确规定的利用，达到减轻或免缴税收的行为。它与偷逃税的根本区别在于，避税是避税主体的不违法行为，而偷税在任何时候都是非法的，要给予处罚。既然避税是不违法的，因而对避税的处理方针完全不同于偷逃税。对依法的税收筹划要给予鼓励；对转让定价避税，既要承认转让定价是企业的自主权，也要承认政府有权对企业的转让定价进行调整，以维护本国经济利益，但不能加以处罚；对利用税法漏洞进行避税，要通过完善税法、堵塞漏洞加以解决，也不能给予处罚。

（三）偷逃税和避税对经济发展的影响

尽管从法律角度讲，偷逃税和避税是有区别的概念，但在现实的税收管理实践中其所造成的结果相似，加上各国对这些概念的规定不同，一个同样或相似的行为在一个国家可能被视为偷逃税，而在其他国家可能被认为是避税。因此以下在研究偷逃税和避税对经济发展的影响时，主要从其结果而言，对它们不加区分。

第一，偷逃税及避税对财政收入的影响。不论是偷逃税还是避税，其最终结果是一样的，即减轻了税负，它们首先会影响财政收入。国际税收领域的偷逃税及避税对财政收入的影响还不同于国内税收偷逃税及避税对财政收入的影响。国内税收因偷逃税及避税而减少，意味着在劳动成果或剩余产品价值的分配上，属于政府的这一部分减少，而属于个人或企业的这一部分增加了，国内的新增财富总量不变，国家（地域意义上的）利益没有损失。而国际税收领域的偷逃税及避税则会影响国家利益（地域意义上的），它一般没有藏富于企业，而是向国外转移，国内劳动者的剩余产品价值比法定数额更多地归属于外国投资者。因此，它不仅影响政府财政利益，而且影响了国家主权利益甚至民族利益。

第二，偷逃税和避税对公平税负进而对公平竞争的影响。税收制度设计的一项重要原则就是同样条件纳同样税、同量税，承受同等纳税义务。在某些特定的领域，国家为了实施其社会经济政策目标，往往也采用一些偏离这一基本原则的措施，也就是减免税优惠措施。优惠措施是基于更全面的公平考虑。一些企业与另一些企业取得同样收入，但取得的条件很不相同，前者比较艰难，后者比较容易，对前者给予税收优惠，其政策意图是为开展公平竞争创造条件。偷逃税往往使政府政策意图或制度设计意图落空。偷逃税使应承担的纳税义务不承担或减少承担，有偷逃税行为的企业或个人不需要花很大的力气就取得比较高的超额收益。而那些不进行偷逃税、诚实经营、遵纪守法的企业、个人，相对来讲所获利润就少，或者它们要想取得偷逃税者同样数量的收益，就要付出更大的劳动。这显然产生了竞争上的不公平。如果竞争企业中，一方是偷逃税企业，另一方是享有减免税优惠的企业，那么减免税的政策意图就会落空，就达不到利用税收杠杆对市场竞争环境或竞争条件进行调节的目标。

第三，偷逃税和避税对宏观经济运行过程的影响。经济运行过程包括多方面的内容，有总量上的总供给总需求平衡、经济结构的改善等。税收是实现总供给和总需求平衡的重要政策工具。假定税收政策的制定、税收政策杠杆的运用规划符合客观实际，是经过反复论证形成的，那么，若总供给大于总需求即出现总需求不足，一般通过减税的办法并配合其他政策杠杆刺激需求，求得总供给总需求的平衡。此时，如果出现偷逃避税，可能会出现对需求过度刺激的问题。如果总供给小于总需求即出现需求过旺，一般的方法是通过增税并配合其他经济杠杆压制总需求。此时，如果出现偷逃税和避税则会在一定程度上抵消宏观经济政策工具的作用效果，使宏观经济政策目标难以完全实现。在市场经济条件下，经济结构的改善主要靠市场调节引导，不过当所制定的税收政策符合实际，能反映客观经济规律的前提下，以经济结构优化为目标的税收政策是会起作用的。这种作用往往通过市场这个中介来达到。偷逃税行为肯定会打乱税收政策部署，某些受限制的行业、企业可能通过偷逃税超过经济杠杆设置的障碍而得到发展，某些受鼓励的行业可能因在竞争中处于不利地位而达不到既定的发展水平。在避税情况下则相对复杂一些。依法的税收筹划的避税正是对以经济结构优化为目标的税收政策的贯彻，是积极的。这种避税方式正是以税收政策为导向，生产经营税收政策鼓励的行业、企业及产品。转让定价、钻税法空子这两种避税方式对经济结构优化有什么样的影响，取决于它们所发生的行业或企业。如果是那些被鼓励发展的企业、行业，产生这两种形式的避税，假如其所生产的产品或提供的劳务在数量和质量上都符合实现需要，则对结构调整有正向效应。但这种情况很少发生，因为国家特别需要发展的行业、企业、产品一般是已经给予免税或减税优惠，避税没有实际的经济利益。反之，如果这些从事避税的企业生产的产品或提供的劳务已没有市场，供过于求，这两种避税方式对经济结构调整的作用是消极的。

第四，偷逃税及避税对一国吸引外资的影响。一个国家的涉外税收领域出现大量偷逃和避税，会使许多企业虚亏实盈，造成外商来该国投资无利可图的虚假现象，给海外投资者造成一种错觉，以为投资政策不优惠、投资环境不佳、企业经营困难、无利可图。为此望而却步，损害被投资国声誉。

总而言之，偷逃税及避税除了依法的税收筹划这一形式外，无论是对国家财政利益、对市场经济条件下的公平竞争，对总供给总需求平衡的实现以及经济结构优化、吸引外资的影响都是消极的。因而采取措施积极开展制止偷逃税、反避税活动对维护税法权威、维护国家主权、贯彻税收政策、实现税负公平具有重要意义。要采取适当的措施对付国际税收领域的偷逃税及避税，有必要了解国际偷逃税（以下有时称逃税）和避税的主要途径。

二、国际逃税和避税的主要途径

各国政府在其税收管辖范围内，依据征税对象数额的大小对跨国纳税人进行征税，不在管辖权范围内不征税。征税对象数额大的多征税，征税对象数额小的少征税，不发生征税对象的不征税。因此概括起来，跨国纳税人减轻或消除其税收负担的主要途径有三条：其一是逃避税收管辖权，使税收管辖权落空；其二是滥用国际税收协定；其三是转移或隐匿征税对象。以下分别阐述这三条逃税避税途径在国际税务实践中的具体体现。

（一）逃避税收管辖权

就自然人而言，税收管辖权的行使一般基于当事人是否在本国境内存在住所、居所或居住达一定天数的法律事实。因此自然人主要通过住所或居所的避免或住所的国际迁移达到逃避税收管辖权的目的。所谓住所或居所的避免，就是通过国际旅行、住在船上甚至游船上等方法，使当事人在任何国家都没有被当作居民看待的条件——住所和一定停留天数，从而逃避居住国行使居民税收管辖权，使其不负担任何税收。这类当事人往往被称为税收难民。所谓住所的国际迁移，指纳税人把在高税国的住所迁移到其他适当的低税国，改变其高税率的居民身份，逃避高税国行使居民税收管辖权，减轻甚至免除税负。

法人也可能通过选择或改变税收居所的方式逃避税收管辖权，达到避税目的。如在以登记注册地为法人居民身份判断标准的高税国中，法人只要事先选择在低税或免税的避税港注册登记，就能达到逃避高税国行使税收管辖权的目的；在以公司的实际管理和控制中心所在地为法人居民身份判断标准的国家，法人可通过变更董事会开会地点、转移重要决策人员居住地址或改变决策中心等办法，把主要管理机构所在地转移到低税国，从而逃避高税国的居民税收管辖权。

（二）滥用国际税收协定

当事人不仅可通过人的迁移逃避高税国的税收管辖权，达到减轻或不负担税收的目的，而且还可以通过相反的办法，即成为某一国居民达到同样的目的。当然当事人为避税逃税而成为某一国的居民不是任意的，而是有选择的。选择依据是利用国际税收协定。虽然国际双边税收协定签订的数量越来越多，但毕竟尚有不少国家，它们之间没有签订国际税收协定，即使有协定，协定缔约国之间的国内税收政策也会有差别。而协定又明确规定，协定的利益只有缔约国双方的居民才能享有。这样就出现了一种现象，即一些原非缔约国双方居民的人（包括个人、法人等）通过人为的安排成为缔约国一方的居民，使他们既得到国内税法某些税收优惠的好处，又可享受协定给予的减免税优惠待遇。此种仅仅为了享受协定待遇或缔约国一方的税收利益，而不是因为实际营业活动的需要，进行人的迁移特别是改变公司居民身份的现象，就称为“协定不适当使用（improper use of tax treaties）”或“滥用协定（abuse of tax treaties）”。也通俗地称之为“协定购物（treaty shopping）”，就是一个纳税人在存在有利可图的税收协定的国家设立公司以“购入”该协定的利益，纳税人原本并没有资格享受该协定的利益。[①] 英语中存在的这三个概念具有相同的意思，treaty shopping 成为更流行的用法[②]，但我们认为统一使用“滥用协定”或“滥用国际税收协定”更符合中文习惯。国际税务界将为达到此项避税目的而成立的公司或类似组织称为“导管公司”（conduit companies），导管公司又分为直接导管（direct conduit）、“踏石过河”（“stepping-stone”）式的导管。[③]

例如，A 国和 B 国缔结了双边税收协定，规定 A 国居民从 B 国获得的股息、利息和特许权使用费，B 国给予免征预提税的待遇，A 国对来源于境外的股息等投资所得免税。为了获得协定的待遇和 A 国税收优惠的利益，不能享受该协定待遇的第三国居民 Y 在 A 国设立了具有法人资格的公司，并且将产生股息、利息和特许权使用费的财产或权力转到该公司名下。这样 Y 从 B 国获得的各项投资所得也能享受 A、B 两国的税收协定待遇，不用缴纳 B 国的预提税，而且也不需要在 A 国纳税。第三国居民 Y 在 A 国建立的完全为了获得 A、B 两国税收协定利益的公司就属于直接导管公司。再例如，一个人原在缔约国一方居住，在那里存在永久性住所和经济利益中心，并拥有该国某公司一定比例的有表决权的股票，但为了逃避该国对出售股票所征收的资本利得税，而将永久住所迁移到对该项资本利得少税或无税的缔约国另一方。[④] 还有一个例子说明“踏石过河”式的导管公司。位于避税港的某公司，计划向高税国 A 企业提供贷款，但为了减轻税收负担，其先在与 A 国有双边税收协定的 B 国建立一家公司（以该公司作为走向 A 国的脚踏石），以 11.5%的利率向其提供贷款，然后再以 12%的利率实际贷给 A 国公司。按照 A、B 两国的双边税收协定，A 国对支付给 B 国的利息不征

① Helmut Becker and Felix J. Wurm. 1988. Treaty Shopping, An Emerging Tax Issue and Its Present Status in Various Counties. Deventer: Kluwer: 1.

② Stef van Weeghel. 1998. The Improper Use of Tax Treaties with Particular Reference to the Netherlands and the United States. London: Kluwer Law International: 95～97, 119.

③ OECD. 1997. Double Taxation Convention and the Use of Conduit Companies, in Model Tax Convention on Income and Capital. Volume Ⅱ.

④ 国家税务总局国际税务司译，《OECD 税收协定范本注释》，中国税务出版社，2000 年，第 12 页。

预提税，B国按其国内法也不征利息的预提税。这样通过“踏石过河”的策略，纳税人只需在B国就其净利息（即贷款额的0.5%）承担所得税。[①]“踏石过河”式导管公司的主要特点就是不仅获得收入，而且还有费用可以冲抵，这样就使转让定价方法得以应用，通过人为地对费用进行调节，最终达到税收负担最低的目的。因此“踏石过河”式的滥用协定避税方式，实际上是一种直接导管公司与转让定价、避税港相结合的避税手段，属于一种高级避税方式。其结果是当事人不仅获得了本来没有资格享有的税收协定待遇，而且还可能获得缔约国国内的税收优惠。

（三）转移和隐匿征税对象

转移征税对象主要通过转让定价和人为地分配成本费用来进行，此外通过资本弱化（thin capital）也带有一定普遍性。

国际转让定价和成本费用的人为分配主要发生在跨国关联企业之间。所谓跨国关联企业又称国际联属企业，指分散在不同国家的公司之间或多或少存在互相控制关系的公司群。按照《联合国范本》的解释，跨国联属企业分为两种情形：①缔约国一方的企业直接或间接参与缔约国另一方企业的管理、控制或资本；②相同的人直接或间接同时参与缔约国另一方企业的管理、控制或资本。[②]

利用转让定价转移征税对象以避税，主要发生在股权控制达到一定程度的母子公司之间，或同一公司控制下的两个子公司之间。这些跨国关联企业都是独立的法人，由于存在共同、一致的利益关系，它们之间发生的商品或劳务交易、信贷、特许权转让、财产租赁等经济往来可能有悖市场竞争的原则，不按公平价格进行，而通过人为地提高或压低交易价格把利润从一个国家转移到另一个国家。这种不是按照正常公平的竞争原则，而是基于经营战略需要或逃避税收目的人为确定的价格，就是所谓的转让定价。例如子公司所在国所得税税率高于母公司所在国时，子公司往往通过人为调低子公司提供给母公司的货物、劳务价格或特许权使用费，减少子公司盈利甚至使之出现亏损，将利润转移到母公司账上，以减轻税负。相反，也可以通过人为地提高母公司提供给子公司的货物、劳务的价格或特许权使用费，达到同样的避税逃税效果。在国际税务实践中，往往通过在避税港设立关联企业，达到转让定价的避税目的。

通过成本费用人为分配的办法进行避税、逃税，主要发生在跨国企业的总机构与其国外分支机构之间。由于这种人为分配成本费用实际上没有按照正常的市场交易原则和独立企业原则来进行成本费用的分配，所以广义地讲也可将其归入转让定价范畴。法人对外投资，其组织形式既可选择子公司也可选择常设机构。通常总机构与常设机构之间人为地分配某些项目的成本费用，同样可以实现征税对象即利润的国际转移。如在常设机构所在国所得税税率较高情况下，可以把那些正常条件下不应由常设机构负担的管理费用分摊给常设机构，以加大其营业成本，减少其应税利润，甚至使其出

① OECD. 1997. Double Taxation Convention and the Use of Conduit Companies, in Model Tax Convention on Income and Capital. Volume Ⅱ.

② 《联合国范本》、《OECD范本》第9条。

现亏损。从法人整体看，这样做可以减轻税收负担；在常设机构所在国税率较低、总机构所在国税率较高情况下，可通过相反办法达到逃税和避税的目的。

资本弱化目前也成为跨国投资者转移征税对象的流行方式。资本弱化是指企业投资者（即股东）在投资于企业的资本中，降低股本的比重，提高贷款比重。企业向银行等第三方独立企业借入的贷款的增加，不属于资本弱化的范畴。资本弱化是公司与其股东之间的融资关系。从税收方面讲，其结果一方面使企业通过更大比重的贷款融资而获得更多的利息扣除，从而减少应税所得，达到减轻税收负担的目的；另一方面通过隐藏股本，也可减少对分配股息征收的税收。当然投资者采取资本弱化的措施，除了税收目的以外还有其他考虑，如贷款比股本出资更简单灵活；不会改变原定的股份比例从而不会产生表决权、控股权的变化以及由此产生的复杂事情（如人事变动等）；与其他贷款者处于同样风险；通过利息可获得较为固定的回报；此外也无汇率风险。[①]

三、避税港及其离岸经济活动

上述国际逃税与避税的三条途径在很多情况下都与避税港有关。而经济实体要实现避税目的往往通过在避税港建立各种基地公司，从事离岸经济活动。

（一）避税港的主要类型及其特征

所谓避税港，也称避税地、财政天堂或税收绿洲。[②] OECD 于 1998 年发表了题为《恶性税收竞争：一个正在出现的全球性问题》的报告，将过去关于通过避税港进行避税问题提高到经济竞争高度来认识，指出有三大类的国家或地区会引起恶性税收竞争。第一类是避税港，第二类是存在减免税税收优惠的国家和地区，第三类是相对他国税率较低的国家和地区。[③] 显然第三类国家和地区几乎涉及世界上所有的国家和地区，将其列为研究对象并没有多大意义。引起税收竞争的主要是前两类国家或地区，即避税港和实行对国际经济平等竞争有害的税收优惠政策的国家或地区。

OECD 报告实际上将避税港分为狭义的避税港和广义的避税港。第一类的国家和地区属于狭义的避税港，是没有所得税或所得税有名无实，而且因为没有所得税实际上向非居民提供了一个场所以逃避其居住国税收的国家和地区。其主要特征是没有所得税或所得税有名无实，这是狭义避税港的最基本的特征。此外避税港还有这样一些特征：有严格的商业和金融的保密规定，从而使税务当局难以获得进行稽查的有效信息；法律或管理规章的运行不透明；为避税目的开展没有实质性内容的经济活动。[④] 第二类国家和地区虽然征收所得税，但实际税率是零或比较低，或者对某些经济活动领

① International Fiscal Association. 1996. Cahiers De Droit Fiscal International. Vol. 81b. Deventer：Kluwer Law International：92.

② 朱青编著，《国际税收》，中国人民大学出版社 2001 年版，第 86～87 页。

③ OECD. 1998. Harmful Tax Competition：An Emerging Global Issue：19～20.

④ OECD. 1998. Harmful Tax Competition：An Emerging Global Issue：20～23.

域特别是对离岸经济活动给予减免税优惠，从而造成与上述狭义的避税港同样的结果，这是广义的避税港。这类国家在税收制度上的主要特征是税收制度实行双元模式，对离岸经济和国内经济区别对待，像环状篱笆（ring fencing）将离岸经济和国内经济分割开来，国内经济要按正常税法纳税，离岸经济可获得减免税收优惠，或者说要获得减免税优惠就不得从事国内业务。这些国家和地区还有其他方面的特征，如法律透明度不高。所谓透明度不高是指规定不够具体、实行有较大的灵活性，从而可能存在税法在执行过程中必须与税务当局协商的情况，这会产生腐败现象，使得同样条件的纳税人不一定能够获得同样的待遇；通过银行账户保密规定限制对纳税人情况的了解，这样实行有效税收管理的信息基础就不具备。①

尽管各国或学术界对避税港范围的界定存在不同看法，但OECD在总结学术界研究结果的基础上对实际情况所做的上述阐述具有合理性。以下所说的避税港指的就是完全或实际上不征收所得税和虽然征收所得税但税率很低或对离岸业务和境外收入给予减免税优惠，从而纳税人可通过其避免或减轻居住国所得税的国家和地区。尽管有上述避税港的定义，但哪些国家和地区属于避税港，仍然有不同的说法。按OECD的标准，大约有41个国家和地区。② http：//www.lowtax.com网站列举了33个国家和地区。③ 这些国家和地区除了具有税收上的无所得税或所得税税率低或存在特别的税收优惠规定等基本特点外，一般还具有政局稳定、交通便利、经济自由、具有保护银行和商业秘密的法律制度、靠近经济发达国家（不仅地理上靠近而且在法律渊源、文化和语言等方面也靠近，它们几乎全部为发达国家的领地或前殖民地）等特点。

（二）利用避税港进行避税活动的主要形式

跨国纳税人利用避税港进行逃税避税的主要形式是在避税港建立“基地公司”。

基地公司指在避税港设立而实际受外国股东控制的公司。这些公司的全部或主要营业活动在避税港境外进行。基地公司的建立并不是唯一地出于逃税避税的目的。有的是为了获取廉价劳动力，有的为躲避国有化、战争、政局不稳的风险，有的为逃避本国某些法律的制约。用于避税目的的基地公司有如下一些基本类型：国际商务公司、

---

① OECD. 1998. Harmful Tax Competition：An Emerging Global Issue：26～35.

② OECD于2000年6月发布题为《认定和消除有害税收行为的进程》的报告，公布了还没有采取措施消除有害税收竞争的35个国家和地区，要求在一年内采取积极的措施消除有害税收竞争行为。这些国家或地区是安道尔、安圭拉岛、安提瓜和巴布达、阿鲁巴、巴哈马、巴林、巴巴多斯、伯利兹、英属维尔京群岛、库克群岛、多米尼加、直布罗陀、格林纳达、根西岛、萨克岛、可尔德尼岛、曼岛、泽西岛、利比里亚、列支敦士登、马尔代夫、马绍尔群岛、摩纳哥、蒙特塞拉特岛、瑙鲁、荷属安第列斯群岛、巴拿马、萨摩亚群岛、塞舌尔、圣卢西亚、圣克里斯托夫和尼维斯、圣文森特和格林纳丁斯、汤加、特克斯和凯科斯群岛、美属维尔京群岛、瓦努阿图。此外百慕大、开曼群岛、马耳他、塞浦路斯、毛里求斯、圣马力诺等国家和地区虽然也属于OECD确定的避税港行列，由于此前同意响应OECD的要求采取措施来消除有害的税收竞争，所以没有被列入OECD的黑名单中。

③ 它们是安道尔、安圭拉岛、阿鲁巴、巴哈马、巴巴多斯、伯利兹、百慕大、英属维尔京群岛、开曼群岛、库克群岛、哥斯达黎加、塞浦路斯、迪拜、直布罗陀、格林纳达、格恩西岛、香港、爱尔兰、曼岛、泽西岛、纳闽岛、列支敦士登、卢森堡、马德拉、马耳他、毛里求斯、摩纳哥、荷属安第列斯群岛、巴拿马、塞舌尔、瑞士、特克斯和凯科斯群岛、瓦努阿图。

离岸金融公司、持股公司（持权公司）、信托、自保险公司等。基地公司通过离岸经济活动，将避税港境外的财产和所得汇集在本公司账下，从而减轻或逃避财产或所得真实所有人居住国的所得税或财产税。以下分别阐述各种类型基地公司的特点及运作机制。

1. 国际商务公司

在避税港设立的国际商务公司，也叫中介贸易公司，其主要特点是没有与避税港居民进行交易的商务活动，就是说所有的贸易活动实际上都在避税港以外进行；在避税港除了拥有办公场所外，不得有其他不动产所有权方面的利益。在避税港国家或地区设立国际商务公司，主要形式是股份有限公司（子公司），但法律上的成立条件相当宽松，没有股东人数、最低资本额的要求，股东或董事或公司官员不受居民或公民身份的限制，股份可用外币发行，可记名也可不记名，没有账户要求，公司成立契约和公司章程是唯一需要保持的文件。国际商务公司主要通过虚构中转销售，采用转让定价的办法来实现避税目的。例如居住在甲国的公司A向在乙国的销售子公司B分发商品，如果甲、乙两国的税率都很高，那么A公司往往就会选择在避税港设立受其控制的国际商务公司，不进行A公司对B公司的直接交易，而是首先压低价格将商品由A公司销售给避税港的国际商务公司（这个过程往往是虚构的，实际上商品仍然是直接由甲国运往乙国），然后再由该国际商务公司抬高价格将货物销售给B公司，B公司再按照市场价格销售给客户。这样A和B账面上只是微利或没有利润，甚至出现亏损，而将利润转移到基地公司账下，只要不把利润分配并汇回母公司所在国，就不需要负担较高的所得税。

2. 离岸金融公司

离岸金融公司就是从事单纯境外金融业务、不进行本地金融业务的一类金融组织，也包括既从事本地业务也从事离岸业务且二者能分清界限、分别核算的金融机构。离岸金融业务一般不受本国法律管辖。因为避税港不征所得税，即使征收所得税也一般对离岸金融业务所得给予减免税优惠，所以用于避税目的的离岸金融公司往往要在避税港设立。它们起到一种中介存贷款的作用，母公司提供的存贷款金融业务不是直接地面对实际的服务对象，而是首先做成向避税港的基地公司进行的业务，然后再由基地公司完成对实际服务对象的业务，从而通过转让定价将利息所得转移到避税港，求得最少的所得税负担。为达到避税目的还往往要与滥用协定的逃避税方法相结合。

例如，甲国A公司向乙国B公司提供贷款，假定甲乙两国的税率都很高，且对汇出的利息均征收预提税（尽管两国签有税收协定对利息按较低的税率如10%征收），如何通过一定的途径减轻甚至免除有关国家对利息征收的所得税和预提税？首先为了减轻或消除对利息征收的所得税，提供贷款的甲国A公司，在避税港设立一家从事离岸业务的银行或金融公司，先将款项以较低的利息率贷给避税港的基地金融公司，该金融公司再将款项以正常市场利息率贷给乙国B公司，这样就减轻甚至消除了甲国A公司的所得税负担。但在乙国征收利息预提税且与避税地没有税收协定的情况下，那么利息付出公司乙国B公司要缴纳较高的预提税，从而使该项金融交易的税后效益降低。

如何既减轻对利息征收的所得税又避免预提税，就需要与滥用税收协定的办法相结合。就是在与许多国家签订税收协定且免征预提税的丙国建立中介性金融公司即“导管公司”。建立了这样的公司以后，其业务运行路线就转变为：甲国A公司按较低利率贷款给避税港基地金融公司，避税港金融公司再以较高的内部利率贷款给丙国中介金融公司，最后才由丙国中介金融公司按市场利率贷款给实际的服务对象即乙国B公司。由于丙国对利息不征预提税，且与他国签订的双边税收协定也规定免征预提税，避税港一般也不征利息预提税。再通过利息率的内部安排，使丙国中介金融公司账面利润降到最低水平甚至出现亏损，从而减少或逃避丙国的公司所得税，那么整个交易过程不仅减轻甚至消除了对利息征收的公司所得税，而且也逃避了预提税。由于荷兰对金融机构支付给非居民的利息不征预提税，且与许多国家签订的双边税收协定也规定双方不征利息预提税，所以荷兰成为建立中介金融公司的首选地。[①]

3. 持股公司（持权公司）

在避税港设立的持股公司（holding company），亦称控股公司，是以购买股票控制其他企业事业活动权为目的的公司，这样的公司不直接进行生产经营和投资活动。持股公司是高税国的纳税人在避税港设立的一种基地公司类型，运作的目标是将纳税人在世界各地的股份转变为由避税港基地公司持有，将其在各地的子公司的利润以股息形式汇到基地持股公司账下，以逃避母公司所在国对股息的征税。

持权公司在英语中与持股公司的名称相同，都是holding company，是纳税人在避税港设立的专门持有无形资产所有权的公司，这样的公司并不进行无形资产或其权利的实际使用或转让，而是将世界各地的各种无形资产（特别是发明专利、专有技术、版权等）的所有权转变为由基地公司所有，从而将其在各地的有关无形资产所有权使用的收益汇集到基地公司账下，以逃避所在国对特许权使用费课征的所得税。

但是如果没有国际税收协定的安排，付出股息、特许权使用费时可能要缴纳较高预提税（这取决于所在国家的国内税法规定）。为了既逃避所得税也逃避预提税，往往采用离岸金融公司所采用的相同办法，即在付给非居民的特许权使用费不征预提税、且与许多国家签订了国际税收协定规定缔约国双方均不征预提税的第三国建立中介持股公司。

4. 信托

信托是财产法定权利的所有者（信托人）基于信任，将财产所有权转移给受托人，由受托人以自己的名义为受益人的利益进行管理或者处分的行为。信托起源于罗马，而发达于英国和美国。[②] 信托的主要特点首先表现为受托者取得信托财产的所有权，这区别于代理；其次表现为受人之托、又为人谋利益，信托机构虽然在法律上拥有信托财产的所有权，但不能将信托财产作为自有资本，信托财产和自有资本不得相混，受托人要依照委托人的意愿为受益人利益运用或经营信托财产，不能为

① 侯梦蟾、何乘材，《避税与反避税》，现代出版社，1994年，第351页。

② 朱斯煌，《信托总论》，中华书局，1941年，第58页。

自己的利益运用或经营信托财产，既不享受信托财产的利益，也不承担风险，仅收取手续费作为报酬，这一特点区别于投资银行或证券公司、房地产公司、公司型投资基金（共同基金）等财产经营行业。第三受益人按照实绩主义原则获得收益，即受托人运用或经营信托财产所得到的收益都要归于受益人，信托财产经营的效益好，给受益人分红的数量就多，否则就少，如果出现亏损就得不到利益，这个特点区别于商业银行。[①] 信托的主要业务内容包括：金钱信托[②]、金钱债权信托[③]、动产信托、不动产信托和知识产权信托[④]。

信托制度在英美法系国家比较流行，而在大陆法系国家不流行，在大陆法系国家甚至没有系统完整的信托法律。[⑤] 1987 年起实施的《关于信托适用法律的海牙信托公约》（简称《海牙信托公约》）建立了国际法律规范，要求加入该公约的国家承认信托的合法性。目前加入该公约的大陆法系国家有法国、荷兰、意大利等。对没有加入该公约的大陆法系国家，信托仍然不被承认。[⑥] 因此利用信托进行国际避税活动一般发生在普通法系国家或地区。在避税港设立信托公司用途在于将避税港外的财产虚构为基地公司的信托财产，纳税人就可以把实际经营这些信托财产的所得挂在基地公司名下，并逐步转移到避税港，从而减轻甚至免除税收负担。

5. 自保险公司

自保险公司（captive insurance company），是一个由工业、商业和金融集团成立的，用于规避该集团成员企业风险的保险企业，也称内部保险公司。虽然这样的自保险公司也会经营第三者业务，但不多见。因为经营第三者业务需要有更深的专门技术，自保险公司往往竞争不过专门的保险公司。[⑦] 因此可将这样的保险公司归类到受控外国公司的行列，这类公司一般在避税港设立，业务活动在境外进行，主要营业活动是向其关联企业提供保险。[⑧] 在避税港建立自保险公司，一方面可以节约保险费，使保险费不至落入别人口袋；另一方面，由于企业付给自保险公司的保险费与付给无关联的第三方保险企业的保险费一样可作为费用扣除，这样可通过转让定价的办法，人为地提高保险费，使被保险的关联企业的利润转移到避税港基地公司。

---

① 周树立，《中国信托业的选择》，中国金融出版社，1999 年，第 21～22 页。

② 金钱信托（money trust）是指以金钱为信托财产的信托，包括贷款信托、投资信托、养老金信托等。信托人将一定数量的金钱交付给受托人，受托人须将该项资金用于能产生收益的事业或进行能产生事业的经济活动（如贷款、买卖证券等），对由此产生的收益（利息、股息、红利等）要按期交付给受益人。

③ 金钱债权信托（debt of money claim trust）是将以给付金钱为内容的债权为信托财产的信托，信托财产包括一般金钱债权（就是承诺到期即付的债权）和有价证券、存款证明书、人寿保险单等。在这种信托类别里，信托人将有关债权交给受托人，受托人保全并行使债权，并且将因此而取得的金钱交付给受益人。

④ 动产信托（chattel trust）、不动产信托（real estate trust）、知识产权信托（intellectual property trust）分别指以动产、不动产和知识产权为信托财产的信托。

⑤ 张淳，《信托法原论》，南京大学出版社，1994 年，第 24 页。

⑥ （英）利奥·高夫著，焦津强译，《离岸金融业务指南》，经济科学出版社，2000 年，121～122 页。

⑦ Adrian Ogley. 1995. The Principles of International Tax. London：Interfisc Publishing：117.

⑧ Roger L Hamilton，Robert L Deutsch and John C Raneri. 1998. Guidebook to Australian International Taxation，Prospect，5～16.

避税港通常对专门从事离岸业务的保险公司给予特别的税收优惠。因此，通过在避税港建立自保险公司，并且在转让定价方法的配合下，就能减轻甚至消除企业所有者实际居住国的税收负担。

对保险企业而言，可在避税港设立专门从事离岸再保险业务的自保险公司，通过再保险①，将保险公司在高税国经营的保险业务所得转移到避税港。正常情况下，保险公司一般将超过自身承保能力的业务、营业业绩较差的业务、风险较大的业务进行再保险。② 但如果保险公司在避税港建立了自保险公司或关联保险企业，那么保险公司就可能违背了营业常规，将一般业务甚至有意选择经营效益好的业务通过设在避税港的基地保险公司进行再保险。如果再通过转让定价，以高于市场正常交易的标准向基地保险公司支付保险费，增加该保险公司账上的费用，将利润转移到避税港，减少甚至免除保险公司居住国的税收，而基地公司账上的利润在避税港通常可获得免税或减税，这样可获得双重税收利益。

以上所讨论的避税途径都是国际上一般的和常见的方法。跨国经济利益实体还往往根据不同国家的税收制度和政策实际规定中的某些漏洞，进行避税活动。国际逃税和避税使遵纪守法和诚实守信的纳税人处于不利地位，破坏了公平竞争的秩序，违反了税制公平原则。国际逃税和避税还会引起国际资本的不正常转移，导致国际经济秩序的紊乱。因此对国际逃税和避税进行有效地防止十分必要。

四、防止逃避税收管辖权和滥用国际税收协定的措施

（一）防止逃避税收管辖权的措施

防止通过放弃住所或居所和国际迁移逃避税收管辖权的措施比较简单，就是对本国居民放弃本国住所或居所的自由作出限制性规定。例如英国税法曾经规定，英国居民公司迁往国外变为非居民公司，或者将企业的全部或一部分转让给非居民，必须经财政部同意，否则视为非法，将受到处罚。③ 英国国会感到此项规定导致财政部的权力过大，也违反欧盟条约关于企业可在成员国之间自由迁移的规定④，因此在 1988 年的财政法案中决定从 1988 年 3 月 15 日起此项规定停止执行。⑤ 但 1988 财政法案并没有放弃对公司或企业迁移的限制，而是用税收办法代替行政办法，规定对准备转变为非居民公司的英国居民公司征收未实现资本利得税以示限制。⑥

---

① 再保险又称“分保”，是保险人通过订立合同的形式将自己所承保的风险责任，全部或部分地向另外一个或多个保险人再一次进行保险，即保险人的保险。见王益、白钦先主编《当代金融词典》，中国经济出版社，2000 年，第 317 页。

② 王和，《利用再保险进行避税的成因和认定》，《福建税务》，1998 年第 4 期。

③ Income and Corporation Taxes Act 1988，section 765（1）（a）and（b）.

④ Butterworth's UK Tax Guide 1988～1989. 1988. London：Butter worth：918～919.

⑤ Finance Act 1988，section 105（6）.

⑥ Finance Act 1988，section 106 and 107. 这一规定也违反欧盟的条约，英国遂于 1992 年又删除了这一规定。见 Taxation of Chargeable Gains Act 1992，section 290（3）and Schedule 12.

德国对移居无税或低税国家或地区的居民也作了限制性规定，凡移居到无税或低税国家或地区的德国公民，如果移居前的10年里有5年是德国税法意义上的居民，只要符合下列条件之一的，仍然视其为德国税收居民，要求其承担无限纳税义务。这些条件有：①迁入的国家或地区没有所得税，或虽然开征所得税，但其所缴纳的所得税不超过按德国税率计算的应纳税额的三分之二[①]；②在德国仍然保持实质性的经济利益关系，表现为拥有一家德国居民公司或合伙企业的股份达到25%以上；③移居以后从德国取得的所得占全世界范围内的全部所得的30%以上，或在某一纳税年度从德国获得的所得达到12万德国马克。[②]

美国实行公民和居民税收管辖权。在1986年税制改革前，美国公民要缴纳最高边际税率达到70%（有一段时间达到90%）的所得税，而非居民外国人（nonresident alien）来源于美国的投资所得只要缴纳30%的比例税[③]（如果居住国与美国订有国际税收协定则税率更低）。这种税收待遇的差距促使不少美国公民通过放弃美国国籍成为非居民外国人进行避税。为了对付此种避税行为，美国国会于1966年通过了一项专门法案（目前被编为《国内收入法典》第877节）。[④] 其基本内容是：因避税目的而放弃美国国籍者，从其放弃美国国籍起的十年内，在税收问题上美国政府依然将其视为美国公民，对其来源于美国的所得按对美国公民的征税规则征税，而不是按对非居民外国人的规则征税。[⑤]

（二）防止滥用国际税收协定避税的措施

防止滥用国际税收协定避税的主要方向是使实际为缔约国双方居民享受协定的减免税待遇，而排除实际为非缔约国居民的人获得协定的利益。由于自然人居民身份比较明确，一般不存在"名义"或虚假自然人问题，所以防止滥用国际税收协定避税的重点是解决"导管"公司问题。解决问题的原则是实质重于形式，按照这一原则，可具体采用下列办法。

1. 透视法（the looking through approach）

就是要透过接受股息、利息、特许权使用费等投资所得的缔约国一方居民公司，看到这些投资所得的实际受益所有人是否也是缔约国一方的居民。如果是，则可享有协定待遇；如果不是，则不能享有协定的优惠待遇。这实际上就是对协定适用范围（一般规定是缔约国双方居民）作了限定，不是所有的缔约国双方居民都能获得协定利益。那些原不是缔约国双方居民，为了获得协定利益（treaty shopping）而在缔约国设立导管公司的人不能享有协定的优惠待遇。为此1977年《OECD范本》引入了"受益所有人"（beneficial owner）概念，应用于有关投资所得的各个条款（第十、十一、十

---

① 聂鸿杰，《国外对自然人国际避税的制约措施》，《涉外税务》，1997年第10期。

② 侯梦蟾、何乘材主编，《避税与反避税》，现代出版社，1994年，第453～454页。

③ I. R. C. §871.

④ Joseph Isenbergh. 1990. International Taxation. Boston：Little，Brown and Company：32～36.

⑤ I. R. C. §877（a）.

二条）以及第十七条有关艺术公司的规定。以受益所有人作为协定待遇的享受主体比居民概念更明确具体。在受益所有人概念的基础上，采用透视法的结果就是在税收协定中明确规定协定的利益（特别是对各项投资所得的优惠）只能给予缔约国双方居民的最终的或真正的受益所有人。如规定：如果缔约国一方居民公司为非该缔约国居民直接拥有或控制，或者透过一个或多个公司（不管为何国居民）间接地为非该缔约国居民拥有或控制，则该缔约国一方居民的所得、受益或利润不应享受本协定给予的税收优惠待遇。①

这一方法是反对滥用税收协定最直接的手段之一，但实行起来存在较大难度。首先，这个方法与公司作为法人实体的法律体系存在不协调之处。公司法承认法人也是独立的、与自然人一样的实体，而在反避税问题上却又采取撇开法人形式而要“透视”到实际的所有者的做法，这实际上就是不承认法人是单独的经济实体。其次，国际经济关系十分复杂，相互控股、提供资金和给予特许权，形成关联企业群体，这绝大多数是基于开展正常的营业活动，并非必然存在滥用协定的安排。如果不分青红皂白，普遍推行透视法，显然会因为少数而打击大多数，导致反滥用制裁的过度滥用②，影响国际经济活动的正常开展。此外，这个方法无法应用于股东分散持有公司股本的公司。再次，在实际操作中，还要涉及判别由非居民拥有或控制公司的标准，即如何界定直接、间接的拥有和控制关系，多大比例的股权才构成这样的关系，操作起来十分不易。因此这一方法更适用于与无税或低税以及实质性营业活动很少的国家签订的协定。③

2. 排除法（the exclusion approach）

有些国家透过专门的法律给予特定类型的公司以免税或几乎免税的待遇，为了防止利用这样的法律条款设立导管公司避税，在国际税收协定文本中明确规定此类公司不享有协定中有关减税免税的待遇，这就是排除法。例如C国规定对本国金融企业从事离岸业务获得的所得免于征税，C国与A国、B国均订有税收协定，且给予免征利息预提税的待遇。A国甲公司当年向B国乙公司提供贷款，但A、B两国没有税收协定，因此在没有避税措施的情况下，乙公司支付给甲公司的利息，要在B国按正常税率缴纳预提税。为了逃避预提税，甲公司就选择在C国建立从事离岸金融业务的金融公司丙作为导管公司，旨在获得A、C两国的协定中关于免征利息预提税的待遇。A国甲公司首先将款项贷给C国丙公司，然后再由丙公司贷给乙公司，这样丙公司向甲公司支付的利息不需要缴纳预提税，而且可作为费用扣除，而再贷给乙公司所获得的利息收入因作为离岸业务所得可免税。乙公司在向丙公司支付利息时，按B、C的协定也不需要缴纳预提税。这样透过导管公司就免除了所有的所得税。为了阻止该情况的发生，在A与C、B与C的协定中明确规定关于对利息的免税待遇不能给予有免税特

① 国家税务总局国际税务司译，《OECD税收协定范本注释》，中国税务出版社，2000年，第13页。

② 廖益新，《国际税法学》，北京大学出版社，2001年，第369页。

③ OECD. 1997. Double Taxation Convention and the Use of Conduit Companies, paragraph 25, in Model Tax Convention on Income and Capital. Volume Ⅱ.

权的离岸金融公司。

排除法简单明了，适用于国内法有许多税收优惠规定的国家。不过这一方法适用范围有限，只能是一种特殊的办法。[①]

3. 征税法（the subject-to-tax approach）

就是在双边国际税收协定中规定，仅当所得在居住国征税时，来源国才给予协定优惠。协定为达到此项目可作如下规定：

"当发生于缔约国一方的所得由缔约国另一方居民公司取得，并且由不在该缔约国另一方居住的一个或多个人：①直接或间接或通过一个或多个公司，不论其为何国居民，以参股或其他形式拥有该公司的实质性利益[②]；②直接或间接，单独或共同参与该公司的管理或控制。

本协定给予的免税或减税规定应仅适用于按照最后提及的国家税法一般性的规定负有纳税义务的所得。"[③]

例如A国甲公司从B国乙公司获得股息，但甲公司属于导管公司，由不在A国居住的人控制。如果甲公司从B国获得的股息要在A国缴纳所得税，那么B国乙公司在支付股息时可以按A、B两国签订的国际税收协定的优惠税率缴纳预提税，此项预提税可在甲公司向A国承担的所得税中得到抵免。

这一方法适用于经济结构和税收法律比较复杂的国家。但要认真区分实际的正常营业活动和通过导管公司的避税活动，防止处罚措施被滥用而影响正常的国际经济活动。此外这一方法也无法防范"踏石过河"等较复杂的避税手法。[④]

4. 途径（渠道）法（the channel approach）

就是在协定中设置专门针对导管公司特别是"踏石过河"式导管公司的条款，这一条款主要是对导管公司获得的收入的使用途径及比例作出限定，使用途径及比例符合规定的可享受协定优惠待遇，否则不得享受协定优惠待遇。条款的具体内容表述如下：

"当发生于缔约国一方的所得由缔约国另一方居民公司取得，并且由不在该缔约国另一方居住的一个或多个人：①直接或间接或通过一个或多个公司，不论其为何国居民，以参股或其他形式拥有该公司的实质性利益；②直接或间接，单独或共同参与该公司的管理或控制。

如果该项所得的50%以上用于满足该人（或多个人）的债权主张（包括利息，特许权使用费，开发、广告、开办及差旅费，含无形财产、工艺等在内的任何形式经营

---

① OECD. 1997. Double Taxation Convention and the Use of Conduit Companies, paragraph 27～28, in Model Tax Convention on Income and Capital. Volume Ⅱ.

② "实质性利益"表现为第三国居民拥有该公司一定比例的有表决权股票，下同。

③ 国家税务总局国际税务司译，《OECD税收协定范本注释》，中国税务出版社，2000年，第14页。

④ OECD. 1997. Double Taxation Convention and the Use of Conduit Companies, paragraph 36, in Model Tax Convention on Income and Capital. Volume Ⅱ.

财产的折旧)，本协定涉及的免税或减税条款不适用。”①

具有典范意义的德国与瑞士协定第23款，除了上述内容外，还规定此类公司要获得协定的减税免税待遇必须满足下列条件：①公司对其所在国非居民的计息债务不得超过其股本和留存收益的6倍；②支付给非居民贷款者的利息率不得超过正常利息率；③从缔约国一方获得的所得的相关费用只能在此项所得中扣除；④从缔约国一方获得的所得用于分配的部分至少占25%。②

途径法（或称渠道法）是“踏石过河”式滥用税收协定进行避税的唯一有效的方法。但是这个方法以及上述其他方法都可能影响正常的营业活动。为了防止此类方法被滥用以致干扰正常的国际经济活动，有必要在协定中明确：对非缔约国居民在缔约国设立的公司，如果该公司不属于以避税为目的的导管公司，而是从事正常的营业活动，协定的优惠条款应适用于该公司。为了达到此项目的，通常要在协定中作出排除性的规定，明确在什么情况下反滥用税收协定的条款应不适用。根据所采取的反滥用税收协定的方法，可选择采用如下五个方面规定的部分或全部。

（1）常规真实条款（general bona fide provision）

如果公司证实其主要目的、经营行为、取得所得的股权或其他财产的购置或持有是以合理经营为目的，且不以获得本协定优惠为主要目的时，上述规定应不适用。

（2）营业活动条款（activity provision）

当公司在其为居民的缔约国从事实质性营业活动，且在缔约国另一方要求享受减免税待遇的所得与该项营业活动有关时，上述规定应不适用。

（3）税额条款（amount of tax provision）

当要求减税的数额不高于公司为其居民的缔约国一方实际征收的税额时，上述规定应不适用。

（4）股票交易条款（stock exchange provision）

上述规定不适用于缔约国一方的居民公司，如果其主要种类的股票在缔约国一方经批准的交易所注册，或者如果该公司全部由首先提及的国家的居民公司直接或同一个国家的一家或多家居民公司拥有，且该控股公司的股票在缔约国一方经批准的交易所注册。

（5）选择性优惠条款（alternative relief provision）

当反滥用协定条款涉及缔约国以外的居民时，可进行这样的表述：“应不视为包括与被要求税收减免的缔约国一方签订已生效的税收协定，且该协定所提供的税收减免不低于本协定的第三国居民。”③

---

① OECD. 1997. Double Taxation Convention and the Use of Conduit Companies, paragraph 37, in Model Tax Convention on Income and Capital. Volume Ⅱ.

② OECD. 1997. Double Taxation Convention and the Use of Conduit Companies, Annex Ⅱ, in Model Tax Convention on Income and Capital. Volume Ⅱ.

③ OECD. 1997. Double Taxation Convention and the Use of Conduit Companies, paragraph 42, in Model Tax Convention on Income and Capital. Volume Ⅱ.

五、调整转让定价

（一）正常交易原则

转让定价和成本费用人为分配是跨国纳税人最常见的逃税避税的手段，为了对抗这一途径的逃税和避税，多数国家在税法上赋予税务机关根据“正常交易原则”（the arm’s length principle）对转让定价和成本费用人为分配进行重新调整的权力，使跨国关联企业在各国经济实体上的账面利润尽可能符合各自的实际经营情况，使各国都能征到理应征到的一份税额，从而也排除跨国企业通过转让定价和成本费用的人为分配减轻总税负的可能性。

所谓正常交易原则指将跨国关联企业之间、总机构和常设机构以及常设机构之间的交易，当作互相独立的按照市场标准进行竞争的企业之间的交易，它们之间的营业往来、成本费用分配按市场公开公平交易价格计算，如有人为提高、调低或分配现象的发生，有关国家的税务机关有权依照在同样条件下从事相同或类似交易、彼此没有关联的独立企业在公开公平市场上按照达成的价格标准进行调整或重新分配。由于很少能够找到与关联企业间所进行的交易完全相同的非受控交易，要判断关联企业间的交易是否符合正常交易原则，要着眼于找出具有可比性的非关联交易作为参照。寻找具有可比性的非受控交易的价格（包括利息率、成本利润率等）或利润数据，是进行转让定价调整的首要步骤。可比性分析是所有转让定价调整方法的前提和基础。采用什么样的转让定价调整方法取决于交易的具体情况，原则上要选择最易于对正常交易价格做出最精确估计的方法。转让定价的处理可分为事后调整和事先确定。事先处理转让定价的方法也称为预约定价或事先裁定。

（二）转让定价调整的立法

美国是最早进行转让定价调整立法的国家。美国《国内收入法典》第 482 节及其实施规章是目前世界上最为系统的转让定价调整法规。转让定价调整的基本原则即正常交易原则，已为《OECD 范本》所采纳，也被《联合国范本》所应用。在关于跨国关联企业之间的收入计价和成本费用分配上，两个范本都载明，当缔约国一方企业与缔约国另一方企业之间存在某种共同的管理、控制或资本关系时，两个企业之间的商业或财务关系不同于独立企业之间关系而没有取得的利润，可以计入该企业的利润中，并据以征税。[①] 这实际上明确了对转让定价的调整要按照正常交易原则进行。1979 年 OECD 发布了实施这一条款的指南，1995 年在总结了世界各国转让定价调整经验的基础上，重新修订发布了《跨国企业和税务局的转让定价指南》（Transfer Pricing Guideline for Multinational Enterprises and Tax Administrations）。这一指南与美国《国内收入法典》第 482 节及其实施规章共同构成转让定价调整法规的典范，其所确定

① 《联合国范本》第 9 条；《OECD 范本》第 9 条。

的关于调整转让定价的基本原则、主要方法、工作程序等已为许多国家所采纳。

为了制止日益严重的国际避税和逃税，中国在1991年也建立了转让定价调整法规。《中华人民共和国外商投资企业和外国企业所得税法》参照国际惯例规定了防止转让定价和人为分配费用的逃税避税条款，也就是税法的第13条。该条明确规定：外商投资企业或者外国企业在中国境内设立的从事生产、经营的机构、场所与其关联企业之间的业务往来，应当按照独立企业之间的业务往来收取或者支付价款、费用。不按照独立企业之间的业务往来收取或者支付价款、费用而减少其应纳税所得额的，税务机关有权进行合理调整。国务院发布的这个税法的实施细则，对如何进行"合理调整"加以明确。纳税人与关联企业之间的购销业务不按独立企业之间的业务往来作价的，当地税务机关可以顺序依照可比非受控价格法、再出售价格法、成本加利润法以及其他方法进行调整；纳税人与关联企业之间资金融通、提供劳务、转让财产和提供财产使用权等业务往来，如果不按独立企业之间业务往来作价，当地税务机关可以分别依据正常利率、正常收费标准、没有关联关系所能同意的数额进行调整。为了使上述法律措施能真正有效地施行，国家税务总局通过文件形式进一步明确规定采用上述方法的程序与原则。

2007年通过的新企业所得税法将以往散见于各个行政法规中的针对转让定价的条款上升到了法律的层级，并从原则、方法、程序上作出了一般规定。具体来说，第一，确立了转让定价的税务调整和成本分摊的基本原则为关联企业间的独立交易原则，并明确规定，对于不符合独立交易原则而减少企业或者其关联方应纳税收入或所得额的做法，税务机关可以按照合理方法进行调整；第二，明确肯定预约定价安排可以作为转让定价调整的重要方法，亦即企业可以向主管税务机关提出与其关联方之间业务往来的定价原则和计算方法，主管税务机关与企业协商、确认后，达成预约定价安排；第三，明确规定了企业及其关联方、与关联业务调查有关的其他企业，有提供相关资料的义务，如企业不提供与其关联方之间的业务往来资料，或者提供虚假、不完整资料，未能真实反映其关联业务往来情况的，税务机关可以核定其应纳税所得额。

（三）调整转让定价的主要方法

根据可比性分析的结果和受控交易的性质，选择具体的方法对转让定价进行调整。可采用的方法有：可比非受控价格法、转售价格法、成本加成法、可比利润法（交易净利法）、利润分割法和其他合理方法（包括全球公式分配办法）。

1. 可比非受控价格法

可比非受控价格法就是通过参考非受控交易的价格，来评价受控交易中的价格是否是正常交易价格。应用这一方法的关键是确定受控交易和作为调整参照物的非受控交易的可比性以及存在差异情况下的可调整性。采用该方法首先要找出作为参照的非受控交易并应用前述关于可比性的分析思路。所有的比较因素都必须予以考虑，但要特别考虑可比性因素中的产品的相似性，因为产品的相似性通常在这种方法下对可比性有最大的影响。

2. 转售价格法

就是从可比的非受控转售价格中减除合理的毛利，来衡量受控交易价格是否符合正常交易价格的方法。这一方法通常用于购买与转售有形资产，且转售者不通过对转售货物进行实质性改变而增值的转售情况。基于转售目的，对货物进行包装、再包装、贴标签，或者进行较简单的装配，通常都不构成实质性的改变。如转售者对转售货物作了实质性改变，如将自己的无形资产附加其上，从而使货物增值，如果无法找到可比的参照交易，则不适用转售价格法。转售价格法可写成下列算式：

正常交易价格＝再转售价格－合理毛利

合理毛利＝可比毛利率×再转售价格

可比毛利率＝（可比的销售价－可比的购买价）/可比的销售价

因此，采用转售价格法涉及两个核心问题，一是确定可适用的转售价格，二是确定合理的毛利率。

可适用的转售价格可以有两种，其一就是进行估价的财产的某一特定部分或全部转售给非受控方的价格，其二是可比的相同财产在相同时间转售给非受控方的价格。合理的毛利率应从受控交易中的转售者从事可比的非受控购买与转售所获的毛利率中取得。如果没有同一转售者的非受控可比价格，则合理的毛利率应从其他转售者的可比非受控交易中获得。确定可适用的转售价格和毛利率同样是可比性分析。

3. 成本加利法也叫成本加成法

就是用受控交易产品的生产成本加上合理的毛利，来衡量正常交易价格的方法。成本加成法通常用于涉及制造、装配、向关联方销售产品的情况。这一方法应用的核心问题是确定合理毛利。受控纳税人用于转让的产品的成本乘以成本利润率，即为合理毛利。成本加成法可写成下列算式：

正常交易价格＝成本＋成本利润率×成本

成本利润率＝（可比销售收入－可比成本）/可比成本

这一方法的核心问题是确定可比的成本利润率，此外还要选择准确的成本数据。合理的成本利润率，首先应当以被评估的受控纳税人与非受控方交易的可比成本利润率为准。因为同一个交易主体与其他各个不同主体的交易，比其他各个交易主体之间的交易更容易发现相似的特性。如果没有这种可比对象，则合理的成本利润率应从其他交易主体的可比非受控交易中获得。

4. 可比利润法（comparable profits method）

这是美国 1994 年修改转让定价规章时新加入的方法。就是利用可比的非受控纳税人的利润水平指标，对受控交易的价格进行评价或调整的方法。如果受控交易的利润水平与可比非受控方的可比营业利润水平相同，或位于多个可比营业利润水平的合理区间，那么受控交易就符合正常交易价格原则，就不需要作调整。如果不一致或在可比营业利润合理区间以外，就说明受控交易有可能存在违反正常交易原则的情形，那么可通过确定非受控可比方的利润水平指标，以及对有关财务数据使用这一利润水平指标，计算出可比营业利润，据以对受控交易进行评价和调整。作为参照的非受控可比营业利润水平指标可以是一组，如果是这种情况，就需要采用适当方法从中选择可作调整依据的可比利润指标，如采用四分位数间距法[①]计算出可比营业利润水平的中值。

采用这一方法的核心问题是找出适当的可比利润水平指标。一般可用下列利润水平指标：①资本回报率。所谓资本回报率，是营业利润与营运资产的比率。②财务比率。财务比率衡量利润与成本及利润与销售收入之间的关系。（A）销售利润率。销售利润率就是营业利润对销售的比率。（B）费用毛利率。费用毛利率即毛利对营业费用的比率。采用可比利润法的第二个重要问题是正确选择和计算有关财务数据。这些财务数据包括如下几个方面：①销售收入；②毛利；③营业费用；④营业利润；⑤计税营业利润；⑥营运资产。那么如何找出可比利润指标，同样基于可比性分析，所有可比因素都应考虑，但本方法下的可比性特别依赖于所用的资源和承担的风险。此外，由于资源与风险通常与行使的功能直接相关，在判定被试验方与非受控纳税人之间的可比性程度时，执行的功能也是重要的考虑对象。

OECD 指南中不提可比利润法而主张采用交易净利法（transactional net margin method，缩写为 TNMM）。就是采用可比非受控纳税人的营业利润即净利指标，如成本利润率、销售利润率、资产利润率等，对受控交易的价格进行评价和调整。这一方法与前述可比利润法在整体思路和具体操作方法上是基本一致的。差别仅在于可比利润法不仅可以利用营业利润（即净利）指标，而且如果符合最优法原则，也可以利用毛利指标，如营业费用毛利率。而 OECD 指南则主张只能利用营业利润指标。OECD 指南还详细分析了交易净利法的优缺点。指出这一方法对比可比非受控价格法，较少地受交易类别、性质差异的影响，因为生产经营不同的产品或服务可能产生相同的净利水平，而同样生产经营相同的产品或服务也可能产生不同的净利水平；对比营业费用毛利率等毛利指标，净利指标较少地受功能差异的影响，功能差异往往就反映在营业费用的不同上，净利是毛利扣除营业费用后的余额，同样的功能可能产生不同的净利，不同的功能可能导致相同的净利水平。因此这一方法可用于对涉及无形资产交易等交易对象的性质、功能存在较大特殊性的受控交易结果的评价和调整。[②]

交易净利法也存在不足之处。由于营业利润不仅受价格因素的影响，还通常受到经营管理水平、新的竞争对手的威胁、替代产品的威胁、工厂和设备新旧不同而产生的成本结构、自筹资金和贷款比例所反映的资本结构、经营经验等非价格、非市场因素的影响，而其中的每一个因素又受到其他因素的影响，如竞争对手的威胁程度又是由产品的质量、花色品种、政府补贴程度等决定的。而对这些因素进行差异分析并决定调整通常有较大的困难。这就使得可比性分析的可靠性降低，从而使应用交易净利

---

① 所谓四分位数间距（interquartile），就是将一组统计数据四个等分，取 25%点至 75%点之间的数据，作为合理的数值范围，并以 50%那个点为中值。例如一组数据为 120、140、160、200、220、250、270、300，那么按四分位间距法，合理的数值范围为 150～260，因为 140 与 160 之间的点即 150 为 25%点，而 250 与 270 之间的点即 260 为 75%的点。200 与 220 之间的点即 50%的点为 210，此乃中值。

② OECD Guidelines，3. 27～3. 28.

法来评价受控交易是否符合正常交易原则的可靠性降低。①

5. 利润分割法

简单地说利润分割法就是先计算关联企业集团一项或几项受控交易的利润总额，然后通过考察每个受控纳税人对这一项或几项受控交易的合并营业利润（或亏损）的贡献值，从而决定每一个受控纳税人可分配到的利润额（或亏损额），并据以判断受控交易是否符合正常交易价格原则。这贡献值要根据可比的非受控纳税人在相同情况下对合并利润的贡献大小计算。利润分割法具体又可分成两种，一是可比利润分割法，二是剩余利润分割法。

可比利润分割法就是使用从事与受控纳税人相似交易的非受控纳税人的利润或损失占合并利润或损失的百分比，来分摊关联企业相关营业活动的合并利润或损失。采用这一方法，同样首先要进行可比性分析，判定非受控纳税人与受控纳税人之间的可比性程度。具体讲就是将受控纳税人之间营业利润的分摊，与在相似情况下、在相似活动中非受控纳税人之间营业利润的分摊进行比较。

剩余利润分割法就是对受控交易的合并营业利润或亏损，在各受控纳税人之间首先根据一般性贡献进行分摊，然后对剩余利润再根据每一个纳税人的特殊贡献进行分摊，也就是对合并利润或亏损分两步在受控纳税人之间进行分摊。

第一步，一般性贡献分摊。根据每一个受控纳税人在其所进行的受控交易中作一般性贡献应能得到的回报，将营业利润分配给受控交易的每一方。所谓一般性贡献所能得到的回报，指在相似的营业活动中的非受控纳税人用归其所有的有形资产、服务和简单可比的无形资产，所做的相同或相似的贡献应能得到的回报。可用可比的资产利润率、销售利润率等指标进行此项的分摊。

第二步，剩余利润的分摊。对受控纳税人一般性贡献所做的利润分配，所依据的可比交易属于常规营业活动，一般不考虑涉及复杂无形资产等特殊因素的情况下，受控各方所能得到的利润。因此对涉及复杂无形资产等特殊的受控交易，还必须基于受控纳税人对受控交易所做的无形资产价值贡献（特殊贡献），在受控纳税人之间分配剩余利润。②

六、防止资本弱化措施

资本弱化的主要结果是增加利息扣除同时减少对股息的课税。防止通过资本弱化进行避税的重点自然在于对利息扣除进行限定，或者将名义上由债权产生实际却是由股权产生的所得推定为股息加以课税，或者二者并用。这实际上也是对正常交易原则、实质重于形式原则、法律规章不得滥用原则的贯彻。各国关于资本弱化税制的规定有所差别，有的国家（如英国、爱尔兰）实行向非居民大股东支付利息视同股息分配的

---

① OECD Guidelines，3.29～3.36.

② 杨斌，《国际税收制度规则和管理方法的比较研究》，中国税务出版社，2002年，第282～309页。

办法[①]，多数国家实行安全港模式。安全港模式的基本制度如下。

（一）资本弱化的认定和安全港比率的计算

多数实行资本弱化的国家都以公司债务对股本的固定比率（也称安全港）作为判断是否存在资本弱化现象的标准。不过这个固定比率因国而异。实行 1.5∶1 的国家有法国、美国；实行 2∶1 的国家有葡萄牙；实行 3∶1 的国家最多，有澳大利亚、德国、日本、加拿大、南非、新西兰、韩国、西班牙等国。[②] 既然采用债务对股本的固定比率作为标准，制度上要对如何计算这一比率作具体规定。

1. 贷款类型

首先要明确作为分子的债务（更准确的用语应当是贷款资本金，即 loan capital）的类型。一般性投资贷款（即股东以贷款形式对企业的长期投资）要计入贷款资本金，这不成问题。问题在于短期贷款和某些特殊类型的贷款是否要计入贷款资本金，对短期贷款是否计入，各国规定不同。在美国，对股东的应付款，期限在 90 天以内的部分，由于不计息，所以不计入贷款资本金。澳大利亚规定，澳大利亚企业对其非居民股东应付款，如果期限在 30 天以内的，即使计息也不算入贷款资本金。在德国，由公司股东提供的期限在 6 个月以内贷款，不计入贷款资本金。而西班牙、加拿大、日本等国，不考虑贷款的期限长短，一律计入贷款资本金。

必须考虑能否计入贷款资本金的第二种类型的贷款是所谓背靠背贷款（back-to-back loans）。背靠背贷款是指股东先将款项存入银行，再由银行向公司提供贷款。多数国家规定，此类贷款的利息不能扣除，从而也不必将其算入贷款资本金总额中。

第三种类型的贷款是由无关联第三方提供的，是对股东有追索权的贷款（如由股东担保或在公司不能偿还时承诺由其归还的贷款）。对此各国规定十分不同。有的国家如德国、西班牙、美国、葡萄牙、新西兰、南非等将此类贷款计入贷款资本金总额。相反，澳大利亚、加拿大和日本等则将其视为一般的无关联方提供的贷款，不计入贷款资本金总额中。合理的处理办法应当是，与企业同属一个国家的居民银行提供的此类贷款，不适用资本弱化的规定，因为企业作为费用扣除的利息要作为银行的收入在居住国纳税，对该国而言，税收收入没有损失；而如果此类贷款提供者是非居民银行，则要将其计入贷款资本金，适用资本弱化的规定。

第四种贷款是所谓的混合融资工具（hybrid financing instruments）。混合融资工具具有贷款和股本投资双重特征。其主要特点是：支付利息但没有归还贷款的期限、可转换为公司股份、分享利润和损失、参与准备金提出和破产清偿过程、破产时清偿列后。多数国家将此项贷款计入贷款资本金。但德国采用对此类贷款的利息不予扣除的

---

① 如英国规定，如果贷款公司拥有借款公司的资本比例达到 75%，或贷款公司和借款公司均被第三者拥有资本达到 75%，那么借款公司向贷款公司支付的利息不得在税前扣除，而要按股息缴纳公司税。见 section 209 (2) (e) (iv)，Income and Corporation Taxes Act 1988。

② International Fiscal Association. 1996. Cahiers De Droit Fiscal International. vol. 81b. Deventer：Kluwer Law International：106.

办法。

2. 计算贷款资本金的时间

贷款的期限不同，贷入的时间也不同，贷款总是有借有还处于流动状态，因此以哪一个时点的贷款余额作为上述安全港计算公式的分子就成为一个重要的问题。各国对此有不同的做法。美国以年底的贷款余额超过资本总额余额（股本余额和所有贷款余额之和）的60%为标准（年底法），西班牙和日本以纳税年度全年按月计算平均贷款余额为基础（平均法），加拿大以一年中贷款额达到最大的那个时点的贷款资本金总额为计算依据（最大法），德国则以一年中任何时点非居民股东提供的贷款超过安全港的数额为计算基础（时点法），澳大利亚和新西兰规定企业可在最大法和平均法中进行选择。[①]

3. 贷款提供人的身份和安全港规则的适用对象

美国在计算债务与股本比率时，以公司全部债务为基础，不考虑贷款提供人是否与公司存在关联关系。[②] 但其余实行资本弱化税制的国家都规定贷款提供人为公司股东时，其所提供的贷款才计入贷款资本金，进而来确定是否超过安全港界限。与公司无任何关联关系的独立第三方（如无关联关系的银行）提供的贷款不能算入上述贷款资本金中，无论其数额多大都不适用资本弱化的规定。这种规定比较合理，因为资本弱化规定所要防止的是投资者以获得税收好处为目的，用贷款方式代替股本方式，但对企业正常的借贷则不能过多地干预。

资本弱化规定以股东为对象的情况下，对股东提供的贷款资本金，具体计算时是以单个股东分别计算还是以非居民股东为整体进行计算，各国规定不同。第一种方法是单个非居民股东分别计算，同时也分别适用安全港规则。也就是说，计算贷款资本金与股本的比率以单个股东为单位，即使公司贷款资本金总额与股本总额的比率没有超过安全港界限，但如果某一股东提供的贷款资本金与其所拥有的公司股本的比率超过安全港界限，其超过部分的利息就不能扣除。德国、法国、南非、葡萄牙、新西兰等国家实行此种方法。第二种方法是将非居民股东作为整体，来确定其所提供的贷款资本金与所拥有的公司股本的比率。只有非居民股东所提供的贷款资本金整体超过安全港界限，才适用资本弱化规定。[③] 第三种方法是以公司整体计算的债务与股本的比率、以非居民股东整体计算的债务与股本的比率，同时超过安全港界限（300%）的情况下，才能应用资本弱化规定。此方法以日本为代表。[④]

以非居民股东为对象计算安全港比率，是否意味着所有非居民股东，不论大小均

---

① International Fiscal Association. 1996. Cahiers De Droit Fiscal International. vol. 81b. Deventer：Kluwer Law International：110.

② International Fiscal Association. 1996. Cahiers De Droit Fiscal International. vol. 81b. Deventer：Kluwer Law International：784～785.

③ International Fiscal Association. 1996. Cahiers De Droit Fiscal International. vol. 81b. Deventer：Kluwer Law International：112.

④ 裴桂芬，《日本政府如何防止涉外企业的国际避税》，《日本学刊》，1994年第4期；International Fiscal Association. 1996. Cahiers De Droit Fiscal International. vol. 81b. Deventer：Kluwer Law International：533.

要作为计算对象？回答是否定的。各国都规定作为资本弱化规定适用对象的非居民股东，还要达到最小的参股水平。美国、法国规定要参股50%以上，日本、新西兰、韩国规定参股要达到50%，德国规定参股要超过25%，西班牙规定这一比例要达到25%，南非要求达到20%，而澳大利亚规定该比例只要达到15%，就作为资本弱化规定的约束对象。[①]

4. 股本的确定

作为计算安全港比率的分母，股本一般根据企业会计报表的数据加以确定，其内容包括法定股本（已付款认购）、保留公积金、上年结转的保留收益、准备金，一般以账面价值为准，也有国家（如新西兰）规定以资产的市场价值为准。多数国家规定股本的计算时点与上述贷款资本金的计算时点要相互一致。不过也有国家（如德国）规定股本计算以上一年的年末数为准，而贷款资本金则以当年最大额为基础。

（二）资本弱化的税收规则

实行安全港比率的国家，对超过界限的利息的处理可以概括为以下两种模式。

1. 对未超过安全港界限的债务支付的利息不予作为费用扣除

采用这一方法的国家有加拿大、澳大利亚、日本和美国，法国采用类似方法。

以下的实例说明了在将短期贷款也计入贷款资本金的情况下（采用加拿大的办法），不予扣除的超额利息的确定。

股本	1 000 000
股东长期资本贷款金	3 000 000
每年应付利息（10%）	300 000
股东一个月期限的贷款资本金	1 200 000
利息（5%）	5 000

不得扣除的利息的确定：		
贷款资本金总额：	3 000 000＋1 200 000	4 200 000
安全港（股本的三倍）：	1 000 000×3	3 000 000
超额的贷款资本金：	4 200 000－3 000 000	1 200 000
贷款资本金利息总额：	300 000＋5 000	305 000

$$\text{不得扣除的利息}=\frac{\text{超额的贷款资本金}}{\text{贷款资本金总额}}\times\text{贷款资本金利息总额}$$

$$=\frac{\text{贷款资本金总额}-\text{股本}\times 3}{\text{贷款资本金总额}}\times\text{贷款资本金利息总额}$$

① International Fiscal Association. 1996. Cahiers De Droit Fiscal International. vol. 81b. Deventer：Kluwer Law International：117.

$$=\frac{4\ 200\ 000-1\ 000\ 000\times 3}{4\ 200\ 000}\times 305\ 000$$
$$=87\ 143$$

结果，为了一个月贷款利息费用5000货币单位的扣除，而导致了87 143货币单位的利息费用不能扣除。

这种方法具有一定的局限性。首先可能导致国际双重征税，因为贷款利息在来源国被征税，而在利息获得者的居住国还要被征税，获得者在居住国纳税时，其在收入来源国负担的利息所得税得不到抵免。既然在收入来源国利息不被当作费用给予扣除，只能成为所得税的税基被征税，但名义上却不是以利息税的形式出现，因而在居住国纳税不能获得抵免。其次，超额利息不被扣除，这样会减少公司利润，从而导致对股东分配的减少，而提供贷款资本金的股东只是股东的一部分，由部分股东造成的结果，却由全体股东承担，有失公平。

2. 将超额利息视为利润分配或股息

对超过安全港界限的利息，不仅不能作为费用扣除，而且明确将其重新归类为公司分配利润或股息，按股息的税率征收公司所得税和预提税。采用这一方法，"贷款"提供者获得的这部分"股息"在收入来源国承担的所得税和较低的预提税（如果有双边税收协定存在的话），可在其向居住国纳税时获得抵免。因此，较上述仅考虑不予扣除的做法更合理一些。这一方法被德国、韩国、南非和西班牙等国采用。

除了上述处理办法外，许多国家还就特定行业或经营领域规定了特别的规则。第一种是规定某些行业免于适用资本弱化税制，如德国规定银行只要对其非居民股东提供的贷款资本金按固定利息率支付利息，就不适用资本弱化的规定。第二种是对某些行业规定了较高的安全港界限，如澳大利亚对某些金融机构放宽安全港界限，从3∶1放宽到6∶1；德国对持股公司的安全港界限放宽到9∶1（因为德国对持股公司的子公司不给予安全港界限）。此外，一些国家不普遍推行资本弱化规定，而只在某些行业实行，如挪威的资本弱化规定只适用于在大陆架从事石油、天然气开采作业的公司，瑞士只在不动产投资公司采用资本弱化规定。①

七、防止通过避税港避税的措施：受控外国公司专门法案

前面已经指出，纳税人为了逃避高税国较高的所得税，可以采取的一个办法就是在税负较低的国家或地区（特别是避税港）建立基地公司（主要方式是持股或控股公司），这些基地公司由本国纳税人控制。在20世纪60年代以前，包括美国在内的所有实施居民税收管辖权和收入来源地税收管辖权双重税收管辖权的国家，都允许本国居民（在美国还包括公民）在外国公司拥有股权，只当公司已将利润分配并且将所获得的股息汇回本国时才要就此项股息履行纳税义务。这就是所谓"延迟纳税"。上述许可是通过避税港建立基地公司进行避税得以成功的前提。因为在这个许可下，纳税人只

① International Fiscal Association. 1996. Cahiers De Droit Fiscal International. vol. 81b. Deventer: Kluwer Law International: 121～122.

要不将利润进行分配并汇回本国，而是在公司累积，就不需要向所在的高税国就这部分收入缴纳所得税。

为了对付纳税人在避税港设立基地公司进行避税，美国于 1962 年通过了一项专门法案（史称肯尼迪法案），这一法案载入《美国国内收入法典》副标题 A 第 1 章第 N 分章第 III 部第 F 分部，因此通称 F 分部条款，具体包括法典第 951 节到 971 节的内容。F 分部条款围绕特定意义的“受控外国公司”（controlled foreign company，简称 CFC）概念展开。“受控外国公司”不是指经济学意义上的受美国人控制的设在美国境外的所有外国公司，而是指设在避税港符合 F 分部条款特定条件的公司。F 分部条款规定，凡是受控外国公司，其利润归属于美国股东的部分，即使当年不分配，也不汇回美国，也要视同当年分配的股息，要分别计入各股东名下，与其他所得一并缴纳美国所得税。以后此项利润真正作为股息分配时可以不再缴纳所得税，这一部分当年实际未分配而视同已分配的所得，在外国缴纳的所得税可以按规定获得抵免。F 分部严格设定了成为“受控外国公司”的条件，使 F 分部的适用被限定在特定的范围内，而且作为政府、跨国企业和其他各方利益集团相互妥协的结果，为了照顾各方利益，还设置了许多限制性规定，使法案变得十分复杂。[①] 但这一措施还是极大地限制了纳税人通过在避税港建立基地公司，将所得汇集于避税港进行避税的行为。美国采用 F 分部条款以后，许多国家仿效，目前已成为防止避税港避税的法律模本。

（一）CFC 的界定

一般的说，CFC 就是由居民直接或间接控制的外国公司。认定 CFC 的核心问题是解决何为控制。多数国家以权力控制（de jure control）为首要标准。美国的原始规定是，如果在一家外国公司各类有表决权股票总额中，有 50％以上分属于美国股东，且这些美国股东每人所握有的有表决权的股票又在 10％以上，那么该外国公司即为受控外国公司。意思是说，拥有有表决权股票数额都在 10％以上的美国主要股东所拥有的有表决权股票合计额在 50％以上，才符合成为受控外国公司的条件。一个极端的例子，如果有 11 个互不关联的美国股东，以同等的比例（不到 10％）拥有公司有表决权股票，其总额即使为 100％，也不是受控外国公司。[②] 这种拥有股权的标准，只要在某一公司纳税年度的任何时点发生过，整个年度就可视其为受控外国公司。

多数国家参照美国的做法，CFC 被定义为居民拥有的有表决权股票超过 50％[③]的外国公司。有的国家除了以权力控制为标准外，还规定如果居民在代表公司资产总值或资本总额的股份所有权中占有 50％以上也符合 CFC 的控制标准。还有的国家，除 50％这一界限外，符合另外特定条件的情况下，即使控股不到 50％也视为符合 CFC 的

---

① Paul R. McDaniel and Hugh J. Ault. 1989. Introduction to United States International Taxation. Deventer: Kluwer Law and Taxation Publishers: 109.

② Paul R. McDaniel and Hugh J. Ault. 1989. Introduction to United States International Taxation. Deventer: Kluwer Law and Taxation Publishers: 111～112.

③ 有些国家如澳大利亚、新西兰、挪威采用达到或超过 50％为界限。

条件。如澳大利亚和新西兰规定，居民在一家外国公司只拥有 40%的股份，但在没有其他人对该公司拥有权力控制的情况下，该澳大利亚或新西兰居民可被推定为控制该公司。英国 2000 年的财政法案对 1988 年《所得税和公司税法案》作了补充，加入了类似规定。①

还有少数国家采用实质利益标准（substantial interest test）来确定 CFC，实质利益标准实际上也主要看持有的股份比例（不过没有要求是否有表决权），此外也考虑其他利益关系因素。例如法国规定，如果一家外国公司以该公司财政年度最后一天的数字为准，被法国公司持有至少 10%股份或 150 万法郎，那么该外国公司为 CFC。② 葡萄牙规定，居民持有外国公司的股本至少 25%，或者总和在 50%以上的股本由葡萄牙居民持有的情况下，单个居民至少持有 10%者为 CFC。③ 匈牙利采用居民是否持有至少 25%的注册资本金且在一个会计年度中至少 30 天的标准来决定 CFC 的存在。④

少数国家除了规定非居民作为全体拥有一定比例的控股权（如 50%或 25%等）这一总的界限外，还规定了股权的集中程度，只有控股权比较集中的外国公司才符合 CFC 的条件。如澳大利亚、加拿大、新西兰规定 CFC 不是指所有居民股东拥有的股权达到 50%的外国公司，而是 5 个或 5 个以下居民股东直接或间接拥有的有表决权股票达到 50%的外国公司。美国则通过规定每个居民股东的最低所有权要求，来体现类似精神。正如前面已经阐述的那样，美国税法意义上的 CFC 要同时符合居民控股总额 50%以上和单个股东控股 10%以上（即最低所有权要求）的双重条件。这样规定的好处在于，使 CFC 适用于有限的范围，将那些虽然本国居民拥有的股权总数达到了 50%，但股权较为分散，股东人数很多，实际上居民对公司的支配和控制很难实现的外国公司排除在 CFC 条款的约束范围之外，有利于集中力量对付重点避税问题，减少 CFC 条款对正常跨国投资活动造成干扰。其不利之处是较为容易通过分散股权的办法来避开 CFC 条款的约束。为了防止这一现象的发生，实行股权集中程度或最低所有权要求的国家，还要规定推定所有权（constructive ownership）条款，将分散在与某股东有关联关系的其他股东手中的股权汇总计算作为该股东拥有的股权，据以确定是否符合 CFC 的条件。

为了防止通过插入一个持股公司来降低居民对外国公司的直接控股水平以逃避 CFC 条款的约束，各国都规定控制不限于直接控制，还包括间接控制。例如本国居民 A 控制持股 B 公司 51%的股权，而该持股公司控制另一国 C 公司 50%以上的股权，虽然 A 公司对 C 公司拥有的股权实际只有 25.5%，但仍然认为 A 公司对 C 公司具有控制

① 一个英国居民拥有一家外国公司至少 40%的股份，而一个非居民拥有该公司股份在 40%到 50%之间，那么该公司也是 CFC。见 Finance Act 2000，Schedule 31。

② Daniel Sandler. 1998. Tax Treaties and Controlled Foreign Company Legislation. The Hague：Kluwer Law International：234.

③ International Fiscal Association. 2001. Cahiers De Droit Fiscal International. vol. 86b. Deventer：Kluwer Law International：777～778.

④ International Fiscal Association. 2001. Cahiers De Droit Fiscal International. vol. 86b. Deventer：Kluwer Law International：553.

权，认定C公司为受控外国公司。

（二）CFC法律的政策目标

多数国家对居民来源于全世界范围的所得征税，而对非居民公司仅就其来源于本国境内的所得征税，即使该非居民公司完全由本国居民拥有。这样本国居民股东从其拥有的非居民公司获得的收入，只要不分配且不汇回本国，在没有特别法律加以规范的情况下，就可延迟纳税。延迟缴纳居住国税收的好处只有在公司所在国的税收低于居住国的情况下才可能存在，如果公司所在国的税收负担高于本国的税收负担，延迟纳税就没有意义。而公司所在国的税负越低，纳税人获得的好处就越大。因此纳税人往往在避税港设立受其控制的公司，通过其来转移收入或累积利益，达到减轻税收负担的目的。这破坏了税收公平和对资本输出保持中性的原则。但是本国居民在国外建立受其控制的公司，是重要的对外投资方式之一，这种跨国投资方式是世界经济发展的必然结果，企业采用这一投资方式并不是全部为了逃避居住国的税收负担。有必要采用CFC法律，对CFC所得中按股权比例归属于本国居民（包括个人、法人、非法人企业和团体、合伙企业、信托等）的所得，即使没有分配或汇回本国也要视同当期已分配所得向本国政府承担纳税责任，从而对延迟纳税进行限制，防止国际逃税避税活动，但CFC法律的采用不能影响正常的国际投资和商务活动的开展。因此，CFC法律的目标不能简单地定位为限制延迟纳税，而必须界定可接受的延迟纳税和不可接受的延迟纳税，CFC法律只能针对那些为了逃税避税而设立的外国公司。

目前，除了新西兰的CFC法律接近于消除所有的延迟纳税外①，其他采用CFC法律的国家，都明确以下情况的延迟纳税是不可接受的，首先本国居民在外国公司居控制地位或拥有主要利益；其次由受控外国公司产生的所得属于消极投资所得，或属于设立在避税港的基地公司的非真正营业所得，并且这些所得被外国政府或地区当局免税或减税。而其他类型的对外营业活动如从事实业活动的所得，即使存在延迟纳税现象，也不受CFC法律的约束。但在现实的经济活动中，如何界定CFC法律的约束对象不是易事，这需要建立详细的制度规则。由此导致了CFC法律成为已经很复杂的税法中最复杂的部分。②

（三）CFC法律适用的地域范围

设立CFC法律的起因是针对通过在避税港设立基地公司进行避税，所以除了美国、

---

① 新西兰规定除了设在澳大利亚、加拿大、德国、日本、英国、美国（不包括所有这些国家的领地和属地）、挪威、法国（1993年才增加）8个被称为高税国的国家以外所有国家和地区的受控外国公司（新西兰居民控股达50%及以上），其新西兰股东要遵照CFC法律纳税。详见 International Fiscal Association. 2001. Cahiers De Droit Fiscal International. vol. 86b. Deventer：Kluwer Law International：722～724。

② Daniel Sandler. 1998. Tax Treaties and Controlled Foreign Company Legislation. The Hague：Kluwer Law International：23.

加拿大、以色列三个国家以外[①]，所有实行此法律的国家都明确规定CFC法律仅适用于特定的国家和地区，即低税国家或地区，主要是避税港。为此，这些国家都制定了低税国的标准或列举避税港名单，明确建立在符合低税国条件或在避税港名单上的国家或地区的CFC才是法律约束对象。低税国或避税港国家或地区的确定存在这几种方法：一是采用实际缴纳的所得税与本国应纳税额相比较的方法。例如法国、挪威都规定如果CFC在所在国家实际支付的所得税只相当于按法国或挪威税法计算应纳所得税的三分之二，那么CFC所在国就符合低税国的条件，从而该CFC就必须按CFC法律办理在法国或挪威的纳税事务。英国的标准是应纳英国所得税的75%。丹麦、瑞典没有明确的比例界限，只是规定当CFC在所在国缴纳的所得税显著低于本国时，该外国为低税国。二是采用与本国实际税率相比较的办法。芬兰、德国、西班牙、葡萄牙等国采用这一办法。例如德国规定如果CFC适用的实际税率只是德国税率的25%（2001年以前为30%），那么该CFC所在国家为低税国。三是采用固定税率的办法。日本、韩国和匈牙利等国采用这一办法。例如日本规定如果CFC适用的实际税率等于或低于25%，该CFC所在国为低税国。韩国的标准为15%。而匈牙利是唯一采用名义税率作为标准的国家，规定当外国的名义税率等于或低于10%时，该外国为低税国。四是基本采用OECD关于避税港或低税国家或地区的定义。[②] 例如意大利规定如果一个外国的税率显著低于意大利、没有情报交换制度、与意大利也没有双边税收协定，那么该外国为避税港，建立其中的CFC要受法律约束。

采用上述办法的多数国家还具体列举低税国或避税港名单或列出不适用CFC法律的国家名单。列举名单的办法有一定局限性，因为某些高税国可能存在优惠税收政策，可利用达到在避税港建立受控外国公司的目的。一个国家或地区的税收制度与政策经常会发生变化，名单要适时更新，实际操作不是易事，即使做得到，也违反税法相对稳定原则。因此有的国家如日本就从1992年起取消了列举名单的办法。[③]

从中国的情况来看，2007年通过的新《企业所得税法》第六章第四十五条规定，由居民企业，或者由居民企业和中国居民控制的设立在实际税负明显低于规定税率水平（25%）的国家（地区）的企业，并非由于合理的经营需要而对利润不作分配或者减少分配的，上述利润中应归属于该居民企业的部分，应当计入该居民企业的当期收入。从该项规定可以看出，中国对于避税港的认定采用的是固定税率的办法，即那些实际税负低于25%的国家均被认定为低税负国家，中国对于设立在避税港公司的所得仅就非合理经营部分采用CFC法律。

（四）CFC法律约束的客体对象——污染所得

CFC法律约束的客体对象被称为“污染所得”（tainted income），一般指CFC归属

① 这三个国家的CFC法律根据所得的性质，而不考虑所得的来源地是否属于低税国家或地区。

② 参见本章第二节第三点。

③ International Fiscal Association. 2001. Cahiers De Droit Fiscal International. vol. 86b. Deventer：Kluwer Law International：44～48.

于本国股东的消极投资所得（股息、利息、租金、特许权使用费、资本利得等）或基地公司所得。

1. 实体方法和交易方法

如何具体确定 CFC 法律约束的客体对象？一些国家采用实体方法（entity approach），而另一些国家采用交易方法（transactional approach）。所谓实体方法，就是不考虑公司分类所得的性质，而将 CFC 作为一个整体，确定其按 CFC 规则是征税还是免税，如果符合征税的条件，那么所有按股权比例归属居民股东的所得都受 CFC 规则的约束。采用实体方法的多数国家（如芬兰、法国、以色列、意大利、日本、韩国、挪威、葡萄牙、英国等）一般以污染所得即归属于居民股东的消极投资所得、基地公司所得占 CFC 总所得的比例（通常是 50%或更多）作为标准，确定该外国公司是否按 CFC 规则征税。新西兰、匈牙利和瑞典的做法与这些国家有所不同，这三个国家对 CFC 按比例归属于本国居民的所有所得（包括营业利润）都要求按照 CFC 规则征税。

所谓交易方法，是指对 CFC 的所得进行分类，只将那些归属于居民股东的消极所得、基地公司所得纳入 CFC 法律的约束范围，而对积极的营业利润免于按 CFC 规则征税。这一方法与前述方法实际上并没有很大的差别，只是表述不同而已，实际操作殊途同归。

2. 消极投资所得和基地公司所得

确定 CFC 客体对象的关键是区分积极的营业活动所得和消极的投资所得。一般的说，消极投资所得包括股息、利息、特许权使用费、租金和资本利得等。但在实际认定中往往要考虑 CFC 所从事的营业活动的性质。例如，多数国家规定金融机构从事的业务活动的利息所得属于营业利润而不作为污染所得。不过也有少数国家如丹麦，由于其 CFC 法律主要针对金融机构，所以明确规定金融机构的利息所得也属于污染所得。[①] 一些国家如丹麦、日本、韩国、葡萄牙和英国，将特许权使用费、租金一律作消极投资所得看待。而意大利、西班牙和美国则规定要根据具体的情况和事实来决定是属于营业利润还是污染所得。美国规定来源于非关联方，以及虽来源于关联方但因使用位于 CFC 同一国的财产而发生的特许权使用费和租金不属于污染所得。德国、澳大利亚对因使用 CFC 本身创造或革新的无形资产而产生的特许权使用费，视同营业利润看待，将其排除在污染所得范围之外。多数国家将出售有价证券而获得的资本利得列为污染所得，将出售积极的营业活动的财产而获得的资本利得排除在污染所得的范围外。英国则将所有类型的已实现资本利得都作为污染所得对待。[②]

所谓基地公司所得是指消极投资所得以外的所有类型所得，其主要构成部分是基地公司向外国特别是其关联方出售财产和提供劳务的所得。基地公司的哪一些所得要被包含在污染所得中，各国的规定差异很大，且都十分复杂。少数国家（如匈牙利、

---

① International Fiscal Association. 2001. Cahiers De Droit Fiscal International. vol. 86b. Deventer：Kluwer Law International：466.

② International Fiscal Association. 2001. Cahiers De Droit Fiscal International. vol. 86b. Deventer：Kluwer Law International：52.

新西兰、瑞典）规定，基地公司在正常交易条件下从事实业活动（如制造业、农业、服务业等）的所得免于适用 CFC 规则。但如果不是按正常交易原则从事活动，则要根据不同情况适用 CFC 规则。首先，CFC 从股东居住国的商业活动获得的所得（通常与转让定价相联系），除非在居住国设立常设机构，那么会直接减少居住国的税基。因此多数国家在确定 CFC 的污染所得时将这一类型（特别是与关联企业在转让定价安排下进行的交易）所得纳入其中。英国对 CFC 从事的积极营业活动的所得免于按 CFC 规则征税，但如果 CFC 在英国境内提供劳务、将货物送进或送出英国而获得所得，要被列入污染所得范围，按 CFC 规则征税。澳大利亚和加拿大有类似规定。其次，对 CFC 与股东居住国以外国家（包括本地市场）的关联交易所得，有的国家将其排除在污染所得的范围外（如澳大利亚、加拿大、西班牙污染所得只包括与股东居住国的关联交易所得）；有的国家（如德国、韩国、挪威、英国等）将其列入污染所得范围内，不论其发生在本地市场还是其他国家；有的国家（如法国、日本、葡萄牙和美国等）将其发生于本地市场以外的部分列入污染所得中，而将发生在本地市场的关联交易所得排除在污染所得的范围外。此外，对 CFC 的外国分支机构所得，多数国家规定只要 CFC 从事正常的积极的营业活动，其分支机构或常设机构的所得可免于适用 CFC 规则。再次，对基地公司的其他所得而言，几个国家将保险费和再保险费收入算入污染所得中。美国除此之外还明确船运和空中运输所得、向有关政府官员行贿或付给折扣的费用的相等数额、参与国际抵制活动的所得、特定石油天然气开采活动的所得也要计入污染所得中。①

几个国家还规定了最低免除标准，即 CFC 的利润额或污染所得额达不到这一标准时，不论其所得的类型或来源地，都免于适用 CFC 规则，这主要出于节约税收管理成本的考虑。英国的标准是利润额低于 5 万英镑，澳大利亚、德国、美国的标准是一个固定的数额和由 CFC 所得的百分比中较小者，西班牙规定污染所得不到净所得的 15%或毛所得的 4%者免于适用 CFC 规则。

与转让定价调整一样，CFC 法律的运用也可能导致重复征税问题，这需要按照国际税收协定原则，通过订立相关条款或通过协商来解决。②

【本章小结】

1. 税收管辖权是国家主权在税收方面的体现。一个国家行使税收管辖权，可以基于它所管辖的人的范围或基于它所管辖的地域范围。基于公民概念而行使的税收管辖权称为公民税收管辖权，基于居民概念而行使的税收管辖权称为居民税收管辖权。基于所得来源地或财产所在地而行使的税收管辖权，就称为收入来源地税收管辖权。世界上绝大多数国家都实行收入来源地和居民税收管辖权，

---

① International Fiscal Association. 2001. Cahiers De Droit Fiscal International. vol. 86b. Deventer：Kluwer Law International：54～58.

② Brian J. Arnold. 1986. The Taxation of Controlled Foreign Corporation：An International Comparative. Toronto：Canadian Tax Foundation；OECD. 1996. Controlled Foreign Company legislation. Paris；United States，Department of the Treasury，The Deferral of Income Earned Through US Controlled Foreign Corporations：A Policy Study，December 2000.

而不考虑公民税收管辖权。税收管辖权要受主权约束和外交豁免权的约束。

2. 居民税收管辖权应用的根本问题是确认居民身份，自然人居民身份的确认标准包括住所标准、居所标准和国籍标准。协调自然人居民身份的冲突，按照永久性住所、重要利益中心、习惯性居处、国籍、协商的顺序来进行。法人居民身份确认的标准主要有：公司组建地标准、中心管理和控制所在地标准、公司所在地标准、实际管理机构所在地标准、主要机构或总机构所在地标准。法人居民身份发生冲突时一般以实际管理机构所在地作为确定的标准。

3. 收入来源地政府对非居民来源于该国境内的不动产所得、营业利润、投资所得、劳务所得和财产收益区别不同情况并依据一定规则行使征税权。

不动产所得由收入来源国即不动产所在国独享征税权。但是通过常设机构取得的不动产所得应视为营业利润。

国际上对营业利润来源地认定的统一标准是常设机构原则，收入来源国仅对非居民纳税人通过设在境内的常设机构获得的营业利润征税。如何确定常设机构的利润，要遵循利润归属原则（包括实际联系标准和引力标准）和独立企业的正常交易原则。

股息以支付股息的公司居民身份（实际管理机构）所在国为其来源地。利息和特许权使用费应以实际负担者所在地为来源地。

一般类型个人劳务所得和特殊类型个人劳务所得以及不同类型的财产所得也有不同的征税权分配规则。

4. 国际重复征税产生的基本原因在于国家间税收管辖权的冲突，包括：不同国家同时行使居民税收管辖权和收入来源地税收管辖权、不同国家确定纳税人居民身份遵循不同的标准、不同国家收入来源地确定标准不同三种情形。国际重叠征税的产生则主要是基于税制上和经济上的原因。

对居民税收管辖权和收入来源地税收管辖权冲突引起的国际重复征税，基本的避免或消除办法有扣除法、免税法和抵免法，免税法可分为全额免税法和累进免税法，抵免法又可分全额抵免法和限额抵免法。比较而言：(1) 境外税率高于国内税率时，全额抵免法对纳税人最有利；限额抵免法与免税法效果一致。(2) 境外税率低于国内税率时，免税法对纳税人最有利；限额抵免法与全额抵免法效果一致。任何情况下，扣除法对避免国际双重征税的效果最不理想。

5. 抵免法是国际上比较通行的避免国际重复（叠）征税的办法，采用抵免法实际上是承认收入来源地税收管辖权的优先地位，但不放弃本国的居民税收管辖权。抵免法从其适用对象角度可分为直接抵免和间接抵免，直接抵免适用于总分公司模式的跨国企业，间接抵免适用于母子公司模式的跨国企业。

抵免限额基本计算方法有分项、分国和综合三种。纳税人在一些国家的营业活动出现亏损，而在另一些国家出现盈利时，分国限额法对纳税人有利；若采用综合限额法，因为盈亏互抵，抵免限额较小，对纳税人较为不利。如果纳税人在所有国家的营业活动都有盈利，且有的国家的税率高于本国，有的国家的税率低于本国时，则采用综合限额法对纳税人更有利。

税收饶让抵免是居住国对所得来源国采用税收优惠而减少的应纳税额视同已纳税也给予抵免的措施。为吸引外商投资，许多发展中国家都希望投资国给予税收饶让，以使其税收优惠政策起到作用。

6. 涉外税收中的偷逃税是国内偷逃税的延伸，指涉外税收的纳税人（包括法人、自然人，包括所得税、流转税的纳税人）利用隐匿、谎报、欺骗、伪造凭证账册、随意列支费用等非法手段使一笔应税收入的税收管辖权落空，从而达到不缴或少缴有关国家税法所规定的或国际税收协定所要求的应缴税款目的的行为。避税就是企业、团体或个人等具有独立经济利益的实体，通过合理安排生产经营活动、通过转让定价、通过人（包括法人、自然人）的迁移、通过对税法规定中某些漏洞或某些明确规定的利用，达到减轻或免缴税收的行为。

偷逃税及避税除了依法的税收筹划这一形式外，无论是对国家财政利益、对市场经济条件下的公平竞争，对总供给总需求平衡的实现以及经济结构优化、吸引外资的影响都是消极的。

7. 跨国纳税人减轻或消除其税收负担的主要途径有三条：一是逃避税收管辖权，使税收管辖权落空；二是滥用国际税收协定；三是转移或隐匿征税对象。

自然人和法人均可能通过避免、选择或改变税收居所的方式逃避税收管辖权，减轻甚至免除其税负。原非缔约国双方居民的人（包括个人、法人等）则可以通过人为的安排成为缔约国一方的居民，使他们享受协定给予的减免税优惠。转移或隐匿征税对象则主要通过转让定价、人为地分配成本费用和资本弱化的办法进行。

8. 避税港指的就是完全或实际上不征收所得税和虽然征收所得税但税率很低或对离岸业务或境外收入给予减免税优惠，从而纳税人可通过其避免或减轻居住国所得税的国家和地区。

跨国纳税人利用避税港进行逃税避税的主要形式是在避税港建立"基地公司"。基于避税目的的基地公司有如下一些基本类型：国际商务公司、离岸金融公司、持股公司（持权公司）、信托、自保险公司等。

9. 防止通过住所或居所的避免和国际迁移逃避税收管辖权的措施比较简单，就是对本国居民放弃本国住所或居所的自由作出限制性规定。防止滥用国际税收协定避税的重点是解决"导管"公司问题，具体可采用：透视法、排除法、征税法和途径（渠道）法。

为了对抗利用转让定价和成本费用人为分配这一途径的逃税和避税，多数国家在税法上赋予税务机关根据"正常交易原则"对转让定价和成本费用人为分配进行重新调整的权力。具体方法包括可比非受控价格法、转售价格法、成本加成法、可比利润法（交易净利法）、利润分割法和其他合理方法（包括全球公式分配办法）。美国《国内收入法典》第 482 节及其实施规章和 OECD《跨国企业和税务局的转让定价指南》是转让定价调整法规的范本。

防止通过资本弱化进行避税的重点则在于对利息扣除进行限定，或者将名义上由债权产生实际却是由股权产生的所得推定为股息加以课税，或者二者并用。

防止避税港避税的主要措施是建立"受控外国公司"专门法案，对 CFC 所得中按股权比例归属于本国居民（包括个人、法人、非法人企业和团体、合伙企业、信托等）的所得，即使没有分配或汇回本国也要视同当期已分配所得向本国政府承担纳税责任，从而对延迟纳税进行限制，防止国际避税逃税活动。

【概念与术语】

税收管辖权（jurisdiction to tax） 居民税收管辖权（resident jurisdiction to tax） 公民税收管辖权（citizen jurisdiction to tax） 收入来源地税收管辖权（source jurisdiction to tax） 住所（docimile） 居所（residence） 决胜法（tie breaker） 公司组建（incorporation）地 中心管理和控制（central management and control）所在地 公司所在地（company seat） 实际管理机构所在地（place of effective management） 主要机构或总机构（main office or head office）所在地 不动产所得 营业利润 常设机构 实际联系原则（economic connection principle） 引力原则（force of attraction principle） 正常交易原则（arm's length principle） 股息 利息 特许权使用费 独立个人劳务所得 非独立个人劳务所得 财产所得 重复征税 重叠征税 国际重复征税 国际重叠征税 扣除法 免税法 全额免税法 累进免税法 抵免法 全额抵免法 限额抵免法 直接抵免 间接抵免 抵免限额 分项限额 分国限额 综合限额 税收饶让 偷逃税 避税 滥用国际税收协定 导管公司（conduit companies） 避税港 基地公司 国际商务公司 离岸金融公司 持股公

司（holding company）　信托　自保险公司（captive insurance company）　透视法（the looking through approach）　排除法（the exclusion approach）　征税法（the subject-to-tax approach）　途径（渠道）法（the channel approach）　国际关联企业　转让定价　人为地分配成本费用　预约定价　美国《国内收入法典》第482节　可比非受控价格法　转售价格法　成本加成法　可比利润法　交易净利法　利润分割法　资本弱化（thin capital）　安全港比率　背靠背贷款（back-to-back loans）　混合融资工具（hybrid financing instruments）　受控外国公司（CFC）　美国国内收入法典F分部

【思考题】

1. 试从主权约束的角度分析国内税法与国际税收协定之间的关系。
2. 简述自然人或法人被缔约国双方同时认定为本国居民时的判定规则。如果其被非缔约国认定为居民时又该如何判断？
3. 中国新企业所得税法关于居民企业的认定规则与国际通行的认定规则有何联系与区别？
4. 为什么说联合国范本所确定的征税权分配规则有利于发展中国家？
5. 为什么联合国范本中常设机构利润归属的引力原则在大多数国家未被采用？
6. 联合国范本和OECD范本对跨国个人劳务所得的一般征税规则有何区别？
7. 试述中国现行抵免制度的规则及其改进措施。
8. 为什么中国对外谈判签订国际税收协定要坚持设立饶让抵免条款？
9. 简述国际重复（叠）征税产生的原因和免除方法。
10. 论述跨国纳税人逃避税途径及国际社会的防范措施。
11. 什么是避税港？如何通过避税港进行避税活动？
12. 什么是滥用国际税收协定？如何通过滥用国际税收协定达到减轻税收负担目的？
13. 什么是受控外国公司？其避税机理如何？
14. 转让定价调整如何遵循正常交易原则？
15. 什么是资本弱化？如何防止通过资本弱化进行避税的行为？
16. 如何防止通过在避税港设立持股公司避税？

第三篇　中国税收法律制度

第十三章

增　值　税

【本章提要】

1. 增值税的征税范围。
2. 增值税的纳税人及其适用税率。
3. 增值税应纳税额的计算。
4. 增值税的优惠政策。
5. 增值税的纳税时间、地点。

增值税在法国实践成功以后为越来越多的国家所采用。国际上已形成相当系统、完善与规范的增值税课征制度。中国从1979年开始试点采用增值税，1993年发布《中华人民共和国增值税暂行条例》和实施细则，1994年增值税在中国全面推行，并成为中国税制结构中占据第一位的主体税种。2009年开始实施修订的增值税暂行条例和实施细则，中国增值税从生产型转变为消费型。

第一节　增值税的征税对象范围及纳税人

一、增值税的征税对象

增值税源于由亚当斯提出的营业毛利税，而所谓的营业毛利就是指销货额减进货额后的余额。此后，增值税逐步发展并被定义为以商品生产流通和劳务服务各个环节增值额为征税对象的一种税。由此可见，增值税的征税对象是商品生产流通和劳务服务各个环节中的增值额。由于中国实行的是有限型增值税，现行税法规定的增值税的征税对象，是在中华人民共和国境内销售货物或提供加工、修理修配劳务以及进口货物过程中实现的增值额。这里所称的在中华人民共和国境内销售货物、提供劳务，是指所销售货物的起运地或所在地在境内，所提供的应税劳务发生在境内。

二、增值税的征税范围

总的来讲，现行增值税的征税范围包括销售或者进口货物和提供加工、修理修配劳务两大项，但对于实际操作中的某些特殊项目或发生的某些特殊行为是否属于增值税的征税范围，另有具体的规定。增值税的征税对象在范围上包括以下四个方面。

（一）销售货物和进口货物

所谓货物是指有形动产，包括电力、热力、气体在内。[①] 土地、房屋和其他建筑物等不动产不属于增值税征税范围，不作为增值税应税货物看待。销售货物指有偿转让货物的所有权。这里所称有偿包括从购买方取得货币、货物或其他经济利益。[②] 也就是说，作为增值税应税行为的销售货物，不仅包括货币交易，而且包括货物交易等非货币交易。进口货物增值税由海关代征，与关税一并征收。进口货物不仅包括通过贸易途径输入的有形动产，而且包括个人携带及邮递进境的应税物品。

（二）提供加工、修理、修配劳务

加工，指受托加工货物，即委托方提供原料及主要材料，受托方按照委托方的要求制造货物并收取加工费的业务。修理修配，指受托方对损伤和丧失功能的货物进行修复，使其恢复原状和功能的业务。作为增值税应税劳务的提供加工、修理修配劳务，指有偿即以从委托方或客户取得货币、货物和其他经济利益为条件提供的加工、修理修配劳务。单位或个体经营者聘用的员工为本单位或雇主提供加工、修理修配劳务，作为劳务提供上的“自产自用”本应视同对外销售劳务，但考虑到确定税基及税收征收管理操作上的困难，免于征收增值税。

劳务包括许多内容，之所以单独把加工、修理修配劳务列为增值税征税对象，主要出于税负平衡考虑。因为虽然加工、修理修配均不发生货物所有权转移问题，但对委托方而言，通过委托加工、修理修配形式获得所需产品与通过外购形式没有实质性差别；对受托方而言，利用客户提供的原材料（在修理修配场合下原材料就是受损伤或丧失功能的货物）进行生产与自行外购原材料实质上也没有差别。如果对加工、修理修配劳务不征增值税而征营业税，对委托方而言通过委托加工、修理修配形式获得的“进项”即投入品已纳税款得不到抵扣，造成进项税额抵扣不平衡；对受托方而言则造成一般生产和委托加工、修理修配业务之间的税负不平衡。把加工、修理修配劳务纳入增值税征税对象范围就解决了这一问题。

（三）征收增值税的某些特殊业务

在确定应缴纳增值税的应税货物时，为避免在实际工作中混淆增值税和营业税的征税范围，中国明确规定将某些特殊业务纳入增值税征税范围。具体包括：货物期货（包括商品期货和贵金属期货）；银行销售金银业务；典当业的死当物品销售业务和寄售业代委托人销售寄售物品的业务（包括居民个人寄售的物品在内）[③]；生产集邮商品

---

① 《中华人民共和国增值税暂行条例实施细则》（以下简称《增值税暂行条例实施细则》），第 2 条。

② 《增值税暂行条例实施细则》，第 3 条。

③ 国家税务总局，《增值税若干具体问题的规定》，国税发［1993］154 号。

以及邮政部门集邮公司以外的单位或个人销售、调拨集邮商品的[①]；邮政部门以外的其他单位与个人发行报刊的[②]；电信单位单纯销售无线寻呼机、移动电话，不提供有关的电信劳务服务的[③]，征收增值税。

（四）征收增值税的某些特殊行为

1. 视同销售

销售货物的重要标志是有偿转让货物的所有权。但实际生产经营活动中，转让货物有时不发生所有权转移或不是以直接有偿形式进行，包括将货物交付他人代销；销售代销货物；设有两个以上机构并实行统一核算的纳税人，将货物从一个机构移送其他机构用于销售［但相关机构设在同一县（市）的除外］；将自产、委托加工的货物用于非应税项目或用于集体福利及个人消费；将自产委托加工或购买的货物作为投资提供给其他单位或个体工商户、分配给股东或投资者、无偿赠送其他单位或者个人。这些形式的货物转移行为视同销售征收增值税。[④] 这主要出于公平和管理便利的原因。对委托代销、货物在同一纳税人异地不同机构间的移送调拨，虽然不转移货物所有权，还没有真正实现销售，但为了便于增值税的税收管辖，保持增值税链条连续性，视同销售。对自产自用（包括将自产、委托加工的货物用于非增值税应税项目，用于投资、分配、集体或个人消费、赠送）视同销售，主要出于公平考虑。由于这些自产自用货物的投入品已纳税额已予抵扣，对这些货物不征增值税会造成两个后果：①这些货物实际上变为有抵扣权的免税货物（即零税率货物），使零税率优惠政策的界限不明确；②自产自用货物与外购的同样品种同样价格作同样用途的商品之间税负不平衡，从而影响公平竞争。因而自产自用视同对外销售。

2. 混合销售

一项销售行为既涉及货物又涉及非应税劳务，为混合销售行为。这里所称非应税劳务，指属于应缴营业税的交通运输业、建筑业、金融保险业、邮电通信业、文化体育业、娱乐业、服务业税目征收范围的劳务。从事货物的生产、批发或零售的企业、企业性单位及个体工商户（包括以从事货物的生产、批发或者零售为主，并兼营非增值税应税劳务的单位和个体工商户在内）的混合销售行为，视为销售货物，应当征收增值税；其他单位和个人的混合销售行为，视为销售非应税劳务，不征收增值税。[⑤] 判定纳税人以从事货物的生产、批发或零售为主的具体标准是：纳税人的年货物销售额与增值税非应税劳务营业额的合计数中，年货物销售额超过50%，增值税非应税劳务

① 财政部、国家税务总局，《关于增值税、营业税若干政策规定的通知》，财税字［1994］26号；国家税务总局，《关于营业税若干问题的通知》，国税发［1995］76号。

②③ 财政部、国家税务总局，《关于增值税、营业税若干政策规定的通知》，财税字［1994］26号。

④ 《增值税暂行条例实施细则》，第4条。

⑤ 《增值税暂行条例实施细则》，第5条。

营业额不到50%。①

从中国多年来小范围试行增值税的实践来看，如何按不同的税种对一笔收入进行划分并分别征税，以及如何确定增值税的抵扣范围是造成增值税计算复杂的主要原因。因为营业税项目所耗用外购货物和劳务的进项税额不得抵扣，若要区分对待，实际操作极为繁杂。上述对混合销售行为的划分原则，解决了同一笔收入分别适用不同税种所造成的征税和抵扣计算复杂的问题，方便了税收的日常征收管理。

3. 兼营非应税劳务

纳税人的销售行为如果既涉及货物或应税劳务，又涉及非应税劳务，为兼营非应税劳务。纳税人兼营非应税劳务的，应分别核算货物或应税劳务和非应税劳务的销售额。未分别核算的，由主管税务机关核定货物或者应税劳务的销售额。②

兼营非应税劳务同混合销售行为的区别在于：混合销售行为强调的是一项销售行为同时涉及货物和非应税劳务，其范围仅指货物与非应税劳务的混合。而兼营非应税劳务，是指销售货物与销售非应税劳务不是在一项销售行为中同时发生，即在两项业务中发生的。如：某单位销售铝合金材料并负责安装门窗的业务，是在一项销售行为中发生的，属于混合销售行为，而附属的非独立核算的打字复印部的打印业务与销售铝合金材料的业务，不是一项销售行为，是两项业务，属于兼营非应税劳务。

4. 代购及代理进口货物

代购货物是指以委托方的名义购买货物并交给委托方，代购方只收取手续费的行为。对代购方获取的手续费收入应征收营业税，但对不同时具备以下条件的，无论会计制度规定如何核算，均征收增值税：①受托方未垫付资金；②销货方将发票开具给委托方，并由受托方将该项发票转交给委托方；③受托方按销售方实际收取的销售额和增值税与委托方结算货款，并另外收取手续费。③

代理进口货物的行为，属于代购货物行为，应按增值税代购货物的征税规定执行。但鉴于代理进口货物的海关完税凭证有的开具给委托方，有的开具给受托方的特殊性，对代理进口货物，以海关开具的完税凭证上的纳税人为增值税纳税人。即对报关进口货物，凡是海关的完税凭证开具给委托方的，对代理方不征增值税，凡是海关的完税凭证开具给代理方的，对代理方应按规定征收增值税。④

三、增值税的纳税人

在中国境内一切经营销售、进口列入增值税征税对象范围的货物、提供应税劳务的单位和个人都是增值税的纳税人。这里所称单位，指国有企业、集体企业、私有企业、股份制企业、其他企业和行政单位、事业单位、军事单位、社会团体及其他单位；

①③ 财政部、国家税务总局，《关于增值税、营业税若干政策规定的通知》，财税字［1994］26号。

② 《增值税暂行条例实施细则》，第7条。

④ 国家税务总局，《增值税问题解答》，国税函发［1995］288号。

所称个人，指个体工商户及其他个人。[①] 企业租赁或承包给他人经营的，以承租人或承包人为纳税人。[②]

为了便于增值税的推行、简化征管手续、节约征税成本，中国按国际通行做法将增值税纳税人分为一般纳税人和小规模纳税人。增值税是以纳税人销售额为计税依据，并实行扣除以前环节已征税款制度的一种流转税。从税收公平理论讲，增值税的每个纳税人都应有同等的权利和义务。纳税人日常经营活动中每发生一笔购货业务时，相应的进项税额都要在会计账簿中进行记录并最后从销项税额中汇总扣除，而不应有一般纳税人与小规模纳税人之分。但是，1994 年税制改革后，中国增值税的征收范围扩大到涉及采掘业、制造业、商业批发、零售以及部分服务业等诸多行业，增值税纳税人既有会计核算比较健全[③]、会计工作人员素质较高、能正确核算增值税的销项税额和进项税额的大、中型企业，又有大量的经营规模较小、会计核算不够健全、很难按增值税的要求对每一笔购销业务进行正确核算的小型企业和个体工商业户。因此，中国对小规模纳税人销售货物或提供应税劳务采取简易的征税办法，也就是说小规模纳税人不得领购使用增值税专用发票，其应纳税额按法定的征收率计算，不得抵扣进项税额；购货方从小规模纳税人购入货物或取得应税劳务其已纳税额也不得抵扣。

判定小规模纳税人的标准是：①从事货物生产或提供应税劳务的纳税人，以及以从事货物生产或提供应税劳务为主（全部年应税销售额中货物或应税劳务的销售额超过 50%），并兼营货物批发或零售（全部年应税销售额中批发或零售货物的销售额不到 50%）的纳税人，年应征增值税销售额（以下简称应税销售额）在 50 万元（含）以下的；②其他纳税人，年应税销售额在 80 万元（含）以下的。小规模纳税人销售额不包括其应纳税额。[④]

增值税纳税人，年应税销售额超过财政部、国家税务总局规定的小规模纳税人标准的，除不认定一般纳税人的情形外，都应当向主管税务机关申请一般纳税人资格认定。这里所称的年应税销售额，包括纳税申报销售额、稽查查补销售额、纳税评估调整销售额、税务机关代开发票销售额和免税销售额。稽查查补销售额和纳税评估调整销售额计入查补税款申报当月的销售额，不计入税款所属期销售额。[⑤]

年应税销售额未超过财政部、国家税务总局规定的小规模纳税人标准以及新开业的纳税人，如果有固定的生产经营场所、能够按照国家统一的会计制度规定设置账簿，根据合法、有效凭证核算，能够提供准确税务资料的，可以向其机构所在地主管税务机关申请一般纳税人资格认定，不作为小规模纳税人，按一般纳税人的计税程序计算

---

① 《增值税暂行条例实施细则》，第 9 条。

② 《增值税暂行条例实施细则》，第 10 条。

③ 会计核算健全，是指能够按照国家统一的会计制度规定设置账簿，根据合法、有效凭证核算，能够准确提供税务资料。

④ 《增值税暂行条例实施细则》，第 28、29、30 条。

⑤ 国家税务总局，《关于明确〈增值税一般纳税人资格认定管理办法〉若干条款处理意见的通知》，国税函［2010］139 号。

纳税。[①] 除国家税务总局另有规定外，小规模纳税人一经认定为一般纳税人，不得再转为小规模纳税人。[②]

下列纳税人不办理一般纳税人资格认定：①个体工商户以外的其他个人；②选择按照小规模纳税人纳税的非企业性单位；③选择按照小规模纳税人纳税的不经常发生应税行为的企业。[③]

第二节 增值税的税率

一、增值税税率的特点

一般税种的税率反映应纳税额与计税基础的比例关系，例如营业税税率＝应纳营业税额/营业收入，所得税税率＝应纳所得税额/应纳税所得额；在不考虑转嫁因素条件下，某种税税率表明该种税纳税人对该种税的负担水平。由于增值税主要特点是购进投入品已纳税额可以抵扣，其税率不反映单个纳税人对增值税的负担水平，而反映至本阶段止参与生产经营周转的纳税人的增值税整体交付水平。本阶段应纳增值税额＝销售额×增值税税率－以前阶段已纳增值税额（即进项税额），因此，增值税税率＝（本阶段应纳税额＋以前阶段已纳税额）/销售额。对最终进入消费的前一经营阶段而言，增值税税率＝商品或应税劳务已纳全部增值税额/最终销售额。在单一税率下，最终销售额相等、税额相等、税负相同，增值税税率反映消费者对其所购买的商品或劳务的增值税负担水平。

二、增值税税率的设置原则

由于增值税及其税率的特殊性，增值税税率设置要贯彻下列原则：

（1）简化原则。规范化的增值税在多档税率制下绝无实现的可能，因为在多档税率制下，纳税人要把销售额在不同税率的货物间进行划分，造成计算复杂化，以及可抵扣的发票注明的进项税额与购进投入品实际税负的不一致，还会导致出口退税的不准确。规范化的增值税要实行单一或接近单一税率制。中国增值税实行17％、13％两档税率，符合简化原则。

（2）低税率、零税率尽量设置在生产经营的最终阶段（即进入消费阶段或出口阶段）原则。因为在凭发票注明税款抵扣进项税额的增值税制度下，本阶段课征会对前一阶段的低税、免税产生追补效应。低税率、零税率只有设在生产经营的最终阶段或出口阶段才有实际意义。由于最终消费品或最终消费阶段不容易判断，实务中一般按货物或劳务性质，采取列举的办法主要把某些需要优惠的生活必需消费品等列为低税

---

① 《增值税暂行条例》，第13条；《增值税暂行条例实施细则》，第27条；国家税务总局，《增值税一般纳税人资格认定管理办法》，国家税务总局令第22号。

② 《增值税暂行条例实施细则》，第33条。

③ 国家税务总局，《增值税一般纳税人资格认定管理办法》，国家税务总局令第22号。

率货物。

三、增值税税率的适用范围

适用13%低税率货物的具体范围包括：①粮食、食用植物油、食用盐；②自来水、暖气、冷气、热水、煤气、石油液化气、天然气、沼气、居民用煤炭制品；③图书、报纸、杂志；④饲料、化肥、农药、农机、农膜；⑤国务院规定的其他货物。上述列举之外，销售或进口货物，提供应税劳务即加工、修理修配劳务，税率均为17%；出口货物，税率为零，但国务院另有规定的除外。① 纳税人兼营不同税率的货物或应税劳务，应分别核算不同税率货物或应税劳务的销售额，未分别核算销售额的，从高适用税率。②

小规模纳税人增值税征收率为3%，征收率的调整由国务院决定。小规模纳税人（除其他个人外）销售自己使用过的固定资产，减按2%征收率征收增值税。小规模纳税人销售自己使用过的除固定资产以外的物品，应按3%的征收率征收增值税。③

对于一般纳税人的特定销售行为，可以确定征收率，按照简易办法征收增值税，并视不同情况，采取不同的征收管理办法④：

（1）一般纳税人销售自产的下列货物，可选择按照简易办法依照6%征收率计算缴纳增值税：①县级及县级以下小型水力发电单位生产的电力。小型水力发电单位，是指各类投资主体建设的装机容量为5万千瓦以下（含5万千瓦）的小型水力发电单位。②建筑用和生产建筑材料所用的砂、土、石料。③以自己采掘的砂、土、石料或其他矿物连续生产的砖、瓦、石灰（不含黏土实心砖、瓦）。④用微生物、微生物代谢产物、动物毒素、人或动物的血液或组织制成的生物制品。⑤自来水。⑥商品混凝土（仅限于以水泥为原料生产的水泥混凝土）。

一般纳税人选择简易办法计算缴纳增值税后，36个月内不得变更。

（2）一般纳税人销售货物属于下列情形之一的，暂按简易办法依照4%征收率计算缴纳增值税：①寄售商店代销寄售物品（包括居民个人寄售的物品在内）；②典当业销售死当物品；③经国务院或国务院授权机关批准的免税商店零售的免税品。

（3）一般纳税人销售自己使用过的不得抵扣且未抵扣进项税额的固定资产，按简易办法依4%征收率减半征收增值税。

一般纳税人销售自己使用过的其他固定资产，以及除固定资产以外的物品，应当按照适用税率征收增值税。

增值税一般纳税人按简易征收办法征税后，对生产销售简易征收货物购进的进项

---

① 《增值税暂行条例》，第2条。

② 《增值税暂行条例》，第3条。

③ 财政部、国家税务总局，《关于部分货物适用增值税低税率和简易办法征收增值税政策的通知》，财税[2009] 9号。

④ 财政部、国家税务总局，《关于部分货物适用增值税低税率和简易办法征收增值税政策的通知》，财税[2009] 9号；国家税务总局，《关于增值税简易征收政策有关管理问题的通知》，国税函[2009] 90号。

税额不得抵扣。

第三节　增值税的应纳税额计算

增值税的最大特点就是购进投入品已纳税款（即进项税额）可以抵扣，从而间接地达到只对增值额征税的目的，这是增值税优于传统全值型流转税的根本原因所在。增值税的应纳税额＝当期销项税额－当期进项税额。因此，增值税的应纳税额计算涉及两方面问题，一是计算销项税额，一是计算进项税额。但对小规模纳税人而言，只涉及销项税额计算问题，其应纳税额＝销售额×征收率，进项税额不得抵扣。增值税的应纳税额的计算方法如表 13-1 所示。

表 13-1　增值税应纳税额计算方法一览表①

方法	适用范围	计算方式	税额抵扣情况
一般计算方法	一般纳税人销售货物或提供应税劳务	应纳税额＝当期销项税额－当期进项税额	可抵扣进项税额
简易征收计算方法	小规模纳税人销售货物或提供应税劳务 一般纳税人销售特定货物	应纳税额＝销售额×征收率	不许抵扣进项税额
进口货物计算方法	进口货物	应纳税额＝海关核定组成计税价格×税率	不许抵扣任何税额

一、增值税销售额的确定

无论是一般纳税人还是小规模纳税人，其计税依据都是销售额，而且在计算增值税应纳税额时，首先要确定的就是销售额。因此，这里先介绍销售额的计算与确定规则。

（一）确定销售额的一般规定

销售额为纳税人销售货物或应税劳务向购买方收取的全部价款和价外费用，但不包括收取的销项税额②，这体现中国实行价外税的增值税模式。这里所称价外费用，指价外向购买方收取的手续费、补贴、基金、集资费返还利润、奖励费、违约金（延期付款利息）、包装费、包装物租金、储备费、优质费、运输装卸费、代收款项、代垫款项及其他各种性质的价外收费，但下列项目不包括在内：

（1）向购买方收取的销项税额。

（2）受托加工应征消费税的消费品所代收代缴的消费税。

（3）同时符合以下条件的代垫运费：①承运部门的运费发票开具给购货方的，②纳税人将该项发票转交给购货方的。

① 陈共，《增值税操作实务》，中国税务出版社，1999 年，第 70 页。

② 《增值税暂行条例》，第 6 条。

(4) 同时符合以下条件代为收取的政府性基金或者行政事业性收费：①由国务院或者财政部批准设立的政府性基金，由国务院或者省级人民政府及其财政、价格主管部门批准设立的行政事业性收费；②收取时开具省级以上财政部门印制的财政票据；③所收款项全额上缴财政。

(5) 销售货物的同时代办保险等而向购买方收取的保险费，以及向购买方收取的代购买方缴纳的车辆购置税、车辆牌照费。凡价外费用，无论其会计制度规定如何核算，均应并入销售额计算应纳税额。[①] 比如：厂家在销售产品时以自有运输工具送货上门并向客户收取的运费等都属价外费用。

(二) 销货退回或折让情况下销售额的确定

一般纳税人因销货退回或折让而退还给购买方的增值税额，应从发生销货退回或折让当期的销项税额中扣减。因购进货物退出或者折让而收回的增值税额，应从发生购进货物退出或者折让当期的进项税额中扣减。[②] 小规模纳税人因销货退回或折让退还给购买方的销售额，应从发生销货退回或折让当期的销售额中扣减。[③] 这与上述一般纳税人直接退还给购买方增值税实质上是一致的，因为销售额乘以征收率即增值税额，只不过小规模纳税人采用简化的征收办法，不存在销项税额与进项税额之分。

(三) 混合销售销售额的确定

混合销售行为的非应税劳务，按规定应当征收增值税的，其销售额为货物与非应税劳务的销售额的合计。[④]

(四) 合并定价销售额的确定

现行增值税实行价外税模式，但为了避免造成增值税导致涨价的误会，适应公众购买习惯，对零售环节的货物或应税劳务仍采用税含价格中的定价方法。这种情况在其他环节也会出现，如果出现就要区分纳税人身份，将含税销售额换算为不含税销售额。

一般纳税人销售货物或应税劳务采用销售额和销项税额合并定价方法的，按下列公式计算销售额：

销售额＝含税销售额÷（1＋税率）[⑤]

小规模纳税人销售货物或应税劳务采用销售额和应纳税额合并定价方法的，按下列公式计算销售额：

销售额＝含税销售额÷（1＋征收率）[⑥]

---

① 《增值税暂行条例实施细则》，第 12 条。
② 《增值税暂行条例实施细则》，第 11 条。
③ 《增值税暂行条例实施细则》，第 31 条。
④ 《增值税暂行条例实施细则》，第 13 条。
⑤ 《增值税暂行条例实施细则》，第 14 条。
⑥ 《增值税暂行条例实施细则》，第 30 条。

（五）外币标价和进口货物的销售额的确定

销售额以人民币计算。纳税人以外汇结算销售额的，应当按外汇市场价格折合人民币计算。① 其销售额的人民币折合率可以选择销售额发生当天或当月1日的国家外汇牌价（原则上为中间价）。纳税人应事先确定采用何种折合率，确定后1年内不得变更。②

纳税人进口货物在进口环节交纳增值税，按照组成计税价格和规定的税率计算应纳税额，即应纳税额＝组成计税价格×税率，不得抵扣任何税额。这是由于各国对出口货物一般免征关税和退还国内流转税，进口到中国的货物一般不含流转税，不存在进项税额问题，即使含有出口国流转税，出于国家主权考虑中国也没有承担抵扣在出口国已纳流转税的义务。由于货物进口后在进口环节要征关税、部分货物要征消费税，因此进口货物增值税计税基础即组成计税价格＝关税完税价格＋关税＋消费税。③

（六）几种特殊经营方式的货物销售额的确定

（1）纳税人为销售货物（含啤酒、黄酒）而出租出售包装物收取的押金，单独记账核算的，不并入销售额征税。但对因逾期未收回包装物，不再退还的包装物押金，应按所包装货物的适用税率征收增值税。④ 对销售啤酒、黄酒以外的其他酒类产品而收取的包装物押金，无论是否返还以及会计上如何核算，均并入当期销售额征税。⑤

（2）纳税人采取折扣方式销售货物，如果销售额和折扣额在同一张发票上分别注明，可按折扣后的销售额征收增值税；如果将折扣额另开发票，不论其在财务上如何处理，均不得从销售额中减除折扣额。⑥此处折扣销售是指纳税人在销售货物或应税劳务时，按协议给予购买方的价格优惠，不同于销售折扣，销售折扣是销货方为了鼓励购货方尽早付款而协议许诺给购货方的一种折扣优待，应计入财务费用，不得从销售额中减除。

（3）纳税人采取以旧换新方式销售货物，应按新货物的同期销售价格确定销售额。⑦以旧换新销售，是纳税人在销售过程中，折价回收同类旧货物，并以折价款部分冲减货物价款的一种销售方式。对金银首饰的以旧换新的业务，可以按销售方实际收取的不含增值税的全部价款确定销售额。⑧

（4）纳税人采取还本销售方式销售货物的，不得从销售额中减除还本支出。⑨所谓

---

① 《增值税暂行条例》，第6条。

② 《增值税暂行条例实施细则》，第15条。

③ 《增值税暂行条例》，第14条。

④⑥⑦⑨ 国家税务总局，《增值税若干具体问题的规定》，国税发［1993］154号。

⑤ 国家税务总局，《关于加强增值税征收管理若干问题的通知》，国税发［1995］192号。

⑧ 财政部、国家税务总局，《关于金银首饰等货物征收增值税问题的通知》，财税字［1996］74号。

还本销售，指客户支付一笔货款购得货物，但经过一定时间后卖方（即纳税人）又将货款全部或部分退还给买方，如果是全部退还，实质上买方以货款利息购得货物，退还的货款即为还本支出。

（七）价格明显偏低且无正当理由，以及无销售价格情况下的销售额确定规则

中国存在企业间税负（特别是所得税负担）差别，部分纳税人可能通过人为压低价格将货物出售（可能只是名义）给税负低的关联企业，关联企业再将货物出售给其他企业，从而达到将利润转移到低税关联企业以减轻税负之目的。为了防止此种现象发生，税收法规规定了对价格或销售额的调整办法。纳税人销售货物或应税劳务价格明显偏低并无正当理由者，发生视同销售货物而无销售额者，其销售额按下列顺序确定①：

（1）按纳税人最近时期同类货物的平均销售价格确定。

（2）按其他纳税人最近时期同类货物的平均销售价格确定。

（3）按组成计税价格确定。

$$组成计税价格=成本\times(1+成本利润率)$$

属于应征消费税的货物，其组成计税价格中应加计消费税额，计算公式为

$$组成计税价格=成本\times(1+成本利润率)+消费税税额$$

两式中的成本分为两种情况：属于销售自产货物的，其成本为实际生产成本；属于销售外购货物的，其成本为实际采购成本。式中的成本利润率为10%。但属于应从价定率征收消费税的货物，其组价公式中的成本利润率，为《消费税若干具体问题的规定》中规定的成本利润率。② 即高档手表为20%，甲类卷烟、粮食白酒、高尔夫球及球具、游艇为10%，乘用车为8%，贵重首饰及珠宝玉石、摩托车为6%，乙类卷烟、雪茄烟、烟丝、薯类白酒、其他酒、酒精、化妆品、鞭炮焰火、汽车轮胎、木制一次性筷子、实木地板、中轻型商用客车为5%。③

二、增值税的销项税额

销项税额是纳税人销售货物或应税劳务，按照销售额和规定的税率计算并向购买方收取的增值税额。销项税额的计算公式为

$$销项税额=销售额\times税率$$

例如：作为一般纳税人的某厂家，2009 年 3 月产品销售收入为 23 万元（不含税），其销项税额为

$$23\times17\%=3.91（万元）$$

---

① 《增值税暂行条例实施细则》，第 16 条。

② 国家税务总局，《增值税若干具体问题的规定》，国税发［1993］154 号。

③ 国家税务总局，《消费税若干具体问题的规定》，国税发［1993］156 号。

三、增值税的进项税额

纳税人购进货物或接受应税劳务，所支付或负担的增值税额为进项税额。①

（一）准予抵扣的进项税额

根据中国税法及相关法规，纳税人购进货物或应税劳务时，准予抵扣的进项税额有

（1）增值税扣税凭证上注明的增值税税额即准予从销项税额中抵扣的进项税额，也就是从销售方取得的增值税专用发票注明的增值税税额；从海关取得的海关进口增值税专用缴款书上注明的增值税额。②其中，纳税人进口货物时，取得的合法海关进口增值税专用缴款书是计算增值税进项税额的唯一依据，其价格差额部分以及从境外供应商取得的退还或返还的资金，不作进项税额转出处理。③

（2）购进农产品，除取得增值税专用发票或者海关进口增值税专用缴款书外，按照农产品收购发票或者销售发票上注明的农产品买价和13%的扣除率计算的进项税额。其计算公式为：进项税额＝买价×扣除率。④所称买价，包括纳税人购进农产品在农产品收购发票或者销售发票上注明的价款和按规定缴纳的烟叶税。⑤

（3）购进或者销售货物以及在生产经营过程中支付运输费用的，按照运输费用结算单据上注明的运输费用金额和7%的扣除率计算的进项税额。进项税额计算公式：进项税额＝运输费用金额×扣除率。⑥所称运输费用金额，是指运输费用结算单据上注明的运输费用（包括铁路临管线及铁路专线运输费用）、建设基金，不包括装卸费、保险费等其他杂费。⑦ 自2007年1月1日起，取得的作为增值税扣税凭证的货运发票，必须是通过货运发票税控系统开具的新版货运发票。⑧

一般纳税人取得的国际货物运输代理业发票和国际货物运输发票，不得计算抵扣进项税额；取得的汇总开具的运输发票，凡附有运输企业开具并加盖财务专用章或发票专用章的运输清单，允许计算抵扣进项税额。⑨

（4）小规模纳税人购置税控收款机，经主管税务机关审核批准后，可凭购进税控收款机取得的增值税专用发票，按照发票上注明的增值税税额，抵免当期应纳增值税税额，或者按照购进税控收款机取得的普通发票上注明的价款，计算可抵免税额：可抵免税额$=\frac{价款}{1+17\%}\times 17\%$。当期应纳税额不足抵免的，未抵免部分可在下期继续

①②④⑥ 《增值税暂行条例》，第8条。

③ 国家税务总局，《关于纳税人进口货物增值税进项税额抵扣有关问题的通知》，国税函［2007］350号；《国家税务总局关于修改若干增值税规范性文件引用法规规章条款依据的通知》，国税发［2009］10号。

⑤ 《增值税暂行条例实施细则》，第17条。

⑦ 《增值税暂行条例实施细则》，第18条。

⑧ 国家税务总局，《关于公路、内河货物运输业统一发票增值税抵扣有关问题的公告》，国家税务总局公告［2006］2号。

⑨ 财政部、国家税务总局，《关于增值税若干政策的通知》，财税［2005］165号。

抵免。①

一般纳税人购进货物或应税劳务，支付运输费用，所支付款项的单位，必须与开具抵扣凭证的销货单位、提供劳务单位一致，才能申报抵扣进项税额。②

（二）不得抵扣的进项税额

（1）纳税人购进货物或应税劳务，未按照规定取得并保存增值税扣税凭证，或增值税扣税凭证上未按照规定注明增值税额及其他有关事项的，其进项税额不得从销项税额中抵扣。③

（2）用于非应税项目、免税项目、集体福利或个人消费的购进货物或应税劳务的进项税额，不得抵扣。④

购进货物，不包括既用于增值税应税项目（不含免征增值税项目）也用于非增值税应税项目、免征增值税（以下简称免税）项目、集体福利或者个人消费的固定资产。固定资产是指使用期限超过12个月的机器、机械、运输工具以及其他与生产经营有关的设备、工具、器具等。⑤ 个人消费包括纳税人的交际应酬消费。⑥ 非增值税应税项目，是指提供非增值税应税劳务、转让无形资产、销售不动产和不动产在建工程。不动产是指不能移动或者移动后会引起性质、形状改变的财产，包括建筑物、构筑物和其他土地附着物。纳税人新建、改建、扩建、修缮、装饰不动产，均属于不动产在建工程。⑦ 非应税项目、免税项目、集体福利或个人消费不征增值税，其耗用的购进货物或应税劳务的已纳增值税（即进项税额）自然不得抵扣，否则就变成有抵扣权的免税即零税率，会模糊零税率的政策界限。但是，混合销售行为按规定应当一并征收增值税的，该混合销售行为所涉及的非应税劳务所用购进货物的进项税额，符合抵扣规定的，准予从销项税额中抵扣。⑧ 这就是说，除采用零税率外，增值税的销项税额与进项税额抵扣之间存在对应性，只有征了增值税其进项税额才能得以抵扣。这一原则同样适用于非正常损失场合进项税额的抵扣问题。

（3）用于非正常损失的购进货物的进项税额与非正常损失的在产品、产成品所耗用的购进货物或应税劳务的进项税额均不得抵扣。⑨这里所称非正常损失，指因管理不善造成货物被盗窃、发生霉烂变质等损失。⑩ 非正常损失的购进货物不是应税销售货物的构成因素，其进项税额自然不得抵扣。

（4）已抵扣进项税额的购进货物或应税劳务，用于非应税项目、免税项目、集体

---

① 财政部、国家税务总局，《关于推广税控收款机有关税收政策的通知》，财税［2004］167号。

② 国家税务总局，《国家税务总局关于加强增值税征收管理若干问题的通知》，国税发［1995］192号。

③《增值税暂行条例》，第9条。

④⑨ 《增值税暂行条例》，第10条。

⑤《增值税暂行条例实施细则》，第21条。

⑥《增值税暂行条例实施细则》，第22条。

⑦《增值税暂行条例实施细则》，第23条。

⑧《增值税暂行条例实施细则》，第20条。

⑩《增值税暂行条例实施细则》，第24条。

福利或个人消费，发生非正常损失或耗用于非正常损失的在产品、产成品，其进项税额应从当期发生的进项税额中扣减。无法准确确定该项进项税额的，按当期实际成本计算应扣减的进项税额。①

(5) 一般纳税人兼营免税项目或非应税项目而无法准确划分不得抵扣进项税额的，按下列公式计算不得抵扣的进项税额：

不得抵扣的进项税额＝当月无法划分的全部进项税额×当月免税项目销售额、非增值税应税劳务营业额合计÷当月全部销售额、营业额合计。②

由于纳税人月度之间的购销可能不均衡，按上述公式计算也就可能出现不得抵扣的进项税额不实的现象。此时，可采取按年度清算的办法计算当年不得抵扣的进项税额，从而对月度计算的结果进行调整。③

(三) 进项税额抵扣时间的规定

增值税一般纳税人取得 2010 年 1 月 1 日以后开具的增值税专用发票、公路内河货物运输业统一发票和机动车销售统一发票，应在开具之日起 180 日内到税务机关办理认证，并在认证通过的次月申报期内，向主管税务机关申报抵扣进项税额。④ 一般纳税人认证通过的防伪税控系统开具的增值税专用发票，应在认证通过的当月按照增值税有关规定核算当期的进项税额申报抵扣，否则不予抵扣进项税额。⑤

第四节 增值税的优惠政策

为了更加合理、更加有效地发展社会主义市场经济，达到宏观调控目标，政府需利用税收本身的杠杆作用以及税收与其他经济杠杆的配合来调节经济，引导生产、投资和消费。增值税的优惠政策就是这样一种手段。中国目前增值税的优惠政策大致可以归纳为：减免税政策，包括免税、减税、暂不征或暂免征；先征后返政策，主要包括即征即退、先征后退和先征后返政策；起征点政策。

一、增值税减免税政策

(1) 农业生产者销售的自产农业产品，免征增值税。⑥ 此处所称农业，是指种植业、养殖业、林业、牧业、水产业；农业生产者包括从事农业生产的单位和个人；农产品，是指初级农产品，具体范围由财政部、国家税务总局确定。⑦ 销售外购的农业产

---

① 《增值税暂行条例实施细则》，第 27 条。

② 《增值税暂行条例实施细则》，第 26 条。

③ 国家税务总局，《增值税问题解答》，国税函发 [1995] 288 号。

④ 《国家税务总局关于调整增值税扣税凭证抵扣期限有关问题的通知》，国税函 [2009] 617 号。

⑤ 国家税务总局，《关于增值税一般纳税人取得防伪税控系统开具的增值税专用发票进项税额抵扣问题的通知》，国税发 [2003] 17 号。

⑥ 《增值税暂行条例》，第 15 条。

⑦ 《增值税暂行条例实施细则》，第 35 条。

品，销售经加工后仍属于所列举的农业产品的不属于免税范围。[①] 对国内企业生产销售的尿素产品暂免征收增值税。[②]

(2) 避孕药品和用具[③]；由国务院或省级人民政府卫生行政部门批准的，从事采集、提供临床用血，不以盈利为目的的血站，供应给医疗机构的临床用血[④]；对“宫内节育器”免征进口环节增值税。[⑤]

(3) 销售自己使用过的物品免征增值税。[⑥]

(4) 由残疾人组织直接进口供残疾人专用的物品[⑦]；供残疾人专用的假肢、轮椅、矫形器。[⑧]

(5) 对承担粮食收储任务的特定的国有粮食购销企业销售的粮食；对其他粮食经营企业销售的军队用粮、救灾救济粮、水库移民粮；对政府储备食用植物油的销售业务，免征增值税。[⑨]

(6) 古旧图书，指向社会收购的古书和旧书[⑩]；供应或开采未经加工的天然水（如水库供应农业灌溉用水，工厂自采地下水用于生产）[⑪]，免征增值税。

(7) 校办企业（含党校办企业）生产的用于本校教学科研方面的应税货物（属于消费税应税产品的除外）。[⑫]

(8) 外国政府、国际组织无偿援助的进口物资和设备；直接用于科学研究、科学试验和教学的进口仪器、设备，免征增值税。[⑬] 对境内单位从境外购买电视节目播映权而进口的电视节目工作带不征收进口环节增值税。[⑭]

(9) 对农村电管站在收取电价时一并向用户收取的农村电网维护费（包括低压线路损耗和维护费以及电工经费），免征增值税。[⑮]

(10) 自 2007 年 1 月 1 日起至 2010 年 12 月 31 日止，对国内定点生产企业生产的国产抗艾滋病病毒药品免征生产环节和流通环节增值税。[⑯]

(11) 对增值税纳税人收取的会员费收入不征收增值税。[⑰]

纳税人兼营免税、减税项目的应当单独核算免税、减税项目的销售额，未单独结

---

① 财政部、国家税务总局，《关于印发〈农业产品征税范围注释〉的通知》，财税字［1995］52 号。

② 财政部、国家税务总局，《关于暂免征收尿素产品增值税的通知》，财税［2005］87 号。

③⑥⑦⑬ 《增值税暂行条例》，第 15 条。

④ 财政部、国家税务总局，《关于血站有关税收问题的通知》，财税字［1999］264 号。

⑤ 财政部、国家税务总局，《关于对宫内节育器免征进口环节增值税的通知》，财税字［2004］17 号。

⑧ 财政部、国家税务总局，《关于增值税几个税收政策问题的通知》，财税字［1994］60 号。

⑨ 财政部、国家税务总局，《关于粮食企业增值税征免问题的通知》，财税字［1999］198 号。

⑩ 《增值税暂行条例实施细则》，第 35 条。

⑪ 国家税务总局，《增值税若干具体问题的规定》，国税发［1993］154 号。

⑫ 国家税务总局，《关于学校办企业征收流转税问题的通知》，国税发［1994］156 号。

⑭ 财政部、国家税务总局，《关于中央电视台等单位从境外购买电视节目播映权而进口的电视节目工作带进口环节增值税问题的通知》，财税字［2003］83 号。

⑮ 财政部、国家税务总局，《关于免征农村电网维护费增值税问题的通知》，财税字［1998］47 号。

⑯ 财政部、国家税务总局，《关于继续免征国产抗艾滋病病毒药品增值税的通知》，财税［2007］49 号。

⑰ 财政部、国家税务总局，《关于增值税若干政策的通知》，财税［2005］165 号。

算销售的，不得减免税。

二、增值税各类先征后返政策

（一）即征即退

（1）黄金生产和经营单位销售黄金（不包括以下品种：成色为AU9999、AU9995、AU999、AU995；规格为50克、100克、1公斤、3公斤、12.5公斤的黄金，以下简称标准黄金）和黄金矿砂（含伴生金），免征增值税；进口黄金（含标准黄金）和黄金矿砂（含伴生矿）免征进口环节增值税。黄金交易所会员单位通过黄金交易所销售标准黄金（持有黄金交易所开具的《黄金交易结算凭证》），未发生实物交割的，免征增值税；发生实物交割的，由税务机关按照实际成交价格代开增值税专用发票，并实行增值税即征即退的政策。[①]

（2）对燃煤电厂烟气脱硫副产品实行增值税即征即退的政策，享受政策的具体产品包括：二水硫酸钙含量不低于85%的石膏；浓度不低于15%的硫酸；总氮含量不低于18%的硫酸铵。[②]

（二）先征后退

（1）外国驻华使（领）馆及其外交代表（领事官员）和非中国公民且不在中国永久居留的行政技术人员，在华购买的物品和劳务，予以退还增值税。[③]

（2）对国家物资储备系统销售的储备物资，由税务部先征税，财政部门将已征税款返还给企业。[④]

（三）先征后返

对化肥生产企业生产销售的钾肥，实行先征后返。[⑤] 先征税后退税的具体退税由财政部门或财政部门委托征收机关办理。

三、增值税起征点规定

纳税人销售额未达增值税起征点的免征增值税。[⑥] 增值税起征点的适用范围只限于个人。增值税起征点的幅度规定为：

（1）销售货物的起征点为月销售额2000～5000元；

---

① 财政部、国家税务总局，《关于黄金税收政策问题的通知》，财税［2002］142号。

② 财政部、国家税务总局，《关于部分资源综合利用产品增值税政策的补充通知》，财税［2004］25号。

③ 国家税务总局、外交部，《关于印发外国驻华使（领）馆及其人员在华购买物品和劳务退还增值税管理办法的通知》，国税发字［2003］20号。

④ 财政部、国家税务总局，《关于国家物资储备局系统缴纳增值税、所得税的通知》，财税字［1994］63号。

⑤ 财政部、国家税务总局，《关于钾肥增值税有关问题的通知》，财税字［2004］197号。

⑥ 《增值税暂行条例》，第17条。

(2) 销售应税劳务的起征点为月销售额1500～3000元；

(3) 按次纳税的起征点为每次（日）销售额150～200元。

此处所称销售额是指小规模纳税人的销售额（即为含税销售额）。

对销售水产品、畜牧产品、蔬菜、果品、粮食等个体工商户，以及销售上述农产品为主的个体工商户，其起征点一律定为月销售额5000元，按次纳税的，起征点一律确定为每次（日）销售额200元。①

第五节 增值税的纳税时间及地点

一、增值税纳税义务发生时间

进口货物，为报关进口的当天。②

货物期货交易在实物交割环节交纳增值税。③

销售货物或应税劳务，为收讫销售款或取得索取销售款凭据的当天。④按销售结算方式的不同，具体为⑤：

(1) 采取直接收款方式销售货物，不论货物是否发出，均为收到销售额或取得索取销售额的凭证、并将提货单交给买方的当天。

(2) 采取托收承付和委托银行收款方式销售货物，为发出货物并办妥托收手续的当天。

(3) 采取赊销和分期收款方式销售货物，为合同约定的收款日期的当天。

(4) 采取预收货款方式销售货物，为货物发出的当天。

(5) 委托其他纳税人代销货物，为收到代销单位销售的代销清单的当天；未收到代销清单及货款的，为发出代销货物满180天的当天。

(6) 销售应税劳务，为提供劳务同时收讫销售额或取得索取销售额的凭据的当天。

(7) 纳税人发生除“将货物交付他人代销”“销售代销货物”以外的视同销售货物行为，为货物移送的当天。

二、增值税纳税期限

增值税的纳税期限分别为1日、3日、5日、10日、15日、1个月或者1个季度。纳税人的具体纳税期限，由主管税务机关根据纳税人应纳税额的大小分别核定；不能按固定期限纳税的，可以按次纳税。

纳税人以1个月或者1个季度为1个纳税期的，自期满之日起15日内申报纳税；以1日、3日、5日、10日或者15日为1个纳税期的，自期满之日起5日内预缴税款，

---

① 国家税务总局，《关于个体工商户销售农产品有关税收政策问题的通知》，国税发［2003］149号。

②④ 《增值税暂行条例》，第19条。

③ 国家税务总局，《关于下发〈货物期货征收增值税具体办法〉的通知》，国税发［1994］244号。

⑤ 《增值税暂行条例实施细则》，第38条。

于次月 1 日起 15 日内申报纳税并结清上月应纳税款。[①]

纳税人进口货物，自海关填发海关进口增值税专用缴款书之日起 15 日内缴纳税款。[②] 纳税人出口货物适用退（免）税规定的，应当向海关办理出口手续，凭出口报关单等有关凭证，在规定的出口退（免）税申报期内按月向主管税务机关申报办理该项出口货物的退（免）税。[③]

三、增值税纳税地点[④]

（1）固定业户应当向其机构所在地主管税务机关申报纳税。总机构和分支机构不在同一县（市）的，应当分别向各自所在地主管税务机关申报纳税；经国家税务总局或其授权的财政、税务机关批准，可以由总机构汇总向总机构所在地主管税务机关申报纳税。

（2）固定业户到外县（市）销售货物的，应当向其机构所在地主管税务机关申请开具外出经营活动税收管理证明，向其机构所在地主管税务机关申报纳税。未开具证明的，应当向销售地或者劳务发生地的主管税务机关申报纳税；未向销售地或者劳务发生地的主管税务机关申报纳税的，由其机构所在地的主管税务机关补征税款。

（3）非固定业户销售货物或应税劳务，应当向销售地或者劳务发生地的主管税务机关申报纳税。未向销售地或者劳务发生地的主管税务机关申报纳税的，由其机构所在地或者居住地的主管税务机关补征税款。

（4）进口货物，应当向报关地海关申报纳税。扣缴义务人应当向其机构所在地或者居住地的主管税务机关申报缴纳其扣缴的税款。

（5）实行统一核算的企业所属机构间移送货物，接受移送货物的机构发生：①向购货方开具发票；②向购货方收取货款，两项行为之一的，应向所在地税务机关缴纳增值税。未发生上述两项情形的，则应由总机构统一缴纳增值税。[⑤]

【本章小结】

1. 增值税是以纳税人增值额为课税对象的一种税，它有生产型、收入型和消费型之分，中国采用的是消费型增值税。

2. 中国现行增值税的征税范围从总的来讲，包括销售或者进口货物和提供加工、修理修配劳务两大项。同时，对属于增值税征税范围的某些特殊项目和特殊行为有具体规定。

3. 增值税的纳税人分为一般纳税人和小规模纳税人两大类。一般纳税人销售货物或提供应税劳务适用 17%或者 13%的增值税率并实行购进扣税法，小规模纳税人则按简易征收办法适用 3%的征收率。

---

① 《增值税暂行条例》，第 23 条。

② 《增值税暂行条例》，第 24 条。

③ 《增值税暂行条例》，第 25 条。

④ 《增值税暂行条例》，第 22 条。

⑤ 国家税务总局，《关于企业所属机构间移送货物征收增值税问题的通知》，国税发［1998］137 号。

4. 在计算应纳税额时，一般纳税人按照不含税销售额和适用税率计算销项税额，并按销项税额扣除可抵扣的进项税额后得出的应纳税额缴纳税款；小规模纳税人按不含税销售额乘以适用的征收率得出应纳税额。

5. 中国目前的增值税优惠政策大致分为：减免税、各种先征后返政策以及起征点规定等。

6. 中国税法规定，增值税纳税人必须在纳税义务发生后，按规定期限在法定的纳税地点向税务机关申报缴纳税款。

【概念与术语】

增值税的征税对象　视同销售　混合销售　兼营非应税劳务　增值税一般纳税人　增值税小规模纳税人　简易征收办法　增值税应纳税额　销项税额　价外费用　含税销售额　进项税额　税收优惠　纳税义务发生时间

【思考题】

1.《增值税暂行条例实施细则》规定的应征收增值税的视同销售行为有哪些？

2. 何为混合销售？何为兼营非应税劳务？两者有什么区别？

3. 如何划分增值税一般纳税人与小规模纳税人？

4. 中国税法规定适用13％低税率的增值税应税货物有哪些？

5. 哪些增值税一般纳税人可以选择简易征收办法计算缴纳增值税？

6. 价外费用指什么？哪些价外费用可以不包括在内？

7. 销货退回或折让、混合销售、合并定价、外币标价和进口、价格明显偏低且无正当理由等情况下，分别如何确定销售额？

8. 不得抵扣的进项税额有哪些？

9. 简述关于进项税额抵扣时间的规定。

10. 增值税的优惠政策有几种，试一一举例说明。

11.《增值税暂行条例》关于增值税纳税义务时间的规定是什么？

12. 对固定业户外出经营的税收规定有哪些？

13. 实行统一核算的企业所属机构间移送货物时，如何确定纳税地点？

【计算题】

1. 某工厂生产销售瓷砖，并为用户施工。2009年1月，该厂承包了某饭店的装修工程，工程总造价为90 000元，其中：该厂提供的自产瓷砖计价60 000元，施工费30 000元。工程完工后，该厂给饭店开具了普通发票，并以银行转账方式收回货款（含施工费）。问该项业务应交纳增值税还是营业税？应交税额如何确定？

2. 某计算机服务公司，以销售计算机为主，并从事软件开发及为客户提供咨询等业务。2009年5月该公司销售计算机取得收入700 000元（不含税），软件开发取得收入100 000元；为客户提供咨询及计算机维修共取得收入50 000元，但未分别单独核算。对该公司的上述业务应如何进行税收处理？5月份该公司的销项税额是多少？

3. 某电器专卖店销售彩色电视机，零售价为3000元，2009年12月销售量是30台，若该店是一般纳税人，其当月该项业务的不含税销售额及销项税额分别是多少？若该店是小规模纳税人，其当月该项业务的不含税销售额及销项税额又分别是多少？

4. 作为一般纳税人的某公司，在销售货物的同时又兼营非增值税应税项目，2009 年 3 月全部货物销售额为 500 000 元，非应税项目的收入额为 200 000 元，当月进项税额为 30 000 元无法明确划分用于何项目，问该公司当月不得抵扣的进项税额是多少？2009 年 5 月，公司采用分期收款结算方式销售产品，价款 100 000 元（不含税），货已发出，合同规定本月到期的货款为 50 000 元，实收货款 30 000 元，问该业务应计提的销项税额是多少？

第十四章

消　费　税

【本章提要】

1. 消费税的纳税人、税目及税率。
2. 消费税应纳税额的计算。
3. 消费税的征收管理。

消费税，是对在中华人民共和国境内从事生产、委托加工和进口消费税条例列举的应税消费品的单位和个人，就其销售额或销售数量，在特定环节征收的一种税。目前其主要法律规范是《中华人民共和国消费税暂行条例》（1993年12月13日国务院令第135号发布，2008年11月5日国务院第34次常务会议修订通过）、《中华人民共和国消费税暂行条例实施细则》（2008年12月15日财政部、国家税务总局令第51号发布）。

第一节　消费税纳税人和税目、税率

一、消费税纳税人

凡在中华人民共和国境内从事生产、委托加工和进口应税消费品的单位和个人，以及国务院确定的销售应税消费品的其他单位和个人，都是消费税的纳税人。[①] 这里所说的“在中华人民共和国境内”，是指生产、委托加工和进口属于应当征收消费税的消费品（以下简称“应税消费品”）的起运地或所在地在中国境内。“单位”是指企业、行政单位、事业单位、军事单位、社会团体及其他单位。“个人”是指个体工商户及其他个人。[②]

根据财政部、国家税务总局《关于调整金银首饰消费税纳税环节问题的通知》（财税字［1994］95号），自1995年1月1日起，在中华人民共和国境内从事金银首饰零售业务的单位和个人为金银首饰消费税的纳税义务人，委托加工（另有规定除外）、委托代销金银首饰的，受托方也是纳税人。

---

① 《消费税暂行条例》，第1条。

② 《中华人民共和国消费税暂行条例实施细则》（以下简称《消费税暂行条例实施细则》），第2条。

二、消费税税目

中国的消费税是选择性消费税。消费税是选择特定消费品征收的，其征税税目仅设置 14 个。目的是为了调节消费结构，限制非绿色消费和奢侈、有害消费，同时也增加财政收入。借鉴国外的成功经验和通行做法，考虑到中国的经济发展现状和消费政策，人民群众的消费水平和消费结构，以及国家财政需要，中国消费税的征税范围选择主要考虑如下几个方面：

（1）一些过度消费会对人类健康、社会秩序、生态环境等方面造成危害的特殊消费品，如烟、酒、鞭炮、焰火等；

（2）奢侈品、非生活必需品，如贵重首饰及珠宝玉石、化妆品；

（3）高能耗及高档消费品，如汽车、摩托车以及相关消耗商品——轮胎；

（4）不可再生和替代的消费品，如汽油、柴油、木制一次性筷子、实木地板等。

消费税的具体征收范围即税目规定。①

（一）烟

凡是以烟叶为原料加工生产的产品，不论使用何种辅料，均属于本税目的征收范围。包括卷烟、雪茄烟和烟丝三个子目。

（二）酒及酒精

酒是酒精度在 1 度以上的各种酒类饮料。酒精又名乙醇，是指用蒸馏方法生产的酒精度数在 95 度以上的无色透明液体；也可以石油裂解气中的乙烯为原料，用合成方法制成。酒类包括粮食白酒、薯类白酒、黄酒、啤酒和其他酒，酒精包括各种工业酒精、医药酒精和食用酒精。

（三）化妆品

本税目征收范围包括各类美容、修饰类化妆品、高档护肤类化妆品和成套化妆品。

美容、修饰类化妆品是指香水、香水精、香粉、口红、指甲油、胭脂、眉笔、唇笔、蓝眼油、眼睫毛以及成套化妆品。

舞台、戏剧、影视演员化妆用的上妆油、卸装油、油彩不属于本税目的征收范围。

高档护肤类化妆品征收范围另行制定。

（四）贵重首饰及珠宝玉石

本税目征收范围包括：各种金银珠宝首饰（以金、银、白金、宝石、珍珠、钻石、翡翠、珊瑚、玛瑙等高贵稀有物质以及其他金属、人造宝石等制作的各种纯金银首饰

① 国家税务总局，《消费税征收范围注释》，国税发［1993］153 号；财政部、国家税务总局，《关于调整和完善消费税政策的通知》，财税［2006］33 号。

及镶嵌首饰，含人造金银、合成金银首饰等）和经采掘、打磨、加工的各种珠宝玉石。

（五）鞭炮、焰火

本税目征收范围包括各种鞭炮、焰火。通常分为13类。即喷花类、旋转类、旋转升空类、火箭类、吐珠类、线香类、小礼花类、烟雾类、造型玩具类、爆竹类、摩擦炮类、组合烟花类、礼花弹类。体育上用的发令纸，鞭炮引线，不按本税目征收。

（六）成品油

本税目征收范围包括汽油、柴油、石脑油、溶剂油、航空煤油、润滑油、燃料油七个子税目。

1. 汽油

汽油是指用原油或其他原料加工生产的辛烷值不小于66的可用作汽油发动机燃料的各种轻质油。含铅汽油是指铅含量每升超过0.013克的汽油。汽油分为车用汽油和航空汽油。以汽油、汽油组分调和生产的甲醇汽油、乙醇汽油也属于本税目征收范围。

2. 柴油

柴油是指用原油或其他原料加工生产的倾点或凝点在－50号至30号的可用作柴油发动机燃料的各种轻质油和以柴油组分为主、经调和精制可用作柴油发动机燃料的非标油。以柴油、柴油组分调和生产的生物柴油也属于本税目征收范围。

3. 石脑油

石脑油又叫化工轻油，是以原油或其他原料加工生产的用于化工原料的轻质油。

石脑油的征收范围包括除汽油、柴油、航空煤油、溶剂油以外的各种轻质油。非标汽油、重整生成油、拔头油、戊烷原料油、轻裂解料（减压柴油VGO和常压柴油AGO)、重裂解料、加氢裂化尾油、芳烃抽余油均属轻质油，属于石脑油征收范围。

4. 溶剂油

溶剂油是用原油或其他原料加工生产的用于涂料、油漆、食用油、印刷油墨、皮革、农药、橡胶、化妆品生产和机械清洗、胶粘行业的轻质油。橡胶填充油、溶剂油原料，属于溶剂油征收范围。

5. 航空煤油

航空煤油也叫喷气燃料，是用原油或其他原料加工生产的用作喷气发动机和喷气推进系统燃料的各种轻质油。

6. 润滑油

润滑油是用原油或其他原料加工生产的用于内燃机、机械加工过程的润滑产品。润滑油分为矿物性润滑油、植物性润滑油、动物性润滑油和化工原料合成润滑油。

润滑油的征收范围包括以石油为原料加工的矿物性润滑油、矿物性润滑油基础油。植物性润滑油、动物性润滑油和化工原料合成润滑油不属于润滑油征收范围。以植物性、动物性和矿物性基础油（或矿物性润滑油）混合掺配而成的“混合性”润滑油，不论矿物性基础油（或矿物性润滑油）所占比例高低，均属润滑油的征收范围。

7. 燃料油

燃料油也称重油、渣油，是用原油或其他原料加工生产，主要用作电厂发电、锅炉用燃料、加热炉燃料、冶金和其他工业炉燃料。腊油、船用重油、常压重油、减压重油、180CTS燃料油、7号燃料油、糠醛油、工业燃料、4-6号燃料油等油品的主要用途是作为燃料燃烧，属于燃料油征收范围。[①]

（七）汽车轮胎

汽车轮胎是指用于各种汽车、挂车、专用车和其他机动车上的内、外胎。不包括农用拖拉机、收割机、手扶拖拉机的专用轮胎。自2001年1月1日起，对子午线轮胎免征消费税。[②]

（八）小汽车

汽车是指由动力驱动，具有四个或四个以上车轮的非轨道承载的车辆。

本税目征收范围包括：含驾驶员座位在内最多不超过9个座位（含）的，在设计和技术特性上用于载运乘客和货物的各类乘用车；含驾驶员座位在内的座位数在10至23座（含23座）的，在设计和技术特性上用于载运乘客和货物的各类中轻型商用客车。

用排气量小于1.5升（含）的乘用车底盘（车架）改装、改制的车辆属于乘用车征收范围。用排气量大于1.5升的乘用车底盘（车架）或用中轻型商用客车底盘（车架）改装、改制的车辆属于中轻型商用客车征收范围。对于购进乘用车和中轻型商用客车整车改装生产的汽车，也按此规定征收消费税。[③]

含驾驶员人数（额定载客）为区间值的（如8～10人；17～26人）小汽车，按其区间值下限人数确定征收范围。

电动汽车不属于本税目征收范围。

沙滩车、雪地车、卡丁车、高尔夫车不属于消费税征收范围，不征收消费税。[④]

（九）摩托车

本税目征收范围包括：轻便摩托车和摩托车。

轻便摩托车：最大设计车速不超过50km/h、发动机气缸总工作容积不超过50ml的两轮机动车。

摩托车：最大设计车速超过50km/h、发动机气缸工作容积超过50ml、空车质量不超过400kg（带驾驶室的正三轮车及特种车的空车质量不受此限）的两轮和三轮机动车。

---

① 财政部、国家税务总局，《关于提高成品油消费税税率的通知》，财税［2008］167号。

② 财政部、国家税务总局，《关于香皂和汽车轮胎消费税政策的通知》，财税［2000］145号；财政部、国家税务总局，《关于调整和完善消费税政策的通知》，财税［2006］33号。

③ 国家税务总局，《关于购进整车改装汽车征收消费税问题的批复》，国税函［2006］772号。

④ 国家税务总局，《关于沙滩车等车辆征收消费税问题的批复》，国税函［2007］1071号。

（十）高尔夫球及球具

高尔夫球及球具是指从事高尔夫球运动所需的各种专用装备，包括高尔夫球、高尔夫球杆及高尔夫球包（袋）等。

本税目征收范围包括高尔夫球、高尔夫球杆、高尔夫球包（袋）。高尔夫球杆的杆头、杆身和握把属于本税目的征收范围。

（十一）高档手表

高档手表是指销售价格（不含增值税）每只在10 000元（含）以上的各类手表。

本税目征收范围包括符合以上标准的各类手表。

（十二）游艇

游艇是指长度大于8m小于90m，船体由玻璃钢、钢、铝合金、塑料等多种材料制作，可以在水上移动的水上浮载体。按照动力划分，游艇分为无动力艇、帆艇和机动艇。

本税目征收范围包括艇身长度大于8m（含）小于90m（含），内置发动机，可以在水上移动，一般为私人或团体购置，主要用于水上运动和休闲娱乐等非牟利活动的各类机动艇。

（十三）木制一次性筷子

木制一次性筷子，又称卫生筷子，是指以木材为原料经过锯段、浸泡、旋切、刨切、烘干、筛选、打磨、倒角、包装等环节加工而成的各类一次性使用的筷子。

本税目征收范围包括各种规格的木制一次性筷子。未经打磨、倒角的木制一次性筷子属于本税目征税范围。

（十四）实木地板

实木地板是指以木材为原料，经锯割、干燥、刨光、截断、开榫、涂漆等工序加工而成的块状或条状的地面装饰材料。实木地板按生产工艺不同，可分为独板（块）实木地板、实木指接地板、实木复合地板三类；按表面处理状态不同，可分为未涂饰地板（白坯板、素板）和漆饰地板两类。

本税目征收范围包括各类规格的实木地板、实木指接地板、实木复合地板及用于装饰墙壁、天棚的侧端面为榫、槽的实木装饰板。未经涂饰的素板属于本税目征税范围。

三、消费税税率

消费税是根据应税消费品的档次结构，供求状况、国家的消费政策和消费者的承受能力设计差别税率的，消费税的税目设置虽然仅为14个，但其税率档次却很多，并且税率之间差异较大，比例税率从1%～56%。定额税率从每计税单位0.003元到每计税单位250元。因此，消费税税率设计具有多档性和差异性特征，其目的是为了体现国家的产业政策与消费政策，引导消费，限制对有害、奢侈、非绿色产品的消费。税率方式采用从价、从量和复合税率三种，对价格差异大、计量标准不规范的应税消费品规定从价比例税率；对价格比较稳定，计量标准规范的应税消费品规定从量定额税率；对卷烟、白酒采用比例和定额税率相结合的复合税率形式。消费税税目税率（税额）具体见表14-1。

表14-1　消费税税目税率表（2010版）①

税目	税率（税额）
一、烟	
1. 卷烟	
（1）甲类卷烟（每标准条调拨价≥70元）	56%加0.003元/支
（2）乙类卷烟（每标准条调拨价<70元）	36%加0.003元/支
（3）批发环节	5%
2. 雪茄烟	36%
3. 烟丝	30%
二、酒及酒精	
1. 白酒	20%加0.5元/500克（或者500毫升）
2. 黄酒	240元/吨
3. 啤酒	
（1）甲类啤酒	250元/吨
（2）乙类啤酒	220元/吨
4. 其他酒	10%
5. 酒精	5%
三、化妆品	30%
四、贵重首饰及珠宝玉石	5%
1. 金银首饰、铂金首饰和钻石及钻石饰品	5%
2. 其他贵重首饰和珠宝玉石	10%
五、鞭炮、焰火	15%
六、成品油	
1. 汽油	
（1）含铅汽油	0.28元/升
（2）无铅汽油	0.20元/升

① 《消费税暂行条例》，第2条；财政部、国家税务总局，《关于调整烟产品消费税政策的通知》，财税[2009] 84号。

续表

税 目	税率（税额）
2. 柴油	0.10 元/升
3. 航空煤油	0.10 元/升
4. 石脑油	0.20 元/升
5. 溶剂油	0.20 元/升
6. 润滑油	0.20 元/升
7. 燃料油	0.10 元/升
七、汽车轮胎	3%
八、摩托车	
1. 气缸容量（排气量，下同）在 250 毫升（含）以下的	3%
2. 气缸容量在 250 毫升以上的	10%
九、小汽车	
1. 乘用车	
（1）气缸容量（排气量，下同）在 1.0 升（含）以下的	1%
（2）气缸容量在 1.0 升（含）至 1.5 升（含）的	3%
（3）气缸容量在 1.5 升以上至 2.0 升（含）的	5%
（4）气缸容量在 2.0 升以上至 2.5 升（含）的	9%
（5）气缸容量在 2.5 升以上至 3.0 升（含）的	12%
（6）气缸容量在 3.0 升以上至 4.0 升（含）的	25%
（7）气缸容量在 4.0 升以上的	40%
2. 中轻型商用客车	5%
十、高尔夫球及球具	10%
十一、高档手表	20%
十二、游艇	10%
十三、木制一次性筷子	5%
十四、实木地板	5%

第二节　消费税的计税依据和应纳税额计算

一、从价计征的应税消费品的计税依据

消费税应纳税额的计算采用从价定率计征、从量定额计征和从价从量复合计征三种方法计算。根据消费税条例和实施细则的规定，对一些供求矛盾突出，价格差异较大，计量单位不规范的消费品采用从价定率计征方法。考虑到增值税已实行价外征收办法，而交叉征收的消费税又是作为增值税税基的组成部分，为了避免征收过程中划分税基的麻烦和产生误解，消费税实行价内征收。这样，实行从价定率计征的消费品

的税基与增值税的税基是一样的，即含消费税而未含增值税的销售价格。因此，确定消费税计税依据的主要工作是确定销售或各种情况下应视同销售的应税消费品的销售额。

（一）一般应税消费品销售额的确定

消费税在应税消费品销售环节征收，销售就是有偿转让应税消费品的所有权，即以从购买方取得货币、货物或其他经济利益为条件转让应税消费品。① 其计税依据是应税消费品的销售额。应税消费品的销售额，是指纳税人销售应税消费品向购买方收取的全部价格和价外费用。② “价外费用”，是指价外收取的基金、集资费、返还利润、补贴、违约金、延期付款利息、手续费、包装费、包装物租金、储备费、优质费、运输装卸费、代收款项、代垫款项以及其他各种性质的价外收费。但下列项目不包括在内③：

（1）同时符合以下条件的代垫运输费用：①承运部门的运输费用发票开具给购买方的；②纳税人将该项发票转交给购买方的。

（2）同时符合以下条件代为收取的政府性基金或者行政事业性收费：①由国务院或者财政部批准设立的政府性基金，由国务院或者省级人民政府及其财政、价格主管部门批准设立的行政事业性收费；②收取时开具省级以上财政部门印制的财政票据；③所收款项全额上缴财政。

上述的销售额，不包括应向购货方收取的增值税款。如果纳税人应税消费品的销售额中未扣除增值税税款或者不得开具增值税专用发票而发生价款和增值税税款合并收取的，在计算消费税时，应当换算为不含增值税款的销售额。其换算公式为④

应税消费品的销售额＝含增值税的销售额÷（1＋增值税税率或征收率）

（二）生产销售卷烟的计税依据

按从量定额计税办法征收的卷烟，其计税依据为卷烟的实际销售数量。按从价定率计税办法征税的卷烟，其计税依据为卷烟的调拨价格或者核定价格。⑤

调拨价格是指卷烟生产企业通过卷烟交易市场与购货方签订的卷烟交易价格。对不进入交易中心和交易会交易、没有调拨价格的卷烟，应由税务机关按其零售价倒算一定比例的办法核定计税价格。

消费税计税价格按照卷烟零售价格扣除卷烟流通环节的平均费用和利润核定。卷烟流通环节的平均费用率和平均利润率暂定为45％。消费税计税价格的核定公式为

某牌号、规格卷烟消费税计税价格＝零售价格÷（1＋45％）

---

① 《消费税暂行条例实施细则》，第5条。

② 《消费税暂行条例》，第6条。

③ 《消费税暂行条例实施细则》，第14条。

④ 《消费税暂行条例实施细则》，第12条。

⑤ 财政部、国家税务总局，《关于调整烟类产品消费税政策的通知》，财税［2001］91号。

不进入中烟烟草交易中心和各省烟草交易会交易、没有调拨价格的卷烟，消费税计税价格由省国家税务局按照下列公式核定：

某牌号规格卷烟计税价格＝该牌号规格卷烟市场零售价格 ÷ （1＋35％）[①]

实际销售价格高于计税价格和核定价格的卷烟，按实际销售价格征收消费税；实际销售价格低于计税价格和核定价格的卷烟，按计税价格或核定价格征收消费税。

非标准条包装卷烟应当折算成标准条包装卷烟的数量，依其实际销售收入计算确定其折算成标准条包装后的销售价格，并确定适用的比例税率。

（三）纳税人自产自用的应税消费品的计税依据

由于应税消费品将在最终销售时被征收消费税，作为生产最终应税消费品的直接材料并构成最终产品实体的产品是属于中间环节的产品，对此不予征收消费税。因此为了节约征税成本并体现消费税单环节课税的特点，税法规定，“纳税人自产自用的属于税目规定的消费品，用于连续生产应税消费品的，不征消费税。而如果用于其他方面，则必须在转移使用时纳税”[②]。所谓用于其他方面是指纳税人用于生产非应税消费品和在建工程，管理部门，非生产机构，提供劳务，以及用于馈赠、赞助、集资、广告、样品、职工福利、奖励等方面的应税消费品[③]，这些行为虽然没有发生实际的销售和购买行为，但应税消费品已经离开生产过程，进入消费过程，与对外销售本质上没有两样，为公平起见，它们应当视同销售。因此，必须按照纳税人生产的同类消费品的销售价格计算纳税。

同类消费品的销售价格是指纳税人或代收代缴义务人当月销售的同类消费品的销售价格，如果当月同类消费品各期销售价格高低不同，应按销售数量加权平均计算。但销售的应税消费品有下列情况之一者，不得列入加权平均计算：①销售价格明显偏低又无正当理由者；②无销售价格者。如果当月无销售或当月未完结，应按同类消费品上月或最近月份的销售价格计算纳税。[④] 没有同类消费品销售价格的，按照组成计税价格计算纳税。

实行从价定率办法计算纳税的组成计税价格计算公式为

组成计税价格＝（成本＋利润）÷（1－比例税率）

实行复合计税办法计算纳税的组成计税价格计算公式为

组成计税价格＝（成本＋利润＋自产自用数量×定额税率）÷（1－比例税率）

上述公式中的“成本”是指应税消费品的产品生产成本。“利润”是指根据应税消费品的全国平均成本利润率计算的利润。应税消费品全国平均成本利润率由国家税务

---

① 国家税务总局，《卷烟消费税计税价格信息采集和核定管理办法》，国家税务总局令［2003］第 5 号，第 17～18 条。

② 《消费税暂行条例》，第 4 条。

③ 《消费税暂行条例》，第 4 条；《消费税暂行条例实施细则》，第 6 条。

④ 《消费税暂行条例》，第 7 条；《消费税暂行条例实施细则》，第 15 条。

总局确定。[①]

应税消费品全国平均成本利润率规定如下[②]：

(1) 甲类卷烟	10%
(2) 乙类卷烟	5%
(3) 雪茄烟	5%
(4) 烟丝	5%
(5) 粮食白酒	10%
(6) 薯类白酒	5%
(7) 其他酒	5%
(8) 酒精	5%
(9) 化妆品	5%
(10) 鞭炮、焰火	5%
(11) 贵重首饰及珠宝玉石	6%
(12) 汽车轮胎	5%
(13) 摩托车	6%
(14) 高尔夫球及球具	10%
(15) 高档手表	20%
(16) 游艇	10%
(17) 木制一次性筷子	5%
(18) 实木地板	5%
(19) 乘用车	8%
(20) 中轻型商用客车	5%

(四) 委托加工的应税消费品的计税依据

委托加工应税消费品与购买应税消费品没有实质差异，因此对委托加工的应税消费品，也应将其视同受托方销售应税消费品，按照受托方同类消费品的销售价格计算纳税（同类消费品的销售价格的规定与上述自产自用的相同）；没有同类消费品销售价格的，按照组成计税价格计算纳税。

实行从价定率办法计算纳税的组成计税价格的计算公式为[③]

组成计税价格＝（材料成本＋加工费）÷（1－消费税税率）

实行复合计税办法计算纳税的组成计税价格计算公式为

组成计税价格＝（材料成本＋加工费＋委托加工数量×定额税率）÷（1－比例税率）

上述公式中的“材料成本”是指委托方所提供加工材料的实际成本。委托加工应

① 《消费税暂行条例实施细则》，第16条、第17条。

② 国家税务总局，《消费税若干具体问题的规定》，国税发［1993］156号；财政部、国家税务总局，《关于调整和完善消费税政策的通知》，财税［2006］33号。

③ 《消费税暂行条例》，第8条。

税消费品的纳税人，必须在委托加工合同上如实注明（或以其他方式提供）材料成本，凡未提供材料成本的，受托方所在地主管税务机关有权核定其材料成本。“加工费”，是指受托方加工应税消费品向委托方所收取的全部费用（包括代垫辅助材料的实际成本）。①

上述的委托加工的应税消费品，是指由委托方提供原料和主要材料，受托方只收取加工费和代垫部分辅助材料加工的应税消费品。对于由受托方提供原料生产的应税消费品，或者受托方先将原材料卖给委托方，然后再接受加工的应税消费品，以及由受托方以委托方名义购进原材料生产的应税消费品，不论纳税人在财务上是否作销售处理，都不得作为委托加工应税消费品，而应当按照销售自制应税消费品缴纳消费税。委托加工的应税消费品直接出售后，不再征收消费税。②

委托加工的应税消费品，由受托方在向委托方交货时代收代缴税款。委托加工的应税消费品，委托方用于连续生产应税消费品的，所纳税款准予按规定抵扣。③ 这一问题将在本节第三点详细阐述。

（五）进口应税消费品的计税依据

进口的应税消费品，于报关进口时纳税。进口的应税消费品实行从价定率办法计算应纳税额的，按照组成计税价格计算纳税。所谓“组成计税价格”是指进口产品的到岸价格加上应纳的关税和应纳的消费税税额组成的计税价格。

实行从价定率办法计算纳税的组成计税价格的计算公式为④

组成计税价格＝（关税完税价格＋关税）÷（1－消费税税率）

实行复合计税办法计算纳税的组成计税价格计算公式为

组成计税价格＝(关税完税价格＋关税＋进口数量×消费税定额税率)
÷（1－消费税比例税率）

上述的“关税完税价格”，是指海关核定的关税计税价格。一般是采用到岸价格。所谓到岸价格，是指经海关审查确定的货物在采购地的正常批发价格，加上运抵中国输入地点起卸前的包装费、运费、保险费、手续费等一切费用之和。如果对进口货物在采购地的正常批发价格，海关未能确定，则到岸价格由海关估定。

（六）特殊情况下应税消费品的计税依据

1. 销售带包装的应税消费品的计税依据

实行从价定率办法计算应纳税额的应税消费品连同包装销售的，无论包装是否单独计价，也不论在会计上如何核算，均应并入应税消费品的销售额中征收消费税。如果包装物不作价随同产品销售，而是收取押金，此项押金则不应并入应税消费品的销

① 《消费税暂行条例实施细则》，第 18 条、第 19 条。
② 《消费税暂行条例实施细则》，第 7 条。
③ 《消费税暂行条例》，第 4 条。
④ 《消费税暂行条例》，第 9 条。

售额中征税。但对因逾期未收回的包装物不再退还的和已收取一年以上的押金，应并入应税消费品的销售额，按照应税消费品的适用税率征收消费税。[①]

对既作价随同应税消费品销售，又另外收取押金的包装物的押金，凡纳税人在规定的期限内不予退还的，均应并入应税消费品的销售额，按照应税消费品的适用税率征收消费税。[②]

此外，从1995年6月1日起，对酒类产品生产企业销售啤酒、黄酒以外的其他酒类产品而收取的包装物押金，无论押金是否返还及会计上如何核算，均需并入酒类产品销售额中征收消费税。[③] 包装物押金不包括供重复使用的塑料周转箱的押金。[④]

2. 以物易物、以物投资、以货抵债的应税消费品计税依据

纳税人用于换取生产资料和消费资料，投资入股和抵偿债务等方面的应税消费品，应当以纳税人同类应税消费品的最高销售价格作为计税依据计算消费税。

3. 与非应税消费品成套销售时的计税依据

纳税人将自产的应税消费品与外购或自产的非应税消费品组成套装销售的，以套装产品的销售额（不含增值税）为计税依据。[⑤]

4. 外汇计价的应税消费品的计税依据

纳税人销售的应税消费品，以外汇计算销售额的，应当按外汇市场价格折合成人民币计算应纳税额。其销售额的人民币折合率可以选择结算的当天或者当月1日的国家外汇牌价（原则上为中间价）。纳税人应在事先确定采取何种折合率，确定后一年内不能变更。[⑥]

5. 纳税人自设非独立核算门市部自销应税消费品的计税依据

纳税人通过自设非独立核算门市部销售的自产应税消费品，应当按照门市部对外销售额或者销售数量征收消费税。

二、从量计征的应税消费品的计税依据

对一些供求基本平衡，价格差异不大，计量单位规范的消费品实行从量定额征收方法。

（一）应税消费品数量的确定

从量定额计算应纳消费税的计税依据是“应税消费品数量”。具体规定如下[⑦]：

销售应税消费品的，为应税消费品的销售数量；自产自用应税消费品的，为应税

①② 《消费税暂行条例实施细则》，第13条。

③ 财政部、国家税务总局，《关于酒类产品包装物押金征税问题的通知》，财税字［1995］53号；国家税务总局，《关于印发〈消费税问题解答〉的通知》，国税函［1997］306号。

④ 财政部、国家税务总局，《关于明确啤酒包装物押金消费税政策的通知》，财税［2006］20号。

⑤ 财政部、国家税务总局，《关于调整和完善消费税政策的通知》，财税［2006］33号。

⑥ 《消费税暂行条例》，第5条和《消费税暂行条例实施细则》，第11条。

⑦ 《消费税暂行条例实施细则》，第9条。

消费品的移送使用数量；委托加工的应税消费品，为纳税人收回的应税消费品数量；进口的应税消费品，为海关核定的应税消费品进口征税数量。

（二）计算单位的换算标准

实行从量定额办法计算应纳税额的应税消费品，其计量单位的换算标准规定如下①：

①啤酒 1 吨=988 升

②黄酒 1 吨=962 升

③汽油 1 吨=1388 升

④柴油 1 吨=1176 升

⑤石脑油 1 吨=1385 升

⑥溶剂油 1 吨=1282 升

⑦润滑油 1 吨=1126 升

⑧燃料油 1 吨=1015 升

⑨航空煤油 1 吨=1246 升

三、外购或委托加工收回应税消费品已纳消费税的扣除

根据中国消费税单环节一次课征、税不重征的特点，税法规定对纳税人购进或委托加工收回已税消费品连续生产应税消费品的，在对这些连续生产出来的应税消费品征税时，可以根据当期生产领用数量计算准予扣除外购或委托加工收回的已税原料消费品已纳消费税税款。

（一）扣除范围

扣除范围包括②：

（1）外购或委托加工收回已税烟丝生产的卷烟；自 2001 年 5 月 1 日国家调整酒类产品消费税政策以后，停止执行外购或委托加工已税酒和酒精生产的酒外购酒及酒精已纳税款或受托方代收代缴税款准予抵扣政策。③

（2）外购或委托加工收回已税化妆品生产的化妆品。

（3）外购或委托加工收回已税珠宝玉石生产的贵重首饰及珠宝玉石（金银首饰消费税由工业环节纳税改为零售环节纳税以后，又重新规定用已税珠宝玉石生产的金、银和金基、银基合金的镶嵌首饰，在计税时一律不得扣除买价或已纳的消费税税款）。

（4）外购或委托加工收回已税鞭炮焰火生产的鞭炮焰火。

---

① 《消费税暂行条例实施细则》，第 10 条；财政部、国家税务总局，《关于调整和完善消费税政策的通知》，财税［2006］33 号。

② 国家税务总局，《消费税若干具体问题的规定》，国税发［1993］156 号；财政部、国家税务总局，《关于调整和完善消费税政策的通知》，财税［2006］33 号。

③ 财政部、国家税务总局，《关于调整酒类产品消费税政策的通知》，财税［2001］84 号。

(5) 外购或委托加工收回已税汽车轮胎（内胎或外胎）连续生产的汽车轮胎。

(6) 外购或委托加工收回已税摩托车生产的摩托车（如用外购两轮摩托车改装三轮摩托车）。

(7) 外购或委托加工收回已税杆头、杆身和握把为原料生产的高尔夫球杆。

(8) 外购或委托加工收回已税木制一次性筷子为原料生产的木制一次性筷子。

(9) 外购或委托加工收回已税实木地板为原料生产的实木地板。

(10) 外购或委托加工收回已税石脑油为原料生产的应税消费品。

(11) 外购或委托加工收回的已税润滑油为原料生产的润滑油。

(二) 扣除额的计算

当期准予扣除的外购或委托加工收回的应税消费品已纳消费税税款，应按当期生产领用的数量计算，其计算公式如下①：

当期准予扣除的外购应税消费品已纳税款＝当期准予扣除的外购应税消费品买价×外购应税消费品适用税率

当期准予扣除的外购应税消费品买价＝期初库存的外购应税消费品的买价＋当期购进的应税消费品的买价－期末库存的外购应税消费品的买价

当期准予扣除的委托加工应税消费品已纳税款＝期初库存的委托加工应税消费品已纳税款＋当期收回的委托加工应税消费品已纳税款－期末库存的委托加工应税消费品已纳税款

同样，进口应税消费品用于连续生产应税消费品时，也可按以下公式计算已纳消费税的扣除额②：

当期准予扣除的进口应税消费品已纳税款＝期初库存的进口应税消费品已纳税款＋当期进口应税消费品已纳税款－期末库存的进口应税消费品已纳税款

从量计征当期准予扣除的外购或委托加工收回的应税消费品的已纳消费税税款，其计算公式如下③：

当期准予扣除的外购应税消费品已纳税款＝当期准予扣除外购应税消费品数量×外购应税消费品单位税额×30％

当期准予扣除外购应税消费品数量＝期初库存外购应税消费品数量＋当期购进外购应税消费品数量－期末库存外购应税消费品数量

①②③　国家税务总局，《关于印发〈调整和完善消费税政策征收管理规定〉的通知》，国税发［2006］49号。

（三）外购或委托加工收回石脑油的已纳消费税扣除额的计算

以外购或委托加工收回的已税石脑油、润滑油、燃料油为原料生产的应税消费品，准予从消费税应纳税额中扣除原料已纳的消费税税款。抵扣税款的计算公式为

当期准予扣除的外购应税消费品已纳税款＝当期准予扣除外购应税消费品数量×外购应税消费品单位税额

四、消费税应纳税额的计算

实行从价计税的消费税应纳税额的计算公式为[①]

应纳税额＝应税消费品销售额×消费税税率

实行从量计税的消费税应纳税额的计算公式为

应纳税额＝应税消费品数量×单位税额

实行从量定额和从价定率相结合计算应纳税额的复合计税办法的，其应纳税额计算公式为

应纳税额＝销售数量×定额税率＋销售额×比例税率

第三节　消费税的征收管理

一、消费税纳税义务发生的时间

纳税义务发生的时间，区别不同情况，分别规定如下[②]：

（1）纳税人销售的应税消费品，其纳税义务的发生时间为①纳税人采取赊销和分期收款结算方式的，为书面合同约定的收款日期的当天，书面合同没有约定收款日期或者无书面合同的，为发出应税消费品的当天；②纳税人采取预收货款结算方式的，为发出应税消费品的当天；③纳税人采取托收承付和委托银行收款方式销售的应税消费品，为发出应税消费品并办妥托收手续的当天；④纳税人采取其他结算方式的，为收讫销售款或者取得索取销售款的凭据的当天。

（2）纳税人自产自用的应税消费品，其纳税义务的发生时间，为移送使用的当天。

（3）纳税人委托加工的应税消费品，其纳税义务的发生时间，为纳税人提货的当天。

（4）纳税人进口的应税消费品，其纳税义务的发生时间，为报关进口的当天。

二、消费税纳税环节

由于消费税征收环节具有单一性，所以如何确定其纳税环节就显得十分重要。从

① 国家税务总局，《关于印发〈调整和完善消费税政策征收管理规定〉的通知》，国税发［2006］49号。

② 《消费税暂行条例实施细则》，第8条。

有利于税收的征收管理和有效的源泉控制考虑，中国把消费税的纳税环节确定在生产和进口环节。具体说来，消费税的纳税环节是：

(1) 生产销售的应税消费品为销售环节。

(2) 自产自用的应税消费品为移送使用环节。

(3) 委托加工的应税消费品为受托方交付消费品环节。

(4) 进口应税消费品于报关进口环节。

此外，消费税的纳税环节还有以下特殊规定：

自 1995 年 1 月 1 日起，金银首饰的消费税由生产销售环节改在零售环节征收。经营单位进口金银首饰的消费税，也由进口环节征收改为在零售环节征收。改为零售环节征收消费税的金银首饰范围仅限于金、银和金基、银基合金首饰，以及金、银和金基、银基合金的镶嵌首饰（以下简称金银首饰）。纳税人销售（指零售，下同）的金银首饰（含以旧换新），在销售时纳税；用于馈赠、赞助、集资、广告、样品、职工福利、奖励等方面的金银首饰，在移送时纳税；带料加工、翻新改制的金银首饰，在受托方交货时纳税。①自 2003 年 5 月 1 日起，铂金首饰的消费税由生产环节、进口环节改在零售环节征收。②

三、消费税纳税地点

消费税的纳税地点，具体规定如下：

(1) 纳税人销售的应税消费品，以及自产自用的应税消费品，除国务院财政、税务主管部门另有规定外，应当向纳税人机构所在地或者居住地的主管税务机关申报纳税。委托加工的应税消费品，除受托方为个人外，由受托方向机构所在地或者居住地的主管税务机关申报纳税。进口的应税消费品，应当向报关地海关申报纳税。③

纳税人到外县（市）销售或者委托外县（市）代销自产应税消费品的，在应税消费品销售后，向机构所在地或者居住地主管税务机关申报纳税。纳税人的总机构与分支机构不在同一县（市）的，应当分别向各自机构所在地的主管税务机关申报纳税；经财政部、国家税务总局或者其授权的财政、税务机关批准，可以由总机构汇总向总机构所在地的主管税务机关申报纳税。④

如需改由总机构汇总在总机构所在地纳税的，需经国家税务总局批准；对纳税人的总机构与分支机构在同一省（自治区、直辖市）内，而不在同一县（市）的，如需改由总机构汇总在总机构所在地纳税的，需经国家税务总局所属分局批准。⑤

(2) 委托加工的应税消费品，除受托方为个体经营者外，由受托方向所在地主管税务机关缴纳消费税。

---

① 财政部、国家税务总局，《关于调整金银首饰消费税纳税环节有关问题的通知》，财税［1994］95 号。

② 财政部、国家税务总局，《关于铂金及其制品税收政策的通知》，财税［2003］86 号。

③ 《消费税暂行条例》，第 13 条。

④ 《消费税暂行条例实施细则》，第 25 条。

⑤ 国家税务总局，《消费税若干具体问题的规定》，国税发［1993］156 号。

对纳税人委托个体经营者加工的应税消费品，一律于委托方收回后在委托方所在地缴纳消费税。①

(3) 进口的应税消费品，由进口报关者向报关地海关缴纳消费税。

(4) 出口的应税消费品办理退税后，发生退关，或者国外退货进口时予以免税的，报关出口者必须及时向其所在地主管出口退税业务的税务机关申报补缴已退的消费税税款。纳税人直接出口的应税消费品办理免税后，发生退关或国外退货进口时已予以免税的，经机构所在地或者居住地主管税务机关批准，可暂不办理补税，待其转为国内销售时，再向其主管税务机关申报补缴消费税。②

(5) 纳税人销售的应税消费品，如因质量等原因由购买者退回时，经机构所在地或者居住地主管税务机关审核批准后，可退还已征收的消费税税款。③

四、消费税纳税期限

消费税的纳税期限分别为1日、3日、5日、10日、15日、1个月或者1个季度。纳税人的具体纳税期限，由主管税务机关根据纳税人应纳税额的大小分别核定；不能按照固定期限纳税的，可按次纳税。

纳税人以1个月或者1个季度为1个纳税期的，自期满之日起15日内申报纳税；以1日、3日、5日、10日或者15日为1个纳税期的，自期满之日起5日内预缴税款，于次月1日起15日内申报纳税并结清上月应纳税款。④

纳税人进口应税消费品，缴纳税款应当自海关填发税款缴款书之日起15日内向指定银行缴纳税款。⑤

【本章小结】

1. 一般说来，消费税是以消费品销售额或消费支出额作为课税对象的各种税收的统称。中国消费税是对在中华人民共和国境内从事生产、委托加工和进口消费税条例列举的应税消费品的单位和个人，就其销售额或销售数量，在特定环节征收的一种税。中国的消费税具有如下特点：①对应税消费品和消费行为征收；②征收范围具有选择性；③征税环节具有单一性；④税率具有较大差异性；⑤采用从价定率和从量定额的征收方法；⑥采用价内税模式。

2. 消费税的调节范围是考虑到中国的经济发展现状和消费政策，人民群众的消费水平和消费结构而确定的。凡在中华人民共和国境内从事生产、委托加工和进口应税消费品的单位和个人，都是消费税的纳税人。消费税共设置了14个税目，采用比例税率和定额税率相结合的做法，其具体规定体现在《消费税税目税率表》中。

3. 消费税是采用从价定率计征、从量定额征收和复合计税三种方法计算的。其计算公式为

应纳税额＝应税消费品销售额×适用税率

---

① 国家税务总局，《关于消费税若干征税问题的通知》，国税发［1994］130号。

② 《消费税暂行条例实施细则》，第22条。

③ 《消费税暂行条例实施细则》，第23条。

④ 《消费税暂行条例》，第14条。

⑤ 《中华人民共和国进出口关税条例》，第37条。

应纳税额＝应税消费品数量×单位税额

应纳税额＝应税消费品销售额×适用税率＋应税消费品数量×单位税额

4. 纳税人的纳税义务发生时间根据纳税人的不同情况来确定。纳税人销售应税消费品，采取赊销和分期收款结算方式的，为书面合同约定的收款日期的当天，书面合同没有约定收款日期或者无书面合同的，为发出应税消费品的当天；采取预收货款结算方式的，为发出应税消费品的当天；采取托收承付和委托银行收款方式的，为发出商品并办妥托收手续的当天；采取其他结算方式的，为收讫销售款或者取得索取销售款的凭据的当天。自产自用的应税消费品，为移送使用的当天；委托加工的应税消费品，为委托方提货的当天；进口的应税消费品，为报关进口的当天。

5. 纳税人销售的应税消费品，以及自产自用的应税消费品，除国家另有规定外，均应在纳税人核算地向主管税务机关缴纳消费税。委托加工的应税消费品，由受托方向所在地主管税务机关缴纳。进口的应税消费品，由进口报关者向报关地海关缴纳。消费税的纳税期限，由主管税务机关按应纳税款数额的大小确定。

【概念与术语】

消费税　从价定率　从量定额　复合计税办法　委托加工　委托代销　关税完税价格

【思考题】

1. 什么是消费税？中国开征的消费税有哪些特点？
2. 中国消费税的征税范围是如何确定的？
3. 中国消费税税率是怎样确定的？
4. 消费税的纳税人包括哪些？
5. 纳税人自产自用的应税消费品如何征收消费税？
6. 纳税人委托加工的应税消费品如何征收消费税？
7. 进口产品如何征收消费税？
8. 纳税人购进已税消费品连续生产应税消费品的，应如何征收消费税？
9. 消费税的纳税义务发生时间是怎样规定的？
10. 消费税的纳税地点是如何规定的？
11. 消费税税款的报缴方法有哪几种？

【计算题】

1. 某汽车厂为增值税一般纳税人，下设一非独立核算的门市部，2009 年 10 月该厂将生产的一批汽车轮胎交门市部销售，计价 100 万元，门市部销售得款 128.7 万元（含税）。请问该厂当月应交的汽车轮胎消费税是多少？

2. 某外贸进出口公司从日本进口 140 辆小轿车，每辆海关的关税完税价格为 8 万元，已知小轿车的关税税率为 110%，消费税税率为 5%，城建税税率为 7%，教育费附加为 3%。请计算进口这些小轿车应缴纳的关税、消费税、增值税、城建税及教育费附加。

第十五章

出口退（免）税制度

【本章提要】

1. 出口退（免）税范围及退税率。
2. 出口货物退（免）税额的计算。
3. 税务机关管理出口退（免）税办法。

出口退（免）税指一个国家对符合一定条件的出口货物在报关出口时免征国内间接税和退还出口货物在国内生产、流通或出口环节已缴纳的间接税的一项税收制度。由于货物的进口国一般要征收进口关税和进口环节的国内流转税，如果这部分货物已征的间接税不予退税，就会使出口货物负担双重流转税，一重是出口国的间接税，另一重是进口国的进口环节间接税，在其他条件相同时，此部分货物失去竞争力。因此，出口退（免）税是为了使本国货物与进口国地产货物具有相同的竞争条件，以消除间接税对正常国际贸易的阻碍。

1994年，国家税务总局根据《增值税暂行条例》和《消费税暂行条例》制定了《出口货物退（免）税管理办法》。2002年1月，财政部、国家税务总局发出《关于进一步推进出口货物实行免抵退办法的通知》。2002年2月国家税务总局印发了《生产企业出口货物“免、抵、退”税管理操作规程（试行）》。2005年制定了《出口货物退（免）税管理办法（试行）》。上述文件具体规定了出口货物退（免）税的范围、出口货物退税率、出口退税的税额计算方法、出口退（免）税办理程序及对出口退（免）税的审核和管理。

第一节　出口退（免）税范围及出口货物退税率

一、出口退（免）税的税种范围

出口货物退（免）税，就涉及的税种而言，仅包括增值税和消费税。其他对出口货物征收的税种（费用），以及以增值税和消费税为计税依据附征的城市维护建设税、教育费附加等都不属于出口货物退（免）税的范围。

二、出口退（免）税的货物范围

（一）准予退税的出口货物

中国出口的货物，凡已征收了增值税和消费税的，除明确规定不予退（免）税的货物和出口企业从小规模纳税人购进并持普通发票的部分货物外，其余均属于出口退（免）税货物的范围，均应予以退还已征增值税和消费税或免征应征的增值税和消费税。在退税的出口货物中，除国家特准退税的以外，必须同时具备以下4个条件：

（1）必须是属于增值税、消费税征税范围的货物。增值税、消费税的征税范围，包括除农业生产者销售的自产农业产品以外的一切生产领域或流通领域中生产或经营的征收增值税的货物，以及烟酒等14类列举征收消费税的消费品。具体范围参见本书有关增值税和消费税的章节。

（2）必须报关离境。所谓报关离境，就是货物输出海关。凡是报关而不离境的货物，不论出口企业是否以外汇结算，也不论企业在财务上作何处理，除另有规定的以外，均不得视为出口货物予以退税。

（3）财务上作出口销售处理。中国出口退税政策只适用于贸易性的出口产品；非贸易性的出口产品，如捐赠的礼品，未作销售的展品、样品，个人在国内购买自带离境的已税货物、物品，一般在财务上不作销售处理，因此不予退税。

（4）必须是出口收汇并已核销的货物。将出口退税与出口收汇核销挂钩可以有效防止出口企业高报出口价格骗取退税，有助于提高出口收汇率，强化出口核销制度。

一般来说，出口货物只有在同时具备上述4个条件的情况下才予退税，否则不予退税，但国家对退税货物范围作了特殊规定，即特准某些货物在不同时具备上述4个条件情况下视同出口货物予以退税，同时基于限制出口的政策，考虑对少数出口货物即使同时具备上述4个条件，也不予退税。

（二）特准退（免）税的出口货物

下列企业的货物特准退还或免征增值税、消费税①：

（1）对外承包工程公司运出境外用于对外承包项目的货物。

（2）对外承接修理修配业务的企业用于对外修理修配的货物。

（3）外轮供应公司、远洋运输供应公司销售给外轮、远洋国轮而收取外汇的货物。

（4）利用国际金融组织或外国政府贷款采取国际招标方式由国内企业中标销售的机电产品、建筑材料。

（5）企业在国内采购并运往境外作为在国外投资的货物。

上述货物有一个共同特点，即虽然在财务上不一定作销售处理，也不一定报关出境，但实质上这些货物均在境外消费或使用，与货物出口没有实质性的不同，因此均

① 国家税务总局，关于印发《出口货物退（免）税管理办法》的通知，国税发［1994］31号。

予退税。

（三）规定免税而不予退税的货物

下列货物免征增值税、消费税，出口后不予退税[①]：

（1）来料加工复出口的货物。

（2）避孕药品和用具、古旧图书。

（3）卷烟；有出口卷烟经营权的企业出口国家出口卷烟计划内的卷烟，在生产环节免征增值税、消费税，出口环节不办理退税。其他计划内出口的卷烟照章征收增值税和消费税，出口一律不退税。

（4）军品以及军队系统企业出口军需工厂生产或军需部门调拨的货物。

（5）国家统一规定的其他免税货物。

出口享受免征增值税的货物，其耗用的原材料、零部件等支付的进项税额，包括准予抵扣的运输费用所含的进项税额，不能从内销货物的销项税额中抵扣，应计入成本处理。

三、出口退（免）税的企业范围

在中国受外贸体制制约，不是所有的企业都能经营出口业务，因而也不是所有企业都有权申请出口退税。有权申请获得出口退税的企业有三大类。

（一）准予退税的企业

有出口经营权的企业出口和代理出口的货物，除另有规定者外，可在货物报关出口并在财务上做销售后，凭有关凭证按月报送税务机关批准退还或免征增值税和消费税。

（二）特定出口退税企业

主要指国家明确给予退税的外轮供应公司、远洋运输供应公司、对外承接修理修配业务的企业、对外承包工程公司、在境外投资的企业、对外进行补偿贸易项目和易货贸易以及对台贸易而享受退税的企业。

四、出口货物的退税率

根据《增值税暂行条例》规定，企业产品出口后，税务部门应按照出口商品的进项税额为企业办理退税，由于税收减免及国家经济政策等原因，商品的进项税额往往不等于实际负担的税额，如果按照出口货物的进项税额退税，就会产生少征多退的问题，于是就有了计算商品应退税款的比率——出口退税率。出口货物的退税率是出口货物的实际退税额与退税计税依据的比例。2004 年起实行的出口货物的增值税退税率

---

① 国家税务总局，关于印发《出口货物退（免）税管理办法》的通知，国税发［1994］31 号。

有17%、13%、11%、8%、6%、5%六档。[①] 此后国家根据进出口贸易情况的变化，对出口货物的退税率时有调整。

出口应税消费品应退消费税的税率或单位税额，依据《消费税暂行条例》所附消费税税目、税率（税额）表执行。企业应将不同消费税税率的出口应税消费品分开核算和申报，凡划分不清适用税率的，一律从低适用税率计算应退消费税税额。

第二节 出口货物退（免）税额计算

一、应退增值税的计算

（一）外贸出口企业出口货物退（免）税的计算[②]

(1) 若外贸出口企业将出口货物单独设立库存账和销售账记载的，应依据购进出口货物取得的增值税专用发票上的进价金额（不含税）作为计税依据，依该出口货物适用退税率计算应退税款：

应退税款＝进价（不含税）×退税率

(2) 若对库存销售采用加权平均价核算的外贸出口企业，也可按适用不同税率的货物分别依下列公式计算：

应退税额＝出口货物数量×加权平均单价×退税率

(3) 若外贸出口企业兼营内销和出口货物且出口货物不能单独设账核算的，应先对内销货物计算销项税额并扣除当期进项税额后，依下列公式计算出口货物的应退税额：

当出口货物离岸价×人民币外汇牌价×退税率≥未抵扣完的进项税额时，

应退税额＝未抵扣完的进项税额

当出口货物离岸价×人民币外汇牌价×退税率＜未抵扣完的进项税额时，

应退税额＝出口货物离岸价×人民币外汇牌价×退税率

结转下期抵扣进项税额＝当期未抵扣完的进项税额－应退税额

(4) 若外贸出口企业从小规模纳税人购进特准退税的出口货物的进项税额，应按发票金额（含税价）先换算为不含税金额，再乘以退税率计算。

进项税额＝普通发票金额/（1＋征收率）×退税率

其他出口货物的进项税额依增值税专用发票所列的增值税税额计算确定。

出口国家规定不予退税的货物，应按照出口货物所取得的销售收入征收增值税。其计算公式为[③]

应纳税额＝出口货物销售收入×外汇人民币牌价×规定税率－进项税额

---

① 财政部、国家税务总局，《关于调整出口货物退税率的通知》，财税［2003］222号。

② 国家税务总局，《出口货物退免税管理办法》第7条，国税发［1994］第31号。

③ 财政部、国家税务总局，《关于出口货物税收若干问题的补充通知》，财税字［1997］14号。

（二）生产企业应退税额的计算[①]

自2002年1月1日起，生产企业自营或委托外贸企业代理出口自产货物，除另有规定者外，增值税一律实行“免、抵、退”管理办法。所述生产企业，是指独立核算，经主管国税机关认定为增值税一般纳税人，并且具有实际生产能力的企业和企业集团。增值税小规模纳税人出口自产货物继续实行免征增值税办法。生产企业出口自产的属于应征消费税的产品，实行免征消费税办法。

实行“免、抵、退”税办法的“免”税，是指对生产企业出口的自产货物，免征本企业生产销售环节增值税；“抵”税，是指生产企业出口自产货物所耗用的原材料、零部件、燃料、动力等所含应予退还的进项税额，抵顶内销货物的应纳税额；“退”税，是指生产企业出口的自产货物在当月内应抵顶的进项税额大于应纳税额时，对未抵顶完的部分予以退税。具体计算方法如下：

（1）当期应纳税额的计算。

当期应纳税额＝当期内销货物的销项税额－（当期进项税额
－当期免抵退税不得免征和抵扣税额）

（2）免抵退税额的计算。

免抵退税额＝出口货物离岸价×外汇人民币牌价×出口货物退税率
－免抵退税额抵减额

其中：

①出口货物离岸价（FOB）以出口发票计算的离岸价为准。出口发票不能如实反映实际离岸价的，企业必须按照实际离岸价向主管国税机关进行申报，同时主管税务机关有权依照《中华人民共和国税收征收管理法》、《中华人民共和国增值税暂行条例》等有关规定予以核定。

②免抵退税额抵减额＝免税购进原材料价格×出口货物退税率

免税购进原材料包括从国内购进免税原材料和进料加工免税进口料件，其中进料加工免税进口料件的价格为组成计税价格。

进料加工免税进口料件的组成计税价格＝货物到岸价＋海关实征关税和消费税

（3）当期应退税额和免抵税额的计算。

①如当期期末留抵税额≤当期免抵退税额，则

当期应退税额＝当期期末留抵税额

当期免抵税额＝当期免抵退税额－当期应退税额

②如当期期末留抵税额＞当期免抵退税额，则

当期应退税额＝当期免抵退税额

当期免抵税额＝0

当期期末留抵税额根据当期《增值税纳税申报表》中“期末留抵税额”确定。

---

① 财政部、国家税务总局，《关于进一步推进出口货物实行免抵退税办法的通知》，财税［2002］7号。

(4) 免抵退税不得免征和抵扣税额的计算

免抵退税不得免征和抵扣税额＝出口货物离岸价×外汇人民币牌价
×(出口货物征税率－出口货物退税率)－免抵退税不得免征和抵扣税额抵减额

免抵退税不得免征和抵扣税额抵减额＝免税购进原材料价格
×(出口货物征税率－出口货物退税率)

二、应退消费税的计算[①]

外贸企业出口和代理出口货物的应退消费税税款，凡属于从价定率计征消费税的货物应依据外贸企业从工厂购进货物时征收消费税的价格计算。凡属于从量定额计征消费税的货物应依据货物购进和报关出口的数量。其计算退税的公式为

应退消费税＝出口货物的工厂销售额×消费税税率

上述公式中的销售额不包含增值税。

应退消费税＝出口货物的数量×单位税额

有出口经营权的生产企业自营出口的消费税应税货物，依据其实际出口数量予以免征。

出口货物的销售金额、进项金额及税额明显偏高且无正当理由的，税务机关有权拒绝办理退税或免税。

第三节 税务机关管理出口退（免）税办法

一、出口货物退（免）税申报及受理[②]

(1) 出口商应在规定期限内，收齐出口货物退（免）税所需的有关单证，使用国家税务总局认可的出口货物退（免）税电子申报系统生成电子申报数据，如实填写出口货物退（免）税申报表，向税务机关申报办理出口货物退（免）税手续。逾期申报的，除另有规定者外，税务机关不再受理该笔出口货物的退（免）税申报，该补税的应按有关规定补征税款。

(2) 出口商申报出口货物退（免）税时，税务机关应及时予以接受并进行初审。经初步审核，出口商报送的申报资料、电子申报数据及纸质凭证齐全的，税务机关受理该笔出口货物退（免）税申报。出口商报送的申报资料或纸质凭证不齐全的，除另有规定者外，税务机关不予受理该笔出口货物的退（免）税申报，并要当即向出口商提出改正、补充资料和凭证的要求。税务机关受理出口商的出口货物退（免）税申报后，应为出口商出具回执，并对出口货物退（免）税申报情况进行登记。

(3) 出口商报送的出口货物退（免）税申报资料及纸质凭证齐全的，除另有规定者外，在规定申报期限结束前，税务机关不得以无相关电子信息或电子信息核对不符等

① 国家税务总局，《出口货物退免税管理办法》第 8 条，国税发 [1994] 第 31 号。

② 国家税务总局，《关于印发〈出口货物退（免）税管理办法（试行）〉的通知》，国税发 [2005] 51 号。

原因，拒不受理出口商的出口货物退（免）税申报。

二、特定出口退税企业办理出口退（免）税办法[①]

（1）外轮供应公司、远洋运输供应公司销售给外轮、远洋国轮的货物，按月向当地主管出口退税的税务机关报送《出口货物退（免）税申请表》，同时提供购进货物的增值税专用发票、消费税专用税票、外销发票和销售货物发票、外汇收入凭证。外销发票必须列明销售货物名称、数量、销售金额并经外轮、远洋国轮船长签名方可生效。

但出口企业对外承接修理修配的外轮，在其修理完毕报关出口时，对该业务中使用国产零部件原材料按一般贸易另填报关单经海关审核，按规定签发出口货物报关单（出口退税联），并作一般出口贸易统计。

（2）生产企业承接国外修理修配业务，应在修理修配的货物复出境后，向当地主管出口退税的税务机关报送《出口货物退（免）税申请表》，同时提供已用于修理修配的零部件、原材料等的购货增值税专用发票和货物出库单、修理修配发票修理修配货物复出境报关单、外汇收入凭证。其应退税额按照零部件、原材料等增值税专用发票和货物出库单计算。

外贸企业承接国外修理修配业务后委托生产企业修理修配的，在修理修配的货物复出境后，应单独填报《出口货物退（免）税申报表》，同时提供生产企业开具的修理修配增值税专用发票，外贸企业开给外方的修理修配发票、修理修配货物复出境报关单、外汇收入凭证。其应退税额按照生产企业修理修配增值税专用发票所列税额计算。

（3）对外承包工程公司运出境外用于对外承包工程项目的设备、原材料、施工机器等货物，在货物报关出口后，向当地主管出口退税的税务机关报送《出口货物退（免）税申请表》，同时提供购进货物的增值税专用发票、出口货物报关单（出口退税联）、对外承包工程合同等资料。

（4）利用国际金融组织或国际政府贷款采取国际招标方式由国内企业中标销售的机电产品、建筑材料，应由企业于中标货物支付验收后，向当地主管出口退税的税务机关报送《出口货物退（免）税申请表》，并提供下列资料及证明：①由中国招标公司或其他国内招标组织签发的中标证明（正本）；②中标人与中国招标公司或其他招标组织签订的供货合同。如中标人为外贸企业，则还应提供中标人与供货企业签订的收购合同（协议）；③中标货物的购进增值税专用发票。中标货物已征消费税的，还须提供专用税票（生产企业中标的，应征消费税在生产环节免征）；④中标人按照标书规定及合同向用户发货所提供的发货单；⑤分包中标项目的企业除提供上述单证资料外，还需提供与中标人签署的分包合同（协议）。

国际金融组织贷款暂限于国际货币基金组织、世界银行（包括国际复兴开发银行、国际开发协会）、联合国农业发展基金、亚洲开发银行发放的贷款。

中标机电产品生产企业实行“先征后退”管理办法的，负责该企业征税的税务机

---

① 国家税务总局，《出口货物退免税管理办法》，第15～19条，国税发［1994］第31号。

关对其生产、销售的中标机电产品，视同出口产品按财政部、国家税务总局《关于出口货物恢复使用增值税专用缴款书管理的通知》[①] 的有关规定征税并开具"增值税税收（出口货物专用）缴款书"。中标企业在申报办理中标机电产品的退税时，除提供前面所述的单证外，还需提供"增值税税收（出口货物专用）缴款书"。

（5）企业在国内采购并运往境外作为在国外投资的货物，应于货物报关出口后向当地主管出口退税的税务机关报送《出口货物退（免）税申请表》，并提供以下单证及资料：①对外贸易经济合作部及其授权单位批准其在国外投资的文件（影印件）；②在国外办理的企业注册登记证副本和有关合同副本；③出口货物的购进增值税专用发票；④出口货物报关单（出口退税联）。

三、出口货物退（免）税审核、审批[②]

（1）税务机关应当使用国家税务总局认可的出口货物退（免）税电子化管理系统以及总局下发的出口退税率文库，按照有关规定进行出口货物退（免）税审核、审批，不得随意更改出口货物退（免）税电子化管理系统的审核配置、出口退税率文库以及接收的有关电子信息。

（2）税务机关受理出口商出口货物退（免）税申报后，应在规定的时间内，对申报凭证和资料的合法性、准确性进行审查，并核实申报数据之间的逻辑对应关系。根据出口商申报的出口货物退（免）税凭证、资料的不同情况，税务机关应当重点审核以下内容：

第一，申报出口货物退（免）税的报表种类、内容及印章是否齐全、准确；

第二，申报出口货物退（免）税提供的电子数据和出口货物退（免）税申报表是否一致；

第三，申报出口货物退（免）税的凭证是否有效，与出口货物退（免）税申报表明细内容是否一致等。重点审核的凭证有：①出口货物报关单（出口退税专用）。出口货物报关单必须是盖有海关验讫章，注明"出口退税专用"字样的原件（另有规定者除外），出口报关单的海关编号、出口商海关代码、出口日期、商品编号、出口数量及离岸价等主要内容应与申报退（免）税的报表一致。②代理出口证明。代理出口货物证明上的受托方企业名称、出口商品代码、出口数量、离岸价等应与出口货物报关单（出口退税专用）上内容相匹配并与申报退（免）税的报表一致。③增值税专用发票（抵扣联）。增值税专用发票（抵扣联）必须印章齐全，没有涂改。增值税专用发票（抵扣联）的开票日期、数量、金额、税率等主要内容应与申报退（免）税的报表匹配。④出口收汇核销单（或出口收汇核销清单）。出口收汇核销单的编号、核销金额、出口商名称应当与对应的出口货物报关单上注明的批准文号、离岸价、出口商名称匹配。⑤消费税税收（出口货物专用）缴款书。消费税税收（出口货物专用）缴款书各

① 财政部、国家税务总局，《关于出口货物恢复使用增值税专用缴款书管理的通知》，财税字［1996］8号。

② 国家税务总局，《关于印发〈出口货物退（免）税管理办法（试行）〉的通知》，国税发［2005］51号。

栏目的填写内容应与对应的发票一致；征税机关、国库（银行）印章必须齐全并符合要求。

（3）在对申报的出口货物退（免）税凭证、资料进行人工审核后，税务机关应当使用出口货物退（免）税电子化管理系统进行计算机审核，将出口商申报出口货物退（免）税提供的电子数据、凭证、资料与国家税务总局及有关部门传递的出口货物报关单、出口收汇核销单、代理出口证明、增值税专用发票、消费税税收（出口货物专用）缴款书等电子信息进行核对。审核、核对重点是：①出口报关单电子信息。出口报关单的海关编号、出口日期、商品代码、出口数量及离岸价等项目是否与电子信息相符。②代理出口证明电子信息。代理出口证明的编号、商品代码、出口日期、出口离岸价等项目是否与电子信息相符。③出口收汇核销单电子信息。出口收汇核销单号码等项目是否与电子信息相符。④出口退税率文库。出口商申报出口退（免）税的货物是否属于可退税货物，申报的退税率与出口退税率文库中的退税率是否一致。⑤增值税专用发票电子信息。增值税专用发票的开票日期、金额、税额、购货方及销售方的纳税人识别号、发票代码、发票号码是否与增值税专用发票电子信息相符。在核对增值税专用发票时应使用增值税专用发票稽核、协查信息。暂未收到增值税专用发票稽核、协查信息的，税务机关可先使用增值税专用发票认证信息，但必须及时用相关稽核、协查信息进行复核，对复核有误的，要及时追回已退（免）税款。⑥消费税税收（出口货物专用）缴款书电子信息。消费税税收（出口货物专用）缴款书的号码、购货企业海关代码、计税金额、实缴税额、税率（额）等项目是否与电子信息核对相符。

（4）税务机关在审核中发现的不符合规定的申报凭证、资料，税务机关应通知出口商进行调整或重新申报；对在计算机审核中发现的疑点，应当严格按照有关规定处理。对出口商申报的出口货物退（免）税凭证、资料有疑问的，应分别依据以下情况处理：①凡对出口商申报的出口货物退（免）税凭证、资料无电子信息或核对不符的，应及时按照规定进行核查。②凡对出口货物报关单（出口退税专用）、出口收汇核销单等纸质凭证有疑问的，应向相关部门发函核实。③凡对防伪税控系统开具的增值税专用发票（抵扣联）有疑问的，应向同级税务稽查部门提出申请，通过税务系统增值税专用发票协查系统进行核查。④对出口商申报出口货物的货源、纳税、供货企业经营状况等情况有疑问的，税务机关应按国家税务总局有关规定进行发函调查，或向同级税务稽查部门提出申请，由税务稽查部门按有关规定进行调查，并依据回函或调查情况进行处理。

（5）出口商提出办理相关出口货物退（免）税证明的申请，税务机关经审核符合有关规定的，应及时出具相关证明。

（6）出口货物退（免）税应当由设区的市、自治州以上（含本级）税务机关根据审核结果按照有关规定进行审批。税务机关在审批后应当按照有关规定办理退库或调库手续。

四、违章处理

（1）出口企业在交易过程中必须认真细致地做工作。要特别督促业务人员对货源、货物质量、价格以及纳税、客商资信等情况进行认真核实，对交易、仓储、运输、报关等具体出口贸易环节要亲自操作或监管，绝不做“四自三不见”（“客商”或中间人自带客户、自带货源、自带汇票、自行报关和出口企业不见出口产品、不见供货货主、不见外商）的“买单”业务，避免上当受骗。对从事“四自三不见”买单业务的出口企业，一经发现，无论退税额大小或是否申报退税，一律停止其半年以上的退税权。对采取其他手段骗取退税的，也要按规定严惩不贷，情节严重的，由外经贸部及其授权单位批准，撤销其出口经营权。对有关责任人员，要提请司法机关处理，绝不姑息。①

（2）出口商有下列行为之一的，由税务机关责令限期改正，可以处2000元以下的罚款；情节严重的，处2000元以上1万元以下的罚款②：①未按规定办理出口货物退（免）税认定、变更或注销认定手续的；②未按规定设置、使用和保管有关出口货物退（免）税账簿、凭证、资料的。③

（3）出口商拒绝税务机关检查或拒绝提供有关出口货物退（免）税账簿、凭证、资料的，可以处1万元以下的罚款；情节严重的，处1万元以上5万元以下的罚款。④

（4）出口商以假报出口或者其他欺骗手段，骗取国家出口退税款的，由税务机关追缴其骗取的退税款，并处骗取税款1倍以上5倍以下的罚款；构成犯罪的，依法追究其刑事责任。⑤

（5）停止为骗取出口退税企业办理出口退税的有关问题规定如下⑥：

第一，出口企业骗取国家出口退税款的，税务机关按以下规定处理：①骗取国家出口退税款不满5万元的，可以停止为其办理出口退税半年以上1年以下；②骗取国家出口退税款5万元以上不满50万元的，可以停止为其办理出口退税1年以上1年半以下；③骗取国家出口退税款50万元以上不满250万元，或因骗取出口退税行为受过行政处罚、2年内又骗取国家出口退税款数额在30万元以上不满150万元的，停止为其办理出口退税1年半以上2年以下；④骗取国家出口退税款250万元以上，或因骗取出口退税行为受过行政处罚、两年内又骗取国家出口退税款数额在150万元以上的，停止为其办理出口退税2年以上3年以下。

第二，对拟停止为其办理出口退税的骗税企业，由其主管税务机关或稽查局逐级上报至省、自治区、直辖市和计划单列市国家税务局批准后按规定程序作出《税务行政处罚决定书》。停止办理出口退税的时间以作出《税务行政处罚决定书》的决定之日为起点。

---

① 国家税务总局，《关于规范出口贸易和退税程序防范打击骗取出口退税行为的通知》，国税发［1998］84号。

② 《中华人民共和国税收征收管理法》（2001年修订），第60条。

③ 国家税务总局，《关于印发〈出口货物退（免）税管理办法（试行）〉的通知》，国税发［2005］51号。

④ 《中华人民共和国税收征收管理法》（2001年修订），第70条。

⑤ 《中华人民共和国税收征收管理法》（2001年修订），第66条。

⑥ 国家税务总局，《关于停止为骗取出口退税企业办理出口退税有关问题的通知》，国税发［2008］32号。

第三，出口企业在税务机关停止为其办理出口退税期间发生的自营或委托出口货物以及代理出口货物等，一律不得申报办理出口退税。

在税务机关停止为其办理出口退税期间，出口企业代理其他单位出口的货物，不得向税务机关申请开具《代理出口货物证明》。

第四，出口企业自税务机关停止为其办理出口退税期限届满之日起，可以按现行规定到税务机关办理出口退税业务。

第五，出口企业违反国家有关进出口经营的规定，以自营名义出口货物，但实质上是靠非法出售或购买权益牟利，情节严重的，税务机关可以比照上述规定在一定期限内停止为其办理出口退税。

【本章小结】

1. 出口货物退（免）税，就涉及的税种而言，仅包括增值税和消费税。

2. 有出口经营权的企业出口和代理出口的货物，除另有规定外，可在货物报关出口并在财务上做销售后，凭有关凭证按月报送税务机关批准退还或免征增值税和消费税。

3. 应退增值税、消费税税额的计算依《出口货物退（免）税管理办法》及其他文件的规定进行。

4. 纳税人办理出口退（免）税的程序规范包括：①一般出口企业办理出口退（免）税的办法；②特定出口退税企业办理出口退（免）税的办法。

5. 税务机关对企业的出口退（免）税业务进行检查和审核，对发生的违章行为进行处理。

【概念与术语】

出口退（免）税　外贸出口经营权　代理出口　退税率　先征后退　免抵退　四自三不见

【思考题】

1. 出口退（免）税的含义是什么？

2. 申请办理出口退（免）税的货物（除国家特准退税的以外）必须具备那些条件？

3. 如何计算出口退（免）税税额（分增值税、消费税）？

4. 企业办理出口退（免）税时必须提供哪些资料？

5. 出口货物办理退（免）税后若发生退关、国外退货或转为内销该如何办理？

6. 企业采取伪造、涂改、贿赂或其他非法手段骗取出口退税的，该如何处罚？

【计算题】

1. 某生产企业具有进出口经营权，兼营内销和出口货物，2008 年 8 月发生以下业务：出口货物销售额（离岸价）200 万美元（外汇人民币牌价为 1 美元＝8.5 元人民币）；内销货物销售额 800 万人民币；国内购进料件的进项税额为 200 万人民币；已知该企业上期增值税留抵税额为 57 万人民币，销售货物适用的增值税税率为 17%，退税率为 9%，计算该企业该月应纳（或应退）增值税税额。

2. 某外贸出口企业某月从一工厂购进 20 000 件化妆品，每件单价 10 元，税额 34 000 元，发票税票齐全，当月该企业出口该批化妆品中的 15 000 件，已知该化妆品适用增值税税率为 17%，消费税税率为 30%，退税率为 9%，请计算该企业当月应退增值税、消费税税额。

3. 某外贸出口企业从一工厂购进一批料件（有三种），单价分别为 800 元、500 元、400 元，数量分别为 200 件、100 件、150 件，发票税票齐全，该月全部出口，已知该批料件适用的增值税税率为 17%，退税率为 9%，请计算该批料件的应退税额。

4. 某一出口企业 2009 年 9 月以“进料加工”贸易方式保税进口一批料件，并委托其他企业加工成工具 1000 件，加工费为每件 35 元，当月全部出口。已知该工具适用的退税率为 9%，请计算该企业的应退税额。

5. 某实行免抵退税管理办法的外商投资企业 2008 年 12 月出口货物 400 万美元（外汇人民币牌价为 1：8.5），当月无内销发生，国内购进原材料进项税额为 370 万人民币，当月生产出口产品所使用的以“进料加工”方式免税进口的料件的到岸价为 15 万美元（料件进口前已到税务机关和海关办理了备案，货物出口后该部分料件已核销），已知该批出口货物适用增值税税率为 17%，退税率为 9%，请计算该企业出口该产品的免抵退税税额。

第十六章

营　业　税

【本章提要】

1. 营业税的产生和特点。
2. 营业税的征税范围、纳税人及税率。
3. 营业税应纳税额的计算。
4. 营业税的减免税。
5. 营业税的征收管理。

营业税是对在中华人民共和国境内提供应税劳务、转让无形资产或者销售不动产的单位和个人，就其取得的销售劳务收入和销售财产（包括无形资产、不动产）收入课税的一种税。营业税是中国流转税制中的主要税种之一。营业税与增值税是并行课征的两个流转税税种，纳入增值税征税对象范围的不征营业税。

营业税是一个古老的税种，外国和中国历史上的营业税往往指的就是全值流转税或周转税。在中国，营业税这一名称的正式出现，最早见于1928年国民党政府颁布的《营业税办法大纲》。从那时至中华人民共和国成立之前，营业税始终是一个独立的税种。新中国成立后，统一全国税政时，将营业税并入工商业税中。以后，在1958年和1973年税制改革中，营业税一直是作为工商统一税和工商税的组成部分而存在的。1984年第二步利改税，为了适应经济发展的需要，将营业税从工商税中划分出来，成为一个独立的税种。1993年12月13日，为适应整个税制改革的需要，国务院重新颁布了《中华人民共和国营业税暂行条例》及其实施细则，从1994年1月1日起施行。2008年，为了适应经济发展和增值税转型改革的需要，对营业税暂行条例进行了修订，修订后的《中华人民共和国营业税暂行条例》（以下简称《营业税暂行条例》）自2009年1月1日起施行。

第一节　营业税的征税对象范围、纳税人及税率

一、营业税征税对象范围

营业税的征税对象范围，是指发生什么样的经济行为并取得收入应当缴纳营业税。根据《营业税暂行条例》的规定，凡在中华人民共和国境内提供应税劳务、转让无形

资产或销售不动产的行为，为营业税的征税对象范围[①]。

（一）“在中华人民共和国境内”的基本定义

（1）提供或者接受条例规定劳务的单位或者个人在境内；

（2）所转让的无形资产（不含土地使用权）的接受单位或者个人在境内；

（3）所转让或者出租土地使用权的土地在境内；

（4）所销售或者出租的不动产在境内。

针对上述定义，财政部、国家税务总局规定[②]：

第一，境外单位或者个人在境外向境内单位或者个人提供的完全发生在境外的《营业税暂行条例》规定的劳务，不属于在境内提供条例规定的劳务，不征收营业税。劳务的具体范围由财政部、国家税务总局规定。

根据上述原则，对境外单位或者个人在境外向境内单位或者个人提供的文化体育业（除播映），娱乐业，服务业中的旅店业、饮食业、仓储业，以及其他服务业中的沐浴、理发、洗染、裱画、誊写、镌刻、复印、打包劳务，不征收营业税。

第二，对境内单位或者个人在境外提供建筑业、文化体育业（除播映）劳务暂免征收营业税。

第三，对境内单位或者个人提供的国际运输劳务免征营业税。国际运输劳务是指：在境内载运旅客或者货物出境；在境外载运旅客或者货物入境；在境外发生载运旅客或者货物的行为。

（二）“提供应税劳务、转让无形资产或者销售不动产”的基本含义

所谓应税劳务，是指《营业税暂行条例》所附的《营业税税目税率表》中规定的属于交通运输业、建筑业、金融保险业、邮电通信业、文化体育业、娱乐业、服务业税目征收范围内的劳务。加工和修理、修配不属于应税劳务（称之为非应税劳务）。[③]

所谓无形资产，是指不具实物形态，但能带来经济利益的资产。具体是指《营业税税目税率表》中规定的土地使用权、专利权、非专利技术、商标权、著作权、商誉。

所谓不动产，是指不能移动、移动后会引起性质、形状变化的财产，包括建筑物或构筑物、其他土地附着物。

提供应税劳务、转让无形资产或销售不动产，是指有偿提供应税劳务、有偿转让无形资产或者有偿转让不动产所有权的行为，也就是从受让方（购买方）取得货币、货物或其他经济利益。但单位或个体经营者聘用的员工为本单位或者雇主提供应税劳务，不包括在内。[④]

---

① 《中华人民共和国营业税暂行条例》（以下简称《营业税暂行条例》），第 1 条。

② 财政部、国家税务总局，《关于个人金融商品买卖等营业税若干免税政策的通知》，财税［2009］111 号；财政部、国家税务总局，《关于国际运输劳务免征营业税的通知》，财税［2010］8 号。

③ 《营业税暂行条例实施细则》，第 2 条。

④ 《营业税暂行条例实施细则》，第 3 条。

单位和个人自己新建（以下简称自建）建筑物后销售，其自建行为视同提供应税建筑业劳务；转让不动产有限产权或永久使用权，以及单位将不动产无偿赠予他人，视同销售不动产。[①] 也就是说，纳税人自建并销售建筑物，既要按建筑业缴纳营业税，又要按销售不动产缴纳营业税。但个人自建自用住房，销售时免征营业税。[②]

纳税人自建自用建筑物，其自建行为不是建筑业税目的征税范围；出租或投资入股的自建建筑物，也不是建筑业的征税范围。

（三）营业税的具体征收范围

营业税的具体征收范围，按税目介绍如下几种。[③]

1. 交通运输业

交通运输业指使用运输工具或人力、畜力将货物或旅客送达目的地，使其空间位置得到转移的业务活动。本税目的征收范围包括：陆路运输、水路运输、航空运输、管道运输、装卸搬运。

凡与运营业务有关的各项劳务活动，均属本税目的征税范围。

（1）陆路运输。指通过陆路（地上或地下）运送货物或旅客的运输业务，包括铁路运输、公路运输、缆车运输、索道运输及其他陆路运输。

（2）水路运输。指通过江、河、湖、川等天然、人工水道或海洋航道运送货物或旅客的运输业务。

打捞也比照水路运输征税。这是因为，打捞业务是运输企业开展的一项业务，在开展此业务时，一般要使用运输工具，将打捞物拖离水面，因而它具有交通运输的基本特征。此外，打捞是一种公益事业，将其按“交通运输业”依3%税率征税，也是一种照顾。

（3）航空运输。指通过空中航线运送货物或旅客的运输业务。

通用航空业务、航空地面服务业务，比照航空运输征税。通用航空业务指为专业工作提供飞行服务的业务，如航空摄影、航空测量、航空勘探、航空护林、航空吊挂飞播、航空降雨等。航空地面服务业务指航空公司、飞机场、民航管理局、航站向在中国境内航行或在中国境内机场停留的境外飞机或其他飞行器提供的导航等劳务性地面服务的业务。

（4）管道运输。指通过管道设施输送气体、液体、固体物资的运输业务。

（5）装卸搬运。指使用装卸搬运工具或人力、畜力将货物在运输工具之间、装卸现场之间或运输工具与装卸现场之间进行装卸和搬运的业务。

搬家业务，也按“交通运输业”税目中的“装卸搬运”征收营业税。[④] 这是因为，搬家业务是指搬家公司利用运输工具或人力将货物在装卸现场之间进行装卸搬运，使

---

① 《营业税暂行条例实施细则》，第4条。

② 财政部、国家税务总局，《关于调整房地产市场若干税收政策的通知》，财税字［1999］210号。

③ 国家税务总局，《营业税税目注释（试行稿）》，国税发［1993］149号。

④ 国家税务总局，《关于营业税若干征税问题的通知》，国税发［1994］159号。

货物实现了空间位置的转移的业务。因此，它具有装卸搬运的特点。

(6) 与运营业务有关的各项劳务。

凡与运营业务有关的各项劳务活动，均属“交通运输业”税目征税范围。与运营业务有关的各项劳务，包括[①]：通用航空业务；航空地面业务；打捞；理货；港务局提供的引航、系缆、停泊、移泊等劳务及引水员交通费、过闸费、货物港务费；国家税务总局规定的其他劳务。

(7) 远洋运输企业的程租、期租业务，航空运输企业的湿租业务。[②]

程租业务，是指远洋运输企业为租船人完成某一特定航次的运输任务并收取租赁费的业务。

期租业务，是指远洋运输企业将配备有操作人员的船舶承租给他人使用一定期限，承租期内听候承租方调遣，不论是否经营，均按天向承租方收取租赁费，发生的固定费用（如人员工资、维修费用等）均由船东负担的业务。

湿租业务，是指航空运输企业将配备有机组人员的飞机承租给他人使用一定期限，承租期内听候承租方调遣，不论是否经营，均按一定标准向承租方收取租赁费，发生的固定费用（如人员工资、维修费用等）均由承租方负担的业务。

2. 建筑业

建筑业指建筑安装工程作业。本税目的征收范围包括建筑、安装、修缮、装饰、其他工程作业。

(1) 建筑。指新建、改建、扩建各种建筑物、构筑物的工程作业，包括与建筑物相连的各种设备或支柱、操作平台的安装或装设工程作业，以及各种窑炉和金属结构工程作业在内。

(2) 安装。指生产设备、动力设备、起重设备、运输设备、传动设备、医疗实验设备及其他各种设备的装配、安置工程作业，包括与设备相连的工作台、梯子、栏杆的装设工程作业和被安装设备的绝缘、防腐、保温、油漆等工程作业在内。

(3) 修缮。指对建筑物、构筑物进行修补、加固、养护、改善，使之恢复原来的使用价值或延长其使用期限的工程作业。

(4) 装饰。指对建筑物、构筑物进行修饰，使之美观或具有特定用途的工程作业。

(5) 其他工程作业。指上列工程作业以外的各种工程作业，如代办电信工程、水利工程、道路修建、疏浚、钻井（打井）、拆除建筑物或构筑物、平整土地、搭脚手架、爆破等工程作业。

此外，对有线电视台为用户安装有线电视接收装置，一次性向用户收取的安装费（即初装费），按“建筑业”税目征税。[③]

3. 金融保险业

金融保险业指经营金融、保险的业务。本税目的征收范围包括金融、保险。

---

①③ 国家税务总局，《关于营业税若干征税问题的通知》，国税发［1994］159号。

② 国家税务总局，《关于交通运输企业征收营业税问题的通知》，国税发［2002］25号。

(1) 金融。指经营货币资金融通活动的业务。其征税范围，主要是以下五个方面：

第一，贷款。是指将货币资金贷与他人使用的业务。

人民银行对金融机构的贷款业务不征税，对非金融机构的贷款以及委托金融机构的贷款业务应当征收营业税。金融机构，包括银行和非银行的金融机构（如信托投资公司等）。非金融机构，是指金融机构以外的一切单位，包括企业、事业单位和行政机关及其他金融机构以外的单位。

典当业的抵押贷款业务，无论其资金来源如何，均按自有资金贷款征税。

第二，融资租赁。是指具有融资性质和所有权转移特点的设备租赁业务。即：出租人根据承租人所要求的规格、型号、性能等条件购入设备租赁给承租人，合同期内设备所有权属于出租人，承租人只拥有使用权，合同期满付清租金后，承租人有权按残值购入设备，以拥有设备的所有权。《营业税税目注释》中的“融资租赁”，是指经中国人民银行批准经营融资租赁业务的单位从事的融资租赁业务，其他单位从事融资租赁业务应按“服务业”税目中的“租赁业”项目征收营业税①。

凡营业税征收范围的融资租赁，无论出租人是否将设备残值销售给承租人，均按本税目征税。

第三，金融商品转让。是指转让外汇、有价证券或非货物期货的所有权的行为，具体包括：股票转让、债券转让、外汇转让、其他金融商品转让②。非货物期货，是指商品期货、贵金属期货以外的期货，如外汇期货等。

第四，金融经纪业。是指受托代他人经营金融活动的业务，例如办理委托贷款业务。

第五，其他金融业务。是指上列业务以外的各项金融业务，如银行结算、票据贴现等。

存款或购入金融商品行为，不征收营业税。

(2) 保险。指将通过契约形成集中起来的资金，用以补偿被保险人的经济利益的业务。具体包括：财产保险、人身保险、责任保险、信用保证保险等。

4. 邮电通信业

邮电通信业，是指专门办理信息传递的业务。本税目的征收范围包括：邮政、电信。

(1) 邮政。指传递实物信息的业务，包括传递函件或包件（含快递业务）、邮汇、报刊发行、邮务物品销售、邮政储蓄及其他邮政业务。

(2) 电信。指用各种电传设备传输电信号来传递信息的业务，包括电报、电传、电话、电话机安装、电信物品销售及其他电信业务。

电信业务包括基础电信业务和增值电信业务。基础电信业务是指提供公共网络基础设施、公共数据传送和基本语音通信服务的业务，具体包括固定网国内长途及本地

---

① 国家税务总局，《关于营业税若干问题的通知》，国税发［1995］76号。

② 国家税务总局，《关于印发〈金融保险业营业税申报管理办法〉的通知》，国税发［2002］9号。

电话业务、移动通信业务、卫星通信业务、因特网及其他数据传送业务、网络元素出租出售业务、电信设备及电路的出租业务、网络接入及网络托管业务、国际通信基础设施国际电信业务、无线寻呼业务和转售的基础电信业务；增值电信业务是指利用公共网络基础设施提供的电信与信息服务的业务，具体包括固定电话网增值电信业务、移动电话网增值电信业务、卫星网增值电信业务、因特网增值电信业务以及其他数据传送网络增值电信业务等服务。①

5. 文化体育业

文化体育业，是指经营文化、体育活动的业务。本税目的征收范围包括：文化业、体育业。

文化业，指经营文化活动的业务，包括表演、播映、其他文化业。经营游览场所的业务，比照文化业征税。广告的播映不按本税目征税。

体育业，指举办各种体育比赛和为体育比赛或体育活动提供场所的业务。

以租赁方式为文化活动、体育比赛提供场所，不按本税目征税。

6. 娱乐业

娱乐业，是指为娱乐活动提供场所和服务的业务。本税目征收范围包括：经营歌厅、舞厅、卡拉OK歌舞厅、音乐茶座、台球、高尔夫球、保龄球场、游艺场、网吧等娱乐场所，以及娱乐场所为顾客进行娱乐活动提供服务的业务。

7. 服务业

服务业，指利用设备、工具、场所、信息或技能为社会提供服务的业务。

本税目的征收范围包括：代理业、旅店业、饮食业、旅游业、仓储业、租赁业、广告业、其他服务业。

(1) 代理业。指代委托人办理受托事项的业务，包括代购代销货物、代办进出口、介绍服务、其他服务业。

金融经纪业、邮政部门的报刊发行业务，不按本税目征税。

无船承运业务按照本税目征收营业税。无船承运业务是指无船承运业务经营者以承运人身份接受托运人的货载，签发自己的提单或其他运输单证，向托运人收取运费，通过国际船舶运输经营者完成国际海上货物运输，承担承运人责任的国际海上运输经营活动。②

(2) 旅店业。指提供住宿服务的业务。

(3) 饮食业。指通过同时提供饮食和饮食场所的方式为顾客提供饮食消费服务的业务。

饭馆、餐厅及其他饮食服务场所，为顾客在就餐的同时进行的自娱自乐形式的歌舞活动所提供的服务，按“娱乐业”税目征税。

(4) 旅游业。指为旅游者安排食宿、交通工具和提供导游等旅游服务的业务。

---

① 财政部、国家税务总局，《关于营业税若干政策问题的通知》，财税〔2003〕16号。

② 国家税务总局，《关于无船承运业务有关营业税问题的通知》，国税函〔2006〕1312号。

单位和个人在旅游景点经营渠道取得的收入按本税目征收营业税。[①]

(5) 仓储业。指利用仓库、货场或其他场所代客贮放、保管货物的业务。

(6) 租赁业。指在约定的时间内将场地、房屋、物品、设备或设施等转让他人使用的业务。

对远洋运输企业从事光租业务和航空运输企业从事干租业务取得的收入，按“服务业”税目中的“租赁业”项目征收营业税。光租业务，是指远洋运输企业将船舶在约定的时间内出租给他人使用，不配备操作人员，不承担运输过程中发生的各种费用，只收取固定租赁费的业务；干租业务，是指航空运输企业将飞机在约定的时间内出租给他人使用，不配备机组人员，不承担运输过程中发生的各种费用，只收取固定租赁费的业务。[②]

交通部门有偿转让高速公路收费权行为，属于营业税征收范围，应按本税目征收营业税。[③]

酒店产权式经营业主在约定的时间内提供房产使用权与酒店进行合作经营，如房产产权并未归属新的经济实体，业主按照约定取得的固定收入和分红收入均应视为租金收入，根据有关税收法律、行政法规的规定，应按照本税目征收营业税。[④]

(7) 广告业。指利用图书、报纸、杂志、广播、电视、电影、幻灯、路牌、招贴、橱窗、霓虹灯、灯箱等形式为介绍商品、经营服务项目、文体节目或通告、声明等事项进行宣传和提供相关服务的业务。

(8) 其他服务业。指上列业务以外的服务业务，如沐浴、理发、洗染、照相、美术、裱画、誊写、打字、镌刻、计算、测试、试验、化验、录音、录像、复印、晒图、设计、制图、测绘、勘探、打包、咨询等。

航空勘探、钻井（打井）勘探、爆破勘探，不按本税目征税。

8. 转让无形资产

转让无形资产，是指转让无形资产的所有权或使用权的行为。

无形资产，是指不具实物形态、但能带来经济利益的资产。

本税目的征收范围包括：转让土地使用权、转让商标权、转让专利权、转让非专利技术、转让著作权、出租电影拷贝、转让商誉。

土地所有者出让土地使用权和土地使用者将土地使用权归还给土地所有者的行为，不征收营业税。

土地租赁，不按本税目征税。

以无形资产投资入股，参与接受投资方的利润分配、共同承担投资风险的行为，不征收营业税。在其投资后转让其股权的，也不征收营业税。

---

① 财政部、国家税务总局，《关于营业税若干政策问题的通知》，财税［2003］16号。

② 国家税务总局，《关于交通运输企业征收营业税问题的通知》，国税发［2002］25号。

③ 国家税务总局，《关于交通部门有偿转让高速公路收费经营权征收营业税的批复》，国税函［2005］1146号。

④ 国家税务总局，《关于酒店产权式经营业主税收问题的批复》，国税函［2006］478号。

9. 销售不动产

销售不动产，是指有偿转让不动产所有权的行为。

不动产，是指不能移动，移动后会引起性质、形状改变的财产。

本税目的征收范围包括：销售建筑物或构筑物，销售其他土地附着物。

在销售不动产时连同不动产所占土地的使用权一并转让的行为，比照销售不动产征税。

转让不动产有限产权或永久使用权，单位或者个人将不动产或土地使用权无偿赠送其他单位或者个人；均视同销售不动产。[①]

个人无偿赠与不动产、土地使用权，属于下列情形之一的，暂免征收营业税：离婚财产分割；无偿赠与配偶、父母、子女、祖父母、外祖父母、孙子女、外孙子女、兄弟姐妹；无偿赠与对其承担直接抚养或者赡养义务的抚养人或者赡养人；房屋产权所有人死亡，依法取得房屋产权的法定继承人、遗嘱继承人或者受遗赠人。[②]

纳税人自建住房销售给本单位职工，属于销售不动产行为，应照章征收营业税。[③]

不动产租赁，不按本税目征税。

以不动产投资入股，参与接受投资方利润分配、共同承担投资风险的行为，不征营业税。在其投资后转让其股权，也不征收营业税。

（四）与增值税征收范围的划分

营业税与增值税在征收范围上，主要存在两个划分。

1. 一项销售行为同时涉及营业税与增值税征税范围的划分

尽管营业税的征税范围与增值税的征税范围税法中已经界定清楚，但在实际工作中，往往会出现一项销售行为同时涉及货物和应税劳务，即既涉及增值税征收范围中的货物销售，又涉及营业税征税范围中的应税劳务。如某装饰公司以包工包料方式为用户进行房屋装修，其中既有提供装饰劳务，又有墙纸（布）、地板等装饰材料的销售。对这类同时构成销售货物和提供应税劳务的行为，显然不能就一个营业额同时征收增值税和营业税。在如何确定其适用税种上，税法中引出了混合销售的概念。一项销售行为如果既涉及应税劳务又涉及货物（指有形资产，包括电力、热力、气体在内），称之为混合销售行为。从事货物的生产、批发或零售的企业、企业性单位及个体工商户（包括以从事货物的生产、批发或者零售为主，并兼营应税劳务的企业、企业性单位和个体工商户在内）的混合销售行为，视为销售货物，不缴纳营业税；其他单位和个人的混合销售行为，视为提供应税劳务，缴纳营业税。[④] 但是，纳税人的下列混合销售行为，应当分别核算应税劳务的营业额和货物的销售额，其应税劳务的营业额

---

① 《营业税暂行条例实施细则》，第5条。

② 财政部、国家税务总局，《关于个人金融商品买卖等营业税若干免税政策的通知》，财税［2009］111号。

③ 国家税务总局，《关于呼和浩特市铁路局向职工销售住房征免营业税问题的批复》，国税函［2005］334号。

④ 《营业税暂行条例实施细则》，第6条。

缴纳营业税，货物销售额不缴纳营业税；未分别核算的，由主管税务机关核定其应税劳务的营业额：①提供建筑业劳务的同时销售自产货物的行为；②财政部、国家税务总局规定的其他情形。[①]

2. 兼营增值税征收范围的划分

纳税人兼营应税行为和货物或者非应税劳务的，应当分别核算应税行为的营业额和货物或者非应税劳务的销售额，其应税行为营业额缴纳营业税，货物或者非应税劳务销售额不缴纳营业税；未分别核算的，由主管税务机关核定其应税行为营业额。[②]

3. 营业税与增值税征税范围划分的具体规定

（1）邮政部门销售集邮商品、发行报刊，征收营业税；邮政部门以外的其他单位与个人销售集邮商品、发行报刊，征收增值税。电信单位（电信局及经电信局批准的其他从事电信业务的单位）自己销售无线寻呼机、移动电话，并为客户提供有关的电信劳务服务的，属于混合销售，征收营业税；对单纯销售无线寻呼机、移动电话，不提供有关的电信劳务服务的，征收增值税。[③]

（2）燃气公司和生产、销售货物或提供增值税应税劳务的单位，在销售货物或提供增值税应税劳务时，代有关部门向购买方收取的集资费（包括管道煤气集资款〈初装费〉）、手续费、代收款等，属于增值税价外收费，应征收增值税，不征收营业税。随汽车销售提供的汽车按揭服务和代办服务业务征收增值税，单独提供按揭、代办服务业务，并不销售汽车的，应征收营业税。[④]

（3）对商业企业向供货方收取的与商品销售量、销售额挂钩（如以一定比例、金额、数量计算）的各种返还收入，均应按照平销返利行为的有关规定冲减当期增值税进项税金，不征收营业税。对商业企业向供货方收取的与商品销售量、销售额无必然联系，且商业企业向供货方提供一定劳务的收入，例如进场费、广告促销费、上架费、展示费、管理费等，不属于平销返利，不冲减当期增值税进项税金，应按营业税的适用税目税率（5%）征收营业税。[⑤]

二、营业税的纳税人及扣缴义务人

（一）营业税的纳税人

凡在中华人民共和国境内提供应税劳务、转让无形资产或者销售不动产的单位和个人，都是营业税的纳税人。[⑥] 这里所称的单位，指企业、行政单位、事业单位、军事

① 《营业税暂行条例实施细则》，第 7 条。

② 《营业税暂行条例实施细则》，第 8 条。

③ 财政部、国家税务总局，《关于增值税、营业税若干政策规定的通知》，财税［1994］26 号。

④ 财政部、国家税务总局，《关于营业税若干政策问题的通知》，财税［2003］16 号。

⑤ 国家税务总局，《关于商业企业向货物供应方收取的部分费用征收流转税问题的通知》，国税发［2004］136 号。

⑥ 《营业税暂行条例》，第 1 条。

单位、社会团体及其他单位；个人，指个体工商户及其他个人。①

单位以承包、承租、挂靠方式经营的，承包人、承租人、挂靠人（以下统称承包人）发生应税行为，承包人以发包人、出租人、被挂靠人（以下统称发包人）名义对外经营并由发包人承担相关法律责任的，以发包人为纳税人；否则以承包人为纳税人。②

单位和个人构成营业税的纳税人，必须同时具备以下三个条件：①提供应税劳务，转让无形资产或者销售不动产的行为，必须发生在中华人民共和国境内；②提供的应税劳务、转让的无形资产或者销售不动产，必须是属于营业税的征税范围；③必须是有偿或视同有偿提供应税劳务、转让无形资产或者转让不动产的所有权。只有同时具备上述条件的单位和个人，才构成营业税的纳税义务人，否则就不构成营业税纳税义务人。

中央铁路运营业务的纳税人为铁道部，合资铁路运营业务的纳税人为合资铁路公司，地方铁路运营业务的纳税人为地方铁路管理机构，基建临管线运营业务的纳税人为基建临管线管理机构。③

水路运输、航空运输、管道运输及其他陆路运输业务的纳税人，为从事运输业务并计算盈亏的单位。由于水路运输、航空运输、管道运输及其他陆路运输具有运输工具流动性大、收入来源地域广泛的特点，所以对从事上述运输业务的纳税人作了特殊规定。

（二）营业税的扣缴义务人

为了加强源泉控制、堵塞漏洞，简化征收手续，保证税收收入，《营业税暂行条例》及其实施细则规定了扣缴义务人④：

（1）中华人民共和国境外的单位或者个人在境内提供应税劳务、转让无形资产或者销售不动产，在境内未设有经营机构的，以其境内代理人为扣缴义务人；在境内没有代理人的，以受让方或者购买方为扣缴义务人。

（2）国务院财政、税务主管部门规定的其他扣缴义务人。

三、营业税的税率

营业税对九个税目设置了3%、5%两个档次的比例税率和一个幅度税率（详见表16-1)。纳税人经营娱乐业具体适用的税率，由省、自治区、直辖市人民政府在《营业税暂行条例》规定的幅度内决定。

---

① 《营业税暂行条例实施细则》，第9条。

② 《营业税暂行条例实施细则》，第11条。

③ 《营业税暂行条例实施细则》，第12条。

④ 《营业税暂行条例》，第11条。

表 16-1　营业税税目税率表

税目	税率
一、交通运输业	3%
二、建筑业	3%
三、金融保险业	5%
四、邮电通信业	3%
五、文化体育业	3%
六、娱乐业	5%～20%
七、服务业	5%
八、转让无形资产	5%
九、销售不动产	5%

此外，纳税人兼有不同税目应税行为的，应当分别核算不同税目的营业额、转让额、销售额（以下简称营业额）；未分别核算营业额的，从高适用税率。①

第二节　营业税的计税依据和应纳税额的计算

一、营业税的计税依据

营业税的计税依据为营业额。关于营业额，税法规定了两种情形：一种是纳税人提供应税劳务、转让无形资产或者销售不动产向对方收取的全部价款和价外费用，不得扣除任何成本或费用。价外费用包括向对方收取的手续费、补贴、基金、集资费、返还利润、奖励费、违约金、滞纳金、延期付款利息、赔偿金、代收款项、代垫款项、罚息及其他各种性质的价外费用，但不包括同时符合以下条件代为收取的政府性基金或者行政事业性收费：①由国务院或者财政部批准设立的政府性基金，由国务院或者省级人民政府及其财政、价格主管部门批准设立的行政事业性收费；②收取时开具省级以上财政部门印制的财政票据。另一种是纳税人提供应税劳务、转让无形资产或销售不动产向对方收取的全部价款和价外费用，可以扣除一些特定的支出项目，其余额作为营业税的营业额。②

（1）纳税人将承揽的运输业务分给其他单位或者个人的，以其取得的全部价款和价外费用扣除其支付给其他单位或者个人的运输费用后的余额为营业额。

（2）纳税人从事旅游业务的，以其取得的全部价款和价外费用扣除替旅游者支付给其他单位或者个人的住宿费、餐费、交通费、旅游景点门票和支付给其他接团旅游企业的旅游费后的余额为营业额。

（3）纳税人将建筑工程分包给其他单位的，以其取得的全部价款和价外费用扣除

① 《营业税暂行条例》，第 3 条。

② 《营业税暂行条例》，第 5 条。

其支付给其他单位的分包款后的余额为营业额。

(4) 外汇、有价证券、期货等金融商品买卖业务，以卖出价减去买入价后的余额为营业额。

纳税人按照规定扣除有关项目，取得的凭证不符合法律、行政法规或者国务院税务主管部门有关规定的，该项目金额不得扣除。①

关于营业额的确定，分不同应税项目介绍。

（一）交通运输业的营业额

交通运输业的营业额，一般是指从事交通运输的纳税人所取得的全部运营收入，亦即全部价款和价外费用。在此基础上，税法同时又规定了一些允许扣除部分项目的支出，以余额为营业额的情形。

(1) 运输企业从事联运业务的营业额为其实际取得的营业额。

纳税人将承揽的运输业务分给其他单位或者个人的，以其取得的全部价款和价外费用扣除其支付给其他单位或者个人的运输费用后的余额为营业额。②

例如：某货主要将一批货物自广州送至上海市。甲运输公司承接了这一业务，货主一次性与该公司结算运费 8 万元，其中，该批货物经甲公司联系，海上运输由某海运公司承运，甲运输公司与该海运公司结算运费 5 万元，甲运输公司实际取得了 3 万元的运费收入，由于两个运输公司参与了该批货物的运输业务，所以此业务属联运业务，甲运输公司的营业额为其支付给某海运公司运费后的余额 3 万元。

(2) 中国国际航空股份有限公司（简称国航）与中国国际货运航空有限公司（简称货航）开展客运飞机腹舱联运业务时，国航以收到的腹舱收入为营业额；货航以其收到的货运收入扣除支付给国航的腹舱收入的余额为营业额，营业额扣除凭证为国航开具的“航空货运单”。③

(3) 试点物流企业开展物流业务应按其收入性质分别核算。提供运输劳务取得的运输收入按“交通运输业”税目征收营业税并开具货物运输业发票。凡未按规定分别核算其营业税应税收入的，一律按“服务业”税目征收营业税。试点企业将承揽的运输业务分给其他单位并由其统一收取价款的，应以该企业取得的全部收入减去付给其他运输企业的运费后的余额为营业额计算征收营业税。④

必须注意，在确定交通运输业的营业额时，运输企业取得的运输收入中的保险费应作为运输企业的营业额。在实际工作中，运输企业取得的运输收入中的保险费的核算不太规范。主要有两种处理办法：一是单独提取后，放在“营业外收入”科目内，不记运输收入不交保险公司；一是提取后到期转交保险公司。根据税法规定，交通运输业的全部价款和价外费用一般包括客运收入、货运收入、装卸搬运收入、其他运输

---

① 《营业税暂行条例》，第 6 条。

② 《营业税暂行条例》，第 5 条。

③ 国家税务总局，《关于客运飞机腹舱联运收入营业税问题的通知》，国税函［2005］202 号。

④ 国家税务总局，《关于试点物流企业有关税收政策问题的通知》，国税发［2005］208 号。

业务收入和运输票价中包含的保险费收入以及随同票价、货运运价向客户收取的交通建设基金等。因此，对运输企业取得的保险费收入，不论是否转交保险公司，无论在企业财务上如何处理，均应作为运输企业营业额，征收营业税。

（二）建筑业的营业额

建筑业的营业额为纳税人从事建筑、安装、修缮、装饰和其他工程作业从对方取得的全部工程价款和价外费用。

(1) 纳税人将建筑工程分包给其他单位的，以其取得的全部价款和价外费用扣除其支付给其他单位的分包款后的余额为营业额。①

(2) 纳税人提供建筑业劳务（不含装饰劳务）的，其营业额均应包括工程所用材料及其他物资和动力的价款在内。② 纳税人从事建筑、修缮、装饰工程作业，有两种形式：包工包料和包工不包料。包工包料，是指建设单位不负责供应材料，而由建筑企业自行采购并进行施工的工程。这种承包方式取得的收入体现在工程结算科目的是料、工、费收入。包工不包料，是指建筑材料由建设单位提供，建筑安装企业只负责施工的工程，这种方式取得的收入，没有材料价值部分，只是人工费用收入。纳税人从事建筑、修缮工程作业，无论与对方如何结算，其营业额均应包括工程所用原材料及其他物资和动力的价款在内，其含义就是无论采用包工包料形式还是包工不包料形式，其营业额均应包括料、工、费的价款在内。

【例 16-1】 甲建筑公司承包一项工程的施工任务，建设单位提供建设材料 200 万元，甲公司提供建筑材料及其他建筑用物资 300 万元。根据营业税法的规定，建设单位提供的建筑材料 200 万元部分，对甲公司来讲，尽管属包工不包料部分，但也应把其包括在营业额之内，甲公司提供的建筑材料及其他建筑用物资 300 万元，属包工包料，因而也应当把其包括在营业额之内。因此，甲建筑公司的营业额应为 500 万元。

虽有这一规定，但是以下两种情况除外：①纳税人提供建筑业劳务的同时销售自产货物的混合销售行为，应当分别核算应税劳务的营业额和货物的销售额，其应税劳务的营业额缴纳营业税，货物销售额不缴纳营业税；未分别核算的，由主管税务机关核定其应税劳务的营业额；②纳税人提供建筑业劳务（不含装饰劳务）的，其营业额不包括建设方提供的设备的价款。③如通信线路工程和输送管道工程所使用的电缆、光缆和构成管道工程主体的防腐管段、管件（弯头、三通、冷弯管、绝缘接头）、清管器、收发球筒、机泵、加热炉、金属容器等物品均属于设备，其价值不包括在工程的计税营业额中。其他建筑安装工程的计税营业额也不应包括设备价值，具体设备名单可由省级地方税务机关根据各自实际情况列举④。

---

① 《营业税暂行条例》，第 5 条

②③ 《营业税暂行条例实施细则》，第 16 条。

④ 财政部、国家税务总局，《关于营业税若干政策问题的通知》，财税［2003］16 号。

(3) 自建自售建筑物，对其自建行为征收建筑业营业税的营业额问题。[①]

纳税人自建建筑物后销售，其自建行为视同提供应税劳务，应该征收建筑业的营业税。除要按"销售不动产"征收一道营业税外，对出售自建建筑物还要征收一道中间环节建筑业的营业税，目的是为了平衡以出包方式和以自建方式从事房地产开发企业之间的税收负担，而只有二者的计税依据相同，才能达到这一目的。

对出售自建建筑物征收建筑业的营业税，按下列顺序确定其营业额：①按纳税人最近时期发生同类应税行为的平均价格核定；②按其他纳税人最近时期发生同类应税行为的平均价格核定；③按下列公式核定：

营业额＝营业成本或者工程成本×（1＋成本利润率）÷（1－营业税税率）

公式中的成本利润率由省、自治区、直辖市税务局确定。

在确定建筑业营业额时，还应特别注意以下几个问题：①建筑安装企业向建设单位收取的临时设施费、劳动保护费和施工机构迁移费，不得从营业额中扣除；②施工企业向建设单位收取的材料差价款、抢工费、全优工程奖和提前竣工奖，应并入计税营业额中征收营业税；③招标、投标工程的营业额问题。按照国家计委基本建设标准定额局的规定，实行招标投标的建筑安装工程，其标底和报价的编制，均应包含营业税。所以，对招标、投标的建筑安装工程，中标的价格是营业税的营业额。

（三）金融保险业的营业额[②]

1. 金融业的营业额

金融业的营业额按其取得收入的方式，可归为两类：一是按收入的全额，如贷款、典当、金融经纪业等中介服务，以取得利息收入或手续费收入全额确认为营业额；二是价差，如外汇、证券、期货等金融商品转让，按卖出价减去买入价后的差额确认为营业额。

金融业的营业额，分别不同具体业务介绍如下：

(1) 贷款业务。

贷款业务的营业额为贷款利息收入（包括基准利率计算的利息和加息）。

(2) 融资租赁。

以其向承租者收取的全部价款和价外费用（包括残值）减去出租方承担的出租货物的实际成本后的余额，以直线法折算出本期的营业额。计算方法为

本期营业额＝(应收取的全部价款和价外费用－实际成本)
×（本期天数÷总天数）

实际成本＝货物购入原价＋关税＋增值税＋消费税＋运杂费＋安装费
＋保险费＋贷款的利息（包括外汇借款和人民币借款利息）

---

① 《营业税暂行条例实施细则》，第5、20条。

② 国家税务总局，《关于印发〈金融保险业营业税申报管理办法〉的通知》，国税发［2002］9号。

(3) 金融商品转让。

金融企业（包括银行和非银行金融机构，下同）从事股票、债券、外汇及其他金融商品买卖业务，以股票、债券等的卖出价减去买入价后的余额为营业额。买入价依照财务会计制度规定，以股票、债券的购入价减去股票、债券持有期间取得的股票、债券红利收入的余额确定。可在同一会计年度末，将不同纳税期出现的正差和负差按同一会计年度汇总的方式计算并缴纳营业税，如果汇总计算应缴的营业税税额小于本年已缴纳的营业税税额，可以向税务机关申请办理退税，但不得将一个会计年度内汇总后仍为负差的部分结转下一会计年度。

股票转让营业额为买卖股票的价差收入，即营业额＝卖出价－买入价。股票买入价是指购进原价，不得包括购进股票过程中支付的各种费用和税金。卖出价是指卖出原价，不得扣除卖出过程中支付的任何费用和税金。

债券转让营业额为买卖债券的价差收入，即营业额＝卖出价－买入价。债券买入价是指购进原价，不得包括购进债券过程中支付的各种费用和税金。卖出价是指卖出原价，不得扣除卖出过程中支付的任何费用和税金。

外汇转让营业额为买卖外汇的价差收入，即营业额＝卖出价－买入价。外汇买入价是指购进原价，不得包括购进外汇过程中支付的各种费用和税金。卖出价是指卖出原价，不得扣除卖出过程中支付的任何费用和税金。

其他金融商品转让营业额为其他金融商品的价差收入，即营业额＝卖出价－买入价。其他金融商品买入价是指购进原价，不得包括购进其他金融商品过程中支付的各种费用和税金。卖出价是指卖出原价，不得扣除卖出过程中支付的任何费用和税金。

(4) 金融经纪业务和其他金融业务（中间业务）。

营业额为手续费（佣金）类的全部收入包括价外收取的代垫、代收代付费用（如邮电费、工本费）、加价等，从中不得作任何扣除。

金融企业从事受托收款业务，如代收电话费、水电煤气费、信息费、学杂费、寻呼费、社保统筹费、交通违章罚款、税款等，以全部收入减去支付给委托方价款后的余额为营业额。

2. 保险业的营业额

保险业的营业额，包括以下几个方面：

(1) 办理初保业务向保户收取的保费。

营业额为纳税人经营保险业务向对方收取的全部价款，即向被保险人收取的全部保险费。

(2) 储金业务。

保险公司如采用收取储金方式取得经济利益的（即以被保险人所交保险资金的利息收入作为保费收入，保险期满后将保险资金本金返还被保险人），其“储金业务”的营业额，为纳税人在纳税期内的储金平均余额乘以中国人民银行公布的 1 年期存款的月利率。储金平均余额为纳税期初储金余额与期末余额之和乘以 50%。

(3) 追偿款。

追偿款是指发生保险事故后，保险公司按照保险合同的约定向被保险人支付赔款，并从被保险人处取得对保险标的价款进行追偿的权利而追回的价款。保险企业取得的追偿款不征收营业税。①

(4) 虚收保费。

保险业的营业额，是保险机构经营保险业务所取得的保费收入。对保险业中的虚收保费（指保户欠交的保费）应当并入营业额中征收营业税，也就是说，保险业的营业额为应征税险种的应收保费，而不是实收保费。但保险企业已征收过营业税的应收未收保费，凡在财务会计制度规定的核算期限内未收回的，允许从营业额中减除。在会计核算期限以后收回的已冲减的应收未收保费，再并入当期营业额中。②

(5) 无赔偿奖励。

保险企业开展无赔偿奖励业务的，以向投保人实际收取的保费为营业额。③

(6) 分保业务。

中华人民共和国境内的保险人将其承保的以境内标的物为保险标的的保险业务向境外再保险人办理分保的，以全部保费收入减去分保保费后的余额为营业额。境外再保险人应就其分保收入承担营业税纳税义务，并由境内保险人扣缴境外再保险人应缴纳的营业税税款。④

在确定金融保险业营业额时，还应注意以下几个问题：

第一，银行取得的利差补贴及出纳长款不包括在营业额之内。

利差补贴是国家有关部门给予发放政策性贴息贷款的金融机构的经济补偿。根据国家在不同时期的经济政策，有关部门确定了一些具有特定投向和用途的贴息贷款。金融机构发放政策性贴息贷款时，因从借款方手中收回的贷款利息低于通常的基准利率，为弥补金融机构的利差损失，国家有关部门给予一定的补贴。由于金融机构所得的利差补贴，并不是从购贷方取得的，所以不应当并入营业额征收营业税。

出纳长款是库存现金实际数多于账面金额的部分。产生出纳长款的原因有：一是现金收付中的长款；二是现金调拨中的长款；三是原封新券（币）开封时发生的长款。可见出纳长款是因技术性差错产生的，不应当并入营业额征收营业税。

第二，典当业中收取典当物品的保管费、鉴定费等其他费用，均应包含在其营业额之内。

典当业的营业收入，除对死当物品销售收入征收增值税外，其所征营业税的营业额为纳税人取得的利息和其他各种名目的收费。因而，对典当业中收取的物品的保管费和物品真伪的鉴定费等，都应当作为其营业额计征“金融业”营业税。

---

①②③④　财政部、国家税务总局，《关于营业税若干政策问题的通知》，财税［2003］16号。

（四）邮电通信业的营业额

邮电通信业的营业额为纳税人发生邮电通信行为，向对方收取的全部价款和价外费用，如手续费、服务费等。邮电通信业的营业额根据其应税行为的不同有两种形式，一种是按取得收入的全额为营业额；一种是按差额为营业额。

1. 邮政业务

邮政业务的营业额，是指提供传递函件或包件、邮汇、报刊发行、邮务物品销售、邮政储蓄以及其他邮政业务的收入。

2. 电信业务

电信业务的营业额，是指提供电报、电话、电传、电话机安装、电信物品销售以及其他电信业务的收入。

电信部门以“集中受理”方式为集团客户提供跨省的出租电路业务，由受理地区的电信部门按取得的全部价款减除分割给参与提供跨省电信业务的电信部门的价款后的差额为营业额计征营业税；对参与提供跨省电信业务的电信部门，则按各自取得的全部价款为营业额计征营业税。“集中受理”是指电信部门应一些集团客户的要求，为该集团所属的众多客户提供跨地区的出租电信线路业务，以便该集团所属的众多客户在全国范围内保持特定的通信联络。①

邮政电信单位与其他单位合作，共同为用户提供邮政电信业务及其他服务并由邮政电信单位统一收取价款的，以全部收入减去支付给合作方价款后的余额为营业额。中国移动通信集团公司通过手机短信公益特服号“8858”为中国儿童少年基金会接受捐款业务，以全部收入减去支付给中国儿童少年基金会的价款后的余额为营业额。②

（五）文化体育业的营业额

文化体育业的营业额是指纳税人经营文化业、体育业取得的全部收入，包括演出收入、播映收入、其他文化收入、经营游览场所收入和体育收入。

（六）娱乐业的营业额

娱乐业的营业额为经营娱乐业收取的全部价款和价外费用，包括门票收费、台位费、点歌费、烟酒、饮料、茶水、鲜花、小吃等收费及经营娱乐业的其他各项收费。③

【例 16-2】 某娱乐中心经营舞厅业务，某月的门票收入为 20 万元，台位费收入为 5 万元，点歌费收入 5 万元，为跳舞者提供烟酒、饮料、果盘、小食品等收入为 20 万元，则该中心本月经营娱乐业（舞厅）营业额为 20＋5＋5＋20＝50（万元）。

---

① 国家税务总局，《关于电信部门有关业务征收营业税问题的通知》，国税发［2000］143 号。

② 财政部、国家税务总局，《关于营业税若干政策问题的通知》，财税［2003］16 号。

③ 《营业税暂行条例实施细则》，第 17 条。

（七）服务业的营业额

1. 代理业的营业额

代理业的营业额，是指纳税人代销货物、代办进出口、介绍服务及提供其他代理服务取得的手续费、介绍费、代办费等项收入。代理业的营业额为纳税人从事代理业务向委托方实际收取的报酬。

纳税人从事无船承运业务，以其向委托人收取的全部价款和价外费用扣除其支付的海运费以及报关、港杂、装卸费用后的余额为计税营业额申报缴纳营业税。①

2. 旅游业的营业额②

纳税人从事旅游业务的，以其取得的全部价款和价外费用扣除替旅游者支付给其他单位或者个人的住宿费、餐费、交通费、旅游景点门票和支付给其他接团旅游企业的旅游费后的余额为营业额。

【例 16-3】 某旅游公司组织旅游团在中国境内旅游，其收取旅游费 20 万元，途中安排游客住宿支付房费 4 万元，餐费 6 万元，途中交通费、旅游景点的缆车运费 1 万元，门票费 1 万元，其他代付费用 0.5 万元，则该旅游公司计算营业税的营业额为 20－4－6－1－1－0.5＝7.5（万元）

对旅游企业在办理旅游业务过程中自身发生的一些费用，如自备旅游交通工具的油费、修理费等，不得从营业额中剔除。

3. 仓储业的营业额

仓储业的营业额为纳税人经营仓储业务从对方取得的全部收入和价外费用。不得扣除任何成本或费用。但试点物流企业将承揽的仓储业务分给其他单位并由其统一收取价款的，应以该企业取得的全部收入减去付给其他仓储合作方的仓储费后的余额为营业额计算征收营业税。③

4. 租赁业务的营业额

租赁业务的营业额为纳税人经营租赁业务从对方取得的全部价款（租金）和价外费用，不得扣除任何成本或费用。对转租业务（即承租方将租来的场地、房屋、物品设备或设施等再出租给他人使用收取租赁费的业务），由于其特点是承租方一方面要向原出租方支付租金，另一方面承租方又要向新的承租方收取租金，所以对承租方收取的租金要作为其租赁业务的营业额征收营业税，其支付给原出租方的租金，不得从中扣除。

【例 16-4】 甲单位将一栋楼房出租给乙使用，租金为 20 万元/年，租期 10 年，两年过后，乙又将此楼租给丙，租期 8 年，租金 22 万元/年，则乙单位的营业额为 22 万元，其支付给甲单位的 20 万元/年不得从中扣除。

---

① 国家税务总局，《关于无船承运业务有关营业税问题的通知》，国税函［2006］1312 号。

② 《营业税暂行条例》，第 5 条。

③ 国家税务总局，《关于试点物流企业有关税收政策问题的通知》，国税发［2005］208 号。

5. 广告业的营业额

对广告业务征收营业税，是以广告业务收入作为营业额征税的。广告业务收入是指广告的设计、制作、刊登、广告性赞助收入等，应按全额征收营业税。对广告公司因经营的需要再委托其他企业加工制作的费用支出，不得扣除；接受广告公司委托加工制作企业所取得收入，应按规定的税种、税目缴纳税收。

目前，广告公司经营方式有两种，一是自营广告业务，二是代理广告业务。对自营广告业务取得的收入，按全额征税。但对代理广告业务取得的收入，以全额收入减除支付给广告发布者的广告发布费后的余额，作为营业额。①

【例 16-5】 某广告公司 2008 年 9 月取得自营广告收入 200 万元，收取广告赞助费 20 万元，支付其他单位设计及制作费 60 万元；办理代理业务收取 20 万元，其中支付广告者的发布费 10 万元。该企业的营业额为：200＋20＋20－10＝230（万元）

6. 劳务服务、物业管理的营业额②

劳务公司接受用工单位的委托，为其安排劳动力。凡用工单位将其应支付给劳动力的工资和为劳动力上交的社会保险（包括养老保险金、医疗保险、失业保险、工伤保险等）以及住房公积金统一交给劳务公司代为发放或办理的，以劳务公司从用工单位收取的全部价款减去代收转付给劳动力的工资和为劳动力办理社会保险及住房公积金后的余额为营业额。

从事物业管理的单位，以与物业管理有关的全部收入减去代业主支付的水、电、燃气以及代承租者支付的水、电、燃气、房屋租金的价款后的余额为营业额。

7. 其他服务业的营业额

其他服务业的营业额即为发生其他服务业劳务时，向对方收取的全部费用，包括价外收费。但要注意的是对于列入财政部、国家税务总局或者省级财政、地税局不征税名单的收费项目，不征收营业税，否则都应该征收营业税，且营业额为收费的全额，不得从中作任何的扣除。

（八）转让无形资产的营业额

转让无形资产的营业额，为纳税人转让无形资产从对方取得的全部价款和价外费用，不能扣除任何成本或费用。

关于转让无形资产的营业额，有一点应予以注意，即“以地换房”情况，假定建造房屋的投资方耗用 2000 万的资金，建成后的房屋以 5∶5 的比例分成，则土地使用权的无形资产价值也为 2000 万。建成后该房屋的价值等于 2000 万的投资加上房屋所占的土地使用权价值 2000 万，合计为 4000 万。双方按 5∶5 的比例分配房屋，表面上看，没有取得收入或增加财产价值。但双方所拥有的 2000 万财产，是由 1000 万的房屋和 1000 万的土地使用权组成的，与原各自拥有的 2000 万财产比较，内涵发生了变

① 国家税务总局，《关于营业税若干征税问题的通知》，国税发［1994］159 号。

② 财政部、国家税务总局，《关于营业税若干政策问题的通知》，财税［2003］16 号。

化。实质上是拥有土地使用权的单位，用1000万的土地使用权与投资方交换了1000万的房屋。即发生了有偿转让土地使用权的行为，其转让额（也就是计征营业税的营业额）为1000万。

（九）销售不动产的营业额

单位和个人销售或转让其购置的不动产或受让的土地使用权，以全部收入减去不动产或土地使用权的购置或受让原价后的余额为营业额。单位和个人销售或转让抵债所得的不动产、土地使用权的，以全部收入减去抵债时该项不动产或土地使用权作价后的余额为营业额。①

自2010年1月1日起，个人将购买不足5年的非普通住房对外销售的，全额征收营业税；个人将购买超过5年（含5年）的非普通住房或者不足5年的普通住房对外销售的，按照其销售收入减去购买房屋的价款后的差额征收营业税；个人将购买超过5年（含5年）的普通住房对外销售的，免征营业税。上述普通住房和非普通住房的标准、办理免税的具体程序、购买房屋的时间、开具发票、差额征税扣除凭证、非购买形式取得住房行为及其他相关税收管理规定，按照《国务院办公厅转发建设部等部门〈关于做好稳定住房价格工作意见的通知〉》（国办发［2005］26号）、《国家税务总局 财政部 建设部〈关于加强房地产税收管理的通知〉》（国税发［2005］89号）和《国家税务总局〈关于房地产税收政策执行中几个具体问题的通知〉》（国税发［2005］172号）的有关规定执行。②

在确定营业税的营业额时，还应注意以下几个问题。

1. 混合销售的营业额

一项混合销售行为，税法规定如果征收营业税，则其营业额包括货物价款在内。

2. 兼营应税劳务与货物或非应税劳务的营业额

纳税人兼营应税行为（指营业税税目税率表中的1～7个税目）与货物或非应税劳务（加工修理、修配业务），应分别核算应税行为的营业额和货物或者非应税劳务的销售额，其应税行为营业额缴纳营业税，货物或者非应税劳务销售额不缴纳营业税；未分别核算的，由主管税务机关核定其应税行为营业额。③

3. 纳税人发生应税行为价格明显偏低而无正当理由或者视同发生应税行为的营业额的核定

纳税人提供应税劳务、转让无形资产或者销售不动产价格明显偏低而无正当理由的，主管税务机关核定其营业额④：

（1）按纳税人最近时期发生同类应税行为的平均价格核定；

（2）按其他纳税人最近时期发生同类应税行为的平均价格核定；

---

① 财政部、国家税务总局，《关于营业税若干政策问题的通知》，财税［2003］16号。

② 财政部、国家税务总局，《关于调整个人住房转让营业税政策的通知》，财税［2009］157号。

③ 《营业税暂行条例实施细则》，第8条。

④ 《营业税暂行条例》，第7条；《营业税暂行条例实施细则》，第20条。

（3）按下列公式核定：

营业额＝营业成本或工程成本×（1＋成本利润率）÷（1－营业税税率）

该公式中的成本利润率，由省、自治区、直辖市税务局确定。

4. 纳税人按外汇结算的营业额

营业额以人民币计算。纳税人以人民币以外的货币结算营业额的，应当折合成人民币计算，其营业额的人民币折合率可以选择营业额发生的当天或者当月1日的人民币汇率中间价。纳税人应当在事先确定采用何种折合率，确定后1年内不得变更。

5. 退款、折扣、赔偿金、预收的营业额①

单位和个人提供营业税应税劳务、转让无形资产和销售不动产发生退款，凡该项退款已征收过营业税的，允许退还已征税款，也可以从纳税人以后的营业额中减除。

单位和个人在提供营业税应税劳务、转让无形资产、销售不动产时，如果将价款与折扣额在同一张发票上注明的，以折扣后的价款为营业额；如果将折扣额另开发票的，不论其在财务上如何处理，均不得从营业额中减除。电信单位销售的各种有价电话卡，由于其计费系统只能按有价电话卡面值出账并按有价电话卡面值确认收入，不能直接在销售发票上注明折扣折让额，以按面值确认的收入减去当期财务会计上体现的销售折扣折让后的余额为营业额。

单位和个人提供应税劳务、转让无形资产和销售不动产时，因受让方违约而从受让方取得的赔偿金收入，应并入营业额中征收营业税。

单位和个人因财务会计核算办法改变将已缴纳过营业税的预收性质的价款逐期转为营业收入时，允许从营业额中减除。

二、营业税应纳税额的计算

纳税人提供应税劳务、转让无形资产或者销售不动产，按照营业额和规定的税率计算应纳税额。其基本计算公式如下②：

应纳税额＝营业额×税率

营业税纳税人购置税控收款机，经主管税务机关审核批准后，可凭购进税控收款机取得的增值税专用发票，按照发票上注明的增值税税额，抵免当期应纳营业税税额，或者按照购进税控收款机取得的普通发票上注明的价款，计算可抵免税额：

$$可抵免税额=\frac{价款}{1+17\%}\times 17\%$$

当期应纳税额不足抵免的，未抵免部分可在下期继续抵免。③

【例16-6】 某旅游企业组织旅游团在中国境内旅游，共收取旅游费收入150 000元，其中支付本企业职工工资20 000元，替旅游者支付给其他单位的房费、餐费、交通费、门票费用共60 000元，试计算该旅游企业应纳营业税额。

---

① 财政部、国家税务总局，《关于营业税若干政策问题的通知》，财税［2003］16号。

② 《营业税暂行条例》，第4条。

③ 财政部、国家税务总局，《关于推广税控收款机有关税收政策的通知》，财税［2004］167号。

应纳税额＝（150 000－60 000）×5％＝4500（元）

【例 16-7】 某房地产开发公司自建一商品楼，工程成本为 900 万元。该商品楼建成后销售给某关联企业，按 2000 元/平方米价格销售该商品楼，建筑面积为 6000 平方米，共取得销售价款 1200 万元。经税务机关确认，该公司 2000 元/平方米的销售价格明显偏低且无正当理由。经查，该公司最近时期销售同类商品楼的价格为 3000 元/平方米。试计算该房地产开发公司应纳营业税（该公司所在地税务机关确定建筑业的成本利润率为 30％）。

①自建行为应纳建筑业营业税额＝工程成本×（1＋成本利润率）÷（1－营业税税率）×营业税税率＝900×（1＋30％）÷（1－3％）×3％＝36.186（万元）

②销售不动产营业税额＝3000×6000×5％＝90（万元）

【例 16-8】 某银行 2009 年 9 月取得贷款利息收入 80 万元，试计算应纳营业税额。

应纳营业税额＝80×5％＝4（万元）

【例 16-9】 某邮局 2009 年 11 月取得报刊发行收入 20 万元，取得邮寄业务收入 6 万元，取得信封、信纸销售收入 2 万元，取得邮政储蓄业务收入 5 万元，试计算应纳营业税额。

应纳营业税额＝（20＋6＋2＋5）×3％＝0.99（万元）

【例 16-10】 某广告公司 2009 年 9 月取得如下广告收入：①代理广告收入总额 100 万元，付给媒体广告发布费 80 万元；②自营广告收入 20 万元，付给外聘人员设计费 5 万元；③灯箱广告收入 50 万元，付灯箱制作费 35 万元。试计算该广告公司本月应纳营业税额。

应纳营业税额＝［（100－80）＋20＋50］×5％＝4.5（万元）

【例 16-11】 某房地产开发企业 2009 年 11 月取得销售房款收入 2000 万元，以预收款方式售房取得预收款 500 万元，试计算该企业当月应纳营业税额。

应纳营业税额＝（2000＋500）×5％＝125（万元）

【例 16-12】 甲企业和乙企业合作建房，甲企业提供资金 800 万元，乙企业提供土地，建成 8000 平方米的房屋。根据协议，甲企业分得 4800 平方米的房屋，其余 3200 平方米归乙企业。试计算甲、乙企业应纳营业税税额（假定税务机关核定的该地区建筑业的成本利润率为 30％）。

根据“等价交换”原则，乙企业提供的土地使用权价值为：800×3200/（8000－3200）＝533.33（万元）。乙企业以 3/5，即［（8000－3200）/8000］的土地使用权换取了 2/5，即（3200/8000）的房屋所有权；甲企业则用 2/5 的房屋所有权换得 3/5 的土地使用权。这样，乙企业转让土地使用权取得的营业收入为 533.33×3/5＝320（万元）。由于甲乙双方没有进行货币结算，仅按工程成本交易，按照《营业税暂行条例实施细则》第 15 条的规定，税务机关有权重新核定其营业额。

乙企业应纳营业税＝320×（1＋30％）÷（1－5％）×5％＝21.895（万元）

甲企业应纳营业税＝800×2/5×（1＋30％）÷（1－5％）×5％＝21.895（万元）

第三节　营业税的减税和免税

一、营业税的起征点

起征点属于减轻纳税人负担的措施。规定起征点是为了照顾收入较少的纳税人和贯彻合理负担的原则。由于中国地域辽阔，各地区经济发展很不平衡，同一项目、同一级别的经营活动，其营业收入在不同地区之间有很大差别，所以营业税采取有幅度的起征点制度，在全国统一规定的起征点幅度内，由各省、自治区、直辖市财政厅(局)、税务局应当在规定的幅度内，根据实际情况确定本地区适用的起征点，并报财政部、国家税务总局备案。全国统一规定的起征点的幅度是：

按期纳税的起征点为月营业额1000～5000元；

按次纳税的起征点为每次（日）营业额100元；

营业额未达到起征点的纳税人，免征营业税。纳税人的营业额达到起征点的，应按营业额全额计算应纳税额。营业税起征点的适用范围限于个人。

二、营业税的减税免税规定

营业税除了规定起征点外，还对国民经济生活中的一些特殊情况和纳税人的实际困难做了各种减税免税规定。《营业税暂行条例》规定的免税项目，具体有①：

（1）托儿所、幼儿园、养老院、残疾人福利机构提供的育养服务、婚姻介绍、殡葬服务。

（2）残疾人员个人提供的劳务。这是指残疾人员本人为社会提供的劳务。

（3）医院、诊所和其他医疗机构提供的医疗服务。这是指对患者进行诊断、治疗和防疫、接生、计划生育方面的服务，以及与这些服务有关的提供药品、医疗用具、病房住宿和伙食的业务。

（4）学校及其他教育机构提供的教育劳务、学生勤工俭学所提供的劳务。学校及其他教育机构，是指普通学校以及经地市级以上人民政府或者同级政府的教育行政部门批准成立，国家承认其学员学历的各类学校。②

（5）农业机耕、排灌、病虫害防治、植保、农牧保险以及相关技术培训业务，家禽、牲畜、水生动物的配种和疾病防治。农业机耕，是指在农业、林业、牧业中使用农业机械进行耕作（包括耕耘、种植、收割、脱粒、植物保护等）的业务；排灌，是指对农田进行灌溉或排涝的业务；病虫害防治，是指从事农业、林业、牧业、渔业的病虫害测报和防治的业务；农牧保险，是指为种植业、养殖业、牧业种植和饲养的动植物提供保险的业务；相关技术培训，是指与农业机耕、排灌、病虫害防治、植物保

---

① 《营业税暂行条例》，第8条和《营业税暂行条例实施细则》，第26条。

② 对教育事业营业税的进一步减免参见财政部、国家税务总局，《关于教育税收政策的通知》财税字[2004] 39号。

护业务相关以及为使农民获得农牧保险知识的技术培训业务；家禽、牲畜、水生动物的配种和疾病防治业务的免税范围，包括与该项劳务有关的提供药品和医疗用具的业务。

（6）纪念馆、博物馆、文化馆、美术馆、展览馆、书画院、图书馆、文物保护单位管理机构举办文化活动所售门票收入，以及宗教场所举办文化、宗教活动的门票收入。纪念馆、博物馆、文化馆、美术馆、展览馆、书画院、图书馆、文物保护单位管理机构举办文化活动，是指这些单位在自己的场所举办的属于文化体育业税目征税范围的文化活动。其门票收入，是指销售第一道门票的收入。宗教场所举办文化、宗教活动的门票收入，是指寺院、宫观、清真寺和教堂举办文化、宗教活动销售门票的收入。

（7）境内保险机构为出口货物提供的保险产品。为出口货物提供的保险产品，包括出口货物保险和出口信用保险。

除此以外，国务院、财政部、国家税务总局又单独下文明确了一些减免营业税项目。主要包括：

第一，对保险公司开展的一年期以上返还性人身保险业务的保费收入免征营业税。所谓一年期以上返还性人身保险业务，是指保期一年以上，到期返还本利的普通人寿保险、养老年金保险、健康保险。① 各保险公司销售的该类人身保险产品，在财政部、国家税务总局审核批准免征营业税以前，应按规定申报缴纳营业税。凡经财政部、国家税务总局审核并列入营业税免税名单的人身保险产品，可向主管税务机关申请办理免征营业税手续，已缴纳的营业税可以从以后应缴的营业税税款中抵扣，抵扣不完的由税务机关办理退税。②

对保险分业经营改革过程中，综合性保险公司及其子公司将其所拥有的不动产所有权划转过户到因分业而新设立的财产保险公司和人寿保险公司的行为，不征收营业税。③ 对保险企业取得的追偿款，免征营业税。④

第二，个人转让著作权，免征营业税。⑤

第三，将土地使用权转让给农业生产者用于农业生产，将人工用材林转让给农业生产者用于农业生产的，免征营业税。⑥

第四，为了鼓励技术引进和推广，对科研单位取得的技术转让收入免征营业税。

---

① 财政部、国家税务总局，《关于对若干项目免征营业税的通知》，财税字［1994］2号；《关于人寿保险业务免征营业税若干问题的通知》，财税［2001］118号。

② 国家税务总局，《关于加强一年期以上返还性人身保险业务营业税征收管理的通知》，国税函［2006］796号。

③ 财政部、国家税务总局，《关于保险公司分业经营改革中不动产转移过户有关税收政策的通知》，国税发［2002］69号。

④ 财政部、国家税务总局，《关于营业税若干政策问题的通知》，财税［2003］16号。

⑤ 财政部、国家税务总局，《关于对若干项目免征营业税的通知》，财税字［1994］2号。

⑥ 财政部、国家税务总局，《关于对若干项目免征营业税的通知》，财税字［1994］2号；国家税务总局，《关于林地使用权转让行为征收营业税问题的批复》，国税函［2002］700号。

这里所说的“技术转让”，是指有偿转让专利和专利技术的所有权或使用权的行为。①

为了鼓励技术创新和高新技术企业的发展，对单位和个人（包括外商投资企业、外商投资设立的研究开发中心、外国企业和外籍个人）从事技术转让、技术开发业务和与之相关的技术咨询、技术服务业务取得的收入，免征营业税。技术转让是指转让者将其拥有的专利和非专利技术的所有权或使用权有偿转让他人的行为。技术开发是指开发者接受他人委托，就新技术、新产品、新工艺或新材料及其系统进行研究开发的行为。技术咨询是指就特定技术项目提供可行性论证、技术预测、专题技术调查、分析评价报告等。与技术转让、技术开发相关的技术咨询、技术服务业务是指转让方（或受托方）根据技术转让或开发合同的规定，为帮助受让方（或委托方）掌握所转让（或委托开发）的技术而提供的技术咨询、技术服务业务。且这部分技术咨询、服务的价格与技术转让（或开发）的价款是开在同一张发票上的。②

第五，对世行贷款粮食流通项目（以下简称世行项目）免征建筑安装工程营业税和项目服务收入营业税。其中的项目服务收入，是指世行项目投产后形成的服务收入部分。对世行项目实施前原设计能力所形成的服务收入部分，仍应照常征收营业税。新增服务收入的具体核定办法，由项目所在地税务机关根据项目的实际情况确定。③

第六，对商贸企业、服务型企业（除广告业、房屋中介、典当、桑拿、按摩、氧吧外）、劳动就业服务企业中的加工型企业和街道社区具有加工性质的小型企业实体，在新增加的岗位中，当年新招用持《再就业优惠证》人员，与其签订 1 年以上期限劳动合同并依法缴纳社会保险费的，按实际招用人数予以定额依次扣减营业税、城市维护建设税、教育费附加和企业所得税优惠。定额标准为每人每年 4000 元，可上下浮动 20%，由各省、自治区、直辖市人民政府根据本地区实际情况在此幅度内确定具体定额标准，并报财政部和国家税务总局备案。

按上述标准计算的税收扣减额应在企业当年实际应缴纳的营业税、城市维护建设税、教育费附加和企业所得税税额中依次扣减，当年扣减不足的，不得结转下一年使用。对 2005 年底前核准享受再就业减免税政策的企业，在剩余期限内仍按原优惠方式继续享受减免税政策至期满。

对持《再就业优惠证》人员从事个体经营的（除建筑业、娱乐业以及销售不动产、转让土地使用权、广告业、房屋中介、桑拿、按摩、网吧、氧吧外），按每户每年 8000 元为限额依次扣减其当年实际应缴纳的营业税、城市维护建设税、教育费附加和个人所得税。纳税人年度应缴纳税款小于上述扣减限额的以其实际缴纳的税款为限；大于上述扣减限额的应以上述扣减限额为限。

① 财政部、国家税务总局，《关于对科研单位取得的技术转让收入免征营业税的通知》，财税字［1994］10 号。

② 财政部、国家税务总局，《关于贯彻落实〈中共中央国务院关于加强技术创新，发展高科技，实现产业化的决定〉有关税收问题的通知》，财税字［1999］273 号。

③ 财政部、国家税务总局，《关于世行贷款粮食流通项目建筑安装工程和服务收入免征营业税的通知》，财税字［1998］87 号。

对2005年底前核准享受再就业减免税优惠的个体经营人员，从2006年1月1日起按上述政策规定执行，原政策优惠规定停止执行。[①]

第七，为促进军队转业干部自主择业，从事个体经营的军队转业干部、随军家属，经主管税务机关批准，自领取税务登记证之日起，3年内免征营业税和个人所得税。为安置自主择业的军队转业干部、随军家属就业而新开办的企业，凡安置自主择业的军队转业干部、随军家属占企业总人数60%（含60%）以上的，经主管税务机关批准，自领取税务登记证之日起，3年内免征营业税和企业所得税。[②]

自2004年1月1日起，对自谋职业的城镇退役士兵在从事下列行业的，可以享受如下税收优惠政策：①从事个体经营（除建筑业、娱乐业以及广告业、桑拿、按摩、网吧、氧吧外）的，自领取税务登记证之日起，3年内免征营业税。②从事农业机耕、排灌、病虫害防治、植保、农牧保险以及相关技术培训业务，家禽、牲畜、水生动物的配种和疾病防治业务的，按现行营业税规定免征营业税。[③]

对从事个体经营的军队转业干部、城镇退役士兵和随军家属，自领取税务登记证之日起，3年内免征营业税。其中，个体经营是指雇工7人（含7人）以下的个体经营行为，军队转业干部、城镇退役士兵、随军家属从事个体经营凡雇工8人（含8人）以上的，无论其领取的营业执照是否注明为个体工商业户，军队转业干部和随军家属均按照新开办的企业、城镇退役士兵按照新办的服务型企业的规定享受有关营业税优惠政策。[④]

（8）对安置残疾人的单位[各类所有制企业（包括个人独资企业、合伙企业和个体经营户）、事业单位、社会团体和民办非企业单位]，符合以下条件并经过有关部门的认定后，实行由税务机关按单位实际安置残疾人的人数，限额即征即退增值税或减征营业税的办法：①依法与安置的每位残疾人签订了1年以上（含1年）的劳动合同或服务协议，并且安置的每位残疾人在单位实际上岗工作；②月平均实际安置的残疾人占单位在职职工总数的比例应高于25%（含25%），并且实际安置的残疾人人数多于10人（含10人）；③为安置的每位残疾人按月足额缴纳了单位所在区县人民政府根据国家政策规定的基本养老保险、基本医疗保险、失业保险和工伤保险等社会保险；④通过银行等金融机构向安置的每位残疾人实际支付了不低于单位所在区县适用的经省级人民政府批准的最低工资标准的工资；⑤具备安置残疾人上岗工作的基本设施。

实际安置的每位残疾人每年可退还的增值税或减征的营业税的具体限额，由县级以上税务机关根据单位所在区县（含县级市、旗，下同）适用的经省（含自治区、直

---

① 财政部、国家税务总局，《关于下岗失业人员再就业有关税收政策问题的通知》，财税［2005］186号。

② 财政部、国家税务总局，《关于自主择业的军队转业干部有关税收政策问题的通知》，财税［2003］26号；《关于随军家属就业有关税收政策的通知》，财税［2000］84号。

③ 财政部、国家税务总局，《关于扶持城镇退役士兵自谋职业有关税收优惠政策的通知》，财税［2004］93号。

④ 财政部、国家税务总局，《关于加强军队转业干部城镇退役士兵随军家属有关营业税优惠政策管理的通知》，财税［2005］18号。

辖市、计划单列市，下同）级人民政府批准的最低工资标准的6倍确定，但最高不得超过每人每年3.5万元。

主管国税机关应按月退还增值税，本月已交增值税额不足退还的，可在本年度（指纳税年度，下同）内以上一月份已交增值税扣除已退增值税的余额退还，仍不足退还的可结转本年度内以后月份退还。本年度应纳税额小于核定的年度退税限额的，以本年度应纳税额为限；本年度应纳税额大于核定的年度退税限额的，以核定的年度退税限额为限。纳税人本年度应纳税额不足退还的，不得结转以后年度退还。

主管地税机关应按月减征营业税，本月应缴营业税不足减征的，可结转本年度内以后月份减征，但不得从以前月份已交营业税中退还。本年度应纳税额小于核定的年度减税限额的，以本年度应纳税额为限；本年度应纳税额大于核定的年度减税限额的，以核定的本年度减税限额为限。纳税人本年度应纳税额不足减征的，不得结转以后年度减征。

如果既适用促进残疾人就业税收优惠政策，又适用下岗再就业、军转干部、随军家属等支持就业的税收优惠政策的，单位可选择适用最优惠的政策，但不能累加执行。①

（9）对企业、行政事业单位按房改成本价、标准价出售住房的收入，暂免征收营业税。②

对按政府规定价格出租的公有住房和廉租住房，包括企业和自收自支事业单位向职工出租的单位自有住房；房管部门向居民出租的公有住房；落实私房政策中带户发还产权并以政府规定租金标准向居民出租的私有住房等，暂免征收营业税。③ 对廉租住房经营管理单位按照政府规定价格、向规定保障对象出租廉租住房的租金收入，免征营业税。对个人出租住房，不区分用途，在3%税率的基础上减半征收营业税。④

住房专项维修基金免征营业税。⑤ 军队空余房产租赁收入暂免征收营业税。⑥

（10）鉴于发行专项国债是国家运用积极财政政策刺激有效需求，拉动经济增长的一项重大宏观调控措施，用于转贷的专项国债属于财政资金，不同于银行信贷资金，经国务院批准，对1998年及以后年度专项国债转贷取得的利息收入免征营业税⑦。

（11）对地方商业银行转贷用于清偿农村合作基金会债务的专项贷款利息收入免征营业税。上述专项贷款，是指由人民银行向地方商业银行提供，并由商业银行转贷给

---

① 财政部、国家税务总局，《关于促进残疾人就业税收优惠政策的通知》，财税［2007］92号；国家税务总局、民政部、中国残疾人联合会，《关于促进残疾人就业税收优惠政策征管办法的通知》，国税发［2007］67号。

② 财政部、国家税务总局，《关于调整房地产市场若干税收政策的通知》，财税字［1999］210号。

③ 财政部、国家税务总局，《关于调整住房租赁市场税收政策的通知》，财税［2000］125号。

④ 财政部、国家税务总局，《关于廉租住房经济适用住房和住房租赁有关税收政策的通知》，财税［2008］024号。

⑤ 国家税务总局，《关于住房专项维修基金免征营业税问题的通知》，国税发［2004］69号。

⑥ 财政部、国家税务总局，《关于暂免征收军队空余房产租赁收入营业税房产税的通知》，财税字［2004］123号。

⑦ 财政部、国家税务总局，《关于国债转贷利息收入免征营业税的通知》，财税字［1999］220号。

地方政府，专项用于清偿农村合作基金会的贷款。[①]

(12) 对住房公积金管理中心用住房公积金在指定的委托银行发放个人住房贷款取得的收入，免征营业税。[②]

对社保基金理事会、社保基金投资管理人运用社保基金买卖证券投资基金、股票、债券的差价收入，暂免征收营业税。[③]

对证券投资基金（封闭式证券投资基金，开放式证券投资基金）管理人运用基金买卖股票、债券的差价收入，免征营业税。[④]

对合格境外机构投资者（QFII）委托境内公司在中国从事证券买卖业务取得的差价收入，免征营业税。[⑤]

对纳入全国试点范围的非营利性中小企业信用担保、再担保机构，可由地方政府确定，对其从事担保业务收入，3年内免征营业税。[⑥] 享受3年营业税减免政策期限已满的担保机构，仍符合信用担保机构免税基本条件的，可以继续申请减免税。[⑦]

(13) 以无形资产、不动产投资入股，参与接受投资方利润分配，共同承担投资风险的行为，不征收营业税；对股权转让不征收营业税。[⑧]

(14) 对按照国家规定的收费标准向学生收取的高校学生公寓住宿费收入，免征营业税。对高校学生食堂为高校师生提供餐饮服务取得的收入，免征营业税。[⑨]

(15) 符合以下条件代为收取的政府性基金或者行政事业性收费不征收营业税[⑩]：①由国务院或者财政部批准设立的政府性基金，由国务院或者省级人民政府及其财政、价格主管部门批准设立的行政事业性收费；②收取时开具省级以上财政部门印制的财政票据；③所收款项全额上缴财政。

(16) 社会团体按财政部门或民政部门规定标准收取的会费，是非应税收入，不属于营业税的征收范围，不征收营业税。社会团体是指在中华人民共和国境内经国家社团主管部门批准成立的非营利性的协会、学会、联合会、研究会、基金会、联谊会、促进会、商会等民间群众社会组织。各党派、共青团、工会、妇联、中科协、青联、台联、侨联收取的党费、会费，比照上述规定执行。[⑪]

---

① 财政部、国家税务总局，《关于对农村合作基金会专项贷款利息收入免征营业税的通知》，财税字［1999］304号。

② 财政部、国家税务总局，《关于住房公积金管理中心有关税收政策的通知》，财税［2000］94号。

③ 财政部、国家税务总局，《关于全国社会保障基金有关税收政策问题的通知》，财税［2002］75号。

④ 财政部、国家税务总局，《关于证券投资基金税收政策的通知》，财税［2004］78号。

⑤ 财政部 国家税务总局，《关于合格境外机构投资者营业税政策的通知》，财税［2005］155号。

⑥ 国务院办公厅，《转发国家经贸委关于鼓励和促进中小企业发展若干政策意见的通知》，国办发［2000］59号。

⑦ 国家发展改革委、国家税务总局，《关于中小企业信用担保机构免征营业税有关问题的通知》，发改企业［2006］563号。

⑧ 财政部、国家税务总局，《关于股权转让有关营业税问题的通知》，财税［2002］191号。

⑨ 财政部、国家税务总局，《关于经营高校学生公寓和食堂有关税收政策的通知》，财税［2009］155号。

⑩ 《营业税暂行条例实施细则》，第13条。

⑪ 财政部、国家税务总局，《关于对社会团体收取的会费收入不征收营业税的通知》，财税［1997］63号。

对在京外国商会按财政部门或民政部门规定标准收取的会费，不征收营业税。①

(17) 为了支持发展奥林匹克运动，确保中国顺利举办第29届奥运会，对组委会取得的电视转播权销售分成收入、国际奥委会全球赞助计划分成收入（实物和资金）、组委会市场开发计划取得的国内外赞助收入、转让无形资产（如标志）特许收入和销售门票收入等项目，免征应缴纳的营业税。②

(18) 体育、福利彩票机构发行销售体育、福利彩票取得的收入不征收营业税。对体育、福利彩票机构以外的代销单位销售体育、福利彩票取得的手续费收入应按规定征收营业税。③

(19) 单位和个人提供的垃圾处置劳务不属于营业税应税劳务，对其处置垃圾取得的垃圾处置费，不征收营业税。④

(20) 自2009年1月1日起至2010年12月31日，对科普单位的门票收入，以及县（含县级市、区、旗）及县以上党政部门和科协开展的科普活动的门票收入免征营业税。对境外单位向境内科普单位转让科普影视作品播映权取得的收入免征营业税。⑤

(21) 对青藏铁路公司取得的运输收入、其他业务收入免征营业税、城市维护建设税、教育费附加，对青藏铁路公司取得的付费收入不征收营业税。⑥

(22) 对个人（包括个体工商户及其他个人，下同）从事外汇、有价证券、非货物期货和其他金融商品买卖业务取得的收入暂免征收营业税。

除这些规定外，营业税的免税、减税项目由国务院规定。任何地区、部门均不得规定免税、减税项目。

纳税人兼营免税、减税项目的，应当分别核算免税、减税项目的营业额；未分别核算营业额的，不得免税、减税。⑦

第四节　营业税的征收管理

一、营业税纳税义务发生的时间

（一）纳税义务发生时间的一般规定

营业税纳税义务发生时间，为纳税人收讫营业收入款项或者取得索取营业收入款

---

① 国家税务总局，《关于在京外国商会征免营业税的批复》，国税函［2005］370号。

② 财政部、国家税务总局、海关总署，《关于第29届奥运会税收政策问题的通知》，财税［2003］10号。

③ 财政部、国家税务总局，《关于体育彩票发行收入税收问题的通知》，财税［1996］77号；《关于发行福利彩票有关税收问题的通知》，财税［2002］59号。

④ 国家税务总局，《关于垃圾处置费征收营业税问题的批复》，国税函［2005］1128号。

⑤ 财政部、国家税务总局《关于继续实行宣传文化增值税和营业税优惠政策的通知》，财税［2009］147号。

⑥ 财政部、国家税务总局，《 关于青藏铁路公司运营期间有关税收等政策问题的通知》，财税［2007］11号。

⑦ 《增值税暂行条例》，第9条。

项凭据的当天。营业税扣缴义务发生时间为纳税人营业税纳税义务发生的当天。[①] 这就是说，只要纳税人具备了上述两个条件中的一个，纳税义务即告发生。国务院财政、税务主管部门另有规定的，从其规定。

（二）纳税义务发生时间的特殊规定

（1）建筑业的纳税义务发生时间。

纳税人提供建筑业或者租赁业劳务，采取预收款方式的，其纳税义务发生时间为收到预收款的当天。[②]

（2）转让土地使用权或者不动产的纳税义务发生时间。

纳税人转让土地使用权或者销售不动产，采取预收款方式的，其纳税义务发生时间为收到预收款的当天。将不动产或者土地使用权无偿赠送其他单位或者个人的，其纳税义务发生时间为不动产所有权、土地使用权转移的当天。[③]

（3）自建行为的纳税义务发生时间为销售自建建筑物的纳税义务发生时间。

二、营业税纳税期限

纳税人缴纳税款的期限，由主管税务机关根据纳税人应纳税额的大小分别核定为5日、10日、15日、1个月或者1个季度；不能按照固定期限纳税的，可以按次纳税。以1个月或者1个季度为一个纳税期的，自期满之日起15日内申报纳税；以5日、10日或者15日为一个纳税期的，自纳税期满之日起5日内预缴税款，于次月1日起15日内申报纳税并结清上月应缴税款。[④]

银行、财务公司、信托投资公司、信用社、外国企业常驻代表机构的纳税期限为1个季度。[⑤]

三、营业税纳税地点

营业税纳税地点是根据不同纳税人的情况，本着便于纳税人缴纳和税务机关征收管理，便于企业经济核算和保证财政收入的原则来确定的。根据这些要求，营业税纳税地点具体规定如下[⑥]：

（1）纳税人提供应税劳务，应当向机构所在地或者居住地主管税务机关申报纳税。但是，纳税人提供的建筑业劳务以及国务院财政、税务主管部门规定的其他应税劳务，应当向应税劳务发生地的主管税务机关申报纳税。

（2）纳税人转让无形资产应当向其机构所在地或者居住地的主管税务机关申报纳税。但是，纳税人转让、出租土地使用权，应当向土地所在地的主管税务机关申报纳税。扣缴义务人应当向其机构所在地或者居住地的主管税务机关申报缴纳其扣缴的

①⑥ 《营业税暂行条例》，第12条。

②③ 《营业税暂行条例实施细则》，第25条。

④ 《营业税暂行条例》，第15条。

⑤ 《营业税暂行条例实施细则》，第27条。

税款。

（3）纳税人转让、出租不动产，应当向不动产所在地的主管税务机关申报纳税。

【本章小结】

1. 营业税是对在中华人民共和国境内提供应税劳务、转让无形资产或者销售不动产的单位和个人，就其取得的营业额征收的一种税。

2. 营业税的征税范围限于销售劳务和无形资产、不动产，它与增值税在征收范围存在两个划分：一是一项销售行为同时涉及营业税与增值税征税范围的划分；二是兼营增值税征收范围的划分。

3. 营业税的纳税人是在中华人民共和国境内提供应税劳务、转让无形资产或者销售不动产的单位和个人。税法在基本规定之外，又根据经营行为或经营特点，规定几种特殊的纳税人。为了加强源泉控制，堵塞漏洞，简化征收手续，保证税收收入，税法也规定了营业税的扣缴义务人。

4. 根据基本保持原税负和中性、简便原则，营业税对九个税目设置了3%、5%两个档次的比例税率和一个幅度比例税率（5%～20%）。

为了照顾收入较少的纳税人，贯彻合理负担的原则，配合国家经济社会政策，营业税规定了起征点和减免税优惠。

5. 营业税应纳税额按照营业额和规定的税率计算。营业额是指纳税人提供应税劳务、转让无形资产或者销售不动产向对方收取的全部价款和价外费用。价外费用包括向对方收取的手续费、基金、集资费、代收款项、代垫款项及其他各种性质的价外费用。

6. 营业税纳税义务发生时间，为纳税人收讫营业收入款项或者取得索取营业收入款项凭据的当天；营业税的纳税期限，由主管税务机关根据纳税人应纳税额的大小分别核定；营业税的纳税地点是根据不同纳税人的情况，本着便于纳税人缴纳和税务机关征收管理，便于企业经济核算和保证财政收入的原则来确定的。

【概念与术语】

营业税　应税劳务　无形资产　不动产　提供应税劳务　转让无形资产　销售不动产　扣缴义务人　分包　分保险业务　比例税率　幅度税率　包工包料　包工不包料

【思考题】

1. 什么是营业税？
2. 营业税的征税范围是如何规定的？它与增值税的征收范围如何划分？
3. 单位和个人构成营业税的纳税人应具备哪些条件？营业税有哪些扣缴义务人？
4. 营业税税率是如何规定的？
5. 营业税的减免税规定主要有哪些？
6. 营业税应纳税额如何计算？
7. 对自建自售建筑物如何征收营业税？
8. “以地换房”如何征收营业税？
9. 纳税人发生应税行为价格明显偏低而无正当理由的，其营业额如何确定？
10. 营业税的纳税义务发生时间是如何规定的？
11. 营业税的纳税期限和纳税地点是如何规定的？
12. 如何进一步改革现行的营业税制度？

【计算题】

1. 某电子技术服务公司从事技术咨询服务业务，也出售个人电脑。当月咨询业务与销售电脑共收入120万元，其中销售电脑价款50万元，该公司这两项业务收入未单独核算。请计算该公司当月应纳增值税和营业税税额。

2. 某非营利性社会团体，2009年10月份取得的收入如下：(1) 收取团体会员会费50 000元，个人会员会费10 000元；(2) 代售演唱会门票收入81 000元，其中代售手续费5000元；(3) 代销中国体育彩票200 000元，取得代销手续费3000元；(4) 举办培训班，收取培训费320 000元，资料费10 000元。请计算上述业务应缴纳和代扣代缴的营业税。

第十七章

关税与船舶吨税

【本章提要】

1. 关税的纳税人和税率。
2. 进出口货物的原产地确定。
3. 进出口货物的完税价格的确定。
4. 关税减免优惠。
5. 关税的征收管理。
6. 入境旅客携带行李物品和个人邮递物品进口税。
7. 船舶吨税。

关税是由海关代表国家，按照《中华人民共和国海关法》、《中华人民共和国进出口关税条例》以及每年公布的《中华人民共和国海关进出口税则》(简称《海关进出口税则》) 对进出中国关境的货物和物品征收的一种流转税。

目前关税的法律法规包括《中华人民共和国海关法》(简称《海关法》，1987 年 1 月 22 日第六届全国人民代表大会常务委员会第十九次会议通过，根据 2000 年 7 月 8 日第九届全国人民代表大会常务委员会第十六次会议《关于修改〈中华人民共和国海关法〉的决定》修正)、《中华人民共和国进出口关税条例》(简称《进出口关税条例》，2003 年 10 月 29 日国务院第 26 次常务会议通过，自 2004 年 1 月 1 日起施行)，以及国务院或国务院关税税则委员会发布的关税政策、进出口税则，财政部、海关总署单独或联合发布的有关关税的命令、公告、通知等。

船舶吨税是对进出中国港口的外国籍船舶使用中国港口和助航设备而征收的一种税。其法律依据主要是 1952 年政务院财政经济委员会批准、海关总署发布的《中华人民共和国海关船舶吨税暂行办法》。

第一节　关税的纳税人和税率

一、中国关税的纳税人和征税对象

在中国的关税制度中，以贸易形式进出口的商品称为货物；通过旅客携带、个人邮递、国际运输工具服务人员携带等方式进出口的个人自用商品称为物品。

《进出口关税条例》规定，凡准许进出口的货物，除国家另有规定的以外，应当由海关按《海关进出口税则》征收进口关税或出口关税。[①] 因此，关税的征税对象是进出口的货物和物品。

《海关法》、《进出口关税条例》规定，进口货物的收货人、出口货物的发货人、进出境物品的所有人是关税的纳税义务人[②]。

二、关税税率

《海关进出口税则》是关税税率表的主体部分，每年公布一次，并作为《进出口关税条例》的有机组成部分。从大的方面划分，关税税率分为进口货物税率、出口货物税率、进口物品税率3部分。进口物品税率表单独公布将在以后章节阐述。这里主要阐述进口关税税率和出口关税税率。

（一）进口税率

2004年1月1日起施行的《进出口关税条例》规定，进口关税设最惠国税率、协定税率、特惠税率、普通税率、关税配额税率，对进口货物在一定期限内可以实行暂定税率。[③] 其中主体部分和编码依据都是《海关进出口税则》。在目前《海关进出口税则》中，进口品目数为7923个。其中绝大多数采用比例税率（最惠国税率为0～65%不等，普通税率为0～270%不等）；对部分品目实行从量税、复合税和滑准税，如对部分鸡产品、胶卷实行定额税率，对录像机、放像机、数字照相机、摄录一体机实行复合税率，对新闻纸实行滑准税率。[④]

1. 最惠国税率

原产于共同适用最惠国待遇条款的世界贸易组织成员的进口货物，原产于与中国签订含有相互给予最惠国待遇条款的双边贸易协定的国家或者地区的进口货物，以及原产于中国境内的进口货物，适用最惠国税率。在每年公布的《海关进出口税则》专栏规定了各个品目的最惠国税率，表中称优惠税率。最惠国税率比普通税率低很多，例如高排量汽车的普通进口税率高达270%，而优惠税率仅为25%。由于几乎所有的贸易伙伴为世界贸易组织成员或与中国定有最惠国待遇条款之贸易协定的国家或地区，所以最惠国税率是实际实行的税率。

媒体所谓的关税总水平，指的也是优惠税率的平均情况。为了保护国内产业的发展，过去中国一直维持着较高的关税水平。为适应对外经济贸易合作和加入世贸组织的需要，从1992年起中国多次大幅度降低关税总水平。1992年12月以前，中国关税的算数平均税率为43.2%，加权平均税率为32.7%；至2002年1月，中国关税算数平均税率已降至12%，加权平均税率已降至5.6%，降幅分别为72.2%和82.9%。

---

① 《中华人民共和国进出口关税条例》（简称《进出口关税条例》），第2条。

② 《中华人民共和国海关法》（简称《海关法》），第54条；《进出口关税条例》，第5条。

③ 《进出口关税条例》，第9条。

④ 《中华人民共和国海关进出口税则（2010年版）》（简称《海关进出口税则》）。

其中，1992年12月31日，调低3371个品目的税率，关税算数平均税率从43.2%降为39.9%；1993年12月31日，降低2898个品目的税率，关税算数平均税率降至35.9%；1996年4月1日，降低4898个品目的税率，关税算数平均税率降至23%；1997年10月1日，降低4874个品目的税率，关税算数平均税率降至17%；1999年1月1日，降低1013个品目的税率，关税算数平均税率降至16.73%；2000年1月1日，降低819个品目的税率，关税算数平均税率降至16.44%；2001年1月1日，降低3462个品目的税率，关税算数平均税率降至15.3%。

2002年加入世界贸易组织以后，继续逐年调低进口关税税率。2002年大幅调低了5300多种货物的进口关税，关税总水平由2001年的15.3%降低至12%，是入世后降税涉及货物最多、降税幅度最大的一年；2005年降税涉及900多种货物，关税总水平由2004年的10.4%降低至9.9%，是中国履行义务的最后一次大范围降税；此后的几次降税涉及货物范围有限，对关税总水平的影响均不大。2006年7月1日，中国降低了小轿车等42个汽车及其零部件的进口关税税率，最终完成了汽车及其零部件的降税义务，中国汽车整车及其零部件税率分别由入世前的70%～80%和18%～65%降至25%和10%。2010年降低鲜草莓等6个品目货物进口关税后，中国加入世界贸易组织承诺的关税减让义务全部履行完毕。[①] 关税总水平由2001年的15.3%调整至2010年的9.8%，其中农产品平均税率由18.8%调整至15.2%，工业品平均税率由14.7%调整至8.9%。中国目前的进出口税则中规定的优惠税率最低为0，最高为65%（仅对个别非益品适用）。

2. 协定税率

原产于与中国签订含有关税优惠条款的区域性贸易协定的国家或者地区的进口货物适用协定税率。2010年的规定如下：

（1）对原产于韩国、印度、斯里兰卡、孟加拉和老挝的1767个品目货物继续实施亚太贸易协定税率。这些品目的平均税率为8.9%，相对于最惠国税率，平均优惠幅度为23.3%。

（2）对原产于文莱、印度尼西亚、马来西亚、新加坡、泰国、菲律宾、越南、缅甸、老挝和柬埔寨的部分品目货物，继续实施中国-东盟自由贸易协定税率。这一政策实施以后，双方90%以上的货物将适用零关税，中国-东盟自贸区将全面实现货物贸易自由化。降税后，中国对东盟各国实施协定税率的货物品目数有6800个左右，总体平均税率为0.1%，平均优惠幅度为99%。同时，上述国家也将根据相关协定，在2010年对中国货物实施相应的协定税率。

（3）对原产于智利的7029个品目货物继续实施中国-智利自由贸易协定税率，平均税率为1.3%，平均优惠幅度为87.7%。

（4）对原产于巴基斯坦的6240个品目货物继续实施中国-巴基斯坦自由贸易协定税

---

① 据海关总署历次调整税则税率的公告测算；《财政部有关负责人就2010年中国关税调整情况答记者问》，http：//gss.mof.gov.cn/zhengwuxinxi/zhengcejiedu/2009 12/t20091215 _ 246674.html。

率，平均税率为5.3%，平均优惠幅度为43%。

(5) 对原产于新西兰的7040个品目货物继续实施中国-新西兰自由贸易协定税率，平均税率为4.0%，平均优惠幅度为61.6%。

(6) 对原产于新加坡的2753个品目货物继续实施中国-新加坡自由贸易协定税率，税率均为零，平均优惠幅度为100%。

(7) 对原产于中国香港且已制定原产地优惠标准的1587个品目货物实施零关税；对原产于中国澳门且已制定原产地优惠标准的1209个品目货物实施零关税。[①]

3. 特惠税率

原产于与中国签订含有特殊关税优惠条款的贸易协定的国家或者地区的进口货物，适用特惠税率。有时也作为承担支持最不发达国家国际义务的一个措施。特惠税率比协定税率更低，因此，一般就是零税率。

中国政府在联合国千年发展目标高级别会议上作出了关于给予最不发达国家95%的产品零关税待遇的承诺，按照"一次承诺，分步实施"的原则，中国政府从2001年开始逐步扩大给惠范围。从2010年7月1日起，中国在原有给惠的基础上，对已与中国完成换文的埃塞俄比亚等33个最不发达国家原产的4762个品目输华货物实施零关税，约占全部税则品目的60%。

这33个最不发达国家包括26个非洲国家和7个其他地区国家，它们是埃塞俄比亚、贝宁、布隆迪、赤道几内亚、厄立特里亚、吉布提、刚果（金）、几内亚、几内亚比绍、科摩罗、利比里亚、马达加斯加、马里、马拉维、毛里塔尼亚、莫桑比克、卢旺达、塞拉利昂、苏丹、坦桑尼亚、多哥、乌干达、赞比亚、莱索托、乍得、中非、阿富汗、孟加拉国、尼泊尔、东帝汶、也门、萨摩亚、瓦努阿图。另外，安哥拉、尼日尔、塞内加尔、索马里、缅甸、柬埔寨、老挝、马尔代夫等尚未完成换文手续的8个国家，仍按原有特惠待遇执行，待与中国完成相关换文手续后也将享受同等零关税待遇。

此次4762个零关税品目清单进一步增加了最不发达国家近年来有实际出口量或潜在出口能力的部分货物，主要包括家禽家畜、水产品、未加工或初加工的农产品、矿产品、药材、生活日用品、塑料制品、皮革、木材、纺织品、服装制成品、玻璃制品、钢材及其制品、机电产品、家具等类别。按照2008年贸易额统计，上述4762个品目的零关税货物占最不发达国家对华出口额的98.2%。中国还将根据有关国家的意见和建议，结合现有措施的实施效果，继续扩大给惠范围，最终实现零关税给惠范围涵盖全部税则品目的95%。零关税措施的实施促进了这些国家的对华出口。2008年，中国

---

① 国务院关税税则委员会，《关于2010年关税实施方案的通知》，税委会〔2009〕28号；《财政部有关负责人就2010年中国关税调整情况答记者问》，http://gss.mof.gov.cn/zhengwuxinxi/zhengcejiedu/200912/t20091215_246674.html。

吸纳了最不发达国家出口总额的23%，成为最不发达国家第一大出口市场。①

4. 普通税率

从适用最惠国税率、协定税率、特惠税率以外国家或者地区进口的货物，以及原产地不明的进口货物，适用普通税率。

5. 暂定税率和关税配额税率

政府为了调节经济、优化产业结构，有时会根据货物的国内和国际供求情况，特别对需要鼓励进口的紧缺货物采取较低关税税率，往往在一定时间段内有效，这就是暂定税率。由于暂定税率往往较低，所以适用最惠国税率的进口货物有暂定税率的，应当适用暂定税率；适用协定税率、特惠税率的进口货物有暂定税率的，应当从低适用税率。但这种更加优惠的措施不能给予与本国没有互惠贸易或关税协定的国家，因此适用普通税率的进口货物，不适用暂定税率。

关税配额是一种对某些货物的进口进行数量限制的措施，当货物的进口数量或金额在额度以内时采用较低关税税率或零关税，当货物进口数量或金额达到规定的额度后，继续进口便要按较高的最惠国税率或普通税率征税。我们称这种在进口数量或金额额度以内适用的关税税率为关税配额税率。《进出口关税条例》规定，按照国家规定实行关税配额管理的进口货物，关税配额内的，适用关税配额税率；关税配额外的，其税率的适用按照上述最惠国税率、特惠税率、普通税率、暂定税率适用条件执行。②以2010年的关税政策为例，2010年政府规定对小麦、玉米、稻谷和大米、糖、羊毛、毛条、棉花、化肥8类货物实行关税配额管理。关税配额税率大大低于最惠国税率。例如税则号列10019090的小麦，其普通税率为180%，最惠国税率为65%，而关税配额税率仅为1%。

（二）出口税率

一国的出口是经济增长的重要拉动力量，因此税收政策包括关税政策一般是采取鼓励出口的态度，对多数货物出口不征出口关税。但某些稀缺性资源包括稀有动物制品、矿产品等，国际价格高于本国市场价格，如果大量出口会引起这一类资源更加紧缺，或者过度开采、捕猎会破坏生态平衡，国家为了限制此类货物出口，便征收关税。此外，还有一些货物，国际市场已经饱和或供求波动大，为了维护国际市场秩序，保护产业有序发展和控制资源消耗，国家采取征收关税的办法调节出口，对这一类出口货物往往适用暂定税率一年一定，有的还分淡季和旺季确定季度税率。对特别需要调节的出口货物还规定了特别出口税率。因此，目前中国出口关税的税率设置可分为一般税率、暂定税率和特别税率三类。

---

① 国务院关税税则委员会，《对埃塞俄比亚等32个最不发达国家部分商品实施零关税的通知》，税委会[2010] 11号；财政部新闻办公室，《中国给予最不发达国家4762个税目商品零关税待遇》，2010年6月23日，见http：//gss. mof. gov. cn/zhengwuxinxi/zhengcejiedu/201006/t20100624 _ 323993. html。

② 《进出口关税条例》，第12条。

1. 一般税率

2010 年的《海关进出口税则》规定 98 个税号的货物按一般税率征收出口关税。一般税率有四档，它们是 20%、25%、30%、40%。适用 20%税率的货物包括鳗鱼苗、钨矿砂及其精矿、生锑及锑废碎料、黄磷和其他磷、山羊板皮、非合金生铁、合金生铁、锰铁、硅锰铁、非合金铝制品、铝合金及其制品、锌及其合金。适用 25%的货物只有硅铁。适用 30%税率的货物包括铅矿砂及其精矿、锌矿砂及其精矿、铌钽原料和铌钽矿砂及其精矿、氟钽酸钾、铜材和铜合金制品、非合金铝材、未锻轧铝合金。适用 40%税率的货物包括骨及骨粉、苯、铬铁、钢铁废碎料、镍和镍合金。

2. 暂定税率

2010 年对 301 个品目规定了 0～35%不等的暂定税率。适用暂定税率的货物包括：鳗鱼苗、天然石墨、红柱石、磷灰石、天然磷酸钙、天然磷酸铝钙及磷酸盐白垩、天然硫酸钡、碳酸钡、天然碳酸镁、镁氧矿、滑石及滑石粉、萤石、稀土金属矿、铁等各种金属矿及其精矿、各种稀土金属成品、煤及制品、各种化肥、木片木浆等木制品、竹浆、各种纤维浆、主要铁合金、钢铁及制品、部分铜材和铜合金材料、镍合金材料、铝及铝合金材料、某些金属材料或废碎料等。具体地说，暂定税率的适用存在如下三种情况：

一是对某些适用一般税率的出口货物，降低了税率或实行零税率，其目的是为了减少出口限制或干脆不限制。如鳗鱼苗、铜材、铝及铝合金材料等暂定税率比普通税率低。对已脱胶骨、角柱、灰色饲料氧化锌、苯、精炼铜条、杆及型材及异型材、各种铜及合金制品、铝合金型材、铝制品和铝合金制品等暂定税率降为零，说明这一年对这些货物的出口不加以限制。

二是对某些原来没有出口限制的货物（即不列为征收出口关税的货物），规定了暂定税率，目的是为了限制这些货物的出口，如金属和非金属矿、钢铁、主要铁合金、各种稀土金属成品、煤及制品、各种化肥、木片木浆等木制品、竹浆、各种纤维浆等。

三是对尿素等 4 种化肥还实行季节税并滑准税。如对尿素，旺季（2～6 月、9 月 16 日～10 月 15 日）税率为 35%；淡季（1 月、7 月 1 日～9 月 15 日、10 月 16 日～12 月 31 日），当出口价格不高于基准价格（2.3 元/公斤）时，税率 7%；当出口价格高于基准价格时，税率＝（1.07－基准价格/出口价格）×100%。

3. 特别税率

2010 年的《海关进出口税则》对 8 种化肥的出口规定了高达 75%的特别出口税率。目的是为了限制这些货物的出口，保证国内市场有充足货源，稳定农业生产。

三、税率适用的时间规则

关税税率每年都有所调整，为实施特别政策或履行某项国际承诺而确定的税率往往具有随时性和变动性特点，这使得不同时点的税率存在差异。此外，确定进出口交易的时点也往往存在不同的标准。因此在税法中必须规定税率适用的时间规则。《进出口关税条例》和海关总署就此作了如下规定①：

（1）进出口货物，应当适用海关接受该货物申报进口或者出口之日实施的税率。进口货物到达前，经海关核准先行申报的，应当适用装载该货物的运输工具申报进境之日实施的税率。

（2）进口转关运输货物，应当适用指运地海关接受该货物申报进口之日实施的税率；货物运抵指运地前，经海关核准先行申报的，应当适用装载该货物的运输工具抵达指运地之日实施的税率。

出口转关运输货物，应当适用启运地海关接受该货物申报出口之日实施的税率。

（3）已申报进境并放行的保税货物、减免税货物、租赁货物或者已申报进出境并放行的暂时进出口货物，有下列情形之一需缴纳税款的，应当适用海关接受纳税义务人再次填写报关单申报办理纳税及有关手续之日实施的税率：①保税货物经批准不复运出境的；②保税仓储货物转入国内市场销售的；③减免税货物经批准转让或者移作他用的；④可暂不缴纳税款的暂时进出口货物，经批准不复运出境或者进境的；⑤租赁进口货物，分期缴纳税款的。

（4）因纳税义务人违反规定需要追征税款的，应当适用该行为发生之日实施的税率；行为发生之日不能确定的，适用海关发现该行为之日实施的税率。

（5）经海关批准，实行集中申报的进出口货物，应当适用每次货物进出口时海关接受该货物申报之日实施的税率。

（6）因超过规定期限未申报而由海关依法变卖的进口货物，其税款计征应当适用装载该货物的运输工具申报进境之日实施的税率。

（7）补征和退还进出口货物关税，按照上述各项确定适用的税率。

第二节 货物原产地的确定

一、确定货物原产地的必要性

进出口税则归类对确定货物适用关税税率至关重要，但并没有完全解决货物的适用税率问题。因为中国进出口税则同大多数国家一样实行多档税率制，即同一品目下至少有最惠国、普通两种税率，一些品目还有协定税率、特惠税率、关税配额税率、暂定税率，一种货物在什么情况下适用普通税率、什么情况下适用最惠国税率或其他税率，这一问题解决后确定适用关税税率的工作才算完结。

前文已指出，最惠国税率、协定税率、特惠税率、普通税率和其他税率的适用都与货物的原产地有关，原产于与中国共同适用最惠国待遇条款的世贸组织成员国或地区的进口货物，或原产于与中国签订有相互给予最惠国待遇条款的双边贸易协定的国家或地区的进口货物，按最惠国税率征税。原产于中国参加的含有关税优惠条款的区

① 《进出口关税条例》，第15～17条；《中华人民共和国海关进出口货物征税管理办法》（简称《海关进出口货物征税管理办法》），海关总署令［2005］第124号，第13～15条。

域性贸易协定的有关缔约方的进口货物，按协定税率征税。原产于与中国签订有特殊优惠关税协定的国家或地区的进口货物，按特惠税率征税。原产于上述国家或地区以外的国家和地区的进口货物，按普通税率征税等。因此，进口货物原产地确定成为确定适用关税税率的前提条件之一。

同时，在各国采取的一些贸易限制措施中，如国别配额、特别关税等，也需要区别进口产品的原产国才能实施。此外，对于对外贸易的统计和经济分析，以及政府采购等活动，也需要判别进出口货物的生产制造国。因此，确定原产地是各国海关管理制度中的一项重要内容。

二、确定货物原产地的规则

（一）概述

原产地规则（rules of origin）是判定货物由哪个国家生产制造，即原产于哪个国家的规则。其核心是原产地标准（origin criterion）。国际上通行的原产地标准有两个：完全生产标准和实质性改变标准。

海关总署于1986年制定并发布了《中华人民共和国海关关于进口货物原产地的暂行规定》，1992年国务院发布了《中华人民共和国出口货物原产地规则》。2004年国务院重新发布《中华人民共和国进出口货物原产地条例》（简称《原产地条例》）从2005年1月1日起实施。但是此项《原产地条例》只适用于实施最惠国待遇、反倾销和反补贴、保障措施、原产地标记管理、国别数量限制、关税配额等非优惠性贸易措施以及进行政府采购、贸易统计等活动对进出口货物原产地的确定。实施优惠性贸易措施对进出口货物原产地的确定，不适用该条例。为此，海关总署另行制定了一系列适用于实施优惠性贸易措施有关的进出口货物原产地管理办法。如2010年7月1日起施行的《中华人民共和国海关最不发达国家特别优惠关税待遇进口货物原产地管理办法》，2009年3月1日起施行的《中华人民共和国海关进出口货物优惠原产地管理规定》，2006年7月1日起施行的《中华人民共和国海关特别优惠关税待遇进口货物原产地管理办法》，以及多个与单边、多边优惠贸易协定相配套的进出口货物特定原产地管理办法。它们在程序和细节上有所差异，但确定进出口货物的原产地的基本标准是一致的。中国原产地规则的原产地标准采用国际通行的完全生产标准和实质性改变标准。

（二）完全生产标准

完全生产标准表明对于完全在一个国家内生产或制造的进口货物，生产或制造国即为该货物的原产国。完全在一个国家（地区）获得的货物，是指：

（1）在该国（地区）出生并饲养的活的动物；

（2）在该国（地区）野外捕捉、捕捞、搜集的动物；

（3）从该国（地区）的活的动物获得的未经加工的物品；

（4）在该国（地区）收获的植物和植物产品；

(5) 在该国（地区）采掘的矿物；

(6) 在该国（地区）获得的除上述（1）至（5）项范围之外的其他天然生成的物品；

(7) 在该国（地区）生产过程中产生的只能弃置或者回收用作材料的废碎料；

(8) 在该国（地区）收集的不能修复或者修理的物品，或者从该物品中回收的零件或者材料；

(9) 由合法悬挂该国旗帜的船舶从其领海以外海域获得的海洋捕捞物和其他物品；

(10) 在合法悬挂该国旗帜的加工船上加工上述（9）项所列物品获得的产品；

(11) 从该国领海以外享有专有开采权的海床或者海床底土获得的物品；

(12) 在该国（地区）完全从上述（1）项至（11）项所列物品中生产的产品。

在确定货物是否在一个国家（地区）完全获得时，不考虑下列微小加工或者处理：①为运输、贮存期间保存货物而作的加工或者处理；②为货物便于装卸而作的加工或者处理；③为货物销售而作的包装等加工或者处理。[①]

（三）实质性改变标准

实质性改变标准表明经过几个国家加工、制造的进口货物，以最后一个对货物进行经济上可以视为实质性改变的国家作为有关货物的原产国。实质性改变以税则归类改变为基本标准；税则归类改变不能反映实质性改变的，以从价百分比、制造或者加工工序等为补充标准。

1. 税则归类改变标准

税则归类改变标准，是指在某一国家（地区）对非该国（地区）原产材料进行制造、加工后，所得货物在《海关进出口税则》中的四位数级税目归类发生了变化。

2. 制造、加工工序标准

制造、加工工序标准，是指在某一国家（地区）进行的赋予制造、加工后所得货物基本特征的主要工序。例如将各种布料加工成衣服，而裁剪是使布料成为成衣的主要工序，因此确定成衣的原产国以剪裁这一主要工序发生地为准。

3. 从价百分比标准

从价百分比标准，是指在某一国家（地区）对非该国（地区）原产材料进行制造、加工后的增值部分超过了所得货物价值的一定百分比。中国多数原产地管理办法均规定从价百分比为30%。在某些适用于优惠或特惠贸易协定的原产地管理办法中从价百分比还有40%[②]和50%[③]的规定。用公式表示如下：

$$\frac{\text{工厂交货价}-\text{非该国（地区）原产材料价值}}{\text{工厂交货价}}\times 100\%\geqslant 30\%\text{（或 }40\%\text{、}50\%\text{）}$$

---

① 《中华人民共和国进出口货物原产地条例》（简称《原产地条例》），第3～5条。

② 例如，《中华人民共和国海关特别优惠关税待遇进口货物原产地管理办法》，海关总署令［2006］第149号，第6条。

③ 例如，《中华人民共和国海关〈中华人民共和国与智利共和国政府自由贸易协定〉项下进口货物原产地管理办法》，海关总署令［2006］第151号，第6条。

其中，“工厂交货价”是指支付给制造厂生产的成品的价格；“非该国（地区）原产材料价值”是指直接用于制造或装配最终产品而进口原料、零部件的价值（含原产地不明的原料、零配件），以其进口“成本、保险费加运费”价格（CIF）计算。[①] 在其他一些原产地管理办法中，也有将出口货物的船上交货价格（FOB）代替工厂交货价的情况。

（四）不视为实质改变的规则

原产地规则一般还明确规定了某些不被当作实质改变的情况，判断这些情况的主要规则有三个。

1. 非实体物质和组成部件规则

货物生产过程中使用，本身不构成货物物质成分、也不成为货物组成部件的下列材料或者物品，其原产地不影响货物原产地的确定。包括：①货物生产过程中使用的燃料、能源、催化剂及溶剂；②用于测试或者检验货物的设备、装置及用品；③手套、眼镜、鞋靴、衣服、安全设备及用品；④工具、模具及型模；⑤用于维护设备和厂房建筑的备件及材料；⑥在生产中使用或者用于运行设备和维护厂房建筑的润滑剂、油（滑）脂、合成材料及其他材料等的原产地不影响交易货物原产地的确定。[②]

2. 微小加工规则

为便于装载、运输、储存、销售进行的加工、包装、展示等微小加工或者处理，不影响货物原产地确定。[③] 简单的稀释、混合、包装、装瓶、干燥、装配、分类或者装饰不应当视为实质性改变。[④]

3. 容器和包装物规则

运输期间用于保护货物的包装材料及容器不影响货物原产地确定。与货物一起申报进口并在《海关进出口税则》中与该货物一并归类的包装、包装材料和容器的原产地，以及正常配备的附件、备件、工具及介绍说明性材料的原产地，不影响货物原产地的确定。只要其与货物一并归类的，不影响货物原产地的确定，否则单独确定原产地。[⑤]

第三节 海关估价制度

目前，世界各国海关大多采用以课税对象的价格（或价值）为计税标准的从价税

---

① 《原产地条例》，第 6 条；海关总署，《关于非优惠原产地规则中实质性改变标准的规定》，海关总署令［2004］第 122 号，第 4～6 条。

② 《中华人民共和国海关最不发达国家特别优惠关税待遇进口货物原产地管理办法》，海关总署令［2010］第 192 号，第 10 条；《原产地条例》，第 7 条；《中华人民共和国海关进出口货物优惠原产地管理规定》，海关总署令［2009］第 181 号，第 9 条。

③ 《中华人民共和国海关进出口货物优惠原产地管理规定》，第 7 条。

④ 《中华人民共和国海关特别优惠关税待遇进口货物原产地管理办法》，第 7 条。

⑤ 《原产地条例》，第 8、9 条。

对进出口货物征收关税。经海关审查并作为计税标准，凭以计征关税的货物价格称为完税价格（Duty-Paying Value，DPV），又称海关价格（Customs Value）。海关确定货物完税价格的过程称为海关估价（Customs Valuation）。海关根据本国法律法规审查、确定进出口货物完税价格的海关制度就是海关估价制度，主要由三个基本要素构成：价格准则、价格确定方法和价格审核循序，本节对此作详细阐述。

一、价格准则

价格准则，又称价格标准，是采用从价税方法征收关税时，确定课税对象完税价格的标准。《关税与贸易总协定》第七条规定："海关对进口货物的估价，应以进口货物或相似货物的实际价格，而不得以本国产品的价格或者以武断的或虚构的价格为完税价格的依据。"世界贸易组织《关于实施〈1994年关税与贸易总协定〉第七条的协定》（海关估价协定）具体阐明了实际价格以"成交价格"为基础的关税估价原则，并为世界上许多国家所采用。在不被人为限制、安排和影响的情况下，成交价格反映的是买卖双方在相互独立的情况下，依据市场公平交易原则而达成的价格，这种价格是客观的、不受人为控制的实际价格。海关在确定应税货物完税价格时要尽可能依据纳税人申报的成交价格，当然海关依法认定需要作适当加减以使其符合客观情况或法定要求的，可作适当调整。只有当申报的成交价格无法确定时，才能采用其他办法核定完税价格，所采用的其他办法核定的价格也要尽可能充分反映买卖双方实际成交价格。

《海关法》也规定："进出口货物的完税价格，由海关以该货物的成交价格为基础审查确定。成交价格不能确定时，完税价格由海关依法估定。"① 据此，中国海关制定了《中华人民共和国海关审定进出口货物完税价格办法》（简称《完税价格办法》，其最新版本是2006年5月1日起施行的版本，以下引用的均是来自该版本的条文）。《完税价格办法》规定："进口货物的完税价格，由海关以该货物的成交价格为基础审查确定，并应当包括货物运抵中国境内输入地点起卸前的运输及其相关费用、保险费"；"出口货物的完税价格由海关以该货物的成交价格为基础审查确定，并应当包括货物运至中国境内输出地点装载前的运输及其相关费用、保险费"②。由此可见，中国海关估价制度采用了国际通行的成交价格的估价准则，并确定进口货物的完税价格以到岸价（CIF价格）、出口货物的完税价格以离岸价（FOB价格）为基础。

二、进口货物的成交价格估价方法

（一）成交价格的确定

进口货物的成交价格，是指卖方向中国境内销售该货物时买方为进口该货物向卖

---

① 《海关法》，第55条。

② 《中华人民共和国海关审定进出口货物完税价格办法》（简称《完税价格办法》），海关总署令［2006］第148号，第5条、42条。

方实付、应付的价款总额，包括直接支付的价款和间接支付的价款。[①]

进口货物的成交价格应当是不受市场公平交易以外因素的限制和影响，无回扣返利，也不受买卖双方特殊关系影响的实际价格。具体地说，海关可接受作为确定完税价格基础的成交价格要符合下列要求：

（1）对买方处置或者使用进口货物不予限制，但是法律、行政法规规定实施的限制、对货物销售地域的限制和对货物价格无实质性影响的限制除外。

有下列情形之一的，应当视为对买方处置或者使用进口货物进行了限制：①进口货物只能用于展示或者免费赠送的；②进口货物只能销售给指定第三方的；③进口货物加工为成品后只能销售给卖方或者指定第三方的；④其他经海关审查，认定买方对进口货物的处置或者使用受到限制的。当出现对买方处置或者使用进口货物给予限制的情况时，申报的进口货物价格就可能不能反映市场公平交易的实际价格，海关就不能直接接受其作为核定完税价格的基础，而需要采用适当方法进行估价。

（2）货物的价格不得受到使该货物成交价格无法确定的条件或者因素的影响。有下列情形之一的，应当视为进口货物的价格受到了使该货物成交价格无法确定的条件或者因素的影响：①进口货物的价格是以买方向卖方购买一定数量的其他货物为条件而确定的；②进口货物的价格是以买方向卖方销售其他货物为条件而确定的；③其他经海关审查，认定货物的价格受到使该货物成交价格无法确定的条件或者因素影响的。如果出现这些情况，也需要海关采用法定适当方法另行估价。

（3）卖方不得直接或间接获得因买方转售、处置或使用进口货物而产生的任何收益。如果出现此种情况，海关可适当调整申报的成交价格，以确定完税价格。

（4）买卖双方之间没有特殊关系，或者虽然有特殊关系但是纳税人能够证明未对成交价格产生影响。如果确定因存在特殊关系影响了申报的成交价格，则海关可采用法定适当方法另行估价。

有下列情形之一的，应当认为买卖双方存在特殊关系：①买卖双方为同一家族成员的；②买卖双方互为商业上的高级职员或者董事的；③一方直接或者间接地受另一方控制的；④买卖双方都直接或者间接地受第三方控制的；⑤买卖双方共同直接或者间接地控制第三方的；⑥一方直接或者间接地拥有、控制或者持有对方5%以上（含5%）公开发行的有表决权的股票或者股份的；⑦一方是另一方的雇员、高级职员或者董事的；⑧买卖双方是同一合伙的成员的。[②]

（二）应该列入完税价格的费用或价值

以成交价格为基础审查确定进口货物的完税价格时，未包括在该货物实付、应付价格中的下列费用或者价值应当计入完税价格：

（1）由买方负担的下列费用：①除购货佣金以外的佣金和经纪费；②与该货物视

① 《完税价格办法》，第7条。

② 《完税价格办法》，第8～10条，第16、17条。

为一体的容器费用；③包装材料费用和包装劳务费用。

（2）与进口货物的生产和向中国境内销售有关的，由买方以免费或者以低于成本的方式提供，并可以按适当比例分摊的下列货物或者服务的价值：①进口货物包含的材料、部件、零件和类似货物；②在生产进口货物过程中使用的工具、模具和类似货物；③在生产进口货物过程中消耗的材料；④在境外进行的为生产进口货物所需的工程设计、技术研发、工艺及制图等相关服务。

（3）买方需向卖方或者有关方直接或者间接支付的特许权使用费，但是符合下列情形之一的除外：①特许权使用费与该货物无关；②特许权使用费的支付不构成该货物向中国境内销售的条件。

符合下列条件之一的特许权使用费，应当视为与进口货物有关：

第一，特许权使用费是用于支付专利权或者专有技术使用权，且进口货物属于下列情形之一的：①含有专利或者专有技术的；②用专利方法或者专有技术生产的；③为实施专利或者专有技术而专门设计或者制造的。

第二，特许权使用费是用于支付商标权，且进口货物属于下列情形之一的：①附有商标的；②进口后附上商标直接可以销售的；③进口时已含有商标权，经过轻度加工后附上商标即可以销售的。

第三，特许权使用费是用于支付著作权，且进口货物属于下列情形之一的：①含有软件、文字、乐曲、图片、图像或者其他类似内容的进口货物，包括磁带、磁盘、光盘或者其他类似介质的形式；②含有其他享有著作权内容的进口货物。

第四，特许权使用费是用于支付分销权、销售权或者其他类似权利，且进口货物属于下列情形之一的：①进口后可以直接销售的；②经过轻度加工即可以销售的。

买方不支付特许权使用费则不能购得进口货物，或者买方不支付特许权使用费则该货物不能以合同议定的条件成交的，应当视为特许权使用费的支付构成进口货物向中华人民共和国境内销售的条件。

（4）卖方直接或者间接从买方对该货物进口后销售、处置或者使用所得中获得的收益。[①]

（三）不应记入完税价格的费用或价值

进口货物的价款中单独列明的下列税收、费用，不计入该货物的完税价格：

（1）进口后发生的费用。包括：①厂房、机械或者设备等货物进口后发生的建设、安装、装配、维修或者技术援助费用，但是保修费用除外；②进口货物运抵中国境内输入地点起卸后发生的运输及其相关费用、保险费。

（2）进口环节各项税收。包括进口关税、进口环节海关代征税及其他国内税；

（3）符合条件的利息。同时符合下列条件的利息费用不计入完税价格：①利息费用是买方为购买进口货物而融资所产生的；②有书面的融资协议的；③利息费用单独

① 《完税价格办法》，第11～14条。

列明的；④纳税义务人可以证明有关利率不高于在融资当时当地此类交易通常应当具有的利率水平，且没有融资安排的相同或者类似进口货物的价格与进口货物的实付、应付价格非常接近的。

(4) 其他费用。包括为在境内复制进口货物而支付的费用；境内外技术培训及境外考察费用。①

三、确定进口货物完税价格的其他方法

当纳税人申报的进口货物“成交价格”，因为受到市场公平交易以外因素的限制、影响，包括受到买卖双方特殊关系影响，海关不能接受其作为确定完税价格的基础，或者成交价格不能确定的，海关经了解有关情况，并与纳税义务人进行价格磋商后，依次以下列方法审查确定该货物的完税价格：①相同货物成交价格估价方法；②类似货物成交价格估价方法；③倒扣价格估价方法；④计算价格估价方法；⑤其他合理方法。对其中第③、④种方法，纳税人可以向海关提出申请改变适用次序。②

（一）相同或类似货物成交价格方法

相同货物成交价格估价方法，是指海关以与进口货物同时或者大约同时向中华人民共和国境内销售的相同货物的成交价格为基础，审查确定进口货物的完税价格的估价方法。

类似货物成交价格估价方法，是指海关以与进口货物同时或者大约同时向中华人民共和国境内销售的类似货物的成交价格为基础，审查确定进口货物的完税价格的估价方法。

所谓相同货物，指与进口货物在同一国家或地区生产的，在物理性质、质量和信誉等所有方面都相同的货物，但表面的微小差异允许存在。类似货物，指与进口货物在同一国家或地区生产的，虽然不是在所有方面都相同，但却具有相似的特征，相似的组成材料，同样的功能，并且在商业中可以互换的货物。“大约同时”，指海关接受货物申报之日前后45天内。

按照相同或者类似货物成交价格估价方法的规定审查确定进口货物的完税价格时，应当首先使用与该货物具有相同商业水平且进口数量基本一致的相同或者类似货物的成交价格。但此种情况不存在时，可以使用不同商业水平或者不同进口数量的相同或者类似货物的成交价格。使用前述两种情况下的价格时，应当以客观量化的数据资料，对该货物与相同或者类似货物之间由于运输距离和运输方式不同而在成本和其他费用方面产生的差异进行调整。

按照相同或者类似货物成交价格估价方法审查确定进口货物的完税价格时，应当首先使用同一生产商生产的相同或者类似货物的成交价格。没有同一生产商生产的相

① 《完税价格办法》，第15条。

② 《完税价格办法》，第6条。

同或者类似货物的成交价格的，可以使用同一生产国或者地区其他生产商生产的相同或者类似货物的成交价格。如果有多个相同或者类似货物的成交价格，应当以最低的成交价格为基础审查确定进口货物的完税价格。①

（二）倒扣价格估价方法

倒扣价格估价方法，是指海关以进口货物、相同或者类似进口货物在境内的销售价格为基础，扣除境内发生的有关费用后，审查确定进口货物完税价格的估价方法。该销售价格应当同时符合下列条件：①是在该货物进口的同时或者大约同时，该货物、相同或者类似进口货物在境内销售的价格；②是按照货物进口时的状态销售的价格，如果没有按照进口时的状态在境内销售，应纳税义务人要求，可以在符合本段第①、③和④规定的其他条件的情形下，使用经进一步加工后的货物的销售价格审查确定完税价格；③是在境内第一销售环节销售的价格；④是向境内无特殊关系方销售的价格；⑤是按照该价格销售的货物合计销售总量最大。

按照倒扣价格估价方法审查确定进口货物完税价格的，下列各项应当扣除：①同等级或者同种类货物在境内第一销售环节销售时，通常的利润和一般费用（包括直接费用和间接费用）以及通常支付的佣金；②货物运抵境内输入地点起卸后的运输及其相关费用、保险费；③进口关税、进口环节海关代征税及其他国内税。如果使用经进一步加工后的货物的销售价格审查确定完税价格，应当同时扣除加工增值额（按行业惯例计算）。②

（三）计算价格估价方法

计算价格估价方法，是指海关以下列各项的总和为基础，审查确定进口货物完税价格的估价方法：①生产该货物所使用的料件成本和加工费用；②向境内销售同等级或者同种类货物通常的利润和一般费用（包括直接费用和间接费用）；③该货物运抵境内输入地点起卸前的运输及相关费用、保险费。③

（四）其他合理方法

合理方法，是指当海关不能根据成交价格估价方法、相同货物成交价格估价方法、类似货物成交价格估价方法、倒扣价格估价方法和计算价格估价方法确定完税价格时，海关遵循客观、公平、统一的原则，以客观量化的数据资料为基础，审查确定进口货物完税价格的估价方法。

海关在采用其他合理方法确定进口货物的完税价格时，不得使用以下价格：①境内生产的货物在境内的销售价格；②可供选择的价格中较高的价格；③货物在出口地市场的销售价格；④以上述计算价格办法之外的价值或者费用计算的相同或者类似货

① 《完税价格办法》，第18～21条。
② 《完税价格办法》，第22～23条。
③ 《完税价格办法》，第24条。

物的价格；⑤出口到第三国或者地区的货物的销售价格；⑥最低限价或者武断、虚构的价格。[①]

四、特殊进口货物的完税价格确定

某些特殊的货物进口方式，不同于一般的货物进口，具有特殊性，需要订立确定完税价格的特殊规则。特殊的进口方式包括加工贸易而进口料件或成品转内销，从保税区或出口加工区销往区外、从保税仓库出库内销的进口货物，运往境外修理、加工又在规定的期限内复运进境的货物，暂时进境的货物，租赁方式进口的货物，境内留购的进口货样、展览品和广告陈列品，减税或免税进口的但在监管期限结束前丧失减税免税条件需补税的货物，以易货贸易、寄售、捐赠、赠送等其他方式进口的货物，软件介质等。《完税价格办法》分别规定了适用规则，具体可概况为如下几个方面：

（一）与加工贸易有关的规则

首先要依据进口货物的成交价格确定完税价格，如果按此无法确定，就以接受内销申报的同时或者大约同时进口的与料件相同或者类似的货物的进口成交价格为基础审查确定完税价格。仍然不能确定的，由海关按照合理的方法审查确定。加工企业内销加工过程中产生的边角料或者副产品，以海关审查确定的内销价格作为完税价格。内销的进料加工制成品中，如果含有从境内采购的料件，海关只计算其中所含从境外购入的料件的完税价格。

上述规则适用于加工贸易进口料件（包括进料加工、来料加工）或其转内销制成品（包括残次品），出口加工区、保税区内的加工企业内销的制成品（包括残次品）以及产生的边角料或者副产品的完税价格确定。[②]

（二）从各种保税区域进入境内的货物

除了加工贸易进口料件及其制成品以外，从保税区、出口加工区、保税物流园区、保税物流中心等区域场所进入境内，需要征税的货物，海关应当参照《完税价格办法》第二章的有关规定即本节第二、三点所阐述的针对一般进口货物的规则，以从上述区域、场所进入境内的销售价格为基础审查确定完税价格。如果前述销售价格中未包括上述区域、场所发生的仓储、运输及其他相关费用的，应当按照客观量化的数据资料予以计入。[③]

（三）复运进境的货物

运往境外修理的机械器具、运输工具或者其他货物以及运往境外加工的货物，出境时已向海关报明，并在海关规定的期限内复运进境的，按下列方法审查确定完税价

---

① 《完税价格办法》，第25～26条。

② 《完税价格办法》，第27～29条。

③ 《完税价格办法》，第30条。

格：运往境外修理的货物以境外修理费和料件费为基础审查确定完税价格；运往境外加工的货物以境外加工费和料件费以及该货物复运进境的运输及其相关费用、保险费为基础审查确定完税价格。

出境修理货物、加工货物复运进境超过海关规定期限的，按一般进口货物处理。①

（四）暂时进境货物

经海关批准的暂时进境货物，应当缴纳税款的，按一般货物处理，由海关按照一般规则审查确定完税价格。经海关批准留购的暂时进境货物，以海关审查确定的留购价格作为完税价格。②

（五）租赁方式进口的货物

租赁方式进口的货物，按照下列方法审查确定完税价格：①以租金方式对外支付的租赁货物，在租赁期间以海关审查确定的租金作为完税价格，利息应当予以计入；②留购的租赁货物以海关审查确定的留购价格作为完税价格；③纳税义务人申请一次性缴纳税款的，可以选择申请按照本节第三点确定进口货物完税价格的其他方法确定完税价格，或者按照海关审查确定的租金总额作为完税价格。③

（六）失去减税或者免税条件应补税的进口货物

减税或者免税进口的货物，因监管期限未到而转让或者其他原因需要补征税款的，应当以海关审查确定的该货物原进口时的价格，扣除折旧部分价值作为完税价格，其计算公式如下：

$$\text{完税价格}=\text{海关审定的该货物原进口时的价格}\times\left(1-\frac{\text{补税时实际已进口的时间}}{\text{监管年限}\times 12}\right)$$

上述计算公式中，补税时实际已进口的时间按月计算，不足1个月但是超过15日的，按照1个月计算；不超过15日的，不予计算。④

将减免税货物移作他用，应当补缴税款的，按下列公式计算完税价格：

$$\text{完税价格}=\text{海关审定的该货物原进口时的价格}\times\left(1-\frac{\text{需补缴税款的时间}}{\text{监管年限}\times 12\times 30}\right)$$

需补缴税款的时间是指减免税货物移作他用的实际时间，按日计算，每日实际生产不满8小时或者超过8小时的均按1日计算。⑤

① 《完税价格办法》，第31、32条。
② 《完税价格办法》，第33条。
③ 《完税价格办法》，第34条。
④ 《完税价格办法》，第35条。
⑤ 《中华人民共和国海关进出口货物减免税管理办法》，海关总署令［2009］第179号，第47条。

（七）不存在成交价格的进口货物

易货贸易、寄售、捐赠、赠送等不存在成交价格的进口货物，海关与纳税义务人进行价格磋商后，按照《完税价格办法》第六条列明的方法，即本节第三点确定进口货物完税价格的其他方法审查确定完税价格。[①]

（八）数据处理设备用软件的介质

进口载有专供数据处理设备用软件的介质，具有下列情形之一的，应当以介质本身的价值或者成本为基础审查确定完税价格：①介质本身的价值或者成本与所载软件的价值分列；②介质本身的价值或者成本与所载软件的价值虽未分列，但是纳税义务人能够提供介质本身的价值或者成本的证明文件，或者能提供所载软件价值的证明文件。

含有美术、摄影、声音、图像、影视、游戏、电子出版物的介质不适用前述规定。[②]

五、进口货物完税价格中的运输及其相关费用、保险费的计算

进口货物的完税价格，以成交价格为基础，并应当包括货物运抵中国境内输入地点起卸前的运输及其相关费用、保险费。因此，在阐述了有关确定成交价格的各种方法和规则之后，还要阐述进口货物完税价格中的运输及其相关费用、保险费的计算规则。

1. 进口货物运费的计算规则

进口货物的运费，应当按照实际支付的费用计算。如果进口货物的运费无法确定的，海关应当按照该货物的实际运输成本或者该货物进口同期运输行业公布的运费率（额）计算运费。

运输工具作为进口货物，利用自身动力进境的，海关在审查确定完税价格时，不再另行计入运费。

2. 进口货物保险费的计算规则

进口货物的保险费，应当按照实际支付的费用计算。如果进口货物的保险费无法确定或者未实际发生，海关应当按照“货价加运费”总额的3‰计算保险费，其计算公式如下：

$$保险费=(货价+运费)\times 3‰$$

此外，邮运进口的货物，应当以邮费作为运输及其相关费用、保险费。以境外边境口岸价格条件成交的铁路或者公路运输进口货物，海关应当按照境外边境口岸价格的1%计算运输及其相关费用、保险费。[③]

---

① 《完税价格办法》，第36条。

② 《完税价格办法》，第37条。

③ 《完税价格办法》，第38～41条。

六、出口货物完税价格的估价方法

1. 出口货物成交价格的确定

出口货物的完税价格同样由海关以该货物的成交价格为基础审查确定。出口货物的成交价格，是指该货物出口销售时，卖方为出口该货物应当向买方直接收取和间接收取的价款总额。下列税收、费用不计入出口货物的完税价格：

（1）出口关税；

（2）在货物价款中单独列明的货物运至中国境内输出地点装载后的运输及其相关费用、保险费；

（3）在货物价款中单独列明由卖方承担的佣金。

2. 确定出口货物完税价格的其他方法

出口货物的成交价格不能确定的，海关经了解有关情况，并与纳税义务人进行价格磋商后，依次以下列价格审查确定该货物的完税价格：

（1）同时或者大约同时向同一国家或者地区出口的相同货物的成交价格；

（2）同时或者大约同时向同一国家或者地区出口的类似货物的成交价格；

（3）根据境内生产相同或者类似货物的成本、利润和一般费用（包括直接费用和间接费用）、境内发生的运输及其相关费用、保险费计算所得的价格；

（4）按照合理方法估定的价格。①

第四节　关税的减税免税规定

关税是调节社会经济特别是进出口贸易的重要手段，国家利用关税为了达到一定的社会经济政治目的，规定了多层次的减税免税优惠政策。关税减免是海关全部或部分免除纳税义务人应税货物的关税缴纳义务的一种行政措施。对普通税率而言，符合条件的进口货物如果适用最惠国税率就意味着关税减免；对最惠国税率而言，适用协定税率或特惠税率，就意味着得到进一步的关税减免税优惠。因此本节所谓关税的减免，是指适用了最惠国税率基础上的减免（当然如果最惠国税率已经是零税率就无此问题）。而适用协定税率和特惠税率所体现的关税减免由于已经在税率适用一节阐述过，此处不赘。关税的减免税按功能划分可分为如下几类：

一、惯例性减免

惯例性减免就是参照法律惯例、商业惯例、外交惯例，为减少海关管理成本或给予特定商务行为或社会文化活动通关便利而给予的关税减免。这一类型的减免具体包括如下内容：

① 《完税价格办法》，第42～45条。

（一）无法确定价值、价值小的货物或已无法征税的进出口货物免税

对无法确定价值、价值小的进出口货物或已无法征税的进出口货物免征关税的目的是节省征收管理成本。这已成为各国关税法的惯例。中国《海关法》、《进出口关税条例》也遵守这一惯例并规定下列货物可免征关税：关税税额在人民币50元以下的一票货物；无商业价值的广告品和货样；外国政府、国际组织无偿赠送的物资；在海关放行前损失的货物（可以根据海关认定的受损程度减征关税）；进出境运输工具装载的途中必需的燃料、物料和饮食用品。①

（二）外交需要或国际惯例性减免税

外国政府、国际组织无偿赠送的物资及中国履行国际条约规定进口物资可减免税，具体范围包括：根据中国与外国政府、国际组织间的协定或协议，由外国政府、国际组织直接无偿赠送的物资或由其提供无偿赠款，由中国受赠单位按照协定或协议规定用途自行采购进口的物资；外国地方政府或民间组织受外国政府委托无偿赠送进口的物资；国际组织成员受国际组织委托无偿赠送进口的物资；中国履行国际条约规定减免税进口的物资。②

（三）暂时进出境货物的免税

为某些特定的商务活动或社会文化活动而暂时进境或出境的货物，由于它们要在商务活动或社会文化活动结束后复运出境或复运进境，为了减少征税后再退税麻烦，而在进境或出境时给予免税处理。

《进出口关税条例》和《暂时进出口货物管理办法》规定，经海关批准暂时进境或者暂时出境的下列货物，在进境或者出境时纳税义务人向海关缴纳相当于应纳税款的保证金或者提供其他担保的，可以暂不缴纳关税，并应当自进境或者出境之日起6个月内复运出境或者复运进境③：

（1）在展览会、交易会、会议及类似活动中展示或者使用的货物；
（2）文化、体育交流活动中使用的表演、比赛用品；
（3）进行新闻报道或者摄制电影、电视节目使用的仪器、设备及用品；
（4）开展科研、教学、医疗活动使用的仪器、设备及用品；
（5）在上述第1至第4项所列活动中使用的交通工具及特种车辆；
（6）货样；
（7）供安装、调试、检测设备时使用的仪器、工具；
（8）盛装货物的容器；

① 《海关法》，第56条；《进出口关税条例》，第45条。

② 《中华人民共和国海关对外国政府、国际组织无偿赠送及中国履行国际条约规定进口物资减免税的审批和管理办法》，海关总署令［1999］第77号，第3条。

③ 经纳税义务人申请，海关可以根据海关总署的规定延长复运出境或者复运进境的期限。

（9）其他用于非商业目的的货物；①

（10）旅游用自驾交通工具及其用品；

（11）工程施工中使用的设备、仪器及用品；

（12）海关批准的其他暂时进出境货物。②

《暂时进出口货物管理办法》还对展览会期间供消耗、散发的用品（以下简称展览用品），免征进口关税和进口环节税的范围作了详细规定。明确由海关根据展览会的性质、参展商的规模、观众人数等情况，对其数量和总值进行核定，在合理范围内的给予免税处理。具体范围和条件如下：

（1）在展览活动中的小件样品，包括原装进口的或者在展览期间用进口的散装原料制成的食品或者饮料样品，并且符合下列条件：①由参展人免费提供并在展览期间专供免费分送给观众使用或者消费的；②单价较低，做广告样品用的；③不适用于商业用途，并且单位容量明显小于最小零售包装容量的；④食品及饮料的样品确实在活动中消耗掉的；

（2）为展出的机器或者器件进行操作示范而被消耗或者损坏的物料；

（3）布置、装饰临时展台消耗的低值货物；

（4）展览期间免费向观众散发的有关宣传品；

（5）供展览会使用的档案、表格及其他文件。

但展览用品中的酒精饮料、烟草制品及燃料不适用有关免税的规定。③

（四）退货或更换货物的免税

因品质或者规格原因，出口货物自出口之日起 1 年内原状复运进境的，不征收进口关税。因品质或者规格原因，进口货物自进口之日起 1 年内原状复运出境的，不征收出口关税。④

因残损、短少、品质不良或者规格不符原因，由进出口货物的发货人、承运人或者保险公司免费补偿或者更换的相同货物，进出口时不征收关税。被免费更换的原进口货物不退运出境或者原出口货物不退运进境的，海关应当对原进出口货物重新按照规定征收关税。⑤

二、支持科教和社会公益事业的减免税

政府为了支持教育事业、科学研究和科技开发、慈善扶贫等社会公益事业的发展，规定了如下减免税政策：

---

① 《进出口关税条例》，第 42 条。

② 《中华人民共和国海关暂时进出境货物管理办法》（简称《暂时进出口货物管理办法》），海关总署令［2007］第 157 号，第 3 条。

③ 《暂时进出境货物管理办法》，第 20、21 条。

④ 《进出口关税条例》，第 43 条。

⑤ 《进出口关税条例》，第 44 条。

（一）科教用品的免税

科学研究机构和学校，以科学研究和教学为目的，在合理数量范围内进口国内不能生产或者性能不能满足需要的科学研究和教学用品，免征进口关税和进口环节增值税、消费税。[①] 可免税的科教用品具体包括：

（1）科学研究、科学试验和教学用的分析、测量、检查、计量、观测、发生信号的仪器、仪表及其附件；

（2）为科学研究和教学提供必要条件的实验室设备（不包括中试设备）；

（3）计算机工作站，中型、大型计算机；

（4）在海关监管期内用于维修依照本规定已免税进口的仪器、仪表和设备或者用于改进、扩充该仪器、仪表和设备的功能而单独进口的专用零部件及配件；

（5）各种载体形式的图书、报刊、讲稿、计算机软件；

（6）标本、模型；

（7）教学用幻灯片；

（8）实验用材料；

（9）实验用动物；

（10）科学研究、科学试验和教学用的医疗检测、分析仪器及其附件（限于医药类院校、专业和医药类科学研究机构。经海关核准，上述进口单位以科学研究或教学为目的，在每 5 年每种 1 台的范围内，可将免税医疗检测、分析仪器用于其附属医院的临床活动）；

（11）优良品种植物及种子（限于农林类科学研究机构和农林类院校、专业）；

（12）专业级乐器和音像资料（限于艺术类科学研究机构和艺术类院校、专业）；

（13）特殊需要的体育器材（限于体育类科学研究机构和体育类院校、专业）；

（14）教练飞机（限于飞行类院校）；

（15）教学实验船舶所用关键设备（限于航运类院校）；

（16）科学研究用的非汽油、柴油动力样车（限于汽车类院校、专业）。

（二）科技开发用品的免税

在 2010 年 12 月 31 日前，科学研究、技术开发机构在合理数量范围内进口国内不能生产或者性能不能满足需要的科技开发用品，免征进口关税和进口环节增值税、消费税。[②] 可免税进口科技开发用品清单如下：

（1）研究开发、科学试验用的分析、测量、检查、计量、观测、发生信号的仪器、仪表及其附件；

---

① 财政部、海关总署、国家税务总局，《科学研究和教学用品免征进口税收规定》，财政部、海关总署、国家税务总局令［2007］第 45 号，第 2 条。

② 财政部、海关总署、国家税务总局，《科技开发用品免征进口税收暂行规定》；财政部、海关总署、国家税务总局令［2007］第 44 号，第 2 条。

（2）为科学研究、技术开发提供必要条件的实验室设备（不包括中试设备）；

（3）计算机工作站，中型、大型计算机；

（4）在海关监管期内用于维修依照本规定已免税进口的仪器、仪表和设备或者用于改进、扩充该仪器、仪表和设备的功能而单独进口的专用零部件及配件；

（5）各种载体形式的图书、报刊、讲稿、计算机软件；

（6）标本、模型；

（7）实验用材料；

（8）实验用动物；

（9）研究开发、科学试验和教学用的医疗检测、分析仪器及其附件（限于医药类科学研究、技术开发机构）；

（10）优良品种植物及种子（限于农林类科学研究、技术开发机构）；

（11）专业级乐器和音像资料（限于艺术类科学研究、技术开发机构）；

（12）特殊需要的体育器材（限于体育类科学研究、技术开发机构）；

（13）研究开发用的非汽油、柴油动力样车（限于汽车类研究开发机构）。

（三）残疾人专用品的免税

残疾人个人进口下列残疾人专用品，免征进口关税和进口环节增值税、消费税：

（1）肢残者用的支辅具，假肢及其零部件，假眼，假鼻，内脏托带，矫形器，矫形鞋，非机动助行器，代步工具（不包括汽车、摩托车），生活自助具，特殊卫生用品；

（2）视力残疾者用的盲杖、导盲镜、助视器、盲人阅读器；

（3）语言、听力残疾者用的语言训练器；

（4）智力残疾者用的行为训练器，生活能力训练用品。

进口上述所列残疾人专用品，由纳税人直接在海关办理免税手续。

有关单位①进口的国内不能生产的下列残疾人专用品，按隶属关系经民政部或者中国残疾人联合会批准，并报海关总署审核后，免征进口关税和进口环节增值税、消费税：

（1）残疾人康复及专用设备，包括床旁监护设备、中心监护设备、生化分析仪和超声诊断仪；

（2）残疾人特殊教育设备和职业教育设备；

（3）残疾人职业能力评估测试设备；

（4）残疾人专用劳动设备和劳动保护设备；

（5）残疾人文体活动专用设备；

---

① 所谓有关单位指下列两类：1. 民政部直属企事业单位和省、自治区、直辖市民政部门所属福利机构、假肢厂和荣誉军人康复医院（包括各类革命伤残军人休养院、荣军医院和荣军康复医院）；2. 中国残疾人联合会（中国残疾人福利基金会）直属事业单位和省、自治区、直辖市残疾人联合会（残疾人福利基金会）所属福利机构和康复机构。

(6) 假肢专用生产、装配、检测设备，包括假肢专用铣磨机、假肢专用真空成型机、假肢专用平板加热器和假肢综合检测仪；

(7) 听力残疾者用的助听器。[①]

(四) 支持慈善、扶贫公益事业的免税政策

对境外捐赠人即境外的自然人、法人或者其他组织无偿向受赠人捐赠的直接用于扶贫、慈善事业的物资，免征进口关税和进口环节增值税。

上述所称受赠人包括经国务院主管部门依法批准成立的，以人道救助和发展扶贫、慈善事业为宗旨的社会团体；国务院有关部门和各省、自治区、直辖市人民政府。

所称用于扶贫、慈善公益性事业的物资是指下列货物：

(1) 新的衣服、被褥、鞋帽、帐篷、手套、睡袋、毛毯及其他维持基本生活的必需用品等；

(2) 食品类及饮用水（调味品、水产品、水果、饮料、烟酒等除外），医疗类包括直接用于治疗特困患者疾病或贫困地区治疗地区病及基本医疗卫生、公共环境卫生所需的基本医疗药品、基本医疗器械、医疗书籍和资料；

(3) 直接用于公共图书馆、公共博物馆、中等专科学校、高中（包括职业高中）、初中、小学、幼儿园教育的教学仪器、教材、图书、资料和一般学习用品；

(4) 直接用于环境保护的专用仪器；

(5) 经国务院批准的其他直接用于扶贫、慈善事业的物资。

上述物资不包括国家明令停止减免进口税收的二十种商品、汽车、生产性设备、生产性原材料及半成品等。捐赠物资应为新品，在捐赠物资内不得夹带有害环境、公共卫生和社会道德及政治渗透等违禁物品。[②]

国际和外国医疗机构在中国从事慈善和人道医疗救助活动，供免费使用的医疗药品和器械及在治疗过程中使用的消耗性的医用卫生材料比照上述规定办理。[③]

(五) 公益性进口藏品的免税

对国有公益性收藏单位以从事永久收藏、展示和研究等公益性活动为目的，以接受境外捐赠、归还、追索和购买等方式进口的藏品，免征关税和进口环节增值税、消费税。[④] 所称的藏品，是指具有收藏价值的各种材质的器皿和器具、钱币、砖瓦、石刻、印章封泥、拓本（片）、碑帖、法帖、艺术品、工艺美术品、典图、文献、古籍善

---

① 海关总署，《残疾人专用品免征进口税收暂行规定》，海关总署令［1997］第61号，第2～4条。

② 财政部、国家税务总局、海关总署，《关于发布〈扶贫、慈善性捐赠物资免征进口税收暂行办法〉的通知》，财税［2001］152号。

③ 海关总署，《关于〈扶贫、慈善性捐赠物资免征进口税收暂行办法〉的实施办法》，海关总署令［2001］第90号。

④ 财政部、海关总署、国家税务总局，《国有公益性收藏单位进口藏品免税暂行规定》；财政部、海关总署、国家税务总局公告［2009］第2号。

本、照片、邮品、邮驿用品、徽章、家具、服装、服饰、织绣品、皮毛、民族文物、古生物化石标本和其他物品。所称国有公益性收藏单位，是指国家有关部门和省、自治区、直辖市、计划单列市相关部门所属的国有公益性图书馆、博物馆、纪念馆及美术馆（简称省级以上国有公益性收藏单位），以及财政部会同国务院有关部门核定的其他国有公益性收藏单位。

三、为实施国家重大产业或区域发展战略而规定的税收优惠政策

国家为了支持某些关键产业的发展和配合区域开发等国家战略的实施，对某些国内尚不能生产或技术水准还达不到要求的特定自用设备，在进口时给予减免关税的优惠。这一类的关税减免规定包括如下内容：

（一）从事国家鼓励发展的特定项目的企业进口自用设备免税

国家为了引导投资方向、优化产业结构、振兴战略产业、提高中国企业的核心竞争力及自主创新能力，制定了一系列产业振兴规划，并发布了《产业结构调整指导目录》（简称《产业指导目录》）、《外商投资产业指导目录》、《中西部地区外商投资优势产业目录》、《国家支持发展的重大技术装备和产品目录》、《重大技术装备和产品进口关键零部件、原材料商品清单》等，相应规定了关税优惠政策，明确下列八个项目可享受进口税收优惠政策，八个项目下的企业在投资总额内进口的自用设备以及按照合同随设备进口的技术及配套件、备件，除《国内投资项目不予免税的进口商品目录》、《外商投资项目不予免税的进口商品目录》、《进口不予免税的重大技术装备和产品目录》所列商品外，免征关税。①

（1）国家鼓励发展的国内投资项目和外商投资项目；

（2）外国政府贷款和国际金融组织贷款项目；

（3）由外商提供不作价进口设备的加工贸易企业；

（4）中西部地区外商投资优势产业项目；

（5）《海关总署关于进一步鼓励外商投资有关进口税收政策的通知》（署税［1999］791号）中规定的外商投资企业和外商投资设立的研究开发中心利用自有资金进行技术改造项目（简称自有资金项目）；②

（6）其他比照上述政策执行的企业和项目。如对于城市轨道交通、核电等特殊领域的承担重大技术装备自主化依托项目业主以及开发自用生产设备的企业也可申请享

---

① 国务院，《关于调整进口设备税收政策的通知》，国发［1997］37号；财政部、国家发展改革委、工业和信息化部、海关总署、国家税务总局、国家能源局，《关于调整重大技术装备进口税收政策的通知》，财关税［2009］55号。

② 海关总署，《关于对部分进口税收优惠政策进行相应调整的公告》，2008年第103号；财政部、海关总署、国家税务总局，《关于对部分进口税收优惠政策进行相应调整的公告》，2008年第43号。

受上述规定的进口税收优惠政策。[①]

国家鼓励发展的国内投资项目是指符合《产业结构调整指导目录》中的鼓励类项目。《产业结构调整指导目录》由国家发改委发布，隔几年修订一次。《产业结构调整指导目录》由鼓励、限制和淘汰三类目录组成。不属于鼓励类、限制类和淘汰类，且符合国家有关法律、法规和政策规定的，为允许类。允许类不列入《产业结构调整指导目录》。鼓励类主要是对经济社会发展有重要促进作用，有利于节约资源、保护环境、产业结构优化升级，需要采取政策措施予以鼓励和支持的关键技术、装备及产品。[②]

国家鼓励发展的外商投资企业投资的项目就是《外商投资产业指导目录》中鼓励类项目。《外商投资产业指导目录》由国家发改委和商务部颁布，若干年修订一次。包括鼓励、限制、淘汰三个目录。其主要政策意图是鼓励外商投资中国高新技术产业、装备制造业、新材料制造等产业；鼓励外商投资发展循环经济、清洁生产、可再生能源和生态环境保护、资源综合利用；鼓励外商投资承接服务外包、现代物流等服务业。《产业结构调整指导目录》限制类条目适用于外商投资项目。对一些国内已经掌握成熟技术、具备较强生产能力的传统制造业以及稀缺或不可再生的重要矿产资源等不鼓励外商投资。一些不可再生的重要矿产资源不再允许外商投资勘查开采，限制或禁止高物耗、高能耗、高污染外资项目准入。对部分涉及国家经济安全的战略性和敏感性行业，禁止外商投资。不再继续实施单纯鼓励出口的导向政策。

（二）大型和新型装备制造业进口关键零部件、原材料的税收优惠

为了落实国务院关于装备制造业振兴规划和加快振兴装备制造业有关决定，财政部会同有关部门制定《国家支持发展的重大技术装备和产品目录》和《重大技术装备和产品进口关键零部件、原材料商品清单》。这两个目录均实时修订。目前《国家支持发展的重大技术装备和产品目录》，包括大型清洁高效发电装备、特高压输变电设备、大型石化设备、大型煤化工设备、大型冶金成套设备、大型煤炭综合设备，大型船舶、海洋工程设备，高速铁路、城市轨道交通设备，大型环保及资源综合利用设备，大型施工机械和基础设施专用设备，大工程自动化控制系统和关键精密测试仪器，大型、精密、高速数控设备、数控系统、功能部件与基础制造装备，新型纺织机械，新型、大马力农业装备，电子信息及生物医疗装备，重大技术装备的基础件等17类大型或新型装备。

对符合规定条件的国内企业生产《国家支持发展的重大技术装备和产品目录》中所列装备或产品而确有必要进口《重大技术装备和产品进口关键零部件、原材料商品清单》所列商品的，免征关税和进口环节增值税。

自2009年7月1日起，城市轨道交通承担自主化依托项目业主进口城市轨道交通

---

① 财政部、国家发展改革委、工业和信息化部、海关总署、国家税务总局、国家能源局，《关于调整重大技术装备进口税收政策的通知》，财关税［2009］55号。

② 国务院，《关于发布实施〈促进产业结构调整暂行规定〉的决定》，国发［2005］40号。

车辆及机电设备所需关键零部件、原材料属于《重大技术装备和产品进口关键零部件、原材料商品清单》所列商品，免征进口关税和进口环节增值税。[①]

对国内已能生产的重大技术装备和产品，由财政部会同有关部门制定《进口不予免税的重大技术装备和产品目录》。包括《海关进出口税则》中第 1 章至第 83 章、第 91 章至第 97 章所有税号所列货物，《海关进出口税则》第 84 章至第 90 章所列所有二手机电设备、通用设备和专用设备共 31 类（包括部分 4 号和 6 号品目）。其政策意图是国内尚不能生产的大型或新型的高精尖先进设备才允许免税进口，而国内已经能够生产或非高精尖设备不允许免税进口。例如额定功率≤300kW 的柴油机、重复定位精度≥0.006mm/2m 的龙门式加工中心的进口不给予免税待遇，进口比此更大型、更先进的设备才有申请免税的条件。

即使是享受进口税收优惠政策的项目和企业，为自用而进口《进口不予免税的重大技术装备和产品目录》所列设备以及按照合同随上述设备进口的技术及配套件、备件也不再给予免征关税和进口环节税收的待遇。此处所谓享受进口税收优惠政策的项目和企业，包括国家鼓励发展的国内投资项目和外商投资项目；外国政府贷款和国际金融组织贷款项目；由外商提供不作价进口设备的加工贸易企业；中西部地区外商投资优势产业项目；《海关总署关于进一步鼓励外商投资有关进口税收政策的通知》（署税［1999］791 号）规定的外商投资企业和外商投资设立的研究中心利用自有资金进行的技术改造项目。也就是说从事这类项目的企业进口不在该目录，也不在《国内投资项目不予免税的进口商品目录》、《外商投资项目不予免税的进口商品目录》内的自用设备仍然可以申请免征关税。

对相应国产装备尚不能完全满足需求，但确实需要进口部分整机和设备的，根据上下游产业的供应情况，经财政部会同发改委等有关部门严格审核，采取降低优惠幅度、缩小免税范围的过渡措施，在一定期限内继续给予进口优惠政策，过渡期结束后完全停止执行整机的进口免税政策。[②] 对设备进口的税收政策总趋势是趋于减少甚至取消减免优惠，以便促进国内装备制造业的发展。[③]

（三）对经认定的软件企业和集成电路企业进口设备等的减免税

对经认定的软件生产企业进口所需的自用设备，以及按照合同随设备进口的技术（含软件）及配套件、备件，不需出具确认书、不占用投资总额，除《外商投资项目不予免税的进口商品目录》和《国内投资项目不予免税的进口商品目录》所列商品外，免征关税。

---

①③　财政部、海关总署、国家税务总局，《关于调整重大技术装备进口税收政策暂行规定有关清单的通知》，财关税［2010］17 号。

②　财政部、国家发展改革委、工业和信息化部、海关总署、国家税务总局、国家能源局，《关于调整重大技术装备进口税收政策的通知》，财关税［2009］55 号，附件一《重大技术装备进口税收政策暂行规定》，第 2～3 条。

投资额超过80亿元人民币或集成电路线宽小于0.25μm的集成电路生产企业，进口自用生产性原材料、消耗品，免征关税和进口环节增值税。对经认定的集成电路生产企业引进集成电路技术和成套生产设备，单项进口的集成电路专用设备与仪器，除《外商投资项目不予免税的进口商品目录》和《国内投资项目不予免税的进口商品目录》所列商品外，免征关税。集成电路设计企业设计的集成电路，如在境内确实无法生产，可在国外生产芯片，其加工合同（包括规格、数量）经行业主管部门认定后，进口时按优惠暂定税率征收关税。①

四、支持台湾省农业发展的税收优惠

为了支持台湾农业发展，惠及台湾广大农民，规定自2005年8月1日起对原产于台湾地区的15种进口鲜水果实施零关税②；自2007年3月20日起对原产于台湾地区的19种进口农产品免征关税③。

上述15种鲜水果包括鲜椰子、鲜槟榔、鲜菠萝、鲜番石榴、鲜芒果、鲜柚、木瓜、桃、梅、番荔枝、杨桃、莲雾、枣、柿子、枇杷。19种农产品包括其他未列名鲜、冷比目鱼，其他未列名冻比目鱼；鲜、冷鲱鱼，冻鲱鱼；鲜、冷鲭鱼，冻鲭鱼；鲜、冷带鱼，冻带鱼；鲜、冷鲳鱼，冻鲳鱼；鲜、冷鲈鱼，冻尖吻鲈鱼，其他冻鲈鱼；其他未列名冻小虾，鲜、冷小虾；鲜、冷贻贝，冻贻贝；鲜、冷洋葱；鲜、冷硬花甘蓝，鲜、冷抱子甘蓝，鲜、冷卷心菜，鲜、冷其他甘蓝；鲜、冷花椰菜；鲜、冷结球莴苣，鲜、冷其他莴苣；鲜、冷胡萝卜；鲜、冷丝瓜；鲜、冷青江菜；鲜、冷小白菜；鲜、冷苦瓜；鲜、冷山葵；鲜、冷芋头。

五、进入海关特殊监管区域的产品免征出口关税

对境内区外进入所有海关特殊监管区域用于建区和企业厂房基础建设的，属于取消出口退税或加征出口关税的基建物资（以下简称基建物资），入区时不予退税，海关办理登记手续，不征收出口关税。上述基建物资不得离境出口，如在区内未使用完毕的，由海关监管退出区外。

对具有保税加工功能的出口加工区、保税港区、综合保税区、珠澳跨境工业区（珠海园区）和中哈霍尔果斯国际边境合作中心（中方配套区域）的区内生产企业在国内（即境内区外）采购用于生产出口产品的原材料（清单以内），进区时不征收出口关税。上述原材料未经实质性加工的，不得转让或销售给区内非生产企业（如保税物流、仓储、贸易等企业）、直接出境或以保税方式出区；如出区销往境内区外的，一律照章征收进口关税和进口环节增值税。④

---

① 财政部、国家税务总局、海关总署，《关于鼓励软件产业和集成电路产业发展有关税收政策问题的通知》，财税［2000］25号。

② 海关总署，《关于对原产于台湾地区的15种进口鲜水果实施零关税的公告》，2005年第37号。

③ 海关总署，《对原产于台湾地区的19种进口农产品免征关税的公告》，2007年第6号。

④ 海关总署，《关于部分进入海关特殊监管区域的产品不征收出口关税的公告》，2008年第21号。

六、边境小额贸易的税收优惠

为鼓励边境小额贸易的发展，一般对边境小额贸易实行减半征收关税的政策。其具体规定如下：

(1) 当边境小额贸易项下进口货物可适用特惠税率、协定税率、进口暂定最惠国税率、最惠国税率等一种以上税率形式时，应先在最惠国税率基础上计算出减半的税率，再与相应的特惠税率、协定税率、进口暂定最惠国税率进行比较，取低税率计征进口关税。但对于进口暂定最惠国税率高于最惠国税率的情况，一律按暂定最惠国税率计征进口关税，不再享受关税减半的税收优惠政策。

(2) 对于实行关税配额管理的货物，在配额内进口的，按关税配额税率减半计征关税。

(3) 对正在实施贸易救济措施的进口货物，不再执行边境贸易进口税收政策，一律照章征收进口关税和进口环节税；贸易救济措施终止后，恢复按法定税率减半计征进口关税。①

七、临时减免

临时减免是指由国务院或国务院授权的部门按规定根据某个单位、某类货物、某个时期或某批进出口货物的特殊情况，需要给予特殊的照顾，一案一批，专文下达，通知口岸海关办理的减免税。

中国已加入世界贸易组织，为了遵循有关规定，国家严格控制临时性减免税的审批工作，国务院和有关部门一般不再受理和审批个案性临时减免。目前只对亚运会、大运会组委会为举办亚运会、大运会进口的亚奥理事会、国际大体联或国际单项体育组织指定的，国内不能生产或性能不能满足需要的直接用于亚运会、大运会比赛的消耗品，免征关税、进口环节增值税和消费税。

对亚运会、大运会组委会进口的其他特需物资，包括：亚奥理事会、国际大体联或国际单项体育组织指定的、中国国内不能生产或性能不能满足需要的体育竞赛器材、医疗检测设备、安全保障设备、交通通讯设备、技术设备，在亚运会、大运会期间按暂准进口货物规定办理，亚运会、大运会结束后复运出境的予以核销；留在境内或做变卖处理的，按有关规定办理正式进口手续，并照章缴纳关税、进口环节增值税和消费税。②

---

① 海关总署，《关于边境小额贸易项下进口货物适用税率有关问题的公告》，2005年第52号。

② 财政部、海关总署、国家税务总局，《关于第16届亚洲运动会等三项国际综合运动会税收政策的通知》，财税［2009］94号。

第五节　关税的征收管理和应纳税额计算

关税的征收管理包括申报与审核，税款征收，税款的退征、补征和减征、免征，税款担保等内容。

一、申报与审核

（一）申报

纳税义务人应当按照法律、行政法规和海关规章关于商品归类、审定完税价格和原产地管理的有关规定，如实申报进出口货物的商品名称、税则号列（商品编号）、规格型号、价格、运保费及其他相关费用、原产地、数量等，按照规定提交有关单证。海关认为必要时，纳税义务人还应当提供确定商品归类、完税价格、原产地等所需的相关资料。提供的资料为外文的，海关需要时，纳税义务人应当提供中文译文并对译文内容负责。①

（二）审核

海关应当按照法律、行政法规和海关规章的规定，对纳税义务人申报的进出口货物商品名称、规格型号、税则号列、原产地、价格、成交条件、数量等进行审核。海关可以根据口岸通关和货物进出口的具体情况，在货物通关环节仅对申报内容作程序性审核，在货物放行后再进行申报价格、商品归类、原产地等是否真实、正确的实质性核查。

经审核，如果海关发现纳税义务人申报的各种必要信息如商品归类、完税价格、原产地、减免税条件等有误，应当按照有关规定分别予以重新确定。②

二、税款的征收和应纳税额的计算

（一）关税征收的原则

关税（包括进口环节增值税和消费税）的征收应当遵循准确归类、正确估价、依率计征、依法减免、严肃退补、及时入库的原则。

海关应当根据进出口货物的税则号列、完税价格、原产地、适用的税率和汇率计征税款。

海关应当按照最惠国税率、协定税率、特惠税率、普通税率、出口税率、关税配额税率或者暂定税率，实施反倾销措施、反补贴措施、保障措施或者征收报复性关税

---

① 《中华人民共和国海关进出口货物征税管理办法》（简称《进出口货物征税管理办法》），海关总署令［2005］第124号，第5～6条。

② 《进出口货物征税管理办法》，第8～9条。

等适用税率的规定，以及适用税率的时间规则，确定进出口货物适用税率。

进出口货物的价格及有关费用以外币计价的，海关按照该货物适用税率之日所适用的计征汇率折合为人民币计算完税价格。完税价格采用四舍五入法计算至分。

海关每月使用的计征汇率为上一个月第三个星期三（第三个星期三为法定节假日的，顺延采用第四个星期三）中国人民银行公布的外币对人民币的基准汇率；以基准汇率币种以外的外币计价的，采用同一时间中国银行公布的现汇买入价和现汇卖出价的中间值（人民币元后采用四舍五入法保留 4 位小数）。如果上述汇率发生重大波动，海关总署认为必要时，可另行规定计征汇率，并对外公布。①

（二）应纳税额的计算

关税和进口环节海关代征税按照下述计算公式计征：②

从价计征关税的计算公式：

应纳税额＝完税价格×关税税率

从量计征关税的计算公式：

应纳税额＝货物数量×单位关税税额

计征进口环节增值税的计算公式：

应纳税额＝（完税价格＋实征关税税额＋实征消费税税额）×增值税税率

从价计征进口环节消费税的计算公式：

应纳税额＝［（完税价格＋实征关税税额）/（1－消费税税率）］×消费税税率

从量计征进口环节消费税的计算公式：

应纳税额＝货物数量×单位消费税税额

（三）税款缴纳

纳税义务人应当自海关填发税款缴款书之日起 15 日内向指定银行缴纳税款。逾期缴纳税款的，由海关自缴款期限届满之日起至缴清税款之日止，按日加收滞纳税款万分之五的滞纳金。纳税义务人应当自海关填发滞纳金缴款书之日起 15 日内向指定银行缴纳滞纳金。③

三、税款的退补与减免

（一）税款的退还与补征

1. 退还

海关发现多征税款的，应当立即通知纳税义务人办理退税手续。纳税义务人应当自收到海关通知之日起 3 个月内办理有关退税手续。

---

① 《进出口货物征税管理办法》，第 11～12 条、第 16 条。

② 《进出口货物征税管理办法》，第 17 条。

③ 《进出口货物征税管理办法》，第 20 条。

纳税义务人发现多缴纳税款的，自缴纳税款之日起1年内，可以向海关申请退还多缴的税款并加算银行同期活期存款利息。

已缴纳税款的进口货物，因品质或者规格原因原状退货复运出境的，纳税义务人自缴纳税款之日起1年内，可以向海关申请退税。

已缴纳出口关税的出口货物，因品质或者规格原因原状退货复运进境，并已重新缴纳因出口而退还的国内环节有关税收的，纳税义务人自缴纳税款之日起1年内，可以向海关申请退税。

已缴纳出口关税的货物，因故未装运出口申报退关的，纳税义务人自缴纳税款之日起1年内，可以向海关申请退税。

散装进出口货物发生短装并已征税放行的，如果该货物的发货人、承运人或者保险公司已对短装部分退还或者赔偿相应货款，纳税义务人自缴纳税款之日起1年内，可以向海关申请退还进口或者出口短装部分的相应税款。

进出口货物因残损、品质不良、规格不符原因，或者发生上述短装以外的货物短少的情形，由进出口货物的发货人、承运人或者保险公司赔偿相应货款的，纳税义务人自缴纳税款之日起1年内，可以向海关申请退还赔偿货款部分的相应税款。①

2. 补征

进出口货物放行后，海关发现少征税款的，应当自缴纳税款之日起1年内，向纳税义务人补征税款；海关发现漏征税款的，应当自货物放行之日起1年内，向纳税义务人补征税款。

因纳税义务人违反规定造成少征税款的，海关应当自缴纳税款之日起3年内追征税款；因纳税义务人违反规定造成漏征税款的，海关应当自货物放行之日起3年内追征税款。海关除依法追征税款外，还应当自缴纳税款或者货物放行之日起至海关发现违规行为之日止按日加收少征或者漏征税款万分之五的滞纳金。

因纳税义务人违反规定造成海关监管货物少征或者漏征税款的，海关应当自纳税义务人应缴纳税款之日起3年内追征税款，并自应缴纳税款之日起至海关发现违规行为之日止按日加收少征或者漏征税款万分之五的滞纳金。②

（二）减征与免征

纳税义务人进出口减免税货物，应当在货物进出口前，按照规定持有关文件向海关办理减免税审批手续。纳税义务人应当向其主管海关申请办理减免税审批手续。海关按照有关规定予以审核，并签发《征免税证明》。

特定地区、特定企业或者有特定用途的特定减免税进口货物，应当接受海关监管。特定减免税进口货物的监管年限为：①船舶、飞机8年；②机动车辆6年；③其他货物5年。监管年限自货物进口放行之日起计算。

---

① 《进出口货物征税管理办法》，第59～64条。

② 《进出口货物征税管理办法》，第68～69条。

在特定减免税进口货物的监管年限内，纳税义务人应当自减免税货物放行之日起每年一次向主管海关报告减免税货物的状况；除经海关批准转让给其他享受同等税收优惠待遇的项目单位外，纳税义务人在补缴税款并办理解除监管手续后，方可转让或者进行其他处置。①

四、进出口货物的税款担保

有下列情形之一，纳税义务人要求海关先放行货物的，应当按照海关初步确定的应缴税款向海关提供足额税款担保：

（1）海关尚未确定商品归类、完税价格、原产地等征税要件的；

（2）正在海关办理减免税审批手续的；

（3）申请延期缴纳税款的；

（4）暂时进出境的；

（5）进境修理和出境加工的，按保税货物实施管理的除外；

（6）因残损、品质不良或者规格不符，纳税义务人申报进口或者出口无代价抵偿货物时，原进口货物尚未退运出境或者尚未放弃交由海关处理的，或者原出口货物尚未退运进境的；

（7）其他按照有关规定需要提供税款担保的。

税款担保期限一般不超过 6 个月，特殊情况经直属海关关长或者其授权人批准可以酌情延长。税款担保一般应为保证金、银行或者非银行金融机构的保函。②

五、行政复议和诉讼

纳税义务人、担保人对海关确定的纳税义务人、完税价格、商品归类、原产地、适用税率或者计征汇率、减征或者免征税款、补税、退税、征收滞纳金、计征方式以及纳税地点有异议的，应当按照海关作出的相关行政决定依法缴纳税款，并可以依照《中华人民共和国行政复议法》和《中华人民共和国海关实施〈行政复议法〉办法》向上一级海关申请复议。对复议决定不服的，可以依法向人民法院提起诉讼。对构成违反海关监管规定行为、走私行为的，按照《海关法》、《中华人民共和国海关行政处罚实施条例》和其他有关法律、行政法规的规定处罚。构成犯罪的，依法追究刑事责任。③

第六节　旅客行李物品和个人邮递物品进口税征收制度

国家为了调节个人物品进境，简化验放手续，避免适用税目多、分类细、归类复

① 《进出口货物征税管理办法》，第 72～76 条。

② 《进出口货物征税管理办法》，第 77～78 条。

③ 《进出口货物征税管理办法》，第 80～81 条。

杂的《海关进出口税则》，对入境旅客行李物品和个人邮递物品的进口税[①]采取较为简便的征税办法。

一、行李和邮递物品进口税的征税对象范围、税率和纳税人

行李和邮递物品进口税的征收对象范围包括准许应税进口的旅客行李物品、个人邮递物品以及其他个人自用物品[②]。

携有应税个人自用物品的入境旅客及运输工具服务人员，进口邮递物品的收件人，以及以其他方式进口应税个人自用物品的收件人，是进口税的纳税人[③]。

征收时按照海关总署《入境旅客行李物品和个人邮递物品进口税税则归类表》确定的税率和《入境旅客行李物品和个人邮递物品完税价格表》确定的完税价格计算应纳税额。

《入境旅客行李物品和个人邮递物品进口税税则归类表》按照物品的主要功能（或用途）归类，目前共分27类，设置50%、30%、20%、10%四档税率。适用50%税率的物品包括酒类，烟草，化妆品；适用30%税率的物品包括高档手表（完税价格在人民币10 000元及以上），高尔夫球及球具；适用20%税率的物品包括纺织原材料及其制成品，皮革、皮毛及其制成品，除高档手表以外的表、钟及其配件、附件，电器类厨卫用具，空调机及其配件、附件，电冰箱、洗衣设备、电视机、影音家电及其配件、附件，计算机及其外围设备，自行车、三轮车及其配件、附件，列举的其他居家室内常用电器用具及其配件、附件；适用10%的货物包括食品、饮料，鞋靴，金、银、珠宝及其制品，医疗、保健及美容器材，非电器类厨卫用具，家具，书报、刊物及其他各类印刷品，教育专用的电影片、幻灯片、原版录音带、录像带，文具用品，邮票，乐器，高尔夫球及球具以外的体育用品，列举的其他居家室内常用电器用具以外的其他物品。[④]

二、行李和邮递物品进口税的完税价格审定及纳税规则

（一）进口税的完税价格确定和应纳税额计算

进口税的完税价格由海关参照该项物品的境外正常零售平均价格确定[⑤]。由于个人进口物品数量零星、品种繁杂，所以为了解决完税价格审定工作的困难，建立统一的审价尺度，海关总署编印了《入境旅客行李物品和个人邮递物品完税价格表》，由全国

---

① 含进口关税和进口环节增值税、消费税，下同。

② 海关总署，《关于入境旅客行李物品和个人邮递物品征收进口税办法》，（简称《行邮物品征收进口税办法》），海关总署令［1994］第47号，第2条。

③ 《行邮物品征收进口税办法》，第3条。

④ 海关总署，《关于修订〈入境旅客行李物品和个人邮递物品进口税税则归类表〉及〈入境旅客行李物品和个人邮递物品完税价格表〉的公告》，2007年第25号。

⑤ 《行邮物品征收进口税办法》，第5条。

海关统一执行。各种货物的完税价格，由海关根据市场价格的变动情况，不定期地进行调整。

进口旧物品，海关按新旧程度折价计算完税价格计征进口税。个人进口的物品，因国内无法修理而携运往境外修理，携运出境前要向出境地海关提出申请，经海关核准准予携运出境。复运进境的已经修理的物品，应交纳进口税。进口关税的计征以海关审查确定的正常的修理费和工料费作为完税价格。

应税个人自用物品由海关按照填发税款缴纳证当日有效的税率和完税价格计征进口税。

进口关税税额＝进口物品完税价格×进口关税税率。

（二）进口税的减免

进口物品的关税起征点为 1 元人民币。个人邮递物品的进口关税，由海关委托邮局代收，[①] 应征进口税税额在人民币 50 元（含 50 元）以下的免税。[②]

外国企业和其他经济贸易及文化等组织在华常驻机构的常驻人员，外国民间经济贸易和文化团体在华常驻机构的常驻人员，外国在华常驻新闻机构的常驻记者，在华的中外合资、合作企业及外方独资企业的外方常驻人员，长期来华工作的外籍专家（含港、澳、台地区专家）和华侨专家，长期来华学习的外国留学生和华侨留学生等六类人员在华居住一年以上者（即工作或留学签证有效期超过一年的），在签证有效期内初次来华携带进境的个人自用的家用摄像机、照相机、便携式收录机、便携式激光唱机、便携式计算机，报经所在地主管海关审核，在每个品种一台的数量限制内，予以免征进口税，超出部分照章征税。其中长期来华工作的外籍专家（含港、澳、台地区专家）和华侨专家携运进境的图书资料、科研仪器、工具、样品、试剂等教学科研物品，在自用合理数量范围内，免征进口税。[③]

使馆申报运进的公务用品和外交代表申报运进的自用物品，经海关审核在直接需用数量范围内的，予以免税。[④]

第七节 船舶吨税

船舶吨税（tonnage dues）是对进出中国港口的外国籍船舶，由于使用中国港口和助航设备而征收的一种税。过去长时间内由海关管理，1986 年 10 月开始划归交通部管理，但仍由海关代征。经批准驶往未设立海关地区的船舶，由当地税务局代征。税款交交通部专款专用，用于港口建设维护及海上干线公用航标的建设维护，凡交纳了吨

---

① 《行邮物品征收进口税办法》，第 6～8 条。

② 海关总署，《关于调整进出境个人邮递物品管理措施有关事宜的公告》，2010 年第 43 号。

③ 国务院关税税则委员会、财政部，《外国在华常驻人员携带进境物品进口税收暂行规定》，税委会［1999］5 号，2～4 条。

④ 海关总署，《关于外国驻中国使馆和使馆人员进出境物品的规定》（1986 年 12 月 1 日海关总署发布），第 4 条。

税的船舶不再向税务机关交纳车船使用税。

一、船舶吨税的征税对象范围和纳税人

船舶吨税的征税范围包括：在中国港口行驶的外国籍船舶和外商租用的中国籍船舶，以及中外合营企业使用的中外国籍船舶（包括专在港内行驶的上项船舶）。[①] 具体地讲就是在中国港口行驶的外国籍船舶，外商租用的中国籍船舶，中外合营的海运企业使用的中国籍和外国籍船舶以及租用的外国籍船舶，中国租用（包括国外华商所有的和租用的）航行于国外及兼营沿海贸易的外国籍船舶。

相应的，船舶吨税的纳税人是上述各类船舶的使用人（船长）或其委托的外轮代理公司。

下列外籍船舶免于征税：①与中国建立外交关系国家的大使馆、公使馆、领事馆使用的船舶；②有当地税务机关证明之避难、修理、停驶或拆毁的船舶，并且不上下客货者；③专供上下客货及存货之泊定趸船、浮桥趸船及浮船；④中央或地方人民政府征用或租用的船舶；⑤进入中国港口后 24 小时内或停泊港口外 48 小时以内离港，并且未装卸任何客货而不必向中国海关申报进口的国际航行船舶；⑥来中国港口专为添装船用燃料、物料并符合上述第⑤条各项规定的国际航行船舶；⑦船舶在吨税执照期满后 24 小时内不上下客货的；⑧吨税达不到起征点的。[②]

对台湾公私企业的船只，按本国籍国际航行船舶对待，不征收吨税；对外国籍船舶以及台湾与外国合营企业的船舶，如果台湾海关已经征收吨税，在吨税执照有效期内，海关不再征收吨税；如执照已经期满，则按《吨税办法》的规定，征收吨税。

二、船舶吨税的计税依据和税率

船舶吨税以应税船舶的注册净吨位（也称登记净吨位）为计税依据，计算应纳税款。注册净吨位指船舶上用以装载旅客或货物的有效空间折算出的容积吨位。

船舶吨税采用定额税率，按船舶净吨位的大小分等级设置单位税额，分 90 天和 30 天两种不同的税率，并实行复式税率，具体分两栏：一般吨税率和优惠吨税率。

享受吨税优惠税率待遇的条件是同中国签订有互惠条约或协定，并明确规定对船舶的税费相互给予最惠国待遇的国家的船舶。只在进出口货物的关税方面订有互惠条约或协定，而没有指明包括船舶吨税在内的，不能享受吨税的优惠待遇[③]。香港、澳门籍船舶适用船舶吨税优惠税率。[④]

中国现行船舶吨税率表[⑤]见表 17-1。

---

① 《中华人民共和国海关船舶吨税暂行办法》（简称《吨税办法》）（1952 年 9 月 29 日海关总署发布）第 1 条。

② 《吨税办法》，第 10～11 条。

③ 《吨税办法》，第 3 条。

④ 海关总署，《关于下发〈船舶吨税征收管理作业规程〉通知》，署税发［2002］36 号。

⑤ 交通部、国家计委、财政部、海关总署，《关于调整船舶吨税税率的通知》，交财发［1994］206 号。

表 17-1　船舶吨税税额标准表

船舶种类		净吨位	一般吨税（元/吨）		优惠吨税（元/吨）	
			90 天	30 天	90 天	30 天
机动船	轮船、汽船、拖船	500 吨及以下	3.15	1.50	2.25	1.20
		501～1500 吨	4.65	2.25	3.30	1.65
		1501～3000 吨	7.05	3.45	4.95	2.25
		3001～10 000 吨	8.10	3.90	5.85	3.00
		10 001 吨以上	9.30	4.65	6.60	3.30
非机动船	各种人力驾驶及驳船、帆船	30 吨及以下	1.05	0.60	1.05	0.45
		31～150 吨	1.65	0.90	1.35	0.60
		151 吨以上	2.10	1.05	1.50	0.90

三、纳税期限及税款征收方法

船舶吨税的纳税期限分为两种：一种是以 90 天为一个纳税期，需申请 90 天期的《船舶吨税执照》；另一种是以 30 天为一期，需申请 30 天期的《船舶吨税执照》。具体按什么期限纳税，由纳税人申请完税时自行选择。进口船舶应自申报进口之日起征，如所领《船舶吨税执照》满期后尚未驶离中国，则应自期满次日起续征。

依据《吨税办法》和海关总署《船舶吨税征收管理作业规程》的规定，吨税税款征收按下列办法办理：

(1) 按规定应当缴纳船舶吨税的，船舶负责人或代理人应当在抵港时，如实填写《船舶吨税执照申请书》，向海关申报纳税，同时交验《船舶国籍证书》和《船舶吨位证书》。经办关员审核前款所述证件内容齐全、有效后，接受申报。并按下述程序征税：

第一，船舶吨税起征日：船舶直接抵口之日。进境后驶达锚地的，以船舶抵达锚地之日起计算；进境后直接靠泊的，以靠泊之日起计算。

第二，缴款期限：自填发缴款书之日起 15 日内（法定节假日除外）缴纳，逾期按日征收税款额千分之一的滞纳金。船舶抵港之日，船舶负责人或代理人应向海关出具船舶在港停留时仍然有效的《船舶吨税执照》，未能出具前述《船舶吨税执照》者，应按规定向海关申报、缴纳船舶吨税，领取《船舶吨税执照》。

第三，船舶吨税按《船舶吨位证书》中净吨位计征，计税公式：

吨税＝净吨位×元/净吨

其中，净吨位＝船舶有效容积×吨/立方米

具有下列情形之一的，海关验凭其有效证明文件，在一年内办理船舶吨税的退、补手续：①船舶负责人因不明规定而造成重复缴纳船舶吨税的；②其他原因造成错征、漏征的。[①]

(2) 船舶再次抵港之日，船舶负责人或代理人应向海关出具船舶在港停留时仍然有效的《船舶吨税执照》，未能出具前述《船舶吨税执照》者，应按规定向海关申报、缴纳船舶吨税，领取《船舶吨税执照》。前项船舶，其吨税执照之有效期间在申报进口后满期者，及专在港内行驶者，均应于原照满期时按前条规定向海关申报纳税领照。倘自期满次日起5日内不向海关申报完税，除限期办理外，并处以应纳税额3倍以下之罚金。

(3) 特准行驶未设关地方之外国籍船舶，应在到达或驶离港口时向当地港务机关交验《船舶吨税执照》，无港务机关地方应向当地边防公安机关或部队交验，在原照满期时，应报由当地税务局依本办法代征吨税发给执照，逾期不报，除限期办理外，并处以应纳税额3倍以下之罚金。

(4) 外商租用的中国籍船舶，及中国公私营企业租用的外国籍船舶，在租用关系开始或解除时，其原纳车船税，如尚未满期，仍继续有效。惟期满后应即按照当时使用关系向海关报完吨税或向税务局报完车船税。

(5) 船舶因经修理，原净吨位有所增减，在原领吨税执照有效期内，不再调整税额。惟于下期完纳吨税时应按吨位变更后的吨位证书，申请核定税额。如吨位增高而匿不申报，海关除限期办理外，应处以应纳税款3倍以下的罚款。

(6) 船名变更后，在船舶吨税执照有效期内执照继续有效。但船长或其代理人应向海关交验有关证明，办理船名变更手续。海关应在执照上批注变更后的船名和变更日期。

(7) 已完吨税之船舶，具有下列情形之一者，海关得验凭所交港务机关证明文件，按其实际日数，将执照有效日期、批注延长：①船舶驶入中国港口避难、修理者；②船舶因防疫隔离不能上下客货者；③船舶经中央或地方人民政府征用或租用者。有效期的延期由发证地海关办理。

(8) 船舶使用人如于该船未到达港口以前办理结关手续者，须向海关递交书面保证，担保俟船驶入港口后交验吨税执照，或遵章完纳吨税请领执照。此项执照的有效日期，亦应自船舶申报进口之日起算。

(9) 船舶使用人所领吨税执照，在有效期间内，如有损毁或遗失，得向原发执照海关申请补发船舶吨税执照副本，不再补税。[②]

【本章小结】

1. 进口货物的收货人、出口货物的发货人、进出境物品的所有人是关税的纳税义务人，应依据《进出口关税条例》的规定缴纳关税。

2.《中华人民共和国海关进出口税则》是中国海关凭以征收关税的法律依据，也是中国关税政策的具体体现。

---

① 海关总署，《关于下发〈船舶吨税征收管理作业规程〉的通知》，署税发［2002］36号。

② 《吨税办法》，第4～13条；《船舶吨税征收管理作业规程》，第13、15条。

3. 中国原产地规定基本上采用了“完全生产标准”、“实质性加工标准”两种国际上通用的原产地标准。

4. 进出口货物的完税价格，由海关以该货物的成交价格为基础审查确定。成交价格不能确定时，完税价格由海关依法估定。

5. 关税的征收管理包括申报与审核，税款征收，税款的退征、补征和减征、免征，税款担保等内容。

6. 中国对入境旅客行李物品和个人邮递物品的进口税采用较为简便的征税办法。

7. 船舶吨税是对进出中国港口的外国籍船舶，由于使用中国港口和助航设备而征收的一种税。

【概念与术语】

关税　最惠国税率　协定税率　特惠税率　普通税率　关税配额税率　暂定税率　原产地标准　完全生产标准　实质加工标准　完税价格　成交价格　关税补征　关税退还　船舶吨税

【思考题】

1. 中国关税税率规定包括哪些内容?
2. 为什么要确定进口货物的原产地？如何确定进口货物原产地?
3. 海关对进口货物的估价以什么为标准?
4. 如何确定进口货物的成交价格?
5. 当进口货物的成交价格无法确定时，可采取什么方法确定进口货物的完税价格?
6. 目前关税的减免税政策包括哪些内容?
7. 船舶吨税是如何征收的?

【计算题】

1. 某工厂从德国购进一批小轿车，CIF 广州价格成交。货物发票列明：小轿车总价为 100 万元，运费为 1 万元，卖方佣金为 3 万元，技术指导费为 2 万元，卖方给予买方 1 万元的商业折扣，已知小轿车适用的关税税率为 110%，请计算出该批小轿车应纳的关税。

2. 某企业将一台价值 100 万美元的机器设备运往境外修理，起运前已向海关申请，修复后准时复运进境，支付的修理费和料件费为 30 万元（已经海关审核确定），已知该机器设备适用的关税税率为 5%，请计算出该项业务应纳的关税。

3. 某建筑工程公司获海关核准从国外暂时进口两台施工机械，到岸价格分别为 200 万元、500 万元，留在境内的使用期限分别为 7 个月、8 个月，已知这两台施工机械适用的关税税率均为 10%，请计算该公司应纳的关税。

4. 某进出口公司从国外进口设备一批，到岸价格总计为 200 万元（其中包括进口后发生的安装调试费 2 万元），公司另行向卖方支付 3 万元的佣金，已知该批设备适用的关税税率为 5%，请计算出该公司应纳的关税。

5. 某公司进口仪器一批，海关核定的到岸价格为 100 万元，海关于 2009 年 8 月 10 日（星期一）填发税款交纳证，该公司由于资金周转困难，于 2009 年 8 月 26 日才一次性缴清税款，已知该批仪器的进口关税税率为 5%，请计算该公司应纳关税和滞纳金。

6. 某公司进口设备一批，由于资金困难向海关申请缓纳，海关准予缓税 3 个月，已知应纳关税税额为 100 万元，请计算该公司由于缓纳应支付的利息。

7. 某公司从某国进口一批货物，成交价（离岸价）为 3000 万元，其中包括货物进口后的装配调试费为 23 万元（单独计价并经海关审核属实）和向境外采购代理人支付的买方佣金为 5 万元，另外还支付运费为 100 万元和保险费 5 万元，货物运抵中国口岸后，该公司在未经海关批准缓税的情况下，于海关填发税款交纳证的次日起的第 30 天才缴纳税款，已知该货物适用的关税税率为 10%，增值税税率为 17%，请计算该公司应纳的关税、关税滞纳金和增值税。

第十八章

企业所得税

【本章提要】

1. 企业所得税的纳税人、征税对象和税率。
2. 企业所得税应纳税所得额的确定。
3. 企业所得税的资产处理。
4. 企业所得税的优惠政策。
5. 企业所得税应纳税额的计算和税收抵免。
6. 特别纳税调整。
7. 企业重组的所得税处理。
8. 房地产开发经营业务的所得税处理。
9. 征收管理。

2007 年 3 月 16 日，中华人民共和国第十届全国人民代表大会第五次会议通过了新的《中华人民共和国企业所得税法》，自 2008 年 1 月 1 日起施行。随后，2007 年 11 月 28 日，国务院第 197 次常务会议通过新的《中华人民共和国企业所得税法实施条例》，也自 2008 年 1 月 1 日起施行。内、外资企业所得税正式统一。

第一节　企业所得税的纳税人、征税对象和税率

一、企业所得税的纳税人、征税对象范围

在中华人民共和国境内，企业和其他取得收入的组织（以下统称企业）为企业所得税的纳税人，依法缴纳企业所得税。个人独资企业、合伙企业不适用企业所得税法。[①]

企业分为居民企业和非居民企业。

（一）居民企业

居民企业，是指依法在中国境内成立，或者依照外国（地区）法律成立但实际管

① 《中华人民共和国企业所得税法》（以下简称《企业所得税法》），第 1 条。

理机构在中国境内的企业。①

依法在中国境内成立的企业，包括依照中国法律、行政法规在中国境内成立的国有企业、集体企业、私营企业、联营企业、股份制企业、外商投资企业、外国企业以及有生产、经营所得和其他所得的其他组织。其中，有生产、经营所得和其他所得的其他组织，是指经国家有关部门批准，依法注册、登记的事业单位、社会团体等组织。由于中国的一些社会团体组织、事业单位在完成国家事业计划的过程中，开展多种经营和有偿服务活动，取得除财政部门各项拨款、财政部和国家物价部门批准的各项规费收入以外的经营收入，具有经营的特点，应当视同企业纳入征税范围。

依照外国（地区）法律成立的企业，包括依照外国（地区）法律成立的企业和其他取得收入的组织。② 实际管理机构，是指对企业的生产经营、人员、账务、财产等实施实质性全面管理和控制的机构。

（二）非居民企业

非居民企业，是指依照外国（地区）法律成立且实际管理机构不在中国境内，但在中国境内设立机构、场所的，或者在中国境内未设立机构、场所，但有来源于中国境内所得的企业。

上述所称机构、场所，是指在中国境内从事生产经营活动的机构、场所，包括：

（1）管理机构、营业机构、办事机构；

（2）工厂、农场、开采自然资源的场所；

（3）提供劳务的场所；

（4）从事建筑、安装、装配、修理、勘探等工程作业的场所；

（5）其他从事生产经营活动的机构、场所。

非居民企业委托营业代理人在中国境内从事生产经营活动的，包括委托单位或者个人经常代其签订合同，或者储存、交付货物等，该营业代理人视为非居民企业在中国境内设立的机构、场所。③

将企业所得税的纳税人分为居民企业和非居民企业，规定不同的纳税义务，是为了更好地保障中国税收管辖权的有效行使。根据国际上的通行做法，中国选择了地域管辖权和居民管辖权的双重管辖权标准，有效地维护了中国的税收利益。

所得，包括销售货物所得、提供劳务所得、转让财产所得、股息红利等权益性投资所得、利息所得、租金所得、特许权使用费所得、接受捐赠所得和其他所得。

来源于中国境内、境外的所得，按照以下原则确定：

（1）销售货物所得，按照交易活动发生地确定；

（2）提供劳务所得，按照劳务发生地确定；

（3）转让财产所得，不动产转让所得按照不动产所在地确定，动产转让所得按照

---

① 《企业所得税法》，第 2 条。

② 《中华人民共和国企业所得税法实施条例》（以下简称《企业所得税法实施条例》），第 3 条。

③ 《企业所得税法实施条例》，第 4、5 条。

转让动产的企业或者机构、场所所在地确定，权益性投资资产转让所得按照被投资企业所在地确定；

(4) 股息红利等权益性投资所得，按照分配所得的企业所在地确定；

(5) 利息所得、租金所得、特许权使用费所得，按照负担、支付所得的企业或者机构、场所所在地确定，或者按照负担、支付所得的个人的住所地确定；

(6) 其他所得，由国务院财政、税务主管部门确定。[①]

居民企业应当就其来源于中国境内、境外的所得缴纳企业所得税。

非居民企业在中国境内设立机构、场所的，应当就其所设机构、场所取得的来源于中国境内的所得，以及发生在中国境外但与其所设机构、场所有实际联系的所得，缴纳企业所得税。非居民企业在中国境内未设立机构、场所的，或者虽设立机构、场所但取得的所得与其所设机构、场所没有实际联系的，应当就其来源于中国境内的所得缴纳企业所得税。[②]

所称实际联系，是指非居民企业在中国境内设立的机构、场所拥有据以取得所得的股权、债权，以及拥有、管理、控制据以取得所得的财产等。[③]

二、企业所得税的税率

企业所得税的税率为25%。[④] 自2008年1月1日起，原享受低税率优惠政策的企业，在新税法施行后5年内逐步过渡到法定税率。其中，享受企业所得税15%税率的企业，2008年按18%税率执行，2009年按20%税率执行，2010年按22%税率执行，2011年按24%税率执行，2012年按25%税率执行；原执行24%税率的企业，2008年起按25%税率执行。[⑤]

对按照国务院《关于实施企业所得税过渡优惠政策的通知》(国发［2007］39号）文件有关规定，适用15%企业所得税率并享受企业所得税定期减半优惠过渡的企业，应一律按照过渡税率计算的应纳税额实行减半征税，即2008年按18%税率计算的应纳税额实行减半征税，2009年按20%税率计算的应纳税额实行减半征税，2010年按22%税率计算的应纳税额实行减半征税，2011年按24%税率计算的应纳税额实行减半征税，2012年及以后年度按25%税率计算的应纳税额实行减半征税。对原适用24%或33%企业所得税率并享受国发［2007］39号文件规定企业所得税定期减半优惠过渡的企业，2008年及以后年度一律按25%税率计算的应纳税额实行减半征税。[⑥] 享受定期减免税优惠的，按照国务院规定，可以在本法施行后继续享受到期满为止，但因未获

---

① 《企业所得税法实施条例》，第6、7条。

② 《企业所得税法》，第3条。

③ 《企业所得税法实施条例》，第8条。

④ 《企业所得税法》，第4条。

⑤ 国务院，《关于实施企业所得税过渡优惠政策的通知》，国发［2007］39号。

⑥ 财政部、国家税务总局，《关于贯彻落实国务院关于实施企业所得税过渡优惠政策有关问题的通知》，财税［2008］1号。

利而尚未享受优惠的，优惠期限从 2008 年 1 月 1 日起计算。[①]

符合条件的小型微利企业，减按 20%的税率征收企业所得税。[②] 符合条件的小型微利企业，是指从事国家非限制和禁止行业，并符合下列条件的企业[③]：

（1）工业企业，年度应纳税所得额不超过 30 万元，从业人数不超过 100 人，资产总额不超过 3000 万元；

（2）其他企业，年度应纳税所得额不超过 30 万元，从业人数不超过 80 人，资产总额不超过 1000 万元。

国家需要重点扶持的高新技术企业，减按 15%的税率征收企业所得税。[④] 国家需要重点扶持的高新技术企业，是指拥有核心自主知识产权，并同时符合下列条件的企业[⑤]：

（1）产品（服务）属于《国家重点支持的高新技术领域》规定的范围；

（2）研究开发费用占销售收入的比例不低于规定比例；

（3）高新技术产品（服务）收入占企业总收入的比例不低于规定比例；

（4）科技人员占企业职工总数的比例不低于规定比例；

（5）高新技术企业认定管理办法规定的其他条件。

《国家重点支持的高新技术领域》和高新技术企业认定管理办法由国务院科技、财政、税务主管部门商国务院有关部门制订，报国务院批准后公布施行。

对设在西部地区国家鼓励类产业的内资企业和外商投资企业，在 2001 年至 2010 年期间，仍减按 15%的税率征收企业所得税。[⑥]

非居民企业在中国境内未设立机构、场所的，或者虽设立机构、场所但取得的所得与其所设机构、场所没有实际联系的，其来源于中国境内的所得，适用税率为 20%[⑦]，目前减按 10%的税率征收企业所得税。[⑧]

对非居民企业在中国从事船舶、航空运输取得国际运输收入的自 2008 年 1 月 1 日起，按以下规定执行[⑨]：

（1）非居民企业在中国境内从事船舶、航空等国际运输业务的，以其在中国境内起运客货收入总额的 5%为应纳税所得额。

（2）纳税人的应纳税额，按照每次从中国境内起运旅客、货物出境取得的收入总额，依照 1.25%的计征率计算征收企业所得税。调整后的综合计征率为 4.25%，其中

---

① 《企业所得税法》，第 57 条。

② 《企业所得税法》，第 28 条。

③ 《企业所得税法实施条例》，第 92 条。

④ 《企业所得税法》，第 28 条。

⑤ 《企业所得税法实施条例》，第 93 条。

⑥ 国务院，《关于实施企业所得税过渡优惠政策的通知》，国发〔2007〕39 号。

⑦ 《企业所得税法》，第 4 条。

⑧ 《企业所得税法实施条例》，第 91 条。

⑨ 国家税务总局，《关于非居民企业船舶、航空运输收入计算征收企业所得税有关问题的通知》，国税函［2008］952 号。

营业税为3%，企业所得税为1.25%。

第二节　企业所得税应纳税所得额的确定

企业所得税以应纳税所得额为计税依据。应纳税所得额以利润为主要依据，但并不是直接意义上的会计利润，更不是收入总额。因此其计算涉及纳税人的成本、费用的各个方面，这使得企业所得税计税依据的计算较为复杂。

企业所得税应纳税所得额是指企业每一纳税年度的收入总额，减除不征税收入、免税收入、各项扣除以及允许弥补的以前年度亏损后的余额，其计算公式为

应纳税所得额＝收入总额－不征税收入－免税收入－各项扣除－允许弥补的以前年度亏损。①

因此确定企业所得税的应纳税所得额的关键是确定应税收入和准予扣除项目金额。

企业应纳税所得额的计算，以权责发生制为原则，属于当期的收入和费用，不论款项是否收付，均作为当期的收入和费用；不属于当期的收入和费用，即使款项已经在当期收付，均不作为当期的收入和费用。②

在计算应纳税所得额时，企业财务、会计处理办法与税收法律、行政法规的规定不一致的，应当依照税收法律、行政法规的规定计算。③

一、收入总额

（一）收入总额的确定

收入总额是指企业以货币形式和非货币形式从各种来源取得的收入，为收入总额。其中货币形式包括现金、存款、应收账款、应收票据、准备持有至到期的债券投资以及债务的豁免等；非货币形式固定资产、生物资产、无形资产、股权投资、存货、不准备持有至到期的债券投资、劳务以及有关权益（按照市场价格确定的价值）等④，具体包括如下⑤：

（1）销售货物收入，指企业销售商品、产品、原材料、包装物、低值易耗品以及其他存货取得的收入。

（2）提供劳务收入，指企业从事建筑安装、修理修配、交通运输、仓储租赁、金融保险、邮电通信、咨询经纪、文化体育、科学研究、技术服务、教育培训、餐饮住宿、中介代理、卫生保健、社区服务、旅游、娱乐、加工以及其他劳务服务活动取得的收入。

（3）转让财产收入，指企业转让固定资产、生物资产、无形资产、股权、债权等

---

① 《企业所得税法》，第5条。

② 《企业所得税法实施条例》，第9条。

③ 《企业所得税法》，第21条。

④ 《企业所得税法》，第6条；《企业所得税法实施条例》，第12～13条。

⑤ 《企业所得税法实施条例》，第14～25条。

财产取得的收入。企业转让股权收入，应于转让协议生效、且完成股权变更手续时，确认收入的实现。

(4) 股息、红利等权益性投资收益，指企业因权益性投资从被投资方取得的收入，除国务院财政、税务主管部门另有规定外，按照被投资方作出利润分配或转股决定的日期确认收入的实现。

(5) 利息收入，指企业将资金提供他人使用但不构成权益性投资，或者因他人占用本企业资金取得的收入，包括存款利息、贷款利息、债券利息、欠款利息等收入，按照合同约定的债务人应付利息的日期确认收入的实现。

(6) 租金收入，是指企业提供固定资产、包装物或者其他有形资产的使用权取得的收入，按照合同约定的承租人应付租金的日期确认收入的实现。

(7) 特许权使用费收入，是指企业提供专利权、非专利技术、商标权、著作权以及其他特许权的使用权取得的收入，按照合同约定的特许权使用人应付特许权使用费的日期确认收入的实现。

(8) 接受捐赠收入，指企业接受的来自其他企业、组织或者个人无偿给予的货币性资产、非货币性资产，按照实际收到捐赠资产的日期确认收入的实现。

(9) 其他收入，包括企业资产溢余收入、逾期未退包装物押金收入、确实无法偿付的应付款项、已作坏账损失处理后又收回的应收款项、债务重组收入、补贴收入、违约金收入、汇兑收益等。企业发生债务重组，应在债务重组合同或协议生效时确认收入的实现。①

(二) 相关收入实现的确认②

(1) 企业销售收入的确认，必须遵循权责发生制原则和实质重于形式原则。

第一，企业销售商品同时满足下列条件的，应确认收入的实现：①商品销售合同已经签订，企业已将商品所有权相关的主要风险和报酬转移给购货方；②企业对已售出的商品既没有保留通常与所有权相联系的继续管理权，也没有实施有效控制；③收入的金额能够可靠地计量；④已发生或将发生的销售方的成本能够可靠地核算。

第二，符合上款收入确认条件，采取下列商品销售方式的，应按以下规定确认收入实现时间：①销售商品采用托收承付方式的，在办妥托收手续时确认收入；②销售商品采取预收款方式的，在发出商品时确认收入；③销售商品需要安装和检验的，在购买方接受商品以及安装和检验完毕时确认收入。如果安装程序比较简单，可在发出商品时确认收入；④销售商品采用支付手续费方式委托代销的，在收到代销清单时确认收入。

第三，采用售后回购方式销售商品的，销售的商品按售价确认收入，回购的商品作为购进商品处理。有证据表明不符合销售收入确认条件的，如以销售商品方式进行

---

① 国家税务总局，《关于贯彻落实企业所得税法若干税收问题的通知》，国税函［2010］79号。

② 国家税务总局，《关于确认企业所得税收入若干问题的通知》，国税函［2008］875号。

融资，收到的款项应确认为负债，回购价格大于原售价的，差额应在回购期间确认为利息费用。

第四，销售商品以旧换新的，销售商品应当按照销售商品收入确认条件确认收入，回收的商品作为购进商品处理。

第五，企业为促进商品销售而在商品价格上给予的价格扣除属于商业折扣，商品销售涉及商业折扣的，应当按照扣除商业折扣后的金额确定销售商品收入金额。

债权人为鼓励债务人在规定的期限内付款而向债务人提供的债务扣除属于现金折扣，销售商品涉及现金折扣的，应当按扣除现金折扣前的金额确定销售商品收入金额，现金折扣在实际发生时作为财务费用扣除。

企业因售出商品的质量不合格等原因而在售价上给予的减让属于销售折让；企业因售出商品质量、品种不符合要求等原因而发生的退货属于销售退回。企业已经确认销售收入的售出商品发生销售折让和销售退回，应当在发生当期冲减当期销售商品收入。

第六，企业以买一赠一等方式组合销售本企业商品的，不属于捐赠，应将总的销售金额按各项商品的公允价值的比例来分摊确认各项的销售收入。

（2）企业在各个纳税期末，提供劳务交易的结果能够可靠估计的，应采用完工进度（完工百分比）法确认提供劳务收入。

第一，提供劳务交易的结果能够可靠估计，是指同时满足下列条件：①收入的金额能够可靠地计量；②交易的完工进度能够可靠地确定；③交易中已发生和将发生的成本能够可靠地核算。

第二，企业提供劳务完工进度的确定，可选用下列方法：①已完工作的测量；②已提供劳务占劳务总量的比例；③发生成本占总成本的比例。

第三，企业应按照从接受劳务方已收或应收的合同或协议价款确定劳务收入总额，根据纳税期末提供劳务收入总额乘以完工进度扣除以前纳税年度累计已确认提供劳务收入后的金额，确认为当期劳务收入；同时，按照提供劳务估计总成本乘以完工进度扣除以前纳税期间累计已确认劳务成本后的金额，结转为当期劳务成本。

第四，下列提供劳务满足收入确认条件的，应按规定确认收入：①安装费。应根据安装完工进度确认收入。安装工作是商品销售附带条件的，安装费在确认商品销售实现时确认收入。②宣传媒介的收费。应在相关的广告或商业行为出现于公众面前时确认收入。广告的制作费，应根据制作广告的完工进度确认收入。③软件费。为特定客户开发软件的收费，应根据开发的完工进度确认收入。④服务费。包含在商品售价内可区分的服务费，在提供服务的期间分期确认收入。⑤艺术表演、招待宴会和其他特殊活动的收费。在相关活动发生时确认收入。收费涉及几项活动的，预收的款项应合理分配给每项活动，分别确认收入。⑥会员费。申请入会或加入会员，只允许取得会籍，所有其他服务或商品都要另行收费的，在取得该会员费时确认收入。申请入会或加入会员后，会员在会员期内不再付费就可得到各种服务或商品，或者以低于非会员的价格销售商品或提供服务的，该会员费应在整个受益期内分期确认收入。⑦特许权费。属于提供设备和其他有形资产的特许权费，在交付资产或转移资产所有权时确认收入；属于提供初始及后续服务的特许权费，在提供服务时确认收入。⑧劳务费。长期为客户提供重复的劳务收取的劳务费在相关劳务活动发生时确认收入。

（三）特殊收入的确认

企业的下列生产经营业务可以分期确认收入的实现：①以分期收款方式销售货物的，按照合同约定的收款日期确认收入的实现；②企业受托加工制造大型机械设备、船舶、飞机，以及从事建筑、安装、装配工程业务或者提供其他劳务等，持续时间超过12个月的，按照纳税年度内完工进度或者完成的工作量确认收入的实现。

采取产品分成方式取得收入的，按照企业分得产品的日期确认收入的实现，其收入额按照产品的公允价值确定。

企业发生非货币性资产交换，以及将货物、财产、劳务用于捐赠、偿债、赞助、集资、广告、样品、职工福利或者利润分配等用途的，应当视同销售货物、转让财产或者提供劳务，但国务院财政、税务主管部门另有规定的除外。①

（四）处置资产收入的确认

根据《企业所得税法实施条例》第25条规定，企业处置资产的所得税处理按以下规定执行：该规定自2008年1月1日起执行，对2008年1月1日以前发生的处置资产，2008年1月1日以后尚未进行税务处理的，也按该规定执行。

第一，企业发生下列情形的处置资产，除将资产转移至境外以外，由于资产所有权属在形式上和实质上均不发生改变，可作为内部处置资产，不视同销售确认收入，相关资产的计税基础延续计算。

（1）将资产用于生产、制造、加工另一产品；

（2）改变资产形状、结构或性能；

（3）改变资产用途（如自建商品房转为自用或经营）；

（4）将资产在总机构及其分支机构之间转移；

（5）上述两种或两种以上情形的结合；

（6）其他不改变资产所有权属的用途。

第二，企业将资产移送他人的下列情形，因资产所有权属已发生改变而不属于内部处置资产，应按规定视同销售确定收入②：

（1）用于市场推广或销售；

（2）用于交际应酬；

（3）用于职工奖励或福利；

（4）用于股息分配；

① 《企业所得税法实施条例》，第25条。

② 国家税务总局，《关于企业处置资产所得税处理问题的通知》，国税函［2008］828号。

(5) 用于对外捐赠；

(6) 其他改变资产所有权属的用途。

第三，销售价格的确认

属于企业自制的资产，应按企业同类资产同期对外销售价格确定销售收入；属于外购的资产，可按购入时的价格确定销售收入。

(五) 企业政策性搬迁和处置收入①

企业政策性搬迁和处置收入，是指因政府城市规划、基础设施建设等政策性原因，企业需要整体搬迁（包括部分搬迁或部分拆除）或处置相关资产而按规定标准从政府取得的搬迁补偿收入或处置相关资产而取得的收入，以及通过市场（招标、拍卖、挂牌等形式）取得的土地使用权转让收入。

对企业取得的政策性搬迁或处置收入，应按以下方式进行企业所得税处理：

(1) 企业根据搬迁规划，异地重建后恢复原有或转换新的生产经营业务，用企业搬迁或处置收入购置或建造与搬迁前相同或类似性质、用途或者新的固定资产和土地使用权（以下简称重置固定资产），或对其他固定资产进行改良，或进行技术改造，或安置职工的，准予其搬迁或处置收入扣除固定资产重置或改良支出、技术改造支出和职工安置支出后的余额，计入企业应纳税所得额。

(2) 企业没有重置或改良固定资产、技术改造或购置其他固定资产的计划或立项报告，应将搬迁收入加上各类拆迁固定资产的变卖收入、减除各类拆迁固定资产的折余价值和处置费用后的余额计入企业当年应纳税所得额，计算缴纳企业所得税。

(3) 企业利用政策性搬迁或处置收入购置或改良的固定资产，可以按照现行税收规定计算折旧或摊销，并在企业所得税税前扣除。

(4) 企业从规划搬迁次年起的五年内，其取得的搬迁收入或处置收入暂不计入企业当年应纳税所得额，在五年期内完成搬迁的，企业搬迁收入按上述规定处理。

(六) 原有相关收入确认政策

与新《企业所得税法》和新《企业所得税法实施条例》不冲突的原有相关收入确认政策规定包括：

(1) 企业在建工程发生的试运行收入，应并入总收入予以征税，而不能直接冲减在建工程成本。②

(2) 企业收取的包装物押金，凡逾期未返还买方的，应确认为收入，依法计征企业所得税。所谓逾期未返还是指在买卖双方合同或书面约定的收回包装物、返还押金的期限内不返还的押金。为了加强应税收入的管理，企业收取的包装物押金，从收取

---

① 国家税务总局，《关于企业政策性搬迁或处置收入有关企业所得税处理问题的通知》，国税函［2009］118号。

② 国家税务总局，《关于企业所得税若干问题的通知》，国税发［1994］132号。

之日起计算，已超过1年（指12个月）仍未返还的，原则上要确认为期满之日所属年度的收入。包装物周转期间较长的，如有关购销合同明确规定了包装物押金的返还期的，经主管税务机关核准，包装物押金确认为收入的期限可适当延长，但最长不得超过3年。企业向有长期固定购销关系的客户收取的可循环使用包装物的押金，其收取的合理的押金在循环使用期间不作为收入。①

(3) 境外会计公司、审计公司、律师事务所、咨询公司（以下统称境外咨询企业）来华从事税务、会计、审计、法律、咨询等各项业务（以下简称咨询业务）：

第一，境内外商投资企业、代表机构从事咨询活动取得的收入。

外商投资企业、代表机构单独与客户签订合同（包括代表机构以其总机构名义签订的合同，但实际业务由代表机构履行），为客户提供咨询业务所取得的收入，应全部作为外商投资企业、代表机构的收入，在其机构所在地申报缴纳营业税和企业所得税。

第二，境外咨询企业单独为客户提供咨询业务取得的收入。

境外咨询企业单独与客户签订合同，为客户提供咨询业务取得的收入，凡其提供的服务全部发生在中国境内的，应全额在中国申报缴纳营业税和企业所得税；若其提供的服务同时发生在境内外的，应以劳务发生地为原则，划分境内外收入，并就在中国境内提供服务所取得的收入申报纳税。一般情况下，上述咨询业务中，凡以中国境内客户为服务对象的，其划分为中国境内业务收入，不应低于总收入的60%。

境外咨询企业向客户提供的咨询业务服务活动全部在境外进行的，其所取得收入在中国不予征税。

第三，境外咨询企业与境内外商投资企业或代表机构共同为客户提供咨询业务取得的收入。

境外咨询企业与境内外商投资企业或代表机构共同与客户签订合同，共同提供咨询业务所取得的收入，首先应按工作量或合同规定等合理的比例，划分境内外企业或机构各自的收入。境内外商投资企业或代表机构应就其划分的收入申报缴纳营业税和企业所得税。凡属境外咨询企业与境内关联企业或其代表机构共同提供咨询业务，且其服务对象为中国境内客户的，划为境内外商投资企业或代表机构收入的比例，不应低于该项业务总收入的60%。

在上述业务中，凡境外企业也派人来华参与客户的咨询业务，应再按劳务发生地原则，就该项业务中划为该境外企业的收入部分，以不低于50%为标准，确定该境外企业的境内业务收入，并按规定申报缴纳营业税和企业所得税。

第四，以上第(2)、(3)项所述境外咨询企业的境内应税业务收入，凡该境外咨询企业在华设有代表机构并与其共同进行该项业务的，应并入该代表机构的收入计算

---

① 国家税务总局，《关于企业取得的逾期包装物押金收入征收企业所得税问题的通知》，国税发［1998］228号。

纳税。凡该境外咨询企业在华未设有代表机构的，或虽设有代表机构，但其代表机构未与其共同进行该项业务活动的，应作为该境外咨询企业在华构成营业场所计算纳税，并统一由支付人扣缴税款。

第五，上述规定中，凡涉及来自与中国签订有避免双重征税协定或安排的国家或香港特区的咨询企业在中国境内从事咨询业务的，应依照协定或安排有关常设机构条款的规定，判定其是否构成常设机构，对构成常设机构的，应按上述规定确定征收企业所得税。①

二、不征税收入和免税收入

（一）不征税收入②

（1）财政拨款，指各级人民政府对纳入预算管理的事业单位、社会团体等组织拨付的财政资金，但国务院和国务院财政、税务主管部门另有规定的除外。

（2）依法收取并纳入财政管理的行政事业性收费、政府性基金。

（3）国务院规定的其他不征税收入，指企业取得的，由国务院财政、税务主管部门规定专项用途并经国务院批准的财政性资金。

财政性资金是指企业取得的来源于政府及其有关部门的财政补助、补贴、贷款贴息，以及其他各类财政专项资金，包括直接减免的增值税和即征即退、先征后退、先征后返的各种税收，但不包括企业按规定取得的出口退税款。③

财政部、国家税务总局在《关于专项用途财政性资金有关企业所得税处理问题的通知》（财税［2009］87号）中进一步明确，对企业在2008年1月1日至2010年12月31日期间从县级以上各级人民政府财政部门及其他部门取得的应计入收入总额的财政性资金，凡同时符合相关条件的，可以作为不征税收入，在计算应纳税所得额时从收入总额中减除。

（1）企业能够提供资金拨付文件，且文件中规定该资金的专项用途；

（2）财政部门或其他拨付资金的政府部门对该资金有专门的资金管理办法或具体管理要求；

（3）企业对该资金以及以该资金发生的支出单独进行核算。

同时规定，上述不征税收入用于支出所形成的费用，不得在计算应纳税所得额时扣除；用于支出所形成的资产，其计算的折旧、摊销不得在计算应纳税所得额时扣除。企业将符合条件的财政性资金作不征税收入处理后，在5年（60个月）内未发生支出且未缴回财政或其他拨付资金的政府部门的部分，应重新计入取得该资金第六年的收

---

① 国家税务总局，《关于从事咨询业务的外商投资企业和外国企业税务处理问题的通知》，国税发［2000］82号。

② 《企业所得税法》，第7条。

③ 财政部、国家税务总局，《关于财政性资金 行政事业性收费 政府性基金有关企业所得税政策问题的通知》，财税［2008］151号。

入总额；重新计入收入总额的财政性资金发生的支出，允许在计算应纳税所得额时扣除。

此外，根据财政部、国家税务总局《关于全国社会保障基金有关企业所得税问题的通知》（财税［2008］136号）的规定，对社保基金理事会、社保基金投资管理人管理的社保基金银行存款利息收入，社保基金从证券市场中取得的收入，包括买卖证券投资基金、股票、债券的差价收入，证券投资基金红利收入，股票的股息、红利收入，债券的利息收入及产业投资基金收益、信托投资收益等其他投资收入，作为企业所得税不征税收入。但对社保基金投资管理人、社保基金托管人从事社保基金管理活动取得的收入，则要依照税法的规定征收企业所得税。

（二）免税收入[①]

第一，国债利息收入。

第二，符合条件的居民企业之间的股息、红利等权益性投资收益。

第三，在中国境内设立机构、场所的非居民企业从居民企业取得与该机构、场所有实际联系的股息、红利等权益性投资收益。该收益不包括连续持有居民企业公开发行并上市流通的股票不足12个月取得的投资收益。

第四，符合条件的非营利公益组织的免税收入。

符合条件的非营利组织是指：

（1）依法履行非营利组织登记手续；

（2）从事公益性或者非营利性活动；

（3）取得的收入除用于与该组织有关的、合理的支出外，全部用于登记核定或者章程规定的公益性或者非营利性事业；

（4）财产及其孳息不用于分配；

（5）按照登记核定或者章程规定，该组织注销后的剩余财产用于公益性或者非营利性目的，或者由登记管理机关转赠给予该组织性质、宗旨相同的组织，并向社会公告；

（6）投入人对投入该组织的财产不保留或者享有任何财产权利；

（7）工作人员工资福利开支控制在规定的比例内，不变相分配该组织的财产；

（8）国务院财政、税务主管部门规定的其他条件。

符合条件的非营利组织企业所得税免税收入范围包括[②]：

（1）接受其他单位或者个人捐赠的收入；

（2）除《企业所得税法》第七条规定的财政拨款以外的其他政府补助收入，但不包括因政府购买服务取得的收入；

（3）按照省级以上民政、财政部门规定收取的会费；

---

① 《企业所得税法》，第26条。

② 财政部、国家税务总局，《关于非营利组织企业所得税免税收入问题的通知》，财税［2009］122号。

（4）不征税收入和免税收入孳生的银行存款利息收入；

（5）财政部、国家税务总局规定的其他收入。

三、准予扣除项目

（一）税前扣除项目的原则

企业申报的扣除项目和金额要真实、合法。所谓真实是指能提供证明有关支出确属已经实际发生；合法是指符合国家税法的规定，若其他法规规定与税收法规规定不一致，应以税收法规的规定为标准。除税收法规另有规定外，税前扣除一般应遵循以下原则：

（1）权责发生制原则，是指企业费用应在发生的所属期扣除，而不是在实际支付时确认扣除。

（2）配比原则，是指企业发生的费用应当与收入配比扣除。除特殊规定外，企业发生的费用不得提前或滞后申报扣除。

（3）相关性原则，企业可扣除的费用从性质和根源上必须与取得应税收入直接相关。

（4）确定性原则，企业可扣除的费用不论何时支付，其金额必须是确定的。

（5）合理性原则，符合生产经营活动常规应当计入当期损益或者有关资产成本的必要和正常的支出。

（二）税前扣除项目的范围

《企业所得税法》规定，企业实际发生的与取得收入有关的、合理的支出，包括成本、费用、税金、损失和其他支出，准予在计算应纳税所得额时扣除。①

（1）成本，是指企业在生产经营活动中发生的销售成本、销货成本、业务支出以及其他耗费②，即企业销售商品（产品、材料、下脚料、废料、废旧物资等）、提供劳务、转让固定资产、无形资产（包括技术转让）的成本。

企业经营活动中发生的成本必须合理划分为直接成本和间接成本。直接成本是可直接计入有关成本计算对象或劳务的经营成本中的直接人工、直接材料等，可根据有关会计凭证、记录直接计入有关成本计算对象或劳务的经营成本中。间接成本是多个部门为同一成本对象提供服务的共同成本，或者同一种投入可以制造、提供两种或两种以上的产品或劳务的联合成本。间接成本必须根据与成本计算对象之间的因果关系、成本计算对象的产量等，以合理的方法分配计入有关成本计算对象中。

（2）费用，是指企业每一个纳税年度为生产、经营商品和提供劳务等所发生的销售（经营）费用、管理费用和财务费用。已经计入成本的有关费用除外。③

---

① 《企业所得税法》，第8条。

② 《企业所得税法实施条例》，第29条。

③ 《企业所得税法实施条例》，第30条。

销售费用是指应由企业负担的为销售商品而发生的费用，包括广告费、运输费、装卸费、包装费、展览费、保险费、销售佣金（能直接认定的进口佣金调整商品进价成本）、代销手续费、经营性租赁费及销售部门发生的差旅费、工资、福利费等费用。

管理费用是指企业的行政管理部门为管理组织经营活动提供各项支援性服务而发生的费用。

财务费用是指企业筹集经营性资金而发生的费用包括利息净支出、汇兑净损失、金融机构手续费以及其他非资本化支出。

（3）税金，是指企业发生的除企业所得税和允许抵扣的增值税以外的企业缴纳的各项税金及其附加。① 即企业按规定缴纳的消费税、营业税、城市维护建设税、关税、资源税、土地增值税、房产税、车船使用税、土地使用税、印花税、教育费附加等产品销售税金及附加。这些已纳税金准予税前扣除。但是在发生当期应计入相关资产成本的税金，应当随同资产项目在以后各期分摊扣除。

（4）损失，是指企业在生产经营活动中发生的固定资产和存货的盘亏、毁损、报废损失，转让财产损失，呆账损失，坏账损失，自然灾害等不可抗力因素造成的损失以及其他损失。② 企业发生的损失减除责任人赔偿和保险赔款后的余额依照国务院财政、税务主管部门的规定扣除。③企业已经作为损失处理的资产，在以后纳税年度又全部收回或者部分收回时，应当计入当期收入。④

（5）扣除的其他支出，是指除成本、费用、税金、损失外，企业在生产经营活动中发生的与生产经营活动有关的、合理的支出。⑤

在对上述项目的扣除中，还应注意：首先，企业发生的支出应当区分为收益性支出和资本性支出。收益性支出在发生当期直接扣除；资本性支出应当分期扣除或者计入有关资产成本，不得在发生当期直接扣除。⑥ 其次，企业的不征税收入用于支出所形成的费用或者财产，不得扣除或者计算对应的折旧、摊销扣除。⑦最后，除《企业所得税法》和《企业所得税法实施条例》另有规定外，企业实际发生的成本、费用、税金、损失和其他支出，不得重复扣除。⑧

（三）扣除项目及其标准

在计算应纳税所得额时，下列项目可按照实际发生额或规定的标准扣除。

1. 工资、薪金支出

企业发生的合理的工资、薪金支出准予据实扣除。工资、薪金支出是企业每一纳税年度支付给本企业任职或与其有雇佣关系的员工的所有现金或非现金形式的劳动报酬，包括基本工资、奖金、津贴、补贴、年终加薪、加班工资，以及与任职或者是受

① 《企业所得税法实施条例》，第 31 条。
②③④ 《企业所得税法实施条例》，第 32 条。
⑤ 《企业所得税法实施条例》，第 33 条。
⑥⑦⑧ 《企业所得税法实施条例》，第 28 条。

雇有关的其他支出。①

合理工资薪金，是指企业按照股东大会、董事会、薪酬委员会或相关管理机构制订的工资薪金制度规定实际发放给员工的工资薪金。工资薪金合理性的确认原则是：

(1) 企业制订了较为规范的员工工资薪金制度；

(2) 企业所制订的工资薪金制度符合行业及地区水平；

(3) 企业在一定时期所发放的工资薪金是相对固定的，工资薪金的调整是有序进行的；

(4) 企业对实际发放的工资薪金，已依法履行了代扣代缴个人所得税义务；

(5) 有关工资薪金的安排，不以减少或逃避税款为目的。②

2. 职工福利费、工会经费、职工教育经费

企业发生的职工福利费、工会经费、职工教育经费按标准扣除，未超过标准的按实际数扣除，超过标准的只能按标准扣除。

(1) 企业发生的职工福利费支出，不超过工资薪金总额14%的部分准予扣除。

企业职工福利费，包括以下内容：①尚未实行分离办社会职能的企业，其内设福利部门所发生的设备、设施和人员费用，包括职工食堂、职工浴室、理发室、医务所、托儿所、疗养院等集体福利部门的设备、设施及维修保养费用和福利部门工作人员的工资薪金、社会保险费、住房公积金、劳务费等；②为职工卫生保健、生活、住房、交通等所发放的各项补贴和非货币性福利，包括企业向职工发放的因公外地就医费用、未实行医疗统筹企业职工医疗费用、职工供养直系亲属医疗补贴、供暖费补贴、职工防暑降温费、职工困难补贴、救济费、职工食堂经费补贴、职工交通补贴等；③按照其他规定发生的其他职工福利费，包括丧葬补助费、抚恤费、安家费、探亲假路费等。

企业发生的职工福利费，应该单独设置账册，进行准确核算。没有单独设置账册准确核算的，税务机关应责令企业在规定的期限内进行改正。逾期仍未改正的，税务机关可对企业发生的职工福利费进行合理的核定。③

(2) 企业拨缴的工会经费，不超过工资薪金总额2%的部分准予扣除。

建立工会组织的企业、事业单位、社会团体，按每月全部职工工资总额的2%向工会拨交的经费，凭工会组织开具的《工会经费拨缴款专用收据》在税前扣除。凡不能出具《工会经费拨缴款专用收据》的，其提取的职工工会经费不得在企业所得税前扣除。④

(3) 除国务院财政、税务主管部门另有规定外，企业发生的职工教育经费支出，不超过工资、薪金总额2.5%的部分准予扣除，超过部分准予结转以后纳税年度扣除。

① 《企业所得税法实施条例》，第34条。

②③ 国家税务总局，《关于企业工资薪金及职工福利费扣除问题的通知》，国税函［2009］3号。

④ 国家税务总局，《关于工会经费税前扣除问题的通知》，国税函［2000］678号。

软件生产企业发生的职工教育经费中的职工培训费用，根据规定可以全额在企业所得税前扣除。软件生产企业应准确划分职工教育经费中的职工培训费支出，对于不能准确划分的，以及准确划分后职工教育经费中扣除职工培训费用的余额，一律按照《企业所得税法实施条例》第四十二条规定的比例扣除。[①]

上述所称的"工资薪金总额"，是指企业实际发放的合理工资薪金总和，不包括企业的职工福利费、职工教育经费、工会经费以及养老保险费、医疗保险费、失业保险费、工伤保险费、生育保险费等社会保险费和住房公积金。属于国有性质的企业，其工资薪金退款，不得超过政府有关部门给予的限定数额；超过部分，不得计入企业工资薪金总额，也不得在计算企业应纳税所得额时扣除。[②]

3. 社会保险费

(1) 企业依照国务院有关主管部门或者省级人民政府规定的范围和标准为职工缴纳的"五险一金"，即基本养老保险费、基本医疗保险费、失业保险费、工伤保险费、生育保险费等基本社会保险费和住房公积金，准予扣除。[③]

(2) 企业根据国家有关政策规定，为在本企业任职或者受雇的全体员工支付的补充养老保险费、补充医疗保险费，分别在不超过职工工资总额5%标准内的部分，在计算应纳税所得额时准予扣除；超过的部分，不予扣除。[④] 除企业依照国家有关规定为特殊工种职工支付的人身安全保险费和国务院财政、税务主管部门规定可以扣除的其他商业保险费外，企业为投资者或者职工支付的商业保险费，不得扣除。[⑤]

4. 借款费用

(1) 企业在生产经营活动中发生的合理的不需要资本化的借款费用，准予扣除。

(2) 企业为购置、建造固定资产、无形资产和经过12个月以上的建造才能达到预定可销售状态的存货发生借款的，在有关资产购置、建造期间发生的合理的借款费用，应予以资本化，作为资本性支出计入有关资产的成本；有关资产交付使用后发生的借款利息，可在发生当期扣除。[⑥]

5. 利息费用

企业在生产、经营活动中发生的利息费用，按下列规定扣除[⑦]：

(1) 非金融企业向金融企业借款的利息支出、金融企业的各项存款利息支出和同业拆借利息支出、企业经批准发行债券的利息支出可据实扣除。

(2) 非金融企业向非金融企业借款的利息支出，不超过按照金融企业同期同类贷款利率计算的数额的部分可据实扣除，超过部分不许扣除。

---

① 财政部、国家税务总局《关于企业所得税若干优惠政策的通知》，财税[2008] 1号。

② 国家税务总局，《关于企业工资薪金及职工福利费扣除问题的通知》，国税函[2009] 3号。

③ 《企业所得税法实施条例》，第35条。

④ 财政部、国家税务总局，《关于补充养老保险费补充医疗保险费有关企业所得税政策问题的通知》，财税[2009] 27号。

⑤ 《企业所得税法实施条例》，第36条。

⑥ 《企业所得税法实施条例》，第37条。

⑦ 《企业所得税法实施条例》，第38条。

其中，所谓金融机构，是指各类银行、保险公司及经中国人民银行批准从事金融业务的非银行金融机构。包括国家专业银行、区域性银行、股份制银行、外资银行、中外合资银行以及其他综合性银行；还包括全国性保险企业、区域性保险企业、股份制保险企业、中外合资保险企业以及其他专业性保险企业；城市、农村信用社、各类财务公司以及其他从事信托投资、租赁等业务的专业和综合性非银行金融机构。非金融机构，是指除上述金融机构以外的所有企业、事业单位以及社会团体等企业或组织。

6. 汇兑损失

企业在货币交易中，以及纳税年度终了时将人民币以外的货币性资产、负债按照期末即期人民币汇率中间价折算为人民币时产生的汇兑损失，除已经计入有关资产成本以及与向所有者进行利润分配相关的部分外，准予扣除。①

7. 业务招待费

企业发生的与生产经营活动有关的业务招待费支出，按照发生额的60%扣除，但最高不得超过当年销售（营业）收入的5‰。②

8. 广告费和业务宣传费。

企业发生的符合条件的广告费和业务宣传费支出除国务院财政、税务主管部门另有规定外，不超过当年销售（营业）收入15%的部分，准予扣除；超过部分，准予结转以后纳税年度扣除。③

财政部、国家税务总局在《关于部分行业广告费和业务宣传费税前扣除政策的通知》（财税［2009］72号）中对部分行业的广告费和业务宣传费税前扣除作了特殊规定：

自2008年1月1日起至2010年12月31日止，①对化妆品制造、医药制造和饮料制造（不含酒类制造，下同）企业发生的广告费和业务宣传费支出，不超过当年销售（营业）收入30%的部分，准予扣除；超过部分，准予在以后纳税年度结转扣除。②对采取特许经营模式的饮料制造企业，饮料品牌使用方发生的不超过当年销售（营业）收入30%的广告费和业务宣传费支出可以在本企业扣除，也可以将其中的部分或全部归集至饮料品牌持有方或管理方，由饮料品牌持有方或管理方作为销售费用据实在企业所得税前扣除。饮料品牌持有方或管理方在计算本企业广告费和业务宣传费支出企业所得税税前扣除限额时，可将饮料品牌使用方归集至本企业的广告费和业务宣传费剔除。饮料品牌持有方或管理方应当将上述广告费和业务宣传费单独核算，并将品牌使用方当年销售（营业）收入数据资料以及广告费和业务宣传费支出的证明材料专案保存以备检查。上述所称饮料企业特许经营模式是指由饮料品牌持有方或管理方授权品牌使用方在指定地区生产及销售其产成品，并将可以由双方共同为该品牌产品承担的广告费及业务宣传费用统一归集至品牌持有方或管理方承担的营业模式。③烟草企业的烟草广告费和业务宣传费支出，一律不得在计算应纳税所得额时扣除。

---

① 《企业所得税法实施条例》，第39条。

② 《企业所得税法实施条例》，第43条。

③ 《企业所得税法实施条例》，第44条。

企业在计算业务招待费、广告费和业务宣传费等费用扣除限额时，其销售（营业）收入额应包括税法规定的视同销售（营业）收入额。

9. 环境保护专项资金

企业依照法律、行政法规有关规定提取的用于环境保护、生态恢复等方面的专项资金，准予扣除。上述专项资金提取后改变用途的，不得扣除。①

10. 保险费

企业参加财产保险，按照规定缴纳的保险费，准予扣除。②

11. 租赁费

企业根据生产经营活动的需要租入固定资产支付的租赁费，按照以下方法扣除③：

（1）以经营租赁方式租入固定资产发生的租赁费支出，按照租赁期限均匀扣除。经营性租赁是指所有权不转移的租赁。

（2）以融资租赁方式租入固定资产发生的租赁费支出，按照规定构成融资租入固定资产价值的部分应当提取折旧费用分期扣除。融资租赁是指在实质上转移与一项资产所有权有关的全部风险和报酬的一种租赁。符合下列条件之一的租赁为融资租赁：①在租赁期届满时，租赁资产的所有权转移给承租人。②承租人有购买租赁资产的选择权，所订立的购买价款预计将远低于行使选择权时租赁资产的公允价值，因而在租赁开始日就可以合理确定承租人将会行使这种选择权。③即使资产的所有权不转移，但租赁期占租赁资产使用寿命的大部分。④承租人在租赁开始日的最低租赁付款额现值，几乎相当于租赁开始日租赁资产公允价值；出租人在租赁开始日的最低租赁收款额现值，几乎相当于租赁开始日租赁资产公允价值。⑤租赁资产性质特殊，如果不作较大改造，只有承租人才能使用。④

12. 劳动保护费

企业发生的合理的劳动保护支出，准予扣除。⑤

劳动保护支出是指确因工作需要为雇员配备或提供工作服、手套、安全保护用品、防暑降温用品等所发生的支出。

13. 手续费及佣金支出

企业发生与生产经营有关的手续费及佣金支出，不超过以下规定计算限额以内的部分，准予扣除；超过部分，不得扣除。

（1）保险企业：财产保险企业按当年全部保费收入扣除退保金等后余额的15%（含15%，下同）计算限额；人身保险企业按当年全部保费收入扣除退保金等后余额的10%计算限额。

（2）其他企业：按与具有合法经营资格中介服务机构或个人（不含交易双方及其

① 《企业所得税法实施条例》，第45条。
② 《企业所得税法实施条例》，第46条。
③ 《企业所得税法实施条例》，第47条。
④ 《企业会计准则》，第21号。
⑤ 《企业所得税法实施条例》，第48条。

雇员、代理人和代表人等）所签订服务协议或合同确认的收入金额的5%计算限额。

除委托个人代理外，企业以现金等非转账方式支付的手续费及佣金不得在税前扣除。企业为发行权益性证券支付给有关证券承销机构的手续费及佣金不得在税前扣除。①

14. 公益性捐赠支出

公益性捐赠，是指企业通过公益性社会团体、公益性群众团体或者县级以上人民政府及其部门，用于《中华人民共和国公益事业捐赠法》规定的公益事业的捐赠。②

企业发生的公益性捐赠支出，不超过年度利润总额12%的部分，准予扣除。年度利润总额，是指企业依照国家统一会计制度的规定计算的年度会计利润大于零的数额。③

企事业单位、社会团体以及其他组织捐赠住房作为廉租住房的，视同公益性捐赠，按上述规定执行。

公益性社会团体和公益性群众团体，是指同时符合下列条件的基金会、慈善组织等社会团体及群众团体④：

（1）依法登记，具有法人资格；

（2）以发展公益事业为宗旨，且不以营利为目的；

（3）全部资产及其增值为该法人所有；

（4）收益和营运结余主要用于符合该法人设立目的的事业；

（5）终止后的剩余财产不归属任何个人或者营利组织；

（6）不经营与其设立目的无关的业务；

（7）有健全的财务会计制度；

（8）捐赠者不以任何形式参与社会团体财产的分配；

（9）国务院财政、税务主管部门会同国务院民政部门等登记管理部门规定的其他条件。

用于公益事业的捐赠支出，是指《中华人民共和国公益事业捐赠法》规定的向公益事业的捐赠支出，具体范围包括：

（1）救助灾害、救济贫困、扶助残疾人等困难的社会群体和个人的活动；

（2）教育、科学、文化、卫生、体育事业；

（3）环境保护、社会公共设施建设；

（4）促进社会发展和进步的其他社会公共和福利事业。⑤

---

① 财政部、国家税务总局，《关于企业手续费及佣金支出税前扣除政策的通知》，财税［2009］29号。

② 《企业所得税法实施条例》，第51条；财政部、国家税务总局，《关于通过公益性群众团体的公益性捐赠税前扣除有关问题的通知》，财税［2009］124号。

③ 《企业所得税法实施条例》，第53条；财政部、国家税务总局，《关于通过公益性群众团体的公益性捐赠税前扣除有关问题的通知》，财税［2009］124号。

④ 《企业所得税法实施条例》，第52条；财政部、国家税务总局，《关于通过公益性群众团体的公益性捐赠税前扣除有关问题的通知》，财税［2009］124号。

⑤ 财政部、国家税务总局、民政部，《关于公益性捐赠税前扣除有关问题的通知》，财税［2008］160号。

15. 有关资产的费用

企业转让各类固定资产发生的费用，允许扣除。企业按规定计算的固定资产折旧费、无形资产和递延资产的摊销费，准予扣除。①

16. 总机构分摊的费用

非居民企业在中国境内设立的机构、场所，就其中国境外总机构发生的与该机构、场所生产经营有关的费用，能够提供总机构出具的费用汇集范围、定额、分配依据和方法等证明文件，并合理分摊的，准予扣除。②

17. 资产损失

企业当期发生的固定资产和流动资产盘亏、毁损净损失，由其提供清查盘存资料经主管税务机关审核后，准予扣除；企业因存货盘亏、毁损、报废等原因不得从销项税金中抵扣的进项税金，应视同企业财产损失，准予与存货损失一起在所得税前按规定扣除。③

企业以前年度（包括2008年度新企业所得税法实施以前年度）发生，按当时企业所得税有关规定符合资产损失确认条件的损失，在当年因为各种原因未能扣除的，不能改变该项资产损失发生的所属年度，即不能结转在以后年度扣除；但可以按照《中华人民共和国企业所得税法》和《中华人民共和国税收征收管理法》的有关规定，追补确认在该项资产损失发生的年度扣除。企业因以前年度资产损失未在税前扣除而多缴纳的企业所得税税款，可在审批确认年度企业所得税应纳税款中予以抵缴，抵缴不足的，可以在以后年度递延抵缴。企业资产损失发生年度扣除追补确认的损失后如出现亏损，首先应调整资产损失发生年度的亏损额，然后按弥补亏损的原则计算以后年度多缴的企业所得税税款，并按前款办法进行税务处理。④

18. 其他项目

依照有关法律、行政法规和国家有关税法规定准予扣除的其他项目。如会员费、合理的会议费、差旅费、违约金、诉讼费用等。

19. 金融企业贷款损失

金融企业自2008年1月1日起至2010年12月31日发生的符合条件的贷款损失，按规定报经税务机关审批后，应先冲减已在税前扣除的贷款损失准备，不足冲减部分可据实在计算当年应纳税所得额时扣除。准予提取贷款损失准备的贷款资产范围包括：

（1）贷款（含抵押、质押、担保等贷款）；

（2）银行卡透支、贴现、信用垫款（含银行承兑汇票垫款、信用证垫款、担保垫款等）、进出口押汇、同业拆借等各项具有贷款特征的风险资产；

（3）由金融企业转贷并承担对外还款责任的国外贷款，包括国际金融组织贷款、

---

① 《企业所得税法》，第11～13条。

② 《企业所得税法实施条例》，第50条。

③ 《企业所得税法实施条例》，第32条。

④ 国家税务总局，《关于企业以前年度未扣除资产损失企业所得税处理问题的通知》，国税函［2009］772号。

外国买方信贷、外国政府贷款、日本国际协力银行不附条件贷款和外国政府混合贷款等资产。金融企业准予当年税前扣除的贷款损失准备计算公式如下：

准予当年税前扣除的贷款损失准备＝本年末准予提取贷款损失准备的贷款资产余额×1%－截至上年末已在税前扣除的贷款损失准备余额

金融企业按上述公式计算的数额如为负数，应当相应调增当年应纳税所得额。

但金融企业的委托贷款、代理贷款、国债投资、应收股利、上交央行准备金以及金融企业剥离的债权和股权、应收财政贴息、央行款项等不承担风险和损失的资产，不得提取贷款损失准备在税前扣除。[①]

20. 农业保险巨灾风险准备金

为积极支持解决“三农”问题，促进保险公司拓展农业保险业务，提高农业巨灾发生后恢复生产能力，对保险公司自 2008 年 1 月 1 日起至 2010 年 12 月 31 日计提的农业保险巨灾风险准备金企业所得税税前扣除规定如下：

保险公司经营中央财政和地方财政保费补贴的种植业险种（以下简称补贴险种）的，按不超过补贴险种当年保费收入 25%的比例计提的巨灾风险准备金，准予在企业所得税前据实扣除。公式如下：

本年度扣除的巨灾风险准备金＝本年度保费收入×25%－上年度已在税前扣除的巨灾风险准备金结存余额。

按上述公式计算的数额如为负数，应调增当年应纳税所得额。

保险公司应当按专款专用原则建立健全巨灾风险准备金管理使用制度。在向主管税务机关报送企业所得税纳税申报表时，同时附送巨灾风险准备金提取、使用情况的说明和报表。[②]

四、不得扣除的项目

在计算应纳税所得额时，下列支出不得扣除[③]：

(1) 向投资者支付的股息、红利等权益性投资收益款项；

(2) 企业所得税税款；

(3) 税收滞纳金；

(4) 罚金、罚款和被没收财物的损失；

(5) 超过国家规定允许扣除的公益性捐赠，以及非公益性捐赠支出；

(6) 赞助支出，是指企业发生的与生产经营活动无关的各种非广告性质支出；

(7) 未经核定的准备金支出，是指不符合国务院财政、税务主管部门规定的各项资产减值准备、风险准备等准备金支出；

---

① 财政部、国家税务总局，《关于金融企业贷款损失准备金企业所得税税前扣除有关问题的通知》，财税［2009］64 号。

② 财政部、国家税务总局，《关于保险公司提取农业巨灾风险准备金企业所得税税前扣除问题的通知》，财税［2009］110 号。

③ 以下除另有注释外，均引自《企业所得税法》，第 10 条；《企业所得税法实施条例》，第 54、55 条。

(8) 与取得收入无关的其他支出;

(9) 企业之间支付的管理费、企业内营业机构之间支付的租金和特许权使用费，以及非银行企业内营业机构之间支付的利息[①]，如母公司以管理费形式向子公司提取费用，子公司因此支付给母公司的管理费，不得在税前扣除[②];

(10) 销售货物给购货方的回扣，其支出不得在税前扣除。[③]

(11) 企业已出售给职工个人的住房，不得在企业所得税税前扣除折旧和维修管理费。[④]

五、亏损弥补

企业纳税年度发生的亏损，准予向以后年度结转，用以后年度的所得弥补，但结转年限最长不得超过5年。[⑤] 5年内不论是盈利或亏损，都作为实际弥补期限计算。亏损弥补期要自亏损年度的下一个年度起连续5年不间断地计算，连续发生年度亏损，要先亏先补，按顺序连续计算亏损弥补期。

对企业取得的免税收入、减计收入以及减征、免征所得额项目，不得弥补当期及以前年度应税项目亏损；当期形成亏损的减征、免征所得额项目，也不得用当期和以后纳税年度应税项目所得抵补。[⑥]

企业在汇总计算缴纳企业所得税时，其境外营业机构的亏损不得抵减境内营业机构的盈利。[⑦]

此外，企业开始生产经营的年度，为开始计算企业损益的年度。企业从事生产经营之前进行筹办活动期间发生筹办费用支出，不得计算为当期的亏损，应按照《国家税务总局关于企业所得税若干税务事项衔接问题的通知》(国税函［2009］98号)第九条规定执行。[⑧]

第三节 企业所得税的资产处理

企业的固定资产、无形资产、递延资产，其价值不是一次性地转移到当期生产经营的产品或服务中，而是在其使用期内逐步转移到产品或劳务的价值中，因此购买这些资产的开支不能一次性地在税前扣除。流动资产中的存货，通常是分批购进，每批购进的价格可能不同，将不同批次购进的存货移作生产经营使用，在计算其成本时，需要确定以哪一批购进的价格为标准。资产处理就是为了确定与当期企业收入相匹配的使用上述资产的成本和税前扣除标准而建立的规则，通常包括存货计价、固定资产

① 《企业所得税法实施条例》，第49条。

② 国家税务总局，《关于母子公司间提供服务支付费用有关企业所得税处理问题的通知》，国税发［2008］86号。

③ 国家税务总局，《关于企业销售折扣在计征所得税时如何处理问题的批复》，国税函发［1997］472号。

④ 国家税务总局，《关于出售的职工住房有关企业所得税问题的批复》，国税函［1999］486号。

⑤ 《企业所得税法》，第18条。

⑥ 国家税务总局，《关于做好2009年度企业所得税汇算清缴工作的通知》，国税函［2010］148号。

⑦ 《企业所得税法》，第17条。

⑧ 国家税务总局，《关于贯彻落实企业所得税法若干税收问题的通知》，国税函［2010］79号。

的计价和折旧、无形资产的计价和摊销、递延资产的扣除等。

企业的各项资产，包括固定资产、生物资产、无形资产、长期待摊费用、投资资产、存货等，以历史成本为计税基础。历史成本是指企业取得该项资产时实际发生的支出。企业持有各项资产期间资产增值或者减值，除国务院财政、税务主管部门规定可以确认损益外，不得调整该资产的计税基础。①

一、固定资产的计价和折旧

纳税人的固定资产，是指企业为生产产品、提供劳务、出租或者经营管理而持有的、使用时间超过12个月的非货币性资产，包括房屋、建筑物、机器、机械、运输工具以及其他与生产经营活动有关的设备、器具、工具等。②

1. 固定资产的计税基础

(1) 外购的固定资产，以购买价款和支付的相关税费以及直接归属于使该资产达到预定用途发生的其他支出为计税基础；

(2) 自行建造的固定资产，以竣工结算前发生的支出为计税基础；

(3) 融资租入的固定资产，以租赁合同约定的付款总额和承租人在签订租赁合同过程中发生的相关费用为计税基础，租赁合同未约定付款总额的，以该资产的公允价值和承租人在签订租赁合同过程中发生的相关费用为计税基础；

(4) 盘盈的固定资产，以同类固定资产的重置完全价值为计税基础；

(5) 通过捐赠、投资、非货币性资产交换、债务重组等方式取得的固定资产，以该资产的公允价值和支付的相关税费为计税基础；

(6) 改建的固定资产，除已足额提取折旧的固定资产的改建支出和租入固定资产的改建支出外，以改建过程中发生的改建支出增加计税基础。

固定资产的价值确定后，除下列特殊情况外，一般不得调整：

(1) 国家统一规定的清产核资；

(2) 将固定资产的一部分拆除；

(3) 固定资产发生永久性损害，经主管税务机关审核，可调整至该固定资产可收回金额，并确认损失；

(4) 根据实际价值调整原暂估价值或发现原计价有错误。③

2. 固定资产计提折旧的方法和年限④

固定资产按照直线法计算的折旧，准予扣除。

(1) 企业应当自固定资产投入使用月份的次月起计算折旧；停止使用的固定资产，应当自停止使用月份的次月起停止计算折旧。

---

① 《企业所得税法实施条例》，第56条。

② 《企业所得税法实施条例》，第57条。

③ 《企业所得税税前扣除办法》第23条，国家税务总局，《关于印发〈企业所得税税前扣除办法〉的通知》，国税发[2000]84号。

④ 《企业所得税法实施条例》，第59、60条。

(2) 企业应当根据固定资产的性质和使用情况，合理确定固定资产的预计净残值。固定资产的预计净残值一经确定，不得变更。

(3) 固定资产计提折旧的最低年限

除国务院财政、税务主管部门另有规定外，固定资产计算折旧的最低年限如下：房屋、建筑物，为20年；飞机、火车、轮船、机器、机械和其他生产设备，为10年；与生产经营活动有关的器具、工具、家具等，为5年；飞机、火车、轮船以外的运输工具，为4年；电子设备，为3年。

3. 不得计算折旧扣除的固定资产①

不得计算折旧扣除的固定资产包括：

(1) 房屋、建筑物以外未投入使用的固定资产；

(2) 以经营租赁方式租入的固定资产；

(3) 以融资租赁方式租出的固定资产；

(4) 已足额提取折旧仍继续使用的固定资产；

(5) 与经营活动无关的固定资产；

(6) 单独估价作为固定资产入账的土地；

(7) 其他不得计算折旧扣除的固定资产。

另外，从事开采石油、天然气等矿产资源的企业，在开始商业性生产前发生的费用和有关固定资产的折耗、折旧方法，由国务院财政、税务主管部门另行规定。②

企业固定资产投入使用后，由于工程款项尚未结清未取得全额发票的，可暂按合同规定的金额计入固定资产计税基础计提折旧，待发票取得后进行调整。但该项调整应在固定资产投入使用后12个月内进行。③

4. 加速折旧④

由于技术进步，产品更新换代较快的固定资产，或常年处于强震动、高腐蚀状态的固定资产可以采取缩短折旧年限或者采取加速折旧的方法。采取缩短折旧年限方法的，最低折旧年限不得低于规定折旧年限的60%；采取加速折旧方法的，可以采取双倍余额递减法或者年数总和法。

二、生产性生物资产的计价和折旧

生产性生物资产，是指企业为生产农产品、提供劳务或者出租等而持有的生物资产，包括经济林、薪炭林、产畜和役畜等。⑤

1. 生产性生物资产的计价

生产性生物资产按照以下方法确定计税基础⑥：

---

① 《企业所得税法》，第11条。

② 《企业所得税法实施条例》，第61条。

③ 国家税务总局，《关于贯彻落实企业所得税法若干税收问题的通知》，国税函［2010］79号。

④ 《企业所得税法实施条例》，第61条。

⑤⑥ 《企业所得税法实施条例》，第57条。

（1）外购的生产性生物资产，以购买价款和支付的相关税费为计税基础；

（2）通过捐赠、投资、非货币性资产交换、债务重组等方式取得的生产性生物资产，以该资产的公允价值和支付的相关税费为计税基础。

2. 生产性生物资产计提折旧的方法和年限①

生产性生物资产按照直线法计算的折旧，准予扣除。

（1）企业应当自生产性生物资产投入使用月份的次月起计算折旧；停止使用的生产性生物资产，应当自停止使用月份的次月起停止计算折旧。

（2）企业应当根据生产性生物资产的性质和使用情况，合理确定生产性生物资产的预计净残值。生产性生物资产的预计净残值一经确定，不得变更。

（3）生产性生物资产计算折旧的最低年限如下：林木类生产性生物资产，为 10 年；畜类生产性生物资产，为 3 年。

三、无形资产的计价和摊销

无形资产，是指企业为生产产品、提供劳务、出租或者经营管理而持有的、没有实物形态的非货币性长期资产，包括专利权、商标权、著作权、土地使用权、非专利技术、商誉等。②

1. 无形资产计价

无形资产按照以下方法确定计税基础③：

（1）外购的无形资产，以购买价款和支付的相关税费以及直接归属于使该资产达到预定用途发生的其他支出为计税基础；

（2）自行开发的无形资产，以开发过程中该资产符合资本化条件后至达到预定用途前发生的支出为计税基础；

（3）通过捐赠、投资、非货币性资产交换、债务重组等方式取得的无形资产，以该资产的公允价值和支付的相关税费为计税基础。

2. 无形资产的摊销方法和年限④

无形资产按照直线法计算的摊销费用，准予扣除。

无形资产的摊销年限不得低于 10 年。

作为投资或者受让的无形资产，有关法律规定或者合同约定了使用年限的，可以按照规定或者约定的使用年限分期摊销。

外购商誉的支出，在企业整体转让或者清算时，准予扣除。

3. 不得计算摊销费用扣除的无形资产⑤

（1）自行开发的支出已在计算应纳税所得额时扣除的无形资产；

---

① 《企业所得税法实施条例》，第 98 条。

② 《企业所得税法实施条例》，第 65 条。

③ 《企业所得税法实施条例》，第 66 条。

④ 《企业所得税法实施条例》，第 67 条。

⑤ 《企业所得税法》，第 12 条。

（2）自创商誉；

（3）与经营活动无关的无形资产；

（4）其他不得计算摊销费用扣除的无形资产。

四、长期待摊费用的摊销

长期待摊费用，是指不能全部计入当年损益，应当在以后年度内分期摊销的各项费用，包括已足额提取折旧的固定资产的改建支出、租入固定资产的改建支出、固定资产的大修理支出、其他应当作为长期待摊费用的支出。[①]

固定资产的改建支出，是指改变房屋或者建筑物结构、延长使用年限等发生的支出。固定资产的大修理支出，是指同时符合下列条件的支出：①修理支出达到取得固定资产时的计税基础50%以上；②修理后固定资产的使用年限延长2年以上。[②]

已足额提取折旧的固定资产的改建支出，按照固定资产预计尚可使用年限分期摊销；租入固定资产的改建支出，按照合同约定的剩余租赁期限分期摊销。改建的固定资产延长使用年限的，应当适当延长折旧年限。

固定资产的大修理支出，按照固定资产尚可使用年限分期摊销。

其他应当作为长期待摊费用的支出，自支出发生月份的次月起，分期摊销，摊销年限不得低于3年。[③]

五、投资资产和存货的计价

投资资产，是指企业对外进行权益性投资和债权性投资形成的资产。企业在转让或者处置投资资产时，投资资产的成本准予扣除。企业对外投资期间，投资资产的成本在计算应纳税所得额时不得扣除。

投资资产按照以下方法确定成本：

（1）通过支付现金方式取得的投资资产，以购买价款为成本；

（2）通过支付现金以外的方式取得的投资资产，以该资产的公允价值和支付的相关税费为成本。[④]

存货，是指企业持有以备出售的产品或者商品、处在生产过程中的在产品、在生产或者提供劳务过程中耗用的材料和物料等。企业使用或者销售存货，按照规定计算的存货成本，准予在计算应纳税所得额时扣除。

存货按照以下方法确定成本：

（1）通过支付现金方式取得的存货，以购买价款和支付的相关税费为成本；

（2）通过支付现金以外的方式取得的存货，以该存货的公允价值和支付的相关税费为成本；

---

① 《企业所得税法》，第13条。

② 《企业所得税法实施条例》，第68、69条。

③ 《企业所得税法实施条例》，第70条。

④ 《企业所得税法实施条例》，第71条。

(3) 生产性生物资产收获的农产品，以产出或者采收过程中发生的材料费、人工费和分摊的间接费用等必要支出为成本。

企业使用或者销售的存货的成本计算方法，可以在先进先出法、加权平均法、个别计价法中选用一种。计价方法一经选用，不得随意变更。[①]

企业转让资产，该项资产的净值，准予在计算应纳税所得额时扣除。

资产、财产净值，是指有关资产、财产的计税基础减除已经按照规定扣除的折旧、折耗、摊销、准备金等后的余额。

除国务院财政、税务主管部门另有规定外，企业在重组过程中，应当在交易发生时确认有关资产的转让所得或者损失，相关资产应当按照交易价格重新确定计税基础。[②]

第四节　企业所得税的优惠政策

企业所得税的税收优惠政策，是指国家根据经济和社会发展的需要，在一定的期限内对特定地区、行业和企业的纳税人应缴纳的企业所得税，给予减征或者免征的照顾和鼓励措施。企业所得税的优惠政策体现在其计算的各个环节，既可能减低税率、直接减免税、税额抵免，也可能减计收入、加计扣除、对应纳税所得额进行折扣。除减低税率的政策参见本章第一节“企业所得税的税率”外，本节对其他优惠政策分类介绍。

企业同时从事适用不同企业所得税待遇的项目的，其优惠项目应当单独计算所得，并合理分摊企业的期间费用；没有单独计算的，不得享受企业所得税优惠。[③]

一、减免税优惠

(一) 一般的免税项目

企业的下列收入为免税收入[④]：

(1) 国债利息收入；

(2) 符合条件的居民企业之间的股息、红利等权益性投资收益；

(3) 在中国境内设立机构、场所的非居民企业从居民企业取得与该机构、场所有实际联系的股息、红利等权益性投资收益；

(4) 符合条件的非营利组织的收入。

第 (2) 项中“符合条件”是指居民企业直接投资于其他居民企业取得的投资收益。第 (2)、(3) 项所称股息、红利等权益性投资收益，不包括连续持有居民企业公开发行并上市流通的股票不足 12 个月取得的投资收益。第 (4) 项中“符合条件”，参

---

① 《企业所得税法实施条例》，第 72、73 条。

② 《企业所得税法实施条例》，第 74、75 条。

③ 《企业所得税法实施条例》，第 102 条。

④ 《企业所得税法》，第 26 条。

见本书第 546 页。具体非营利组织的认定管理办法由国务院财政、税务主管部门会同国务院有关部门制定。除国务院财政、税务主管部门另有规定外，非营利组织从事营利性活动取得的收入不免税。①

（二）从事农、林、牧、渔业项目的减免税政策②

企业从事下列项目的所得，免征企业所得税：

（1）蔬菜、谷物、薯类、油料、豆类、棉花、麻类、糖料、水果、坚果的种植；

（2）农作物新品种的选育；

（3）中药材的种植；

（4）林木的培育和种植；

（5）牲畜、家禽的饲养；

（6）林产品的采集；

（7）灌溉、农产品初加工、兽医、农技推广、农机作业和维修等农、林、牧、渔服务业项目；

（8）远洋捕捞。

企业从事下列项目的所得，减半征收企业所得税：

（1）花卉、茶以及其他饮料作物和香料作物的种植；

（2）海水养殖、内陆养殖。

企业从事国家限制和禁止发展的项目，不得享受减免企业所得税的优惠。

（三）从事国家重点扶持的公共基础设施项目的减免税政策③

国家重点扶持的公共基础设施项目，是指《公共基础设施项目企业所得税优惠目录》规定的港口码头、机场、铁路、公路、城市公共交通、电力、水利等项目。

企业从事国家重点扶持的公共基础设施项目的投资经营的所得，自项目取得第一笔生产经营收入所属纳税年度起，第一年至第三年免征企业所得税，第四年至第六年减半征收企业所得税。

企业承包经营、承包建设和内部自建自用该类项目，不得享受减免企业所得税的优惠。

（四）从事环境保护、节能节水项目的减免税政策④

符合条件的环境保护、节能节水项目，包括公共污水处理、公共垃圾处理、沼气综合开发利用、节能减排技术改造、海水淡化等。项目的具体条件和范围由国务院财政、税务主管部门商国务院有关部门制订，报国务院批准后公布施行。

---

① 《企业所得税法实施条例》，第 83～85 条。

② 《企业所得税法实施条例》，第 86 条。

③ 《企业所得税法实施条例》，第 87 条。

④ 《企业所得税法实施条例》，第 88 条。

企业从事符合条件的环境保护、节能节水项目的所得，自项目取得第一笔生产经营收入所属纳税年度起，第一年至第三年免征企业所得税，第四年至第六年减半征收企业所得税。

（五）符合条件的技术转让所得的减免税政策①

在一个纳税年度内，居民企业技术转让所得不超过500万元的部分，免征企业所得税；超过500万元的部分，减半征收企业所得税。

（1）享受减免企业所得税优惠的技术转让应符合以下条件②：①享受优惠的技术转让主体是企业所得税法规定的居民企业；②技术转让属于财政部、国家税务总局规定的范围；③境内技术转让经省级以上科技部门认定；④向境外转让技术经省级以上商务部门认定；⑤国务院税务主管部门规定的其他条件。

（2）符合条件的技术转让所得应按以下方法计算：

技术转让所得＝技术转让收入－技术转让成本－相关税费

技术转让收入，是指当事人履行技术转让合同后获得的价款，不包括销售或转让设备、仪器、零部件、原材料等非技术性收入。不属于与技术转让项目密不可分的技术咨询、技术服务、技术培训等收入，不得计入技术转让收入。

技术转让成本，是指转让的无形资产的净值，即该无形资产的计税基础减除在资产使用期间按照规定计算的摊销扣除额后的余额。

相关税费，是指技术转让过程中实际发生的有关税费，包括除企业所得税和允许抵扣的增值税以外的各项税金及其附加、合同签订费用、律师费等相关费用及其他支出。

（3）享受技术转让所得减免企业所得税优惠的企业，应单独计算技术转让所得，并合理分摊企业的期间费用；没有单独计算的，不得享受技术转让所得企业所得税优惠。

（4）企业发生技术转让，应在纳税年度终了后至报送年度纳税申报表以前，向主管税务机关办理减免税备案手续。

（六）其他所得的减免税政策

下列所得可以免征企业所得税③：

（1）外国政府向中国政府提供贷款取得的利息所得；

（2）国际金融组织向中国政府和居民企业提供优惠贷款取得的利息所得；

（3）经国务院批准的其他所得。

实行民族区域自治的自治区、自治州、自治县的自治机关对本民族自治地方的企业应缴纳的企业所得税中属于地方分享的部分，可以决定减征或者免征。自治州、自治县决定减征或者免征的，须报省、自治区、直辖市人民政府批准。对民族自治地方

① 《企业所得税法实施条例》，第90条。

② 国家税务总局，《关于技术转让所得减免企业所得税有关问题的通知》，国税函［2009］212号。

③ 《企业所得税法实施条例》，第91条。

内国家限制和禁止行业的企业，不得减征或者免征企业所得税。[①]

另外，享受“三免三减”优惠期的项目，在减免税期限内转让的，受让方自受让之日起，可以在剩余期限内享受规定的减免税优惠；减免税期限届满后转让的，受让方不得就该项目重复享受减免税优惠。[②]

根据财政部、海关总署、国家税务总局《关于支持文化企业发展若干税收政策问题的通知》（财税［2009］31号）第八条和财政部、海关总署、国家税务总局《关于文化体制改革试点中支持文化产业发展若干税收政策问题的通知》（财税［2005］2号）第一条的规定，对2008年12月31日前新办的政府鼓励的文化企业，自工商注册登记之日起，免征3年企业所得税，享受优惠的期限截至2010年12月31日。[③]

从2009年1月1日至2013年12月31日，对四川、甘肃、陕西、重庆、云南、宁夏等6省（自治区、直辖市）汶川地震灾区农村信用社继续免征企业所得税。以上所称汶川地震灾区，是指民政部、发展改革委、财政部国土资源部、地震局《关于印发汶川地震灾害范围评估结果的通知》（民发［2008］105号）所规定的极重灾区10个县（市）、重灾区41个县（市、区）和一般灾区186个县（市、区）。[④]

二、减计收入

企业以《资源综合利用企业所得税优惠目录》规定的资源作为主要原材料，生产国家非限制和禁止并符合国家和行业相关标准的产品取得的收入，减按90％计入收入总额。其中原材料占生产产品材料的比例不得低于《资源综合利用企业所得税优惠目录》规定的标准。[⑤]

三、加计扣除

企业为开发新技术、新产品、新工艺发生的研究开发费用，未形成无形资产计入当期损益的，在按照规定据实扣除的基础上，按照研究开发费用的50％加计扣除；形成无形资产的，按照无形资产成本的150％摊销。[⑥]

企业安置残疾人员的，在按照支付给残疾职工工资据实扣除的基础上，按照支付给残疾职工工资的100％加计扣除。残疾人员的范围适用《中华人民共和国残疾人保障法》的有关规定。[⑦]

《企业所得税法实施条例》称企业安置国家鼓励安置的其他就业人员所支付的工资

---

① 《企业所得税法实施条例》，第94条。

② 《企业所得税法实施条例》，第89条。

③ 国家税务总局，《关于新办文化企业企业所得税有关政策问题的通知》，国税函［2010］86号。

④ 财政部、国家税务总局，《关于汶川地震灾区农村信用社企业所得税有关问题的通知》，财税［2010］3号。

⑤ 《企业所得税法实施条例》，第99条。

⑥ 《企业所得税法实施条例》，第95条。

⑦ 《企业所得税法实施条例》，第96条；财政部、国家税务总局，《关于促进残疾人就业税收优惠政策的通知》，财税［2007］92号。

的加计扣除办法，由国务院另行规定。

四、应纳税所得额抵扣

创业投资企业从事国家需要重点扶持和鼓励的创业投资，采取股权投资方式投资于未上市的中小高新技术企业 2 年以上的，可以按照其投资额的 70%在股权持有满 2 年的当年抵扣该创业投资企业的应纳税所得额；当年不足抵扣的，可以在以后纳税年度结转抵扣。①

以上所称创业投资企业投资的中小高新技术企业，除应按照科技部、财政部、国家税务总局《关于印发〈高新技术企业认定管理办法〉的通知》（国税发［2008］172 号）和《关于印发〈高新技术企业认定管理工作指引〉的通知》（国税发［2008］362 号）的规定通过高新技术企业认定以外，还应符合职工人数不超过 500 人，年销售（营业）额不超过 2 亿元，资产总额不超过 2 亿元的条件。

2007 年底前按原有规定取得高新技术企业资格的中小高新技术企业，且在 2008 年继续符合新的高新技术企业标准的，向其投资满 24 个月的计算，可自创业投资企业实际向其投资的时间起计算。中小企业接受创业投资之后，经认定符合高新技术企业标准的，应自其被认定为高新技术企业的年度起，计算创业投资企业的投资期限。该期限内中小企业接受创业投资后，企业规模超过中小企业标准，但仍符合高新技术企业标准的，不影响创业投资企业享受有关税收优惠。②

此外，为有效应对国际金融危机，扶持中小企业发展，经国务院批准，小型微利企业所得税自 2010 年 1 月 1 日至 2010 年 12 月 31 日，对年应纳税所得额低于 3 万元（含 3 万元）的小型微利企业，其所得减按 50%计入应纳税所得额，再按 20%的税率缴纳企业所得税。③

五、税额抵免

企业购置并实际使用《环境保护专用设备企业所得税优惠目录》、《节能节水专用设备企业所得税优惠目录》和《安全生产专用设备企业所得税优惠目录》规定的环境保护、节能节水、安全生产等专用设备的，该专用设备的投资额的 10%可以从企业当年的应纳税额中抵免；当年不足抵免的，可以在以后 5 个纳税年度结转抵免。享受企业所得税优惠的企业，应当实际购置并自身实际投入使用前款规定的专用设备；企业购置上述专用设备在 5 年内转让、出租的，应当停止享受企业所得税优惠，并补缴已经抵免的企业所得税税款。④

① 《企业所得税法实施条例》，第 97 条；财政部、国家税务总局，《关于促进创业投资企业发展有关税收政策的通知》，财税［2007］31 号。

② 国家税务总局，《关于实施创业投资企业所得税优惠问题的通知》，国税发［2009］87 号。

③ 财政部、国家税务总局，《关于小型微利企业有关企业所得税政策的通知》，财税［2009］133 号。

④ 《企业所得税法实施条例》，第 100 条。

六、过渡期的优惠政策

除《中华人民共和国企业所得税法》、《中华人民共和国企业所得税法实施条例》、《国务院关于实施企业所得税过渡优惠政策的通知》（国发［2007］39号），《国务院关于经济特区和上海浦东新区新设立高新技术企业实行过渡性税收优惠的通知》（国发［2007］40号）及财政部、国家税务总局《关于贯彻落实国务院关于实施企业所得税过渡优惠政策有关问题的通知》（财税［2008］1号）规定的优惠政策以外，2008年1月1日之前实施的其他企业所得税优惠政策一律废止。各地区、各部门一律不得越权制定企业所得税的优惠政策。[①] 这五项法律、法规涉及的优惠政策和过渡措施除本节前五点外，还包括：

（一）软件产业和集成电路产业的优惠政策[②]

（1）软件生产企业实行增值税即征即退政策所退还的税款，由企业用于研究开发软件产品和扩大再生产，不作为企业所得税应税收入，不予征收企业所得税。

（2）中国境内新办软件生产企业经认定后，自获利年度起，第一年和第二年免征企业所得税，第三年至第五年减半征收企业所得税。

（3）国家规划布局内的重点软件生产企业，如当年未享受免税优惠的，减按10％的税率征收企业所得税。

（4）软件生产企业的职工培训费用，可按实际发生额在计算应纳税所得额时扣除。

（5）企事业单位购进软件，凡符合固定资产或无形资产确认条件的，可以按照固定资产或无形资产进行核算，经主管税务机关核准，其折旧或摊销年限可以适当缩短，最短可为2年。

（6）集成电路设计企业视同软件企业，享受上述软件企业的有关企业所得税政策。

（7）集成电路生产企业的生产性设备，经主管税务机关核准，其折旧年限可以适当缩短，最短可为3年。

（8）投资额超过80亿元人民币或集成电路线宽小于0.25微米的集成电路生产企业，可以减按15％的税率缴纳企业所得税，其中，经营期在15年以上的，从开始获利的年度起，第一年至第五年免征企业所得税，第六年至第十年减半征收企业所得税。

（9）对生产线宽小于0.8微米（含）集成电路产品的生产企业，经认定后，自获利年度起，第一年和第二年免征企业所得税，第三年至第五年减半征收企业所得税。

已经享受自获利年度起企业所得税“两免三减半”政策的企业，不再重复执行本条规定。

（10）自2008年1月1日起至2010年底，对集成电路生产企业、封装企业的投资

---

①② 财政部、国家税务总局，《关于贯彻落实国务院关于实施企业所得税过渡优惠政策有关问题的通知》，财税〔2008〕1号。

者，以其取得的缴纳企业所得税后的利润，直接投资于本企业增加注册资本，或作为资本投资开办其他集成电路生产企业、封装企业，经营期不少于5年的，按40%的比例退还其再投资部分已缴纳的企业所得税税款。再投资不满5年撤出该项投资的，追缴已退的企业所得税税款。

自2008年1月1日起至2010年底，对国内外经济组织作为投资者，以其在境内取得的缴纳企业所得税后的利润，作为资本投资于西部地区开办集成电路生产企业、封装企业或软件产品生产企业，经营期不少于5年的，按80%的比例退还其再投资部分已缴纳的企业所得税税款。再投资不满5年撤出该项投资的，追缴已退的企业所得税税款。

（二）证券投资基金的优惠政策①

（1）对证券投资基金从证券市场中取得的收入，包括买卖股票、债券的差价收入，股权的股息、红利收入，债券的利息收入及其他收入，暂不征收企业所得税。

（2）对投资者从证券投资基金分配中取得的收入，暂不征收企业所得税。

（3）对证券投资基金管理人运用基金买卖股票、债券的差价收入，暂不征收企业所得税。

（三）其他有关行业、企业的优惠政策②

为保证部分行业、企业税收优惠政策执行的连续性，对有关就业再就业，奥运会和世博会，社会公益，债转股、清产核资、重组、改制、转制等企业改革，涉农和国家储备，其他单项优惠政策的6类定期企业所得税优惠政策（见表18-1），自2008年1月1日起，继续按原优惠政策规定的办法和时间执行到期。

表18-1 执行到期的企业所得税优惠政策表

类别	序号	文件名称	备注
一、就业再就业政策	1	财政部、国家税务总局，《关于下岗失业人员再就业有关税收政策问题的通知》（财税［2002］208号）	对2005年底之前核准享受再就业减免税政策的企业，在剩余期限内享受至期满
	2	财政部、国家税务总局，《关于下岗失业人员再就业有关税收政策问题的通知》（财税［2005］186号）	政策审批时间截至2008年底

①② 财政部、国家税务总局，《关于贯彻落实国务院关于实施企业所得税过渡优惠政策有关问题的通知》，财税［2008］1号。

续表

类别	序号	文件名称	备注
二、奥运会和世博会政策	3	财政部、国家税务总局、海关总署，《关于第29届奥运会税收政策问题的通知》（财税［2003］10号）	奥运会结束且北京奥组委财务清算完结后停止执行
		财政部、国家税务总局，《关于第29届奥运会补充税收政策的通知》（财税［2006］128号）	
	4	财政部、国家税务总局，《关于2010年上海世博会有关税收政策问题的通知》（财税［2005］180号）	世博会结束且上海世博局财务清算完结后停止执行
		财政部、国家税务总局，《关于增补上海世博运营有限公司享受上海世博会有关税收优惠政策的批复》（财税［2006］155号）	
三、社会公益政策	5	财政部、国家税务总局，《关于延长生产和装配伤残人员专门用品企业免征所得税执行期限的通知》（财税［2006］148号）	
四、债转股、清产核资、重组、改制、转制等企业改革政策	6	财政部、国家税务总局，《关于债转股企业有关税收政策的通知》（财税［2005］29号）	
	7	财政部、国家税务总局，《关于中央企业清产核资有关税务处理问题的通知》（财税［2006］18号）	
	8	财政部、国家税务总局，《关于延长转制科研机构有关税收政策执行期限的通知》（财税［2005］14号）	
	9	财政部、海关总署、国家税务总局，《关于文化体制改革中经营性文化事业单位转制后企业的若干税收政策问题的通知》（财税［2005］1号）	
		财政部、海关总署、国家税务总局，《关于文化体制改革试点中支持文化产业发展若干税收政策问题的通知》（财税［2005］2号）	
五、涉农和国家储备政策	10	财政部、国家税务总局，《关于促进农产品连锁经营试点税收优惠政策的通知》（财税［2007］10号）	
	11	财政部、国家税务总局，《关于广播电视村村通税收政策的通知》（财税［2007］17号）	
	12	财政部、国家税务总局，《关于部分国家储备商品有关税收政策的通知》（财税［2007］105号）	

续表

类别	序号	文件名称	备注
六、单项优惠政策	13	财政部、国家税务总局，《关于股权分置试点改革有关税收政策问题的通知》（财税［2005］103号）	执行到股权分置试点改革结束
	14	财政部、国家税务总局，《关于中国证券投资者保护基金有限责任公司有关税收问题的通知》（财税［2006］169号）	
	15	财政部、国家税务总局，《关于延长试点地区农村信用社有关税收政策期限的通知》（财税［2006］46号）	
		财政部、国家税务总局，《关于海南省改革试点的农村信用社税收政策的通知》（财税［2007］18号）	
	16	财政部、国家税务总局，《关于继续执行监狱劳教企业有关税收政策的通知》（财税［2006］123号）	

（四）外国投资者从外商投资企业取得利润的优惠政策①

2008年1月1日之前外商投资企业形成的累积未分配利润，在2008年以后分配给外国投资者的，免征企业所得税；2008年及以后年度外商投资企业新增利润分配给外国投资者的，依法缴纳企业所得税。

（五）原有减免税期过渡措施

2007年3月16日前经工商等登记管理机关登记成立的企业，原享受企业所得税“两免三减半”、“五免五减半”等定期减免税优惠的企业，2008年1月1日后，继续按原税收法律、行政法规及相关文件规定的优惠办法及年限享受至期满为止，但因未获利而尚未享受税收优惠的，其优惠期限从2008年度起计算。实施过渡优惠政策的项目和范围按《实施企业所得税过渡优惠政策表》（见表18-2）执行。②

2007年3月17日至2007年12月31日期间经工商等登记管理机关登记成立的企业，在2007年12月31日前，分别依照现行《中华人民共和国企业所得税暂行条例》和《中华人民共和国外商投资企业和外国企业所得税法》及其实施细则等相关规定缴纳企业所得税。自2008年1月1日起，上述企业统一适用新税法及国务院相关规定，不享受过渡性税收优惠政策。③

---

① 财政部、国家税务总局，《关于贯彻落实国务院关于实施企业所得税过渡优惠政策有关问题的通知》，财税［2008］1号。

② 国务院，《关于实施企业所得税过渡优惠政策的通知》，国发［2007］39号。

③ 财政部、国家税务总局，《关于〈中华人民共和国企业所得税法〉公布后企业适用税收法律问题的通知》，财税［2007］115号。

表 18-2　实施企业所得税过渡优惠政策表

序号	文件名称	相关政策内容
1	《中华人民共和国外商投资企业和外国企业所得税法》第七条第一款	设在经济特区的外商投资企业、在经济特区设立机构、场所从事生产、经营的外国企业和设在经济技术开发区的生产性外商投资企业，减按 15%的税率征收企业所得税
2	《中华人民共和国外商投资企业和外国企业所得税法》第七条第三款	设在沿海经济开放区和经济特区、经济技术开发区所在城市的老市区或者设在国务院规定的其他地区的外商投资企业，属于能源、交通、港口、码头或者国家鼓励的其他项目的，可以减按 15%的税率征收企业所得税。
3	《中华人民共和国外商投资企业和外国企业所得税法实施细则》第七十三条第一款第一项	在沿海经济开放区和经济特区、经济技术开发区所在城市的老市区设立的从事下列项目的生产性外资企业，可以减按 15%的税率征收企业所得税：技术密集、知识密集型的项目；外商投资在 3000 万美元以上，回收投资时间长的项目；能源、交通、港口建设的项目。
4	《中华人民共和国外商投资企业和外国企业所得税法实施细则》第七十三条第一款第二项	从事港口、码头建设的中外合资经营企业，可以减按 15%的税率征收企业所得税。
5	《中华人民共和国外商投资企业和外国企业所得税法实施细则》第七十三条第一款第四项	在上海浦东新区设立的生产性外商投资企业，以及从事机场、港口、铁路、公路、电站等能源、交通建设项目的外商投资企业，可以减按 15%的税率征收企业所得税。
6	国务院，《关于上海外高桥、天津港、深圳福田、深圳沙头角、大连、广州、厦门象屿、张家港、海口、青岛、宁波、福州、汕头、珠海、深圳盐田保税区的批复》（国函［1991］26 号、国函［1991］32 号、国函［1992］43 号、国函［1992］44 号、国函［1992］148 号、国函［1992］150 号、国函［1992］159 号、国函［1992］179 号、国函［1992］180 号、国函［1992］181 号、国函［1993］3 号等）	生产性外商投资企业，减按 15%的税率征收企业所得税。
7	国务院，《关于在福建省沿海地区设立台商投资区的批复》（国函［1989］35 号）	厦门台商投资区内设立的台商投资企业，减按 15%税率征收企业所得税；福州台商投资区内设立的生产性台商投资企业，减按 15%税率征收企业所得税，非生产性台资企业，减按 24%税率征收企业所得税。

续表

序号	文件名称	相关政策内容
8	国务院，《关于进一步对外开放南宁、重庆、黄石、长江三峡经济开放区、北京等城市的通知》（国函［1992］62号、国函［1992］93号、国函［1993］19号、国函［1994］92号、国函［1995］16号）	省会（首府）城市及沿江开放城市从事下列项目的生产性外资企业，减按15%的税率征收企业所得税：技术密集、知识密集型的项目；外商投资在3000万美元以上，回收投资时间长的项目；能源、交通、港口建设的项目。
9	国务院，《关于开发建设苏州工业园区有关问题的批复》（国函［1994］9号）	在苏州工业园区设立的生产性外商投资企业，减按15%税率征收企业所得税。
10	国务院，《关于扩大外商投资企业从事能源交通基础设施项目税收优惠规定适用范围的通知》（国发［1999］13号）	自1999年1月1日起，将外资企业所得税法实施细则第七十三条第一款第（一）项第三目关于从事能源、交通基础设施建设的生产性外商投资企业，减按15%征收企业所得税的规定扩大到全国。
11	《广东省经济特区条例》（1980年8月26日第五届全国人民代表大会常务委员会第十五次会议批准施行）	广东省深圳、珠海、汕头经济特区的企业所得税率为15%。
12	国务院，《对福建省关于建设厦门经济特区的批复》（［80］国函字88号）	厦门经济特区所得税率按15%执行。
13	国务院，《关于鼓励投资开发海南岛的规定》（国发［1988］26号）	在海南岛举办的企业（国家银行和保险公司除外），从事生产、经营所得税和其他所得，均按15%的税率征收企业所得税。
14	《中华人民共和国外商投资企业和外国企业所得税法》第七条第二款	设在沿海经济开放区和经济特区、经济技术开发区所在城市的老市区的生产性外商投资企业，减按24%的税率征收企业所得税。
15	国务院，《关于试办国家旅游度假区有关问题的通知》（国发［1992］46号）	国家旅游度假区内的外商投资企业，减按24%税率征收企业所得税。
16	国务院，《关于进一步对外开放黑河、伊宁、凭祥、二连浩特市等边境城市的通知》（国函［1992］21号、国函［1992］61号、国函［1992］62号、国函［1992］94号）	沿边开放城市的生产性外商投资企业，减按24%税率征收企业所得税。
17	国务院，《关于进一步对外开放南宁、昆明市及凭祥等五个边境城镇的通知》（国函［1992］62号）	允许凭祥、东兴、畹町、瑞丽、河口五市（县、镇）在具备条件的市（县、镇）兴办边境经济合作区，对边境经济合作区内以出口为主的生产性内联企业，减按24%的税率征收。
18	国务院，《关于进一步对外开放南宁、重庆、黄石、长江三峡经济开放区、北京等城市的通知》（国函［1992］62号、国函［1992］93号、国函［1993］19号、国函［1994］92号、国函［1995］16号）	省会（首府）城市及沿江开放城市的生产性外商投资企业，减按24%税率征收企业所得税。

续表

序号	文件名称	相关政策内容
19	《中华人民共和国外商投资企业和外国企业所得税法》第八条第一款	对生产性外商投资企业，经营期在十年以上的，从开始获利的年度起，第一年和第二年免征企业所得税，第三年至第五年减半征收企业所得税。
20	《中华人民共和国外商投资企业和外国企业所得税法实施细则》第七十五条第一款第一项	从事港口码头建设的中外合资经营企业，经营期在十五年以上的，经企业申请，所在地的省、自治区、直辖市税务机关批准，从开始获利的年度起，第一年至第五年免征企业所得税，第六年至第十年减半征收企业所得税。
21	《中华人民共和国外商投资企业和外国企业所得税法实施细则》第七十五条第一款第二项	在海南经济特区设立的从事机场、港口、码头、铁路、公路、电站、煤矿、水利等基础设施项目的外商投资企业和从事农业开发经营的外商投资企业，经营期在十五年以上的，经企业申请，海南省税务机关批准，从开始获利的年度起，第一年至第五年免征企业所得税，第六年至第十年减半征收企业所得税。
22	《中华人民共和国外商投资企业和外国企业所得税法实施细则》第七十五条第一款第三项	在上海浦东新区设立的从事机场、港口、铁路、公路、电站等能源、交通建设项目的外商投资企业，经营期在十五年以上的，经企业申请，上海市税务机关批准，从开始获利的年度起，第一年至第五年免征企业所得税，第六年至第十年减半征收企业所得税。
23	《中华人民共和国外商投资企业和外国企业所得税法实施细则》第七十五条第一款第四项	在经济特区设立的从事服务性行业的外商投资企业，外商投资超过500万美元，经营期在十年以上的，经企业申请，经济特区税务机关批准，从开始获利的年度起，第一年免征企业所得税，第二年和第三年减半征收企业所得税。
24	《中华人民共和国外商投资企业和外国企业所得税法实施细则》第七十五条第一款第六项	在国务院确定的国家高新技术产业开发区设立的被认定为高新技术企业的中外合资经营企业，经营期在十年以上的，经企业申请，当地税务机关批准，从开始获利的年度起，第一年和第二年免征企业所得税。
25	《中华人民共和国外商投资企业和外国企业所得税法实施细则》第七十五条第一款第六项 国务院，《关于〈北京市新技术产业开发试验区暂行条例〉的批复》(国函［1988］74号)	设在北京市新技术产业开发试验区的外商投资企业，依照北京市新技术产业开发试验区的税收优惠规定执行。 对试验区的新技术企业自开办之日起，三年内免征所得税。经北京市人民政府指定的部门批准，第四至六年可按15%或10%的税率，减半征收所得税。

续表

序号	文件名称	相关政策内容
26	《中华人民共和国企业所得税暂行条例》第八条第一款	需要照顾和鼓励的民族自治地方的企业，经省级人民政府批准实行定期减税或免税的，过渡优惠执行期限不超过五年。
27	国务院，《关于鼓励投资开发海南岛的规定》（国发［1988］26号）	在海南岛举办的企业（国家银行和保险公司除外），从事港口、码头、机场、公路、铁路、电站、煤矿、水利等基础设施开发经营的企业和从事农业开发经营的企业，经营期限在十五年以上的，从开始获利的年度起，第一年至第五年免征所得税，第六年至第十年减半征收所得税。
		在海南岛举办的企业（国家银行和保险公司除外），从事工业、交通运输业等生产性行业的企业经营期限在十年以上的，从开始获利的年度起，第一年和第二年免征所得税，第三年至第五年减半征收所得税。
		在海南岛举办的企业（国家银行和保险公司除外），从事服务性行业的企业，投资总额超过500万美元或者2000万人民币，经营期限在十年以上的，从开始获利的年度起，第一年免征所得税，第二年和第三年减半征收所得税。
28	国务院，《关于实施〈国家中长期科学和技术发展规划纲要（2006～2020年）若干配套政策的通知〉》（国发［2006］6号）	国家高新技术产业开发区内新创办的高新技术企业经严格认定后，自获利年度起两年内免征所得税。

（六）西部大开发税收优惠政策

根据国务院实施西部大开发有关文件精神，财政部、国家税务总局和海关总署联合下发的《关于西部大开发税收优惠政策问题的通知》（财税［2001］202号）中规定的西部大开发企业所得税优惠政策继续执行。[①]

主要内容除在2001年至2010年期间，仍减按15%的税率征税外，企业所得税方面还包括：对在西部地区新办交通、电力、水利、邮政、广播电视企业，上述项目业务收入占企业总收入70%以上的，可以享受第一年至第二年免征企业所得税，第三年至第五年减半征收企业所得税。

① 国务院，《关于实施企业所得税过渡优惠政策的通知》，国发［2007］39号。

(七)特定地区新设高新技术企业优惠政策[①]

国务院决定对法律设置的发展对外经济合作和技术交流的特定地区(指深圳、珠海、汕头、厦门和海南经济特区)内,以及国务院已规定执行上述地区特殊政策的地区(指上海浦东新区)内新设立的国家需要重点扶持的高新技术企业,实行过渡性税收优惠。

对经济特区和上海浦东新区内在2008年1月1日(含)之后完成登记注册的国家需要重点扶持的高新技术企业(以下简称新设高新技术企业),在经济特区和上海浦东新区内取得的所得,自取得第一笔生产经营收入所属纳税年度起,第一年至第二年免征企业所得税,第三年至第五年按照25%的法定税率减半征收企业所得税。

国家需要重点扶持的高新技术企业,是指拥有核心自主知识产权,同时符合《中华人民共和国企业所得税法实施条例》第九十三条规定的条件(见本章第一节"企业所得税的税率"),并按照《高新技术企业认定管理办法》认定的高新技术企业。

经济特区和上海浦东新区内新设高新技术企业同时在经济特区和上海浦东新区以外的地区从事生产经营的,应当单独计算其在经济特区和上海浦东新区内取得的所得,并合理分摊企业的期间费用;没有单独计算的,不得享受企业所得税优惠。

经济特区和上海浦东新区内新设高新技术企业在按照本通知的规定享受过渡性税收优惠期间,由于复审或抽查不合格而不再具有高新技术企业资格的,从其不再具有高新技术企业资格年度起,停止享受过渡性税收优惠;以后再次被认定为高新技术企业的,不得继续享受或者重新享受过渡性税收优惠。

企业所得税过渡优惠政策与新税法及实施条例规定的优惠政策存在交叉的,由企业选择最优惠的政策执行,不得叠加享受,且一经选择,不得改变。[②]

第五节 企业所得税应纳税额的计算和税收抵免

一、居民企业应纳税额的计算

企业所得税应纳税额的基本计算公式为[③]

应纳税额=应纳税所得额×适用税率-减免税额-抵免税额

公式中的减免税额和抵免税额,是指依照企业所得税法和国务院的税收优惠规定减征、免征和抵免的应纳税额。实际中,应纳税所得额的计算一般有两种方法。

一是直接计算法。在直接计算法下,企业每一纳税年度的收入总额减除不征税收入、免税收入、各项扣除以及允许弥补的以前年度亏损后的余额为应纳税所得额。计

① 国务院,《关于经济特区和上海浦东新区新设立高新技术企业实行过渡性税收优惠的通知》,国发[2007]40号。

② 国务院,《关于实施企业所得税过渡优惠政策的通知》,国发[2007]39号。

③ 《企业所得税法实施条例》,第76条。

算公式与前述相同，即为

应纳税所得额＝收入总额－不征税收入－免税收入－各项扣除金额－弥补亏损

二是间接计算法。在间接计算法下，在会计利润总额的基础上加或减按照税法规定调整的项目金额后，即为应纳税所得额。计算公式为

应纳税所得额＝会计利润总额±纳税调整项目金额

纳税调整项目金额包括两方面的内容：一是企业的财务会计处理和税收规定不一致应予以调整的金额。二是企业按税法规定准予扣除的税收金额。

【例 18-1】 某企业为居民企业，2009 年经营业务如下：取得销售收入 5000 万元，销售成本 2200 万元，发生销售费用 1340 万元（其中广告费 900 万元），管理费用 960 万元（其中业务招待费 30 万元），财务费用 120 万元，营业税金及附加 320 万元（含增值税 240 万元），营业外收入 140 万元，营业外支出 100 万元（含通过公益性社会团体向希望小学捐款 60 万元，支付税收滞纳金 12 万元），计入成本、费用中的实发工资总额 300 万元、拨缴职工工会经费 6 万元、提取并发放职工福利费 46 万元、职工教育经费 10 万元。

计算该企业实际应缴纳的企业所得税税额。

解析：

间接法：

(1) 年度利润总额＝5000＋140－2200－1340－960－120－80－100＝340（万元）

(2) 广告费调增所得额＝900－5000×15%＝900－750＝150（万元）

(3) 业务招待费扣除最高限额＝5000×0.5%＝25（万元）＞实际发生的业务招待费的 60%＝30×60%＝18（万元）

业务招待费调增所得额＝30－30×60%＝30－18＝12（万元）

(4) 捐赠支出应调增所得额＝60－340×12%＝19.2（万元）

(5) 工会经费的扣除限额为 300×2%＝6（万元），实际拨缴 6 万元，无需调整；

职工福利费扣除限额为 300×14%＝42（万元），实际发生 46 万元，应调增额＝46－42＝4（万元）；

职工教育经费的扣除限额为 300×2.5%＝7.5（万元），实际发生 10 万元，应调增额＝10－7.5＝2.5（万元），三项经费总共调增额＝4＋2.5＝6.5（万元）。

(6) 应纳税所得额＝（340＋150＋12＋19.2＋6.5＋12）＝539.7（万元）

(7) 2008 年应缴企业所得税税额＝539.7×25%＝134.925（万元）

直接法：

(1) 年度利润总额＝5000＋140－2200－1340－960－120－80－100＝340（万元）

(2) 销售费用准予扣除额＝1340－900＋5000×15%＝1190（万元）

(3) 5000×0.5%＝25（万元）＞实际发生的业务招待费的 60%＝30×60%＝18（万元）

管理费用准予扣除额＝960－30＋30×60%＝948（万元）

(4) 营业外支出准予扣除额＝100－12－60＋340×12%＝68.8（万元）

(5) 成本费用扣除总额＝［(2200＋1190＋948)－(6＋46＋10)＋(300×2%＋300×14%＋300×2.5%)］＋120＋80＋68.8＝4600.3(万元)

(6) 应纳税所得额＝5000＋140－4600.3＝539.7(万元)

(7) 2008年应缴企业所得税税额＝539.7×25%＝134.925(万元)

二、境外所得已纳外国所得税的抵免

对企业来源于境外所得已纳外国所得税给予抵免(又称税额扣除)，即境外所得在境外缴纳的所得税税额从其应向本国缴纳的所得税税额中扣除，是避免国际对同一所得重复征税的一项重要措施。

(一) 抵免对象和抵免限额

抵免对象为居民企业来源于中国境外的应税所得，或非居民企业在中国境内设立机构、场所，取得发生在中国境外但与该机构、场所有实际联系的应税所得已在境外缴纳的所得税税额。

已在境外缴纳的所得税税额，可以从其当期应纳税额中抵免，抵免限额为该项所得依法计算的应纳税额；超过抵免限额的部分，可以在以后五个年度内，用每年度抵免限额抵免当年应抵税额后的余额进行抵补。①

已在境外缴纳的所得税税额，是指企业来源于中国境外的所得依照中国境外税收法律以及相关规定应当缴纳并已经实际缴纳的企业所得税性质的税款。

抵免限额应当分国(地区)不分项计算，计算公式如下：

抵免限额＝中国境内、境外所得依照企业所得税法和本条例的规定计算的应纳税总额×来源于某国(地区)的应纳税所得额÷中国境内、境外应纳税所得总额

五个年度，是指从企业取得的来源于中国境外的所得，已经在中国境外缴纳的企业所得税性质的税额超过抵免限额的当年的次年起连续五个纳税年度。②

(二) 间接抵免

居民企业从其直接或者间接控制的外国企业分得的来源于中国境外的股息、红利等权益性投资收益，外国企业在境外实际缴纳的所得税税额中属于该项所得负担的部分，可以作为该居民企业的可抵免境外所得税税额，在抵免限额内抵免。③

所称直接控制，是指居民企业直接持有外国企业20%以上股份。所称间接控制，是指居民企业以间接持股方式持有外国企业20%以上股份，具体认定办法由国务院财政、税务主管部门另行制定。④

【例18-2】 甲企业在某一纳税年度境内经营应纳税所得额为400万元，其在A、B

---

① 《企业所得税法》，第23条。

② 《企业所得税法实施条例》，第77～79条。

③ 《企业所得税法》，第24条。

④ 《企业所得税法实施条例》，第80条。

两国设有分支机构。A 国分支机构所得为 240 万元。其中生产经营所得为 200 万元，规定的税率为 40%；利息所得和特许权使用费所得为 40 万元，A 国规定的税率为 20%；B 国分支机构所得为 160 万元。其中生产经营所得为 100 万元，规定的税率为 30%；租金所得和特许权使用费所得为 60 万元，B 国规定的税率为 10%。已知本国企业所得税为 25%，请分别计算出 A、B 两国分支机构的应纳所得税额、税额抵扣限额和汇总计算的应纳税额。

解析：首先，分别计算两个分支机构实际缴纳的所得税额。

A 分支机构在 A 国实际缴纳的所得税额＝200×40%＋40×20%＝88（万元）

B 分支机构在 B 国实际缴纳的所得税额＝100×30%＋60×10%＝36（万元）

其次，分别计算分支机构税额抵扣限额。

按照分国不分项的计算方法，该企业汇总计算缴纳所得税的程序和结果为

应纳所得税总额＝（400＋240＋160）×25%＝200（万元）

A 国分支机构税额抵扣限额＝200×（240/ 800）＝60（万元）

虽然该企业在 A 国已实际缴纳所得税 88 万元，但按照限额只允许抵扣 60 万元，超过抵扣限额的部分 28 万元不能抵扣。

B 国分支机构税额抵扣限额＝200×（160/800）＝40（万元）

该企业在 B 国的分支机构的税收抵扣限额为 40 万元，其在 B 国的实际缴纳的所得税额为 36 万元，可以按实际缴纳税额扣除。

最后，计算企业汇总的应纳税额。

企业汇总计算的应纳税额＝200－60－36＝104（万元）

三、居民企业核定征收应纳税额的计算

为了加强企业所得税征收管理，规范核定征收企业所得税工作，保障国家税款及时足额入库，维护纳税人合法权益，根据《企业所得税法》及其实施条例、《税收征管法》及其实施细则的有关规定，核定征收企业所得税的有关规定如下：

（一）核定征收企业所得税的范围

居民企业纳税人具有下列情形之一的，核定征收企业所得税：

（1）依照法律、行政法规的规定可以不设置账簿的；

（2）依照法律、行政法规的规定应当设置但未设置账簿的；

（3）擅自销毁账簿或者拒不提供纳税资料的；

（4）虽设置账簿，但账目混乱或者成本资料、收入凭证、费用凭证残缺不全，难以查账的；

（5）发生纳税义务，未按照规定的期限办理纳税申报，经税务机关责令限期申报，逾期仍不申报的；

（6）申报的计税依据明显偏低，又无正当理由的。[①]

特殊行业、特殊类型的纳税人和一定规模以上的纳税人不适用上述办法，包括以下类型的企业：

（1）享受《中华人民共和国企业所得税法》及其实施条例和国务院规定的一项或几项企业所得税优惠政策的企业（不包括仅享受《中华人民共和国企业所得税法》第二十六条规定免税收入优惠政策的企业）；

（2）汇总纳税企业；

（3）上市公司；

（4）银行、信用社、小额贷款公司、保险公司、证券公司、期货公司、信托投资公司、金融资产管理公司、融资租赁公司、担保公司、财务公司、典当公司等金融企业；

（5）会计、审计、资产评估、税务、房地产估价、土地估价、工程造价、律师、价格鉴证、公证机构、基层法律服务机构、专利代理、商标代理以及其他经济鉴证类社会中介机构；

（6）国家税务总局规定的其他企业。

对上述规定之外的企业，主管税务机关要严格按照规定的范围和标准确定企业所得税的征收方式，不得违规扩大核定征收企业所得税范围；对其中达不到查账征收条件的企业核定征收企业所得税，并促使其完善会计核算和财务管理，达到查账征收条件后要及时转为查账征收。[②]

（二）核定征收的办法

税务机关应根据纳税人的具体情况，对核定征收企业所得税的纳税人，核定应税所得率或者核定应纳所得税额。

（1）具有下列情形之一的，核定其应税所得率：①能正确核算（查实）收入总额，但不能正确核算（查实）成本费用总额的；②能正确核算（查实）成本费用总额，但不能正确核算（查实）收入总额的；③通过合理方法，能计算和推定纳税人收入总额或成本费用总额的。

纳税人不属于以上情形的，核定其应纳所得税额。

（2）税务机关采用下列方法核定征收企业所得税：①参照当地同类行业或者类似行业中经营规模和收入水平相近的纳税人的税负水平核定；②按照应税收入额或成本费用支出额定率核定；③按照耗用的原材料、燃料、动力等推算或测算核定；④按照其他合理方法核定。

采用前款所列一种方法不足以正确核定应纳税所得额或应纳税额的，可以同时采用两种以上的方法核定。采用两种以上方法测算的应纳税额不一致时，可按测算的应

① 国家税务总局，《关于印发〈企业所得税核定征收办法〉（试行）的通知》，国税发［2008］30号。

② 国家税务总局，《关于企业所得税核定征收若干问题的通知》，国税函［2009］377号。

纳税额从高核定。

采用应税所得率方式核定征收企业所得税的，应纳所得税额计算公式如下：

应纳所得税额＝应纳税所得额×适用税率

应纳税所得额＝应税收入额×应税所得率

或者：

应纳税所得额＝成本（费用）支出额÷（1－应税所得率）×应税所得率

其中，“应税收入额”等于收入总额减去不征税收入和免税收入后的余额；“收入总额”则为企业以货币形式和非货币形式从各种来源取得的收入。①

实行应税所得率方式核定征收企业所得税的纳税人，经营多业的，无论其经营项目是否单独核算，均由税务机关根据其主营项目确定适用的应税所得率。各行业应税所得率幅度见表18-3。上述所称主营项目应为纳税人所有经营项目中，收入总额或者成本（费用）支出额或者耗用原材料、燃料、动力数量所占比重最大的项目。

表 18-3　应税所得率幅度标准

行业	应税所得率（%）
农、林、牧、渔业	3～10
制造业	5～15
批发和零售贸易业	4～15
交通运输业	7～15
建筑业	8～20
饮食业	8～25
娱乐业	15～30
其他行业	10～30

纳税人的生产经营范围、主营业务发生重大变化，或者应纳税所得额或应纳税额增减变化达到20%的，应及时向税务机关申报调整已确定的应纳税额或应税所得率。②

四、非居民企业应纳税额的计算

非居民企业在中国境内未设立机构、场所，而有取得的来源于中国境内的利润、利息、租金、特许权使用费和其他所得，或者虽设立机构、场所，但上述所得与其机构、场所没有实际联系的，都应当缴纳企业所得税，以支付人为扣缴义务人，税款由扣缴义务人在每次支付或者到期应支付时，从支付或者到期应支付的款项中扣缴。③ 这种征收办法也叫“源泉扣缴”或“预提所得税”。

---

① 国家税务总局，《关于企业所得税核定征收若干问题的通知》，国税函［2009］377号。

② 国家税务总局，《关于印发〈企业所得税核定征收办法〉（试行）的通知》，国税发［2008］30号。

③ 《企业所得税法》，第37条。

非居民企业在中国境内未设立机构、场所的，或者虽设立机构、场所但取得的所得与其所设机构、场所没有实际联系的，其取得的所得按照下列方法计算其应纳税所得额[①]：

(1) 股息、红利等权益性投资收益和利息、租金、特许权使用费所得，以收入全额为应纳税所得额；

(2) 转让财产所得，以收入全额减除财产净值后的余额为应纳税所得额；

(3) 其他所得，参照前两项规定的方法计算应纳税所得额。

收入全额，是指非居民企业向支付人收取的全部价款和价外费用。财产净值，是指财产的计税基础减除已经按照规定扣除的折旧、折耗、摊销、准备金等后的余额。

对非居民企业在中国境内取得工程作业和劳务所得应缴纳的所得税，税务机关可以指定工程价款或者劳务费的支付人为扣缴义务人。[②]

扣缴义务人每次代扣的税款，应当自代扣之日起七日内缴入国库，并向所在地的税务机关报送扣缴企业所得税报告表。

五、非居民企业所得税核定征收管理办法

非居民企业应当按照《中华人民共和国税收征收管理法》及有关法律法规设置账簿，根据合法、有效凭证记账，进行核算，并应按照其实际履行的功能与承担的风险相匹配的原则，准确计算应纳税所得额，据实申报缴纳企业所得税。非居民企业因会计账簿不健全，资料残缺难以查账，或者其他原因不能准确计算并据实申报其应纳税所得额的，税务机关有权采取以下方法核定其应纳税所得额。

(1) 按收入总额核定应纳税所得额：适用于能够正确核算收入或通过合理方法推定收入总额，但不能正确核算成本费用的非居民企业。计算公式如下：

应纳税所得额＝收入总额×经税务机关核定的利润率

(2) 按成本费用核定应纳税所得额：适用于能够正确核算成本费用，但不能正确核算收入总额的非居民企业。计算公式如下：

应纳税所得额＝成本费用总额/（1－经税务机关核定的利润率）
×经税务机关核定的利润率

(3) 按经费支出换算收入核定应纳税所得额：适用于能够正确核算经费支出总额，但不能正确核算收入总额和成本费用的非居民企业。计算公式如下：

应纳税所得额＝经费支出总额/（1－经税务机关核定的利润率－营业税税率）
×经税务机关核定的利润率

税务机关可按照以下标准确定非居民企业的利润率：

(1) 从事承包工程作业、设计和咨询劳务的，利润率为15％～30％；

(2) 从事管理服务的，利润率为30％～50％；

---

① 《企业所得税法》，第23条。

② 《企业所得税法》，第38条。

(3) 从事其他劳务或劳务以外经营活动的，利润率不低于15%。

税务机关有根据认为非居民企业的实际利润率明显高于上述标准的，可以按照比上述标准更高的利润率核定其应纳税所得额。

非居民企业与中国居民企业签订机器设备或货物销售合同，同时提供设备安装、装配、技术培训、指导、监督服务等劳务，其销售货物合同中未列明提供上述劳务服务收费金额，或者计价不合理的，主管税务机关可以根据实际情况，参照相同或相近业务的计价标准核定劳务收入。无参照标准的，以不低于销售货物合同总价款的10%为原则，确定非居民企业的劳务收入。

非居民企业为中国境内客户提供劳务取得的收入，凡其提供的服务全部发生在中国境内的，应全额在中国境内申报缴纳企业所得税。凡其提供的服务同时发生在中国境内外的，应以劳务发生地为原则划分其境内外收入，并就其在中国境内取得的劳务收入申报缴纳企业所得税。税务机关对其境内外收入划分的合理性和真实性有疑义的，可以要求非居民企业提供真实有效的证明，并根据工作量、工作时间、成本费用等因素合理划分其境内外收入。如非居民企业不能提供真实有效的证明，税务机关可视同其提供的服务全部发生在中国境内，确定其劳务收入并据以征收企业所得税。

采取核定征收方式征收企业所得税的非居民企业，在中国境内从事适用不同核定利润率的经营活动，并取得应税所得的，应分别核算并适用相应的利润率计算缴纳企业所得税；凡不能分别核算的，应从高适用利润率，计算缴纳企业所得税。①

第六节　特别纳税调整

为了防止企业通过转让定价等途径逃避纳税义务，《企业所得税法》规定，企业与其关联方之间的业务往来，不符合独立交易原则而减少企业或者其关联方应纳税收入或者所得额的，税务机关有权按照合理方法调整。② 要做好关联企业间业务往来的税务管理工作，首先要正确认定关联企业，其次要进行调查审计掌握关联企业业务往来的真实情况，第三要选择正确方法进行税收调整。

一、关联交易的认定

关联企业，又称联属企业。中国税法所说的关联企业，是指与企业有以下关系之一的公司、企业和其他经济组织：

(1) 在资金、经营、购销等方面，存在直接或者间接的拥有或者控制关系；

(2) 直接或者间接地同为第三者所拥有或者控制；

(3) 其他在利益上相关联的关系。③

关联企业的交易并不一定违背独立交易原则。所谓独立交易原则，是指没有关联

---

① 国家税务总局，《关于印发〈非居民企业所得税核定征收管理办法〉的通知》，国税发［2010］19号。

② 《企业所得税法》，第41条。

③ 《企业所得税法实施条例》，第109条。

关系的交易各方，按照公平成交价格和营业常规进行业务往来遵循的原则。[①] 只有违背了这一原则的交易，才是关联交易。

二、成本分摊协议和预约定价安排

企业与其关联方共同开发、受让无形资产，或者共同提供、接受劳务发生的成本，在计算应纳税所得额时应当按照独立交易原则进行成本分摊。[②]

企业可以按照独立交易原则与其关联方分摊共同发生的成本，达成成本分摊协议。企业与其关联方分摊成本时，应当按照成本与预期收益相配比的原则进行分摊，并在税务机关规定的期限内，按照税务机关的要求报送有关资料。[③]

企业可以向税务机关提出与其关联方之间业务往来的定价原则和计算方法，税务机关与企业协商、确认后，达成预约定价安排。预约定价安排是指企业就其未来年度关联交易的定价原则和计算方法，向税务机关提出申请，与税务机关按照独立交易原则协商、确认后达成的协议。[④]

三、资料报送和转让定价调整方法

企业向税务机关报送年度企业所得税纳税申报表时，应当就其与关联方之间的业务往来，附送年度关联业务往来报告表。

税务机关在进行关联业务调查时，企业及其关联方，以及与关联业务调查有关的其他企业，应当按照规定提供相关资料，包括：

（1）与关联业务往来有关的价格、费用的制定标准、计算方法和说明等同期资料；

（2）关联业务往来所涉及的财产、财产使用权、劳务等的再销售（转让）价格或者最终销售（转让）价格的相关资料；

（3）与关联业务调查有关的其他企业应当提供的与被调查企业可比的产品价格、定价方式以及利润水平等资料；

（4）其他与关联业务往来有关的资料。

企业应当在税务机关规定的期限内提供与关联业务往来有关的价格、费用的制定标准、计算方法和说明等资料。关联方以及与关联业务调查有关的其他企业应当在税务机关与其约定的期限内提供相关资料。[⑤]

企业不提供与其关联方之间业务往来资料，或者提供虚假、不完整资料，未能真实反映其关联业务往来情况的，税务机关有权依法核定其应纳税所得额，可以采用下

---

① 《企业所得税法实施条例》，第 110 条。

② 《企业所得税法》，第 41 条。

③ 《企业所得税法实施条例》，第 112 条。

④ 《企业所得税法》，第 42 条；《企业所得税法实施条例》，第 113 条。

⑤ 《企业所得税法》，第 43 条；《企业所得税法实施条例》，第 114 条。

列方法[①]：

（1）参照同类或者类似企业的利润率水平核定；

（2）按照企业成本加合理的费用和利润的方法核定；

（3）按照关联企业集团整体利润的合理比例核定；

（4）按照其他合理方法核定。

具体方法包括[②]：

（1）可比非受控价格法，是指按照没有关联关系的交易各方进行相同或者类似业务往来的价格进行定价的方法；

（2）再销售价格法，是指按照从关联方购进商品再销售给没有关联关系的交易方的价格，减除相同或者类似业务的销售毛利进行定价的方法；

（3）成本加成法，是指按照成本加合理的费用和利润进行定价的方法；

（4）交易净利润法，是指按照没有关联关系的交易各方进行相同或者类似业务往来取得的净利润水平确定利润的方法；

（5）利润分割法，是指将企业与其关联方的合并利润或者亏损在各方之间采用合理标准进行分配的方法；

（6）其他符合独立交易原则的方法。

企业对税务机关按照前款规定的方法核定的应纳税所得额有异议的，应当提供相关证据，经税务机关认定后，调整核定的应纳税所得额。[③]

四、避税地受控外国公司条款

由居民企业，或者由居民企业和中国居民个人控制的设立在实际税负明显低于12.5%税率水平的国家（地区）的企业，并非由于合理的经营需要而对利润不作分配或者减少分配的，上述利润中应归属于该居民企业的部分，应当计入该居民企业的当期收入。[④]

控制是指[⑤]：

（1）居民企业或者中国居民个人直接或者间接单一持有外国企业10%以上有表决权的股份，且由其共同持有该外国企业50%以上股份；

（2）居民企业，或者居民企业和中国居民持股比例没有达到第（1）项规定的标准，但在股份、资金、经营、购销等方面对该外国企业构成实质控制。

五、资本弱化条款

企业从其关联方接受的债权性投资与权益性投资的比例超过规定标准（金融企业为5∶1，其他企业为2∶1）而发生的利息支出，不得在计算应纳税所得额时扣除；但

---

①③　《企业所得税法实施条例》，第115条。

②　《企业所得税法实施条例》，第111条。

④　《企业所得税法》，第45条；《企业所得税法实施条例》，第118条。

⑤　《企业所得税法实施条例》，第117条。

企业能证明其与关联方的交易符合独立企业原则，或者没有对实际税负造成影响，则不受前述规定限制。[①]

债权性投资，是指企业直接或者间接从关联方获得的，需要偿还本金和支付利息或者需要以其他具有支付利息性质的方式予以补偿的融资。

企业间接从关联方获得的债权性投资，包括：

(1) 关联方通过无关联第三方提供的债权性投资；

(2) 无关联第三方提供的、由关联方担保且负有连带责任的债权性投资；

(3) 其他间接从关联方获得的具有负债实质的债权性投资。

权益性投资，是指企业接受的不需要偿还本金和支付利息，投资人对企业净资产拥有所有权的投资。[②]

六、纳税调整

企业实施不具有合理商业目的的安排以减少、免除或者推迟缴纳税款，税务机关有权按照合理方法调整其减少的应纳税收入或者所得额。[③]

税务机关根据税收法律、行政法规的规定，对企业作出特别纳税调整的，应当对补征的税款，自税款所属纳税年度的次年 6 月 1 日起至补缴税款之日止的期间，按日加收利息，加收的利息，不得在计算应纳税所得额时扣除。所收利息，应当按照税款所属纳税年度中国人民银行公布的与补税期间同期的人民币贷款基准利率加 5 个百分点计算。企业依法提供有关资料的，可以只按前款规定的人民币贷款基准利率计算利息。[④]

企业与其关联方之间的业务往来，不符合独立交易原则，或者企业实施其他不具有合理商业目的安排的，税务机关有权在该业务发生的纳税年度起 10 年内，进行纳税调整。[⑤]

第七节 企业重组的所得税处理

中国经济处于改革转轨时期，除日常经济业务之外，还经常出现包括企业法律形式改变、债务重组、股权收购、资产收购、合并、分立等在内的企业重组业务。企业发生的以上重组业务，按照《财政部、国家税务总局〈关于企业重组业务企业所得税处理若干问题的通知〉规定》(财税 [2009] 59 号) 执行。

---

① 《企业所得税法》，第 46 条；财政部、国家税务总局，《关于企业关联方利息支出税前扣除标准有关税收政策问题的通知》，财税 [2008] 121 号。

② 《企业所得税法实施条例》，第 119 条。

③ 《企业所得税法》，第 47 条；《企业所得税法实施条例》，第 120 条。

④ 《企业所得税法实施条例》，第 121、122 条。

⑤ 《企业所得税法实施条例》，第 123 条。

一、企业重组的定义

企业重组，是指企业在日常经营活动以外发生的法律结构或经济结构重大改变的交易，包括企业法律形式改变、债务重组、股权收购、资产收购、合并、分立等。①

（1）企业法律形式改变，是指企业注册名称、住所以及企业组织形式等的简单改变，但符合本通知规定其他重组的类型除外。

（2）债务重组，是指在债务人发生财务困难的情况下，债权人按照其与债务人达成的书面协议或者法院裁定书，就其债务人的债务作出让步的事项。

（3）股权收购，是指一家企业（以下称为收购企业）购买另一家企业（以下称为被收购企业）的股权，以实现对被收购企业控制的交易。收购企业支付对价的形式包括股权支付、非股权支付或两者的组合。

（4）资产收购，是指一家企业（以下称为受让企业）购买另一家企业（以下称为转让企业）实质经营性资产的交易。受让企业支付对价的形式包括股权支付、非股权支付或两者的组合。

（5）企业合并，是指一家或多家企业（以下称为被合并企业）将其全部资产和负债转让给另一家现存或新设企业（以下称为合并企业），被合并企业股东换取合并企业的股权或非股权支付，实现两个或两个以上企业的依法合并。

（6）企业分立，是指一家企业（以下称为被分立企业）将部分或全部资产分离转让给现存或新设的企业（以下称为分立企业），被分立企业股东换取分立企业的股权或非股权支付，实现企业的依法分立。

以上所称股权支付，是指企业重组中购买、换取资产的一方支付的对价中，以本企业或其控股企业的股权、股份作为支付的形式；所称非股权支付，是指以本企业的现金、银行存款、应收款项、本企业或其控股企业股权和股份以外的有价证券、存货、固定资产、其他资产以及承担债务等作为支付的形式。

二、企业重组的税务处理方法

除国务院财政、税务主管部门另有规定外，企业在重组过程中，应当在交易发生时确认有关资产的转让所得或者损失，相关资产应当按照交易价格重新确定计税基础。② 企业重组的税务处理区分不同条件分别适用一般性税务处理规定和特殊性税务处理规定。企业重组同时符合下列条件的，适用特殊性税务处理规定③：

（1）具有合理的商业目的，且不以减少、免除或者推迟缴纳税款为主要目的。

（2）被收购、合并或分立部分的资产或股权比例符合本通知规定的比例。

（3）企业重组后的连续 12 个月内不改变重组资产原来的实质性经营活动。

---

① 以下本节内容如未特别注明，均引自财政部、国家税务总局，《关于企业重组业务企业所得税处理若干问题的通知》，财税［2009］59 号。

② 《企业所得税法实施条例》，第 75 条。

③ 财政部、国家税务总局，《关于企业重组业务企业所得税处理若干问题的通知》，财税［2009］59 号。

(4) 重组交易对价中涉及股权支付金额符合本通知规定比例。

(5) 重组交易中取得股权支付的原主要股东，在重组后连续 12 个月内，不得转让所取得的股权。

(一) 境内重组业务的一般性税务处理方法

境内企业重组业务，除适用特殊性税务处理办法以外的，均按以下规定进行税务处理：

(1) 企业由法人转变为个人独资企业、合伙企业等非法人组织，或将登记注册地转移至中华人民共和国境外（包括港澳台地区），应视同企业进行清算、分配，股东重新投资成立新企业。企业的全部资产以及股东投资的计税基础均应以公允价值为基础确定。

企业发生其他法律形式简单改变的，可直接变更税务登记，除另有规定外，有关企业所得税纳税事项（包括亏损结转、税收优惠等权益和义务）由变更后企业承继，但因住所发生变化而不符合税收优惠条件的除外。

(2) 企业债务重组，相关交易应按以下规定处理：①以非货币资产清偿债务，应当分解为转让相关非货币性资产、按非货币性资产公允价值清偿债务两项业务，确认相关资产的所得或损失。②发生债权转股权的，应当分解为债务清偿和股权投资两项业务，确认有关债务清偿所得或损失。③债务人应当按照支付的债务清偿额低于债务计税基础的差额，确认债务重组所得；债权人应当按照收到的债务清偿额低于债权计税基础的差额，确认债务重组损失。④债务人的相关所得税纳税事项原则上保持不变。

(3) 企业股权收购、资产收购重组交易，相关交易应按以下规定处理：①被收购方应确认股权、资产转让所得或损失。②收购方取得股权或资产的计税基础应以公允价值为基础确定。③被收购企业的相关所得税事项原则上保持不变。

(4) 企业合并，当事各方应按下列规定处理：①合并企业应按公允价值确定接受被合并企业各项资产和负债的计税基础。②被合并企业及其股东都应按清算进行所得税处理。③被合并企业的亏损不得在合并企业结转弥补。

(5) 企业分立，当事各方应按下列规定处理：①被分立企业对分立出去资产应按公允价值确认资产转让所得或损失。②分立企业应按公允价值确认接受资产的计税基础。③被分立企业继续存在时，其股东取得的对价应视同被分立企业分配进行处理。④被分立企业不再继续存在时，被分立企业及其股东都应按清算进行所得税处理。⑤企业分立相关企业的亏损不得相互结转弥补。

(二) 境内重组业务的特殊性税务处理方法

企业重组符合特殊性税务处理条件的，交易各方对其交易中的股权支付部分，可以按以下规定进行特殊性税务处理：

(1) 企业债务重组确认的应纳税所得额占该企业当年应纳税所得额 50%以上，可以在 5 个纳税年度的期间内，均匀计入各年度的应纳税所得额。

企业发生债权转股权业务，对债务清偿和股权投资两项业务暂不确认有关债务清偿所得或损失，股权投资的计税基础以原债权的计税基础确定。企业的其他相关所得税事项保持不变。

（2）股权收购，收购企业购买的股权不低于被收购企业全部股权的75%，且收购企业在该股权收购发生时的股权支付金额不低于其交易支付总额的85%，可以选择按以下规定处理：①被收购企业的股东取得收购企业股权的计税基础，以被收购股权的原有计税基础确定。②收购企业取得被收购企业股权的计税基础，以被收购股权的原有计税基础确定。③收购企业、被收购企业的原有各项资产和负债的计税基础和其他相关所得税事项保持不变。

（3）资产收购，受让企业收购的资产不低于转让企业全部资产的75%，且受让企业在该资产收购发生时的股权支付金额不低于其交易支付总额的85%，可以选择按以下规定处理：①转让企业取得受让企业股权的计税基础，以被转让资产的原有计税基础确定。②受让企业取得转让企业资产的计税基础，以被转让资产的原有计税基础确定。

（4）企业合并，企业股东在该企业合并发生时取得的股权支付金额不低于其交易支付总额的85%，以及同一控制下且不需要支付对价的企业合并，可以选择按以下规定处理：①合并企业接受被合并企业资产和负债的计税基础，以被合并企业的原有计税基础确定。②被合并企业合并前的相关所得税事项由合并企业承继。③可由合并企业弥补的被合并企业亏损的限额＝被合并企业净资产公允价值×截至合并业务发生当年年末国家发行的最长期限的国债利率。④被合并企业股东取得合并企业股权的计税基础，以其原持有的被合并企业股权的计税基础确定。

（5）企业分立，被分立企业所有股东按原持股比例取得分立企业的股权，分立企业和被分立企业均不改变原来的实质经营活动，且被分立企业股东在该企业分立发生时取得的股权支付金额不低于其交易支付总额的85%，可以选择按以下规定处理：①分立企业接受被分立企业资产和负债的计税基础，以被分立企业的原有计税基础确定。②被分立企业已分立出去资产相应的所得税事项由分立企业承继。③被分立企业未超过法定弥补期限的亏损额可按分立资产占全部资产的比例进行分配，由分立企业继续弥补。④被分立企业的股东取得分立企业的股权（以下简称“新股”），如需部分或全部放弃原持有的被分立企业的股权（以下简称“旧股”），“新股”的计税基础应以放弃“旧股”的计税基础确定。如不需放弃“旧股”，则其取得“新股”的计税基础可从以下两种方法中选择确定：直接将“新股”的计税基础确定为零；或者以被分立企业分立出去的净资产占被分立企业全部净资产的比例先调减原持有的“旧股”的计税基础，再将调减的计税基础平均分配到“新股”上。

（6）重组交易各方按本条第（1）至（5）项规定对交易中股权支付暂不确认有关资产的转让所得或损失的，其非股权支付仍应在交易当期确认相应的资产转让所得或损失，并调整相应资产的计税基础。

非股权支付对应的资产转让所得或损失＝（被转让资产的公允价值－被转让资产

的计税基础）×（非股权支付金额÷被转让资产的公允价值）

【例 18-3】 甲企业于 2010 年 5 月将企业资产整体转让给乙企业。转让前，甲企业资产价值为 4000 万元，其公允价值为 1 亿元，增值 6000 万元。乙企业支付股权 9000 万元，支付非股权 1000 万元。由于甲企业全部资产 100％转让了，超过 75％比例。同时，乙企业支付股权 9000 万元，占支付总额的 90％，超过 85％。因此，甲企业转让资产 4000 万元可以不全部视同销售处理，即收到股权支付额 9000 万元这部分可以不确认视同销售，但其中与 1000 万元非股权支付相对应的部分要视同销售，这部分产生的利润要缴纳企业所得税。

解析：

甲企业整体资产账面价值（被转让资产的计税基础）4000 万元，评估价值 10 000 万元，增值 6000 万元。乙企业支付股权 9000 万元，支付非股权现金 1000 万元。甲企业由于收到了 1000 万元非股权支付金额，整体资产增值 6000 万元，非股权支付额 1000 万元对应的资产转让所得为（10 000－4000）×1000÷10 000＝600（万元），需要缴纳企业所得税：600×25％＝150（万元）。而与 9000 万元股权支付相应的增值 (10 000－4000)×9000÷10 000＝5400（万元）；暂时不需要缴纳企业所得税。

（三）跨境重组业务的特殊性税务处理方法

企业发生涉及中国境内与境外之间（包括港澳台地区）的股权和资产收购交易，除应符合上述特殊性税务处理规定的条件外，还应同时符合下列条件，才可选择适用特殊性税务处理规定：

(1) 非居民企业向其 100％直接控股的另一非居民企业转让其拥有的居民企业股权，没有因此造成以后该项股权转让所得预提税负担变化，且转让方非居民企业向主管税务机关书面承诺在 3 年（含 3 年）内不转让其拥有受让方非居民企业的股权；

(2) 非居民企业向与其具有 100％直接控股关系的居民企业转让其拥有的另一居民企业股权；

(3) 居民企业以其拥有的资产或股权向其 100％直接控股的非居民企业进行投资；

(4) 财政部、国家税务总局核准的其他情形。

上述第（3）项所指的居民企业以其拥有的资产或股权向其 100％直接控股关系的非居民企业进行投资，其资产或股权转让收益如选择特殊性税务处理，可以在 10 个纳税年度内均匀计入各年度应纳税所得额。

（四）税收优惠政策的延续

在企业吸收合并中，合并后的存续企业性质及适用税收优惠的条件未发生改变的，可以继续享受合并前该企业剩余期限的税收优惠，其优惠金额按存续企业合并前一年的应纳税所得额（亏损计为零）计算。

在企业存续分立中，分立后的存续企业性质及适用税收优惠的条件未发生改变的，可以继续享受分立前该企业剩余期限的税收优惠，其优惠金额按该企业分立前一年的应纳税所得额（亏损计为零）乘以分立后存续企业资产占分立前该企业全部资产的比例计算。

（五）企业重组发生前后分步交易的处理方法

企业在重组发生前后连续12个月内分步对其资产、股权进行交易，应根据实质重于形式原则将上述交易作为一项企业重组交易进行处理。

（六）选择特殊性税务处理办法的备案要求

企业发生符合规定的特殊性重组条件并选择特殊性税务处理的，当事各方应在该重组业务完成当年企业所得税年度申报时，向主管税务机关提交书面备案资料，证明其符合各类特殊性重组规定的条件。企业未按规定书面备案的，一律不得按特殊重组业务进行税务处理。

对企业在重组过程中涉及的需要特别处理的企业所得税事项，由国务院财政、税务主管部门另行规定。

第八节　房地产开发经营业务的所得税处理

为了加强从事房地产开发经营企业的企业所得税征收管理，规范从事房地产开发经营业务企业的纳税行为，根据《中华人民共和国企业所得税法》及其实施条例、《中华人民共和国税收征收管理法》及其实施细则等有关税收法律、行政法规的规定，结合房地产开发经营业务的特点，国家税务总局于2009年3月6日发布了《房地产开发经营业务企业所得税处理办法》。①

一、房地产开发经营业务范围

根据该办法，企业房地产开发经营业务是指包括土地的开发，建造、销售住宅、商业用房以及其他建筑物、附着物、配套设施等开发产品的一系列经营活动。在中国境内从事房地产开发经营业务的企业（以下简称企业），除土地开发之外，其他开发产品符合下列条件之一的，应视为已经完工：

（1）开发产品竣工证明材料已报房地产管理部门备案。

（2）开发产品已开始投入使用。

（3）开发产品已取得了初始产权证明。

企业出现《中华人民共和国税收征收管理法》第三十五条规定的情形（参见本书第726页），税务机关可对其以往应缴的企业所得税按核定征收方式进行征收管理，并逐步规范，同时按《中华人民共和国税收征收管理法》等税收法律、行政法规的规定进行处理，但不得事先确定企业的所得税按核定征收方式进行征收、管理。

---

① 本节内容均引自国家税务总局，《关于印发〈房地产开发经营业务企业所得税处理办法〉的通知》，国税发［2009］31号。

二、收入的税务处理

(1) 开发产品销售收入的范围为销售开发产品过程中取得的全部价款，包括现金、现金等价物及其他经济利益。企业代有关部门、单位和企业收取的各种基金、费用和附加等，凡纳入开发产品价内或由企业开具发票的，应按规定全部确认为销售收入；未纳入开发产品价内并由企业之外的其他收取部门、单位开具发票的，可作为代收代缴款项进行管理。

(2) 企业通过正式签订《房地产销售合同》或《房地产预售合同》所取得的收入，应确认为销售收入的实现，具体按以下规定确认：

第一，采取一次性全额收款方式销售开发产品的，应于实际收讫价款或取得索取价款凭据（权利）之日，确认收入的实现。

第二，采取分期收款方式销售开发产品的，应按销售合同或协议约定的价款和付款日确认收入的实现。付款方提前付款的，在实际付款日确认收入的实现。

第三，采取银行按揭方式销售开发产品的，应按销售合同或协议约定的价款确定收入额，其首付款应于实际收到日确认收入的实现，余款在银行按揭贷款办理转账之日确认收入的实现。

第四，采取委托方式销售开发产品的，应按以下原则确认收入的实现：

一是采取支付手续费方式委托销售开发产品的，应按销售合同或协议中约定的价款于收到受托方已销开发产品清单之日确认收入的实现。

二是采取视同买断方式委托销售开发产品的，属于企业与购买方签订销售合同或协议，或企业、受托方、购买方三方共同签订销售合同或协议的，如果销售合同或协议中约定的价格高于买断价格，则应按销售合同或协议中约定的价格计算的价款于收到受托方已销开发产品清单之日确认收入的实现；如果属于前两种情况中销售合同或协议中约定的价格低于买断价格，以及属于受托方与购买方签订销售合同或协议的，则应按买断价格计算的价款于收到受托方已销开发产品清单之日确认收入的实现。

三是采取基价（保底价）并实行超基价双方分成方式委托销售开发产品的，属于由企业与购买方签订销售合同或协议，或企业、受托方、购买方三方共同签订销售合同或协议的，如果销售合同或协议中约定的价格高于基价，则应按销售合同或协议中约定的价格计算的价款于收到受托方已销开发产品清单之日确认收入的实现，企业按规定支付受托方的分成额，不得直接从销售收入中减除；如果销售合同或协议约定的价格低于基价的，则应按基价计算的价款于收到受托方已销开发产品清单之日确认收入的实现。属于由受托方与购买方直接签订销售合同的，则应按基价加上按规定取得的分成额于收到受托方已销开发产品清单之日确认收入的实现。

四是采取包销方式委托销售开发产品的，包销期内可根据包销合同的有关约定，参照上述一至三项规定确认收入的实现；包销期满后尚未出售的开发产品，企业应根据包销合同或协议约定的价款和付款方式确认收入的实现。

(3) 企业将开发产品用于捐赠、赞助、职工福利、奖励、对外投资、分配给股东或投资人、抵偿债务、换取其他企事业单位和个人的非货币性资产等行为，应视同销售，于开发产品所有权或使用权转移，或于实际取得利益权利时确认收入（或利润）的实现。确认收入（或利润）的方法和顺序为：①按本企业近期或本年度最近月份同类开发产品市场销售价格确定；②由主管税务机关参照当地同类开发产品市场公允价值确定；③按开发产品的成本利润率确定。开发产品的成本利润率不得低于15%，具体比例由主管税务机关确定。

（4）企业销售未完工开发产品的计税毛利率由各省、自治区、直辖市国家税务局、地方税务局按下列规定进行确定：①开发项目位于省、自治区、直辖市和计划单列市人民政府所在地城市城区和郊区的，不得低于15%；②开发项目位于地及地级市城区及郊区的，不得低于10%；③开发项目位于其他地区的，不得低于5%；④属于经济适用房、限价房和危改房的，不得低于3%。

（5）企业销售未完工开发产品取得的收入，应先按预计计税毛利率分季（或月）计算出预计毛利额，计入当期应纳税所得额。开发产品完工后，企业应及时结算其计税成本并计算此前销售收入的实际毛利额，同时将其实际毛利额与其对应的预计毛利额之间的差额，计入当年度企业本项目与其他项目合并计算的应纳税所得额。

在年度纳税申报时，企业须出具对该项开发产品实际毛利额与预计毛利额之间差异调整情况的报告以及税务机关需要的其他相关资料。

（6）企业新建的开发产品在尚未完工或办理房地产初始登记、取得产权证前，与承租人签订租赁预约协议的，自开发产品交付承租人使用之日起，出租方取得的预租价款按租金确认收入的实现。

三、成本和费用扣除的税务处理

（1）企业在进行成本、费用的核算与扣除时，必须按规定区分期间费用和开发产品计税成本、已销开发产品计税成本与未销开发产品计税成本。

（2）企业发生的期间费用、已销开发产品计税成本、营业税金及附加、土地增值税准予当期按规定扣除。

（3）开发产品计税成本的核算应按本节第四条的规定进行处理。

（4）已销开发产品的计税成本，按当期已实现销售的可售面积和可售面积单位工程成本确认。可售面积单位工程成本和已销开发产品的计税成本按下列公式计算确定：

可售面积单位工程成本＝成本对象总成本÷成本对象总可售面积

已销开发产品的计税成本＝已实现销售的可售面积×可售面积单位工程成本

（5）企业对尚未出售的已完工开发产品和按照有关法律、法规或合同规定对已售开发产品（包括共用部位、共用设施设备）进行日常维护、保养、修理等实际发生的维修费用，准予在当期据实扣除。

（6）企业将已计入销售收入的共用部位、共用设施设备维修基金按规定移交给有关部门、单位的，应于移交时扣除。

（7）企业在开发区内建造的会所、物业管理场所、电站、热力站、水厂、文体场馆、幼儿园等配套设施，按以下规定进行处理：

第一，属于非营利性且产权属于全体业主的，或无偿赠与地方政府、公用事业单位的，可将其视为公共配套设施，其建造费用按公共配套设施费的有关规定进行处理。

第二，属于营利性的，或产权归企业所有的，或未明确产权归属的，或无偿赠与地方政府、公用事业单位以外其他单位的，应当单独核算其成本。除企业自用应按建造固定资产进行处理外，其他一律按建造开发产品进行处理。

(8) 企业在开发区内建造的邮电通讯、学校、医疗设施应单独核算成本，其中由企业与国家有关业务管理部门、单位合资建设，完工后有偿移交的，国家有关业务管理部门、单位给予的经济补偿可直接抵扣该项目的建造成本，抵扣后的差额应调整当期应纳税所得额。

(9) 企业采取银行按揭方式销售开发产品的，凡约定企业为购买方的按揭贷款提供担保的，其销售开发产品时向银行提供的保证金（担保金）不得从销售收入中减除，也不得作为费用在当期税前扣除，但实际发生损失时可据实扣除。

(10) 企业委托境外机构销售开发产品的，其支付境外机构的销售费用（含佣金或手续费）不超过委托销售收入10%的部分，准予据实扣除。

(11) 企业的利息支出按以下规定进行处理：

第一，企业为建造开发产品借入资金而发生的符合税收规定的借款费用，可按企业会计准则的规定进行归集和分配，其中属于财务费用性质的借款费用，可直接在税前扣除。

第二，企业集团或其成员企业统一向金融机构借款分摊集团内部其他成员企业使用的，借入方凡能出具从金融机构取得借款的证明文件，可以在使用借款的企业间合理的分摊利息费用，使用借款的企业分摊的合理利息准予在税前扣除。

(12) 企业因国家无偿收回土地使用权而形成的损失，可作为财产损失按有关规定在税前扣除。

(13) 企业开发产品（以成本对象为计量单位）整体报废或毁损，其净损失按有关规定审核确认后准予在税前扣除。

(14) 企业开发产品转为自用的，其实际使用时间累计未超过12个月又销售的，不得在税前扣除折旧费用。

四、计税成本的核算方法

1. 计税成本

计税成本是指企业在开发、建造开发产品（包括固定资产，下同）过程中所发生的按照税法规定进行核算与计量的应归入某项成本对象的各项费用。

其中，成本对象是指为归集和分配开发产品开发、建造过程中的各项耗费而确定的费用承担项目。计税成本对象的确定原则如下：

(1) 可否销售原则。开发产品能够对外经营销售的，应作为独立的计税成本对象进行成本核算；不能对外经营销售的，可先作为过渡性成本对象进行归集，然后再将其相关成本摊入能够对外经营销售的成本对象。

（2）分类归集原则。对同一开发地点、竣工时间相近、产品结构类型没有明显差异的群体开发的项目，可作为一个成本对象进行核算。

（3）功能区分原则。开发项目某组成部分相对独立，且具有不同使用功能时，可以作为独立的成本对象进行核算。

（4）定价差异原则。开发产品因其产品类型或功能不同等而导致其预期售价存在较大差异的，应分别作为成本对象进行核算。

（5）成本差异原则。开发产品因建筑上存在明显差异可能导致其建造成本出现较大差异的，要分别作为成本对象进行核算。

（6）权益区分原则。开发项目属于受托代建的或多方合作开发的，应结合上述原则分别划分成本对象进行核算。

成本对象由企业在开工之前合理确定，并报主管税务机关备案。成本对象一经确定，不能随意更改或相互混淆，如确需改变成本对象的，应征得主管税务机关同意。

2. 开发产品计税成本支出的内容

（1）土地征用费及拆迁补偿费。指为取得土地开发使用权（或开发权）而发生的各项费用，主要包括土地买价或出让金、大市政配套费、契税、耕地占用税、土地使用费、土地闲置费、土地变更用途和超面积补交的地价及相关税费、拆迁补偿支出、安置及动迁支出、回迁房建造支出、农作物补偿费、危房补偿费等。

（2）前期工程费。指项目开发前期发生的水文地质勘察、测绘、规划、设计、可行性研究、筹建、场地通平等前期费用。

（3）建筑安装工程费。指开发项目开发过程中发生的各项建筑安装费用，主要包括开发项目建筑工程费和开发项目安装工程费等。

（4）基础设施建设费。指开发项目在开发过程中所发生的各项基础设施支出，主要包括开发项目内道路、供水、供电、供气、排污、排洪、通讯、照明等社区管网工程费和环境卫生、园林绿化等园林环境工程费。

（5）公共配套设施费。指开发项目内发生的、独立的、非营利性的，且产权属于全体业主的，或无偿赠与地方政府、政府公用事业单位的公共配套设施支出。

（6）开发间接费。指企业为直接组织和管理开发项目所发生的，且不能将其归属于特定成本对象的成本费用性支出。主要包括管理人员工资、职工福利费、折旧费、修理费、办公费、水电费、劳动保护费、工程管理费、周转房摊销以及项目营销设施建造费等。

3. 企业计税成本核算的一般程序

（1）对当期实际发生的各项支出，按其性质、经济用途及发生的地点、时间不同进行整理、归类，并将其区分为应计入成本对象的成本和应在当期税前扣除的期间费用。同时还应按规定对在有关预提费用和待摊费用进行计量与确认。

（2）对应计入成本对象中的各项实际支出、预提费用、待摊费用等合理的划分为直接成本、间接成本和共同成本，并按规定将其合理的归集、分配至已完工成本对象、在建成本对象和未建成本对象。

（3）对期前已完工成本对象应负担的成本费用按已销开发产品、未销开发产品和固定资产进行分配，其中应由已销开发产品负担的部分，在当期纳税申报时进行扣除，未销开发产品应负担的成本费用待其实际销售时再予扣除。

（4）对本期已完工成本对象分类为开发产品和固定资产并对其计税成本进行结算。其中属于开发产品的，应按可售面积计算其单位工程成本，据此再计算已销开发产品计税成本和未销开发产品计税成本。对本期已销开发产品的计税成本，准予在当期扣除，未销开发产品计税成本待其实际销售时再予扣除。

（5）对本期未完工和尚未建造的成本对象应当负担的成本费用，应分别建立明细台账，待开发产品完工后再予结算。

4. 开发产品计税成本的计量与核算方法

企业开发、建造的开发产品应按制造成本法进行计量与核算。其中，应计入开发产品成本中的费用属于直接成本和能够分清成本对象的间接成本，直接计入成本对象，共同成本和不能分清负担对象的间接成本，应按受益的原则和配比的原则分配至各成本对象，具体分配方法可按以下规定选择其一：

（1）占地面积法。指按已动工开发成本对象占地面积占开发用地总面积的比例进行分配。

第一，一次性开发的，按某一成本对象占地面积占全部成本对象占地总面积的比例进行分配。

第二，分期开发的，首先按本期全部成本对象占地面积占开发用地总面积的比例进行分配，然后再按某一成本对象占地面积占期内全部成本对象占地总面积的比例进行分配。

期内全部成本对象应负担的占地面积为期内开发用地占地面积减除应由各期成本对象共同负担的占地面积。

（2）建筑面积法。指按已动工开发成本对象建筑面积占开发用地总建筑面积的比例进行分配。

第一，一次性开发的，按某一成本对象建筑面积占全部成本对象建筑面积的比例进行分配。

第二，分期开发的，首先按期内成本对象建筑面积占开发用地计划建筑面积的比例进行分配，然后再按某一成本对象建筑面积占期内成本对象总建筑面积的比例进行分配。

（3）直接成本法。指按期内某一成本对象的直接开发成本占期内全部成本对象直接开发成本的比例进行分配。

（4）预算造价法。指按期内某一成本对象预算造价占期内全部成本对象预算造价的比例进行分配。

5. 应分摊成本的分配

企业下列成本应按合理方法进行分配：

（1）土地成本，一般按占地面积法进行分配。如果确需结合其他方法进行分配的，应经税务机关同意。

土地开发同时联结房地产开发的，属于一次性取得土地分期开发房地产的情况，其土地开发成本经商税务机关同意后可先按土地整体预算成本进行分配，待土地整体开发完毕再行调整。

（2）单独作为过渡性成本对象核算的公共配套设施开发成本，应按建筑面积法进行分配。

（3）借款费用属于不同成本对象共同负担的，按直接成本法或按预算造价法进行分配。

（4）其他成本项目的分配法由企业自行确定。

6. 企业以非货币交易方式取得土地使用权的成本确定

企业以非货币交易方式取得土地使用权的，应按下列规定确定其成本：

（1）企业、单位以换取开发产品为目的，将土地使用权投资企业的，按下列规定进行处理：

一是换取的开发产品如为该项土地开发、建造的，接受投资的企业在接受土地使用权时暂不确认其成本，待首次分出开发产品时，再按应分出开发产品（包括首次分出的和以后应分出的）的市场公允价值和土地使用权转移过程中应支付的相关税费计算确认该项土地使用权的成本。如涉及补价，土地使用权的取得成本还应加上应支付的补价款或减除应收到的补价款。

二是换取的开发产品如为其他土地开发、建造的，接受投资的企业在投资交易发生时，按应付出开发产品市场公允价值和土地使用权转移过程中应支付的相关税费计算确认该项土地使用权的成本。如涉及补价，土地使用权的取得成本还应加上应支付的补价款或减除应收到的补价款。

（2）企业、单位以股权的形式，将土地使用权投资企业的，接受投资的企业应在投资交易发生时，按该项土地使用权的市场公允价值和土地使用权转移过程中应支付的相关税费计算确认该项土地使用权的取得成本。如涉及补价，土地使用权的取得成本还应加上应支付的补价款或减除应收到的补价款。

7. 预提费用

除以下几项预提（应付）费用外，计税成本均应为实际发生的成本：

（1）出包工程未最终办理结算而未取得全额发票的，在证明资料充分的前提下，其发票不足金额可以预提，但最高不得超过合同总金额的10%。

（2）公共配套设施尚未建造或尚未完工的，可按预算造价合理预提建造费用。此类公共配套设施必须符合已在售房合同、协议或广告、模型中明确承诺建造且不可撤销，或按照法律法规规定必须配套建造的条件。

（3）应向政府上交但尚未上交的报批报建费用、物业完善费用可以按规定预提。物业完善费用是指按规定应由企业承担的物业管理基金、公建维修基金或其他专项基金。

8. 停车场所成本的确定

企业单独建造的停车场所，应作为成本对象单独核算。利用地下基础设施形成的停车场所，作为公共配套设施进行处理。

9. 确定计税成本的凭据和时限要求

企业在结算计税成本时其实际发生的支出应当取得但未取得合法凭据的，不得计入计税成本，待实际取得合法凭据时，再按规定计入计税成本。

开发产品完工以后，企业可在完工年度企业所得税汇算清缴前选择确定计税成本核算的终止日，不得滞后。凡已完工开发产品在完工年度未按规定结算计税成本，主管税务机关有权确定或核定其计税成本，据此进行纳税调整，并按《中华人民共和国税收征收管理法》的有关规定对其进行处理。

五、特定事项的税务处理

1. 企业以本企业为主体联合其他企业、单位、个人合作或合资开发房地产项目，且该项目未成立独立法人公司的，按下列规定进行处理

(1) 凡开发合同或协议中约定向投资各方（即合作、合资方，下同）分配开发产品的，企业在首次分配开发产品时，如该项目已经结算计税成本，其应分配给投资方开发产品的计税成本与其投资额之间的差额计入当期应纳税所得额；如未结算计税成本，则将投资方的投资额视同销售收入进行相关的税务处理。

(2) 凡开发合同或协议中约定分配项目利润的，应按以下规定进行处理：

一是企业应将该项目形成的营业利润额并入当期应纳税所得额统一申报缴纳企业所得税，不得在税前分配该项目的利润。同时不能因接受投资方投资额而在成本中摊销或在税前扣除相关的利息支出。

二是投资方取得该项目的营业利润应视同股息、红利进行相关的税务处理。

2. 企业以换取开发产品为目的，将土地使用权投资其他企业房地产开发项目的，按以下规定进行处理

企业应在首次取得开发产品时，将其分解为转让土地使用权和购入开发产品两项经济业务进行所得税处理，并按应从该项目取得的开发产品（包括首次取得的和以后应取得的）的市场公允价值计算确认土地使用权转让所得或损失。

六、房地产开发企业所得税预缴问题①

为贯彻落实新的企业所得税法、确保企业所得税预缴工作顺利开展，对于从事房地产开发经营业务的居民纳税人，企业所得税预缴问题规定如下：

(1) 房地产开发企业按当年实际利润据实分季（或月）预缴企业所得税的，对开发、建造的住宅、商业用房以及其他建筑物、附着物、配套设施等开发产品，在未完工前采取预售方式销售取得的预售收入，按照规定的预计利润率分季（或月）计算出

① 国家税务总局，《关于房地产开发企业所得税预缴问题的通知》，国税函［2008］299号。

预计利润额，计入利润总额预缴，开发产品完工、结算计税成本后按照实际利润再行调整。

（2）预计利润率暂按以下规定的标准确定：

第一，非经济适用房开发项目。①位于省、自治区、直辖市和计划单列市人民政府所在地城区和郊区的，不得低于20%；②位于地级市、地区、盟、州城区及郊区的，不得低于15%；③位于其他地区的，不得低于10%。

第二，经济适用房开发项目。经济适用房开发项目符合建设部、国家发展改革委员会、国土资源部、中国人民银行《关于印发〈经济适用房管理办法〉的通知》（建住房［2004］77号）等有关规定的，不得低于3%。

（3）房地产开发企业按当年实际利润据实预缴企业所得税的，对开发、建造的住宅、商业用房以及其他建筑物、附着物、配套设施等开发产品，在未完工前采取预售方式销售取得的预售收入，按照规定的预计利润率分季（或月）计算出预计利润额，填报在《中华人民共和国企业所得税月（季）度预缴纳税申报表（A类）》（国税函［2008］44号文件附件1）第4行“利润总额”内。

（4）房地产开发企业对经济适用房项目的预售收入进行初始纳税申报时，必须附送有关部门批准经济适用房项目开发、销售的文件以及其他相关证明材料。凡不符合规定或未附送有关部门的批准文件以及其他相关证明材料的，一律按销售非经济适用房的规定执行。

第九节　征收管理

一、纳税地点

（1）除税收法律、行政法规另有规定外，居民企业以企业登记注册地为纳税地点；但登记注册地在境外的，以实际管理机构所在地为纳税地点。

（2）居民企业在中国境内设立不具有法人资格的营业机构的，应当汇总计算并缴纳企业所得税。①

（3）非居民企业，以机构、场所所在地或扣缴义务人所在地为纳税地点。非居民企业在中国境内设立两个或者两个以上机构、场所的，经税务机关审核批准，可以选择由其主要机构、场所汇总缴纳企业所得税。主要机构、场所，应对其他各机构、场所的生产经营活动负有监督管理责任；且设有完整的账簿、凭证，能够准确反映各机构、场所的收入、成本、费用和盈亏情况。②

（4）非居民企业在中国境内未设立机构、场所的，或者虽设立机构、场所但取得的所得与其所设机构、场所没有实际联系的，以扣缴义务人所在地为纳税地点。③

---

① 《企业所得税法》，第50条。

② 《企业所得税法》，第51条；《企业所得税法实施条例》，第126条。

③ 《企业所得税法》，第51条。

(5) 除国务院另有规定外，企业之间不得合并缴纳企业所得税。[①]

二、纳税期限

企业所得税按年计算，纳税年度自公历1月1日起至12月31日止。企业在一个纳税年度中间开业，或者终止经营活动，使该纳税年度的实际经营期不足十二个月的，应当以其实际经营期为一个纳税年度。企业依法清算时，应当以清算期间作为一个纳税年度。[②]

企业在年度中间终止经营活动的，应当自实际经营终止之日起60日内，向税务机关办理当期企业所得税汇算清缴。企业应当在办理注销登记前，就其清算所得向税务机关申报并依法缴纳企业所得税。[③]

三、纳税申报

企业所得税实行分月或者分季预缴，年终汇算清缴的纳税申报方法。

企业应当自月份或者季度终了之日起15日内，向税务机关报送预缴企业所得税纳税申报表，应当按照月度或者季度的实际利润额预缴；按照月度或者季度的实际利润额预缴有困难的，可以按照上一纳税年度应纳税所得额的月度或者季度平均额预缴，或者按照经税务机关认可的其他方法预缴。预缴方法一经确定，该纳税年度内不得随意变更。[④]

年度汇算清缴，企业应当自年度终了之日起5个月内，向税务机关报送年度企业所得税纳税申报表，并汇算清缴，结清应缴应退税款。[⑤]

所得以人民币以外的货币计算的，应当折合成人民币计算并缴纳税款。[⑥] 企业所得以人民币以外的货币计算的，预缴企业所得税时，应当按照月度或者季度最后一日的人民币汇率中间价，折合成人民币计算应纳税所得额。年度终了汇算清缴时，对已经按照月度或者季度预缴税款的，不再重新折合计算，只就该纳税年度内未缴纳企业所得税的部分，按照纳税年度最后一日的人民币汇率中间价，折合成人民币计算应纳税所得额。经税务机关检查确认，企业少计或者多计前款规定的所得的，应当按照检查确认补税或者退税时的上一个月最后一日的人民币汇率中间价，将少计或者多计的所得折合成人民币计算应纳税所得额，再计算应补缴或者应退的税款。[⑦]

企业在纳税年度内无论盈利或亏损，都应当依照《企业所得税法》第五十四条规

① 《企业所得税法》，第52条。
② 《企业所得税法》，第53条。
③ 《企业所得税法》，第55条。
④ 《企业所得税法》，第54条；《企业所得税法实施条例》，第128条。
⑤ 《企业所得税法》，第54条。
⑥ 《企业所得税法》，第56条。
⑦ 《企业所得税法实施条例》，第130条。

定的期限，向税务机关报送预缴企业所得税纳税申报表、年度企业所得税纳税申报、财务会计报告和税务机关规定应当报送的其他有关资料。

四、非居民企业所得税的源泉扣缴

源泉扣缴，是指外国企业在中国境内未设立机构场所，或者虽设有机构场所但与该机构场所没有实际联系而从中国取得的应税所得，其应纳所得税由支付人扣缴的一种征收方法。所以所得税又称为预提税。

非居民企业在中国设有机构场所，取得与该机构场所有实际联系的所得适用25％比例税率。非居民企业在中国境内未设立机构、场所而取得的来源于中国境内的股息、利息、租金、特许权使用费和其他所得，或者虽设有机构、场所，但取得的所得与该机构、场所没有实际联系的，适用税率为20％，并减按10％的税率征收企业所得税，同时还对特定项目的所得适用了免税的规定。非居民企业的股息所得如何适用政策征免及在何种情形采用源泉扣缴，应区分以下几种情形：

（1）在中国境内设立机构、场所的非居民企业从居民企业取得与该机构、场所有实际联系的股息、红利等权益性投资收益为免税收入。从居民企业取得与该机构、场所有实际联系的利息所得应按25％缴纳所得税，由该非居民企业自行申报缴纳。外国政府向中国政府提供贷款取得的利息所得、国际金融组织向中国政府和居民企业提供优惠贷款取得的利息所得免征企业所得税。

（2）非居民企业在境内设有机构、场所，从境外取得与该机构、场所有实际联系的利息、股息按25％缴纳所得税，由该非居民企业自行申报缴纳。

（3）非居民企业在境内设有机构、场所，但取得境内的利息、股息与其机构、场所无实际联系减按10％缴纳预提税，由支付人代扣代缴。

（4）非居民企业在境内未设立机构、场所，而取得来源于境内的利息、股息减按10％缴预提税，由支付人代扣代缴。

因此，仅对依照外国（地区）法律成立且实际管理机构不在中国境内，但在中国境内未设立机构、场所且有来源于中国境内所得的企业，以及虽设立机构、场所但取得的所得与其所设机构、场所没有实际联系的非居民企业，取得来源于中国境内的股息、红利等权益性投资收益和利息、租金、特许权使用费所得、转让财产所得以及其他所得应当缴纳的企业所得税，实行源泉扣缴，以依照有关法律规定或者合同约定对非居民企业直接负有支付相关款项义务的单位或者个人为扣缴义务人。扣缴义务人每次代扣代缴税款时，应当向其主管税务机关报送《中华人民共和国扣缴企业所得税报告表》及相关资料，并自代扣之日起7日内缴入国库。

扣缴企业所得税应纳税额计算：

$$扣缴企业所得税应纳税额＝应纳税所得额×实际征收率$$

应纳税所得额是指依照《企业所得税法》第十九条规定计算的下列应纳税所得额：

（1）股息、红利等权益性投资收益和利息、租金、特许权使用费所得，以收入全额为应纳税所得额，不得扣除税法规定之外的税费支出。

（2）转让财产所得，以收入全额减除财产净值后的余额为应纳税所得额。

（3）其他所得，参照前两项规定的方法计算应纳税所得额。

实际征收率是指企业所得税法及其实施条例等相关法律法规规定的税率，或者税收协定规定的更低的税率。

扣缴义务人对外支付或者到期应支付的款项为人民币以外货币的，在申报扣缴企业所得税时，应当按照扣缴当日国家公布的人民币汇率中间价，折合成人民币计算应纳税所得额。扣缴义务人与非居民企业签订有关的业务合同时，凡合同中约定由扣缴义务人负担应纳税款的，应将非居民企业取得的不含税所得换算为含税所得后计算征税。

因非居民企业拒绝代扣税款的，扣缴义务人应当暂停支付相当于非居民企业应纳税款的款项，并在1日之内向其主管税务机关报告，并报送书面情况说明。扣缴义务人未依法扣缴或者无法履行扣缴义务的，非居民企业应于扣缴义务人支付或者到期应支付之日起7日内，到所得发生地主管税务机关申报缴纳企业所得税。股权转让交易双方为非居民企业且在境外交易的，由取得所得的非居民企业自行或委托代理人向被转让股权的境内企业所在地主管税务机关申报纳税。被转让股权的境内企业应协助税务机关向非居民企业征缴税款。扣缴义务人所在地与所得发生地不在一地的，扣缴义务人所在地主管税务机关应自确定扣缴义务人未依法扣缴或者无法履行扣缴义务之日起5个工作日内，向所得发生地主管税务机关发送《非居民企业税务事项联络函》，告知非居民企业的申报纳税事项。①

对合格境外机构投资者（简称QFⅡ）取得来源于中国境内的股息、红利和利息收入，应当按照企业所得税法规定缴纳10%的企业所得税。如果是股息、红利，则由派发股息、红利的企业代扣代缴；如果是利息，则由企业在支付或到期应支付时代扣代缴。②

此外，对非居民企业转让中国居民企业的股权（不包括在公开的证券市场上买入并卖出中国居民企业的股票）所取得的所得，扣缴义务人应按规定代扣代缴。扣缴义务人未依法扣缴或者无法履行扣缴义务的，非居民企业应自合同、协议约定的股权转让之日（如果转让方提前取得股权转让收入的，应自实际取得股权转让收入之日）起7日内，到被转让股权的中国居民企业所在地主管税务机关（负责该居民企业所得税征管的税务机关）申报缴纳企业所得税。

上述所称股权转让所得，是指股权转让价减除股权成本价后的差额。公式表示如下：

股权转让所得＝股权转让价－股权成本价

股权转让价是指股权转让人就转让的股权所收取的包括现金、非货币资产或者权

---

① 国家税务总局，《关于印发〈非居民企业所得税源泉扣缴管理暂行办法〉的通知》，国税发［2009］3号。

② 国家税务总局，《关于中国居民企业向QFII支付股息、红利、利息代扣代缴企业所得税有关问题的通知》，国税函［2009］47号。

益等形式的金额。如被持股企业有未分配利润或税后提存的各项基金等，股权转让人随股权一并转让该股东留存收益权的金额，不得从股权转让价中扣除。

股权成本价是指股权转让人投资入股时向中国居民企业实际交付的出资金额，或购买该项股权时向该股权的原转让人实际支付的股权转让金额。[①]

五、跨地区经营汇总纳税企业所得税征收管理

为加强跨地区经营汇总纳税企业所得税征收管理，国家税务总局印发了《跨地区经营汇总纳税企业所得税征收管理暂行办法》，对跨地区经营汇总纳税的税款分摊方法、税款预缴和汇算清缴以及征收管理等方面作了规定。

（一）总体规定

（1）居民企业在中国境内跨地区（指跨省、自治区、直辖市和计划单列市，下同）设立不具有法人资格的营业机构、场所（以下称分支机构）的，该居民企业为汇总纳税企业（以下称企业），除另有规定外，适用本办法。

铁路运输企业（包括广铁集团和大秦铁路公司）、国有邮政企业、中国工商银行股份有限公司、中国农业银行、中国银行股份有限公司、国家开发银行、中国农业发展银行、中国进出口银行、中央汇金投资有限责任公司、中国建设银行股份有限公司、中国建银投资有限责任公司、中国石油天然气股份有限公司、中国石油化工股份有限公司以及海洋石油天然气企业（包括港澳台和外商投资、外国海上石油天然气企业）等缴纳所得税未纳入中央和地方分享范围的企业，不适用本办法。

（2）企业实行“统一计算、分级管理、就地预缴、汇总清算、财政调库”的企业所得税征收管理办法。

统一计算，是指企业总机构统一计算包括企业所属各个不具有法人资格的营业机构、场所在内的全部应纳税所得额、应纳税额。

分级管理，是指总机构、分支机构所在地的主管税务机关都有对当地机构进行企业所得税管理的责任，总机构和分支机构应分别接受机构所在地主管税务机关的管理。

就地预缴，是指总机构、分支机构应按本办法的规定，分月或分季分别向所在地主管税务机关申报预缴企业所得税。

汇总清算，是指在年度终了后，总机构负责进行企业所得税的年度汇算清缴，统一计算企业的年度应纳所得税额，抵减总机构、分支机构当年已就地分期预缴的企业所得税款后，多退少补税款。

财政调库，是指财政部定期将缴入中央国库的跨地区总分机构企业所得税待分配收入，按照核定的系数调整至地方金库。

（3）总机构和具有主体生产经营职能的二级分支机构，就地分期预缴企业所得税。

二级分支机构及其下属机构均由二级分支机构集中就地预缴企业所得税；三级及

---

① 国家税务总局，《关于加强非居民企业股权转让所得企业所得税管理的通知》，国税函［2009］698 号。

以下分支机构不就地预缴企业所得税，其经营收入、职工工资和资产总额统一计入二级分支机构。

总机构设立具有独立生产经营职能部门，且具有独立生产经营职能部门的经营收入、职工工资和资产总额与管理职能部门分开核算的，可将具有独立生产经营职能的部门视同一个分支机构，就地预缴企业所得税。具有独立生产经营职能部门与管理职能部门的经营收入、职工工资和资产总额不能分开核算的，具有独立生产经营职能的部门不得视同一个分支机构，不就地预缴企业所得税。

不具有主体生产经营职能，且在当地不缴纳增值税、营业税的产品售后服务、内部研发、仓储等企业内部辅助性的二级及以下分支机构，不就地预缴企业所得税。

上年度认定为小型微利企业的，其分支机构不就地预缴企业所得税。

新设立的分支机构，设立当年不就地预缴企业所得税。

撤销的分支机构，撤销当年剩余期限内应分摊的企业所得税款由总机构缴入中央国库。

企业在中国境外设立的不具有法人资格的营业机构，不就地预缴企业所得税。

(4) 企业计算分期预缴的所得税时，其实际利润额、应纳税额及分摊因素数额，均不包括其在中国境外设立的营业机构。

(5) 总机构和分支机构处于不同税率地区的，先由总机构统一计算全部应纳税所得额，然后依照本办法第十九条规定的比例和第二十三条规定的三因素及其权重，计算划分不同税率地区机构的应纳税所得额后，再分别按总机构和分支机构所在地的适用税率计算应纳税额。

(6) 总机构和分支机构2007年及以前年度按独立纳税人计缴所得税尚未弥补完的亏损，允许在法定剩余年限内继续弥补。

(二) 税款预缴和汇算清缴

(1) 企业应根据当期实际利润额，按照本办法规定的预缴分摊方法计算总机构和分支机构的企业所得税预缴额，分别由总机构和分支机构分月或者分季就地预缴。

在规定期限内按实际利润额预缴有困难的，经总机构所在地主管税务机关认可，可以按照上一年度应纳税所得额的1/12或1/4，由总机构、分支机构就地预缴企业所得税。

预缴方式一经确定，当年度不得变更。

(2) 总机构和分支机构应分期预缴的企业所得税，50%在各分支机构间分摊预缴，50%由总机构预缴。总机构预缴的部分，其中25%就地入库，25%预缴入中央国库，按照财预［2008］10号文件的有关规定进行分配。

(3) 按照当期实际利润额预缴的税款分摊方法

一是分支机构应分摊的预缴数。总机构根据统一计算的企业当期实际应纳所得税额，在每月或季度终了后10日内，按照各分支机构应分摊的比例，将本期企业全部应纳所得税额的50%在各分支机构之间进行分摊并通知到各分支机构；各分支机构应在每月或季度终了之日起 15 日内，就其分摊的所得税额向所在地主管税务机关申报预缴。

二是总机构应分摊的预缴数。总机构根据统一计算的企业当期应纳所得税额的 25%，在每月或季度终了后 15 日内自行就地申报预缴。

三是总机构缴入中央国库分配税款的预缴数。总机构根据统一计算的企业当期应纳所得税额的 25%，在每月或季度终了后 15 日内自行就地申报预缴。

(4) 按照上一年度应纳税所得额的 1/12 或 1/4 预缴的税款分摊方法

一是分支机构应分摊的预缴数。总机构根据上年汇算清缴统一计算应缴纳所得税额的 1/12 或 1/4，在每月或季度终了之日起 10 日内，按照各分支机构应分摊的比例，将本期企业全部应纳所得税额的 50%，在各分支机构之间进行分摊并通知到各分支机构；各分支机构应在每月或季度终了之日起 15 日内，就其分摊的所得税额向所在地主管税务机关申报预缴。

二是总机构应分摊的预缴数。总机构根据上年汇算清缴统一计算应缴纳所得税额的 1/12 或 1/4，将企业全部应纳所得税额的 25%部分，在每月或季度终了后 15 日内自行向所在地主管税务机关申报预缴。

三是总机构缴入中央国库分配税款的预缴数。总机构根据上年汇算清缴统一计算应缴纳所得税额的 1/12 或 1/4，将企业全部应纳所得税额的 25%部分，在每月或季度终了后 15 日内，自行向所在地主管税务机关申报预缴。

(5) 总机构在年度终了后 5 个月内，应依照法律、法规和其他有关规定进行汇总纳税企业的所得税年度汇算清缴。各分支机构不进行企业所得税汇算清缴。

当年应补缴的所得税款，由总机构缴入中央国库。当年多缴的所得税款，由总机构所在地主管税务机关开具“税收收入退还书”等凭证，按规定程序从中央国库办理退库。

(三) 分支机构分摊税款比例

(1) 总机构应按照以前年度（1～6 月份按上上年度，7～12 月份按上年度）分支机构的经营收入、职工工资和资产总额三个因素计算各分支机构应分摊所得税款的比例，三因素的权重依次为 0.35、0.35、0.30。计算公式如下：

某分支机构分摊比例＝0.35×（该分支机构营业收入/各分支机构营业收入之和）＋0.35
×（该分支机构工资总额/各分支机构工资总额之和）＋0.30
×（该分支机构资产总额/各分支机构资产总额之和）

以上公式中分支机构仅指需要就地预缴的分支机构，该税款分摊比例按上述方法一经确定后，当年不做调整。

分支机构经营收入，是指分支机构在销售商品或者提供劳务等经营业务中实现的全部营业收入。其中，生产经营企业的经营收入是指销售商品、提供劳务等取得的全部收入；金融企业的经营收入是指利息和手续费等全部收入；保险企业的经营收入是指保费等全部收入。

分支机构职工工资，是指分支机构为获得职工提供的服务而给予职工的各种形式的报酬。

分支机构资产总额，是指分支机构拥有或者控制的除无形资产外能以货币计量的经济资源总额。

（2）各分支机构的经营收入、职工工资和资产总额的数据均以企业财务会计决算报告数据为准。

分支机构所在地主管税务机关对总机构计算确定的分摊所得税款比例有异议的，应于收到《中华人民共和国企业所得税汇总纳税分支机构分配表》后30日内向企业总机构所在地主管税务机关提出书面复核建议，并附送相关数据资料。总机构所在地主管税务机关必须于收到复核建议后30日内，对分摊税款的比例进行复核，并作出调整或维持原比例的决定。分支机构所在地主管税务机关应执行总机构所在地主管税务机关的复核决定。

分摊所得税款比例复核期间，分支机构应先按总机构确定的分摊比例申报预缴税款。

（四）征收管理

（1）总机构和分支机构均应依法办理税务登记，接受所在地税务机关的监督和管理。

总机构应在每年6月20日前，将依照本办法第二十三条规定方法计算确定的各分支机构当年应分摊税款的比例，填入《中华人民共和国企业所得税汇总纳税分支机构分配表》［见《国家税务总局关于印发（中华人民共和国企业所得税月（季）度预缴纳税申报表）等报表的通知》（国税函［2008］44号）］附件4，该附件填报说明第二条第10项“各分支机构分配比例”的计算公式依照本办法第二十三条的规定执行），报送总机构所在地主管税务机关，同时下发各分支机构。

总机构所在地主管税务机关收到总机构报送的《中华人民共和国企业所得税汇总纳税分支机构分配表》后10日内，应通过国家税务总局跨地区经营汇总纳税企业信息交换平台或邮寄等方式，及时传送给各分支机构所在地主管税务机关。

总机构应当将其所有二级分支机构（包括不参与就地预缴分支机构）的信息及二级分支机构主管税务机关的邮编、地址报主管税务机关备案。

（2）分支机构应将总机构信息、上级机构、下属分支机构信息报主管税务机关备案。分支机构注销后15日内，总机构应将分支机构注销情况报主管税务机关备案。

（3）总机构及其分支机构除按纳税申报规定向主管税务机关报送相关资料外，还应报送《中华人民共和国企业所得税汇总纳税分支机构分配表》、财务会计决算报告和职工工资总额情况表。

（4）分支机构的各项财产损失，应由分支机构所在地主管税务机关审核并出具证明后，再由总机构向所在地主管税务机关申报扣除。

（5）各分支机构主管税务机关应根据总机构主管税务机关反馈的《中华人民共和国企业所得税汇总纳税分支机构分配表》，对其主管分支机构应分摊入库的所得税税款和计算分摊税款比例的 3 项指标进行查验核对。发现计算分摊税款比例的 3 项指标有问题的，应及时将相关情况通报总机构主管税务机关。分支机构未按税款分配数额预缴所得税造成少缴税款的，主管税务机关应按照《中华人民共和国税收征收管理法》及其实施细则的有关规定对其处罚，并将处罚结果通知总机构主管税务机关。①

为加强和规范建筑企业所得税的征收管理，对于跨地区经营建筑企业应严格执行国税发［2008］28 号文件规定，按照“统一计算、分级管理、就地预缴、汇总清算、财政调库”的办法计算缴纳企业所得税。建筑企业跨地区设立的不符合二级分支机构条件的项目经理部（包括与项目经理部性质相同的工程指挥部、合同段等），应汇总到总机构或二级分支机构统一计算，按照国税发［2008］28 号文件规定的办法计算缴纳企业所得税。②

六、合伙企业所得税的征收管理③

自 2008 年 1 月 1 日起，合伙企业缴纳企业所得税按下列规定处理：

（1）合伙企业以每一个合伙人为纳税义务人。合伙企业合伙人是自然人的，缴纳个人所得税；合伙人是法人和其他组织的，缴纳企业所得税。

（2）合伙企业生产经营所得和其他所得采取“先分后税”的原则。具体应纳税所得额的计算按照《关于个人独资企业和合伙企业投资者征收个人所得税的规定》（财税［2008］65 号）的有关规定执行。

前款所称生产经营所得和其他所得，包括合伙企业分配给所有合伙人的所得和企业当年留存的所得（利润）。

（3）合伙企业的合伙人按照下列原则确定应纳税所得额：

一是合伙企业的合伙人以合伙企业的生产经营所得和其他所得，按照合伙协议约定的分配比例确定应纳税所得额。

二是合伙协议未约定或者约定不明确的，以全部生产经营所得和其他所得，按照合伙人协商决定的分配比例确定应纳税所得额。

三是协商不成的，以全部生产经营所得和其他所得，按照合伙人实缴出资比例确定应纳税所得额。

四是无法确定出资比例的，以全部生产经营所得和其他所得，按照合伙人数量平均计算每个合伙人的应纳税所得额。

合伙协议不得约定将全部利润分配给部分合伙人。

（4）合伙企业的合伙人是法人和其他组织的，合伙人在计算其缴纳企业所得税时，不得用合伙企业的亏损抵减其盈利。

---

① 国家税务总局，《关于印发〈跨地区经营汇总纳税企业所得税征收管理暂行办法〉的通知》，国税发［2008］28 号。

② 国家税务总局，《关于建筑企业所得税征管有关问题的通知》，国税函［2010］39 号。

③ 财政部、国家税务总局，《关于合伙企业合伙人所得税问题的通知》，财税［2008］159 号。

七、新增企业所得税征管范围调整[①]

自2009年1月1日起，2009年起新增企业所得税纳税人中，应缴纳增值税的企业，其企业所得税由国家税务局管理；应缴纳营业税的企业，其企业所得税由地方税务局管理。

同时，2009年起下列新增企业的所得税征管范围实行以下规定：

（1）企业所得税全额为中央收入的企业和在国家税务局缴纳营业税的企业，其企业所得税由国家税务局管理。

（2）银行（信用社）、保险公司的企业所得税由国家税务局管理，除上述规定外的其他各类金融企业的企业所得税由地方税务局管理。

（3）外商投资企业和外国企业常驻代表机构的企业所得税仍由国家税务局管理。

2008年底之前已成立跨区经营汇总纳税企业，2009年起新设立的分支机构，其企业所得税的征管部门应与总机构企业所得税征管部门相一致；2009年起新增跨区经营汇总纳税企业，总机构按基本规定确定的原则划分征管归属，其分支机构企业所得税的管理部门也应与总机构企业所得税管理部门相一致。

按税法规定免缴流转税的企业，按其免缴的流转税税种确定企业所得税征管归属；既不缴纳增值税也不缴纳营业税的企业，其企业所得税暂由地方税务局管理。

既缴纳增值税又缴纳营业税的企业，原则上按照其税务登记时自行申报的主营业务应缴纳的流转税税种确定征管归属；企业税务登记时无法确定主营业务的，一般以工商登记注明的第一项业务为准；一经确定，原则上不再调整。

【本章小结】

1.2008年1月1日，新的《中华人民共和国企业所得税法》和《中华人民共和国企业所得税法实施条例》正式开始施行，标志着十多年来内、外资企业所得税并存的局面终于不复存在。

2. 企业所得税的纳税人为在中华人民共和国境内，企业和其他取得收入的组织。个人独资企业、合伙企业不适用企业所得税法。纳税人分为居民企业和非居民企业。企业所得税的基础税率为25%，有几档优惠税率和过渡期税率。

3. 企业所得税的资产处理包括：固定资产的计价和折旧、生产性生物资产的计价和折旧、无形资产的计价和摊销、长期待摊费用的摊销以及投资资产和存货计价。

4. 企业所得税的优惠政策包括：减低税率、减免税优惠、减计收入、加计扣除、应纳税所得额抵扣、税额抵免、过渡期的优惠政策等。

5. 企业所得税应纳税所得额是指企业每一纳税年度的收入总额，减除不征税收入、免税收入、各项扣除以及允许弥补的以前年度亏损后的余额，其计算公式是：应纳税所得额＝收入总额－不征税收入－免税收入－各项扣除－允许弥补的以前年度亏损。

6. 企业所得税应纳税额的基本计算公式为：应纳税额＝应纳税所得额×适用税率－减免税额－抵免税额。为了防止企业避税，规定了特别纳税调整政策。

---

① 国家税务总局，《关于调整新增企业所得税征管范围问题的通知》，国税发［2008］120号。

7. 为了适应经济发展的需要，加强企业所得税的征收管理，对企业重组业务、房地产开发业务、非居民企业所得税源泉扣缴、跨地区汇总纳税等方面的税收征收管理作了具体的规定。

【概念与术语】

企业所得税法　应纳税所得额　不征税收入　免税收入　固定资产　生产性生物资产　无形资产　长期待摊费用　存货计价　预提所得税　税收抵免　减低税率　减计收入　加计扣除　应纳税所得额抵扣　应纳税额　关联企业　成本分摊协议　预约定价安排　受控外国公司　资本弱化　跨地区经营汇总纳税　企业重组

【思考题】

1. 内、外资企业所得税统一的意义是什么?
2. 原内、外资企业所得税税前扣除的规定和标准主要差异在哪里?
3. 新企业所得税法对公益性捐赠列支标准做了怎样的调整?
4. 过渡期企业所得税的优惠政策主要有哪些?
5. 取消对外商投资企业和外国企业的一些税收优惠是否会影响引进外资?
6. 为什么要用18%、20%、22%、24%、25%税率渐次上升调整法?
7. 对外国投资者2008年开始从外商投资企业获得的利润分配征税有何重大意义?
8. 关联企业的认定标准是什么? 如何对关联企业进行税务调整?
9. 关于跨地区经营汇总纳税企业缴纳企业所得税是如何规定的?

【计算题】

1. 某市某企业2008年度境内生产经营亏损10万元，2009年主营业务收入980万，主营业务成本680万元，转让专利技术取得收入500万元，成本248万元，营业税金及附加50万元，从境内居民企业分回投资收益50万元；国库券转让收益25万元；境外投资企业亏损40万元。计算该企业2009年应纳企业所得税额。

2. 甲国某公司2008年度国内应纳税所得额100万元，来自乙国分公司的应纳税所得额50万元。甲国所得税实行超额累进税率，年所得60万元以下的部分，税率为25%；超过60万元至120万元的部分，税率为35%；超过120万元的部分，税率为45%。乙国所得税实行30%的比例税率。假定甲国采用累进免税法，计算该公司在甲国应缴纳的所得税额。

3. 某工业企业2008年销售收入情况如下：开具增值税专用发票的收入2000万元，开具普通发票的金额1404万元，国庆节发放自产产品给员工作为节日礼物，账面价值为50万元，企业同期不含税销售价格为80万元，企业发生管理费用110万元（其中：业务招待费20万元），发生的销售费用600万元（其中：广告费300万元、业务宣传费160万元，广告性赞助50万元，非广告性赞助5万元），发生的财务费用200万元。计算企业准予在所得税前扣除的期间费用。

4. 某居民企业2009年度取得生产经营收入总额2800万元，发生销售成本2000万元、财务费用150万元、管理费用400万元（其中含业务招待费15万元，未包含相关税金及附加），上缴增值税60万元、消费税140万元、城市维护建设税14万元、教育费附加6万元，“营业外支出”账户中列支被工商行政管理部门罚款7万元、通过公益性社会团体向贫困地区捐赠10万元。计算该企业在2009年度应纳税所得额时，准许扣除的公益、救济性捐赠的金额。

5. 某企业2007年12月1日购入一固定资产并投入使用，购买价款200万元，支付相关税费20万元，该固定资产使用年限5年（与税法规定一致），预计残值为10万元。由于技术进步等原因，该企业决定采用加速折旧方法提取固定资产折旧。请在二种加速折旧方法中任选一种计算该固定资产2008年至2012年五年每年可提取的折旧额。

6. 某市居民企业2008年度主营业务收入1625万元，转让专有技术取得收入160万元，专有技术成本80万元，出租专有技术取得租金收入30万元，主营业务成本700万元，营业税金及附加为25万元，三项费用合计326万元，其中业务招待费13万元，广告费50万元；营业外支出3.5万元，其中0.2万元的交通罚款，当期支付2007年的税收滞纳金2万元；当期用自产货物投资，同类售价80万元，货物成本38万元，企业只是按照成本进行了结转。不考虑其他税费，请分别计算：

（1）该企业应纳营业税；

（2）会计利润；

（3）业务招待费应调整的应纳税所得额；

（4）广告费、业务宣传费应调整的应纳税所得额；

（5）营业外支出应调整的应纳税所得额；

（6）应纳税所得额；

（7）应纳所得税税额。

7. 某境内饮食服务公司2008年境内应纳税所得额为200万元，适用25%的企业所得税税率。该企业在韩国设有甲、乙两个分支机构（中国与韩国已经缔结避免双重征税协定），甲分支机构的应纳税所得额为50万元，甲分支机构适用15%的企业所得税税率，乙分支机构的应纳税所得额为80万元，乙分支机构适用25%的企业所得税税率，两分支机构分别在韩国缴纳了7.50万元和20万元的企业所得税。计算该服务公司在中国汇总应缴纳的企业所得税税额。

8. 某县生产企业为增值税一般纳税人，员工30人，注册资本50万元，主营办公用品。2008年有关经营情况和纳税情况如下：（1）销售办公用品开具专用发票150万元，开具普通发票58.5万元，以物换货取得原材料一批，换出资产公允价值20万元（不含税），企业已经确认收入，出租商铺，取得租金收入10万元。（2）销售成本120万元。（3）全年购进原材料取得专用发票上注明金额50万元，水费取得专用发票金额6万元，电费专用发票注明10万元。（4）销售费用60元，其中业务宣传费5万元，自制凭证支付给单位销售员佣金2万元，管理费用20万元，其中业务招待费5.5万元，财务费用5万元，

（1）计算当年应纳的增值税；

（2）计算所得税前可以扣除的税费；

（3）所得税前可以扣除的销售费用；

（4）所得税前可以扣除的管理费用；

（5）应纳税所得额；

（6）应纳所得税税额。

9. 位于市区的某电子设备生产企业，主要生产电脑显示器，拥有固定资产原值6500万元，其中房产原值4000万元，2008年发生以下业务：

（1）销售显示器给某销售公司，开具增值税专用发票，按销售合同约定取得不含税销售额7000万元；购进原材料，取得增值税专用发票，发票上注明的货款金额合计为3500万元、增值税额595万元。

（2）8月受赠原材料一批，取得捐赠方开具的增值税专用发票，注明货款金额60万元、增值税额10.2万元。

（3）按上年末签订的租赁合同约定，从1月1日起将原值300万元的闲置车间出租给某销售公司，全年取得租金收入120万元。

(4) 企业全年销售显示器应扣除的销售成本4000万元；全年发生销售费用1500万元（其中广告费用1200万元）；全年发生管理费用700万元（其中业务招待费用60万元，符合条件的新技术研究开发费用90万元，管理费用中不含房产税和印花税）。

(5) 已计入成本、费用中的实际发生的合理工资费用400万元，实际拨缴的工会经费7万元，实际发生的职工福利费用60万元，实际发生的教育经费15万元。

(6) 受全球金融危机的影响，企业持有的原账面价值300万元的交易性金融资产，到12月底公允价值下降为210万元（企业以公允价值核算）。

（说明：当地政府确定计算房产税余值的扣除比例为20%）

要求：按下列序号计算回答问题，每问需计算出合计数。

(1) 计算该企业2008年应缴纳的增值税；

(2) 计算该企业2008年应缴纳的营业税；

(3) 计算该企业应缴纳的城建税和教育费附加；

(4) 计算该企业应缴纳的印花税；

(5) 计算该企业2008年应缴纳的房产税；

(6) 计算该企业2008年度的会计利润总额；

(7) 计算业务招待费应调整的应纳税所得额；

(8) 计算广告费应调整的应纳税所得额；

(9) 计算交易性金融资产减值、新技术研发费应调整的应纳税所得额；

(10) 计算工资附加“三费”应调整的应纳税所得额；

(11) 计算该企业2008年度的应纳税所得额；

(12) 计算该企业2008年度应缴纳的企业所得税。

第十九章

个人所得税

【本章提要】

1. 个人所得税的纳税人。
2. 个人所得税的征税范围和税率。
3. 个人所得税应纳税所得额的确定及减免税规定。
4. 个人所得税应纳税额的计算和外国税收抵免。
5. 个人所得税的申报及征收。

当代中国的个人所得税从1980年开始。1980年9月10日第五届全国人民代表大会第三次会议制定了《中华人民共和国个人所得税法》（以下简称《个人所得税法》），随后于1993年10月31日、1999年8月31日、2005年10月27日、2007年6月29日、12月29日进行了五次修订。国务院相应修改了配套的实施条例，并于2000年6月决定自2000年1月1日起对个人独资企业、合伙企业、独资和合伙性质的私营企业、合伙制律师事务所、负无限责任和无限连带责任的其他个人独资与合伙性质的机构或组织，停征企业所得税，只对其投资者或合伙人的生产经营所得，比照个体工商业户的生产经营所得征收个人所得税。①

第一节　个人所得税的纳税人及其纳税义务

个人所得税的纳税人，包括中国公民、个体工商业户、个人独资企业、合伙企业以及在中国有所得的外籍人员（包括无国籍人员，下同）和香港、澳门、台湾同胞。上述纳税人依据住所和居住时间两个标准，区分为居民和非居民，分别承担不同的纳税义务。

一、个人所得税的居民纳税人

居民纳税人负有无限纳税义务。其所取得的应纳税所得，无论是来源于中国境内还是中国境外任何地方，都要在中国缴纳个人所得税。根据《个人所得税法》规

① 国务院，《关于个人独资企业和合伙企业征收所得税问题的通知》，国发［2000］16号；财政部、国家税务总局，《关于印发〈关于个人独资企业和合伙企业投资者征收个人所得税的规定〉的通知》，财税［2000］91号。

定，居民纳税人是指在中国境内有住所，或者无住所而在中国境内居住满 1 年的个人。[①]

所谓在中国境内有住所的个人，是指因户籍、家庭、经济利益关系，而在中国境内习惯性居住的个人。[②] 这里所说的习惯性居住，是判定纳税义务人属于居民还是非居民的一个重要依据。它是指个人因学习、工作、探亲等原因消除之后，没有理由在其他地方继续居留时所要回到的地方，而不是指实际居住或在某一个特定时期内的居住地。一个纳税人因学习、工作、探亲、旅游等原因，原来是在中国境外居住，但是在这些原因消除之后，如果必须回到中国境内居住的，则中国为该人的习惯性居住地。[③]

所谓在境内居住满 1 年，是指在一个纳税年度（即公历 1 月 1 日起至 12 月 31 日止，下同）内，在中国境内居住满 365 日。在计算居住天数时，对临时离境应视同在华居住，不扣减其在华居住的天数。这里所说的临时离境，是指在一个纳税年度内，一次不超过 30 日或者多次累计不超过 90 日的离境。[④] 在中国境内居住满一年的个人，要就其来源于中国境内境外的全部所得承担纳税责任。但在境内居住满 1 年而不超过 5 年的个人，其在中国境内工作期间取得的由中国境内企业或个人雇主支付和由中国境外企业或个人雇主支付的工资薪金，均应申报缴纳个人所得税；其在临时离境工作期间的工资薪金所得，仅就由中国境内企业或个人雇主支付的部分申报纳税。在中国境内企业、机构任职、受雇的个人取得的工资薪金，不论是否在中国境内企业、机构会计账簿中有记载，均应视为其任职的中国境内企业、机构支付。[⑤] 在中国境内居住超过 5 年的个人，从第 6 年起，应当就其来源于中国境外的全部所得缴纳个人所得税。[⑥] 个人在中国境内居住满 5 年，是指个人在中国境内连续居住满 5 年，即在连续 5 年中的每一纳税年度内均居住满 1 年。[⑦]

二、个人所得税的非居民纳税人

非居民纳税人，是指不具备居民纳税人条件而又有来源于中国境内所得的个人，即在中国境内无住所又不居住的，或无住所且居住不满一年的个人。[⑧] 非居民纳税人承担有限纳税义务，即仅就其来源于中国境内的所得，向中国缴纳个人所得税。来源于中国境内的所得包括：

（1）在中国境内的公司、企业、事业单位、机关、社会团体、部队、学校等单

---

① 《中华人民共和国个人所得税法》（以下简称《个人所得税法》），第 1 条第 1 款。

② 《中华人民共和国个人所得税法实施条例》（以下简称《个人所得税法实施条例》），第 2 条。

③ 国家税务总局，《关于印发〈征收个人所得税若干问题的规定〉的通知》，国税发［1994］89 号。

④ 《个人所得税法实施条例》，第 3 条。

⑤ 国家税务总局，《关于在中国境内无住所的个人取得工资薪金所得纳税义务问题的通知》，国税发［1994］148 号。

⑥ 《个人所得税法实施条例》，第 6 条。

⑦ 财政部、国家税务总局，《关于在华无住所的个人如何计算在华居住满五年问题的通知》，财税［1995］98 号。

⑧ 《个人所得税法》，第 1 条第 2 款。

位或经济组织中任职、受雇，而取得的工资、薪金所得。属于来源于中国境内的工资薪金所得应为个人实际在中国境内工作期间取得的工资、薪金，即：个人实际在中国境内工作期间取得的工资、薪金，不论是由中国境内还是境外企业或个人雇主支付的，均属来源于中国境内的所得；个人实际在中国境外工作期间取得的工资薪金，不论是由中国境内还是境外企业或个人雇主支付的，均属于来源于中国境外所得。[①]

（2）在中国境内提供各种劳务，而取得的劳务报酬所得。

（3）在中国境内从事生产、经营活动，而取得的所得。

（4）个人出租的财产，被承租人在中国境内使用，而取得的财产租赁所得。

（5）转让中国境内的房屋、建筑物、土地使用权，以及在中国境内转让其他财产，而取得的财产转让所得。

（6）提供在中国境内使用的专利权、专有技术、商标权、著作权以及其他各种特许权利，而取得的特许权使用费所得。

（7）因持有中国的各种债券、股票、股权，而从中国境内的公司、企业或其他经济组织以及个人取得的利息、股息、红利所得。

（8）在中国境内参加各种竞赛活动取得名次的奖金所得；参加中国境内有关部门和单位组织的有奖活动而取得的中奖所得；购买中国境内有关部门和单位发行的彩票取得的中彩所得。

（9）在中国境内以图书、报刊方式出版、发表作品，取得的稿酬所得。[②]

虽然《个人所得税法》规定在中国境内无住所且居住不满一年的个人，要就其来源于中国境内的所得承担纳税义务。但对在一个纳税年度中在中国境内连续或累计工作不超过 90 日[③]或与中国有税收协定的国家的居民在中国境内连续或累计居住不超过 183 日的个人，由中国境外雇主支付并且不是由该雇主的中国境内机构负担的工资薪金，免于申报缴纳个人所得税。对前述个人应仅就其实际在中国境内工作期间由中国境内企业或个人雇主支付或者由中国境内机构负担的工资薪金所得申报纳税。凡是该中国境内企业、机构属于采取核定利润方法计征企业所得税或没有营业收入而不征收企业所得税的，在该中国境内企业、机构任职、受雇的个人实际在中国境内工作期间取得的工资薪金，不论是否在该中国境内企业、机构会计账簿中有记载，均应视为该中国境内企业支付或由该中国境内机构负担的工资薪金。[④]这就是“90 天规则”或“183 天规则”。“90 天”或“183 天”是指从 1 月 1 日起至 12 月 31 日止在华居住日期，不论是连续还是累计计算都不超过 90 日或 183 日。中途离境（包括在签证有效期内离

① 国家税务总局，《关于在中国境内无住所的个人取得工资薪金所得纳税义务问题的通知》，国税发[1994] 148 号。

② 《个人所得税法实施条例》，第 5 条。

③ 《个人所得税法实施条例》，第 7 条。

④ 国家税务总局，《关于在中国境内无住所的个人取得工资薪金所得纳税义务问题的通知》，国税发［1994］148 号。

境）又入境，都准予扣除离境的天数，按在华实际居住天数计算其是否超过 90 日或 183 日，不得跨年度计算。如果跨年度居住，仅对其居住超过 90 日或 183 日的那个历年按实际在华居住期间应得的工资、薪金所得计算征税。[①]

但“90 天规则”适用范围存在两大例外。首先是对从事承包工程作业的外国雇员的例外，即“外国公司在中国承包工程作业，其作业场所应视为在中国设有营业机构。对其雇员的工资、薪金所得，属于从中国境内取得的报酬，应当根据《个人所得税法》征收个人所得税，不适用居住时间是否 90 天的征免税规定”。[②] 其次是对非临时来华工作人员的例外，即“90 天规则”仅适用于临时来华工作和提供劳务的外籍人员（包括为雇主履行机械设备贸易合同，临时被派来华，对雇主所销售的机械设备的安装、调试和使用提供技术服务的外籍人员），不适用于有下列情况之一的外籍人员：

（1）在中国境内的工商企业、营业机构、事务所、办事处、高教事业和科研单位以及机关团体有固定工作或定期任职的（即使这些人员在一个历年中在中国境中连续或累计居住不到 90 天，也不能获得 90 天规则的免税）。

（2）其工资、薪金是由雇主在华的营业机构、场所，包括代表机构和承包、建筑、安装、装配、勘探等工程作业场所负担的。[③]

在中国境内无住所而在一个纳税年度中在中国境内连续或累计工作超过 90 日或与中国有税收协定的国家的居民在中国境内连续或累计居住超过 183 日但不满 1 年的个人，其实际在中国境内工作期间取得的由中国境内企业或个人雇主支付和由境外企业或个人雇主支付的工资薪金所得，均应申报缴纳个人所得税；其在中国境外工作期间取得的工资薪金所得，不予征收个人所得税。

但担任中国境内企业董事或高层管理职务的个人［包括担任公司正、副（总）经理、各职能技师、总监及其他类似公司管理层职务的人］，其取得的由该中国境内企业支付的董事费或工资薪金，应自其担任该中国境内企业董事或高层管理职务起，至其解除上述职务的期间，不论其是否在中国境外履行职务，也不论其在中国居住的天数，均应申报缴纳个人所得税；其取得的由中国境外企业支付的工资薪金，应与中国境内企业支付的董事费或工资薪金合并纳税。[④]

综合以上内容，我们可以就居民、非居民的工薪在中国缴纳个人所得税的情形列表（见表 19-1）如下：

---

①③　财政部税务总局，《关于对临时来华人员按实际居住日期计算征免个人所得税若干问题的通知》，［1988］财税外字 59 号。

②　财政部税务总局，《关于对外国承包商派雇员来中国从事承包作业的工资、薪金收入征收个人所得税问题的通知》，［1988］财税外字 14 号。

④　国家税务总局，《关于在中国境内无住所的个人取得工资薪金所得纳税义务问题的通知》，国税发［1994］148 号。

表 19-1 居民、非居民的工薪个人所得税纳税责任

	境内所得（境内工作期）		境外所得（境外工作期）	
	境内支付	境外支付	境内支付	境外支付
90（183）天以下	征税	免税	免税	免税
90（183）天～1年	征税	征税	免税	免税
1～5年	征税	征税	征税	免税
5年以上	征税	征税	征税	征税

第二节 个人所得税征税对象范围和税率

一、个人所得税的征税对象范围

《个人所得税法》确定了个人所得税的征税对象范围即应税所得项目。

（一）工资、薪金所得

工资、薪金所得，是指个人因任职或者受雇而取得的工资、薪金、资金、年终加薪、劳动分红、津贴、补贴以及与任职或者受雇有关的其他所得。[①]

（二）个体工商户的生产、经营所得

个体工商户的生产、经营所得，是指：

（1）个体工商户从事工业、手工业、建筑业、交通运输业、商业、饮食业、服务业、修理业及其他行业取得的所得；

（2）个人经政府有关部门批准，取得执照，从事办学、医疗、咨询以及其他有偿活动取得的所得；

（3）其他个人从事个体工商业生产、经营取得的所得；

（4）上述个体工商户和个人取得的与生产、经营有关的各项应税所得。[②]

个人独资企业和合伙企业的生产经营所得，比照“个体工商户的生产经营所得”应税项目，征收个人所得税。[③]

从事个体出租车运营的出租车驾驶员取得的收入，按个体工商户的生产、经营所得项目缴纳个人所得税。出租车属个人所有，但挂靠出租汽车经营单位或企事业单位，驾驶员向挂靠单位缴纳管理费的，或出租汽车经营单位将出租车所有权转移给驾驶员

① 《个人所得税法实施条例》，第8条第1款。

② 《个人所得税法实施条例》，第8条第2款。

③ 财政部、国家税务总局，《关于印发〈关于个人独资企业和合伙企业投资者征收个人所得税的规定〉的通知》，财税［2000］91号。

的，出租车驾驶员从事客货运营取得的收入，比照个体工商户的生产、经营所得项目征税。出租汽车经营单位对出租车驾驶员采取单车承包或承租方式运营，出租车驾驶员从事客货运营取得的收入，按工资、薪金所得项目征税。[①]

（三）对企事业单位的承包经营、承租经营的所得

对企事业单位的承包经营、承租经营所得，是指个人承包经营或承租经营以及转包、转租取得的所得。[②] 承包项目可分多种，如生产经营、采购、销售、建筑安装等各种承包。转包包括全部转包或部分转包。

（四）劳务报酬所得

劳务报酬所得，指个人独立从事各种劳务所取得的所得。具体应税劳务项目包括：设计、装潢、安装、制图、化验、测试、医疗、法律、会计、咨询、讲学、新闻、广播、翻译、审稿、书画、雕刻、影视、录音、录像、演出、表演、广告、展览、技术服务、介绍、经纪、代办和其他服务。[③]

（五）稿酬所得

稿酬所得，是指个人因其作品为图书、报刊形式出版、发表而取得的所得。[④] 将稿酬所得独立划归一个征税项目，主要目的是对依靠较高智力从事创作精神产品的劳务活动给予适当优惠。

（六）特许权使用费所得

特许权使用费所得，是指个人提供或转让专利权、商标权、著作权、非专利技术以及其他特许权使用权取得的所得。其中提供著作权的使用权取得的所得，不包括稿酬所得。[⑤] 值得注意的是，这里所称的特许权使用费不仅包括提供各种特许权的使用权而获得的所得，而且还包括转让特许权而取得的所得，都以特许权使用费的名称列作个人所得税的应税所得，严格意义上这不属于特许权使用费，而属于资本利得或财产转让所得。

作者将自己的文字作品手稿原件或复印件拍卖取得的所得，按照“特许权使用费”所得项目缴纳个人所得税。个人拍卖除文字作品原稿及复印件外的其他财产，按照“财产转让所得”项目缴纳个人所得税。[⑥]

---

① 国家税务总局，《机动出租车驾驶员个人所得税征收管理暂行办法》，国税发［1995］50号。

② 《个人所得税法实施条例》，第8条第3款。

③ 《个人所得税法实施条例》，第8条第4款。

④ 《个人所得税法实施条例》，第8条第5款。

⑤ 《个人所得税法实施条例》，第8条第6款。

⑥ 国家税务总局，《关于加强和规范个人取得拍卖收入征收个人所得税有关问题的通知》，国税发［2007］38号。

（七）利息、股息、红利所得

利息、股息、红利所得，是指个人拥有债权、股权而取得的利息、股息、红利所得。[①] 利息，指个人拥有债权而取得的利息，包括存款利息、贷款利息和各种债券利息。股息、红利，指个人拥有股权取得的股息、红利。按照一定的比率对每股发给的息金，叫股息；公司、企业应分配的利润，按股份分配的叫红利。股息、红利所得，除另有规定外，都应当缴纳个人所得税。

（八）财产租赁所得

财产租赁所得，是指个人出租建筑物、土地使用权、机器设备、车船以及其他财产取得的所得。[②]

个人取得的财产转租收入，属于“财产租赁所得”的征税范围，由财产转租人缴纳个人所得税。在确认纳税义务人时，应以产权凭证为依据；对无产权凭证的，由主管税务机关根据实际情况确定。产权所有人死亡，在未办理产权继承手续期间，该财产出租而有租金收入的，以领取租金的个人为纳税人。

（九）财产转让所得

财产转让所得，是指个人转让有价证券、股权、建筑物、土地使用权、机器设备、车船以及其他财产取得的所得。[③] 考虑到中国股市的实际情况和股票转让收益的特殊性，国家决定在近年内，对股票转让所得暂不征收个人所得税。除此之外，转让其他财产的所得，应当依法缴纳个人所得税。

（十）偶然所得

偶然所得，是指个人得奖、中奖、中彩以及其他偶然性质的所得。[④] 得奖是指参加各种有奖竞赛活动，取得名次得到的奖金；中奖、中彩是指参加各种有奖活动，如有奖销售、有奖储蓄，或者购买彩票，经过规定程序，抽中、摇中号码而取得的奖金。偶然所得应缴纳的个人所得税税款，一律由发奖单位或机构代扣代缴。

此外，资产购买方企业向个人支付的不竞争款项，按照“偶然所得”项目计算缴纳个人所得税，税款由资产购买方企业在向资产出售方企业自然人股东支付不竞争款项时代扣代缴。不竞争款项是指资产购买方企业与资产出售方企业自然人股东之间在资产购买交易中，通过签订保密和不竞争协议等方式，约定资产出售方企业自然人股东在交易完成后一定期限内，承诺不从事有市场竞争的相关业务，并负有相关技术资料的保密义务，资产购买方企业则在约定期限内，按一定方式向资产出售方企业自然人

---

① 《个人所得税法实施条例》，第 8 条第 7 款。
② 《个人所得税法实施条例》，第 8 条第 8 款。
③ 《个人所得税法实施条例》，第 8 条第 9 款。
④ 《个人所得税法实施条例》，第 8 条第 10 款。

股东所支付的款项。[①]

（十一）经国务院财政部门确定征税的其他所得

除上述列举的各项个人应税所得外，其他确有必要征税的个人所得，由国务院财政部门确定。

个人取得的所得，难以界定应纳税所得项目的，由主管税务机关确定。[②]

二、个人所得税的税率

个人所得税的税率按所得项目不同分别确定

（1）工资、薪金所得，适用超额累进税率，税率为5%～45%[③]，见表19-2。

（2）个体工商户生产、经营所得，适用5%～35%的五级超额累进税率，[④]见表19-3。个人独资企业和合伙企业的生产经营所得，也适用5%～35%的五级超额累进税率。对企事业单位的承包经营、承租经营所得，如果承包、承租人对企业经营成果不拥有所有权，仅是按合同（协议）规定取得一定所得的，其所得按工资、薪金所得项目征税，适用5%～45%的九级超额累进税率即个人所得税税率表（Ⅰ）；如果承包、承租人按合同（协议）的规定只向发包、出租方交纳一定费用后，企业经营成果归其所有的，其所得适用5%～35%的五级超额累进税率即个人所得税税率表（Ⅱ）。[⑤]

表19-2　个人所得税税率表（Ⅰ）

级数	全月应纳税所得额	税率（%）	速算扣除数
1	不超过500元的	5	0
2	超过500元～2 000元的部分	10	25
3	超过2 000元～5 000元的部分	15	125
4	超过5 000元～20 000元的部分	20	375
5	超过20 000元～40 000元的部分	25	1，375
6	超过40 000元～60 000元的部分	30	3，375
7	超过60 000元～80 000元的部分	35	6，375
8	超过80 000元～100 000元的部分	40	10，375
9	超过100 000元的部分	45	15，375

注：本表所称全月应纳税所得额是指依照税法的规定，以每月收入额减除费用2000元后的余额或者减除附加减除费用后的余额。

① 财政部、国家税务总局，《关于企业向个人支付不竞争款项征收个人所得税问题的批复》，财税［2007］102号。

② 《个人所得税法》，第2条，《个人所得税法实施条例》，第8条第10款。

③④ 《个人所得税法》，第3条第1款。

⑤ 国家税务总局，《关于个人对企事业单位实行承包经营、承租经营取得所得征税问题的通知》，国税发［1994］179号。

表 19-3 个人所得税税率表（Ⅱ）

级数	全年应纳税所得额	税率（%）	速算扣除数
1	不超过 5 000 元的部分	5	0
2	超过 5 000 元～10 000 元的部分	10	250
3	超过 10 000 元～30 000 元的部分	20	1 250
4	超过 30 000 元～50 000 元的部分	30	4 250
5	超过 50 000 元的部分	35	6 750

注：本表所称全年应纳税所得额，对个体工商户的生产、经营所得来源，是指以每一纳税年度的收入总额，减除成本、费用以及损失后的余额；对企事业单位的承包经营、承租经营所得来源，是指以每一纳税年度的收入总额，减除必要费用后的余额。

（3）稿酬所得，适用比例税率，税率为 20%，并按应纳税额减征 30%。① 故其实际税率为 14%。

（4）劳务报酬所得，适用比例税率，税率为 20%。对劳务报酬所得一次收入奇高的，可以实行加成征收，具体办法由国务院规定。②

根据《个人所得税法实施条例》规定，“劳务报酬所得一次收入奇高”，是指个人一次取得劳务报酬，其应纳税所得额超过 20 000 元。对应纳税所得额超过 20 000 元至 50 000元的部分，依照税法规定计算应纳税额后再按照应纳税额加征五成；超过 50 000 元的部分，加征十成。③ 因此，劳务报酬所得实际上适用 20%、30%、40%的三级超额累进税率，见表 19-4。

表 19-4 个人所得税税率表（Ⅲ）

级数	每次应纳税所得额	税率（%）	速算扣除数
1	不超过 20 000 元的部分	20	0
2	超过 20 000～50 000 元的部分	30	2 000
3	超过 50 000 元的部分	40	7 000

注：本表所称“每次应纳税所得额”，是指每次收入额减除费用 800 元（每次收入额不超过 4000 元时）或者减除 20%的费用（每次收入额超过 4000 元时）后的余额。

（5）特许权使用费所得，利息、股息、红利所得，财产租赁所得，财产转让所得，偶然所得和其他所得，适用比例税率，税率为 20%。④

对个人投资者从上市公司取得的股息红利所得，暂减按 50%（即税率 10%）计入个人应纳税所得额。对证券投资基金从上市公司分配取得的股息红利所得，扣缴义务人在代扣代缴个人所得税时，减按 50%（即税率 10%）计算应纳税所得额。上市公司

① 《个人所得税法》，第 3 条第 3 款。
② 《个人所得税法》，第 3 条第 4 款。
③ 《个人所得税法实施条例》，第 11 条。
④ 《个人所得税法》，第 3 条第 5 款。

是指在上海证券交易所、深圳证券交易所挂牌交易的上市公司。[①]

由于国务院规定了对储蓄存款利息所得开征、减征、停征个人所得税及其具体办法[②]，储蓄存款在1999年10月31日前孳生的利息所得，不征收个人所得税；储蓄存款在1999年11月1日至2007年8月14日孳生的利息所得，按照20%的比例税率征收个人所得税；储蓄存款在2007年8月15日至2008年10月8日孳生的利息所得，按照5%的比例税率征收个人所得税；2008年10月9日起孳生的利息，实行暂免征收个人所得税的规定。[③] 由于目前与中国（内地）签订的税收协定（包括内地与香港特别行政区和澳门特别行政区分别签订的税收安排）规定的税率均高于或等于5%，所以外籍个人和港澳台居民个人从中国境内取得储蓄存款的利息所得，按中国法律法规规定的税率执行。[④]

对个人出租住房取得的所得减按10%的税率征收个人所得税。[⑤]

第三节　个人所得税应纳税所得额的确定和减免税规定

一、个人所得税应纳税所得额的确定

确定个人所得税应纳税所得额，需按上述不同应税项目分项进行，以某项应税项目的收入额减去税法规定的可扣除费用的余额为应纳税所得额。

（一）确定个人所得税应纳税所得额的一般规则

（1）工资、薪金所得，以每月收入额扣除费用2000元后的余额，为应纳税所得额。[⑥] 具体而言，从2008年3月1日（含）起，纳税人实际取得的工资、薪金所得，应适用每月2000元的减除费用标准，计算缴纳个人所得税。纳税人2008年3月1日前实际取得的工资、薪金所得，无论税款是否在2008年3月1日以后入库，均应适用每月1600元的减除费用标准，计算缴纳个人所得税。[⑦]

考虑到外籍人员和在境外工作的中国公民的生活水平比国内公民要高，而且中国汇率的变化情况对他们的工资、薪金所得也有一定的影响。为了不因征收个人所得税而加重他们的负担，对外籍人员和在境外工作的中国公民的工资、薪金所得增加了附

---

① 财政部、国家税务总局，《关于股息红利个人所得税有关政策的通知》，财税［2005］102号；《关于股息红利有关个人所得税政策的补充通知》，财税［2005］107号。

② 《个人所得税法》，第12条。

③ 财政部、国家税务总局，《关于储蓄存款利息所得有关个人所得税政策的通知》，财税［2008］132号。

④ 国家税务总局，《关于外籍个人和港澳台居民个人储蓄存款利息所得适用协定税率有关问题的补充通知》，国税函［2007］872号。

⑤ 财政部、国家税务总局，《关于调整住房租赁市场税收政策的通知》，财税［2000］125号；《关于廉租住房经济适用住房和住房租赁有关税收政策的通知》，财税［2008］024号。

⑥ 《个人所得税法》，第6条第1款。

⑦ 国家税务总局，《关于个人所得税工资薪金所得减除费用标准政策衔接问题的通知》，国税发［2008］20号。

加费用扣除的照顾。就是对符合条件的个人每月工资、薪金所得在扣除 2000 元费用的基础上，再扣除 2800 元。① 附加减除费用适用对象：

一是在中国境内的外商投资企业和外国企业中工作取得工资、薪金所得的外籍人员；

二是应聘在中国境内的企业、事业单位、社会团体、国家机关中工作取得工资、薪金所得的外籍专家；

三是在中国境内有住所而在中国境外任职或者受雇取得工资、薪金所得的个人；

四是国务院财政、税务主管部门确定的其他人员。②

华侨和香港、澳门、台湾同胞参照上述附加费用扣除标准执行。③ 对于华侨身份的具体界定，可参考国侨发［2008］5 号文件的规定。

（2）个体工商户生产、经营所得，以每一纳税年度的收入总额，扣除成本、费用以及损失后的余额为应纳税所得额。④

个体工商户的收入总额是指个体工商户从事生产经营以及与生产经营有关的活动所取得的各项收入，包括商品（产品）销售收入、营运收入、劳务服务收入、工程价款收入、财产出租或转让收入、利息收入、其他业务收入和营业收入。⑤ 个体工商户与企业联营而分得的利润，按利息、股息、红利所得项目征收个人所得税。个体工商户和从事生产、经营的个人，取得与生产、经营活动无关的各项应税所得，如股息、利息、稿酬、劳务报酬等，应分别适用各应税项目的规定计算征收个人所得税。⑥

个体工商户的成本、费用，是指纳税人从事生产、经营所发生的各项直接支出和分配计入成本的间接费用以及销售费用、管理费用、财务费用；损失，是指纳税人在生产、经营过程中发生的各项营业外支出。从事生产、经营的纳税人未提供完整、准确的纳税资料，不能正确计算应纳税所得额的，由主管税务机关核定其应纳税所得额。⑦ 国家税务总局规定了个体工商户成本费用扣除的具体办法。如个体工商户在生产经营过程中发生与家庭生活混用的费用，由主管税务机关核定分摊比例，据此计算确定的属于生产、经营过程中发生的费用，准予扣除；个体工商户分配给投资者的股利、用于个人和家庭的支出、与生产经营无关的其他支出不得扣除等。⑧

个人独资企业和合伙企业每一纳税年度的收入总额减除成本、费用以及损失后的余额，作为投资者个人的生产经营所得。所称收入总额，是指企业从事生产经营以及与生产经营有关的活动所取得的各项收入，包括商品（产品）销售收入、营运收入、劳务服务收入、工程价款收入、财产出租或转让收入、利息收入、其他业务收入和营

① 《个人所得税法实施条例》，第 29 条。

② 《个人所得税法实施条例》，第 28 条。

③ 《个人所得税法实施条例》，第 30 条。

④ 《个人所得税法》，第 6 条第 2 款。

⑤⑧ 国家税务总局，《关于印发〈个体工商户个人所得税计税办法（试行）〉的通知》，国税发［1997］43 号。

⑥ 财政部、国家税务总局，《关于个人所得税若干政策问题的通知》，财税［1994］20 号。

⑦ 《个人所得税法实施条例》，第 17 条。

业外收入。个人独资企业的投资者以全部生产经营所得为应纳税所得额；合伙企业的投资者按照合伙企业的全部生产经营所得和合伙协议约定的分配比例确定应纳税所得额，合伙协议没有约定分配比例的，以全部生产经营所得和合伙人数量平均计算每个投资者的应纳税所得额。前面所称生产经营所得，包括企业分配给投资者个人的所得和企业当年留存的所得（利润）。财政部、国家税务总局规定了个人独资企业和合伙企业成本费用扣除和计税的具体办法。[①] 个人独资企业、合伙企业的个人投资者以企业资金为本人、家庭成员及其相关人员支付与企业生产经营无关的消费性支出及购买汽车、住房等财产性支出，视为企业对个人投资者利润分配，并入投资者个人的生产经营所得，依照“个体工商户的生产经营所得”项目计征个人所得税。除个人独资企业、合伙企业以外的其他企业的个人投资者，以企业资金为本人、家庭成员及其相关人员支付与企业生产经营无关的消费性支出及购买汽车、住房等财产性支出，视为企业对个人投资者的红利分配，依照“利息、股息、红利所得”项目计征个人所得税。纳税年度内个人投资者从其投资企业（个人独资企业、合伙企业除外）借款，在该纳税年度终了后既不归还，又未用于企业生产经营的，其未归还的借款可视为企业对个人投资者的红利分配，依照“利息、股息、红利所得”项目计征个人所得税。[②]

（3）对企事业单位的承包经营、承租经营所得，以每一纳税年度的收入总额，扣除必要费用后的余额为应纳税所得额。[③] 每一纳税年度的收入总额，是指纳税义务人按照承包经营、承租经营合同规定分得的经营利润和工资、薪金性质的所得；所谓扣除必要费用，是指按月扣除 2000 元。[④]

（4）劳务报酬所得、稿酬所得、特许权使用费所得、财产租赁所得，每次收入不超过 4000 元的，扣除费用 800 元；4000 元以上的，扣除 20%的费用，其余额为应纳税所得额。[⑤]

（5）财产转让所得，以转让财产的收入扣除财产原值和合理费用后的余额为应纳税所得额。[⑥] 财产原值按财产不同性质确定：①有价证券，为买入价以及买入时按照规定交纳的有关费用；②建筑物，为建造费用或者购进价格以及其他有关费用；③土地使用权，为取得土地使用权所支付的金额，开发土地的费用以及其他有关费用；④机器设备、车船，为购进价格、运输费、安装费以及其他有关费用；⑤其他财产，参照以上方法确定。纳税义务人未提供完整、准确的财产原值凭证，不能正确计算财产原值的，由主管税务机关核定其财产原值。[⑦] 合理费用，是指卖出财产时按照规定支付的

---

① 财政部、国家税务总局，《关于印发〈关于个人独资企业和合伙企业投资者征收个人所得税的规定〉的通知》，财税［2000］91 号。

② 财政部、国家税务总局，《关于规范个人投资者个人所得税征收管理的通知》，财税［2003］158 号。

③ 《个人所得税法》，第 6 条第 3 款。

④ 《个人所得税法实施条例》，第 18 条。

⑤ 《个人所得税法》，第 6 条第 4 款。

⑥ 《个人所得税法》，第 6 条第 5 款。

⑦ 《个人所得税法实施条例》，第 19 条。

有关费用。[①]

（6）利息、股息、红利所得，偶然所得和其他所得，以每次收入额为应纳税所得额。[②]

（二）按次征收的应税所得项目的应纳税所得额的确定

《个人所得税法》规定对纳税人取得的劳务报酬所得，稿酬所得，特许权使用费所得，利息、股息、红利所得，财产租赁所得，偶然所得和其他所得等七项所得，按次计算征税。因此费用扣除也依据每次应纳税所得额的大小，分别规定了定额和定率两种标准。每次所得的具体确定规则如下：

（1）劳务报酬所得，根据不同劳务项目的特点，分别规定为：

第一，只有一次性收入的，以取得该项收入为一次。例如从事设计、安装、装潢、制图、化验、测试、翻译等劳务，通常是按客户要求完成工作后即取得收入，均属于一次性的收入，应以完成每一项劳务取得报酬为计税单位。[③]

第二，属于同一事项连续取得收入的，以1个月取得的收入为一次。例如，某教授与一大学签订协议，在2009年3月至7月到该校授课，每个月三次，每次三个小时，每次付给课酬300元。在计算其劳务报酬所得时，应视为同一事项的连续性收入，以其1个月取得的收入即900元为单位计征个人所得税，而不能以每一次取得的收入即300元为单位，也不能以整个课程取得的收入为单位。

（2）稿酬所得，以每次出版、发表取得的收入为一次。[④] 但是：①同一作品再版取得的所得，应视作另一次稿酬所得计征个人所得税。②同一作品先在报刊上连载，然后再出版，或先出版，再在报刊上连载的，就视为两次稿酬所得征税。即连载作为一次，出版作为另一次。③同一作品在报刊上连载取得收入的，以连载完成后取得的所有收入合并为一次，计征个人所得税。④同一作品在出版和发表时，以预付稿酬或分次支付稿酬等形式取得的稿酬收入，应合并计算为一次。⑤同一作品出版、发表后，因添加印数而追加稿酬的，应与以前出版、发表时取得的稿酬合并计算为一次，计征个人所得税。[⑤]

（3）特许权使用费所得，以某项使用权的一次提供或转让所取得的收入为一次。[⑥] 一个纳税义务人，可能不仅拥有一项特许权权利，每一项特许权的使用权也可能不止一次地向他人提供。因此，对特许权使用费所得的“次”的界定，明确为每一项使用权的每次提供或转让所取得的收入为一次。如果该次提供或转让取得的收入是分期支付的，则应将各期收入相加为一次的收入，计征个人所得税。

---

① 《个人所得税法实施条例》，第20条。

② 《个人所得税法》，第6条第6款。

③ 《个人所得税法实施条例》，第21条第1款。

④ 《个人所得税法实施条例》，第21条第2款。

⑤ 国家税务总局，《关于印发〈征收个人所得税若干问题的规定〉的通知》，国税发［1994］89号。

⑥ 《个人所得税法实施条例》，第21条第3款。

（4）财产租赁所得，以 1 个月取得的收入为一次。[①]

（5）利息、股息、红利所得，以支付利息、股息、红利时取得的收入为一次。[②]

（6）偶然所得，以每次收入为一次。[③]

（7）其他所得，以每次收入为一次。

（三）确定个人所得税应纳税所得额的特殊规则

1. 捐赠或资助

（1）个人将其所得通过中国境内的社会团体、国家机关向教育和其他社会公益事业以及遭受严重自然灾害地区、贫困地区捐赠，捐赠额未超过纳税义务人申报的应纳税所得额的 30%的部分，可以从其应纳税所得额中扣除。[④]

（2）个人通过非营利性的社会团体和国家机关（包括中国红十字会）向红十字事业的捐赠，在计算缴纳个人所得税时准予全额扣除。[⑤]

（3）个人通过非营利性的社会团体和政府部门向福利性、非营利性的老年服务机构的捐赠，在缴纳个人所得税前准予全额扣除。此处所称老年服务机构，是指专门为老年人提供生活照料、文化、护理、健身等多方面服务的福利性、非营利性的机构，主要包括老年社会福利院、敬老院（养老院）、老年服务中心、老年公寓（含老年护理院、康复中心、托老所）等。[⑥]

（4）个人通过非营利的社会团体和国家机关向农村义务教育的捐赠、准予在缴纳个人所得税前的所得额中全额扣除。此处所称农村义务教育的范围，是指政府和社会力量举办的农村乡镇（不含县和县级市政府所在地的镇）、村的小学和初中以及属于这一阶段的特殊教育学校。纳税人对农村义务教育与高中在一起的学校的捐赠，也享受前述所得税前扣除政策。[⑦]

（5）根据国务院《关于印发完善城镇社会保障体系试点方案的通知》（国发［2000］42 号）文件的精神，进行完善城镇社会保障体系试点的辽宁全省以及其他省、自治区、直辖市，对个人向慈善机构、基金会等非营利机构的公益、救济性捐赠，准予在缴纳个人所得税前全额扣除。[⑧]

（6）个人的所得（不含偶然所得，经国务院财政部门确定征税的其他所得）用于

---

① 《个人所得税法实施条例》，第 21 条第 4 款。

② 《个人所得税法实施条例》，第 21 条第 5 款。

③ 《个人所得税法实施条例》，第 21 条第 6 款。

④ 《个人所得税法实施条例》，第 24 条。

⑤ 财政部、国家税务总局，《关于企业等社会力量向红十字事业捐赠有关所得税政策问题的通知》，财税［2000］30 号。

⑥ 财政部、国家税务总局，《关于对老年服务机构有关税收政策问题的通知》，财税［2000］97 号。

⑦ 财政部、国家税务总局，《关于纳税人向农村义务教育捐赠有关所得税政策的通知》，财税［2001］103 号。

⑧ 财政部、国家税务总局，《关于完善城镇社会保障体系试点中有关所得税政策问题的通知》，财税［2001］9 号。

对非关联的科研机构和高等学校研究开发新产品、新技术、新工艺所发生的研究开发经费的资助的，可以全额在下月（工资、薪金所得）或下次（按次计征的所得）或当年（按年计征的所得）计征个人所得税时，从应纳税所得额中扣除，不足抵扣的，不得结转抵扣。①

2. 非货币所得

个人所得的形式，包括现金、实物、有价证券和其他形式的经济利益。所得为实物的，应当按照取得的凭证上所注明的价格计算应纳税所得额；无凭证的实物或者凭证上所注明的价格明显偏低的，参照市场价格核定应纳税所得额。所得为有价证券的，根据票面价格和市场价格核定应纳税所得额。所得为其他形式的经济利益的，参照市场价格核定应纳税所得额。②

3. 个人取得公务交通、通讯补贴收入

个人因公务用车和通讯制度改革而取得的公务用车、通讯补贴收入，扣除一定标准的公务费用后，按照"工资、薪金"所得项目计征个人所得税。按月发放的，并入当月"工资、薪金"所得计征个人所得税；不按月发放的，分解到所属月份并与该月份"工资、薪金"所得合并后计征个人所得税。③

4. 企业减员增效和行政、事业单位、社会团体在机构改革过程中实行内部退养办法人员取得收入

实行内部退养的个人在其办理内部退养手续后至法定离退休年龄之间从原任职单位取得的工资、薪金，不属于离退休工资，应按"工资、薪金所得"项目计征个人所得税。

个人在办理内部退养手续后从原任职单位取得的一次性收入，应按办理内部退养手续后至法定离退休年龄之间的所属月份进行平均，并与领取当月的"工资、薪金"所得合并后减除当月费用扣除标准，以余额为基数确定适用税率，再将当月工资、薪金加上取得的一次性收入，减去费用扣除标准，按适用税率计征个人所得税。

个人在办理内部退养手续后至法定离退休年龄之间重新就业取得的"工资、薪金"所得，应与其从原任职单位取得的同一月份的"工资、薪金"所得合并，并依法自行向主管税务机关申报缴纳个人所得税。④

5. 企业改组改制过程中个人取得的量化资产

对职工个人以股份形式取得的仅作为分红依据，不拥有所有权的企业量化资产，不征收个人所得税。对职工个人以股份形式取得的拥有所有权的企业量化资产，暂缓征收个人所得税；待个人将股份转让时，就其转让收入额，减除个人取得该股份时实际支付的费用支出和合理转让费用后的余额，按"财产转让所得"项目计征个人所得税。对职工个人以股份形式取得的企业量化资产参与企业分配而获得的股息、红利，

---

① 国家税务总局，《关于贯彻落实〈中共中央国务院关于加强技术创新，发展高科技，实现产业化的决定〉有关所得税问题的通知》，国税发［2000］24号。

② 《个人所得税法实施条例》，第10条。

③④ 国家税务总局，《关于个人所得税有关政策问题的通知》，国税发［1999］58号。

应按“利息、股息、红利”项目征收个人所得税。① 公司职工取得的用于购买企业国有股权的劳动分红，应按“工资、薪金所得”项目计征个人所得税。②

6. 个人取得无赔款优待收入

对于个人因任职单位缴纳有关保险费用而取得的无赔款优待收入，按照“其他所得”应税项目计征个人所得税。对于个人自己缴纳有关商业保险费（保费全部返还个人的保险除外）而取得的无赔款优待收入，不作为个人的应纳税收入，不征收个人所得税。③

7. 企业以免费旅游方式提供对营销人员个人奖励

按照中国现行个人所得税法律法规有关规定，对商品营销活动中，企业和单位对营销业绩突出人员以培训班、研讨会、工作考察等名义组织旅游活动，通过免收差旅费、旅游费对个人实行的营销业绩奖励（包括实物、有价证券等），应根据所发生费用全额计入营销人员应税所得，依法征收个人所得税，并由提供上述费用的企业和单位代扣代缴。其中，对企业雇员享受的此类奖励，应与当期的工资薪金合并，按照“工资、薪金所得”项目征收个人所得税；对其他人员享受的此类奖励，应作为当期的劳务收入，按照“劳务报酬所得”项目征收个人所得税。④

8. 员工上市公司股票期权收入⑤

员工接受实施股票期权计划企业授予的股票期权（指定的股票应为境内外上市公司的股票）时，一般不作为应税所得征税。

员工行权时，其从企业取得股票的实际购买价（施权价）低于购买日公平市场价（指该股票当日的收盘价）的差额，应按“工资、薪金所得”的规定计算缴纳个人所得税。取得股票期权的员工在行权日不实际买卖股票，而按行权日股票期权所指定股票的市场价与施权价之间的差额，直接从授权企业取得价差收益的，该项价差收益则为员工取得的股票期权形式的工资薪金所得。

因特殊情况，员工在行权日之前将股票期权转让的，以股票期权的转让净收入，作为工资薪金所得征收个人所得税。部分股票期权在授权时即约定可以转让，且在境内或境外存在公开市场及挂牌价格（以下称“可公开交易的股票期权”）。员工接受该可公开交易的股票期权时，应按授权日股票期权的市场价格，作为员工授权日所在月份的工资薪金所得，计算缴纳个人所得税。

员工因参加股票期权计划而从中国境内取得的所得，应按工资薪金所得计算纳税

---

① 国家税务总局，《关于企业改组改制过程中个人取得的量化资产征收个人所得税问题的通知》，国税发［2000］60号。

② 国家税务总局，《关于联想集团改制员工取得的用于购买企业国有股权的劳动分红征收个人所得税问题的通知》，国税函［2001］832号。

③ 国家税务总局，《关于个人所得税有关政策问题的通知》，国税发［1999］58号。

④ 财政部、国家税务总局，《关于企业以免费旅游方式提供对营销人员个人奖励有关个人所得税政策的通知》，财税［2004］11号。

⑤ 财政部、国家税务总局，《关于个人股票期权所得征收个人所得税问题的通知》，财税［2005］35号；国家税务总局，《关于个人股票期权所得缴纳个人所得税有关问题的补充通知》，国税函［2006］902号。

的，对该股票期权形式的工资薪金所得可区别于所在月份的其他工资薪金所得，单独按下列公式计算当月应纳税款：

应纳税额=(股票期权形式的工资薪金应纳税所得额/规定月份数×适用税率－速算扣除数)×规定月份数

其中规定月份数，是指员工取得来源于中国境内的股票期权形式工资薪金所得的境内工作期间月份数，长于12个月的，按12个月计算。

员工将行权后的股票或可公开交易的股票期权再转让时获得的高于购买日公平市场价的差额，应按照“财产转让所得”适用的征免规定计算缴纳个人所得税。即：个人将行权后的境内上市公司股票再行转让而取得的所得，暂不征收个人所得税；个人转让境外上市公司的股票而取得的所得，应按税法的规定计算应纳税所得额和应纳税额，依法缴纳税款。

9. 员工非上市公司股票期权收入①

公司雇员以非上市公司股票期权形式取得的工资薪金所得，不能按照财税［2005］35号规定缴纳个人所得税，可比照国税发［2005］9号规定的全年一次性奖金的征税办法，计算征收个人所得税。

公司雇员以非上市股票期权形式取得所得的纳税义务发生时间，按雇员的实际购买日确定，其所得额为其从公司取得非上市股票的实际购买价低于购买日该股票价值的差额，购买日股票价值可暂按上一年度经中介机构审计的会计报告中每股净资产数额来确定。

10. 个人股票增值权和限制性股票收入②

个人因任职、受雇从上市公司（含境内、外上市公司）取得的股票增值权所得和限制性股票所得，可比照财税［2005］35号、国税函［2006］902号的有关规定，由上市公司或其境内机构按照“工资、薪金所得”项目和股票期权所得个人所得税计税方法，依法扣缴其个人所得税。

对于股票增值权，被授权人在约定条件下行权时，上市公司按照行权日与授权日二级市场股票差价乘以授权股票数量，发放给被授权人现金。其应纳税所得额计算公式为

股票增值权某次行权应纳税所得额=(行权日股票价格－授权日股票价格)×行权股票份数

对于限制性股票，原则上应在限制性股票所有权归属于被激励对象时确认其限制性股票所得的应纳税所得额。其应纳税所得额计算公式为

应纳税所得额=(股票登记日股票市价＋本批次解禁股票当日市价)÷2×本批次解禁股票份数－被激励对象实际支付的资金总额×(本批次解禁股票份数÷被激励对象获取的限制性股票总份数)

① 国家税务总局，《关于阿里巴巴（中国）网络技术有限公司雇员非上市公司股票期权所得个人所得税问题的批复》，国税函［2007］1030号。

② 财政部、国家税务总局，《关于股票增值权所得和限制性股票所得征收个人所得税有关问题的通知》，财税［2009］5号；国家税务总局，《关于股权激励有关个人所得税问题的通知》，国税函［2009］461号。

11. 个人财产拍卖收入

个人将书画作品、古玩等公开拍卖取得的收入减除其财产原值和合理费用后的余额，按“财产转让所得”项目计征个人所得税。税款由拍卖单位负责代扣代缴。

个人财产拍卖所得适用“财产转让所得”项目（文字作品手稿原件或复印件拍卖按“特许权使用费”所得）计算应纳税所得额时，纳税人凭合法有效凭证（税务机关监制的正式发票、相关境外交易单据或海关报关单据、完税证明等），从其转让收入额中减除相应的财产原值、拍卖财产过程中缴纳的税金及有关合理费用。不能提供合法、完整、准确的财产原值凭证，不能正确计算财产原值的，按转让收入额的3%征收率计算缴纳个人所得税；拍卖品为经文物部门认定是海外回流文物的，按转让收入额的2%征收率计算缴纳个人所得税。①

个人通过拍卖市场取得的房屋拍卖收入在计征个人所得税时，其房屋原值应按照纳税人提供的合法、完整、准确的凭证予以扣除；不能提供完整、准确的房屋原值凭证，不能正确计算房屋原值和应纳税额的，统一按转让收入全额的3%计算缴纳个人所得税。②

12. 个人转让住房的征税规定

为鼓励个人换购住房，对出售自有住房并拟在现住房出售后1年内按市场价重新购房的纳税人，其出售现住房所应缴纳的个人所得税，视其重新购房的价值可全部或部分予以免税。具体办法为：个人出售现住房所应缴纳的个人所得税税款，应在办理产权过户手续前，以纳税保证金形式向当地主管税务机关缴纳。个人出售现住房后1年内重新购房的，按照购房金额大小相应退还纳税保证金。购房金额大于或等于原住房销售额（原住房为已购公有住房的，原住房销售额应扣除已按规定向财政或原产权单位缴纳的所得收益）的，全部退还纳税保证金；购房金额小于原住房销售额的，按照购房金额占原住房销售额的比例退还纳税保证金，余额作为个人所得税缴入国库。个人出售现住房后1年内未重新购房的，所缴纳的纳税保证金全部作为个人所得税缴入国库。跨行政区域售、购住房又符合退还纳税保证金条件的个人，应向纳税保证金缴纳地主管税务机关申请退还纳税保证金。③

对住房转让所得征收个人所得税时，以实际成交价格为转让收入。纳税人申报的住房成交价格明显低于市场价格且无正当理由的，征收机关依法有权根据有关信息核定其转让收入，但必须保证各税种计税价格一致。

对转让住房收入计算个人所得税应纳税所得额时，纳税人可凭原购房合同、发票等有效凭证，经税务机关审核后，允许从其转让收入中减除房屋原值、转让住房过程中缴纳的税金及有关合理费用。纳税人能提供实际支付装修费用的税务统一发票，并

---

① 国家税务总局，《关于加强和规范个人取得拍卖收入征收个人所得税有关问题的通知》，国税发［2007］38号。

② 国家税务总局，《关于个人取得房屋拍卖收入征收个人所得税问题的批复》，国税函［2007］1145号。

③ 财政部、国家税务总局、建设部，《关于个人出售住房所得征收个人所得税有关问题的通知》，财税［1999］278号。

且发票上所列付款人姓名与转让房屋产权人一致的，经税务机关审核，其转让的住房在转让前实际发生的装修费用，可在以下规定比例内扣除：①已购公有住房、经济适用房：最高扣除限额为房屋原值的15%；②商品房及其他住房：最高扣除限额为房屋原值的10%。纳税人原购房为装修房，即合同注明房价款中含有装修费（铺装了地板，装配了洁具、厨具等）的，不得再重复扣除装修费用。

纳税人未提供完整、准确的房屋原值凭证，不能正确计算房屋原值和应纳税额的，税务机关可根据《中华人民共和国税收征收管理法》第三十五条的规定，对其实行核定征税，即按纳税人住房转让收入的一定比例核定应纳个人所得税额。具体比例由省级地方税务局或者省级地方税务局授权的地市级地方税务局根据纳税人出售住房的所处区域、地理位置、建造时间、房屋类型、住房平均价格水平等因素，在住房转让收入1%～3%的幅度内确定。①

13. 个人承租房屋转租收入②

个人将承租房屋转租取得的租金收入，属于个人所得税应税所得，应按“财产租赁所得”项目计算缴纳个人所得税。具体规定如下：

（1）取得转租收入的个人向房屋出租方支付的租金，凭房屋租赁合同和合法支付凭据允许在计算个人所得税时，从该项转租收入中扣除。

（2）有关财产租赁所得个人所得税前扣除税费的扣除次序调整为：①财产租赁过程中缴纳的税费；②向出租方支付的租金；③由纳税人负担的租赁财产实际开支的修缮费用；④税法规定的费用扣除标准。

14. 个人担任公司董事、监事收入③

个人担任公司董事、监事，且不在公司任职、受雇的情形，取得的董事费按劳务报酬所得项目征税方法计算征收个人所得税；个人在公司（包括关联公司）任职、受雇，同时兼任董事、监事的，应将董事费、监事费与个人工资收入合并，统一按工资、薪金所得项目缴纳个人所得税。

15. 个人转让离婚析产房屋的征税问题④

（1）通过离婚析产的方式分割房屋产权是夫妻双方对共同共有财产的处置，个人因离婚办理房屋产权过户手续，不征收个人所得税。

（2）个人转让离婚析产房屋所取得的收入，允许扣除其相应的财产原值和合理费用后，余额按照规定的税率缴纳个人所得税；其相应的财产原值，为房屋初次购置全部原值和相关税费之和乘以转让者占房屋所有权的比例。

（3）个人转让离婚析产房屋所取得的收入，符合家庭生活自用5年以上唯一住房的，可以申请免征个人所得税，其购置时间按照《国家税务总局关于房地产税收政策执行中几个具体问题的通知》（国税发［2005］172号）执行。

---

① 国家税务总局，《关于个人住房转让所得征收个人所得税有关问题的通知》，国税发［2006］108号。

② 国家税务总局，《关于个人转租房屋取得收入征收个人所得税问题的通知》，国税函［2009］639号。

③④ 国家税务总局，《关于明确个人所得税若干政策执行问题的通知》，国税发［2009］121号。

16. 企业年金个人所得税征收管理问题①

(1) 企业年金的个人缴费部分，不得在个人当月工资、薪金计算个人所得税时扣除。

(2) 企业年金的企业缴费计入个人账户的部分（以下简称企业缴费）是个人因任职或受雇而取得的所得，属于个人所得税应税收入，在计入个人账户时，应视为个人1个月的工资、薪金（不与正常工资、薪金合并），不扣除任何费用，按照“工资、薪金所得”项目计算当期应纳个人所得税款，并由企业在缴费时代扣代缴。

对企业按季度、半年或年度缴纳企业缴费的，在计税时不得还原至所属月份，均作为一个月的工资、薪金，不扣除任何费用，按照适用税率计算扣缴个人所得税。

(3) 对因年金设置条件导致的已经计入个人账户的企业缴费不能归属个人的部分，其已扣缴的个人所得税应予以退还。具体计算公式如下：

应退税款＝企业缴费已纳税款×（1－实际领取企业缴费/已纳税企业缴费的累计额）

参加年金计划的个人在办理退税时，应持居民身份证、企业以前月度申报的含有个人明细信息的《年金企业缴费扣缴个人所得税报告表》复印件、解缴税款的《税收缴款书》复印件等资料，以及由企业出具的个人实际可领取的年金企业缴费额与已缴纳税款的年金企业缴费额的差额证明，向主管税务机关申报，经主管税务机关核实后，予以退税。

(4) 设立企业年金计划的企业，应按照《个人所得税法》和《税收征收管理法》的有关规定，实行全员全额扣缴明细申报制度。企业要加强与其受托人的信息传递，并按照主管税务机关的要求提供相关信息。对违反有关税收法律法规规定的，按照税收征管法有关规定予以处理。

(5) 本通知下发前，企业已按规定对企业缴费部分依法扣缴个人所得税的，税务机关不再退税；企业未扣缴企业缴费部分个人所得税的，税务机关应限期责令企业按以下方法计算扣缴税款：以每年度未扣缴企业缴费部分为应纳税所得额，以当年每个职工月平均工资额的适用税率为所属期企业缴费的适用税率，汇总计算各年度应扣缴税款。

(6) 本通知所称企业年金是指企业及其职工按照《企业年金试行办法》的规定，在依法参加基本养老保险的基础上，自愿建立的补充养老保险。对个人取得本通知规定之外的其他补充养老保险收入，应全额并入当月工资、薪金所得依法征收个人所得税。

17. 转让上市公司限售股所得征收个人所得税问题②

自2010年1月1日起，对个人转让限售股取得的所得，按照“财产转让所得”，适用20%的比例税率征收个人所得税。

(1) 上述所称限售股，包括：①上市公司股权分置改革完成后股票复牌日之前股

---

① 国家税务总局，《关于企业年金个人所得税征收管理有关问题的通知》，国税函［2009］694号。

② 财政部、国家税务总局、证监会，《关于个人转让上市公司限售股所得征收个人所得税有关问题的通知》，财税［2009］167号。

东所持原非流通股股份，以及股票复牌日至解禁日期间由上述股份孳生的送、转股(以下统称股改限售股)；②2006年股权分置改革新老划断后，首次公开发行股票并上市的公司形成的限售股，以及上市首日至解禁日期间由上述股份孳生的送、转股（以下统称新股限售股)；③财政部、税务总局、法制办和证监会共同确定的其他限售股。

(2) 限售股的计税方法。个人转让限售股，以每次限售股转让收入，减除股票原值和合理税费后的余额，为应纳税所得额。即：

应纳税所得额＝限售股转让收入－（限售股原值＋合理税费）

应纳税额 ＝ 应纳税所得额×20％

上述所称的限售股转让收入，是指转让限售股股票实际取得的收入。限售股原值，是指限售股买入时的买入价及按照规定缴纳的有关费用。合理税费，是指转让限售股过程中发生的印花税、佣金、过户费等与交易相关的税费。

如果纳税人未能提供完整、真实的限售股原值凭证的，不能准确计算限售股原值的，主管税务机关一律按限售股转让收入的15％核定限售股原值及合理税费。

(3) 限售股转让管理。限售股转让所得个人所得税，以限售股持有者为纳税义务人，以个人股东开户的证券机构为扣缴义务人。限售股个人所得税由证券机构所在地主管税务机关负责征收管理。

限售股转让所得个人所得税，采取证券机构预扣预缴、纳税人自行申报清算和证券机构直接扣缴相结合的方式征收。证券机构预扣预缴的税款，于次月7日内以纳税保证金形式向主管税务机关缴纳。主管税务机关在收取纳税保证金时，应向证券机构开具《中华人民共和国纳税保证金收据》，并纳入专户存储。

根据证券机构技术和制度准备完成情况，对不同阶段形成的限售股，采取不同的征收管理办法。

第一，证券机构技术和制度准备完成前形成的限售股，证券机构按照股改限售股股改复牌日收盘价，或新股限售股上市首日收盘价计算转让收入，按照计算出的转让收入的15％确定限售股原值和合理税费，以转让收入减去原值和合理税费后的余额，适用20％税率，计算预扣预缴个人所得税额。

纳税人按照实际转让收入与实际成本计算出的应纳税额，与证券机构预扣预缴税额有差异的，纳税人应自证券机构代扣并解缴税款的次月1日起3个月内，持加盖证券机构印章的交易记录和相关完整、真实凭证，向主管税务机关提出清算申报并办理清算事宜。主管税务机关审核确认后，按照重新计算的应纳税额，办理退（补）税手续。纳税人在规定期限内未到主管税务机关办理清算事宜的，税务机关不再办理清算事宜，已预扣预缴的税款从纳税保证金账户全额缴入国库。

第二，证券机构技术和制度准备完成后新上市公司的限售股，按照证券机构事先植入结算系统的限售股成本原值和发生的合理税费，以实际转让收入减去原值和合理税费后的余额，适用20％税率，计算直接扣缴个人所得税额。

纳税人同时持有限售股及该股流通股的，其股票转让所得，按照限售股优先原则，即转让股票视同为先转让限售股，按规定计算缴纳个人所得税。

证券机构等应积极配合税务机关做好各项征收管理工作，并于每月 15 日前，将上月限售股减持的有关信息传递至主管税务机关。限售股减持信息包括：股东姓名、公民身份号码、开户证券公司名称及地址、限售股股票代码、本期减持股数及减持取得的收入总额。证券机构有义务向纳税人提供加盖印章的限售股交易记录。

对个人在上海证券交易所、深圳证券交易所转让从上市公司公开发行和转让市场取得的上市公司股票所得，继续免征个人所得税。

二、个人所得税的减税、免税规定

（一）下列各项个人所得，免征个人所得税

（1）省级人民政府、国务院部委和中国人民解放军等以上单位，以及外国组织颁发的科学、考试、技术、文化、卫生、体育、环境保护等方面的奖金。①

（2）国债和国家发行的金融债券利息。这里所说的国债利息，是指个人持有中华人民共和国财政部发行的债券而取得的利息所得；所说的国家发行的金融债券利息，是指个人持有经国务院批准发行的金融债券而取得的利息所得。②

（3）按照国家统一规定发给的补贴、津贴。这里所说的按照国家统一规定发给的补贴、津贴，是指按照国务院规定发给的政府特殊津贴和国务院规定免纳个人所得税的补贴、津贴。③ 发给中国科学院资深院士和中国工程院资深院士每人每年 1 万元的资深院士津贴免予征收个人所得税。④

（4）福利费、抚恤金、救济金。这里所说的福利费，是指根据国家有关规定，从企业、事业单位、国家机关、社会团体提留的福利费或者工会经费中支付给个人的生活补助费；所说的救济金，是指国家民政部门支付给个人的生活困难补助费。⑤

（5）保险赔款。⑥

（6）军人的转业费、复员费。⑦

（7）按照国家统一规定发给干部、职工的安家费、退职费、退休工资、离休工资、离休生活补助费。⑧

（8）依照中国有关法律规定应予免税的各国驻华使馆、领事馆的外交代表、领事官员和其他人员的所得。上述“所得”，是指依照《中华人民共和国外交特权与豁免条例》和《中华人民共和国领事特权与豁免条例》规定免税的所得。⑨

---

①⑥⑦⑧　《个人所得税法》，第 4 条。

②　《个人所得税法实施条例》，第 12 条。

③　《个人所得税法实施条例》，第 13 条。

④　国家税务总局，《关于个人取得的补贴、津贴征收个人所得税问题的复函》，国税函发［1995］7 号。

⑤　《个人所得税法实施条例》，第 14 条。

⑨　《个人所得税法实施条例》，第 15 条。

(9) 中国政府参加的国际公约以及签订的协议中规定免税的所得。[①]

(10) 关于发给见义勇为者的奖金问题。对乡、镇(含乡、镇)以上人民政府或经县(含县)以上人民政府主管部门批准成立的有机构、有章程的见义勇为基金或者类似性质组织,奖励见义勇为者的奖金或奖品,经主管税务机关核准,免征个人所得税。[②]

(11) 企业和个人按照省级以上人民政府规定的比例提取并缴付的住房公积金、医疗保险金、基本养老保险金、失业保险金,不计入个人当期的工资、薪金收入,免予征收个人所得税。超过规定的比例缴付的部分计征个人所得税。个人领取原提存的住房公积金、医疗保险金、基本养老保险金时,免予征收个人所得税。[③] 城镇企业事业单位及其职工个人按照《失业保险条例》规定的比例,实际缴付的失业保险费,均不计入职工个人当期的工资、薪金收入,免予征收个人所得税;超过《失业保险条例》规定的比例缴付失业保险费的,应将其超过规定比例缴付的部分计入职工个人当期的工资、薪金收入,依法计征个人所得税。具备《失业保险条例》规定条件的失业人员,领取的失业保险金,免予征收个人所得税。[④]

(12) 对个人取得的教育储蓄存款利息所得以及国务院财政部门确定的其他专项储蓄存款或者储蓄性专项基金存款的利息所得,免征个人所得税。[⑤]

储蓄机构内从事代扣代缴工作的办税人员取得的扣缴利息税手续费所得免征个人所得税。[⑥]

(13) 企业依照国家有关法律规定宣告破产,企业职工从该破产企业取得的一次性安置费收入,免征个人所得税。个人因与用人单位解除劳动关系而取得的一次性补偿收入(包括用人单位发放的经济补偿金、生活补助费和其他补助费用),其收入在当地上年职工平均工资 3 倍数额以内的部分,免征个人所得税;超过的部分可视为一次取得数月的工资、薪金收入,允许在一定期限内进行平均。具体平均办法为:

以个人取得的一次性经济补偿收入,除以个人在本企业的工作年限数,以其商数作为个人的月工资、薪金收入,按照税法规定计算缴纳个人所得税。个人在本企业的工作年限数按实际工作年限数计算,超过 12 年的按 12 年计算。

个人领取一次性补偿收入时按照国家和地方政府规定的比例实际缴纳的住房公积金、医疗保险费、基本养老保险费、失业保险费,可以在计征其一次性补偿收入的个

---

① 《个人所得税法》,第 4 条。

② 财政部、国家税务总局,《关于发给见义勇为者的奖励免征个人所得税问题的通知》,财税 [1995] 82 号。

③ 财政部、国家税务总局,《关于住房公积金、医疗保险金、养老保险金征收个人所得税问题的通知》,财税 [1997] 144 号。

④ 国家税务总局,《关于失业保险费(金)征免个人所得税问题的通知》,国税发 [2000] 83 号。

⑤ 《个人所得税法》,第 5 条。

⑥ 国家税务总局,《关于代扣代缴储蓄存款利息所得个人所得税手续费收入征免税问题的通知》,国税发 [2001] 31 号 。

人所得税时予以扣除。[①]

(14) 自2003年5月1日起，从事个体经营的军队转业干部（自主择业的军队转业干部必须持有师以上部队颁发的转业证件），经主管税务机关批准，自领取税务登记证之日起，3年内免征个人所得税。[②]

(15) 对城镇房屋被拆迁收入按照国家有关城镇房屋拆迁管理办法规定的标准取得的拆迁补偿款，免征个人所得税。[③]

(16) 生育妇女按照县级以上人民政府根据国家有关规定制定的生育保险办法，取得的生育津贴、生育医疗费或其他属于生育保险性质的津贴、补贴，免征个人所得税。[④]

(17) 对延长离休退休年龄的高级专家从其劳动人事关系所在单位取得的，单位按国家有关规定向职工统一发放的工资、薪金、津贴、补贴等收入，视同离休、退休工资，免征个人所得税。

除以上所述收入以外的各种名目的津贴补贴收入等，以及高级专家从其劳动人事关系所在单位之外的其他地方取得的培训费、讲课费、顾问费、稿酬等各种收入，依法计征个人所得税。

延长离休退休年龄的高级专家是指：①享受国家发放的政府特殊津贴的专家、学者；②中国科学院、中国工程院院士。[⑤]

(18) 个人通过扣缴单位统一对灾区的捐赠，由扣缴单位凭政府机关或非营利组织开具的汇总捐赠凭据、扣缴单位记载的个人捐赠明细表等，由扣缴单位在代扣代缴税款时，依法据实扣除。

个人直接通过政府机关、非营利组织向灾区的捐赠，采取扣缴方式纳税的，捐赠人应及时向扣缴单位出示政府机关、非营利组织开具的捐赠凭据，由扣缴单位在代扣代缴税款时，依法据实扣除；个人自行申报纳税的，税务机关凭政府机关、非营利组织开具的接受捐赠凭据，依法据实扣除。

扣缴单位在向税务机关进行个人所得税全员全额扣缴申报时，应一并报送由政府机关或非营利组织开具的汇总接受捐赠凭据（复印件）、所在单位每个纳税人的捐赠总额和当期扣除的捐赠额。[⑥]

(19) 经国务院财政部门批准免税的所得。[⑦]

---

① 财政部、国家税务总局，《关于个人与用人单位解除劳动关系取得的一次性补偿收入征免个人所得税问题的通知》，财税［2001］157号；国家税务总局《关于个人因解除劳动合同取得经济补偿金征收个人所得税问题的通知》，国税发［1999］178号。

② 财政部、国家税务总局，《关于自主择业的军队转业干部有关税收政策问题的通知》，财税［2003］26号。

③ 财政部、国家税务总局，《关于城镇房屋拆迁有关税收政策的通知》，财税［2005］45号。

④ 财政部、国家税务总局，《关于生育津贴和生育医疗费有关个人所得税政策的通知》，财税［2008］8号。

⑤ 财政部、国家税务总局，《关于高级专家延长离休退休期间取得工资薪金所得有关个人所得税问题的通知》，财税［2008］7号。

⑥ 国家税务总局，《关于个人向地震灾区捐赠有关个人所得税征管问题的通知》，国税发［2008］55号。

⑦ 《个人所得税法》，第4条。

（二）有下列情形之一的，经批准可以减征个人所得税

（1）残疾、孤老人员和烈属的所得。

（2）因严重自然灾害造成重大损失的。

（3）其他经国务院财政部门批准减税的。[①]

（4）根据《中华人民共和国个人所得税法》（主席令第四十四号）第五条和《中华人民共和国个人所得税法实施条例》（国务院令第142号）第十六条的规定，对残疾人个人取得的劳动所得，按照省（不含计划单列市）人民政府规定的减征幅度和期限减征个人所得税。具体所得项目为：工资薪金所得、个体工商户的生产和经营所得、对企事业单位的承包和承租经营所得、劳务报酬所得、稿酬所得、特许权使用费所得。

（三）下列所得，暂免征收个人所得税

（1）外籍个人以非现金形式或实报实销形式取得的住房补贴、伙食补贴、搬迁费、洗衣费。

（2）外籍个人按合理标准取得的境内、外出差补贴。

（3）外籍个人取得的探亲费、语言训练费、子女教育费等，经当地税务机关审核批准为合理的部分，可以享受免征个人所得税优惠待遇的探亲费，仅限于外籍个人在中国的受雇地与其家庭所在地（包括配偶或父母居住地）之间搭乘交通工具且每年不超过2次的费用。[②]

（4）个人举报、协查各种违法、犯罪行为而获得的奖金。

（5）个人办理代扣代缴税款手续，按规定取得的扣缴手续费。

（6）个人转让自用达5年以上、并且是唯一的家庭居住用房取得的所得。[③]

（7）外籍个人从外商投资企业取得的股息、红利所得。

（8）凡符合下列条件之一的外籍专家取得的工资、薪金所得可免征个人所得税：①根据世界银行专项贷款协议由世界银行直接派往中国工作的外国专家；②联合国组织直接派往中国工作的专家；③为联合国援助项目来华工作的专家；④援助国派往中国专为该国无偿援助项目工作的专家；⑤根据两国政府签订文化交流项目来华工作2年以内的文教专家，其工资、薪金所得由该国负担的；⑥根据中国大专院校国际交流项目来华工作2年以内的文教专家，其工资、薪金所得由该国负担的；⑦通过民间科研协定来华工作的专家，其工资、薪金所得由该国政府机构负担的。[④]

---

① 《个人所得税法》，第5条。

② 国家税务总局，《关于外籍个人取得的探亲费免征个人所得税有关执行标准问题的通知》，国税函［2001］336号。

③ 财政部、国家税务总局、建设部，《关于个人出售住房所得征收个人所得税有关问题的通知》，财税［1999］278号；国家税务总局，《关于个人住房转让所得征收个人所得税有关问题的通知》，国税发［2006］108号。

④ 财政部、国家税务总局，《关于个人所得税若干政策问题的通知》，财税［1994］20号。

(9) 农村税费改革试点期间，取消农业特产税、减征或免征农业税后，对个人或个体户从事种植业、养殖业、饲养业、捕捞业，且经营项目属于农业税（包括农业特产税）、牧业税征税范围的，其取得的“四业”所得暂不征收个人所得税。①

(10) 股权分置改革中非流通股股东通过对价方式向流通股股东支付的股份、现金等收入，暂免征收流通股股东应缴纳的企业所得税和个人所得税。②

(11) 保险营销员的佣金由展业成本和劳务报酬构成。按照税法规定，对佣金中的展业成本，不征收个人所得税；对劳务报酬部分，扣除实际缴纳的营业税金及附加后，依照税法有关规定计算征收个人所得税。根据目前保险营销员展业的实际情况，佣金中展业成本的比例暂定为40%。③

(12) 对个人购买社会福利有奖募捐奖券（福利彩票）、体育彩票一次中奖收入不超过10 000元的暂免征收个人所得税，对一次中奖收入超过10 000元的，应按税法规定全额征税。个人取得单张有奖发票奖金所得不超过800元（含800元）的，暂免征收个人所得税；个人取得单张有奖发票奖金所得超过800元的，应全额按照个人所得税法规定的“偶然所得”目征收个人所得税。④

第四节　个人所得税应纳税额的计算和外国税收抵免

一、个人所得税的应纳税额的计算

（一）工资、薪金所得

1. 一般情况下工资、薪金所得个人所得税应纳税额的计算

一般情况下工资、薪金所得应纳税额的计算公式为

应纳税额＝应纳税所得额×适用税率－速算扣除数

＝（每月收入额－2000或4800元）×适用税率－速算扣除数

由于工资、薪金所得在计算应纳个人所得税额时，适用的是超额累进税率。为了简化计算过程，设计了一套速算扣除数。速算扣除数是用全额累进方法计算出税额减去用超额累进方法计算出税额的差额。这样先按应纳税所得额所适用的全额累进级次和税率计算出一个数值，然后将其减去速算扣除数就得出按超额累进税率计算的应纳税额。

工资、薪金所得适用的速算扣除数见表19-2。⑤

---

① 财政部、国家税务总局，《关于农村税费改革试点地区有关个人所得税问题的通知》，财税［2004］30号。

② 财政部、国家税务总局，《关于股权分置试点改革有关税收政策问题的通知》，财税［2005］103号。

③ 国家税务总局，《关于保险营销员取得佣金收入征免个人所得税问题的通知》，国税函［2006］454号。

④ 国家税务总局，《关于社会福利有奖募捐发行收入税收问题的通知》，国税发［1994］127号；财政部、国家税务总局，《关于个人取得体育彩票中奖所得征免个人所得税问题的通知》，财税［1998］12号；《关于个人取得有奖发票奖金征免个人所得税问题的通知》，财税［2007］34号。

⑤ 国家税务总局，《关于印发〈征收个人所得税若干问题的规定〉的通知》，国税发［1994］89号。

2. 一次取得数月奖金或年终加薪、劳动分红（以下简称奖金，不包括应按月支付的奖金）的应纳税额的计算

（1）纳税人取得全年一次性奖金、年终兑现的年薪和绩效工资，单独作为一个月工资、薪金所得计算纳税，由扣缴义务人发放时代扣代缴。应将雇员当月内取得的全年一次性奖金，除以12个月，按其商数确定适用税率和速算扣除数。如果在发放年终一次性奖金的当月，雇员当月工资薪金所得低于税法规定的费用扣除额，应将全年一次性奖金减除“雇员当月工资薪金所得与费用扣除额的差额”后的余额，确定全年一次性奖金的适用税率和速算扣除数。适用公式为

应纳税额＝雇员当月取得全年一次性奖金×适用税率－速算扣除数

或

应纳税额＝(雇员当月取得全年一次性奖金
　　－雇员当月工资薪金所得与费用扣除额的差额)
　　×适用税率－速算扣除数

在一个纳税年度内，对每一个纳税人，该计税办法只允许采用一次。雇员取得除全年一次性奖金以外的其他各种名目奖金，如半年奖、季度奖、加班奖、先进奖、考勤奖等，一律与当月工资、薪金收入合并，按税法规定缴纳个人所得税。[①]

【例19-1】 陈三月工资为1400元，年末一次性领取年终奖金8000元。请计算这笔收入的应纳税额。

应纳税所得额＝奖金收入－当月工资与2000元的差额
＝8000－（2000－1400）＝7800（元）

应纳税额＝应纳税所得额×适用的税率－速算扣除数
＝7800×10%－25
＝755（元）

（2）对在中国境内无住所的个人一次取得数月奖金，如果该个人当月在中国境内没有纳税义务，或者该个人由于出入境原因导致当月在中国工作时间不满一个月的，也可单独作为一个月的工资、薪金所得计算纳税。由于对每月的工资、薪金所得计税时已按月扣除了费用，因此，对上述奖金不再减除费用，全额作为应纳税所得额直接按适用税率计算应纳税款，并且不再按居住天数进行划分计算。上述个人应在取得奖金月份的次月7日内申报纳税。[②] 但在中国境内无住所的个人在担任境外企业职务的同时，兼任该外国企业在华机构的职务，并不实际或不经常到华履行该在华机构职务的，对其一次取得的数月奖金中属于不在华履行职务月份的奖金（整月未在华），依照劳务发生地原则，可不作为来源于中国境内的奖金收入计算纳税。[③]

① 国家税务总局，《关于调整个人取得全年一次性奖金等计算征收个人所得税方法问题的通知》，国税发[2005] 9号。

② 国家税务总局，《关于在中国境内无住所的个人取得奖金征税问题的通知》，国税发［1996］183号。

③ 国家税务总局，《关于在中国境内无住所个人取得不在华履行职务的月份奖金确定纳税义务问题的通知》，国税函［1999］245号。

3. 特定行业职工取得的工资、薪金所得的应纳税额的计算

为了照顾采掘业、远洋运输业、远洋捕捞业等特定行业因季节、产量等因素的影响，职工的工资、薪金收入呈现较大幅度波动的实际情况，对特定行业的职工取得的工资、薪金所得，可按月预缴，年度终了后 30 日内，合计其全年工资、薪金所得，再按 12 个月平均并计算实际应纳的税款，多退少补。用公式表示为

应纳税所得额=[（全年工资、奖金收入/12－标准费用扣除额）×适用税率－速算扣除数]×12

4. 在外商投资企业、外国企业和外国驻华机构工作的中方人员取得的工资、薪金所得的应纳税额计算

（1）在外商投资企业、外国企业和外国驻华机构工作的中方人员取得的工资、薪金收入，凡是由雇佣单位和派遣单位分别支付的，支付单位应按税法规定代扣代缴个人所得税。纳税义务人应以每月全部工资、薪金收入减除规定费用后的余额为应纳税所得额。为了有利于征管，对雇佣单位和派遣单位分别支付工资、薪金的，采取由支付者中的一方减除费用的方法，即只由雇佣单位在支付工资、薪金时，按税法规定减除费用，计算扣缴个人所得税；派遣单位支付的工资、薪金不再减除费用，以支付金额直接确定适用税率，计算扣缴个人所得税。

（2）对外商投资企业、外国企业和外国驻华机构发放给中方工作人员的工资、薪金所得，应全额征税。但对可以提供有效合同或有关凭证，能够证明其工资、薪金所得的一部分按照有关规定上交派遣（介绍）单位的，可扣除其实际上交的部分，按其余额计征个人所得税。①

5. 对个人取得的不符合免税条件的退职费收入视同工资、薪金所得的应纳税额的计算

《个人所得税法》第四条第 7 款所说的“可以免征个人所得税的退职费”是指个人符合《国务院关于工人退休、退职的暂行办法》（国发［1978］104 号）规定的退职条件并按该办法规定的退职费标准所领取的退职费。个人取得的不符合该办法规定的退职条件和退职费标准的退职费收入，应属于与其任职、受雇活动有关的工资、薪金性质的所得，应在取得的当月按工资、薪金所得计算缴纳个人所得税。但考虑到作为雇主给予退职人员经济补偿的退职费，通常为一次性发给，且数额较大，以及退职人员有可能在一段时间内没有固定收入等实际情况，依照《个人所得税法》有关工资、薪金所得计算征税的规定，对退职人员一次取得较高退职费收入的，可视为一次取得数月的工资、薪金收入，并以原每月工资、薪金收入总额为标准，划分为若干月份的工资、薪金收入后，计算个人所得税的应纳税所得额及税额。按上述方法划分超过了 6 个月工资、薪金收入的，应按 6 个月平均划分计算。个人取得全部退职费的应纳税款，应由其原雇主在支付退职费时负责代扣并于次月 7 日内缴入国库，个人退职后 6 个月内又再次任职、受雇的，对个人已缴纳个人所得税的退职费收入，不再与再次任职、

① 国家税务总局，《关于印发〈征收个人所得税若干问题的规定〉的通知》，国税发［1994］89 号。

受雇取得的工资、薪金所得合并计算补缴个人所得税。[①]

6. 在中国境内无住所的个人取得工资薪金所得的应纳税额的计算[②]

对在中国境内无住所的个人，需要计算确定其在中国境内居住天数，以便依照税法和协定或安排的规定判定其在华负有何种纳税义务，且均应以该个人实际在华逗留天数计算。上述个人入境、离境、往返或多次往返境内外的当日，均按一天计算其在华实际逗留天数。但对其入境、离境、往返或多次往返境内外的当日，均按半天计算为在华实际工作天数。

（1）在中国境内无住所而在一个纳税年度中在中国境内连续或累计居住不超过 90 日或在税收协定规定的期间中在中国境内连续或累计居住不超过 183 日，负有纳税义务的个人应适用下述公式：

$$\text{应纳税额}=(\text{当月境内外工资薪金应纳税所得额}\times\text{适用税率}-\text{速算扣除数})\times\frac{\text{当月境内支付工资}}{\text{当月境内外支付工资总额}}\times\frac{\text{当月境内工作天数}}{\text{当月天数}}$$

（2）在中国境内无住所而在一个纳税年度中在中国境内连续或累计居住超过 90 日或在税收协定的期间中在中国境内连续或累计居住超过 183 日但不满 1 年，负有纳税义务的个人应适用下述公式：

$$\text{应纳税额}=(\text{当月境内外工资薪金应纳税所得额}\times\text{适用税率}-\text{速算扣除数})\times\frac{\text{当月境内工作天数}}{\text{当月天数}}$$

（3）在中国境内无住所但在境内居住满 1 年的个人或担任中国境内企业董事或高层管理职务，负有纳税义务的个人应适用下述公式：

$$\text{应纳税额}=(\text{当月境内外工资薪金应纳税所得额}\times\text{适用税率}-\text{速算扣除数})\times\left(1-\frac{\text{当月境外支付工资}}{\text{当月境内外支付工资总额}}\times\frac{\text{当月境外工作天数}}{\text{当月天数}}\right)$$

（4）在中国境内无住所的个人担任中国境内企业的董事或高层管理人员，同时兼任中国境内、外的职务，其从中国境内、外收取的当月全部报酬不能合理地归属为境内或境外工作报酬的，应分别按照下列公式计算缴纳其工资薪金所得应纳的个人所得税：[③]

$$\text{应纳税额}=(\text{当月境内外工资薪金应纳税所得额}\times\text{适用税率}-\text{速算扣除数})\times\frac{\text{当月境内支付工资}}{\text{当月境内外支付工资总额}}$$

（二）个体工商户、个人独资企业和合伙企业的生产经营所得

个体工商户、个人独资企业和合伙企业的生产经营所得应纳税额的计算公式为

---

① 国家税务总局，《关于个人取得退职费收入征免个人所得税问题的通知》，国税发［1996］203 号。

② 国家税务总局，《关于在中国境内无住所的个人执行税收协定和个人所得税法若干问题的通知》，国税发［2004］97 号。

③ 国家税务总局，《关于在中国境内担任董事或高层管理职务无住所个人计算个人所得税适用公式的批复》，国税函［2007］946 号。

应纳税额＝应纳税所得额×适用税率－速算扣除数

　　＝（全年收入总额－成本、费用以及损失）×适用税率－速算扣除数

个体工商户、个人独资企业和合伙企业的生产经营所得适用的速算扣除数见表19-3。

这里需要指出的是①：

（1）对个体工商户业主、个人独资企业和合伙企业投资者的生产经营所得依法计征个人所得税时，个体工商户业主、个人独资企业和合伙企业投资者本人的费用扣除标准统一确定为 24 000 元/年（2000 元/月）。

（2）个体工商户、个人独资企业和合伙企业向其从业人员实际支付的合理的工资、薪金支出，允许在税前据实扣除。

（3）个体工商户、个人独资企业和合伙企业拨缴的工会经费、发生的职工福利费、职工教育经费支出分别在工资薪金总额 2%、14%、2.5%的标准内据实扣除。

（4）个体工商户、个人独资企业和合伙企业每一纳税年度发生的广告费和业务宣传费用不超过当年销售（营业）收入 15%的部分，可据实扣除；超过部分，准予在以后纳税年度结转扣除。

（5）个体工商户、个人独资企业和合伙企业每一纳税年度发生的与其生产经营业务直接相关的业务招待费支出，按照发生额的 60%扣除，但最高不得超过当年销售（营业）收入的 5‰。

（6）上述第一条规定自 2008 年 3 月 1 日起执行，第二、三、四、五条规定自 2008 年 1 月 1 日起执行。

（三）对企事业单位的承包经营、承租经营所得

对企事业单位的承包经营、承租经营所得，其个人所得税应纳税额的计算公式为

应纳税额＝应纳税所得额×适用税率－速算扣除数

　　＝（纳税年度收入总额－必要费用）×适用税率－速算扣除数

对企事业单位的承包经营、承租经营所得适用的速算扣除数，同个体工商户的生产、经营所得适用的速算扣除数，见表 19-3。

【例 19-2】 2009 年 1 月 1 日始，张三承包某小型加工厂，承包期为 5 年，2009 年实现利润 200 000 元，张三按承包合同上交费用 100 000 元。请计算张三该年度应纳个人所得税税额。

（1）全年应纳税所得额＝实现利润－上交费用－必要费用

＝200 000－100 000－2000×12

＝76 000（元）

① 财政部、国家税务总局，《关于调整个体工商户个人独资企业和合伙企业个人所得税税前扣除标准有关问题的通知》，财税［2008］65 号。

（2）纳税额＝全年应纳税所得额×适用税率－速算扣除数

＝76 000×35％－6750

＝19 850（元）

（四）劳务报酬所得

对纳税人取得的劳务报酬所得，个人所得税应纳税额计算分为三种情况：

第一种情况，每次收入不足4000元的：

应纳税额＝应纳税所得额×适用税率

＝（每次收入额－800）×20％

第二种情况，每次收入在4000元以上，但其应纳税所得额未超过20 000元的：

应纳税额＝应纳税所得额×适用税率

＝每次收入额×（1－20％）×20％

第三种情况，每次收入的应纳税所得额超过20 000元的：

应纳税额＝应纳税所得额×适用税率－速算扣除数

＝每次收入额×（1－20％）×适用税率－速算扣除数

上述各个计算公式所适用的速算扣除数见表19-4。

【例19-3】 歌唱家李四在某市举行专场演出，取得收入55 000元。请计算其应纳个人所得税税额。

应纳税额＝每次收入额×（1－20％）×适用税率－速算扣除数

＝55 000 ×（1—20％）× 30％－2000

＝11 200（元）

（五）为纳税人代付税款的计算方法

单位或个人为纳税人代付税款，应当将支付给纳税人的不含税收入换算为应纳税所得额，据以计算应代付的个人所得税款。

1. 不含税工资、薪金的计征①

计算公式如下：

（1）应纳税所得额＝（不含税收入额－2000或4800－速算扣除数）/（1－税率）

（2）应纳税额＝应纳税所得额×适用税率－速算扣除数

公式（1）中的税率和速算扣除数，是指表19-5中不含税级距对应的税率和速算扣除数；公式（2）中的税率和速算扣除数，是指应纳税所得额按表19-5中的含税级距对应的税率和速算扣除数。

① 国家税务总局，《关于印发〈征收个人所得税若干问题的规定〉的通知》，国税发［1994］89号。

表 19-5　税率表 1（工资、薪金所得适用）

级数	全月应纳税所得额（含税级距）	不含税收入额（不含税级距）	税率（%）	速算扣除数
1	不超过 500 元的	不超过 475 元的	5	0
2	超过 500 元～2 000 元的部分	超过 475 元～1 825 元的部分	10	25
3	超过 2 000 元～5 000 元的部分	超过 1 825 元～4 375 元的部分	15	125
4	超过 5 000 元～20 000 元的部分	超过 4 375 元～16 375 元的部分	20	375
5	超过 20 000 元～40 000 元的部分	超过 16 375 元～31 375 元的部分	25	1 375
6	超过 40 000 元～60 000 元的部分	超过 31 375 元～45 375 元的部分	30	3 375
7	超过 60 000 元～80 000 元的部分	超过 45 375 元～58 375 元的部分	35	6 375
8	超过 80 000 元～100 000 元的部分	超过 58 375 元～70 375 元的部分	40	10 375
9	超过 100 000 元的部分	超过 70 375 元的部分	45	15 375

注：表中所列含税级距与不含税级距均为按照税法规定减除有关费用后的所得额。

【例 19-4】 在中国境内无住所的某一外籍教授在某高等学校工作 7 个月，2009 年 5 月份取得由该大学发放的工资收入 8800 元人民币。请计算该月份其应纳个人所得税税额。

应纳税所得额＝8800－（2000＋2800）＝4000（元）

应纳税额＝4000×15%－125＝475（元）

如果该教授该月按合同规定获得的 8800 元所得为税后所得，那么该大学为其承担的个人所得税计算如下：

应纳税所得额＝（8800－4800－125）/（1－15%）＝4558.82（元）

应纳税额＝4558.82 × 15%－125＝558.82（元）

雇主为其雇员定额负担税款的，应将雇员取得的工资、薪金所得换算成应纳税所得税后，计算征收个人所得税。工资薪金收入换算成应纳税所得额的计算公式为

应纳税所得额＝雇员取得的工资＋雇主代雇员负担的税款－费用扣除标准

雇主为其雇员负担一定比例的工资应纳的税款或者负担一定比例的实际应纳税款的，以其未含雇主负担的税款的收入额换算成应纳税所得额，并计算应纳税款。即：

应纳税所得额＝（未含雇主负担的税款的收入额－费用扣除标准－速算扣除数×负担比例）÷（1－税率×负担比例）

应纳税额＝应纳税所得额×适用税率－速算扣除数①

2. 不含税个体工商户的生产、经营所得和对企事业单位的承包经营、承租经营所得的计征②

计算公式如下：

（1）应纳税所得额＝（不含税收入额－费用扣除标准－速算扣除数）/（1－税率）

（2）应纳税额＝应纳税所得额×适用税率－速算扣除数

---

① 国家税务总局，《关于雇主为其雇员负担个人所得税税款计征问题的通知》，国税发［1996］199 号。

② 国家税务总局，《关于印发〈征收个人所得税若干问题的规定〉的通知》，国税发［1994］89 号。

公式（1）中的税率和速算扣除数，是指表 19-6 中不含税级距对应的税率和速算扣除数；公式（2）中的税率和速算扣除数，是指应纳税所得额按表 19-6 中的含税级距对应的税率和速算扣除数。

表 19-6　税率表 2（个体工商户的生产、经营所得和对企事业单位的承包经营、承租经营所得适用）

级数	含税级距	不含税级距	税率（%）	速算扣除数
1	不超过 5 000 元的	不超过 4 750 元的	5	
2	超过 5 000 元～10 000 元的部分	超过 4 750 元～9 250 元的部分	10	250
3	超过 10 000 元～30 000 元的部分	超过 9 250 元～25 250 元的部分	20	1 250
4	超过 30 000 元～50 000 元的部分	超过 25 250 元～39 250 元的部分	30	4 250
5	超过 50 000 元的部分	超过 39 250 元的部分	35	6 750

注：表中所列含税级距与不含税级距，均为按照税法规定减除有关费用（成本、损失）后的所得额。

3. 不含税劳务报酬所得的计征①

计算公式如下：

（1）不含税收入额为 3360 元（即含税收入额 4000 元）以下的：

应纳税所得额＝（不含税收入额－800）÷（1－税率）

不含税收入额为 3360 元（即含税收入额 4000 元）以上的：

应纳税所得额＝［（不含税收入额－速算扣除数）×（1－20%）］÷［1－税率×（1－20%）］

（2）应纳税额＝应纳税所得额×适用税率－速算扣除数

公式（1）中的税率和速算扣除数，是指表 19-7 中不含税级距对应的税率和速算扣除数；公式（2）中的税率和速算扣除数，是指应纳税所得额按表 19-7 中的含税级距对应的税率和速算扣除数。

表 19-7　税率表 3（劳务报酬所得适用）

含税劳务报酬收入额	不含税劳务报酬收入额	税率（%）	速算扣除数
3 200 元以下	3 360 元以下	20	0
超过 3 200 元～20 000 元的部分	超过 3 360 元～21 000 元的部分	20	0
超过 20 000 元～50 000 元的部分	超过 21 000 元～49 500 元的部分	30	2 000
超过 50 000 元的部分	超过 49 500 元的部分	40	7 000

注：表中不含税级距为不减除有关费用的个人所得额。所列含税级距为按照税法规定减除有关费用后的所得额。

【例 19-5】 某演员某月出演广告获得 22 000 元人民币的税后报酬。请计算该月份其应纳个人所得税税额。

① 国家税务总局，《关于明确单位或个人为纳税义务人的劳务报酬所得代付税款计算公式的通知》国税发［1996］161 号；《关于明确单位或个人为纳税义务人的劳务报酬所得代付税款计算公式对应税率表的通知》，国税发［2000］192 号。

应纳税所得额＝［（22 000－2000）×（1－20%）］÷［1－30%×（1－20%）］
＝21 052.63（元）

应纳税额＝21 052.63×30%－2000＝4315.79（元）

4. 不含税全年一次性奖金的计征[①]

计算公式如下：

（1）按照不含税的全年一次性奖金收入除以 12 的商数，查找相应适用税率和速算扣除数；

（2）含税的全年一次性奖金收入＝（不含税的全年一次性奖金收入－速算扣除数）÷（1－适用税率）；

（3）按含税的全年一次性奖金收入除以 12 的商数，重新查找适用税率和速算扣除数；

（4）应纳税额＝含税的全年一次性奖金收入×适用税率－速算扣除数。

公式（1）、（2）中的税率和速算扣除数，是指表 19-7 中不含税级距对应的税率和速算扣除数；公式（3）、（4）中的税率和速算扣除数，是指应纳税所得额按表 19-7 中的含税级距对应的税率和速算扣除数。如果纳税人取得不含税全年一次性奖金收入的当月工资薪金所得，低于税法规定的费用扣除额，应先将不含税全年一次性奖金减去当月工资薪金所得低于税法规定费用扣除额的差额部分后，再按照上述公式计算。

如果部分年终奖由雇主负担个人所得税，部分由雇员负担，如雇主负担税款的一定比例（如 50%）如何计算，尚无政策规定，可参照国税发［1996］199 号计算。

【例 19-6】 年终奖金 57 700 元，雇主负担税款的 48.5%，计算应交多少个人所得税。

雇主负担个税的工资比例＝28 000/57 700＝0.485

含税的全年一次性奖金收入：

（57 700－375×0.485）/（1－20%×0.485）＝57 518/0.903＝63 696.71（元）

按含税的全年一次性奖金收入除以 12 的商数，重新查找适用税率和速算扣除数：

63 696. 71/12＝5308.06 元，5308.06 元按含税级距对应税率 20%，速算扣除数 375

应纳税额＝含税的全年一次性奖金收入×适用税率－速算扣除数＝

63 696.71×20%－375＝12 364.34（元）

验算：按 48.5%的比例，雇员负担 6367.63 元，雇主负担 5996.71 元。雇员实际获得 51 332.37 元，57 700＋雇主负担的 5996.71＝应纳税所得额 63 696.71 元

（六）稿酬所得

稿酬所得应纳税额的计算公式为

---

① 国家税务总局，《关于印发〈征收个人所得税若干问题的规定〉的通知》，国税发［1994］89 号；《关于纳税人取得不含税全年一次性奖金收入计征个人所得税问题的批复》，国税函［2005］715 号。

(1) 每次收入不足4000元的：

应纳税额=应纳税所得额×适用税率×（1－30%）

=（每次收入额－800）×20%×（1－30%）

(2) 每次收入在4000元以上的：

应纳税额=应纳税所得额×适用税率×（1－30%）

=每次收入额×（1－20%）×20%×（1－30%）

（七）特许权使用费所得

特许权使用费所得应纳税额的计算公式为

(1) 每次收入不足4000元的：

应纳税额=应纳税所得额×适用税率

=（每次收入额－800）×20%

(2) 每次收入在4000元以上的：

应纳税额=应纳税所得额×适用税率

=每次收入额×（1－20%）×20%

（八）利息、股息、红利所得

利息、股息、红利所得应纳税额的计算公式为

应纳税额=应纳税所得额×适用税率=每次收入额×5%或10%或20%

储蓄存款利息适用税率，2007年8月15日前为20%，2007年8月15日至2008年10月8日为5%，2008年10月9日起暂免征收。

（九）财产租赁所得

个人出租财产取得的财产租赁收入，在计算缴纳个人所得税时，应依次扣除以下费用：

(1) 财产租赁过程中缴纳的税金；

(2) 由纳税人负担的该出租财产实际开支的修缮费用；

(3) 税法规定的费用扣除标准。

应纳税额的计算公式为

(1) 每次（月）收入不超过4000元的：

应纳税额=应纳税所得额×适用税率

=［每次（月）收入额－准予扣除项目－修缮费用（800为限）－800］×10%或20%；

(2) 每次（月）收入超过4000元的：

应纳税额=应纳税所得额×适用税率

=［每次(月)收入额－准予扣除项目－修缮费用(800为限)］×(1－20%)×10%或20%。

（十）财产转让所得

（1）财产转让所得计算应纳税额的一般公式为

应纳税额＝应纳税所得额×适用税率

＝（收入总额－财产原值－合理费用）×20％

（2）特殊情况下，如个人财产拍卖、转让住房没有原值凭证的，可以按以下公式计算，核定征收。

应纳税额＝收入总额×适用税率 3％或 2％或（1－3％）

（3）受赠人取得赠与人无偿赠与的不动产后，再次转让该项不动产的，在缴纳个人所得税时，以财产转让收入减除受赠、转让住房过程中缴纳的税金及有关合理费用后的余额为应纳税所得额，按 20％的适用税率计算缴纳个人所得税。在计征个人受赠不动产个人所得税时，不得核定征收，必须严格按照税法规定据实征收。①

（十一）偶然所得和其他所得

偶然所得和其他所得的应纳税额的计算公式为

应纳税额＝应纳税所得额×适用税率

＝每次收入额×20％

综合以上内容，我们可以得出一张个人所得税费用扣除、征收方式、税率和计算公式的一览表（表 19-8）：

表 19-8　个人所得税综合一览表

	费用减除标准	按月、年、次征税	税率	计算公式
工资薪金所得	2 000 或 4 800	按月	5％～45％9 级	应纳税额＝应纳税所得额×税率－速算扣除数＝（收入－可扣除费用或项目）×税率－速算扣除数
个体户、独资、合伙企业的生产经营所得	成本、费用以及损失，工资不可扣、可扣 24 000	按年	5％～35％5 级	
对企事业单位的承包、承租经营所得	必要费用：25 000（企业要先交企业所得税）	按年	5％～35％5 级	
劳务报酬	800 或 20％	按项或同地同项按月	20％、30％、40％	
稿酬	800 或 20％	按作品、再版另算	14％	应纳税额＝应纳税所得额×税率＝（收入－可扣除费用或项目）×税率
特许权使用费	800 或 20％	每项每次	20％	
利息、股息红利	无	按次	20％（10％）	
财产租赁	税费、修缮费用每次 800，之后再 800 或 20％	按月	20％	
财产转让	原值和合理费用	按次	20％	
偶然所得	无	按次	20％	
其他所得	无	按次	20％	

① 国家税务总局，《关于加强房地产交易个人无偿赠与不动产税收管理有关问题的通知》，国税发［2006］144 号。

二、境外所得已纳个人所得税的抵免

纳税义务人从中国境外取得的所得，准予其在应纳税额中扣除已在境外缴纳的个人所得税税额。但扣除额不得超过该纳税义务人境外所得依照中国《个人所得税法》规定计算的应纳税额。① 这就是抵免限额。

所谓已在境外缴纳的个人所得税税额，是指纳税义务人从中国境外取得的所得，依照该所得来源国家或者地区的法律应当缴纳并且实际已经缴纳的税额。② 所谓依照中国《个人所得税法》规定计算的应纳税额，是指纳税义务人从中国境外取得的所得，区别不同国家或者地区和不同应税项目，依照中国《个人所得税法》规定的费用减除标准和适用税率计算的应纳税额；同一国家或者地区不同应税项目，依照中国《个人所得税法》计算的应纳税额之和，为该国家或者地区的抵免限额。总之，中国实行的是分国不分项的抵免限额计算办法。

纳税人在中国境外一个国家或者地区实际已经缴纳的个人所得税税额，低于依照上述规定计算出的该国家或者地区抵免限额的，应当在中国缴纳差额部分的税款；超过该国家或者地区抵免限额的，其超过部分不得在本纳税年度的应纳税额中扣除，但是可以在以后纳税年度的该国家或者地区抵免限额的余额中补扣，补扣期限最长不得超过 5 年。③

【例 19-7】 中国居民纳税人王五，2009 年纳税年度，在国内某公司工作获得工资收入每月 5000 元。当年受国内某公司委派，到位于甲国的分支机构工作 5 个月（1 月 1 日至 5 月 31 日），取得工资收入 50 000 元（月工资 10 000 元），已在甲国缴纳个人所得税 10 000 元。在国外工作期间，国内工资照发。同时在甲国提供一项专有技术使用权，一次取得特许权使用费收入 40 000 元，甲国按 10％的税率征收预提税 4000 元。该纳税人当年还在乙国出版一部科学普及读物，获得稿酬收入 35 000 元，并在乙国缴纳个人所得税 3500 元。试计算该纳税人当年境内境外全部所得的应纳个人所得税税额和已纳外国个人所得税可抵免额。

（1）境内外工资所得的全年应纳税额

＝前 5 个月的应纳税额＋后 7 个月的应纳税额

＝（前 5 个月的每月应纳税所得额×税率－速算扣除数）×5＋（后 7 个月的每月应纳税所得额×税率－速算扣除数）×7

＝［（15 000－4000）×20％－375］×5＋［（5000－800）×15％－125］×7

＝9125＋3535＝12 660（元）

（2）来源于甲国的工资所得已纳甲国个人所得税的抵免限额

＝来源于甲国的工资所得按中国税法计算的应纳税额

＝∑(前 5 个月工资所得每月应纳税额×当月国外工资所得/当月国内外全部工资所得)

---

① 《个人所得税法》，第 7 条。

② 《个人所得税法实施条例》，第 31 条。

③ 《个人所得税法实施条例》，第 32 条。

＝［（15 000－4000）×20％－375］×5×10 000/15 000
＝6083.33（元）

（3）来源于甲国的特许权使用费的应纳税额＝应纳税所得额×适用税率
＝40 000×（1－20％）×20％
＝6400（元）

（4）来源于甲国的特许权使用费的已纳甲国个人所得税的抵免限额
＝来源于甲国的特许权使用费按中国税法计算的应纳税额
＝6400（元）

（5）来源于甲国的全部所得已纳甲国个人所得税的抵免限额
＝6083.33＋6400
＝12 483.33（元）

（6）来源于甲国的全部所得在甲国已纳个人所得税额
＝10 000＋4000
＝14 000（元）

（7）来源于甲国的全部所得已纳甲国个人所得税的可抵免额
＝12 483.33（元）

（8）来源于乙国的稿酬所得的应纳税额
＝每次收入额×（1－20％）×20％×（1－30％）
＝35 000×（1－20％）×20％×（1－30％）
＝3920（元）

（9）来源于乙国的稿酬所得的已纳乙国个人所得税的抵免限额
＝来源于乙国的稿酬所得按中国税法计算的应纳税额
＝3920（元）

（10）来源于乙国的稿酬所得已纳乙国个人所得税额
＝3500（元）

（11）来源于乙国的稿酬所得已纳乙国个人所得税的可抵免额
＝3500（元）

（12）来源于境内境外全部所得的应纳税额
＝12 660＋6400＋3920
＝22 980（元）

（13）来源于境外所得已纳个人所得税总的可抵免额
＝12 483.33＋3500
＝15 983.33（元）

（14）该纳税年度该纳税人应向中国政府补缴个人所得税额
＝22 980－15 983.33
＝6996.67（元）

在甲国已纳个人所得税额超过抵免限额的部分可以在以后纳税年度的甲国抵免限

额的余额中补扣，补扣期限最长不得超过5年。

第五节　个人所得税的申报与征收

在2005年10月27日，第十届全国人民代表大会常务委员会第十八次会议对《中华人民共和国个人所得税法》进行第三次修正后，增加了“个人所得超过国务院规定数额的，在两处以上取得工资、薪金所得或者没有扣缴义务人的，以及具有国务院规定的其他情形的，纳税义务人应当按照国家规定办理纳税申报”、“扣缴义务人应当按照国家规定办理全员全额扣缴申报。”[①] 的内容，本节主要介绍个人所得税自行申报和核定征收方面的规定。

一、个人所得税自行申报制度

（一）自行申报的纳税义务人[②]

（1）年所得12万元以上的；
（2）从中国境内两处或者两处以上取得工资、薪金所得的；
（3）从中国境外取得所得的；
（4）取得应税所得，没有扣缴义务人的；
（5）国务院规定的其他情形。

其中，年所得12万元以上的纳税人，不包括在中国境内无住所，且在一个纳税年度中在中国境内居住不满1年的个人。从中国境外取得所得的纳税人，是指在中国境内有住所，或者无住所而在一个纳税年度中在中国境内居住满1年的个人。

（二）自行申报的内容[③]

1. 构成12万元的年所得

工资、薪金所得；个体工商户的生产、经营所得；对企事业单位的承包经营、承租经营所得；劳务报酬所得；稿酬所得；特许权使用费所得；利息、股息、红利所得；财产租赁所得；财产转让所得；偶然所得；经国务院财政部门确定征税的其他所得。

2. 不构成12万元的年所得

《个人所得税法》第四条第一项至第九项规定的免税所得；《个人所得税法实施条例》第六条规定可以免税的来源于中国境外的所得；《个人所得税法实施条例》第二十五条规定的按照国家规定单位为个人缴付和个人缴付的基本养老保险费、基本医疗保险费、失业保险费、住房公积金。

3. 各项所得的年所得的计算方法

（1）工资、薪金所得，按照未减除费用（每月2000元）及附加减除费用（每月

---

① 《个人所得税法》，第8条。
② 国家税务总局，《个人所得税自行纳税申报办法（试行）》国税发［2006］162号，第2、4条。
③ 《个人所得税自行纳税申报办法（试行）》，第6～8条。

2800元）的收入额计算。

（2）个体工商户的生产、经营所得，按照应纳税所得额计算。实行查账征收的，按照每一纳税年度的收入总额减除成本、费用以及损失后的余额计算；实行定期定额征收的，按照纳税人自行申报的年度应纳税所得额计算，或者按照其自行申报的年度应纳税经营额乘以应税所得率计算。

对个体工商户、个人独资企业投资者，按照征收率核定个人所得税的，将征收率换算为应税所得率，据此计算应纳税所得额，并据以决定是否进行年度申报。① 其计算公式如下，并见表19-9所示。

应纳税所得额＝（核定个人所得税税额＋速算扣除数）/税率

表19-9　年应纳税所得额计算表

核定个人所得税税额（元）	税率（%）	速算扣除数	核定税额	年应纳税所得额（元）
税额≤250的	5	0	200	200/5%＝4 000
250≤税额≤750	10	250	500	（500＋250）/10%＝7 500
750≤税额≤4 750	20	1 250	3 000	（3 000＋1 250）/20%＝21 250
4750≤税额≤10 750	30	4 250	5 000	（5 000＋4 250）/30%＝30 833.33
10 750≤税额	35	6 750	12 000	（12 000＋6750）/35%＝53 571.43

合伙企业投资者按照上述方法确定应纳税所得额后，合伙人应根据合伙协议规定的分配比例确定其应纳税所得额，合伙协议未规定分配比例的，按合伙人数平均分配确定其应纳税所得额。对于同时参与两个以上企业投资的，合伙人应将其投资所有企业的应纳税所得额相加后的总额作为年所得。②

【例19-8】 某合伙企业，由张某和李某共同出资创办，投资比例各为20%和80%，税收采用定期定率方式征收，2009年度每月核定餐饮营业收入50万元，个人所得税代征率为2%，月应纳个体工商户生产经营所得项目个人所得税10 000元，假设张某、李某2009年度未取得其他收入，每月核定税款均按时缴纳入库，则张某和李某年度终了该如何办理年度自行申报？

张某：10 000×12×20%＝24 000元，套35%的税率档次。

张某年所得＝（24 000＋6750）/35%＝87 857.14元

李某：10 000×12×80%＝96 000元，套35%的税率档次。

李某的年所得＝（96 000＋6750）/35%＝293 571.43元。

张某年所得未达12万，不需要进行年度自行申报，李某年所得为293 571.43元，应向单位注册地主管税务机关办理年度自行申报。

（3）对企事业单位的承包经营、承租经营所得，按照每一纳税年度的收入总额计算，即按照承包经营、承租经营者实际取得的经营利润，加上从承包、承租的企事业

①② 国家税务总局，《关于明确年所得12万以上自行纳税申报口径通知》，国税函［2006］1200号。

单位中取得的工资、薪金性质的所得计算。

(4) 劳务报酬所得，稿酬所得，特许权使用费所得，按照未减除费用（每次800元或者每次收入的20%）的收入额计算。

劳务报酬所得、特许权使用费所得，不得减除纳税人在提供劳务或让渡特许权使用权过程中缴纳的有关税费（年终自行申报不减除，但计算税款时可减除）。①

(5) 财产租赁所得，按照未减除费用（每次800元或者每次收入的20%）和修缮费用的收入额计算。

财产租赁所得，不得减除纳税人在出租财产过程中缴纳的有关税费（年终自行申报不减除，但计算税款时可减除）；对于纳税人一次取得跨年度财产租赁所得的，全部视为实际取得所得年度的所得。②

(6) 财产转让所得，按照应纳税所得额计算，即按照以转让财产的收入额减除财产原值和转让财产过程中缴纳的税金及有关合理费用后的余额计算。

个人转让房屋所得，采取核定征收个人所得税的，按照实际征收率（1%、2%、3%）分别换算为应税所得率（5%、10%、15%），据此计算年所得。③（如某地个人转让房屋所得的实际征收率为1.5%，换算为应税所得率为7.5%，据此计算的年所得＝售房收入×7.5%）

股票转让所得，以一个纳税年度内，个人股票转让所得与损失盈亏相抵后的正数为申报所得数额，盈亏相抵为负数的，此项所得按“零”填写。④

(7) 利息、股息、红利所得，偶然所得和其他所得，按照收入额全额计算。

个人储蓄存款利息所得、企业债券利息所得，全部视为纳税人实际取得年度的所得。⑤

（三）自行申报的地点⑥

1. 年所得12万元以上的纳税人的纳税申报地点

(1) 在中国境内有任职、受雇单位的，向任职、受雇单位所在地主管税务机关申报。

(2) 在中国境内有两处或者两处以上任职、受雇单位的，选择并固定向其中一处单位所在地主管税务机关申报。

(3) 在中国境内无任职、受雇单位，年所得项目中有个体工商户的生产、经营所得或者对企事业单位的承包经营、承租经营所得（以下统称生产、经营所得）的，向其中一处实际经营所在地主管税务机关申报。

(4) 在中国境内无任职、受雇单位，年所得项目中无生产、经营所得的，向户籍所在地主管税务机关申报。在中国境内有户籍，但户籍所在地与中国境内经常居住地不一致的，选择并固定向其中一地主管税务机关申报。在中国境内没有户籍的，向中

①～⑤ 国家税务总局，《关于明确年所得12万以上自行纳税申报口径通知》，国税函［2006］1200号。

⑥ 《个人所得税自行纳税申报办法（试行）》，第10～12条。

国境内经常居住地主管税务机关申报。

2. 其他纳税人的纳税申报地点

(1) 从两处或者两处以上取得工资、薪金所得的，选择并固定向其中一处单位所在地主管税务机关申报。

(2) 从中国境外取得所得的，向中国境内户籍所在地主管税务机关申报。在中国境内有户籍，但户籍所在地与中国境内经常居住地不一致的，选择并固定向其中一地主管税务机关申报。在中国境内没有户籍的，向中国境内经常居住地主管税务机关申报。

(3) 个体工商户向实际经营所在地主管税务机关申报。

(4) 个人独资、合伙企业投资者兴办两个或两个以上企业的，区分不同情形确定纳税申报地点。兴办的企业全部是个人独资性质的，分别向各企业的实际经营管理所在地主管税务机关申报。兴办的企业中含有合伙性质的，向经常居住地主管税务机关申报。兴办的企业中含有合伙性质，个人投资者经常居住地与其兴办企业的经营管理所在地不一致的，选择并固定向其参与兴办的某一合伙企业的经营管理所在地主管税务机关申报。

(5) 除以上情形外，纳税人应当向取得所得所在地主管税务机关申报。

纳税人不得随意变更纳税申报地点，因特殊情况变更纳税申报地点的，须报原主管税务机关备案。

(四) 自行申报的期限[①]

(1) 年所得 12 万元以上的纳税人，在纳税年度终了后 3 个月内向主管税务机关办理纳税申报。

(2) 个体工商户、个人独资企业和合伙企业投资者取得的生产、经营所得应纳的税款，分月预缴的，纳税人在每月终了后 7 日内办理纳税申报；分季预缴的，纳税人在每个季度终了后 7 日内办理纳税申报。纳税年度终了后，纳税人在 3 个月内进行汇算清缴。

(3) 纳税人年终一次性取得对企事业单位的承包经营、承租经营所得的，自取得所得之日起 30 日内办理纳税申报；在 1 个纳税年度内分次取得承包经营、承租经营所得的，在每次取得所得后的次月 7 日内申报预缴，纳税年度终了后 3 个月内汇算清缴。

(4) 从中国境外取得所得的纳税人，在纳税年度终了后 30 日内向中国境内主管税务机关办理纳税申报。

(5) 除以上规定的情形外，纳税人取得其他各项所得须申报纳税的，在取得所得的次月 7 日内向主管税务机关办理纳税申报。

纳税人不能按照规定的期限办理纳税申报，需要延期的，按照税收征管法第二十七条和税收征管法实施细则第三十七条的规定办理。

---

① 《个人所得税自行纳税申报办法（试行）》，第 15～20 条。

（五）申报方式与法律责任

1. 申报方式[①]

纳税人可以采取数据电文、邮寄等方式申报，也可以直接到主管税务机关申报，或者采取符合主管税务机关规定的其他方式申报。纳税人采取数据电文方式申报的，应当按照税务机关规定的期限和要求保存有关纸质资料。纳税人采取邮寄方式申报的，以邮政部门挂号信函收据作为申报凭据，以寄出的邮戳日期为实际申报日期。纳税人可以委托有税务代理资质的中介机构或者他人代为办理纳税申报。

2. 法律责任[②]

纳税人未按照规定的期限办理纳税申报和报送纳税资料的，依照税收征管法第六十二条的规定处理。（由税务机关责令限期改正，可以处两千元以下的罚款；情节严重的，可以处两千元以上一万元以下的罚款。）

纳税人采取伪造、变造、隐匿、擅自销毁账簿、记账凭证，或者在账簿上多列支出或者不列、少列收入，或者经税务机关通知申报而拒不申报或者进行虚假的纳税申报，不缴或者少缴应纳税款的，依照税收征管法第六十三条的规定处理。（由税务机关追缴其不缴或者少缴的税款、滞纳金，并对其处不缴或者少缴的税款百分之五十以上五倍以下的罚款。）

纳税人编造虚假计税依据的，依照税收征管法第六十四条第一款的规定处理。（由税务机关责令限期改正，并处五万元以下的罚款。）

纳税人有扣缴义务人支付的应税所得，扣缴义务人应扣未扣、应收未收税款的，依照税收征管法第六十九条的规定处理，即由税务机关向纳税人追缴税款，对扣缴义务人处应扣未扣、应收未收税款百分之五十以上三倍以下的罚款。

二、个人所得税核定征收制度

（1）对个体工商户、个人独资企业和合伙企业生产经营所得，其个人所得税应纳税额的计算和征收可采用以下两种办法：第一种是查账征收。其个人所得税应纳税所得额根据企业的账簿记录，按《个体工商户个人所得税计税办法（试行）》、《关于个人独资企业和合伙企业投资者征收个人所得税的规定》等规定确定。应纳税额按个人所得税税率表（Ⅱ）即表19-3计算。第二种方法是核定征收。核定征收方式，包括定额征收、核定应税所得率征收以及其他合理的征收方式。实行核定应税所得率征收方式的，应纳所得税额的计算公式如下：

应纳所得税额＝应纳税所得额×适用税率

应纳税所得额＝收入总额×应税所得率

① 《个人所得税自行纳税申报办法（试行）》，第21～24条。

② 《个人所得税自行纳税申报办法（试行）》，第32～35条。

＝成本费用支出额÷（1－应税所得率）×应税所得率

应税所得率应按表19-10的标准执行。企业经营多业的，无论其经营项目是否单独核算，均应根据其主营项目确定其适用的应税所得率。实行核定征税的投资者，不能享受个人所得税的优惠政策。各地可根据表19-10规定的幅度，结合本地实际，确定具体的应税所得率。①

表19-10　应税所得率表

行业	应税所得率（%）
工业、交通运输业、商业	5～20
建筑业、房地产开发业	7～20
饮食服务业	7～25
娱乐业	20～40
其他行业	10～30

（2）增值税、营业税起征点提高后，对采取核定征税办法的纳税人（包括按综合征收率或按应缴纳流转税的一定比例附征个人所得税等方法的纳税人），可依据《中华人民共和国税收征收管理法》和《中华人民共和国个人所得税法》的有关规定，结合增值税和营业税起征点提高后纳税人所得相应增加的实际情况，本着科学、合理、公开的原则，重新核定纳税人的个人所得税定额。

对未达到增值税、营业税起征点的纳税人，除税收政策规定的以外，一律不得免征个人所得税。对原按照应缴纳流转税的一定比例附征个人所得税的纳税人，增值税、营业税起征点提高后不再缴纳增值税、营业税，而仍须缴纳个人所得税的，应改变原附征方法，重新确定与新情况相适应的个人所得税核定征收方法。②

（3）任何地区均不得对律师事务所实行全行业核定征税办法，对具备查账征收条件的律师事务所，实行查账征收个人所得税。

对按照《税收征管法》第三十五条的规定确实无法实行查账征收的律师事务所，经地市级地方税务局批准，应根据《财政部国家税务总局关于印发〈关于个人独资企业和合伙企业投资者征收个人所得税的规定〉的通知》（财税［2000］91号）中确定的应税所得率来核定其应纳税额。各地要根据其雇员人数、营业规模等情况核定其营业额，并根据当地同行业的盈利水平从高核定其应税所得率，应税所得率不得低于25%。对实行核定征税的律师事务所，应督促其建账建制，符合查账征税条件后，应尽快转为查账征税。

对律师事务所的个人所得税加强征收管理。对作为律师事务所雇员的律师，其办

① 国务院，《关于个人独资企业和合伙企业投资者征收个人所得税的规定》，第9条、第10条、第24条；财政部、国家税务总局，《关于印发〈关于个人独资企业和合伙企业投资者征收个人所得税的规定〉的通知》，财税［2000］91号。

② 国家税务总局，《关于提高增值税和营业税起征点后加强个人所得税征收管理工作的通知》，国税发［2003］80号。

案费用或其他个人费用在律师事务所报销的，在计算其收入时不得再扣除国税发［2000］149号第五条第二款规定的在其收入30％以内的办理案件支出费用。

会计师事务所、税务师事务所、审计师事务所以及其他中介机构的个人所得税征收管理，也应按照上述律师事务所的有关原则进行处理。[①]

【本章小结】

1. 凡在中国境内有住所，或者无住所而在境内居住满一年的个人，以及在中国境内无住所又不居住或者无住所而在境内居住不满一年的个人，只要达到中国规定的纳税标准，都是个人所得税的纳税人。对于居民，就其来自于境内、境外的所得征税；对于非居民，只就其来自于境内的所得征税。

2. 个人所得税的应税项目有：①工资、薪金所得；②个体工商户的生产、经营所得；③对企事业单位的承包经营、承租经营所得；④劳务报酬所得；⑤稿酬所得；⑥特许权使用费所得；⑦利息、股息、红利所得；⑧财产租赁所得；⑨财产转让所得；⑩偶然所得；⑪经国务院财政部门确定征税的其他所得。

3. 所得税根据不同的征税项目，分别采用超额累进税率和比例税率。具体是：①工资薪金所得，适用5％至45％的9级超额累进税率；②个体工商户的生产经营所得和对企事业单位的承包经营、承租经营所得，适用5％到35％的5级超额累进税率；③稿酬所得，实行20％的比例税率，并按应纳税额减征30％；④劳务报酬所得适用20％的比例税率。对劳务报酬所得一次收入畸高的，实行加成征收办法。⑤特许权使用费所得，利息、股息、红利所得，财产租赁所得，财产转让所得，偶然所得和其他所得，适用20％的比例税率。

4. 所得税应纳税所得额的计算，具体规定为：①工资、薪金所得，以每月收入额减除费用2000元（外籍人员为4800元）后的余额，为应纳税所得额。②个体工商户的生产、经营所得，以每一纳税年度的收入总额，减除成本、费用以及损失后的余额，为应纳税所得额。③对企事业单位的承包经营、承租经营所得，以每一纳税年度的收入总额，减除必要费用后的余额，为应纳税所得额。④劳务报酬、稿酬所得、特许权使用费所得、财产租赁所得，每次收入不超过4000元的，减除费用800元；4000以上的，减除20％的费用，其余额为应纳税所得额。⑤财产转让所得，以转让财产的收入额减除财产原值和合理费用后的余额，为应纳税所得额。⑥利息、股息、红利所得、偶然所得和其他所得，以每次收入额为应纳税所得额。

5. 所得税应纳税额按应纳税所得额和相应的税率计算。纳税人从中国境外取得的所得，准予其在应纳税额中扣除已在境外缴纳的个人所得税税额。但扣除额不得超过该纳税人境外所得依照中国税法规定计算的应纳税额。

【概念与术语】

个人所得税　居民纳税人　非居民纳税人　90天规则　工资、薪金所得　个体工商户的生产、经营所得　对企事业单位的承包经营、承租经营所得　劳务报酬所得　稿酬所得　特许权使用费所得　利息、股息、红利所得　财产租赁所得　财产转让所得　偶然所得　其他所得　分国不分项的抵免限额

---

① 国家税务总局，《关于强化律师事务所等中介机构投资者个人所得税查账征收的通知》，国税发［2002］123号。

【思考题】

1. 中国个人所得税对纳税人及其纳税义务是如何规定的?
2. 判定中国居民和非中国居民的标准是什么?
3. 哪些所得应该缴纳个人所得税?
4. 个人所得税的税率是如何规定的?
5. 个人所得税有哪些基本的减免税规定?
6. 个人所得税的应纳税所得额如何计算?
7. 纳税人一次取得属于数月的奖金或年终加薪、劳动分红如何征收个人所得税?
8. 雇主为其雇员负担个人所得税税款应如何计征?
9. 个人所得税的抵免如何计算?

【计算题】

1. 与中国未签有税收协定国家的外籍个人担任中国境内一家外商投资企业市场推广部经理助理,该企业每月支付其工资1万元,该企业境外母公司每月另支付其工资4000美元,该个人2009年度在境内履行职务实际工作250天,在境外实际工作115天。请确定其纳税义务。

2. 某外籍个人在2009年1月1日起担任中国境内某外商投资企业的副总经理,由该企业每月支付其工资2万元,同时,该企业外方的境外总机构每月也支付其工资4000美元,其大部分时间是在境外履行职务,2009年来华工作时间累计计算为180天,请确定该外籍个人2009年度在中国的纳税义务。

3. 居民王某2009年12月取得工资收入2000元,取得奖金500元,取得职务津贴250元,取得其他补贴250元。计算王某该月应缴纳的个人所得税额。

4. 某企业从美国聘请一技术专家,根据协议,每月支付其工资薪金12 000元。计算该外籍专家每月应纳的个人所得税额。

5. 个体业主李某2009年1月份生产、经营所得收入2500元,生产费用扣除金额合计为900元,计算其应纳个人所得税额。

6. 2009年初,李某与某事业单位签订了承包经营单位招待所的承包合同。年末李某按承包合同取得20 000元承包收入。计算承包人李某年度应缴纳个人所得税税额。

7. 某歌星2009年5月2日举行一场个人演唱会,一次性获得演唱收入32 000元,计算其应纳个人所得税额。

8. 甲、乙两人把共有的一项专利使用权提供给一企业,该企业付给他们两人专利权使用费共10 000元,甲乙各分得6500元和3500元。计算甲、乙两人应纳的个人所得税。

9. 赵某2009年2月获得房屋出租收入2000元,试计算其当月应纳个人所得税。

10. 某人月工资、薪金收入人民币12 000元,雇主负担其工资、薪金所得30%部分的应纳税款,计算其当月应纳税款。

11. 某纳税人2009年1月至12月在A国取得工薪收入60 000元(人民币,下同),特许权使用费收入7000元;同时,又在B国取得利息收入1000元。该纳税人已分别按A国和B国税法规定,缴纳了个人所得税1150元和250元。计算其抵扣限额。

第二十章

土地、房产、车船税收制度

【本章提要】

1. 中国房产税、土地增值税、城镇土地使用税、耕地占用税、契税制度的主要规定。

2. 中国车船税、车辆购置税制度的主要规定。

第一节　房　产　税

房产税是以房产为征税对象，按照房产的计税余值或出租房屋的租金收入，向产权所有人征收的一种税。目前主要法律依据是1986年9月15日颁布的《中华人民共和国房产税暂行条例》（简称《房地产暂行条例》）。2009年1月1日起，《中华人民共和国城市房地产税暂行条例》废止，外商投资企业、外国企业和组织以及外籍个人（包括港澳台资企业和组织以及华侨、港澳台同胞）依照《中华人民共和国房产税暂行条例》缴纳房产税。[①]

一、纳税人和征税范围

凡在中国城市、县城、建制镇和工矿区内拥有房屋产权的单位和个人都是房产税的纳税义务人。可见，房产税的征税范围是城市、县城、建制镇和工矿区四类地区的房屋。[②] 这里所说的城市是指国务院批准设立的市，其范围为市区、郊区和市辖县城，不包括农村；县城是指未设立建制镇的县人民政府所在地；建制镇是指经省、自治区、直辖市人民政府批准设立的建制镇，其范围为镇人民政府所在地，不包括所辖的行政村；工矿区是指工商业比较发达、人口比较集中，符合国务院规定的建制镇标准，但尚未设立建制镇的大中型工矿企业所在地。开征房产税的工矿区须经省、自治区、直辖市人民政府批准。[③]

房产税的征税范围不包括农村，这主要是为了减轻农民的负担。因为农村的房屋，除农副业生产用房外，大部分是农民居住用房。对农民房屋不纳入房产税征税范围，

---

① 2008年12月31日国务院发布的第546号令；国家税务总局，《关于做好外资企业及外籍个人房产税征管工作的通知》，国税函［2009］6号。

② 《中华人民共和国房产税暂行条例》（以下简称《房产税暂行条例》），第1条。

③ 财政部、国家税务总局，《关于房产税若干具体问题的解释和暂行规定》，财税地字［1998］8号。

有利于农业发展，繁荣农村经济，有利于社会稳定。

房产税的课税对象当然就是房产。所谓房产，就是以房屋形态表现的财产。房屋是指有屋面和围护结构（有墙或两边有柱），能够遮风避雨，可供人们在其中生产、学习、工作、娱乐、居住或储藏物资的场所。但是，独立于房屋之外的建筑物，如围墙、烟囱、水塔、菜窖、室外游泳池等都不属于房产，不在纳税之列。① 同样，加油站罩棚也不属于房产，不征收房产税。②

国有企业、集体企业、私营企业、股份制企业、其他企业、行政单位、事业单位、军事单位、社会团体、其他单位、个体经营者和其他个人都应当依法缴纳房产税。纳税人包括房屋产权所有人、经营管理单位、承典人、房产代管人和使用人。产权属于全民所有的，由经营管理的单位和个人缴纳；产权出典的，由承典人缴纳；产权所有人、承典人均不在房产所在地，或产权未确定以及租典纠纷未解决的，由房产代管人或者使用人缴纳。③ 对居民住宅区内业主共有的经营性房产，由实际经营（包括自营和出租）的代管人或使用人缴纳房产税。④ 在房屋的管理和使用中，“出典”是指产权所有人为了某种需要，将自己的房屋在一定的期限内转让给他人使用，以押金形式换取一定数额的现金（或实物），并立有某种合同（契约）。在此，产权所有人（房主）称为房屋“出典人”；支付现金或实物的人称为房屋的“承典人”。综上所述，房产税的纳税义务人包括：产权所有人、经营管理单位、承典人、房产代管人或者使用人。

自 2009 年 1 月 1 日起，对外资企业及外籍个人的房产征收房产税，征税范围按照《中华人民共和国房产税暂行条例》及有关规定执行。⑤

二、计税依据、税率和应纳税额计算

（一）计税依据

房产税的计税依据分为两种：

（1）以房产原值一次减除 10%至 30%以后的余值为计税依据。具体的减除幅度，由各省、自治区、直辖市人民政府规定。⑥

房产原值是指纳税人按照会计制度的规定，在账簿“固定资产”科目中记载的房产原价，包括房屋造价和与房屋不可分割的各种附属设备或者一般不单独计价的配套设施（如照明、煤气、暖气、卫生、各种管线等）的价格。

---

① 财政部、国家税务总局，《关于房产税和车船使用税几个业务问题的解释与规定》，财税地字［1978］3 号。

② 财政部、国家税务总局，《关于加油站罩棚房产税问题的通知》财税，［2008］123 号。

③ 《房产税暂行条例》，第 2 条。

④ 财政部、国家税务总局，《关于房产税城镇土地使用税有关政策的通知》，财税［2006］186 号。

⑤ 国家税务总局，《关于做好外资企业及外籍个人房产税征管工作的通知》，国税函［2009］6 号。

⑥ 《房产税暂行条例》，第 3 条。

为了维持和增加房屋的使用功能或使房屋满足设计要求，凡以房屋为载体，不可随意移动的附属设备和配套设施，如给排水、采暖、消防、中央空调、电气及智能化楼宇设备等，无论在会计核算中是否单独记账与核算，都应计入房产原值，计征房产税。对于更换房屋附属设备和配套设施的，在将其价值计入房产原值时，可扣减原来相应设备和设施的价值；对附属设备和配套设施中易损坏、需要经常更换的零配件，更新后不再计入房产原值。[①] 自 2009 年 1 月 1 日起，无租使用其他单位房产的应税单位和个人，依照房产余值代缴纳房产税。产权出典的房产，由承典人依照房产余值缴纳房产税。融资租赁的房产，由承租人自融资租赁合同约定开始日的次月起依照房产余值缴纳房产税。合同未约定开始日的，由承租人自合同签订的次月起依照房产余值缴纳房产税。[②]

对依照房产原值计税的房产，不论是否记载在会计账簿固定资产科目中，均应按照房屋原价计算缴纳房产税。房屋原价应根据国家有关会计制度规定进行核算。对纳税人未按国家会计制度规定核算并记载的，应按规定予以调整或重新评估[③]。

(2) 房产出租的，以房产租金收入为计税依据。[④]

房产的租金收入，是房屋产权所有人出租房产使用权所得的报酬，包括货币收入和实物收入。如果是以劳务或者其他形式为报酬抵付房租收入的，应根据当地同类房产的租金水平，确定一个标准租金额从租计征。

（二）税率

房产税采用比例税率。与计税依据相应，房产税的税率也分为从价计征和从租计征两种形式：

(1) 按照房产余值，即按房产原值一次减除 10%至 30%后的余值计算应纳税额的，适用税率为 1.2%。[⑤]

(2) 按照房产租金收入计算应纳税额的，适用税率为 12%。[⑥]

一般来说，房产的计税余值大体上相当于房租标准租金的 10 倍。这样规定，有利于均衡税负和贯彻房产政策。

另外，对个人按市场价格出租的居民住房，可暂减按 4%的税率征收房产税。[⑦]

（三）应纳税额计算公式

应纳税额＝计税依据×适用税率

① 国家税务总局，《关于进一步明确房屋附属设备和配套设施计征房产税有关问题的通知》，国税发［2005］173 号。

② 财政部、国家税务总局，《关于房产税城镇土地使用税有关问题的通知》，财税［2009］128 号。

③ 财政部、国家税务总局，《关于房产税城镇土地使用税有关问题的通知》，财税［2008］152 号。

④ 《房产税暂行条例》，第 3 条。

⑤⑥ 《房产税暂行条例》，第 4 条。

⑦ 财政部、国家税务总局，《关于调整住房租赁市场税收政策的通知》，财税字［2000］125 号。

以人民币以外的货币为记账本位币的外资企业及外籍个人在缴纳房产税时，均应将其根据记账本位币计算的税款按照缴款上月最后一日的人民币汇率中间价折合成人民币。①

【例 20-1】 某企业 2009 年房产原值共计 10 000 万元，其中该企业所属的幼儿园和子弟学校用房原值分别为 400 万元、600 万元，当地政府确定计算房地产余值的扣除比例为 25%，则该企业全年应纳房产税税额的计算方法为

因为企业所属的幼儿园和子弟学校包含在减免税范围，所以该企业应纳税额

=(10 000－400－600)×(1－25%)×1.2%=81（万元）

【例 20-2】 公民赵某拥有两处房产，一处原值 100 万元的房产供自己和家人居住，另一处原值 30 万元的房产于 2009 年 5 月 1 日出租给李某居住，按市价每月取得租金 1500 元，赵某当年应纳房产税税额的计算方法为

因为个人所有非营业的房产免征房产税，出租给李某的房产仍用于居住，适用税率不是 12%，而减按 4%税率征收，所以赵某房产税应纳税额=1500×4%×8=480（元）

三、减免税

房产税的减免税是根据国家政策需要和纳税人的负担能力制定的。由于房产税属地方税，因此给予地方一定的减免权限，有利于地方因地制宜处理问题。目前，房产税的减免税政策主要有：

(1) 国家机关、人民团体、军队自用的房产免征房产税。但上述免税单位的出租房产以及非自身业务使用的生产、营业用房，不属于免税范围。

对行使国家行政管理职能的中国人民银行总行（含国家外汇管理局）所属分支机构自用的房产，免征房产税。②

(2) 由国家财政部门拨付事业经费的单位自用的房产免征房产税（企业办的各类学校、医院、托儿所、幼儿园自用的房产可以比照执行）。

(3) 宗教寺庙、公园、名胜古迹自用的房产免征房产税。

(4) 个人所有非营业性的房产免征房产税。个人所有的非营业性用房，主要是指居民住房，不分面积多少，一律免征房产税。对个人拥有的营业用房或者出租的房产，不属于免税房产，应照章纳税。③

(5) 非营利性医疗机构、疾病控制机构、妇幼保健机构等医疗、卫生机构自用的房产，可以免征房产税。

(6) 高校后勤实体以及老年服务机构自用的房产免征房产税。

自 2006 年 1 月 1 日起至 2010 年 12 月 31 日，对为高校学生提供住宿服务并按高教

---

① 国家税务总局，《关于做好外资企业及外籍个人房产税征管工作的通知》，国税函［2009］6 号。

② 国家税务总局，《关于中国人民银行总行所属分支机构免征房产税、城镇土地使用税的通知》，国税函［2001］770 号。

③ 《房产税暂行条例》，第 5 条。

系统收费标准收取租金的学生公寓，免征房产税。2009 年 1 月 1 日至文到之日的已征房产税，在纳税人以后的应纳房产税额中抵减或者予以退税。

(7) 在基建工地建造的为工地服务的各种临时性房屋，在施工期间可以免征房产税。①

(8) 经过有关部门鉴定停止使用的毁损房屋和危险房屋，可免征房产税。

(9) 房屋大修停用半年以上的，在大修期间可以免征房产税。

(10) 为鼓励利用地下人防设施，暂不征收房产税。

(11) 自 2007 年 8 月 1 日起，② 按照政府规定价格出租的公有住房和廉价住房暂免征收房产税，自 2008 年 3 月 1 日起，个人按照市场价格出租的居民住房暂减按 4%的税率征收房产税。

(12) 铁道部所属铁路运输企业自用的房产，免征房产税。

(13) 自 2009 年 1 月 1 日至 2011 年 6 月 30 日③，向居民供热并向居民收取采暖费的供热企业，暂免征收房产税。

(14) 对房地产开发企业建造的商品房，在售出前不征收房产税；但对售出前房地产开发企业已使用或出租、出借的商品房应按规定征收房产税。

(15) 自 2009 年 1 月 1 日起至 2010 年 12 月 31 日，对商品储备管理公司及其直属库承担商品储备业务自用的房产、土地，免征房产税、城镇土地使用税。2009 年 1 月 1 日以后已缴上述应予免税的税款，从企业应缴纳的相应税款中抵扣，2010 年度内抵扣不完的，按有关规定予以退税。④

(16) 对股改铁路运输企业及合资铁路运输公司自用的房产免征收房产税。其中股改铁路运输企业是指铁路运输企业经国务院批准进行股份制改革成立的企业；合资铁路运输公司是指由铁道部及其所属铁路运输企业与地方政府、企业或其他投资者共同出资成立的铁路运输企业。⑤

(17) 2009 年 1 月 1 日至 2013 年 12 月 31 日，由财政部门拨付事业经费的文化单位转制为企业，自转制注册之日起对其自用房产免征房产税。⑥

(18) 经过财政部批准免征房产税的其他房产。

除了上述规定以外，纳税人缴纳房产税确有困难的可以由所在省、自治区、直辖

---

① 财政部、国家税务总局，《关于经营高校学生公寓和食堂有关税收政策的通知》，财税 [2009] 155 号。

② 财政部、国家税务总局，《关于廉租住房经济适用住房和住房租赁有关税收政策的通知》，财税 [2008] 24 号。

③ 财政部、国家税务总局，《关于继续执行供热企业增值税、房产税、城镇土地使用税优惠政策的通知》，财税 [2009] 11 号。

④ 财政部、国家税务总局，《关于部分国家储备商品有关税收政策的通知》，财税 [2009] 151 号。

⑤ 财政部、国家税务总局，《关于股改及合资铁路运输企业房产税、城镇土地使用税有关政策的通知》，财税 [2009] 132 号。

⑥ 财政部、国家税务总局，《关于文化体制改革中经营性文化事业单位转制为企业的若干税收优惠政策的通知》，财税 [2009] 34 号。

市人民政府确定，定期减税或免税。[①] 纳税单位与免税单位共同使用的房屋，按照各自使用的部分划分，分别缴纳或者免纳房产税。[②] 但是，免税单位出租的房产和非本单位业务用的生产经营用房，应按规定缴纳房产税。

四、纳税期限和纳税地点

房产税按年征收，分期缴纳。具体纳税期限由省、自治区、直辖市人民政府确定。[③] 目前各地一般规定每个季度缴纳一次或者半年缴纳一次，并在规定的期限以内缴纳。

纳税人自建房屋应自建成次月起缴纳房产税；纳税人委托施工企业建设的房屋，从办理验收手续次月起缴纳房产税；纳税人在办理验收手续前已使用或出租、出借的新建房屋应按规定缴纳房产税。购置新建商品房，自房屋交付使用之次月起；购置存量房，自办理房屋权属转移、变更登记手续，房地产权属登记机关签发房屋权属证书之次月起；出租、出借房产，自交付出租、出借房产之次月起；房地产开发企业自用、出租、出借本企业建造的商品房，自房屋使用或交付之次月起，计征房产税。自2009年1月1日起，纳税人因房产的实物或权利状态发生变化而依法终止房产税纳税义务的，其应纳税款的计算应截止到房产的实物或权利状态发生变化的当月末。[④]

房产税由纳税人向房产所在地的主管税务机关缴纳。[⑤] 房产不在同一地方的纳税人，应当按照房产坐落的地点，分别向房产所在地的主管税务机关缴纳房产税。把纳税地点定为房产所在地，是根据税收管辖权中的属地主义原则，避免纳税人与房产所在地不在同一地点引起纠纷，有利于地方税务部门的征收管理。

第二节　土地增值税

土地增值税是对有偿转让国有土地使用权、地上建筑物及其他附着物，并取得增值收益的单位和个人征收的一种税。建国后，中国对城市土地长期实行无偿的指令性划拨和无限期使用的管理制度。改革开放以后，原有的无偿使用国家土地的制度逐步向有偿使用的方向转化。为了合理调节土地级差收益，1993年12月13日，国务院正式颁布《中华人民共和国土地增值税暂行条例》（简称《土地增值税暂行条例》），并于1994年1月1日起施行。1995年1月27日财政部颁布《中华人民共和国土地增值税暂行条例实施细则》。

---

① 《房产税暂行条例》，第6条。

② 财政部、国家税务总局，《关于房产税和车船使用税几个业务问题的解释与规定》，财税地字［1987］3号。

③ 《房产税暂行条例》，第7条。

④ 财政部、国家税务总局，《关于房产税城镇土地使用税有关问题的通知》，财税［2008］152号。

⑤ 《房产税暂行条例》，第9条。

一、纳税人和征税范围

土地增值税的纳税人为在中国境内以出售或者其他方式有偿转让国有土地使用权、地上建筑物（包括地上、地下的各种附属设施）及其附着物（以下简称转让房地产）并取得收入的单位和个人。[①] 单位包括各类企业、事业单位、国家机关和社会团体及其他组织。个人包括个体经营者。外商投资企业、外国企业及外国驻华机构以及外国公民、华侨、港澳台同胞等均在纳税人范围之内。

根据《土地增值税暂行条例》及其实施细则的规定，土地增值税的征税范围包括：①转让国有土地使用权。这里的"国有土地"，是指按国家法律规定属于国家所有的土地；②地上建筑物及其他附着物连同国有土地使用权一并转让的行为。这里的"地上建筑物"，是指建于土地上的一切建筑物，包括地上地下的各种附属设施。这里的"附着物"，是指附着于土地上的不能移动或一经移动即遭损坏的物品。

转让房地产是指转让国有土地使用权、地上建筑和其他附着物产权的行为。不包括通过继承、赠与等方式无偿转让房地产的行为[②]，这里有三层意思，一是只对转让国有土地使用权征税，因为按现行规定，集体土地需先由国家征用后才能转让。因此，使用权是否为国家所有，是判定是否属于土地增值税征收范围的标准之一。二是不包括对国有土地使用权出让所取得的收入征税，以及不包括对未转让土地使用权、房产产权的行为征税，如房地产出租、抵押、合作建房自用等。即土地使用权、地上建筑物及其附着物的产权是否发生转让是判定是否属于土地增值税征收范围的标准之二。三是只对出售的房地产征税，继承、赠与等没有取得商业收入的房地产的转让行为则不属于征税范围。因此，是否取得收入是判定是否属于土地增值税征收范围的标准之三。但赠与免税仅指：赠与直系亲属或承担直接赡养义务人的，或通过中国境内非营利的社会团体、国家机关将房屋产权、土地使用权赠与教育、民政和其他社会福利、公益事业的。[③]

二、计税依据、税率和应税税额计算

（一）计税依据

土地增值税以纳税人转让房地产取得的增值额为计税依据。增值额为纳税人转让房地产取得的收入减除规定扣除项目金额以后的余额。纳税人取得的收入包括转让房地产的全部价款和有关经济收益，形式上包括货币收入、实物收入和其他收入。[④] 规定扣除项目包括[⑤]：

---

① 《中华人民共和国土地增值税暂行条例》（以下简称《土地增值税暂行条例》），第1条。

② 《中华人民共和国土地增值税暂行条例实施细则》（以下简称《土地增值税暂行条例实施细则》），第2条。

③ 财政部、国家税务总局，《关于土地增值税一些具体问题规定的通知》，财税字［1995］48号。

④ 《土地增值税暂行条例实施细则》，第5条。

⑤ 《土地增值税暂行条例实施细则》，第7条。

(1) 纳税人为取得土地使用权所支付的地价款和按照国家规定交纳的有关费用。

(2) 开发土地和新建房屋及配套设施的成本，包括纳税人房地产开发项目实际发生的土地征用及拆迁补偿费、前期工程费、建筑安装工程费、基础设施费、公共配套设施费和开发间接费用。

土地征用及拆迁补偿费，包括土地征用费、耕地占用税、劳动力安置费及有关地上、地下附着物拆迁补偿的净支出、安置动迁用房支出等。

前期工程费，包括规划、设计、项目可行性研究和水文、地质、勘察、测绘、“三通一平”等支出。

建筑安装工程费，是指以出包方式支付给承包单位的建筑安装工程费，以自营方式发生的建筑安装工程费。

基础设施费，包括开发小区内道路、供水、供电、供气、排污、排洪、通讯、照明、环卫、绿化等工程发生的支出。

公共配套设施费，包括不能有偿转让的开发小区内公共配套设施发生的支出。

开发间接费用，是指直接组织、管理开发项目发生的费用，包括工资、职工福利费、折旧费、修理费、办公费、水电费、劳动保护费、周转房摊销等。

(3) 开发土地和新建房及配套设施的费用，包括与房地产开发项目有关的销售费用、管理费用和财务费用。

财务费用中的利息支出，凡能够按转让房地产项目计算分摊并提供金融机构证明的，允许据实扣除，但最高不能超过按商业银行同类同期贷款利率计算的金额。其他房地产开发费用，按第 (1)、(2) 项规定计算的金额之和的 5%以内计算扣除。

凡不能按转让房地产项目计算分摊利息支出或不能提供金融机构证明的，房地产开发费用按第 (1)、(2) 项规定计算的金额之和的 10%以内计算扣除。

利息的上浮幅度按国家的有关规定执行，超过上浮幅度的部分不允许扣除；对于超过贷款期限的利息部分和加罚的利息不允许扣除。①

此项费用扣除有一定的限制，具体比例由各省、自治区、直辖市人民政府规定。

(4) 经过当地主管税务机关确认的旧房和建筑物的评估价格（指在转让已使用的房屋和建筑物的时候，由政府批准设立的房地产评估机构评定的重置成本乘以成新度折旧率后的价格）。

转让旧房的，应以房屋及建筑物的评估价格、取得土地使用权所支付的地价款和按国家统一规定交纳的有关费用以及在转让环节缴纳的税金作为扣除项目金额计征土地增值税。对取得土地使用权时未支付地价款或不能提供已支付的地价款凭据的，不允许扣除取得土地使用权所支付的金额。对于个人购入房地产再转让的，其在购入时已缴纳的契税，在旧房及建筑物的评估价中已包括了此项因素，在计征土地增值税时，不另作为“与转让房地产有关的税金”予以扣除。纳税人转让旧房及建筑物时因计算纳税的需要而对房地产进行评估，其支付的评估费用允许在计算增值额时予以扣除。

---

① 财政部、国家税务总局，《关于土地增值税一些具体问题规定的通知》，财税字 [1995] 48 号。

对纳税人隐瞒、虚报房地产成交价格等情形而按房地产评估价格计算征收土地增值税所发生的评估费用，不允许在计算土地增值税时予以扣除。①

纳税人转让旧房及建筑物，凡不能取得评估价格，但能提供购房发票的，经当地税务部门确认，扣除项目的金额，可按发票所载金额并从购买年度起至转让年度止每年加计5%计算。这里的“每年”按购房发票所载日期起至售房发票开具之日止，每满12个月计1年；超过1年，未满12个月但超过6个月的，可以视同为1年。对纳税人购房时缴纳的契税，凡能提供契税完税凭证的，准予作为“与转让房地产有关的税金”予以扣除，但不作为加计5%的基数。对于转让旧房及建筑物，既没有评估价格，又不能提供购房发票的，地方税务机关可以核定征收。②

如北京市自2006年12月1日起对非普通住宅的二手房交易全面征收土地增值税。对既不能够提供购房发票证明，又不能提供房屋及建筑物价格评估报告的，按转让二手房交易价格全额的1%征收率计征土地增值税。

（5）与转让房地产有关的税金，包括纳税人在转让房地产的时候缴纳的营业税、城市维护建设税和印花税。纳税人转让房地产时缴纳的教育费附加可以视同税金扣除。

转让房地产时缴纳的印花税，因房地产开发企业已列入管理费用，不能再进行扣除，其他的土地增值税纳税义务人在计算土地增值税时允许扣除在转让时缴纳的印花税。对于县级及县级以上人民政府要求房地产开发企业在售房时代收的各项费用，如果代收费用是计入房价中向购买方一并收取的，可作为转让房地产所取得的收入计税；如果代收费用未计入房价中，而是在房价之外单独收取的，可以不作为转让房地产的收入。

对于代收费用作为转让收入计税的，在计算扣除项目金额时，可予以扣除，但不允许作为加计20%扣除的基数；对于代收费用未作为转让房地产的收入计税的，在计算增值额时不允许扣除代收费用。③

（6）从事房地产开发的纳税人可以按照上述第（1）、（2）项金额之和加计20%的扣除额。

土地增值税以纳税人房地产成本核算的最基本的核算项目或者核算对象为单位计算。纳税人成片受让土地使用权以后分期分批开发、转让房地产的，其扣除项目金额可以按照转让土地使用权的面积占总面积的比例计算分摊，或者按照建筑面积计算分摊，或者按照主管税务机关确认的其他方式计算分摊。④

如果纳税人转让房地产的成交价格低于房地产评估价格，并且没有正当的理由，或者隐瞒、虚报房地产成交价格，或者提供的扣除项目金额不真实，主管税务机关将按照房地产评估价格（指经过当地主管税务机关确认的、由政府批准设立的房地产评估机构根据相同地段、同类房地产综合评定的价格）计算征收土地增值税。⑤

①③ 财政部、国家税务总局，《关于土地增值税一些具体问题规定的通知》，财税字［1995］48号。

② 财政部、国家税务总局，《关于土地增值税若干问题的通知》，财税字［2006］21号。

④ 《土地增值税暂行条例实施细则》，第9条。

⑤ 《土地增值税暂行条例实施细则》，第14条。

（二）税率

土地增值税实行4级超率累进税率：

（1）增值额未超过扣除项目金额50%的部分，税率为30%。

（2）增值额超过扣除项目金额50%、未超过100%的部分，税率为40%。

（3）增值额超过扣除项目金额100%、未超过200%的部分，税率为50%。

（4）增值额超过扣除项目金额200%的部分，税率为60%。[①]

上述所列每级“增值额未超过扣除项目金额”的比例，均包括本比例数。

（三）应纳税额计算公式

在计算土地增值税的应纳税额的时候，应当先用纳税人取得的房地产转让收入减除有关各项扣除项目金额，计算得出增值额。[②] 再按照增值额超过扣除项目金额的比例，分别确定增值额中各个部分的适用税率，依此计算各部分增值额的应纳土地增值税税额。各部分增值额应纳土地增值税税额之和，即为纳税人应纳的全部土地增值税税额。

土地增值税税额以人民币为计算单位。纳税人转让房地产取得的收入为外国货币的，应当以取得收入当天或者当月1日中国人民银行公布的人民币对外币的基准汇价（或者按照有关规定套算得出的汇价）折合成人民币，然后计算纳税。[③]

应纳税额计算公式：

$$\text{应纳税额} = \sum(\text{增值额} \times \text{适用税率})$$

但在实际工作中，分步计算比较繁琐，一般可以采用速算扣除法计算。即计算土地增值税税额，可按增值额乘以适用的税率减去扣除项目金额乘以速算扣除系数的简便方法计算，具体公式如下：

（1）增值额未超过扣除项目金额50%：

$$\text{土地增值税税额} = \text{增值额} \times 30\%$$

（2）增值额超过扣除项目金额50%，未超过100%：

$$\text{土地增值税税额} = \text{增值额} \times 40\% - \text{扣除项目金额} \times 5\%$$

（3）增值额超过扣除项目金额100%，未超过200%：

$$\text{土地增值税税额} = \text{增值额} \times 50\% - \text{扣除项目金额} \times 15\%$$

（4）增值额超过扣除项目金额200%：

$$\text{土地增值税税额} = \text{增值额} \times 60\% - \text{扣除项目金额} \times 35\%$$

---

① 《土地增值税暂行条例》，第7条。

② 《土地增值税暂行条例》，第4条。

③ 《土地增值税暂行条例实施细则》，第20条。

公式中的5%、15%、35%分别为二、三、四级的速算扣除系数。[①]

【例 20-3】 某企业出售房地产收入1000万元，可以扣除的各项成本、费用和有关税金等共400万元，该企业应纳土地增值税税额的计算方法为

第一，按《土地增值税暂行条例》规定的方法计算。

（1）先计算增值额。

增值额＝1000－400＝600（万元）

（2）再计算增值额与扣除项目金额之比。

增值额与扣除项目金额之比＝600÷400＝150%

由此可见，增值额超过扣除项目金额150%，分别适用30%、40%和50%三档税率。

（3）计算土地增值税应纳税额。

应纳税额＝200×30%＋200×40%＋200×50%＝60＋80＋100＝240（万元）

第二，按速算扣除法计算。

增值额超过扣除项目金额100%、未超过200%的，其适用的简便计算公式为

应纳税额＝增值额×50%－扣除项目金额×15%

＝600×50%－400×15%＝240（万元）

两种计算方法所得出的结果是一样的。

三、减免税

下列项目经过纳税人申请，当地主管税务机关审批，可以免征土地增值税：

（1）建造普通标准住宅（按照当地一般民用住宅标准建造的居住用住宅）出售，增值额未超过各项规定扣除项目金额20%的。

目前，各地一般规定享受优惠政策的普通住宅应同时满足以下2～3个条件：①住宅小区建筑容积率在1.0以上；②单套建筑面积在120～144平方米以下；③实际成交价格低于同级别土地上住房平均交易价格1.2倍以下。

（2）由于城市实施规划、国家建设需要依法征用、收回的房地产。[②]

（3）由于城市实施规划、国家建设需要而搬迁，由纳税人自行转让的房地产。

城市实施规划而搬迁，是指因旧城改造或因企业污染、扰民（指产生过量废气、废水、废渣和噪音，使城市居民生活受到一定危害），而由政府或政府有关主管部门根据已审批通过的城市规划确定进行搬迁的情况；因国家建设的需要而搬迁，是指因实施国务院、省级人民政府、国务院有关部委批准的建设项目而进行搬迁的情况。[③]

（4）个人之间互换自有居住用房地产的。

（5）个人因工作调动或者改善居住条件而转让原自用住房，经过主管税务机关批准，在原住房居住满5年的，可以免征土地增值税；居住满3年不满5年的，可以减半

① 《土地增值税暂行条例实施细则》，第10条。

② 《土地增值税暂行条例》，第8条。

③ 财政部、国家税务总局，《关于土地增值税若干问题的通知》，财税字［2006］21号。

征收。[①]

(6) 企事业单位、社会团体以及其他组织转让旧房作为廉租住房、经济适用住房房源且增值额未超过扣除项目金额20%的，免征土地增值税。[②]

下列项目可以暂免征收土地增值税：

(1) 以房地产进行投资、联营，联营一方以房地产作价入股或者作为联营条件，将房地产转让到所投资、联营的企业中的。但所投资、联营的企业从事房地产开发的，或者房地产开发企业以其建造的商品房进行投资和联营的，均不适用免税的规定。[③]

(2) 合作建房，一方出土地，一方出资金，建成后按照比例分房自用的。

(3) 企业兼并，被兼并企业将房地产转让到兼并企业中的。[④]

(4) 自1999年8月1日起，居民个人转让自有普通住宅。[⑤]

四、纳税期限和纳税地点

纳税人应当从房地产合同签订日起7日内向房地产所在地的主管税务机关进行纳税申报，并提交房屋及建筑物产权、土地使用权证书，土地转让、房产买卖合同，房地产评估报告和其他有关资料，然后按照主管税务机关核定的税额和规定的期限缴纳土地增值税。[⑥]

如果纳税人经常取得房地产转让收入而难以在每次转让以后申报缴纳土地增值税，经过主管税务机关批准，可以定期申报纳税，具体纳税期限由主管税务机关根据实际情况确定。纳税人在项目全部竣工结算以前转让房地产取得的收入，由于各种原因无法据实计算土地增值税的，可以按照所在省（自治区、直辖市）地方税务局的规定预征税款，待项目全部竣工、办理结算以后清算，多退少补。纳税人按规定预缴土地增值税后，清算补缴的土地增值税，在主管税务机关规定的期限内补缴的，不加收滞纳金。[⑦] 如果纳税人没有按照规定缴纳土地增值税，土地管理部门和房产管理部门不能办理有关权属变更登记。

五、房地产开发企业土地增值税清算[⑧]

为了加强土地增值税的征收和管理，规范土地增值税清算工作，根据《税收征管法》、《土地增值税暂行条例》及其实施细则等有关税收法律、行政法规的规定，结合房地产开发、经营业务的特点，自2009年6月1日起对土地增值税的清算，各省税务

---

① 《土地增值税暂行条例实施细则》，第12条。

② 财政部、国家税务总局，《关于廉租住房经济适用住房和住房租赁有关税收政策的通知》，财税［2008］24号。

③ 财政部、国家税务总局，《关于土地增值税若干问题的通知》，财税字［2006］21号。

④ 财政部、国家税务总局，《关于土地增值税一些具体问题规定的通知》，财税字［1995］48号。

⑤ 财政部、国家税务总局，《关于调整房地产市场若干税收政策的通知》，财税字［1999］210号。

⑥ 《土地增值税暂行条例实施细则》，第15条。

⑦ 国家税务总局，《关于土地增值税清算有关问题的通知》，国税函［2010］220号。

⑧ 国家税务总局，《土地增值税清算管理规程》，国税发［2009］91号。

机关可依据以下规定并结合当地实际情况制定房地产开发企业土地增值税具体清算管理办法。

（一）土地增值税的前期管理

主管税务机关应加强房地产开发项目的日常税收管理，实施项目管理。主管税务机关应从纳税人取得土地使用权开始，按项目分别建立档案、设置台账，对纳税人项目立项、规划设计、施工、预售、竣工验收、工程结算、项目清盘等房地产开发全过程情况实行跟踪监控，做到税务管理与纳税人项目开发同步。

主管税务机关对纳税人项目开发期间的会计核算工作应当积极关注，对纳税人分期开发项目或者同时开发多个项目的，应督促纳税人根据清算要求按不同期间和不同项目合理归集有关收入、成本和费用。对纳税人分期开发项目或者同时开发多个项目的，有条件的地区，主管税务机关可结合发票管理规定，对纳税人实施项目专用票据管理措施。

（二）土地增值税的清算受理

1. 符合下列情形之一的，纳税人应进行土地增值税的清算

(1) 房地产开发项目全部竣工、完成销售的；

(2) 整体转让未竣工决算房地产开发项目的；

(3) 直接转让土地使用权的。

2. 符合下列情形之一的，主管税务机关可要求纳税人进行土地增值税清算

(1) 已竣工验收的房地产开发项目，已转让的房地产建筑面积占整个项目可售建筑面积的比例在85%以上，或该比例虽未超过85%，但剩余的可售建筑面积已经出租或自用的；

(2) 取得销售（预售）许可证满三年仍未销售完毕的；

(3) 纳税人申请注销税务登记但未办理土地增值税清算手续的；

(4) 省级税务机关规定的其他情况。

对前款所列第（3）项情形，应在办理注销登记前进行土地增值税清算。

对于符合上述第（1）项情形的应进行土地增值税清算的项目，纳税人应当在满足条件之日起90日内到主管税务机关办理清算手续。对于符合上述第（2）项情形的税务机关可要求纳税人进行土地增值税清算的项目，由主管税务机关确定是否进行清算；对于确定需要进行清算的项目，由主管税务机关下达清算通知，纳税人应当在收到清算通知之日起90日内办理清算手续。

应进行土地增值税清算的纳税人或经主管税务机关确定需要进行清算的纳税人，在上述规定的期限内拒不清算或不提供清算资料的，主管税务机关可依据《中华人民共和国税收征收管理法》有关规定处理。

（三）清算审核方法

1. 非直接销售和自用房地产的收入确定

（1）房地产开发企业将开发产品用于职工福利、奖励、对外投资、分配给股东或投资人、抵偿债务、换取其他单位和个人的非货币性资产等，发生所有权转移时应视同销售房地产，其收入按下列方法和顺序确认：①按本企业在同一地区、同一年度销售的同类房地产的平均价格确定；②由主管税务机关参照当地当年、同类房地产的市场价格或评估价值确定。

（2）房地产开发企业将开发的部分房地产转为企业自用或用于出租等商业用途时，如果产权未发生转移，不征收土地增值税，在税款清算时不列收入，不扣除相应的成本和费用。

（3）土地增值税清算时，已全额开具商品房销售发票的，按照发票所载金额确认收入；未开具发票或未全额开具发票的，以交易双方签订的销售合同所载的售房金额及其他收益确认收入。销售合同所载商品房面积与有关部门实际测量面积不一致，在清算前已发生补、退房款的，应在计算土地增值税时予以调整。

2. 土地增值税扣除项目审核的内容包括

（1）取得土地使用权所支付的金额。

（2）房地产开发成本，包括土地征用及拆迁补偿费、前期工程费、建筑安装工程费、基础设施费、公共配套设施费、开发间接费用。

（3）房地产开发费用。

（4）与转让房地产有关的税金。

（5）国家规定的其他扣除项目。

3. 审核扣除项目是否符合下列要求

（1）在土地增值税清算中，计算扣除项目金额时，其实际发生的支出应当取得但未取得合法凭据的不得扣除。

（2）扣除项目金额中所归集的各项成本和费用必须是实际发生的。

（3）扣除项目金额应当准确地在各扣除项目中分别归集，不得混淆。

（4）扣除项目金额中所归集的各项成本和费用必须是在清算项目开发中直接发生的或应当分摊的。

（5）纳税人分期开发项目或者同时开发多个项目的，或者同一项目中建造不同类型房地产的，应按照受益对象，采用合理的分配方法，分摊共同的成本费用。

（6）对同一类事项，应当采取相同的会计政策或处理方法。会计核算与税务处理规定不一致的，以税务处理规定为准。

4. 审核取得土地使用权支付金额和土地征用及拆迁补偿费时应当重点关注的内容

（1）同一宗土地有多个开发项目，是否予以分摊，分摊办法是否合理、合规，具体金额的计算是否正确。

（2）是否存在将房地产开发费用记入取得土地使用权支付金额以及土地征用及拆

迁补偿费的情形。

（3）拆迁补偿费是否实际发生，尤其是支付给个人的拆迁补偿款、拆迁（回迁）合同和签收花名册或签收凭证是否一一对应。

5. 审核前期工程费、基础设施费时应当重点关注的内容

（1）前期工程费、基础设施费是否真实发生，是否存在虚列情形。

（2）是否将房地产开发费用记入前期工程费、基础设施费。

（3）多个（或分期）项目共同发生的前期工程费、基础设施费，是否按项目合理分摊。

6. 审核公共配套设施费时应当重点关注的内容

（1）公共配套设施的界定是否准确，公共配套设施费是否真实发生，有无预提的公共配套设施费情况。

（2）是否将房地产开发费用记入公共配套设施费。

（3）多个（或分期）项目共同发生的公共配套设施费，是否按项目合理分摊。

7. 审核建筑安装工程费时应当重点关注的内容

（1）发生的费用是否与决算报告、审计报告、工程结算报告、工程施工合同记载的内容相符。

（2）房地产开发企业自购建筑材料时，自购建材费用是否重复计算扣除项目。

（3）参照当地当期同类开发项目单位平均建筑成本或当地建设部门公布的单位定额成本，验证建筑安装工程费支出是否存在异常。

（4）房地产开发企业采用自营方式自行施工建设的，还应当关注有无虚列、多列施工人工费、材料费、机械使用费等情况。

（5）建筑安装发票是否在项目所在地税务机关开具。

8. 审核开发间接费用时应当重点关注的内容

（1）是否存在将企业行政管理部门（总部）为组织和管理生产经营活动而发生的管理费用记入开发间接费用的情形。

（2）开发间接费用是否真实发生，有无预提开发间接费用的情况，取得的凭证是否合法有效。

9. 审核利息支出时应当重点关注

（1）土地增值税清算时，已经计入房地产开发成本的利息支出，应调整至财务费用中计算扣除。

（2）分期开发项目或者同时开发多个项目的，其取得的一般性贷款的利息支出，是否按照项目合理分摊。

（3）利用闲置专项借款对外投资取得收益，其收益是否冲减利息支出。

10. 代收费用的审核

对于县级以上人民政府要求房地产开发企业在售房时代收的各项费用，审核其代收费用是否计入房价并向购买方一并收取；当代收费用计入房价时，审核有无将代收费用计入加计扣除以及房地产开发费用计算基数的情形。

11. 关联方交易行为的审核

在审核收入和扣除项目时，应重点关注关联企业交易是否按照公允价值和营业常

规进行业务往来。

应当关注企业大额应付款余额，审核交易行为是否真实。

12. 纳税人委托中介机构审核鉴证的清算项目

纳税人委托中介机构审核鉴证的清算项目，主管税务机关应当采取适当方法对有关鉴证报告的合法性、真实性进行审核。对纳税人委托中介机构审核鉴证的清算项目，主管税务机关未采信或部分未采信鉴证报告的，应当告知其理由。

土地增值税清算审核结束，主管税务机关应当将审核结果书面通知纳税人，并确定办理补、退税期限。

（四）土地增值税的核定征收

在土地增值税清算过程中，发现纳税人符合核定征收条件的，应按核定征收方式对房地产项目进行清算。

在土地增值税清算中符合以下条件之一的，可实行核定征收：

(1) 依照法律、行政法规的规定应当设置但未设置账簿的。

(2) 擅自销毁账簿或者拒不提供纳税资料的。

(3) 虽设置账簿，但账目混乱或者成本资料、收入凭证、费用凭证残缺不全，难以确定转让收入或扣除项目金额的。

(4) 符合土地增值税清算条件，未按照规定的期限办理清算手续，经税务机关责令限期清算，逾期仍不清算的。

(5) 申报的计税依据明显偏低，又无正当理由的。

符合上述核定征收条件的，由主管税务机关发出核定征收的税务事项告知书后，税务人员对房地产项目开展土地增值税核定征收核查，经主管税务机关审核合议，通知纳税人申报缴纳应补缴税款或办理退税。

对于分期开发的房地产项目，各期清算的方式应保持一致。

（五）清算后再转让房地产的处理

在土地增值税清算时未转让的房地产，清算后销售或有偿转让的，纳税人应按规定进行土地增值税的纳税申报，扣除项目金额按清算时的单位建筑面积成本费用乘以销售或转让面积计算。

单位建筑面积成本费用＝清算时的扣除项目总金额÷清算的总建筑面积

第三节　城镇土地使用税

城镇土地使用税是国家在城市、县城、建制镇和工矿区范围内，对使用土地的单位和个人，以其实际占用的土地面积为计税依据，按照规定的税额计算征收的一种税。由于中国城市的土地属于国家和集体所有，使用者没有土地所有权，从而有必要单设土地使用税将其从原有的城市房地产税中分离出来。因此，国务院于1988年9月27日发布了《中华人民共和国城镇土地使用税暂行条例》，从当年11月1日起施行。2006

年底，国务院修订了这一条例，规定对外商投资企业、外国企业和外国人也要征收城镇土地使用税，并调增了税率，新条例从 2007 年 1 月 1 日起施行。

一、纳税人和征税范围

城镇土地使用税的纳税人为在中国境内的城市、县城、建制镇、工矿区范围内使用土地的单位和个人。单位包括国有企业、集体企业、私营企业、股份制企业、外商投资企业、外国企业以及其他企业和事业单位、社会团体、国家机关、军队以及其他单位。个人包括个体工商户以及其他个人。①

应税土地包括规定的征税范围内属于国家所有和集体所有的土地。城市、县城、建制镇和工矿区的解释范围和征税范围与房产税含义一致。城镇土地使用税一般由土地使用权拥有者缴纳。拥有土地使用权的纳税人不在土地所在地的，由代管人或实际使用人纳税。土地使用权没有确定或权属纠纷没有解决的，由实际使用人纳税。土地使用权共有的，由共有各方按照其实际使用土地的面积分别纳税。②

二、税额标准

城镇土地使用税采用定额税率，即采用有幅度的差别税额，国家规定的每平方米应税土地的年税额标准如下：

（1）大城市 1.5 元至 30 元；

（2）中等城市 1.2 元至 24 元；

（3）小城市 0.9 元至 18 元；

（4）县城、建制镇、工矿区 0.6 元至 12 元。③

大、中、小城市是以公安部门登记在册的非农业正式户口为依据，按照国务院颁布的《城市规划条例》规定的标准划分的：市区及郊区非农业人口在 50 万以上的称为大城市；市区及郊区非农业人口在 20 万～50 万的称为中等城市；市区及郊区非农业人口在 20 万以下的称为小城市。④

各省、自治区、直辖市人民政府可以在上列税额标准幅度以内，根据市政建设状况、经济繁荣程度等条件，确定所辖地区的适用税额幅度。⑤

市、县人民政府应当根据实际情况，将本地区的土地划分为若干等级，在省级人民政府确定的税额幅度内，制定相应的适用税额标准，报经省级人民政府批准以后执行。经过省级人民政府批准，经济落后地区城镇土地使用税的适用税额标准可以适当降低，但是降低额不得超过法定最低税额的 30%；经济发达地区城镇土地使用税的税额标准可以适当提高，但是必须报经财政部批准。⑥

---

① 《中华人民共和国城镇土地用税暂行条例》（以下简称《城镇土地使用税暂行条例》），第 2 条。

②④　国家税务总局，《关于土地使用税若干具体问题的解释和暂行规定》，国税地字［1988］15 号。

③ 《城镇土地使用税暂行条例》，第 4 条。

⑤ 《城镇土地使用税暂行条例》，第 5 条。

⑥ 《城镇土地使用税暂行条例》，第 5 条。

土地使用税规定幅度税额主要是考虑到中国各地区存在着悬殊的土地级差收益，同一地区内不同地段的市政建设情况和经济繁荣程度也有较大的差别。把土地使用税税额定为幅度税额，拉开档次，而且每个幅度税额的差距规定了20倍。这样，各地政府在划分本辖区不同地段的等级，确定适用税额时，有选择余地，便于具体划分和确定。幅度税额还可以调节不同地区、不同地段之间的级差收益，尽可能地平衡税负。

三、计税依据和应纳税额计算

城镇土地使用税以纳税人实际占用的土地面积为计税依据，按照规定的适用税额计算缴纳应纳税额。① 纳税人实际占用的土地面积，是指由省、自治区、直辖市人民政府确定的单位组织测定的土地面积。尚未组织测量，但是纳税人持有政府部门核发的土地使用证书的，以证书确定的土地面积为准。没有核发土地使用证书的，纳税人应当据实申报使用土地面积。

对在城镇土地使用税征税范围内单独建造的地下建筑用地，按规定征收城镇土地使用税。其中，已取得地下土地使用权证的，按土地使用权证确认的土地面积计算应征税款；未取得地下土地使用权证或地下土地使用权证上未标明土地面积的，按地下建筑垂直投影面积计算应征税款。对上述地下建筑用地暂按应征税款的50%征收城镇土地使用税。②

应纳税额计算公式：

应纳税额＝纳税人实际占用的土地面积×适用税额标准

【例20-4】 某盐场2009年度占地30万平方米，其中办公楼占地2万平方米，盐场内部绿化占地6万平方米，盐滩占地15万平方米。盐场所在地城镇土地使用税单位税额每平方米0.7元，则该盐场2009年应缴纳的城镇土地使用税计算如下：

因为盐场的盐滩占地免征城镇土地使用税，所以该盐场的城镇土地使用税为

$$(30-15)\times 0.7=10.5\text{（万元）}$$

四、减免税

（一）政策性减免

下列土地可以免征城镇土地使用税：

（1）国家机关、人民团体、军队自用的土地。

（2）由国家财政部门拨付事业经费的单位自用的土地。

（3）宗教寺庙、公园、名胜古迹自用的土地（不包括其中附设的各类营业单位使用的土地）。

---

① 《城镇土地使用税暂行条例》，第3条。

② 财政部、国家税务总局，《关于房产税城镇土地使用税有关问题的通知》，财税［2009］128号。

但公园、名胜古迹内的索道公司经营用地，应按规定缴纳城镇土地使用税。[①]

(4) 市政街道、广场、绿化地带等公共用地。

(5) 直接用于农业、林业、牧业、渔业的生产用地（不包括农副产品加工场地和生活、办公用地），水利设施及其护管用地。

(6) 经批准开山填海整治的土地和改造的废弃土地，从使用的月份起，可以免征城镇土地使用税5年至10年。

(7) 国家规定可以免征城镇土地使用税的能源、交通用地（主要涉及煤炭、石油、天然气、电力、铁路、民航、港口等类企业）和其他用地。[②]

(8) 企业办的学校、医院、托儿所、幼儿园，其用地能与企业其他用地明确区分的，可以免征城镇土地使用税。[③]

(9) 免税单位无偿使用纳税单位的土地。[④]

(10) 非营利性医疗机构、疾病控制机构和妇幼保健机构等卫生机构自用的土地。[⑤]

(11) 对核电站的核岛、常规岛、辅助厂房和通讯设施用地（不包括地下线路用地），生活、办公用地按规定征收城镇土地使用税，其他用地免征城镇土地使用税。对核电站应税土地在基建期内减半征收城镇土地使用税。[⑥]

(12) 自2009年1月1日起至2010年12月31日，对商品储备管理公司及其直属库承担商品储备业务自用的土地，免征城镇土地使用税。2009年1月1日以后已缴上述应予免税的税款，从企业应缴纳的相应税款中抵扣，2010年度内抵扣不完的，按有关规定予以退税。[⑦]

(13) 对股改铁路运输企业及合资铁路运输公司自用的土地暂免征收城镇土地使用税。其中股改铁路运输企业是指铁路运输企业经国务院批准进行股份制改革成立的企业；合资铁路运输公司是指由铁道部及其所属铁路运输企业与地方政府、企业或其他投资者共同出资成立的铁路运输企业。[⑧]

(14) 自2009年1月1日至2011年6月30日，对向居民供热而收取采暖费的供热企业，为居民供热所使用的厂房及土地继续免征城镇土地使用税。[⑨]

(15) 自2007年8月1日起，对廉租住房、经济适用住房建设用地以及廉租住房经营管理单位按照政府规定价格、向规定保障对象出租的廉租住房用地，免征城

① 财政部、国家税务总局，《关于房产税城镇土地使用税有关问题的通知》，财税［2008］152号。

② 《城镇土地使用税暂行条例》第6条。

③ 国家税务总局，《关于土地使用税若干具体问题的解释和暂行规定》，国税地字［1988］15号。

④ 国家税务总局，《关于印发〈关于土地使用税若干具体问题的补充规定〉的通知》，国税地字［1989］140号。

⑤ 财政部、国家税务总局，《关于医疗卫生机构有关税收政策的通知》，财税［2000］42号。

⑥ 财政部、国家税务总局，《关于核电站用地征免城镇土地使用税的通知》，财税［2007］124号。

⑦ 财政部、国家税务总局，《关于部分国家储备商品有关税收政策的通知》，财税［2009］151号。

⑧ 财政部、国家税务总局，《关于股改及合资铁路运输企业房产税、城镇土地使用税有关政策的通知》，财税［2009］132号。

⑨ 财政部、国家税务总局，《关于继续执行供热企业增值税、房产税、城镇土地使用税优惠政策的通知》，财税［2009］11号。

镇土地使用税。开发商在经济适用住房、商品住房项目中配套建造廉租住房，在商品住房项目中配套建造经济适用住房，如能提供政府部门出具的相关材料，可按廉租住房、经济适用住房建筑面积占总建筑面积的比例免征开发商应缴纳的城镇土地使用税。①

（二）由地方确定的免税

（1）个人所有的住房和院落用地。

（2）房产管理部门在房租调整改革前经租的居民住房用地。

（3）免税单位职工家属的宿舍用地。

（4）民政部门举办的安置残疾人员占一定比例的福利工厂用地。

（5）集体和个人举办的各类学校、医院、托儿所、幼儿园用地。②

纳税人缴纳土地使用税确有困难需要定期减免的，由省、自治区、直辖市税务机关审核后，报国家税务总局批准。③

五、纳税期限和纳税地点

城镇土地使用税按年计算，分期缴纳。具体纳税期限由各省、自治区、直辖市人民政府确定。④ 目前各地一般规定为每个季度缴纳一次或半年缴纳一次，每次征期15天或1个月。

新征用的耕地，自批准征用之日起期满1年的时候开始缴纳城镇土地使用税；新征用的非耕地，自批准征用的次月起纳税。⑤ 纳税人因土地的实物或权利状态发生变化而依法终止城镇土地使用税纳税义务的，其应纳税款的计算应截止到土地的实物或权利状态发生变化的当月末。⑥

城镇土地使用税由土地所在地的税务机关征收。土地管理机关应当向土地所在地的税务机关提供土地使用权属资料。⑦ 纳税人使用的土地属于不同省（自治区、直辖市）管辖范围的，应当分别向土地所在地的主管税务机关纳税。在同一省（自治区、直辖市）管辖范围以内，当地纳税人跨地区使用的土地，由当地省级地方税务局确定纳税地点。一切纳税人，不论其经济性质和核算形式如何，也不论其土地分布如何，除另有规定外，纳税地点不得任意变动。

---

① 财政部、国家税务总局，《关于廉租住房经济适用住房和住房租赁有关税收政策的通知》，财税［2008］24号。

② 国家税务总局，《关于土地使用税若干具体问题的解释和暂行规定》，国税地字［1988］15号。

③《城镇土地使用税暂行条例》，第7条。

④《城镇土地使用税暂行条例》，第8条。

⑤《城镇土地使用税暂行条例》，第9条。

⑥ 财政部、国家税务总局，《关于房产税城镇土地使用税有关问题的通知》，财税［2008］152号。

⑦《城镇土地使用税暂行条例》，第10条。

第四节 耕地占用税

耕地占用税是国家对占用耕地建房或者从事非农业建设的单位和个人征收的一种税。1987 年 4 月 1 日国务院发布了《中华人民共和国耕地占用税暂行条例》(简称《耕地占用税暂行条例》),决定对建房或者从事非农业建设的单位和个人征收耕地占用税,并于即日起施行,以加强土地管理,保护农用耕地。2007 年 12 月 1 日,国务院发布了新的《耕地占用税暂行条例》,规定对外商投资企业、外国企业和外国人也要征收耕地占用税,并调增了税率,新条例从 2008 年 1 月 1 日开始施行。2008 年 2 月 26 日,财政部、国家税务总局颁布了《中华人民共和国耕地占用税暂行条例实施细则》。

一、纳税人和征税范围

耕地占用税的纳税人为在中国境内占用耕地建房或者从事其他非农业建设的单位和个人。单位包括国有企业、集体企业、私营企业、股份制企业、外商投资企业、外国企业以及其他企业和事业单位、社会团体、国家机关、部队以及其他单位。个人包括个体工商户以及其他个人。① 经申请批准占用耕地的,纳税人为农用地转用审批文件中标明的建设用地人;农用地转用审批文件中未标明建设用地人的,纳税人为用地申请人。未经批准占用耕地的,纳税人为实际用地人。②

耕地占用税的征税范围包括国家所有和集体所有的耕地。上述耕地是指用于种植农作物的土地,包括种植粮食作物、经济作物的土地,菜地,园地(包括苗圃、花圃、茶园、果园、桑园和其他种植经济林木的土地);也包括新开荒地、休闲地、轮歇地、草田轮作地。占用前 3 年以内曾经用于种植农作物的土地,占用鱼塘和其他农业用地建房或者从事其他非农业建设,视同占用耕地。占用已开发用于种植、养殖的滩涂、草场、水面和林地等从事非农业建设,是否征收耕地占用税,由各省、自治区、直辖市根据当地的具体情况自行确定。③

二、税额标准

耕地占用税实行定额税率。由于中国地区之间生产力水平、经济发展不平衡,人口密度不同,人均占有耕地相差悬殊,决定了全国不能用一个固定税率征税,必须根据不同地区人均占有耕地数量和经济发展状况规定不同的税率,即实行地区差别税率。条例规定的税率分四个档次,具体每平方米应税土地的税额标准如下:

(1) 以县级行政区域为单位(下同),人均耕地在 1 亩以下的地区,10 元至 50 元。

(2) 人均耕地超过 1 亩至 2 亩(含 2 亩)的地区,8 元至 40 元。

(3) 人均耕地超过 2 亩至 3 亩(含 3 亩)的地区,6 元至 30 元。

---

① 《中华人民共和国耕地占用税暂行条例》(以下简称《耕地占用税暂行条例》),第 3 条。

② 《中华人民共和国耕地占用税暂行条例实施细则》(以下简称《耕地占用税暂行条例实施细则》),第 4 条。

③ 财政部,《关于耕地占用税具体政策的规定》,财农字 [1987] 206 号。

（4）人均耕地超过3亩的地区，5元至25元。

国务院财政、税务主管部门根据人均耕地面积和经济发展情况确定各省、自治区、直辖市的平均税额。

目前，各省、自治区、直辖市每平方米平均税额为：上海市45元；北京市40元；天津市35元；江苏、浙江、福建、广东4省各30元；辽宁、湖北、湖南3省各25元；河北、安徽、江西、山东、河南、四川、重庆7省市各22.5元；广西、海南、贵州、云南、陕西5省区各20元；山西、吉林、黑龙江3省各17.5元；内蒙古、西藏、甘肃、青海、宁夏、新疆6省区各12.5元。

各地适用税额，由省、自治区、直辖市人民政府在上述税额幅度内，根据本地区情况核定。各省、自治区、直辖市人民政府核定的适用税额的平均水平，不得低于上述标准的平均税额。① 各地确定的县级行政区适用税额须报财政部、国家税务总局备案。

经济特区、经济技术开发区和经济发达且人均耕地特别少的地区，适用税额可以适当提高，但是提高的部分最高不得超过上述规定的当地适用税额的50%。占用基本农田的，适用税额应当在当地适用税额的基础上提高50%。②

三、计税依据和应纳税额计算方法

耕地占用税以纳税人实际占用的耕地面积为计税依据，按照规定的适用税额计算应纳税额，实行一次性征收。③ 按照条例规定，耕地面积的计量单位为平方米。耕地占用税实行据实征收原则，对于实际占用耕地超过批准占用耕地，以及未经批准而自行占用耕地的，经调查核实后，由征收机关按照实际占用耕地面积，依法征收耕地占用税，并由土地管理部门按有关规定处理。

应纳税额计算公式：

应纳税额＝纳税人实际占用的耕地面积×适用税额标准

如果纳税人获准征用或占用耕地超过2年仍不使用的，征收机关将按照规定的耕地占用税适用税额标准加征2倍以下的税款。

【例20-5】 某企业占用耕地6000平方米建设厂房，当地规定的耕地占用税适用税额标准为每平方米6元，该企业应纳耕地占用税税额的计算方法为

应纳税额＝6000×6＝36 000（元）

四、减免税

下列项目可以免征耕地占用税：

（1）军事设施占用耕地。

---

①《耕地占用税暂行条例》，第5条。

②《耕地占用税暂行条例》，第6、7条。

③《耕地占用税暂行条例》，第4条。

（2）学校、幼儿园、养老院、医院占用耕地。[①]

学校内经营性场所和教职工住房占用耕地的，按照当地适用税额缴纳耕地占用税。医院内职工住房占用耕地的，按照当地适用税额缴纳耕地占用税。[②]

（3）农田水利占用耕地的，不征收耕地占用税。[③]

（4）建设直接为农业生产服务的生产设施占用农用地的，不征收耕地占用税。[④]

下列项目可以减征或者免征耕地占用税：

（1）铁路线路、公路线路、飞机场跑道、停机坪、港口、航道占用耕地，减按每平方米 2 元的税额征收耕地占用税；根据实际需要，国务院财政、税务主管部门商国务院有关部门并报国务院批准后，可以免征或者减征耕地占用税。[⑤]

（2）农村居民占用耕地新建住宅，按照当地适用税额减半征收耕地占用税。农村烈士家属、残疾军人、鳏寡孤独以及革命老根据地、少数民族聚居区和边远贫困山区生活困难的农村居民，在规定用地标准以内新建住宅缴纳耕地占用税确有困难的，经所在地乡（镇）人民政府审核，报经县级人民政府批准后，可以免征或者减征耕地占用税。[⑥]

农村居民经批准搬迁，原宅基地恢复耕种，凡新建住宅占用耕地不超过原宅基地面积的，不征收耕地占用税；超过原宅基地面积的，对超过部分按照当地适用税额减半征收耕地占用税。[⑦]

（3）民政部门举办的安置残疾人员就业的福利工厂，可以按照残疾人员占工厂人员的比例，享受一定的减征耕地占用税的照顾。

（4）国家在革命老根据地、少数民族地区、边远贫困地区采取以工代赈办法修筑的公路，缴纳耕地占用税确有困难的，经过所在省（自治区、直辖市）财政部门审核，财政部批准，可以减税或者免税。

（5）不是直接为农业生产服务的农田水利设施，但是确属综合性枢纽工程的，可以按照为农业服务的直接效益占工程总效益的比重，确定耕地占用税的征收额。

（6）纳税人临时占用耕地，应当依照规定缴纳耕地占用税。纳税人在批准临时占用耕地的期限内恢复所占用耕地原状的，全额退还已经缴纳的耕地占用税。[⑧]

所谓临时占用耕地，是指纳税人因建设项目施工、地质勘察等需要，在一般不超过 2 年内临时使用耕地并且没有修建永久性建筑物的行为。[⑨]

（7）因污染、取土、采矿塌陷等损毁耕地的，比照临时占用耕地的情况，由造成

---

① 《耕地占用税暂行条例》，第 8 条。
② 《耕地占用税暂行条例实施细则》，第 9、12 条。
③ 《耕地占用税暂行条例实施细则》，第 2 条。
④ 《耕地占用税暂行条例》，第 14 条。
⑤ 《耕地占用税暂行条例》，第 9 条。
⑥ 《耕地占用税暂行条例》，第 10 条。
⑦ 《耕地占用税暂行条例实施细则》，第 18 条。
⑧ 《耕地占用税暂行条例》，第 13 条。
⑨ 《耕地占用税暂行条例实施细则》，第 22 条。

损毁的单位或者个人缴纳耕地占用税。超过 2 年未恢复耕地原状的，已征税款不予退还。[①]

（8）免征或者减征耕地占用税后，纳税人改变原占地用途，不再属于免征或者减征耕地占用税情形的，应自改变用途之日起 30 日内按改变用途的实际占用耕地面积和当地适用税额补缴税款。[②]

耕地占用税减税、免税审批权限的规定：占用耕地不足 3 亩的，报所在县（市）人民政府批准；占用耕地 3 亩以上，不足 30 亩的，报所在地区（盟）行署或者市（州）人民政府批准；占用耕地 30 亩以上，不足 1000 亩的，报所在省（自治区、直辖市）人民政府批准；占用耕地 1000 亩以上的，报财政部批准。

五、纳税期限和征收办法

土地管理部门在通知单位或者个人办理占用耕地手续时，应当同时通知耕地所在地同级地方税务机关。获准占用耕地的单位或者个人应当在收到土地管理部门的通知之日起 30 日内缴纳耕地占用税。土地管理部门凭耕地占用税完税凭证或者免税凭证和其他有关文件发放建设用地批准书。[③]

经批准占用耕地的，耕地占用税纳税义务发生时间为纳税人收到土地管理部门办理占用农用地手续通知的当天。未经批准占用耕地的，耕地占用税纳税义务发生时间为纳税人实际占用耕地的当天。纳税人占用耕地或其他农用地，应当在耕地或其他农用地所在地申报纳税。[④]

耕地占用税实行同级批地同级征收办法，即由哪一级土地管理部门批地，就由同级征收机关征收耕地占用税。此外，还有预缴税款、土地管理部门与征收机关联合办公征收、银行扣缴等征收办法。

第五节　契　　税

契税是国家在土地、房屋权属转移时，按照当事人双方签订的合同（契约），以及所确定价格的一定比例，向权属承受人一次性征收的一种财产税。契税在中国历史悠久。新中国成立后，1950 年政务院颁布实施了《中华人民共和国契税暂行条例》（简称《契税暂行条例》）。随后国家根据社会经济的变化情况，对契税政策作了一些调整。近些年，随着房地产市场的发展、国有土地转让和个人买卖商品房行为的增加，契税征收数额大量增加。

1997 年 7 月 7 日，国务院根据社会经济和房地产业的发展变化，对原《契税暂行条例》作了较大的修改，发布了新的《中华人民共和国契税暂行条例》，并从同年 10

---

① 《耕地占用税暂行条例实施细则》，第 23 条；

② 《耕地占用税暂行条例》，第 11 条；《耕地占用税暂行条例实施细则》，第 21 条。

③ 《耕地占用税暂行条例》，第 12 条。

④ 《耕地占用税暂行条例实施细则》，第 31、32 条。

月1日起施行。

一、纳税人和征税范围

契税的纳税义务人是在中国境内转移土地、房屋权属，承受的单位和个人。[①] 土地、房屋权属是指土地使用权和房屋所有权。单位是指国有企业、集体企业、私营企业、外商投资企业、外国企业、股份制企业、其他企业、行政单位、事业单位、军事单位、社会团体和其他单位。个人是指个体经营者及其他个人，包括中国公民和外籍人员。

上述转移土地、房屋权属，包括下列行为：

（1）国有土地使用权出让。

（2）土地使用权转让（包括出售、赠与和交换，不包括农村集体土地承包经营权的转移）。经法院判决的无效产权转移行为不征收契税。[②]

（3）房屋买卖、赠与和交换。[③]

（4）承受国有土地使用权所应支付的土地出让金，要计征契税。不得因减免土地出让金，而减免契税。[④]

以下列方式转移土地、房屋权属的，视同土地使用权转让、房屋买卖或者房屋赠与征收契税：

（1）以土地、房屋权属作价投资、入股。

（2）以土地、房屋权属抵偿债务。

（3）以获奖方式承受土地、房屋权属。

（4）以预购方式或者预付集资建房款方式承受土地、房屋权属。[⑤]

上述承受，是指以受让、购买、受赠、交换等方式取得土地、房屋权属的行为。土地使用权交换、房屋交换、土地使用权与房屋交换，交换价格不相等的，由多交付货币、实物、无形资产或者其他经济利益的一方缴纳契税。交换价格相等的，免征契税。承受与房屋相关的附属设施（包括停车位、汽车库、自行车库、顶层阁楼以及储藏室）所有权或土地使用权的行为，按照契税法律、法规的规定征收契税；对于不涉及土地使用权和房屋所有权转移变动的，不征收契税。[⑥] 法定继承人（包括配偶、子女、父母、兄弟姐妹、祖父母、外祖父母）继承土地、房屋权属，不征契税；非法定继承人根据遗嘱承受死者生前的土地、房屋权属，属于赠与行为，应征收契税。[⑦]

---

① 《中华人民共和国契税暂行条例》（以下简称《契税暂行条例》），第1条。

② 国家税务总局，《关于无效产权转移征收契税的批复》，国税函［2008］438号。

③ 《契税暂行条例》，第2条。

④ 国家税务总局，《关于免征土地出让金出让国有土地使用权征收契税的批复》，国税函［2005］436号。

⑤ 《中华人民共和国契税暂行条例实施细则》（以下简称《契税暂行条例实施细则》），第8条。

⑥ 财政部、国家税务总局，《关于房屋附属设施有关契税政策的批复》，财税［2004］126号。

⑦ 国家税务总局，《关于继承土地、房屋权属有关契税问题的批复》，国税函［2004］1036号。

二、税率

契税实行3%至5%的幅度比例税率。各省、自治区、直辖市的具体适用税率，由当地省级人民政府按照本地区的实际情况，在上述规定的幅度以内确定，并报财政部和国家税务总局备案。① 实行幅度税率是考虑到中国经济发展不平衡，各地经济发展差异较大的实际情况。目前，天津、内蒙古、上海、浙江、福建、山东、广东、广西、海南、重庆、云南、贵州、陕西、青海、宁夏、新疆等16个省、自治区、直辖市均实行3%的税率，北京、河北、山西、江苏、安徽、江西、河南、湖北、湖南、四川等10个省、自治区、直辖市均实行4%的税率，甘肃省实行3.5%的税率，辽宁省实行5%的税率，黑龙江、吉林等2个省对于居民个人购买自用住房均实行3%的税率，对于其他项目均实行5%的税率。西藏自治区目前暂没有开征此税。

三、计税依据和应纳税额计算

契税的计税依据为不动产的价格。由于土地、房屋权属转移方式不同，定价方法不同，所以具体计税依据视不同情况而决定。主要分5种情况：

（1）国有土地使用权出让、土地使用权出售、房屋买卖，为成交价格（指土地、房屋权属转移合同确定的价格，包括承受者应当支付的货币、实物、无形资产和其他经济利益）。买卖装修的房屋，装修费用应包括在内。对通过“招、拍、挂”程序承受国有土地使用权的，应按照土地成交总价款计征契税，其中的土地前期开发成本不得扣除。② 纳税人因改变土地用途而签订土地使用权出让合同变更协议或者重新签订土地使用权出让合同的，计税依据为因改变土地用途而应补缴的土地收益金及应补缴政府的其他费用。③

（2）土地使用权赠与、房屋赠与，由征收机关参照土地使用权出售、房屋买卖的市场价格核定。

（3）土地使用权交换、房屋交换，为所交换的土地使用权、房屋的价格的差额。④

（4）以划拨方式取得土地使用权，经批准转让房地产时，由房地产转让者补交契税。计税依据为补交的土地使用权出让费用或者土地收益。⑤

为避免偷、逃税款，上述成交价格明显低于市场价格并且无正当理由的，或者所交换土地使用权、房屋的价格的差额明显不合理并且无正当理由的，由征收机关参照市场价格核定。⑥

---

① 《契税暂行条例》，第3条。

② 国家税务总局，《关于明确国有土地使用权出让契税计税依据的批复》，国税函［2009］603号。

③ 国家税务总局，《关于改变国有土地使用权出让方式征收契税的批复》，国税函［2008］662号。

④⑥ 《契税暂行条例》，第4条。

⑤ 《契税暂行条例实施细则》，第11条。

(5) 采取分期付款方式购买房屋附属设施土地使用权、房屋所有权的，应按合同规定的总价款计征契税。承受的房屋附属设施权属如为单独计价的，按照当地确定的适用税率征收契税；如与房屋统一计价的，适用与房屋相同的契税税率。①

应纳税额计算公式：

应纳税额＝计税依据×适用税率

应纳税额以人民币计算。转移土地、房屋权属以外汇结算的，应当按照纳税义务发生之日的汇价折合人民币计算。②

【例 20-6】 某公司 2009 年发生两笔互换房产业务，并已办理了相关手续。第一笔业务换出房产价值为 400 万元，换进的房产价值 900 万元；第二笔业务换出房产价值 500 万元，换进房产 400 万元。当地规定的契税税率为 3%，该单位应纳契税税额的计算方法为

第二笔业务价格差价为负，不征契税，仅第一笔业务交契税，所以应纳税额＝(900－400)×3%＝15（万元）

四、减免税

契税的主要减免税规定有：

(1) 国家机关、事业单位、社会团体、军事单位承受土地、房屋，用于办公、教学、医疗、科研和军事设施的，可以免征契税。

(2) 因不可抗力灭失住房而重新购买住房的，可以酌情减征或免征契税。

(3) 城镇职工按规定第一次购买公有住房，可以免征契税。③ 此外，财政部、国家税务总局规定，自 2000 年 11 月 29 日起，对各类公有制单位为解决职工住房而采取集资建房方式建成的普通住房或由单位购买的普通商品住房，经当地县以上人民政府房改部门批准，按照国家房改政策出售给本单位职工的，如属职工首次购买住房，均可免征契税。

(4) 2008 年 11 月 1 日起，对个人首次购买 90 平方米及以下普通住房的，契税税率暂统一下调到 1%。首次购房证明由住房所在地县（区）住房建设主管部门出具。④ 对两个或两个以上个人共同购买 90 平方米及以下普通住房，其中一人或多人已有购房记录的，该套房产的共同购买人均不适用首次购买普通住房的契税优惠政策。⑤

(5) 对个人购买经济适用住房，在法定税率基础上减半征收契税。⑥

---

① 财政部、国家税务总局，《关于房屋附属设施有关契税政策的批复》，财税［2004］126 号。

② 《契税暂行条例》，第 5 条。

③ 《契税暂行条例》，第 6 条。

④ 财政部、国家税务总局，《关于调整房地产交易环节税收政策的通知》，财税［2008］137 号。

⑤ 财政部、国家税务总局，《关于首次购买普通住房有关契税政策的通知》，财税［2010］13 号。

⑥ 财政部、国家税务总局，《关于廉租住房经济适用住房和住房租赁有关税收政策的通知》，财税［2008］24 号。

(6) 对廉租住房经营管理单位购买住房作为廉租住房、经济适用住房经营管理单位回购经济适用住房继续作为经济适用住房房源的，免征契税。①

(7) 对城镇房屋被拆迁居民因拆迁重新购置住房的，购房成交价格中相当于拆迁补偿款的部分免征契税，成交价格超过拆迁补偿款的，对超过部分征收契税。②

(8) 承受荒山、荒沟、荒丘、荒滩土地使用权，用于农、林、牧、渔业生产的，可以免征契税。

(9) 按照中国有关法律和中国缔结、参加的国际条约、协定的规定应当免税的各国驻华使馆、领事馆，联合国驻华机构，外交代表、领事官员和其他人员，在中国境内承受土地、房屋权属的，经过外交部确认，可以免征契税。

(10) 土地、房屋被县级以上人民政府征用、占用以后，重新承受土地、房屋权属的，是否可以免征或减征契税，由各省、自治区、直辖市人民政府确定。③

(11) 企业改制重组中契税的减免税政策④：

第一，企业公司制改造。

非公司制企业，按照《中华人民共和国公司法》的规定，整体改建为有限责任公司（含国有独资公司）或股份有限公司，或者有限责任公司整体改建为股份有限公司的，对改建后的公司承受原企业土地、房屋权属，免征契税。

非公司制国有独资企业或国有独资有限责任公司，以其部分资产与他人组建新公司，且该国有独资企业（公司）在新设公司中所占股份超过50%的，对新设公司承受该国有独资企业（公司）的土地、房屋权属，免征契税。

第二，企业股权重组。

在股权转让中，单位、个人承受企业股权，企业土地、房屋权属不发生转移，不征收契税。其中，“股权转让”仅包括股权转让后企业法人存续的情况，不包括企业法人注销的情况。⑤

国有、集体企业实施“企业股份合作制改造”，由职工买断企业产权，或向其职工转让部分产权，或者通过其职工投资增资扩股，将原企业改造为股份合作制企业的，对改造后的股份合作制企业承受原企业的土地、房屋权属，免征契税。

第三，企业合并。

两个或两个以上的企业，依据法律规定、合同约定，合并改建为一个企业，对其合并后的企业承受原合并各方的土地、房屋权属，免征契税。

第四，企业分立。

企业依照法律规定、合同约定分设为两个或两个以上投资主体相同的企业，对派

---

① 财政部、国家税务总局，《关于廉租住房经济适用住房和住房租赁有关税收政策的通知》，财税［2008］24号。

② 财政部、国家税务总局，《关于城镇房屋拆迁有关税收政策的通知》，财税［2005］45号。

③ 《契税暂行条例实施细则》，第15条。

④ 财政部、国家税务总局，《关于企业改制重组若干契税政策的通知》，财税［2003］184号。

⑤ 国家税务总局，《关于企业改制重组契税政策若干执行问题的通知》，国税发［2009］89号。

生方、新设方承受原企业土地、房屋权属，不征收契税。

第五，企业出售。

国有、集体企业出售，被出售企业法人予以注销，并且买受人妥善安置原企业30%以上职工的，对其承受所购企业的土地、房屋权属，减半征收契税；全部安置原企业职工的，免征契税。

第六，企业关闭、破产。

企业依照有关法律、法规的规定实施关闭、破产后，债权人（包括关闭、破产企业职工）承受关闭、破产企业土地、房屋权属以抵偿债务的，免征契税；对非债权人承受关闭、破产企业土地、房屋权属，凡妥善安置原企业30%以上职工的，减半征收契税；全部安置原企业职工的，免征契税。

第七，其他。

经国务院批准实施债权转股权的企业，对债权转股权后新设立的公司承受原企业的土地、房屋权属，免征契税。

政府主管部门对国有资产进行行政性调整和划转过程中发生的土地、房屋权属转移，不征收契税。其中，“行政性调整和划转”是指县级以上人民政府或国有资产管理部门批准的资产划转。[①]

企业改制重组过程中，同一投资主体内部所属企业之间土地、房屋权属的无偿划转，不征收契税。以名下土地、房屋权属对其全资子公司进行增资，属同一投资主体内部资产划转，对全资子公司承受母公司土地、房屋权属的行为，不征收契税。[②] 自然人与其个人独资企业、一人有限责任公司之间土地、房屋权属的无偿划转属于同一投资主体内部土地、房屋权属的无偿划转，可比照上述规定不征收契税。[③]

（12）事业单位按照国家有关规定改制为企业的过程中，投资主体没有发生变化的，对改制后的企业承受原事业单位土地、房屋权属，免征契税。投资主体发生变化的，改制后的企业按照《中华人民共和国劳动法》等有关法律法规妥善安置原事业单位全部职工，其中与原事业单位全部职工签订服务年限不少于三年劳动用工合同的，对其承受原事业单位的土地、房屋权属，免征契税；与原事业单位30%以上职工签订服务年限不少于三年劳动用工合同的，对其承受原事业单位的土地、房屋权属，减半征收契税。事业单位改制过程中，改制后的企业以出让或国家作价出资（入股）方式取得原国有划拨土地使用权的，不属于本通知规定的契税减免税范围，应按规定缴纳契税。[④]

（13）财政部规定的其他可以免征、减征契税的项目。

① 国家税务总局，《关于企业改制重组契税政策若干执行问题的通知》，国税发［2009］89号。

② 国家税务总局，《关于全资子公司承受母公司资产有关契税政策的通知》，国税函［2008］514号。

③ 财政部、国家税务总局，《关于自然人与其个人独资企业或一人有限责任公司之间土地房屋权属划转有关契税问题的通知》，财税［2008］142号。

④ 财政部、国家税务总局，《关于事业单位改制有关契税政策的通知》，财税［2010］22号。

符合免征、减征契税规定的纳税人，应当在签订土地、房屋权属转移合同以后10日内，向土地、房屋所在地的契税征收机关申请办理有关免税、减税手续。[①] 经过批准免征、减征契税的纳税人改变有关土地、房屋的用途，不再属于规定的免税、减税范围的，应当补缴已经免征、减征的契税税款，其纳税义务发生时间为改变有关土地、房屋权属的当天。[②]

五、纳税期限和纳税地点

契税的纳税义务发生时间，为纳税人签订土地、房屋权属转移合同的当天，或者纳税人取得其他具有土地、房屋权属转移合同性质的凭证（如契约、协议、合约、单据、确认书等）的当天。[③]

契约以征收机关直接征收为主。纳税人应当自纳税义务发生之日起10日内，向土地、房屋所在地的契税征收机关办理纳税申报，并在该征收机关核定的期限以内缴纳契税。[④] 征收机关直接征收契税有困难的地区，经过上级征收机关批准，可以委托当地的房屋管理部门、土地管理部门或其他有关单位代征。纳税人应当持契税完税凭证和其他规定的文件、材料，依法向土地管理部门、房产管理部门办理有关土地、房屋权属变更登记手续。[⑤]

第六节　车　船　税

车船税是对中国境内的车船，按其种类、吨位，实行定额征收的一种税。中国在20世纪50年代就已经在全国范围内征收车船使用牌照税，基本法规是1951年由政务院发布的《车船使用牌照税暂行条例》。但在20世纪70年代全面试行工商税的税制改革时将对国营、集体企业征收的车船使用牌照税并入了工商税，仅对外侨、外国企业和外商投资企业继续征收此税。1986年9月15日国务院发布了《中华人民共和国车船使用税暂行条例》（简称《车船税暂行条例》），于当年10月1日起执行，除对外商投资企业等涉外单位及外籍人员继续按原车船使用牌照税的有关规定执行外，所有企业和个人均依上述条例的规定纳税。2006年底，国务院发布了新的《车船税暂行条例》，将车船使用税和车船使用牌照税合并，新条例从2007年1月1日开始施行。2007年2月1日，财政部、国家税务总局公布了《中华人民共和国车船税暂行条例实施细则》（简称《车船税暂行条例实施细则》）。

一、纳税人和扣缴义务人

车船税的纳税人为中国境内依法应当在车船管理部门登记的车船的所有人或者管

① 《契税暂行条例实施细则》，第16条。
② 《契税暂行条例》，第7条。
③ 《契税暂行条例》，第8条。
④ 《契税暂行条例》，第9条。
⑤ 《契税暂行条例》，第11条。

理人。[1] 车船管理部门，是指公安、交通、农业、渔业、军事等依法具有车船管理职能的部门。在机场、港口以及其他企业内部场所行驶或者作业，并在车船管理部门登记的车船，应当缴纳车船税。[2]

车船的所有人或者管理人未缴纳车船税的，使用人应当代为缴纳车船税。[3]

为加强车船税特别是机动车车船税的稽征工作，新的《车船税暂行条例》增加了扣缴义务人的规定。要求从事机动车交通事故责任强制保险业务的保险机构为机动车车船税的扣缴义务人，应当依法代收代缴车船税。[4]

纳税人应当在购买机动车交通事故责任强制保险的同时缴纳车船税。已完税或者按照规定减免车船税的车辆，纳税人在购买机动车交通事故责任强制保险时，应当向扣缴义务人提供地方税务机关出具的本年度车船税的完税凭证或者减免税证明。不能提供完税凭证或者减免税证明的，应当在购买保险时按照当地的车船税税额标准计算缴纳车船税。[5]

在一个纳税年度内，纳税人在非车辆登记地由保险机构代收代缴机动车车船税，且能够提供合法有效完税证明的，纳税人不再向车辆登记地的地方税务机关缴纳机动车车船税。在一个纳税年度内，已经缴纳车船税的车船变更所有权或管理权的，地方税务机关对原车船所有人或管理人不予办理退税手续，对现车船所有人或管理人也不再征收当年度的税款；未缴纳车船税的车船变更所有权或管理权的，由现车船所有人或管理人缴纳该纳税年度的车船税。[6]

二、税额标准

车船税的税额标准，车船的适用税额，依照《车船税税目税额表》（表 20-1）执行。对应税车船实行有幅度的定额税率，即对各类车船分别规定一个最低到最高限度的年税额，同时规定国务院财政部门、税务主管部门可以根据实际情况，在《车船税税目税额表》规定的税目范围和税额幅度内，划分子税目，并明确车辆的子税目税额幅度和船舶的具体适用税额。车辆的具体适用税额由省、自治区、直辖市人民政府在规定的子税目税额幅度内确定。这样规定，主要是考虑到中国幅员辽阔，车辆种类繁多，很难硬性规定一个统一的税额，由省、自治区、直辖市人民政府自行规定，更有利于税法的贯彻执行。

---

① 《中华人民共和国车船税暂行条例》（以下简称《车船税暂行条例》），第 1 条。

② 《中华人民共和国车船税暂行条例实施细则》（以下简称《车船税暂行条例实施细则》），第 3、4 条。

③ 《车船税暂行条例实施细则》，第 9 条。

④ 《车船税暂行条例》，第 10 条。

⑤ 《车船税暂行条例实施细则》，第 15、17 条。

⑥ 国家税务总局，《关于车船税征管若干问题的通知》，国税发［2008］48 号。

表 20-1　车船税税目税额表

税目	计税单位	每年税额	备注
载客汽车	每辆	60 元至 660 元	包括电车
载货汽车	按自重每吨	16 元至 120 元	包括半挂牵引车、挂车
三轮汽车低速货车	按自重每吨	24 元至 120 元	
摩托车	每辆	36 元至 180 元	
船舶	按净吨位每吨	3 元至 6 元	拖船和非机动驳船分别按船舶税额的 50%计算

载客汽车，划分为大型客车、中型客车、小型客车和微型客车 4 个子税目。其中，大型客车是指核定载客人数大于或者等于 20 人的载客汽车；中型客车是指核定载客人数大于 9 人且小于 20 人的载客汽车；小型客车是指核定载客人数小于或者等于 9 人的载客汽车；微型客车是指发动机气缸总排气量小于或者等于 1 升的载客汽车。载客汽车各子税目的每年税额幅度为

（1）大型客车，480 元至 660 元；

（2）中型客车，420 元至 660 元；

（3）小型客车，360 元至 660 元；

（4）微型客车，60 元至 480 元。

专项作业车和轮式专用机械车的计税单位为自重每吨，每年税额为 16 元至 120 元。①

船舶的具体适用税额为

（1）净吨位小于或者等于 200 吨的，每吨 3 元；

（2）净吨位 201 吨至 2000 吨的，每吨 4 元；

（3）净吨位 2001 吨至 10 000 吨的，每吨 5 元；

（4）净吨位 10 001 吨及其以上的，每吨 6 元。

专门用于拖（推）动运输船舶的拖船按照发动机功率每 2 马力折合净吨位 1 吨计算征收车船税。②

三、计税依据和应纳税额计算

车船税的征税对象，既有车辆，又有船舶，而且车船种类繁多，用途各异，计量单位标准又不相同，若要体现合理负担的政策，就必须选择一种或几种基本的、通用的计量单位（标准）实行从量计税。载客人数、自重、净吨位、马力等计税标准，以车船管理部门核发的车船登记证书或者行驶证书相应项目所载数额为准。纳税人未按照规定到车船管理部门办理登记手续的，上述计税标准以车船出厂合格证明或者进口凭证相应项目所载数额为准；不能提供车船出厂合格证明或者进口凭证的，由主管地

① 《车船税暂行条例实施细则》，第 23、25 条。

② 《车船税暂行条例实施细则》，第 27、28 条。

方税务机关根据车船自身状况并参照同类车船核定。①

1. 车辆的计税标准为应纳税车辆的数量或者自重吨位

车辆自重尾数在0.5吨以下（含0.5吨）的，按照0.5吨计算；超过0.5吨的，按照1吨计算。②客货两用汽车按照载货汽车的计税单位和税额标准计征车船税。③

2. 船舶的计税标准为应纳税船舶的净吨位

船舶净吨位尾数在0.5吨以下（含0.5吨）的不予计算，超过0.5吨的按照1吨计算。1吨以下的小型车船，一律按照1吨计算。④拖轮本身不能载货，其计税标准可按马力计算，2马力折合净吨位1吨计算。

3. 应纳税额计算公式

（1）应纳税额＝应纳税车辆数量（或者自重吨位）×适用税额标准

（2）应纳税额＝应纳税船舶净吨位×适用税额标准

【例20-7】 某出租汽车公司拥有出租小汽车20辆、大客车10辆，当地规定这两种汽车车船税的税额标准分别为每辆每年400元和500元，该公司一年应纳车船使用税税额的计算方法为

应纳税额＝20×400＋10×500＝13 000（元）

【例20-8】 某中外合资经营航运公司拥有净吨位3000吨的轮船4艘、净吨位17 000吨的轮船3艘，该公司一年应纳船舶使用牌照税税额的计算方法为

应纳税额＝3000×5×4＋17 000×6×3＝366 000（元）

购置的新车船，购置当年的应纳税额自纳税义务发生的当月起按月计算。计算公式为

应纳税额＝（年应纳税额/12）×应纳税月份数⑤

【例20-9】 某单位2009年3月5日购买丰田轿车一辆，该省小轿车每辆年税额为420元，则该单位这辆轿车当年应纳税的计算方法为

应纳税额＝420/12×10＝350（元）

四、减免税

车船使用税的减免税，下列车船可以免征车船使用税：

（1）非机动车船（不包括非机动驳船）；

（2）拖拉机；

（3）捕捞、养殖渔船；

（4）军队、武警专用的车船；

（5）警用车船；

（6）按照有关规定已经缴纳船舶吨税的船舶；

（7）依照中国有关法律和中国缔结或者参加的国际条约的规定应当予以免税的外

①②④ 《车船税暂行条例实施细则》，第29条。

③ 《车船税暂行条例实施细则》，第26条。

⑤ 《车船税暂行条例实施细则》，第13条。

国驻华使馆、领事馆和国际组织驻华机构及其有关人员的车船[①]；

（8）对2010年广州第16届亚洲运动会、2011年深圳第26届世界大学生夏季运动会和2009年哈尔滨第24届世界大学生冬季运动会的组委会免征应缴纳的车船税。[②]

省、自治区、直辖市人民政府可以根据当地实际情况，对城市、农村公共交通车船给予定期减税、免税。[③] 免税单位和纳税单位合用的车辆，能划分者，分别征收或者免征车船使用税；凡不能划分者，一律照章征税。[④] 免税单位出租的车船和供外单位使用的车船，应当缴纳车船使用税。

对尚未在车辆管理部门办理登记、属于应减免税的新购置车辆，车辆所有人或管理人可提出减免税申请，并提供机构或个人身份证明文件和车辆权属证明文件以及地方税务机关要求的其他相关资料。经税务机关审验符合车船税减免条件的，税务机关可为纳税人出具该纳税年度的减免税证明，以方便纳税人购买机动车交通事故责任强制保险。[⑤]

五、纳税期限和纳税地点

车船税的纳税义务发生时间，为车船管理部门核发的车船登记证书或者行驶证书所记载日期的当月。[⑥] 纳税人未按照规定到车船管理部门办理应税车船登记手续的，以车船购置发票所载开具时间的当月作为车船税的纳税义务发生时间。对未办理车船登记手续且无法提供车船购置发票的，由主管地方税务机关核定纳税义务发生时间。[⑦]

车船税的纳税地点，由省、自治区、直辖市人民政府根据当地实际情况确定。跨省、自治区、直辖市使用的车船，纳税地点为车船的登记地。[⑧]

车船税按年申报缴纳。具体申报纳税期限由省、自治区、直辖市人民政府确定。[⑨]

第七节　车辆购置税

车辆购置税是取代原车辆购置附加费而对购置的车辆征收的一种税收。现行的《中华人民共和国车辆购置税暂行条例》是国务院于2000年10月22日发布，从2001年1月1日起施行的。车辆购置税属于指定用途的税种，其收入重点用于交通事业建设，由中央财政根据交通部提出的、国家计委审批下达的公路建设投资计划，用于国道、省道干线公路建设。

---

① 《车船税暂行条例》，第3条。

② 财政部、海关总署、国家税务总局，《关于第16届亚洲运动会等三项国际综合运动会税收政策的通知》，财税［2009］94号。

③ 《车船税暂行条例》，第4条。

④ 财政部、国家税务总局，《关于车船使用税具体问题的解释和暂行规定》，财税地字［1986］8号。

⑤ 国家税务总局，《关于车船税征管若干问题的通知》，国税发［2008］48号。

⑥ 《车船税暂行条例》，第7条。

⑦ 《车船税暂行条例实施细则》，第12条。

⑧ 《车船税暂行条例》，第6条。

⑨ 《车船税暂行条例》，第8条。

一、纳税人

在中国境内购置国家规定的应税车辆的单位和个人，为车辆购置税的纳税人。[①] 单位，包括国有企业、集体企业、私营企业、股份制企业、外商投资企业、外国企业以及其他企业和事业单位、社会团体、国家机关、部队以及其他单位；个人，包括个体工商户以及其他个人。[②]

购置，包括购买、进口、自产、受赠、获奖或者以其他方式取得并自用应税车辆的行为。[③]车辆购置税的征收范围包括汽车、摩托车、电车、挂车、农用运输车。车辆购置税征收范围的调整，由国务院决定并公布。[④]

二、计税价格和应纳税额计算

车辆购置税实行从价定率的办法计算应纳税额，税率为 10%。车辆购置税税率的调整，由国务院决定并公布。[⑤]

车辆购置税的计税价格根据不同情况，按照下列规定确定：

(1) 纳税人购买自用的应税车辆的计税价格，为纳税人购买应税车辆而支付给销售者的全部价款和价外费用，不包括增值税税款。

(2) 纳税人进口自用的应税车辆的计税价格的计算公式为

$$计税价格=关税完税价格+关税+消费税$$

(3) 纳税人自产、受赠、获奖或者以其他方式取得并自用的应税车辆的计税价格，由主管税务机关参照国家税务总局规定的最低计税价格核定。[⑥]

国家税务总局参照应税车辆市场平均交易价格，规定不同类型应税车辆的最低计税价格。[⑦]

(4) 底盘（车架）发生更换的车辆，计税依据为最新核发的同类型车辆最低计税价格的 70%。

(5) 免税条件消失的车辆，自初次办理纳税申报之日起，使用年限未满 10 年的，计税依据为最新核发的同类型车辆最低计税价格按每满 1 年扣减 10%，未满 1 年的计税依据为最新核发的同类型车辆最低计税价格。

(6) 已使用未完税车辆发生转让、补税行为的，计税依据为最新核发的同类型车辆最低计税价格。

对于已使用未完税的免税车辆，免税条件消失后，纳税人依照《车辆购置税征收管理办法》的规定，重新办理纳税申报时，其提供的《机动车行驶证》上标注的

---

① 《中华人民共和国车辆购置税暂行条例》（以下简称《车辆购置税暂行条例》），第 1 条。

②③ 《车辆购置税暂行条例》，第 2 条。

④ 《车辆购置税暂行条例》，第 3 条。

⑤ 《车辆购置税暂行条例》，第 4、5 条。

⑥ 《车辆购置税暂行条例》，第 6 条。

⑦ 《车辆购置税暂行条例》，第 7 条。

车辆登记日期视同初次办理纳税申报日期。主管税务机关据此确定车辆使用年限和计税依据。

(7) 对于国家授权的执法部门没收的走私车辆、被司法机关和行政执法部门依法没收并拍卖的车辆，其库存（或使用）年限超过 3 年或行驶里程超过 8 万公里以上的，主管税务机关依据纳税人提供的统一发票或有效证明注明的价格确定计税依据。

(8) 进口旧车、因不可抗力因素导致受损的车辆、库存超过 3 年的车辆、行驶 8 万公里以上的试验车辆、国家税务总局规定的其他车辆，计税依据为纳税人提供的《机动车销售统一发票》或有效凭证注明的计税价格和有效证明。

对于国家税务总局未核定最低计税价格的车辆，计税依据为已核定的同类型车辆最低计税价格。同类型车辆是指：同国别、同排量、同车长、同吨位、配置近似等。

纳税人购买自用或者进口自用应税车辆，申报的计税价格低于同类型应税车辆的最低计税价格，又无正当理由的，按照最低计税价格征收车辆购置税。①

应纳税额的计算公式为

$$应纳税额=计税价格\times适用税率$$

纳税人以外汇结算应税车辆价款的，按照申报纳税之日中国人民银行公布的人民币基准汇价，折合成人民币计算应纳税额。②

免征、减征车辆购置税的车辆由于转让、改变用途等原因不再属于免税、减税范围的，应当在办理车辆过户手续以前或者办理变更车辆登记注册手续以前缴纳车辆购置税。③ 上述应税车辆的最低计税价格按以下公式计算：

$$最低计税价格=同类型新车最低计税价格\times（1-已使用年限\div规定使用年限）\times100\%$$

在以上公式中，国产车辆的规定使用年限按照 10 年计算，进口车辆的规定使用年限按照 15 年计算。超过规定使用年限的车辆不再征收车辆购置税。

纳税人已经缴纳车辆购置税，在办理车辆登记注册手续以前由于下列原因需要办理退还车辆购置税的，由纳税人申请，原代征机构审查以后办理退税手续：

(1) 公安机关车辆管理机构不予办理车辆登记注册手续的，凭公安机关车辆管理机构出具的证明办理退税手续。

(2) 由于质量等原因退回所购车辆的，凭经销商的退货证明办理退税手续。

已经办理了车辆登记注册手续的车辆，不论出于何种原因，均不能退还已缴纳的车辆购置税。

【例 20-10】 某企业购买 1 辆价格为 30 万元的轿车和 3 辆价格为 20 万元的货车（上述价格均为不含增值税的价格），则该企业应纳车辆购置税税额的计算方法为

$$应纳税额=（30+20\times3）\times10\%=9（万元）$$

---

① 《车辆购置税暂行条例》，第 7 条。

② 《车辆购置税暂行条例》，第 10 条。

③ 《车辆购置税暂行条例》，第 15 条。

三、减免税

下列项目可以免征车辆购置税：

(1) 外国驻华使馆和外交代表、领事馆和领事官员和国际组织驻华机构及其外交人员自用的车辆。

(2) 中国人民解放军和中国人民武装警察部队列入军队武器装备订货计划的车辆。

(3) 设有固定装置的非运输车辆（如挖掘机、平地机、叉车、装载车、起重机、推土机等）以及防汛专用车、森林消防专用车。

(4) 长期来华定居专家进口自用的小汽车以及回国服务的在外留学人员用现汇购买自用的国产小汽车（均限一辆）。

(5) 有国务院规定予以免税或者减税的其他情形的。①

(6) 对2009年1月20日至12月31日购置1.6升及以下排量乘用车，暂减按5%的税率征收车辆购置税②；对2010年1月1日至12月31日购置1.6升及以下排量乘用车，暂减按7.5%的税率征收车辆购置税。③

所称乘用车，是指在设计和技术特性上主要用于载运乘客及其随身行李和（或）临时物品、含驾驶员座位在内最多不超过9个座位的汽车。具体包括：

(1) 国产轿车："中华人民共和国机动车整车出厂合格证"（以下简称合格证）中"车辆型号"项的车辆类型代号为"7"，"排量和功率（ml/kW）"项中排量不超过1600ml。

(2) 国产客车：合格证中"车辆型号"项的车辆类型代号为"6"，"排量和功率（ml/kW）"项中排量不超过1600ml，"额定载客（人）"项不超过9人。

(3) 国产越野汽车：合格证中"车辆型号"项的车辆类型代号为"2"，"排量和功率（ml/kW）"项中排量不超过1600ml，"额定载客（人）"项不超过9人，"额定载质量（kg）"项小于额定载客人数和65kg的乘积。

(4) 国产专用车：合格证中"车辆型号"项的车辆类型代号为"5"，"排量和功率（ml/kW）"项中排量不超过1600ml，"额定载客（人）"项不超过9人，"额定载质量（kg）"项小于额定载客人数和65kg的乘积。

(5) 进口乘用车：参照国产同类车型技术参数认定。

四、纳税期限和纳税地点

车辆购置税由国家税务局征收。④ 纳税人购置应税车辆，应当向车辆登记注册地的主管税务机关申报纳税；购置不需要办理车辆登记注册手续的应税车辆，应当向纳税

① 《车辆购置税暂行条例》，第9条。

② 财政部、国家税务总局，《关于减征1.6升及以下排量乘用车车辆购置税的通知》，财税［2009］12号。

③ 财政部、国家税务总局，《关于减征1.6升及以下排量乘用车车辆购置税的通知》，财税［2009］154号。

④ 《车辆购置税暂行条例》，第11条。

人所在地的主管税务机关申报纳税。[①]

纳税人购买自用应税车辆的，应当自购买之日起 60 日内申报纳税；进口自用应税车辆的，应当自进口之日起 60 日内申报纳税；自产、受赠、获奖或者以其他方式取得并自用应税车辆的，应当自取得之日起 60 日内申报纳税。[②]

纳税人应当在向公安机关车辆管理机构办理车辆登记注册前，缴纳车辆购置税。纳税人应当持主管税务机关出具的完税证明或者免税证明，向公安机关车辆管理机构办理车辆登记注册手续；没有完税证明或者免税证明的，公安机关车辆管理机构不得办理车辆登记注册手续。税务机关应当及时向公安机关车辆管理机构通报纳税人缴纳车辆购置税的情况。公安机关车辆管理机构应当定期向税务机关通报车辆登记注册的情况。纳税人未按照规定缴纳车辆购置税的，税务机关有权责令其补缴；纳税人拒绝缴纳的，税务机关可以通知公安机关车辆管理机构暂扣纳税人的车辆牌照。[③]

车辆购置税税款应当一次缴清，即实行一次征收制度。购置已征车辆购置税的车辆，不再征收车辆购置税。[④] 免税、减税车辆因转让、改变用途等原因不再属于免税、减税范围的，应当在办理车辆过户手续前或者办理变更车辆登记注册手续前缴纳车辆购置税。

【本章小结】

1. 房产税是以房产为征税对象，按照房产的计税余值或出租房屋的租金收入，向产权所有人征收的一种税。从价计征税率为 1.2%，从租计征税率为 12%。居民自住的房产免税。

2. 土地增值税是对有偿转让国有土地使用权、地上建筑物及其他附着物，并取得增值收益的单位和个人征收的一种税。土地增值税以纳税人转让房地产取得的增值额为计税依据，实行 4 级超率累进税率：增值额未超过扣除项目金额 50%的部分，税率为 30%；增值额超过扣除项目金额 50%、未超过 100%的部分，税率为 40%；增值额超过扣除项目金额 100%、未超过 200%的部分，税率为 50%；增值额超过扣除项目金额 200%的部分，税率为 60%。

3. 城镇土地使用税是国家在城市、县城、建制镇和工矿区范围内，对使用土地的单位和个人，以其实际占用的土地面积为计税依据，按照规定的税额计算征收的一种税。城镇土地使用税采用有幅度的定额差别税率。国家规定的每平方米应税土地的年税额标准为大城市 1.5 元至 30 元；中等城市 1.2 元至 24 元；小城市 0.9 元至 18 元；县城、建制镇、工矿区 0.6 元至 12 元。

4. 耕地占用税是国家对占用耕地建房或者从事非农业建设的单位和个人征收的一种税。耕地占用税以纳税人实际占用的耕地面积为计税依据，按照规定的适用税额标准计算应纳税额，实行一次性征收。

5. 契税是国家在土地、房屋权属转移时，按照当事人双方签订的合同（契约），以及所确定价格的一定比例，向权属承受人一次性征收的一种财产兼行为税。契税实行 3%～5%的比例税率。

6. 车船税是对中国境内的车船，按其种类、吨位，实行定额征收的一种税。车辆的计税标准为应纳税车辆的数量或者自重吨位，船舶的计税标准为应纳税船舶的净吨位。

---

① 《车辆购置税暂行条例》，第 12 条。

② 《车辆购置税暂行条例》，第 13 条。

③ 《车辆购置税暂行条例》，第 14 条。

④ 《车辆购置税暂行条例》，第 8、13 条。

7. 车辆购置税从 2001 年起开征，是对购置的车辆征收的一种税收，适用税率为 10%。

【概念与术语】

房产税　土地增值税　城镇土地使用税　耕地占用税　契税　车船税　车辆购置税

【思考题】

1. 房产税的纳税范围是什么？自用房产和出租房产各如何计税？
2. 有关土地增值税，你认为以下哪种说法正确？

(1) 转让既包括有偿转让，也包括无偿转让。

(2) 扣除项目金额都是实际发生的成本、费用、税金。

(3) 计算增值率是为了确认土地增值税率。

(4) 土地增值税是价内税。

3. 土地增值税的纳税范围和税率形式是如何规定的？如何计算应交土地增值税额？
4. 城镇土地使用税的纳税范围和计税依据是什么？
5. 耕地占用税的减免税政策有哪些？
6. 如何计算车船税和车辆购置税？
7. 契税的计税依据是什么？

【计算题】

1. 某企业拥有房屋原值 900 万元，将其中一部分房产出租，原值 150 万元，年租金收入 15 万元，另有一部分房产用于幼儿园使用，原值 60 万元。当地政府规定，按原值一次减除 30%后的余值纳税。试计算该企业应纳房产税额。

2. 某房地产开发公司转让高级公寓一栋，共获得货币收入 8000 万元，获得购买方原准备盖楼的钢材 2000 吨（每吨 2500 元）。公司为取得土地使用权所支付的金额 1500 万元，开发土地、建房及配套设施等共支出 2000 万元，开发费用共计 450 万元（其中，利息支出 250 万元，未超过承认标准），转让房地产有关的税金共付 40 万元。计算该房地产开发公司应纳土地增值税额。

3. 某部队实际占用土地面积 500 000 平方米，其中 300 000 平方米办公用地，部队在面向街区一侧的土地上盖起一排店面出租，收取租金，占地 3000 平方米（当地政府核定的土地使用税单位税额为 3 元/平方米），此外部队院内饮食服务中心和娱乐中心共占地 2000 平方米。计算该部队应纳土地使用税额。

4. 某企业占用耕地 9000 平方米建设厂房，当地政府规定的耕地占用税适用税额标准为每平方米 8 元。试计算该企业应纳耕地占用税税额。

5. 甲企业以一栋房屋换取乙公司一栋房屋，房屋契约写明：甲企业房屋价值 6000 万元，乙公司房屋价值 3000 万元。经税务机关核定，认为甲、乙双方房屋价值与契约写明价值基本相符。此项房屋交换，乙公司应是房屋产权的承受人，应为契税的纳税人，假设乙公司所在地契税税率为 5%。试计算乙公司应纳契税额。

6. 某企业有 10 辆货车、2 辆小轿车、2 辆客货两用车、1 辆从事运输的拖拉机，货车的净吨位均为 5 吨，客货两用车载货部分净吨位 2 吨，拖拉机净吨位 2 吨，当地载货汽车单位税额 20 元/吨，乘人汽车单位税额 100 元/辆。试计算该企业应纳车船税额。

7. 某货运公司购买了 2 辆价格为 10 万元的轿车和 7 辆 30 万元的货车（上述价格均为不含增值税的价格）。试计算该公司应纳车辆购置税。

第二十一章

其他税收制度

【本章提要】

1. 中国的资源税、城市维护建设税、教育费附加制度的主要规定。

2. 印花税、烟叶税制度的主要规定。

第一节 资 源 税

资源税是就占用开发国有自然资源课征的一种税，从 1984 年 10 月 1 日起开征。国务院于 1993 年 12 月颁布新的《中华人民共和国资源税暂行条例》（简称《资源税暂行条例》），从 1994 年 1 月 1 日起施行。

一、征税范围

资源，一般指自然界天然存在的各种物质资源。这些资源基本上可以划分为 3 大类：一是取之不尽用之不竭的恒定性资源，如空气、太阳能、潮汐等，其利用一般无需进行限制，也无法实行有偿占用；二是可以持续利用，但需合理经营管理才能得到补充、恢复、更新、繁衍的变动性资源，如土地、水流、森林、草场、滩涂等；三是一经利用、开采就无法恢复、补充的非再生性资源，如矿藏。

资源税的征收范围，应当包括一切开发和利用的资源。但考虑到中国开征资源税还缺乏经验，所以《资源税暂行条例》规定征税的范围只包括矿产资源和盐。

课征资源税的矿产品包括：

（1）原油，指开采的天然原油，不包括人造石油；

（2）天然气，指专门开采或与原油同时开采的天然气，暂不包括煤矿生产的天然气；

（3）煤炭，仅限于原煤，不包括以原煤加工成的洗煤、选煤及其他煤炭制品；

（4）黑色金属矿原矿和有色金属矿原矿，指纳税人开采后自用的、销售的，用于直接入炉冶炼或作为主产品入选精矿、制造人工矿，在最终入炉冶炼的金属矿石原矿；黑色金属矿原矿包括铁矿石、锰矿石和铬矿石等；有色金属矿原矿包括铜矿石、铅锌矿石、钨矿石、锡矿石、镍矿石、锑矿石、铝土矿石、钼矿石、黄金矿石等；

（5）其他非金属矿原矿指上述产品和井矿盐以外的非金属矿原矿，包括宝石、宝石级金刚石、玉石、膨润土、石墨、石英砂、萤石、重晶石、毒重石、蛭石、长石、氟石、滑石、白云石、硅灰石、凹凸棒石黏土、高岭土、耐火黏土、云母、大理石、花岗石、石灰石、菱镁石、天然碱、石膏、硅线石、工业用金刚石、石棉、硫铁矿、自然硫、磷铁矿等；

（6）固体盐，指海盐原盐、湖盐原盐、井矿盐；

（7）液体盐，即卤水。①

二、纳税人和扣缴义务人

凡在中华人民共和国境内从事《资源税暂行条例》规定的开采矿产品及生产盐的单位和个人，都是资源税的纳税人，均应按有关规定缴纳资源税。②

这里所说的单位，指国有企业、集体企业、私有企业、股份制企业、其他企业和行政单位、事业单位、军事单位、社会团体及其他单位；所说的个人，指个体经营者和其他个人；外商投资企业、外国企业及外籍人员也是资源税的纳税人。

由于资源税的纳税人应包括从事资源税应税产品开采和生产的所有单位和个人，因此，对外资企业、合资企业、合作企业一律依法征收资源税；对原来已征收矿区使用费但尚未征收资源税的海上、陆上油田外资、合资、合作企业开发者，一律征收资源税；对原来缓征、减征的天然气和几个小油田的原油，全部按《资源税税目税额表》规定的税额标准征收资源税。但中外合作开采石油、天然气的企业按照现行征收方法征收矿区使用费，暂不征收资源税。

纳税人开采或生产应税产品销售的，其纳税环节为销售环节；纳税人开采或生产应税产品自用的，其纳税环节为移送使用环节。

收购除原油、天然气、煤炭以外的未税矿产品的单位为资源税的扣缴义务人。③ 这里的收购未税矿产品的单位，指独立矿山、联合企业及其他收购未税矿产品的单位。④独立矿山，是指只有采矿或只有采矿和选矿，独立核算、自负盈亏的单位，它对外直接销售原矿和精矿。联合企业，指采、选、冶（或加工）连续生产的企业或采、冶（或加工）连续生产的企业，其采矿单位一般是该企业的二级或二级以下核算单位。其他收购未税矿产品的单位也包括收购未税矿产品的个体户在内。

把收购未税矿产品的单位规定为资源税的扣缴义务人是为了加强资源税的征管，主要适应税源小、零散、不定期开采、易漏税等情况，税务机关认为不易控管，由扣缴义务人在收购时代扣代缴未税矿产品为宜的。⑤

扣缴义务人代扣代缴资源税应依据收购的数量，按照财政部或省、自治区、直辖市人民政府核定的本单位相同矿种应税产品税额标准，在收购时代扣代缴资源税；

---

① 《中华人民共和国资源税暂行条例实施细则》（以下简称《资源税暂行条例实施细则》），第 2 条。

② 《中华人民共和国资源税暂行条例》（以下简称《资源税暂行条例》），第 1 条。

③ 《资源税暂行条例》，第 11 条；《中华人民共和国资源税代扣代缴管理办法》，第 4 条。

④ 《资源税暂行条例实施细则》，第 7 条。

⑤ 《资源税暂行条例实施细则》，第 8 条。

若独立矿山、联合企业收购与本单位矿种不同的未税矿产品，以及其他收购单位收购的未税矿产品，按照收购地相应矿种规定的单位税额，依据收购数量代扣代缴资源税；若收购地没有相同品种矿产品的，由收购地主管税务机关核定适用的单位税额。①

三、税率

资源税实行从量定额计征，采用差别定额税率。由于中国目前把资源税当作调节资源级差的税种，所以应税品种之间和主要品种开采者之间税额应体现出差别，资源条件好的税额高些，条件差的税额低些。

应税品种之间和主要品种开采者之间的差别，除组织专家根据资源的蕴存状况、开采条件、资源自身的优劣、稀缺性、价值高低等多项经济、技术因素划分矿山资源等级，并根据等级相应确定差别税额外，其税额的高低，还考虑一部分金属和非金属矿产品的深加工产品实施增值税或规范增值税后转移过来的税负。对于部分深加工产品税负过多前移到矿产品上，考虑到矿产品税负承受能力，将其前移的部分税负转由同类的其他矿产品承担。可通过征收矿产品资源税的形式，推动矿产品价格的提高，拿回深加工产品降低的税负，但矿产品税额的确定有一个原则，那就是矿产品的市场价格加上资源税税额，不高于进口同类产品的价格。

国务院规定了资源税税目税额幅度（表 21-1），应税产品的具体适用税额按财政部《资源税税目税额明细表》等有关规定执行。② 未列举名称的其他非金属矿原矿和其他有色金属矿原矿，由省、自治区、直辖市人民政府决定征收或暂缓征收资源税，并报财政部和国家税务总局备案。③《资源税暂行条例实施细则》实施以来，对应税产品的适用税率进行了一些调整：自 2002 年 4 月 1 日起对冶金联合企业矿山铁矿石资源税适用税额进行了调整④；自 2003 年 7 月 1 日起对石灰石、大理石、花岗石适用税额进行了调整⑤；自 2005 年 7 月 1 日起调整原油天然气税额标准⑥；自 2006 年 1 月 1 日起对钼矿石等品目资源税政策进行了调整⑦；自 2006 年 5 月 1 日起对岩金矿资源税有关政策进行了调整⑧；自 2006 年 9 月 1 日起对钒矿石税额标准进行了调整⑨；自 2007 年 2

---

① 《中华人民共和国资源税代扣代缴管理办法》，第 8 条。

② 《资源税暂行条例》，第 2 条；《资源税暂行条例实施细则》，第 4 条。

③ 《资源税暂行条例实施细则》，第 4 条。

④ 财政部、国家税务总局，《关于调整冶金联合企业矿山铁矿石资源税适用税额的通知》，财税［2002］17 号。

⑤ 财政部、国家税务总局，《关于调整石灰石、大理石和花岗石资源税适用税额的通知》，财税［2003］119 号。

⑥ 财政部、国家税务总局，《关于调整原油天然气资源税税额标准的通知》，财税［2005］115 号。

⑦ 财政部、国家税务总局，《关于调整钼矿石等品目资源税政策的通知》，财税［2005］168 号。

⑧ 财政部、国家税务总局，《关于调整岩金矿资源税有关政策的通知》，财税［2006］69 号。

⑨ 财政部、国家税务总局，《关于钒矿石资源税有关政策的通知》，财税［2006］120 号。

月1日起对盐、焦煤的税额标准进行了调整①；自2007年8月1日起对铅锌矿石、铜矿石和钨矿石的税额标准进行了调整②；自2008年10月1日起对硅藻土、珍珠岩、磷矿石和玉石等税额标准进行了调整③。

矿产品等级的划分，按财政部制定的《几个主要品种的矿山资源等级表》执行。划分资源等级的应税产品，表中未列举名称的纳税人适用的税额，由省、自治区、直辖市人民政府根据纳税人的资源状况，参照《资源税税目税额明细表》和《几个主要品种的矿山资源等级表》确定的邻近矿山的等级标准，在浮动30%的幅度内核定，并报财政部和国家税务总局备案。④

纳税人具体执行的单位税额标准，由财政部根据价格、资源和开采条件等因素的变化情况，在《资源税税目税额幅度表》规定幅度范围内，适当进行定期调整。⑤ 因为资源税实行的是差别税额，资源级差大的税额高些，资源级差小的税额低些。而矿山的资源级差状况在不断变化，一般规律是3～5年达到一个梯次。要科学、合理地征税，单位税额应根据资源级差状况的变化作相应调整。

表21-1 资源税税目税额幅度表

税目	税额幅度
一、原油	8～30元/吨
二、天然气	2～15元/千立方米
三、煤炭	0.3～5元/吨
四、其他非金属矿原矿	0.5～20元/吨或立方米
五、黑色金属矿原矿	2～30元/吨
六、有色金属矿原矿	0.4～30元/吨
七、盐	
固体盐	10～60元/吨
液体盐	2～10元/吨

四、应纳税额的计算

资源税应纳税额，按应税产品的课税数量和规定的单位税额计算，其计算公式为

应纳税额＝课税数量×单位税额⑥

代扣代缴应纳税额＝收购未税矿产品的数量×适用的单位税额

由上可见，资源税的计税依据是应税产品的课税数量。

---

① 财政部、国家税务总局，《关于调整盐资源税适用税额标准的通知》，财税［2007］5号；财政部、国家税务总局，《关于调整焦煤资源税适用税额标准的通知》，财税［2007］15号。

② 财政部、国家税务总局，《关于调整铅锌矿石等税目资源税适用税额标准的通知》，财税［2007］100号。

③ 财政部、国家税务总局，《关于调整硅藻土、珍珠岩、磷矿石和玉石等资源税税额标准的通知》，财税［2008］91号。

④ 《资源税暂行条例实施细则》，第4条。

⑤ 《资源税暂行条例》，第2条；《资源税暂行条例实施细则》，第11条。

⑥ 《资源税暂行条例》，第5条。

（1）纳税人开采或生产应税产品销售的，以销售数量为课税数量；

（2）开采或生产应税产品自用的，以自用数量为课税数量。①

纳税人不能准确提供应税产品销售数量或移送使用数量的，以应税产品的产量或主管税务机关确定的折算比换算成的数量为课税数量。② 其中：

（1）原油中的稠油、高凝油与稀油划分不清或不易划分的，一律按原油的数量课税。③

（2）以自产原煤连续加工洗煤、选煤或用于炼焦、发电、机车及生产生活等用煤，均以动用时的原煤量为课税数量；连续加工前无法正确计算原煤动用量的，可按加工产品的综合回收率，将加工产品实际销售数量或自用数量折算成原煤动用量作为课税数量。

原煤课税数量＝加工产品实际销售数量或自用数量÷综合回收率

（3）金属矿和其他非金属矿原矿自产自用的，以实际移送使用数量为课税数量；销售或实际移送使用数量无法准确掌握的，可将其精矿按选矿比折算成原矿数量作为课税数量。

原矿课税数量＝精矿实际销售数量或自用数量÷选矿比

（4）以自产盐加工精制后销售或直接用于制碱及加工成其他产品的，均以自用时移送使用量为课税数量；以自产液体盐加工成固体盐销售的，以固体盐销售数量为课税数量。

纳税人以外购的液体盐加工成固体盐，其加工固体盐所耗用的液体盐的已纳税额准予在计算应纳税额时抵扣。

纳税人开采或生产不同税目应税产品的，应当分别核算不同税目应税产品的课税数量；未分别核算或不能准确提供不同税目应税产品的课税数量的，从高适用税额。④

【例 21-1】 某煤矿生产销售原煤，另外还以本矿生产的原煤加工成洗煤进行销售，已知 2009 年 3 月共销售原煤 100 万吨，洗煤 70 万吨，自用洗煤 10 万吨，由于该煤矿没有正确核算原煤的移送使用量，经税务机关核定，该煤矿加工洗煤的综合回收率为 80％，该矿原煤适用税额为 1 元/吨，则该煤矿本月应纳资源税税额为

（1）原煤应纳资源税税额＝100×1＝100（万元）

（2）加工成洗煤的原煤应纳资源税税额＝（70＋10）/80％×1＝100（万元）

（3）该煤矿本月共应缴纳资源税税额＝100＋100＝200（万元）

【例 21-2】 某盐场某月以自产液体盐加工成固体盐 800 吨，并销售了 500 吨，同时还直接销售所自产液体盐 200 吨，该盐场固体盐适用税额为 30 元/吨，液体盐适用税额为 8 元/吨，则该盐场当月应缴纳的资源税税额为

（1）固体盐应纳资源税税额＝500×30＝15 000（元）

---

① 《资源税暂行条例》，第 6 条。

② 《资源税暂行条例实施细则》，第 5 条。

③ 《资源税暂行条例实施细则》，第 7 条。

④ 《资源税暂行条例》，第 4 条。

(2) 液体盐应纳资源税税额＝200×8＝1600（元）

(3) 该盐场本月共应缴纳资源税税额＝15 000＋1600＝16 600（元）

资源税规定仅对在中国境内开采或生产应税产品的单位和个人征收，进口的矿产品和盐不征收资源税。因此，对出口应税产品不免征或退还已纳资源税。

五、减免税

对下述项目，减免资源税：

(1) 开采原油过程中用于加热、修井的原油，免税；

(2) 纳税人开采或生产应税产品过程中，因意外事故、自然灾害等不可抗拒的原因遭受重大损失的，由省、自治区、直辖市人民政府酌情给予减税或免税；

(3) 对青藏铁路建设工程单位为建设青藏铁路自采自用的砂、石等材料免征资源税，对青藏铁路建设工程单位自采外销以及其他单位和个人开采销售给青藏铁路建设工程的砂、石等材料应照章征收资源税①；

(4) 从2007年1月1日起，对地面抽采煤层气暂不征收资源税。煤层气是指贮存于煤层及其围岩中与煤炭资料伴生的非常规天然气，也称煤矿瓦斯②；

(5) 自2007年2月1日起，北方海盐资源税暂减按每吨15元征收，南方海盐、湖盐、井矿盐资源税暂减按每吨10元征收，液体盐资源税暂减按每吨2元征收③；

(6) 纳税人开采或者生产应税产品过程中，因地震灾害遭受重大损失的，由受灾地区省、自治区、直辖市人民政府决定减征或免征资源税④；

(7) 国务院规定的其他减免税项目⑤。

纳税人兼营减免税项目的，应单独核算减免税项目的课税数量。未单独核算或不能准确提供课税数量的，不得给予减税免税。⑥

六、纳税期限和纳税地点

(一) 纳税义务发生时间⑦

(1) 纳税人销售应税产品，其纳税义务发生的时间是：①采取分期收款结算方式的，为销售合同规定的收款日期的当天；②采取预收货款结算方式的，为发出应税商品的当天；③采取其他结算方式的，为收讫销售款或取得索取销售款凭证的当天。

(2) 纳税人自产自用应税产品的纳税义务发生时间，为移送使用应税产品的当天。

---

① 财政部、国家税务总局，《关于青藏铁路运营期间有关税收等政策问题的通知》，财税［2007］11号。

② 财政部、国家税务总局，《关于加快煤层气抽采有关税收政策问题的通知》，财税［2007］16号。

③ 财政部、国家税务总局，《关于调整盐资源税适用税额标准的通知》，财税［2007］5号。

④ 财政部、国家税务总局，《关于认真落实抗震救灾及灾后重建税收政策问题的通知》，财税［2008］62号。

⑤ 《资源税暂行条例》，第7条。

⑥ 《资源税暂行条例》，第8条。

⑦ 《资源税暂行条例》，第9条；《资源税暂行条例实施细则》，第6条。

(3) 扣缴义务人代扣代缴税款的纳税义务发生时间，为支付首笔货款或者开具应支付货款凭据的当天。

（二）资源税的纳税地点

纳税人应纳的资源税，应当向应税产品的开采或生产所在地税务机关缴纳；纳税人在本省、自治区、直辖市范围内开采或生产应税产品，其纳税地点需要调整的，由省、自治区、直辖市税务机关确定。① 跨省开采的矿山或油（气）田（独立矿山或独立油气田、联合企业），其下属生产单位与核算单位不在同一省、自治区、直辖市的，对其开采的矿产品，一律在开采地纳税，其应纳税款由独立核算、自负盈亏的单位（如独立矿山或独立油气田、联合企业），按照开采地各矿井的实际销售量（或自用量）及适用的单位税额计算划拨。②

扣缴义务人代扣代缴的资源税，应当向收购地主管税务机关缴纳。③

（三）资源税的纳税期限④

纳税人缴纳税款的期限，由主管税务机关根据纳税人应纳税额的大小分别核定为1日、3日、5日、10日、15日或1个月。不能按固定期限计算纳税的，可以按次计算纳税。

以1个月为一期的纳税人，自期满之日起10日内申报纳税；以1日、3日、5日、10日、15日为一期的纳税人，自期满之日起5日内预缴税款，于次月1日起10日内申报纳税并结清上月税款。

扣缴义务人的解缴税款期限，比照上述规定执行。

第二节　城市维护建设税

城市维护建设税是为了扩大和稳定城市维护建设资金的来源而开征的一个税种，它专用于城市的维护和建设。1985年2月8日，国务院发布实施现行的《中华人民共和国城市维护建设税暂行条例》（简称《城市维护建设税暂行条例》）。

一、纳税人和征税范围

1. 城市维护建设税的纳税人

凡缴纳增值税、消费税、营业税的单位和个人，都是城市维护建设税的纳税义务人。

外商投资企业和外国企业不征收城市维护建设税。

---

① 《资源税暂行条例实施细则》，第12条。

② 《资源税暂行条例实施细则》，第10条。

③ 《资源税暂行条例实施细则》，第9条。

④ 《资源税暂行条例》，第13条。

个体商贩及个人在集市上出售商品，对其征收临时经营营业税，是否同时按其实缴税额征收城市维护建设税，由各省、自治区、直辖市人民政府根据实际情况确定。[①]

2. 城市维护建设税的征税对象

城市维护建设税以纳税人实际缴纳的增值税、消费税、营业税税额为征税对象，并与“三税”同时征收，具有附加税的性质。这样一方面可以使城市维护建设税税额随经济发展，“三税”税额的增加而稳定增长，另一方面也使城市维护建设税的征收管理简便易行，并可以在保证“三税”税额如实缴纳的情况下，防止城市维护建设税偷逃税的发生。

金融、保险企业城市维护建设税的征税对象为其实际的营业收入。

二、税率及应纳税额的计算

1. 城市维护建设税的税率

城市维护建设税按照纳税人（除金融、保险企业）所在地的行政区划实行差别比例税率。

纳税人所在地在市区的，税率为7%；

纳税人所在地在县城、镇的，税率为5%；

纳税人所在地不在市区、县城或镇的，税率为1%[②]；

金融、保险企业的适用税率为5%。

城市维护建设税的适用税率，应按纳税人所在地的规定税率执行。但对下列两种情况，可按缴纳“三税”所在地的规定税率就地缴纳城市维护建设税：①由受托方代征代扣增值税、消费税、营业税的单位和个人；②流动经营等无固定纳税地点的单位和个人。[③]

2. 城市维护建设税应纳税额的计算

城市维护建设税应纳税额的计算公式为

$$应纳税额=计税依据\times适用税率$$

城市维护建设税的计税依据为纳税人实际缴纳的增值税、消费税、营业税税额。

【例21-3】 某企业位于城市市区，2009年6月该企业共缴纳增值税40万元，消费税18万元，则该企业2009年6月份应该缴纳的城市维护建设税为

$$应纳税额=(40+18)\times7\%=4.06（万元）$$

三、减免税

城市维护建设税的减免税规定包括：

① 《中华人民共和国城市维护建设税暂行条例》（以下简称《城市维护建设税暂行条例》）第2条；财政部，《关于城市维护建设税几个具体问题的规定》，财税字［1985］69号。

② 《城市维护建设税暂行条例》，第4条。

③ 财政部，《关于城市维护建设税几个具体问题的补充规定》，财税字［1985］143号。

（1）海关对进口产品代征的增值税和消费税不征收城市维护建设税。①

自1997年1月1日起，供货企业在向出口企业和市县外贸企业销售出口产品时，以增值税当期销项税额抵扣当期进项税额后的余额为计税依据，计算缴纳城市维护建设税。②

自2005年1月1日起，经国家税务局正式审核批准的当期免抵的增值税税额应纳入城市维护建设税的计征范围，分别按规定的税（费）率征收城市维护建设税。③

（2）城市维护建设税是以增值税、消费税、营业税的实纳税额为计税依据并同时征收的，因此一般不给予减免税，各省、自治区、直辖市人民政府不享有城市维护建设税困难减免税的审批权。除国务院另有规定，或财政部、国家税务总局根据国务院的指示精神确定的减免税外，各级财政、税务机关也不得自行审批决定减免城市维护建设税。④

（3）三峡工程建设基金，在2009年12月31日之前，继续免征城市维护建设税。⑤

（4）对增值税、消费税、营业税实行先征后返、先征后退、即征即退办法的，除另有规定外，对随"三税"附征的城市维护建设税，一律不予退（返）还。⑥

第三节　教育费附加

加快发展地方教育事业，扩大地方教育经费的资金来源，1986年4月28日国务院发布了《征收教育费附加的暂行规定》，从1986年7月1日起开始施行。之后，1990年6月7日，2005年8月20日国务院两次修改了这一暂行规定。教育费附加由税务机关负责征收，纳入预算管理，作为教育专项资金。

教育费附加与城市维护建设税一样，都是在增值税、消费税、营业税基础上的附加税，因此，很多规定与城市维护建设税一样。

一、纳税人和征税范围

1. *教育费附加的纳税人*

凡缴纳增值税、消费税、营业税的单位和个人，除按照《国务院关于筹措农村学

① 《城市维护建设税暂行条例》第2条；财政部，《关于城市维护建设税几个具体问题的规定》，财税字[1985]69号。

② 财政部、国家税务总局，《关于出口货物征收城市维护建设税教育费附加有关问题的通知》，财税[1996]84号。

③ 财政部、国家税务总局，《关于生产企业出口货物实行免抵退税办法后有关城市维护建设税教育费附加政策的通知》，财税[2005]25号。

④ 财政部、国家税务总局，《关于做好取消城市维护建设税审批项目后续管理工作的通知》，财税[2003]230号。

⑤ 财政部、国家税务总局，《关于继续免征三峡工程建设基金的城市维护建设税教育费附加的通知》，财税[2004]79号。

⑥ 财政部、国家税务总局，《关于增值税营业税消费税实行先征后返等办法有关城建税和教育费附加政策的通知》，财税[2005]72号。

校办学经费的通知》（国发［1984］174号文）的规定，缴纳农村教育事业费附加的单位外，都是教育费附加的纳税义务人。

外商投资企业和外国企业不征收教育费附加。

2. 教育费附加的征税对象

教育费附加以纳税人实际缴纳的增值税、消费税、营业税税额为征税对象，并与“三税”同时征收，具有附加税的性质。

二、税率及应纳税额的计算

1. 教育费附加的税率

教育费附加率为3%，除国务院另有规定者外，任何地区、部门不得擅自提高或者降低教育费附加率。

2. 教育费附加应纳税额的计算

教育费附加应纳税额的计算公式为

应纳税额＝计税依据×适用税率

教育费附加的计税依据为纳税人实际缴纳的增值税、消费税、营业税税额。

三、减免税

教育费附加的减免税规定包括：

（1）海关对进口产品代征的增值税和消费税不征收教育费附加。①

自1997年1月1日起，供货企业在向出口企业和市县外贸企业销售出口产品时，以增值税当期销项税额抵扣当期进项税额后的余额为计税依据，计算缴纳教育费附加。②

自2005年1月1日起，经国家税务局正式审核批准的当期免抵的增值税税额应纳入教育费附加的计征范围，分别按规定的税（费）率征收教育费附加。③

（2）三峡工程建设基金，在2009年12月31日之前，继续免征教育费附加税。④

（3）对增值税、消费税、营业税实行先征后返、先征后退、即征即退办法的，除另有规定外，对随“三税”附征的教育费附加，一律不予退（返）还。⑤

第四节 印 花 税

印花税是对经济活动和经济交往中书立、领受的凭证征收的一种税。由于是以在

① 财政部，《关于征收教育费附加几个具体问题的通知》，财税［1986］120号。

② 财政部、国家税务总局，《关于出口货物征收城市维护建设税教育费附加有关问题的通知》，财税［1996］84号。

③ 财政部、国家税务总局，《关于生产企业出口货物实行免抵退税办法后有关城市维护建设税教育费附加政策的通知》，财税［2005］25号。

④ 财政部、国家税务总局，《关于继续免征三峡工程建设基金的城市维护建设税教育费附加的通知》，财税［2004］79号。

⑤ 财政部、国家税务总局，《关于增值税营业税消费税实行先征后返等办法有关城建税和教育费附加政策的通知》，财税［2005］72号。

凭证上粘贴印花税票的办法征税，故称印花税。印花税起源于荷兰，中国于清朝末叶引进该税种。新中国成立后，1950 年，政务院发布《中华人民共和国印花税暂行条例》，开始在全国征收印花税。1958 年全国税制改革时，印花税并入工商统一税，不再单独征收。1988 年 8 月 6 日国务院发布《中华人民共和国印花税暂行条例》（简称《印花税暂行条例》），从同年 10 月 1 日起施行。印花税分别由国家税务局和地方税务局负责征收管理，所得收入由中央与地方政府共享。

一、纳税人

印花税的纳税人为在中国境内成立、领受规定的经济凭证的单位和个人。① 单位包括国有企业、集体企业、私营企业、外商投资企业、外国企业、股份制企业、其他企业、行政单位、事业单位、军事单位、社会团体和其他单位。个人包括个体经营者和其他个人。

其中，各类合同以立合同人为纳税人，产权转移书据以立据人为纳税人，营业账簿以立账簿人为纳税人，权利、许可证照以领受人为纳税人。

二、税目和税率

印花税的税目共有 13 个，可以将其大致分为 5 类凭证：

（1）购销、加工承揽、建设工程勘察设计、建设安装工程承包、财产租赁、货物运输、仓储保管、借款、财产保险、技术合同和具有合同性质的凭证。

（2）产权转移书据。

（3）营业账簿。

（4）权利、许可证照。

（5）经财政部确定征税的其他凭证。②

印花税的税率设计，遵循税负从轻、共同负担的原则。所以税率比较低。根据应纳税凭证性质的不同，印花税分别采用比例税率和定额税率，见表 21-2《印花税税目税率（税额标准）表》③：

表 21-2　印花税税目税率（税额标准）表

税目	范围	税率（税额标准）	纳税人	说明
一、购销合同	包括供应、预购、采购、购销结合及协作、调剂、补偿、易货等合同	按购销金额 0.03%贴花	立合同人	
二、加工承揽合同	包括加工、定作、修缮、修理、印刷、广告、测绘、测试等合同	按加工或承揽收入 0.05%贴花	立合同人	

① 《中华人民共和国印花税暂行条例》（以下简称《印花税暂行条例》），第 1 条。

② 《印花税暂行条例》，第 2 条。

③ 《印花税暂行条例》，第 3 条。

续表

税目	范围	税率（税额标准）	纳税人	说明
三、建设工程勘察设计合同	包括勘察、设计合同	按收取费用0.05%贴花	立合同人	
四、建筑安装工程承包合同	包括建筑、安装工程承包合同	按承包金额0.03%贴花	立合同人	
五、财产租赁合同	包括租赁房屋、船舶、飞机、机动车辆、机械、器具、设备等合同	按租赁金额0.1%贴花。税额不足1元的，按1元贴花	立合同人	
六、货物运输合同	包括民用航空运输、铁路运输、海上运输、内河运输、公路运输和联运合同	按运输费用0.05%贴花	立合同人	单据作为合同使用的，按合同贴花
七、仓储保管合同	包括仓储、保管合同	按仓储、保管费用0.1%贴花	立合同人	仓单或栈单作为合同使用的，按合同贴花
八、借款合同	银行及其他金融组织和借款人（不包括银行同业拆借）所签订的借款合同	按借款金额0.005%贴花	立合同人	单据作为合同使用的，按合同贴花
九、财产保险合同	包括财产、责任、保证、信用等保险合同	按保险费收入0.1%贴花	立合同人	单据作为合同使用的，按合同贴花
十、技术合同	包括技术开发、转让咨询、服务等合同	按合同所载金额0.03%贴花	立合同人	
十一、产权转移书据	包括财产所有权和版权、商标专用权、专利权、专有技术使用权等转移书据、土地使用权出让合同、土地使用权转让合同、商品房销售合同	按书据所载金额0.05%贴花	立据人	
十二、营业账簿	生产、经营用账册	记载资金的账簿，按实收资本和资本公积的合计金额0.05%贴花。其他账簿按件贴花，每件5元。	立账簿人	
十三、权利、许可证照	包括政府部门发给的房屋产权证、工商营业执照、商标注册证、专利证、土地使用证	按件贴花，每件5元	领受人	

此外，根据国务院的专门规定，股份制企业向社会公开发行的股票，因买卖、继承、赠与所书立的股权转让书据，均按照书据书立的时候证券市场当日实际成交价格计算的金额，由立据双方当事人分别按照 0.3%（2007 年 5 月 31 日开始执行，2008 年 4 月 24 日下调回 0.1%）的税率缴纳印花税。

对于企业集团内具有平等法律地位的主体之间自愿订立、明确双方购销关系、据以供货和结算、具有合同性质的凭证，应按规定征收印花税。对于企业集团内部执行计划使用的、不具有合同性质的凭证，不征收印花税。[①]

三、应纳税额计算

印花税以应纳税凭证所记载的金额、费用、收入额或者凭证的件数为计税依据，按照税法规定的适用税率或者税额标准计算缴纳。

应纳税额计算公式：

(1) 应纳税额＝应纳税凭证记载的金额（或者费用、收入额）×适用税率

(2) 应纳税额＝纳税凭证的件数×适用税额标准

【例 21-4】 某学校委托服装加工企业定做一批校服，合同载明原材料金额 60 万元由服装加工企业提供，学校另外支付加工费 30 万元，则服装加工企业应纳印花税额计算如下：

这两项应税项目分别按“加工承揽合同”和“购销合同”计税，所以

应纳税额＝600 000×0.03%＋300 000×0.05%＝330（元）

【例 21-5】 某企业于 1 月 1 日，新启用“实收资本”和“资本公积”账簿，期初余额分别为 210 万元和 70 万元。计算该企业“实收资本”和“资本公积”账簿应纳印花税。

应纳税额＝（2 100 000＋700 000）×0.05%＝1400（元）

应纳税凭证所载金额为外国货币的，应当按照凭证书立当日中国人民银行公布的人民币对外币的基准汇价（或者按照有关规定套算得出的汇价）折合成人民币，然后计算应纳印花税税额。[②] 印花税应纳税额不足 1 角的，免税。应纳税额在 1 角以上的，其尾数不满 5 分的不计，满 5 分的按照 1 角计算缴纳。[③] 同一凭证，由于载有 2 个以上经济事项而适用不同的印花税税目、税率，如果分别记载金额，应当分别计算应纳印花税税额，相加以后按照合计应纳税额纳税；如果没有分别记载金额，按照税率高的税目计算纳税。[④] 已经贴花的凭证，修改后所载金额增加的，其增加的部分应当补贴印花税票。[⑤]

---

① 国家税务总局，《关于企业集团内部使用的有关凭证征收印花税问题的通知》，国税函〔2009〕9 号。

② 《中华人民共和国印花税暂行条例施行细则》（以下简称《印花施行细则》），第 19 条。

③ 《印花税暂行条例》，第 3 条。

④ 《印花税施行细则》，第 19 条。

⑤ 《印花税暂行条例》，第 9 条。

四、免税

下列凭证可以免征印花税：

（1）已经缴纳印花税的凭证的副本或者抄本，但是视同正本使用者除外。

（2）财产所有人将财产赠给政府、抚养孤老伤残人员的社会福利单位、学校所立的书据。[①]

（3）国家指定的收购部门与村民委员会、农民个人书立的农副产品收购合同。

（4）无息、贴息贷款合同。

（5）外国政府或者国际金融组织向中国政府及国家金融机构提供优惠贷款所书立的合同。

（6）农林作物、牧业畜类保险合同。

（7）房地产管理部门与个人签订的用于生活居住的租赁合同。

（8）军事物资运输凭证、抢险救灾物资运输凭证和新建铁路的工程临管线运输凭证等特殊货运凭证。

（9）电网与用户之间签订的供用电合同。[②]

（10）自 2009 年 1 月 1 日至 2010 年 12 月 31 日，对与高校学生签订的高校学生公寓租赁合同，免征印花税。2009 年 1 月 1 日至文到之日的已征印花税税款在纳税人以后的应纳印花税额中抵减或者予以退税。[③]

（11）对商品储备管理公司及其直属库资金账簿免征印花税，对其承担商品储备业务过程中书立的购销合同免征印花税，对合同其他各方当事人应缴纳的印花税照章征收。[④]

（12）对 2010 年广州第 16 届亚洲运动会、2011 年深圳第 26 届世界大学生夏季运动会和 2009 年哈尔滨第 24 届世界大学生冬季运动会的组委会使用的营业账簿和签订的各类合同等应税凭证，免征组委会应缴纳的印花税。[⑤]

（13）自 2007 年 8 月 1 日起，对廉租住房、经济适用住房经营管理单位与廉租住房、经济适用住房相关的印花税以及廉租住房承租人、经济适用住房购买人涉及的印花税予以免征。开发商在经济适用住房、商品住房项目中配套建造廉租住房，在商品住房项目中配套建造经济适用住房，如能提供政府部门出具的相关材料，可按廉租住房、经济适用住房建筑面积占总建筑面积的比例免征开发商应缴纳的印花税。自 2008 年 3 月 1 日起，对个人出租、承租住房签订的租赁合同，免征印花税。[⑥]

---

① 《印花税暂行条例》，第 4 条。

② 财政部、国家税务总局，《关于印花税若干政策的通知》，财税［2006］162 号。

③ 财政部、国家税务总局，《关于经营高校学生公寓和食堂有关税收政策的通知》，财税［2009］155 号。

④ 财政部、国家税务总局，《关于部分国家储备商品有关税收政策的通知》，财税［2009］151 号。

⑤ 财政部、海关总署、国家税务总局，《关于第 16 届亚洲运动会等三项国际综合运动会税收政策的通知》，财税［2009］94 号。

⑥ 财政部、国家税务总局，《关于廉租住房经济适用住房和住房租赁有关税收政策的通知》，财税［2008］24 号。

（14）企业改制过程中有关印花税政策[①]：

第一，关于资金账簿的印花税

实行公司制改造的企业在改制过程中成立的新企业（重新办理法人登记的），其新启用的资金账簿记载的资金或因企业建立资本纽带关系而增加的资金，凡原已贴花的部分可不再贴花，未贴花的部分和以后新增加的资金按规定贴花。

以合并或分立方式成立的新企业，其新启用的资金账簿记载的资金，凡原已贴花的部分可不再贴花，未贴花的部分和以后新增加的资金按规定贴花。

企业债权转股权新增加的资金、企业改制中经评估增加的资金、企业其他会计科目记载的资金转为实收资本或资本公积的资金按规定贴花。

第二，关于各类应税合同的印花税

企业改制前签订但尚未履行完的各类应税合同，改制后需要变更执行主体的，对仅改变执行主体、其余条款未作变动且改制前已贴花的，不再贴花。

第三，关于产权转移书据的印花税

企业因改制签订的产权转移书据免予贴花。

此外，投资者买卖证券投资基金单位，暂不征收印花税。

五、纳税方式

印花税一般实行由纳税人根据税法规定自行计算应纳税额，购买并一次贴足印花税票（通常简称"贴花"）的缴纳方法。应纳税凭证应当在合同签订的时候、书据立据的时候、账簿启用的时候和证照领受的时候贴花。为了简化纳税手续，应纳印花税税额较大（指一份凭证应纳税额超过500元的）或者贴花次数频繁的，纳税人可以向当地主管税务机关提出申请，采取以缴款书代替贴花或者按期汇总缴纳的方法。汇总缴纳的限期和限额由当地主管税务机关确定，最长期限不能超过1个月。同一件应纳税凭证，由两方以上当事人（指对凭证有直接权利、义务关系的企业、单位和个人）签订并各执一份的，应当由各方就自己所执的一份凭证全额贴花。当事人的代理人有代理缴纳印花税的义务。印花税票应当粘贴在应纳税凭证上，并由纳税人在每枚税票的骑缝处盖戳注销或者画销。办理股权交割的单位应当代征代缴股票交易应纳的印花税。

第五节　烟　叶　税

烟叶税是从农业特产税中分离出来的税种，原农业特产税是对从事农业特产品生产的单位和个人，就其农业特产收入征收的一种税。2004年6月30日，根据财政部、国家税务总局《关于取消除烟叶外的农业特产税有关问题的通知》（财税［2004］120号）的规定，从2004年起对烟叶仍征收农业特产税，取消其他农业特产品的农业特产税。2006年4月28日，国务院发布新的《中华人民共和国烟叶税暂行条例》。

---

① 财政部、国家税务总局，《关于企业改制过程中有关印花税政策的通知》，财税［2003］183号。

一、纳税人和征税范围

凡在中华人民共和国境内收购烟叶的单位和个人，为烟叶税的纳税人，应当依照税法的规定缴纳烟叶税。

烟叶税的征税对象为烟叶收入，包括晾晒烟、烤烟收入，但不包括烟叶生产者的收入。

二、税率

烟叶税采用比例税率，税率为20%。烟叶税税率的调整，由国务院决定。

三、计税依据及应纳税额的计算

1. 计税依据

凡是在收购环节由收购单位支付的一切收入（含价外收入和其他各种补贴性收入），无论在财务上如何处理，均应计入收购金额征收烟叶税。

2. 应纳税额的计算

应纳税额＝烟叶收购金额×税率

四、纳税期限和纳税地点

纳税人收购烟叶，应当向烟叶收购地的主管税务机关申报纳税。纳税义务发生时间为纳税人收购烟叶的当天。纳税人应当自纳税义务发生之日起30日内申报纳税。具体纳税期限由主管税务机关核定。

【本章小结】

1. 中国现行资源税是为了体现国有资源的有偿使用、适当调节资源经营级差收入而征收的一个税种。

2. 资源税的纳税人是在中华人民共和国境内从事《资源税暂行条例》规定的开采矿产品及生产盐的单位和个人。

3. 资源税以原油、天然气、煤炭、金属和非金属矿原矿以及盐作为课税对象，采用差别定额税率，按照应税产品的销售数量、移送使用数量或主管税务机关确定的折算比换算成的课税数量和规定的单位税额计算征收。

4. 城市维护建设税是为了扩大和稳定城市维护建设资金的来源而开征的一个税种，它专用于城市的维护和建设。

5. 城市维护建设税的纳税义务人是缴纳增值税、消费税、营业税的单位和个人，但外商投资企业和外国企业不缴纳城市维护建设税。

6. 城市维护建设税以纳税人实际缴纳的增值税、消费税、营业税税额为征税对象，并与“三税”同时征收，具有附加税的性质。按照纳税人所在地的行政区划实行差别比例税率。

7. 教育费附加与城市维护建设税一样，以纳税人实际缴纳的增值税、消费税、营业税税额为征税对象，并与“三税”同时征收，具有附加税的性质。

8. 印花税是对经济活动和经济交往中书立、领受的凭证征收的一种税。印花税以应纳税凭证所记载的金额、费用、收入额或者凭证的件数为计税依据，按照税法规定的适用税率或者税额标准计算缴纳。

9. 烟叶税的征税对象为烟叶收入，以烟叶实际收购金额作为计税依据，实行比例税率，由地方税务机关征收。纳税义务发生时间为收购烟叶的当天，纳税人应当自纳税义务发生之日起30日内，向当地征收机关申报纳税。

【概念与术语】

资源税　城市维护建设税　教育费附加　印花税　烟叶税

【思考题】

1. 资源税的课税数量如何确定?
2. 资源税的税目、税率有何特点?
3. 资源税应如何体现税收的特性? 说明现行资源税的缺点及改革方向。
4. 城市维护建设税以纳税人实际缴纳的增值税、消费税、营业税税额为征税对象，并与“三税”同时征收，这种方式有何优、缺点?
5. 城市维护建设税改革应遵循的原则及改革方向。
6. 印花税的纳税义务人是如何确定的? 印花税税额又如何计算?

【计算题】

某公司与电厂签订一份运输保管合同，合同载明的费用为800 000元（运费和保管费未分别记载），已知运输合同的印花税税率为0.05%，仓储保管合同的印花税税率为0.1%。试计算合同各方应缴纳的印花税税额。

第四篇　税收管理

第二十二章

税收征管制度

【本章提要】

1. 税收征收管理制度主要包括税务登记、账簿和凭证管理、纳税申报、税款征收、税务检查和违章处理等方面内容。

2.《中华人民共和国税收征收管理法》及其实施细则对征管制度作了全面而具体的规定，征纳双方均应按照税法有关规定办理涉税事项。

3. 与税收征管制度相联系的是税收征管模式，新中国建国后长期实行专管员管户制度，八十年代末开始试行征管查分离改革，1997年推行自行申报、集中征收、重点稽查模式，2003年以来推行的是“以申报纳税和优化服务为基础，以计算机网络为依托，集中征收，重点稽查，强化管理”的34字征管模式。中国税收征管模式尚在不断探索完善之中。

第一节　税收征管制度的主要内容

税收征收管理是国家及其税务机关依据税法指导纳税人正确履行纳税义务，并对征纳过程进行组织、管理、监督、检查等一系列工作的总称①。1992年9月4日第七次全国人民代表大会常务委员会第二十七次会议通过的《中华人民共和国税收征收管理法》（简称《税收征管法》），经1995年2月28日第八届全国人民代表大会常务委员会第十二次会议修正和2001年4月28日第九届全国人民代表大会常务委员会第二十一次会议修订，对征纳双方的权利与义务、征管制度、征纳程序等方面作了比较规范和完整的规定。

一、税务登记制度

税务登记亦称纳税登记，是税务机关对纳税人的基本情况及其生产、经营活动进行登记管理的一项制度。税务登记是税收征收管理的第一个环节。建立税务登记制度，便于税务机关掌握和控制税源，对纳税人履行纳税义务的情况进行监督与管理，也有利于建立税务机关和纳税人之间正常的工作联系，增强纳税人依法纳税观念。税务登记分开业税务登记、变更税务登记、注销税务登记和停业、复业登记四种。

---

① 金鑫等主编，《中国税务百科全书》，第495页。

根据规定，企业，企业在外地设立的分支机构和从事生产、经营的场所，个体工商户和从事生产经营的事业单位（以下统称从事生产、经营的纳税人）自领取营业执照之日起30日内，持有关证件，向税务机关申报办理税务登记。税务机关应当自收到申报之日起30日内审核并发给税务登记证件。① 各级工商行政管理机关应当向同级国家税务局和地方税务局定期通报办理开业、变更、注销登记以及吊销营业执照的情况。② 这一规定明确了工商行政管理机关的护税义务，有利于税务机关全面及时掌握纳税人的情况，对领取营业执照后不在规定的时间内申报办理税务登记的纳税人依法给予行政处罚等。不从事生产、经营活动，但是依照法律、行政法规规定负有纳税义务的单位和个人，除国家机关和个人外，应当自纳税义务发生之日起30日内，持有关证件向所在地的主管税务机关申报办理税务登记。③ 扣缴义务人应当自扣缴义务发生之日起30日内，向所在地的主管税务机关申报办理扣缴税款登记，领取扣缴税款登记证件；税务机关对已办理税务登记的扣缴义务人，可以只在其税务登记证件上登记扣缴税款事项，不再发给扣缴税款登记证件。④

从事生产经营的纳税人应在规定的时间内向税务机关书面申报办理税务登记，如实填写税务登记表。税务登记表的主要内容一般包括：单位名称、法定代表人或者业主姓名及其居民身份证、护照或者其他合法证件的号码；纳税人住所或者注册地址、经营地点；登记注册类型；核算方式；生产经营范围；注册资金（资本）投资总额；生产经营期限、从业人员、营业执照号码；财务负责人、办税人员及其联系电话；其他有关事项。企业在外地设立的分支机构或从事生产、经营的场所，还应当登记总机构名称、地址、法定代表人、主要业务范围、财务负责人。⑤ 由于纳税人在银行或者其他金融机构开立账户直接关系到税务机关在纳税人不依法履行其纳税义务时能不能采取税收保全措施和强制执行措施，税收征管法专门制定有关条款规定税务登记与纳税人在银行开户的关系。从事生产、经营的纳税人应当自开立基本存款账户或者其他存款账户之日起15日内，向主管税务机关书面报告其全部账号；发生变化的，应当自变化之日起15日内，向主管税务机关书面报告。⑥ 银行和其他金融机构应当在从事生产、经营的纳税人的账户中登录税务登记证件号码，并在税务登记证件中登录从事生产、经营的纳税人的账户账号。税务机关依法查询从事生产、经营的纳税人开立账户的情况时，有关银行和其他金融机构应当予以协助。⑦

纳税人办理税务登记以后，税务登记的内容发生变化的，自工商行政管理机关办

---

① 《中华人民共和国税收征收管理法》（以下简称《税收征管法》），第15条。

② 《中华人民共和国税收征收管理法实施细则》（以下简称《税收征管法实施细则》），第11条。

③ 《税收征管法实施细则》，第12条。

④ 《税收征管法实施细则》，第13条。

⑤ 国家税务总局征收管理司编，《新税收征收管理法及其实施细则释义》，中国税务出版社，2002年9月，第1版，第44页。

⑥ 《税收征管法实施细则》，第17条。

⑦ 《税收征管法》，第17条。

理变更登记之日起30日内持有关证件向税务机关申报办理变更税务登记[①]；按照规定纳税人不需要在工商行政管理机关办理注册登记的，应当自有关机关批准或宣布变更之日起30日内持有关证件向原税务登记机关申报办理税务登记。[②] 在通常情况下，纳税人需要办理税务登记变更的主要事项是：纳税人改变名称；改变所有制形式或隶属关系；改变经营地址；改变经营范围、经营方式；改变开户银行及其账号。

纳税人发生解散、破产、撤销以及其他情形，依法终止纳税义务的，应当在向工商行政管理机关或者其他机关办理注销登记前，持有关证件向原税务登记机关申报办理注销税务登记；按照规定不需要在工商行政管理机关或者其他机关办理注册登记的，应当自有关机关批准或者宣告终止之日起15日内，持有关证件向原税务登记机关申报办理注销税务登记。纳税人被工商行政管理机关吊销营业执照或者被其他机关予以撤销登记的，应当自营业执照被吊销或者被撤销登记之日起15日内，向原税务登记机关申报办理注销税务登记。[③]纳税人在办理注销税务登记前，应当向税务机关结清应纳税款、滞纳金、罚款，缴销发票、税务登记证件和其他税务证件。[④]

纳税人因住所、经营地点变动，涉及改变税务登记机关的，应当在向工商行政管理机关或者其他机关申请办理变更或者注销登记前或者住所、经营地点变动前，向原税务登记机关申报办理注销税务登记，并在三十日内向迁达地税务机关申报办理税务登记。[⑤]

实行定期定额征收方式的纳税人在营业执照核准的经营期限内需要停业的，应当向税务机关提出停业登记，说明停业的理由、时间、停业前的纳税情况和发票的领、用、存情况，并如实填写申请停业登记表。纳税人在恢复生产、经营之前，应当向税务机关提出复业登记申请，经确认后，办理复业登记，领回或启用税务登记证件和发票领购簿及其领购的发票，纳入正常管理。

纳税人办理下列事项时，必须持税务登记证件：①开立银行账户；②申请减税、免税、退税；③申请办理延期申报、延期缴纳税款；④领购发票；⑤申请开具外出经营活动税收管理证明；⑥办理停业、歇业；⑦其他有关税务事项。[⑥]

税务机关对税务登记证件实行定期验证和换证制度。纳税人应当在规定的期限内持有关证件到主管税务机关办理验证或者换证手续。[⑦]纳税人应当将税务登记证件正本在其生产、经营场所或者办公场所公开悬挂，接受税务机关检查。纳税人遗失税务登记证件的，应当在15日内书面报告主管税务机关，并登报声明作废。[⑧] 从事生产、经营的纳税人到外县（市）临时从事生产、经营活动的，应当持税务登记证副本和所在

① 《税收征管法》，第16条。
② 《税收征管法实施细则》，第9条。
③⑤ 《税收征管法实施细则》，第15条。
④ 《税收征管法实施细则》，第16条。
⑥ 《税收征管法实施细则》，第18条。
⑦ 《税收征管法实施细则》，第19条。
⑧ 《税收征管法实施细则》，第20条。

地税务机关填开的外出经营活动税收管理证明，向营业地税务机关报验登记，接受税务管理。从事生产、经营的纳税人外出经营，在同一地累计超过 180 天的，应当在营业地办理税务登记手续。[①]

二、账簿、凭证管理制度

账簿、凭证管理，是指税务机关按照税法和财务会计制度规定对纳税人的发票凭证、会计凭证、会计账簿、会计报表等核算资料实施监督和管理，是税收征收管理的一项基础工作。通过账簿、凭证管理，可以督促纳税人合法、真实、准确、完整进行会计核算，便于掌握纳税人的生产经营情况，利于控管税源，防止偷逃税收。账簿、凭证管理的基本要求如下：

从事生产、经营的纳税人必须自领取营业执照或者发生纳税义务之日起 15 日内设置账簿（包括总账、明细账、日记账以及其他辅助性账簿）[②]，根据合法、有效凭证记账，进行核算。扣缴义务人应当自税收法律、行政法规规定的扣缴义务发生之日起 10 日内按照所代扣、代收的税种，分别设置代扣代缴、代收代缴税款账簿。[③]

从事生产、经营的纳税人应当自领取税务登记证件之日起 15 日内，将其财务、会计制度或者财务、会计处理办法报送主管税务机关备案。纳税人使用计算机记账的，应当在使用前将会计电算化系统的会计核算软件、使用说明书及有关资料报送主管税务机关备案。纳税人建立的会计电算化系统应当符合国家的有关规定，并能正确、完整核算其收入或者所得。[④] 纳税人、扣缴义务人的财务、会计制度或者财务、会计方法与国务院或国务院财政、税务主管部门有关税收的规定抵触的，依照国务院或国务院财政、税务主管部门有关税收的规定计算应纳税款、代扣代缴和代收代缴税款。[⑤] 纳税人、扣缴义务人会计制度健全，能够通过计算机正确、完整计算其收入和所得或者代扣代缴、代收代缴税款情况的，其计算机输出的完整的书面会计记录，可视同会计账簿。纳税人、扣缴义务人会计制度不健全，不能通过计算机正确、完整计算其收入和所得或者代扣代缴、代收代缴税款情况的，应当建立总账及与纳税或者代扣代缴、代收代缴税款有关的其他账簿。[⑥]

生产、经营规模小又确无建账能力的纳税人，可以聘请经批准从事会计代理记账业务的专业机构或者经税务机关认可的财会人员代为建账和办理账务；聘请上述机构或者人员有实际困难的，经县以上税务机关批准，可以按照税务机关的规定，建立收支凭证粘贴簿、进货销货登记簿或者使用税控装置。[⑦]

---

① 《税收征管法实施细则》，第 21 条。
② 《税收征管法实施细则》，第 22 条。
③ 《税收征管法实施细则》，第 25 条。
④ 《税收征管法实施细则》，第 24 条。
⑤ 《税收征管法》，第 20 条。
⑥ 《税收征管法实施细则》，第 26 条。
⑦ 《税收征管法实施细则》，第 23 条。

从事生产、经营的纳税人、扣缴义务人必须按照国务院财政、税务主管部门规定的保管期限保管账簿、记账凭证、完税凭证及其他有关资料。① 账簿、记账凭证、报表、完税凭证、发票、出口凭证以及其他有关涉税资料应当保存 10 年；但是，法律、行政法规另有规定的除外。② 账簿、记账凭证、报表、完税凭证、发票、出口凭证以及其他有关涉税资料应当合法、真实、完整③，不得伪造、变造或者擅自损毁④。所谓伪造，是指仿照真的账簿、记账凭证、完税凭证及其他有关资料的式样、内容制作假的账簿、记账凭证、完税凭证及其他有关资料的行为；所谓变造，是指在真实的账簿、记账凭证、完税凭证及其他有关资料上通过挖补、拼接、涂改等方式对账簿、记账凭证、完税凭证及其他有关资料的内容进行更改的行为；所谓损毁，是指以水浸、火烧等人为破坏方式使账簿、记账凭证、完税凭证及其他有关资料受损的行为。⑤

国家根据税收征收管理的需要，积极推广使用税控装置。纳税人应当按照规定安装、使用税控装置，并按照税务机关的规定报送有关数据和资料，不得损毁或者擅自改动税控装置。⑥

三、发票管理制度

发票，是指在购销商品、提供或者接受服务以及从事其他经营活动中，开具、收取的收付款凭证。⑦ 发票是财务收支的法定凭证，是进行会计核算的原始资料和税务稽查的重要依据。加强发票管理，对于加强财务监督、保障国家税收收入、维护社会主义市场经济秩序具有重要意义。

发票分为普通发票和增值税专用发票两大类。普通发票的基本联次为三联，第一联为存根联，开票方留存备查；第二联为发票联，收执方作为付款或收款原始凭证；第三联为记账联，开票方作为记账原始凭证。增值税专用发票的基本联次还应包括抵扣联，收执方作为抵扣税款的凭证。除增值税专用发票外，县（市）以上税务机关根据需要可适当增减联次并确定其用途。⑧

发票的基本内容包括：发票的名称、字轨号码、联次及用途，客户名称，开户银行及账号，商品名称或经营项目，计量单位、数量、单价、大小写金额、开票人、开票日期、开票单位（个人）名称（章）等。有代扣、代收、委托代征税款的，其发票内容应当包括代扣、代收、委托代征税种的税率和代扣、代收、委托代征税额。增值税专用发票还应当包括：购货人地址、购货人税务登记号、增值税税率、税额、供货方

---

①④　《税收征管法》，第 24 条。

②③　《税收征管法实施细则》，第 29 条。

⑤　扈纪华、刘佐著，《税收征管法与纳税实务》，中国商业出版社，2001 年，第 83 页。

⑥　《税收征管法》，第 23 条；《税收征管法实施细则》，第 28 条。

⑦　《发票管理办法实施细则》，第 3 条。

⑧　《发票管理办法实施细则》，第 4 条。

名称、地址及其税务登记号。[①]

发票管理办法由国务院规定。税务机关是发票的主管机关，负责发票印制、领购、开具、取得、保管、缴销的管理和监督。单位、个人在购销商品、提供或者接受经营服务以及从事其他经营活动中，应当按照规定开具、使用、取得发票。[②]

（一）发票的印制管理

发票印制是发票管理的基础环节。税务机关对发票的印制实行统一管理。其主要内容有：

增值税专用发票由国务院税务主管部门指定的企业印制；其他发票，按照国务院税务主管部门的规定，分别由省、自治区、直辖市国家税务局、地方税务局指定企业印制。[③] 发票防伪专用品由国家税务总局指定的企业生产。禁止私自印制、伪造、变造发票和非法制造发票防伪专用品。[④] 发票应当套印全国统一发票监制章。全国统一发票监制章的式样和发票版面印刷的要求，由国家税务总局规定。发票监制章由省、自治区、直辖市税务机关制作。禁止伪造发票监制章。发票实行不定期换版制度。[⑤]

（二）发票的领购管理

发票领购的对象包括：①依法办理税务登记的单位和个人，在领取税务登记证件后，向主管税务机关申请领购发票。[⑥] ②依法不需办理税务登记证的单位需要购发票的，可以按照《发票管理办法》的有关规定，向主管税务机关申请领购发票。[⑦] ③临时到本省、自治区、直辖市以外从事经营活动的单位或者个人，应当凭所在地税务机关的证明，向经营地税务机关申请领购经营地的发票。临时在本省、自治区、直辖市以内跨市、县从事经营活动领购发票的办法，由省、自治区、直辖市税务机关规定。[⑧]

发票购票包括批量供应、交旧购新或者验旧购新等方式。申请领购发票的单位和个人应当提出购票申请，提供经办人身份证明、税务登记证件或者其他有关证明，以及财务印章或者发票专用章的印模，经主管税务机关审核后，发给发票领购簿。领购发票的单位和个人凭发票领购簿核准的种类、数量以及购票方式，向主管税务机关领购发票。[⑨] 发票领簿的内容包括用票单位和个人的名称、所属行业、经济类型、购票方式、核准购票种类、发票名称、领购日期、准购数量、起止号码、违章记录、领购人

① 《发票管理办法实施细则》，第5条。
② 《税收征管法》，第21条。
③ 《税收征管法》，第22条。
④ 《发票管理办法》，第7条、第8条。
⑤ 《发票管理办法》，第10条。
⑥ 《发票管理办法》，第15条。
⑦ 《发票管理办法实施细则》，第15条。
⑧ 《发票管理办法》，第18条。
⑨ 《发票管理办法》，第16条。

签字（盖章）、核发税务机关（章）等内容。[①]

需要临时使用发票的单位和个人，可以直接向税务机关申请办理。凡需向税务机关申请开具发票的单位和个人，均应提供发生的购销业务、提供接受服务或者其他经营活动的书面证明。对税法规定应当缴纳税款的，税务机关应当开具发票的同时征税。[②]

临时到本省、自治区、直辖市以外从事经营活动的单位或者个人，应当凭所在地税务机关的证明，向经营地税务机关申请领购经营地的发票。税务机关对外省、自治区、直辖市来本辖区从事临时经营活动的单位和个人申请领购发票的，可以要求其提供保证人或者根据所领购发票的票面限额及数量交纳不超过 1 万元的保证金，并限期缴销发票。按期缴销发票的，解除保证人的担保义务或者退还保证金；未按期缴销发票的，由保证人或者以保证金承担法律责任。税务机关收取保证金应当开具收据。[③]

（三）发票开具的管理

销售商品、提供服务以及从事其他经营活动的单位和个人，对外发生经营业务收取款项，收款方应当向付款方开具发票；特殊情况下，由付款方向收款方开具发票。所有单位和从事生产、经营活动的个人在购买商品、接受服务以及从事其他经营活动支付款项时，应当向收款方取得发票。取得发票时，不得要求变更品名和金额。不符合规定的发票，不得作为财务报销凭证，任何单位和个人有权拒收。[④] 不符合规定的发票是指开具或取得的发票是应经而未经税务机关监制，或填写项目不齐全，内容不真实，字迹不清楚，没有加盖财务印章或发票专用章，伪造、作废以及其他不按税务机关规定的发票。[⑤]

填开发票的单位和个人必须在发生经营业务确认营业收入时开具发票。未发生经营业务一律不准开具发票。[⑥] 开具发票应当按照规定的时限、顺序，逐栏、全部联次一次性如实开具，并加盖单位财务印章或者发票专用章。[⑦] 开具发票后，如发生销货退回需开红字发票的，必须收回原发票并注明“作废”字样或取得对方有效证明；发生销售折让的，在收回原发票并注明“作废”字样后，重新开具销售发票。[⑧] 使用电子计算机开具发票，须经主管税务机关批准，并使用税务机关统一监制的机外发票，开具后的存根联应当按照顺序号装订成册。“机外发票”是指经税务机关批准在指定印制发票企业印制的供计算机开具的发票。[⑨]

---

① 《发票管理办法实施细则》，第 23 条。
② 《发票管理办法实施细则》，第 26 条。
③ 《发票管理办法》，第 19 条。
④ 《发票管理办法》，第 20 条、第 21 条、第 22 条。
⑤ 《发票管理办法实施细则》，第 32 条。
⑥ 《发票管理办法实施细则》，第 33 条。
⑦ 《发票管理办法》，第 23 条。
⑧ 《发票管理办法实施细则》，第 34 条。
⑨ 《发票管理办法》，第 24 条；《发票管理办法实施细则》，第 37 条。

任何单位和个人不得转借、转让、代开发票，未经税务机关批准，不得拆本使用发票；不得自行扩大专业发票使用范围。禁止倒买倒卖发票、发票监制章和发票防伪专用品。① 发票限于领购单位和个人在本省、自治区、直辖市内开具。省、自治区、直辖市税务机关可以规定跨市、县开具发票的办法。② 任何单位和个人未经批准，不得跨规定的使用区域携带、邮寄、运输空白发票。禁止携带、邮寄或者运输空白发票出入境。③

开具发票应使用中文，民族自治地区可以同时使用当地通用一种民族文字。外商投资企业和外国企业可以同时使用一种外国文字。④

（四）发票保管的管理

发票实行专人保管制度、专库保管制度、专账登记制度、保管交接制度和定期盘点制度。开具发票的单位和个人应当建立发票使用登记制度，设置发票登记簿，并定期向主管税务机关报告发票使用情况。开具发票的单位和个人应当在办理变更或者注销税务登记的同时，办理发票和发票领购簿的变更、缴销手续。开具发票的单位和个人应当按照税务机关的规定存放和保管发票，不得擅自损毁。已经开具的发票存根联和发票登记簿，应当保存五年。保存期满，报经税务机关查验后销毁。⑤ 使用发票的单位和个人应当妥善保管发票不得丢失。如发生发票丢失，应于丢失当日书面报告主管税务机关，并在报刊或电视等传播媒介上公告声明作废。⑥

（五）发票的检查管理

税务机关在发票管理中有权进行下列检查：检查印制、领购、开具、取得和保管发票的情况；调出发票查验；查阅、复制与发票有关的凭证、资料；向当事各方询问与发票有关的问题和情况；在查处发票案件时，对与案件有关的情况和资料，可以记录、录音、录像、照相和复制。⑦印制、使用发票的单位和个人，必须接受税务机关依法检查，如实反映情况，提供有关资料，不得拒绝、隐瞒。税务人员进行检查时，应当出示税务检查证。⑧

税务机关需要将已开具的发票调出查验时，应当向被查验的单位和个人开具发票换票证。发票换票证与所调出查验的发票有同等的效力。被调出查验发票的单位和个人不得拒绝接受。税务机关需要将空白发票调出查验时，应当开具收据；经查无问题

① 《发票管理办法》，第 25 条。
② 《发票管理办法》，第 26 条。
③ 《发票管理办法》，第 27 条。
④ 《发票管理办法实施细则》，第 36 条。
⑤ 《发票管理办法》，第 28 条、第 29 条、第 30 条。
⑥ 《发票管理办法实施细则》，第 41 条。
⑦ 《发票管理办法》，第 31 条。
⑧ 《发票管理办法》，第 32 条。

的，应当及时返还。[①] 单位和个人从中国境外取得的与纳税有关的发票或者凭证，税务机关在纳税审查时有疑义的，可以要求其提供境外公证机构或者注册会计师的确认证明，经税务机关审核认可后，方可作为记账核算的凭证。[②]

四、纳税申报制度

纳税申报是纳税人发生纳税义务后，按照税法或税务机关规定的期限和内容向主管税务机关提交纳税书面报告的一种法律行为，是纳税人履行纳税义务的一项法定程序。纳税申报是纳税人履行纳税义务向税务机关办理纳税手续的重要证明，也是基层税务机关办理征收业务、核定应征税款、开具完税凭证的主要依据，同时也是税务机关掌握经济信息、研究税源变化、加强税源管理的重要手段。

纳税人、扣缴义务人必须依照法律、行政法规规定或者税务机关依照法律、行政法规的规定确定的申报期限、申报内容如实办理纳税申报（或代扣代缴、代收代缴税款报告表）、财务会计报表以及税务机关根据实际需要要求纳税人报送的其他纳税资料。[③] 纳税人在纳税期内没有应纳税款的，也应当按照规定办理纳税申报；纳税人享受减税、免税待遇的，在减税、免税期间应当按照规定办理纳税申报。[④]

纳税人、扣缴义务人办理纳税申报时应当如实填写纳税申报或代扣代缴、代收代缴税款报告表，其主要内容包括：税种、税目，应纳税项目或者应代扣代缴、代收代缴税款项目，计税依据，扣除项目及标准，适用税率或者单位税额，应退税项目及税额、应减免税项目及税额，应纳税额或者应代扣代缴、代收代缴税额，税款所属期限、延期缴纳税款、欠税、滞纳金等。[⑤] 纳税人还应根据不同情况相应报送下列有关证件、资料：财务会计报表及其说明材料；与纳税有关的合同、协议书及凭证；税控装置的电子报税资料；外出经营活动税收管理证明和异地完税凭证；境内或者境外公证机构出具的有关证明文件；税务机关规定应当报送的其他有关证件、资料。[⑥] 扣缴义务人应报送代扣代缴、代收代缴税款的合法凭证以及税务机关规定的其他有关证件、资料。[⑦]

纳税人、扣缴义务人可以直接到税务机关办理纳税申报或者报送代扣代缴、代收代缴税款报告表，经税务机关批准，也可以采取邮寄、数据电文方式办理纳税申报或者报送代扣代缴、代收代缴税款报告表。[⑧] 纳税人采取邮寄方式办理纳税申报的，应当使用统一的纳税申报专用信封，并以邮政部门收据作为申报凭据。邮寄申报以寄出的邮戳日期为实际申报日期。[⑨] 数据电文方式是指税务机关确定的电话语音、电子数据交

---

① 《发票管理办法实施细则》，第 33 条。
② 《发票管理办法》，第 34 条。
③ 《税收征管法》，第 25 条。
④ 《税收征管法实施细则》，第 32 条。
⑤ 《税收征管法实施细则》，第 33 条。
⑥ 《税收征管法实施细则》，第 34 条。
⑦ 《税收征管法实施细则》，第 35 条。
⑧ 《税收征管法》，第 26 条；《税收征管法实施细则》，第 30 条。
⑨ 《税收征管法实施细则》，第 31 条。

换和网络传输等电子方式。① 纳税人采取电子方式办理纳税申报的，应当按照税务机关规定的期限和要求保存有关资料，并定期书面报送主管税务机关。②

纳税人、扣缴义务人按照规定的期限办理纳税申报或者报送代扣代缴、代收代缴税款报告表确有困难，需要延期的，应当在规定的期限内向税务机关提出书面延期申请，经税务机关核准，在核准的期限内办理。③ 经核准延期办理申报、报送事项的，应当在纳税期内按照上期实际缴纳的税额或者税务机关核定的税额预缴税款，并在核准的延期内办理税款结算。④ 准许纳税人、扣缴义务人延期申报的原因，主要是不可抗力的特殊情况。纳税人、扣缴义务人应当在不可抗力情形消除后立即向税务机关报告。⑤

五、税款征收制度

税款征收是税务机关将纳税人应纳税额及时足额地缴入国库的一系列活动的总称。税款征收是税收征收管理工作的中心环节，也是全部税收征管工作的目的和归宿，在整个税收工作中占据着极其重要的地位。

（一）依法征收税款

税收的开征、停征以及减税、免税、退税、补税，依照法律的规定执行；法律授权国务院规定的，依照国务院制定的行政法规的规定执行。任何机关、单位和个人不得违反法律、行政法规的规定，擅自作出税收开征、停征以及减税、免税、退税、补税和其他同税收法律、行政法规相抵触的决定。⑥ 国务院税务主管部门主管全国税收征收管理工作。各地国家税务局和地方税务局应当按照国务院规定的税收征收管理范围分别进行征收管理。地方各级人民政府应当依法加强对本行政区域内税收征收管理工作的领导或者协调，支持税务机关依法执行职务，依照法定税率计算税额，依法征收税款。各有关部门和单位应当支持、协助税务机关依法执行职务。税务机关依法执行职务，任何单位和个人不得阻挠。⑦

税务机关依照法律、行政法规的规定征收税款，不得违反法律、行政法规的规定开征、停征、多征、少征、提前征收、延缓征收或者摊派税款。⑧ 除税务机关、税务人员以及经税务机关依照法律、行政法规委托的单位和人员外，任何单位和个人不得进行税款征收活动。⑨

① 《税收征管法实施细则》，第 30 条。
②⑤ 《税收征管法实施细则》，第 31 条。
③ 《税收征管法实施细则》，第 37 条。
④ 《税收征管法》，第 27 条。
⑥ 《税收征管法》，第 3 条。
⑦ 《税收征管法》，第 5 条。
⑧ 《税收征管法》，第 28 条。
⑨ 《税收征管法》，第 29 条。

（二）税款征收方式

税务机关根据保证国家税款及时足额入库、方便纳税人、降低税收成本的原则，确定税款征收的方式。[①] 实践中，税款征收一般采用查账征收、查定征收、查验征收、定期定额征收以及其他方式。

查账征收，是指税务机关按照纳税人提供的账表所反映的经营情况，依照适用税率计算缴纳税款的方式。这一征收方式普遍适用于财务核算制度健全的企业，由纳税人在规定期限内，用规定的纳税申报表向税务机关申报销售额、营业额或所得额，经税务机关审查核实后填写缴款书征缴入库。

查定征收，是指税务机关根据纳税人的作业人员、生产设备、采用原材料等因素，在正常生产经营条件下，对其产制的应税货物查实核定产量、销售额并据以征收税款的一种方式。这一征收方式主要适用于生产规模较小、账册不健全、产品零星、税源分散的小型厂矿和作坊。

查验征收，是指税务机关对纳税人应税商品通过查验数量，按市场一般销售单价计算其销售收入并据以征税的方式。这一征收方式主要适用于城乡集贸市场的临时经营和机场、码头等场外经销商品的课税。

定期定额征收，是指对一些营业额、所得额不能准确计算的小型工商户，经过自报评议，由税务机关核定一定经营时期的营业额和所得税附征率，实行多税种合并征收的一种征收方式。这一征收方式适用于没有记账能力、无法查实其应纳税收入或所得额的个体或小型工商业户。实行定期定额缴纳税款的纳税人，可以实行简易申报、简并征期等申报纳税方式。[②]

代扣代缴征收方式，是指由税法规定负有代扣代缴义务的单位和个人从其所持有的纳税人收入中扣缴其应纳税款并向税务机关解缴的一种征收方式，税务机关按照规定付给扣缴义务人代扣、代收手续费。扣缴义务人依法履行代扣、代收税款义务时，纳税人不得拒绝；纳税人拒绝的，扣缴义务人应当及时报告税务机关处理。代收代缴征收方式，是指与纳税人有经济往来的单位和个人借助经济往来关系向纳税人收取其应纳税款并向税务机关解缴的征收方式。代扣代缴、代收代缴征收方式适用于税源零星分散、不易控管的纳税人。

委托代征方式，指为了加强对零星分散税源的源泉控管，方便纳税人缴税，国家税法规定或由税务机关委托某些单位和个人征收税款。税务机关根据有利于税收控管和方便纳税的原则，可以按照国家有关规定委托有关单位和人员代征零星分散和异地缴纳的税收，并发给委托代征证书。受托单位和人员按照代征证书的要求，以税务机关的名义依法征收税款，纳税人不得拒绝；纳税人拒绝的，受托代征单位和人员应当及时报告税务机关。[③]

---

① 《税收征管法实施细则》，第 38 条。

② 《税收征管法实施细则》，第 36 条。

③ 《税收征管法实施细则》，第 44 条。

在税款征收过程中，纳税人有下列情形之一的，税务机关有权核定其应纳税额：未按照规定办理税务登记证而从事生产、经营的（包括到外县（市）从事生产、经营而未向营业地税务机关报验登记的）；临时从事经营的；依照法律、行政法规的规定可以不设置账簿的；依照法律、行政法规的规定应当设置账簿但未设置的；擅自销毁账簿或者拒不提供纳税资料的；虽设置账簿，但账目混乱或者成本资料、收入凭证、费用凭证残缺不全，难以查账的；发生纳税义务，未按照规定的期限办理纳税申报，经税务机关责令限期申报，逾期仍不申报的；纳税人申报的计税依据明显偏低，又无正当理由的。① 税务机关有权采用下列任何一种方法核定其应纳税额：参照当地同类行业或者类似行业中经营规模和收入水平相近的纳税人的税负水平核定；按照营业收入或者成本加合理的费用和利润的方法核定；按照耗用的原材料、燃料、动力等推算或者测算核定；按照其他合理方法核定。采用所列一种方法不足以正确核定应纳税额时，可以同时采用两种以上的方法核定。②

（三）税收保全措施

税收保全措施，是指税务机关在规定的纳税期之前，在由于纳税人的行为或者某种客观原因致使以后税款的征收不能保证或难以保证的情况下而采取的限制纳税人处理或转移商品、货物或其他财产的措施。《税收征管法》规定，税务机关有根据认为从事生产、经营的纳税人有逃避纳税义务行为的，可以在规定的纳税期之前，责令其限期缴纳应纳税款；在限期内发现纳税人有明显的转移、隐匿其应纳税的商品、货物以及其他财产或者应纳税收入的迹象的，税务机关可以责成纳税人提供纳税担保。如果纳税人不能提供纳税担保，经县以上税务局（分局）局长批准，税务机关可以采取下列税收保全措施：①书面通知纳税人开户银行或者其他金融机构冻结纳税人的金额相当于应纳税款的存款；②扣押、查封纳税人的价值相当于应纳税款的商品、货物或者其他财产。③ 这里有必要注意两点：一是个人及其所扶养家属维持生活必需的住房和用品不在税收保全措施的范围之内。④二是上述纳税担保包括经税务机关认可的纳税保证人为纳税人提供的纳税保证，以及纳税人或者第三人以其未设置或未全部设置担保物权的财产提供的担保。纳税保证人是指在中国境内具有纳税担保能力的自然人、法人或者其他经济组织；法律、行政法规规定的没有担保资格的单位和个人不得作为纳税担保人。⑤ 纳税担保人同意为纳税人提供纳税担保的，应当填写纳税担保书，写明担保对象、担保范围、担保期限和担保责任以及其他有关事项。担保书须经纳税人、纳税担保人签字盖章并经税务机关同意，方为有效。纳税人或者第三人以其财产提供纳税担保的，应当填写财产清单，并写明财产价值以及其他有关事项。纳税担保财产清单

① 《税收征管法》，第 35 条、第 37 条；《税收征管法实施细则》，第 57 条。

② 《税收征管法实施细则》，第 47 条。

③④ 《税收征管法》，第 38 条。

⑤ 《税收征管法实施细则》，第 61 条。

须经纳税人、第三人签字盖章并经税务机关确认，方为有效。[①]

纳税人在上述规定的限期内缴纳税款的，税务机关必须立即解除税收保全措施；限期期满仍未缴纳税款的，经县以上税务局（分局）局长批准，可采取强制执行措施。税务机关可以书面通知纳税人开户银行或者其他金融机构从其冻结的存款中扣缴税款，或者依法拍卖或者变卖所扣押、查封的商品、货物或者其他财产，以拍卖或者变卖所得抵缴税款。[②]

实施税收保全措施直接影响到纳税人的利益，税务机关在行使时应当慎重，必须在有比较可靠的证据情况下，才可以进行税收保全，同时，必须依照法定权限和法定程序进行。税务机关执行扣押、查封商品、货物或者其他财产时，应当由两名以上税务人员执行，并通知被执行人。被执行人是自然人的，应当通知被执行人本人或其成年家属到场；被执行人是法人或者其他组织的，应当通知其法定代表人或者主要负责人到场；拒不到场的，不影响执行。[③] 税务机关扣押商品、货物或者其他财产时必须开付收据；查封商品、货物或者其他财产时，必须开付清单。[④]

税收保全措施是在纳税人偷逃税款事实尚不完全清楚的情况下采取的措施，而且具有很大的强制性，对纳税人财产采取保全措施不当很容易侵犯纳税人的合法权益。纳税人在税务机关采取税收保全措施后，按照税务机关规定的期限缴纳税款的，税务机关应当自收到税款或银行转回的完税凭证之日起 1 日内解除税收保全。[⑤] 出于对纳税人合法权益的保护，《税收征管法》规定，纳税人在限期内已缴纳税款的，税务机关未立即解除税收保全措施，使纳税人的合法利益遭受损失的；税务机关滥用职权违法采取税收保全措施或者采取税收保全措施不当使纳税人、扣缴义务人或者纳税担保人的合法权益遭受损失的，税务机关应当承担赔偿责任。[⑥] 赔偿主要应以支付赔偿金的形式进行，能够返还财产或者恢复原状的，予以返还财产或者恢复原状；不能恢复原状的，按照损害程度给予相应的赔偿金；应当返还的财产灭失的，也应给予相应的赔偿金。

（四）税收强制执行措施

税收强制执行措施，是指当纳税人和其他纳税当事人在规定的期限内未履行税法规定的义务，税务机关为迫使其履行义务而采取的法定强制手段。具体来说，从事生产、经营的纳税人、扣缴义务人未按照规定的限期缴纳或解缴税款，纳税担保人未按照规定的限期缴纳所担保的税款，由税务机关责令限期（最长期限不得超过 15 日）缴纳，逾期仍未缴纳的，经县以上税务局（分局）局长批准，税务机关可以采取下列强制执行措施：①书面通知其开户银行或者其他金融机构从其存款中扣缴税款；②扣押、

---

① 《税收征管法实施细则》，第 62 条。
② 《税收征管法》，第 38 条。
③ 《税收征管法实施细则》，第 63 条。
④ 《税收征管法》，第 47 条。
⑤ 《税收征管法实施细则》，第 68 条。
⑥ 《税收征管法》，第 39 条、第 43 条。

查封、依法拍卖或者变卖其价值相当于应纳税款的商品、货物或者其他财产，以拍卖或者变卖所得抵缴税款。税务机关采取强制执行措施时，对纳税人、扣缴义务人、纳税担保人未缴纳的滞纳金同时强制执行。[①] 这里，其他金融机构指信托投资公司、信用合作社、邮政储蓄机构以及经中国人民银行、中国证券监督管理委员会等批准设立的其他金融机构[②]；存款，包括独资企业投资人、合伙企业合伙人、个体工商户的储蓄存款以及股东资金账户中的资金等[③]；其他财产包括纳税人的房地产、现金、有价证券等不动产和动产[④]。

对未按照规定办理税务登记的从事生产、经营的纳税人以及临时从事经营的纳税人，由税务机关核定其应纳税额，责令缴纳；不缴纳的，税务机关可以扣押其价值相当于应纳税款的商品、货物。扣押后缴纳应纳税款的，税务机关必须立即解除扣押，并归还所扣押的商品、货物；扣押后仍不缴纳应纳税款的，经县以上税务局（分局）局长批准，依法拍卖或者变卖所扣押的商品、货物，以拍卖或者变卖所得抵缴税款。[⑤]

税务机关依照《税收征管法》有关规定扣押、查封价值相当于应纳税款的商品、货物或者其他财产时，应参照同类商品的市场价、出厂价或者评估价估算。税务机关按照前款方法确定应扣押、查封的商品、货物或者其他财产的价值时，还应当包括滞纳金和扣押、查封、保管、拍卖、变卖所发生的费用。[⑥]对价值超过应纳税额且不可分割的商品、货物或者其他财产，税务机关在纳税人、扣缴义务人或者纳税担保人无其他可供强制执行的财产的情况下，可以整体扣押、查封、拍卖，以拍卖所得抵缴税款、滞纳金、罚款以及扣押、查封、保管、拍卖等费用。[⑦]税务机关依法实施扣押、查封时，对有产权证件的动产或者不动产，税务机关可以责令当事人将产权证件交税务机关保管，同时可以向有关机关发出协助执行通知书，有关机关在扣押、查封期间不再办理该动产或者不动产的过户手续。[⑧]对查封的商品、货物或者其他财产，税务机关可以指令被执行人负责保管，保管责任由被执行人承担。继续使用被查封的财产不会减少其价值的，税务机关可以允许被执行人继续使用。因被执行人保管或者使用的过错造成的损失，由被执行人承担。[⑨]

税务机关将扣押、查封的商品、货物或者其他财产变价抵缴税款时，应当交由依法成立的拍卖机构拍卖；无法委托拍卖或者不适于拍卖的，可以交由当地商业企业代为销售，也可以责令纳税人限期处理；无法委托商业企业销售，纳税人也无法处理的，可以由税务机关变价处理。国家禁止自由买卖的商品，应当交由有关单位按照国家规

---

① 《税收征管法》，第 40 条；《税收征管法实施细则》，第 73 条。

② 《税收征管法实施细则》，第 71 条。

③ 《税收征管法实施细则》，第 72 条。

④ 《税收征管法实施细则》，第 59 条。

⑤ 《税收征管法》，第 37 条。

⑥ 《税收征管法实施细则》，第 64 条。

⑦ 《税收征管法实施细则》，第 65 条。

⑧ 《税收征管法实施细则》，第 66 条。

⑨ 《税收征管法实施细则》，第 67 条。

定的价格收购。拍卖或者变卖所得抵缴税款、滞纳金、罚款以及扣押、查封、保管、拍卖、变卖等费用后，剩余部分应当在 3 日内退还被执行人。①

税务机关依照《税收征管法》第三十七条的规定，扣押其商品、货物的，当事人应当自扣押之日起 15 日内缴纳税款。对扣押的鲜活、易腐烂变质或者易失效的商品、货物，税务机关根据被扣押物品的保质期，可以缩短前款规定的扣押期限。②

税收强制执行措施的权力不得由法定的税务机关以外的单位和个人行使。③ 税收机关采取强制执行措施必须依照法定权限和法定程序进行，不得查封、扣押纳税人个人及其所扶养家属维持生活必需的住房和用品，个人及其所扶养家属维持生活必需的住房和用品不在强制执行措施的范围之内。④ 这里所称个人所扶养家属，是指与纳税人共同居住生活的配偶、直系亲属以及无生活来源并由纳税人扶养的其他亲属。⑤ 机动车辆、金银饰品、古玩字画、豪华住宅或者一处以外的住房不属于《税收征管法》第三十八条、第四十条、第四十二条所称个人及其所扶养家属维持生活必需的住房和用品；税务机关对单价 5000 元以下的其他生活用品，不采取税收保全措施和强制执行措施。⑥ 税务机关滥用职权违法采取强制措施，或者采取强制执行措施不当，使纳税人、扣缴义务人或者纳税担保人的合法权益遭受损失的，税务机关应当依法承担赔偿责任。⑦ 这里所称损失，是指因税务机关的责任使纳税人、扣缴义务人或者纳税担保人的合法利益遭受的直接损失。⑧

（五）欠税清缴措施

税务机关应当根据方便、快捷、安全的原则，积极推广使用支票、银行卡、电子结算方式缴纳税款。⑨ 纳税人、扣缴义务人应按照法律、行政法规规定或者税务机关依照法律、行政法规的规定确定的期限，缴纳或者解缴税款。纳税人因有特殊困难，不能按期缴纳税款的，经省、自治区、直辖市以及计划单列市国家税务局、地方税务局批准，可以延期缴纳税款，但是最长不得超过 3 个月。⑩ 这里所称的特殊困难包括两种情形，一是因不可抗力，导致纳税人发生较大损失，正常生产经营活动受到较大影响的；二是当期货币资金在扣除应付职工工资、社会保险费后，不足以缴纳税款的。⑪纳税人需要延期缴纳税款的，应当在缴纳税款期限届满前提出申请，并报送下列材料：

① 《税收征管法实施细则》，第 69 条。
② 《税收征管法实施细则》，第 58 条。
③ 《税收征管法》，第 41 条。
④ 《税收征管法》，第 40 条、第 42 条。
⑤ 《税收征管法实施细则》，第 60 条。
⑥ 《税收征管法实施细则》，第 59 条。
⑦ 《税收征管法》，第 43 条。
⑧ 《税收征管法实施细则》，第 70 条。
⑨ 《税收征管法实施细则》，第 40 条。
⑩ 《税收征管法》，第 31 条；《税收征管法实施细则》，第 41 条。
⑪ 《税收征管法实施细则》，第 41 条。

申请延期缴纳税款报告，当期货币资金余额情况及所有银行存款账户的对账单，资产负债表，应付职工工资和社会保险费等税务机关要求提供的支出预算。税务机关应当自收到申请延期缴纳税款报告之日起20日内作出批准或者不予批准的决定；不予批准的，从缴纳税款期限届满之日起加收滞纳金。①纳税人未按照规定期限缴纳税款的，扣缴义务人未按照规定期限解缴税款的，税务机关除责令限期缴纳外，从滞纳税款之日起，按日加收滞纳税款万分之五的滞纳金。② 加收滞纳金的起止时间，为法律、行政法规规定或者税务机关依照法律、行政法规的规定确定的税款缴纳期限届满次日起至纳税人、扣缴义务人实际缴纳或者解缴税款之日止。③

针对税收征管实践中清欠困难的情况，《税收征管法》制定了不少有关欠税清缴措施的条款，具体如下：

（1）欠税公告制度。县级以上各级税务机关应当将纳税人的欠税情况，在办税场所或者广播、电视、报纸、期刊、网络等新闻媒体上定期公告。④

（2）离境清税制度。欠缴税款的纳税人或者其法定代表人需要出境的，应当在出境前向税务机关结清应纳税款、滞纳金或者提供担保。未结清税款、滞纳金，又不提供担保的，税务机关可以通知出境管理机关阻止其出境。⑤

（3）税款优先制度。税务机关征收税款，税收优先于无担保债权，法律另有规定的除外；纳税人欠缴的税款发生在纳税人以其财产设定抵押、质押或者纳税人的财产被留置之前的，税收应当先于抵押权、质押权、留置权执行。纳税人有欠税情形而以其财产设定抵押、质押的，应当向抵押权人、质权人说明其欠税情况。抵押权人、质权人可以请求税务机关提供有关的欠税情况。纳税人欠缴税款，同时又被行政机关决定处以罚款、没收违法所得的，税收优先于罚款、没收违法所得。税务机关应当对纳税人欠缴税款的情况定期予以公告。⑥

（4）改制纳税人欠税清缴制度。纳税人有合并、分立情形的，应当向税务机关报告，并依法缴清税款。纳税人合并时未缴清税款的，应当由合并后的纳税人继续履行未履行的纳税义务；纳税人分立时未缴清税款的，分立后的纳税人对未履行的纳税义务应当承担连带责任。⑦ 纳税人有解散、撤销、破产情形的，在清算前应当向其主管税务机关报告；未结清税款的，由其主管税务机关参加清算。⑧

（5）大额欠税处分财产报告制度。欠缴税款数额较大（欠缴税款5万元以上）的纳税人在处分其不动产或者大额资产之前，应当向税务机关报告。⑨

---

① 《税收征管法实施细则》，第42条。
② 《税收征管法》，第32条。
③ 《税收征管法实施细则》，第75条。
④ 《税收征管法实施细则》，第76条。
⑤ 《税收征管法》，第44条。
⑥ 《税收征管法》，第45条。
⑦ 《税收征管法》，第48条。
⑧ 《税收征管法实施细则》，第50条。
⑨ 《税收征管法》，第49条；《税收征管法实施细则》，第77条。

(6) 税务机关行使代位权、撤销权制度。欠缴税款的纳税人因怠于行使到期债权，或者放弃到期债权，或者无偿转让财产，或者以明显不合理的低价转让财产而受让人知道该情形的，对国家税收造成损害的，税务机关可以依照《合同法》第七十三条、第七十四条的规定行使代位权、撤销权。税务机关依照上述规定行使代位权、撤销权的，不免除欠缴税款的纳税人尚未履行的纳税义务和应承担的法律责任。[①] 代位权、撤销权是合同保全制度的两种手段。代位权，是指在债务人怠于行使其债权，危及债权的实现时，债权人可以代债务人行使其权利，即代替债务人对其债务人（即第三人）提起诉讼、请求第三人给付的权利。《合同法》第七十三条规定，因债务人怠于行使其到期债权，对债权人造成损害的，债权人可以请求人民法院以自己的名义代位行使债务人的债权，但该债权专属于债务人自身的除外，代位权的行使范围以债权人的债权为限，债权人行使代位权的必要费用由债务人承担。撤销权，是指在债务人作出无偿处分财产或以明显低价处分财产给第三人而有害于债权人的行为时，债权人有请求人民法院予以撤销的权利。《合同法》第七十四条规定，因债务人放弃到期债权或者无偿转让财产，对债权人造成损害的，债权人可以请求人民法院撤销债务人的行为；债务人以明显不合理的低价转让财产，对债权人造成损害，并且受让人知道该情形的，债权人也可以请求人民法院撤销债务人的行为；撤销权的行使范围以债权人的债权为限，债权人行使撤销权的必要费用由债务人承担。

（六）转让定价调整

企业或外国企业在中国境内设立的从事生产、经营的机构、场所与其关联企业之间的业务往来，应当按照独立企业之间的业务往来收取或支付价款、费用；不按照独立企业之间的业务往来收取或支付价款、费用，而减少其应纳税的收入或所得额的，税务机关有权进行合理调整。[②] 这里所称关联企业，是指有下列关系之一的公司、企业和其他经济组织：①在资金、经营、购销等方面，存在直接或者间接的拥有或者控制关系；②直接或者间接地同为第三者所拥有或者控制；③在利益上具有相关联的其他关系。[③] 这里所称独立企业之间的业务往来，是指没有关联关系的企业之间按照公平成交价格和营业常规所进行的业务往来。[④]

纳税人有义务就其与关联企业之间的业务往来，向当地税务机关提供有关的价格、费用标准等资料。[⑤]纳税人可以向主管税务机关提出与其关联企业之间业务往来的定价原则和计算方法，主管税务机关审核、批准后，与纳税人预先约定有关定价事项，监督纳税人执行。[⑥]

---

① 《税收征管法》，第 50 条。
② 《税收征管法》，第 36 条。
③⑤ 《税收征管法实施细则》，第 51 条。
④ 《税收征管法实施细则》，第 52 条。
⑥ 《税收征管法实施细则》，第 53 条。

纳税人与其关联企业之间的业务往来有下列情形之一的，税务机关可以调整其应纳税额：①购销业务未按照独立企业之间的业务往来作价；②融通资金所支付或者收取的利息超过或者低于没有关联关系的企业之间所能同意的数额，或者利率超过或者低于同类业务的正常利率；③提供劳务，未按照独立企业之间业务往来收取或者支付劳务费用；④转让财产、提供财产使用权等业务往来，未按照独立企业之间业务往来作价或者收取、支付费用；⑤未按照独立企业之间业务往来作价的其他情形。[①]

税务机关对上述情形可以按照下列方法调整计税收入额或者所得额：①按照独立企业之间进行的相同或者类似业务活动的价格；②按照再销售给无关联关系的第三者的价格所应取得的收入和利润水平；③按照成本加合理的费用和利润；④按照其他合理的方法。[②]纳税人与其关联企业未按独立企业之间的业务往来支付价款、费用的，税务机关自该业务往来发生的纳税年度起 3 年内进行调整；有特殊情况的，可以自该业务往来发生的纳税年度起 10 年内进行调整。[③]

（七）税款的退还与追征

税款征收应当做到将纳税人的应纳税款及时、足额地征缴入库，纳税人要按照规定的期限缴纳税款，征纳双方必须依照税法的规定征缴，税务机关既不能多收，也不能少收，更不能不收。但是，由于税务机关征收税款、纳税人缴纳税款是一项政策性强、技术难度高的经常性工作，在征纳税款的过程中，由于对税法理解有误，或者计算错误、错用税率、财务处理失当等原因，可能出现多征多缴税款的情况，对这部分多征多缴的税款就存在退还的问题。税款征纳过程中，由于征纳双方的疏忽、计算错误等原因，也可能造成纳税人、扣缴义务人未缴或者少缴税款的情况，这就存在依法对未征少征的税款进行补征追缴的问题。

纳税人超过应纳税额缴纳的税款，税务机关发现后应当自发现之日起 10 日内办理退还手续；纳税人自结算缴纳税款之日起 3 年内发现的，可以向税务机关要求退还多缴的税款并加算银行同期存款利息，税务机关应当自接到纳税人退还申请之日起 30 日内查实并办理退还手续；涉及从国库中退库的，依照法律、行政法规有关国库管理的规定退还。[④] 当纳税人既有应退税款又有欠缴税款的，税务机关可以将应退税款和利息先抵扣欠缴税款；抵扣后有余额的，退还纳税人。[⑤]加算银行同期存款利息的多缴税款退税，不包括依法预缴税款形成的结算退税、出口退税和各种减免退税。退税利息按照税务机关办理退税手续当天中国人民银行规定的活期存款利率计算。[⑥]

因税务机关适用税收法律、行政法规不当或者执法行为违法，致使纳税人、扣缴

① 《税收征管法实施细则》，第 54 条。
② 《税收征管法实施细则》，第 55 条。
③ 《税收征管法实施细则》，第 56 条。
④ 《税收征管法》，第 51 条；《税收征管法实施细则》，第 78 条。
⑤ 《税收征管法实施细则》，第 79 条。
⑥ 《税收征管法实施细则》，第 78 条。

义务人未缴或者少缴税款的，税务机关在3年内可以要求纳税人、扣缴义务人补缴税款，但是不得加收滞纳金。因纳税人、扣缴义务人计算错误等失误（指非主观故意的计算公式运用错误以及明显的笔误），未缴或者少缴税款的，税务机关在3年内可以追征税款、滞纳金；有特殊情况的，追征期可以延长到5年。① 这里所称的特殊情况，是指纳税人或者扣缴义务人因计算错误等失误，未缴或者少缴、未扣或者少扣、未收或者少收税款，累计数额在10万元以上的。② 补缴和追征税款、滞纳金的期限，自纳税人、扣缴义务人应缴未缴或者少缴税款之日起计算。③ 对偷税、抗税、骗税的，税务机关追征其未缴或者少缴的税款、滞纳金或者所骗取的税款，不受前述规定期限的限制。④

国家税务局和地方税务局应当按照国家规定的税收征收管理范围和税款入库预算级次，将征收的税款缴入国库。对审计机关、财政机关依法查出的税收违法行为，税务机关应当根据有关机关的决定、意见书，依法将应收的税款、滞纳金按照税款入库预算级次缴入国库。⑤ 税务机关应当自收到审计机关、财政机关的决定、意见书之日起30日内将执行情况书面回复审计机关、财政机关。有关机关不得将其履行职责过程中发现的税款、滞纳金自行征收入库或者以其他款项的名义自行处理、占压。⑥

六、税务检查制度

税务检查是税务机关依据国家税收法律、行政法规的规定对纳税人是否履行纳税义务的情况所进行的审查、稽核、管理监督活动，是税收征收管理的一个重要环节。加强税务检查，对于正确贯彻执行税收政策，严肃税收法纪，堵塞税收征管漏洞，保证国家财政收入；对于促进纳税人、扣缴义务人增强纳税意识，主动、自觉、如实、及时纳税；对于发现和堵塞税务机关的执法漏洞，不断完善税收征管制度，提高税收征管水平，都有十分重要的意义。

（一）税务机关在检查中的权利和义务

税务检查权是税务机关在检查活动中依法享有的权利，是税务机关实施税务检查行为、监督纳税人履行纳税义务、查处税务违法行为的重要保证和手段。根据《税收征管法》的规定，税务机关进行税务检查的权力范围包括：①查账权，税务机关有权检查纳税人的账簿、记账凭证、报表和有关资料，检查扣缴义务人代扣代缴、代收代缴税款账簿、记账凭证和有关资料；②实地检查权，税务机关有权到纳税人的生产、经营场所和货物存放地检查纳税人应纳税的商品、货物或者其他财产，检查扣缴义务

① 《税收征管法》，第52条；《税收征管法实施细则》，第80条、第81条。
② 《税收征管法实施细则》，第82条。
③ 《税收征管法实施细则》，第83条。
④ 《税收征管法》，第52条。
⑤ 《税收征管法》，第53条。
⑥ 《税收征管法实施细则》，第84条。

人与代扣代缴、代收代缴税款有关的经营情况；③责成提供资料权，税务机关有权责成纳税人、扣缴义务人提供与纳税或者代扣代缴、代收代缴税款有关的文件、证明材料和有关资料；④询问权，税务机关和税务人员在税务检查中有权询问纳税人、扣缴义务人与纳税或者代扣代缴、代收代缴税款有关的问题和情况；⑤运输环节查证权，税务机关有权到车站、码头、机场、邮政企业及其分支机构检查纳税人托运、邮寄应纳税商品、货物或者其他财产的有关单据、凭证和有关资料；⑥查询存款权，经县以上税务局（分局）局长批准，凭全国统一格式的检查存款账户许可证明，税务机关有权查询从事生产、经营的纳税人、扣缴义务人在银行或者其他金融机构的存款账户。税务机关在调查税收违法案件时，经设区的市、自治州以上税务局（分局）局长批准，可以查询案件涉嫌人员的储蓄存款。税务机关查询所获得的资料，不得用于税收以外的用途。[①]

税务机关对从事生产、经营的纳税人以前纳税期的纳税情况依法进行税务检查时，发现纳税人有逃避纳税义务行为，并有明显的转移、隐匿其应纳税的商品、货物以及其他财产或者应纳税的收入的迹象的，经县以上税务局（分局）局长批准，税务机关可以采取税收保全措施或者强制执行措施。[②] 税务机关采取税收保全措施的期限一般不得超过6个月；重大案件需要延长的，应当报国家税务总局批准。[③]

纳税人、扣缴义务人必须接受税务机关依法进行的税务检查，如实反映情况，提供有关资料，不得拒绝、隐瞒。税务机关依法进行税务检查时，有权向有关单位和个人调查纳税人、扣缴义务人和其他当事人与纳税或者代扣代缴、代收代缴税款有关的情况，有关单位和个人有义务向税务机关如实提供有关资料及证明材料。税务机关调查税务违法案件时，对与案件有关的情况和资料，可以记录、录音、录像、照相和复制。[④]

税务机关应当建立科学的检查制度，统筹安排检查工作，严格控制对纳税人、扣缴义务人的检查次数；应当制定合理的税务稽查工作规程，负责选案、检查、审理、执行的人员的职责应当明确，并相互分离、相互制约，规范选案程序和检查行为。[⑤] 税务机关派出的人员进行税务检查时，应当出示税务检查证和税务检查通知书，并有责任为被检查人保守秘密；未出示税务检查证和税务检查通知书的，被检查人有权拒绝检查。[⑥] 税务机关对集贸市场及集中经营业户进行检查时，可以使用统一的税务检查通知书。[⑦]

---

① 《税收征管法》，第54条。
② 《税收征管法》，第55条。
③ 《税收征管法实施细则》，第88条。
④ 《税收征管法》，第56条、第57条、第58条。
⑤ 《税收征管法实施细则》，第85条。
⑥ 《税收征管法》，第59条。
⑦ 《税收征管法实施细则》，第89条。

（二）税务检查的内容和形式

税务检查的内容包括：检查纳税人履行纳税义务的情况；检查纳税人遵守财务、会计制度的情况；检查税务人员执行税收征管制度的情况。此外，在检查中，税务机关也可了解纳税人的生产经营情况，帮助纳税人改善经营管理，提高经济效益。

税务检查有多种形式，主要有日常检查、专项检查、专案检查和管理性稽核。日常检查，是由税务检查人员对纳税人不定期进行的纳税检查，一般以根据计算机内储存的纳税资料信息所筛选出的涉税参数指标不正常的纳税企业作为被查对象。专项检查，是由税务机关对某一类纳税企业或者某一种税务违章行为所进行的检查。专案检查，是税务机关根据群众举报线索以及领导交办、其他单位转办的涉税案件进行的检查。管理性稽核，是指税务机关根据日常税收征管信息，对停歇业、复业登记进行核查，对非正常纳税户进行巡查，对未按规定办理税务登记、纳税申报、缴纳税款的纳税人进行检查稽核。日常检查和管理性稽核由税源管理人员承担；专项检查和专案检查一般由税务稽查部门组织实施。

根据《税务稽查规程》相关规定，税务稽查由税务局稽查局依法实施；稽查局设立选案、检查、审理、执行部门，分别实施选案、检查、审理、执行工作；检查应当由两名以上检查人员共同实施，并向被查对象出示税务检查证和《税务检查通知书》；实施检查时，依照法定权限和程序，可以采取实地检查、调取账簿资料、询问、查询存款账户或者储蓄存款、异地协查等方法；调查取证时，不得违反法定程序搜集证据材料，不得以偷拍、偷录、窃听等手段获取侵害他人合法权益的证据材料，不得以利诱、欺诈、胁迫、暴力等不正当手段获取证据材料。[①]

七、违章处理制度

依法纳税是公民应尽的义务。任何纳税人都必须依照税法规定严格履行纳税义务，否则就要受到法律的制裁。违章处理是税收强制性特征的具体体现，是对纳税人漏税、欠税、偷税、抗税以及其他违反税法的行为采取的惩罚性措施。同时，为了保护纳税人的正当权益，一方面，法律允许纳税人向上级税务机关申请复议和向人民法院提起诉讼；另一方面，《税收征管法》也对税务机关、税务人员违章行为制定了处罚规定。

（一）对不按规定办理税务登记等违章行为的处理

纳税人有下列行为之一的，由税务机关责令限期改正，可以处 2000 元以下的罚款；情节严重的，处 2000 元以上 1 万元以下的罚款：①未按照规定的期限申报办理税务登记、变更或者注销登记的；②纳税人未按照规定办理税务登记证件验证或者换证手续的；③未按照规定设置、保管账簿或者保管记账凭证和有关资料的；④未按照规定将财务、会计制度或者财务、会计处理办法和会计核算软件报送税务机关备查的；

---

① 《税务稽查规程》（国税发［2009］157 号通知），第 2 条、第 5 条、第 22 条、第 23 条、第 24 条。

⑤未按照规定将其全部银行账号向税务机关报告的；⑥未按照规定安装、使用税控装置，以及损毁或者擅自改动税控装置的。[①] 纳税人不办理税务登记的，由税务机关责令限期改正，逾期不改正的，经税务机关提请，由工商行政管理机关吊销其营业执照。纳税人未按照规定使用税务登记证件，或者转借、涂改、损毁、买卖、伪造税务登记证件的，处2000元以上1万元以下的罚款；情节严重的，处1万元以上5万元以下的罚款。[②]

扣缴义务人未按照规定设置、保管代扣代缴、代收代缴税款账簿或者保管代扣代缴、代收代缴税款记账凭证及有关资料的，由税务机关责令限期改正，可以处以2000元以下的罚款；情节严重的，处2000元以上5000元以下的罚款。[③]

纳税人未按照规定的期限办理纳税申报和报送纳税资料的，或者扣缴义务人未按照规定的期限向税务机关报送代扣代缴、代收代缴税款报告表和有关资料的，由税务机关责令限期改正，可以处2000元以下的罚款；情节严重的，可以处2000元以上1万元以下的罚款。[④]

（二）对不按规定接受税务检查等违章行为的处理

纳税人、扣缴义务人逃避、拒绝或者以其他方式阻挠税务机关检查，有下列情形之一的，由税务机关责令改正，可以处1万元以下的罚款；情节严重的，处1万元以上5万元以下的罚款：①提供虚假资料，不如实反映情况，或者拒绝提供有关资料的；②拒绝或者阻止税务机关记录、录音、录像、照相和复制与案件有关的情况和资料的；③在检查期间，纳税人、扣缴义务人转移、隐匿、销毁有关资料的；④有不依法接受税务检查的其他情形的；⑤拒绝税务机关依照税收征管法到车站、码头、机场、邮政企业及其分支机构检查纳税人有关情况的。[⑤]

从事生产、经营的纳税人、扣缴义务人有《税收征管法》规定的税收违法行为，拒不接受税务机关处理的，税务机关可以收缴其发票或者停止向其发售发票。[⑥]

（三）对发票及完税凭证违章的处理

税务机关对违反发票管理法规的行为进行处罚，应将处理决定书面通知当事人；对违反发票管理法规的案件，应立案查处。对违反发票管理法规的行政处罚，由县以上税务机关决定；罚款额或没收非法所得款额在1000元以下的，可由税务所自行决定。[⑦]

---

① 《税收征管法》，第60条；《税收征管法实施细则》，第90条。

② 《税收征管法》，第60条。

③ 《税收征管法》，第61条。

④ 《税收征管法》，第62条。

⑤ 《税收征管法》，第70条；《税收征管法实施细则》，第95条、第96条。

⑥ 《税收征管法》，第72条。

⑦ 《发票管理办法实施细则》，第45条。

对有下列行为之一的单位和个人，由税务机关责令限制改正，没收非法所得，可以并处1万元以下的罚款。有前款以下两种或者两种以上行为的，可以分别处罚：①未按照规定印制发票或者生产发票防伪专用品的；②未按照规定领购发票的；③未按照规定开具发票的；④未按照规定取得发票的；⑤未按照规定保管发票的；⑥未按照规定接受税务机关检查的。

非法携带、邮寄、运输或者存放空白发票的，由税务机关收缴发票，没收非法所得，可以并处1万元以下的罚款。[①] 私自印制、伪造变造、倒买倒卖发票，私自制作发票监制章、发票防伪专用品的，由税务机关依法予以查封、扣押或者销毁，没收非法所得和作案工具，可以并处1万元以上5万元以下的罚款；构成犯罪的，依法追究刑事责任。[②]违反发票管理法，导致其他单位或者个人未缴、少缴或者骗取税款的，由税务机关没收非法所得，可以并处未缴、少缴或者骗取的税款一倍以下的罚款。[③] 没收非法所得，是指没收因伪造和非法印制、生产、买卖、转让、代开、不如实开具以及非法携带、邮寄、运输或者存放发票、发票监制章或者发票防伪专用品和其他违反本细则规定的行为所得的收入。[④] 对违反发票管理法规造成偷税的，按照《税收征收管理法》处理。对违反发票管理法规情节严重构成犯罪的，税务机关应书面移送司法机关处理。[⑤] 上述犯罪的具体量刑标准如下：

伪造或者出售伪造的增值税专用发票的，处3年以下有期徒刑、拘役或者管制，并处2万元以上20万元以下罚金；数量较大或者有其他严重情节的，处3年以上10年以下有期徒刑，并处5万元以上50万元以下罚金；数量巨大或者有其他特别严重情节的，处10年以上有期徒刑或者无期徒刑，并处5万元以上50万元以下罚金或者没收财产。伪造并出售伪造的增值税专用发票，数量特别巨大，情节特别严重，严重破坏经济秩序的，处无期徒刑或者死刑，并处没收财产。单位犯本条规定之罪的，对单位判处罚金，并对其直接负责的主管人员和其他直接责任人员，处3年以下有期徒刑、拘役或者管制；数量较大或者有其他严重情节的，处3年以上10年以下有期徒刑；数量巨大或者有其他特别严重情节的，处3年以上有期徒刑或者无期徒刑。[⑥]

伪造、擅自制造或者出售伪造、擅自制造的可以用于骗取出口退税、抵扣税款的其他发票的，处3年以下有期徒刑、拘役或者管制，并处2万元以上20万元以下罚金；数量巨大的，处3年以上7年以下有期徒刑，并处5万元以上50万元以下罚金；数量特别巨大的，处7年以上有期徒刑，并处5万元以上50万元以下罚金或者没收财产。伪造、擅自制造或者出售伪造、擅自制造的前款规定以外的其他发票的，处2年以下有期徒刑、拘役或者管制，并处或者单处1万元以上5万元以下罚金；情节严重的，

---

① 《发票管理办法》，第37条。

② 《发票管理办法》，第38条；《税收征管法》，第71条。

③ 《发票管理办法》，第39条。

④ 《发票管理办法实施细则》，第54条。

⑤ 《发票管理办法实施细则》，第55条。

⑥ 《刑法》，第206条。

处2年以上7年以下有期徒刑，并处5万元以上50万元以下罚金。非法出售可以用于骗取出口退税、抵扣税款的其他发票的，依照第一款的规定处罚。非法出售第三款规定以外的其他发票的，依照第二款的规定处罚。①

非法出售增值税专用发票的，处3年以下有期徒刑、拘役或者管制，并处2万元以上20万元以下罚金；数量较大的，处3年以上10年以下有期徒刑，并处5万元以上50万元以下罚金；数量巨大的，处10年以上有期徒刑或者无期徒刑，并处5万元以上50万元以下罚金或者没收财产。②

非法购买增值税专用发票或者购买伪造的增值税专用发票的，处5年以下有期徒刑或者拘役，并处或者单处2万元以上20万元以下罚金。非法购买增值税专用发票或者购买伪造的增值税专用发票又虚开或者出售的，分别依照刑法第二百零五条、第二百零六条、第二百零七条的规定定罪处罚。③

非法印制、转借、倒卖、变造或者伪造完税凭证的，由税务机关责令改正，处2000元以上1万元以下的罚款；情节严重的，处1万元以上5万元以下的罚款；构成犯罪的，依法追究刑事责任。④

（四）对纳税人偷逃税、骗税、抗税行为等的处理

1. 关于偷逃税的处理

纳税人伪造、变造、隐匿、擅自销毁账簿、记账凭证，或者在账簿上多列支出或者不列、少列收入，或者经税务机关通知申报而拒不申报或者进行虚假的纳税申报，不缴或者少缴应纳税款的，是偷税。对纳税人偷税的，由税务机关追缴其不缴或者少缴的税款、滞纳金，并处不缴或者少缴的税款50%以上5倍以下的罚款；构成犯罪的，依法追究刑事责任。扣缴义务人采取前款所列手段，不缴或者少缴已扣、已收税款，由税务机关追缴其不缴或者少缴的税款、滞纳金，并处不缴或者少缴的税款50%以上5倍以下的罚款；构成犯罪的，依法追究刑事责任。⑤

2009年2月28日第十一届全国人民代表大会常务委员会第七次会议通过的《刑法修正案（七）》对第二百零一条进行了修订，不再采用“偷税”的概念，代之以“逃避缴纳税款”，具体规定如下：“纳税人采取欺骗、隐瞒手段进行虚假纳税申报或者不申报，逃避缴纳税款数额较大并且占应纳税额10%以上的，处3年以下有期徒刑或者拘役，并处罚金；数额巨大并且占应纳税额30%以上的，处3年以上7年以下有期徒刑，并处罚金。”“扣缴义务人采取前款所列手段，不缴或者少缴已扣、已收税款，数额较大的，依照前款的规定处罚。”“对多次实施前两款行为，未经处理的，按照累计数额计算。”“有第一款行为，经税务机关依法下达追缴通知后，补缴应纳税款，缴纳滞纳金，

---

① 《刑法》，第209条。
② 《刑法》，第207条。
③ 《刑法》，第208条。
④ 《税收征管法实施细则》，第91条。
⑤ 《税收征管法》，第63条。

已受行政处罚的，不予追究刑事责任；但是，5年内因逃避缴纳税款受过刑事处罚或者被税务机关给予2次以上行政处罚的除外。”①

对于偷税立案标准问题，根据最高人民检察院、公安部86种经济案件立案追诉标准，逃避缴纳税款涉嫌下列情形之一的，应予立案追诉：①纳税人采取欺骗、隐瞒手段进行虚假纳税申报或者不申报，逃避缴纳税款，数额在5万元以上并且占各税种应纳税总额10%以上，经税务机关依法下达追缴通知后，不补缴应纳税款、不缴纳滞纳金或者不接受行政处罚的；②纳税人5年内因逃避缴纳税款受过刑事处罚或者被税务机关给予2次以上行政处罚，又逃避缴纳税款，数额在5万元以上并且占各税种应纳税总额10%以上的；③扣缴义务人采取欺骗、隐瞒手段，不缴或者少缴已扣、已收税款，数额在5万元以上的。纳税人在公安机关立案后再补缴应纳税款、缴纳滞纳金或者接受行政处罚的，不影响刑事责任的追究。②

纳税人、扣缴义务人编造虚假计税依据的，由税务机关责令限期改正，并处5万元以下的罚款。纳税人不进行纳税申报，不缴或者少缴应纳税款的，由税务机关追缴其不缴或者少缴的税款、滞纳金，并处不缴或者少缴的税款50%以上5倍以下的罚款。③ 纳税人、扣缴义务人在规定期限内不缴或者少缴应纳或者应解缴的税款，经税务机关责令限期缴纳，逾期仍未缴纳的，税务机关除依照有关规定采取强制执行措施追缴其不缴或者少缴的税款外，可以处不缴或者少缴的税款50%以上5倍以下的罚款。④扣缴义务人依法履行代扣、代收税款义务时，纳税人不得拒绝。⑤ 纳税人拒绝代扣、代收税款的，扣缴义务人应当向税务机关报告，由税务机关直接向纳税人追缴税款、滞纳金。⑥

扣缴义务人应扣未扣、应收而不收税款的，由税务机关向纳税人追缴税款，对扣缴义务人处应扣未扣、应收未收税款50%以上3倍以下的罚款。⑦

2. 关于妨碍追缴欠税的处理

纳税人欠缴应纳税款，采取转移或者隐匿财产的手段，妨碍税务机关追缴欠缴的税款的，由税务机关追缴欠缴的税款、滞纳金，并处欠缴税款50%以上5倍以下的罚款；致使税务机关无法追缴欠缴的税款，数额在1万元以上的，依法追究刑事责任。⑧

纳税人欠缴应纳税款，采取转移或者隐匿财产的手段，致使税务机关无法追缴欠缴的税款，数额在1万元以上不满10万元的，处3年以下有期徒刑或者拘役，并处或者单处欠缴税款1倍以上5倍以下罚金；数额在10万元以上的，处3年以上7年以下

---

① 《刑法》，第201条。

② 《最高人民检察院公安部关于公安机关管辖的刑事案件立案追诉标准的规定（二）》，第57条。

③ 《税收征管法》，第64条。

④ 《税收征管法》，第68条。

⑤ 《税收征管法》，第3条。

⑥ 《税收征管法实施细则》，第94条。

⑦ 《税收征管法》，第69条。

⑧ 《税收征管法》，第65条；《最高人民检察院公安部关于公安机关管辖的刑事案件立案追诉标准的规定》，第59条。

有期徒刑，并处欠缴税款1倍以上5倍以下罚金。[①]

3. 关于骗税的处理

以假报出口或者其他欺骗手段，骗取国家出口退税的，由税务机关追缴其骗取的退税款，并处骗取税款1倍以上5倍以下的罚款；数额在5万元以上的，依法追究刑事责任。对骗取国家出口退税款的，税务机关可以在规定期间内停止为其办理出口退税。[②]

以假报出口或者其他欺骗手段，骗取国家出口退税款，数额较大的，处5年以下有期徒刑或者拘役，并处骗取税款1倍以上5倍以下罚金；数额巨大或者有其他严重情节的，处5年以上10年以下有期徒刑，并处骗取税款1倍以上5倍以下罚金；数额特别巨大或者有其他特别严重情节的，处10年以上有期徒刑或者无期徒刑，并处骗取税款1倍以上5倍以下罚金或者没收财产。纳税人缴纳税款后，采取前款规定的欺骗方法，骗取所缴纳的税款的，依照刑法法第二百零一条的规定定罪处罚；骗取税款超过所缴纳的税款部分，依照前款的规定处罚。[③]

虚开增值税专用发票或者虚开用于骗取出口退税、抵扣税款的其他发票的，处3年以下有期徒刑或者拘役，并处2万元以上20万元以下罚金；虚开的税款数额较大或者有其他严重情节的，处3年以上10年以下有期徒刑，并处5万元以上50万元以下罚金；虚开的税款数额巨大或者有其他特别严重情节的，处10年以上有期徒刑或者无期徒刑，并处5万元以上50万元以下罚金或者没收财产。有前款行为骗取国家税款，数额特别巨大，情节特别严重，给国家利益造成特别重大损失的，处无期徒刑或者死刑，并处没收财产。单位犯本条规定之罪的，对单位判处罚金，并对其直接负责的主管人员和其他直接责任人员，处3年以下有期徒刑或者拘役；虚开的税款数额较大或者有其他严重情节的，处3年以上10年以下有期徒刑；虚开的税款数额巨大或者有其他特别严重情节的，处10年以上有期徒刑或者无期徒刑。虚开增值税专用发票或者虚开用于骗取出口退税、抵扣税款的其他发票，是指有为他人虚开、为自己虚开、让他人为自己虚开、介绍他人虚开行为之一的。[④]

4. 关于抗税的处理

以暴力、威胁的方法拒不缴纳税款的，是抗税，除由税务机关追缴其拒缴的税款、滞纳金外，依法追究刑事责任。情节轻微，未构成犯罪的，由税务机关追缴其拒缴的税款、滞纳金，并处拒缴税款1倍以上5倍以下的罚款[⑤]；构成犯罪的，处3年以下有期徒刑或者拘役，并处拒缴税款1倍以上5倍以下罚金；情节严重的，处3年以上7年

---

① 《刑法》，第203条。

② 《税收征管法》，第66条；《最高人民检察院公安部关于公安机关管辖的刑事案件立案追诉标准的规定》，第60条。

③ 《刑法》，第204条。

④ 《刑法》，第205条。

⑤ 《税收征管法》，第67条。

以下有期徒刑，并处拒缴税款1倍以上5倍以下罚金。[①]

以暴力、威胁方法拒不缴纳税款涉嫌下列情形之一的，应予立案追诉：①造成税务工作人员轻微伤以上的；②以给税务工作人员及其亲友的生命、健康、财产等造成损害为威胁，抗拒缴纳税款的；③聚众抗拒缴纳税款的；④以其他暴力、威胁方法拒不缴纳税款的。[②]

（五）对金融机构不履行护税协税义务的处理

银行和其他金融机构未依照《税收征管法》的规定在从事生产、经营的纳税人的账户中登录税务登记证件号码，或者未按规定在税务登记证件中登录从事生产、经营的纳税人的账户账号的，由税务机关责令其限期改正，处2000元以上2万元以下的罚款；情节严重的，处2万元以上5万元以下的罚款。[③]

纳税人、扣缴义务人的开户银行或者其他金融机构拒绝接受税务机关依法检查纳税人、扣缴义务人存款账户，或者拒绝执行税务机关作出的冻结存款或者扣缴税款的决定，或者在接到税务机关的书面通知后帮助纳税人、扣缴义务人转移存款，造成税款流失的，由税务机关处10万元以上50万元以下的罚款，对直接负责的主管人员和其他直接责任人员处1000元以上1万元以下的罚款。[④]

为纳税人、扣缴义务人非法提供银行账户、发票、证明或者其他方便，导致未缴、少缴税款或者骗取国家出口退税款的，税务机关除没收其违法所得外，可以处未缴、少缴或者骗取的税款1倍以下的罚款。[⑤]

（六）行政处罚的权限、解库及时限

《税收征管法》所规定的行政处罚，罚款额在2000元以下的，可以由税务所决定。[⑥] 税务机关和司法机关的涉税罚没收入，应当按照税款入库预算级次上缴国库。[⑦] 税务机关对纳税人、扣缴义务人及其他当事人处以罚款或者没收违法所得时，应当开付罚没凭证；未开付罚没凭证的，纳税人、扣缴义务人以及其他当事人有权拒绝给付。[⑧]违反税收法律、行政法规应当给予行政处罚的行为，在5年内未被发现的，不再给予行政处罚。[⑨]

---

① 《刑法》，第202条。

② 《最高人民检察院公安部关于公安机关管辖的刑事案件立案追诉标准的规定》，第58条。

③ 《税收征管法实施细则》，第92条。

④ 《税收征管法》，第73条。

⑤ 《税收征管法实施细则》，第93条。

⑥ 《税收征管法》，第74条。

⑦ 《税收征管法》，第75条。

⑧ 《税收征管法实施细则》，第99条。

⑨ 《税收征管法》，第86条。

（七）对税务机关、税务人员违反规定的处理

税务机关违反规定擅自改变税收征收管理范围和税款入库预算级次的，责令限期改正，对直接负责的主管人员和其他责任人员依法给予降级或者撤职的处分。① 违反法律、行政法规的规定提前征收、延缓征收或者摊派税款的，由其上级税务机关或者行政监察机关责令改正，对直接负责的主管人员和其他直接责任人员依法给予行政处分。② 违反法律、行政法规的规定，擅自作出税收的开征、停征或者减税、免税、退税、补税以及其他同税收法律、行政法规相抵触的决定的，除依照本法规定撤销其擅自作出的决定外，补征应征未征税款，退还不应征收而征收的税款，并由上级机关追究直接负责的主管人员和其他直接责任人员的行政责任；构成犯罪的，依法追究刑事责任。③

税务人员与纳税人、扣缴义务人勾结，有唆使或者协助纳税人、扣缴义务人偷税、逃避追缴欠税、骗取出口退税的行为，构成犯罪的，依法追究刑事责任；尚不构成犯罪的，依法给予行政处分。④ 税务人员利用职务上的便利，收受或者索取纳税人、扣缴义务人财物或者谋取其他不正当利益，构成犯罪的，依法追究刑事责任；尚不构成犯罪的，依法给予行政处分。⑤ 税务人员徇私舞弊或者玩忽职守，不征或者少征应征税款，致使国家税收遭受重大损失，构成犯罪的，依法追究刑事责任；尚不构成犯罪的，依法给予行政处分。⑥ 税务人员徇私舞弊，对依法应当移交司法机关追究刑事责任的不移交，情节严重的，依法追究刑事责任。⑦

未经税务机关依法委托征收税款的，责令退还收取的财物，依法给予行政处分或者行政处罚；致使他人合法权益受到损失的，依法承担赔偿责任；构成犯罪的，依法追究刑事责任。⑧ 税务机关、税务人员查封、扣押纳税人个人及其所扶养家属维持生活必需的住房和用品的，责令退还，依法给予行政处分；构成犯罪的，依法追究刑事责任。⑨ 税务人员私分扣押、查封的商品、货物或者其他财产，情节严重，构成犯罪的，依法追究刑事责任；尚不构成犯罪的，依法给予行政处分。⑩税务人员滥用职权，故意刁难纳税人、扣缴义务人的，调离税收工作岗位，并依法给予行政处分。税务人员违反法律、行政法规的规定，故意高估或者低估农业税计税产量，致使多征或者少征税款，侵犯农民合法权益或者损害国家利益，构成犯罪的，依法追究刑事责任；尚不构

① 《税收征管法》，第76条。
② 《税收征管法》，第83条。
③ 《税收征管法》，第84条。
④ 《税收征管法》，第80条。
⑤ 《税收征管法》，第81条。
⑥ 《税收征管法》，第82条。
⑦ 《税收征管法》，第77条。
⑧ 《税收征管法》，第78条。
⑨ 《税收征管法》，第79条。
⑩ 《税收征管法实施细则》，第97条。

成犯罪的，依法给予行政处分。税务人员对控告、检举税收违法违纪行为的纳税人、扣缴义务人以及其他检举人进行打击报复的，依法给予行政处分；构成犯罪的，依法追究刑事责任。[①] 未按照《税收征管法》规定为纳税人、扣缴义务人、检举人保密的，对直接负责的主管人员和其他直接责任人员，由所在单位或者有关单位依法给予行政处分。[②]

税务代理人违反税收法律、行政法规，造成纳税人未缴或者少缴税款的，除由纳税人缴纳或者补缴应纳税款、滞纳金外，对税务代理人处纳税人未缴或者少缴税款50%以上3倍以下的罚款。[③]

八、税务救济制度

税务行政复议机关受理申请人对税务机关下列具体行政行为不服提出的行政复议申请[④]：①征税行为；②行政许可、行政审批行为；③发票管理行为，包括发售、收缴、代开发票等；④税收保全措施、强制执行措施；⑤行政处罚行为：罚款、没收财物和违法所得、停止出口退税权；⑥不依法履行下列职责的行为：颁发税务登记；开具、出具完税凭证、外出经营活动税收管理证明；行政赔偿；行政奖励；其他不依法履行职责的行为；⑦资格认定行为；⑧不依法确认纳税担保行为；⑨政府信息公开工作中的具体行政行为；⑩纳税信用等级评定行为；⑪通知出入境管理机关阻止出境行为；⑫其他具体行政行为。

纳税人、扣缴义务人、纳税担保人同税务机关在纳税上发生争议时，必须先依照税务机关的纳税决定缴纳或者解缴税款及滞纳金或者提供相应的担保，然后可以依法申请行政复议；对行政复议决定不服的，可以依法向人民法院起诉。[⑤] 征税行为包括确认纳税主体、征税对象、征税范围、减税、免税、退税、抵扣税款、适用税率、计税依据、纳税环节、纳税期限、纳税地点和税款征收方式等具体行政行为，征收税款、加收滞纳金，扣缴义务人、受税务机关委托的单位和个人作出的代扣代缴、代收代缴、代征行为等。[⑥]

当事人对税务机关的处罚决定、强制执行措施或者税收保全措施等不服的，可以依法申请行政复议，也可以依法向人民法院起诉。

当事人对税务机关的处罚决定逾期不申请行政复议也不向人民法院起诉、又不履行的，作出处罚决定的税务机关可以采取强制执行措施，或者申请人民法院强制执行。[⑦]

---

① 《税收征管法》，第82条。
② 《税收征管法》，第87条。
③ 《税收征管法实施细则》，第98条。
④ 《税务行政复议规则》，第14条。
⑤ 《税收征管法实施细则》，第100条。
⑥ 《税务行政复议规则》，第14条。
⑦ 《税收征管法》，第88条。

第二节 税收征管模式改革

一、税收征管模式的演变

我国税收征管模式经历了几次重大改革，大致可以概括为四种模式，其一是专户管理模式；其二是征管查分离模式；其三是自行申报、集中征收、重点稽查模式；其四是自行申报、集中征收、重点稽查、强化管理模式。

（一）专户管理模式

专户管理模式是新中国成立以后长期实行的一种税收征管模式。这一模式的主要特征是“一人进厂、各税统管”。从征管的组织形式来看，这一模式表现为征管查不分、一人负责。税务机构和税收工作岗位是按所辖纳税人的所有制性质、行业或地段等因素来设置，税务人员的配备则是根据纳税户规模的大小和税收工作的繁简而定，税务人员对纳税户实行专人专责管理，由专管员承担税务登记、纳税鉴定、纳税申报、税款征收、纳税检查、违章处理等税收征管的全过程。

对生产规模大、生产工艺流程多、税款计算复杂的重点税源企业往往由税务机关向纳税企业派驻固定的税务人员驻厂征收，对其他企业则采取按行业或地段设岗定员进行管理，一个专管员负责多家纳税户的税款征收和管理工作。街道企业、乡镇企业、个体工商业户以及农村纳税人一般实行划片管理，指派专管员按地段对纳税户进行征收、管理、检查。

专户管理模式之所以长期被采纳是同这一模式本身所具有的优点分不开。专户管理有利于搞好税企关系，企业的纳税申报、纳税鉴定、税款征收都有专管员直接指导，专管员可以及时将国家税收政策的变动情况通知企业，专管员长期负责特定纳税户的税务管理工作，对所管纳税户的生产经营情况也比较熟悉，加之实行各税统管，可利用流转税与所得税等税之间内在联系进行管理监督，对单户企业的税源控管较为有效。专户管理模式下，由于税务管理人员的管理对象相对固定，管理范围稳定，税务管理任务可以落实到人，专管员的责任明确，征管中不会出现推诿扯皮现象。但是，专户管理模式也有其明显的缺陷。首先，集征管查于专管员一身，权力过分集中，容易滋生腐败违纪现象，人情税、关系税难以避免；其次，专管员征管水平良莠不齐，征管责任心也不一样，税收征管质量与具体管户的专管员直接相关，加之一个专管员往往管理数户甚至几十户企业，工作难免顾此失彼，难以管深查透，影响征管质量；再次，专户管理模式下上门收税方式也是对征纳双方权利义务关系的扭曲，使纳税人在征纳关系中处于被动地位，不利于促进纳税人自觉主动地履行纳税义务，不利于良好的纳税秩序的形成。为了适应经济形势和税制发展的需要，国家税务局于 1988 年在部分省市进行征管查分离试点并在总结经验的基础上从 1991 年起在全国推行征管改革。

（二）征管查分离模式

征管查分离模式有“三分离”与“两分离”之别。所谓“三分离”是指在省以下税务机关实行征、管、查三分离，设置若干个税款征收、纳税管理、税务稽查等不同的科室机构，分别形成征收系列、管理系列和检查系列，征收系列主要负责受理纳税申报、入库税款工作，管理系列主要负责办理税务登记、纳税辅导、税法宣传、督促申报等工作，检查系列主要负责纳税检查、违章处理。“两分离”则是实行征收管理与纳税检查相分离。

征管查分离模式的实质是实行分权管理，一方面税务人员的权力得到削弱，另一方面，引进权力制衡机制，形成内部制度化的制约机制，征收系列、管理系列、检查系列之间具有牵制监督作用，因而这一模式最明显的成效在于促进了税务机关的廉政建设。征管查分离模式的另一个优点是提高了征管专业化、规范化程度。这一模式改变了专户管理模式下税务人员上门收税、催税、办税的做法，改为由纳税人主动办理纳税事宜，税务部门建立健全征管制度和工作规程，征收、管理、检查三个系列均有各自的职责范围，标准化作业，专业管理与协作得到加强，有利于提高税收管理的总体水平。但是，在实践中，征管查分离模式也暴露出一些问题。不少地方在改革中存在分离绝对化的倾向，企图彻底划分征管查的工作界限，将所有的征管工作分项列举归入不同的系列，由于客观上存在一些交叉和共同承担的工作项目，导致各系列之间推诿扯皮，有些工作相互脱节，给偷逃税款提供了可乘之机，漏征漏管现象明显增多，征管质量有所降低。与此同时，征管查分离后，各系列均派员对企业检查，导致多头管理，税务人员对企业干预过于频繁，而且新模式运行之初，一些地方服务质量没有及时跟上，办税窗口过少，甚至出现排长队缴税现象，导致了纳税人的不便。征管查分离的大方向是正确的，但具体的操作细节需要改革完善。

（三）自行申报、集中征收、重点稽查模式

为了克服征管查分离模式存在的问题，建立与1994年税制改革所创建的新税制相适应的税收征管模式，国家税务总局确定从1997年开始在全国范围逐步推行新的税收征管模式，即建立以申报纳税和优化服务为基础，以计算机网络为依托，集中征收、重点稽查的征管模式。

应该说，这一模式本质上仍是征管查分离模式，是在原有征管查分离模式基础上的进一步规范与完善。新征管模式明确了纳税人自行申报纳税的基础地位，彻底取消了专管员管户制度，要求纳税人按照税法的规定自行或委托他人填写纳税申报表，申报缴纳税款；税务部门的服务意识明显增强，办税大厅不仅公布税收政策法规，而且提供许多方便纳税人办税的服务设施，税务部门的机关衙门作风得到明显改观；强化了现代信息技术对税收征管的保障作用，明确提出以计算机网络为依托，各级税务机关均购置了大量的计算机，通过开发计算机应用软件，计算机被运用于税务登记、发票出售、受理申报、稽查选案、检查审理等税收管理全过程；普遍设立办税大厅，规

范办税流程，将税务登记、纳税申报、税款缴纳、税务咨询、发票领购等事宜集中在办税大厅受理，方便纳税人办税；建立人工和计算机相结合的稽查体系，重新组建税务稽查机构，把税务稽查作为税收工作的重中之重，配备了更多的人员，并在稽查体系内部按照选案、检查、审理、执行等职能建立分工制约机制。

（四）自行申报、集中征收、重点稽查、强化管理模式

2001年11月，国家税务总局提出新一轮征管改革，构建信息化支持下的专业税收征管新格局，征管模式具有“专业化、集约化、规范化、信息化”的特征，强调要把加强税源控管摆到更加突出的位置。为了解决“疏于管理、淡化责任”的问题，2003年国家税务总局提出“促进征管查相协调，专业化与信息化相结合，全面强化管理”，在原征管模式末尾加上“强化管理”，形成了现行34字税收征管模式：“以申报纳税和优化服务为基础，以计算机网络为依托，集中征收，重点稽查，强化管理”。

34字征管模式提出后，税收征管实践中特别强调税源管理，注重针对征管薄弱环节，采取有效措施，堵塞征管漏洞。一是建立了税收管理员制度。澄清税收管理员不能下户的错误认识，提出正确处理管户与管事的关系。税收管理员的主要职责是按片对纳税户的税源管理工作，包括案头管理、咨询服务以及必要的实地了解情况和检查等工作，掌握税源的状况、税源变化的趋势，分析纳税申报的真实性。税收管理员不管税款征收，不由个人决定减免税和处罚。税收管理员要充分利用各种信息资料，加强分析评估，有针对性地下户了解情况和进行必要的检查。二是进一步明确了日常检查与税务稽查的分工。进行日常检查要有计划性，与稽查部门协调，避免重复下户。三是强化纳税评估，原来是在县局税源管理科增加纳税评估职能，现行的做法则是在县级局设立专门的纳税评估科。现行税收征管模式实行专业化分工，征收、管理、评估、稽查、法制五分离，稽查内部又实行选案、检查、审理、执行四分离，虽然有利于部门之间分权制衡，但由于分工过细，税务行政效率可能会受到影响。

二、选择税收征管模式的原则

（一）强化专业化管理原则

在我国今后相当长的历史时期内，将实行以流转税为主体的税制模式，管理的对象以企业纳税人为主，特别是以大中型企业为主，这些企业规模大，职工多，生产过程复杂，大多数企业产品种类繁多，财务制度健全但比较复杂，不论是日常管理还是重点稽查，只有当税务人员非常熟悉企业状况，成为行家，才能全面了解纳税人的深层次的情况，掌握足够的、准确的、及时的信息，使管理行动有的放矢，避免盲目性。不了解纳税人的生产经营和财务活动的全过程，就不可能查到其实质性的问题，而只能发现一些表面的次要的违规事件。要管好这些企业，必须按照行业的特点，实行专

业化管理，安排相对固定的专职税务干部，按行业性质实行长期跟踪监督。把一些大中型企业的税收管好了，也就抓住了最主要的税源，抓住了税收工作的主要矛盾。无论征管模式如何改变，专业化管理都必须强化，而不能削弱。所有的人管理或稽查所有的行业，是达不到目的的。

（二）信息全面准确原则

任何有效的管理都必须建立在全面准确的信息基础之上。新的征管模式以计算机为依托，就是以计算机作为信息处理的基本手段。这种依托的可靠性取决于信息采集的全面性和准确性。如果计算机信息系统中的信息不完整、不准确，那么计算机就不能起到依托作用，就不能节约时间和减轻劳动量，相反会造成巨大的投资浪费、时间及人力浪费。因为数据不准确，所以要么信息系统实际上无法提供有用的管理信息，要么在以后使用数据时需逐次进行数据准确性的甄别、选择，耗费巨大的人力、物力和时间。如何确保计算机信息系统中的信息全面准确，如何在数据采集时就确保数据准确性，是今后征管改革的基础性工作。

（三）优化服务原则

纳税人有按法律履行纳税的义务，同时也依法享有各种权力。这些权力包括纳税人对税法规章的知情权，对征税程序的了解权，对税务工作人员怠慢、越权、违规的揭发、检举、投诉直至诉讼权等。只有在纳税人的权利得到充分保障和尊重的前提下，纳税人自觉履行纳税义务的积极性才会提高，普遍纳税意识才会增强。应该说权力享有越充分、履行义务的积极性也会越高。纳税人现有各种权力，在很大程度上要通过税务机关对纳税人的优质服务来实现。首先在与纳税人关系上，要打破领导与被领导的旧观念，树立服务与被服务的新观念。优化对纳税人的服务是营造良好的征纳关系和税收环境的重要方面，也是依法治税和实现国家税收政策目标的需要。只有让纳税人全面准确及时了解了税法规章和办税程序，纳税人依法纳税才有了基本前提。也只有让纳税人懂得国家的税收政策，纳税人才能依政策而变化生产经营活动，从而使政策目标得到实现。因此，征管改革要致力于税收服务质量和水平的提高。纳税方式的选择要以便利纳税人为出发点，不要使纳税人感到繁难，务必减少纳税人的额外负担。

（四）精简高效原则

在机构设置和人员配备上，要按照管理学的基本要求，合理配置人力资源，分工协作、相互制约。建立岗位职责明确、相互制约的岗责体系。各个岗位的职责要明确，同一业务的不同环节，根据需要分别设置不同的岗位，以保证岗位间的相互制约。建立岗位之间的协作机制。在此基础上推行综合岗位，一人多岗。对面向纳税人的岗位，推行综合岗位，同时处理多种业务，方便纳税人。实行综合岗位后，用较少的人员就可以提供与原来相同质量的服务。

三、深化征管改革应正确处理好几个主要关系

（一）正确处理改革与稳定的关系

征收管理的目的是贯彻执行税法和规章，征管有效的主要标志是税法或规章与实际的税款征收基本一致，税法是不是完全准确地实行决定了征管改革的成败和效率的高低。我国征管改革的基本目标是建立一种良性循环的税收征管运行机制，用尽量低的征收成本和纳税人奉行成本，促使纳税人提高遵从税法程度，使税法规定与实际运行结果尽可能一致，把偷逃税情况降到最低程度。进一步深化税收征管改革，既要朝着这一基本目标积极迈进，又要考虑现在已经取得的改革成果，在巩固的基础上逐步完善，这就要求我们既坚持面向未来、积极改革的原则，又坚持立足现实、相对稳定的原则。

过去税务机关工作人员权力得不到有效制约，执法随意、依情依权而不依法，不能做到税法面前人人平等，这是旧征管模式的最大弊端。建立“以申报纳税和优化服务为基础，以计算机网络为依托，集中征收，重点稽查，强化管理”的税收征管模式，以规范的税收专业化分工管事制度代替专管员管户制度，形成有效的权力制约机制，从而为依法治税和实现征管目标奠定重要基础，这是我国征管改革取得的重要成果，有着根本性的意义。征管改革是一项复杂的系统工程，对外涉及广大纳税人，对内事关所有税务人员，一项模式一旦确定，应当在一段时间内保持相对稳定，不可朝令夕改，要避免因模式变动过于频繁而造成税务人员人心不稳、纳税企业无所适从。对征管模式运行中存在的问题，不能视而不见，但要全面分析问题的表现及原因，在采取措施加以改革时，从全局出发，实事求是，立足当前，面向未来，逐步解决，而不是推倒重建。

（二）正确处理分工与协作的关系

在深化征管改革的过程中，要按照管理学的基本要求，合理配置人力资源，分工协作、相互制约。各个岗位的职责要明确，同一业务的不同环节应根据需要分别设置不同的岗位，以保证岗位间的相互制约。与此同时要建立岗位之间的协作机制，面向纳税人的岗位可推行综合岗位，一人多岗，同时处理多种业务，方便纳税人。实行综合岗位后，用较少的人员就可以提供与原来相同质量的服务。在机构设置和人员配备上，应当遵循精简高效的原则，可以将目前征收环节和管理环节不需下户调查、只是受理服务的窗口业务归并合一，在办税服务厅设立六大类型服务与管理窗口，受理税务登记、申报征收、发票管理、违章处理、政策咨询以及其他涉税事项。每一类型的窗口不过于细分具体的办事环节，但应根据该类业务工作量大小合理设置多个服务岗位，既有建立在分工基础上的责任制，又有在遇到集中办税事项时统一指挥、协同作战的灵活性，避免出现税务人员忙闲不均和纳税人较长时间排队办税的现象。

（三）正确处理管户与管事、管税的关系

税源监控作为全部税收管理工作的起点和基础，贯穿于税收征管工作的全过程。

不能及时准确地掌握税源的规模和分布情况，不能及时掌握纳税人经营情况、经营方式、核算方式和税源变化情况，我们的征管工作就会带有极大的盲目性。如何强化事前管理，变被动收税为主动管税，使管税人员自觉加强对纳税户纳税情况的跟踪管理，及时了解企业经营变动情况和纳税情况，在纳税出现异常情况后及时开展情况调查和催报催缴，是税务部门长期需要解决的问题。税源的控管与日常稽查既要注意信息的衔接，也要注意分散稽查权力，发挥制约机制，实现分工制衡，同时也要注意工作轮换，避免重走专管员固定管户的老路。

（四）正确处理计算机使用与发挥管理主体的主动性之间的关系

任何有效的管理都必须建立在全面准确的信息基础之上。现行征管模式以计算机为依托，就是以计算机作为信息处理的基本手段。这种依托的可靠性取决于信息采集的全面性和准确性，这也是今后征管改革的基础性工作。计算机的采用及其网络化对提高税收管理的速度和质量有重要作用，这毫无异议。但不少发展中国家的税收征管改革实践证明，重视计算机运用的同时，还必须重视发挥管理人员的主动性，解决信息不准确、不完整问题。要从技术上设计出能“原汁原味”地、快速准确地录入纳税人申报资料的办法，尽量不采用人工输入的方法进行数据采集。目前涉及全部纳税人的数据主要有申报信息、财务报表信息、发票购买与使用、抵扣方面的信息，要尽量减少人工采集数据的分量。就申报信息来讲，可以采用多种方式进行数据采集，对小规模纳税人的增值税申报或其他只需申报较少数据项的税种，可以采用电话申报的方式；对需输入数据项较多的申报，可以采用互联网申报，也可以由税务局开发简单的输入程序，让纳税人在自己的计算机中输入相应的数据，再使用申报软盘的方式申报，或采用机械化的数据采集方法进行数据采集，如采用光电扫描识别的方法，或公布各税种的申报数据格式，要求纳税人按照统一格式申报电子数据文件。与此同时，建立必要的事后复核制度，确保数据准确性。与税款有关的业务均应进入税收会计核算体系中，税款的入库要与国库对账，要定期与纳税人进行有关应征税款、入库税款等内容的对账。

（五）正确处理纳税人主动申报与加强税收稽查的关系

纳税人自觉主动、在集中地点申报是征管改革的最大成效，这一做法应当坚持。但如果缺少通过有效的日常检查和重点稽查所形成的核实机制，受经济利益驱动，纳税人自己申报的资料很难做到准确。在以纳税人自行申报纳税为基础的模式下，以查促管是保证纳税人足额申报的重要手段，税务稽查始终都是税收工作的重中之重。在征收、管理环节加强对税源的控管后，征管基础资料准确性、完整性的提高为稽查准确选案创造了条件，稽查的重点转移到日常稽查。为了更好地发挥税务稽查以查促管的威慑作用，应加大重点税源的稽查力度，对一般纳税企业应根据管理和征管环节有关信息资料进行选案稽查。为了提高稽查的质量，有必要对税务稽查分工也实行相对专业化，安排一个人或一个小组长期面对某一行业或地段的纳税企业，使税务稽查人员成为某一类纳税企业的查账行家，全面了解纳税人的深层次问题，掌握足够的、准确的、及时的信息，使税务稽查行动有的放矢，避免稽查的盲目性。

（六）正确处理纳税人权利与义务的关系。

为了帮助纳税人更好地维护权利和履行义务，国家税务总局专门发文对税收征管法等法规有关纳税人的权利与义务进行了梳理，其中纳税人权利有14项、纳税人义务有10项。①

纳税人14项权利包括：①知情权；②保密权；③税收监督权；④纳税申报方式选择权；⑤申请延期申报权；⑥申请延期缴纳税款权；⑦申请退还多缴税款权；⑧依法享受税收优惠权；⑨委托税务代理权；⑩陈述与申辩权；⑪对未出示税务检查证和税务检查通知书的拒绝检查权；⑫税收法律救济权；⑬依法要求听证的权利；⑭索取有关税收凭证的权利。

纳税人10项义务包括：①依法进行税务登记的义务；②依法设置账簿、保管账簿和有关资料以及依法开具、使用、取得和保管发票的义务；③财务会计制度和会计核算软件备案的义务；④按照规定安装、使用税控装置的义务；⑤按时、如实申报的义务；⑥按时缴纳税款的义务；⑦代扣、代收税款的义务；⑧接受依法检查的义务；⑨及时提供信息的义务；⑩报告其他涉税信息的义务。

权利和义务是相辅相成、缺一不可的。没有无义务的权利，也没有无权利的义务。纳税人具有自觉主动地遵循税法、依法纳税的义务，同时也享有法规所赋予的各项权利。依法落实纳税人的权利与义务任重而道远。

【本章小结】

1. 税收征收管理是税务机关对征纳过程进行组织、管理、监督、检查等一系列活动。

2. 纳税人应及时申报办理税务开业登记、变更登记和注销登记，按规定设置账簿，根据合法、有效凭证记账，进行核算，如实办理纳税申报，及时足额缴纳税款。

3. 税务机关依照法律、行政法规的规定征收税款，不得违反法律、行政法规的规定开征、停征、多征、少征、提前征收、延缓征收或者摊派税款。

4. 为了保障国家税收收入，税务机关可依法对有逃避纳税义务行为的纳税人采取税收保全措施和强制执行措施，采取离境清税等措施清缴欠税，对关联企业转让定价行为进行合理调整，依据国家税收法律、行政法规进行纳税检查，对纳税人偷税、骗税、抗税、逃避清偿欠税以及其他违章行为由税务机关给予行政处罚，构成犯罪的，追究刑事责任。

5. 我国建国后采取的税收征管模式主要有4种，即专户管理模式；征管查分离模式；自行申报、集中征收、重点稽查模式；34字征管模式。

6. 专户管理模式，是税务机关对纳税户实行专人专责管理，由专管员承担税收征管全过程的一种税收征管模式。这一模式的优点是，专管员的责任明确，专管员对所管纳税户的生产经营情况也比较熟悉，对单户企业的税源控管较为有效。但是，专户管理模式集征管查于专管员一身，权力过分集中，人情税、关系税难以避免，而且税收征管质量与专管员个人的业务素质、工作责任心直接相关，

① 《国家税务总局关于纳税人权利与义务的公告》（2009年第1号）

加之一个专管员往往管理数户甚至几十户企业，工作难免顾此失彼，难以管深查透。

7. 征管查分离模式改变了税务人员上门收税、催税、办税的做法，其实质是实行分权管理，在税务机关分别形成征收系列、管理系列和检查系列，提高了征管专业化、规范化程度，但是，试行过程中，各系列之间有些工作相互脱节，漏征漏管现象增多。

8. 从 1997 年开始在全国范围逐步推行“以申报纳税和优化服务为基础，以计算机网络为依托，集中征收、重点稽查”的征管模式。这一模式是在原有征管查分离模式基础上的进一步规范与完善，明确了纳税人自行申报纳税的基础地位，强化了现代信息技术对税收征管的保障作用，普遍设立办税大厅，规范办税流程，把税务稽查作为税收工作的重中之重。

9. 2003 年国家税务总局提出在原征管模式末尾加上“强化管理”，形成了现行 34 字税收征管模式：“以申报纳税和优化服务为基础，以计算机网络为依托，集中征收、重点稽查、强化管理”。34 字征管模式提出后，税收征管实践中特别强调税源管理，注重针对征管薄弱环节，采取有效措施，堵塞征管漏洞。与此同时，建立了税收管理员制度，进一步明确了日常检查与税务稽查的分工，强化了纳税评估工作。

10. 我国税收征管改革尚在探索完善之中。选择税收征管模式应当遵循四大原则：强化专业化管理原则、信息全面准确原则、优化服务原则、精简高效原则。深化税收征管改革应当正确处理好六方面关系，即：改革与稳定的关系；分工与协作的关系；管户与管事、管税的关系；计算机使用与发挥管理主体的主动性之间的关系；纳税人主动申报与加强税收稽查的关系；纳税人权利与义务的关系。

【概念与术语】

税务登记　纳税申报　直接申报　邮寄申报　数据电文申报　查账征收　查定征收　查验征收　定期定额征收　代扣代缴征收　代收代缴征收　委托代征　税收保全措施　纳税担保　税收强制执行措施　离境清税　代位权　撤销权　转让定价的调整　关联企业　税务检查　逃税　伪造账簿、凭证　变造账簿、凭证　损毁账簿、凭证　逃避清缴欠税　骗税　抗税　专户管理模式　征管查“两分离”　征管查“三分离”　自行申报、集中征收、重点稽查模式　自行申报、集中征收、重点稽查、强化管理模式

【思考题】

1. 纳税人办理税务登记时应填写的税务登记表包括哪些主要内容？
2. 纳税人、扣缴义务人办理纳税申报分别应报送哪些材料？
3. 谈谈你对税收优先于无担保债权清偿原则的理解与认识？
4. 《税收征管法》对工商行政管理机关和金融机构分别规定了哪些护税协税义务？
5. 税务机关对关联企业之间不合理的经济往来有哪些价格调整方法？
6. 在什么情况下才可采取税收保全措施、强制执行措施？
7. 纳税人违反税收征管法应承担什么样的法律责任？
8. 我国先后采取过哪些税收征管模式？这些税收征管模式分别有哪些优点与缺陷？

【计算题】

1. 某纳税人以 1 个月为一期缴纳增值税，2010 年 6 月销售货物销项税金减进项税金后实现增值税 10 000 元，该纳税人于 8 月 10 日才申报缴税。请计算应对该纳税人加收多少滞纳金？

2. 某纳税人欠缴营业税及相应附加 15 000 元达 100 天，到地方税务局补缴税款和缴纳滞纳金后，税务机关还可以对其处以最低多少和最高多少的罚款？

参考文献

阿兰·J. 奥尔巴克，马丁·费尔德斯坦 . 2005. 公共经济学手册 . 北京：经济科学出版社

爱德华·吉本 . 1997. 罗马帝国衰亡史（下册）. 黄宜思，黄雨石译 . 北京：商务印书馆

坂入长太郎 . 1987. 欧美财政思想史 . 张淳译 . 北京：中国财经出版社

鲍德威，威迪逊 . 2000. 公共部门经济学（第二版）. 邓力平等译 . 北京：中国人民大学出版社

北京大学中国经济研究中心课题组 . 2006. 物业税改革与地方公共财政 . 经济研究，第 3 期

彼得·马赛厄斯，悉尼·波拉德 . 2004. 剑桥欧洲经济史 . 第八卷 . 王宏伟，钟和等译 . 北京：经济科学出版社

毕见行 . 2001. 扩大增值税征收范围要解决的几个问题 . 税务研究，第 10 期

伯纳德·萨拉尼著 . 2005. 税收经济学 . 陈新平等译 . 北京：中国人民大学出版社

财政部编辑委员会 . 1994. 中国农民负担史 . 第四卷 . 北京：中国财政经济出版社

财政部编辑委员会 . 1991. 中国农民负担史 . 第一卷 . 北京：中国财政经济出版社

曹锦清 . 2000. 黄河边的中国 . 上海：上海文艺出版社

陈安 . 1988. 国际税法 . 厦门：鹭江出版社

陈宝森 . 2007. 美国经济与政府政策 . 北京：社会科学出版社

陈汝仪、武梦佐译 . 1984. 日本国所得税法 . 北京：中国展望出版社

陈锡文 . 2004. 资源配置与中国农村发展 . 中国农村经济，第 1 期

陈裕海 . 1999. 开征燃油税的正负面效应分析及几点建议 . 财金贸易，第 7 期

程振彪 . 2002. WTO 与中国汽车工业发展对策研究 . 北京：机械工业出版社

大卫·海曼 . 2001. 公共财政：现代理论在政策中的应用（第六版）. 章彤译 . 北京：中国财政经济

E. E. 里奇，C. H. 威尔逊 . 2003. 剑桥欧洲经济史 . 第四卷 . 张锦东，钟和，晏波译 . 北京：经济科学出版社

恩格斯 . 1878. 反杜林论//马克思，恩格斯 . 马克思恩格斯选集 . 第 3 卷 . 北京：人民出版社

范文澜 . 1996. 中国通史（第二册）. 北京：人民出版社

费正清 . 1999. 美国与中国 . 张理京译 . 北京：世界知识出版社

弗朗西斯·福山 . 2001. 信任 . 彭志华译 . 海口：海南出版社

傅筑夫 . 1980. 中国经济史论丛（上）. 北京：生活·读书·新知三联书店

高尔森 . 1992. 国际税法 . 北京：法律出版社

国家发展和改革委员会 . 2007. 2006 年中国居民收入分配年度报告 . http：//news. sina. com. cn/c/2007-02-01/003812193322. shtml [2010-10-1]

国家税务局遗产税考察组 . 1991. 赴新加坡、日本遗产税制考察报告 . 税收研究资料，第 12 期

国家税务总局 . 1999. 中华人民共和国对外避免双重征税协定 . 第Ⅰ至第Ⅴ辑 . 北京：中国税务出版社

哈维·S. 罗森 . 2003. 财政学（第六版）. 赵志耘译 . 北京：中国人民大学出版社

哈维·S. 罗森.2006. 财政学（第七版）. 郭庆旺，赵志耘译. 北京：中国人民大学出版社
何必如.1998. 财税史演义第七十一回：初次征收贡所得税 全面推行五均六管. 四川财政，第8期
侯梦蟾，何乘材.1994. 避税与反避税. 北京：现代出版社
胡寄窗，谈敏.1989. 中国财政思想史. 北京：中国财政经济出版社
胡锦涛.2007. 高举中国特色社会主义伟大旗帜，为夺取全面建设小康社会新胜利而奋斗（中国共产党第十七次全国代表大会上的报告）. 北京：人民出版社
胡善恒.1934. 赋税论. 北京：商务印书馆
华莱士·E. 奥茨.2005. 财产税与地方政府财政. 丁成日译. 北京：中国税务出版社
黄仁宇.2001. 十六世纪明代中国之财政与税收. 阿风，许文继等译. 北京：生活·读书·新知三联书店
黄沂木等.1992. 统计原理与经济统计学. 厦门：厦门大学出版社
黄志鹏、刘智利."四小票"抵扣税款存在的问题与管理对策. http：//www.hb-n-tax.gov.cn/UserFiles/News//2007/03/12/20198.html [2010-9-15]
霍布斯.1986. 利维坦. 黎思复，黎廷弼译. 北京：商务印书馆
加雷斯·D. 迈尔斯.2001. 公共经济学. 匡小平译. 北京：中国人民大学出版社
贾康，马晓玲.1999. 公路养路费改燃油税"卡"在哪里. 瞭望新闻周刊，第37期
翦伯赞.1995. 中国史纲要. 北京：人民出版社
蒋金法，饶立新.2004. 增值税转型：背景功效时期. 税务研究，第6期
金耀基.1993. 中国社会与文化. 香港：牛津大学出版社
金子宏.2004. 日本税法. 战宪斌，郑林根等译. 北京：法律出版社
靳东升，李本贵.2006. 企业所得税理论与实践. 北京：经济科学出版社
经济合作与发展组织.2000. OECD税收协定范本注释. 国家税务总局国际税务司译. 北京：中国税务出版社
荆万军，周华伟.2007. 流转税理论与实践. 北京：经济科学出版社
卡洛·M. 奇波拉.1988. 欧洲经济史. 第1卷. 徐漩译. 北京：商务印书馆
勒内·达维德.1984. 当代主要法律体系. 漆竹生译. 上海：上海译文出版社
李常青.2001. 股利政策理论与实征研究. 北京：中国人民大学出版社
李林根.2001. 扩大增值税征收范围应注意的若干问题. 税务研究，第11期
李培林，陈光金，李炜. 全国社会和谐稳定形势调查报告. http：//www.sociology.cass.cn/shxw/shgz/shgz30/P020070104400983595379.pdf [2010-09-1]
理查德·L. 多恩伯格.1999. 国际税法概要. 马康明等译. 北京：中国社会科学出版社
利奥·高夫.2000. 离岸金融业务指南. 焦津强译. 北京：经济科学出版社
廖益新.2001. 国际税法学. 北京：北京大学出版社
林钟雄.1987. 欧洲经济发展史. 台北：台湾三民书局
刘家海.2000. 征收燃油税对石化生产企业的影响与对策. 石油化工经济，第6期
刘宇飞.2000. 当代西方财政学. 北京：北京大学出版社
刘宇飞.2003. 当代西方财政学（第二版）. 北京：北京大学出版社
刘志城.1992. 社会主义税收理论若干问题. 北京：中国财政经济出版社
刘佐.2000. 中国税制五十年：1949～1999年. 北京：中国税务出版社
龙新民.2007. 中国农村公共产品供给失衡研究. 厦门大学博士学位论文
楼继伟，解学智.2003. 税式支出理论创新与制度探索. 北京：中国财政经济出版社

楼继伟 . 2006. 关于效率、公平、公正相互关系的若干思考 . http：//www. studytimes. com. cn/txt/2006-06/19/content _ 6247672. htm [2010-9-17]
罗伯特 · E. 霍尔，阿尔文 · 拉布什卡 . 2003. 单一税 . 史耀斌等译 . 北京：中国财政经济出版社
罗得尼 · 斯达克，罗杰尔 · 芬克 . 2004. 信仰的法则 . 杨风岗译 . 北京：中国人民大学出版社
罗纳德 · 哈里 · 科斯 . 1960. 社会成本问题//载盛洪 . 现代制度经济学 . 北京：北京大学出版社
M. M. 波斯坦，H. J. 哈巴库克 . 2002. 剑桥欧洲经济史 . 第一卷 . 郎立华，黄云涛，常茂华等译 . 北京：经济科学出版社
M. M. 波斯坦，E. E 里奇，H. J. 哈巴库克 . 2002. 剑桥欧洲经济史 . 第三卷 . 周荣国，张金秀译 . 北京：经济科学出版社
M. M. 波斯坦，爱德华 · 米勒，辛西亚 · 波斯坦 . 2004. 剑桥欧洲经济史 . 第二卷 . 钟和等译 . 北京：经济科学出版社
M. 罗斯托夫采夫 . 1985. 罗马帝国社会经济史 . 马雍，厉以宁译 . 北京：商务印书馆
马国强 . 1992. 税收学原理 . 北京：中国财政经济出版社
马国强 . 1995. 税收概论 . 北京：中国财政经济出版社
马洪等 . 1987. 经济社会管理知识全书 . 第 1 卷 . 北京：经济管理出版社
马克思，恩格斯 . 1961. 马克思恩格斯全集 . 第 8 卷 . 北京：人民出版社
马克思，恩格斯 . 1962. 马克思恩格斯全集 . 第 12 卷 . 北京：人民出版社
马克思，恩格斯 . 1964. 马克思恩格斯全集 . 第 18 卷 . 北京：人民出版社
马克思，恩格斯 . 1971. 马克思恩格斯全集 . 第 22 卷 . 北京：人民出版社
马克思，恩格斯 . 1972. 马克思恩格斯选集 . 第 2 卷 . 北京：人民出版社
马克思，恩格斯 . 1972. 马克思恩格斯全集 . 第 23 卷 . 北京：人民出版社
马克思，恩格斯 . 1980. 马克思恩格斯全集 . 第 46 卷（下册）. 北京：人民出版社
马克斯 · 韦伯 . 1987. 新教伦理与资本主义精神 . 于晓，陈维钢等译 . 北京：生活 . 读书 . 新知三联书店
孟德斯鸠 . 1962. 论法的精神（上册）. 张雁深译 . 北京：商务印书馆
米尔利斯 . 1971. 最优所得税理论探索//载张维迎 . 詹姆斯 · 莫里斯论文精选 . 北京：商务印书馆
墨菲等 . 2001. 美国联邦税制 . 解学智等译 . 大连：东北财经大学出版社
尼古拉斯 · 斯特恩 . 1992. 最优商品税和所得税理论入门//大卫 · 纽伯里，尼古拉斯 · 斯特恩 . 发展中国家的税收理论 . 许善达等译 . 北京：中国财政经济出版社
农村税费改革研究课题组 . 2003. 取消农业税改征增值税—关于进一步深化农村税费改革的思考 . 宏观经济研究，第 7 期
平新乔 . 2000. 后记//哈维 · S · 罗森著 . 财政学（第四版）. 平新乔，董勤发等译 . 北京：中国人民大学出版社：599～605
蒲坚 . 1987. 中国法制史 . 北京：光明日报出版社
漆亮亮 . 2003. 财产课税税制要素的国际比较 . 涉外税务，第 9 期
漆亮亮 . 2003. 财产税体系研究 . 厦门大学博士学位论文
钱穆 . 1962. 民族与文化 . 新亚书院
秦晖 . 2002. 并税式改革与“黄宗羲定律”. 农村合作经济经营管理，第 3 期
萨伊 . 1963. 政治经济学概论 . 陈福生，陈振骅译 . 北京：商务印书馆
塞利格曼 . 1935. 所得税论 . 北京：商务印书馆
佟哲晖 . 1992. 经济统计学概论 . 大连：东北财经大学出版社

童锦治．2001．中国目前的增值税征收范围不宜扩大——增值税征收范围的国际实践考察与思考．涉外税务，第 4 期
V. 图若尼．2004．税法的起草与设计．国家税务总局政策法规司译．北京：中国税务出版社
万尼斯基．1984．赋税、收益和拉弗曲线//现代国外经济学论文选（第 5 辑）．北京：商务印书馆
汪昊．2007．我国税收超额负担变化、原因与对策．财贸经济，第 5 期
王丙乾．1984．关于国营企业实行利改税和改革工商税制的说明（第六届全国人民代表大会常务委员会第七次会议的报告）．http：//www.law-lib.com/fzdt/newshtml/20/20050719205314.htm [2005-07-19]
王传纶，朱青．1997．国际税收．北京：中国人民大学出版社
王蕾．2005．从房价地价关系探讨房价上涨问题．国土资源，第 8 期
王小平，姚稼强．2002．完善增值税小规模纳税人的征税规定和管理办法．税务研究，第 10 期
王选汇．1987．避免双重征税协定简论．北京：中国财政经济出版社
王益，白钦先．2000．当代金融词典．北京：中国经济出版社
王振宏，冯雷．2004．增值税转型的东北之旅．瞭望，第 12 期
文森特•奥斯特洛姆．2004．美国地方政府．井敏等译．北京：北京大学出版社
沃伦•巴菲特．2000．巴菲特：从 100 元到 160 亿．陈鑫译．北京：中国财政经济出版社
吴斐丹．1979．魁奈经济著作选集．张草纫选译．北京：商务印书馆
吴金光．2002．三种合伙企业课税模式比较．涉外税务，第 8 期
解学智．2003．公司所得税．北京：中国财政经济出版社
夏文丽．1999．论增值税纳税人的管理．财经问题研究，第 2 期
肖捷．2004．2003 中国财政发展报告．北京：中国财政经济出版社
谢玲丽．2007．美国社区中的非政府组织．http：//www.china001.com/show _ hdr.php? xname=PPDDMV0&dname=GDKGF41&xpos=2 [2010-2-1]
许善达．2004．税制改革的原则：鼓励企业创新并提高竞争能力．税务研究，第 3 期
亚当•斯密．1974．国民财富的性质和原因的研究（下卷）．郭大力，王亚南译．北京：商务印书馆
亚里士多德．1981．政治学．吴寿彭译．北京：商务印书馆
杨斌，雷根强．1994．中国税制实务．北京：中国审计出版社
杨斌．1989．客观能力标准极其制度结果——塞利格曼治税观的研究．社会科学探索，第 4 期
杨斌．1989．利益原则：政治民主和税收公平——维克塞尔治税观的研究．经济研究参考资料，第 81 期
杨斌．1993．比较税收制度．福州：福建人民出版社
杨斌．1993．遗产税的比较与选择//财政部税政司，外事局．社会主义市场经济与税制改革．大连：东北财经大学出版社
杨斌．1995．国家税收理论与实务．福州：福建人民出版社
杨斌．1995．增值税设计及运行中若干重大问题研究．财贸经济，第 12 期
杨斌．1998．宏观税收负担总水平的现状分析及策略选择．经济研究，第 8 期
杨斌．1999．治税的效率和公平．北京：经济科学出版社
杨斌．2001．西方模式的增值税的不可行性和中国式增值税的制度设计．管理世界，第 3 期
杨斌．2001．现行增值税的制度障碍、管理无效性和中国式增值税的制度设计//财政部税政司．流转税的改革与政策选择．北京：中国财政经济出版社

杨斌 . 2002. 国际税收制度规则和管理办法的比较研究 . 北京：中国税务出版社
杨斌 . 2002. 西方模式个人所得税的不可行性和中国式个人所得税制度设计 . 管理世界，第 7 期
杨斌 . 2003. 国际税收 . 上海：复旦大学出版社
杨斌 . 2003. 中西文化差异和税制改革 . 税务研究，第 5 期
杨斌 . 2004. 将农民缴纳的“钱”还给农民——逐步建立解决“三农”问题的财政机制 . 涉外税务，第 3 期
杨斌 . 2007. 财政学 . 大连：东北财经大学出版社
杨斌 . 2007. 关于房地产税费改革方向和地方财政收入模式的论辩 . 税务研究，第 3 期
杨斌 . 2007. 中国农民广义税收负担的走向 . 税务研究，第 11 期
杨斌 . 2007. 中国税改论辩 . 北京：中国财政经济出版社
杨斌 . 2008. 税收学原理 . 北京：高等教育出版社
杨之刚，张斌 . 2005. 增值税转型改革中的若干思考 . 税务研究，第 8 期
尹田 . 1998. 法国物权法 . 北京：法律出版社
余增长 . 1998. 道路和车辆收费改征燃油税并非最佳选择 . 福建税务，第 9 期
袁春明 . 2001. 论中国增值税征收范围的择定及其对经济的预期影响 . 煤炭经济研究，第 1 期
约翰·穆勒著 . 1991. 政治经济学原理（下卷）. 胡企林，朱泱译 . 北京：商务印书馆
约瑟夫·E. 斯蒂格利茨著 . 2005. 公共部门经济学（第三版）. 郭庆旺、杨志勇等译 . 北京：中国人民大学出版社
岳树民，张耀贵 . 2003. 改进增值税小规模纳税人管理制度的探讨 . 当代经济研究，第 5 期
曾国祥，刘佐 . 1999. 中国所得税 . 北京：经济科学出版社
张春安 . 1996. 管理中国人 . 北京：中国经济出版社
张淳 . 1994. 信托法原论 . 南京：南京大学出版社
张俊浩 . 1991. 民法学原理 . 北京：中国政法大学出版社
张伦俊 . 2006. 税收与经济增长关系数量分析 . 北京：中国经济出版社
张阳 . 2007. 中国税负归宿的一般均衡分析与动态研究 . 北京：中国税务出版社
张智新 . 2005. 美国地方政府：结构、逻辑和改革 . 江南大学学报（人文社会科学版），第 4 期
中国税务学会学术研究委员会“完善增值税制”课题组 . 2003. 关于进一步完善增值税制度的研究 . 税务研究，第 9 期
中央财政金融学院财政教研室 . 1980. 中国财政简史 . 北京：中国财政经济出版社
周树立 . 1999. 中国信托业的选择 . 北京：中国金融出版社
朱青 . 2001. 国际税收 . 北京：中国人民大学出版社
朱斯煌 . 1941. 信托总论 . 北京：中华书局
Adrian Ogley. 1995. The Principles of International Tax. London：Interfisc Publishing
Alex Easson. 2000. Taxation of Partnership in Canada. Bulletin for International Bureau of Fiscal Documentation，N. 4
Alm James. 1996. What is an “Optimal” tax system? . National Tax Journal，49 (1)：117～133
Atkinson，A. B. and Stiglitz，J. E. 1976. The design of tax structures：direct vs. Indirect taxation. Journal of Public Economics，6：55～75
Baumol W. J. and Bradford，D. F. 1970. Optimal departures from marginal cost pricing. American Economic Review，60：265～283
Butterworth's UK Tax Guide 1988～1989. 1988. London：Butterworth：918～919

Carolyn Webber, Aaron Wildavsky. 1986. A History of Taxation and Expenditure in the Western World. New York: Simon and Schuster: 94~119

Charles Tiebout. 1956. A pure theory of local expenditures. Journal of Political Economy, 64: 416~424

Chrinko, Robert S.. 2002. Corporate taxation, capital formation, and the substitution elasticity between labor and capital. National Tax Journal, 40: 339~355

Coopers & Lybrand International Tax Network. 1993. International Tax Summaries 1993. New York: John Wiley & Sons, Inc

Corlette, W. J. and Hague, D. C.. 1953. Complementarity and the excess burden of taxation. Review of Economic Studies, 21: 21~30

Deaton, A, Stern. N. 1986. Optimally uniform commodity taxes, taste differences and lump-sum grants. Economics Letters, 20: 263~266

Diamond, Peter A. & Mirrlees, James A.. 1971. Optimal taxation and public production I- II. The American Economic Review, 61: 8~27, 261~278

Douglass C. North & Robert Paul Thomas. 1977. The Rise of The Western World. Cambridge: Cambridge University Press

Ebrahimi. Ahmad, Heady. Christopher. 1988. Tax design and household composition. The Economic Journal, 98: No. 390, Supplement: Conference Papers, 83~96

Edgeworth, F. Y.. 1897. The pure theory of taxation. Economic Journal, 7: 226~238

Fairbank, J. K.. 1962. The United States and China. New York: The Viking press: 104

Feldstein, Martin and Green, Jerry. 1983. Why do companies pay dividends. The American Economic Review, 73: 17~30

Feldstein, Martin S.. 1972. Distributional equity and the optimal structure of public prices. The American Economic Review, 62: 32~36

Garth A. Harris. 1990. New Zealand' s International Taxation. Aukland: Oxford University Press: 17

Gillis, Malcolm and Charles E. Mclure. 1979. Excess profits taxation: post-mortem on the mexican experience. National Tax Journal, 32: no. 4, 501~511

Harberger, A C. 1962. The incidence of the corporation income tax. Journal of Political Economy, 70: 215~240

Helmut Becker and Felix J. Wurm. 1988. Treaty Shopping, An Emerging Tax Issue and Its Present Status in Various Counties. Deventer: Kluwer Law and Taxation Publishers

Hugh J. Ault. 1997. Comparative Income Taxation: A Structural Analysis. The Hague: Kluwer Law International

International Fiscal Association (IFA). 1987. Cahiers De Droit Fiacal International (Studies on International Fiscal Law). Vol. 72b. Deventer: Kluwer Law and Taxation Publishers

International Fiscal Association (IFA). 1996. Cahiers De Droit Fiscal International. Vol. 81b. The Hague: Kluwer Law International

John Graham. 1994. The International Handbook of Corporate and Personal Taxes. London: Chapman & Hall

Joseph Isenberg. 1990. International Taxation. Boston: Little, Brown and Company

Klaus Vogel, etc.. 1997. Klaus Vogel on Double Taxation Conventions. London: Kluwer Law International

Knut Wicksell. 1958. Studies in the Theory of Public Finance// R. A. Musgrave and A. T. Peacock. Classics in the Theory of Public Finance. London：the Macmillan Company

Martin Feldstein. 1976. On the theory of tax reform. Journal of Public Economics，6：77～104

McMilan，Melville L.. 2001. A Local Perspective on Fiscal Federalism：Practices，Experiences and Lessons from Developed Countries. Washington，D. C.：The World Bank

Mieszkowski，P.. 1972. The property tax：An excise tax or a profits tax. Journal of Public. Economics，1：73～96

Miller，M. & Modigliani，F.. 1961. Dividend policy，growth，and the valuation of shares. Journal of Business，34：411～433

Mirrlees，J. A.. 1976. Optimal tax theory：a synthesis. Journal of Public Economics，6：327～358

Modigliani，F.，Miller，M.. 1958. The cost of capital，corporation finance and the theory of investment. American Economic Review，48：61～97

OECD. 1992. The Revision of the Model Convention

OECD. 1997. Double Taxation Convention and the Use of Conduit Companies. Model Tax Convention on Income and Capital. Volume Ⅱ

OECD. 1998. Harmful Tax Competition：An Emerging Global Issue

OECD. 1999. The Application of the OECD Model Tax Convention to Partnerships (sixth in the series "Issues in International Taxation")

Paul Studenski. 1940. Toward a theory of business taxation. the Journal of Political Economy，48：No. 5，621～654

Ramsey F. P.. 1927. A contribution to the theory of taxation. Economic Journal，37：47～61

Richard L Doernberg and Kees Van Raad. 1997. The 1996 United States Model Income Tax Convention：Analysis，Commentary and Comparison. Den Haag：Kluwer Law International

Richard W. Lindholm. 1980. The Economics of VAT. Lexington，MA：Lexington Books

Richard W. Lindholm. 1984. A New Federal Tax System. New York：Praeger Publishers

Robert D. Tollison. 1987. Is Theory of Rent- Seeking Here to Stay? // Rowley，C. K. 1987. Democracy and Public Choice：Essays in Honor of Gordon Tullock. Oxford：Basil Blackwell：144

Roger L Hamilton，Robert L Deutsch and John C Raneri. 1998. Guidebook to Australian International Taxation

Sijbren Cnossen. 1983. Comparative Tax Studies. New York：North-Holland Publishing Company

Stef van Weeghel. 1998. The Improper Use of Tax Treaties with Partiicular Reference to the Netherlands and the United States. London：Kluwer Law International

Stern，N. H.. 1976. On the specification of models of optimum income taxation. Journal of Public Economics，6：123～162

Stern，Nicholas. 1987. The effects of taxation，price control and government contracts in oligopoly and monopolistic competition. Journal of Public Economics，32：133～158

Stern，Nicholas. 1987. The Theory of Optimal Commodity and Income Taxation：An Introduction// David Newbery and Nicholas Stern. In the Theory of Taxation for Developing Countries. New York：Oxford University Press：22～59

The Council of Economic Advisers. 2003. Economic Report of the President 2003. Washington，D. C：U. S. Government Printing Office

Ugo Mazzola. 1958. The Formation of the Prices of Public Goods// R. A. Musgrave and A. T. Peacok. Classics in the Theory of Public Finance. London: The Macmillan Company: 37～47

United Nations Conference on Trade and Development. 1999. World Investment Report 1999. United Nations, New York and Geneva

Yesin, Pinar Ayse. 2004-04-02. Tax Collection Costs. Tax Evasion and Optimal Interest Rates. Study Center Gerzensee Working Paper, No. 04. 02

Zodrow, George R.. 1992. Grandfather rules and the theory of optimal tax reform. Journal of Public Economics, 49: 163～190

